böhlau

WIENER VERÖFFENTLICHUNGEN
ZUR MUSIKGESCHICHTE   15

Herausgegeben von
Markus Grassl
und
Reinhard Kapp

MARKUS GRASSL · REINHARD KAPP (HG.)

Der Dirigent Hans Swarowsky (1899–1975)

Musik, Kultur und Politik im 20. Jahrhundert

BÖHLAU VERLAG WIEN · KÖLN

Veröffentlicht mit freundlicher Unterstützung durch die
Universität für Musik und darstellende Kunst Wien.

Bibliografische Information der Deutschen Nationalbibliothek:
Die Deutsche Nationalbibliothek verzeichnet diese Publikation
in der Deutschen Nationalbibliografie; detaillierte bibliografische Daten
sind im Internet über http://dnb.d-nb.de abrufbar.

Umschlagabbildung: Die Zeichnung erschien am 6.8.1946 im Wiener Kurier auf Seite 4 anlässlich von Swarowskys Rosenkavalier-Dirigat während der Salzburger Festspiele. Die Herausgeber haben sich bezüglich dieser und aller weiteren Abbildungen bemüht, die Rechtefragen zu klären. Sollten von einer Seite noch Ansprüche bestehen, bitten wir, sich mit den Herausgebern in Verbindung zu setzen.

© 2022 Böhlau Verlag, Zeltgasse 1, A-1080 Wien, ein Imprint der Brill-Gruppe
(Koninklijke Brill NV, Leiden, Niederlande; Brill USA Inc., Boston MA, USA; Brill Asia Pte Ltd, Singapore; Brill Deutschland GmbH, Paderborn, Deutschland; Brill Österreich GmbH, Wien, Österreich)
Koninklijke Brill NV umfasst die Imprints Brill, Brill Nijhoff, Brill Hotei, Brill Schöningh, Brill Fink, Brill mentis, Vandenhoeck & Ruprecht, Böhlau, Verlag Antike und V&R unipress.
Alle Rechte vorbehalten. Das Werk und seine Teile sind urheberrechtlich geschützt.
Jede Verwertung in anderen als den gesetzlich zugelassenen Fällen bedarf der vorherigen
schriftlichen Einwilligung des Verlages.

Korrektorat: Lektorat Schenker, Borkwalde
Einbandgestaltung: Michael Haderer, Wien
Satz: Michael Rauscher, Wien
Druck und Bindung: Prime Rate, Budapest
Gedruckt auf chlor- und säurefrei gebleichtem Papier
Printed in the EU

Vandenhoeck & Ruprecht Verlage | www.vandenhoeck-ruprecht-verlage.com

ISBN 978-3-205-78497-5

INHALT

Vorwort 9

Einleitung 13

I. TEIL: 1899–1933

ERIKA HORVATH
Zu Swarowskys Biographie 1899–1933 31

ERIKA HORVATH
Die Eltern: Leopoldine Swarowsky
und Josef Kranz 43

CORNELIA KRAUSS (†)
Eine Jugend zwischen Palais und Opernloge. Hans Swarowsky und sein
familiäres Umfeld 53

WOLFGANG PROHASKA
Hans Swarowskys kunsthistorische Studien und die Kunstsammlung seines
Vaters 73

ERIKA HORVATH
Schulbildung, Militärdienst und Universitätsstudium 91

ERIKA HORVATH
Julia Laszky und Anton Swarowsky 97

REINHARD KAPP
Swarowsky in der Wiener Schule 107

ERIKA HORVATH
Stationen bis 1933 173

II. TEIL: 1933–1945

OTTO KARNER
Swarowsky während der NS-Zeit (1933–1945) 221

JOANA WNUK-NAZAROWA
Swarowskys Tätigkeit in Krakau aus polnischer Sicht 367

OLIVER RATHKOLB
Hans Swarowsky. Versuch einer biografisch-politischen Spurensuche 377

ERWIN BARTA
„… um der unantastbaren deutschen Dinge und Werte willen …".
Zur politischen Entwicklung Ludwig Zenks in den Jahren 1943 bis 1946 nebst
einigen Bemerkungen über Hans Swarowsky 389

III. TEIL: 1945–1975

ERIKA HORVATH
Zu Swarowskys Biographie nach 1945 407

ERIKA HORVATH
Wiener Symphoniker 1946–1947 429

ERIKA HORVATH
Grazer Oper 1947–1949 467

ERIKA HORVATH
Wiener Philharmoniker – Wiener Staatsoper 511

KEITH GRIFFITHS
The Scottish Years 1954–59 527

ERIKA HORVATH
Lehre – Akademie für Musik und darstellende Kunst Wien 539

ERIKA HORVATH
Meisterkurse 621

ERIKA HORVATH
Internationale Dirigententätigkeit – Schallplattenaufnahmen 641

MARTIN ELSTE
Der Schallplattendirigent Hans Swarowsky 649

WILFRIED KOCH (†)
„Vollendet das ewige Werk". Erinnerungen an Hans Swarowskys Produktion
von Wagners *Ring des Nibelungen*, Nürnberg 1968 661

REINHARD KAPP
Der Interpret wider Willen 667

ERIKA HORVATH
Gustav Mahler 701

HERTA BLAUKOPF (†)
Erwin Ratz: ein kritischer Freund 755

UROS LAJOVIC
Hans Swarowskys Noten-Bibliothek 763

JURI GIANNINI
Hans Swarowsky als Opernübersetzer 791

HERBERT HANDT
Hans Swarowskys Opernübersetzungen 803

REINHARD KAPP
Der (Wiener) Swarowsky-Diskurs 823

EPILOG

MANFRED HUSS
Hommage an Hans Swarowsky. Ein Dirigent im Kampf mit den Mächten der
Finsternis 857

ANHANG

CARSTEN SCHMIDT
Verzeichnis der Ton- und Bewegtbildaufnahmen Hans Swarowskys 919

JURI GIANNINI
Verzeichnis der Übersetzungen von Hans Swarowsky 971

Verzeichnis der Editionen und Bearbeitungen Swarowskys 977
Verzeichnis der Absolvent*innen, Student*innen und Hörer*innen 979
Symposiumsprogramm 989
Quellenverzeichnis 993
Bibliographie 997
Abkürzungen 1021
Personen- und Werkregister 1023

VORWORT

Die vorliegende Publikation bietet erstmals umfassende Studien und Materialien zu dem ikonischen Dirigierlehrer und in seiner Bedeutung erst noch zu würdigenden Dirigenten Hans Swarowsky. Wegen des reichen persönlichen und institutionellen Hintergrunds und der Strahlkraft dieser Figur liefert der Band damit zugleich Beiträge zu 75 Jahren Wiener Kulturgeschichte. Er stellt Verbindungen her zu verschiedenen an der Lehrkanzel für Musikgeschichte in der Abteilung 1, später im Institut für Analyse, Theorie und Geschichte der Musik (jetzt Institut für Musikwissenschaft und Interpretationsforschung) der Hochschule (jetzt Universität) für Musik und darstellende Kunst Wien durchgeführten Forschungsprojekten und Veranstaltungen, die sich auch in einigen Publikationen der Reihe *Wiener Veröffentlichungen zur Musikgeschichte* niedergeschlagen haben: Die *Darmstadt-Gespräche*[1] (zur Bedeutung der Darmstädter Ferienkurse für die jungen Wiener Komponisten) und der Band über den Komponisten und Kompositionslehrer Karl Schiske[2] stellten den Versuch dar, Wiener Musikinstitutionengeschichte (sprich die Geschichte der Wiener Musikhochschule) mit einer ersten Übersicht über die Wiener Nachkriegs-Musikgeschichte zu verbinden. *Die Lehre von der musikalischen Aufführung in der Wiener Schule*[3] bot einen ersten Überblick über die Interpretationstradition, die von Schönberg ihren Ausgang nahm. Drei weitere in die Reihe aufgenommene Bände aus diesem Zusammenhang thematisieren die Aktualität Anton Weberns[4], die Rolle des Pianisten und Komponisten Conrad Ansorge im für die Verbreitung der Neuen Musik und Literatur tätigen Wiener Ansorge-Verein[5] sowie die internationale Wirkung des Wiener Musiktheoretikers Heinrich Schenker[6].

---

1 Markus Grassl/Reinhard Kapp (Hg.), *Darmstadt-Gespräche. Die internationalen Ferienkurse für Neue Musik in Wien*, Wien/Köln/Weimar 1996 (Bd. 1).
2 Markus Grassl/Reinhard Kapp/Eike Rathgeber (Hg.), *Österreichs Neue Musik nach 1945: Karl Schiske*, Wien/Köln/Weimar 2008 (Bd. 7).
3 Markus Grassl/Reinhard Kapp (Hg.), *Die Lehre von der musikalischen Aufführung in der Wiener Schule. Verhandlungen des Internationalen Colloquiums Wien 1995*, Wien-Köln 2002 (Bd. 3).
4 Dominik Schweiger/Nikolaus Urbanek (Hg.), *webern_21*, Wien/Köln/Weimar 2009 (Bd. 8).
5 Eike Rathgeber/Christian Heitler/Manuela Schwartz (Hg.), *Conrad Ansorge 1862–1930. Ein Pianist des Fin de siècle in Berlin und Wien*, Wien/Köln/Weimar 2017 (Bd. 12).
6 Martin Eybl/Evelyn Fink-Mennel (Hg.), *Schenker-Traditionen. Eine Wiener Schule der Musiktheorie und ihre internationale Verbreitung. A Viennese School of Music Theory and Its International Dissemination*, Wien/Köln/Weimar 2006 (Bd. 6).

Aus Anlass des 100. Geburtstags von Hans Swarowsky versammelte die Österreichische Gesellschaft für Musik im Oktober 1999 einige Zeitzeugen zu einem Kolloquium, das auch in der *Österreichischen Musikzeitschrift* dokumentiert wurde.[7] Parallel dazu erfolgte die Konzeption eines Forschungsprojekts „Hans Swarowsky (1899–1975). Musik, Kultur und Politik im 20. Jahrhundert" durch die Herausgeber, das vom Fonds zur Förderung der wissenschaftlichen Forschung in Österreich 2001–2004 finanziert wurde. Als Initialzündung fand, organisiert von den Herausgebern und Sigrid Wiesmann, vom 3. bis zum 5. Dezember 2001 an der Universität für Musik Wien ein Internationales Symposion statt.[8] Als Projektmitarbeiter wurden die Musikwissenschaftlerin Erika Hitzler-Horvath[9] und (namentlich für die NS-Jahre) der Zeithistoriker Otto Karner[10] gewonnen.

Ursprünglich war der Anspruch des Vorhabens einigermaßen umfassend (der Titel des Bandes zeigt es an): Ziele waren die Klärung der vielen offenen Fragen zur Biographie, die Einbettung der Erscheinung Swarowsky in allgemeinere institutionelle und kulturgeschichtliche Zusammenhänge, schließlich die Erarbeitung eines aufführungstheoretisch und -geschichtlich fundierten Porträts des Interpreten, das nicht nur die Schriften, sondern auch die damals nur schwer greifbaren Aufnahmen berücksichtigen sollte.

Im Laufe der Projektarbeit stellte sich heraus, dass die zunächst zu leistende biographische Basisarbeit wider Erwarten so umfangreich ausfiel, dass der Projektzeitraum im Wesentlichen darauf verwendet werden musste. Als besondere Herausforderungen sind vor allem drei zu nennen: 1. Die Rekonstruktion von Swarowskys Lebensumständen bis in die 1920er Jahre hinein war weitgehend nur indirekt und letztlich nur rudimentär möglich, zum Teil bedingt durch den Verlust unabsehbar vieler biographisch relevanter Materialien, als die Berliner Wohnung während des Krieges vollständig ausbrannte. 2. Auch weiterhin war sehr vieles unbekannt und überhaupt erst archivalisch weitläufig zu recherchieren. Vieles, was ‚man' zu wissen glaubte, erwies sich als bloßes Hörensagen und bedurfte der Bestätigung, auch musste ein Wust von – teilweise von Swarowsky selbst in die Welt gesetzten – Gerüchten und Anekdoten beiseitegeräumt werden, um zu einigermaßen gesicherten Fakten vorzustoßen. Allerdings erwiesen sich einige zunächst kaum gläubliche Erzählungen Swarowskys als durchaus dokumentarisch belegbar. 3. Ein besonderes Problem war, dass sich in manchen uns mitgeteilten Erinnerungen weniger treu bewahrte frühe Eindrücke und belastbare Fakten nieder-

---

7 Das Heft 3 des Jahrgangs 55 (2000) ist im Hauptteil Swarowsky gewidmet. Auf dem Umschlag fungiert als eine Art Titel *Was hat denn „Swa" gesagt. … Hans Swarowsky. Dirigent, Lehrer, Autor.*
8 Das Programm ist am Ende des Bandes wiedergegeben.
9 Sie wurde uns von Manfred Angerer empfohlen und hatte eine Magisterarbeit über *Sprache – Text – Musik bei Luigi Nono* (Universität Wien, 2000) vorgelegt.
10 Seine von Oliver Rathkolb betreute Dissertation hatte *Komponisten unterm Hakenkreuz: Sieben Komponistenporträts während der Zeit des Nationalsozialismus* (Universität Wien, 2002) behandelt.

schlagen als ein gewisses vor allem in Wien, aber nicht nur da, anzutreffendes, wie verabredet wirkendes, sich durch unablässige Wiederholung selbst bestätigendes Meinen, in dem sich ein ganz bestimmtes Bild des auch dirigierenden Lehrers verfestigt hat.

Dieser Band versammelt, von uns redigiert, Teile des von Erika Horvath und Otto Karner verfassten Projektberichts. Seit dessen Abgabe sind ständig neue Quellen und Informationen aufgetaucht und ist thematisch einschlägige Literatur erschienen, haben sich aber auch neue Einsichten ergeben – dem wurde versucht, durch punktuelle Korrektur und Zusätze der Herausgeber Rechnung zu tragen. Sodann enthält der Band Beiträge, die zu einem größeren Teil aus Referaten des Symposiums hervorgegangen sind, aber vielfach erweitert wurden, zu einem kleineren eigens für diese Publikation verfasst wurden. Dadurch soll auch dem Interpreten, soll heißen: dem Dirigenten Swarowsky, etwas mehr von dem gebührenden Gewicht verschafft werden.

Ein Anhang bietet Informationsmaterial verschiedener Art: eine aktualisierte Diskographie, die auch erstmals das Problem der Fehlzuschreibungen in Angriff nimmt, ein Verzeichnis der Übersetzungen und eines der Editionen und Bearbeitungen, schließlich ein Quellen- und Literaturverzeichnis, das ansatzweise auch die Schriften Swarowskys erfasst.

Von selbst versteht sich, dass nicht alles berücksichtigt werden konnte – es gibt noch zahllose potentielle Gesprächspartner ebenso wie in Archiven und privaten Sammlungen versteckte Quellen. Sachliche Ergänzungen und einschlägige Objekte (Briefe, sonstige Dokumente, Andenken, selbst wenn ihre Bedeutung unklar sein sollte) sind willkommen, aber selbstverständlich auch Korrekturen. Eine Lücke im Band bedauern wir besonders: eine gründliche Beschäftigung mit dem Schriftsteller und Theoretiker Swarowsky, so viel er auch in den Beiträgen selbst zu Wort kommt. Ein vollständiges Verzeichnis der Schriften Swarowskys, das auch sämtliche Gelegenheitsarbeiten, Schallplattencovertexte, Leserbriefe, Denkschriften, Konzepte, privaten Notizen umfasst, ist im Augenblick noch nicht zu leisten. Eine historisch-kritische, kommentierte Edition wenigstens ausgewählter Schriften wäre wünschenswert. Ein Verzeichnis von Swarowskys Konzertauftritten wiederum befindet sich bei der „Hans Swarowsky Akademie" im Aufbau, die auf ihrer Website (http://www.hansswarowsky.com) zudem ausgewählte biographische Dokumente (Briefe, Konzertprogramme, Photographien) und Statements von Schülern zugänglich macht.

Wie immer kann ein solches Unternehmen ohne die Hilfe Vieler nicht auskommen. Zuerst muss Manfred Huss genannt werden, der bis zur Übergabe des Nachlasses (dass der Ankauf durch die Wiener Universität für Musik betrieben wurde und schließlich gelang, ist nicht zuletzt sein Verdienst) große Teile überhaupt erst gesichert, bei sich aufbewahrt und vorläufig geordnet hat. Er hat bereitwillig Interessierten Materialien zur Verfügung gestellt und aus persönlicher Kenntnis und umfassendem Wissen Auskunft gegeben, auch uns in unserem Vorhaben bestärkt.

Sodann sind wir der Familie verpflichtet, vor allem drei Verstorbenen: der Witwe des Dirigenten Doris, der Tochter Daniela und dem Sohn Anton Swarowsky. Sie haben uns erlaubt, im Leben eines nahen Angehörigen herumzustochern, den Nachlass zu studieren und unsere Ergebnisse zu veröffentlichen, ohne zu wissen, was herauskommen würde, und uns ebenso interessiert wie skeptisch unterstützt. Sonia Swarowsky und Jean-Louis Blaisot haben uns gestattet, von ihrem Vater bzw. Schwiegervater aufgenommene Photographien zu reproduzieren.

Für Anregungen, Informationen, Überlassung von Materialien haben wir wie so oft Regina Busch zu danken, die uns insbesondere bei Fragen zu Webern, Berg und dem „Verein für Musikalische Privataufführungen" geholfen hat.

Vielfältige Hilfe haben sodann zahlreiche Institutionen und deren MitarbeiterInnen geleistet, namentlich Carsten Schmidt (Staatliches Institut für Musikforschung Preußischer Kulturbesitz Berlin), Lynne Heller und Erwin Strouhal (Archiv mdw), Therese Muxeneder und Katharina Bleier (ASC), Stefan Kleinberger (Wiener Symphoniker), Julia Bungardt (Anton Webern Gesamtausgabe), Simon Obert (Paul Sacher Stiftung, Basel), Angelika Dworak und Katja Kaiser (UE) sowie Renate Starck-Voit (Gustav Mahler Gesellschaft). Weiterhin danken wir für Auskünfte, Hinweise auf und die Bereitstellung von Materialien Hermann Beil, Daniela Alejandra Fugellie, Boris Kehrmann, Peter Puskás, Nicole Ristow, Dörte Schmidt, Esther Christine Schmidt. Gedankt sei an dieser Stelle auch der Wiener Musikuniversität und ihrer Rektorin Ulrike Sych, die durch den Erwerb des Nachlasses sichergestellt hat, dass dieser nunmehr Forschung und Lehre zur Verfügung steht.

Ermöglicht wurde das Vorhaben während seiner verschiedenen Phasen von der Vorbereitung des Symposiums über die Durchführung des Projekts bis hin zur Drucklegung dieses Bands durch die organisatorische und vor allem finanzielle Unterstützung einer Reihe von Institutionen: Bundesministerium für Bildung, Wissenschaft und Kultur, Fonds zur Förderung der wissenschaftlichen Forschung, Wissenschaftsreferat der Stadt Wien, Österreichische Nationalbank, Vienna Convention Bureau, Wiener Symphoniker und vor allem Wiener Musikuniversität.

Unser besonderer Dank gilt schließlich Sigrid Wiesmann (†), den beiden Projektmitarbeitern Erika Horvath und Otto Karner sowie allen Autorinnen und Autoren, nicht zuletzt für ihre Geduld während der langwierigen Entstehung dieses Buchs.

Die Herausgeber   Wien, im März 2021

EINLEITUNG

Was macht Hans Swarowsky zu einem musikhistorisch interessanten und relevanten Gegenstand – wenn man einmal von aktuellen Trends im Fach Musikwissenschaft (Performance Studies, Schrift, Körper, Biographik) absieht, die mit unterschiedlichen Anteilen auch in unser Thema einschlagen? Was rechtfertigt in seinem Fall die umfassende Rede von „Musik, Kultur und Politik im 20. Jahrhundert"?

Die Musik betreffend ist in erster Linie an Swarowskys Bedeutung und seinen Erfolg als Dirigent zu erinnern, wegen der herausgehobenen, sichtbaren Stellung und der Möglichkeiten, auf Musikleben und Richtung des Geschmacks Einfluss zu nehmen, die einem in dieser Funktion zu Gebote stehen. Als Lehrer begründete Swarowsky zudem eine einzigartige und langwirkende Schule mit internationaler Ausstrahlung. Eine Beziehung zu Kultur und Politik spielt zwar in der Biographie der meisten Musiker eine gewisse Rolle, sie nimmt bei Swarowsky aber spezifische Formen an: Er bekommt es mit mehreren ganz verschiedenen „Kulturen" zu tun, und alle haben sie tiefere und widersprüchliche Spuren hinterlassen. Zeitlich reicht dieses Leben vom Wiener Fin de siècle bis in die 1970er Jahre mit all den kulturellen Umbrüchen und den unterschiedlichen sozialen Schichten und gesellschaftlichen Subsystemen, in denen er sich bewegt hat (was vielleicht vom „20. Jahrhundert" zu sprechen erlaubt); räumlich sind es Wirkungskreise, die Herausforderungen unterschiedlicher Art bereithalten: Österreich in seinen diversen Umfängen, Italien, Deutschland, Schweiz, Polen, Schottland – dazu kommen Konzerttourneen bis nach Nord- und Südamerika oder Israel sowie Bildungsreisen. Analoges gilt von der Politik; die Biographie spielt sich ab in diversen Regimes und damit verbundenen „politischen Kulturen" und unter unterschiedlichen Lebensbedingungen. Mit dem Aufkommen des Nationalsozialismus spitzt sich das zu – als seiner Herkunft nach potentiell und real Gefährdeter macht Swarowsky teils im System Karriere, teils wird er kaltgestellt; diese sozusagen doppelte Vergangenheit wird Swarowsky nach 1945 nicht loslassen.

I.

Im Musiker Swarowsky kreuzen sich auf markante Weise verschiedene aufführungshistorisch signifikante Traditionslinien. Schon im Wien der Vorkriegszeit verschafft ihm der gesellschaftliche Hintergrund seines Vaters mit Empfängen, Reisen, Konzert- und Opernbesuchen zahllose Eindrücke und Kontakte, ohne dass die von Swarowsky aufgezählten Namen von berühmten Pianisten und Dirigenten irgendeine genauere Bezugnahme und die Identifikation einer Art von Wirkung auf ihn erlaubten. Aber so viel scheint festzustehen, dass er von vornherein in eine Konstellation gerät, die vielfältige Anregungen und Anschlussmöglichkeiten bereithielt. Sobald in den 1920er Jahren die Dokumente etwas mehr verraten und wir deutlicher sehen können, wird klar, dass sich ein Spannungsfeld auftut.

Swarowskys Zugehörigkeit zur Generation der Neuen Sachlichkeit kann natürlich erst greifen, wenn a) die entsprechenden historischen Bedingungen eingetreten sind, und b) Swarowsky ein Alter erreicht hat, in dem die lebensentscheidende Richtung eingeschlagen werden kann. Die Neue Sachlichkeit bildet sich heraus als Reaktion auf Weltkrieg und Revolution – und das ist die Zeit, da sich Swarowskys Verhältnis zur Musik professionalisiert (zunächst aus Interesse, dann notgedrungen) –, dann aber färbt sie alles ein, worauf er trifft, auch die Traditionen, mit denen er konfrontiert wird. Die Reinigung, welche diese Richtung betreibt, findet sich zwar als Intention auch in der Wiener Schule, aber Swarowsky gewinnt ihr bestimmte Nuancen ab, die dieser fremd sind – so die entschiedene Ablehnung des Selbstausdrucks des Interpreten durch Musik.

Die neusachliche (anti-romantische, anti-gründerzeitliche) Orientierung erklärt auch einen gewissen polemischen Zug in Swarowskys Habitus. Gleichzeitig bleiben aber Teile der Überlieferung erhalten – nicht immer ergreift die Revision des Zugangs alle Aspekte der Musik und der überkommenen Art, Musik aufzuführen. Nicht alle traditionellen Espressivo-Elemente (Vibrato, Portamento, Rubato etc.) verschwinden restlos, aber das Espressivo verlagert sich weg von der individuellen Intention des Interpreten hin zu einer Eigenschaft der Musik, einem Moment der Vergeistigung. Später wird es vollends versachlicht als Kategorie der Dynamik und „Mittelwert freien instrumentalen Ausdrucks" zwischen *dolce* und *cantabile*.

Soweit wir verlässliche Informationen haben, dass ein förmlicher Unterricht stattgefunden hat, wurde Swarowsky von bedeutenden Lehrern geprägt: Schönberg und Webern, auf deren Unterricht er auch immer wieder zurückkam. Dies war bereits, wenn auch privater, Teil einer professionellen Ausbildung. Über die Wiener Schule fand er auch Anschluss an die Mahler-Tradition. Dies waren freilich nicht mehr die Protagonisten der Phase des Expressionismus. Der Schönberg von 1920 (wenn Swarowsky die Proben zu *Gurre-Lieder* in der Staatsoper beobachtet und um Unterricht bittet) ist bereits nicht mehr der der musikalischen Individualformen, aber er hat das Symphonie/ Oratorienprojekt mit dem *Jakobsleiter*-Finale noch nicht aufgegeben. Zugleich meditiert er über Organisationsprinzipien, aus denen dann die Dodekaphonie als Objektivierungsmittel hervorgehen wird. Der Webern von 1921 (zu dem Swarowsky von Schönberg weitergereicht wird) hat die extremen Miniaturen hinter sich gelassen und ist mit den Kammerliedern beschäftigt, in denen er sich vergleichsweise einfache gebundene Texte als Widerpart wählt.

Aus der Wiener Schule bezieht Swarowsky: Analyse als Basis für Aufführung (auch Taktgruppenanalyse), das polyphone Denken, die systematische Untersuchung von Notation und Aufführungsproblemen (darunter vielleicht auch das Ernstnehmen der Metronomangaben).

Gegenüber der in solchen Orientierungsfiguren verkörperten Dissidenz beginnen mit der Berufsausübung die gängigen Mechanismen der Formierung eines Kapellmeisters innerhalb des etablierten Betriebs zu greifen. In diesem Rahmen mag auch Weingartner eine Art Lehrer gewesen sein. Er dürfte zugleich als ein vergleichsweise ‚moderner' Dirigent (der etwa Tempokonstanz propagierte, wenn auch keineswegs immer durchhielt[1]) sich als Leitbild empfohlen haben.

Als die Karriere bereits Fahrt aufgenommen hat, kommen sekundäre Prägungen hinzu. Im direkten Wege und stark der als Komponist verehrte und als Kapellmeister etablierte Strauss, dem Swarowsky handwerkliche Winke, aber auch ästhetische Vorstellungen verdankt, der ihm die systematische Behandlung der Aufführung in praktischer Hinsicht nahegelegt und ihm überdies vielleicht durch den Hinweis auf die Violinschule Leopold Mozarts den Weg zur historischen Aufführungspraxis gebahnt hat. Strawinsky wiederum, von dem er viel dirigiert und den er auch persönlich kennengelernt hat, diente vielleicht nur der Bestätigung des kritischen Verhältnisses zu „Interpretation".

Auch die Beziehung zu ‚reinen' Interpreten, insb. zu seinen Favoriten unter den Dirigenten – Toscanini, Kleiber, auch Weingartner, den er vermutlich nicht als Komponisten wahrgenommen hat[2] – ist wohl so zu charakterisieren, dass jeweils nur bestimmte Elemente übernommen wurden. Auch wenn er nach dem Krieg als Vertreter der Toscanini-Partei (vs. Furtwängler) figuriert, heißt das nicht, dass er keine eigenständige Position vertrat. Darin erscheinen die verschiedenen Einflüsse nicht ganz widerspruchsfrei, aber doch einigermaßen kohärent synthetisiert.

Bis jetzt fehlt uns allerdings eine vollständige, zusammenhängende diachrone Beschreibung der musikalischen Reaktion auf Eindrücke, Entwicklungen, Tendenzen um ihn herum, und sie ist wohl mangels Dokumentierbarkeit kaum mehr zu leisten. Das genaue Verhältnis zu anderen Dirigenten, verwandten ebenso wie gegensätzlichen Erscheinungen, bedarf noch systematischer Aufarbeitung. Insbesondere dasjenige zu

---

1 Dazu, wie generell zum Phänomen der ‚gemischten' Positionen, liefert Lars E. Laubhold wichtige Informationen: *Von Nikisch bis Norrington. Beethovens 5. Sinfonie auf Tonträger. Ein Beitrag zur Geschichte der musikalischen Interpretation im Zeitalter ihrer technischen Reproduzierbarkeit*, München 2014. Wie nicht weiter verwunderlich, sind Laubhold Swarowskys Einspielungen entgangen.

2 Soviel wir wissen, hat er von ihm nur das Streichorchester-Arrangement von Beethovens *Großer Fuge* dirigiert.

Herbert von Karajan (mit dem ihn *musikalisch* manches verbindet und zu dem eine Beziehung gegenseitiger Hochschätzung bestand, auch wenn die Karajansche Klangästhetik, der verselbständigte Sensualismus, auch der technische Perfektionismus, Swarowsky fremd war). Der oft behauptete Gegensatz war vor allem einer der Image-Konstruktion. Ebenso ruft nach Erklärung die rätselhaft anmutende Freundschaft mit Bernstein, den er auch in seinen interpretatorischen Eigenmächtigkeiten tolerierte, weil er ihm den Komponisten zugutehielt, der als solcher auch ‚schöpferisch' agieren dürfe, während ein bloßer Interpret sich strikt an den Notentext zu halten habe.

Maßstab und Orientierungsgröße für die Aufführung ist die Intention des Komponisten, nicht die persönliche Lesart des Interpreten. Die Intention ist in der Partitur gleichsam objektiviert; sie ist in erster Linie auf analytischem Wege herauszufinden, teils aber auch durch Beschaffung von Informationen: die Konsultation von Gewährsleuten, das Studium von Theoretikertexten. Die Aufführung hat stilistisch angemessen zu erfolgen – das gilt nicht nur für die der historischen Aufführungspraxis zugänglichen Repertoires, sondern für die Musik jeder Epoche. Dabei stellt jeder Stil eigene Anforderungen, aber er darf sich als Stil nicht verselbständigen, sondern muss immer in Relation zum individuellen Werk(text) gesehen werden.

Klarheit der Darstellung ist ein anzustrebendes Ideal – es bedeutet nicht Simplifizierung, Nivellierung von Komplexität, sondern Hörbarmachen tendenziell aller Stimmen, vor allem aber der entscheidend wichtigen (thematisch und harmonisch grundlegenden), ihre differenzierte Artikulation und nachvollziehbare Anordnung, Entrümpelung von angehäuftem Traditionsstoff, Versachlichung des Verhältnisses zur Musik (soll heißen Vermeidung willkürlicher Einmengung des Subjekts), aber ohne Einbuße an Intensität und ohne Preisgabe des im Werk selbst gelegenen Ausdrucks.

Swarowskys Repertoire ist einerseits ungewöhnlich umfangreich, Resultat aus einer großen Menge an Gelegenheiten und Swarowskys Bereitschaft, sich auf vieles einzulassen, auch auf zeitgenössische (nicht jedoch avantgardistische) Produktion. Demgegenüber lässt sich ein relativ klar umrissenes Kernrepertoire ausmachen. Nicht überraschend die Wiener Klassik mit einem entschieden aufgewerteten Haydn und einem entpathetisierten Beethoven. Sodann Wagner, Verdi, Bruckner, Brahms, Puccini, Mahler, Strauss (dabei verlagerte sich das Interesse in späteren Jahren von Strauss zu Mahler, zu dessen Renaissance nach dem Zweiten Weltkrieg Swarowsky entscheidend beigetragen hat), schließlich ausgewählte Werke aus der Wiener Schule. Aus der klassischen Moderne waren es vor allem Strawinsky, Bartók und Ravel, denen er Meisterschaft zubilligte. Von den populären, von ihm aber nicht zum obersten Rang gezählten Komponisten sparte er etwa bei Tschaikowsky gerade die symphonischen Schlachtrösser Nr. 4 und 5 aus (während es engagierte frühe Einspielungen der 1. bis 3. Symphonie von ihm gibt); dagegen hegte er im Kernrepertoire eine Liebe zu gewissen abgespielten Stücken wie Schuberts „Unvollendeter" oder Mozarts *Eine kleine Nachtmusik*. Soweit man ältere Musik in seinen Aufnahmen greifen kann und soviel aus seinen Äußerungen zu erschließen ist, spielte er eine gewisse Rolle in der Verbreitung der historischen Aufführungspraxis.

Als Lehrer nimmt Swarowsky eine wichtige Stellung in der Akademisierung der Musikerausbildung ein – indem Dirigenten nicht mehr der Praxis überlassen bleiben und dort Erfahrung und Routine erwerben, sondern in Hochschulen systematisch unterwiesen werden und der Unterricht über schlagtechnische Ratschläge weit hinausgehend auch ein Bildungsziel verfolgt: Objektivierung auf der Basis von Analyse, Horizonterweiterung, historisch-stilistischer Differenzierung; weiterhin indem seine Klasse zum Begriff und zum Attraktionszentrum wird. Allerdings harrt auch seine Stellung in der Geschichte der Dirigentenausbildung noch einer systematischen Behandlung.

Als Verfasser zahlreicher Texte ist Swarowsky ein eigenes Phänomen – freilich befindet er sich damit in bester Gesellschaft – man denke an Weingartner, Pfitzner, Furtwängler, Erwin Stein, Leinsdorf. Meist anlassbezogen, oft weit ausgreifend, lassen selbst Texte, die nicht explizit Aufführungsfragen zum Thema haben, die Perspektive des Interpreten durchscheinen. Vieles bleibt fragmentarisch, aber als Resultat eines gemeinsam mit Strauss entwickelten Plans liegt immerhin eine zumindest in Ansätzen ausgearbeitete Dirigierlehre vor.

Nicht nur als Lehrer, sondern auch in seinen anderen Rollen, als teilweise international agierender Dirigent in Oper, Konzert (einschließlich „populärer" bzw. volkspädagogischer Veranstaltungen) und auf Schallplatten, als Autor und Übersetzer, zeigt Swarowsky Wirkung. All das, dazu noch die schiere Zahl der dirigierten und gespielten Werke, ist schon rein quantitativ exzessiv – und auch damit als Wirkung unabsehbar (nicht zu reden von einer kaum begreiflichen Lebensleistung).

Dabei entstehen eigentümliche Widersprüche, Spannungen, Paradoxien: Der Lehrer kommt dem Ansehen des Dirigenten in die Quere: Sein Ruhm als Gründer einer legendären Schule oder als „Dirigentenmacher" war eine zweischneidige Qualifikation. Der namentlich in Wien verbreitete Topos: ein guter Lehrer, aber schlechter Dirigent, folgte dem alten Klischee: Wer's selber nicht kann, wird Lehrer. Ein guter Lehrer kann also schon per definitionem selbst kein guter Dirigent sein. So wurde Swarowsky bereits zu Lebzeiten zur historischen Figur erhoben – aber als jemand, der nicht primär über sein eigenes Musizieren, sondern nur vermittelt durch das anderer gewirkt habe. Auch die Rolle als Intellektueller und öffentliche Figur war der Wirkung des Dirigenten nicht förderlich. Der Bewunderung für die universale Bildung und die bezwingende Eloquenz stand das Vorurteil gegen ein angeblich rein rationales und emotional unterkühltes, lediglich technisch exekutierendes Musikmachen zur Seite. Entgegen der objektivistischen Absicht schob sich in der Wahrnehmung der Öffentlichkeit dennoch die Person wegen ihrer massiven Präsenz vielfach vor die Sache. Dies gilt vor allem für Wien, wo Swarowsky nach dem Krieg im Musikbetrieb zeitweilig fast allgegenwärtig war – es zeigt, dass zwischen internationaler und lokaler Wirkung zu unterscheiden ist.

Umgekehrt führte die Vielzahl auch international vertriebener Plattenaufnahmen, deretwegen auch Umfang und Art ihrer Wirkung kaum zu ermessen sind, wegen des Verzichts auf promotion[3] nicht zu größerer Bekanntheit des Dirigenten – was wiederum mit Swarowskys Konzeption vom Primat der Werke auf unerwartete Weise harmonierte.

II.

Swarowskys erklärtes Ziel war, Musik als Teil der Kulturgeschichte zu begreifen und damit zugleich als Spielart eines Allgemeinen. Er umschreibt dieses Verhältnis immer wieder dahingehend, dass sich in Musik „das Geistige" äußere und erfahrbar gemacht werden müsse. Was dieses Geistige ist, wird von ihm nicht als solches theoretisch expliziert, man kann sich ihm nur indirekt annähern. Am ehesten greifbar wird in seinen Äußerungen die Vorstellung, dass Musik einer abgesonderten, reinen, erhabenen Sphäre angehöre, dem Alltäglichen, Niedrigen, Prosaischem, Sinnlichen, Körperlichen entgegengesetzt – also eine der ubiquitären Fernwirkungen der romantischen Ästhetik, die sich in der Konfrontation mit den politischen Verhältnissen verstärkt und spezifiziert haben dürfte. Es wäre freilich ein Missverständnis, daraus zu folgern, dass Swarowskys Musizieren unsinnlich, entmaterialisiert, trocken „analytisch", ausschließlich strukturbezogen etc. wäre. Allerdings ist als Gegensatz mitzudenken das Ungeistige: das selbstgenügsam Musikantische, das selbstzweckhaft Klangsinnliche, Selbstdarstellungs-Attitüden, emotionaler Selbstausdruck der usurpatorischen Interpreten auf Kosten des im Werk des Komponistengenies enthaltenen und verwirklichten Ausdrucks.

Auch das historisch-kulturelle Allgemeine wird selbst nicht thematisiert, sondern allenfalls punktuell konkretisiert. Es versteht sich aus seinem Metier heraus, dass speziellere, geschweige denn systematische philosophische, kulturhistorische etc. Darlegungen nicht zu erwarten sind, sie bilden nicht den eigentlichen Gegenstand. Es geht um Anreicherung des Metiers durch Heranziehung von Bildungsstoff verschiedener Art, um Befreiung aus der Enge des rein Musikalischen.

Ähnliches gilt für die Musikgeschichte. In seinen Aussagen wird Swarowsky kaum jemals musikhistorisch konkret; eine gewisse Ausnahme bilden der Text „Klassik und Romantik"[4] und einzelne Komponistenmonographien, sonst wird Geschichte ad hoc angesprochen, insoweit es Aufführungsfragen betrifft. Es ist keine musikgeschichtliche

---

3 – sowie, nicht zu vergessen, die vielfach dubiosen Zuschreibungen.
4 *WdG*, S. 18–28.

Konzeption als solche erkennbar, sondern man trifft allenfalls auf Ausblicke und Assoziationen. Bei aller angestrebten Erweiterung des Horizonts etwa über die gängigen Repertoirestücke hinaus, hinter Haydn zurück und in die Neue Musik hinein bleiben als Fluchtpunkt immer die konkreten mit Interpretation zusammenhängenden Fragen, wobei der Anspruch festgehalten wird, den aktuellen Gegenstand auf ein größeres und höheres Ganzes hin zu orientieren.

Vor jeder Konzeptualisierung in Ästhetik und Pädagogik ist Kultur (in einem spezifischen Sinne, so wie man es in der ‚guten Gesellschaft' damals verstand) konstitutives Element der Persönlichkeit. Dies ist schon im familiären und sozialen Hintergrund angelegt. Beide Elternteile sorgen dafür, dass Swarowsky in einer Sphäre von gehobenem Lebensstil, Geschmack und Kunstsinn aufwächst, allerdings mit gewissen Unterschieden. Der Vater vertritt das typische kulturelle Verhalten im großbürgerlichen Milieu des Fin-de-siècle-Wien – auch mit Einschlägen des Parvenuhaften. Vordringliches Interesse ist Repräsentation in Imitation adeliger Verhältnisse: Man hält sich Stadtpalais und Landhäuser, auch an der französischen Riviera, eine reiche Kunstsammlung und eine ständige Opernloge, unternimmt weite Reisen, gibt Gesellschaften mit Berühmtheiten u. a. des Kulturlebens – die sich mit intellektuellerem Anstrich und im kleineren Maßstab in den Salons der ‚Adoptivtochter' und Nennschwester Swarowskys wiederholen. Die Mutter steht als ehemalige kleine Schauspielerin für ein anderes soziales Stratum naturgemäß niedereren Ranges, aber anders als der Kultur nur konsumierende Vater für die quasi (re-)produktive Seite von Kultur. Musik bildet einen selbstverständlichen Teil diese Kulturverhaltens, und so bekommt der Kleine einen Flügel und Klavierstunden – von welchen mehr oder weniger prominenten Lehrern er zunächst unterrichtet wird, ist nicht gesichert, aber die Erfolge sind schließlich unbestreitbar –, wird in Oper und Konzert mitgenommen und ist vorerst passiver und staunender Zeuge von Kunstgesprächen.

In der Lebenswelt des Jungen hat bildende Kunst eine Präsenz und prägende Wirkung, die nicht minder hoch zu veranschlagen sind als jene der Musik. Die Reise zu Renoir, als deren Resultat er sich selbst zum Sujet eines Kunstwerks erhoben sieht, dürfte eine ebenso tiefe Erfahrung gewesen sein wie das mit Kunstgegenständen angefüllte Ambiente der väterlichen Wohnsitze. Man könnte sagen, dass Swarowsky sein ganzes Leben hindurch diese Erlebnisse zu reproduzieren versucht hat: Immer wieder sucht er bildende Kunst gezielt auf, nimmt alles mit, was ihm unterkommt, sammelt geradezu obsessiv, mit sich ausweitenden finanziellen Möglichkeiten ausgedehnt auf Bücher, Autographe, Stiche, in geringerem Umfang Bilder und Möbel. Als Sohn aus gutem Haus beginnt er ein schöngeistiges Studium zu betreiben mit Schwerpunkt Kunstgeschichte, Philosophie etc. Dabei kommen ihm reiche und weit zurückreichende Erfahrungen zugute, die gewissermaßen nur auf ihre Systematisierung warten.

In späten Erinnerungen hat Swarowsky das Studium der Kunstgeschichte in eine eigentümliche Verbindung mit Psychoanalyse gebracht: Eigentlich habe er Psychoanalytiker werden wollen, und die Kunstgeschichte gewählt, damit es nicht zu trocken würde – doch wurde ihm bald klar, dass die Ausbildung zum Psychoanalytiker an eine Reihe von ihm eher fremden Voraussetzungen geknüpft war. Aber während das Interesse an der Psychoanalyse hauptsächlich durch die große (spätere?) Sammlung thematisch einschlägiger Schriften dokumentiert ist (das ‚Studium bei Freud' ist wohl Teil der Selbstdarstellung, an der Universität wurde nur eine Vorlesung zur Einführung in die Psychologie bei Si(e)gmund Kornfeld belegt, der von der Psychiatrie herkommend sich der philosophischen Psychologie zugewandt hatte), lässt sich nachvollziehen, dass ein zunächst gleichgewichtiges Interesse an bildender Kunst und an Musik bestand, auch wenn beides vielleicht zunächst nicht Teil der Lebensplanung war; die Entscheidung für die Musik als Berufsweg ergab sich aus äußeren Bedingungen. Swarowsky begann ein ordentliches Studium der Kunstgeschichte und ein ‚ordentliches' Musikstudium, das nicht auf Klavierspiel oder auf Komposition gerichtet war – im einen wie im andern Falle handelte es sich um keine Berufsausbildung im engeren Sinn, sondern eher um ein interessengeleitetes Bildungsprogramm, wenn auch auf Gebieten, die Swarowsky existenziell betrafen, und mit einer Intensität, die ihm einen Fonds von intellektuellen Erfahrungen bescherte, der ihn schließlich zu dem bedeutenden Kenner der Kunstgeschichte und des musikalischen Kernrepertoires machte, als der er so Viele beeindruckt hat, und als Pianisten einen Level erreichen ließ, der ihm, als die Umstände es erforderten, eine Berufsperspektive eröffnete.

Aber auf beiden Feldern lernte Swarowsky in diesen Studien den analytischen Zugang zu Werken. Ebenso wurde ihm ein enzyklopädisches Interesse vermittelt, das durch den Dvořákschen Universalismus und den systematischen Ansatz Schönbergs verstärkt worden sein mag. In der bildenden Kunst bezog sich dieses ausgreifende enzyklopädische Interesse auf die gesamte europäische Kunst seit dem Mittelalter; bei Musik zumindest auf den Bereich innerhalb der von seinen Lehrern und dem Stand der allgemeinen Rezeptionsgeschichte gezogenen Grenzen des Kanons, den Swarowsky nach Möglichkeit zu erweitern suchte, ohne die ererbte Hierarchie mit der ‚deutschen' Tradition im Zentrum anzutasten. Das besondere Interesse an der italienischen Oper hat seine Parallele zumindest in der damals aufkommenden Verdi-Renaissance, ist wohl auch vor dem Hintergrund der Bedeutung von Italien für den Kulturmenschen zu sehen, erklärt sich bei Swarowsky aber zusätzlich durch ein ganz persönliches Verhältnis zu dem Land und seiner Sprache.

Die plurale Interessenlage erlaubte es ihm, zwischen seinen Interessengebieten Querverbindungen herzustellen. Im häufig herangezogenen, ihm durch Alois Riegl vermittelten Begriff des Kunstwollens, der die überindividuellen und vielfach unbewussten Bestrebungen einer Epoche bezeichnet, dürften sich für ihn Psychoanalyse und Kunstgeschichte gekreuzt haben. Spuren der Letzteren liegen in Swarowskys schriftlichen Äußerungen zur Musik offener zutage als solche der Psychoanalyse, denen noch gründlicher nachzugehen sein wird. Ein anderer seiner Hausgötter nach Max Dvořák, Karl Kraus, war außer für die Macht der Polemik und den kunstmoralischen Anspruch für die Beherrschung des Worts Vorbild, etwas, das auch Sigmund Freud auszeichnete. Und wie bei Freud in der Erforschung der Triebdynamik des Individuums geht es auch in Kraus' Sprachkritik auf kollektiver oder gesellschaftlicher Ebene um Systematisierung, Analyse, Motivforschung, Erfassung der tieferen Gründe.

Kulturell definiert ist auch der Sozialcharakter. Swarowsky verkörpert den Dirigenten als Intellektuellen, mit verschiedenen Facetten: Die Musik ist ihm wie erwähnt Ausdruck von Geistigem; er macht ernst mit der Akademisierung des Dirigierunterrichts – nicht unbedingt seiner Verwissenschaftlichung, wohl aber Systematisierung und Funktionalisierung im Sinne eines Bildungsauftrags. Der weite Horizont, wie er ihn seinen Studenten eröffnet, wird gegen den Musiker als bloßen Handwerker ausgespielt, gegen Beschränktheit an der Akademie und borniert Zustände im von Gewohnheit und Klischees dominierten Musikleben.

Er entwirft sich selbst in Auftreten, Outfit und Äußerungen als „Herr". Eine Anweisung zum Pizzicato in einer Orchesterprobe: „Spielen Sie wie Herren, bewegen Sie alles, nur nicht den Kopf. Ein Mensch, der den Kopf bewegt, ist kein Herr!"[5] Oder die folgende von Zubin Mehta erinnerte Erzählung: „Wenn Sie wissen wollen, wie niveaulos der Hitler war, so muß man ihn nur einmal im Frack gesehen haben. Das decouvrierte ihn total, denn nichts passte, nichts stimmte, er wußte weder, wie man einen Frack (im Detail) anzieht, noch wie man ihn trägt. Die Hose saß falsch, das Gilet war zu kurz, usw." Mehta betonte demgegenüber, wie elegant Swarowsky stets angezogen war.[6] Die Distinktionsabsicht (die vor Übertreibungen nicht immer sicher war) lässt sich gewiss in das gesellschaftliche Umfeld seiner Jugend zurückverfolgen, seit den 1960er Jahren stand sie wohl auch im Zeichen der Überwindung der Hungerzeiten. Im Äußeren wie im Habitus strahlte er Überlegenheit aus, wurde allerdings auch als jemand wahrgenommen, der sich überlegen fühlte und dies gegebenenfalls auch lustvoll ausspielte. Es kam vor, dass er sein Gegenüber mit gezielten Provokationen verwirrte oder empörte, oft genug waren es lediglich überraschende Pointen, frappante Assoziationen oder mutwillige Übertreibungen, die als gewollte Provokationen gewertet wurden.

Das alles ist aber nicht einfach sozialpsychologisch aufzulösen. Denn einerseits lässt ihn das ganze Leben hindurch das Thema seiner Herkunft nicht los, von der außerehelichen Geburt über den gefälschten Ariernachweis und die Doppelexistenz während der NS-Zeit bis hin zum Streuen der Anekdote, dass sein Vater ein Erzherzog gewesen

---

5 Robert Freund, *„Gicksen Sie nicht!" oder „Spielen Sie gleich die richtige Note!" Eine Autobiographie*, Privatdruck on demand Wien [2018], Kapitel „Gicksen Sie nicht!", S. 56–59: 59.
6 Gespräch Zubin Mehta mit Manfred Huss, 13.5.2000 im Wiener Hotel Imperial, Gedächtnisprotokoll Manfred Huss.

sei. Das führt auf die Vermutung, dass ein Teil seines Verhaltens kompensatorischer Natur gewesen sei. Auf der Ebene des professionellen Umgangs dagegen relativiert sich das entschieden. Denn so dezidiert er die Vollmacht des Dirigenten ausübt und vertritt – dieser hat sich dem Genie des Komponisten und der Autorität des Textes unbedingt unterzuordnen; der Begriff des genialen Interpreten ist ihm (wie Pfitzner) ein Greuel. Dabei kommt es zu einem interessanten Zusammenspiel zwischen seiner katholischen Sozialisation und den Resten von jüdischer Tradition, die er von Vaterseite mitgebracht haben mag: Einerseits tritt neben die Autorität des Wortes (die Partitur) die kirchliche Tradition (direkte interpretatorische Überlieferung, das Zeugnis von Lehrwerken aus dem zeitgenössischen Umfeld der Komponisten), andererseits gibt es keine absolut gültige Auslegung, sondern nur die immer erneute Versenkung in die Schrift (die musikalische Analyse). Im Verhältnis zum Orchester herrscht eine Grundhaltung vor, die durchaus von Respekt getragen ist, die Vorstellung, dass die Orchestermusiker die eigentliche Arbeit verrichten, sodass dem Dirigenten als praktische Aufgabe zufällt, den Musikern überflüssige Mühe zu ersparen und die optimale Mitwirkung am gemeinsamen Werk zu ermöglichen. Das schließt verbale Spitzen und Bonmots nicht aus, und ebensowenig gelegentliche Herrschaftsgesten, dies aber stets im Zeichen der gemeinsamen Unterordnung unter die Sache: die Verwirklichung der Komponistenintention.

Eine wesentliche Facette steuert der Erotiker zum Persönlichkeitsbild bei. Dies ist schon als Kulturphänomen von Relevanz. Auch hier liefert die Herkunft den Hintergrund: Sowohl Kranz als auch der imaginierte Erzherzog-Vater taten sich in ihrem Sexualverhalten keinen Zwang an, wie in den sozialen und kulturellen Eliten Wiens um 1900 gang und gäbe. Dass Swarowsky lebenslang leicht entflammbar war[7], war ihm karrieretechnisch nicht immer von Nutzen. Auch nach dieser Richtung reagierte er unbefangen, für manche schockierend und übergriffig[8] – zweifellos ein Ventil für den Druck, unter den ihn seine generelle Situation und die Spannung des verantwortlich Exponierten setzten. Entsprechende Aufladung weisen aber auch jene Äußerungen auf, die für das Verständnis des Musikers unverzichtbar sind. Wenn er einem rhythmisch frei oder vielmehr willkürlich agierenden Pianisten zuruft: Spielen Sie im Takt – die Musik ist keine Hure!, so ist die Musik zugleich antonymisch als nicht käuflich, unabhängig, anspruchsvoll, rein, respekteinflößend gekennzeichnet und damit idealisiert. Somit bleibt die Frage nach dem Frauenbild Swarowskys und seinen Implikationen für den beruflichen Umgang mit Musikerinnen und Studentinnen virulent.

---

7 – sicher der Hauptgrund, warum Swarowskys Tagebücher von der Witwe zum Verschwinden gebracht worden sind. – Unter den Dirigenten denkt man wohl an Furtwängler als parallelen Fall.
8 Milan Turković berichtet von dem Sänger Fritz Wunderlich, der unmittelbar vor seinen Auftritten die an der Bühnentür Herumstehenden mit Zoten zu traktieren pflegte, um dann auf dem Podium in höhere Sphären zu entführen. Siehe Milan Turković, *Senza sordino. Was Musiker tagsüber tun*, Wien 1998, S. 131 f.

III.

Wie viele Angehörige seiner Generation hat Swarowsky die unterschiedlichen politischen Systeme von der späten Monarchie bis zur wiedererrichteten Demokratie nach 1945 erlebt. Und wie für alle Zeitgenossen zogen auch für Swarowsky Krieg und Faschismus tiefgreifende existenzielle Konsequenzen nach sich. Was in seinem Fall den Zusammenhang zwischen Biographie und Politik spezifisch macht – und zugleich die Rekonstruktion dieses Zusammenhangs vor besondere Herausforderungen stellt –, wird an einer Reihe von Widersprüchen deutlich, die sich schon bei einem oberflächlichen Blick zeigen (ob es sich um scheinbare oder wirkliche Widersprüche handelt, zählt bereits zu den vielen offenen Fragen). So war Swarowsky als Sohn eines jüdischen Vaters zwischen 1933 und 1945 der Gefahr von Verfolgung ausgesetzt – dennoch gelang ihm im NS-Kulturbetrieb eine Art von Karriere; die Position als Generalmusikdirektor in Krakau involvierte ihn zumindest indirekt in die (auch kulturelle) deutsche Unterdrückungs- und Vernichtungspolitik in Polen und brachte ihn in unmittelbare Nähe zu Hans Frank, dessen Persönlichkeit er offenbar durchaus ambivalent beurteilte – gleichzeitig hat sich Swarowsky aber für polnische Musiker eingesetzt und dürfte Informationen an die Alliierten weitergespielt haben; einiges spricht dafür, dass Swarowsky in der Zwischenkriegszeit Sympathien für den Kommunismus entwickelte – auf der anderen Seite attestierten ihm die US-amerikanischen Behörden im Zuge des Entnazifizierungsverfahrens eine monarchistische Gesinnung.

Die Schwierigkeit, Swarowskys Handlungen zu deuten, die dahinterliegenden Vorstellungen und Motive zu erhellen und generell seiner politischen Haltung (bzw. seinen möglicherweise wechselnden politischen Haltungen) auf die Spur zu kommen, wurzelt vor allem in der diffizilen Quellenlage. Explizite Aussagen Swarowskys zu Politischem sind nur spärlich und überwiegend aus zweiter Hand überliefert. Von der Zuverlässigkeit der indirekten Zeugnisse abgesehen gilt selbst dann, wenn von der ‚Authentizität' einer Äußerung ausgegangen werden kann, voneinander abzuheben, was den Tatsachen entsprechender Bericht ist, was Selbstschutz bzw. taktischem Kalkül entspringt, wo die Erinnerung versagt, wo im Nachhinein bewusst oder unbewusst zurechtgerückt oder gar verdrängt wird und wo die Neigung zu Ausschmückung und Übertreibung oder zur Stilisierung der eigenen Lebensgeschichte in romantauglichen Anekdoten durchschlägt.

Der Informationsmangel betrifft zuallererst die (generell relativ quellenarme) frühe Biographie. Unklar ist daher, wie Swarowsky zu den Umbrüchen in Österreich von 1918 bis 1938 stand, vom Untergang der Monarchie über die Abschaffung der Demokratie 1933/34 bis hin zum „Anschluss" 1938. Dabei liegt die Frage nach seiner Sicht bzw. Reaktion auf die Revolution von 1918 insofern besonders nahe, als Swarowsky über seinen Vater zur privilegierten Schicht der späten Monarchie gehörte und das Ende des alten

Österreich bekanntlich für viele Angehörige der sozialen Eliten ein sozio-psychologisch einschneidendes, wenn nicht schockartiges Ereignis war. Nur bedingt aussagekräftig ist das Gutachten der US-Behörden 1945, das bei Swarowsky eine monarchistische Orientierung und eine Idealisierung der Habsburger-Monarchie diagnostizierte.[9] Davon abgesehen, inwieweit er diese Haltung gegenüber den amerikanischen Vernehmern aus taktischen Gründen forcierte und/oder inwieweit es sich um eine nachträgliche Verklärung zumal im Lichte der Erfahrung des Nationalsozialismus handelt, stellt sich die Frage, worauf sich diese Idealisierung genau bezog. Möglicherweise ging es nicht in erster Linie um die (abstrakte) Staatsform und das politische System als solches, eher könnte eine Assoziation der „Welt von gestern" mit vergleichsweise geordneten und stabilen Verhältnissen im Spiel gewesen sein, vielleicht auch mit kultureller und ökonomischer Prosperität, mit der die ausgehende k.u.k. Monarchie zumindest in der Lebenswelt bzw. aus der Perspektive des jungen Swarowsky verbunden war. Interessant wäre weiterhin, ob er den (in der Insolvenz endenden) Schwund des väterlichen Vermögens in irgendeiner Weise als Teil eines umfassenderen sozio-ökonomischen und politischen Zusammenhangs wahrgenommen oder reflektiert hat. Zwar wissen wir nicht, ob der Entzug der Apanage seitens des Vaters 1922 (auch) mit dessen wirtschaftlichem Niedergang zu tun hatte, jedenfalls aber erreichte Swarowsky die ökonomische Krise der jungen Republik indirekt über die finanziellen Schwierigkeiten, in die sein damaliger Arbeitgeber, die Wiener Volksoper, geriet. Unbekannt ist schließlich Swarowskys Stellung nicht nur zum „Anschluss" im Speziellen, sondern allgemeiner zur Frage nach dem ‚deutschen Charakter' Österreichs und noch grundsätzlicher, ob und wenn ja, von welcher nationalen Identität bei ihm ausgegangen werden kann.[10] Immerhin kann aber jegliche Form von Chauvinismus definitiv ausgeschlossen werden. Darauf deutet nicht bloß hin, wenn Swarowsky in Krakau 1944 Musik polnischer Komponisten dirigiert, vielmehr hat sich eine solche Haltung wohl von vorneherein gleichsam aus geistigen Gründen verboten (man denke nur an Swarowskys Affinität zu italienischer und französischer Sprache und Kunst).

Dokumentarisch belegt ist für die Zeit bis 1933 lediglich, dass Swarowsky in den 1920er Jahren mit dem Kommunismus geliebäugelt und nach eigener Aussage sogar einen Beitritt zur KP angestrebt hat. Dabei dürften Einflüsse aus dem persönlichen Umfeld zumindest verstärkend gewirkt haben – Swarowskys damalige Frau Julia Laszky war Parteimitglied. Inwieweit eine genuine Überzeugung bzw. eigener Antrieb voraus-

---

9 Siehe die Wiedergabe dieses Dokuments im Beitrag von Oliver Rathkolb.
10 Spuren für eine eigenständige, d.h. sich gegenüber Deutschland abgrenzende Identität als Österreicher sind aber aus der Zeit nach dem Zweiten Weltkrieg erhalten, und zwar im Zusammenhang mit Swarowsky-Übersetzungen von Gluck-Opern. Siehe die Zitate von Briefen aus 1962 bei Juri Giannini, *Interpretation zwischen Praxis und Ästhetik. Hans Swarowsky als Übersetzer von Opernlibretti*, Wien 2019 (Musikkontext 13), S. 233.

zusetzen ist, muss offen bleiben; jedenfalls existieren keine Anzeichen für eine irgendwie in die Tiefe gehende Auseinandersetzung mit dem Marxismus als theoretischem Konzept.

Unzweifelhaft war Swarowskys persönliches wie berufliches Leben seit 1933 massiv politisch bestimmt. Dass die Gefahr von Verfolgung imminent war, zeigte sich spätestens, als in der Hamburger und Berliner Zeit Gerüchte über seine jüdische Herkunft, aber auch seine kommunistische Vergangenheit aufkamen bzw. von Gegnern im Kulturbetrieb offenbar sogar gezielt gestreut wurden. Vor diesem Hintergrund sind die in gewissem Sinn drastischen – und zum Teil riskanten – ‚Schutzmaßnahmen' zu sehen, die Swarowsky ergriffen hat: die falsche Behauptung einer illegalen NSDAP-Mitgliedschaft in Österreich vor 1938, die Erlangung desAriernachweises, indem Ludwig Zenk, der Schwiegervater seiner Tante mütterlicherseits, fälschlicherweise als leiblicher Vater ausgegeben wurde, aber auch die Loyalitätsbekundung gegenüber dem NS-Regime (in einem Brief an Clemens Krauss 1935[11]).

Zu den schwierigsten Fragen von Swarowskys Biographie während der NS-Zeit zählt, weshalb er angesichts dieser prekären Situation nach seiner Station am Zürcher Stadttheater ins Deutsche Reich zurückkehrte. Fest steht, dass er zum Verlassen der Schweiz gezwungen war, nachdem seine Aufenthaltsgenehmigung 1940 infolge der restriktiven eidgenössischen Immigrationspolitik nicht verlängert wurde, und dass sein Sohn Anton im selben Jahr in die USA emigrierte. Dass Swarowsky den Gedanken an Auswanderung in ein anderes sicheres Land für sich selbst verwarf, ist wohl einer komplexen Motivlage geschuldet, in der vermutlich Mehreres eine Rolle spielte: das bekanntlich bei vielen KünstlerInnen beobachtbare Empfinden, den gewohnten kulturellen Raum und Betrieb nicht verlassen zu können oder zu wollen; die Hoffnung, durch maßgebliche Vertreter des deutschen Kulturlebens wie Richard Strauss und Clemens Krauss geschützt oder gefördert zu werden (eine Hoffnung, die sich als mehr oder weniger berechtigt erwies); schließlich das Gefühl einer Verpflichtung gegenüber seiner Mutter, vielleicht auch gegenüber den Eltern von Julia Laszky (zu denen er während des Kriegs Kontakt hielt und die er bis zu deren Deportation in ein KZ 1944 auch finanziell unterstützte).[12]

Davon auszugehen ist, dass unter solchen Bedingungen eine Identifikation mit dem Regime nicht zustande kommen konnte. Auch sind Spuren äußeren wie inneren Widerstands erkennbar – vom Einsatz für polnische, punktuell wohl sogar jüdische Musiker

---

11 Siehe das Zitat im Beitrag von Otto Karner, Abschnitt „2. Berlin".
12 Wie Manfred Huss (siehe den Epilog „Hommage an Hans Swarowsky" in diesem Band) berichtet, führte Swarowsky in den 1970er (!) Jahren gegenüber seinen Schülern aus, dass er die Rückkehr geradezu für ethisch geboten erachtet habe, um die Diktatur von innen heraus zu bekämpfen, und dass er ganz grundsätzlich die Emigration nur im Falle persönlicher Gefährdung für statthaft hielt. Auf der Hand liegt, dass eine solche Aussage höchste quellenkritische Vorsicht erfordert.

über die Hilfe für die Schwiegereltern und die Informantentätigkeit für die Alliierten (die gängige Rede von einer „Spionagetätigkeit" verleiht den Vorgängen wohl einen allzu melodramatischen Charakter) bis hin zu den (allerdings nicht leicht zu entschlüsselnden) Untertönen einzelner Äußerungen.[13] Zugleich machte Swarowsky freilich im Betrieb mit und erlangte im „Generalgouvernement" 1944 sogar seine erste „Chefposition".

Die Ambivalenz von Verstrickung und Distanz zeitigte Folgen für Swarowskys Berufsleben auch nach 1945. So löste das eine zunächst ein Berufsverbot aus, ehe das andere zu seiner Entlastung durch die US-Entnazifizierungsbehörden führte. Auf der einen Seite hielten sich ausländische Konzertveranstalter, denen Swarowskys Nähe zu NS-Größen und -institutionen verdächtig war, mit Engagements zurück, auf der anderen Seite galt er Alt-Nazis wegen seiner Informationstätigkeit für die Alliierten (inklusive der angeblichen Mitteilung des Verstecks von Hans Frank) als ‚Verräter'. Kontinuitäten zwischen NS- und Nachkriegszeit zogen auch anderweitig direkte und indirekte Konsequenzen nach sich. So dürfte ein Grund, weshalb Swarowskys Vertrag als Chefdirigent der Wiener Symphoniker 1947 nicht verlängert wurde, u. a. darin liegen, dass (stark) belastete Dirigenten mit klingenderen Namen mittlerweile wieder zur Verfügung standen.[14] Auch wurzelte die Ablehnung, die Teile des Publikums Produktionen an der Grazer Oper unter Swarowskys Direktion entgegenbrachten, ein Stück weit in ästhetischen und politischen Prägungen der NS-Zeit.

Insgesamt stellt sich bei Swarowsky der Eindruck einer eigentümlichen Reserve ein, soweit es um die Kommentierung, geschweige denn die grundsätzlichere Reflexion von Politischem geht (dies gilt zumindest gegenüber Dritten bzw. Außenstehenden; unbekannt ist, was er allenfalls seinen Tagebüchern oder dem engsten Freundes- und Familienkreis anvertraut hat). Unmittelbar einleuchtend ist diese Zurückhaltung während der NS-Zeit, doch mehren sich die (überlieferten) Äußerungen zu Verhältnissen und Ereignissen in Staat und Gesellschaft, geschweige denn zur Parteipolitik, auch unter den demokratischen Bedingungen nach 1945 nicht. Umso bemerkenswerter erscheint dies, als Swarowsky ansonsten mit Bemerkungen, ja Invektiven zu Musikleben und -betrieb nicht gegeizt hat. Mag sein, dass er politische Auslassungen gegenüber Kollegen und erst recht Schülern für unangebracht hielt. Nicht auszuschließen ist aber eine tiefer liegende Disposition.

In einem Brief an den Generalintendanten der Preußischen Staatstheater vom April 1935 tritt Swarowsky dem Verdacht mangelnder Regimetreue u. a. mit dem Hinweis

---

13 Vgl. das von Oliver Rathkolb in seinem Beitrag zitierte Gutachten, das Swarowsky 1942 als Mitarbeiter der „Reichsstelle für Musikbearbeitungen" verfasste, und das ein gewisses Geschick im Lavieren zwischen dem Opportunen und dem an Kritik oder Distanzierung gerade noch Tolerierbaren verrät.
14 In dieser Hinsicht ähnelt Swarowskys Karriere nach 1945 jener von Josef Krips.

entgegen, er sei „in Wahrheit nichts, als ein um Geistiges bemühter Mensch".[15] Dies erinnert – wenngleich unter sozusagen umgekehrten Vorzeichen – an den notorischen Rechtfertigungsmodus von ins NS-System verstrickten Künstlern nach 1945, die ja nur an ihrer Kunst interessiert und gänzlich unpolitisch gewesen zu sein behaupteten. Eine spezifische Note erhält die Bemerkung aber durch die Bemühung der für Swarowskys Denken charakteristischen Kategorie des „Geistigen". Die Trennung von (erhabener) Kunst und (prosaischer) Politik klingt bei Swarowsky mehrfach an, etwa in der Wahrnehmung der ‚schöngeistigen' bzw. kultivierten Seite Hans Franks oder wenn er es in den 1950er Jahren für vorstellbar hielt, dem Westen wegen schlechter Karriereaussichten den Rücken zu kehren und seine künstlerische Zukunft in der DDR zu suchen. Möglicherweise gründet auch die nicht mehr äußerlich erzwungene Zurückhaltung mit politischen Äußerungen nach 1945 im Gefühl, sich jetzt in einem Rahmen zu bewegen, der die Beschäftigung mit dem Wesentlichen, d.h. dem, was einer Beschäftigung wert ist, erlaubte. Auffällig ist nicht zuletzt, dass bei Swarowsky – ganz anders als auf dem Gebiet der „geistigen" Kunst – eine theoretisch ‚unterfütterte', intellektuell anspruchsvolle und systematisch durchdachte Auseinandersetzung mit Politischem nicht auszumachen ist. All dies legt den Schluss nahe, dass Swarowsky der Politik kein genuines und abstraktes, sondern nur insoweit ein Interesse entgegenbrachte, als sie ‚von außen' unmittelbar und konkret in sein Leben und im Besonderen sein künstlerisches Wirken eindrang.

Markus Grassl / Reinhard Kapp

---

15 Für die Wiedergabe dieses Schreibens siehe den Beitrag von Otto Karner, Abschnitt „2. Berlin".

I. TEIL : 1899–1933

Erika Horvath

ZU SWAROWSKYS BIOGRAPHIE 1899–1933

Swarowskys Lebensgeschichte ist eng verbunden mit den politischen, gesellschaftlichen und kulturellen Bedingungen seiner Zeit. In gewissem Sinne liefert sie mehr Stoff für einen Roman als für eine wissenschaftliche Arbeit, denn gerade die prägenden Jahre der Kindheit und Jugend in Wien, das in jener Ära des Umbruchs und Übergangs zum fruchtbaren Boden für einige der wichtigsten Strömungen und Entwicklungen der modernen Geistesgeschichte geworden war, sind wenig dokumentiert und nur indirekt nachvollziehbar, nicht zuletzt, weil Swarowskys Berliner Wohnung im Jahre 1944 bei Bombardierungen verbrannt und sämtliches Hab und Gut zerstört worden war.[1]

Geboren 1899 als unehelicher Sohn der jungen Schauspielerin Leopoldine Swarowsky und des wesentlich älteren einflussreichen jüdischen Geschäftsmannes Josef Kranz, erlebte Swarowsky die Widersprüche der Wiener Gesellschaft nach 1900 und das Ende der Monarchie in der eigenen Biographie. Seine künstlerische Bildung verdankte er einer regen Anteilnahme an den bahnbrechenden Entwicklungen, die das 20. Jahrhundert bestimmen sollten. Als junger lebensfroher, wissbegieriger, hochintelligenter und künstlerisch begabter Mensch sog er alles auf, was Wien in der ausgehenden Monarchie und den Anfängen der Ersten Republik zu bieten hatte. Dazu gehörte Freuds Psychoanalyse genauso wie Karl Kraus' revolutionäre Sprach- und Sozialkritik, die Gesellschaft der Wiener Kaffeehausliteraten, die Kunst der Sezessionisten sowie die kunstgeschichtlichen Forschungen Max Dvořáks und Alois Riegls, und nicht zuletzt das Wirken Gustav Mahlers und die musikalischen Errungenschaften Arnold Schönbergs und seines Kreises, in dem Swarowsky sich bewegte. Ebenso gab es Verbindungen zum Bauhaus in Weimar, insbesondere zu Friedl Dicker und Oskar Schlemmer. Als Swarowsky 1975 starb, konnte man mit Recht sagen, dass einer der letzten Vertreter einer alten, längst zur historischen Epoche gewordenen Zeit, der Wiener Moderne, gegangen war.

Nach dem Krieg sollte sich Swarowsky immer wieder zu all diesen Eindrücken, die ihn geprägt hatten, äußern, doch blieben seine Auskünfte über die zahlreichen Begegnungen meist vage. Mit einer erstaunlichen Nonchalance nannte er Namen von Personen, die er gekannt hatte, doch muss sich jegliche Nacherzählung seiner Jugend und seiner tatsächlichen Wege und Begegnungen bescheiden, da der junge uneheliche Sohn

---

1 [Allerdings hatte er da bereits Karton für Karton ihm wichtig erscheinende Papiere und Bücher an seine Mutter geschickt, siehe auch Kap. 2. – Hg.]

eines der mächtigsten und bekanntesten Männer der Monarchie wenig sichtbare Spuren hinterlassen hat.

Selbst der Musikunterricht, den Swarowsky seit früher Kindheit genossen haben muss, bleibt im Verborgenen, denn der begabte Knabe wurde ausschließlich privat unterrichtet, weder an der Akademie noch am Konservatorium scheint er als Schüler auf. In seinem Lebensrückblick wird diese Episode nur gestreift:

> Ich war begabt für das Klavierspiel und habe schon in meiner Jugend die Pianisten Godowsky, Sauer und Rosenthal gekannt, die damals alle an der damaligen Wiener Musikakademie unterrichtet haben. Meine späteren Lehrer waren dann Busoni und Steuermann, der so viel für die Verbreitung des Klavierwerks von Schönberg getan hat. Serkin, der so jung war wie ich, zählte damals zu meinen Vorbildern. Zu dieser Zeit gab es in Wien auch noch die sogenannte russische Schule Leschetitzkys und seiner Frau, der Madame Essipow.[2]

Der Pianist Eduard Steuermann war ein prominentes Mitglied des Schönberg-Kreises, und so konsultierte Swarowsky im Rahmen seines Unterrichts bei Schönberg und Webern auch Steuermann. Der bedeutende Klaviervirtuose, Komponist und Dirigent Ferruccio Busoni hingegen hatte seinen Lebensmittelpunkt in Berlin, doch sein Virtuosentum führte ihn in die ganze Welt. Als ebenso berühmter Pädagoge hatte er mehrere Professuren inne, u.a. in Helsinki (1888), in Moskau (1890), in Boston (1891) und in Bologna (1913). Die Jahre 1915–1920 verbrachte Busoni im Züricher Exil, 1920 gründete er eine Meisterklasse an der Akademie der Künste in Berlin. 1907/08 war er Leiter einer Meisterklasse in Wien und in diesem Zusammenhang könnte der damals erst neunjährige Swarowsky bei Busoni Privatunterricht erhalten haben, doch deuten andere Angaben darauf hin, dass Swarowsky erst „später in Berlin"[3] bei ihm in die Lehre ging. Vermutlich reiste er in den 20er Jahren öfters nach Berlin und nahm bei Busoni Stunden. Der Wiener Meisterkurs – an dem Swarowsky nachweislich nicht teilgenommen hat – wurde im Übrigen von Busoni im Unfrieden abgebrochen.[4]

In diversen anderen Lebensläufen[5] nennt Swarowsky noch dezidiert Emil von Sauer und Moriz Rosenthal als seine Klavierlehrer. Der deutsche Komponist, Pianist und Musikpädagoge Emil von Sauer (1862 Hamburg–1942 Wien) hatte bei Nikolaus Rubinstein am Konservatorium in Moskau und bei Franz Liszt in Weimar studiert. Seit 1901 leitete er die Meisterklasse am Wiener Konservatorium (ab 1909 Akademie), eine Tätigkeit, die er

---

2 Swarowsky, Rückblick, in: *WdG*, S. 257–264: 257.
3 Archiv mdw, Personalakt Hans Swarowsky.
4 Reinhard Ermen, *Ferruccio Busoni*, Reinbek bei Hamburg 1996, S. 64.
5 Archiv mdw, Personalakt Hans Swarowsky.

Abb. 1: Der junge Swarowsky am Flügel (HSA)

mit Unterbrechungen bis zu seinem Tode ausübte (1901–07, 1914–21, 1930–42)[6]. Daneben unternahm er seit den 1880er Jahren bis Mitte der 1930er Jahre ausgedehnte Konzerttourneen, die ihn durch ganz Europa und bis in die Vereinigten Staaten führten und ihm zu Weltgeltung verhalfen. Er gilt als einer der letzten Repräsentanten der Schule Franz Liszts. Swarowsky war zwar kein eingeschriebener Schüler an der Akademie, doch ist nicht unwahrscheinlich, dass er bei dem in Wien lebenden Sauer Privatstunden erhielt.

Der polnisch-amerikanische Pianist Moriz Rosenthal (1862 Lemberg–1946 New York) galt nach dem Studium bei Karol Mikuli als „Enkelschüler" von Frédéric Chopin, und man bescheinigte ihm einen authentischen Zugang zu den Klavierwerken des polnischen Komponisten. 1876–78 hatte er außerdem die Gelegenheit, mit Franz Liszt in Weimar und Rom zu arbeiten. Rosenthals Virtuosität war so außergewöhnlich, dass sich selbst der gefürchtete Wiener Kritikerpapst Eduard Hanslick zu einer bewundernden Konzertbesprechung hinreißen ließ. Rosenthal, der fast ebenso berühmt für seinen scharfen Witz wie für sein Klavierspiel wurde, galt als Universalgenie, das sieben Spra-

---

6 Archiv mdw.

chen beherrschte, einen Abschluss der philosophischen Fakultät und beeindruckende Kenntnisse in Medizin, Chemie und Philosophie besaß. Er war ein glänzender Schachspieler und lehrte seit 1939 in seiner eigenen Klavierschule in New York[7]. Rosenthal hatte keine Klasse an der Wiener Akademie inne[8], doch auch er hielt sich regelmäßig in Wien auf und könnte als Privatlehrer zur Verfügung gestanden haben.

Als Kind durfte Swarowsky nicht nur Gustav Mahler als Dirigent der Wiener Hofoper erleben – sein Vater hatte eine ständige Loge[9], die der Junge auch intensiv genützt haben soll[10] –, sondern er hatte das Glück, im Kinderchor der Uraufführung der *Achten Symphonie* unter der Leitung des Komponisten in München mitzusingen[11]. Wie es dazu kam, hat Swarowsky allerdings nie erwähnt. Recherchen ergaben, dass aus Wien mit dem Singverein lediglich der „Erwachsenenchor" angereist war, während sich der Kinderchor aus Schülern von Münchner Musikschulen zusammensetzte.

Nachdem Swarowsky in den Krieg gezogen war und über ein Jahr in italienischer Gefangenschaft verbracht hatte[12], inskribierte er an der philosophischen Fakultät der Wiener Universität. Der Schwerpunkt der Studien, die er aus Geldnot abbrechen musste, lag eindeutig auf kunsthistorischem Gebiet, ein Feld, das er tatsächlich sein Leben lang intensiv beackerte und – wie alle Zeitzeugen bestätigen – souverän beherrschte. In seinem Lebenslauf nennt er den Einfluss dieser kunstgeschichtlichen Studien und spricht von der Übertragung der „Ideen der vergleichenden Wiener-Schule Alois Riegl–Dvořák" ins Musikalische als „wesentliche Grundlage seines Dirigierunterrichtes"[13]. Die Affinität zur bildenden Kunst schien ihm in die Wiege gelegt, der leibliche Vater war ein reicher Kunstsammler und Swarowsky erzählte auch von einem Besuch bei Pierre Auguste Renoir (1841–1919) in Cagnes-sur-Mer, bei dem er porträtiert worden sein soll[14]. Sein Sohn Anton Swarowsky bezeugt, das Porträt selbst gesehen zu haben[15]. Es wurde jedoch vermutlich durch den Bombenangriff auf Swarowskys Berliner Wohnung 1944 zerstört.

Das Universitätsstudium brach Swarowsky nach wenigen Semestern ab. In seinem Lebensrückblick[16] erwähnte er außerdem ein Psychologiestudium bei Sigmund

---

7 Vgl. http://de.wikipedia.org/wiki/Moriz_Rosenthal (7.10.2021).
8 Archiv mdw.
9 Rückblick, in: *WdG*, S. 257.
10 Doris Swarowsky im Gespräch mit Erika Horvath, Wien, 4.9.2002.
11 Rückblick, in: *WdG*, S. 257.
12 Siehe dazu Kap. 5.
13 Archiv mdw, Personalakt Hans Swarowsky. [Stichworte wären etwa: vergleichende Stilbetrachtung, Formanalyse, Verzicht auf Geschmackskriterien, schließlich Kunstgeschichte als Geistesgeschichte; siehe auch den Beitrag von Wolfgang Prohaska in diesem Band. – Hg.]
14 Rückblick, in: *WdG*, S. 257.
15 Anton Swarowsky im Gespräch mit Erika Horvath, Paris, 4.10.2002.
16 Rückblick, in: *WdG*, S. 257.

Freud. Das Fach Psychologie als solches gab es jedoch nicht und Freuds Vorlesungen an der medizinischen Fakultät fanden seit 1917 schon nicht mehr statt. Vermutlich aber besuchte Swarowsky die Diskussionsrunden in der psychoanalytischen Gesellschaft, denn er trug sich mit dem Gedanken, Psychoanalytiker zu werden[17]. Später erinnert er sich seinem Sohn Anton gegenüber an die „verfluchten Psychojournalisten, die mich in meiner Jugend gequält haben"[18], blieb aber zeit seines Lebens ein „glühender Freudianer"[19].

1920 konsultierte Swarowsky Arnold Schönberg, von dessen Privatunterricht er einige Monate profitierte, bevor er zu Anton Webern wechselte, mit dem er viele Jahre in engerem Kontakt blieb. Doch auch diese entscheidende Lehr- und Lernzeit ist durch Quellen nicht genau dokumentierbar und stützt sich in erster Linie auf eigene Erinnerungen Swarowskys, die er insbesondere in seinem letzten Lebensjahrzehnt auch auf Symposien über die Wiener Schule einem breiteren Publikum mitteilte.[20] Die detektivische Spurensuche ergab kleinste Hinweise, wie gelegentliche Erwähnungen seines Namens in Briefen oder handschriftlichen Notizen im Umkreis des „Vereins für musikalische Privataufführungen".[21]

Die weiteren Begegnungen, die Swarowsky in seinem kurzen Rückblick nennt, zeugen von seiner Nähe zur Welt von Brahms und Bruckner, die in seinen späteren Interpretationen eine wichtige Rolle spielen werden:

Nicht weniger wichtig als das, was ich bei diesen Herren [– gemeint sind die förmlichen Lehrer; Hg.] gelernt habe, waren geistige Einflüsse, die durch reichen gesellschaftlichen Verkehr auf mich gekommen sind. Ich kannte noch die Freunde von Brahms und die Sänger, die mit ihm Lieder einstudiert haben; mit ihnen kam ich zusammen, um das Lied zu pflegen und viel direkte Tradition wurde mir dadurch vermittelt. Ich erinnere mich ferner an Löwe und Schalk, die Freunde Bruckners, und besonders an Dr. Eckstein, der mir und meiner Schwester wirklich ein väterlicher Freund war; er wirkte fast wie ein Urgroßvater, und hat uns junge Menschen zu sich gebeten, um uns in die Welt Bruckners einzuführen. […] Sehr früh lernte ich auch Frau Adele Strauß kennen, die mich zwar nicht in die Werke

---

17 Ebd. [So auch in einem Gespräch mit Manfred Huss, Ossiach 1974; Kopie der Aufnahme in Historische Sammlung, IMI – Hg.]
18 Hans Swarowsky an Anton Swarowsky, undatiert (ca. 30.11.1950), NIAS.
19 Doris Swarowsky im Gespräch mit Erika Horvath, Wien, 4.9.2002.
20 Hans Swarowsky, Zur Einführung, in: Ernst Hilmar (Red.), *Arnold Schönberg. Gedenkausstellung 1974*, Wien 1974, S. 15 f.; Anton Webern. Bemerkungen zu seiner Gestalt, in: Österreichische Gesellschaft für Musik (Hg.), *Beiträge 1972/73. Webern-Kongreß*, Kassel usw. 1973, S. 14–22; Schönberg als Lehrer, in: Rudolf Stephan (Hg.), *Bericht über den 1. Kongreß der Internationalen Schönberg-Gesellschaft. Wien 1974*, Wien 1978 (Publikationen der Internationalen Schönberg-Gesellschaft 1), S. 239 f.
21 Zu dem ganzen Komplex siehe den Beitrag von Reinhard Kapp, „Swarowsky in der Wiener Schule".

von Johann Strauß einführte, die mir aber bei ihren Tees in ihrem schönen Palais auf der Wieden viel erzählt hat.[22]

Friedrich Eckstein (1861–1939) war der geschiedene Mann von Bertha-Eckstein-Diener, die unter dem Pseudonym Sir Galahad publizierte. Er verkehrte regelmäßig in der „Summa", wie man das Atelier und den literarischen Treffpunkt von Gina Kaus, Swarowskys „Schwester" in der Familie von Josef Kranz, nannte. Friedrich Eckstein führte gemeinsam mit seiner Frau im St. Genois Schlössl in Baden selbst einen Salon, in dem Peter Altenberg, Arthur Schnitzler, Karl Kraus und Adolf Loos verkehrten, wo Swarowsky gelegentlich teilgenommen und Loos und Altenberg kennengelernt haben könnte, die er in seinen Erinnerungen erwähnt. An eben dieser Stelle nennt er auch noch eine Vielzahl von bedeutenden Komponisten, mit denen er zusammentraf:

> Wenn ich nachdenke, mit wie vielen bedeutenden Persönlichkeiten ich damals verkehrte, so kann ich es selbst kaum glauben: neben Schönberg, Berg und Webern waren es Hauer, der sogenannte zweite „Erfinder" der Zwölftonmusik –, Ravel, Bartók, Prokofiew, die alle in den „Schönberg-Verein" kamen und dort ihre eigenen Werke spielten[23]; dann erinnere ich mich an Kodály und Hindemith, mit dem ich ein sehr vertrautes Verhältnis hatte, – ferner an Respighi, Pfitzner, Schreker, Malipiero, Weill, Zemlinsky, Satie, Milhaud.[24]

Regelrechten Dirigierunterricht erhielt Swarowsky nicht. Dies entspricht durchaus dem Bild der Zeit, als man Dirigieren nicht unbedingt zu unterrichten pflegte. Man lernte durch Zuschauen und eigene Erfahrung. Swarowsky war mit Sicherheit ein eifriger Besucher der Oper und der Konzerte, auch die Dirigenten, die ihn am meisten beeindruckten, nannte er seine Lehrer. Dazu gehören in erster Linie Felix von Weingartner und Richard Strauss[25], aber auch Franz Schalk und Ferdinand Löwe: „Ich bediene mich jener großartigen und verbindlichen Technik, die mich meine beiden Lehrer Felix von Weingartner und insbesondere Richard Strauss gelehrt haben."[26] In späteren Jahren war Clemens Krauss ein wichtiger Bezugspunkt. In einem Brief an Krauss aus Zürich, wo Swarowsky von 1938–40 Kapellmeister der Oper war, beschreibt er dessen Einfluss:

---

22 Rückblick, in: *WdG*, S. 258.
23 Mehr dazu im Beitrag „Swarowsky in der Wiener Schule".
24 Rückblick, in: *WdG*, S. 258.
25 [Weingartner war sein Vorgesetzter an der Wiener Volksoper, mit Strauss verband ihn zeitweilig eine enge Beziehung. – Hg.]
26 Swarowsky, Dirigieren, in: *WdG*, S. 72–79: 77. [Zeitweilig bestand der Plan, mit Strauss zusammen ein Buch übers Dirigieren zu verfassen. Vielleicht ist der Aufsatz, neben weiteren Beiträgen im genannten Sammelband, eine Art Stoffsammlung dafür. – Hg.]

Ihnen allein habe ich die Beherrschung der Materie zu verdanken. […] Ich habe Sie gehört, beobachtet, habe das Beobachtete in mir verarbeitet und irgendwie ist plötzlich eine letzte Hemmung zersprungen und – natürlich rein unbewusst – die vollständige Sicherheit in Erscheinung getreten. Jetzt ist alles leicht, plastisch, überzeugend und im Schlag „geht was vor" – wie Sie es ausgedrückt haben. Die erste Reaktion ist die Aufnahmebereitschaft des Orchesters, das an mir mit Liebe hängt und mit immer wieder ausgedrücktem Vergnügen spielt. Das in Verbindung mit der Idee vom Theater, die ich theoretisch und praktisch so genau in Ihrer Nähe kennen zu lernen Gelegenheit hatte, stellt in einer Synthese, die sich still gebildet hat, den wahren Gewinn meiner Leidenszeit dar und ihn zu bestätigen und erstmals auszunützen ist Zürich nicht der schlechteste Ort. Ich verdanke diesen Gewinn allein Ihnen und werde das immer und in jeder Situation betonen. Sie ahnen wohl nicht, wie oft ich an Sie denke und wie wirklich jeden Abend am Pult ich alles, was ich mache, Ihnen gleichsam zur Rechtfertigung vorlege.[27]

Durch seine „Schwester", die Schriftstellerin Gina Kaus, Adoptivtochter und Geliebte seines Vaters, kam Swarowsky in Kontakt mit den Wiener Kaffeehausliteraten und lernte Karl Kraus, Hermann Broch, Robert Musil, Franz Kafka und Franz Werfel kennen.

Später traf er den Maler Oskar Schlemmer und gelangte auch in den Kreis des Bauhauses. In einem Band über Friedl Dicker-Brandeis findet sich ein zwischen 1919 und 1923 aufgenommenes Gruppenfoto, auf dem der junge Swarowsky abgebildet ist.[28] Es zeigt ihn in einer Künstlerrunde mit Hans Hildebrandt, Frau Löwenstein, Bodo Rasch, Lily Hildebrandt, Friedl Dicker, Oskar Schlemmer, einem Herrn Spiegel, Olly von Waldschmidt, Richard Herre und Heinz Rasch.[29] Doch dies bleibt die einzige dokumentarische Quelle, die sich dazu finden ließ. Nach dem Krieg lebte Swarowsky einige Monate mit Oskar Schlemmers Tochter Karin zusammen. Der Kontakt zum Bauhaus ergab sich mit großer Wahrscheinlichkeit durch den Maler Johannes Itten und seine beiden Schüler Friedl Dicker[30] und Franz Singer, über die auch Swarowskys Freund Erwin Ratz ans Bauhaus kam[31]. Johannes Itten war im Herbst 1916 von Stuttgart nach Wien gekommen, wo er bis 1919 als Lehrer und Maler wirkte. Eine Schülerin brachte Itten in den Salon des Ehepaars Schwarzwald, wo Persönlichkeiten wie Kokoschka, Loos, Schönberg, Wellesz und Musil verkehrten. In der Folge lernte er auch Alma Mahler-Gropius kennen. Als sich deren Ehemann Walter Gropius mit seiner Berufung ans Wei-

---

27 Swarowsky an Clemens Krauss, Zürich, Februar 1938, F 59 Clemens Krauss Archiv, ÖNB, Musiksammlung.
28 Es stammt aus dem Getty Research Institute, Research Library, Los Angeles.
29 Elena Makarova, *Friedl Dicker-Brandeis. Ein Leben für Kunst und Lehre*, Wien/München 2000, S. 17.
30 Swarowsky erwähnt Friedl Dicker auch mehrmals in seinen Briefen an Sohn Anton.
31 Vgl. Johannes Kretz, Erwin Ratz. Leben und Wirken. Versuch einer Annäherung, in: *Studien zur Wiener Schule 1*, Frankfurt a.M. usw. 1996 (Musikleben 4), S. 13–121.

marer Bauhaus nach Lehrkräften für die neue Kunstschule umsah, war Itten einer der Ersten, die sich an ihn wandten. Erwin Ratz kam dann 1921 nach Weimar, wo ihn Gropius als seinen Sekretär einstellte. Dort lernte Ratz auch die Offizierstochter Lonny Ribbentrop aus Berlin kennen, die er 1926 heiratete. Sie war Geigerin und arbeitete in dieser Zeit viel mit Hans Heinz Stuckenschmidt zusammen[32]. „Die Vielzahl und Reichhaltigkeit der Eindrücke und die lebensumfassende Kunsthaltung am Bauhaus, die auch ein Interesse an den neuesten musikalischen Entwicklungen einschloss"[33], müssen wie Ratz auch Swarowsky „entscheidende Impulse" für sein Leben gegeben haben. Erwin Ratz kehrte 1923 nach Wien zurück. Nach dem Krieg wurden Ratz und Swarowsky Kollegen an der Akademie, wo jener bis zu seinem Tod im Jahr 1973 „Einführung in die musikalische Formenlehre" unterrichtete. Ratz, der bei Guido Adler studiert hatte, war auch Schüler Schönbergs, bei dem er u. a. die Kurse des Seminars für Komposition in der Schwarzwaldschule besuchte, und Weberns, dem er während des Krieges Räumlichkeiten für seine Vorträge zur Verfügung stellte[34].

Einen besonderen Stellenwert in Swarowskys Denken und Leben nahm Karl Kraus ein. Dessen bissige sprach- und gesellschaftskritische Schriften und Reden prägten sein Denken. Wie Kraus pflegte er zeitlebens einen sarkastischen Ton, der seine Opfer bis ins Mark treffen konnte. Auch Bert Brechts gesellschaftskritische Arbeiten beeinflussten ihn nachhaltig.[35] Die Faszination für Sprache und Ausdruck zeigte sich auch in einem ungewöhnlichen Talent zur Formulierung. Schon in frühen Jahren schrieb er Gedichte[36], als junger Kapellmeister bereicherte er Programmhefte und Jahrbücher mit klugen Texten zu Komponisten und Werken, später publizierte er insbesondere in der *Österreichischen Musikzeitschrift* regelmäßig. Auch als geistreicher Übersetzer von Opernlibretti machte er sich einen Namen.[37] Bekannt wurde seine Entdeckung und Nachdichtung eines Sonetts von Ronsard, das zum Kernstück von Richard Strauss' letzter Oper *Capriccio* wurde.

Bereits in den frühen 20er Jahren begann sich Swarowsky als Klavierbegleiter seinen Lebensunterhalt zu verdienen. Er soll in den zahlreichen jüdischen Kabaretts, insbesondere dem „Budapester Orpheum" gespielt[38] und Jan Kiepura begleitet haben[39]. Auch

---

32 Hans Heinz Stuckenschmidt, *Musik am Bauhaus*, hg. von Hans M. Wingler, Berlin 1978, S. 5.
33 https://de.wikipedia.org/wiki/Erwin_Ratz (24.9.2017).
34 Vgl. Kretz, Erwin Ratz (Anm. 31).
35 Doris Swarowsky im Gespräch mit Erika Horvath, Wien, 4.9.2002.
36 Handschriftliche Mappe der Gedichte von Hans Swarowsky, NlAS.
37 [siehe dazu jetzt umfassend Juri Giannini, *Interpretation zwischen Praxis und Ästhetik. Hans Swarowsky als Übersetzer von Opernlibretti*, Wien 2019 (Musikkontext 13) – Hg.]
38 Doris Swarowsky im Gespräch mit Erika Horvath, Wien, 27.3.2003.
39 Ebd. [1936 nahm er verschiedene Opernarien und populäre Lieder mit Kiepura und Mitgliedern der Staatskapelle Berlin auf. Siehe die Diskographie im Anhang. – Hg.]

bei Diaghilews Ballettgruppe soll er mitgewirkt haben[40]. Des Weiteren korrepetierte er beim Mödlinger Männer-Gesang-Verein und spielte im kleinen Orchester des Theaters in der Josefstadt[41]. 1924 war er der Klavierpartner des Kontrabassisten Josef Brunner im Wiener Konzerthaus und ebenda begleitete er 1925 einen Ballettabend mit Mila Cirul, Elisabeth und Abraham Sanviësto und Inger von Tramp in der Choreographie von Ellen Tels, gemeinsam mit Lotte Hammerschlag an der Violine[42]. Auch später trat er wiederholt als Klavierspieler in Liederabenden auf.

Das meiste davon lässt sich natürlich nicht mehr dokumentarisch bestätigen. Weder Programmhefte der Wiener Kabaretts, die sich in der Theatersammlung erhalten haben, noch die zahlreichen Publikationen dazu liefern Angaben zu mitwirkenden Musikern, auch im Nachlass von Jan Kiepura fand sich kein Programmzettel mit Swarowskys Namen[43], und Publikationen über Diaghilews Ballettgruppe weisen naturgemäß die Namen der Korrepetitoren nicht aus. Selbst die Stelle als Korrepetitor an der Wiener Volksoper, die er ab 1922 einnahm, ist nicht weiter belegbar, da nur mehr Rudimente eines Archives der Volksoper vorhanden sind.

Swarowsky arbeitete dort mit zahlreichen Unterbrechungen bis 1927, zunächst als Korrepetitor, dann als Chordirektor und schließlich seit 1925 als Kapellmeister, eine Tätigkeit, die sich durch die erhaltenen Programmzettel der von ihm dirigierten Aufführungen erstmals genauer nachzeichnen lässt. Während dieser Zeit gab es auch ein Engagement als Korrepetitor an der Königlichen Oper in Bukarest.

Etwa 1923 heiratete Swarowsky die Medizinstudentin Julia Laszky, die sich später als Psychoanalytikern in New York einen Namen machte. Sie nahm auch Klavierstunden bei Eduard Steuermann. 1924 wurde Sohn Anton geboren, das Ehepaar trennte sich jedoch nach wenigen Jahren. Julia Laszky und Hans Swarowsky fühlten sich als linke Intellektuelle und sympathisierten mit der kommunistischen Partei. Es scheint allerdings keine Quelle zu geben, wonach er tatsächlich der Partei beigetreten wäre. Der Psychoanalytiker Wilhelm Reich, der mit Lia (Julia) befreundet war, bemerkte jedoch 1921 in seinem Tagebuch: „Konzert: Mahler, Klagendes Lied! Lia, Hans Swarowski, Anni Hartl u. a. Hans Swarowski trägt bereits das Kommunistenabzeichen!"[44] Anton Swarowsky erinnert sich nicht, dass sein Vater tatsächlich der kommunistischen Partei angehört habe.[45]

---

40 Rückblick, in: *WdG*, S. 261. [Dort gibt er an, bei deren Deutschland-Tournee dirigiert zu haben. – Hg.]
41 Die Geigerin Lonny Ribbentrop, erste Frau von Erwin Ratz, erzählte dem Ratz-Biographen Johannes Kretz, dass sie von 1923 bis 1927 im kleinen Orchester des – damals von Max Reinhardt geleiteten – Theaters in der Josefstadt gespielt hätte. Als Pianist mit dabei war u. a. Hans Swarowsky (Kretz, Erwin Ratz [Anm. 31], S. 36, Fußnote).
42 Archiv KHG.
43 Martha Eggerths telefonische Auskunft.
44 Wilhelm Reich, *Leidenschaft der Jugend. Eine Autobiographie 1897–1922*, Köln 1994, S. 186 (17.1.1921).
45 Anton Swarowsky im Gespräch mit Erika Horvath, Paris, 4.10.2002.

1927 erhielt Swarowsky ein Engagement als dritter Kapellmeister am Stuttgarter Landestheater. Aus den vier Stuttgarter Jahren finden sich im Staatsarchiv Ludwigsburg erstmals zahlreiche Quellen zur beruflichen Tätigkeit. Sie betreffen in erster Linie den laufenden Theaterbetrieb und die vielen persönlichen Konflikte und Streitereien unter dem künstlerischen Personal des Theaters. Konkurrenzdenken und Eifersüchteleien bestimmten den Theateralltag. Swarowskys konfliktsuchende Persönlichkeit beginnt sich gewissermaßen abzuzeichnen. In Stuttgart begannen bereits auch jene Schwierigkeiten, die der aufkommende Nationalsozialismus mit sich brachte. Swarowsky wurde als Kommunist denunziert und hatte mehrfach Probleme mit den Behörden. 1931 wurde er – offiziell aus wirtschaftlichen Gründen – entlassen. Es folgte eine kurze Periode der Arbeitslosigkeit. 1932 entschloss er sich zu einem Engagement als Oberspielleiter in Gera, wo er ab 1933 wieder als Kapellmeister arbeiten konnte. Auch für die Geraer Zeit gibt es kein Archivmaterial mehr, das diese entscheidende Zeit des an die Macht gekommenen Hitler-Regimes genauer beleuchten würde.

Bereits 1928 bemühte sich Swarowsky um die Aufnahme in der Freimaurerloge *Wilhelm zur aufgehenden Sonne*, wie die Durchsicht der 1933 von den Nationalsozialisten beschlagnahmten Stuttgarter Freimaurerakten im Geheimen Staatsarchiv Preußischer Kulturbesitz in Berlin[46] ergeben hat. Es ist damals allerdings nicht zu einer Aufnahme in die Loge gekommen. Hans Swarowsky wurde erst am 15. April 1964 in der zur Großloge *Zu den drei Weltkugeln* gehörigen Berliner Freimaurerloge *Zu den drei Seraphim* als Freimaurer aufgenommen. Am 3. Juli 1971 wechselte er in die Wiener Loge *Mozart*[47], deren Mitglied er bis zu seinem Tod blieb. Es gibt jedoch eindeutige Hinweise[48], dass er bereits mindestens seit 1962, also schon vor seiner Aufnahme in Berlin, mit der Loge *Mozart* in Kontakt war[49].

1933 gelang Swarowsky ein Riesenschritt in seiner Karriere. Nachdem er ein Probedirigat in Aachen bereits erfolgreich absolviert hatte, erhielt er ein Angebot als erster Kapellmeister in Hamburg. Seine Stelle in Aachen bekam indes ein junger Mann namens Herbert von Karajan.[50] Hamburg bot nicht nur einen renommierten Posten, sondern der junge Dirigent war an einem ersten Höhepunkt seines Könnens und Wirkens

---

46 Signatur 5.2. S 99 Nr. 20.
47 Matrikelbuch der Loge „Mozart": „Prof. Hans Swarowsky, geb. 16.09.1899, Staatsangehörig Österreich, verheiratet, 1+2 Kinder, Dirigent, ord. Hochschul-Prof., Reichsratstraße 15." [In Swarowskys Adressbuch (NlHS) finden sich Daten zu verschiedenen in- wie ausländischen Logen; es ist anzunehmen, dass er sie auf seinen Reisen besucht hat. – Hg.]
48 Jubiläumsschrift: „40 Jahre gerechte und vollkommene Johannisloge Mozart im Orient Wien", S. 30.
49 Rainer Braun an Erika Horvath, Illingen, 21.9.2004.
50 Zu den näheren Umständen der Berufung Karajans nach Aachen siehe jetzt Klaus Riehle, *Herbert von Karajan. Neueste Forschungsergebnisse zu seiner NS-Vergangenheit und der Fall Ute Heuser*, Wien 2017, Kap. 4.4.1, S. 265 ff.

angelangt. Auch Richard Srauss zeigte sich angetan von der Interpretation seiner *Frau ohne Schatten*. Dies war der Beginn einer lebenslangen Verbindung mit dem Komponisten, dessen Einfluss auf Swarowskys Dirigieren nicht hoch genug eingeschätzt werden kann. Von nun an kultivierte Swarowsky die Strauss'sche Dirigierhaltung, die ihm später immer wieder Kritik eintragen sollte. Auch im Hamburger Archiv sind nur mehr die Theaterzettel aufbewahrt.

1935 wurde Swarowsky vom neuen Leiter der Berliner Oper, Clemens Krauss, den er über Strauss kennengelernt hatte, als Erster Kapellmeister an die Staatsoper „Unter den Linden" engagiert. Die Karriere schien nicht besser verlaufen zu können, doch seit der Stuttgarter Zeit galt er als verdächtig. Nach dem Abgang von Krauss führten persönliche Querelen und Gerüchte über seine jüdische Abstammung 1936 zu seiner Entlassung und einem (niemals ausgesprochenen) de-facto-Dirigierverbot im gesamten Deutschen Reich. 1938 gelang ihm mit einem Engagement an der Züricher Oper, dem NS-Regime vorübergehend zu entkommen. Ab 1940 notgedrungen wieder in Deutschland, war er unterm Schutz von Richard Strauss in der Reichsstelle für Musikbearbeitungen, als Dramaturg an der Münchner Oper und bei den Salzburger Festspielen tätig; daneben übersetzte er Opern von Verdi, Puccini, Gluck und Anderen – Übersetzungen, die sowohl in der Vokalbehandlung als auch im Verhältnis zur Musik mustergültig waren. Als letzter Chefdirigent der Philharmonie des Generalgouvernements in Krakau, eine Stelle, die ihm wiederum Strauss verschafft hatte, setzte sich Swarowsky 1944 besonders für das Wohl der polnischen Orchestermitglieder ein.

Die Quellenlage zur Zeit des Nationalsozialismus, in der sich Swarowsky sozusagen durchlavierte und auch engere Berührung mit dem Regime nicht scheute, ist nur teilweise informativ. Zu den Tätigkeiten in Berlin und Zürich finden sich zahlreiche Dokumente u. a. im Archiv der Staatsoper Berlin, im Landesarchiv Berlin, im Bundesarchiv Berlin-Lichterfelde und im Geheimen Staatsarchiv Preußischer Kulturbesitz bzw. im Stadtarchiv Zürich. Die Dramaturgentätigkeit in München und Salzburg ist wiederum nur indirekt nachweisbar, da zu Dramaturgen keine Dokumente aufbewahrt werden.

Besonders schwierig ist die Situation in Krakau. Recherchen in „Archiwum Akt Nowych" in Warschau und im „Archiwum Panstwowe w Krakowie", im „Instytut Pamieci Narodowej", in der „Biblioteca Jagiellonska" und im Archiv der Krakauer Philharmonie bzw. die Gespräche mit den wenigen noch lebenden Zeitgenossen ergaben nur ein ungenaues Bild. Insbesondere aber Hans Franks pathologisch genau geführtes Tagebuch liefert interessante Details.

Erika Horvath

DIE ELTERN: LEOPOLDINE SWAROWSKY UND JOSEF KRANZ

Hans Swarowsky wurde am 16. September 1899 in Budapest geboren. Seine Mutter, die Wienerin Leopoldine Swarowsky, war als unverheiratete Frau zur Geburt nach Budapest gereist, um gesellschaftliches Aufsehen zu vermeiden. Am 12. Oktober wurde er als Johann Josef Leopold Swarowsky (János József Lipot Swarowsky) nach römisch-katholischem Ritus in Budapest getauft, ein Taufpate wurde nicht bestimmt.[1] Am 28. Dezember wurde im k.k. Bezirksgericht Margarethen der k.k. Oberlandesgerichtsrat Dr. Otto Steiner als Vormund bestellt; der „Kindesvater" wollte „aus Familienrücksichten nicht genannt werden", aber „auf das glänzendste für das Kind sorgen" und erklärte seine Absicht, „dem Kinde ein Haus zu kaufen", allerdings wurde eine „Legitimation durch nachfolgende Verehelichung ausgeschlossen".[2] Bei dem Nichtgenannten handelte es sich um den Industriellen Dr. iur. Josef Kranz, einen „der reichsten Männer Österreichs"[3]. Die erst sechzehnjährige Mutter Leopoldine war Schauspielerin am Deutschen Volkstheater. Sie wurde am 1. April 1881 in St. Florian in Oberösterreich als Tochter von Karl Swarowsky und Theresia Hek geboren[4] und wuchs in Wien auf. Noch vor der Geburt des Sohnes Johann gab sie den Schauspielberuf auf. Nur ein Jahr nach Hans' Geburt kam Tochter Josefine, genannt Josca, zur Welt.

Hans und Josca wuchsen bei der Mutter in Wien-Hietzing[5] und später in der Josefstädterstraße 77[6] auf. Als Hans' Vormund erscheint auch im Hauptkatalog der Schule: Dr. Otto Steiner, k.k. Hofrat, Josefstädterstr. 14. Den Vater Josef Kranz besuchte Hans vermutlich regelmäßig in dessen Palais (seit 1911 Liechtensteinstr. 53–55)[7], ob seine

---

1 Taufbescheinigung, 6.12.1965, NIHS.
2 Tagsatzungsprotokoll 28.12.1899, NIHS.
3 Verlassenschaft Kranz geht in Konkurs, in: *Wiener Sonn- und Montagszeitung*, 12.11.1934, S. 7.
4 Sterbeurkunde von Leopoldine Swarowsky, NIHS.
5 – am „Himmelhof" in Ober-St. Veit, nach Erzählungen Swarowskys: Manfred Huss im Gespräch mit Erika Horvath, Wien, 14.7.2003. Zur Zeit des Tagsatzungsprotokolls lebte sie im 4. Bezirk, Mayerhofgasse 12.
6 *Lehmanns Allgemeiner Wohnungs-Anzeiger* [...] *für* [...] *Wien*, 49. Jg., 1907, Bd. 2, S. 1100.
7 Zur Einrichtung des Palais siehe u.a. Ivan Ristic, Possen und Posen. Anmerkungen zu Richard Teschners künstlerischen Strategien, in: Kurt Ifkovits (Hg.), *„Mit diesen meinen zwei Händen ..." Die Bühnen des Richard Teschner* [Ausstellungskatalog Österreichisches Theatermuseum], Wien 2013, S. 96–117: insb. S. 100–102, 110f. Vgl. auch den Beitrag von Wolfgang Prohaska im vorliegenden Band.

Mutter und seine Schwester mit Kranz verkehrten, geht aus der dürftigen Quellenlage nicht hervor, es ist allerdings unwahrscheinlich, dass sich Leopoldine in Kranz' Gesellschaftskreisen bewegte. Für das Auskommen für sie und ihre beiden Kinder war jedenfalls gesorgt, denn Kranz war offensichtlich spendabel. Doris Swarowsky erinnert sich, dass Leopoldine einen edelsteinbesetzten Spazierstock erwähnt habe, ein Geschenk von Kranz. Auch Sohn Anton erzählt: „Leopoldine lebte in deutlichem Wohlstand. Kranz war sehr großzügig. Er kaufte Hans auch das Klavier, auf dem er die ganze Jugend später übte."[8]

Josca wanderte später als Kommunistin nach Russland aus und heiratete einen dort lebenden Polen namens Valevsky, der schließlich nach Sibirien verbannt wurde und dort starb. Dieser Ehe entstammte Sohn Piotr, der als Chemiker in Moskau lebte.[9] Josca Valevsky konnte erst 1969 erstmals seit ihrer Auswanderung ihre Mutter und ihren Bruder Hans wieder besuchen, sie starb 1972 an den Folgen der Parkinson-Krankheit in Moskau.

Leopoldine Swarowskys Schwester Therese (Resi) war verheiratet mit Ludwig Josef Zenk, geboren am 18. Oktober 1874 als Sohn des Privatbeamten Ludwig Zenk und Maria Kronauer in Wien. Der Vater, ein wohlhabender Direktor in der Eisenindustrie, ließ sich später, als die Nationalsozialisten ihre fatale Rassepolitik zu vollstrecken begannen, von Hans Swarowsky offiziell als (arischen) Vater angeben[10] und verhalf ihm so 1942 endlich zum lebensnotwendigen Abstammungsbescheid[11].

Der gemeinsame Sohn von Resi und Ludwig Josef Zenk, Swarowskys Cousin, war der Komponist und Kapellmeister Ludwig Zenk, langjähriger Schüler und enger Freund von Anton Webern.[12] Zenk und Webern teilten insbesondere die Liebe zur Natur und unternahmen zahlreiche Bergwanderungen, bei denen Zenk viele der bekannten Fotos von Webern schoss. Die Photographien befinden sich heute im Zenk-Nachlass in der Paul-Sacher-Stiftung in Basel.

Ludwig Zenk, geboren am 18. November 1900, studierte einige Semester Musikwissenschaft (ohne Abschluss) und war 1920 bis 1925 Weberns Privatschüler für Komposition und Dirigieren. Es folgten Anstellungen als Theaterkapellmeister in Iglau und Znaim (1925–27), Baden (Sommer 1927) und am Stadttheater in Meißen (1927/28).

---

8 Anton Swarowsky im Gespräch mit Daniela Swarowsky, Paris, 16.10.2001.
9 Anton Swarowsky im Gespräch mit Erika Horvath, Paris, 4.10.2002.
10 Fragebogen Hans Swarowsky „zur Durchführung des Gesetzes zur Wiederherstellung des Berufsbeamtentums vom 7. April 1933" für seine Aufnahme an der Berliner Staatsoper, 6.5.1935, GStA.
11 Abstammungsbescheid Johann Josef Swarowsky, Berlin, 10.12.1942, ausgestellt vom Direktor des Reichssippenamtes, NlHS.
12 Siehe Marie-Therese Hommes, *Verkettungen und Querstände. Weberns Schüler Karl Amadeus Hartmann und Ludwig Zenk und die politischen Implikationen ihres kompositorischen Handelns vor und nach 1945*, Schliengen 2010 (Forum Musikwissenschaft 4). Vgl. auch den Beitrag von Erwin Barta im vorliegenden Band.

1932–34 unterrichtete er am Arbeiterkonservatorium, 1937/38 war er Sekretär der österreichischen Sektion der IGNM unter Webern. 1939–48 leitete er die Schauspielmusik im Theater in der Josefstadt.¹³ Dass Ludwig Zenk während der Nazizeit in Wien blieb und mit den braunen Machthabern zu sympathisieren schien, trug ihm nach dem Krieg manche Anfeindungen ein.¹⁴

Auch Antons Mutter Lia Knoepfmacher, die als Jüdin aus Wien fliehen musste, wetterte nach dem Krieg gegen die Brüder Ludwig und Karl Zenk: „Wenn Du Tante Resi siehst, lass ich sie schön grüßen – die einzig menschliche Person in der Familie. Ihr wünsche ich es nicht, aber Ludwig und Carl gehören gründlich eingesperrt."¹⁵ Doch Anton verteidigte Zenk:

> Was Du von Ludwig und Karl schreibst stimmt nicht. Besonders bei Ludwig ist es wirklich ungerecht. Auch Karl ist nur zu bedauern. Ich habe sehr lange mit ihm gesprochen und finde ihn sehr sympathisch. Er war kein Nazi. Vielleicht ganz am Anfang etwas, aber er lernte und hat sich am Ende sehr anständig benommen. Ludwig kann man gar keinen Vorwurf machen.¹⁶

Ludwig Zenk starb 1949 erst neunundvierzigjährig an den Folgen eines Schlaganfalles. Swarowsky schrieb anlässlich des Todes seines Cousins an Sohn Anton:

> Ludwig Zenk ist gestorben, ich konnte nicht zum Begräbnis fahren (heute), fahr zur morgigen Seelenmesse. Du hast mir heute 50 S geschickt – ich finde es rührend, dadurch war mir die Fahrt ermöglicht, die mir wichtig ist, da dieser Tod mir sehr nahegeht und mich sehr traurig macht. [...] Ludwig hat dich aufrichtig lieb gehabt. Kurz vor seinem Tod sah ich ihn noch in Wien und schilderte ihm die Entwicklung des Eroica-Themas in der Juill[i]ard Fassung ... Ich glaube, das hat Mitschuld an seinem plötzlichen Ableben.¹⁷

---

13 Biographien aus der Wiener Schule, in: Markus Grassl/Reinhard Kapp (Hg.), *Die Lehre von der musikalischen Aufführung in der Wiener Schule. Verhandlungen des Internationalen Colloquiums Wien 1995*, Wien/Köln/Weimar 2002 (Wiener Veröffentlichungen zur Musikgeschichte 3), S. 636 f.
14 Anton Swarowsky im Gespräch mit Daniela Swarowsky, Paris, 16.10.2001. Vgl. auch den Beitrag von Erwin Barta im vorliegenden Band.
15 Lia Knoepfmacher an Anton Swarowsky, New York, 18.1.1946, NlAS.
16 Anton Swarowsky an Lia Knoepfmacher, 18.3.1946, NlAS.
17 Hans Swarowsky an Anton Swarowsky, 21.6.1949, NlAS. Vgl. Anton Webern an Hildegard Jone, 6.8.1928: „... ich verstehe unter ‚Kunst' die Fähigkeit, einen Gedanken in die klarste, einfachste, das heißt, ‚faßlichste' Form zu bringen. In diesem Sinne also kann ich das ‚Vater unser' nicht als etwas Gegensätzliches zur Kunst empfinden sondern als deren höchstes Vorbild. Denn hier ist die größte Faßlichkeit, Klarheit und Eindeutigkeit erreicht. Drum kann ich die Anschauung Tolstois und aller derer, die sich ähnlich geäußert haben, in dieser Hinsicht nicht verstehen, wohl aber, wenn Beethoven das Hauptthema des ersten Satzes seiner ‚Eroica' so lange skizziert, bis es endlich den Grad der Faßlichkeit hatte, wie etwa ein Satz aus dem ‚Vater

Ludwig Zenks Frau Mia starb 1971 an den Folgen eines Autounfalles:

> Du weißt ja, dass Mia Zenk gestorben ist, Autounfall in der Türkei, wo man sie auch verscharrt hat. Ich habe alle übrigen Webern- und Schönbergsachen noch bekommen, nachdem an 60 Webernbriefe an dieses Schwein in Amerika schon weggegangen waren. Aber es waren auch noch viele Programme des Schönbergvereins und Ähnliches dabei. Auch Frau Rankl hat mir eine ganze Korrespondenz Schönberg gegeben, auch Webern usw. Aber das sind nur die letzten herumschwirrenden Restsachen aus dieser schönen Zeit, meiner Jugendzeit.[18]

Der amerikanische Käufer war Hans Moldenhauer, auf den Swarowsky als Autographensammler nicht gut zu sprechen war, wie aus einem späteren Brief hervorgeht, in dem er auch von Moldenhauers Aktivitäten beim Webernkongress 1972[19] berichtete:

> Im März haben wir hier den Webernmonat, Generalversammlung der Weberngesellschaft, wo ich einmal ein Interview mit Weberns Tochter sprechen werde und dann ein Referat halte: Weberns Gestalt. Ich habe auch einige Ausstellungsobjekte. Der Scheiss-Moldenhauer kommt auch, der allen Leuten für nichts die Dinge abgeluchst hat. Ludwig Zenks Witwe gab ihm für eintausend Schilling sechzig Briefe!!!!!!!!!!!! Und für ebenso 1000 die Erstausgabe der IX. Beethoven, um den gleichen Betrag stahl er Polnauer die erste Partitur des Händelschen Messias!!!![20]

Die Rankl-Briefe schenkte Doris Swarowsky schließlich dem Arnold-Schönberg-Center in Wien.[21]

Leopoldine Swarowsky war sehr ehrgeizig, was die Entwicklung ihrer Kinder betraf, und sie war wohl auch die treibende Kraft für Hans' Klavierspiel. Sie galt im Übrigen als dominante und schwierige Frau, mit der auszukommen nicht leicht war, wie auch An-

---

unser'. So fasse ich die Kunst auf." (Anton Webern, *Briefe an Hildegard Jone und Josef Humplik*, hg. von Josef Polnauer, Wien 1959, S. 10.) [Die genaue Bedeutung des Schlusses im obigen Zitat nicht ermittelt. – Hg.]

18 Hans Swarowsky an Anton Swarowsky, 26.5.1971, NlAS.
19 Vgl. den Bericht: Österreichische Gesellschaft für Musik (Hg.), *Beiträge 1972/73. Webern-Kongreß*, Kassel usw. 1973.
20 Hans Swarowsky an Anton Swarowsky, 10.1.1972, NlAS. [Formulierungen von solcher Drastik sind bei Swarowsky keine Seltenheit; hier handelt es sich jedoch nicht nur um eine Konkurrenz zwischen Autographenjägern. Moldenhauer verfolgte zunächst das Projekt „Music History from Primary Sources", das Studenten und Forschern zur Verfügung stehen sollte. Die Webern-Sammlungen kamen erst relativ spät hinzu. Siehe Hans Moldenhauer, Excelsior! Die Genese des Webern-Archivs, in: Hans Jörg Jans/Felix Meyer/Ingrid Westen (Hg.), *Komponisten des 20. Jahrhunderts in der Paul Sacher Stiftung*, Basel 1986, S. 131–148 – Hg.]
21 Christian Meyer, Editorial, in: *Arnold Schönberg Center. Newsletter*, Edition 7 (Juli–Okt. 2000), S. 1.

ton und Doris Swarowsky erzählten: „Die Leopoldine. Das war eine schwere Person."[22] Tatsächlich verband Swarowsky mit seiner Mutter eine Art Hassliebe. Nachdem Kranz etwa 1923 die Unterstützung eingestellt hatte, sorgte ihr Sohn Hans für ihr Auskommen und ließ ihr bis zu ihrem Tod im Jahre 1970 einen monatlichen Betrag zukommen, bezahlte Miete und Arztbesuche, selbst während des Krieges. Besonders im ersten Nachkriegsjahrzent, als Swarowsky selbst nicht viel verdiente, stöhnte er häufig unter der Belastung, doch hatte er gleichzeit immer Mitleid mit seiner „ewig armen und kranken Mutter".

Noch in den 20er Jahren zog Leopoldine nach Baden bei Wien. Nach dem Krieg wurde Baden zur russischen Zone und russische Soldaten bezogen das Haus, in dem sie lebte, wie Anton Swarowsky, der als US-Soldat in Deutschland stationiert war, seiner Mutter in New York berichtete:

Hans hat durch Umwege und Boten einen Brief von Leopoldine bekommen. Die ganze Familie lebt!!! In Baden im Haus sind die Russen und haben schon einige Bände von Hansens dort verlagerter unsagbar wertvollen Bibliothek[23] verbrannt, zum wärmen. Ich habe einen Alarmbrief an Wolf [Julia Laszkys Bruder] geschrieben. (Bücher z.B. Erste engl. Gesamtausgabe von Swift ... etc.) Ludwig juniors Haus am Stephansplatz steht als einziges Haus in der Umgebung. Resis Haus in der Spengergasse steht als einziges Haus in der Spengergasse. Toll was? Wenn ich nur schon in Wien wäre.[24]

Zwei Monate später konnte Anton seine Großmutter ihn Wien besuchen:

Übrigens: Ich sah Leopoldine. Sie kam von Baden, da ich keinen Passierschein dorthin bekommen konnte. Sie schaut gut aus und hat sich wenig verändert. Tante Resi ist sehr abgemagert und kränklich. Das Haus in der Spenglergasse steht, aber beide Nebenhäuser sind zerbombt.[25]

Leopoldine Swarowsky starb am 18. August 1970 im Badener Krankenhaus. Zuletzt war sie wohnhaft in der Uetzgasse 8 in Baden[26]. Swarowskys Verhältnis zu seiner Mutter war zwar gespannt, doch gegenüber seinem ehemaligen Schüler Barry Brisk bedauerte er ihren Tod: „Meine Mutter ist mit 90 leider gestorben – ich war mein ganzes Leben

---

22 Anton Swarowsky im Gespräch mit Erika Horvath, Paris, 4.10.2002; Doris Swarowsky im Gespräch mit Erika Horvath, Wien, 4.9.2002.
23 [Es war Swarowsky gelungen, während des Krieges nach und nach Dinge aus der Berliner Wohnung nach Baden zu transferieren. – Hg.]
24 Anton Swarowsky an Lia Knoepfmacher, 13.1.1946, NlAS.
25 Anton Swarowsky an Lia Knoepfmacher, 18.3.1946, NlAS.
26 Sterbeurkunde Leopoldine Swarowsky, NIHS.

lang so sehr an sie gewöhnt, dass sie mir viel mehr abgeht, als wenn ich sie früher verloren hätte."[27]

Swarowskys uneheliche Abstammung hatte in ihm früh die Phantasie geweckt, sich einen passenden Stammbaum zu erfinden. Bereits als Jugendlicher[28] malte er sich aus, dass er der Sohn des Habsburger Erzherzogs Otto wäre, eine Geschichte, die er zeit seines Lebens aufrechterhielt. So wurde unter seinen Studenten kolportiert, dass er ein unehelicher Habsburgersprössling sei, was er selbst durch einen großen Siegelring zu bekräftigen wusste.[29] Selbst im Briefwechsel mit seinem Sohn Anton erwähnt er gerne das habsburgische Blut, das in ihren Adern flösse. Gleichzeitig erzählte er jedoch, dass sein Vater der Direktor der Creditanstalt (recte: Depositenbank) war[30], was sich wiederum auf Josef Kranz bezog. Auch Sohn Anton erwähnt mit einem Augenzwinkern, Erzherzog Otto sei tatsächlich einer der Geliebten seiner Großmutter Leopoldine gewesen.[31] Da Josef Kranz nie die Vaterschaft anerkannte und seine unehelichen Kinder auch im Testament[32] nicht bedachte, bleibt wohl weiter Raum für literarische Phantasien.

Nichtsdestotrotz pflegte Swarowsky in Kindheit und Jugendzeit Kontakt zu seinem Vater, der ihm ein luxuriöses Leben als Bohémien ermöglichte, ein monumentales Stadtpalais und einen eleganten Landsitz bot, seine eigene Hofopernloge zur Verfügung stellte und gemeinsame Reisen – wie jene zu Renoir nach Cagnes-sur-Mer, wo ein heute verschollenes Portrait des kleinen Hans entstand – arrangierte. Dazu gehörte natürlich auch ein „angemessenes" Taschengeld. Seinem Schüler Manfred Huss erzählte er sechzig Jahre später von den häuslichen Verhältnissen:

Es haben schon einzelne Gerüchte kursiert, zum Beispiel, dass sein Vater – aber das würde dann natürlich mit Habsburg nicht zusammenpassen – die Eisenbahn nach Bosnien finanziert hat. Mir persönlich hat er erzählt, dass er in einem sehr reichen Haus aufgewachsen ist, mit lockeren und liberalen Verhältnissen, und dass es ihm finanziell sehr gut gegangen ist. Denn zu Hause hätte es in einem Eingangszimmer eine Schatulle gegeben, die mit Dukaten gefüllt war. Bevor man am Abend wegging, hat man da einen Griff hineingetan und sich für den Abend versorgt – Dukaten, die es heute noch gibt, die kleinen Franz

---

27 Swarowsky an Barry Brisk, 28.12.1970, Privatbesitz Barry Brisk; veröffentlicht in: Barry Brisk, *Hans Swarowsky, five letters to Barry Brisk. 1967–1972. Compiled and annotated in 2002*; Online-Publikation: https://independent.academia.edu/BarryBrisk (4.8.2021).
28 Vgl. David M. Levy, Headquarters United States Forces, European Theatre Information Control Division to Chief, Intelligence Section, 12.12.1945, in: Oskar Diethelm Library, Institute for the History of Psychiatry, Weill Medical College of Cornell University, New York.
29 Manfred Huss im Gespräch mit Erika Horvath, Markus Grassl und Otto Karner, Wien, 21.7.2003.
30 Zubin Mehta im Gespräch mit Manfred Huss, Otto Karner und Erika Horvath, Wien, 11.3.2003.
31 Anton Swarowsky im Gespräch mit Erika Horvath, Paris, 4.10.2002.
32 Testament Josef Kranz, gest. 1934, BG Josefstadt, WStLBib, Standort G 306–13.

Josef-Dukaten. Und einmal hat er erzählt, dass seine Mutter von seinem Vater einen Regenschirm besessen habe, bei dem der Knauf mit Diamanten besetzt war.[33]

Josef Kranz wurde am 7. Oktober 1862 als Sohn des jüdischen Rechtsanwaltes Gerson Kranz in Auschwitz geboren[34], doch schon bald übersiedelte er mit seinen Eltern nach Wien, wo sein Vater als Hof- und Gerichtsadvokat in der Kohlmessergasse, dem heutigen Franz-Josefs-Kai arbeitete.[35] Als Gymnasiast des Akademischen Gymnasiums schrieb der in bescheidenen Verhältnissen lebende Josef Gedichte, von denen sein Schulkollege Arthur Schnitzler in seinem Tagebuch argwöhnisch notierte, sie wären besser als seine eigenen.[36]

Kranz studierte wie sein Vater Jus und verdiente sich sein Studium mit einer Stelle als Hauslehrer bei Benjamin von Kalláy, einem ungarischen Staatsmann und Balkanexperten. 1867 war Kalláy Abgeordneter des ungarischen Parlaments und 1869–75 Konsul in Belgrad, ehe er 1882 Finanzminister von Bosnien-Herzegowina wurde, eine Position, die er 21 Jahre innehatte und die seinen Ruf begründete. In dieser Zeit kam Josef Kranz in die Familie des Ministers. Kalláy entdeckte die „starke Begabung des jungen Mannes"[37] und zog ihn bei der „wirtschaftlichen Exploitierung"[38] und Industrialisierung Bosiens heran. Dies bildete den Grundstein von Kranz' Vermögen und rasch ansteigender Karriere. Nach einer nur kurzen Phase als Anwalt wechselte er bald gänzlich in die Industrie und unterhielt enge Beziehungen zu den Vertretern des Finanzkapitals. Als „finanzieller Berater vieler Regierungen in der alten Monarchie"[39] vergrößerte er Ansehen und Vermögen. Er begründete die Spirituosenzentrale, rief „die gesamte Großindustrie in Bosnien, das Kalzium-Karbid-Kartell in Österreich, die erste elektrothermische Chlorkalkfabrik Europas und viele andere Industrien ins Leben", war Direktor der Depositenbank und leitete „im Krieg die Approvisionierung"[40]. In all seinen Tätigkeiten

---

33 Manfred Huss im Gespräch mit Erika Horvath, Markus Grassl und Otto Karner, Wien, 21.7.2003.
34 Dr. jur. Josef Kranz (7.10.1862 Auschwitz/Galizien bis 14.9.1934 Wien), Sohn von Dr. jur et phil. Gerson Kranz (ca. 1820 Lipnik, Bielsko-Biala, Polen/Galizien bis 3.6.1892 Wien), bis 1864 Kreisrabbiner in Auschwitz, nach Zurücklegung der Stelle Studium der Rechte, 1904 Austritt aus dem Judentum, Hof- und Gerichtsadvokat in Wien, und Gattin Emilie geb. Kohn (ca. 1835–7.12.1911). Die Anklageschrift wegen betrügerischer Preisabsprachen gegen Dr. Josef Kranz und Genossen 1917; http://www.digital.wienbibliothek.at/wbrobv/content/pageview/986424 (5.8.2021). Siehe auch das folgende Kapitel.
35 Sibylle Mulot, Anmerkungen, in: Gina Kaus, *Von Wien nach Hollywood. Erinnerungen*, hg. und mit einem Nachwort versehen von Sibylle Mulot, Frankfurt a.M. 1990, S. 254.
36 Arthur Schnitzler, *Tagebuch 1879–1931*, hg. von der Kommission für Literarische Gebrauchsformen der Österreichischen Akademie der Wissenschaften, Wien 1987.
37 Verlassenschaft Kranz geht in Konkurs (Anm. 3), S. 7.
38 Ebd.
39 Das Palais Kranz unter dem Hammer, in: *Wiener Sonn- und Montagszeitung*, 4.12.1933, S. 3.
40 Ebd.

erwies sich Kranz als „geschickter" Geschäftsmann, der sich seine Vorteile herauszuholen und virtuos die Gesetzeslage zu umschiffen verstand, was insbesondere Karl Kraus regelmäßig zu heftigen Verbalattacken in der *Fackel* veranlasste.

Und so erwarb sich Kranz nach und nach ein „Millionenvermögen, von unschätzbarem Kunstbesitz, industriellen Werten, Gütern und Ländereien", das als „das größte Vermögen der alten Monarchie"[41] geschätzt wurde. „Ein Witzwort aus der Zeit der Monarchie veranschaulicht dies am besten: ‚Es gibt zwei mächtige Männer' so sagt man, ‚Franz Josef und Kranz Josef'."[42]

Kranz' Vermögen umfasste neben den Immobilien eine riesige Sammlung an Kunstschätzen und Antiquitäten, was keine unbedeutende Rolle für den jungen Hans Swarowsky gespielt zu haben scheint, dessen kunstgeschichtliches Wissen später legendär wurde. In den unzähligen Bildern, Statuen, Möbelstücken, Ziergegenständen etc., die das Haus füllten, fand er mit Sicherheit wertvolle Anschauungsobjekte, wie man aus einem Artikel in der *Sonn- und Montagszeitung* ableiten kann:

> Welch riesigen Wert das Palais, dessen Interieur wegen seiner einzigartigen Schätze unter Denkmalschutz stand, darstellte, geht schon daraus hervor, daß Dr. Kranz viele Millionen Friedenskronen zu seiner Einrichtung aufgewendet hatte. Dr. Kranz war einer der feinsinnigsten und geschmackvollsten Kunstsammler und zählte in der großen Reihe wertvoller Gemälde in seiner Galerie unter anderem einen berühmten Tintoretto, zwei besonders schöne Tiepolos und einen herrlichen Raffaelino del Garbo.[43]

Anfang der 1920er Jahre kam es zum Bruch zwischen Hans Swarowsky und seinem Vater. Ob finanzielle Krisen, persönliche Streitigkeiten, politische Differenzen oder amouröse Hintergründe dazu geführt haben, lässt sich nicht mehr nachvollziehen. Der 1924 geborene Sohn Anton hatte seinen Großvater nie kennengelernt und er erinnert sich, dass auch seine Mutter Lia Laszky diesen nur „von weitem" kannte. „Vom Großvater Kranz sprach man nur, dass alle schönen Häuser Wiens ihm gehörten und dann einmal meinem Vater gehören würden."[44] Swarowsky musste sich nun nach dem Ausbleiben der großzügigen väterlichen Unterstützung nicht nur seinen eigenen Lebensunterhalt selbst erarbeiten, sondern auch für seine Mutter, seine Frau Lia und den 1924 geborenen Sohn Anton aufkommen. In seinem Lebensrückblick heißt es: „Eines Tages war ich plötzlich gezwungen Geld zu verdienen"[45]. An anderer Stelle erwähnt er, dass er

---

41 Ebd.
42 Verlassenschaft Kranz geht in Konkurs (Anm. 3), S. 7.
43 Ebd. Siehe den Beitrag von Wolfgang Prohaska im vorliegenden Band.
44 Anton Swarowsky im Gespräch mit Daniela Swarowsky, Paris, 16.10.2001.
45 Swarowsky, Rückblick, in: *WdG*, S. 257–264: 257.

„1923 […] infolge eines häuslichen Konflikts ganz plötzlich wohnungslos"[46] gewesen und mit seiner Frau kurzfristig zu Anton Weberns Schwiegereltern gezogen sei.

Josef Kranz starb im September 1934. Von seinem großen Vermögen, das Swarowsky zumindest in materieller Hinsicht eine Kindheit als „Märchenprinz" ermöglicht hatte, war nichts geblieben.

---

46 Swarowsky, Anton Webern, in: *WdG*, S. 235–240: 237 [Die Notwendigkeit eines eigenen Einkommens resultierte aus dem Zerwürfnis mit dem Vater, das folglich vor der Aufnahme der Tätigkeit an der Volksoper 1922 stattgefunden haben muss. Der „häusliche" Konflikt im Jahr darauf dürfte in der Beziehung zur Mutter aufgetreten sein, bei der Swarowsky bis dahin gewohnt hatte. – Hg.]

Cornelia Krauss (†)

EINE JUGEND ZWISCHEN PALAIS UND OPERNLOGE

Hans Swarowsky und sein familiäres Umfeld

1. „Weil er achtzehn ist und wenig spricht…"

FELIX: Ich war traurig, dass man mit Papas Tausendkronenscheinen nicht Fußball spielen konnte. Mir lag Reichtum seit Kinderzeit als ein zu schweres Gewand um die Schultern.

Der sich so an seine Kindheit erinnert, ist ein junger Mann, der eben die Schwelle zur Volljährigkeit überschritten hat – einer der Akteure aus der Komödie *Diebe im Haus* von Andreas Eckbrecht.[1] Schauplatz der Handlung ist das Landhaus des Baron Jakob Langer von Langerfeldern. Im Dialog zwischen zwei Frauen, der Gesellschafterin Marianne und Felix' Stiefmutter Eva, offenbaren sich die Eigenschaften des jungen Mannes vage:

MARIANNE: Er dichtet wohl.
EVA: (rasch herum) Wie kommen Sie darauf?
MARIANNE: Weil er achtzehn ist und wenig spricht. Ich glaube auch, er träumt sehr viel seit er vor 8 Tagen von der Schule kam.
EVA: Warum glauben Sie, dass er träumt? Was träumt?
MARIANNE: Nun, er hat als kleines Kindchen hier im Schloß gelebt, seither nicht mehr. Jahraus, jahrein im Institut und nun auf einmal die Natur, die Freiheit, die Menschen und …
EVA: Und was?
MARIANNE: Und die junge neue Mutter […]. Seine Mutter muß sehr schön gewesen sein.[2]

---

1 Das bisher als verschollen gegoltene Bühnenmanuskript wurde vor Kurzem als Kopie eines unkorrigierten Typoskripts in der Wiener Stadt- und Landesbibliothek wiederentdeckt unter: Marianne. Spiel in drei Akten von Andreas Eckbrecht. Berlin, Drei Masken Verlag (o. J.) und wird im Folgenden zitiert: Andreas Eckbrecht, *Marianne*. Es handelt sich hier um ein längeres Zitat aus dem (vermutlich) II. Akt und beginnt mit der Klage von Felix: „Wie war mein Leben bis heute? In meinem Haar lag noch nie eine freundliche Hand. Keine Schwester, keine Mutter lächelte, bis ich schlief. Keine Seele hat mich gefragt: ‚Woran denkst du?' Wie hart wurde da alles, was ich anfasste.": S. 99. (Für den Hinweis auf das Typoskript möchte ich Frau Eva Dité an dieser Stelle danken.)
2 Ebd., S. 13.

Soweit die vierte Szene des ersten Aktes. Was es mit Felix' natürlicher Mutter auf sich hat, ist in der folgenden Szene zu erfahren. Nachdem Felix selbst ins Boudoir seiner Stiefmutter Eva gekommen ist, ist Marianne eben dabei, dieser das Haar zu ordnen.

> MARIANNE: Ich glaube, der eine Tag in der Sonne hat das Haar schon bleicher gemacht. Es scheint mir noch blonder als sonst.
> FELIX: Sie kennen doch den Tristan, Mama. Da kommt die Szene – (bricht ab).[3]

Nach Mariannes Abgang kommt Felix auf seinen Herzenskummer zu sprechen – das Foto seiner leiblichen Mutter, „bei Tag in meiner Brieftasche über dem Herzen, bei Nacht unter meinem Kopfkissen"[4], ist weg. Er verdächtigt seinen Vater, es weggenommen zu haben, da dieser auch sonst jede Erinnerung an Felix' angeblich gestorbene Mutter aus dem Haus verbannt hat. Jetzt fühlt sich Eva bemüßigt, dem Schwärmer die Augen zu öffnen mit der Tatsache, dass der Grund für die Abwesenheit der Mutter nicht deren Tod sei, sondern ihr Ehebruch. Felix sinkt verstört an Evas Toilettentisch nieder und beschwört melodramatisch die Gefühle seiner Kinderzeit wieder herauf:

> FELIX: Sie wissen ja nicht, wie sehr sie mir himmlisch war, wie alle meine Jahre bis heute nichts waren als ein Emporwachsen an den Gedanken an sie. Zehn Jahre war ich, als man mich in die Pension tat, wie ein überflüssiges Möbel ins Magazin. Wie ich dort allein war, allein wie ein Punkt. Was ich für Angst vor den Sonntagen hatte, wenn zu allen Kameraden freundliche oder strenge Mütter kamen, sie abholten zum Spazierngehen [sic], zum Mittagessen oder ins Kino. Zu mir kam selten Sebastian mit dem großen Automobil, das die Mitschüler und Lehrer kleinlaut machte und mich in die Erde sinken ließ vor Scham. Dann stand ich daheim in der Ecke und weinte zu den fremden Gästen hin, die mit Scherzen und vornehmen Kleidern zusammengehörten. Die Kameraden bekamen von daheim Erdbeerkuchen und sorgfältig gewählte Strümpfe und Krawatten, Bücher, die für ihr Alter waren und Spielsachen, die sie der Mutter ins Ohr geflüstert hatten. Für mich kam immer nur Geld, Geld, Geld.[5]

Um den Schreibimpuls zu dieser Komödie und deren Schlüsselfiguren vor ihrem realen Hintergrund zu erhellen, muss die Recherche in das familiäre Umfeld des heranwachsenden Hans Swarowsky zurückgreifen, um für ihn – und das ist die Hypothese meiner Untersuchung – im Rückblick eine „Biographie romancée" zu rekonstruieren. Mangels real (auto)biographischen Materials speziell zu Swarowskys Kindheit.

---

3 Ebd., S. 17.
4 Ebd., S. 18 f.
5 Ebd., S. 48 f.

Es stellt sich also die Frage: Wer war der Komödienautor Andreas Eckbrecht, wer waren die realen Vorbilder zu den Figuren des Felix, seiner leiblichen Mutter, seiner Stiefmutter und seines Vaters?

Andreas Eckbrecht: Unter diesem Pseudonym verbirgt sich die spätere Schriftstellerin Gina Kaus. Sie wurde vor allem mit Romanen in der Zwischenkriegszeit bekannt, die als „verbrannte Bücher" ab 1933 zunächst verschollen blieben und heute in Neuauflagen wieder wahrgenommen werden. Vor allem aber sind es Gina Kaus' 1979 erstmals erschienene, 1990 neu aufgelegte und inzwischen vergriffene Lebenserinnerungen, in denen die Hochbetagte im Rückblick ihre Kriegs- und Zwischenkriegsjahre Revue passieren ließ.

Darin schildert sie ausführlich die Schauplätze, Vorkommnisse und Figurenkonstellationen der drei Jahre zwischen 1916 und 1919, die sie zu ihrer Komödie unter Pseudonym veranlasst hatten. Welches Nahverhältnis die angehende Autorin, die zweiundzwanzigjährig als Adoptivtochter und Geliebte des Industriemagnaten Dr. Josef Kranz in dessen Palais lebte, zum jungen Hans Swarowsky hatte, hat sie so festgehalten:

> Ich war noch keine zwei Wochen im Haus, als mir Kranz sagte: Am Sonntag wirst du ein Brüderl kennenlernen. Wieso? Ein unehelicher Sohn. Ihm hatte Kranz gesagt, er würde „ein Schwesterl" kennenlernen. Wir beide erwarteten Kinder zu sehen, aber er war ein ausgesprochen schöner junger Mann, und ich war eine schöne junge Frau. In einem Kitschroman hätten wir uns unsterblich ineinander verliebt. In Wirklichkeit wurden wir Freunde fürs Leben. Als ich 1938 nach Zürich floh, bot Hans Swarovsky [sic], der unterdes Kapellmeister geworden war, mir und meinem Sohn Peter Quartier in seiner Wohnung an. Ich brauchte es dringend und hätte es angenommen, wäre ich nicht am nächsten Tag nach Paris gerufen worden. Im Jahre 1946 kam Hans als Gastkapellmeister nach Los Angeles, und ich erinnerte ihn an sein Züricher Angebot. Er tat es damit ab, daß ich ihm von 1916 an durch drei Jahre monatlich dreihundert Kronen gegeben hatte. Ich hatte es vergessen.[6]

Der reale Anlass für ihre Komödie war im Rückblick von Gina Kaus der Diebstahl einer wertvollen Dose mit Chinoiserien, die Regina von Kranz geschenkt bekommen hatte. Als er diese einmal einem Gast zeigen wollte, konnte sie die Dose in ihrem Zimmer im

---

6 Unter dem Titel *Und was für ein Leben … mit Liebe und Literatur, Theater und Film* wurde der Erinnerungsband von Gina Kaus erstmals 1979 im Albrecht Knaus Verlag Hamburg publiziert. Die Neuauflage erschien unter dem Titel *Von Wien nach Hollywood*, hg. und mit einem Nachwort von Sibylle Mulot, als st 1757, Frankfurt a.M. 1990. Die im Text verwendeten Zitate stammen aus diesem Band; hier: S. 36. [Vgl. zu Gina Kaus mittlerweile auch die Monographie von Hildegard Atzinger, *Gina Kaus: Schriftstellerin und Öffentlichkeit. Zur Stellung einer Schriftstellerin in der literarischen Öffentlichkeit der Zwischenkriegszeit in Österreich und Deutschland*, Frankfurt a.M. usw. 2008 – Hg.]

Palais nicht finden, bis sie später unter den Habseligkeiten ihrer Kammerzofe wiederauftauchte.

Dazu Kaus:

> Das Ganze machte einen solchen Eindruck auf mich, dass ich in wenigen Tagen den ersten Akt meiner Komödie *Diebe im Haus* schrieb. Die beiden weiteren Akte schrieb ich erst zwei Jahre später. Nur der erste war gut. Ich hatte ihn geschrieben, ohne nachzudenken, er war durchaus persönlich. Da war der alternde reiche Mann, seine viel jüngere Frau, sein Sohn aus erster Ehe – vermutlich Hans Swarovsky [sic], die Kammerfrau. Die Komödie war viel sozialistischer als mir bewusst war: Alle im Haus waren Diebe, der alte Plutokrat war der Schlimmste, die diebische Kammerfrau die beste von allen.[7]

Die Aufführung im Jahre 1919 im Schlosstheater Schönbrunn, der damaligen Studiobühne des Burgtheaters, war laut Kaus

> ein mittelmäßiger Erfolg. Das Stück wurde etwa zehnmal gespielt und dann für immer abgesetzt. Keine andere, reichsdeutsche Bühne nahm es an. Es erschien nicht im Druck, ich habe keine Kopie, und sollte es eine geben, müsste sie im Archiv des Burgtheaters ruhen. Es tut mir nicht leid darum, es war kein gutes Stück.[8]

Alfred Polgar, mit Blick auf die Figurenkonstellation Felix und Baron, lobte „eine vielfach reizvolle Arbeit" und besonders „den Jüngling mit lockerer Seele, deren schöner, kindlich unbewusster Auftrieb dem Ballast der väterlichen Millionen entgegenwirkt."[9]

Im selben Erscheinungsjahr 1979, als Gina Kaus ihren Erinnerungsband vorlegte, wurde auch Hans Swarowskys Buch aus dem Nachlass mit Erinnerungen an seinen persönlichen und künstlerischen Werdegang als Musiker publiziert.[10] Was bei Gina Kaus zum Stoff nicht nur ihrer Komödie, sondern auch ihrer späteren Romane diente, nämlich die Wiener Gesellschaft vor und während des Ersten Weltkriegs, als deren herausragender Repräsentant Swarowskys Vater Dr. Josef Kranz und sein aufwendiger Lebensstil zu sehen ist, an luxuriösen Schauplätzen, auf Landsitzen, im Stadtpalais und in der Hofoper, daneben aber auch das geistige Bohèmeleben in den Salons und Kaffeehäusern, das sind die Pole, die das Leben von „Bruder" und „Schwester" geprägt haben.

Bei Hans Swarowsky überwiegt die Schilderung musikalischer Prägungen. Etwa in Gestalt des Hofoperndirektors Gustav Mahler:

---

7 Kaus, *Von Wien nach Hollywood* (Anm. 6), S. 39.
8 Ebd., S. 80. Eine kritische Analyse des wiedergefundenen Komödien-Manuskripts steht noch aus.
9 Ebd., S. 274 ff.
10 Swarowsky, *WdG*.

Die Erinnerung an Gustav Mahler gehört zu den frühesten Eindrücken, die ich bewahrt habe. Meine Familie hatte eine ständige Loge in der Wiener Hofoper, der heutigen Staatsoper und ich konnte daher in diesem Hause ein- und ausgehen. Als Kind mit sieben Jahren habe ich hier Mahler erstmals dirigieren gesehen. Einige Jahre später erlebte ich auch die Uraufführung seiner VIII. Symphonie in München, wo ich im Chor mitgesungen habe. Ich habe damals natürlich nicht vestanden, worin Mahler sich von anderen unterschied, aber der Kreis um ihn, in welchem ich später auch verkehrte, hat immer auf die Besonderheit dieses einen Mannes hingewiesen.[11]

Gina Kaus hat unter den Eindrücken dieser Jahre vor dem Ersten Weltkrieg später einen Schlüsselroman geschrieben, *Die Schwestern Kleh*[12]. Nicht nur hat sie darin ihr eigenes Psychogramm als Lotte Kleh skizziert, sondern auch das ihres Stiefbruders Johann Swarowsky. Der Achtzehnjährige war nach seiner Matura im März 1917 noch im Herbst desselben Jahres zum Militär einberufen worden. Als fiktive Figur namens Martin Böttcher, etwas mehr als achtzehn Jahre alt, taucht er dann wieder im Roman auf. Martin ist der uneheliche Sohn einer Nobelschneiderin und befreundet mit Lotte Kleh, deren Leben ähnliche Episoden aufweist wie das der Autorin. Martins Vater ist der vermögende Baron Ried, der Lotte einen brieflichen Antrag macht und sie in sein Luxusleben einführt. Den Auftakt zu Lottes neuem Leben macht eine Einladung des Baron Ried in seine Opernloge zu einer Vorstellung der *Walküre*. Welches Abendkleid Lotte trägt, welche wichtigen Leute in der Loge ein- und ausgegangen sind, diese Fragen sind wichtiger als die Erwähnung der künstlerischen Qualität der gesehenen Vorstellung. Einen Tag, bevor Martin ins Feld einrücken muss, schenkt Baron Ried seinem Sohn und Lotte zwei Karten für seine Loge. Dieses Mal wird der *Rosenkavalier* gegeben. Wieder geht es weniger um die szenischen Qualitäten.[13] Im Vordergrund stehen die Zukunftsvisionen des jungen Humanisten Martin:

---

11 Ebd., S. 257. Die Positionierung Mahlers im damaligen Wiener Musikbetrieb konnte Swarowsky später als Student im Schönberg-Kreis kennenlernen. Nach dem Ende des Zweiten Weltkriegs wirkte er dann an der Einleitung der Renaissance des Komponisten Mahler mit.

12 Der Roman, erstmals 1933 in Amsterdam erschienen, wurde 1989 neu aufgelegt: Gina Kaus, *Die Schwestern Kleh*, mit einem Nachwort von Sibylle Mulot, Ullstein Buch Nr. 30226, Frankfurt a.M. 1989. [Eine weitere Ausgabe erschien 2013: Gina Kaus, *Die Schwestern Kleh. Roman*, mit einem Nachwort von Edda Ziegler, Gräfeling–Hamburg 2013 (edition *fünf* 20); im Folgenden wird nach dieser Ausgabe zitiert – Hg.]

13 Ebd., S. 90–93, 130–142. Im Roman werden die szenischen Qualitäten der Opernaufführungen nicht thematisiert. Es geht eher um das gesellschaftliche Flair in der Opernloge des Barons vor und während der Aufführung. Doch sei hier angemerkt, dass es sich damals um eine Bühnenästhetik von höchstem Rang handelte, die sich dem in Mahlers Direktionsära tätigen Ausstattungsleiter Alfred Roller verdankte. Als Mitbegründer der Wiener Secession schuf dieser in seinem künstlerischen Anspruch Ausstattungen von *Tristan und Isolde* (1903), *Walküre* (1907) und *Rosenkavalier* (1911) mit zukunftsweisendem Modellcharakter.

Früher – vor dem Krieg – wollte ich Musiker werden, es ist das einzige wirkliche Talent, das ich habe. Aber jetzt denke ich nie mehr daran. Es hat Beethoven gegeben und Mozart und Bach, und trotzderm machen die Menschen Krieg und schießen einander tot. Das möchte ich verstehen. Ich möchte Geschichte studieren und Politik und Psychologie. Und Nationalökonomie – die ist vielleicht das Allerwichtigste. Warum die Menschen arm sind und die anderen so reich – das müsste man auch verstehen und warum die vielen Armen tun, was die Reichen von ihnen wollen. Es gibt ja so verschiedene Arten, um überhaupt an die Dinge heranzutreten – man kann von der Religion oder von der Philosophie oder von der materialistischen Geschichtsauffassung her versuchen, eine Lösung zu finden. Und ich weiß heute noch nicht einmal, welches meine Richtung ist, weil alles mich lockt, alle großen Geister, auf welcher Seite sie immer stehen …[14]

Soweit das literarische Porträt des jungen Hans Swarowsky als Sohn und angehender Künstler.

2. „Du bist sehr naiv", sagte er

Die Welt des tonangebenden Vaters als Vorbild der fiktiven Barone Langer von Langerfeldern in *Marianne* und Ried in *Die Schwestern Kleh* hatte Regina Zirner als zweiundzwanzigjährige Witwe kennengelernt. Ihr erster Mann, der Kapellmeister Josef Zirner, war im Kriegsjahr 1915 gefallen. Um ihre eigenen mittellosen Eltern zu unterstützen, half sie im Juweliergeschäft ihres Schwiegervaters am Graben als Verkäuferin aus. Bis eines Tages „Onkel Pepi", wie er Regina von ihrem Schwiegervater vorgestellt wurde, den Laden betrat.

Sein Mantel stand offen, und ich sah, er war mit edelstem Breitschwanz gefüttert. Seine Augen waren überaus lebhaft. Er sprach mit meinem Schwiegervater über Pepis Tod und erwähnte, dass er selbst seinen einzigen Sohn verloren habe.[15]

Im familiären Kreis lernte Regina dann auch seine Einstellung zum Thema der Kriegsschuld kennen und äußerte ihre persönliche Ansicht mit der Frage: „Warum muß Österreich so groß und mächtig sein. Sind die Leute in der kleinen Schweiz nicht ebenso glücklich?"[16] Kranz lächelte nachsichtig: „Du bist sehr naiv"[17], sagte er. Und lud sie für

---

Swarowsky selbst hat in seinen nachgelassenen Aufzeichnungen keinen Anhaltspunkt dafür geliefert, dass er diese Inszenierungen als junger Mann gesehen hat.

14 Kaus, *Die Schwestern Kleh* (Anm. 12), S. 79 f.
15 Gina Kaus, *Von Wien nach Hollywood* (Anm. 6), S. 26–28.
16 Ebd., Nachwort Mulot, S. 242.
17 Ebd.

das nächste Wochenende in sein Landhaus in Raach ein. Im Mercedes-Benz mit livriertem Chauffeur, was damals, mitten in der Benzinknappheit des zweiten Kriegsjahrs 1916, ein demonstratives Statussymbol darstellte. Zum Zeitpunkt ihres Kennenlernens war Kranz 58 Jahre alt, mehr als dreißig Jahre älter als Regina. Um dem Verhältnis mit Kranz einen legalen Anstrich zu geben, wurde mit Beschluss des Bezirksgerichts Josefstadt am 15.6.1916 Dr. Josef Kranz, Hof- und Gerichtsadvokat, als Wahlvater von Regina Zirner bestätigt. Sie komplettierte ihren Namen demnach zu Regina Zirner-Kranz. Dass seine Adoptivtochter alles andere als naiv war, sollte sie in den folgenden Jahren beweisen.

Doch zunächst zurück zum Aufstieg des Josef Kranz zum Wirtschaftsmagnaten der k. u. k. Monarchie. Geboren wurde er am 7. Oktober 1862 als Sohn des Kreisrabbiners Dr. iur. et phil. Gerson Kranz in Auschwitz. Dieser ließ sich mit seiner Ehefrau Emilie später in der Residenzstadt Wien als Hof- und Gerichtsadvokat nieder. Sein Sohn Josef wuchs in der damaligen Kohlmessergasse, dem heutigen Franz-Josefs-Kai, in ärmlichen Verhältnissen auf. Über seine Schulzeit am Akademischen Gymnasium ist außer der Tatsache, dass einer seiner Mitschüler Arthur Schnitzler hieß, wenig bekannt.[18]

> Die Karriere Josef Kranz' begann, als der damalige Minister Kallay, bei dem er als Hauslehrer angestellt war, die starke Begabung des jungen Mannes entdeckte. Bei der wirtschaftlichen Exploitierung, bei der Industrialisierung Bosniens, zu der Kranz von Kallay herangezogen wurde, bildete er den Grundstock zu seinem Vermögen.[19]

Es ist nicht bekannt, ob Kranz anfangs noch als Anwalt aktiv war, als er vierundzwanzigjährig am 1. August 1887 die zweiundzwanzigjährige Gisela Ehrenstein, Tochter eines ungarischen Gutspächters, heiratete, in einer nach jüdischem Ritus vollzogenen Zeremonie. Der gemeinsame Sohn Friedrich – auf den Kranz dann bei seiner ersten Begegnung im Hause Zirner anspielen sollte – wurde am 20. Juli 1888 geboren und starb am 8. August 1896.

> Bald übersiedelte Kranz völlig in die Industrie und erweiterte seinen Einfluß. Seine Beziehungen zu Finanzminister Engel, zu Baron Nicolai Wassilko befestigten sein Ansehen, vergrößerten sein Vermögen. Die stark ansteigende Kurve seiner Karriere, in der vor allem seine Tätigkeit auf dem Gebiet der Spirituswirtschaft – er wurde Gründer des Spirituskar-

---

18 Ebd.
19 Verlassenschaft Kranz geht in Konkurs, in: *Wiener Sonn- und Montagszeitung*, 12.11.1934, S. 7. (Für den Hinweis auf diesen Artikel danke ich Frau Erika Horvath.) Minister Kallay: Beni Kallay v. Nagy-Kallo, (22.12.1839–13.7.1903) war österreichisch-ungarischer Politiker, dessen Tätigkeitsfeld sich auf Bosnien erstreckte und dessen „offiziöse Zwecke" von Karl Kraus in der *Fackel* beargwöhnt wurden. Diese und weitere biographische Daten stammen aus dem Personenregister, zusammengestellt von Franz Ögg in Bd. 12 des *Fackel*-Reprints bei Zweitausendeins, Frankfurt a.M. [o. J.].

tells – großen Raum einnahm, wurde durch einige Affären zwar unterbrochen, aber nicht beendet.[20]

Zum aufwendigen Lebensstil des angehenden Wiener Tycoons gehörte das erste Palais Kranz in der damaligen Oberen Alleegasse 25–27, der heutigen Argentinierstraße. Erbaut worden war es 1880 von Gustav Korompay, mit einem Glashaus im Garten von dem späteren Star-Architekten-Duo Fellner & Helmer. Die innenarchitektonische Umgestaltung besorgte Friedrich Ohmann. Dieser, ein bedeutender Architekt der Monarchie und Mitglied der Wiener Secession, hatte schon 1875 das neubarocke Palais in der Liechtensteinstraße entworfen. Dieses sollte dann nach der Jahrhundertwende als zweites Palais von Kranz erworben werden, nachdem er 1909 das Palais in der Alleegasse an den Munitionsfabrikanten Karl Roth, den sogenannten „Kapselkönig", verkauft hatte.[21]

Nach dem Tod seines Sohnes Friedrich im August 1896 unterhielt Kranz eine Beziehung zu der Schauspielerin Leopoldine Swarowsky. Zwischen 1897 und 1899 – in den Jahren vor der Geburt des gemeinsamen Sohnes Johann Swarowsky – sind auf den noch vorhandenen Besetzungszetteln des Volkstheaters folgende Rollen von „Frl. Swarowska" ersichtlich:

Ab 11.12.1897 in *Bartel Turaser. Drama in 3 Akten* von Philipp-Langmann die Nebenrolle einer Färbereiarbeiterin; ab 18.9.1898 in *Pamela* von Victorien Sardou die Rolle der Madame de Lavonde; ab 18.10.1898 in dem Schwank *Im weißen Rössl* von Blumenthal und Kadelburg die Rolle der Briefbotin Kathi; ab 10.12.1898 in *Der Star* von Hermann Bahr die Rolle einer Dame; ab 5.1.1899 in *Der Königslieutenant* von Karl Gutzkow die Rolle der französischen Schauspielerin Belinde und ab 21.1.1899 in *Halbe Menschen* von Richard Nordmann die Rolle der Therese.[22]

Nach der Geburt von Hans Swarowsky am 16. September 1899 in Budapest lebte das Kind bevorzugt unter der Obhut der Mutter, die in Kranz' Gesellschaftskreisen vermutlich nicht in Erscheinung trat. Es kann allerdings angenommen werden, dass Wochenendausflüge ins väterliche Palais in der Alleegasse, dann in der Liechtensteinstraße im Erziehungsplan vorgesehen waren. Wie sich der Heranwachsende im Kreis der Geschäftsleute fühlte, das hat Hans Swarowsky in seinen Aufzeichnungen aus dem Rückblick nicht mitgeteilt. Dass er möglicherweise seine Stiefschwester Regina ins Vertrauen

---

20 Ebd. Finanzminister Engel: August Engel, Freiherr v. Mainfelden (1.7.1855–9.1.1945).
21 Vgl. *Die Kunstdenkmäler Österreichs. Wien II. bis IX. und XX. Bezirk*, bearb. von Wolfgang Czerny u. a., Wien 1993 (Dehio-Handbuch der Kunstdenkmäler Österreichs), S. 156, 419.
22 Für die Beschaffung von Kopien aus den Beständen des Volkstheater-Archivs im Theatermuseum Wien danke ich an dieser Stelle Frau Girid Lot-Schlögl.

gezogen hat, lässt sich aus seinen literarischen Porträts bei Gina Kaus nachvollziehen, wenngleich mit einiger Sentimentalität.

Dass Kranz' Karriere durch einige Affären zwar unterbrochen, aber nicht beendet wurde, davon war schon weiter oben die Rede. Einen aufsehenerregenden Konkurs um die Jahrhundertwende hat Karl Kraus in der *Fackel* höhnisch kommentiert:

Wer mir den Becher kann wiederzeigen … den goldenen Becher, mit dem Herr Josef K r a n z solang zum Karlsbader Brunnen ging, bis die bosnische Herrlichkeit zusammenbrach! Jetzt scheinen doch böse Zeiten zu kommen. Bosnien empfindet das Bedürfnis, möglichst wenig von sich reden zu machen. Denn mit den Culturthaten des Ritters von Kallay und mit den Finanzthaten des Ritters von der bosnischen Industrie ist's nichts:

Das Taubenschiessen, die Pferderennen und die Industrie in Bosnien sind der Reihe nach eingegangen. Die bosnische Holzverwertung, bei der als Nebenproducte Essig und ein Palais gewonnen wurden, sie hat ein unbrauchbares Hauptproduct geliefert. Und so hat sich der Herr Reichsfinanzminister im Sommer bemüssigt gesehen, der „Bosnischen Holzverwertungs-Actiengesellschaft" ein Privileg zu entziehen, das ihr jahrelang gestattet hatte, die bosnischen Wälder zu devastieren und, weil das Land zum billigsten Preise das Holz lieferte und zum theuersten die Holzkohle bezog, die Nebenproducte, den Essig mitsammt den Kranz'schen Millionen, ganz umsonst zu behalten. […] Der Sturz des eben erst emporgekommenen Herrn Kranz war nicht aufzuhalten, und die kostbaren Teppiche, deren Erwerbung er seinerzeit durch alle Blätter verkünden liess, hätten ihn nicht gemildert. […] Herr v. Kallay […] fand es […] auch leichter, bei dem allgemeinen Zusammenbruch seinem schadhaft gewordenen Renommé als den Kranz'schen Industrien aufzuhelfen, betheuerte – mit der linken Hand –, er wisse nicht, was seine rechte, der Sectionschef Horovitz, mit dem Wiener Faiseur zu thun habe, und brach die Beziehungen zu diesem ab. Jetzt blieben Herrn Kranz nur noch die Beziehungen zur „Neuen Freien Presse", und diese willige Rettungsgesellschaft leistete denn auch am 9. August prompt die erste Hilfe.

„Es fehlen also nur noch 1.400.000 Kronen", rechnete Kraus im Dezember 1901 nach und resümierte:

Nachdenklich mögen sich die Blicke der Actionäre nach der Alleegasse richten, wo ihr Präsident der Frage nachsinnt, wie viel ein Palais in Wien kostet und wie wenig man, wenn es einmal schief gienge, für ein Palais in Wien erhalten würde. Selbst durch den Verkauf des prunkvollen Hauses könnte Herr Dr. Kranz der „Bosnischen Holzverwertungs-Actiengesellschaft" schwerlich die 1,2 Millionen Kronen verschaffen, die sie ihrer jüngsten Kundgebung zufolge braucht, um den Betrieb fortzuführen. Der bankrotten Unternehmung wird, so munkelt man, die ministerielle Genehmigung einer Capitalserhöhung nicht versagt werden. Nur keine Furcht. Finanzielle Macher enden in Österreich zwar häufig in einem Schloß, aber niemals hinter Riegel.[23]

3. „Seine Wohnung war ein richtiges Museum"

Solchermaßen skandalumwittert, blieb Kranz bei seinem feudalen Lebensstil, der nicht nur zur Zielscheibe Kraus'scher Polemik, sondern bald auch zum Stoff der literarischen Bohème Wiens werden sollte.

1911 bezog Kranz sein neues Palais in der Liechtensteinstraße 53–55. Es war seinerzeit als Zinshaus gebaut worden und bis zum Erwerb durch Kranz im Besitz der Textilindustriellenfamilie Salcher. Auf den damaligen Einreichplänen zum Umbau durch Friedrich Ohmann schien nicht der Hausherr selbst, sondern eine gewisse Marie Hofteufel auf.[24] Ihrer Nachfolgerin Regina Zirner hinterließ sie 1916 ein Appartement im Palais, das sich vom dort vorherrschenden Pomp und Prunk abhob. Wie es um ihr Interieur im Palais bestellt war, dieses Wissen verdankt die Nachwelt wiederum den Erinnerungen von Gina Kaus: „Im Unterschied zu allen anderen Zimmern im Hause, die mit edelsten Antiquitäten möbliert waren, war das meine ganz modern von Richard Teschner eingerichtet."[25]

---

23 Karl Kraus, in: *Die Fackel*, III. Jahr, Nr. 89, Mitte Dezember 1901, S. 12 ff.
24 Die damals achtundzwanzigjährige Schauspielerin hatte sich 1909 in einer Neuinszenierung von Arthur Schnitzlers *Liebelei* (uraufgeführt am 9.10.1895 am Burgtheater) im Theater in der Josefstadt in der Rolle der Mizzi Schlager profiliert. Drei Tage nach der Burgtheater-Premiere von *Der junge Medardus* mit Hofteufel als Kammermädchen Nerina notierte Schnitzler am 27.11.1910 in sein Tagebuch: „Allgemeiner Eindruck großer Erfolg. Sprach die meisten; Frl.Hofteufel (die gern die Erna spielen möchte; sie fing von Kranz an, der seit 8 Jahren ihr Geliebter)" in: Arthur Schnitzler, *Tagebuch 1909–1912*, hg. von der Kommission für Literarische Gebrauchsformen der Österreichischen Akademie der Wissenschaften, Wien 1981, S. 197. Tatsächlich beendete dann Maria Hofteufel ihre Bühnenkarriere nach der Uraufführung von Schnitzlers Schauspiel *Das weite Land* (14.10.1911 am Burgtheater) in der Rolle der Erna Wahl. 1912 meldete sie sich polizeilich im 9. Bezirk an und fungierte als offizielle Dame des Hauses Kranz, bis sie 1916 von ihrer Nachfolgerin Regina Zirner abgelöst wurde. Als „Fringilla" ging sie in jene Satire ein, die – frei nach Petronius' *Satyricon* – am 18. Januar 1917 in Carl Colberts linksradikaler Zeitung *Der Abend* erschien. Die Tatsache, dass ihr Name auf den Einreichplänen zum Umbau des Palais Kranz eingetragen war [wie es Friedrich Achleitner in seinem Österreichischen Architekturlexikon mitgeteilt hat], wurde zum Anlass folgender Szene genommen: „Damals also, so sagt man, hatte Gadius (alias Kranz) eines von den Häusern, die er auf dem Viminalischen Hügel, den Gärten des Mäzenas gegenüber erwarb, der Fringilla (alias Marie Hofteufel) vor den Gerichtsschreibern zu eigen schreiben lassen. Nun aber, da er ihrer überdrüssig geworden, fordert er das Haus zurück, behauptend, er habe es nicht in wirklicher Absicht des Schenkens auf der Sängerin Namen schreiben lassen, sondern zu seiner eigenen Sicherheit, da er damals durch drängende Gläubiger bedroht gewesen sei." Vgl. Gina Kaus, *Von Wien nach Hollywood* (Anm. 6), Nachwort Mulot, S. 272.
25 Kaus, *Von Wien nach Hollywood* (Anm. 6), S. 34. – Richard Teschner (21.3.1879–4.7.1948) war, nach einem Studium an der Kunstakademie Prag und an der Kunstgewerbeschule Wien zunächst als Buchillustrator

Als persönlichen Sekretär verpflichtete Kranz Reginas Literatenfreund Franz Blei. Dieser war im März 1916 zum Landsturmdienst ohne Waffe von Berlin nach Wien einberufen worden, wurde Anfang Juni desselben Jahres auf Intervention von Kranz aufgrund seines nationalökonomischen Wissens des Kanzleidienstes enthoben und trat mit einem Gehalt von 1000 Kronen seinen Dienst als Kranz' Privatsekretär im Palais an.[26]
Wieder zurück zu Gina Kaus:

> Die Büroräume des Spirituskartells befanden sich im zweiten Stock des Palais. Kranz selbst hatte ein dreifenstriges, antik eingerichtetes Zimmer, das Zimmer des Sekretärs dagegen war von Strnad aufs modernste und ganz in Schwarz eingerichtet worden. Hier saß Blei und diktierte einer verzweifelten Sekretärin in edelstem, hochliterarischem Stil Briefe in geschäftlichen Angelegenheiten und unterhielt die wichtigen Finanzmänner, die manchmal eine Viertelstunde in seinem Zimmer warten mussten, mit philosophischen Problemen.[27]

Regina vernachlässigte ihre Pflichten als Geliebte und Kranz-Begleiterin und verfolgte, mit Hilfe Bleis, energisch ihre literarischen Ziele als angehende Schriftstellerin. Und dies, solange sie im Palais wohnte, unter dem bereits erwähnten Pseudonym Eckbrecht. Ihr damaliges luxuriöses Domizil hat sie so überliefert:

> [Kranz] hatte eine wahre Leidenschaft für Antiquitäten jeder Art, und seine Wohnung war, von meinem Zimmer abgesehen, ein richtiges Museum, jedes Stück, jeder Tisch, jeder Stuhl war für Kenner eine Sehenswürdigkeit. So seltsam es klingt, im Palais Kranz gab es in den Wohnräumen keinen Schreibtisch, und die übrigen Räume waren ja ein Museum. Da

---

    und Gebrauchsgrafiker, auch Szenograf, seit 1903 dann vor allem als Puppenspieler tätig. Daneben arbeitete er auch als bildender und angewandter Künstler. (Vgl. *Lexikon Theater International*, hg. von Jochanan Ch. Trilse-Finkelstein/Klaus Hammer, Berlin 1995; Kurt Ifkovits [Hg.], „*Mit diesen meinen zwei Händen ...* " *Die Bühnen des Richard Teschner* [Ausstellungskatalog Österreichisches Theatermuseum], Wien 2013.) Wie aus dem Testament von Dr. Josef Kranz vom 6. März 1934 hervorgeht, hat Teschner auch ein Aktporträt von Kranz' späterer Ehefrau Lilly Geiringer geschaffen. Im Testament hat Kranz verfügt: "§ 7. Das Aktporträt meiner vormaligen Frau Lili Kranz von Richard Teschner soll nach meinem Tode ihr als Legat zufallen" (BG Josefstadt, Test. Josef Kranz, Gest. 1934, Standort G 306–13 in WStLA).

26 Kaus, *Von Wien nach Hollywood* (Anm. 6), S. 33. Franz Blei, den Gina Kaus im Januar 1915 im Berliner Café des Westens kennengelernt hatte, spielte, neben seiner eigenen literarischen Tätigkeit, eine große Rolle als Mentor und Vermittler im damaligen Literaturbetrieb (siehe hierzu ausführlicher die Darstellung Bleis in der Musil-Biographie von Karl Corino, *Robert Musil. Eine Biographie*, Reinbek bei Hamburg 2003).

27 Kaus, *Von Wien nach Hollywood* (Anm. 6), S. 38. – Oskar Strnad (26.10.1879–3.9.1935) wirkte seit 1909 an der Wiener Kunstgewerbeschule, arbeitete auch als Architekt und war ab 1919 als Bühnenbilder tätig (vgl. *Lexikon Theater International* [Anm. 25]).

gab es zwar einen Sekretär aus dem siebzehnten Jahrhundert, aber keinen Platz, wo man eine Schreibmaschine hätte aufstellen können.[28]

Regina erwirkte von Kranz die Finanzierung ihres Lieblingsprojekts, der Gründung der Vierteljahres-Kulturzeitschrift *Summa*, als deren Herausgeber ab Herbst 1917 Franz Blei fungierte und als Redaktion eine Atelierwohnung unweit des Palais Kranz, die Regina auch als Salon diente. Hier war der junge Swarowsky vermutlich öfter zu Gast, was ihn in seinem späteren Rückblick hinsichtlich der Namen, Anlässe und Themen zu einem reichlich wahllos anmutenden Name-Dropping veranlasst hat.[29]

Ebenfalls im Jahr 1917, also im dritten Kriegsjahr, wurde das Café Herrenhof in der Herrengasse eröffnet – die Dependance zur Redaktion. Hier, wie vorher schon im Café Central, sammelte sich um Blei und Regina Kranz ein Kreis von Literaturfreunden und angehenden Schriftstellern, darunter auch Robert Musil mit seiner Frau Martha und Franz Werfel. Das Kranz'sche Vorkriegsimperium sollte nach dem Zusammenbruch der Monarchie einmal den Schreibimpuls für Robert Musils Posse *Vinzenz und die Freundin bedeutender Männer*, später dann für Franz Werfels Roman *Barbara oder die Frömmigkeit* bilden. Doch davon später ausführlicher.

Den literarischen Agenden des Jahres 1917 stand auf der Geldgeberseite die entscheidende Zerreißprobe gegenüber. Für den Wirtschaftsmagnaten Kranz begann ein „annus horribilis", in dem seine Feinde triumphieren konnten. Bereits Ende 1916 hatte Carl Colbert, Schriftsteller und Herausgeber der linksradikalen Zeitung *Abend*, gegen Kranz den Vorwurf der Preistreiberei erhoben. Vorausgegangen war eine von Kranz erbetene Unterredung mit dem Zeitungsmann, die nach genaueren Recherchen alle Geschäftsvorgänge offenbaren sollte. Im Dezember 1916 schrieb Colbert eine „sozialpolitische Wochenplauderei" und ließ unter dem Titel „Die Biergeschäfte der Depositenbank" am 3. Januar 1917 einen weiteren Artikel im *Abend* erscheinen. Am 6. Januar desselben Jahres folgte eine vom gewesenen Kriegsminister unterfertigte Erklärung des Sektionschefs Jarzebecky und des Rittmeisters Lustig. Eine weitere Darstellung im *Abend* vom 8. Januar 1917 wurde auf Weisung Jarzebeckys untersagt. Hierauf erschien, um der Zensur auszuweichen, am 18. Januar im selben Blatt eine Satire nach altrömischer Art un-

---

28 Kaus, *Von Wien nach Hollywood* (Anm. 6), S. 41.
29 Während für viele Literaten das Café Central als Ersatz-Zuhause diente, wollte Kranz für Gina lieber eine Wohnung mieten, und zwar in der Strudlhof- Ecke Boltzmanngasse. „In diesem sehr schönen und großen Atelier war dann auch die Redaktion der Zeitschrift ‚Summa' untergebracht." (Vgl. Gina Kaus im Interview mit dem Autor in Peter Stephan Jungk, *Franz Werfel*, Frankfurt a.M. 2001, S. 185.) – Es waren vor allem die Mitarbeiter der *Summa*, die sich in Ginas Salonkultur kennenlernen konnten, darunter Broch, Musil, sowie Kisch und ab 1917 Werfel. Und hierher kam auch der junge Swarowsky. In ihrer späteren Wohnung im Philipphof führte Gina dann einen eleganten Salon. An diesen hat sich ihr Zeitgenosse Milan Dubrovic in seinem Artikel „Im Milieu der fließenden Übergänge", in: *Die Presse*, 14.5.1983, erinnert.

ter dem Titel *Das Gastmahl des Trimalchio*. Zum Personal des antiken *Satyricon* (von Petronius) fügte Colbert eigene Neuschöpfungen: Fabius Plumbus alias Franz Blei, Lesbia alias Regina Kranz, Fringilla alias Mizzi Hofteufel und schließlich Marcus Quintus Gadius als Gastgeber Kranz. Als Schauplätze aus Kranz' Biographie sind genannt: die Provinzstadt des Ostens alias Auschwitz, die großen Staatswälder in Cilicien alias die bosnischen Wälder, die Kranz hatte abholzen lassen, und schließlich das Haus, den Gärten des Mäzenas gegenüberliegend alias Palais Kranz in der Liechtensteinstraße gegenüber Park und Palais Liechtenstein.[30]

Am 29. März 1917 wurde dann, unter dem Vorsitz des Oberlandesgerichtsrats Dr. Ludwig Altmann, im Prozess gegen den ehemaligen Präsidenten der „Allgemeinen Depositenbank" Dr. Josef Kranz und weitere Mitarbeiter folgende Anklage erhoben:

> Dr. Josef Kranz, Dr. Richard Freund, Eisig Rubel und Fritz Felix haben in der Zeit vom Anfang September bis Ende November 1916 in Wien unentbehrliche Bedarfsgegenstände gekauft, um ihren Preis auf eine übermäßige Höhe zu treiben. Die Gründe dafür waren, dass Anfang Juni 1916 das k.u.k. Kriegsministerium Schritte unternommen hatte, um den Heeresbedarf an Bier während der Sommermonate zu decken. Das Kriegsministerium trat mit Dr. Josef Kranz in Verbindung und übertrug ihm die Lieferung, weil er günstige Bedingungen bot und vermöge seiner Beziehungen zu industriellen Kreisen die Gewähr für eine entsprechende Durchführung des umfangreichen Geschäftes zu bieten schien. Am 3. Juli 1916 kam es zwischen dem Kriegsministerium und Dr. Josef Kranz zu einem Vertragsschluss, demzufolge letzterer sich verpflichtete, im Namen und für Rechnung des Kriegsministeriums 17.500 Hektoliter Bier zu beschaffen. Diese Menge sollte bis 15. September 1916 an die vom Kriegsministerium zu bestimmenden Heereskörper abgeliefert werden. Der Vertrag wurde nicht mit der Depositenbank, sondern mit Dr. Kranz persönlich geschlossen.[31]

In der Verhandlung verteidigte sich Kranz als Vertrauensmann des Kriegsministeriums, der als solcher nur einen Dienst organisiert und letztlich patriotisch gehandelt habe. In den folgenden Verhören mussten dann auch der Justizminister Dr. Joseph Freiherr von Schenk, der Finanzminister Dr. Alexander Spitzmüller von Harmersbach und schließlich der Kriegsminister Generaloberst Alexander Ritter von Krobatin aussagen. Der erste Staatsanwalt Hofrat Dr. von Höpfner wies darauf hin, dass die Preistreiberverordnung eine Kriegsverordnung sei, „bestimmt, das allgemeine Wohl zu beschützen.

---

30 Vgl. Kaus, *Von Wien nach Hollywood* (Anm. 6), Anhang S. 270 ff.: Texte.
31 Carl Colbert, *Der Preistreiberprozeß gegen Dr. Josef Kranz, gewesenen Präsidenten der Allgemeinen Depositenbank in Wien. Mit einem Vorwort und Bericht über die Vorgeschichte des Straffalles*, Wien/Leipzig 1917, S. 7 ff. (Frau Erika Horvath hat mir freundlicherweise eine Kopie dieser Quelle überlassen, wofür ich ihr herzlich danke.)

Bei der Knappheit und Teuerung der Bedarfsgegenstände soll alles getan werden, um Ersparnisse zu schaffen, nicht nur im Verbrauch, sondern auch auf dem Wege der Ware vom Erzeuger zum Verbraucher." Und weiter: „Daß Dr. Kranz in gewinnsüchtiger Absicht gehandelt hat, ist nicht zweifelhaft, denn er selbst hat mit großem Nutzen gerechnet, sonst hätte er nicht den Überschuß des Gewinnes von allem Anfang an dem Kriegsministerium zusichern können."[32]

Nach dem Plädoyer von Kranz' Verteidiger Dr. Edmund Benedikt, der den Antrag stellte, „die Angelegenheit in das Stadium der Voruntersuchung zurückzuleiten, damit es auf diese Weise möglich wird, das unzutreffende Aktenmaterial und die vollständige Haltlosigkeit der Anklage in camera zu erweisen", wurde am 4. April 1917 das Urteil verkündigt. Der Vorsitzende, Oberlandesgerichtsrat Dr. Ludwig Altmann, sprach die Angeklagten Dr. Josef Kranz, Dr. Richard Freund, Eisig Rubel und Fritz Felix „schuldig im Sinne der modifizierten Anklage". Nach § 21 der kaiserlichen Verordnung vom 21. August 1916 wurden sie verurteilt: Dr. Josef Kranz zur Strafe des strengen Arrests in der Dauer von neun Monaten und zu einer Geldstrafe von 20.000 Kronen, im Nichteinbringungsfalle zu weiteren vier Monaten Arrest. Das Urteil wurde bis zur Revision ausgesetzt, aber Haftbefehl erlassen, der nach Hinterlegung einer Kaution von 1 Million in Kriegsanleihen aufgehoben wurde. Colbert veröffentlichte die lange Liste der Unternehmen, an denen Kranz als Verwaltungsrat oder Präsident beteiligt war – ein repräsentativer Querschnitt durch die gesamte österreichische Industrie.[33] Karl Kraus als Prozessbeobachter notierte aus dem Gerichtssaal: „Ich habe nichts verstanden, aber alles gehört", und kam zu dem Schluss: „Die Sicherstellung des Dr. Kranz ist ein Teil von der Sicherstellung des Friedens, dem wir mit der Verurteilung des Dr. Kranz erheblich nähergerückt sind. Welch ein Beispiel für alle deutschen Männer, die noch nicht verurteilt sind und dennoch auf viel weniger freiem Fuß als der Dr. Kranz".[34]

Am Tag der zweiten Instanz im Herbst reichte Kranz Nichtigkeitsbeschwerde ein. Parallel dazu trieb er seine persönlichen Geschäfte weiter. In einer Zeitungsannonce vom 2. September 1917 ließ er „besonderer Umstände halber" einen „vornehmen Herrensitz aus dem 16. Jahrhundert bei Salzburg" auf dem Immobilienmarkt anbieten, das sogenannte Paschingerschlössl auf dem dortigen Kapuzinerberg.

Am 17. Oktober 1917 verkündete Kranz' Anwalt Benedikt das Urteil auf Freispruch vom Vorwurf der Preistreiberei. Am 27. Oktober wurde in der Kanzlei des Hof- und Gerichtsadvokaten Dr. Ignaz Stiedry der Kaufvertrag unterschrieben. Der Käufer war Dr. Stefan Zweig, mit Hauptwohnsitz in Wien. Die Summe im Kaufvertrag für den

---

32 Vgl. ebd., S. 12 ff.
33 Vgl. Kaus, *Von Wien nach Hollywood* (Anm. 6), Anhang S. 271.
34 Karl Kraus, in: *Die Fackel* vom 10.5.1917; XIX. Jahr, Nr. 457–461, S. 1–27 (passim).

Zweitwohnsitz betrug 90.000 Kronen in bar.[35] Die treibende Kraft hinter dem Kauf war Zweigs Lebensgefährtin Friderike Maria von Winternitz, die auch die Umbauarbeiten der sanierungsbedürftigen Immobilie leitete. Mit Poststempel vom 24.4.1919 teilte dann der Schriftsteller dem Insel-Verlag in Leipzig mit: „Ich bitte freundlichst und zuverlässig vormerken zu wollen, dass meine Adresse (bisher Wien VIII, Kochg. 8) ab 1. Mai 1919 ständig lautet: Dr. Stefan Zweig / Salzburg / Kapuzinerberg 5.[36]

4. „Eine vielgescholtene, viel bewunderte Kraftnatur"

Im Frühjahr 1918 ging Reginas Beziehung mit Kranz zu Ende. Sie hatte, nach ihrem Verhältnis mit Blei, ein Verhältnis mit dem Schriftsteller Otto Kaus angefangen, den sie als Mitherausgeber der *Summa* und aus dem Kreis des Café Herrenhof kannte. Er war Schüler von Alfred Adler, sympathisierte wie die meisten Kaffeehaus-Habitués mit kommunistischen Ideen, gründete 1919 die Zeitschrift *Sowjet*, eine kommunistische Monatsschrift, und heiratete Regina am 26. August desselben Jahres, 1920 kam ihr Sohn Peter zur Welt.

Kranz ging eine neue Ehe mit der Schauspielerin Lilly Geiringer ein, von der ihre Vorgängerin nichts wusste. Seine finanzielle Position war mit dem Beginn der Ersten Republik erschüttert, da der Nachkriegs-Wirtschaftsraum Österreichs sich auf ein Mindestmaß verkleinert hatte und Kranz' Domäne, die Spirituswirtschaft, verstaatlicht worden war. „Er machte keine neuen Geschäfte mehr und musste froh sein, in den guten Zeiten große Vermögenswerte aufgestapelt zu haben, so sein Palais in der Liechtensteinstraße."[37]

In der Fiktion der ehemaligen Literatenrunde des Café Herrenhof sollte er allerdings weiterleben. Neben Gina Kaus traten nun auch Robert Musil als Komödienautor, der als Analytiker des Kaffeehaus-Klatschs mit einer Posse *Vinzenz oder die Freundin bedeutender Männer* verewigt hat, was er in der Freundesrunde sich berichten ließ. So betrat er zwar selbst das Palais Kranz nicht, ließ sich aber – wie Martha Musil in einem Brief an ihre Tochter Annina Marcovaldi festgehalten hat[38] – das Ambiente schildern

---

35 Gert Kerschbaumer, *Stefan Zweig. Der fliegende Salzburger*, Salzburg/Wien/Frankfurt a.M. 2003, S. 63 f.
36 Ebd., S. 78.
37 Verlassenschaft Kranz geht in Konkurs (Anm. 19), S. 7.
38 Mit Datum vom 18.9.1918 schrieb Martha Musil an Annina Marcovaldi: „Die Einrichtung der Traum eines Antiquitätenhändlers, Gemälde von unschätzbarem Wert, aber überall noch die Preiszettel dran, hellste Decken Bestrahlung, so dass man meint, die Haare müssen einem ausfallen und spiegelnde Parketten, mit allem Fett, das der Stadt Wien fehlt, gespeist. Scheffer saß ein wenig schläfrig im großen Musiksaal und betrachtete grade das Parkett.", in: Robert Musil, *Briefe 1901–1942*, hg. von Adolf Frisé, Reinbek bei Hamburg 1981, S. 160 f. – „Paul Scheffer gehörte früh zum Freundeskreis von Franz Blei und kam so auch schon um

und schuf dem Hausherrn in der Figur des Großkaufmanns Bärli ein szenisches Denkmal. Musil, der Kranz nach dem „verzauberten Hund" Richard Coudenhoves und Ida Rolands „Bärli" nannte, porträtierte ihn in jener Phase ungebrochenen Machtdrangs und ungestümen Geschäftsgebarens, die zu Ende ging, als Kranz der Preistreiberei bezichtigt wurde und als Sündenbock für alle Schieber und Kriegsgewinnler vor Gericht gestellt wurde. In erster Instanz wurde er zu neun Monaten Gefängnis verurteilt, in der nächsten wurde er freigesprochen – unter Umständen, die schon wieder literaturwürdig gewesen wären.[39]

Der Großkaufmann Bärli empfiehlt sich im erotischen Reigen um die Hauptfigur Alpha – eine Mischung aus Gina Kaus und der Königin des Café Central, Ea von Allesch – mit folgendem Eigenlob:

BÄRLI: Ich darf sagen, dass ich mit meinen Unternehmungen ein wirtschaftlicher Faktor im Staat bin, und ich habe mehr als einmal diese ganze Macht auf eine einzige Karte gesetzt, bloß um sie in die Luft zu werfen und wieder zu gewinnen. In dieser Richtung habe ich Phantasie, Alpha, eine genügend wilde Phantasie.

Doch Alpha weist seinen Heiratsantrag so ab:

ALPHA: Ihre Beschäftigung mit dem Handel, Ihre literarische Unbildung erlauben Ihnen wie ein Familienblattroman zu fühlen. (BÄRLI stürzt sich auf sie.)[40]

Diese literarische Unbildung von Kranz wird auch in dem 1928 begonnenen, 1929 erschienenen Roman *Barbara oder die Frömmigkeit* von Franz Werfel thematisiert. Die Parallelaktionen zwischen Kaffeehaus und Palais strukturieren besonders das Kapitel *Schattenreich*. Wie schon Musils titelgebende Possenfigur Vinzenz alias Franz Blei spielt in diesem Romankapitel Einer namens Basilius die zentrale Rolle. Wie sein Vorbild Blei ist er der permanente Zeitschriftengründer. Sein Tisch im Café Central ist der Nabel der Literatenwelt, laut Werfel ein „Schattenreich", in dessen Säulensaal „Neurastheniker den Untergang der Monarchie heraufbeschworen." Als „gedruckte Heimstätte für die Kameraderie des angriffsbereiten Auftriebs" war Basilius dabei, nach der letzten Nummer seiner vorherigen Zeitschrift eine neue zu gründen. Schon stand der Titel der neuen Unternehmung fest: „Der Aufruhr in Gott – Blätter für Kommunismus und

---

1910 mit Musil in Kontakt. Da Scheffer von 1917 an Berichte für das *Berliner Tageblatt* schrieb, könnte sein Wien-Aufenthalt mit seiner beruflichen Tätigkeit als Journalist zu tun gehabt haben." Für diese briefliche Auskunft danke ich Herrn Dr. Karl Corino.

39 Vgl. Corino, *Robert Musil* (Anm. 26), S. 672.
40 Robert Musil, *Gesammelte Werke 6. Prosa und Stücke*, Reinbek bei Hamburg 1978, S. 410 f.

katholische Kirche". Als Geldgeber fungierte „Aschermann, der Präsident einer großen Kriegszentrale, eine vielgescholtene, vielbewunderte Kraftnatur."[41]

Als Chefredakteurin des Zeitschrift-Projekts fühlte sich – laut Werfels Roman – Hedda (alias Regina Kranz), die nach Erscheinen der neuen Zeitschrift eine Geschäftsreise des abwesenden Kranz ausnützte, um in seinem Palais mit einem engeren Kreis von Auserwählten die Geburt der neuen Edition zu feiern. Wie im oben zitierten Brief von Martha Musil fehlte auch nicht der ironische Blick der mittellosen Gäste auf Aschermanns Kunstsammlung. Was diesem Romankapitel Werfels allerdings eine theatralische Pointe verleiht, ist „ein Auftritt älteren Stils", als nämlich unerwartet der Hausherr auftaucht. In Gesellschaft des Abgeordneten Dengelberger (alias Karl Renner). Mit einem Telefon neben seinem Tischgedeck signalisiert der Hausherr seine Unabkömmlichkeit von der Tagespolitik, dabei plaudert er über das Versagen von Literatur in kriegserfüllten Schicksalszeiten: „Aschermann, in Sachen des schönen Geistes kein geringerer Barbar als Dengelberger, wollte zeigen, daß er nicht umsonst einen geeichten Wortekünstler in seiner Hofhaltung habe" und zitierte ein Kriegsgedicht mit dem Bemerken: „Jedenfalls sehr hübsch. Die Sache hat ein Fludium. Nicht wahr?"[42]

Als sich bei Kriegsende in Wien die Rote Wehr bildet, positionieren sich Regina und ihre Literatenfreunde als Linke. Kranz versuchte, unter der Sozialistischen Internationale Gesinnungsgenossen zu finden. Auch dieser Pointe trug Werfel in seinem Roman Rechnung. Hier erscheint Aschermann in Begleitung Heddas im Säulensaal des Café Central, um sich als Linkssympathisant zu deklarieren und, „wenn sich in Wien die Kommune durchsetzen sollte, alle seine Kunstsammlungen freiwillig sozialisieren und öffentlich zugänglich machen zu wollen." Die dazu passende Zeitschrift wird – ebenfalls im Roman – unter dem Titel „Der Rote Gedanke" gegründet. Den abschiednehmenden Rückblick auf die ehemalige Residenzstadt fasst Werfel in ein symbolisches Ensemble von „hellumklimperten Dingen", die „das Wien des Wieners" bilden. Darunter auch die Hofoper. Darüber „ein goldgewobener Schleier, hinter dem alles so angenehm unbestimmt wogt! Von Kriegsjahr zu Kriegsjahr ward er schäbiger. Am zwölften November [1918] zerriß er ganz."[43]

Es war dies ein Riss, der auch durch die Existenz des Frontheimkehrers Swarowsky gehen sollte, bis er seinen künstlerischen Weg beschreiten konnte.

---

41 Franz Werfel, *Barbara oder die Frömmigkeit*, Frankfurt a.M. 1996 (Gesammelte Werke in Einzelbänden), darin: „Drittes Lebensfragment. Zweites Kapitel: Schattenreich" (besonders S. 381–384) und „Viertes Kapitel: Der Aufruhr in Gott" (besonders S. 406–422).
42 Ebd., S. 421f.
43 Ebd., S. 596.

5. „Er hatte ein Mittelmeergesicht, Locken und schaute gar nicht wie ein Börseaner aus"

Das verbliebene Vermögen von Josef Kranz in den Zwanzigerjahren reichte nicht für seinen persönlichen Aufwand aus, der in Ärztehonorare, Apothekerrechnungen, Gebühren und Abgaben und Schulden für Lebensmittel, Friseur und Hausgehilfenlöhne floss und ca. 30.000 Schilling ausmachte.[44] Sein Kunstbesitz, „der einst einen Tizian, zwei Tiepolos und andere Alte Meister"[45] umfasste, sollte 1929 mit einer Versteigerung beim Auktionshaus Lepke in Berlin in fremde Hände gelangen. Nach dem Ehescheidungsprozess von seiner letzten Frau Lilly Geiringer[46] – Kranz war inzwischen siebzig Jahre alt – holte er seine erste Ehefrau Gisela zu sich ins Palais zurück. Damit sie ihn betreute, verfügte er mit Datum vom 9.5.1921 für sie eine Alimentation.[47] Untätig geworden, begann Kranz dem jungen Journalisten Milan Dubrovic seine Erinnerungen zu diktieren. Beauftragt vom Besitzer der *Wiener Sonn- und Montagszeitung*, Klebinder, kam Dubrovic mehrmals in der Woche ins Palais, um eine Biographie des Hausherrn zu verfassen. Doch die Aufzeichnungen hierzu sind bislang verschollen.[48]

Im Februar 1933 musste Kranz den finanziellen Ausgleich anmelden. Die *Wiener Zeitung* vom 3. Dezember desselben Jahres brachte dann die Sensationsmeldung, dass am 10. Januar 1934 die Zwangsversteigerung des Palais Kranz beim Wiener Exekutionsgericht angesetzt wurde.

---

44 Vgl. Verlassenschaft Kranz geht in Konkurs (Anm. 19), S. 7.
45 Ebd.
46 In der *Wiener Allgemeinen Zeitung* (o. D.) wurden die Argumente für die Scheidung so dargestellt: „Zur Zeit der Eheschließung, führt Lily Kranz in ihrer Klage aus, war sie 18 Jahre, während Josef Kranz nahezu 60 war. Es war keine Geldheirat, sondern Josef Kranz versprach seiner jungen Frau den Himmel auf Erden. Die Ehe gestaltete sich anfänglich sehr glücklich, dann aber kamen Zwischenfälle, die nach Behauptung der Klage Lily Kranz' Gesundheit untergruben und das Eheleben schwer erträglich machten. So erklärte, wie die Klage ausführt, Josef Kranz seiner Frau, dass eine Frau über 23 Jahre eigentlich keinen Anspruch mehr auf Jugend und Leben habe." (Undatierte Kopie aus NIHS).
47 Im Testament vom 6. März 1934 (Anm. 25) wurde verfügt: „§ 1. Ich vermache meiner geschiedenen Frau Gisela Kranz geborenen Ehrenstein ein Praelegat des ordentlichen, standesgemäßen Unterhalts, das ist die von ihr gegenwärtig innegehabte Wohnung in meinem Hause IX, Liechtensteinstraße 55, samt Beleuchtung und Beheizung und eine für ihre sonstigen Bedürfnisse bestimmte Rente von monatlich zweihundert (200) Schilling steuer- und abzugsfrei".
48 Vgl. Kaus, *Von Wien nach Hollywood* (Anm. 6). In ihrem Nachwort erwähnt Sibylle Mulot ein Interview mit Milan Dubrovic, in dem er über diese geplanten Kranz-Memoiren sprach: „Kranz tigerte in einem Renaissance-Morgenmantel vor dem Schreibtisch auf und ab und redete. Er hatte ein Mittelmeer-Gesicht, Locken, und schaute überhaupt nicht wie ein Börseaner aus", sagte Milan Dubrovic sechzig Jahre später. „Eher wie ein Künstler, ein Bildhauer vielleicht. Er war sehr belesen und sehr gebildet. Ein Mann von geistigem Niveau. – Ein besonderer Mensch." (S. 243).

Die nunmehrige Zwangsversteigerung seines prachtvollen Palais in der Liechtensteinstraße, das vor und nach dem Kriege der gesellschaftliche Treffpunkt des politischen und geistigen Wien war, erfolgte auf Betreiben der Spirituszentrale, die Dr. Kranz ein relativ geringes Darlehen gewährt hatte, dessen Rückzahlung ihm nicht möglich war.[49]

Die Gläubiger, die dem Ausgleich zugestimmt hatten, sollten einen quotenmäßigen Anteil von dem Verkaufserlös seines Besitzes erhalten. Doch durch den Tod von Dr. Josef Kranz am 14. September 1934 blieb der Ausgleich unerfüllt.

An Aktiven ist nur das Wenige da, was Dr. Josef Kranz bei Abschluß des Ausgleichs belassen wurde. Die Einrichtung mehrerer Zimmer, die er in seinem Palais noch bewohnte, und Hausgeräte, Service und wenige Bilder.[50]

Als Josef Kranz auf dem Alten Israelitischen Friedhof in Wien im Familiengrab[51] beigesetzt wurde, hatte sein inzwischen sechsunddreißigjähriger Sohn Hans Swarowsky längst die Laufbahn als Kapellmeister beschritten.

Am 12. November 1934 lieferte die *Wiener Sonn- und Montagszeitung* den Epilog: „Die Verhängung des Konkurses über die Verlassenschaft wird den Schlussstein hinter den Roman vom Leben und Sterben des Dr. Josef Kranz setzen."[52]

---

49 *Wiener Zeitung*, 3.12.1933.
50 Verlassenschaft Kranz geht in Konkurs (Anm. 19), S. 7.
51 Laut telefonischer Auskunft von Frau Heidi E. Weiss von der Israelitischen Kultusgemeinde in Wien handelt es sich um ein Grab auf dem Alten Israelitischen Friedhof im Zentralfriedhof 1. Tor, Gruppe 7, Gruftreihe 30. Das mausoleumartige Familiengrab trägt folgende Inschrift (in Versalien): GERSON KRANZ/ DOCTOR DER PHILOSOPHIE UND DER RECHTE/HOF- UND GERICHTS-ADVOCAT/EM. KREISRABBINER/ GESTORBEN AM 2. JUNI 1892 IM 72. LEBENSJAHRE. // FRIEDRICH KRANZ/GEBOREN AM 20. JULI 1888/ GESTORBEN AM 8. AUGUST 1896 // EMILIE KRANZ/GESTORBEN AM 7. DEZEMBER 1911/IM 77. LEBENSJAHRE // DR. JOSEF KRANZ 1862–1934.
52 Verlassenschaft Kranz geht in Konkurs (Anm. 19), S. 7.

Wolfgang Prohaska

HANS SWAROWSKYS KUNSTHISTORISCHE STUDIEN UND DIE KUNSTSAMMLUNG SEINES VATERS

Dieser Beitrag beschäftigt sich einerseits mit der Kunstsammlung des Vaters von Hans Swarowsky – soweit sie rekonstruierbar ist – anderseits mit den Beziehungen Swarowskys zur Kunstgeschichte im Allgemeinen und seinem frühen Studium an der Wiener Universität bei Max Dvořák, wobei ich auch terminologische Formulierungen in Swarowskys Schriften behandeln werde, die wahrscheinlich auf die Wiener Schule der Kunstgeschichte zurückzuführen sind.

Zu Beginn ein paar Nachträge von kunsthistorischer Seite zu dem vielschichtigen Verhältnis Hans Swarowskys zur bildenden Kunst und zur Architektur, einem Ausdrucksfeld, dem er sich zutiefst nahe fühlte und das in seinen Schriften immer wieder als Differenz zur Musik zur Sprache kommt. Swarowskys intime Beziehung zur bildenden Kunst ist allen seinen Schülern und Freunden vertraut. Davon ist mir, der ich ihm selbst nur flüchtig begegnet bin, von allen erzählt worden, unter anderem auch von meinem Vater, dem Dirigenten Felix Prohaska, der vor allem in Wien an der Staats- und Volksoper in der Nachkriegszeit ein langjähriger Kollege Swarowskys war und mit ihm das starke Interesse an bildender Kunst teilte. Hans Swarowsky hat die Kunstgeschichte richtig wissenschaftlich betrieben, hat er doch bei einem der bedeutendsten, früh verstorbenen, Vertreter der Wiener Kunstgeschichte, bei Max Dvořák (1874–1921), Vorlesungen gehört. Ich komme darauf zurück.

Vorab jedoch ein paar Bemerkungen zum künstlerischen Ambiente, in dem sich Swarowsky in seiner Jugend bewegte – Bemerkungen, die an das anschließen, was im Beitrag von Cornelia Krauß erörtert wird.

Swarowskys biologischer Vater, der Industrielle und Bankier Dr. Josef Kranz (1862–1934), klassischer ‚Kriegsgewinnler' und sicher eine der farbig-schillerndsten Figuren der Wiener Gesellschaft im ersten Viertel des 20. Jahrhunderts, war neben und in seiner ökonomischen, gesellschaftlichen und politischen Rolle im und nach dem Ersten Weltkrieg vielfacher Hausbesitzer, nicht nur in Wien. So besaß Kranz bis 1909 ein Palais in der heutigen Argentinierstraße 25–27, früher Alleegasse, das nach dem Zweiten Weltkrieg die sowjetische Handelsvertretung beherbergte. Das Palais war 1880/81 von Gustav Korompay im französisch beeinflussten Neorokoko errichtet worden und

Abb. 1: Dr. Kranz vor der Gartenanlage der Liechtensteinstraße 53/55 (HSA)

wurde später durch Friedrich Ohmann (1858–1927), dem Architekten des späten Historismus bzw. der frühen Moderne, für Kranz umgebaut. Kranz bewohnte weiters – und das war sein Hauptwohnsitz in Wien – seit 1911 als Mieter, seit 1918 als Eigentümer, und das bis zu seinem Tod 1934, das historistische Doppel-Palais im 9. Wiener Gemeindebezirk in der Liechtensteinstraße 53/55, gegenüber der Seitenfront des barocken Sommer-Palais Liechtenstein. Das Palais in der Liechtensteinstraße war 1874 von Ignaz Drapala erbaut worden, Kranz ließ es 1913/14 nach Plänen wiederum von Friedrich Ohmann neu fassadieren und 1915/16 von Oskar Strnad (1879–1935) im Erdgeschoss umgestalten. Gleichzeitig legte Strnad für Kranz – um die hohe Geländestufe zu gestalten, die stadtwärts durch die Strudelhofstiege überwunden worden war – eine terrassierte Gartenanlage mit eiserner Pergola, hölzernem Lusthaus mit türkischer Veranda und Keramikplastiken an (Abb. 1). Ein Komplex, der, wie Friedrich Achleitner formuliert hat, an römische Renaissancevillen erinnert. Wegen einer übersehenen Drainage kam es in der Folge zu einem Rechtsstreit zwischen dem Architekten Strnad und Kranz, der exorbitante Regressforderungen stellte – eine überraschend extreme Reaktion von Seiten eines Millionärs, wie sie auch von seiner zeitweisen Geliebten

Abb. 2: Die Villa Dr. Kranz in Raach am Semmering

und Adoptivtochter, der Schriftstellerin Gina Kaus (1893–1985) in ihren Erinnerungen berichtet wird.

Vor allem nannte Kranz eine ausgedehnte Villa mit Park in Raach am Semmering sein Eigen, die er im Sinne der ‚Heimatschutzbewegung' auch von Friedrich Ohmann umgestalten ließ (Abb. 2); für die Inneneinrichtung beschäftigte er wieder Oscar Strnad. Sowohl in der Liechtensteinstraße als auch in der Villa in Raach engagierte Kranz für Teile der Inneneinrichtung (Möbel, Tempera-Wandbilder, Öfen) einen der vielseitigsten „Jugendstilkünstler", Richard Teschner (1879–1948), der später vor allem als Stabpuppenspieler und als Entwerfer von Marionetten-Theaterstücken bekannt wurde (Abb. 3); Teschner führte noch während des Ersten Weltkriegs in oft skurriler Ikonographie Wandbilder für Kranz aus (Abb. 4).[1] In Salzburg besaß Kranz zudem zwischen 1916–1919 das sogenannte „Paschinger Schlössl", das er 1919 an Stefan Zweig verkaufte.

In der Liechtensteinstraße und in der Villa in Raach fand Kranz' nicht unerhebliche, allerdings eklektische Sammlung vor allem älterer Kunst und von Kunstgewerbe luxuriöse Aufstellung, wobei sich nicht mehr eruieren lässt, wie die Einrichtung ursprünglich auf die beiden Häuser verteilt war. Es scheint so, als habe Kranz, was ganz natürlich wäre, Kunstobjekte und Einrichtungsgegenstände aus Raach in die Liechtensteinstraße

---

[1] Vgl. auch Ivan Ristic, Possen und Posen. Anmerkungen zu Richard Teschners künstlerischen Strategien, in: Kurt Ifkovits (Hg.), „Mit diesen meinen zwei Händen..." Die Bühnen des Richard Teschner [Ausstellungskatalog Österreichisches Theatermuseum], Wien 2013, S. 96–117.

Abb. 3: Richard Teschner, Damenschlafzimmer im Palais Kranz, Liechtensteinstraße, 1914/15

Abb. 4: Richard Teschner, *Berg der deutschen Arbeit*, Reproduktion des Wandbildes von 1915 im Palais Kranz, Liechtensteinstraße

Abb. 5: Raum mit Objekten der Sammlung, Villa in Raach (?)

transferiert, nachdem die Einrichtung in Raach zum Großteil bereits 1927 verkauft worden war. Hier sind unter anderem besonders schöne und zum Teil sehr hoch bewertete Kachelöfen bemerkenswert, die möglicherweise aus Raach stammten. Einen Eindruck von der Sammlung geben Einblicke in Räume in Raach oder in der Liechtensteinstraße in Wien, auf denen einige der später versteigerten Objekte zu identifizieren sind (Abb. 5, 6): So der Kölner oder süddeutsche Stehtisch um 1600 in der Mitte; um den Tisch arrangiert französische Sessel vom Beginn des 17. Jahrhunderts sowie italienische Sessel von um 1600 im Hintergrund.

Über den Inhalt der Sammlung sind wir einigermaßen durch vier Versteigerungskataloge orientiert, von denen drei sich auf Auktionen zu Lebzeiten von Dr. Kranz beziehen – der nach seinem Bankrott 1924 offensichtlich gezwungen war, sich von Teilen seiner Sammlung zu trennen.

Die erste Versteigerung fand am 8. November 1927 in Berlin im Auktionshaus Lepke statt, übertitelt *Sammlung Dr. Josef Kranz, Haus Raach bei Wien. Kunstwerke des XV.–XVII. Jahrhunderts. Möbel/Tapisserien/Bronzen/Majolika/Gemälde*. In der Einleitung ist von der „nicht umfangreichen, aber desto erleseneren Sammlung" die Rede, und es wird

Abb. 6: Herrenzimmer mit Objekten der Sammlung, Palais Kranz, Liechtensteinstraße/Villa in Raach (?)

besonders auf die ausgezeichneten Möbel verwiesen. Die Auktion umfasste 137 Lose, die ohne Schätzpreise angeboten wurden.

Das sicher wertvollste Bild in der Sammlung der italienischen Gemälde, ein fast zwei Meter breites und 1,50 m hohes Triptychon von Raffaellino del Garbo, einem Schüler Filippino Lippis, vom Anfang des 16. Jahrhunderts, ist im Katalog des Auktionshauses als erste Tafel prominent abgebildet (Abb. 7). Es finden sich auch, neben den Bildern, Möbeln und Teppichen, eine ganze Reihe kunstgewerblicher Objekte, zum Beispiel eine Turmuhr, die als augsburgisch, Ende 16. Jahrhundert annonciert wird, aber nach Auskunft eines spezialisierten Kollegen möglicherweise nicht im originalen Zustand erhalten ist (Abb. 8).

In diesem Zusammenhang ist zu bemerken, dass es sich bei einigen dieser kunstgewerblichen Objekte, auch der Skulpturen, soweit nach den Abbildungen beurteilbar, möglicherweise um Verfälschungen oder auch Fälschungen gehandelt haben könnte – was allerdings auch in den besten Sammlungen zu finden ist: Man denke nur an Wilhelm Bode, den berühmten Direktor der Berliner Sammlungen, der sich im Laufe seiner langen Karriere manchmal von Fälschungen täuschen ließ, was zeigt, dass kein

Abb. 7: Katalog *Sammlung Dr. Josef Kranz, Haus Raach bei Wien. Kunstwerke des XV.–XVII. Jahrhunderts. Möbel/Tapisserien/Bronzen/Majolika/Gemälde*, Rudolph Lepke's Kunst-Auctionshaus, Berlin, 8. November 1927, Tafel 1: Los 137, „Raffaellino del Garbo"

Fachmann gegen eine falsche Beurteilung gefeit ist. Gerade bei Skulpturen kann man mit solchen Verfälschungen rechnen – unter dem Namen von Andrea della Robbia findet sich beispielsweise eine solche in der Sammlung Kranz.

Aus dem Bestand an holländischer Malerei seien aus dem Katalog der Versteigerung vom 3. Dezember 1929 (betitelt *Galerie eines Wiener Sammlers*), ebenfalls bei Lepke in Berlin, als Beispiele ein Männerportrait und, signiert, *Der Kuhstall*, von Gerard ter Borch genannt (Abb. 9); weiters findet sich ein Damenportrait von Jan Steen, eine signierte und 1667 datierte *Häusliche Bauernszene* von Adriaen van Ostade, ein signierter und 1663 datierter *Brennender Hafen* von Aert van der Neer. Auch eine der Versionen von Francesco Guardis *Brand von San Marcuola* befand sich in der Sammlung. Es ist auffallend, dass derartige Brandszenen Kranz offenbar beeindruckt haben. Sodann gab es ein Tintoretto zugeschriebenes Männerportrait und einige wenige italienische Bilder des 16., aber so gut wie keines des 17. Jahrhunderts. Bemerkenswert ist eine Terracottabüste aus dem späten 16. Jahrhundert, Alessandro Vittoria zugeschrieben, sowie eine weitere, die den Maler Palma Giovane darstellt und zu der es ein Parallelstück im Kunsthistorischen Museum in Wien gibt. Angeführt ist letztlich ein Bronze-Nachguss von ca. 1700

Abb. 8: Katalog *Sammlung Dr. Josef Kranz, Haus Raach bei Wien. Kunstwerke des XV.–XVII. Jahrhunderts. Möbel/Tapisserien/Bronzen/Majolika/Gemälde*, Rudolph Lepke's Kunst-Auctionshaus, Berlin, 8. November 1927, Tafel 35: Los 109, „Augsburg, Ende 16. Jahrhundert"

Abb. 9: Katalog *Galerie eines Wiener Sammlers*, Rudolph Lepke's Kunst-Auctionshaus, Berlin, 3. Dezember 1929, Tafel 12: Los 16, „Gerard Terborch"

Abb. 10: Katalog *Galerie eines Wiener Sammlers*, Rudolph Lepke's Kunst-Auctionshaus, Berlin, 3. Dezember 1929, Tafel 26: Los 37, „Gian Lorenzo Bernini"

nach Gian Lorenzo Berninis *Anima Dannata* von Massimiliano Soldani – ursprünglich in Marmor ausgeführte Bernini-Skulpturen wurden häufig später in Bronze repliziert und als Sammlerstücke verkauft (Abb. 10).

Die letzte Versteigerung wurde ein halbes Jahr nach Kranz' Tod, am 12. und 13. März 1935 durch das Wiener Versteigerungshaus Kende im Palais in der Liechtensteinstraße selbst abgehalten, diesmal unter dem Titel: *Aus dem Nachlass des Herrn Dr. Josef Kranz.* Sie umfasste 330 Lose, durchwegs Österreichische Malerei des 19. Jahrhunderts und offenbar den Rest des gesamten Haushaltes, von Kunstgewerbe über Bücher bis zu Pelzen, von einer Personenwaage bis zu Tischwäsche, Frotteehandtüchern und Waschlappen.

Kranz' Geschmack, dies vielleicht zur Ergänzung, war nicht modern im Sinne der Sammler Gustav Klimts oder Egon Schieles, die meist aus dem jüdischen Großbürgertum stammten und sich mit Werken der ‚Wiener Nervenkunst' zwischen 1900 und 1920/30 umgaben. Eher war sein Geschmack konventionell, risikolos, historisch orientiert, eklektisch; er erkannte und schätzte gute Qualität, vor allem was die alten Meister betrifft. Es war, kurz gesprochen, eine exquisite Wohnungseinrichtung, aber nicht eine eigentliche Sammlung.

Dieses künstlerisch anregende Ambiente, in dem auch die Wiener intellektuelle Elite verkehrte, dazu der literarische Salon von Swarowskys acht Jahre älterer Adoptivschwester Gina, verheiratete Kaus, die seit den 1920er Jahren sehr erfolgreiche sozialkritisch- essayistische und literarische Arbeiten publizierte und in den Intellektuellen- und Literaturzirkeln des Wiener Café Herrenhof verkehrte (u. a. mit Franz Blei, Hermann Broch, Robert Musil, Franz Werfel), war sicherlich ein Grundstock für Swarowskys immense Bildung, für die Breite seiner Interessen, die Basis der intellektuellen Neugier des Dirigenten und Lehrers, die er im Idealfall auch von seinen Schülern verlangte. Einen Eindruck von Swarowskys immenser Bildung vermittelt auch seine Bibliothek, deren Bestand in einem Katalog überliefert ist, der allerdings nur die Erstausgaben enthält. Ohne ins Detail zu gehen, ist hier, abgesehen von den deutschen, französischen und englischen Klassikern, die weitgehend vollständige mitteleuropäische und westeuropäische Literatur aus der ersten Hälfte des 20. Jahrhundert vertreten. Hinzu kommen wesentliche Schriften zur Kunstgeschichte vom 16. bis zum 19. Jahrhundert.

Der Millionär Kranz ermöglichte Swarowsky aber auch – neben Reisen und einem zunächst finanziell sorgenfreien Leben – ab 1920 den Unterricht bei Arnold Schönberg, der sich, wie Swarowsky selbst berichtet, „sichtlich über ein von mir in Folge der Leistungsfähigkeit meines Vaters angebotenes Honorar freute, das er in dieser Höhe offenbar noch nie bekommen hatte."[2] Berufenere mögen über den frühen musikalischen Unterricht Swarowskys und davon ausgehende Einflüsse berichten.

---

2 Swarowsky, Arnold Schönberg, in: *WdG*, S. 228–234: 230.

Hans Swarowsky war jedoch auch drei Semester als ordentlicher Hörer an der Philosophischen Fakultät der Universität Wien inskribiert. Er belegte unter anderem Vorlesungen bei Max Dvořák: im Wintersemester 1919/20 „Die Kunst der Hochrenaissance", im Sommersemester 1920 „Albrecht Dürer und die nordische Kunst", im Wintersemester 1920/21 „Die Entwicklung der Barockkunst".

Das Werk und die Persönlichkeit Max Dvořáks (1874–1921) in der gebotenen Kürze zu charakterisieren ist unmöglich, zumal die gefährliche, aber gebräuchliche und einflussreiche Verkürzung seines Lebenswerks auf eine *Kunstgeschichte als Geistesgeschichte* (so der von den Herausgebern erfundene Titel seiner postum 1924 erschienenen Aufsatzsammlung) nur einen kleinen Teil seiner Publikationen betrifft. Dvořák war Tscheche, sprach auch mit tschechischem Akzent, er wurde 1905 außerordentlicher, 1909 ordentlicher Professor für Kunstgeschichte an der Universität Wien. Er war einer der einflussreichsten Vertreter seines Faches und mit Julius von Schlosser der Letzte der älteren Generation der Wiener kunstgeschichtlichen Schule. Er war ein streng historisch orientierter Universalist, der die ganze Kunstgeschichte vertrat, Denkmalpfleger, einflussreicher Autor des *Katechismus der Denkmalpflege*, mit dem die österreichische Denkmalpflege, wohl bis heute, zu den auch theoretisch fundiertesten Einrichtungen ihrer Art wurde. Vor allem aber war er geliebter Lehrer von großer Faszinationskraft, aus dessen Schule unterschiedlichste Universitätslehrer und Museumskunsthistoriker hervorgingen wie Hans Tietze (Formhistoriker und Reorganisator der Wiener Museumslandschaft, bevor er zur Emigration gezwungen wurde), Fritz Saxl (nach seiner Emigration nach London später dort Direktor des Warburg Instituts), Otto Benesch (emigriert und nach der Rückkehr nach Wien Direktor der Albertina), Dagobert Frey (Formhistoriker und Kunst-Theoretiker), Friedrich Antal (politisch linker Formhistoriker), Johannes Wilde (Stilhistoriker, nach Emigration in London Professor am Courtauldt Institut), Karl Maria Swoboda (Universalist wie Dvořák, später in Prag und nach dem Krieg Ordinarius an der Universität Wien).

Um die weiterreichenden geistesgeschichtlichen Verbindungen ein wenig zu fassen, sei auf Karl Maria Swobodas von Oskar Kokoschka gezeichnetes Portrait aus der Hamburger Kunsthalle hingewiesen (Abb. 11); Swoboda, ursprünglich Assistent Dvořáks, war nach dessen Tod gleichsam der ‚Hüter' der Wiener kunstgeschichtlichen Schule, bevor Julius von Schlosser die Leitung des Wiener kunsthistorischen Instituts übernahm. Kokoschkas berühmtes Doppelportrait des Ehepaars Tietze-Conrat, heute im Museum of Modern Art in New York, mag eindrucksvoll das für die Moderne aufgeschlossene Milieu zeigen, das für die Dvořák-Schule charakteristisch ist, und von dem Swarowsky sicher nicht unbeeindruckt war. Die Verbindungen zu Swarowskys Lehrer Schönberg, zur expressionistischen Malerei der Klimt-Schule – Schiele, Gerstl, Kokoschka – sind ja bekannt. Hans Tietze war Freund und Schüler Dvořáks, anerkannter Erforscher der venezianischen Malerei, Tizians, aber vor allem auch Albrecht Dürers.

Abb. 11: Oskar Kokoschka, *Portrait Karl Maria Swoboda*, um 1910, Hamburger Kunsthalle

Tietzes Frau Erika, geborene Conrat, selbst eminente Kunsthistorikerin, hatte über ihre Eltern noch unmittelbaren Kontakt zum Brahms-Kreis, ja zu Brahms selbst. Auch da gab es eine Verbindung zu Swarowsky, die hier nicht näher zu erläutern ist. Neben der mit höchster Sensibilität betriebenen Formgeschichte tritt bei Dvořák etwas hinzu, das Wilhelm Köhler 1921 in seinem Nachruf formulierte:

> An die Stelle des autonom erscheinenden, als gegeben genommenen Kunstwollens tritt seine [Dvořáks] Verankerung im psychischen Grundcharakter der Zeit. Aus dem formalen Problem wird ein geistesgeschichtliches, die künstlerische Produktion wird als der Ausdruck des gesamten Geisteslebens gefaßt und aus diesem in ihrem Entstehen und ihren Wandlungen erklärt.

Die Schüler Swarowskys mögen hier vertraute Töne hören. Ich kann nicht auf die methodischen Schwierigkeiten, auf die Zirkelschlüsse, eingehen, wie sie sich aus diesem 1924 formulierten und sicher zu griffigen Titel der nachgelassenen Schriften Dvořáks ergeben könnten, dieser *Kunstgeschichte als Geistesgeschichte*. Der berühmte Archäologe

Guido Kaschnitz von Weinberg, auch er ein Dvořák-Schüler, hat von der Verheerung gesprochen, die „eine derart bestechende Formulierung als Schlagwort anzurichten geeignet ist." Vielleicht war sich Swarowsky dieser Wirkung bewusst, mag sich aber für seinen Unterricht ihrer bedient haben, um den außermusikalischen Horizont seiner Schüler zu erweitern.

Wie schon erwähnt hatte Swarowsky ein hervorragendes kunstgeschichtliches Wissen, eine genuine Beziehung zur bildenden Kunst und zur Architektur. Ergänzend zu Swarowskys erwiesener Auseinandersetzung mit Dvořák sei auch seine Beschäftigung mit frühen Vertretern der Wiener Schule der Kunstgeschichte erwähnt, wie Alois Riegl und Franz Wickhoff, deren Publikationen ebenfalls in seiner Bibliothek vertreten waren und offenbar auch von ihm gelesen wurden. In zufällig herausgegriffenen Notizen aus Reisetagebüchern, die mir Doris Swarowsky, die Witwe des Dirigenten, zur Kenntnis gebracht hat, protokollierte er analysierend regelmäßig seine Eindrücke. An einem ganz trivialen Beispiel erkennt man seinen scharfen Blick, der sich ebenso in seinen musikalischen Analysen so brillant zeigt. Auf einer Reise durch Osttirol im Juli 1959 besucht Swarowsky eine ländliche Kirche und notiert in seinem Tagebuch:

> Schönes Beispiel totaler Bemalung, wie barbarisch, so lange Zeit nach Giotto!!! Eher mantegnieske Einflüsse, Kleidung, Stellung; auch eine gewisse Ordnung, aber ohne Überordnung, daher auch keine Unterordnung. Bunte, wunderbar erhaltene Farben, Rahmeneinteilung, komplette biblia pauperum. Der fehlende Schwung der Körper ersetzt durch Schwung der Sachen. Die Fahne in der Auferstehung, großfigurig im Chor, sehr schöne originelle Kanzel mit schönen Farben in Heiligenbildchen, schauderhafter Knorpel-Hochaltar

– also der Knorpelstil des späten 16. Jahrhunderts, der vor allem in provinziellen Kirchen in unseren mitteleuropäischen Gegenden, aber nicht nur da, zahlreich vertreten ist. Er beschreibt dann Fresken, die halb freigelegt sind:

> [E]in Heiliger lässt einen schönen großfigurigen gotischen Stil ahnen; schöne Gewölbe und Abmessungen in der Kirche mit unterbrochenem Gurt; hölzerne Vorhalle imposant, immer ergreift mich das Kräftespiel im Balkenwerk, selbst bei einem Maurergerüst oder bei Auspölzungen. Die bäurisch schöne Barockorgel.

Am Tag darauf ist er in Lienz, Swarowsky lobt den schönen Raum der Franziskanerkirche mit Fresken, unmittelbar danach – und das ist wieder charakteristisch – eine bösartig-witzige Bemerkung über die Bevölkerung von Lienz, die „eine idiotisch-stumpfsinnige Sprache mault." Auf der Rückfahrt über Pregarten kritisiert er zweitklassige riesige Deckenfresken in der Kirche. Am Tag darauf exzerpiert er aus Hans Jantzens *Kunst der Gotik* – also einem der bekanntesten kunsthistorischen Werke über die Gotik, das er während der Reise gelesen hat. Er zeichnet Pfeiler, Maßwerk, Maße, nennt die einzelnen Meister der Skulptur, dann notiert er die verschiedenen Methoden der Bibelexegese bei Durandus, ein Bibelsatz aus dem Buch der Weisheit (11,20) springt ihm besonders in die Augen: „Omnia in mensura et numero et pondere disposuisti" (Du hast alles geordnet nach Maß, Zahl und Gewicht). Einen Monat später bemerkt er über eine Seicento-Ausstellung in Pesaro:

> Viel Schund, viel Interessantes. Fetti, Liss, Strozzi (von Letzterem der herrliche Sebastiansaltar), Manzoni mit bunten, kranken Farben sehr interessant. Ebenso Maffei sehr großzügig – eine schöne Komposition von Palma Giovane; sehr durchgearbeiteter und lichtschöner Elsheimer; Karl Lotze, ich werde das Wissen nachholen.

Kaum ein Kunsthistoriker kann treffender und wissbegieriger auch, wenn man so will, abgelegene Gebiete betrachten.

Was war sein Geschmack, welche Künstler liebte er besonders? Es ist bei der Breite des Wissens und der Unorthodoxie des Geschmacks vielleicht ein wenig leichtsinnig, das aus seinen Äußerungen und aus einem Gespräch, das ich mit Doris Swarowsky führen konnte, zu schließen. So waren es die Meister der klassischen plastischen Form, des Maßes und der Zahl, der geordneten Beziehung des Ganzen zu den Teilen, der Angemessenheit, der Klarheit, die ihn am meisten berührten: Giotto, Masaccio, Piero della Francesca, Vermeer. Besonders liebte er Tiepolo – die Fresken im Palazzo Labia, von denen er berichtet, er habe sie einmal mit Richard Strauss besucht. Es sind Fresken, die die klassische Phase in Tiepolos Werk repräsentieren.

Was Swarowsky zu prägenden Kernpunkten seiner musikalischen Analysen und seines Unterrichts formte, soweit ich das als Nichtmusiker einigen seiner Schriften und den Äußerungen seiner Schüler entnehmen kann, ist sicherlich beeinflusst von – wenn nicht sogar entstanden aus – dem kunstgeschichtlichen Unterricht bei Max Dvořák, möglicherweise auch im Kontakt mit einigen jüngeren, ihm gleichaltrigen, theoretisch orientierten Köpfen der Wiener Schule der Kunstgeschichte, deren Schriften er vielleicht kannte. Ich denke an Otto Pächt, vor allem aber an Hans Sedlmayr, dessen theoretische Aufsätze, zum Beispiel *Probleme der Interpretation*, abschnittsweise auch in ihrer apodiktischen Fassung, Swarowsky sehr nahestehen. Vielleicht gibt es unter Swarowskys Schülern solche, die von Kontakten zu dem ‚saturnischen' Österreicher wissen – nicht zuletzt mögen sich Swarowsky und Sedlmayr auch in manchen Charakterzügen, natürlich nicht in ihren politischen Ansichten, ähnlich gewesen sein.

Swarowsky verwendet also in der musikalischen Analyse kunsthistorische Terminologie, Begriffe, die zum Teil natürlich älter sind, auch nicht immer aus der Wiener Schule stammen und von Swarowsky metaphorisch auf musikalische Zusammenhänge gleichsam transponiert werden. Etwa „Gestalt": Die Gestaltpsychologie als kunsthistorische Hilfswissenschaft begann kurz vor dem Ersten Weltkrieg, um dann besonders in der Zwischenkriegszeit auf die Wiener kunsthistorische Schule einzuwirken. Ich denke hier unter anderem an Max Wertheimer, David Katz oder Christian von Ehrenfels; *Gestaltetes Sehen* ist 1925 als einer von Sedlmayrs grundsätzlichen rezeptionsästhetischen Aufsätzen erschienen. In der Kunsttheorie das Konstruktive, Über- und Unterordnung der Formteile, das strukturelle Erfassen und „Im-Auge-Behalten" der Gesamtform, aus der sich jedes Detail ableitet (Struktur ist ein Kernbegriff der Wiener kunstgeschichtlichen Schule), das Verhältnis von Rahmen und Gerahmtem; bei Swarowsky die zeitlichen Verhältnisse eines musikalischen Ablaufs, in dem die Beziehungen der Teile untereinander wirksam sind; so spricht er vom „Zusammensehen in einer Form", weiters vom „plastischen Geist der Klassik in der Geschichte der bildenden Kunst", in dem „alles Dargestellte allsichtlich klar erschaubar gestaltet ist, ohne die Illusionistik des Barock". So wie er es auch in der Musik fordert: plastisches Herausarbeiten des Wesentlichen; Stimmführung, Harmonik, Rhythmik, Dynamik und Instrumentation müssen im Dienste der restlosen Verdeutlichung des formalen Vorgangs, der klaren Hörbarkeit und In-sich-Geschlossenheit der Gestalt stehen. Sodann:

> Ein weiterer Gesichtspunkt der Kunstgeschichte – geschlossene Form und Maß – gilt ebenso für die musikalische Klassik. Alles ist vollständig zu Ende gebracht innerhalb dessen, was wirklich gehört wird. Nichts tendiert, wie in anderen Stilepochen, zur oft reizvollen Ergänzung in weiter gedachten Klängen, oder in parallellaufenden Ideen. Nichts wird geschmackvoll ausgedeutet, alles ist geschlossen auskomponiert.[3]

Hier fällt auch eine interessante Bemerkung, bei der Swarowsky Arnold Schönberg im Unterricht zitiert, und die im Zusammenhang mit Schönbergs Symmetriebegriff und den von ihm ausgeübten wie auch von Swarowsky übernommenen Taktgruppenanalysen steht; sie scheint mir aber auch charakteristisch für Swarowskys Misstrauen gegenüber jeglicher Ausuferung zu sein: Schönberg habe „immer wieder […] von der Bedeutung des freien Einfalls für das Komponieren gesprochen, sofort aber auch von der Zügelung dieses Einfalls, der in ein System eingebaut werden müsse, das aus eben diesem Einfall abzuleiten sei."[4]

Den Terminus Geistesgeschichte habe ich schon erwähnt. Er findet sich immer wieder bei Swarowsky – am plakativsten in der programmatischen Formulierung: „Zunächst muss ein klares Bild von den Stilmerkmalen entworfen und Musikgeschichte

---

3 Swarowsky, Klassik und Romantik, in: *WdG*, S. 18–28: 18.
4 Hans Swarowsky, Schönberg als Lehrer, in: Rudolf Stephan (Hg.), *Bericht über den 1. Kongreß der Internationalen Schönberg-Gesellschaft. Wien 1974*, Wien 1978 (Publikationen der Internationalen Schönberg-Gesellschaft 1), S. 239 f.: 240.

als Geistesgeschichte betrieben werden."[5] Swarowsky sah eine Anweisung Anton von Weberns im Unterricht, nämlich „unterschiedliche Stile aus ihren eigenen Daseinsbedingungen als organische Einheit zu begreifen"[6], als merkwürdige Parallele zu seinem kunsthistorischen Unterricht bei Dvořák; also die Forderung nach nicht-zeitgeistiger Erfassung und Interpretation vergangener Kunstwerke. Das Organische einer Entwicklung im Ablauf des musikalischen Kunstwerks, im Bildkünstlerischen, im Verhältnis vom Ganzen zum Teil, oder entwicklungsgeschichtlich in der gleichsam natürlichen Aufeinanderfolge der Stile.

Swarowsky verwendet häufig einen der ambivalentesten Begriffe der Wiener Kunsthistorischen Schule, von Riegl geprägt, nämlich das „Kunstwollen" als eine individuelles Wollen hypostasierende Kraft, die einen bestimmten Zeitstil kreiert, lenkt und die der ausübende Musiker erfassen und realisieren muss. Ich verwende hier mit Absicht nicht den Begriff Interpretation, dem Swarowsky mit großem Misstrauen begegnete. Es ist zu prüfen, in welchem Verhältnis der Wille zur Empfindung steht; freie Auffassung „darf nur so zugelassen werden, als sie sich innerhalb der Grenzen des Stils gebärdet, entsprechend der vom Kunstwollen der Epoche zugelassenen Freiheit."[7] Swarowsky vergleicht die geistige Leistung des Dirigenten mit der des Kunsthistorikers: „aus der Betrachtung des Werkes die Idee und ihre Durchführung zu erkennen und zu erfassen. Seine [des Dirigenten] praktischen Leistungen dürfen keinen Augenblick lang der Kontrolle dieser übergeordneten Leitvorstellung sich entziehen."[8]

Swarowsky setzt aber auch entwicklungsgeschichtliche Parallelen der Kunstgeschichte zur Erläuterung musikalischer Phänomene ein; etwa wenn er den ersten Satz der Fünften Symphonie Ludwig van Beethovens charakterisiert, als ob hier „die Musik als Wissenschaft eine harmonisch-disharmonische Ehe mit dem Leben eingeht, zu Leben wird. Entwicklung nicht als Nebeneinander-, Nacheinanderreihung, sondern als organischer Vorgang des Ineinander […]" – und nun der kühne Sprung, assoziativ und im eingängigen Überflug, bei Swarowsky:

> In der Malerei könnte man diese Entwicklung vergleichen mit dem Verschmelzen der deutschen Überdynamik [der Gotik] mit der Formidealität der Italiener, als dessen Höhepunkt man Michel Angelo ansehen könnte, der Dürer und Florentiner vereint. Eine Entwicklung, die schließlich zu Manierismus und Barock, einer neuen Art dynamikgeladener Formkunst, führt.[9]

---

5   Swarowsky, Wahrung der Gestalt, in: *WdG*, S. 9–17: 15.
6   Hans Swarowsky, Anton Webern. Bemerkungen zu seiner Gestalt, in: Österreichische Gesellschaft für Musik (Hg.), *Beiträge 1972/73. Webern-Kongreß*, Kassel usw. 1973, S. 14–22: 19 f.
7   Swarowsky, Wahrung der Gestalt, in: *WdG*, S. 15.
8   Swarowsky, Dirigieren, in: *WdG*, S. 72–79: 73.
9   Swarowsky, Klassik und Romantik, in: *WdG*, S. 18–28: 21.

Man mag hier also Swarowskys überall ordnenden, disziplinierten und disziplinierenden Blick bemerken, der ihm wahrscheinlich bis zu einem gewissen Grad als Schutz vor Chaos psychisch notwendig war, der ihn jedenfalls im Kontakt mit dem Unterricht der Wiener kunsthistorischen Schule geprägt hatte, in der charakterisierende Seh- und Sprachdisziplin gefordert war.

Erika Horvath

SCHULBILDUNG, MILITÄRDIENST UND UNIVERSITÄTSSTUDIUM

Die Schulausbildung begann Hans Swarowsky in der Volksschule Ober St. Veit, da seine Mutter zu jener Zeit ein Haus – vermutlich aus dem Kranzschen Besitz – am Himmelhof bewohnte.[1] 1910 kam er in das „k. k. Staatsgymnasium im VIII. Bezirke Wiens", Piaristengasse, wo er die Klasse I B besuchte.[2]

Swarowsky war ein guter, aber nicht herausragender Schüler: Die Zeugnisse zeigen *Sehr gut* und *Gut* in den meisten Fächern, in der vierten Klasse bekam er *Genügend* in Latein, in der sechsten in Griechisch, in der siebten und letzten Klasse in Philosophie und Mathematik. Musikunterricht gab es keinen.[3]

---

1   Manfred Huss im Gespräch mit Erika Horvath, Wien, 14.7.2003.
2   Seine Mitschüler im ersten Jahr waren Walter Asriel, Eduard Bauer, Alfred Brunner, Robert Ertl, Hans Falkner, Alfred Franz, Ernst Freund, Hans Friedmann, Hans Groß, Franz Hatschek, Alfred Hayek, Otto Herzberg-Fränkel, Wilhelm Knepler, Hans Kohn, Baron Franz Korb v. Weidenheim, Ludwig Kühl, Otto Lehner, Ludwig Malina, Lorenz Edler v. Mattachich, Theodor Meisels, Johann Millet, Arnold Öls, Rudolf Pape, Johann Ritter v. Pavolowski v. Jaroslaw, Walter Politzer, Otto Polt, Walter Reinhold, Otto Rieger, Gerhard Robinsohn, Karl Scharsach, Johann Ritter v. Schlosser, Hermann Schmid, Paul Schrötter, Franz Schuster, Friedrich Sonnenschein, Karl Stark, Wilhelm Stieglitz, Josef Sturm, Josef Edler v. Szabo, Ernest Topitz, Walter Veith, Ingnaz Wachta, Viktor Weinberg, Karl Weiner, Josef Wolf, und Rudolf Löwy (Jahresbericht 1910/11).
    Seine Lehrer im ersten Jahr waren Dr. Kleophans Hofmann (Naturgeschichte), Alois Sadl (Deutsch, Latein und Ordinarius), Dr. Augustin Fading (Schreiben), Dr. Franz Mayerhofer (Geographie und Mathematik), Dr. Franz Zehetbauer (Religion), Max Seeland (Turnen), ab der 2. Klasse Dr. Eduard Traversa (Geschichte, Geographie), ab der 3. Klasse Josef Frenzel (Mathematik), Dr. Raoul Felkl (Geschichte, Geographie), ab der 4. Klasse Alois Sadl (Latein, Griechisch), Dr. Karl Stephan (Geographie), Alfred Angermayer (Deutsch), Dr. Adalbert Defner (Physik), Dr. August Zeidl (Geschichte), ab der 5. Klasse Dr. Heinrich Bouczek (Griechisch, Geschichte), Dr. Karl Stephan (Geographie), Friedrich Süssner (Geschichte, Geographie), Josef Scholz (Mathematik), ab der 6. Klasse Dr. Josef Jacob (Mathematik), Dr. Karl Mack (Latein) (Jahresberichte). 1912 scheint Swarowskys Namen unter der Liste derjenigen Schüler auf, die für die Weihnachtssammlung (471,50 Kronen) für arme Schüler spendeten (2 Kronen) (*LXII. Jahres-Bericht über das k.k. Staatsgymnasium im VIII. Bezirke Wiens für das Schuljahr 1911/12*, Wien 1912), 1913 spendete er 4 Kronen (*LXIII. Jahres-Bericht über das k.k. Staatsgymnasium im VIII. Bezirke Wiens für das Schuljahr 1912/13*, Wien 1913), 1914 10 Kronen (*LXIV. Jahres-Bericht über das k.k. Staatsgymnasium im VIII. Bezirke Wiens für das Schuljahr 1912/13*, Wien 1914).
3   1911 fand erstmals eine Musikveranstaltung im Musikverein statt, wo auch Schüler des Gymnasiums mitwirkten, jedoch nicht Hans Swarowsky: „Am 19. März wurde zugunsten des Ferienhorts für bedürftige

Nach Besuch der 7. Klasse legte Swarowsky gemeinsam mit zwei anderen Mitschülern die sogenannte „Notmatura" ab, die Siebzehnjährigen ermöglichte, in den Krieg zu ziehen. Im Hauptkatalog ist dazu Folgendes vermerkt:

> Swarowszky Johann, geboren am 16. September 1899 zu Budapest in Ungarn röm.-katholischer Religion, hat die Studien im Jahre 1910 am k. k. Staatsgymnasium im VIII. Bezirk Wiens begonnen und daselbst bis zum 29. Oktober 1917 fortgesetzt. Laut Urlaubscheines des k. u. k. Infanterieregimentes W-49, Ersatzbataillon, Wien, vom 3. Oktober 1917, kommt er gegenwärtig bei obgenanntem Regiment seiner Dienstpflicht nach. Auf Grund der Minist.=Erlässe vom 8. Oktober 1914, Z. 2988/K.U.M. und vom 21. Juni 1917, Z. 20249 wurde er zur vorzeitigen Entlassung der Reifeprüfung zugelassen.[4]

Diese „Notmatura" war eine vorgezogene und sehr reduzierte Form der üblichen Abschlussexamina: „Die Prüfungskommission beschließt, den Kandidaten einer mündlichen Prüfung aus deutscher Sprache und Mathematik zu unterziehen und auf alle andere schriftlichen und mündlichen Prüfungen zu verzichten."[5]

Gymnasial- und Realschüler, Bezirksgruppe Josefstadt, ein Schülerorchester-Konzert im großen Musikvereinssaale veranstaltet, dessen künstlerische Leitung in den Händen des Herrn Jur. et Phil. Dr. Ernst Hausner lag und bei dem die Schüler F. Bartl, F. Brunner, H. Lang, W. Schüller, K. Rimböck und G. Stetter mitwirkten. Für die Bereitwilligkeit, mit der Dr. E. Hausner sein weitgespanntes musikalisches Wissen und Können in den Dienst der Anstalt stellte, für die unsägliche Mühe und Hingebung, mit der er Monate lang die Proben leitete und die einzelnen Punkte des Konzertprogramms einstudierte, sowie für die edle Begeisterung, mit der er die Jugend erfüllte und sie zu ganz staunenswerten, vom Publikum und von der Tagespresse mit ungeteiltem Beifall aufgenommenen Leistungen hinriß, sei Herrn Dr. E. Hausner der aufrichtigste Dank der Direktion ausgesprochen. Daß aber ein so zahlreiches und distinguiertes Publikum den Musikvereinsaal füllte, und daß das Konzert einen Reingewinn von 3400 K trug, dieses Verdienst gebührt einzig und allein einer Reihe von Damen, welche in hingebungsvoller und selbstloser Weise den Kartenverkauf besorgten." (*LXI. Jahres-Bericht über das k.k. Staatsgymnasium im VIII. Bezirke Wiens für das Schuljahr 1910/11*, Wien 1911.) Auch im darauffolgenden Jahr fand eine solche musikalische Veranstaltung statt: „Ermutigt durch den glänzenden Erfolg des Vorjahres hat die Generalversammlung der Vereines ‚Ferienhort, Bezirksgruppe Josefstadt' auch in diesem Schuljahre die Abhaltung eines Schülerorchester-Konzertes am 3. März 1912 beschlossen, bei welchem die Schüler F. Bartl, E. Koreska, Lang, K. Rimböck, W. Schiller, F. Steif und G. Stetter, sowie der Violinvirtuose Bohuslav Orel (B. Zdaril, Schüler des Gymnasiums) mitwirkten. Wie im Vorjahre hat Herr Dr. E. Hausner neuerdings seine ganze Kraft der Anstalt zur Verfügung gestellt und seiner unermüdlichen und hingebungsvollen künstlerischen Leistung verdankt das Konzert in erster Linie den glänzenden künstlerischen, vom Publikum und der Tagespresse vollkommen gewürdigten Erfolg." (*LXII. Jahres-Bericht über das k.k. Staatsgymnasium im VIII. Bezirke Wiens für das Schuljahr 1911/12*, Wien 1912.) Und auch am 30.3.1913 (*LXIII. Jahres-Bericht über das k.k. Staatsgymnasium im VIII. Bezirke Wiens für das Schuljahr 1912/13*, Wien 1913) und am 6.3.1914 (*LXIV. Jahres-Bericht über das k.k. Staatsgymnasium im VIII. Bezirke Wiens für das Schuljahr 1912/13*, Wien 1914) fanden Aufführungen statt.

4 K.k. Staats-Gymnasium im 8. Bezirke Wiens, Hauptkatalog der siebenten Klasse vom Schuljahre 1916/7.
5 Ebd.

Schon vor der Matura wurde Swarowsky zum Militärdienst[6] als Einjährig-Freiwilliger einberufen. Laut Hauptgrundbuchblatt[7] wurde er am 10. April 1917 dem Infanterieregiment Nr. 49 zugeteilt. Am 29. September 1917 absolvierte er „die Res. Offz. Schule in Brünn mit entsprechendem Erfolg", ihm wurde „die außerdienstliche Eignung zum Offizier lt. Beschl. der Offz. Versammlung" zuerkannt und er wurde vom Einjährig-Freiwilligen Aspiranten zum Einjährig-Freiwilligen Titular-Korporal und am 11. November 1917 zum Einjährig-Freiwilligen Titular-Zugsführer befördert. Am 3. Dezember 1917 wurde er „mit der 3/XXXIV. […] auf den südl. Kriegsschauplatz" verlegt. Am 31. Oktober 1918 geriet Swarowsky in italienische Kriegsgefangenschaft (Alessandria[8]), aus der er erst am 27. Oktober 1919 nach Hause zurückkehrte. Gemäß Heimkehrer-Präsentierungsblatt[9] wurde er am selben Tag als Reserve-Fähnrich aus der Armee entlassen.

Swarowsky sprach später nie über seine Erfahrungen während des Ersten Weltkrieges. Seinem Schüler Manfred Huss gegenüber erwähnte er einmal, dass er dem italienischen Militär durch Absprung aus einem fahrenden Zug entkommen konnte und auf einem norditalienischen Gutshof Zuflucht fand, wo er ungefähr ein Jahr blieb und Vater einer Tochter wurde, mit der er zeitlebens Kontakt hielt.[10] Die Identität von Swarowskys erstem Kind ist nicht bekannt. Was blieb, war jedenfalls eine ausgesprochen gute Kenntnis der italienischen Sprache, die ihm später Übersetzungen italienischer Opern ermöglichte.

Die Musikerlaufbahn Swarowskys war nicht selbstverständlich und zunächst gar nicht geplant: „Es war mein innigster Wunsch, Psychoanalytiker zu werden"[11], und er erzählt, „an der Wiener Universität Kunstgeschichte und Psychologie bei Freud"[12] studiert zu haben. Tatsächlich war Swarowsky drei Semester Student der Universität Wien, wo er Vorlesungen in Philosophie, Kunstgeschichte, Anthropologie, Altertumskunde und Musikgeschichte hörte[13]:

---

6 Akt 242.727-9/D/1957/Kriegsarchiv/ÖStA.
7 Akt 1/7. 1918 3631 Kart. 1679/Kriegsarchiv/ÖStA.
8 Ansuchen um Anrechnung von Vordienstzeiten für die Bemessung des Ruhegenusses, Archiv mdw, Personalakt Hans Swarowsky.
9 Akt im Kriegsarchiv/ÖStA.
10 Manfred Huss im Gespräch mit Markus Grassl, Erika Horvath, Reinhard Kapp und Otto Karner, Wien, 8.8.2003.
11 Swarowsky, Rückblick, in: *WdG*, S. 257–264: 257.
12 Ebd. [„bei Freud" nicht in dem zugrundeliegenden Gespräch mit Manfred Huss, Ossiach 1974; Kopie der Aufnahme in NIHS; vielleicht aufgrund weiterer mündlicher Mitteilungen ergänzt – Hg.]
13 Archiv der Universität Wien.

WS 1919/20		
Geschichte der Philosophie (Neuzeit)	Stöhr	Philosophie
Philosophie des Altertums	Reininger	Philosophie
Einführung in die Psychologie	Kornfeld	Philosophie
Die Kunst der Hochrenaissance	Dvořák	Kunstgeschichte
Propädeutik der Kunstgeschichte	Schlosser	Kunstgeschichte
SS 1920		
Schopenhauers Philosophie und Richard Wagners Kunst	Höfler	Philosophie
Ethik	Stöhr	Philosophie
Vererbung	Poch	Anthropologie
Führungen im Gipsmuseum	Reisch	Altertumskunde
Albrecht Dürer und die nordische Kunst seiner Zeit	Dvořák	Kunstgeschichte
Formenlehre der Baukunst II	Schlosser	Kunstgeschichte
Kunstgeschichte des Orients	Diez	Kunstgeschichte
Musikalische Paläographie	Wellesz	Musikgeschichte
WS 1920/21		
Griechische Metaphysik und Naturphilosophie	Gomperz	Philosophie
Die Entwicklung der Barockkunst	Dvořák	Kunstgeschichte
Rembrandt	Eisler	Kunstgeschichte
Übungen an Werken der graphischen Künste	Eisler	Kunstgeschichte
Das sinfonische Schaffen Gustav Mahlers	Wellesz	Musikgeschichte

Psychologievorlesungen bei Sigmund Freud an der Universität kann Swarowsky nicht besucht haben, da Freud bereits vor Swarowskys Studienzeit seine Vorlesungen an der medizinischen Fakultät eingestellt hatte. Insbesondere aber durch den Kontakt zu Wilhelm Reich hatte er Zugang zur Psychoanalytischen Gesellschaft, wo auch Reich Vorträge hielt. Dort hätte er einige Debatten mit Wortbeiträgen Freuds verfolgen können. Auch die Vorlesungen von Karl Kraus hat er intensiv besucht.[14]

In jenen Jahren unternahm Swarowsky ausgedehnte Studienreisen nach Italien, wie aus Briefen an Anton geschlossen werden kann, denn anlässlich von dessen Aufenthalt in Rom geriet er brieflich ins Schwärmen:

Du wohnst in einer der geliebtesten Straßen, bei den Quattro fontane, bei meinem Plätzchen ober der Treppe, wo ich vor dem Hotel so oft in dem Eckhaus war, mit den grotesken Fenstern, das war das deutsche Kulturinstitut (Villa Bartholdy). Der Antiquar, die kleine

---
14 Doris Swarowsky im Gespräch mit Erika Horvath, Wien, 4.9.2002.

Schweizer Pension neben der Treppe – das ist mein Platzerl, ich schreibe es tränenden Auges. Meine Wohnung auf der halben Treppe (Durchgang vom Shelley-Keatshaus auf dem Platz).[15]

Ja – die Casa dei Giganti – was habe ich dort für viele, viele glückliche Stunden verlebt!! Noch als das Haus der Frau Hertz gehörte, dann als es ihr die Nazis weggenommen hatten, immer habe ich in der herrlichen Bibliotheca Hertziana gelesen und Kaffee getrunken und mich wohl gefühlt, wie Goethe in Rom, so studierend an altgeweihter Stätte der deutschen Bildung in Italien. Dort haben auch die Nazarener Maler gelebt, Overbeck, Kupelwieser, Cornelius, Genelli, Führich und haben gemalt. Das Eckhaus, das dazugehört war im Barock Eigentum der Brüder Zuccari, berühmten Malern. Die herrlichen Fresken der Villa Lante (draußen in der Campagna) wurden in das Haus übertragen und schmücken jetzt den ersten Stock – diese Übertragung habe ich mitgemacht. Weißt Du, dass Du an dieser Ecke ein schönstes Stück Leben von mir – vielleicht mein glücklichstes jeden Tag betreten hast? Ist die Bibliotheca noch dort?? Haben es wieder die Deutschen?? Hier hat Jacob Burckhardt gewohnt und gearbeitet und dann alle die großen, die uns die Kunstgeschichte erarbeitet haben, auch Riegl und Dvorak. Ach, die Casa dei Giganti!!...Mendelssohn lebte hier im Hause seines Onkels[16].

Der Schwerpunkt der Studien lag im kunsthistorischen Bereich, ein Gebiet, das er tatsächlich sein Leben lang intensiv verfolgte und – wie alle Zeitzeugen bestätigen – souverän beherrschte. Er selbst pflegte zu sagen, er verstünde mehr von bildender Kunst als von Musik.[17] Selbst Professoren der Kunstgeschichte sollen von seinem Detailwissen beeindruckt gewesen sein.[18] In seinem Lebenslauf[19] nennt er den Einfluss dieser kunstgeschichtlichen Studien und spricht von der Übertragung der „Ideen der vergleichenden Wiener-Schule Alois Riegl–Dvořák" ins Musikalische als „wesentliche Grundlage seines Dirigierunterrichtes".[20] Auch Manfred Huss wurde Zeuge seines Wissens:

> 1974 war eine große Ausstellung im Stift Reichersberg über die Schwanthaler-Familie, die bedeutendste Bildhauer-Familie im süddeutschen Raum vom 16. bis 18., sogar 19. Jahrhundert. Es war eine riesige Ausstellung. Gegenüber gab es auch eine über die Zürn, die ja etwas weniger bedeutend waren. Das wollte er unbedingt sehen und fragte mich, ob ich

---

15 Ca. 25.2.1953.
16 Ca. 29.3.1953.
17 Dieses Zitat wurde so oft und fast von jedem Zeitzeugen wiederholt, dass eine Quellenangabe nicht möglich ist.
18 Doris Swarowsky im Gespräch mit Erika Horvath, Wien, 4.9.2002.
19 Archiv mdw, Personalakt Hans Swarowsky.
20 Vgl. auch Swarowsky, Anton von Webern, in: *WdG*, S. 239.

mitkommen würde. Wir fuhren nach Reichersberg und gingen stundenlang durch die Ausstellung und ich erlebte eine Führung, vom ersten bis zum letzten Moment, als ob er die Ausstellung gemacht hätte! Er erkannte jede Figur, denn natürlich wusste er die Attribute aller Heiligen usw., angefangen von der technischen Arbeit über die ausgestellte Fassung, von allem, bis zu stilistischen Details. Die Besucher blieben stehen und hörten zu. Er erklärte alles, ohne dass er sich hätte dafür vorbereiten oder auch nur vorher etwas darüber gelesen haben müssen.[21]

Barry Brisk erzählt in seinen Erinnerungen an den Lehrer eine ähnliche Geschichte:

The American conductor Lawrence Foster once told me of an afternoon spent with Swarowsky held forth on everything from medieval iconography and early Renaissance madonnas to cubism and Dada. Foster discreetly excused himself and queried the proprietor about this information. It was all correct. Swarowsky really had a thorough and deep grasp of Western civilization.[22]

---

21 Manfred Huss im Gespräch mit Erika Horvath, Reinhard Kapp, Markus Grassl und Otto Karner, Wien, 8.8.2003.
22 Barry Brisk, *Hans Swarowsky. A Remembrance*, Typoskript, S. 4, Privatbesitz Barry Brisk, Kopie in Historische Sammlung, IMI; auch verfügbar als Online-Publikation: https://independent.academia.edu/Barry Brisk (25.7.2021).

Erika Horvath

JULIA LASZKY UND ANTON SWAROWSKY

Während seiner Studienzeit an der Universität lernte Swarowsky die Medizinstudentin Julia (Lia) Laszky kennen, die er einige Jahre später heiratete. Am 12. März 1924 kam Sohn Anton zur Welt.

Julia Laszky, am 18. Dezember 1899 in Budapest geboren, stammte aus einer angesehenen ungarisch-jüdischen Familie, die zum Katholizismus übergetreten war. Ihr Vater Ludwig (Lajos) Laszky – das z wurde später aus dem Namen entfernt – war Gynäkologe und Magnetiseur. Die Praxis von Lajos Laszky in der Josefstädter Straße 34 war renommiert und erfolgreich, ebenso seine Stellung als Chirurg im Krankenhaus Goldenes Kreuz, Lazarettgasse 16. Julias Mutter Linka geb. Schiller war (Amateur-)Pianistin. Sie war mit dem Pianisten der Wiener Schule, Eduard Steuermann, befreundet, der ihr Klavierspiel sehr lobte:

„Er sagte, er hält sie für die beste Amateurpianistin, die er je in seinem Leben kennengelernt hat. Und darauf war sie sehr stolz. Das erzählte sie immer wieder gerne. Sie hat fast alle Beethoven-Sonaten gespielt, das war damals noch gar nicht so häufig."[1]

So spielte Musik in der Familie Laszky eine sehr große Rolle und häufig kam man zum gemeinsamen Musizieren zusammen. Julia spielte Cello und ihr Bruder Wolf – ein Schulkollege Hans Swarowskys – Violine. „Sie spielten fast jeden Abend Trio. So habe ich noch die ganze Trioliteratur in den Ohren. Das sind meine Kindheitserinnerungen".[2]

Wolf Laszky, der mit Swarowsky insbesondere nach dem Krieg in Verbindung stand und ihn als britischer Besatzungssoldat unterstützte, erinnerte sich anlässlich von dessen Tod an gemeinsame musikalische Erfahrungen – im Übrigen der einzige Hinweis auf eine Dirigiertätigkeit schon während der Schulzeit:

Ich erinnere mich natürlich an unsere Jugend, er war ja auch im Piaristengymnasium und nur um 3 Jahre vor mir, an das kleine Kammerorchester, das er bei dem Geburtstag seines Vaters dirigierte und wo ich das Solo aus dem Sommernachtstraum gespielt habe etc.[3]

---
1 Anton Swarowsky im Gespräch mit Daniela Swarowsky, Paris, 16.10.2001.
2 Ebd.
3 Wolf Laszky an Anton Swarowsky, 18.9.1975, NlAS.

Vermutlich durch Eduard Steuermann war Julia Laszky auch mit dem Schönbergkreis in Kontakt, wo sie möglicherweise ihren späteren Mann kennenlernte. Anton Swarowsky berichtet, dass seine Mutter unter anderem in Schönbergs *Verklärte Nacht* spielte:

> Sie erzählte, dass es eines ihrer schrecklichsten Erlebnisse war, als sie eines der zwei Celli in der *Verklärten Nacht* spielte und Schönberg während der Probe anwesend war. Wenn irgendetwas nicht funktionierte, klopfte Schönberg meiner Mutter auf die Schulter. Sie war ein junges Mädchen damals und empfand die Gestalt des kritischen Komponisten hinter sich als richtige Bedrohung.[4]

Julia Laszky studierte nach der Matura einige Semester Medizin, gemeinsam mit dem Psychoanalytiker und Freud-Schüler Wilhelm Reich, der in sie verliebt war, wie in seinen Jugendtagebüchern zu lesen ist.[5] Nach der Emigration in die USA hatten sie weiterhin gute Kontakte in New York.

Wilhelm Reich wurde 1897 in Galizien geboren und wuchs auf einem Landsitz in der Bukowina auf. Nach seinem Militärdienst im Ersten Weltkrieg studierte er bis 1922 Medizin an der Universität Wien. 1920 lernte er Sigmund Freud kennen und wurde bald ein prominentes Mitglied der psychoanalytischen Bewegung. Nach Auseinandersetzungen mit der KPD auf der einen, mit der Freud-Schule auf der anderen Seite wurde er 1934 aus der KP und aus der Internationalen Psychoanalytischen Vereinigung ausgeschlossen. Von den Nazis verfolgt floh Reich 1933 nach Skandinavien und emigrierte 1939 in die USA, wo er seine Studien und Experimente zur Sexualität und Lebensenergie, der er den Namen „Orgon" gab, zunächst in Forest Hills, New York, und dann Rangeley, Maine, fortsetzte, wo auch Julia Laszky ein Sommerhaus besaß. 1954 wurde er von der amerikanischen Federal Food and Drug Administration in Zusammenhang mit seiner Entdeckung der Orgon-Energie angeklagt und weigerte sich, vor Gericht zu erscheinen. Im Mai 1956 wurde er zu zwei Jahren Gefängnis verurteilt und starb im November 1957 in der Federal Penitentiary, Lewisburg, Pennsylvania.[6]

Durch Laszky lernte Reich auch Swarowsky kennen:

> Einen Patienten hatte mir L. L. geschickt, wie sie sagte, ein Homosexueller, ich konnte nur Zwangsneurose konstatieren. Dieser Patient erwähnte im Laufe der Behandlung einen Hans Swarowski, für den er schwärmte und ihn für den herrlichsten Menschen erklärte. Eines Abends erschien L. L. im Sadgerkurs mit einem jungen Mann, in den ich sofort verliebt

---

4 Anton Swarowsky im Gespräch mit Erika Horvath, Paris, 4.10.2002.
5 Wilhelm Reich, *Leidenschaft der Jugend. Eine Autobiographie 1897–1922*, Köln 1994, S. 126 ff.
6 Ebd.

war: so zarte, geistige Gesichtszüge hatte ich an einem Mann noch nie gesehen. Wie ich später erfuhr, war es Hans Swarowski gewesen.[7]

Zwischen den beiden kam es immer wieder zu von Rivalität geprägten Begegnungen, wie im Tagebuch vermerkt wird:

Als ich mit Lia in der Oper war, fühlte ich etwas in mir, das mich in eine andere Welt zog, anders, anders als ich, ich wollte sprechen – und das Wort stak mir in der Kehle, ich kam mir stupide vor, und wenn dies einmal der Fall ist, dann ist's aus und geschehen! Vor der Oper wartete Swarowski [sic] und hing sich wie selbstverständlich in Lias Arm! Ich war so paff, daß ich, wie versteinert, unfähig war, ein Glied zu rühren, und mit Mühe Anstrengungen machte, mir ja nichts anmerken zu lassen.[8]

Sie fragte mich nach der zu unternehmenden Tour, ich war seltsam ruhig, ja humorvoll. Aber da wieder: „Ich kann nichts sagen, eh' ich telegraphiere." Später erfuhr ich's; zu Hans Swarowski. Also noch immer! Ich kann nicht mehr![9]

Lia liebt mich, sie sagte es mir, wir sagten es uns, in allerdings etwas eigenartiger Weise, die mich nachdenklich gemacht hat: Sie fährt doch zu Hans, sie ist doch seine Frau![10]

Über das Elternhaus Julia Laszkys schreibt Reich mit gemischten Gefühlen:

Die geschmackvoll, gediegen, beinahe reich ausgestattete Wohnung ihrer Eltern, die etwas vornehm gelassene Haltung ihrer noch jungen hübschen Mutter engten mich ein.[11]

Durch Wilhelm Reich erfährt man auch, dass sich Julia Laszky mit dem Wunsch trug, Künstlerin zu werden: „Sie klagte mir ihren Zwiespalt: Medizin, um produktiv zu sein, und Kunst, mit der sie sich wirklich identifiziere."[12] An anderer Stelle erläuterte Reich: „Medizin hatte sie nur auf Wunsch des Vaters zu studieren angefangen, sie hätte Musik oder Zeichnen vorgezogen."[13]

Durch Wilhelm Reich kamen Laszky und vermutlich Swarowsky in Verbindung mit der Psychoanalyse:

---

7 Ebd., S. 163.
8 Ebd., S. 129 (21.12.1919).
9 Ebd., S. 151 (11.8.1920).
10 Ebd., S. 152 (15.8.1920).
11 Ebd., S. 161.
12 Ebd., S. 132 (6.1.1920).
13 Ebd., S. 162.

Wenn ich heute für Musik so viel übrig habe, mich Musik so sehr in Anspruch nimmt, trotz meines Verhältnisses zu Lia Laszky, die mich in Wien der Musik zugeführt hat, so muß doch etwas in mir sein, das damals nur geweckt wurde! Wie anders sie mit der Psychoanalyse: Sie verliebt sich in mich und kauft den Freud – interessiert sich dafür – ist manchmal sogar begeistert.[14]

Laszky gab das Medizinstudium auf und widmete sich einer Ausbildung als Montessori-Pädagogin. Sie eröffnete und leitete mehrere Montessori-Kindergärten in Wien, u. a. in der Hebragasse, den auch Sohn Anton besuchte.[15] Der Kontakt zwischen Reich und Swarowsky intensivierte sich und Reich beschrieb diesen später als „gescheit, lustig" und „oberflächlich"[16]. Vermutlich Mitte der 20er Jahre trat Julia Laszky der kommunistischen Partei bei. Wilhelm Reich:

Ein Gespräch über Sozialismus brachte uns alle einander näher, ich erfuhr, daß L. L. in einer Wandervogelbewegung gewesen war. Es gab ein wenig Streit, Meinungsverschiedenheiten, L. L. brachte mir den „Aufruf" von Landauer[17].[18]

Um sich auch tatsächlich mit der arbeitenden Klasse solidarisieren zu können, erlernte Lia Laszky das Handwerk der Buchbinderei. Anton Swarowsky erzählt, dass sie auch für Schönberg Noten band, die er dann „hochkritisch begutachtete und häufig beanstandete"[19]. „Und wenn das nicht ganz richtig gebunden war, dann hat der Schönberg gleich geschrien. Die waren alle ein bisschen neurotisch, die ganze Wiener Schule."[20] Auch für Bergs *Wozzeck* übernahm Lia Laszky die Bindung, wie Berg seiner Frau berichtete:

Damenbesuch: Frau Swarowsky, die 4000 K Vorschuß für die 6 Bände Wozzeck brauchte. Sie hofft Montag früh damit fertig zu werden. Nämlich mit den ersten 1. 3 Bänden. Die ich dann, wenn ich sie mit [Fritz Heinrich] Klein revidiert habe – hoffentl. nach Frankfurt schicken kann.[21]

---

14 Ebd., S. 188.
15 Anton Swarowsky im Gespräch mit Daniela Swarowsky, Paris, 16.10.2001.
16 Reich, *Leidenschaft der Jugend* (Anm. 5), S. 200 (1.6.1921).
17 Gustav Landauer, *Aufruf zum Sozialismus. Ein Vortrag*, Berlin 1911.
18 Reich, *Leidenschaft der Jugend* (Anm. 5), S. 159.
19 Anton Swarowsky im Gespräch mit Daniela Swarowsky, Paris, 16.10.2001.
20 Anton Swarowsky im Gespräch mit Erika Horvath, Paris, 4.10.2002.
21 Brief an Helene Berg, 23.5.1922, in: *Briefwechsel Alban Berg – Helene Berg. Gesamtausgabe, Teil III: 1920–1935*, hg. von Herwig Knaus/Thomas Leibnitz, Wilhelmshaven 2014, S. 237.

Die Ehe von Swarowsky und Lia Laszky wurde nach nur wenigen Jahren geschieden. 1929 unternahm Laszky eine fast 6-monatige Reise in das kommunistische Russland. Der vierjährige Anton wohnte währenddessen bei seinem Vater in Stuttgart, wo dieser Kapellmeister des Württembergischen Landestheaters war. Noch im selben Jahr heiratete sie den Rechtsanwalt Hugo Knöpfmacher.[22]

Lia Knöpfmacher und ihrem Mann gelang 1938 die Emigration nach London und später weiter nach New York. Der mittlerweile vierzehnjährige Sohn Anton blieb zunächst bei seinem Vater in der Schweiz, wo dieser von 1938 bis 1940 die Position des Ersten Kapellmeisters des Zürcher Stadttheaters innehatte. Anton sollte von dort direkt zu seiner Mutter nach New York weiterreisen, sobald die Formalitäten dafür erledigt waren. Durch die enormen Schwierigkeiten, die ihm die Ämter der Durchreiseländer und der USA machten, musste Anton jedoch über zwei Jahre mit ungewisser Zukunft in der Schweiz verbringen.[23]

Lajos und Linka Laszky

Julia Laszkys Eltern, die wie so viele Juden nicht daran geglaubt hatten, dass es zum Schlimmsten kommen würde, blieben indes in Wien zurück. Hans Swarowsky hielt während des Krieges weiterhin mit ihnen Kontakt –

> Hans war in Wien bei den Großeltern und sie haben einen gemütlichen Abend zusammen verlebt. […] Hans hat sich bei den Großeltern sehr gut unterhalten und schreibt, sie würden ganz famos blühend aussehen und Linka hätte ihm eine herrliche Suppe gekocht.[24]

Er half auch immer wieder finanziell aus. „Ich habe Hans so weit gebracht, dass er den Großeltern so weit er kann von drinnen [Deutsches Reich] finanziell helfen wird."[25] Auch Anton Swarowsky sah seine Großmutter während seines Aufenthaltes in der Schweiz noch einmal wieder, als er eine Reise nach München in das Deutsche Reich riskierte, um dort mit Linka Laszky zusammenzutreffen und mit Hans Swarowsky an einem Abendessen bei Clemens Krauss teilzunehmen.

> Die Großmutter kam nach München, was ja nicht so weit von Wien ist. Sie blieb eine Woche, mir Auf-Wiedersehen-sagen. Ich habe sie nachher nie wieder gesehen. Habe ihr Auf-

---

22 Anton Swarowsky im Gespräch mit Daniela Swarowsky, Paris, 16.10.2001.
23 Siehe Kap. 9, 3. Abschnitt „Zürich".
24 Anton Swarowsky an Lia Knöpfmacher, Zürich, 24.11.1940, NIAS.
25 Anton Swarowsky an Lia Knöpfmacher, Zürich, 8.6.1940, NIAS.

Wiedersehen gesagt am Bahnhof. Wenn ich auf den Bahnhof von München komme, sehe ich mich immer wieder meiner Großmutter Auf-Wiedersehen sagen.[26]

Das jüdische Ehepaar Laszky wurde 1944 nach Polen deportiert, wo Swarowsky, der ab September 1944 in Krakau Chefdirigent der Philharmonie des Generalgouvernements war, weiterhin Kontakt mit ihnen hatte. Leider wurden sie durch unglückliche Umstände in ein KZ gebracht und Swarowsky verlor ihre Spur. Anton schreibt davon seiner Mutter:

Hans war bis vor ungefähr einem Jahr mit den Großeltern in Verbindung. Er schickte ihnen immer Geld durch Erwin Ratz, der einen Bäcker Freund in der Gegend hatte und die Sache transaktierte. Der Zahnarzt, der mit den Großeltern zusammen war, hatte auch einen besonderen Weg zu schreiben, der Fräulein Gottlieb benannt war, die dann mit Hans korrespondierte. Es ging den Großeltern sehr gut. Durch Ratzens Freund war es Hans möglich, ihnen auch Wintermäntel und ähnliches zu verschaffen. Gesundheitlich war alles in Ordnung [...] Hans ging extra nach Krakow um den Großeltern zu helfen und er fing sogar eine Heuchelfreundschaft mit F[rank] an nur zu diesem Zwecke [...]. Um diese Zeit herum geschah folgendes: Alle Juden aus dem Ort wurden in irgend ein Lager abtransportiert. Nur die Männer. Die Frauen wurden zurückgelassen. Die Gestapo Truppe, die die Überführung anordnete, war aber der ersteren untergeordnet und befahl, dass auch die Ärzte mittransportiert wuerden. Die Ärzte (Es sollen mehrere dabei gewesen sein unter anderem auch der Zahnarzt) wussten aber davon und beschlossen, es sich zu Nutze kommen zu lassen. Sie sprangen vom Wagen ab und die Wachen drückten ein Auge zu. Opapa hatte nun einen seiner Pflichtbewusstseinsanfälle und sagte, dass wenn es ihm beschieden sei wegtransportiert zu werden, er nicht davonlaufen würde. Die anderen Ärzte kamen sicher nach dem alten Ort zurück. Hans verlor von Opapa die Spur von diesem Moment an. Von Omama weiß er, dass sie später abtransportiert wurde, weil sie keinen Mann bei sich hatte. Die Ärzte wurden nähmlich später nicht mehr behelligt und die Frauen auch nicht. Alle Ärzte, die damals abgesprungen und die Frauen sollen alle noch leben, sagt Hans – wie genau seine Information ist, weiß ich natürlich nicht. Wäre also Opapa damals mit den anderen Ärzten abgesprungen, so wüssten wir jetzt so ziemlich sicher, dass sie noch lebten. So kann man natürlich nichts genaues sagen, und man muss auf Schlimmes gefasst sein. Das ganze geschah nur nicht allzuweit dem Zeitpunkt entfernt, als die Russen kamen, deshalb ist Hoffnung da.[27]

---

26 Anton Swarowsky im Gespräch mit Erika Horvath, Paris, 4.10.2002.
27 Anton Swarowsky an Lia Knöpfmacher, Deutschland, 3.6.1945, NlAS.

Nach dem Krieg versuchte Anton gemeinsam mit Hans Swarowsky seine Großeltern wiederzufinden. In einem Brief an seine Mutter erzählte er von der Schwierigkeit dieses Unterfangens:

> Ich arbeite selber (Hans auch) mit entlassenen Konzentrations-Insassen und Verschleppten und weiß daher wie das ganze funktioniert. Es hat überhaupt keinen Sinn Nachfragen zu machen. Alles wird getan, um diese Leute wieder an ihre alten Plätze zurück zu schaffen. Sie werden zuerst in einem Lager gesammelt, entlaust, gefüttert und dann transportiert. Rot Kreuz Arbeiter werden gar nicht in die Lager gelassen. Man sagt sich, dass wenn die Angehörigen für Jahre ohne Nachricht waren, dass zwei Monate mehr auch nichts ausmacht, was ja eigentlich ganz richtig ist. Es sind sehr oft ansteckende Krankheiten in den Lagern und oft sind sie nicht wie sie sein sollen. Für jeden Fall – so lange Leute im Lager sind, können sie nicht erreicht werden. Und dann später können sie ihre Verwandten viel leichter erreichen als diese sie erreichen können.[28]

Das Ehepaar Laszky konnte nicht mehr gefunden werden.

Julia Laszky in den USA

Julia Laszky, die während ihres Aufenthaltes in London bei Anna Freud studierte, hatte in New York auch relativ bald Hoffnung auf eine berufliche Etablierung, wie aus einem Brief Antons an seine Mutter hervorgeht.

> Ich freue mich, dass es dir gut geht und dass Du wieder anfängst zu lernen. Wenn Du dann wirklich diesen Doktorgrad hast und eine gutbezahlte Stellung, wie Du schreibst, so wird das sehr fein werden […].[29]

Trotzdem dauerte es viele Jahre, bis die finanzielle Situation der Familie endgültig gesichert war und auch Laszkys Ehemann Hugo Knöpfmacher eine fixe Stelle innehatte. Noch 1946 herrschte große Unsicherheit:

> Hugo und ich haben uns entschlossen, dass er die Stelle in dem Korea-Projekt annehmen wird, falls er sie bekommt. Es ist eine große Chance für ihn, er ist ganz dafür geschaffen durch seine juridischen + linguistischen Kenntnisse. – aber im curriculum vitae steht halt das Alter – 54 – u. das schaut alt aus obwohl Hugo viel jünger + gesünder ist + ausschaut.

---

28 Ebd.
29 Anton Swarowsky an Lia Knöpfmacher, Zürich, 8.6.1940, NlAS.

Also jetzt warten wir – Falls es gelingt, er die Stelle bekommt u. 2 Jahre durchhält sind wir „aus den Gewässern" (wie Opapa zu sagen pflegte), dann sind wir für's Alter halbwegs versorgt.[30]

Laszky, die in den USA zum Doktor der Psychologie promovierte, wurde in der Folge eine sehr erfolgreiche und gutsituierte Psychoanalytikerin in New York. Sie starb 1974 an den Folgen einer Krebserkrankung.

Anton Swarowsky

Anton Swarowsky, der 1938 in die Schweiz ging, wo sein Vater als Kapellmeister arbeitete, wohnte zunächst bei einer von der amerikanischen Einwanderungsbehörde vermittelten Familie im Berner Oberland, wo er auch zur Schule ging. Bald übersiedelte er jedoch nach Zürich, wo er bis zu Swarowskys Ausweisung aus der Schweiz 1940 mit seinem Vater und dessen Freund Julius Marx in der Beethovenstraße 49 zusammenwohnte. Danach lebte er bei dem Ehepaar Dr. Kunz in Stäfa am Zürcher See.

Seine Emigration erfolgte im November 1940. In Genf traf er ein letztes Mal seinen Vater, der aus Berlin gekommen war, um ihn für ungewisse Zeit zu verabschieden. Als Mitglied einer Gruppe deutscher Emigranten gelangte er mit dem Autobus durch Frankreich und Spanien nach Lissabon, wo er sich Mitte Dezember auf der „Cavallo rouge" nach New York einschiffen konnte. Sein Mitreisender war der Schriftsteller Roda-Roda. Am 7. Januar 1941 erreichte er die Vereinigten Staaten von Amerika.[31] Nach dem Kriegseintritt der USA im Dezember 1941 brach der briefliche Kontakt zu seinem Vater ab.

Nach Abschluss seiner Schulausbildung wurde Anton 1943 in die US-Army eingezogen. Er landete mit der 36th Division in Neapel, um in Südfrankreich an der US-Invasion teilzunehmen. Nach der Kapitulation Deutschlands arbeitete er als Übersetzer in der amerikanischen Militärregierung in Deutschland, wo er auch seinen Vater wiedersah und für einige Monate mit ihm in Stuttgart zusammenwohnte. Nach seiner Entlassung aus der Armee 1946 kehrte er nach New York zurück und studierte an der Juilliard School Dirigieren bei Edgar Schenkmann und Klavier bei Eduard Steuermann, den er ja schon aus Kindertagen kannte und dem er zur Anstellung als Klavierprofessor im Hause verholfen haben soll[32], sowie Biophysik bei Wilhelm Reich.

---

30 Lia Knöpfmacher an Anton Swarowsky, New York, 18.1.1946, NlAS.
31 Anton Swarowsky im Gespräch mit Daniela Swarowsky, Paris, 16.10.2001.
32 Ebd.

Abb. 1: Hans Swarowsky ca. 1965, photographiert von Anton Swarowsky (NlAS)

1949 kehrte er nach Europa zurück, um bei seinem Vater an der Akademie für Musik und darstellende Kunst in Wien zu studieren. Nach einem längeren Aufenthalt in Italien ließ er sich in Paris nieder, wo er Dominique Vichard heiratete. Der Ehe entstammen die drei Kinder Alexandre, Caroline und Sonia. In Paris arbeitete er als Photograph[33]; seine Arbeiten zeigen Porträtfotos von Künstlern und Musikern, bekannt geworden sind insbesondere die Aufnahmen von Alma und Anna Mahler. Daneben fungierte er als Ratgeber für Musiker[34] oder als Assistent für den Bankier und Autographensammler Robert Owen Lehman.[35]

---

33 Ebd.
34 Christophe Martin-Maëder, *Anton Swarowsky* …; Online-Publikation: https://www.martin-maeder.net/anton-swarowsky/ (25.7.2021). Ein weiterer Schüler war Didier Seutin (RK).
35 In dieser Funktion war Anton Swarowsky u. a. 1963/64 als vorgesehener Archivleiter in Owen Lehmans Plan involviert, ein Schönberg-Museum in Paris zu gründen (Therese Muxeneder, *Ethik des Bewahrens. Exil und Rückkehr des Schönberg-Nachlasses*; Online-Publikation: http://www.schoenberg.at/images/stories/bilder_statische_artikel/archiv/ethikbewahrens.pdf, S. 9 [15.10.2015]).

Die Beziehung zu seinem Vater war schwierig und konfliktgeladen, wie der Briefwechsel der beiden bezeugt. Nach der Geburt von Swarowskys Tochter Daniela im Jahre 1960 sahen sich die beiden nur mehr selten. Anton lebte schließlich zurückgezogen in Montrouge bei Paris und starb 2013 an den Folgen der Parkinson-Krankheit.

Reinhard Kapp

SWAROWSKY IN DER WIENER SCHULE[1]

1. Der Weg zur Musik

Es wäre vielleicht übertrieben, Swarowsky ausschließlich für die Wiener Schule zu reklamieren. Aber er hat dort so tiefgreifende Prägungen empfangen, dass er immer wieder darauf zurückkam und Eindrücke anderer Art (Weingartner, Strauss, Krauss, Toscanini) sie nicht verwischen konnten.

Als eine gewisse Vorbereitung auf jene entscheidende Lehrzeit können wohl frühe musikalische Erfahrungen gelten wie die Aufführungen, die er „[a]ls Kind mit sieben Jahren"[2], also gegen Ende der Ära Mahler, in der „Erbloge"[3] des Vaters Josef Kranz miterlebte; er dürfte auch Fetzen von Konversationen über das Gebotene aufgeschnappt und im Gedächtnis bewahrt haben:

> Ich habe natürlich nicht verstanden, was da der Unterschied war zu anderen, aber der ganze Kreis um Mahler, der mit uns verkehrt hat, hat immer auf die Besonderheit dieses einen Mannes hingewiesen.[4]

Hiermit dürften die Gesellschaften im väterlichen Palais angesprochen sein, wo der Junge zwar nicht ständig wohnte, aber als wenn auch nicht legitimierter Nachwuchs offenbar freien Zutritt hatte. 1910, also mit 11 Jahren, will er als Chorist an der legendären Uraufführung von Mahlers VIII. Symphonie beteiligt gewesen sein[5] – wir haben kein weiteres Zeugnis für diese Aussage, aber immerhin denkbar ist sowohl ein Arrangement der Art, dass er bei den Münchener Formationen mitsingen durfte, die damals den Kinderchor stellten, als auch (etwas weniger wahrscheinlich), dass er in die aus Wien angereisten und dort vorbereiteten gemischten Chöre eingeschleust wurde.[6]

---

1 Der Beitrag synthetisiert einige Informationen aus dem entsprechenden Kapitel des Forschungsberichts von Erika Horvath mit meinem Beitrag zur Swarowsky-Konferenz 2001 und weitergehenden Untersuchungen.
2 Swarowsky, Gespräch mit Manfred Huss, Ossiach 1974; Kopie der Aufnahme in NlHS. Vgl. auch den daraus destillierten Text „Rückblick" in: *WdG*, S. 257–264: 257.
3 Swarowsky, Gespräch mit Walter Szmolyan, Wien 1973, Kopie der Aufnahme in NlHS.
4 Rückblick, in: *WdG*, S. 257.
5 Ebd.
6 Für letztere Möglichkeit spricht allerdings die Formulierung „wo ich im Chor mitgesungen habe", in: ebd.

Zweifellos „begabt für das Klavierspiel"[7], kann er durch den Vater den einen oder anderen Starpianisten getroffen und davon profitiert haben. Unter anderen berühmten Namen nennt er den von Ferruccio Busoni – dieser gastierte wiederholt in Wien und übernahm 1907/08 Emil von Sauers Klavier-Meisterklasse am Wiener Konservatorium (der Gesellschaft der Musikfreunde, seit 1909 staatliche Akademie) – in diesen Jahren könnte der kleine Prinz (linker Hand) bei einer Privatdarbietung oder im Konzert zugehört haben, es ist aber immer auch vorstellbar, dass ihm der väterliche Hintergrund ein paar Privatstunden verschaffte. Busonis brieflicher Kontakt mit Schönberg hatte zwar bereits 1903 eingesetzt, und er hatte auch Stücke von ihm zur Kenntnis genommen, die intensive Auseinandersetzung mit den Kompositionen und dem Komponisten begann freilich erst im Jahre 1909. Im Klavierunterricht hätte Busoni aktuelle Fragen solcher Art mit einem Jungen, und wäre er noch so aufgeweckt gewesen, dagegen wohl kaum besprochen. Swarowsky differenziert nun allerdings zwischen den Pianisten, die er „schon in [s]einer Jugend gekannt" habe (was eher an Gesellschaften oder öffentliche Veranstaltungen denken lässt)[8], und „[s]eine[n] späteren Lehrer[n …] Busoni und Steuermann".[9] Es ist demnach zu unterscheiden zwischen Künstlern, die ihn „direkt", und solchen, die ihn „durch die Bekanntschaft indirekt unterrichtet haben."[10] Wie immer also die Schülerschaft im Falle Busonis beschaffen gewesen sein mag[11] – sie ist in späteren Jahren anzusiedeln. Bei Eduard Steuermann wiederum hat Swarowsky nachweislich Stunden genommen, nach eigenem Zeugnis sogar einen Teil seiner Ausbildung zum „Konzertpianist[en]" absolviert.[12] Dort dürften zwar auch Motive von Steuermanns eigenem Unterricht bei Busoni weitergegeben worden sein, aber die Unterweisung fand dann doch bereits parallel zu und in Abstimmung mit den Studien bei Schönberg und Webern in den 1920er Jahren statt.

---

7 Ebd.
8 In Notizen, die sich Swarowsky zur Vorbereitung auf das Gespräch mit Manfred Huss 1974 in Ossiach (Anm. 2) gemacht hat, hielt er fest: „Mahler/d'Albert, Sauer, Godowsky, Rosenthal/[gestrichen: Ravel] Weingartner/Nikisch", gefolgt von diversen Listen mit Namen von Persönlichkeiten, die ihm im Laufe des Lebens begegnet sind. Die vier genannten Pianisten dürften persönliche oder musikalische Jugendeindrücke gewesen sein, das Fehlen von Busoni in dieser Aufzählung die Vermutung bestätigen, dass es sich bei diesem um einen anderen Fall, nämlich wirkliche (wie immer begrenzte, aber jedenfalls später anzusiedelnde) Schülerschaft gehandelt hat.
9 Swarowsky, Gespräch mit Manfred Huss (Anm. 2); ebenso Rückblick, in: *WdG*, S. 257.
10 Swarowsky, Gespräch mit Manfred Huss (Anm. 2).
11 Zumindest zählt ihn Swarowsky zu den begnadeten Pädagogen: Gespräch mit Walter Szmolyan (Anm. 3).
12 Siehe das Bewerbungsschreiben nach Stuttgart 1927 im Kapitel „Stationen bis 1933", Abschnitt „Württembergisches Staatstheater Stuttgart". Dort spricht er auch von einem nicht näher spezifizierten Klavierstudium an der Akademie – vielleicht Hospitanz bei einem Meisterkurs Emil von Sauers? Zu Eduard (Edward) Steuermann später mehr.

Darüber, wie Swarowsky sich zu dem routinierten Pianisten entwickeln konnte, der prima vista anspruchsvolle Werke[13] zur Kenntnis bringen oder am Durchspielen beteiligt werden, sich bei Felix von Weingartner erfolgreich als Korrepetitor bewerben und auch später noch gelegentlich als Klavierbegleiter in der Öffentlichkeit fungieren konnte, fehlen uns also verlässliche Belege. Infolge der Kriegsverluste ist von Swarowskys Seite eine detaillierte Nachzeichnung nicht möglich, und wegen seines jugendlichen Alters (das bei aller Talentiertheit keine wunderkindhaften Züge aufgewiesen haben mag) scheint Swarowsky auch in den verschiedenen Musikernachlässen kaum Spuren hinterlassen zu haben.[14] Offenbar hat er auf dem von seinem Vater gestifteten Flügel in der mütterlichen Wohnung fleißig geübt, ohne etwa schon während der Schuljahre mit seiner Kunst irgendwie hervorgetreten zu sein.

Bewegen sich diese Beschäftigungen und Begegnungen noch im Rahmen klein- bis großbürgerlicher Liebhaberei und allgemein kulturellen Interesses, so muss irgendwann der ‚Knoten gerissen' sein und Swarowsky sich unter seinen Neigungen und Begabungen ernstlich für die Musik entschieden haben, auch wenn er, in scheinbarer Konkurrenz damit, auf dem Gebiet der Kunstgeschichte zeitlebens eine fast-professionelle Kennerschaft pflegte.

Er selbst bietet Erklärungen an, die in verschiedene Richtungen gehen, aber einander nicht ausschließen müssen; es ist durchaus möglich, dass alle Faktoren zusammengewirkt haben, um die allmähliche Hinwendung zur bzw. Konzentration auf Musik zu motivieren. Vielleicht lassen sie sich auch chronologisch ordnen und zu einer curricularen Stufenfolge verbinden. Erst nach dem Entschluss zur Aufnahme eines ordentlichen Musikstudiums, also nach dem Ende des Ersten Weltkrieges und Swarowskys Rückkehr nach Wien, sind Kontakte zum Personenkreis der Wiener Schule nachweisbar.

Die eine der Erklärungen, und zwar die zeitlich früher zu lokalisierende, hängt direkt mit Mahlers Musik zusammen; man muss dabei allerdings im Auge behalten, dass Swarowsky seine Entwicklung später überhaupt gerne im Zeichen Mahlers sah[15]:

Als ich Webern auf seine Anfrage antwortete, der Eindruck der *Dritten Symphonie* von Mahler (vom jungen Furtwängler im Musikverein aufgeführt) sei Ursache, daß ich mein Universitätsstudium abbreche, um mich ganz der Ausbildung meiner musikalischen Veranlagung zu widmen, reagierte er mit merkbarer Steigerung seiner Zuneigung […][16]

---

13 – wie Pfitzners *Palestrina*, worüber weiter unten mehr.
14 Dies gilt wie immer bis auf Weiteres.
15 – so dass er an den Anfang seiner autobiographischen Mitteilungen Mahler als Persönlichkeit gestellt hat: Gespräch mit Manfred Huss (Anm. 2); Rückblick, in: *WdG*, S. 257.
16 Anton von Webern, in: *WdG*, S. 235–240: 236; Erstveröffentlichung als: Anton von Webern: Bemerkungen zu seiner Gestalt, in: Österreichische Gesellschaft für Musik (Hg.), *Beiträge 1972/73. Webern-Kongreß*, Kassel usw. 1973, S. 14–22: 15.

Dies ist eine ‚innere' Begründung, die ‚äußeren' Anlässen nicht zu widersprechen braucht. Sie muss auch nicht bloß deshalb weniger ernst genommen werden, weil sie erst im Nachhinein, nach der Episode des Unterrichts bei Schönberg, vorgebracht wurde.

Auffallend ist die präsentische Form: Als Swarowsky sein Bekenntnis ablegt, ist er offenbar gerade dabei, sein Universitätsstudium abzubrechen. Dies geschah tatsächlich im oder nach dem Wintersemester 1920/21. Wenn der Theorieunterricht bei Richard Stöhr oder selbst erst jener bei Schönberg als die Aufnahme einer systematischen Beschäftigung gelten kann, liefen Musik- und Kunstgeschichtsstudium (sowie ein wie immer geartetes ‚Studium' der Psychoanalyse) zunächst noch nebeneinander her, und erst nach und nach, sicher erst als Swarowsky bereits von Schönberg zu Webern gewechselt war (und eine erste Phase des noch distanzierten Umgangs hinter sich gebracht hatte), neigte sich die Waage zugunsten der Musik und konnte die Entscheidung für sie als eigentliches Berufsziel überhaupt erst akut werden.

Furtwängler hat das erwähnte Stück in Wien insgesamt viermal dirigiert: am 29. November 1919 mit dem Wiener Tonkünstlerorchester[17] und der Solistin Hermine Kittel sowie nach zweimaliger Verschiebung nochmals am 10. April und am 8. Juni 1920, schließlich ein weiteres Mal mit den Philharmonikern und Rosette Anday am 24. Februar 1924 (um diese Zeit auch in Leipzig und Berlin).[18]

Dieses ‚Mahler-Erlebnis' also löste bei Swarowsky etwas aus; während er vielleicht, die in den väterlichen Besitzungen wenn auch etwas wahllos angehäuften reichen Sammlungen vor Augen, noch von einer Laufbahn als Kunsthistoriker und/oder Psychoanalytiker[19] träumte, gewann er den Eindruck, dass es ihm mit der Musik ernst sei. Diese Dritte Mahlers, mit der Webern bald darauf (1922) seinen Durchbruch als Dirigent großen Stils erzielen sollte, wurde später auch das Stück, mit dem Swarowsky zuverlässig (und international) reussierte.[20]

Als Student nunmehr auch der Musik nahm Swarowsky erst einmal Stunden bei Richard Stöhr, der als erfolgreicher Theorielehrer in Wien eine angesagte Adresse war.[21] Der Adept jedoch fühlte sich von der „trockene[n]" Pädagogik abgestoßen, die

---

17 – nach der Fusion mit dem Wiener Concertverein später Wiener Sinfonieorchester, seit 1933 Wiener Symphoniker.
18 www.furtwangler.net/inmemoriam/data/conce_en.htm (11.1.2013).
19 Im Gespräch mit Manfred Huss (Anm. 2) erklärt er, sein innigster Wunsch sei damals gewesen, Psychoanalytiker zu werden, und Kunstgeschichte habe er sozusagen als Ausgleich studiert, damit es nicht zu trocken wurde.
20 Den I. Satz dirigierte er bereits im Oktober 1946 im Wiener Musikverein zusammen mit einigen Wunderhorn-Liedern (nach einem im Aufbau begriffenen Verzeichnis der Auftritte Hans Swarowskys, HSA).
21 Richard Stöhr (bis 1898 Richard Stern), 1874–1967, unterrichtete zwischen 1903 und 1938, zunächst als Lektor, 1911 als Nachfolger seines Lehrers Robert Fuchs, ab 1911 als ordentlicher Professor für Musiktheo-

ihm „ein fertiges Bild der musikalischen Vorgänge lieferte" und ihn „mit Regeln und Anweisungen versorgte", die er „nicht mehr weiter durchdenken mußte", was seinen „Forschertrieb"[22] (der sich wohl ähnliche Aufschlüsse wie von Kunstwissenschaft und Psychoanalyse erwartete) unbefriedigt ließ.[23]

Schwieriger ist schon anzugeben, was Swarowsky dann zu Schönberg geführt hat. Offenbar war der Weg kein geradliniger von den Mahler-Eindrücken des Kindes zur Wiener Schule, auch wenn nicht grundsätzlich auszuschließen ist, dass Swarowsky im Mahler-Kreis 1906/07 bzw. 1911 auch bereits Zemlinsky oder Webern wahrgenommen und zumindest während seines Universitätsstudiums im Sommersemester 1920 von Egon Wellesz[24] oder Weberns Vetter Ernst Diez entsprechende Bemerkungen gehört oder sogar Empfehlungen erhalten hat.

Schönberg war eine von mehreren Möglichkeiten, die sich in Wien boten, freilich eine am Rande des Spektrums und so für jemanden attraktiv, der es vielleicht damals schon gerne extrem hatte und möglichst ebenso apodiktisch wie dialektisch[25]:

> Ich sagte mir: wenn es rechts so aussieht, gehst du nach links[26] und suchte Schönberg in seiner Probenpause während der Einstudierung der Gurrelieder in der Wiener Staatsoper auf, um ihn zu bitten, mich als Theorieschüler zu akzeptieren.[27]

---

rie an der Musikakademie. (Dies wäre für Swarowsky die Möglichkeit gewesen, dort, wo er auch Klavier studiert haben will, bei ihm den Theorieunterricht zu besuchen – aber natürlich kann er auch privat unterrichtet worden sein.) 1939 emigrierte Stöhr in die USA, wo er im Laufe der Jahre eine Unzahl von Studenten betreute. Zu seinen bekanntesten Schülern zählen Herbert von Karajan und Leonard Bernstein; von der Wiener Schule zeitweilig nahestehenden Studenten sind Erich Leinsdorf, Rudolf Serkin und Erich Zeisl zu nennen.

22 Arnold Schönberg, in: *WdG*, S. 228–234: 229f.
23 Der Amerikaner Gordon Claycombe, der vor seinem (fast ein Jahrzehnt späteren) Studium bei Webern ebenfalls bei Stöhr gewesen war, kam zu demselben Schluss: „His teaching was dry and uninteresting." Gordon Claycombe, Personal Recollections of Webern in Vienna 1929–1934, in: Österreichische Gesellschaft für Musik (Hg.), *Beiträge 1972/73. Webern-Kongreß*, Kassel usw. 1973, S. 29–35: 29.
24 – dessen Schönberg-Monographie im folgenden Jahr herauskommen sollte.
25 – auch wenn (oder zumal?) er sich im Gespräch mit Manfred Huss (Anm. 2) als jemanden stilisiert, der während seiner formativen Jahre im literarischen Salon seiner Schwester „oft stundenlang danebengesessen" und damals eher „wortkarg" gewesen sei – es sei „eine richtige Zeit des Aufnehmens" gewesen.
26 Vgl. Gespräch mit Walter Szmolyan (Anm. 3): [Schönberg:] „Ah, Sie wollen wissen, wie es auf der anderen Seite ausschaut?" – Für jemanden, der damals offenbar tatsächlich mit den Kommunisten sympathisierte, mochte Schönberg zunächst als ‚Linker' gelten.
27 Arnold Schönberg, in: *WdG*, S. 229f. – Dies heißt zugleich, dass es eine der Mahler-Aufführungen Furtwänglers von 1919/20 gewesen sein muss, was Swarowsky fortan sein Heil in der Musik suchen ließ. Da Swarowsky von einem Sonntagvormittagskonzert spricht, sind die beiden Samstage 29. November 1919 und 10. April 1920 wahrscheinlicher als der Dienstag 8. Juni 1920. Der 24. Februar 1924 war wirklich ein Sonntag, aber diese Aufführung kann nicht die ausschlaggebende gewesen sein – vielleicht hat sie Swarowsky zusätzlich besucht, und beide Ereignisse sind in der Erinnerung zusammengeflossen.

Das muss vor den beiden vom Komponisten dirigierten Aufführungen unter Mitwirkung der Philharmoniker im Rahmen der „Meisteraufführungen Wiener Musik", eines von der Gemeinde Wien veranstalteten und von David Josef Bach organisierten dreiwöchigen Festivals, am 12. und 13. Juni 1920 gewesen sein.[28] Swarowsky (dessen Vater ja eine Loge in der nunmehrigen Staatsoper innehatte) erklärt, „die Proben mitgemacht", das heißt wohl: dabei zugehört – oder in einem der Chöre mitgesungen? – zu haben[29], und erinnert die „Energie", mit der Schönberg „obschon kein sogenannt erfahrener Dirigent, den Riesenapparat [... ge]meistert" habe.[30]

Der Eindruck, den er von der Komposition und vom Komponisten empfing, dürfte ihn in seinem Vorhaben bestärkt haben, wofern die Anfrage nicht sogar einen Akt der Spontaneität darstellte. Mit Schönbergs Zustimmung aber war zugleich eine Entscheidung über gänzlich andere Formen der musikalischen Unterweisung gefallen, und so folgte im Ausbildungsgang eine kurze, aber intensive Periode des Unterrichts bei Schönberg.

Die nächste Erklärung Swarowskys für die Berufswahl ist eher handfester, aber auch arbiträrer Natur und betrifft nicht mehr die Aufnahme des Studiums, sondern bereits dessen Beendigung (oder den Abschluss einer ersten mehr als informellen Phase) und den allmählichen Aufstieg auf der Karriereleiter:

> Ein gewisser Vorfall in meinem Leben hat mich [...] plötzlich gezwungen, Geld zu verdienen, und ich bin zu Felix Weingartner gegangen und habe ihn gebeten, mich als Korrepetitor zu engagieren, was er sofort getan hat.[31]

Welches immer der Grund oder der Anlass für den Entzug der Apanage gewesen sein mag – Kranz geriet nach dem Krieg zunehmend in finanzielle Schwierigkeiten, auch war die familiäre Situation zuweilen etwas unübersichtlich –, die komfortable Studenten- und Lebemann-Existenz scheint im Herbst 1922 ein abruptes Ende gefunden zu haben.[32] Damit stimmt zusammen, dass bis jetzt die väterlichen Gelder noch geflossen waren (sodass Swarowsky 1920 Schönberg mit der Höhe des Honorars beeindruckte,

---

28 Siehe Albena Naydenova-Pantchev, Schönbergs „Gurrelieder" in der Aufführung von 1920, in: *ÖMZ* 48 (1993), S. 466–468. Anton Webern war übrigens der Haupt-Assistent bei der Vorbereitung der Chöre gewesen.
29 Ebd.
30 Arnold Schönberg, in: *WdG*, S. 230.
31 Swarowsky, Gespräch mit Manfred Huss (Anm. 2).
32 Dieser „Vorfall" war jedenfalls etwas anderes als der „häusliche Konflikt", der das junge Ehepaar Swarowsky 1923 „ganz plötzlich wohnungslos" werden ließ (siehe im Kapitel „Die Eltern" und in Abschnitt 3.6 des vorliegenden Kapitels). „Häuslich" kann sich eigentlich nur auf das Leben im Haus der Mutter beziehen. Möglicherweise wurde die Wohnsituation nach dem Wegfall der Kranzschen Unterstützung prekär.

das er zu zahlen vermochte[33], wie auch Webern im Februar 1921 einen überdurchschnittlich hohen Betrag für die Unterrichtsstunden erhielt[34] und im selben Jahr von Swarowsky das Geld für ein kollektiv finanziertes Geschenk (eine Mappe mit Klimtschen Handzeichnungen und Lithographien) an Schönberg vorgestreckt bekommen konnte.[35] Nun, da der Stern des Magnaten im Sinken begriffen war, konnte offenbar das alimentierte Universitäts- und Musikstudium definitiv nicht weitergeführt werden.

Jedenfalls bot sich nach dem damaligen Stand von Swarowskys Ausbildung – zwischen dem faktischen Abbruch des Universitätsstudiums spätestens im Frühjahr 1921 und Herbst 1922 hat er sich wohl auf die Musik konzentriert – die praktische Verwertung geradezu an. Wegen einer entsprechenden Beschäftigung sprach Swarowsky in der Volksoper vor, wo Felix Weingartner 1919–1924 als Direktor amtierte.[36] Zwar erst seit 1924, als Fritz Stiedry Weingartner auf dem Posten gefolgt war, ist Swarowskys Tätigkeit als (subordinierter) Kapellmeister dort nachweisbar. Doch belegen indirekte Zeugnisse, dass er seit November 1922 einer halbwegs geregelten Tätigkeit als Korrepetitor nachging.

Einem am 16.10.1956 bei der Musikakademie eingereichten Ersuchen um Anrechnung seiner Vordienstzeiten zufolge arbeitete er 1922–25 als Korrepetitor, 1926/27 als Kapellmeister an der Volksoper, dazwischen (tatsächlich 1923/24) als Korrepetitor an der Königlichen Oper in Bukarest.[37] Er wird also von der Volksoper für bestimmte Produktionen nach Bukarest ‚ausgeliehen' worden sein.

Dieser Wechsel ins Berufsleben dürfte mit dem von Swarowsky gelegentlich erwähnten Dirigierstudium bei Weingartner und Schalk in Verbindung zu bringen sein. Bei Felix Weingartner kann sich das noch nicht auf dessen Zeit als Mahlers Nachfolger an der Hofoper (1908–1911) beziehen – wohl aber blieb er Leiter der Philharmoniker bis 1927 und führte dort 1917 öffentliche Generalproben ein. Swarowsky könnte also auch den regelmäßigen Besuch von Proben und Aufführungen als eine Art Studium aufgefasst haben.[38] Die Einbindung in den Probenbetrieb der Volksoper dagegen war gewiss

---

33 Siehe im folgenden Abschnitt.
34 Webern an Schönberg, 9.2.1921: „Einer meiner Schüler, der am besten zahlt, will jetzt 3 Stunden in der Woche nehmen. [...] Du hast mir nahegelegt meine Stundenhonorare zu erhöh'n. Ich konnte es nur bei einem thun, dem Swarowsky. Das ist ja der einzige von meinen Schülern, der die Mittel hat. Er zahlte mir bis jetzt 1000 Kr für 8 Stunden im Monat; jetzt 1500. Für die 3 Stunden die er nun nehmen will werde ich 2200 verlangen", Library of Congress, Washington; Scan in ASC: ID 18126.
35 Webern an Berg, 6.9.1921, nach: *Briefwechsel Anton Webern – Alban Berg*, hg. von Simone Hohmaier und Rudolf Stephan, Mainz usw. (Briefwechsel der Wiener Schule 4), Druck in Vorbereitung. Ich danke Simone Hohmaier für die Erlaubnis, aus den Transkriptionen zu zitieren.
36 Siehe das Kapitel „Stationen bis 1933", Abschnitt „Wiener Volksoper" im vorliegenden Band.
37 17.11.1923–16.3.1924. Dank an Herrn Peter Puskás, der die Information aus der Bukarester Oper besorgt hat, deren Archiv gerade (2019) erstmals aufgearbeitet wird.
38 Stephanie Berger, Zeittafel, in: Simon Obert/Matthias Schmidt (Hg.), *Im Mass der Moderne. Felix Weingart-*

eine Lehre. Ob Swarowsky daneben dieselbe Art informellen Privatunterrichts von Weingartner empfing wie der offiziell als Chordirektor angestellte Josef Krips[39], bleibt dagegen im Dunkel.

Franz Schalk wiederum unterrichtete Dirigieren seit der Umwandlung des Konservatoriums in eine staatliche Akademie und der Einrichtung einer „Kapellmeisterschule" 1909 bis zum Jahre 1919, von 1918 bis 1929 war er (bis 1924 gemeinsam mit Richard Strauss) Direktor der Staatsoper. Das heißt aber, dass Swarowsky ab 1920 auch nicht, etwa als Externer, an der Akademie bei ihm studiert haben kann, sondern dass er Privatstunden nahm, falls nicht der „Unterricht" auch hier einfach darin bestand, dass Swarowsky Schalks Proben und Aufführungen beobachtete.[40] Denn dass er gleichzeitig für Volks- und Staatsoper korrepetiert hätte, ist unwahrscheinlich. Schalk wird im Übrigen auch unter den Bruckner-Aposteln genannt[41], und das rückt ihn nochmals in einen anderen Zusammenhang: den der privaten Kontakte, die bei einem Studenten der Musik auf fruchtbareren Boden fallen konnten als vordem.[42]

Weiß man nun, welche Bedeutung dem Komponisten und Dirigenten Mahler in der Wiener Schule zugemessen wurde, und welche Rolle das Mahler-Erlebnis für Swarowsky gespielt hatte, so könnte man meinen, dieser habe mit Weingartner und Schalk auch Kontakt zur personellen Hinterlassenschaft Mahlers in Wien aufnehmen wollen. Freilich hätte sich Weingartner seinerzeit eher als Konkurrenz zu Mahler verstanden, während sich Schalk wenigstens als (freilich kurzgehaltener) Kapellmeister unter Mahler auf dessen Erbe berufen konnte (wenn auch nicht als Mahler-Dirigent), er mochte neben Bruno Walter unter Umständen als Großsiegelbewahrer verstanden werden. Freilich – gerade auf Bruno Walter scheint Swarowsky, vielleicht altersbedingt, keine allzugroßen Stücke gehalten zu haben.[43]

---

    ner – Dirigent, Komponist, Autor, Reisender, Basel 2009, S. 398, 402. Förmliche Dirigierkurse hielt Weingartner dagegen erst 1935/36 an der Wiener Staatsakademie ab.

39 Siehe das Kapitel „Stationen bis 1933", Abschnitt „Wiener Volksoper" im vorliegenden Band.

40 In einem Typoskript im Nachlass mit der Auflistung von Namen und Institutionen zu seiner Biographie (nach 1958, eventuell für den Eintritt in eine Wiener Freimaurerloge) gibt Swarowsky an: „Musikstudium bei Arnold Schönberg, Anton v. Webern, Franz Schalk, Richard Strauss".

41 Rückblick, in: *WdG*, S. 258.

42 Dahin gehört auch eine Erinnerung wie die, mit Sängern, die noch von Brahms instruiert worden waren, „zusammen[gekommen]" zu sein, „um das Lied zu pflegen [... –] viel d i r e k t e Tradition wurde mir dadurch vermittelt", ebd., S. 239.

43 Ist er der „zum Priester hinaufmystifizierte Dirigent", von dem Swarowsky gelegentlich spricht? Siehe weiter unten im Abschnitt „Unterricht bei Webern".

2. Arnold Schönberg

2.1 Unterricht bei und persönlicher Verkehr mit Schönberg

„Warum wollen Sie zu mir?" war seine erste Frage. „Weil ich bisher bei Herrn [Stöhr] studiert habe." Schönberg lachte laut auf, schüttelte mir die Hand und freute sich sichtlich über ein von mir infolge der Leistungsfähigkeit meines Vaters angebotenes Honorar, das er in dieser Höhe offenbar noch nie bekommen hatte.[44]

Da Swarowsky erst im Juni 1920 bei Schönberg vorsprach, dauerte der Unterricht nicht „ungefähr ein Jahr [...]: von Anfang 1920 bis Ende 1920, als er nach Holland ging"[45], sondern ein knappes halbes Jahr. Gemessen an der Kürze dieses Unterrichts müssen die Eindrücke ziemlich intensiv gewesen sein. Sie wurden allerdings durch spätere Kontakte verstärkt und befestigt. Mit der Entscheidung für Schönberg waren die Weichen gestellt für ein systematisches Durchdenken der künstlerischen Fragen; für die Anerkennung der historischen Relativität stilistischer Optionen; für eine vor jeder pragmatischen Überlegung der Sache gewidmete Lebenseinstellung; für eine gewisse Rigorosität im Verfolgen des für richtig Erkannten; schließlich für das Bewusstsein von Dissidenz.

Swarowsky erwartete sich wohl solide handwerkliche und theoretische Grundlagen für eine Laufbahn als Musiker; kompositorische Ambitionen hatte er nicht. Er dürfte es damit schon versucht gehabt haben, oder die Erfahrungen mit den Satzübungen bei Stöhr hatten ihm gereicht, denn auf die entsprechende Frage Schönbergs erklärte er: „Weil ich es nicht so kann wie Sie und alles andere überflüssige Papierverschwendung ist!' Diese Antwort rechnete er mir hoch an."[46] Zum Komponisten musste man nach Schönbergs Überzeugung geboren sein. Karl Linke hat in der Schönberg-Festschrift von 1912 eine Differenz im Verhalten seines Lehrers registriert:

Kompositionsschüler wachsen am besten an ihren Arbeiten. Dirigententalente, deren Kraft im Reproduktiven liegen wird, erkennt Schönberg bald an der Art, wie sie etwas anfassen. Er behandelt sie dann anders. Da gibt er die Entwicklung der Musik durch die Werke der Grossen selbst: die Analysen.[47]

---

44 Arnold Schönberg, in: *WdG*, S. 229 f. Vgl.: „Da ich damals in Wien als junger Mann aus begüterter Familie bekannt war, nannte Schönberg eine höhere Summe, als er sonst zu nehmen pflegte. Darauf erklärte ich ihm: ‚*Ich zahle Ihnen das Doppelte!*' Schönberg war perplex und begann in bester Laune den Unterricht". Swarowsky, Schönberg als Lehrer, in: Rudolf Stephan (Hg.), *Bericht über den 1. Kongreß der Internationalen Schönberg-Gesellschaft. Wien 1974*, Wien 1978 (Publikationen der Internationalen Schönberg-Gesellschaft 1), S. 239 f.: 239.
45 Ebd.
46 Arnold Schönberg, in: *WdG*, S. 231.
47 Karl Linke, in: *Arnold Schönberg. Mit Beiträgen von Alban Berg . Paris von Gütersloh . K. Horwitz . Heinrich*

Dies dürfte der Fall bei Swarowsky gewesen sein. Zunächst war es vielleicht ein relativ exklusiver Unterricht:

> Dann bin ich sein Privatschüler geworden, habe eigentlich mit dem Kreis kaum verkehrt, ich konnte es mir leisten und habe ihm eine für die damalige Zeit extrem hohe Gage gegeben, und er hat mich also ein bisschen auf die Seite gehütet.[48]

Wohl auch deshalb ging es hier etwas ungezwungener zu, und obwohl es zur Unterweisung „im sogenannten modernen Satz" wegen der Kürze des Unterrichts (und weil es sich wie gesagt nicht um eigentlichen Kompositionsunterricht handelte) nicht mehr kam, hat Schönberg gelegentlich Swarowsky auf dessen Ersuchen auch „seine Sachen gezeigt".[49] Das mag freilich auch erst später geschehen sein, als Swarowsky bereits angefangen hatte, sich in Schönbergs engerem Umfeld zu bewegen. Was Schönberg im Unterricht als das Wesentliche vermittelte, war weniger der Stoff als ein bestimmter Umgang damit:

> Zu den Lektionen kam ich nach Mödling, und hier hatte ich das ergreifende Erlebnis dieses großen Menschen. Immer lebhaft redend, Hände und Arme stets bewegt in plastischer Gestik, in allen Dingen stets das ihnen innewohnende Problem sehend, unablässig überzeugend und zu seiner Anschauung herüberziehend, immer peripatetisch, ruhelos umherwandernd als Zeichen der geistigen Erregung. Und bei all dem setzte er mir zunächst nichts auseinander als die Anfangsgründe der Harmonielehre, die er wohl schon hundertemale seinen Schülern doziert hatte. Aber er gab mir keine fertigen Anweisungen, er lieferte mir nicht sogenannte „praktische Hinweise" oder „sichere Handgriffe" – nein, er zwang mich, die Grundlagen des Tonsystems selbst mitdenkend zu finden, von Anfang an zu forschen, die Regel als Naturereignis und das Denkresultat als Endpunkt zu begreifen und nicht als bereits von anderen fixierten und ausgedachten Ausgangspunkt der Unterweisung.[50]

> Er examinierte mich zunächst über meine Kenntnisse in der Harmonielehre, die dank dem Unterricht bei Stöhr nicht schlecht waren. Als er fragte: *„Haben Sie schon jemals einen selbständigen Baß geschrieben?"*, antwortete ich: *„Nein, das steht ja immer im Buch."* Schönberg ließ mich nun eine Reihe von Bässen schreiben, und es war unglaublich, mit welcher Schnelligkeit und Sicherheit er meine Aufgaben korrigierte. Dabei wollte er immer ganz

---

Jalowetz . W. Kandinsky . Paul Königer . Karl Linke . Robert Neumann . Erwin Stein . Ant. v. Webern . Egon Wellesz, München 1912, S. 75 ff.
48 Gespräch mit Walter Szmolyan (Anm. 3).
49 Ebd.
50 Arnold Schönberg, in: *WdG*, S. 230.

genau wissen, warum ich diese oder jene Wendung hingeschrieben hatte. In den nächsten Stunden stellte er nur Fragen, und ich mußte erraten, worauf er hinaus wollte. Er selbst nannte dieses Verfahren die sokratische Hebammenkunst. Es war das genaue Gegenteil von der Methode, die Stöhr angewandt hatte.[51] […]

Bald ging Schönberg dazu über, Werke zu analysieren. Wir begannen mit den Brahmsschen Klaviervariationen über ein Thema von Robert Schumann op. 9, die Schönberg das vollendetste Werk von Brahms nannte.[52]

Die im Unterricht sonst besprochenen Komponisten waren Bach, Mozart, Beethoven (etwa die *Sinfonia pastorale*), Brahms, Mahler und Reger. Swarowsky faszinierte Schönbergs Fähigkeit, historische Zusammenhänge und Abläufe zu erkennen, etwa die zunehmende Selbständigkeit der Begleitstimmen in dem, was „man […] in den Musikgeschichten unsinnigerweise ‚Wiener Homophonie'" nenne, oder formale Gemeinsamkeiten zwischen scheinbar diametral verschiedenen Erscheinungen:

Schönberg sagte damals: *„Die Symphonien von Mahler sind dasselbe wie die Symphonien von Haydn, alles kommt hier genauso vor, nur entwickelter, versetzt, anders moduliert und anders formuliert."* Diese Erkenntnis hat mir später bei der Analyse von Mahler-Symphonien sehr geholfen.[53]

Wenn Swarowsky also offenbar zunächst mit dem Kreis noch wenig zu tun hatte, so ergaben sich doch schon bald auch private Kontakte. So nahm er als offenbar bevorzugter Schüler bereits an der Feier von Schönbergs Geburtstag und der Verlobung von Gertrude Schönberg und Felix Greissle am 13.9.1921 in Traunkirchen teil, wohin die Familie gewechselt war, nachdem sie in der Sommerfrische in Mattsee mit dem lokalen Antisemitismus Bekanntschaft geschlossen hatte.[54]

---

51 Schönberg als Lehrer (Anm. 44), S. 239.
52 Ebd. Dasselbe Stück sollte dann auch im Unterricht Weberns eine gewisse Rolle spielen. Entweder gab es Dinge, die für Schönberg und Webern gleichermaßen wichtig und paradigmatisch waren, oder sie konnten in Swarowskys Erinnerung nicht mehr präzise zugeordnet bzw. fallweise mit dem einen oder anderen assoziiert werden. Es wäre eine eigene Untersuchung wert, wie Swarowsky seine Erinnerungen bei verschiedenen Gelegenheiten, mündlich oder schriftlich, organisiert und miteinander verknüpft.
53 Schönberg als Lehrer (Anm. 44), S. 239.
54 Brief mit diversen Unterschriften an Helene und Alban Berg, Traunkirchen, 13.9.1921, in: *Briefwechsel Arnold Schönberg – Alban Berg*, hg. von Juliane Brand/Christopher Hailey/Andreas Meyer, Mainz usw. 2007 (Briefwechsel der Wiener Schule 3), Teilbd. II: 1918–1935, S. 150 f. Auch im Nachlass Heinrich Jalowetz' (Paul Sacher Stiftung Basel) befindet sich ein Brief an diesen aus Traunkirchen vom 13.9.1921, mit Unterschriften von Ernst Bachrich, Hanns Eisler, Felix Greissle, Fritz Kaltenborn, Rudolf Kolisch, Rudolf Adriaan Damas Cort van der Linden, Baronin Anka Löwenthal, Olga Novakovic, Karl Rankl, Hermann Romer, Josef Rufer, Milton Seligmann, Walter Seligmann, Georg Schönberg, Mathilde Schönberg, Trudi Schönberg,

Durch den Unterricht bei Webern, oder mit Schönbergs Rückkehr nach Wien, dürften sich die Kontakte erweitert und intensiviert haben. Jedenfalls erlangte Swarowsky Zutritt zu den legendären Treffen in Mödling. Josef Polnauer erinnert sich in erster Linie an die musikalischen Aktivitäten:

Im Hause Bernhardgasse 6 wurde an jedem Sonntagnachmittag, mit Ausnahme der Sommerferien, Kammermusik gemacht. Es wurden ausnahmslos nur Werke der klassischen Meister gespielt. Am Bratschenpult saß Arnold Schönberg, Cello spielte Anton Webern. Primarius war meist Rudolf Kolisch und am Flügel Eduard Steuermann.[55]

Für Swarowsky war offenbar die Atmosphäre der entscheidende Eindruck:

In Mödling gab es die regelmäßigen Sonntag-Nachmittags-Zusammenkünfte, wo Schönberg heiter und liebenswürdig den Hausherrn spielte, umgeben von Frau, Tochter und Sohn. Zu ihnen kam der wunderbar naive, bei aller Geistesbildung völlig unintellektuelle Webern, eine Figur, wie von einem Dichter erfunden, die Oscar-Wilde-Erscheinung Alban Bergs, Eduard Steuermann, die beiden Parade-Schüler des Meisters, der seelenvolle, von innerer Wahrhaftigkeit erfüllte Karl Rankl und der witzige Hanns Eisler, Dr. Ernst Bachrich und Olga Novakovic, die Klavieristen der Neuen Musik, der vornehme Kolisch, der musikalisch überaus versierte Felix Greissle und neben mehreren Freunden last not least der unablässig rege, tätige, stets hellwache Erwin Stein. Schönberg sprühte vor Laune und übertraf alle in Ernst und Scherz.[56]

Wohl bei einer solchen Gelegenheit wurde Swarowsky zu einer Aufführung der sogenannten *Weihnachtsmusik* von 1921 für zwei Geigen, Violoncello, Harmonium und Klavier herangezogen:

Schönberg hat übrigens für den Hausgebrauch auch tonal komponiert. So entsinne ich mich herrlicher Choralvorspiele, die wir in Mödling spielten, wobei ich den Harmoniumpart ausführte.

Erwin Stein, Othmar Steinbauer, Hans Swarowsky, Julius Toldi und Anton Webern, nach: „*On revient toujours*". *Dokumente zur Schönberg-Rezeption aus der Paul Sacher Stiftung. Festgabe für Hermann Danuser zum 70. Geburtstag*, hg. von der Paul Sacher Stiftung, Mainz usw. 2016, S. 187.

55 Josef Polnauer, Ansprache anlässlich der Enthüllung von zwei Gedenktafeln an den Häusern, in denen Schönberg und Webern in Mödling gewohnt haben, am 6.12.1959, Ms., zitiert nach Hans und Rosaleen Moldenhauer, *Anton von Webern. Chronik seines Lebens und Werkes*, Zürich 1980, S. 228.

56 Arnold Schönberg, in: *WdG*, S. 231.

Diese Liedbearbeitungen habe er für seinen Sohn geschaffen[57], aber es sei bei solchen „ganz einfache[n]" Kompositionen auch um spielerische Demonstrationen für seine Schüler gegangen.[58]

Ein andermal bat Schönberg Swarowsky, anlässlich der „Wiederaufführung des *Palestrina* [von Pfitzner[59] ...] eines Sonntags nach Mödling zu kommen und ihm das Werk vorzuspielen." Schönberg äußerte sich dabei skeptisch zum archaisierenden Stil der Messe, die der Held am Ende des Ersten Akts schreibt, motiviert durch die Meister und inspiriert durch ihn umschwebende Engelscharen.[60]

2.2 Verein für musikalische Privataufführungen

Von den Zehn öffentlichen Proben zur *Kammersymphonie* von 1918, Gegenstück und Vorstufe zum „Verein"[61], kann Swarowsky kriegseinsatzbedingt nur gehört oder gelesen haben. Immerhin mögen derartige Nachrichten oder Gerüchte weitere Gründe geliefert haben, die ihn nach dem Entschluss, Musik zu studieren, schließlich bei Schönberg landen ließen. Denn es ist im Zusammenhang mit Schönberg, dass Swarowsky auf den Verein zu sprechen kommt, mit dem er also frühestens im Herbst 1920 in Kontakt kam.

Auch hier muss das Prinzipielle Swarowsky besonders beeindruckt haben: systematische Information über alle Spielarten der neuen Musik seit Bruckner, Mahler und Strauss, über die Konzerte verteilt mehrmalige Wiederholung von Stücken, Verbot öffentlicher Berichterstattung und Diskussion, Ausschluss jeglichen Votums der Vereinsmitglieder über Werk und Interpretation, gründliche Vorbereitung ohne Zeitdruck, Objektivierung der künstlerischen Leistungen durch Einschaltung von Vorbereitern und Vortragsmeistern, schließlich Freigabe der Einstudierung durch Schönberg selbst oder

---

57 Da Georg (Görgi) 1922 gerade mit dem Hornspiel anfing, vielleicht eine Verwechslung mit *GERPA*, falls es zu einer Teil-Aufführung der Fragment gebliebenen Variationenfolge gekommen sein sollte, die nur für das Thema aus Naturtönen das Horn einsetzt, bevor in den Variationen u.a. Harmonium und Klavier alternierend verwendet werden.

58 „Er hat auch so ganz einfache Sachen draußen [d.i.: in Mödling] gemacht, die nicht erschienen sind, um zu zeigen, als Scherz, wie er eigentlich ganz gut tonal komponiert. Ich erinnere mich noch genau bei den Choralvorspielen, wie er gefragt hat, wer das besser gemacht hat, der Reger oder er. Wir haben natürlich für ihn gestimmt. Es war aber auch großartig. Er hat wirklich das alles gekonnt, was er [als Theoretiker] geschrieben hat." Gespräch mit Walter Szmolyan (Anm. 3).

59 27.11.1921? 14.1.1922? Siehe Spielplanarchiv der Wiener Staatsoper, https://db-staatsoper.die-antwort.eu/search/person/31/work/143 (5.8.2021) – vermutlich kein Stück, mit dem er es etwa als Korrepetitor zu tun gehabt hätte.

60 Richard Strauss, in: *WdG*, S. 241–256: 248 – übrigens eine der Stellen, wo Swarowsky die Kluft zwischen Schönberg und Strauss zu überbrücken sucht (er erzählt Strauss bei späterer Gelegenheit von Schönbergs Einwand, und jener stimmt lebhaft zu).

61 Siehe Reinhard Kapp, Schönbergs „Verein" und die Krise der musikalischen Öffentlichkeit, in: Rudolf Flotzinger (Hg.), *Fremdheit in der Moderne*, Wien 1999 (Studien zur Moderne 3), S. 23–67.

seine bevollmächtigten Vertreter. Damals dürfte ihm auch eingeleuchtet haben, dass die Auswahl der Interpreten nach der technischen und musikalischen Kompetenz und dem Grad der Bereitschaft erfolgte, sich den härtesten Bedingungen zu unterwerfen: nahezu unbegrenzte Probenzeit, geringe Bezahlung, keine Möglichkeit „Karriere zu machen", keine unmittelbare Anerkennung durch das ‚Publikum' der Mitglieder etc.

Bei einer Mitwirkung im Verein hätte Swarowsky außer von der Intensität der Arbeit davon profitieren können, dass er dort bedeutende Figuren der Komponistenszene kennenlernte:

> [N]eben Schönberg, Berg und Webern waren es Hauer, der sogenannte zweite „Erfinder" der Zwölftonmusik –, Ravel, Bartók, Prokofiew, die alle in den „Schönberg-Verein" kamen und dort ihre eigenen Werke spielten.[62]

Das beruht aber wohl zum Teil ebenfalls auf Hörensagen[63] oder anderweitigen Begegnungen, denn Ravel war im Verein zu Gast[64], auch Hauer spielte einmal, nicht dagegen Bartók und Prokofjew. Die Leitung des Vereins war während Schönbergs Abwesenheit im Oktober 1920 an ein Konsortium aus Alban Berg, Josef Rufer und Erwin Stein übergegangen, das erstmalig auch Schönberg-Werke ins Programm aufnahm, ansonsten aber die Schönbergschen Grundsätze weiterhin durchzusetzen versuchte.[65] Ende 1921 allerdings musste die Vereinstätigkeit aufgrund der immer prekärer werdenden finanziellen Situation zur Gänze eingestellt werden.

Swarowsky selbst erklärt, „an den Veranstaltungen des Schönberg-Vereins teil[genommen]" zu haben[66] – eine einigermaßen neutrale Formulierung. Ein vollständiges und verlässliches Verzeichnis der Vereinsmitglieder existiert bis heute nicht. Soweit die bisher gesichteten Materialien ein Urteil erlauben, scheint Swarowskys Vater Josef Kranz nicht auf, dagegen sind zwei Söhne seines Bruders Siegmund Heinrich: Erhardt

---

62 Rückblick, in: *WdG*, S. 258; die weitere Aufzählung betrifft nicht mehr den Verein: „dann erinnere ich mich an Kodály und Hindemith, mit dem ich ein sehr vertrautes Verhältnis hatte, – ferner Respighi, Pfitzner, Schreker, Malipiero, Weill, Zemlinsky, Satie, Milhaud". – Milhaud und Poulenc waren Anfang 1922 bei Schönberg zu Gast – also nach dem faktischen Erliegen der Vereinsaktivitäten. Swarowsky könnte das mitbekommen haben. Aber gespielt wurden im Wiener Verein Stücke von Satie, im Prager Verein solche von Milhaud und Prokofjew; Webern hat darüber hinaus auch in Konzerten Milhaud dirigiert.

63 Eventuell kannte er bei dem Ossiacher Gespräch mit Manfred Huss 1974 (Anm. 2) bereits Walter Szmolyans Aufsatz im Schönberg-Katalog 1974 (Schönbergs Wiener Verein für musikalische Privataufführungen, in: Ernst Hilmar [Red.], *Arnold Schönberg. Gedenkausstellung 1974*, Wien 1974, S. 71–82).

64 – in einem öffentlichen Konzert des Vereins am 23.10.1920 im Kleinen Saal des Konzerthauses.

65 Nachdem Webern vorzeitig aus Prag zurückgekehrt war, übernahm er teilweise auch wieder Vortragsmeister-Aufgaben.

66 Schönberg als Lehrer (Anm. 44), S. 239.

und Otto Kranz,⁶⁷ zumindest auf sogenannten Adressstreifen erfasst, während Hans Swarowsky selbst wohl keinesfalls formelles Mitglied war, sowenig wie seine „Halbschwester" Gina Kaus.

Erwin Stein aber bringt Swarowsky auch mit dem Verein in direkten Zusammenhang; das Dokument vom Februar 1921 belegt zugleich, dass Swarowsky auch an wenigstens einigen Sitzungen eines Kurses teilgenommen hat, den Stein in Vertretung Schönbergs abhielt:

Beim Analysekurs Ihres Seminars [… halte ich] jetzt bei der Kammersymphonie, die ich mit Swarowsky (einem Schüler Weberns, der auch im Verein mitarbeitet) aus dem Bergschen Auszug vierhändig spiele. Ich gehe ziemlich langsam vor und bin jetzt nach 3 Stunden bei der Durchführung. Die Leute werden das Werk genau kennen lernen und es freut mich immer, wenn ich trotz unseren schlechten Spielens die Begeisterung der Leute merke, z. B. beim Seitensatzt[h]ema.⁶⁸

Die offenbar mehr oder weniger improvisierte Darbietung und Steins Erläuterungen verhalfen Swarowsky sicher zu vertiefter Kenntnis des Stücks. Aber bei der Gelegenheit mag Stein auf Swarowsky als eventuell für den Verein brauchbaren Pianisten gestoßen sein. Tatsächlich scheint dann im Prospekt des Vereins vom November 1921 unter den 246 Programmnummern Swarowsky einmal als Pianist in Alban Bergs *Drei Orchesterstücken* op. 6 in der Bearbeitung für zwei Klaviere zu acht Händen auf. Als seine Partner für eine geplante Aufführung werden Fritz Kaltenborn, Hild[a] Merinsky⁶⁹ und Selma Stampfer angegeben⁷⁰. Dementsprechend findet sich unter Bergs Aufzeichnungen ein handschriftlicher Revers mit der Unterschrift Swarowskys: „Hans Swarowsky übernimmt Berg Orch. St. / 19. 9."⁷¹.

Ein andermal spricht Berg zumindest indirekt von Swarowsky:

---

67 Erhard Kranz (Organist, Kontrapunktschüler am Seminar für Komposition und Privatschüler Schönbergs, 1904– ?); Otto Heinrich Kranz (Privatbeamter, 1898–1942 [nach Hartheim deportiert und dort ermordet]); der Vater Dr. jur. Siegmund Heinrich Kranz (Hof- und Gerichtsadvokat (1859–1929) ∞ Malwida Malvine Kranz (1873–1922), http://www.geni.com (24.7.2021). Otto Kranz war übrigens zeitweilig Besitzer von Egon Schieles Gemälde „Liegende Frau", siehe das http://www.dossier_schiele_liegendefrau.pdf, abrufbar auf https://www.bmkoes.gv.at/ (2.9.2021).
68 Erwin Stein an Arnold Schönberg, 18.2.1921 (Standort: Library of Congress, Washington; Kopie in ASC: ID 17039, Faks. 4).
69 – die im August 1922 Eduard Steuermann heiraten wird.
70 Prospekt „Verein für musikalische Privataufführungen" Wien, November 1921, ASC.
71 Musiksammlung der ÖNB F 21 Berg 447/546–547, zitiert nach einer Transkription von Thomas Schäfer. Ich danke Regina Busch für diesen und weitere Hinweise auf Material im Berg-Nachlass (ÖNB und Trauttmansdorffgasse 27) sowie in WBib.

[N]icht mitgerechnet sind hiebei Werke von Mitwirkenden, die wir einstweilen nicht haben*) […]
* d. h. die wir uns einstweilen nicht so *verpflichten* können wie Steuerm[ann,] Bachr[ich,] Kolisch, Hartungen, Novakovic, Merinsky, Stampfer, Lüttmann, Blitz, Winkler, Linschütz, Auner, Münzer, Kaltenborn, Swarowsky, Hermelin[72].

Dies steht im Zusammenhang mit einem von Berg im Juni 1921 angelegten „Kopierbuch", das Notizen über die Zuteilung von Noten und die Verpflichtung zur Einstudierung enthält, mit einem Blatt pro Musiker. Hier findet sich Swarowsky nach f. 2 (Steuermann) und 3 (Kolisch) auf f. 16; insgesamt sind 18 Musiker vorgesehen.[73] Demnach war Swarowsky damals einer der Spieler, auf die Berg glaubte verlässlich zugreifen zu können.

Auch die Vereinsmaterialien im Arnold Schönberg Center enthalten u. a. eine handschriftliche Liste von Interpreten mit Stücken, für die sie in Frage kommen. Hier ist Swarowsky in der projektierten Saison 1921/22 für die Klavierfassungen eben von Bergs *Orchesterstücken* op. 6, aber auch von Weberns *Passacaglia* op. 1 (zu 6 Händen) vorgesehen; in Letzterer hätte Steuermann das 1. Klavier, Swarowsky zusammen mit Kaltenborn das 2. Klavier übernehmen sollen.[74] Dazu passt ein Brief Steins an Schönberg:

Ich sende Ihnen eine Übersicht in 2 Exemplaren über die Beschäftigung unserer Pianisten im nächsten Jahr mit Besetzungsvorschlägen. „In Aussicht" heißt, daß wir über die Besetzung gesprochen haben, das Werk aber noch nicht zugeteilt ist. / Meine Gesichtspunkte waren: 1) Steuermann ist aufs Äußerste zu entlasten. Wie die Aufstellung zeigt, bleibt noch immer zu viel für ihn, auch wenn man ihm die meisten vierhändigen Sachen abnimmt. […] 2.) Kaltenborn sollte zum Bachrich-Ersatz herangezogen werden. Wenn ihm dessen Gewand[t]heit auch fehlt, halte ich ihn doch für einen viel, viel feineren Musiker als Bachrich. Natürlich muss er Klavier üben. 3.) Voraussetzung für meine Vorschläge ist, daß sich die Unerprobten: Kaltenborn, (Swarowsky), Hermelin, Merinsky, Linschütz in den Werken[,] die sie noch in dieser Saison spielen sollen, wirklich bewähren. / Ich habe Berg gebeten, sich ein Exemplar der Aufstellung mit Ihren Entscheidungen wegen des Noten-Austeilens geben zu lassen. Bitte lassen Sie mir das andere mit Ihren Randbemerkungen zurückschicken.[75]

---

72 Berg an Schönberg, 8.6.1921, in: *Briefwechsel Arnold Schönberg – Alban Berg* (Anm. 54), S. 130 f.
73 Musiksammlung der ÖNB F 21 Berg 447/547 (Notizbuch mit Datierung 7.6.1921; Foliierung durch die ÖNB).
74 Schönbergs in Mattsee angefertigter handschriftlicher Katalog der im Verein gespielten Werke, Vereinsmaterialien, ASC.
75 Erwin Stein an Schönberg, 24.5.1921, Library of Congress, Washington; Scan in ASC: ID 17056.

Weberns Komposition war am 16.2.1919 zweimal von Steuermann, Bachrich und Pisk gespielt worden, am 6.6.1919 in einem öffentlichen Propagandakonzert von Steuermann, Bachrich und Novakovic; Bergs „Reigen" op. 6,2 im selben Konzert von Steuermann, Serkin, Ida Hartungen-Bodanzky und Selma Stampfer – Swarowsky war also jeweils für spätere Wiederholungen in Aussicht genommen. Zu einer Gesamtaufführung der Orchesterstücke Bergs kam es jedoch nicht mehr, und offenbar auch nicht zur Aufnahme der Proben. Swarowsky wurde nicht als Solist in Betracht gezogen, er sollte offenbar erst getestet werden. Er war unter Vorbehalt[76] in den Pool von potentiellen Mitwirkenden aufgenommen, die man fallweise verpflichten würde. Aber er stieß erst in der Phase dazu, als der Verein bereits um sein Überleben kämpfte.

Die Bemerkung Steins über Swarowskys Mitarbeit im Verein lässt allerdings darauf schließen, dass dieser, ohne in einem Vereinskonzert aufgetreten zu sein, für nicht weiter spezifizierte (organisatorische?) Aufgaben herangezogen wurde und vermutlich verschiedenen Proben beiwohnen konnte. Eine seiner Erinnerungen dürfte aber zumindest mittelbar mit dem Verein in Verbindung stehen; er selbst bezieht das Vorkommnis direkt auf die Sonntags-Zusammenkünfte in Mödling (wo allerdings fallweise auch Proben stattfanden oder Stücke von Schönberg ‚abgenommen' wurden):

> Einmal sprang ich für einen erkrankten Pianisten ein und spielte mit Dr. Bachrich, der ein ganz hervorragender Partiturspieler und Blattleser war, die Alpensymphonie von Richard Strauss in einer Bearbeitung für zwei Klaviere. Das war natürlich ein fragwürdiges Unternehmen, denn gerade dieses Werk steht und fällt mit seiner Instrumentation. Es gab denn auch ein großes Gelächter über diese Strauss-Darstellung, das der arme Strauss freilich nicht verdient hatte.[77]

Dies ist freilich aus großer zeitlicher Distanz und von Einem geschrieben, der nach jenen Erfahrungen auch mit Strauss nähere Bekanntschaft geschlossen hatte und sich ihm in vieler Hinsicht verpflichtet fühlen konnte. Der Heiterkeitserfolg galt aber wohl in erster Linie dem musikalischen Resultat dieser improvisierten Vorführung, bei der weniger das Stück oder das verwendete Arrangement als der Einspringer getestet werden sollte. Tatsächlich war die *Alpensymphonie* im Verein, und zwar in eben dieser Version von Otto Singer, nicht nur geprobt, sondern zweimal aufgeführt worden (19.12.1919, 9.1.1920), wie auch *Symphonia domestica* (30.3.1919) und *Don Quixote* (12.1., 30.1. und 16.3.1919); sie erklang am

---

76 Bis Mai war von den Genannten Arthur Linschütz beschäftigt gewesen; Arthur Hermelin und Hilda Merinsky wurden danach tatsächlich eingesetzt; was die Klammer um den Namen Swarowskys bedeutet, ist unter diesen Umständen nicht klar, auch nicht, wenn Stein viel später in England behaupten wird, man habe Swarowsky damals nicht sonderlich geschätzt, siehe unten.

77 Arnold Schönberg, in: *WdG*, S. 231 f. An anderer Stelle verlegt er die Begebenheit ausdrücklich in den Verein: Schönberg als Lehrer (Anm. 44), S. 240.

25.4.1921 nochmals mit denselben Interpreten Olga Novakovic und Ernst Bachrich. Die Vereinskonzerte mit den Strauss-Werken hatten also stattgefunden, bevor Swarowsky zum Schönberg-Kreis stieß; dass man die Klavierversionen für konzertfähig halten konnte, war ihm zum fraglichen Zeitpunkt offenbar neu. Swarowsky wurde vielleicht vom zuständigen Vortragsmeister Berg vorübergehend als Ersatz für Olga Novakovic in Betracht gezogen, weil der Verein im Januar 1921 „wohl Noth an Klavierspielern" hatte.[78] Auf keinen Fall handelte es sich bei dem geschilderten Vorfall um eines der Konzerte – der Probenaufwand, der normalerweise getrieben wurde, hätte es verboten, einen Substituten ohne entsprechende Instruktionen mitwirken zu lassen; da die Programmfolge (jedenfalls statutengemäß) vorher nicht angekündigt wurde, bestand keine akute Verpflichtung zur Aufführung bestimmter Werke, auch waren während der Vortragsabende Heiterkeitsausbrüche selbstverständlich ebenso untersagt wie Beifalls- oder Missfallensäußerungen.

Einmal wurde Swarowsky für die Johann-Strauß-Bearbeitungen (vermutlich jene Schönbergs[79]) herangezogen.[80] Das führt ins zeitliche Umfeld des berühmten „Außerordentliche[n] Abend[s]" vom 27.5.1921, der die finanziellen Mittel des Vereins aufbessern sollte. Hier hatte Swarowky vielleicht als Ersatzmann bei einer Durchspielprobe zu fungieren – noch vor den oder am Anfang der „fünf fünfstündige[n] Proben", die schließlich für den Walzerabend abgehalten wurden? –, möglicherweise erinnerte er sich aber auch an ein privates Durch- oder Vorspielen im Nachhinein.

Swarowsky berichtete des Weiteren, auch im Verein als Harmoniumspieler mitgewirkt zu haben[81] – wenn es sich nicht um die Strauß-Walzer oder um die *Weihnachtsmusik* gehandelt hat, beide Male wie gesagt keine ‚offiziellen' Aufführungen, kommen dafür nur die diversen Kammerorchesterbearbeitungen in Frage (Mahlers 4. Symphonie, Regers *Romantische Suite*, Schönbergs *Orchesterstücke* op. 16, Weberns *Stücke* op. 6 und 10?). Aus den bisher veröffentlichten Besetzungslisten leider nicht immer ersichtlich sind die Mitglieder der Ensembles, in denen Swarowsky als Harmoniumspieler beteiligt gewesen sein könnte.[82]

Aber da er sich bei späterer Gelegenheit auf die Probenarbeit im Verein bezieht, muss er, obwohl nur peripher involviert, davon schon ziemlich tiefreichende Eindrücke empfangen haben. Gewiss war auch in dem Verein nahestehenden Kreisen noch lange davon die Rede. Es kann ihm auch Webern später im Detail davon berichtet haben, der in der Generalversammlung am 12. Dezember 1919, also wiederum bevor Swarowsky

---

78 Berg an Schönberg 16.1.1921, in: *Briefwechsel Arnold Schönberg – Alban Berg* (Anm. 54), S. 98.
79 – da er es im Schönberg-Kontext berichtet; also *Rosen aus dem Süden* und *Lagunen-Walzer*.
80 Gespräch mit Walter Szmolyan (Anm. 3).
81 Manfred Huss im Gespräch mit Erika Horvath, Markus Grassl und Otto Karner, Wien, 21.7.2003.
82 Im II. Propagandakonzert am 20.1.1921, dessen Programm auch Steins Bearbeitung von Mahlers 4. Symphonie umfasste, spielte Swarowsky jedenfalls nicht mit: Jerry McBride, Orchestral Transcriptions for the Society for Private Musical Performance, in: *JASI* 7 (1983/84), Nr. 1, S. 113–126: 117.

in ein definiertes Verhältnis zur Wiener Schule getreten war, eine Zusammenfassung der auf Schönberg zurückgehenden Methode der Einstudierung gegeben hatte.[83] Jedenfalls erwähnt Swarowsky so viele Einzelheiten und bezeichnet grundlegende Prinzipien der Aufführungslehre der Wiener Schule, namentlich die auch die Einzelstimme erfassende Vorbereitung und die minutiöse Beachtung der rhythmischen Verhältnisse als Basis für sei es Freiheit im Vortrag, sei es gerade den Effekt völliger Schwerelosigkeit, jeweils in solcher Präzision, dass es sich nicht mehr um bloßes Hörensagen handeln kann. 1947 aus Graz, als er sich für das dortige Musikleben verantwortlich fühlen durfte:

[Ich hatte ein Konzert] mit dem Lied von der Erde, für das ich mit jedem einzelnen Bläser vorher zu Hause intensiv probiert habe, im Sinne des Schönberg-Vereins. Es war eine außerordentliche Aufführung, ganz dem Willen und der geheimen Absicht Mahlers entsprechend, genau in den Details [...;] meine hiesige Altistin [hat] phantastisch genau im Takt des letzten Satzes jene Funktion des rhythmisch ungebundenen Schwebens erfüllen können, die [ihr] als Symbol des Weltverzichts [...] so genial zugedacht ist.[84] [85]

Swarowsky erwähnt die Einrichtung der „Vortragsmeister"[86] – verantwortlich für die Einstudierung (auch von Solowerken) und Garanten einer der Willkür der aktiven Spieler und Sänger entzogenen, sozusagen objektivierten Wiedergabe –, aber das kann ihm ebenfalls von verschiedenen Seiten zugetragen worden sein. Wenn er andererseits berichtet, der Verein sei „die eigentliche Domäne Steuermanns und des Kolisch-Quartetts" gewesen[87], so hat er insofern recht, als Steuermann den Löwenanteil an den Produktionen bestritt und vor allem im kleineren Kreis zu zeigen vermochte, wozu er im-

---

83 „[W]enn ein Werk zugeteilt ist, wird es zunächst von [den Musikern] allein studiert. Vorproben, deren Ziel ist die Bewältigung des Instrumental- oder Gesangstechnischen, des Rhythmischen & Grob-Dynamischen. Wenn dies erreicht ist beginnt die Tätigkeit des Vortragsmeisters. Hat nicht die Aufgabe eine besondere Auffassung in die Darstellung des Werkes hineinzutragen, sondern Grundsatz ist: Deutlichkeit, Klarheit in der Darstellung, die Gestalten & Charaktere eines Werkes herauszuarbeiten. Richtige Erfassung des Tempos & dessen Modifikationen, genaue Behandlung der Phrasierung sorgfältigste Beobachtung der dynamischen Bezeichnung. Feinfühliges Abwägen der Strich-, Anschlags-, Ansatzarten. Ergänzung der oft ungenauen Vortragsbezeichnung. Wenn dies alles nun erledigt ist, kommt das Werk vor A.S. der quasi als ideales Publikum fungiert (was mir nicht deutlich ist, wird auch den andern unklar sein) unter seiner Leitung Schlußproben bis aufführungsreif. 1. Aufführung eigentlich nur Generalprobe, weitere Arbeit wird sofort wieder aufgenommen –" Sitzungsprotokoll von unbekannter Hand, ÖNB, Musiksammlung, Fonds 21 Berg 447/400, zitiert nach Regina Busch/Thomas Schäfer/Reinhard Kapp, Der „Verein für musikalische Privataufführungen", in: *Arnold Schönbergs Wiener Kreis/Viennese Circle. Bericht zum Symposium/Report of the Symposium 12.–15. September 1999* (Journal of the Arnold Schönberg Center 2/2000), S. 77–83: 83.
84 Swarowsky an Anton Swarowsky, 15.11.1947, NlAS – betreffend ein Konzert am 3.11.1947 in Graz.
85 Siehe unten im Abschnitt „Folgerungen nach 1945".
86 Arnold Schönberg, in: *WdG*, S. 232.
87 Ebd.

stande war. Kolisch wurde zwar seit Herbst 1920 als Solist verstärkt in die Vereinsaktivitäten einbezogen (auch mit einem Sonatenabend in der Serie B, wo klassische Werke entsprechend den Standards des Vereins wiedergegeben wurden), doch die dringend gewünschte Gründung eines eigenen Vereinsquartetts gelang trotz mehrerer Anläufe ebensowenig wie die eines ständigen Kammerorchesters. Vielleicht hat Swarowsky aber bei den Proben von Kolischs ersten beiden Quartetten 1921 und 22 zugehört, bei denen Schönberg, Webern und Berg immer wieder anwesend waren.

Freilich ging der Einsatz Kolischs für den Verein nach Bergs Zeugnis über gelegentliche solistische Auftritte weit hinaus und umfasste „viele viele Teil- und Ensemble-Proben für Kammerorchester, seine häufige Solomitwirkung u. schließlich auch Vortragsmeisterleistungen (Unterstützung Steins bei den Pierrotproben z. Bsp.)"[88]. Vom späteren Kolisch-Quartett konnte man dann allerdings sagen, dass es in gewissem Sinne das Erbe des Vereins angetreten hat, wie Schönberg es auch zu seiner (eigentlichen) Schule erklärt hat.[89]

Ein weiteres Indiz für nähere Kontakte Swarowskys zum Verein liefert die Aufzählung jener Stücke Schönbergs, die er nach und nach

> aus erster Hand kennen[lernte]: von Proben und Aufführungen die *Kammersymphonie*, die *Gurrelieder*, die *Erwartung* und *Die Glückliche Hand*, die beiden [bis dahin erschienenen] *Quartette*, *Pierrot lunaire* und die *George Lieder* [...][90]

Die Gelegenheiten dazu ergaben sich tatsächlich überwiegend erst seit 1921: Die „Öffentlichen Proben" zur *Kammersymphonie* kann er nicht selbst erlebt haben; doch erklang sie im Verein in Steuermanns Fassung für Klavier zu zwei Händen, von diesem selbst vorgeführt (etwa 3.1., 7.3. und 4.4.1921). Swarowsky selbst spielte das Stück allerdings wie erwähnt auch vierhändig gemeinsam mit Erwin Stein in dessen Analysekurs im Februar 1921 vor und muss auch die Analyse verfolgt haben. Die *Gurre-Lieder* kannte er aus den Staatsopernproben von 1920. In seiner Partitur ist vermerkt, dass er das Stück überdies 1922 mit Alban Berg vierhändig gespielt hat und ebenso 1923 gemeinsam mit Erwin Stein zur Illustration eines Webernschen Vortrags[91] (wobei es sich vielleicht um Ausschnitte handelte). Vielleicht hörte er auch 1924 in zwei von Schönberg dirigierten Konzerten in Mödling und Wien das „Lied der Waldtaube". Bereits 1936 will er das gesamte Werk im Teatro Colón Buenos Aires selbst dirigiert haben.[92]

---

88 Berg an Schönberg 21./22.1.1921, *Briefwechsel Arnold Schönberg – Alban Berg* (Anm. 54), S. 104.
89 Arnold Schönberg, „Das Wiener-Streichquartett, das ich mit Stolz ‚meine Schule' nenne [...]" (Text für einen Prospekt des Kolisch-Quartetts, 1927), Entwurf: ASC T23.05.
90 Arnold Schönberg, in: *WdG*, S. 232.
91 Noch nicht identifiziert.
92 Auf dem Titelblatt von Swarowskys Partitur (UE 1920) – vielleicht gehörte das Exemplar zu jenen Materia-

Fünf der George-Lieder op. 15 konnte er bereits im Konzert zu Ehren Ravels am 23.10.1920 hören. *Erwartung* wurde 1924 unter Zemlinsky in Prag uraufgeführt; Swarowsky könnte bei Proben in Wien (etwa mit Steuermann, der den Klavierauszug erstellt hatte) zugehört haben. In Swarowskys Volksopern-Zeit fiel die Uraufführung von Schönbergs *Die glückliche Hand* unter Fritz Stiedry im Rahmen des zweiten Musik- und Theaterfests der Stadt Wien im selben Jahr (14.10.1924). An den Vorbereitungen waren sein Kollege Karl Rankl (als Chordirektor) und Anton Webern beteiligt. Ob Swarowsky selbst als Korrepetitor eingebunden war, ist derzeit unbekannt. Dass ihm Musik dieser Art damals nicht mehr fremd war, belegt seine Zuarbeit für eine oder zwei Webern-Uraufführungen im selben Jahr.[93]

Die Quartette wurden im „Verein" nicht gespielt[94], aber die ersten Formationen des Kolisch-Quartetts, gegründet unter Vereinsauspizien, studierten 1921 das op. 7 mit Schönberg, 1922 das op. 10 (unter Mitwirkung der Sopranistin Marya Freund).[95] *Pierrot lunaire* schließlich wurde im Verein am 30.4., 3.5., 7.5. und 5.12.1921 unter Erwin Steins, am 12.5.1921 unter Schönbergs Leitung aufgeführt.

Ferner lernte Swarowsky „insbesondere in persönlicher Unterweisung die sehr verkannte Tondichtung *Pelleas und Melisande* [kennen], die dem Repertoire wiedergewonnen werden sollte"[96], die er später häufig mit seinen Schülern durchnahm und deren Interpretation er schließlich in einer maßstabsetzenden Aufnahme selbst dokumentiert hat. Auch *Pelleas* war im Verein in Jalowetz' vierhändiger Bearbeitung durch Steuermann und Bachrich aufgeführt worden (4.4.1921). In einer monographischen Studie über das Stück erwähnt Swarowsky, dass Schönberg mit dem Anfang dirigiertechnische

---

 lien, die Swarowsky vor der Vernichtung seiner Berliner Wohnung nach und nach zu seiner Mutter in Wien geschafft hatte – ist festgehalten: „(1922 mit A. Berg 4hdg./1923 E. Stein 4hd Vortr. Toni W.)/Wien 1924 [wohl irrtümlich für 1920] Hofoper/A. S. [folgt eine Aufzählung der Solisten]/H. S. [Hans Swarowsky] 1936 Colon BA. [= Buenos Aires]"./Eine letzte Eintragung ist auf der Kopie im Nachlass nicht lesbar (vermutlich ebenfalls eine Jahreszahl und ein Ort, vielleicht Berlin 1964?) – das Originalexemplar befindet sich im Besitz von Zubin Metha. – Nach Manfred Huss' plausibler Vermutung hätte die Einladung nach Buenos Aires von Swarowskys Amtsvorgänger Erich Kleiber ausgehen können. Allerdings ist die Aufführung in Roberto Caamaño, *La Historia del Teatro Colón 1908–1968*, 3 Bde., Buenos Aires 1969, in dem gesamten in Frage kommenden Zeitraum nicht verzeichnet, zudem wurde die Aufführung unter Horst Stein im Teatro Colón 1964 laut freundlicher Mitteilung von Daniela Fugellie (Universidad Alberto Hurtado, Santiago de Chile) als südamerikanische Erstaufführung bezeichnet. Entweder gab es noch andere Orte für so aufwendige Veranstaltungen (laut einem argentinischen Kollegen von D. Fugellie hat das Teatro Colón manchmal Konzerte in anderen Räumlichkeiten organisiert, darunter im Gebäude der Sociedad Rural Argentina im Stadtteil Palermo), oder es handelt sich um irgendeine Art von Verwechslung.

93 Siehe unten im Webern gewidmeten Abschnitt.
94 – obwohl op. 7 in zwei Sammelprogrammen erwähnt wird.
95 – nach einem im Aufbau befindlichen Verzeichnis der Auftritte Kolischs.
96 Arnold Schönberg, in: *WdG*, S. 232.

Probleme gehabt habe.⁹⁷ Wahrscheinlich wurde Swarowsky dieselbe Geschichte erzählt wie Winfried Zillig: dass Mahler, um Schönberg als noch unerfahrenen Orchesterdirigenten vor Koordinationsproblemen zu bewahren, geraten habe, am Anfang Achtel statt der metrisch sinnvollen (punktierten) Viertel zu schlagen – natürlich habe sich dadurch das Tempo verlangsamt, Schönberg sei es aber nun einmal so gewohnt.⁹⁸

Swarowsky geriet in den Verein, als er noch intensive Eindrücke von der dortigen Arbeit empfangen, aber nicht mehr durch eigene Erfahrungen als Mitspieler geprägt werden konnte. Bevor er sich eine Stammposition hätte erwerben können, musste der Verein seine regelmäßige Arbeit einstellen. Wenn er ad hoc herangezogen wurde, war der Rahmen nicht ein Vereinskonzert, sondern eine Unterrichtssituation oder eine Hausmusik bei Schönberg.

3. Anton Webern

3.1 Unterricht

Im Oktober 1920 reiste Schönberg nach Holland, um Kompositionskurse zu halten und eigene Werke zu dirigieren. Bereits im März des Jahres hatte er dort drei Konzerte geleitet und im Mai war er der Einladung Mengelbergs zum Mahler-Fest in Amsterdam gefolgt, bei dem auch Anton Webern, Egon Wellesz und Joseph Trauneck anwesend gewesen waren. Aus den hochfliegenden Plänen Schönbergs, jetzt die Geiger unter seinen Schülern (Rudolf Kolisch, Walter Herbert Seligmann und Otmar Steinbauer) im Concertgebouw-Orchester unterzubringen und auch die Pianisten Rudolf Serkin und Eduard Steuermann mitzunehmen, wurde dagegen nichts⁹⁹.

Schönberg hatte angenommen, auch Swarowsky würde nach Holland mitkommen können, weil er über die entsprechenden Mittel verfügte, aber dieser blieb aus privaten

---

97 Schönberg: Pelleas und Melisande, in: *WdG*, S. 160–70: 161.
98 „Wie er [Mahler] die Partitur gesehen hat[,] ist sie ihm enorm kompliziert vorgekommen und er hat gesagt: ‚Unter allen Umständen schlagen Sie Achtel – absolut nicht auf Viertel.' Das habe ich getan und das Tempo ist immer langsamer worden. Am Schluss bin ich so daran gewöhnt worden, dass ich es selbst so genommen habe." Schönberg an Winfried Zillig, 24.5.1949 (ASC, H25), zitiert nach Therese Muxeneder, Gustav Mahler war ein Heiliger. Arnold Schönberg und Gustav Mahler, in: Reinhold Kubik/Thomas Trabitsch (Hg.), *„leider bleibe ich ein eingefleischter Wiener". Gustav Mahler und Wien* (Katalog Österreichisches Theatermuseum), Wien 2010, S. 220–230: 221.
99 Brief Schönbergs an seine Schüler und Freunde, 6.12.1920: „[L]eider sind […] die vielen Hoffnungen, die ich gehabt habe: einige von Euch herzurufen, so ziemlich zu Wasser geworden. Ich bin daran vollkommen unschuldig. Hier steht und fällt alles mit Mengelberg", zitiert nach Nuria Nono-Schoenberg (Hg.), *Arnold Schönberg 1874–1951. Lebensgeschichte in Begegnungen*, Klagenfurt 1992, S. 175. Der Vorschlag, Schüler mitzubringen, war übrigens von Mengelberg selbst ausgegangen, siehe Berthold Türcke, The Schoenberg-Mengelberg Correspondence, in: *JASI* 6 (1982) Nr. 2, S. 180–237: 202.

Gründen[100] in Wien und wurde daher zu Webern weitergereicht. Bei Webern blieb Swarowsky jedenfalls bis zur Aufnahme einer regelmäßigen Tätigkeit an der Volksoper 1922, aber das Verhältnis transformierte sich im Laufe der Zeit in Freundschaft – so tituliert Swarowsky es mehrfach. „1920", d. h. wohl erst mit der Aufnahme des Unterrichts, „durfte ich ihm zum erstenmal nahekommen und war sofort gefangen von der Reinheit der Atmosphäre, die um ihn war."[101] Die Formulierung sagt etwas über den Respekt, der Swarowsky bei aller nach und nach gewonnenen Vertrautheit erhalten blieb.

Weberns regelmäßige Tätigkeit als Privatlehrer begann, nachdem er im Oktober 1920 von seinem letzten, nur wenige Monate währenden Engagement als Theaterkapellmeister in Prag nach Mödling zurückgekehrt war – tatsächlich also in Vertretung Schönbergs, und so erzählt Swarowsky in seinen beim Webern-Kongress 1972 vorgetragenen Erinnerungen:

> Dass sich Webern Schönberg gegenüber stets des Glückes der Schülerschaft bewußt war, beweist nichts besser als seine Bitte an den Lehrer, ehe dieser nach Holland ging, den ihm hinterlassenen Schülern, obgleich sie ja nun von ihm, von Webern, unterrichtet wurden, dennoch zu gestatten, sich weiterhin „Schönberg-Schüler" zu nennen.[102]

Von Schönberg übernahm Webern mit Hanns Eisler, Karl Rankl und Josef Travniček (Trauneck) „3 der vorgeschrittensten Schüler" in Komposition.

> Ich nehme sie zwei Mal in der Woche je 2 Stunden (immer länger) zusammen vor. Sie kommen zu mir nach Mödl. Diese Tätigkeit erfüllt mich jetzt fast ganz. Es ist unbedingt ein schweres Amt. Ich fragte Schönberg um Einiges. Mit einigen Winken von ihm habe ich mich – glaube ich – bereits gut hineingefunden. Wenn ich auch bisher nie unterrichtete, aber durch das eigene Arbeiten bin ich ja im Laufe der Jahre zu einem ziemlichen Fond[s] von Anschauungen gekommen, die sich mir jetzt rasch erweiterten. Worauf es ankommt, glaube ich, erfaßt zu haben – das müßten ja meine Kompositionen beweisen. Natürlich die Methode braucht ganz neue Erfahrung. Also das befriedigt mich sehr. Die Aufgabe ist ja besonders: es sind besondere Kompositionstalente. Die Erinnerung an den Weg den wir bei Schönberg erfuhren macht natürlich einen Hauptquell aus. Dann habe ich einen Harmonielehreschüler u. einen im Kontrapunkt[103],

---

100 Gespräch mit Walter Szmolyan (Anm. 3): „Ich war durch eine Liebe hier in Wien gebunden – das hat mich oft gehandicapt".
101 Anton von Webern, in: *WdG*, S. 235.
102 Ebd., S. 239. Vgl. die Querelen um Swarowskys Abschied aus der Musikakademie weiter unten sowie im Kapitel „Lehre – Akademie für Musik und darstellende Kunst" im vorliegenden Band.
103 Webern an Heinrich Jalowetz, November/Dezember 1920, in: Anton Webern, *Briefe an Heinrich Jalowetz*, hg. von Ernst Lichtenhahn, Mainz usw. 1999 (Veröffentlichungen der Paul Sacher Stiftung 7), S. 465.

Der zuletzt genannte Schüler dürfte Hans Swarowsky gewesen sein[104]:

> Dann 2 in Harmonielehre (da gehe ich genau nach dem Buch Schönbergs vor) einen Contrapunkt (hat bei Schönberg begonnen). Das fällt mir ziemlich schwer: weil ich selbst die Materie nie ordentlich durch gemacht habe. Ich stütze mich z. T. auf Bellermann u. größtenteils auf das was ich erfuhr u. erfahre von Schönbergs Methode. Wenn sich auch das Formgefühl klar ist über alles (oder doch das Meiste) aber die Methodik, die eigne ich mir fast von Stunde zu Stunde erst an. Um auf alles zu kommen arbeite ich für mich Kontrapunkt.[105]

Aber obwohl die vertretenen Ideale dieselben waren, erlebte Swarowsky bei Webern eine andere Art des Unterrichts:

> [S]ein liebevolles Eingehen auf die Eigenheit des Schülers, die bedächtige Intensität in der Vermittlung des Stoffes und seiner behutsamen Aufschließung von innen her, [standen] sehr im Gegensatz […] zu der erregenden Peripatetik Schönbergs, seiner drastischen Gestikulation und Formulierungsschärfe, [der …] eines Genies der Rede.[106]

Bei verschiedenen Gelegenheiten hob Swarowsky jeweils etwas abweichende Nuancen desselben Unterschieds hervor:

> Schönberg [habe] wie ein biblischer Redner, ein Proselytenmacher, in seiner explosiven Art alles aus den anderen herausgezogen. Bei Webern sei es dagegen auf introvertierte Art intensiv wie bei einem Forschungsvorgang zugegangen.[107]

Sein späterer Freund und Akademie-Kollege Erwin Ratz „hat den Unterricht bei Webern sogar als strenger gegenüber dem bei Schönberg empfunden."[108] Gordon Claycombe, der 1929 bis 1934 bei Webern studierte, nannte ihn „a shy, reticent, modest man", aber

---

104 Webern an Schönberg, 29.9.1921: „An Schülern sonst:/2 Harmonielehre (eine neu u. Manschinger), 2 Kontrapunkt (Swarowsky, Deutsch jun.) […]", in: *Briefwechsel Arnold Schönberg – Anton Webern*, hg. von Regina Busch, Mainz usw. (Briefwechsel der Wiener Schule 2), Druck in Vorbereitung.
105 Webern an Heinrich Jalowetz, Mödling, 26.12.1920, in: Webern, *Briefe an Heinrich Jalowetz* (Anm. 103), S. 471.
106 Anton von Webern, in: *WdG*, S. 238.
107 Hanspeter Krellmann, *Anton Webern in Selbstzeugnissen und Bilddokumenten*, Reinbek bei Hamburg 1991, S. 103. Schönberg als „ein richtiger Proselytenmacher" auch in Swarowsky, Schönberg als Lehrer (Anm. 44), S. 240.
108 Krellmann, *Anton Webern* (Anm. 107), S. 103.

a great teacher. He was kind, patient, imaginative, and enthusiastic about the compositions we were analyzing. He brought a freshness of approach und enthusiasm which were contagious. I am certain that he studied these works hundreds of times, but it was always as though he himself was experiencing the reading for first time. Beethoven was our „bible". We would glance back at composers of the past – Bach – Haydn – Mozart – and see how they had handled a certain given problem in counterpoint, form, or development of a motive, and we would look ahead to Brahms, Bruckner, and particularly Mahler, but we would always return to Beethoven – the „Festpunkt" – Berg[109] – an unassailable „Schloss" of our studies.[110]

Bereits von Schönberg hatte Swarowsky Aufschlüsse über Mahlers Musik erhalten. Auch Webern, von Swarowskys Mahler-Erlebnis mit der Dritten unterrichtet,

begann sogleich damit, mir Wesentliches zum Werke Mahlers zu sagen, mir die Augen zu öffnen für Mahlers Formenwelt als konsequente, neuen Inhalten entsprechende Ausweitung Beethovenscher Formprinzipien.[111] Er spielte mir Mahlers Symphonien auf dem Klavier vor, so wie er sie selbst vom Autor gehört hatte, größtes Gewicht legend auf stete Wahrung der Gestalt bei unerhörter Ausdruckskraft, damals schon übliche zeitgemäße Entstellungen perhorreszierend.[112]

Das ist natürlich auch als Ausweis des eigenen Schulzusammenhangs zu betrachten. Ein Werk von Brahms spielte im Unterricht ebenfalls eine große Rolle. Offenbar war es bereits bei Schönberg besprochen worden, oder Swarowskys Erinnerungen schwimmen ineinander. Bei Webern wird die Sache ein wenig konkreter – da geht es aber auch, ja fast in erster Linie, um eine Charakterisierung des Lehrers:

---

109 – evtl. gemeint: *die Festung*? Vgl. jedoch: „der Fixpunkt, von dem aus man sich orientierte", Krellmann, *Anton Webern* (Anm. 107), S. 103.
110 Claycombe, Personal Recollections of Webern (Anm. 23), S. 31.
111 Eine Aufzeichnung mit mir noch unklarer Bestimmung in Swarowskys Exemplar von Mahlers 6. Symphonie im Anschluss an das Ratzsche Vorwort in der revidierten Ausgabe des Bandes aus der Kritischen Gesamtausgabe der Internationalen Gustav-Mahler-Gesellschaft scheint sich auf solche Eröffnungen zu beziehen: „Letzte Ausweitung ab Haydn/Rettung der organischen F. (BRAH)/additive Form Br[uckner?]/ Alles das in der Wiener Symphonik // [am rechten Rand:] I Fuge mathem Naturnähe der Mus/Dichter Bezug auf das ständige Miteinander // Sonatensatz/Dichter Bezug auf das Nacheinander/Diese beiden Formen/– [+ ?] Choral // [die folgenden drei Zeilen durch Klammer verbunden:] Ausweitung des formalen/tonalen Raumes/Rhythm. Raum letzte Leistung (Folklore/Straw.)/Franzosen: klangliche Phantasie // Absolut Oper Moz Beet/Programm/Oper – Symph [neben den letzten drei Zeilen:] Lieder ohne Worte // Ego Webern Schallpl"
112 Anton von Webern, in: *WdG*, S. 236.

> Ganz unvergeßlich und heute noch frisch gegenwärtig bleibt mir die Analyse der *Variationen über ein Schumannsches Thema* von Brahms, wohl eines der subtilsten Meisterstücke der Satztechnik des großen Tonkünstlers, die ich gerade bei Eduard Steuermann studierte. Es war wieder dieses sinnerfüllte, behutsame Aufdecken der Zusammenhänge, das heilige Staunen im sprachlichen Ausdruck vor etwas unberührbar Hohem, die feierliche Enthüllung des Bildes der Wahrheit, das ehrfurchtsvolle Nachzeichnen eines Verlaufes, der sich vollendet in den Bahnen des Gesetzes, nach dem er angetreten. Die überirdische Schönheit des Werkes wurde geoffenbart als Abglanz der Wahrheit, die im Organismus des Aufbaus herrschte. Und so war Webern selbst [...][113]

Schließlich dürfte Swarowsky hier auch weiter in die Taktgruppenanalyse eingeführt worden sein, da Webern seinerseits ähnliche Zahlen in seine Partituren eingetragen hat.[114]

3.2 Dirigierkurs

Während Schönbergs Abwesenheit führten Webern, Berg, Polnauer und Stein auch das „Seminar für Komposition" in der Schwarzwaldschule weiter. Weberns Kurs, an dem Swarowsky ebenfalls teilnahm, war 1920/21 speziell der Interpretation und dem Dirigieren gewidmet, Zweck war die Vorbereitung junger Musiker auf die Theaterlaufbahn. Als Theaterkapellmeister hatte Webern trotz des wiederholten Abbruchs seiner zermürbenden Provinzengagements eine zwölfjährige Erfahrung vorzuweisen und war zu jener Zeit ein zwar für den Musikbetrieb etwas zu gewissenhafter, aber kompetenter Dirigent, der sich im folgenden Jahrzehnt als Interpret einen gewissen Namen machen sollte. Unter den Teilnehmern waren neben Frederick Dorian (Friedrich Deutsch) Fritz

---

113 Ebd., S. 237. Vgl. in den Schönberg-Erinnerungen: „Ich fühlte bald, daß neben Bach, Mozart und Beethoven Schönbergs persönlichstes Erlebnis die Berührung mit Brahms war. Bald ging Schönberg auch dazu über, Werke zu analysieren. Wir begannen mit den Brahmsschen *Klaviervariationen über ein Thema von Schumann op. 9*, die Schönberg das vollendetste Werk von Brahms nannte." Arnold Schönberg, in: *WdG*, S. 231.

114 Die Paul Sacher Stiftung Basel verwahrt einige von Weberns Dirigier- oder Studienpartituren mit entsprechenden Eintragungen; ich habe die folgenden konsultiert: Werke von Beethoven (op. 73), Berg (Kammerkonzert), Bruckner (VII. Symphonie teilweise), Mahler (VI. Symphonie, 4. Satz der VII. Symphonie), Schubert (Unvollendete). Darauf, dass die Webernschen Ziffern nicht dieselbe Bedeutung haben wie bei Swarowsky, hat bereits Rudolf Stephan, Überlegungen zur Taktgruppenanalyse. Zur Interpretation der 7. Symphonie von Gustav Mahler, in: Rüdiger Görner (Hg.), *Logos musicae. Festschrift für Albert Palm*, Wiesbaden 1982, S. 202–210, aufmerksam gemacht. Siehe auch Regina Busch, Weberns Dirigierpartituren. Zu den Quellen des BBC-Konzerts vom 1. Mai 1936 (Alban Berg Memorial Concert), in: Markus Grassl/Stefan Jena/Andreas Vejvar (Hg.) *Arbeit an Musik. Reinhard Kapp zum 70. Geburtstag*, Wien 2017, S. 79–127, und die dort angegebene Literatur.

Mahler, Karl Rankl, Hans Swarowsky und Ludwig Zenk[115]. Ein Klavier oder, möglicherweise, eine kleine Instrumentalgruppe ersetzte das Orchester.

Seinem Freund Jalowetz teilte Webern mit:

> Ich studiere mit den Teilnehmern – bis jetzt 12 junge Leute, die Hälfte davon sind meine Schüler – Opern (begann mit der Entführung); erzähle ihnen von meinen Erfahrungen; u. außerdem werden wir ein Kammerorchester bilden, mit dem sie dirigieren werden (Ouvertüren, Symphoniesätze, solche Arrangements gibt es ja viele).[116]

Auch hier nahm Beethoven eine zentrale Position ein, außer der I. Symphonie wurde *Fidelio* durchgenommen.[117] Am 16. Dezember meinte Webern: „Beethovens Geburtstag müßte von der ganzen Menschheit als höchster Feiertag gehalten werden!"[118] Dazu bemerkt Frederick Dorian:

> Solche Ausblicke auf allgemeine und tief humane Zusammenhänge waren typisch für Weberns Umgang. Er bevorzugte Gleichnis und Metapher. Er entdeckt immer neue Wechselbeziehungen zwischen Musik und Humanität. Der Rahmen jeder einzelnen musikalischen Disziplin wurde so weit als möglich gehalten. So avancierte der Dirigierkurs zu einer Interpretationskunde im weitesten Sinn; erste und letzte Kunstbegriffe kamen hier immer wieder zur Sprache. Jede Problemlösung war getragen von einem Ethos der Kunstauffassung, die in Beethovens Humanitätsideal ihre tiefsten Wurzeln hatte.[119]

Diese grundsätzliche Orientierung schloss freilich stilistische Offenheit nicht aus. Es wurden auch Werke von Mozart, Weber, Lortzing, Wagner und Verdi durchgenom-

---

115 Moldenhauer, *Anton von Webern* (Anm. 55), S. 422.
116 Brief an Heinrich Jalowetz, November/Dezember 1920, in: Webern, *Briefe an Heinrich Jalowetz* (Anm. 103), S. 465.
117 „Weberns Konzept von ‚Fidelio' (so erklärte er bescheiden) war im wesentlichen auf seine Eindrücke von Mahlers berühmter Aufführung in der Wiener Hofoper (1904) gestützt. In Weberns Partitur waren viele Einzelheiten dieser Aufführung vermerkt." Frederick Deutsch-Dorian, Webern als Lehrer, in: *Melos* 27 (April 1960), S. 101–106: 102.
118 Ebd. – In Wien bestand im 19. Jahrhundert eine gewisse Tradition, Beethovens Geburts- oder Todestag mit ihm gewidmeten Konzerten zu begehen. Im Vorfeld der Feiern zum 100. Todestag Beethovens beklagt Leo Kestenberg als Referent der Kunstabteilung im Preußischen Kultusministerium, „daß unsere Zeit allgemeine Volksfeiertage beinahe nicht mehr kennt", *Beethoven-Feier. Anregungen*, Berlin 1926 (Schriften des Verbandes der deutschen Volksbühnenvereine 12), auch in: Leo Kestenberg, *Aufsätze und vermischte Schriften, Teil 1: Berliner Zeit*, hg. von Ulrich Mahlert, Freiburg 2012 (Gesammelte Schriften 2.1), S. 139–167: 142. Die „Anregungen" zielen dann zwar nicht auf jährlich begangene Gedenktage, aber neben der Programmierung würdiger Beethoven-Aufführungen vor allem auf die Gründung dauerhafter volksbildnerischer Einrichtungen.
119 Deutsch-Dorian, Webern als Lehrer (Anm. 117), S. 102.

men.[120] Swarowsky, der später als Operndirigent zu einer Art Spezialist für das italienische Fach wurde, blieb eine Episode in Erinnerung:

> Ich entsinne mich der heftigen Zurechtweisung eines jungen Freundes, der im Opernkurs voreilig eine abschätzige Bemerkung über Puccini fallen ließ (von dem Schönberg sagte, er habe Lehar alles vorgemacht). Webern nahm den Komponisten energisch in Schutz[121] und ließ uns alle fühlen, daß wir noch nicht so weit waren, uns ein abschließendes Urteil zu erlauben über einen Mann, der – wenn auch stilistisch anders orientiert als wir – auf seinem eigensten Gebiet und in seiner sehr persönlichen Art sich unverkennbar profiliert hatte. Wir sollten jeden achten, der nicht bereit war, sich selbst zu verraten.[122]

Aber es ging natürlich auch um konkrete musikalische, sogar handwerkliche Fragen. Seinem Lehrer Schönberg berichtete Webern:

> Im Kapellmeisterkurs machen wir jetzt „Freischütz" u. dirigieren die I. Beethoven. Das letztere gibt mir Anlaß, viele wichtige Dinge über Vortrag usw. zu sagen; vor allem u. insbesondere wie der Dirigent es mit rein musikalisch-technischen Ausdrücken (Dynamik, Streichart usw.) vermag, den Spielern anzugeben, was er sich vorstellt[123].

---

120 nach Zenks „Studienplan": 1920/21 *Freischütz, Fidelio, Waffenschmied*, transponieren; 1921/22: *Figaro, Don Juan, Zauberflöte, Tannhäuser, Lohengrin, Troubadour, Traviata*; nach Marie-Therese Hommes, *Verkettungen und Querstände. Weberns Schüler Karl Amadeus Hartmann und Ludwig Zenk und die politischen Implikationen ihres kompositorischen Handelns vor und nach 1945*, Schliengen 2010 (Forum Musikwissenschaft 4), S. 408f. Zenk berichtet: „Höchstes Glück des Lernens und Kennenlernens war es, wenn uns A. W. vormusizierte, was wir schon zu kennen glaubten. Wie vollkommen neu und blühend konnte uns da auch der durch die landesüblichen Repertoirevorstellungen auf den Leierkasten gekommene Troubadour, die Traviata und anderes erklingen!" Entwurf zu „Mein Lehrer" für den Artikel im Webern-Heft der *23* (1934), zitiert nach Anton Webern, *Über musikalische Formen. Aus den Vortragsmitschriften von Ludwig Zenk, Siegfried Oehlgiesser, Rudolf Schopf und Erna Apostel*, hg. von Neil Boynton, Mainz usw. 2002 (Veröffentlichungen der Paul Sacher Stiftung 8), S. 35.

121 Vielleicht hatte ein eigenes Erlebnis Webern eine gewisse Vorsicht nahegelegt. Während er am 10.2.1918 aus Prag an Schönberg geschrieben hatte: „Aber die Schufterei im Theater läßt mir ja keine Zeit. Und solche treckige Musik: Puccini fort u. fort", heißt es am 27.3.: „Neulich dirigierte Jalowetz ‚Das Mädchen aus dem Westen' von Puccini. Ich kenne mich nicht aus: eine Partitur von durchaus ganz originellem Klang. Prachtvoll. Jeder Takt überraschend. Ganz besondere Klänge. Keine Spur von Kitsch! Und ich habe den Eindruck[:] aus erster Hand. Ich muß sagen, dass es mir sehr gefallen hat. Wie ist es nun? Irre ich mich so ganz u. gar?/Ich würde so gerne diese Partitur mit Dir zusammen ansehn. Ganz verhext hat mich diese Oper." *Briefwechsel Arnold Schönberg – Anton Webern* (Anm. 104).

122 *Beiträge 1972/73* (Anm. 23), S. 14f. – Das war gewiss ein direkter Reflex des Grundsatzes, die Mitglieder im „Verein" mit allem zu konfrontieren, was mit Schönbergs Worten „Charakter oder Physiognomie" hatte. Später mag sich Weberns Horizont aus den verschiedensten Gründen demgegenüber etwas verengt haben, oder es ging aktuell einmal um die Bezeichnung des wirklich ‚Essentiellen'.

123 Webern an Schönberg, 6.1.1921, zitiert nach Moldenhauer, *Anton von Webern* (Anm. 55), S. 215.

Selbst bei der Beschäftigung mit Opern scheint Webern, jedenfalls in Ludwig Zenks emphatischer Schilderung, den Dirigierunterricht am wenigsten als dramaturgischen verstanden zu haben:

> Aus reinster musikalischer Quelle, mit nur musikalischen Mitteln, unter Ausschaltung literarischer, theatralischer und sonstiger Mittel der Ausdrucksgestaltung – unmittelbarst aus der Musik gestaltet erlebten wir so die Werke des Musiktheaters.[124]

Manches war offenbar auch nicht verbal, sondern nur direkt musikalisch zu vermitteln. Webern „war kein Klaviervirtuose", erzählt Dorian,

> aber er spielte sicher und frei, und er sang alle Partien mit leidenschaftlichem Erleben, ohne je zu „markieren" […] Das Taktschlagen als solches unterrichtete er „wie das Schwimmen", und er kommandierte fröhlich „gleich hineinspringen ins Wasser und sich fortbewegen!" Das nuancierte Ausgestalten der Technik des Dirigierens konnte nach seiner Ansicht warten. „Das Pinseln", sagte Webern abschätzig, „ist das Geringste, und jeder Esel kann das lernen." Wer seine zarte oder auch ekstatisch fordernde Zeichengebung gesehen hat, weiß, wie grundverschieden sie war von der choreographischen Manier der Pultvirtuosen, die Webern auch gern als „Tänzer" apostrophierte.[125]

Die Benutzung des Taktstocks war obligatorisch, auch beim Studium. Und die Partitur hatte stets aufgeschlagen vor dem Dirigenten zu liegen. „Die heute so moderne Art des Auswendigdirigierens ohne Pult bewertete er als zweckloses Wagnis; er entlarvte es als Pose des Dirigiervirtuosen."[126]

Swarowsky dagegen wurde später zu einem entschiedenen Befürworter des Auswendigdirigierens.[127]

3.3 Webern als Dirigent

Swarowsky hatte aber nicht nur die Chance, Weberns Musizieren am Klavier zu erleben; er konnte auch den Dirigenten bei der Arbeit in Proben und Aufführungen

---

124 Mein lieber Lehrer, 20.12.1933, zitiert nach Hommes, *Verkettungen und Querstände* (Anm. 120), S. 106.
125 Deutsch-Dorian, Webern als Lehrer (Anm. 117), S. 102.
126 Ebd. Vgl. Kurt Manschinger: „Obgleich Webern die Musik, die er aufführte, vor- und rückwärts kannte, dirigierte er niemals ohne Partitur. Er meinte, man müsse das Notenbild immer graphisch vor Augen haben, selbst wenn man auswendig dirigieren könnte", zitiert nach Moldenhauer, *Anton von Webern* (Anm. 55), S. 419. Ich kenne keine Erzählungen, wie genau Swarowsky beim Auswendigdirigieren das Notenbild (und sei es Taktgruppe für Taktgruppe) vor dem inneren Auge hatte, jedenfalls wollte er nicht darauf verzichten, zugleich die Musiker jederzeit im Blick zu behalten.
127 Siehe Rückblick, in: *WdG*, S. 264.

beobachten. Obwohl Webern selbst – ganz in Übereinstimmung mit den damaligen Usancen, die Kapellmeister in und mit der Praxis lernen, und ihre Erfahrungen im Aufstieg aus der Provinz in die Metropolen und vom Korrepetitor bis zum Musikdirektor sammeln ließen – keinerlei formelle Dirigierausbildung erhalten hatte, konnte er von zahlreichen (von ihm z. T. auch protokollierten) Opern- und Konzerteindrücken[128] sowie Erfahrungen als Orchestercellist profitieren, vor allem hatte er sehr präzise Vorstellungen von der aufzuführenden Musik. Seine musikwissenschaftliche Ausbildung mag überdies einen analytischen Zugang unterstützt haben. Jedenfalls lernte er in der Schule Schönbergs, die Meisterwerke genau zu studieren und bei ihrer Aufführung die Grundsätze Wagners und Mahlers anzuwenden, wonach die Basis für den ‚freien Vortrag' äußerste Präzision in der Beachtung der Vorschriften des Notentexts sei. Eben dadurch aber entstanden Interpretationen, die sich von rein traditionellen oder spontan-subjektiven Zugängen unterschieden. Swarowsky sah in Webern den wahren Interpreten,

> den Mozart meint, wenn er von einem Spieler redet, der alles nach Vorschrift gemacht habe und dennoch so, als habe er es selbst komponiert. „Interpretation", einen heute zu Tode geschundenen Begriff nannte er wörtlich „ausdruckserfüllte klangliche Verwirklichung höchster geistiger Existenz und Gesetzmäßigkeit" – ein Passus, der sich als Weberns Ausspruch in einem Studienheft seines Schülers Zenk findet.[129] Also alles genau wie es sein muß und soll, doch so, als habe man es selbst komponiert.[130]

Der Sänger Josef Hueber, mit dem Webern öfters zusammengearbeitet hat, bezeugt Weberns

> Fähigkeit, Tempo-Relationen exakt zu modellieren, rasche Partien schwungvoll, langsame mit einer unvorstellbaren Ruhe zu nehmen, jede Phrase atmen zu lassen, Strukturen durch minimale Verzögerungen und Beschleunigungen des Tempos zu betonen, was auf ein ausgesprochenes Rubato-Musizieren hinauslief[131].

Deutsch-Dorian versucht in ästhetischen Kategorien zu bestimmen, was er speziell über Beethoven im Dirigierkurs und wohl auch von Webernschen Aufführungen gelernt hat:

---

128 Er erlebte etwa die Uraufführung von Mahlers VIII. Symphonie in München unter Leitung des Komponisten.
129 Ein Studienheft mit der zitierten Formulierung existiert nicht in der Sammlung Ludwig Zenk, soweit sie die Paul Sacher Stiftung aus NlHS erworben hat: Anton Webern, *Über musikalische Formen* (Anm. 120), S. 36.
130 Anton von Webern, in: *WdG*, S. 236.
131 Krellmann, *Anton Webern* (Anm. 107), S. 103.

Bald wurden wir mit einem Beethoven-Stil vertraut, der nichts von der konventionellen Beethoven-Mimik der Stardirigenten zeigte: keine drohenden Fäuste und wilden Rubati, sondern eine Verinnerlichung des Ausdrucks und eine Expressivität, die als Grundprinzip seiner Interpretation unvergesslich bleibt. Eine delikate Balance schwebte zwischen Werktreue und geistiger Freiheit. [...] Alle Effekte waren verinnerlicht, auch die dramatischen Höhepunkte. Alles war unmittelbar Ausdruck des erlebenden Herzens und der Nerven.[132]

Erwin Stein stellte in einem Vergleich zweier Aufführungen der *Eroica* Weberns Auffassung als „den neuen Interpretationsstil" dem „alten" gegenüber, wie er mit „äußerster Subtilität und Noblesse" von Toscanini vertreten wurde:

Toscanini's reading embodied the ideal of the old style of interpretation: the changes of "tempo" were dictated by a splendid sense of form [...] Webern's reading was less perfected technically. It suffered from lack of time for rehearsing. And yet I found it more directly impressive. He assigned a "tempo" to each movement and kept to it without impairing one single contrast. The first "allegro" was full of vehemence, and the lyrical elements in it fell quite naturally into place without losing their character.[133]

Dies passt nicht ganz zu Huebers Schilderung, die von unterschiedlich gestalteten „Partien" spricht; aber entscheidend ist wohl, dass die Nuancierungen des Tempos bei Stücken solcher Art tatsächlich „minimal" waren – so berichtete Webern Schönberg mit Genugtuung, den ersten Teil von Mahlers 8. Symphonie gleichsam wie im Sturm genommen zu haben[134]. Dementsprechend schrieb Adorno unter dem unmittelbaren Eindruck von Weberns Aufführung 1926:

Manchen, die aus der Mahlerschen Tradition kommen, war seine Achte zu rasend. Der Schönberg-Schüler hat das Allegro des ersten Satzes unverstellt gefunden; der Expressionist ließ es die Gestalt einziehen in sich. Das Veni creator spiritus wurde zum eisernen unverrückten unendlichen Marsch, der über allen Widerstand, über alle Brüche des überhitzten Materials, über alles Zuwenig bloßer Musik hinwegschritt bis dorthin, wo Wirklichkeit Musik ablösen müßte. So wurde der Satz komponiert, und wäre er hundertmal anders gedacht gewesen. Beim Accende vergaß man, daß Musik hier überhaupt Musik noch

---

132 Deutsch-Dorian, Webern als Lehrer (Anm. 117), S. 101.
133 *Christian Science Monitor*, 2.8.1930, zitiert nach Hans und Rosaleen Moldenhauer, *Anton von Webern. A Chronicle of His Life and Work*, New York 1979, S. 459f.
134 Webern an Schönberg, 27.4.1926: „Der erste fast ausschließlich auf die Chorwirkung gestellte Teil ist [...], glaube ich, besser gewesen als der II. Ich hatte ein wirkliches Allegro impetuoso; im Nu war der I. Satz vorüber, wie ein Riesenpräludium zum II." *Briefwechsel Arnold Schönberg – Anton Webern* (Anm. 104).

bleibt.¹³⁵ Der zweite Teil verlor alle Kontemplation; ward in die Dynamik des Durchbruchs hineingezogen.¹³⁶

Hier unterschied sich Weberns Darstellungsweise von jener der Mahler-Mengelberg-Generationen, aber auch von seiner eigenen Schubert-Interpretation, wo tatsächlich jede Phrase ihre eigene Bewegungsform zugewiesen erhielt, die allerdings bei jeder Wiederholung identisch reproduziert werden konnte.¹³⁷

Swarowsky verglich Webern mit dem Dirigenten Mahler (wobei zu beachten ist, dass er direkte Eindrücke von dessen Art nur als Kind hatte sammeln können und bei allen bestimmteren Angaben auf die Vermittlung durch seinen Lehrer und weitere Gewährsleute angewiesen war) und kam

> zu dem Schluß, daß Webern, der einem gewissen technischen Dilettantismus zum Trotz¹³⁸ über sehr deutliche Hände beim Dirigieren verfügt habe, sein Vorbild Mahler auch in der Öffentlichkeit erreicht hätte, wenn er als Typ anders beschaffen gewesen wäre. Seine intensive Probenarbeit und seine Detailtreue gegenüber der musikalischen Form seien mit der Mahlers identisch gewesen; aber seine Bescheidenheit und seine feine, gewinnende Art, mit der er etwa die Musiker um etwas bat, statt es von ihnen zu verlangen, habe ihn – im Gegensatz zu Mahler – vor jener Arroganz zurückschrecken lassen, mit deren Hilfe er im Musikbetrieb hätte bekannt werden können¹³⁹.

In einer Würdigung zu Weberns 50. Geburtstag heißt es:

> Wer ihn je dirigieren sah, bemerkte: da musiziert einer, der sich völlig für die Musik ausgibt, ein Lodernder, ein Mensch von Mahlerscher Inbrunst. Und mit dieser feinnervigen Lei-

---

135 Das ist die Stelle, die Mahler selbst (wie Webern nach der Generalprobe zur Uraufführung 1910 in einem Brief an Schönberg überliefert) als den „Angelpunkt des ganzen Werkes" bezeichnet hat – „da geht die Brücke hinüber zum Schluß des ‚Faust'." Webern an Schönberg 9. 1910, ebd.
136 Theodor W. Adorno, Beschwörung: Anton Webern, in: Drei Dirigenten, *MdA* 8 (1926) 315–319, zitiert nach Adorno, *Musikalische Schriften VI*, Frankfurt a.M. 2003 (Gesammelte Schriften 19), S. 453–459: 458. Vgl. Swarowsky: „Die genaue Vertrautheit mit der Aufzeichnung selbst ist allein der gute Boden, dem legitime Freiheit der Wiedergabe zu entsprechen vermag. Hauptsächlich auch deshalb dulden wir nicht, daß sich ehrwürdige Traditionen zwischen uns und die Aufzeichnung drängen./Denen, die Freiheit nur dort empfinden, wo sie *sehen*, daß der Dirigent den Taktschlag verlangsamt oder beschleunigt, können wir leider nicht zu Willen sein." Unterricht im Dirigieren, in: ÖMZ 13 (1958) 171 f.: 172.
137 Hier trifft sich Webern wiederum mit seinem Generationsgenossen Wilhelm Furtwängler.
138 Vgl. Adorno (Anm. 136), S. 458: „Webern ist der unweingartnerischste Dirigent, den ich kenne, der unroutinierteste Könner, der respektloseste Ehrfürchtige."
139 Swarowsky gegenüber Hanspeter Krellmann, zitiert nach Krellmann, *Anton Webern* (Anm. 107), S. 102.

denschaftlichkeit ist Sachlichkeit verbunden, die nur das, aber das auch restlos, erklingen lassen will, was in der Partitur verzeichnet ist.[140]

Tatsächlich – „[w]hen rehearsing, Webern got everything he possibly could out of the orchestra in the relatively short time allowed for rehearsals."[141]
Aber auch wenn er

> was no baton virtuoso – he was ungainly on the podium – [...], the intensity, freshness, novelty and sensitiveness of his interpretations was an experience one could never forget [...] they were always like a "breath of fresh-air" when contrasted with the musty, routine, traditional interpretations given by other, and, more famous conductors.[142]

Im Konzert war er

> alles andere als ein Schaudirigent. Er war so in sich vertieft; er hat den Eindruck gemacht, daß er vollständig drin aufgeht in dem Werk, das er dirigiert[143].

> [Seine] Dirigierbewegungen waren recht groß, temperamentvoll, weitausholend und beschwörend, was oft grotesk wirkte, weil er, gleichsam im Kontrast dazu, seiner Kurzsichtigkeit wegen gezwungen war, sich tief zur Partitur hinabzubeugen.[144]

In der Partitur erschien für ihn das Werk beschlossen, und so lenkte Webern, text- und geniegläubig wie sein Lehrer, nach Hans W. Heinsheimers Erinnerung den Beifall von dem oder auch den Interpreten hin auf das Werk:

---

140 Zeitungsausschnitt ohne Quellenangabe in der Paul Sacher Stiftung Basel, zitiert nach Hommes (Anm. 120), S. 412.
141 Zu den teilweise erstaunlich wenig Proben, mit denen Webern etliche seiner Konzerte zustande brachte, siehe Regina Busch, Verzeichnis der von Webern dirigierten und einstudierten Werke, in: *Musik-Konzepte. Sonderband Anton Webern II*, hg. von Heinz-Klaus Metzger/Rainer Riehn, München 1984, S. 398–416.
142 Claycombe, Personal Recollections of Webern (Anm. 23), S. 32.
143 Hansjörg Pauli, Aus Gesprächen über Webern (Willi Reich), in: *Musik-Konzepte Sonderband Anton Webern II*, hg. von Heinz-Klaus Metzger/Rainer Riehn, München 1984, S. 282; ähnlich Claycombe, Personal Recollections of Webern (Anm. 23), S. 32.
144 Hansjörg Pauli, Webern revisited [Rundfunkmanuskript], zitiert nach Krellmann, *Anton Webern* (Anm. 107), S. 101. Maria Halbichs Reaktion auf derartige Erzählungen: „Daran kann ich mich überhaupt nicht erinnern. Wohl weiß ich hingegen noch seinen Ausspruch über jene Dirigenten, die auswendig dirigierten: ‚Das ist eine Farce ...'" Aus einem Gespräch mit Weberns Tochter Maria Halbich-Webern, in: *Anton Webern 1883–1983. Eine Festschrift zum hundertsten Geburtstag*, hg. von Ernst Hilmar, Wien 1983, S. 93–97: 94.

Meine lebhafteste Erinnerung an diesen einzigartigen Mann ist eine Aufführung von Mahlers Achter Symphonie. Als die Zuhörer stehend applaudierten, hielt er, nicht ohne Mühe, die riesige, schwere Partitur über sein Haupt. […] Ich habe oft an diese Geste stolzer Bescheidenheit gedacht, der ich niemals wieder begegnet bin."[145]

Dagegen traf selbstherrliche ‚Interpretation' als faktische Veränderung der Werke bei ihm auf ungläubiges Befremden, wie Swarowsky erzählt:

„Haben's das g'hört, was der da draus gemacht hat?" fragte er mich nach dem Konzert eines zum „Priester" hinaufmystifizierten Dirigenten aus dem inneren Mahler-Kreis.[146] „Was die da draus machen!" – es war eine Redewendung von österreichischer Natürlichkeit und zugleich intellektgeladener Schärfe, dere[n] er sich gern bediente."[147]

In einem Brief an Ludwig Zenk gab Webern diesem für seine Tätigkeit als Theaterdirigent in Meißen den Rat:

Nur weiter so: reine Sachlichkeit muß sich schließlich durchsetzen. Es ist furchtbar u. abscheuerregend, wie weitgehend bei fast allen Dirigenten von Heute u. namentlich solchen von Rang (ja, deswegen sind die ja hinaufgekommen) nur die Pose, der Schein gebietet und nicht die Sachlichkeit. Schaun Sie sich nur einmal den Ober-Generalmusikdirektor in Ihrer Nachbarstadt (Dresden) an![148] Sie werden Ihre Wunder erleben.[149]

Swarowsky versuchte offensichtlich, sich jenen Grundsatz zu eigen zu machen, jedenfalls sparte er später nicht mit Kritik, wenn seine Schüler posierten. Doch bezog sich das Postulat der „Sachlichkeit" gar nicht in erster Linie auf Habitus oder Gestik des Di-

---

145 Hans Heinsheimer, zitiert nach Moldenhauer, *Anton von Webern* (Anm. 55) S. 419.
146 Mit ziemlicher Sicherheit handelte es sich um Bruno Walter; siehe etwa die hagiographische Festschrift zum 60. Geburtstag: Paul Stefan, *Bruno Walter. Mit Beiträgen von Lotte Lehmann, Thomas Mann und Stefan Zweig*, Wien/Leipzig/Zürich 1936, in der zwar das Wort „Priester" nicht vorkommt, aber so ziemlich alle einschlägigen Attribute. Vgl. das Zeugnis des Berg- und vor allem Webern-Schülers Philipp Herschkowitz: „[He] suggested listening to more of Mahler's music, in particular, *Das Lied von der Erde*. I played a performance by Bruno Walter. However, after the first few bars, Herschkowitz asked to stop the music – the old mono recording had a very bad balance between the voice and the orchestra and he did not like the performance. He stated:/– I never missed any of Bruno Walter's performances in Vienna, but Webern and Berg did not like him. They called him a ‚vulgar person in music' and said that he played subordinate themes at half the speed. Bruno Walter told himself: ‚Music begins with a subordinate theme!'" Dmitri N. Smirnov, *A Geometer of Sound Crystals. A Book on Philip Herschkowitz,* hg. von Guy Stockton, St. Albans ²2017, S. 110 f.
147 Anton von Webern, in: *WdG*, S. 236.
148 Die Anspielung bezieht sich auf Fritz Busch.
149 Webern an Ludwig Zenk, 17.12.1927, zitiert nach Moldenhauer, *Anton von Webern* (Anm. 55) S. 420 f.

rigenten, nicht auf den Eindruck, den der Interpret hervorzurufen oder von dem interpretierten Werk zu vermitteln wünscht, sondern auf die unverfälschte Darstellung des tatsächlichen musikalischen und expressiven Gehalts des jeweiligen Werks, unter konsequentem Verzicht auf Tricks und strategisch eingesetzte Schauwerte. Man darf wohl sagen, dass Webern – mit dem ‚zügigen' Vortrag eines Stücks wie der *Eroica*, mit der frischen Perspektive auf so manches Repertoirestück, mit der ausschließlichen Berufung auf den Notentext, mit der Sorgfalt, mit der er im Idealfall bei seinen Einstudierungen zu Werke ging, in dem Dirigenten Swarowsky einen bleibenden Eindruck hinterließ.

Mit etwa 40 Aufführungen (zwischen 1922 und 1933) stellten die Arbeiter-Symphoniekonzerte mit den (späteren) Wiener Symphonikern und dem Singverein der Sozialdemokratischen Kunststelle den wichtigsten und publikumswirksamsten Anteil von Weberns Wiener Dirigaten.[150] Die Reihe war 1905 von dem Leiter der Kunststelle und Kulturredakteur der *Arbeiterzeitung* David Josef Bach ins Leben gerufen worden und gehörte zu den „erfolgreichsten, künstlerisch produktivsten und am längsten bestehenden Einrichtungen der austromarxistischen Kulturpolitik"[151]. Sie griff gemäß den Grundsätzen sozialdemokratischer Kulturpolitik den Bildungsanspruch des bürgerlichen Konzerts auf, wandte sich aber gleichzeitig durch größere Programmvielfalt und die Aufgeschlossenheit für neue Werke „gegen die Erstarrungstendenzen im traditionellen Konzertwesen"[152]. Außerdem bot sie jungen Solisten oder Dirigenten, denen die Staatsoper oder der Musikverein noch verschlossen waren, eine Plattform.[153] Daneben konnte man aber auch berühmte Interpreten gewinnen[154]: Außer Ferdinand Loewe, der bis zum Ende des Ersten Weltkriegs die Mehrzahl der Konzerte leitete, dirigierten beispielsweise Richard Strauss, Wilhelm Furtwängler, Georg[e] Szell und Franz Schalk.[155]

Nach dem Ersten Weltkrieg konnte die Veranstaltungstätigkeit nicht nur beträchtlich erweitert, sondern auch in künstlerischer Hinsicht intensiviert werden, was nicht zuletzt dem Engagement Anton Weberns zu verdanken war. Mit richtungweisenden Programmen – jedes Konzert sollte ein noch unbekanntes Werk zur Aufführung bringen – und exemplarischen Aufführungen gab diese Institution, über ihre volksbildnerische Funk-

---

150 Siehe Busch, Verzeichnis (Anm. 141), S. 398–416.
151 Johann Wilhelm Seidl, *Musik und Austromarxismus. Zur Musikrezeption der österreichischen Arbeiterbewegung im späten Kaiserreich und in der Ersten Republik*, Wien/Köln/Graz 1989 (Wiener musikwissenschaftliche Beiträge 17), S. 122.
152 Ebd., S. 137.
153 David Josef Bach, Zur Erinnerung, in: *Kunst und Volk* 1 (1926), Nr. 3, sowie Fünfundzwanzig Jahre Arbeiter-Sinfonie-Konzert, in: *Kunst und Volk* 4 (1929), Nr. 2. Siehe auch Dominik Schweiger, Evolutionäre Symbiose. Anton Webern und David Josef Bach, in: Markus Grassl/Stefan Jena/Andreas Vejvar (Hg.) *Arbeit an Musik. Reinhard Kapp zum 70. Geburtstag*, Wien 2017, S. 597–608.
154 Seidl, *Musik und Austromarxismus* (Anm. 151), S. 144.
155 Krellmann, *Anton Webern* (Anm. 107), S. 45.

tion hinaus[156], dem gesamten Wiener Musikleben wichtige Impulse, insbesondere für die Auseinandersetzung mit der Neuen Musik und mit Bestrebungen zu einer aktiven Partizipation der Arbeiter durch die Einbeziehung von Arbeiterchören. Vom Erfolg dieser Experimente zeugen nicht nur die Beiträge im Mitteilungsblatt der Kunststelle *Kunst und Volk*, sondern auch die Berichte von zahlreichen Augenzeugen.

Obwohl Webern in der Veranstaltungsreihe nur einer unter mehreren Dirigenten war und prozentual gerechnet nur einen kleinen Teil der Konzerte leitete, bleibt sein Name mit ihnen untrennbar verbunden. Nicht nur leitete er immer wieder solche zu repräsentativen Anlässen (jährliche Republikfeier von 1927 bis 1931; Märzfeiern 1926, 1929, 1933; Beethoven-Zentenarfeier 1928; Goethefeier 1932); er durfte mit Symphonien von Bruckner (VII, 1927) und Mahler (III, 1922; VIII, 1926; II, 1928[157]; I, 1929; VI, 1930; V, 1932), dazu größeren Chorwerken von Mahler (*Das klagende Lied*, 1926), Kodály (*Psalmus Hungaricus*, 1927), Brahms (*Ein Deutsches Requiem*, 1931) und Mendelssohn (*Die erste Walpurgisnacht*, 1932)[158] recht wichtige Kompositionen zur Aufführung bringen.

Im Zuge des Aufschwungs der Mahler-Rezeption nach dem Ersten Weltkrieg – diese Tendenz erreichte bereits auf dem von Willem Mengelberg initiierten Amsterdamer Mahler-Fest einen ersten Höhepunkt – hatte 1919 erstmals auch eine Symphonie von Gustav Mahler, dessen Werk zu jener Zeit in Wien durchaus noch offener Anfeindung ausgesetzt war, Eingang in das Programm eines Arbeiter-Symphoniekonzerts gefunden und eine bemerkenswerte Mahler-Tradition in dieser Konzertreihe eingeleitet. Weberns Debut in diesem Rahmen erfolgte 1922 mit Mahlers *Dritter Symphonie*, eben jener, die Swarowsky zum Musikstudium geführt hatte und nach dem Zweiten Weltkrieg wiederum seinen Ruf als Mahler-Dirigent begründete. So konnte er über die privaten Hinweise und Klavierdarbietungen Weberns hinaus auch von dessen Mahler-Dirigaten profitieren. Erwin Ratz bezeichnete gerade

> Weberns Mahler-Darstellungen als für jede Zeit konkurrenzlos […] Unter Webern habe Musik so geklungen, daß sich stets das Gefühl einer absoluten Richtigkeit, vor allem bezüglich der Tempi, einstellte.[159]

Swarowsky dürfte bis zu seinem Weggang nach Stuttgart 1927 jedenfalls den Aufführungen der Dritten, sowie jenen der Achten und des *klagende*[n] *Lied*[es] beigewohnt haben; vielleicht ist er auch später noch gelegentlich nach Wien zurückgekehrt oder

---

156 Man bemühte sich, das Experiment auch auf die Gebiete der Literatur und bildenden Kunst auszudehnen.
157 Hier musste Webern vor der Generalprobe krankheitsbedingt die Leitung an Erwin Stein abtreten; 1929 dirigierte er die Symphonie dann selbst außerhalb der Reihe der Arbeiter-Symphoniekonzerte.
158 Busch, Verzeichnis (Anm. 141).
159 Ebd.

hat die Rundfunkübertragungen der Fünften und Sechsten gehört. So jedenfalls resumierte er seine damaligen Eindrücke in späteren Jahren:

> [W]er das Glück hatte, in den damals das eigentliche musikalische Niveau Wiens repräsentierenden „Arbeiter-Symphonie-Konzerten" [...] unter Weberns Leitung ein Werk von Mahler mit Verstand zu hören, [...] dem erschloß sich durch alle unerhörte Erregtheit des Gebotenen hindurch zwanglos [...] die Einfachheit [...] des anscheinend Komplizierten, damals selbst von namhaften Kritikern noch als Formlosigkeit Angesprochenen.[160]

In einem Diskussionsbeitrag auf dem Webern-Kongress 1972 bestätigte Swarowsky den Hinweis Hans Moldenhauers, in Weberns Mahler-Partituren seien „authentische Eintragungen Weberns" zu finden: Er sei „sicher, daß diese dem Willen Mahlers entsprachen".[161] In einigen von Swarowskys eigenen Mahler-Partituren finden sich denn auch Eintragungen, die auf Webern zurückgehen dürften.[162] Eine Partitur der 4. Symphonie enthält viele Anmerkungen mit dem Hinweis „G.M." (wohl in dem Sinne: So hat es Mahler selbst gemacht, als ihn Webern gehört hat). Auch in den verschiedenen Partituren der Dritten finden sich zahlreiche Einzeichnungen, auch solche inhaltlicher Art, jedoch ohne entsprechende ‚Authentifizierung'.

In dem gleichen Diskussionbeitrag kommt Swarowsky jedoch auf ein generelles Problem mit Mahlers Vortragsangaben zu sprechen

> Mahler [mußte] allzu viele Vorschriften machen [...], da die Orchester, die er vorfand, die nötige Expressivität von selbst nicht aufzubringen vermochten. Heute werden solche Anweisungen häufig in einer Weise ausgeführt, die das Werk zerstört. Schon Webern hat in der Praxis dieses Allzuviel an Anweisungen zurückgenommen.[163]

Der Gedankensprung[164] zu Webern mit der zunehmend asketischen Bezeichnung seiner Partituren erklärt sich nicht nur durch die bei Mahler lauernde Gefahr der Übertreibung in Richtung des Sentimentalen oder Karikaturistischen, sondern er zeigt auch, wie sehr Swarowskys Mahlerbild mit Webern verbunden blieb. Jedenfalls hielt sich bei ihm die Überzeugung, hier die authentische Mahler-Tradition empfangen zu haben.

---

160 Anton von Webern, in: *WdG*, S. 236 – Ich werde unten auf das vollständige Zitat zurückkommen.
161 Diskussion zu Swarowsky, Anton von Webern: Bemerkungen zu seiner Gestalt, in: Österreichische Gesellschaft für Musik (Hg.), *Beiträge 1972/73. Webern-Kongreß*, Kassel usw. 1973, S. 14–22: 21.
162 Siehe den Beitrag von Uros Lajovic im vorliegenden Band.
163 Swarowsky, Anton Webern. Bemerkungen zu seiner Gestalt (Anm. 161), S. 21.
164 – falls es sich nicht um eine unverständige Zusammenfassung der Debatte handelt.

3.4 Assistenz für Webern
3.4.1 Mödlinger Männer-Gesang-Verein

In den 20er Jahren fand Webern mit erfolgreichen Aufführungen seiner Werke (1922 in Düsseldorf und Salzburg, 1924 in Donaueschingen, 1926 in Zürich) eine gewisse internationale Anerkennung, und auch in Wien begann sich ein Wirkungskreis zu bilden, wobei die Arbeit mit Laien einen großen Teil seiner Arbeitszeit beanspruchte.

Mit dem Mödlinger Männer-Gesang-Verein, einem aus etwa 60 Männerstimmen bestehenden Laienchor, der trotz seines Namens mit seinem Sonderchor von etwa 40 Frauenstimmen auch gemischte Chorkonzerte veranstaltete, brachte Webern, Chormeister von 1921 bis 1926, bemerkenswerte Aufführungen zustande, insbesondere von Werken Schuberts und Bruckners.[165] Die Solokorrepetition und Klavierbegleitung fielen Swarowsky zu. Ihm verdanken wir Kurzcharakteristiken des Dirigenten im Verhältnis zu zweien seiner Hausgötter:

> Die reine Glut Weberns, wenn er Mahler brachte, fand ein Korrelat in der unendlichen Zärtlichkeit, mit der er Schubert begegnete. Es war ein beglückendes und richtungweisendes Erlebnis für mich, unter seiner Anleitung die Schubertsche Es-dur-Messe mit dem Mödlinger Chor zu korrepetieren.[166]

Die Formel von der „reinen Glut" soll wohl heißen, dass Webern selbst für Mahler glühte, aber ohne sich mit künstlich erregtem Temperament zu überhitzen, und dass er mit „beschwörenden" Gesten die Musik ohne jäh aufschießende Flammen oder unruhiges Geflacker, doch ohne Kälte schlackenlos leuchten und strahlen ließ. „Brachte" ist gewiss eines der gängigen Synonyme für das Spektrum zwischen Aufführen und Interpretieren, aber in diesem Zusammenhang vermittelt es eine doppelte Nuance von Darbringen und Überbringen, von Opferdienst und froher Botschaft.

War das Verhältnis des Dirigenten Webern zu Mahler identifikatorisch, so näherte er sich Schubert offenbar eher behutsam, der Nuancierung der Form nachspürend. Bereits im Rahmen von Weberns Einstand beim Wiener Schubertbund, der 59. Gründungs-Liedertafel am 9. November 1921 im Sofien-Saal, hatte Swarowsky die Vorträge von Grete Dürrigl-Schwoiser mit je drei Liedern von Schubert und Reger am Klavier beglei-

---

165 Moldenhauer, *Anton von Webern* (Anm. 55), S. 221 f.
166 Swarowsky, Anton Webern: Bemerkungen zu seiner Gestalt (Anm. 161), S. 16; Anton von Webern, in: *WdG*, S. 236. Swarowsky dirigierte die Messe erstaunlicherweise in einem reinen Schubertprogramm am 7.11.1943 in Budapest (also nachdem Ungarn als Vasall des Deutschen Reiches unter der Hand Kontakt mit den Alliierten aufgenommen hatte und während von den Deutschen die Operation „Margarethe" zur förmlichen Besetzung Ungarns geplant wurde, die im März 1944 erfolgen sollte) zusammen mit der h-Moll-Symphonie und drei Liedern: Verzeichnis der Auftritte (Anm. 20).

tet.¹⁶⁷ Vermutlich hat Webern auch die Einstudierung der Sologesänge überwacht. Bei den Proben zur Aufführung der Es-Dur-Messe durch den Mödlinger Gesangverein zur Feier von dessen fünfundsiebzigjährigem Bestehen saß Swarowsky am Klavier und war wohl auch an der Vorbereitung der Solisten beteiligt – ersten Kräften der Wiener Staatsoper wie Felicie Hüni-Mihacsek, die Webern nach dem Zeugnis Swarowskys über alle anderen ihres Faches stellte¹⁶⁸, Hermann Gallos und Josef Manowarda¹⁶⁹. Die Aufführung am 13. Mai 1923 in der gotischen Kirche St. Othmar in Mödling „erregte weit über die Stadtgrenze hinaus Aufsehen"¹⁷⁰. Swarowsky erklärt, sie sei von „tiefer Gläubigkeit und unglaublicher Schönheit erfüllt gewesen", und er

> spricht in diesem Zusammenhang von Weberns generell Schubertischem Wesen, das Erwin Ratz bestätigt und das beide vor allem auch in Weberns Musik gespürt haben, wenn sie von ihm selbst vorgetragen wurde.¹⁷¹

Am 7. Mai 1926 fand in der „Mödlinger Bühne" ein Schubert-Abend des Chors statt. Mitwirkende waren der Bariton Josef Hueber, das Stiegler-Hornquintett¹⁷² und Hans Swarowsky als Klavierbegleiter¹⁷³. Dieser saß auch bei einem von Webern geleiteten Vokal-Konzert im Festsaale der Sparkasse der Stadt Mödling (16. Dezember 1924)¹⁷⁴ und bei einer Strauß-Feier in der Mödlinger Bühne (1. Dezember 1925) am Flügel. – Ob er für weitere Aufgaben in den diversen von Webern geleiteten Chorkonzerten (auch mit anderen Chorvereinigungen) herangezogen wurde, ist noch nicht bekannt.

---

167 Programm im ASC.
168 Mitteilung Swarowskys an Hanspeter Krellmann, zitiert nach Krellmann, *Anton Webern* (Anm. 107), S. 47.
169 Walter Szmolyan, Webern in Mödling und Maria Enzersdorf, in: Österreichische Gesellschaft für Musik (Hg.), *Beiträge 1972/73. Webern-Kongreß*, Kassel usw. 1973, S. 36–39: 37.
170 Moldenhauer, *Anton von Webern* (Anm. 55), S. 228 f. Ein Foto von Webern mit dem Chor, aufgenommen bei diesem Anlass, in: Ilse Moderei, *Der Mödlinger Gesang-Verein. Die Entwicklung von 1848 bis 2008*, Dipl.arb. Universität Wien 2008 – Beilagen nicht im pdf-Dokument http://othes.univie.ac.at/1274/1/2008-09-12_5800004.pdf (5.8.2021).
171 Krellmann, *Anton Webern* (Anm. 107), S. 102. Wie schwierig es ist, diese Vereinnahmung Schuberts *und* Weberns für das „Wienerische" in der Musik durch technische Substrate zu materialisieren, zeigt allein schon das folgende Zitat.
172 – u. a. *Nachtgesang im Walde* D 913 (op. post. 139) für Männerstimmen und vier Hörner.
173 Walter Szmolyan, Musikstadt Mödling. Von Walther von der Vogelweide bis Norbert Sprongl, in: *Mödling. Landschaft – Kultur – Wirtschaft*, hg. von der Stadtgemeinde Mödling, Mödling 1975, S. 265–300: 293 f.
174 Hier begleitete er jedenfalls „Zum Gedenken an Johann Strauß (25. Todesjahr)" ein Walzer-Potpourri *Bei uns z'Haus* für Männerchor und höchstwahrscheinlich zwei Mahler-Lieder sowie drei *Deutsche Volkslieder* von Brahms aus dem *Siebente[n] Heft (Für Vorsänger und kleinen Chor)* mit Felicie Hüni-Mihacsek, während den Klavierpart in Brahms' Quartett g-Moll Hubert Richter ausführte. – Ich danke Julia Bungardt für die Übermittlung des Programmzettels.

3.4.2 Donaueschinger Musikfest 1924

Offenbar ließ die Arbeit an der Volksoper (wenn es nicht ohnehin zunächst irreguläre Korrepetitionsstunden ohne weitere Verpflichtungen im Haus waren) Swarowsky genügend Zeit, daneben noch anderen Tätigkeiten nachzugehen. Lebhaft erinnerte er sich an Weberns Proben zu Aufführungen seiner eigenen Vokalwerke:

> Wer vermöchte auch das wunderbar geheimnisvolle Beben in Worte zu fassen, das mitschwingt in den Intervallschritten, in den Klangkombinationen, ja in den Pausen Webernscher Eigenart. Man muß ihn gehört haben, wenn er z.B. einer Sängerin – ich denke da besonders an Felicie Hüni-Mihacsek und an Klara Kwartin – beim Studium eine seiner Phrasen vorsang, deren subtiler Gehalt sich im Ausdruck seines Antlitzes spiegelte und sozusagen die ganze Persönlichkeit mitschwingen machte [...][175]

Webern dirigierte 1924 die Uraufführungen der Trakl-Lieder op. 14 mit Kwartin bei den Donaueschinger Kammermusik-Aufführungen zur Förderung zeitgenössischer Tonkunst (20. 7.) und der *Fünf geistlichen Lieder* op. 15 mit Mihacsek in Wien (9. 10.). Klara Kwartin, ukrainischer Abstammung und Tochter eines jüdischen Kantors[176], hatte beim Prager IGNM-Fest mitgewirkt[177], wo Webern sie zum ersten Mal gehört hatte.

Von Webern erklangen in Donaueschingen 1924 außer dem Trakl-Zyklus die *Sechs Bagatellen* op. 9 mit dem Amar-Quartett[178] zum ersten Male. Nach seiner Rückkehr schrieb er an Berg:

> Hielten noch diverse Proben. Sonntag vorm. meine Quartettstücke u. Lieder. Mit dem Hindemith-Quartett[179] konnte ich leider nicht mehr probieren. Aufführung aber doch sehr gut. Nach den ersten zwei Stücken Gelächter. Dachte schon daran, meine Lieder nicht aufzuführen. Schließlich Beruhigung. Die Lieder gingen ausgezeichnet. Die Kwartin bewährte sich glänzend. Sang wirklich schön, tadellos rein u. sehr überzeugend und hatte einen sehr großen Erfolg.[180]

---

175 Anton von Webern, in: *WdG*, S. 237. Zu Felicie Hüni-Mihacsek siehe auch die vorige Fußnote.
176 Klara Kwartin 1898–? https://www.geni.com/people/Klara-Friedmann/6000000036271407886 (26.7.2021).
177 Sie ging auf Schönbergs dringende Empfehlung 1924 an Zemlinskys Deutsches Theater in Prag und folgte Zemlinsky 1927 an die Berliner Kroll-Oper. Nach ihrer Emigration und der Heirat mit Asa Friedmann war das Ehepaar bei der Emigration der Zemlinskys behilflich, siehe Marc Moskovits, *Alexander Zemlinsky. A Lyric Symphony*, Rochester 2010, S. 289.
178 Moldenhauer, *Anton von Webern* (Anm. 55), S. 234.
179 Paul Hindemith war bekanntlich Bratschist des Amar-Quartetts.
180 Webern an Berg, 23.7.1924, in: *Briefwechsel Anton Webern – Alban Berg* (Anm. 35).

Auch der Sängerin gegenüber zeigte sich Webern dankbar und begeistert. Auf ihr Notenexemplar schrieb er:

> Clara Kwartin der ersten Sängerin dieser Lieder zur Erinnerung an den 20. Juli 1924 in Donaueschingen dankbarsten Herzens überreicht. // Wie schön, liebes Fräulein, haben Sie diese Lieder gesungen; Ihre wundervolle Stimme hat sie zum Leben erweckt: mir unvergeßlich! Ihr Anton Webern / Mödling, Juli 1924[181]

Und noch 1929, als Theodor W. Adorno in Frankfurt eine Aufführung plante, lobte Webern Kwartins Leistung:

> Als ich diese Lieder im Jahre 1924 in Donau-Eschingen (Musikfest) zur Uraufführung brachte (meines Wissens sind sie seither nicht mehr gemacht worden), da hat sie die Klara Kwartin gesungen, die jetzt in Berlin an der Krolloper ist; u. zwar ganz ausgezeichnet. Also die käme, glaube ich, schon wieder in Betracht.[182]

55 Jahre später erinnert sich Kwartin:

> Ich war damals [in Prag] noch sehr jung und hatte keine Ahnung von Schönberg, Webern, Berg, Hindemith usw., die alle aus diesem Anlaß zugegen waren. Ich kehrte dann mit meinem Vertrag [für das Deutsche Theater in Prag] nach Wien zurück, als Webern mich inständig bat, seinen Trakl-Zyklus in Donaueschingen zu singen. Es war eine schwere Aufgabe für mich [...] Wie ich Webern im Gedächtnis behalten habe, war er die Güte selbst, geduldig und irgendwie naiv um nicht zu sagen primitiv. Er erschien mir als ‚der reine Tor', der nur der Musik und Natur lebte und darüberhinaus nichts kannte. Er wußte, daß ich Jüdin war, und trotzdem machte er mir vier Jahre später, als ich an der Berliner Oper sang, das Angebot, seine Lieder im Frankfurter Rundfunk zu singen. Damals konnte ich mich nicht freimachen [...] Wenn ich ihn auch nur für kurze Zeit kannte, so verblieb mir doch der Eindruck von seiner Aufrichtigkeit und Güte.[183]

---

181 Das Exemplar liegt inzwischen in der Lehman Collection, Pierpont Morgan Library: Call number PMM 045, Record ID: 113429. Ich danke der Pierpont Morgan Library für die Übermittlung eines Scans des Titelblatts durch Regina Busch.
182 Brief von Webern an Theodor W. Adorno, in: *Musik-Konzepte. Sonderband Anton Webern I*, hg. von Heinz-Klaus Metzger/Rainer Riehn, München 1983, S. 7.
183 Klara Kwartin an Hans Moldenhauer, zitiert nach Moldenhauer, *Anton von Webern* (Anm. 55), S. 606, Anm. 28.

An der Vorbereitung des Donaueschinger Konzerts war Swarowsky offenbar maßgeblich beteiligt, wie aus einem Brief von dessen Sohn Anton hervorgeht, der Klara Kwartin-Friedmann bei Freunden in Paris kennengelernt hatte:

Da sagte Clara Friedmann plötzlich zu mir: „Wissen Sie, ich kenne ihren Vater. Vor langer Zeit, im Beginn der zwanziger Jahre hat Anton Webern mich an Ihren Vater gewiesen um mit ihm seine Lieder zu lernen."
    Du kannst Dir vorstellen wie interessiert ich war. Wer war diese Frau, ehemalige Wienerin jetzt mit einem New Yorker Arzt verheiratet? Es war Klara Kwartin, die Du in Deinem Artikel (den ich erst nach diesem Zusammentreffen bekam) erwähnst. Sie sagte mir wörtlich: „Webern liess mich einmal vorsingen, da ich mich bemühte Lieder von ihm, Schönberg und Berg zu lernen. Er war nicht unzufrieden, runzelte aber die Stirne und sagte mir: „Das müssen Sie mit dem Swarowsky arbeiten. Der kennt jede Note von meiner Musik und versteht wie man einem Sänger die richtige Interpretation dieser Musik beibringt. Ja, gehn sie zu Swarowsky!" Natürlich hat sie den Rat von Webern befolgt und sagte mir jetzt, dass sie unglaublich viel von dir gelernt habe. Du hättest allen Erwartungen entsprochen. Sie erinnert sich besonders an die Stefan George Lieder [sic][184], die Du mit ihr für Donaueschingen gelernt hast. Na, lieber Hans, ich gratuliere. Dass Webern so von Dir gesprochen hat, ist ja wohl eine fabelhafte Ehre. Ich bin stolz auf Dich [...] Gestern schickte Clara Kwartin-Friedmann eine Reihe alter Fotos von Donaueschingen an Lucy mit der Bitte sie mir zu übergeben. Sie kann nicht alle Personen identifizieren aber sie meint, vielleicht könntest es Du, Hans. Die Fotos bringe ich natürlich nach Ossiach mit. Man sieht Webern, Schönberg, das Kolisch Quartett, Paul Stefan, etc. Die (nicht sehr guten) Fotos sind erschütternd.
    Da ich zwei Exemplare Deines schönen Artikels[185] habe werde ich eines an Klara Kwartin schicken. [...]"[186]

Das Zitat beweist, wie eng der Kontakt zwischen Webern und Swarowsky in jenen Jahren gewesen sein muss[187], dass Swarowsky nicht nur ein vielfältig einsetzbarer und

---

184 Unter den Klavierliedern, die sie Webern vorgesungen hatte, können natürlich auch die George-Zyklen op. 3 oder 4 gewesen sein; vielleicht handelt es sich aber einfach um einen Lapsus Anton Swarowskys.
185 Hans Swarowsky, Anton Webern: Bemerkungen zu seiner Gestalt (Anm. 161).
186 Anton Swarowsky an Hans Swarowsky, 3.7.1973, NlAS. Im Arnold Schönberg Center befinden sich zwei Photos aus Donaueschingen 1924: Klara Kwartin mit Webern und dem Uraufführungsensemble von op. 14 (Kolisch, Pollatschek, Wlach, Winkler, PH1646), Klara Kwartin und Arnold Schönberg (PH2010). In den Moldenhauer Archives (Library of Congress, Washington) befindet sich auch ein Brief Hans Swarowskys an Klara Kwartin vom 15.11.1924; Stichworte: „news of musical life in Vienna; Webern".
187 Das zeigen auch die wörtlichen Zitate und Erinnerungen, die Swarowsky in seine Gedenkartikel zu Schönberg und Webern einflicht, etwa das aufschlussreiche Moment, dass Webern sich „in bezug auf Gültigkeit von Aussage in prägnanter Kürze der Form" mit Peter Altenberg verglich (Anton von Webern, in: *WdG*, S. 237), gar „den Altenberg der Musik" nannte (Arnold Schönberg, in: *WdG*, S. 228).

anstelliger Musiker war, sondern auch ohne direkte Beaufsichtigung das Vertrauen Weberns genoss.

3.5 Weiterer Kontakt mit Webern

Wie lange Swarowsky von Webern in engerem Sinne unterrichtet wurde, ist nicht mehr festzustellen[188], aber jedenfalls wurde der Verkehr nach der Aufnahme der Tätigkeit in der Volksoper 1922 fortgesetzt und führte wie gesagt auch zu praktischer Zusammenarbeit. Swarowsky nahm nicht nur Anteil an Weberns Dirigententätigkeit und erhielt dadurch wesentliche Impulse für seine eigenen Interpretationen – Webern war über Jahre die bestimmende Figur im Leben Hans Swarowskys:

> In der Zeit war dann Webern mein Hauptfreund und ich muß wirklich sagen, daß ich alles, auch meine geistige Einstellung zur Musik, ihm allein verdanke – ihm und natürlich der sehr strengen Persönlichkeit von Schönberg, die immer bei diesen Dingen im Hintergrund stand.[189]

Als das Ehepaar Swarowsky „infolge eines häuslichen Konflikts ganz plötzlich wohnungslos geworden" war, fand es vorübergehend bei Weberns Schwiegermutter Unterschlupf, wie Swarowsky in seinem Lebensrückblick erwähnt[190] und auch sein Sohn zu berichten weiß[191]. Der 1924 geborene Anton wurde nach Webern benannt. Er beschreibt ein freundschaftliches und familiäres Verhältnis zwischen Webern und seinem Vater, der „eine Art Familienmitglied" und „zu allen Anlässen dabei"[192] gewesen sei.

Trotz Dirigier- und Lehrtätigkeit begleiteten Webern und seine sechsköpfige Familie zeitlebens finanzielle Nöte. Auch Swarowsky erzählte vom bescheidenen Haushalt der Familie: „Im Grunde sei es ein elendes Leben gewesen, das Webern führte und mit Hilfe von Stundengeben fristete"[193]. Aber er schilderte auch eine Art Idylle:

> Der Abendfrieden an der Familientafel, wenn ich zum Essen bleiben durfte, das oft aus dem geliebten Heidensterz bestand, gewährte wohltuende Entspannung. Die einfache Anständigkeit zu ebener Erde war hier zuhause.

---

188 Die Konto- resp. Notizbücher Weberns (Paul Sacher Stiftung Basel) verzeichnen keine Eingänge von Swarowsky.
189 Gespräch mit Manfred Huss (Anm. 2).
190 Swarowsky, Rückblick, in: *WdG*, S. 237.
191 Anton Swarowsky im Gespräch mit Daniela Swarowsky, Paris, 16.10.2001.
192 Anton Swarowsky im Gespräch mit Erika Horvath, Paris, 4.10.2002.
193 Krellmann, *Anton Webern* (Anm. 107), S. 86.

Auch Weberns zweitälteste Tochter Maria Halbich erinnerte sich an den häufigen Gast.[194] Dagegen meinte sie:

> Swarowsky hat Weberns Zuhause als „ärmlich" bezeichnet. Nun, so ärmlich war es wohl nicht, denn sonst wäre Swarowsky gewiß nicht nach den Stunden noch so lange bei Webern zum Abendessen geblieben …[195]

Wie andere Freunde und Schüler half Swarowsky der Familie, wo immer er konnte. Einmal streckte er das Geld für ein kollektives Geschenk zu Schönbergs Geburtstag vor:

> Das Geschenk habe ich schon besorgt. Nicht die große Klimtmappe, die vergriffen ist – im letzten Moment tauchte allerdings noch eine Möglichkeit auf, sie von privater Seite zu bekommen, zum Preise von circa 10.000 Kr. – sondern eine Mappe von Handzeichnungen u. Orig. Lithographien, die ganz unerhört schön sind – zum Preise von 6000 Kronen.
> (Das Geld habe ich mir einstweilen von Swarowsky verschafft.)[196]

Die „lebenslange Freundschaft" mit Webern[197] wurde auch über die Übersiedlung nach Stuttgart hinaus aufrechterhalten.

> Von 1921 bis 1927, mit einem Jahr Unterbrechung[198], währte dieser Verkehr. […] Meine Nachfolge als Haus-Schüler[199] trat mein hochbegabter, leider allzufrüh verschiedener und künstlerisch noch nicht gebührend gewerteter Cousin Ludwig Zenk an. […] Später gab es nur mehr sporadisches Zusammentreffen und schöne Korrespondenz[200]. Bitte um Sendung und Dank für die Sendung von Zigarren und Pfeifentabak war ein obligates Postskriptum.[201]

Wie es während der NS-Zeit gehalten wurde, ist derzeit nicht bekannt. Offenbar trafen sich die beiden auch bei Werner Reinhart in Winterthur, wenn man Swarowskys Auskunft, dort habe Webern „noch während des Krieges" offen über Hitler geschimpft, als

---

194 Dabei fiel ihr das Detail einer Gebetskette ein, die Swarowsky getragen habe (ob zum Zweck der Meditation, Entspannung, Mnemotechnik oder als modisches Accessoire, ist nicht überliefert), Regina Busch im Gespräch mit Erika Horvath, Wien, 12.5.2005.
195 Aus einem Gespräch mit Weberns Tochter Maria Halbich-Webern (Anm. 144) S. 95.
196 Webern an Berg, 6.9.1921, *Briefwechsel Anton Webern – Alban Berg* (Anm. 35).
197 Rückblick, in: *WdG*, S. 257.
198 In der Saison 1923/24 arbeitete Swarowsky als Korrepetitor an der Kgl. Oper Bukarest.
199 – ein Hinweis darauf, dass der Übergang zwischen Unterricht und freundschaftlichem Verkehr fließend war.
200 Weberns Briefe an Swarowsky dürften beim Brand von Swarowskys Berliner Wohnung 1944 vernichtet worden sein.
201 Anton von Webern, in: *WdG*, S. 237.

Bericht eines Ohrenzeugen verstehen darf.²⁰² Webern war im Februar 1940 als Werner Reinharts Gast in Winterthur (zur Aufführung seiner *Passacaglia* unter Erich Schmid) und zu einem Liederabend der IGNM in Basel, nochmals im Februar/März 1943 in Winterthur (zur Uraufführung seiner Orchestervariationen unter Scherchen). Da Swarowsky bis Ende Mai 1940 Kapellmeister in Zürich war, könnte er im Februar ohne weiteres in der Schweiz herumgereist sein und Webern getroffen haben, zumal er im November 1940 noch einmal von Berlin aus nach Genf reiste, um sich von seinem Sohn Anton vor dessen Emigration in die USA zu verabschieden, aber er war auch später noch im Auftrag der Münchner Oper unterwegs, unter anderem in Zürich. Erstaunlicherweise plante er für November 1944 eine öffentliche Probe und Aufführung der *Passacaglia* durch die Philharmonie des Generalgouvernements in Krakau und ließ das Material durch Rudolf Erb in Wien besorgen.²⁰³

4. Fernere persönliche Kontakte zu Angehörigen der Wiener Schule

Auch mit Alban Berg, auf den er in seinen Erinnerungen nicht weiter eingeht, dessen Namen er lediglich unter anderen aufzählt²⁰⁴, stand Swarowsky in Verbindung. Bei Bewerbung um die Kapellmeisterstelle in Stuttgart 1927²⁰⁵ stellte er seinen Wiener-Schul-Hintergrund überraschend offensiv heraus:

> Meine Musikalische Ausbildung erhielt ich durch Arnold Schönberg, dessen Privatschüler ich in Harmonielehre, Kontrapunkt und Komposition²⁰⁶ war. Ausserdem habe ich bei einer ganzen Reihe von Professoren der Wiener Akademie, dann auch bei Anton von Webern und Alban Berg gearbeitet. Ich bin ausgebildeter Konzertpianist (an der Akademie und bei Eduard Steuermann).

Leider erfährt man nichts über die Art von Unterweisung, die er bei Berg erhalten hat.²⁰⁷ „Gearbeitet" hatte er mit Berg als Vortragsmeister im „Verein" allenfalls auf einer noch elementaren Stufe an der Strauss'schen *Alpensymphonie*, dagegen war es zur Einstudierung von Bergs eigenen Orchesterstücken op. 6 nicht mehr gekommen. Natürlich

---

202 Krellmann, *Anton Webern* (Anm. 107), S. 96 f.
203 Ich danke der Herausgeberin von Weberns Briefwechsel mit der UE, Julia Bungardt, für diese Information.
204 Zubin Mehtas Erinnerungen nach wurde Berg im Unterricht nie erwähnt: Gespräch mit Erika Horvath, Otto Karner und Manfred Huss, Wien, 11.3.2003.
205 Siehe das Kapitel „Stationen bis 1933", Abschnitt „Württembergisches Staatstheater Stuttgart" im vorliegenden Band.
206 Vgl. jedoch oben die Begründung, warum er bei Schönberg gerade nicht Komposition studieren wollte.
207 Aber wir wissen auch nicht, was Swarowsky meint, wenn er von einem Studium an der Akademie spricht.

kann es bei den von Swarowsky geschilderten Sonntagnachmittagen bei Schönberg auch zu einem Zusammentreffen mit Berg gekommen sein. 1922 stellte Swarowskys Frau Julia Laszky als Buchbinderin sechs Bände *Wozzeck*-Partitur für eine mögliche Aufführung in Frankfurt fertig.[208]

Später vermittelt Swarowsky Berg dann jedenfalls den Eindruck, in ihm einen zuverlässigen Verbündeten in Stuttgart zu haben.[209] Als Hamburger Kapellmeister fragt er noch im Frühjahr 1935 Berg nach dem Stand der *Lulu*-Komposition und erklärt, er wolle „alle sich aus der heutigen Zeit evtl. ergebenden Schwierigkeiten zu überwinden trachten, um Ihrem Werk", aus dem Erich Kleiber dann im November des Jahres die *Symphonischen Stücke* in Berlin präsentierte[210], „die reichsdeutsche Uraufführung am Hamburgischen Staatstheater zu ermöglichen". Dabei gibt er seiner Hoffnung Ausdruck, sich bei Berg nach so langer Zeit in gutem Andenken erhalten zu haben[211], was wohl tatsächlich für einen mehr als nur gelegentlichen Umgang spricht. Berg reagiert skeptisch, hat aber auch vielerlei Rücksichten zu beobachten: „Ich hab' heut noch viele Briefe zu schreiben (u.a. an Swarowski [!!], der die Urauff [!] der Lulu in Hamburg [wo er nach Jochum „erster" ist] durchsetzen will. [?????])".[212]

Willi Reich berichtet aber Berg noch am 3. Juli 1935, aus allerdings zweifelhafter Quelle erfahren zu haben, Göring habe Clemens Krauss ersucht, ihm eine radikal moderne Oper zu nennen, die nächstes Jahr in der Staatsoper aufgeführt werden solle, und

---

208 Berg an Helene Berg, 23.5.1922, siehe *Briefwechsel Alban Berg – Helene Berg. Gesamtausgabe Teil III: 1920–1935*, hg. von Herwig Knaus/Thomas Leibnitz (Quellenkataloge zur Musikgeschichte 56), Wilhelmshaven 2014, S. 237. Am 7.6.1922 bedanken sich Lia und Hans Swarowsky bei Berg für eine „liebenswürdige Aufmerksamkeit" (Postkarte aus Altaussee, ÖNB, Musiksammlung, Fonds 21 Berg). Lia Laszky führte solche Buchbindearbeiten wie gesagt auch für Schönberg aus.
209 Berg an Hans Heinsheimer (UE) 11.9.1929, UE-Archiv, Depot in WBib, Briefe Alban Berg, No. 180.
210 – ein Werk, das Swarowsky nach dem Krieg u.a. in den USA dirigieren sollte.
211 Swarowsky (mit Briefkopf „Hamburgisches Staatstheater und Philharmonisches Staatsorchester | Generalintendanz") an Berg, 8.5.1934, Kopie in WBib, UE-Briefe Alban Berg 315/365. Zu dieser Zeit schrieb Swarowsky, der offenbar noch nicht alle Illusionen verloren hatte, an Heinsheimer (UE), der davon wiederum Berg berichtet: „Von Swarowsky hatte ich einen langen Brief, in welchem er die meisten Erscheinunge[n] des Verlags ablehnt und um Novitäten bittet, welche wirklich im alten Sinne der U.E. ‚modern, konzessionslos' etc. sind. Er schrieb mir auch, dass er Ihnen wegen LULU schon Nachricht gegeben habe. Er ist als 1. Kapellmeister [nur] dem Jochum unterstellt in Hamburg und es ist schon möglich, dass er bei der Repertoirebildung einen gewissen, wenn auch nicht grossen Einfluss hat. Ich schrieb ihm, genau so wie Sie es vorschlagen: ‚dass das Werk im Herbst beendet ist und zur Aufführung in der zweiten Hälfte der nächsten Spielzeit in Frage kommt'. Da er ein etwas unsicherer Kantonist ist [dies könnte sich auf in Wien kursierende Nachrichten oder Gerüchte über Swarowskys nicht rein-arische Herkunft und die daraus abzuleitende prekäre Stellung beziehen, RK], ist Zurückhaltung gewiss am Platze und wir müssen ja wohl jetzt zunächst auf die viel wichtigere Berliner Erledigung warten." Typoskript-Durchschlag WBib, UE-Briefe, Alban Berg 318.
212 Berg an Webern, 17.5.1934, *Briefwechsel Anton Webern – Alban Berg* (Anm. 35).

Krauss habe *Wozzeck* vorgeschlagen. „Angeblich" setze sich „auch der an Stelle Kleibers an die Staatsoper gekommene Swarowsky (Ihr Schüler?????) sehr dafür ein".[213] – Ob Swarowsky mit der Züricher Uraufführung der (zweiaktigen) *Lulu*, die unmittelbar vor seinem dortigen Stellenantritt 1937 unter dem 1. Kapellmeister Denzler stattfand, etwas zu tun hatte, muss vorerst offenbleiben.

Weiterhin erzählt Swarowsky gelegentlich, er sei „etwas später außerdem und neben Webern auch zu Hanns Eisler" gegangen[214] – offenbar nach dessen Rückkehr aus Holland. Ob das eine Art zusätzliches Tutorium war, ein weiterer Fall von finanzieller Unterstützung oder Freundschaft ähnlich der späteren mit Webern, darüber ist derzeit nichts Näheres bekannt.[215] Jedenfalls versuchte Swarowsky nach dem Krieg, Eisler an die Wiener Akademie zu ziehen, und der Kontakt blieb auch nach dessen Übersiedlung in die DDR aufrecht.[216]

Dem bereits zitierten Brief Erwin Steins ist zu entnehmen, dass Swarowsky an seinem Analysekurs im „Seminar für Komposition" teilgenommen hat.[217] Dass er auch bei Eduard Steuermann (dem Schüler Busonis, quasi als dessen Enkelschüler) Klavierunterricht nahm, hat er später wiederholt erzählt.[218] Seine erste Gattin Lia Laszky war gleichfalls Steuermann-Schülerin. Bei Steuermann studierte Swarowsky u. a. Brahms' Schumann-Variationen op. 9, die parallel dazu mit Webern, wie offenbar vorher auch mit Schönberg, durchgenommen wurden.[219] Jahrzehnte später schrieb Swarowsky seinem Sohn, der zur Vorbereitung auf den Dirigentenberuf gerade Schüler Steuermanns an der Juilliard School in New York geworden war:

> Ich will dir gleich vorweg sagen, dass ich natürlich sehr froh bin, dass du bei Steuermann lernst, obgleich man dort ja nicht Klavierauszugspielen, sondern auch etwas höher einzuschätzendes zu lernen pflegt, auch in sittlicher Hinsicht. Steuermann ist gewiss einzigartig

---

213 Willi Reich an Berg, 3.7.1935, ÖNB, Musiksammlung, F 21 Berg 1234/191.
214 Swarowsky, Gespräch mit Walter Szmolyan (Anm. 3).
215 Dass er zeitweilig Sympathien für die Kommunistische Partei hegte, scheint festzustehen. In dem Gespräch mit Walter Szmolyan (ebd.) erklärt er auch, als es um die verschiedenen Bekanntschaften und Eindrücke außerhalb der Musik geht: „Brecht darf ich nicht vergessen, ganz im Vordergrund zu nennen, der ganz großen Einfluss auf mich gehabt hat, nach Karl Kraus eigentlich den größten." Siehe auch Rückblick, in: *WdG*, S. 259.
216 – so dass Eisler Swarowsky etwa für Filmarbeiten gewinnen wollte, Brief Hans Swarowskys an Anton Swarowsky, September 1954, siehe das Kapitel „Zu Swarowskys Biographie nach 1945" im vorliegenden Band.
217 Erwin Stein an Arnold Schönberg, 18.2.1921, zitiert nach Thomas Brezinka, *Erwin Stein. Ein Musiker in Wien und London*, Wien/Köln/Weimar 2005 (Schriften des Wissenschaftszentrums Arnold Schönberg 2), S. 82.
218 Rückblick, in: *WdG*, S. 257.
219 Anton von Webern, in: *WdG*, S. 237; Arnold Schönberg, in: *WdG*, S. 231. Vgl. auch Anm. 52.

[…] Grüß ihn bestens von mir und sag ihm, wenn ich auch nur kurz bei ihm war und damals kein sehr konzentrierter Schüler, so habe ich doch aus wenigen seiner Bemerkungen Lehren fürs Leben gezogen, die ich nie bezahlen könnte.[220]

Als Pianist aber „zählte" der „gleichaltrige"[221] Rudolf Serkin „damals" – also zur Zeit des Unterrichts bei Steuermann – „zu [s]einen bewunderten Vorbildern".[222] Serkin hatte 1918–1920 bei Schönberg studiert; offenbar gelang es diesem nicht, ihn mit nach Amsterdam zu nehmen. Er wirkte auch im Verein für musikalische Privataufführungen mit, wo er Klavier- und Kammermusik von Debussy, Novák, Reger, Strawinsky, Suk, Vomáčka, dagegen nichts von Komponisten der Wiener Schule darbot. Er sollte sich der Neuen Musik entfremden, mit Schönberg brechen und sich ästhetisch mit seinem Kammermusikpartner und späteren Schwiegervater Adolf Busch verbünden; doch gab er in späten Jahren an, dass der Schönbergsche Einfluss der ihn unbedingt prägende gewesen sei[223], auch erzählte Kolisch, dass man sich 1964, als er von Serkin zur Einstudierung der Ersten Kammersymphonie während des Marlboro Festivals eingeladen wurde, wieder versöhnt habe.[224]

Schließlich ist auch in diesem Zusammenhang nochmals an Swarowskys Mitschüler, seinen Cousin Ludwig Zenk zu erinnern, aus dessen Nachlass er später manches Stück bewahrte.[225]

Zemlinsky, der von den Angehörigen der Wiener Schule als Dirigent und Komponist sehr geschätzt und als einer der Ihren betrachtet wurde, nennt er einmal unter jenen, die er als solche erlebt habe, die (wie Schönberg, Strauss und Strawinsky, aber auch Bartók und Pfitzner) höchste Genauigkeit in der Wiedergabe ihrer Werke verlangt hätten[226] – er dürfte ihn aber kaum ausführlich studiert haben, war Zemlinsky doch zur Zeit von Swarowskys Anfängen längst in Prag tätig und später in Berlin, während Swarowsky bereits in Gera und Hamburg wirkte. Als Zemlinsky nach Wien übersiedelte, wechselte Swarowsky zwischen Berlin und München. Allerdings ist er immer viel gereist und mag Zemlinsky bei der Prager Uraufführung von Schönbergs *Erwartung* oder gelegentlich bei Konzerten erlebt haben.

---

220 Hans Swarowsky an Anton Swarowsky, 30.7.1948, NlAS.
221 – Serkin *1903, Swarowsky *1899.
222 Swarowsky, Rückblick, in: *WdG*, S. 257.
223 „,No,' Serkin corrected Isaac Stern, who suggested that Adolf Busch was the decisive influence on hin, ,it was Schoenberg. Busch just added to it. It was Schoenberg.'" Stephen Lehmann/Marion Faber, *Rudolf Serkin. A Life*, Oxford/New York 2003, S. 43.
224 Mündliche Mitteilung an den Autor in den 1970er Jahren.
225 Zu Zenk und Swarowsky siehe Hommes, *Verkettungen und Querstände* (Anm. 120), passim, sowie den Beitrag von Erwin Barta im vorliegenden Band.
226 Swarowsky, Gespräch mit Manfred Huss (Anm. 2).

Jedenfalls geriet Swarowsky durch Schönberg sogleich in einen Kreis von Schülern und Gefolgsleuten, von denen er einige auch in der Volksoper wiedertraf. Nicht nur war Schönberg als Lehrer ungewöhnlich erfolgreich, seine Schüler fanden auch – nicht zuletzt wegen der Gründlichkeit der niemals bloß ‚theoretischen' Ausbildung – an vielen Stellen im Musikbetrieb Beschäftigung.

Am Beginn seiner Tätigkeit als Korrepetitor an der Volksoper (seit 1922) wirkte Swarowsky inmitten eines Pools von jungen Musikern aus Schönbergs Schule, die als Chordirektoren und Kapellmeister eine förmliche Kolonie bildeten: Rudolf Weirich (Weyrich, 1916–24), Karl Rankl (1922–25), Ernst Bachrich (1920–25), Heinrich Jalowetz (1924/25). Ab 1924 ging die Leitung des Hauses für eine Saison von Felix Weingartner an den Schönberg-Apostel (und ehemaligen Mahler-Assistenten) Fritz Stiedry über. Mit der formellen Anstellung bzw. fallweisen Beschäftigung als einer der Dirigenten des Hauses allerdings war Swarowsky in dieser Hinsicht wieder als Einzelkämpfer tätig.

5. Einflüsse von ausserhalb des Wiener Kreises

Von Anfang an wurde Swarowsky in seiner Entwicklung mit den verschiedenartigsten Eindrücken konfrontiert. In einem Interview 1974 betont er den Wert der Gegensätzlichkeit seiner Erfahrungen – die Unterschiede hätten sich „abgeschliffen", und es sei „die große Musik heraus"gekommen. Unabsichtlich gibt er selbst ein Beispiel dafür, wie sich ihm vieles relativiert hat, er bei alldem jedoch einen Kern von Überzeugungen sich nicht nehmen lässt. Nachdem er berichtet hat, bei Stöhr, Schönberg und Webern Theorieunterricht erhalten zu haben, fährt er fort:

> Aber noch größer als das, was ich bei diesen Herren gelernt habe, waren die Einflüsse von außen, die durch den reichen gesellschaftlichen Verkehr gekommen sind. Ich nenne nur die Freunde von Brahms, die ich noch kannte […], dann die Freunde von Bruckner […], Frau Adele Strauß […–] das waren lauter Grüße aus der Vergangenheit, wie ich sagen darf. Zugleich habe ich die Operettenfürsten Lehar, Fall, Oscar Straus, Kalman auch gut gekannt. Das kam alles aus der Gesellschaft, wenn man Gesellschaft, die an sich etwas Widerliches ist, aber gut nützt, dann kann man aus ihr auch gute Dinge ziehen. – Von den Dirigenten waren es Furtwängler, Klemperer und Kleiber, von denen besonders Kleiber einen großen Eindruck auf mich gemacht hat […] Von Kleiber war ein sehr schneller Schritt zu Toscanini […]

Nachdem er bis dahin Erinnerungen an die 1910er und 20er Jahre in buntem Wechsel aufgerufen hat, kommt er ohne weitere Überleitung noch einmal auf Webern zu sprechen:

> In der Zeit war dann Webern mein Hauptfreund, und ich muss wirklich sagen, dass ich alles, auch meine geistige Einstellung zur Musik, ihm allein verdanke, ihm und natürlich der sehr strengen Persönlichkeit von Schönberg, die bei diesen Dingen immer im Hintergrund stand.[227]

Es war sicher nicht nur das Schönbergjahr, das Swarowsky immer wieder an diesen Punkt zurückführte.

Nach der musikalischen Konstitutionsphase in der Wiener Schule dürfte jedoch erst die persönliche Bekanntschaft mit Strauss 1934 in Hamburg, bereits unter veränderten politischen Vorzeichen, eine allenfalls vergleichbare Wirkung ausgeübt haben. Offenbar war es in der Zeit von Strauss' Wiener Staatsopern-Direktion mit Schalk (1919–24), als sich Swarowsky eher im Schönberg-Webern-Umfeld herumtrieb, zu keiner Begegnung gekommen. Da spielte Strauss die Rolle eines älteren Meisters, auch für die Wiener Schule[228], während diese selbst das Neue zu verkörpern schien. Allerdings war dies gerade die Phase, in der Schönberg selbst sich in einer Art von Konkurrenz zu Strauss sah.[229]

Natürlich kann man die „Strauss-Schüler" nicht in gleicher Weise identifizieren wie jene Schönbergs, da Strauss so gut wie nicht unterrichtete – aber das Strauss-Erlebnis liegt bei Swarowsky auch nach der Initiation durch die Wiener Schule, und Swarowsky dürfte bereits in seinen Überzeugungen gefestigt gewesen sein, als Strauss in sein Leben trat. Dennoch darf der äußere Rahmen nicht ignoriert werden, in dem die Begegnung stattfand, und der eine gewisse Empfänglichkeit für die neuen Eindrücke begünstigt und eine Auffrischung der ‚Wiener' Eindrücke während der NS-Jahre weitgehend unterbunden haben wird.[230] Es ist wohl eine Überlegung wert, ob diese Wirkung unter anderen Umständen von gleicher Intensität gewesen wäre, wenn Swarowsky Strauss (und dessen Adlatus Krauss) nicht in dem Maße persönlich verpflichtet gewesen wäre, wie dies nun einmal der Fall war. Aber die ursprüngliche Prägung war dennoch tiefgreifend, und auch nach der Begegnung und längeren Kooperation mit Strauss (der ihm vieles über Komposition, aber auch Interpretation sagen konnte) sind die Eindrücke nicht gänzlich verwischt. Manche Überzeugungen waren auch einfach kompatibel. Selbst die Weite des Horizonts, die Liberalität, die Swarowsky den unterschiedlichsten stilistischen Er-

---

227 Gespräch mit Manfred Huss (Anm. 2). Das Zitat wurde bereits im Webern-Teil benutzt.
228 Man denke an die Strauss-Aufführungen im „Verein".
229 Siehe meinen Beitrag: Egomanen unter sich: Strauss vs. Schönberg, in: *Richard Strauss-Jahrbuch* 2015, Wien 2017, S. 25–57, dort insbesondere den 4. Abschnitt.
230 Jedenfalls hat Swarowsky in einem Typoskript im Nachlass aus der Zeit nach 1958 (das auch einen Teil „Reservat und nur für den inneren Gebrauch" enthält) angegeben: „Musikstudium bei Arnold Schönberg, Anton v. Webern, Franz Schalk, Richard Strauss". Die (spätere) Begegnung mit Toscanini dürfte dann ein Treffen unter Kollegen gewesen sein.

scheinungen gegenüber an den Tag legte, verdankte er nicht dem tiefen Eindruck, den nach der Wiener Schule auch Strauss auf ihn machte:

> Besondere Frucht des Unterrichts [scil. bei Webern] war für mich die Anweisung, unterschiedliche Stile aus ihren eigenen Daseinsbedingungen als organische Einheit zu begreifen. Hier ergab sich eine merkwürdige Parallele zum kunsthistorischen Unterricht Max Dvoraks, den ich auf der Universität erlebt hatte.[231]

Dies wird auch durch die Puccini-Anekdote aus Weberns Dirigierkurs bestätigt.

6. Folgerungen nach 1945

In der allgemeinen Aufbruchsstimmung nach der militärischen Niederringung des Nationalsozialismus gab es für Swarowsky eine Phase, in der er auf verschiedenen Ebenen versuchte, an seine ‚progressive' Zeit in den 1920er Jahren anzuknüpfen. 1946, kaum konnte man sich (sachlich) wieder etwas freier bewegen, plante er zusammen mit Alfred Schlee, eine Zeitschrift mit dem Arbeitstitel *Musica universalis*[232] für neue Musik (im weitesten Sinne) herauszubringen, als Fortsetzung des *Anbruch*, allerdings ohne dessen deutliche Orientierung an Verlagsinteressen, vielleicht in Kenntnis des Vorhabens von Rufer und Stuckenschmidt in Berlin, deren *Stimmen* (die wie zahllose Neugründungen von Kulturzeitschriften die Währungsreform nicht überlebten) im Herbst 1947 zu erscheinen begannen. Schlee bat Schönberg um einen Originalbeitrag; dieser konnte oder wollte offenbar im Augenblick nichts liefern, und dem verdanken wir die nähere Erläuterung durch Schlee, dass die Zeitschrift „als Quellenzeitschrift gedacht" war und „nicht so aktuell gebunden sein und zunächst in unregelmäßigen Zeitabständen fast mehr in kleiner Buchform" erscheinen sollte.[233] Offenbar scheiterte das Vorhaben bereits im Planungsstadium, vielleicht an den vielfältigen Verpflichtungen Swarowskys, vielleicht auch an Produktionsengpässen im Verlag; womöglich stellte sich bald heraus, dass die von Peter Lafite gegründete *Österreichische Musikzeitschrift* (seit Januar 1946) jedenfalls einen Teil der Agenden übernommen hatte, darunter die Wiederanknüpfung an die Zeit vor 1938 bzw. 1933 und die Pflege des Kontakts zu den österreichischen Emigranten. Swarowsky sollte schließlich immer wieder dort publizieren.

1947 hielt er in Graz wie erwähnt für Mahlers *Lied von der Erde* Einzelproben mit den Bläsern „im Sinne des Schönberg-Vereins" ab.

---

[231] Rückblick, in: *WdG*, S. 239; siehe unten den Abschnitt „Überformung durch andere Einflüsse".
[232] Alfred Schlee an Arnold Schönberg, 2.5.1946, Library of Congress, Washington; Kopie in ASC.
[233] Alfred Schlee an Arnold Schönberg, 13.7.1946, ebd.

Wie er als Dirigent der Staatsoper erneut mit Rudolf Weirich zusammengetroffen sein dürfte, so scheint ihm der Austausch in seiner Volksopernzeit, aber auch die schulische Herkunft so viel bedeutet zu haben, dass er jetzt an der Wiener Musikakademie auch aktiv daran arbeitete, dass dort wieder ein ähnlicher Kreis von offenen und verdeckten Mitgliedern der Wiener Schule zusammenfand, ein Kreis von Gleichgesinnten, der ihm eine gemeinsame Vertrauensbasis zu garantieren schien.

Zwar wirkten Apostel und Polnauer lediglich als Privatlehrer, vor allem bei Letzterem nahmen allerdings einige Studenten der Musikakademie auch Privatstunden. Aber Hanns Jelinek, Gottfried Kassowitz, Erwin Ratz, Bruno Seidlhofer[234], Richard Hauser[235] und Friedrich Wildgans lehrten dort regulär und bildeten zusammen mit Swarowsky einen (konspirativen?) Block. Wäre es nach Swarowsky gegangen, hätte auch Steuermann dem Kollegium angehören sollen: „[W]ir haben uns vergeblich bemüht, [Letzteren] nach Wien an die Akademie zu bringen. Ich habe mich sehr dafür eingesetzt, sowie auch um Hanns Eisler [bemüht]."[236]

1957–59 schließlich übernahm er von Karl Rankl die Position eines Chefdirigenten des Scottish National Orchestra Edinburgh, und er brachte auch verschiedene Werke Rankls zur Aufführung.[237] So scheint die persönliche Verbundenheit der Schüler der Wiener Schule immer wieder funktioniert zu haben.

Freilich darf man sich das Verhältnis der Überlebenden untereinander nicht so vorstellen, als hätten sie wie eine verschworene Gemeinschaft eisern zusammengehalten. Wohl gab es immer wieder Koalitionen und sogar Freundschaften (wie zwischen Rankl und Swarowsky), vielfach aber beobachtete man einander mit einer Art Misstrauen, ob die Wahrheit bei dem Betreffenden auch in die richtigen Hände gelangt war oder der Schüler die Lehre auch in genügender Reinheit vertrat. So erklären sich die gelegentlichen skeptischen und sogar abfälligen Äußerungen etwa von Adorno, Ratz, Rufer namentlich über den Mahler-Dirigenten Swarowsky. Und wenn Erwin Stein Britten anvertraut: „We did not think much of him then", so hat das natürlich etwas mit den neuen Allianzen in England zu tun; das „wir" dürfte sich allerdings auf die ‚wahren' Schönberg-Jünger beziehen. Wenn Stein, der seine eigenen dirigentischen Ambitio-

---

234 u. a. Schüler Alban Bergs.
235 u. a. Schüler Anton Weberns.
236 30.7.1948 an seinen Sohn Anton, der gerade in New York bei Steuermann studierte, NlAS. Am 18.11.1946 richtete Rektor Sittner tatsächlich eine entsprechende Anfrage an Steuermann. Alfred Schlee wiederum versuchte, Josef Rufer aus Berlin an die UE zu holen, was offenbar an der Unmöglichkeit scheiterte, dessen ganze Familie in Wien unterzubringen, Brief Alfred Schlee an Arnold Schönberg 13.7.1946, Library of Congress, Washington, Kopie in ASC.
237 Siehe den Beitrag von Keith Griffiths im vorliegenden Band sowie Nicole Ristow, *Karl Rankl. Leben, Werk und Exil eines österreichischen Komponisten und Dirigenten*, Neumünster 2017 (Musik im „Dritten Reich" und im Exil 20).

nen längst begraben hatte, dann freilich fortfährt: „He has a good beat, gets his tempi (which are mostly right), + sense for sound and shape"[238], dann fragt man sich unwillkürlich, was Swarowsky um Himmels willen noch alles gekonnt haben soll, und kann sich allerdings vorstellen, dass in den Ohren eines gestandenen Schönbergianers Swarowsky einiges an analytischer Durchdringung und artikulatorischer Durchbildung zugunsten von Sicherheit in der Bewegung und der Herausarbeitung der Gesamtproportionen aufgegeben haben mag.

6.1 Welche Rolle spielt die Musik der Wiener Schule bei Swarowsky?

Im Unterricht hat er offenbar immer wieder darauf Bezug genommen und hat bestimmte Stücke auch mit seinen Studenten gründlicher durchgesprochen – öffentlich hat er sich zu den Meistern der Wiener Schule wohl erst spät, bei Gelegenheiten wie Jubiläen oder Symposien, bekannt und seine Erinnerungen mitgeteilt.

Als ausübendem Künstler war ihm vor 1933 nur selten die Chance geboten gewesen, auch für die Musik seiner Lehrer einzutreten (sieht man von einer bislang nicht gesicherten Aufführung der *Gurre-Lieder* in Buenos Aires ab, die sogar bereits 1936 stattgefunden haben soll). Immerhin versuchte er noch 1935, die Uraufführung von Bergs *Lulu* nach Hamburg zu holen; die wirkliche szenische Uraufführung fand allerdings in Zürich statt, unmittelbar bevor er seine Stelle dort antrat, und danach gab es, wie auch das Schicksal des Krakauer *Passacaglia*-Projekts 1944 zeigt, bis 1945 keine Gelegenheit mehr, für diese Musik irgendetwas zu tun.

Nach dem Krieg allerdings sah es anders aus. Und tatsächlich fasste er, sobald er eine entsprechende Stelle innehatte und etwas länger planen konnte, sofort *Wozzeck* für Graz ins Auge.

Da er selbst erklärt, von etlichen Stücken Schönbergs authentische Eindrücke und über sie Informationen „aus erster Hand", d.h. aus Proben und Aufführungen inner- und außerhalb des „Vereins", empfangen zu haben, und da Webern ihn seinerzeit für einen wirklichen Kenner seiner Musik gehalten hatte, ist von Interesse, was er alles aufgeführt und aufgenommen hat:

Soweit das aktuelle Verzeichnis der Tonaufnahmen[239] und ein im Aufbau befindliches Verzeichnis aller Auftritte des Dirigenten bereits Verallgemeinerungen zulässt, hat Swarowsky seit den frühen 1950er Jahren zwar nicht gerade häufig, aber nach Möglichkeit einigermaßen kontinuierlich Musik der Wiener Schule zur Aufführung gebracht. Von Schönberg[240] leitete er auch noch einmal *Gurre-Lieder* (Berlin 1964). Die sympho-

---

238 Erwin Stein an Benjamin Britten, 8.2.1953, in: Brezinka, *Erwin Stein* (Anm. 217), S. 82.
239 Siehe Carsten Schmidt, Verzeichnis der Ton- und Bewegtbildaufnahmen Hans Swarowskys, im Anhang zu diesem Band.
240 Unter den annotierten Partituren – siehe dazu den Beitrag von Uros Lajovic im vorliegenden Band –, wie

nische Dichtung *Pelleas und Melisande*, die ihm nach eigenem Bekunden von Schönberg „in persönlicher Unterweisung" vermittelt worden war[241], hat er öfters dirigiert[242], sie auch wiederholt im Unterricht besprochen[243] und schließlich mit der Tschechischen Philharmonie aufgenommen. Von den frühen und späten tonalen Werken haben ihn als Dirigent *Friede auf Erden*, die Orchesterlieder op. 8, die 2. Kammersymphonie op. 38 und *Kol nidre* op. 39 beschäftigt, dazu die Bach- und Brahms-Orchestrationen; aus der Phase der freien Atonalität die Streichorchesterfassung des 2. Quartetts op. 10, die Orchesterstücke op. 16 und *Erwartung* op. 17; offenbar waren ihm auch die Zwölftonkompositionen keine spezielle Herausforderung: Immerhin hat er mindestens einmal in Wien (1965) sogar die wahrhaft anspruchsvollen *Variationen* op. 31 aufgeführt, am selben Abend wie das Klavierkonzert mit Walter Klien. *Ein Überlebender aus Warschau* op. 46 begegnet sogar bereits 1952 – denkbar, dass sich Swarowsky ähnlich wie Leibowitz mit dem „Davongekommenen" identifiziert hat, so wie ihn *Kol Nidre* op. 39, im selben Konzert aufgeführt, auch persönlich berührt haben mag.[244] Ebenfalls stark umgetrieben hat ihn aber offenbar *Moses und Aron*. Als er 1967 hörte, dass Egon Seefehlner nach einem Dirigenten für das Stück Ausschau hielt, das nach dem Tode Hermann Scherchens an der Deutschen Oper Berlin verwaist war, bestürmte er ihn:

> Dieses Werk ist mir ans Herz gewachsen, ich bin Kenner noch vom Autor her und habe meine Kenntnisse später in Los Angeles wesentlich erweitert. Frau Schönberg selbst pflegte mich in Amerika für Aufführungen zu empfehlen. […] Ich bin auch bereit, falls Sie Maderna dennoch bekommen sollten, die Aufführungen später zu übernehmen. Für dieses Stück bedarf es vor allem geistiger Kraft. Den Ton im Wort so aufgehen lassen zu können wie das Wort im Ton, ist wesentliche Voraussetzung. Lange und intime Bekanntschaft mit dem Ideengehalt vermag allein eine verständnisvolle Realisierung zu gewährleisten.[245]

---

sich der (generell offenbar bereits geplünderte) Bestand im Nachlass heute darstellt, finden sich zwar Exemplare von *Pelleas*, *Orchesterstücke* op. 16 (Dirigier- und Studienpartitur), 2. Kammersymphonie, Klavierkonzert, Dirigiereintragungen dagegen nur in einem Klavierauszug von *Erwartung*, und zwar lediglich zur II.–IV. Szene. Nach einer neueren Aufstellung von Manfred Huss existieren weitere Exemplare mit keinen oder sparsamen Eintragungen von: Schönberg, op. 26, 31, *Moses und Aron*; Webern, op. 21, 24; Berg, *Symphonische Stücke aus der Oper „Lulu"*, Violinkonzert (Stand 5.9.2015).

241 Arnold Schönberg, in: *WdG*, S. 232.
242 Davon haben sich verschiedene Mitschnitte erhalten, siehe Carsten Schmidt, Verzeichnis, im Anhang des vorliegenden Bandes.
243 Schönberg: Pelleas und Melisande, in: *WdG*, S. 160–70.
244 – das dürfte ihm auch Werke wie Dallapiccolas *Il prigioniero* oder Waxmans *The Song of Terezin* nahegebracht haben, die er am 18.12.1959 bzw. 16.11.1967 in Wien dirigierte.
245 Brief an Egon Seefehlner (damals stellvertretender Generalintendant der Deutschen Oper), 20.11.1967, Kopie in NIHS.

Vermutlich als sich abzeichnete, dass daraus nichts werden würde, fasste er den Plan, wenigstens Teile davon während der Wiener Festwochen 1969 (die einen der Schwerpunkte auf die Wiener Schule setzen würden[246]) konzertant aufzuführen. Das Konzert war fest programmiert[247], wurde aber (ich weiß nicht, in welchem Stadium der Vorbereitung – wie es heißt, wegen des geringen Kartenvorverkaufs) schließlich abgesagt. Tragikomisch? Symbolisch? Das ganze Werk war 1960 in der Wiener Staatsoper als Gastspiel der Deutschen Oper Berlin unter Hermann Scherchen gezeigt worden; die (erfolgreiche) erste hauseigene Staatsopernproduktion sollte 1973, zwei Jahre vor Swarowskys Tod und von ihm gefeiert[248], Christoph von Dohnányi ins Werk setzen.

Ein Auftrag an seinen Sohn vom November 1946, ihm über Schönbergs Schwiegersohn Felix Greissle umgehend die „Suite für Schülerorchester, String[s]" sowie die 2. Kammersymphonie zu besorgen[249], dürfte der Absicht entsprungen sein, diese Stücke an der Akademie einzusetzen. Vermutlich war die Suite für die Wiener Studenten zu schwer; die Kammersymphonie dirigierte Swarowsky erst Ende der 60er Jahre in Wien.

Die ausführlichsten Äußerungen Swarowskys zur Musik der Wiener Schule waren veranlasst durch Kongresse oder Gedenkveranstaltungen, für die er als inzwischen unverzichtbarer Zeitzeuge herangezogen wurde. Alban Berg war er zwar ebenfalls begegnet, aber von gelegentlichen Erwähnungen abgesehen spielt er keine herausragende Rolle. Immerhin wurde er 1973 von Helene Berg, die er offenbar auch öfters besucht hat, gefragt, ob er ihr „diesen langgehegten Wunsch […] erfüllen" könne, für die Alban Berg Stiftung als „künstlerische[r] Beirat" zu fungieren, „der in meinem Sinne handelt".[250] In den Listen finden sich die *Bruchstücke aus Wozzeck* (bereits 1953), das Violinkonzert und *Symphonische Stücke aus der Oper „Lulu"* (dirigiert 1966 in Los Angeles, 1967 in Berlin, Wien und Los Angeles)[251]; dagegen scheint Swarowsky die *Orchesterstücke* op. 6, deren Klavierfassung er im Verein für musikalische Privataufführungen mit hätte aufführen sollen, später nicht dirigiert zu haben. Sie stellen allerdings auch eine besondere Herausforderung für Dirigent und Orchester dar. Der Plan, im Rahmen der Grazer Sommerfestspiele 1948 *Wozzeck* aufzuführen, scheiterte wie gesagt an der zu kurzen Vorbereitungszeit, und für eine spätere Einstudierung fehlte es an Gelegenheiten.

---

246 U.a. spielte das LaSalle-Quartett einen kompletten Wiener-Schule-Zyklus.
247 Das Plakat diente jahrelang als Wandschmuck im Konzerthaus. Angekündigt waren laut *Almanach der Wiener Festwochen 1969* im Rahmen eines Orchesterkonzerts der Wiener Symphoniker im Großen Saal Schönbergs Orchesterlieder op. 8 (mit Ernst Kozub) und 2. Kammersymphonie op. 38 sowie aus *Moses und Aron* „2. Akt, Szenen 1 bis 3 (,Aron und die Ältesten', ,Das goldene Kalb')".
248 Arnold Schönberg, in: *WdG*, S. 233 f.
249 Hans Swarowsky an Anton Swarowsky ca. 26.11.1946, NlAS.
250 Helene Berg an Hans Swarowsky 1.8.1972, NlHS.
251 – laut Eintrag in der Dirigierpartitur. Ein Mitschnitt der Aufführung in Los Angeles weist als Datum des Konzerts den 27.1.1967 aus.

Wie er in seinen verschiedenen Erinnerungen die Figur Schönberg zeichnet, ist sie in jeder Hinsich respektgebietend, als Komponist ein historisches Ereignis, als Lehrer modellhaft. Dagegen ist die Charakterisierung Weberns, ob es sich um den Lehrer, den Dirigenten oder den Menschen handelt, von Liebe geprägt. Auffallen mag, dass kein einziges Stück Erwähnung findet (auch op. 14 und 15 nur indirekt) und dass Weberns Musik auch nur ganz pauschal charakterisiert wird. Immerhin gibt es die eindrucksvolle Passage aus dem Webern-Vortrag von 1971, die zu erkennen gibt, dass er von der rein technischen Lesart der Darmstädter Schule namentlich für die späteren Werke wusste (er dürfte das Webern-Heft der *reihe* gekannt haben) und eine ganze Dimension in den neueren Aufführungen vermisste – jedenfalls entzieht sich, was er als das Wesentliche erfahren hatte, den Versuchen, die „Intervallschritte[]" und „Klangkombinationen" metaphorisch als „blitzende Diamanten" (wie Strawinsky) oder als „sozusagen unmittelbar am Rand der Oktavlöcher ein[geschlagene]" „Tonobjekte" (wie Herbert Eimert)[252] zu charakterisieren:

> Manche neuere Analysen erschöpfen sich im Aufschließen seiner Schreibart und meinen, damit schon alles gesagt zu haben. Wer vermöchte auch das wunderbar geheimnisvolle Beben in Worte zu fassen, das mitschwingt in den Intervallschritten, in den Klangkombinationen, ja in den Pausen Webernscher Eigenart. Man muß ihn gehört haben, wenn er z.B. einer Sängerin [...] beim Studium eine seiner Phrasen vorsang, deren subtiler Gehalt sich im Ausdruck seines Antlitzes spiegelte und sozusagen die ganze Persönlichkeit mitschwingen machte, fern aller „Schreibart"[253] das unter der Schwelle des Bewußtseins übermächtig Wirkende offenbarend.[254]

Weberns Einstudierung seiner Kammerlieder, an deren Vorbereitung Swarowsky als Korrepetitor erfolgreich mitgewirkt hatte, hatte ihn immerhin so beeindruckt, dass er noch im Alter die Namen der beteiligten Sängerinnen erinnerte – aber der spätere Webern dürfte ihm doch eher fremd geblieben sein, ich weiß jedenfalls von keinem Versuch zur Aufführung.[255] Vielleicht erschien ihm das Funktionieren dieser Musik auch zu sehr an die Person Weberns gebunden.

---

252 Igor Strawinsky, (Geleitwort); Herbert Eimert, Die notwendige Korrektur, in: *die Reihe. Information über serielle Musik 2: Anton Webern*, Wien/Zürich/London 1955, S. 7, 39.
253 Denkt Swarowsky hier an Boulez, der (in Josef Häuslers Übersetzung) den Begriff der „Schreibweise" in *Werkstatt-Texte*, Berlin/Frankfurt a.M. 1972, wiederholt gebraucht, in Bezug auf Webern etwa S. 94 ? Oder hat er noch das originale „écriture" in Erinnerung, etwa in Boulez' Webern-Éloge „Moment de Jean-Sébastien Bach", in: *Contrepoint* n° 7, 1951, auch in: *Relevés d'apprenti. Textes réunis et présentés par Paule Thévenin*, Paris 1966, S. 9–25?
254 Anton von Webern, in: *WdG*, S. 237.
255 Denkbar wäre ja z.B. gewesen, dass er eine Aufführung einer der Kantaten an der Akademie betrieben hätte; das scheint jedoch nicht der Fall gewesen zu sein.

Aber die *Passacaglia*, die er vielleicht im „Verein" in sechshändiger Ausführung gehört, womöglich auch in einer der von Webern dirigierten Orchesteraufführungen in Rundfunk oder Konzert erlebt hat – sie hat er offenbar als einziges Werk Weberns relativ oft dirigiert und später mit der Tschechischen Philharmonie auf Schallplatte aufgenommen.

Von Komponisten, die im weiteren Sinne der Schule zuzurechnen sind, hat Swarowsky die folgenden im Rundfunk und/oder Konzert berücksichtigt – in den meisten Fällen handelte es sich um einmalige Exkursionen: Hans Erich Apostel[256], Niccolò Castiglioni[257], Luigi Dallapiccola[258], Wolfgang Fortner[259], Karl Amadeus Hartmann[260], Hans Werner Henze[261], Ernst Křenek[262], Frank Martin[263], Karl Rankl[264], Karl Schiske[265], Nikos Skalkottas[266], Ernst Vogel[267], Franz Waxman[268], István Zelenka[269] und Alexander Zemlinsky[270]. Solange im Einzelnen noch nicht bekannt ist, welchen Anlässen oder Initiativen sich die Stückwahl verdankte, kann schwer ein abschließendes Urteil über seine persönliche Beziehung zu diesen Stücken abgegeben werden. Vielleicht darf aber mit aller Vorsicht konstatiert werden, dass dabei ein Espressivo-Anteil im Sinne seiner Wiener Lehrer nicht unbedingt vorrangige Bedingung war.

6.2 Einfluss auf ihn als ausübenden Musiker

Schönberg als Dirigent war für ihn vor allem ein Komponist, der genau wusste, was er wollte:

> Ich bewunderte die Energie, mit der er den Riesenapparat der *Gurrelieder* meisterte, obgleich er doch kein sogenannt erfahrener Dirigent war. Später, als ich ihn einmal fragte, warum er nicht öfter dirigiere, gab er zur Antwort: „Meine Werke sind den Orchestern sehr

---

256 *Fünf österreichische Miniaturen*, Variationen über ein Thema von Joseph Haydn.
257 *Rondels*.
258 *Il prigioniero*.
259 *Mouvements* für Klavier und Orchester.
260 Symphonien Nr. 5 und 8.
261 Suite aus *Maratona di Danza,* Szenen und Arien aus *König Hirsch, Los Caprichos*.
262 Symphonie *Pallas Athene*, Konzert für 2 Klaviere und Orchester, *Glaube und Wissen* op. 194.
263 Violinkonzert, Violoncellokonzert, Klavierkonzert Nr. 1, *Psaumes de Genève*.
264 Symphonien Nr. 5 und 6, Suite für Streichorchester, Variations on an Austrian Folksong, *A Christmas Overture*, Four Scottish Songs, Four Scottish Dances.
265 Symphonien Nr. 4 und 5, Klavierkonzert.
266 *Four Greek Dances*.
267 *Musik für zehn Blechbläser und Schlagzeug*.
268 *The Song of Terezin*.
269 *Dictionnaire*.
270 23. Psalm op. 14, *Sinfonietta* op. 23.

ungewohnt, und wenn irgendwo ein Fehler ist, dann bleibe ich in Gedanken an diesem Fehler hängen und bin dann selbst bei der folgenden Musik ganz verwirrt."[271]

Er mag auch persönliche Eindrücke von Schönbergs Musizieren in Mödling davongetragen haben; von größerer Bedeutung für ihn dürften die Prinzipien gewesen sein, die Schönberg im Verein durchsetzen konnte – etwa die Einzelproben „im Sinne des Schönberg-Vereins".[272] Jedesmal, wenn er auf solche Momente Bezug nimmt, mischen sich präzis aufgefasste und festgehaltene Eindrücke mit Facetten einer entwickelten interpretatorischen Individualität. Wenn er sich 1974 an den „Verein" erinnert, erscheinen seine Impressionen überformt von anhaltendem Nachdenken und mittlerweile gewonnenen Überzeugungen:

[D]ie Aufführungen boten ein Bild wahrer geistiger Musizierkunst, wie ich sie später nie mehr in solch bildlicher Klarheit und Angemessenheit des Stils genossen habe – wobei freilich auch die Kraft des Jugenderlebnisses mitspielen kann."[273]

Beide Momente – der doppelte Hinweis auf das zum „Bild" objektivierte Gegenüber der Aufführung[274] und das Eingehen auf den jeweiligen „Stil"[275] – sind gewiss ein Reflex der seinerzeit vertretenen Prinzipien, aber doch auch verdichtet zu Swarowskyschen Gesetzen, d. h. solchen, wie sie seiner Generationslage entsprachen. Das gilt ebenso von den bereits herangezogenen Andeutungen aus dem Jahr 1971 über die Mahler-Aufführungen Weberns: Da

offenbarte sich [...] das tiefe Einverständnis zwischen Werk und Wiedergabe, [...] erschloß sich durch alle unerhörte Erregtheit des Gebotenen hindurch zwanglos die Inhaltsbezogenheit der Form, die Einfachheit, oder, um mit Webern zu sprechen: die Faßlichkeit des anscheinend Komplizierten, damals selbst von namhaften Kritikern noch als Formlosigkeit Angesprochenen.[276]

---

271 Arnold Schönberg, in: *WdG*, S. 230.
272 Hans Swarowsky an Anton Swarowsky, 15.11.1947, siehe das Kapitel „Grazer Oper" im vorliegenden Band.
273 Arnold Schönberg, in: *WdG*, S. 232.
274 Vgl. dagegen das durch Stöhr vermittelte „fertige Bild der musikalischen Vorgänge" im Unterschied zu dem Erkenntnisprozess, in den er durch Schönberg gezogen worden sei, siehe oben.
275 Trotz der späteren Polemik gegen den Stilbegriff gab es auch bei Schönberg noch in den 1920er Jahren den (vermutlich auf Wagners Münchner Stilbildungsschul-Pläne zurückgehenden) „Vorschlag zur Gründung einer Internationalen Stilbildungs-Schule" von 1927, den Schönberg „ungefähr 1920", also zur Zeit von Swarowskys Unterricht bei ihm, „konzipiert und gelegentlich des in Holland gegründeten Mahler-Bundes zum erstenmal vorgeschlagen" hatte: Schriften 5.2.5.10, ASC T56.10.
276 Anton von Webern, in: *WdG*, S. 236.

Auch hier ist neben dem ausgewiesenen Webern- ein nichtausgewiesenes Pfitzner-Zitat („Werk und Wiedergabe"[277]) bemerkenswert; und auch hier erschließt sich in der Erregtheit des Gebotenen eine tiefere, durch Einfachheit der Verhältnisse ausgezeichnete Bedeutung, so wie dort im Genuss der Klarheit und Adäquatheit einer Darstellung sich die eigentliche, die geistige Musizierkunst offenbart. Die Formulierung „Inhaltsbezogenheit der Form" impliziert zudem ein Theorem, wonach der „Inhalt" eines Werks nicht etwa in außermusikalischen Bezügen, sondern in seinem musikalischen Gedankengang besteht, der durch Aufdecken der formalen Verhältnisse klargelegt wird. Dabei helfen die Hinweise, welche der Komponist als ‚der erste Interpret seines musikalischen Gedankens' (in Verlängerung von Busonis Statement, jede Notation sei bereits Transkription, das Schönberg gelegentlich anführt) mittels Artikulation, Satztechnik, Instrumentation gibt. Insofern ist dies alles „forminterpretierend aufzufassen".[278]

Aber auch wenn er Webern in verschiedenen Situationen, im Unterricht und im Umgang ebenso mit Laienchören wie mit Berufsorchestern, genau studieren konnte, darf man nicht erwarten, dass er dessen Art ungefiltert übernommen und weitergegeben hätte. (Dies gilt für jede Art von „Tradition"; in keinem Fall kann mit unveränderter Übernahme und Weitergabe über mehrere Generationen gerechnet werden.)

Erika Horvath hat in ihrem Beitrag die pädagogischen Richtlinien Swarowskys nachgezeichnet, die sich nicht zuletzt auf Schönberg zurückführen lassen. Swarowsky hat das selbst anerkannt:

> [D]ie Eindringlichkeit Schönbergs beim Studium, die Erklärung des Woher, Warum und Wie, der von ihm aufgezeigte Beziehungsreichtum von Form und Ausdruck: das alles hat meine musikalische Vorstellung für immer fixiert und meinen Weg als Dirigent erschwert, weil es mich aller [sic] Konventionen entfremdet hat. All das legte in uns den Grund zum musikalischen Non-Konformismus.[279]

Dies zeigt zugleich, dass, was er dort theoretisch empfing, ihn auch als ausübenden Musiker bestimmt hat, und wenn er als Lehrer dem Vorbild Schönbergs nacheiferte, es ihm darauf ankam, zunächst auf möglichst eindringliche Weise das „Woher, Warum und Wie" zu erklären.

---

277 Hans Pfitzner, *Werk und Wiedergabe*, Augsburg 1929.
278 Hans Swarowsky, Taktgruppenanalyse, in: *WdG*, S. 29–37: 31. – Die Schönbergsche Position zur Unveränderlichkeit des „in dem Verhältnis der Tonhöhen zur Zeitteilung festgelegt[en] musikalischen Gedankens" und der Veränderlichkeit alles dessen, was er dem Notentext verdeutlichend hinzufügt, insofern sein eigener erster Interpret, findet sich prägnant zusammengefasst im Diskussionsbeitrag „Mechanische Musikinstrumente", *Pult und Taktstock* 3 (1926), Nr. 3/4, S. 70 ff.
279 Arnold Schönberg, in: *WdG*, S. 232.

Ein Element aus Schönbergs Unterweisung – da sich auch Webern des Mittels bediente[280], mag es bei diesem ebenfalls besprochen worden sein – sollte später, als analytisches Instrumentarium und zugleich praktische Memorierhilfe, geradezu als ein ‚Markenzeichen' von Swarowskys Unterricht figurieren:

> Schönberg führte mich auch in das Geheimnis der Taktgruppenanalyse ein, ein Terminus, den er mir gegenüber gebrauchte und der später in meiner Wiener Dirigentenschule eine wesentliche Rolle spielte.[281]

Aus der Wiener Schule bezog er so zum einen ein ganzes Begriffssystem: die Unterscheidung von „thematisch" und „motivisch", die Kategorie des thematischen oder motivischen „Rests" (mit dem weitergearbeitet wird)[282], die Vorstellung des Werks als Darstellung eines musikalischen Gedankens (bei Swarowsky gerne „Idee" genannt) bzw. als Zusammenhang solcher Gedanken (d.h. Themen) usw. Sodann die grundsätzliche Herangehensweise mit Analyse als Vorbedingung der synthetischen Leistung der Aufführung.[283] Daher das Ziel der Deutlichkeit und „Fasslichkeit" (im Formalen und in der Schichtung des Satzes) – ein weiterer Begriff, den er nach Webern zitiert.

Die eingehende Beschäftigung mit dem Notentext in all seinen Details scheint auch das Interesse an philologischen Fragen geweckt zu haben, die bis zu enger Kooperation mit dem Herausgeber H.C. Robbins Landon in Sachen Haydn und Mozart und zu eigenen editorischen Projekten führte. Aber auch die Übersetzungstätigkeit Swarowskys, die genauestens konkretisierter Vorstellung vom Notentext und größtem Respekt vor ihm entsprang, dürfte durch das Vorbild seiner Lehrer aus der Wiener Schule beeinflusst worden sein.

Die Beachtung stilistischer Unterschiede und ihre entsprechende Umsetzung wurde wie gesagt nicht allein im Universitätsstudium geweckt; auch Schönberg und Webern legten größten Wert darauf[284]. Im Ansatz bedeutet das Historisierung der Aufführungs-

---

280 Siehe Regina Busch, Taktgruppen in Weberns Konzert op. 24, in: *Musica* 40 (1986), S. 532–537, sowie Anm. 52.
281 Ebd., S. 231. Siehe Rudolf Stephan, Überlegungen zur Taktgruppenanalyse (Anm. 114).
282 Bruckner: V. Symphonie, in: *WdG*, S. 114–120: 120.
283 Ein instruktives Beispiel ist die Verzahnung von Menuett und Trio in der Aufnahme von Mozarts „Jupiter"-Symphonie, wohlgemerkt der authentischen von 1954 mit den Wiener Symphonikern, nicht der zweifelhaften später erschienenen des Bertelsmann Schallplattenrings, bei der sie (zusammen mit KV 550) von „Sinfonia of London" nach dem Cover unter Swarowsky, nach dem Label unter Anthony Collins gespielt wird. (Mit dem realen Ensemble „Sinfonia of London" hat Swarowsky allerdings Beethovens 5. Symphonie aufgenommen.)
284 Man muss wohl Schönbergs Rat an Richard Hoffmann, in *L'histoire du soldat* sich nicht so sehr um den Wechsel des Metrums zu kümmern, sondern einfach die Achtelnoten zu spielen, als Hinweis auf eine stilistische Besonderheit der Musik Strawinskys verstehen: Gespräch mit Richard Hoffmann, in: Markus

fragen – was Swarowsky dann einen gewissen Anschluss an die Historische Aufführungspraxis erlaubte.

Schließlich stammt auch die der Tempofrage gewidmete eingehende Aufmerksamkeit aus den Diskussionen in der Wiener Schule: Welche Stimme vertritt die Hauptbewegung; welche betonte Zählzeit bestimmt das Tempo? Der Fluss der musikalischen Bewegung, die ‚Gangart', ergibt sich weniger aus einer allgemeinen Leichtigkeit und Großzügigkeit als aus der engsten Verknüpfung der Hauptlinien (wohl eine Erinnerung an das Wagnersche „Melos") – die Abteilung der Taktgruppen orientiert sich ja u.a. an der vorherrschenden Bewegungsform, namentlich des Basses.

Swarowskys Lehre von den grundsätzlich in einfachen Proportionen aufeinander bezogenen Tempi der Klassiker dürfte ihm zwar durch Mertin vermittelt worden sein, also im Grunde aus der Alte-Musik-Bewegung stammen. Allerdings ist an Josef Huebers Zeugnis über Weberns „Fähigkeit" zu erinnern, „Tempo-Relationen exakt zu modellieren", d.h. die einzelnen Tempostufen zwar identisch zu reproduzieren, sie jedoch eher als plastische denn als arithmetische Entitäten aufzufassen.

Zudem gilt das Proportionensystem, wie Kolisch bereits 1943 dargelegt hat, nicht mehr für Beethoven. Dieser hat das Metronom begrüßt, weil in seiner Musik das klassische Gefüge einer Ausdifferenzierung der Tempokategorien gewichen ist. Insofern bleibt Swarowsky auch in diesem Punkt (indirekt) der Wiener Schule verpflichtet. Zwar hat er wohl nicht Kolischs Systematisierung der Beethovenschen Tempi übernommen[285], aber Schönbergs Mahnung beherzigt, Beethovens Metronomangaben ernst zu nehmen.[286] Schönberg hatte mit dem Kolisch-Quartett das op. 95 in der Beethovenschen Metronomisierung einstudiert; Swarowsky verfolgte eine Zeit lang das Projekt, sämtliche Beethoven-Symphonien in den originalen Tempi aufzunehmen.[287] Die *Eroica*, mit der er nach dem Krieg mehrfach Aufsehen erregte, könnte den Eindruck des

---

Grassl/Reinhard Kapp (Hg.), *Die Lehre von der musikalischen Aufführung in der Wiener Schule. Verhandlungen des Internationalen Colloquiums Wien 1995*, Wien/Köln/Weimar 2002 (Wiener Veröffentlichungen zur Musikgeschichte 3), S. 77–100: 94.

285 – ausgehend von den durch Beethoven selbst metronomisierten Stücken: Rudolf Kolisch, Tempo and Character in Beethoven's Music, in: *MQ* 29 (1943) S. 169–187, 291–312; wieder abgedruckt in: *MQ* 77 (1993), S. 90–131, 268–342; vgl. die revidierte deutsche Fassung: Rudolf Kolisch, *Tempo und Charakter in Beethovens Musik*, München 1992 (Musik-Konzepte 76/77). – Schönberg selbst hat übrigens Kolischs Systematisierungsversuch im Prinzip gutgeheißen, siehe ebd. S. 108f.

286 undatiertes (unvollständiges?) Typoskript „Geschlossene Aufnahme der Symphonien von Beethoven den vom Komponisten geforderten Tempo- und Vortragsanweisungen entsprechend" o.D. (aber der Adressangabe zufolge vor 1969), NIHS. Siehe auch Swarowsky, Bemerkungen zu Beethoven, in: *WdG*, S. 84–92, insbesondere S. 89ff.

287 – wie es Leibowitz 1961 weitgehend gelingen sollte und wie es Swarowsky wohl auch an Teilen der Einspielungen Toscaninis oder Karajans zu schätzen wusste.

Entschlackten damals tatsächlich der Befolgung von Beethovens Metronomangaben verdanken haben.[288]

Möglich, dass ihn bereits dieser Verstoß gegen vermeintlich geheiligte Traditionen oder das Wissen um seine musikalische Herkunft immer wieder Unwillen hervorrufen ließ. Andererseits verblieben die Überlebenden aus der Schule noch lange in einem gewissen Incognito.[289] Das lag in seinem Fall aber wohl nicht nur daran, dass es im Nachkriegs-Wien nicht opportun erschien, es an die große Glocke zu hängen, sondern auch daran, dass diese Einflüsse schließlich weiter überlagert und modifiziert worden waren.

7. Überformung durch andere Einflüsse und Vorbilder

Dem stand nicht unbedingt eine Art Verpflichtung gegenüber Strauss, ein mit Bewunderung gemischtes Verhältnis zu dem Menschen und Musiker, im Wege. Die Schönbergschule und Strauss – das war kein unüberwindlicher Gegensatz. Strauss galt auch vielen Schulmitgliedern weiterhin als Meister. Die Rolle, welche Mahler für Swarowsky spielte, zeigt schon die Tradition, in welcher er sich sah. Sie lässt sich ohne weiteres auf Wagner zurückführen. Dort hat aber seinerzeit, genauso wie Mahler, auch Strauss angesetzt.

Als Swarowsky wieder einmal versucht, Engagements als Operndirigent zu bekommen, betont er seine besondere Affinität:

Darf ich […] wiederholen, dass ich neben Böhm der einzig lebende wirkliche Strauss-Adept und -Esoteriker bin, vom Meister selbst in jedes Werkdetail eingeführt? Das Berliner Straussfest sollte neben andren daher auch mich am Pult sehen. Ich könnte auch – wenn Sie es wollen – einen umfassenden Vortrag halten, in welchem ich vieles Persönliche und nicht veröffentlichte einfliessen liesse. Niemand, ausser mir, der sprechen kann, hat diese Kenntnis der Materie. Ich besitze NB eine Aufstellung von Straussprogrammen für ein

---

288 Es haben sich einige authentifizierbare Aufnahmen erhalten, die es noch zu studieren gilt, siehe Carsten Schmidt, Verzeichnis im Anhang des vorliegenden Bandes. Daneben gibt es auch falsche Zuschreibungen, siehe beispielsweise Eric Grunin (et al.), Are Michael Gielen and Hans Swarowsky the same Person? https://groups.google.com/forum/#!topic/rec.music.classical.recordings/VTMSum7Pumk (27.7.2021) – Was die Beachtung und durchgängige Einhaltung des Haupttempos angeht, scheint Webern (zumindest für Beethoven) vorbildlich auf Swarowsky gewirkt zu haben, siehe oben den Abschnitt 3.3.: Webern als Dirigent.

289 „[Ü]berall bei diesen Leuten eine Strategie der Diskretion, des Zurücknehmens, des Maskierens. Ja, auch der Zusammenhang von Swarowsky mit der Psychoanalyse – das ist alles posthum bekanntgeworden." Gespräch mit Gösta Neuwirth, in: Markus Grassl/Reinhard Kapp (Hg.), *Die Lehre von der musikalischen Aufführung in der Wiener Schule. Verhandlungen des Internationalen Colloquiums Wien 1995*, Wien/Köln/Weimar 2002 (Wiener Veröffentlichungen zur Musikgeschichte 3), S. 349–375: 370.

Straussfest, die der Komponist selber einmal in Baden mit mir gemacht hat, für einen späteren Fall.[290]

Und 1963 hielt er in Nizza einen Kurs „Dirigiertechnik nach der Methode von Richard Strauss" ab.[291] Aber soweit man das zusammen mit Strauss entworfene und von Swarowsky noch lange projektierte Buch übers Dirigieren heute überhaupt schon überblicken kann – so viel scheint festzustehen, dass Strauss vom Dirigieren offenbar zwar dezidierte, aber keine eigentlich konzeptionellen Vorstellungen hatte und daher im Swarowskyschen Konzept sich viel Gedankengut aus der Wiener Schule durchsetzen konnte. Allerdings hat sich Swarowsky als Dirigent in der Nachkriegszeit vor allem für Mahler *und* Strauss stark gemacht, und erst allmählich zur Musik der Wiener Schule sozusagen zurückgefunden. Dies dürfte aber zum großen Teil in äußeren Umständen begründet gewesen sein.

Swarowsky wurde 1899 geboren, erlebte also den Zusammenbruch der Monarchie mit erreichter Volljährigkeit, überdies als Soldat im Ersten Weltkrieg.[292] Er gehört zu jenen, die die allgemeine Ernüchterung von 1918/19 gleichsam als Zeichen auf der Stirn trugen. Im näheren Umkreis seines Geburtsjahrgangs finden sich Dirigenten wie Krauss (*1893); Böhm (1894); Hindemith, Rosbaud (1895); Kabasta, Mitropoulos (1896); Desormière, Eisler, Horenstein (1898); Barbirolli, von Matacic, Ormandy, Steinberg (1899); Kletzki, Schmidt-Isserstedt (1900); Konwitschny (1901); Krips (1902); Goehr (1903); Cluytens, Zillig (1905). Auch Instrumentalisten wie Rudolf Kolisch und Eduard Erdmann (1896) oder der von Swarowsky in der Jugend bewunderte Rudolf Serkin (1903) gehören in diesen Zusammenhang.

Die Dirigenten, die er gelegentlich direkt als Vorbilder nennt (während etwa Mengelberg oder Walter zum Teil heftigen Tadel abbekamen), bilden auf den ersten Blick eine recht heterogene Gruppe. Heterogen auch in ihrer Altersabstufung. Dabei gehört Toscanini der gleichen Generation an wie Mahler, Strauss und Weingartner[293], während Kleiber, gleichfalls Wiener wie und fast ein Jahrzehnt älter als Swarowsky, die Generation der Neoklassizisten und Neusachlichen anführt[294]. Die musterhaften Figuren tei-

---

290 An Egon Seefehlner, 20.9.1962, Kopie in NlHS.
291 Siehe das Kapitel „Meisterkurse" im vorliegenden Band.
292 Vgl. Reinhard Kapp, Forschungsprojekt Hans Swarowsky, in: *Kunsträume. Das Magazin der mdw* 2015, Nr. 4 [Themenschwerpunkt „Die Swarowsky-Idee"], S. 28–31.
293 – den man völlig falsch einschätzt, wenn man ihn wegen gewisser Verschlankungstendenzen zu den „Neusachlichen" rechnet. Sowenig wie Toscanini, den Furtwängler für einen bloßen Taktschläger hielt. Zu dem Ensemble gehört auch Ferruccio Busoni, bei dem Swarowsky vorübergehend Klavierstunden genommen hat oder haben will.
294 Vielleicht war er für Swarowsky aber auch als Dirigent zweier Berg-Uraufführungen von speziellem Interesse. Unter den Komponisten dieser Altersgruppe sei nur an Eisler, Hindemith, Krenek und Weill erinnert.

len sich also auf primär in eine Phalanx aus der Väter-, wo nicht Großvätergeneration, die er teils aus eigener (wohl zunächst noch unverstandener) Anschauung kennt wie Mahler, teils aus professioneller Nähe wie Weingartner, teils aus persönlichem Kontakt wie Strauss oder Toscanini, sodann einen merklich älteren Lehrer und väterlichen Freund wie Webern, schließlich zwei in verschiedener Hinsicht bewunderte Vorbilder, die ihm für spezielle Kompetenzen standen: Kleiber für (jedenfalls damals auffallende) besondere Texttreue[295], Krauss für dirigiertechnische Meisterschaft – insgesamt also eine Riege, deren Vertreter man unter ihren jeweiligen Zeitgenossen als Anwälte der Deutlichkeit apostrophieren könnte. Und so lobte Swarowsky am Dirigenten Webern die „deutliche Hand"; an seiner Mahler-Darstellung, wie sich da auch wie „zwanglos [...] die Einfachheit [...] des anscheinend Komplizierten" dem Hörer „erschloß".

In dieser Spannung zwischen der älteren Tradition der individualisierenden Aufladung und den Objektivitätsidealen seiner eigenen Generation siedelt sich Swarowsky an. Der Mahlersche Satz „Korrektheit ist die Seele einer Kunstleistung"[296] lässt sich auf Wagners Überzeugung zurückführen, dass genaue Beachtung der Angaben des Notentextes die einzig mögliche Basis für wahre Freiheit des Vortrags ist. Und so konnte allenfalls darüber diskutiert werden, wie diese Freiheit beschaffen war und in welchem genauen Verhältnis sie zur Texttreue stehen konnte – jedenfalls kam es in Swarowskys Generation nicht mehr in Frage, die Stabilität des Tempos so weit aufzulösen, dass, wie oft bei Mahler, gewissermaßen kein Takt sich wie der andere bewegte.

Selbst Webern (Altersgenosse von Bartók, Schnabel und Strawinsky) blieb nicht ganz unbeeinflusst von dieser Tendenz: Man denke an seine Abkehr von den Regerschen Bach-Ausgaben, freilich vor allem wegen deren dynamischer Überdifferenzierung. Aber selbst seine teils fluktuierenden, teils abgestuften Tempi erscheinen planvoll eingesetzt und jederzeit reproduzierbar, was ihn wie gesagt wiederum mit dem nur wenig jüngeren Wilhelm Furtwängler verbindet.[297]

Auch wenn Swarowsky stolz darauf war, notfalls ohne großen Probenaufwand und ohne Pannen große Werke aufführen zu können, waren seine eigenen Einstudierungen, wenn sie nicht unter Zeitdruck standen, sehr sorgfältig[298] und die Aufführungen bei aller Kontrolliertheit energie- und schwungvoll.

---

295 Rückblick, in: *WdG*, S. 258.
296 Mahler zu Anna von Mildenburg, in: dies., *Erinnerungen*, Wien/Berlin 1921, S. 15f., zitiert nach Karl-Josef Müller, *Mahler. Leben – Werke – Dokumente*, Mainz/München 1988, S. 549.
297 Hans-Joachim Hinrichsen, Das Tondokument als Denkmal. Wilhelm Furtwängler interpretiert Robert Schumann, in: *Neue Zürcher Zeitung*, 27.11.2004 (Hinrichsen ist mehrfach auf den ‚Fall' zurückgekommen).
298 Friederike Breig (Erlangen) berichtet aus ihrer Wiener Studienzeit in den 1960er Jahren, dass Swarowsky mit dem Akademieorchester auch allbekannte Stücke wie *Eine kleine Nachtmusik* von Grund auf erarbeitet habe.

Seine Generationenlage wiederum bedingt eine gewisse Nüchternheit – keinesfalls zu verwechseln mit der „Neuen Sachlichkeit" als Habitus, Verfahren und Form[299], die nicht auf Sachbezogenheit aus ist, sondern in erster Linie die Vermeidung alles ‚Persönlichen' proklamiert, als bloßes Zeitkolorit. Bestimmte Eigentümlichkeiten des Swarowskyschen Dirigierstils kommen daher: eine gewisse Stabilisierung gegenüber dem Zerfasernden des vorausgegangenen Interpretationsideals, manchmal bis zur Härte; aber das Ideal der Flexibilität ist nie ganz aufgegeben.

Tatsache ist, dass er – als Dirigent, als Lehrer, als öffentliche Figur – mehr und mehr auf die Wiener Schlüsselerlebnisse zurück- und zu sprechen kam, und das lag nicht nur daran, dass seit den 1960er Jahren die generelle Ablehnung, wie die Mahlers, so auch die der Musik der Wiener Schule, im Schwinden (und das Interesse an der Wiener Moderne generell im Steigen) begriffen war und er auch danach gefragt wurde. Vom allmählichen Wandel des Klimas zeugt bereits die Tatsache, dass sein Schüler Zubin Mehta für sein (offenbar „ganz erfolgreich[es]") Wiener Debütkonzert 1957, von Swarowsky bestärkt und unterstützt, Schönbergs *Pierrot lunaire* und 1. Kammersymphonie wählte.[300]

Im Zusammenhang mit einer Kränkung, die ihm am Ende seiner Karriere als Lehrer widerfahren war, als nämlich Schüler, die alles von ihm gelernt hatten, genötigt wurden, sich nach seinem Amtsnachfolger plötzlich Österreicher-Schüler zu nennen, erinnert sich Swarowsky an eine cum grano salis vergleichbare Situation:

> Als Schönberg Wien verliess und seine dableibenden Schüler auf Berg und Webern aufteilte, versammelten die beiden unvergleichlichen Lehrer uns alle, um einen gemeinsamen Gang zu Schönberg zu tun, dem sie für die Überweisung dankten, indem sie ihn baten seine ausdrückliche Einwilligung zu geben, dass wir uns weiterhin „Schönbergschüler" nennen dürften.
>
> An Ähnliches denke ich natürlich nicht, hiezu ist der Niveauunterschied zwischen mir und dem genannten Meister zu gross. Aber von da bis zur absichtlichen Verleugnung ist doch ein weiter Weg.[301]

---

299 Es verhält sich damit vielfach wie mit dem Funktionalismus, der die Funktion als Selbstzweck setzt – Sachlichkeit ohne Sache.
300 Zubin Mehta (mit Renate Gräfin Matuschka), *Die Partitur meines Lebens. Erinnerungen*, München 2006, S. 41 f. Die dort aus der Kritik zitierte Behauptung, dies sei die erste Wiener Aufführung des Werks, seit Schönberg es dirigiert habe, entspricht nicht ganz den Tatsachen. 1929 etwa hatte Franz Schmidt es mit Studierenden der Musikakademie einstudiert und aufgeführt.
301 Swarowsky an den Leiter der Abteilung I, 19.6.1974, NlHS. Vgl. das Kapitel „Lehre – Akademie für Musik und darstellende Kunst" im vorliegenden Band.

Ja, in einer parallelen Erzählung (von insgesamt dreien[302]) scheint die Initiative sogar von den Schülern ausgegangen zu sein: „Auch Berg hatte damals einige Schüler von Schönberg übernommen, und als wir", also die bei ihm und Webern gelandeten Studenten, „anläßlich eines gemeinsamen Besuches bei Schönberg" nach dessen vorzeitiger Rückkehr aus Holland „den Meister baten, uns weiterhin Schönberg-Schüler nennen zu dürfen, stimmte Schönberg tief gerührt zu." Es wäre Swarowsky nicht darum gegangen, die Studenten bei seinem ehemaligen Schüler und nunmehrigen Nachfolger weiterhin als Swarowsky-Schüler tituliert zu sehen – dagegen sträubte sich schon sein Sprachgefühl; aber das Prädikat Österreicher-Schüler für solche, die in Wirklichkeit gar keine waren, musste er erst recht perhorreszieren. Jedenfalls besagt die Assoziation, dass sich Swarowsky in der Linie Schönberg – Webern sah und für einen Lehrer in dieser Tradition hielt.

Durfte Swarowsky bereits 1965 tatsächlich als „der einzige Dirigent aus diesem Schulkreis" gelten, „der noch am Wirken" war[303]? Das traf gewiss für Wien zu: Sein Cousin Ludwig Zenk war seit 1949 tot, der Freund Karl Rankl, der gelegentlich noch hier gastiert hatte, lebte seit fünf Jahren im Ruhestand in London und St. Gilgen; Gottfried Kassowitz unterrichtete zwar noch an der Akademie, trat aber über einzelne Opernproduktionen des Hauses hinaus nicht mehr an die Öffentlichkeit.[304] Die übrigen Ehemaligen waren ohnehin in alle Welt verstreut, aber zum Teil bereits verstorben (Heinrich Jalowetz und Paul Pella in eben dem Jahr 1965). Joseph Trauneck (Travniček) wiederum, Swarowskys Mitschüler bei Schönberg und Webern, war zwar (gleichfalls 1965) nach Wien zurückgekehrt, jedoch als Pensionist.[305]

Im Schönberg-Jahr 1974 schließlich sah sich Swarowsky als Teil eines „Wir", als einen der „ganz wenigen, die aus Schönbergs Wiener Zeit" überhaupt noch „übrig[ge]blieben" waren.[306]

---

302 Siehe oben im Abschnitt 3.1.
303 21.6.1965 an Alfred Schlee, zitiert nach Juri Giannini, *Interpretation zwischen Praxis und Ästhetik. Hans Swarowsky als Übersetzer von Opernlibretti*, Wien 2019 (Musikkontext 13), S. 118. Von den „Wienern" wären außerdem zu nennen gewesen: Max Deutsch, Walter Herbert (Seligmann) und Kurt List, aus Schönbergs Berliner Schule Edward Clark, Walter Goehr und Winfried Zillig, dazu ‚Externe' wie von Klenau, Leibowitz, Scherchen und Stiedry.
304 Rankl starb 1968, Kassowitz im darauffolgenden Jahr.
305 Er starb im selben Jahr wie Swarowsky.
306 Swarowsky, Zur Einführung, in: Ernst Hilmar (Red.), *Arnold Schönberg. Gedenkausstellung 1974*, Wien 1974, S. 15f.: 16.

Erika Horvath

STATIONEN BIS 1933

Wiener Volksoper

Hans Swarowsky, der ein „hervorragender Pianist"[1] war, begann nach Abbruch des Universitätsstudiums seine musikalische Laufbahn als Korrepetitor und Klavierbegleiter, u. a. beim Mödlinger Männer-Gesang-Verein[2], im kleinen Orchester des Theaters in der Josefstadt[3], bei Diaghilews Balletttruppe[4], in jüdischen Kabaretts, insbesondere dem „Budapester Orpheum"[5], bei Jan Kiepura[6], Josef Brunner[7] oder der Ballettgruppe Cirul/Sanviësto/Tramp[8]. Ab 1922 wirkte Swarowsky als Korrepetitor an der Wiener Volksoper:

> Eines Tages war ich plötzlich gezwungen, Geld zu verdienen, weshalb ich zu Felix Weingartner gegangen bin, und ihn gebeten habe, mich als Korrepetitor an die Wiener Oper zu engagieren, was er auch sofort getan hat.[9]

Da nur mehr Rudimente eines Archives in der Volksoper bzw. dem Stadt- und Landesarchiv[10] erhalten sind, ist die Stelle als Korrepetitor an der Wiener Volksoper zwar dokumentarisch nicht belegbar, doch erzählt Josef Krips in seiner Autobiographie, dass Swarowsky gemeinsam mit Karl Rankl an die Volksoper kam, als Krips im November 1922 zum Chordirektor des Hauses ernannt worden war.[11] 1960 gab Swarowsky für

---

1 Manfred Huss im Gespräch mit Erika Horvath, Markus Grassl und Otto Karner, Wien, 21.7.2003. [Robert Freund erinnert sich, dass er in einer Probe zu Gershwins *Concerto in F* Teile des Klavierparts gespielt habe. Robert Freund und Ernst Kobau im Gespräch mit Reinhard Kapp, Wien, 6.11.2018 – Hg.]
2 Hanspeter Krellmann, *Anton Webern in Selbstzeugnissen und Bilddokumenten*, Reinbek bei Hamburg 1991, S. 86.
3 Johannes Kretz, Erwin Ratz. Leben und Wirken. Versuch einer Annäherung, in: *Studien zur Wiener Schule 1*, Frankfurt a.M. usw. 1996 (Musikleben 4), S. 13–121: 36, Fußnote.
4 Swarowsky, Rückblick, in: *WdG*, S. 257–264: 261.
5 Doris Swarowsky im Gespräch mit Erika Horvath, Wien, 27.3.2003.
6 Ebd.
7 Archiv KHG.
8 Ebd.
9 Swarowsky, Rückblick, in: *WdG*, S. 257.
10 Ordner 2,9: Private Institutionen, WStLA.
11 Josef Krips, *Ohne Liebe kann man keine Musik machen. Erinnerungen*, hg. und dokumentiert von Harrietta Krips, Wien/Köln/Weimar 1994, S. 41.

seine Pensionsberechnung an, von 1922 bis 1925 als Korrepetitor in der Volksoper tätig gewesen zu sein.[12]

Seine erste offizielle Anstellung erhielt Swarowsky laut Pensionsversicherungsanstalt der Angestellten am 1. Juni 1925 als Zweiter Kapellmeister des Schönbrunner Schlosstheaters. Nur zwei Monate später, am 31. Juli 1925, wechselte er offiziell an die Wiener Volksoper.[13] Die Stelle, die er dort einnahm, wird im Formular nicht angegeben, doch muss es sich um die Funktion eines Kapellmeisters gehandelt haben, was sich durch die im Theatermuseum erhalten gebliebenen Programmzettel nachvollziehen lässt. So begann Swarowsky seine Dirigiertätigkeit am 10. September 1925 mit *Hoffmanns Erzählungen* von Jacques Offenbach[14], nachdem er als Einspringer für Krips Wagners *Rienzi* übernommen hatte.[15] Es folgten weitere regelmäßige Dirigate (zwischen fünf und acht Aufführungen pro Monat) im September, November und Dezember 1925, April bis Juni 1926 und Januar bis Juli 1927. Von Mai bis Juli 1927 gab er gezählte 56-mal, also nahezu täglich, *Ich hab' mein Herz in Heidelberg verloren* (1925) von Fred Raymond. Die letzte von Swarowsky in der Volksoper dirigierte Vorstellung fand am 30. Juli 1927 statt. Insgesamt leitete er dort 137 Vorstellungen.

Als Hans Swarowsky 1922 in die Volksoper[16] eintrat, war diese gerade ein Jahr älter als er selbst, und vermutlich hat er als Kind und Jugendlicher – trotz väterlicher Hofopernloge – auch ihre Vorstellungen besucht. Das bis 1938 als Privattheater geführte Opernhaus hatte aufgrund seiner exponierten Stellung – es war die einzige Opernbühne, die neben der übermächtigen Hof- bzw. (nach 1918) Staatsoper dauerhaft Bestand hatte –, seiner mitunter namhaften Protagonisten und nicht zuletzt seiner schwierigen Finanzierung eine äußerst bewegte Geschichte. Das zunächst als Sprechbühne konzipierte Theater war von den Bürgern der Wiener Vorstädte Währing und Alsergrund anlässlich des fünfzigjährigen Regierungsjubiläums des Kaisers im Jahre 1898 ge-

---

12 Schreiben an Swarowsky betr. des Ansuchens um Anrechnung von Vordienstzeiten für die Bemessung des Ruhegenusses, Archiv mdw, Personalakt Hans Swarowsky. [Dort ist auch eine Tätigkeit als Kapellmeister an der Kgl. Oper Bukarest angegeben. Tatsächlich war Swarowsky dort von 17.11.1923 bis 16.3.1924 als Korrepetitor beschäftigt. Da er vor allem *Tosca*, *Holländer* und *Walküre* betreute, kann wohl davon ausgegangen werden, dass er wegen seiner Sprachkompetenz auf Empfehlung der Volksoper dorthin ging. Dank an Peter Puskás, der die Information in der Bukarester Oper beschafft hat, deren Archiv jetzt erstmals aufgearbeitet wird. – Hg.]
13 Anmeldung zur Pensionsversicherung, Pensionsversicherungsanstalt der Angestellten.
14 Programmzettel.
15 Doris Swarowsky im Gespräch mit Erika Horvath, Wien, 27.3.2003.
16 Zur Geschichte der Volksoper vgl. Otto Fritz (Hg.), *95 Jahre Wiener Volksoper. Vom Stadttheater zur Staatsbühne*, Wien 1993; Klaus Bachler u. a., *Die Volksoper. Das Wiener Musiktheater*, Wien 1998; Herbert Prikopa, *Die Wiener Volksoper. Die Geschichte eines notwendigen Theaters*, Wien 1999; Erika Gieler, *Die Geschichte der Volksoper in Wien von Rainer Simons bis 1945*, phil.Diss. Universität Wien 1961, wo Swarowsky allerdings keine Erwähnung findet.

gründet worden. Inhaltlich wollte man an die Tradition des Altwiener Volkstheaters anschließen, wie es sich über Raimund und Nestroy bis hin zu Ludwig Anzengruber entwickelt hatte, das jedoch in den angestammten Bühnen – Theater an der Wien, Theater in der Josefstadt, Theater in der Leopoldstadt (Carl-Theater) – häufig Operetten und Boulevardstücken weichen musste.

Das „Kaiser-Jubiläums-Stadttheater", wie es zunächst offiziell genannt wurde, eröffnete unter der Direktion Adam Müller-Guttenbrunns. Basis des Spielplanes bildeten Lustspiele, volkstümliche Komödien, Possen und Volksstücke, gelegentlich Schauspiele und Tragödien, versuchsweise gab es Spielopern, Kinder- und Jugendvorstellungen. Wegen eines in den Satzungen festgelegten Verbots jüdischer Autoren und Schauspieler zeigten sich jedoch Presse und Agenturen alles andere als wohlwollend. Rainer Simons, der 1903 die Leitung übernahm, gelang es, den antisemitischen Paragraphen zu beseitigen, und er wandelte das Theater trotz finanzieller Nöte in eine beliebte Bühne für Opern und Singspiele um, an der insbesondere zeitgenössische Werke der Konkurrenz der Hofoper standhalten konnten. Simons begründete mit seiner Arbeit eine legendäre Ära des Theaters, das nun den Namen „Volksoper" erhielt. Ab 1906/07 verschwand das Schauspiel gänzlich vom Spielplan. Man begann mit volkstümlichen und Spiel-Opern wie Webers *Freischütz* oder Flotows *Martha*, doch schon zwischen 1906 und 1908 standen Meyerbeer, Verdi, Puccini und Wagner auf dem Spielplan. Simons, der die meisten Stücke selbst inszenierte, war ein geschickter Theatermann, das Orchester wurde aufgestockt, ein zweiter Amateurchor gegründet und das Ensemble teilweise umgeschult, größtenteils aber ersetzt, wobei Simons auch als Entdecker großer Talente galt, denn er engagierte Sänger, die später in den großen Opernhäusern des deutschen Sprachraums Karriere machten, wie etwa Josef Schwarz, Karl Ziegler, Emil Schipper, Josef Manowarda oder Maria Jeritza.

Innerhalb weniger Jahre war die Volksoper zu einem blühenden Wirtschaftsunternehmen geworden, der Spielplan äußerst vielfältig und in seiner Buntheit eine willkommene Abwechslung zur Hofoper; berühmte Gaststars wie Alessandro Bonci und Leo Slezak erhöhten ihre Attraktivität. Immer öfter gelang es, Wiener Erstaufführungen an der Volksoper herauszubringen – und damit der Hofoper zuvorzukommen –, wie etwa Puccinis *Tosca* (1907) oder Richard Strauss' *Salome* (1910) mit einem Bühnenbild von Alfred Roller und Maria Jeritza in der Titelrolle. 1911 dirigierte Richard Strauss selbst eine Vorstellung.

Einer der wichtigsten Orchestererzieher der Ära Simons war Alexander von Zemlinsky, der 1904 vom Theater an der Wien als Erster Kapellmeister an die Volksoper wechselte. Zemlinsky war nicht nur ein hervorragender Dirigent, sondern auch ein namhafter Komponist von Opern und Kammermusik im Umfeld Gustav Mahlers und Arnold Schönbergs. Sein Engagement wurde 1907 unterbrochen, als ihn Mahler als Kapellmeister an die Hofoper holte. Als es zwischen dessen Nachfolger Felix Weingartner und ihm zu unlösbaren Spannungen kam, kehrte Zemlinsky 1908 als Gastdirigent an die Volksoper zurück, wo er 1910 seine Oper *Kleider machen Leute* zur Uraufführung bringen konnte.

Trotz des großen finanziellen und künstlerischen Erfolges wurde Rainer Simons 1917 aufgrund seines herrischen Führungsstils abgesetzt. Sein Nachfolger wurde der Bruckner-Schüler und ehemalige Leiter der königlichen Oper in Budapest Raoul Mader. Mittlerweile war die wirtschaftliche Lage im letzten Kriegsjahr aber so schlecht, dass Teuerungszulagen und Lustbarkeitssteuer sowie Schließungen wegen Kohlemangels die Aufrechterhaltung des Theaterbetriebes erheblich erschwerten.

Nach Kriegsende und dem Zusammenbruch der Monarchie berief man Felix Weingartner als neuen Direktor, der gemeinsam mit Ernst von Schuch, Arthur Nikisch, Felix Mottl und Arturo Toscanini einer der führenden Dirigenten seiner Zeit war. Insbesondere seine Beethoveninterpretationen galten als wegweisend. Hans Swarowsky bezeichnete ihn als einen seiner Mentoren[17], dessen „großartige[r] und verbindliche[r] Technik"[18] und richtiger Temponahme[19] er nacheiferte, und der ihn als Korrepetitor an die Volksoper engagierte, wo er bis zum Jahr 1927 seine „Lehrjahre" verbrachte und einige künstlerische und wirtschaftliche Höhen und Tiefen erlebte.

Weingartner war u. a. Schüler von Franz Liszt gewesen, der die Weimarer Uraufführung seiner Oper *Sakuntala* befürwortet hatte. Nach diversen Stellen als Kapellmeister in Königsberg, Danzig, Hamburg und Berlin trat er 1907 die Nachfolge Gustav Mahlers als Direktor der Wiener Hofoper an, eine Position, die er schon 1910 wieder zurücklegte, nicht zuletzt weil seine szenischen und stilistischen Rückbildungen der Mahlerinszenierungen auf heftige Kritik gestoßen waren. Er blieb jedoch als ständiger Dirigent der Philharmonischen Konzerte weiterhin mit Wien verbunden. Weingartner war zu seiner Zeit auch ein gefragter Komponist und Schriftsteller. Er schuf Sinfonien, sinfonische Dichtungen, Kammermusik und Lieder und die Opern *Genesius, Orestes, Kain und Abel, Die Dorfschule, Meister Andrea, Dame Kobold,* die regelmäßig aufgeführt wurden – einige auch in der Volksoper. Zu seinen schriftstellerischen Arbeiten zählen u. a. *Die Lehre von der Wiedergeburt und das musikalische Drama*[20], *Über das Dirigieren*[21] und *Lebenserinnerungen*[22]. Weingartner gehörte gemeinsam mit Gustav Mahler und Richard Strauss zu den wenigen Musikern des 20. Jahrhunderts, denen es gelungen war, sowohl als Komponisten als auch als Dirigenten Bedeutsames zu leisten. Alle drei zählte Swarowsky zu seinen wichtigsten Vorbildern.

---

17 Swarowsky, Dirigieren, in: *WdG*, S. 72–79: 77.
18 Swarowsky, Rückblick, in: *WdG*, S. 264.
19 Swarowsky, Bemerkungen zu Beethoven, in: *WdG*, S. 84–92: 92.
20 Felix Weingartner, *Die Lehre von der Wiedergeburt und das musikalische Drama nebst dem Entwurf eines Mysteriums „Die Erlösung"*, Kiel/Leipzig 1895.
21 Felix Weingartner, *Über das Dirigieren*, Berlin [1-2]1896, Leipzig [3]1905, [4]1913, [5]1920.
22 Felix Weingartner, *Lebenserinnerungen*, Wien/Leipzig 1923, Zürich/Leipzig [2]1928/1929 (2 Bde.).

Weingartner war somit ein Garant für musikalisches Niveau und erstklassige Aufführungen, doch war er nicht bereit, seine internationale Dirigentenkarriere einzuschränken und kontinuierlich an der Ensemble- oder Repertoirebildung zu arbeiten. Sein Interesse galt dem Orchester und den Sängern, weniger der Regie und der darstellerischen Komponente.[23] Seine Konzeption entsprach einem Stagione- bzw. Festspieltheater, er lud viele Stars zu Gastspielen – darunter Michele Fleta, Richard Tauber oder Mattia Battistini. Auch das Ensemble bestand aus einigen sehr guten Sängern, wie Hedwig von Debicka, Maria Gerhart, Adolf Lussmann, Christl Mardayn, Rena Pfiffers, Käthe Rantzau, Albin von Rittersheim, Lotte Schöne, Harry Schürmann und Viorica Ursuleac, die später an der Seite ihres Gatten Clemens Krauss insbesondere als „Strauss-Sängerin" in Berlin und München Karriere machte. Weingartners unerreichtes Verdienst an der Volksoper war die Orchestererziehung, der man Höchstleistungen verdankte, die die Volksoper zuvor nicht gekannt hatte.

Für den jungen Hans Swarowsky war das Jahr mit Weingartner von großer Bedeutung und bildete den Grundstock seiner Dirigentenkarriere. Als Korrepetitor hatte er die Möglichkeit, eine Bandbreite an Werken kennenzulernen und mit vielen hochkarätigen Sängern zu arbeiten, eine Vielzahl von Komponisten persönlich zu erleben, an Weingartners Probenarbeit teilzunehmen und möglicherweise auch von ihm unterrichtet zu werden, wie es etwa Josef Krips, der ja gemeinsam mit Swarowsky an der Volksoper tätig war, von seiner eigenen Volksopernerfahrung berichtet:

> Ich durfte ihn regelmäßig in seiner Wohnung besuchen, manchmal auch in der Direktionskanzlei der Volksoper, um vor oder nach seinen philharmonischen Konzerten mit ihm über die Wiedergaben zu sprechen. […] Sein Unterricht unterschied sich natürlich sehr von einer Klavier- oder Violinstunde. Weingartner gab mir meist zweimal in der Woche eine Art Seminar, wo wir bis ins Detail Partituren besprachen. Er erklärte mir die Architektur der grundlegenden Werke der Musikliteratur und wie sie zu interpretieren sind. Manchmal spielte ich, und er dirigierte, oder er analysierte ganz gründlich vom Klavier aus. Weingartner war auch ein wunderbarer Pianist.[24]

Krips' Ausführungen über Weingartners künstlerische Haltung zeigen unverkennbar Parallelen zu Swarowskys Denken:

> Das Wichtigste für ihn stellte das Erfassen der Form eines Werkes dar. Erst dann kamen die Details. Er sagte auch: „Es gibt nur ein Tempo, das richtige. Ein guter Dirigent spricht nicht über Tempo, er hat es." Das Festhalten an einem Tempo, ohne es in jedem zweiten

---

23 Vgl. Gieler, *Die Geschichte der Volksoper* (Anm. 16).
24 Krips, *Ohne Liebe kann man keine Musik machen* (Anm. 11), S. 46 f.

oder dritten Takt zu ändern, war Weingartners Forderung an den Dirigenten: „Ständiges Tempowechseln macht die Form undeutlich und kann sie sogar zerstören." Indem er das richtige Tempo für jeden Satz und die Relation der Sätze untereinander fand, erstand das Werk im ganzen vollkommen. [...] Weingartner vermied ebenso übertriebene dynamische Wechsel als pseudodramatische Effekte und meinte: „Ein Piano muß ein Piano sein und nicht ein Pianissimo. Ein Fortissimo muß von einem dreifachen Forte unterschieden werden." Seine Kraft, Höhepunkte aufzubauen und ein Maximum an dynamischer Sensibilität des Orchesters zu erreichen, war aufregend und fesselnd, aber immer im Dienst am Werk. [...] Weingartner hatte eine vollkommene Klarheit der Zeichengebung entwickelt und vermied temperamentvolle Ausbrüche. [...] Er war eine echte Persönlichkeit, ein höchst kultivierter Mensch von umfassender Bildung, mit großem Wissen über die Malerei und die Literatur.[25]

Aufgrund der häufigen Abwesenheit Weingartners bestellte man bald Mitdirektoren, die die Geschäfte führen sollten: Dem Journalisten Karl Lustig-Prean folgte am 15. Januar 1922 der Sänger Hugo Gruder-Guntram, der eine zentrale Position einzunehmen begann und dem Haus große Erfolge bescherte.[26] Insbesondere die Gemeinschaftsarbeiten mit Weingartner erregten großes Aufsehen, wie etwa Verdis *Otello*[27] mit Debicka und Rittersheim in den Titelrollen. Gruder-Guntram, ursprünglich Lehrer für Mathematik und Physik, begann erst später ein Musikstudium und eine Karriere als Sänger und technischer Direktor des Teplitz-Aussiger Theaters. Als Vertreter eines bedeutenden Industriekonzerns erwarb er die kommerzielle Geschicklichkeit und Tüchtigkeit, ohne die gerade ein Theaterdirektor nicht auskommen kann. In der Volksoper sorgte er durch den Verkauf geschlossener Veranstaltungen an verschiedene Institutionen für Gewinne. Gruder-Guntram war auch Agent von Hans Swarowsky. Er förderte ihn und verschaffte ihm zahlreiche Engagements, u. a. jenes in Bukarest. Auch nach dem Krieg war es Gruder-Guntrams Verdienst, dass Swarowsky zu seinem Debut bei den Wiener Symphonikern geladen wurde.[28] 1922, im selben Jahr wie Gruder-Guntram, kam Swarowsky als Korrepetitor an die Wiener Volksoper.

Mit ihm gemeinsam begann auch sein Kollege aus Schönbergs Kreis, Karl Rankl, der zwischen 1918 und 1925 Schüler Schönbergs und Weberns war. Der Komponist und Dirigent war mit Swarowsky befreundet und stand auch nach dem Krieg mit ihm in Verbindung. Er hatte außerdem als Vorstandsmitglied, Kassier, „Vorbereiter" und Mitwirkender im „Verein für musikalische Privataufführungen" fungiert. An der Volksoper

---

25 Ebd., S. 47 f.
26 Vgl. Gieler, *Die Geschichte der Volksoper* (Anm. 16).
27 20.1.1922.
28 Doris Swarowsky im Gespräch mit Erika Horvath, Wien, 27.3.2003.

wurde er nach seiner Korrepetitionstätigkeit Chordirektor und war in dieser Funktion 1924 an der Einstudierung der Chöre für die Uraufführung von Schönbergs *Die glückliche Hand* zuständig. Nach Engagements als Erster Kapellmeister in Reichenberg/Liberec und am Stadttheater Königsberg wurde er 1928 Chordirektor und Kapellmeister an der Krolloper in Berlin, 1932 Opernchef in Wiesbaden, 1933 bis 1937 in Graz – eine Stelle, die zehn Jahre später Swarowsky einnehmen sollte. Nach einer kurzen Beschäftigung am Deutschen Theater in Prag, wo er 1938 Kreneks *Karl V.* uraufführte, musste Rankl aus politischen Gründen 1939 emigrieren. Über Zürich, wo er die Hilfe Swarowskys, der 1938 bis 1940 dort Erster Kapellmeister war, in Anspruch nehmen konnte, gelangte er 1939 auf Einladung der BBC nach England, wo er 1944 als Konzertdirigent seinen Durchbruch hatte. 1946 bis 1951 fungierte Rankl als Chefdirigent in Covent Garden, wo er maßgeblich am Neuaufbau und an der Umstellung vom Stagione-System auf ein permanentes Ensemble beteiligt war, und 1952 bis 1957 als Chefdirigent des Scottish National Orchestra. Sein direkter Nachfolger war dort wiederum Hans Swarowsky. 1958 bis 1960 beschäftigte sich Rankl mit dem Aufbau eines Opernensembles in Sidney (Elizabeth Opera Trust), mit dem er den Kontinent bereiste. Rankl leitete zahlreiche Ur- und Erstaufführungen in erster Linie von österreichischen Komponisten, darunter Anton Weberns *1. Kantate* op. 29 oder Egon Wellesz' *2. Symphonie*.[29]

Als Komponist trat er in erster Linie mit Opern und symphonischen Werken hervor. Auch Swarowsky dirigierte einige seiner Stücke, insbesondere mit dem Scottish National Orchestra. 1959 sandte Rankl ein Werkverzeichnis an Swarowsky, mit der Bitte, etwas aufzuführen:

> Anbei schicke ich Dir die versprochene Liste meiner Stücke und hoffe, dass Du doch Gelegenheit haben wirst, das eine oder andere aufzuführen. Jedenfalls bin ich fuer jede Auffuehrung sehr, sehr dankbar.[30]

Swarowsky dirigierte insbesondere die *Fünfte Symphonie* (1957 Edinburgh, Glasgow, 1958 Wien), die *Variationen über ein australisches Volkslied* (1962 Wien), die *Four Scottish Songs* für Mezzosopran und Orchester (1958 Kirkcaldy, Glasgow, 1959 Edinburgh) und die *Weihnachtsouvertüre* (1957 Greenock). Am 1. April 1963 leitete er die Uraufführung der *Sechsten Symphonie* in Wien mit dem Niederösterreichischen Tonkünstlerorchester, was bereits in der Kompositionsphase festgestanden hatte, wie aus einem Brief Rankls hervorgeht: „Du siehst, wir sind wieder mal in Europa eingetrudelt. Ich hab hier bissel

---

29 [Zur Biographie siehe jetzt Nicole Ristow, *Karl Rankl. Leben, Werk und Exil eines österreichischen Komponisten und Dirigenten*, Neumünster 2017 (Musik im „Dritten Reich" und im Exil 20) – Hg.]
30 Karl Rankl an Swarowsky, St. Gilgen, 19.12.1959, NlHS.

dirigert + morgen werden wir nach Österreich fahren, wo ich sehr fleißig an der Partitur ‚Deiner Symph.' arbeiten werde."[31]

Trotz finanzieller Engpässe und zahlreicher auswärtiger Engagements des Direktors wurde der Spielplan an der Volksoper ausgebaut. Eine Schwerpunktsetzung ergab sich durch die Bildung mehrerer Zyklen mit den Opern Mozarts, Meyerbeers, Verdis, Wagners und Puccinis. Das Jahr 1922 war sehr erfolgreich. Die Tatsache, dass Weingartner dem Haus nun wesentlich mehr zur Verfügung stand als die Jahre zuvor, bedeutete eine beträchtliche Konsolidierung des Ensembles. Neben zahlreichen Premieren und Eigenproduktionen gab es auch spektakuläre Wagner-Festspiele, für die die besten Sänger an die Volksoper geholt wurden, wie Hubert Leuer, Frieda Leider oder Friedrich Schorr. Die Zusammenarbeit von Weingartner und Gruder-Guntram erbrachte Neuinszenierungen von *Bohème* und *Boris Godunov*[32], die besonderes Aufsehen erregten.

Schon Ende 1922 jedoch kam es zwischen Weingartner und Gruder-Guntram zu Konflikten, insbesondere anlässlich der Verhandlungen um die deutsche Erstaufführung der Oper *Kinder des Don* des englischen Komponisten Joseph Holbrooke. Weingartner warf dem Ko-Direktor Eigenmächtigkeiten vor, worauf dieser zurücktrat. Bis Ende September 1923 war nun Weingartner wieder alleiniger Leiter, dann wurde der Sänger, Schauspieler und Oberregisseur August Markowsky, der schon seit 1905 am Haus tätig war, zum zweiten Direktor ernannt. Aber die Saison 1923/24 verbrachte Swarowsky als Korrepetitor in Bukarest.

Die allgemeine wirtschaftliche Not und die subventionslose Führung eines großen Theaters führten zu immer größeren finanziellen Schwierigkeiten und der Theaterverein drängte im April 1924 zur Lösung des Vertrages mit Weingartner. Als Grund nannte man die häufige Abwesenheit des mittlerweile in der Schweiz lebenden Dirigenten. Markowsky blieb alleiniger Direktor und engagierte als musikalischen und künstlerischen Leiter den ersten Kapellmeister der Berliner Oper, Fritz Stiedry, der später Stardirigent der Metropolitan Opera in New York wurde. Trotz der Qualitäten der beiden Leiter gelangen nur wenige Aufführungen, die das Theater aus der wirtschaftlichen und künstlerischen Misere hätten reißen können, wie etwa das Ensemblegastspiel des Prager Nationaltheaters mit in Wien nie gehörten Werken von Smetana und Tschaikowsky im Juli 1924. Bei Eigenvorstellungen – der alte Spielplan wurde fortgeführt – gelang es jedoch selten, das von Weingartner gewohnte Niveau zu halten.

Im Oktober 1924 dirigierte Stiedry die Uraufführung des Dramas mit Musik *Die glückliche Hand* von Arnold Schönberg, das mit Schuberts *Der häusliche Krieg*[33] gekoppelt wurde. Es stieß zwar auf denkbar wenig Interesse von Seiten der Presse, doch das

---

31 Karl Rankl an Swarowsky, London, 19.10.1960, NlHS.
32 4.11.1922.
33 14.10.1924.

Publikum zeigte sich beeindruckt. Die dritte Aufführung leitete Schönberg persönlich. In *Pult und Taktstock*, einer von Erwin Stein monatlich herausgegebenen Fachzeitschrift für Dirigenten, kommentierte Stein die Aufführung folgendermaßen:

> Am 14. Oktober fand an der Wiener Volksoper die Uraufführung von Schönbergs Drama mit Musik „Die glückliche Hand" statt. Dirigent war Direktor Stiedry. Die dritte Aufführung leitete der Komponist.
>
> „Die glückliche Hand" wurde 1913 vollendet – elf Jahre mußten vergehen, bis jemand den Mut zur Aufführung fand. Und auch heute noch nicht fand das Werk eine Generation, die ihm gewachsen ist. Das Publikum zwar bezeugte gebührende Ehrfurcht und jubelte den Komponisten immer wieder vor den Vorhang. Die Menschen bonae voluntatis verspürten etwas von dem Geist, der in dieser Musik und diesen Bühnenvorgängen lebt. Die Wiener Musikkritik jedoch – mit wenigen Ausnahmen – ist vor der „Glücklichen Hand" durchgefallen.[34]

Fritz Stiedry, der ebenfalls dem Schönbergkreis angehörte, engagierte für das symbolistische Werk Alfred Jerger als „Ein Mann" und Hedy Pfundmayer als „Ein Weib" und setzte mit dieser Uraufführung einen Schritt in Richtung moderne Oper, doch blieb dieser Versuch für die Volksoper vereinzelt. 14 Jahre später war Stiedry der Dirigent der Uraufführung von Schönbergs *2. Kammersymphonie* in New York.

Einige Komponistendirigenten sorgten ebenfalls für Aufsehen: Im November dirigierte Pietro Mascagni zuerst Leoncavallos *Der Bajazzo*, danach *Cavalleria rusticana*, und zur 100. Vorstellung seines *Kuhreigen* dirigierte Wilhelm Kienzl. Für Aufsehen sorgte das „Einmalige Gastspiel Hubert Marischka", das am 21. März 1925 begann und bis in den April dauerte. Es wurde Kálmáns jüngste Operette *Gräfin Mariza* gespielt, die ein Jahr zuvor uraufgeführt worden war. Der Tenor Marischka („Gutsverwalter Béla Török") und der Komiker Hans Moser („Kammerdiener Penizek") hatten darin neben anderen damals bekannten Operettenstars ihre Paraderollen. Swarowsky befreundete sich mit Marischka, den er 1940 wiedertraf, als beide in der Reichsmusikkammer Operetten zu bearbeiten hatten. Nach dem Krieg wohnte Swarowsky einige Zeit in Marischkas Villa in Wien Hietzing.[35]

Aufgrund der steigenden Inflation und der dadurch häufig ausbleibenden Gagenzahlungen kam es im Mai 1924 zu einem Streik des Orchesters und zum Ausgleichsverfahren, das die beiden Direktoren nach einem kompletten finanziellen Zusammenbruch im Januar 1925 einreichen mussten. Am 27. April 1925 wurde das Theater geschlossen.

---

34 Erwin Stein [editorische Notiz], in: *PuT* 1 (1924), H. 7, S. 124.
35 Doris Swarowsky im Gespräch mit Erika Horvath, Wien, 27.3.2003.

Nicht nur die allgemeine wirtschaftliche Not, sondern auch der große Konkurrenzkampf waren mitverantwortlich für das Finanzdesaster. Gerade auf dem Gebiet der Operette gab es das Theater an der Wien, bis 1929 das Carltheater, bis zu seinem Umbau in ein Kino 1931 das Johann-Strauß-Theater, das Raimundtheater, das neue Wiener Stadttheater in der Laudongasse, das Bürgertheater, das Apollotheater und zahlreiche kleinere Etablissements, die ebenfalls Operetten und Vaudevilles auf dem Spielplan hatten: das Lustspieltheater, die „Hölle", die „Femina", die neue Wiener Bühne, die Rolandbühne etc.

Gruder-Guntram erläuterte die Gründe für sein Scheitern folgendermaßen:

Als ich die Sanierungsaktion der Volksoper einleitete, war es mir klar, dass zunächst für das Personal des Theaters gesorgt werden müsste. Ich fasste daher den Entschluss, Verhandlungen zur Schaffung eines Notstandsfonds einzuleiten. Gleichzeitig war ich bemüht, den Kartenabsatz für zumindest 1000 Personen pro Abend zu sichern. Der Notstandsfonds sollte durch Sammlungen aufgebracht werden. Bereits nach einigen Tagen musste ich jedoch einsehen, dass meine Bemühungen aussichtslos sind; überall wohin ich mich wandte, fand ich verschlossene Türen. Schließlich war ich überzeugt, dass Theatermüdigkeit und die Verarmung Wiens eine Sanierung unmöglich machen.[36]

Zemlinsky, Stiedry, Rankl und Swarowsky waren nicht die einzigen Mitglieder des Schönberg-Kreises, die an der Volksoper wirkten. Vielmehr waren regelmäßig Vertreter der Wiener Schule an der Volksoper tätig, darunter Ernst Bachrich, Heinrich Jalowetz, Rudolf Weirich (Weyrich), später auch Walter Herbert (Seligmann).[37]

Rudolf Weirich (Weyrich) (1886–1963) kam 1916 als Korrepetitor an die Volksoper und wurde 1921 Erster Kapellmeister. Der promovierte Jurist ging von 1904 bis 1910 in die Lehre Schönbergs und wurde von seinem Lehrer auch später noch als „wirklicher treuer Schüler" anerkannt. 1928 wurde er Direktor der Wiener Staatsoper, 1930 musikalischer Dramaturg bei der RAVAG[38], gemeinsam mit Webern und Bittner[39].

Heinrich Jalowetz (1882–1946) war 1908 Chordirektor unter Zemlinsky und 1924/25 Erster Kapellmeister unter Stiedry. Jalowetz war nicht nur Schüler Schönbergs (1904–1908) und Zemlinskys, sondern – wie Anton Webern – bei Guido Adler promovierter Musikwissenschaftler. Nach Kapellmeisterengagements in verschiedenen deutschen und polnischen Städten war er 1916 bis 1923 Kapellmeister am Deutschen Theater in

---

36 *Neues Wiener Journal*, 7.10.1925, S. 5.
37 Vgl. Biographien aus der Wiener Schule, in: Markus Grassl/Reinhard Kapp (Hg.), *Die Lehre von der musikalischen Aufführung in der Wiener Schule. Verhandlungen des Internationalen Colloquiums Wien 1995*, Wien/Köln/Weimar 2002 (Wiener Veröffentlichungen zur Musikgeschichte 3), S. 554, 576, 580, 633.
38 Radio Verkehrs AG, gegründet 1924.
39 Biographien aus der Wiener Schule, in: Grassl/Kapp (Hg.), *Die Lehre* (Anm. 37), S. 633.

Prag – mit Zemlinsky als GMD – und engagierte sich dort als Vorstandsmitglied im Prager „Verein". Nach der Volksoper wurde er 1925 bis 1933 Erster Kapellmeister an der Kölner Oper und war danach als freier Dirigent – u. a. an der Volksoper –, Musikschriftsteller und Leiter einer Kapellmeisterklasse der Österreichischen Musiklehrerschaft tätig und übernahm Dirigate von Webern. 1936 bis 1938 arbeitete Jalowetz als Kapellmeister in Reichenberg/Liberec und musste 1938 aus politischen Gründen fliehen. Über Prag kam er in die USA, wo er 1939 bis zu seinem Tod eine Professur am Black Mountain College in North Carolina innehatte.[40]

1931 bis 1938 war Walter Herbert (Seligmann) (1898–1975), der 1919–22 bei Schönberg studierte und Mitwirkender und zeitweise Vorstandsmitglied im „Verein für musikalische Privataufführungen" war, Kapellmeister an der Wiener Volksoper.[41]

Ab August 1925 schloss der Theaterverein erneut einen Vertrag mit Gruder-Guntram ab[42], der mit Markowsky als Stellvertreter eine Lösung zur Rettung des Theaters zu finden versuchte. Gemeinsam mit Leo Blech als Dirigenten gelangen auch einige erfolgreiche Aufführungen. Swarowsky machte in dieser Zeit seine ersten Dirigiererfahrungen:

> Dirigiert habe ich zum ersten Mal an der Wiener Volksoper, in der Zeit der Direktion von Direktor Gruder-Guntram, unter dessen Leitung das Institut einen ganz außergewöhnlichen Aufschwung erlebt hat.[43]

In dieser wirtschaftlich äußerst unsicheren Situation hatte er im September 1925 seine ersten Vorstellungen: *Hoffmanns Erzählungen*, *Martha* und *Evangelimann*. Doch bevor noch irgendeine länger dauernde künstlerische Aufbauarbeit einsetzen konnte, war schon wieder das Ende gekommen. Hugo Gruder-Guntram ließ das Theater am 3. Oktober 1925 schließen.

Neben der finanziellen Krise hatte die Volksoper noch mit einem anderen Problem zu kämpfen: Mit dem Abgleiten in seichtes Boulevardtheater, in die Operetten-Revue und -sentimentalität, gegen die damals Karl Kraus seine spitze Feder führte. Ohne Subventionen aus öffentlicher Hand war dem nur schwer zu entkommen. Viele gute Kräfte verließen das Theater: Viorica Ursuleac ging nach Frankfurt am Main, Emanuel List nach Berlin, ehe er in die USA emigrieren musste und dort Mitglied der Metropolitan Opera wurde. Selbst August Markowsky verließ das Haus. Am 21. November 1925 gab

---

40 Ebd., S. 580.
41 Ebd., S. 575 f.
42 WStLA, Mappe Volksoper A 1/15, 1925.
43 Swarowsky, Rückblick, in: *WdG*, S. 259.

Sigismondo Zaleschi seine Abschiedsvorstellung, am Flügel begleitet von Hans Swarowsky.

Es blieben Albin Rittersheim, Richard Tauber, Hermann Frischler, Paula Bäck und der Dirigent Leo Kraus; sie schlossen sich mit den Angestellten und dem technischen Personal zusammen, um selbst um eine Theaterkonzession anzusuchen und Leo Kraus zum provisorischen Direktor zu wählen, der jedoch vom Verein nicht akzeptiert wurde. An seine Stelle trat der ehemalige Chorsänger Hermann Frischler, der die folgenden zwei Jahre die Volksoper leitete. Swarowskys Kapellmeistertätigkeit fällt in diese beiden unsteten Jahre unter Frischlers Leitung.

Am 23. November 1925 leitete Swarowsky die Uraufführung der Kindermärchen-Vorstellung *Der große und der kleine Klaus* von Ludwig Schiffer (Text), Theodor Hartmann und Karl Schreder (Musik). Märchenvorstellungen hatten in der Volksoper zeit ihres Bestehens eine wichtige pädagogische Rolle inne und waren nicht nur bei Kindern sehr beliebt. Interessant, wenngleich nicht erfolgreich, war die Premiere von Christoph Willibald Glucks *Iphigenie in Aulis*[44] in der Bearbeitung von Richard Wagner. Mehr Publikum fanden Operetten wie Künnekes *Das Dorf ohne Glocken*[45] oder Millöckers *Der arme Jonathan*[46].

Mit viel idealistischem Einsatz kämpfte das Ensemble der Volksoper um das künstlerische Überleben und erreichte dadurch eine neuerliche Verbesserung des Spielplans, was auch von den Kritiken bestätigt wurde. Sensationen waren etwa die Erstaufführung von Ferruccio Busonis *Arlecchino*[47] und von Igor Strawinskys *Die Geschichte vom Soldaten*[48] sowie von Stanislaw Moniuszkos Oper *Halka* als deutsche Erstaufführung[49].

1926 war Swarowsky aufgrund der Schließungen nur drei Monate (April bis Juni) und 1927 nur sechs Monate (Januar bis Juli) an der Volksoper beschäftigt. Er dirigierte in dieser Zeit in erster Linie Operetten, die aufgrund der großen Beliebtheit beim Publikum einen immer breiteren Raum im Repertoire einnahmen, zeitweise verdrängten sie sogar Mozart und Wagner – so waren im Mai 1926 bereits 23 Abende der Operette vorbehalten. Am 16. April 1926 dirigierte Swarowsky die Premiere von Suppés *Die schöne Galathee* und am 12. Mai 1926 die Premiere der Neuinszenierung von Carl Zellers *Der Vogelhändler* und am 12. Juni jene des *Schwarzwaldmädel* von Leon Jessel.

Später beurteilte Swarowsky das Dirigieren von Operetten als seine wichtigste Schulung als Dirigent, wie Doris Swarowsky erzählte:

---

44 30.11.1925.
45 2.12.1925.
46 19.12.1925.
47 11.2.1926.
48 11.2.1926.
49 29.4.1926.

Er meinte immer, Operette sei wichtig, das sagte er auch seinen Schülern. „Ihr müsst von der Pike auf anfangen. Operette ist nämlich sehr schwer zu dirigieren, weil es so viele Rubati und Ritardandi gibt." Er sagte oft „Eine *Lustige Witwe* ist schwerer zu dirigieren als eine *Walküre*." Und das sieht man ja auch jetzt bei den Leuten. „Man kann nicht in der Staatsoper zum ersten Mal eine Oper dirigieren, das geht nicht." Das war seine tiefste Überzeugung.[50]

Zwischen 25. Juni und 31. Oktober 1926 musste das Theater neuerlich schließen. Man erteilte der Arbeitsgemeinschaft immer nur für kurze Zeit die Spielerlaubnis und so kämpfte sich Frischler bis Ende April 1927 durch. Am 19. November 1926 gab es eine Festaufführung des *Zigeunerbaron* von Johann Strauß.

Für die Saison 1926/27 glückte Frischler das Engagement von Rainer Simons als Regisseur und künstlerischem Berater, der mit seinen Inszenierungen frischen Wind in die Produktionen bringen und ein wenig von der glanzvollen Ära der Volksoper unter seiner Leitung zurückbringen sollte. Vom 12. bis 17. Dezember fand eine italienische Opernstagione in erster Linie mit Verdi-Opern statt und eine Aufführung von Wagners *Tristan und Isolde* kam zustande, die Bernhard Tittel, Generalmusikdirektor am königlichen Opernhaus in Budapest, leitete.

Am 25. Januar 1927 hatte Jacques Offenbachs *Orpheus in der Unterwelt* in der Inszenierung von Rainer Simons viel beachtete Premiere. Musikalisch geleitet wurde sie vom Operettenkomponisten Oscar Jascha, die Rolle des Orpheus verkörperte der Wiener Liedersänger und -komponist Ernst Arnold. Hans Swarowsky übernahm die Folgeaufführungen und dirigierte innerhalb von drei Monaten 37 Abende.

Im April 1927 gab es dank Simons wieder einen Wagner-Zyklus, dessen interessantester Abend die Aufführung von *Rienzi* war, den Swarowsky am 26. des Monats dirigierte. Die Regie hatte auch die einzelnen Partien mit den Sängern gründlich durchgearbeitet, die infolgedessen gute gesangliche und darstellerische Leistungen boten. *Tannhäuser*, *Lohengrin*, *Parsifal* und *Meistersinger* waren ebenfalls zu hören.

Ohne jegliche Unterstützung von Seiten der Gemeinde Wien blieb die finanzielle Situation des Theaters jedoch höchst prekär, und nicht einmal das beliebte en suite gespielte Singspiel *Ich hab' mein Herz in Heidelberg verloren* brachte trotz großen Publikumserfolges die dringend benötigten Einnahmen. Das von Simons inszenierte Stück war ein ausgesprochener Schlager und wurde bis November 1927 durchgespielt. Das „Singspiel in drei Akten von Bruno Hardt-Warden und Fritz Löhner – Gesangstext von Ernst Neubach – Musik mit Benützung von Volks- und Studentenliedern von Fred Raymond" wurde am 29. April 1927 uraufgeführt.

---

50 Doris Swarowsky im Gespräch mit Erika Horvath, Wien, 27.3.2003.

Die Verbindung des aristokratischen Milieus mit dem bürgerlich-handwerklichen, bäuerlichen und freiheitlich-studentischen, die ständisch geordneten Wertebindungen, die freien Ansprüche echter Liebe und rührender Entscheidung zum Entsagen und schließlich die vom Komponisten geschickt arrangierten Gesänge erfüllten alle Publikumserwartungen der unkomplizierten, ins Biedermeier – das Stück spielt um 1825 – historistisch zurückversetzten Handlung. Überdies hatte man mit der „Deutschfreundlichkeit" des Wiener Publikums gerechnet und ein Traum-Deutschland inszeniert. Die Textbuchautoren spielten alle erdenklichen Trümpfe aus, um die Theaterbesucher anzulocken.[51]

Der Erfolg des operettenhaften Singspiels übertraf alle Hoffnungen; war es zunächst von Oscar Jascha musikalisch geleitet, übernahm Hans Swarowsky die weiteren Vorstellungen und dirigierte am 8. Juli 1927 bereits die 75. Vorstellung, insgesamt übernahm Swarowsky 57 Vorstellungen en suite. Oscar Jascha leitete am 28. Juli die 100. und am 13. September die 150. Reprise. Da konnte selbst der bisherige Kassenschlager, Offenbachs *Orpheus in der Unterwelt*, der am 4. September die 50. Vorstellung erreichte, nicht mithalten. Fred Raymonds Traumland verdrängte alles. Oper wurde im September, Oktober und November nur an raren Nachmittagen gespielt; erst ab Mitte November konnte wieder einigermaßen geregelter Opernbetrieb einsetzen. Am 24. November 1927 kam es zur 225. Vorstellung von *Ich hab' mein Herz in Heidelberg verloren*, am 1. Februar 1928 bereits zur 300.

> Das Stück begann Legende zu werden. Es verhalf dem Publikum zur Flucht aus dem traurigen Alltag und gab den Menschen Trost in einer beschwerlichen Zeit. Bewußt bot man hier künstlerischen Zucker, um anderseits auf möglichst einfache Art zu Geld zu kommen. Die Unterhaltung der Massen begann durch künstlerisch anspruchslos werdende Textbuch- und Musikarrangements simpel zu werden und lief letztlich auf die völlige Veräußerlichung der „Zur-Schau-Stellung", des Show-Effekts hinaus.[52]

Dafür fiel sogar zum ersten Mal die traditionelle Märchen-Vorstellung für die Kinder zur Weihnachtszeit aus. Einen ähnlichen Erfolg hatte danach noch J. Bittners und E. Lessayes *Der unsterbliche Franz*, für das sich Simons eine Reihe von Gästen geholt hatte und das von der Kritik äußerst wohlwollend aufgenommen wurde.

Im Juni 1926 und im April 1927 blieb das Theater vorübergehend geschlossen, Frischler legte im April endgültig sein Amt nieder und Kapellmeister Weirich übernahm seinen Posten, den er im Juni 1928 an Karl Auderith weitergab, der sich schon vielfach um die Leitung beworben hatte; doch trotz aller Bemühungen Auderiths wurde die

---

51 Bachler u. a., *Die Volksoper* (Anm. 16).
52 Ebd.

Spielbewilligung nicht verlängert und das Theater musst am 5. Juli geschlossen werden und stellte diesmal für eineinhalb Jahre den Betrieb ein. Neben den laufenden Kosten wären auch noch große Reparaturaufwendungen notwendig gewesen, die auf keine Weise aufzubringen waren. Swarowsky hatte schon mit Ablauf der Saison 1927 die Volksoper endgültig Richtung Stuttgart verlassen.

1932 kehrte er noch einmal zur Volksoper zurück. Gruder-Guntram engagierte ihn als 2. Kapellmeister eines „Festival d'Opéra Viennois" in Kairo und Alexandria, das er mit ersten Kräften aus Wien, München und Berlin (u. a. Rosette Anday, Adele Kern, Rose Pauly, Fritz Krauss, Helge Rosvaenge) sowie einer von Hedy Pfundmayr geführten Ballett-Truppe unter Leitung von Hugo Reichenberger veranstaltete.[53] Die Tournee fand vom 31. Dezember 1932 bis 18. Februar 1933 statt.[54] Am 8. Januar 1933 dirigierte Swarowsky Strauss' *Rosenkavalier* in Kairo.[55]

WÜRTTEMBERGISCHES STAATSTHEATER STUTTGART

Swarowskys Anstellung in der Volksoper war nicht nur wegen der fortwährenden existenziellen Schwierigkeiten dieser Institution, sondern auch in künstlerischer Hinsicht auf Dauer wenig befriedigend und karrierefördernd. So war er bestrebt, nach den Lehrjahren in der Volksoper eine Kapellmeisterstelle in Deutschland zu finden. Unterstützt wurde er dabei u. a. von Kommissionsrat William Frankfurter, der ihn 1927 nach Stuttgart empfahl[56], wo – durch das mögliche Abgehen von Kapellmeister Paul Schmitz – eine Stelle vakant zu werden versprach. Nach der Fürsprache durch Paul Bechert, den künstlerischen Berater der Internationalen Theater- und Musikagentur Ithma, formulierte Swarowsky im April 1927 folgendes Schreiben an den Stuttgarter Generalintendanten Albert Kehm:

> Ich bin 27 Jahre alt, war zuerst Korrepetitor an der Volksoper (unter Weingartner), dann Korrepetitor und Kapellmeister an der Volksoper unter Leo Blech, schliesslich war ich und bin leider noch immer Kapellmeister an dem gleichen Institut. Ich habe einen grossen Teil des Repertoires dirigiert, den anderen Teil beherrsche ich selbstverständlich vollkommen dirigierfertig. Meine Musikalische Ausbildung erhielt ich durch Arnold Schönberg, dessen

---

53 Teresa Hrdlicka, *Hugo Reichenberger. Kapellmeister der Wiener Oper*, Wien 2016, S. 215 f.
54 Mit dabei waren neben dem Ehepaar Gruder-Guntram u. a. auch August Markowsky, Rehlia und Helge Rosvaenges Sohn Emil Anton Hansen, der einen ausführlichen Reisebericht in dänischer Sprache verfasste (http://mclasen.dk/eahansen.html) – [am 6.5.2016 nicht mehr abrufbar – Hg.]
55 In einem späteren Brief an den Stuttgarter Intendanten Albert Kehm erwähnt Swarowsky die Ägyptenreise: Stuttgart, 24.11.1945, StAL, Personalakt Hans Swarowsky, E 18 VI 1193.
56 Frankfurter an Albert Kehm, 31.3.1927, StAL, E 18 VI 1193.

Privatschüler ich in Harmonielehre, Kontrapunkt und Komposition[57] war. Ausserdem habe ich bei einer ganzen Reihe von Professoren der Wiener Akademie, dann auch bei Anton von Webern und Alban Berg gearbeitet. Ich bin ausgebildeter Konzertpianist (an der Akademie[58] und bei Eduard Steuermann).

Ich habe jetzt einen Antrag nach Prag als erster Kapellmeister (zwei Gastspiele Ende April), würde aber dennoch viel lieber nach Stuttgart gehen, wenn auch in einer geringeren Stellung, um endlich einmal im Reich zu sein, nicht nur wegen der Grösse der künstlerischen Bedeutung, sondern auch wegen der Aussichten auf eine bessere Karriere. Als Werke, die für ein eventuelles Gastspiel in Frage kämen, möchte ich Figaro, Zauberflöte, Tannhäuser, Butterfly und Aida vorschlagen, bitte aber auf jeden Fall um einen Mozart.

Die Gage soll gerade so sein, dass ich mein Auskommen damit finde. Im Falle einer Verpflichtung würde ich mindestens zwei Jahre in Stuttgart bleiben wollen, um etwas anständiges leisten zu können.

Es wäre mir eine besondere Freude und Genugtuung gerade unter Ihrer Leitung, verehrter Herr Generalintendant, arbeiten zu dürfen; sowohl wegen des Eindruckes, den Ihre Person auf mich gemacht hat, als auch wegen des Umstandes, dass ich durch Ihre Bekanntschaft mit meinem lieben Freunde Paul Bechert hoffen darf Ihr Interesse ein wenig auf mich zu lenken.[59]

Paul Bechert wandte sich wenige Wochen später noch einmal brieflich an Kehm, um Swarowsky zu empfehlen:

Für Ihre freundliche Zusage in der Angelegenheit des Kapellmeisters Swarowsky bin ich Ihnen außerordentlich verbunden. Da ich von verschiedenen Seiten höre, dass Herr Schmitz jedenfalls, sei es nach München, sei es nach Nordamerika, abgehen dürfte, so wird die Frage wohl in den allernächsten Tagen aktuell werden. Ich möchte Ihnen nochmals Herrn Swarowsky sehr empfehlen, in dem Sie nach meiner Ueberzeugung einen jungen, sehr begabten, arbeitsfreudigen und unverbrauchten Dirigenten gewinnen würden. Es kommt ja zunächst nur auf einen Versuch, das heisst auf ein Gastspiel an und ich hoffe sehr, dass Sie im Sinne Ihrer freundlichen Aeusserungen Herrn Swarowsky die Gelegenheit dazu bieten werden.[60]

Im selben Schreiben bot Bechert auch die Vermittlung eines Konzertes mit Béla Bartók als Pianisten an, der „auf einer etwa vierwöchigen Tournee unmittelbar vor seiner Ame-

---

57 [Vgl. jedoch im Kap. „Swarowsky in der Wiener Schule" die Begründung, warum er bei Schönberg gerade nicht Komposition studieren wollte – Hg.]
58 [Entsprechende Belege fehlen. – Hg.]
59 Swarowsky an Kehm, 15.4.1927, StAL, E 18 VI 1193.
60 Bechert an Kehm, 9.5.1927, StAL, E 18 VI 1193.

rika-Reise, im Oktober und November in den grossen deutschen und holländischen Städten sein neues Klavierkonzert, dessen Allein-Aufführungsrecht er sich vorbehalten hat, spielen" würde. Nur eine Woche später wandte er sich ein weiteres Mal schriftlich an Kehm, um „nochmals nachdrücklichst auf Swarowsky hinzuweisen" und wiederholt zu erbitten, den jungen „Swarowsky in die Reihe jener Kandidaten einzubeziehen, die zu einem Probegastspiel tatsächlich eingeladen werden"[61].

Die Bemühungen Becherts um seinen „Schützling"[62] waren erfolgreich und nur wenige Tage später telegrafierte Kehm: „Veranlasst Swarowsky zwischen dreiundzwanzigsten und sechsundzwanzigsten zu persönlichen Besprechungen herzukommen"[63]. Swarowsky traf am 26. Mai 1927 in Stuttgart ein.[64] Dazu Bechert in einem Schreiben an Kehm, mit der nochmaligen Bitte, „Herrn Swarowsky auch tatsächlich zu einem Probegastspiel zuzulassen, von dem er fest überzeugt ist, dass es durch seinen Erfolg zu einem Engagement führen wird."[65] Swarowsky erhielt seine Chance und wurde für Anfang Juni zum Probedirigieren geladen. Unglücklicherweise erkrankte er jedoch kurz vor seinem Auftritt und musste absagen, bat jedoch inständig um eine weitere Möglichkeit, sein Können unter Beweis zu stellen.[66] Er bekam die Chance und dirigierte am 15. Juni *Freischütz* und am darauffolgenden Tag *Carmen*. Seine Leistungen waren sehr zufriedenstellend: „Bewegliches Temperament, rhythmische Energie und Sinn für musikalische und dramatische Situationen hatten den Aufführungen Fluß und wirksame Gegensätze gegeben."[67] Am 17. Juni 1927 erhielt er einen Vertrag als 3. Kapellmeister.

[E]s drängt mich, Ihnen nochmals für das grosse Vertrauen zu danken, das Sie mir entgegengebracht haben und ich bitte Sie, abermals meine Versicherung entgegennehmen zu wollen, dass ich mich dieses Vertrauens stets würdig erweisen werde. Die Widerstände, gegen die Sie meine Position gehalten haben, werden in der ersten Zeit meines wirklichen Zusammenarbeitens mit Ihrem Personal geschwunden sein. Es muss mir nur einmal Gelegenheit geboten werden, mich bei richtigen Proben mit ihm auseinanderzusetzen. Ich bin überzeugt davon, dass ich mir sowohl künstlerisch als auch menschlich eine reinliche Stellung schaffen werde und dass mein Engagement – so wie es für mich den Wert der Befreiung aus einer Hölle hat – auch Ihnen, verehrter Herr Generalintendant, schliesslich

---

61 Bechert an Kehm, 16.5.1927, StAL, E 18 VI 1193.
62 Ebd.
63 Telegramm Kehms an Musikithma, 20.5.1927, StAL, E 18 VI 1193.
64 Telegramm Becherts an Kehm, 23.5.1927 und Telegramm Swarowskys an Kehm, 26.5.1927, StAL, E 18 VI 1193.
65 Bechert an Kehm,, 25.5.1927, StAL, E 18 VI 1193.
66 Swarowsky an Kehm, 3.6.1927, StAL, E 18 VI 1193.
67 Jürgen-Dieter Waidelich, *Vom Stuttgarter Hoftheater zum Württembergischen Staatstheater. Ein monographischer Beitrag zur deutschen Theatergeschichte*, phil.Diss. Universität München 1956, S. 289f.

nur Befriedigung bringen wird. Mit inniger Freude erwarte ich den Zeitpunkt des Arbeitsbeginnes [...].[68]

Der Vertrag wurde auf drei Jahre abgeschlossen und mit Erlass vom 22. Juni 1927 Nr. 8257 vom Kultministerium genehmigt. Die Agentur Ithma erhielt 6 % Provision.[69] Swarowsky war demnach von 1. August 1927 bis 31. Juli 1930 engagiert, mit einer vorgesehenen jährlichen Gage von 6000 RM im ersten, 6600 RM im zweiten und 7200 RM im dritten Jahr.[70]

Die Stuttgarter Opernbühne pflegt bis heute den Ruf eines besonders engagiert und avanciert inzenierenden Hauses, der bereits Anfang des vorletzten Jahrhunderts begründet wurde. Nachdem die alte Hofoper am Schlossplatz – heute steht dort das Kunstgebäude mit der Galerie der Stadt Stuttgart und dem Kunstverein – im Jahre 1902 bis auf die Grundmauern niedergebrannt war, verfolgte der damalige Hoftheaterintendant Joachim von Putzlitz konsequent den Plan eines Neubaus mit Großem und Kleinem Haus nach den Plänen Max Littmanns. So wurde das neue Hoftheater 1912 mit der Uraufführung von Richard Strauss' *Ariadne auf Naxos* unter der Leitung des Komponisten im Kleinen Haus eröffnet. Auch die Rolle Stuttgarts als eine der angesehensten Bühnen der Tanzszene Europas hat eine lange Tradition, reicht die Geschichte des Stuttgarter Balletts doch bis weit ins 17. Jahrhundert zurück. Mit ihm verbinden sich namhafte Persönlichkeiten wie der Ballettreformer Jean-Georges Noverre (1759–1766), der Choreograph Filippo Taglioni (1777–1871) und der bildende Künstler Oskar Schlemmer (1888–1943).

Generalintendant des Hauses war seit 1920 der gebürtige Stuttgarter Schauspieler Albert Kehm[71], der vor seiner Berufung Theaterdirektor in Bern gewesen war. In Stuttgart erwies er sich als sicherer und zuverlässiger Leiter, der das Theater auch durch Zeiten finanzieller und politischer Krisen zu lenken vermochte. Das Operntheater war geprägt durch das Wirken von Fritz Busch als Kapellmeister, der insbesondere gemeinsam mit dem Regisseur Otto Erhardt Meilensteine der modernen Operngeschichte auf die Bühne brachte.

1920 kamen zwei bedeutende Künstler der europäischen Avantgarde an die Stuttgarter Oper: Willi Baumeister und Oskar Schlemmer. Schlemmer stattete 1921 die Uraufführung der beiden Hindemith-Einakter *Mörder, Hoffnung der Frauen* (nach Kokoschka) und *Das Nusch-Nuschi* (nach Franz Blei) aus, die zu einem der größten Stuttgarter Theaterskandale wurden und zu Rücktrittsgesuchen der Opern- und Theaterleitung führ-

---

68 Swarowsky an Kehm, 20.6.1927, StAL, E 18 VI 1193.
69 Schreiben an Swarowsky, 27.6.1927, StAL, E 18 VI 1193.
70 Dienstvertrag Hans Swarowskys, StAL, E 18 VI 1193.
71 Vgl. Waidelich, *Vom Stuttgarter Hoftheater zum Württembergischen Staatstheater* (Anm. 67), S. 116 ff.

ten. Ein Jahr später zeigte er im Kleinen Haus sein *Triadisches Ballett*. Willi Baumeister entwickelte anstelle traditioneller Bühnenbilder Raumkompositionen aus architektonischen Elementen und farbigen Flächen.

Nach Fritz Buschs Abgang – er wurde Generalmusikdirektor in Dresden – folgte Carl Leonhardt, der den avantgardistischen Impetus von Busch/Erhardt zwar mäßigte, doch blieb die Oper durchaus richtungsweisend: Es gab Uraufführungen von Hindemith, Karl Bleyle, Hugo Hermann, Wilhelm Kempff, Alexander Presuhn, Hermann Reutter und Egon Wellesz. Erhardts Nachfolger Harry Stangenberg reichte dann jedoch nicht an die stilbildende und wegweisende Künstlerenergie seines Vorgängers heran. Sein Zusammenwirken mit Leonhardt brachte ab 1927 zwar gutes Operntheater, die Aura des Außergewöhnlichen jedoch fehlte.

Trotz gewisser struktureller Schwierigkeiten, denen das Landestheater unter Kehms Leitung ausgesetzt war – dem Übergang von Hof- zu Staatstheater und der damit einhergehenden Umbildung des Publikums wurde nur wenig Rechnung getragen, der Selbstdeckungsgrad sank rapide und die Übermacht von Radio, Film und Sport setzte dem geschwächten Betrieb weiter zu –, brachte die Ära Kehm große Leistungen auf dem Gebiete des Schauspiels und der Oper, mit eigenen Kräften der Stuttgarter Landestheater und mit vielen bedeutenden Gästen. So wurde sein erster Fünfjahresvertrag erneuert und er erhielt 1925 die Dienstbezeichnung eines Generalintendanten. Nachdem er jedoch 1933 zu keiner aktiven Mitarbeit unter den neuen politischen Umständen bereit war, musste er seinen Platz räumen. Im Jahre 1945 übernahm er für einige Monate noch einmal die Neuordnung der Verhältnisse am Theater und berief dazu wiederum Hans Swarowsky als musikalischen Leiter.

Carl Leonhardt[72] war Schüler Hugo Riemanns und Arnold Scherings und begann seine Laufbahn 1917 als Kapellmeister in Hannover und wechselte drei Jahre später ans Nationaltheater in Weimar. Zu den besonderen persönlichen Leistungen Leonhardts in Stuttgart gehörte u.a. der Pfitzner-Zyklus von 1922/23, bei dem er den *Armen Heinrich* und *Palestrina* dirigierte, während Pfitzner persönlich *Die Rose vom Liebesgarten* leitete. Auch 1924 war Pfitzner Regisseur und Dirigent der ersten Aufführung seiner Bearbeitung von Marschners *Vampyr*, und im Juni 1926 dirigierte der Komponist im Rahmen des Weber-Zyklus den *Freischütz*. Die Stuttgarter Oper unter Leonhardt war das einzige Musiktheater der Welt, das zu Webers 100. Todestag eine zyklische Aufführung seiner Werke programmierte. Darüber hinaus machte sich Leonhardt durch Mozart-Zyklen einen Namen und Richard Wagner wurde Jahr für Jahr durch festliche Aufführungen des *Parsifal* und auch zwei bis drei Aufführungen der *Ring*-Tetralogie geehrt.

Wie schon seine Vorgänger leitete Leonhardt eine große Anzahl von Symphoniekonzerten des Opernorchesters. Bis 1933 waren es fast 100 Darbietungen, darunter Erstauf-

---

72 Ebd., S. 277 ff.

führungen mit Werken von Johann Christian Bach, Alexander Borodin, Walter Braunfels, Adolf Busch, Ferruccio Busoni, Manuel de Falla, Paul Hindemith, Artur Honegger, Wilhelm Kempff, Gustav Mahler, Hans Pfitzner, Hermann Reutter, Arnold Schönberg, Richard Strauss u.a. Daneben gab er mit dem Orchester Gastspiele in vielen deutschen Städten. Durch seine intensive Proben- und Orchesterarbeit steigerte Leonhardt den guten Namen und Ruf des Stuttgarter Opernorchesters.

Leonhardts Dirigierstil und Opernleitung wurden allgemein als feinsinnig, jedoch akademisch und kühl beschrieben. 1937 zog er sich aus dem Theaterbetrieb zurück und wurde Universitätsmusikdirektor in Tübingen und Leiter des Musikwissenschaftlichen Instituts.

Hans Swarowsky wurde als Nachfolger des Kapellmeisters Paul Schmitz an das Landestheater geholt und stellte sich am 10. September 1927 erstmals mit Rossinis *Barbier von Sevilla* vor. Als solcher hatte es der junge und noch relativ unerfahrene Swarowsky Jürgen-Dieter Waidelichs Einschätzung zufolge denkbar schwer:

> Swarowsky war zweifellos sehr begabt, doch war seine Berufung nach Stuttgart als Ersatz für Paul Schmitz sicher etwas verfrüht. Als Mißgriff der Opernleitung, an der der junge Kapellmeister jedoch wenig Schuld hatte, stellte sich seine erste Beschäftigung mit der Buffo-Oper „Barbier von Sevilla" zum Spielzeitauftakt 1927/28 heraus. Der Rezensent schreibt („Kronik"): „Swarowsky schlug Takt, gab Einsätze, vollbrachte eine anständige Korrepetitorenleistung, doch vom Geiste Rossinis war wenig zu spüren". Dabei hatte er am 15.6. und 16.6.1927 in zwei Gastspielen auf Anstellung (Freischütz und Carmen) recht ansprechende Leistungen gezeigt.[73]

Nach diesem offenbar nicht sehr aufregenden Debut konnte Swarowsky jedoch bald sein Talent unter Beweis stellen, wurden ihm doch auch *Rigoletto*, *Tannhäuser*, *Lohengrin* und *Salome* anvertraut. Die ersten beiden Stuttgarter Jahre erwiesen sich mit folgendem Repertoire als wichtige Entwicklungsphase für den jungen Dirigenten:

Barbier von Sevilla[74], *Rigoletto*[75], *Cavalleria Rusticana*, *Pagliacci*[76], Léhars *Paganini*[77], *Waffenschmied*[78], *Zar und Zimmermann*[79], *Evangelimann*[80], *Tiefland*[81] (mit dem Pedro von

---

73 Ebd., S. 289.
74 10.9.1927 (Regie: Albin Swoboda) (10x).
75 13.9.1927 (Regie: Albin Swoboda) (14x)
76 20.9.1927 (Regie: Albin Swoboda) (21x).
77 26.9.1927 (Regie: Albin Swoboda) (15x).
78 9.10.1927 (Regie: Albin Swoboda) (12x).
79 20.10.1927 (Regie: Albin Swoboda) (6x).
80 9.10.1927 ((Regie: Albin Swoboda) (13x)
81 5.10.1927 (Regie: Albin Swoboda) (15x).

Richard Tauber a. G.), Ambroise Thomas' *Mignon*[82], *Tannhäuser*[83], *Hänsel und Gretel*[84], Delibes' *Coppelia*[85], *Carmen*[86], *Freischütz*[87], *Hoffmanns Erzählungen*[88], *Troubadour*[89], *Madama Butterfly*[90], *Zigeunerbaron*[91], *Salome*[92] und Edmond Audrans *Die Puppe*[93], *Der Postillon von Lonjumeau*[94], *Fortunios Lied*[95] von Offenbach, die Schubert-Bearbeitungen *Der treue Soldat*[96], *Die Werbung*[97] und *Die Weiberverschwörung*[98], *Fledermaus*[99], *Lady Hamilton*[100] von Eduard Künneke, *Urlaub nach dem Zapfenstreich*[101] und *Orpheus in der Unterwelt*[102] von Offenbach.

Ab der Saison 1929/30 gelang es ihm erstmals, mit seiner ganzen Vielseitigkeit in Erscheinung zu treten, fand doch auch seine operndramaturgische und musikwissenschaftliche Begabung genügend Raum. Seine frühe Beschäftigung mit stilkundlichen und künstlerischen Fragen zeigte sich beispielsweise bei der deutschen Erstaufführung von Dvořáks *Rusalka*[103] und bei der Neuinszenierung von Gounods *Margarethe*[104]. Auch begann er seine Einsichten in der *Schwäbischen Thalia*, den Dramaturgischen Blättern der Württembergischen Landestheater, zu publizieren und fand so zu einer für ihn zeit seines Lebens wichtigen Ausdrucksform. Schon diese ersten Veröffentlichungen lassen Swarowskys Handschrift erkennen. Musikhistorische und stilkundliche Kenntnisse sowie die unbedingte Bereitschaft, jede Tradition auf ihre Gültigkeit hin zu überprüfen, finden darin gewandten Ausdruck.

---

82 22.10.1927 (Regie: Albin Swoboda) (2x).
83 30.10.1927 (Regie: Albin Swoboda) (24x).
84 23.12.1927 (Neueinstudierung, Regie: Albin Swoboda) (8x).
85 23.12.1927 (Choreographie: Lina Gerzer) (8x).
86 26.12.1927 (Regie: Albin Swoboda) (1x).
87 10.1.1928 (Regie: Albin Swoboda) (24x).
88 4.2.1928 (Regie: Albin Swoboda) (16x).
89 12.2.1928 (Regie: Albin Swoboda) (20x).
90 16.3.1928 (Regie: Albin Swoboda) (12x).
91 11.5.1928 (Regie: Albin Swoboda) (19x).
92 7.6.1928 (Regie: Albin Swoboda) (12x).
93 30.6.1928 Regie: Erwin Dietrich a. G.) (10x).
94 29.9.1928 (Neuinszenierung, Regie: Theodor Vogeler) (7x).
95 28.10.1928 (4x).
96 4.11.1928 (Regie: Theodor Vogeler) (4x).
97 4.11.1928 (Choreogrpahie: Lina Gerzer) (8x).
98 4.11.1928 (Regie: Theodor Vogeler) (4x).
99 19.1.1929 (Neuinszenierung, Regie: Albin Swoboda) (10x).
100 21.4.1929 (Regie: Theodor Vogeler) (7x).
101 21.5.1929 (Regie: Albin Swoboda) (3x).
102 16.6.1929 (Regie: Harry Stangenberg) (25x).
103 5.10.1929 (Regie: Harry Stangenberg) (7x).
104 14.12.1929 (Neuinszenierung, Regie: Harry Stangenberg) (19x).

Großen Anteil nahm er an der Inszenierung von Dvořáks *Rusalka*, die erstmals in Deutschland aufgeführt wurde und deren musikalische Leitung er innehatte. In der *Schwäbischen Thalia* erläutert er nicht nur den Inhalt der tschechischen Märchenoper, sondern auch die dramaturgischen Eingriffe und die musikalisch motivierten Kürzungen, die zu besserer Verständlichkeit des Stückes vorgenommen wurden:

> Der dritte Akt beginnt im Original mit einem neuerlichen Zusammentreffen der Nixe und der Hexe, die ihre Genugtuung über Rusalkas Enttäuschung zeigt und als einziges Rettungsmittel die Erdolchung des Prinzen durch Rusalka fordert, eine Zumutung, die von dieser entsetzt zurückgewiesen wird. Diese Szene ist mit Rücksicht auf ihre ein wenig naive Theatralik und ihre musikalischen Längen (zu denen Dvorak oftmals durch seinen Einfallreichtum verleitet wurde) in der deutschen Fassung, die unser Landestheater zum ersten Mal darbietet, fortgelassen worden. (Auch sonst weist diese Fassung einige Straffungen des Originals und Retouchen von Uebergängen auf, die der Wirkung des Ganzen sicher dienlich ist). Der Charakter des „lyrischen Märchens" bleibt so besonders schön und deutlich im letzten Akt bewahrt.[105]

In seiner Deutung der Märchenoper findet Swarowsky auch Bezüge zu Dvořáks eigenem künstlerischen Leben:

> Das einfache Märchen, aus dem man, wenn man will, die tiefe, ewig geltende Wahrheit von Wesenstreue und Weilen auf eigener Bahn lesen kann, erscheint mir wie ein Symbol auf Dvoraks eigenes Künsterleben, auf sein vergebliches Hinstreben zu Gestalten, die sein naiver Sinn nicht zu meistern vermochte, auf die Sehnsucht seiner Seele nach Fremdem, für das er keinen organischen Ausdruck zu finden wußte. Ob er wohl selbst Ähnliches in diesem Stoffe fühlte, ob er in dem echten und tiefen Brahms seinen Wassermann, in dem glänzenden, reichen fremden Prinzen den Riesen Wagner sah? Zwischen diesen beiden bewahrt er immer noch so viele eigene Werte, die vor allem Gaben der Natur sind, spendet so viel ehrlich Schönes, daß es in hohem Grade berechtigt erscheint, das deutsche Publikum mit einer seiner Schöpfungen bekanntzumachen, deren Klang- und Melodienreichtum unmittelbar zum Herzen spricht.[106]

Auch die Frage der Übersetzung von Operntexten ist Swarowsky schon in jenen Jahren ein großes Anliegen. Das steht vor allem mit der Praxis am Theater im Zusammenhang, wo zu den Aufgaben der Kapellmeister auch die Einrichtung des Texts der aufgeführten

---

[105] Hans Swarowsky, Anton Dvorak und seine Rusalka, in: *Schwäbische Thalia. Der Stuttgarter Dramaturgischen Blätter* 11. Jg., Nr. 6 (Okt. 1929), S. 1–7: 6.
[106] Ebd.

Stücke gehörte. Auf seine musikalische Leitung der *Margarethe* eingehend entlarvt er die kapitalen Fehler bei der Übertragung ins Deutsche, die nicht selten willkürlich die musikalische und rhythmische Struktur verändern und fast immer das subtile Verhältnis zwischen Text und Musik verzerren. In der *Schwäbischen Thalia* beginnt er seinen Text *Opernübertragungen* lakonisch: „Es gibt fast nur schlechte."[107] Insbesondere die Ricordi-Übersetzer Sonzogno, Durand, Choudens, die Donizetti, Verdi, Puccini, Bizet, Massenet, Ravel, Milhaud und Strawinsky „verunstalteten", seien mit ihren „Textverbiegungen" für den falschen „Überkitsch" (Verdi) und die schauerliche „Süßlichkeit" (Puccini) verantwortlich zu machen. Doch nicht nur semantische Fehler setzten dem Inhalt der Oper zu; insbesondere die veränderte Sprachrhythmik habe verheerende Folgen für den musikalischen Sinn des Werkes:

> Aber falsches Wort, falscher Sinn – das sind die kleinsten Sünden der Übertrager. Bunt wird es erst, wenn sie einfach statt einer fremden Silbe drei oder mehr deutsche setzen und umgekehrt. Da wird dann jede halbe Note des Originals zur Vierteltriole, zu vier Achteln oder einem Phantasierhythmus, umgekehrt werden vier Achtel in Halbe konzentriert, Synkopen geschaffen oder vernichtet, Pausen eingefügt oder ausgemerzt, Punktierungen mit vollen Händen unter die Menge geworfen.[108]

Natürlich seien auch Neudichtungen der Textübersetzer „im Zeitalter der Austextierungen" gang und gäbe, was wiederum einen starken Einfluss auf die Komposition ausübe:

> Eine der größten Verfälschungen besteht darin, daß dort, wo der Komponist ein Wort oder einen Satzteil zwei oder mehrere Male wiederholt – also den gleichen Text durch musikalische Steigerung intensiviert und im Lichte verschiedener musikalischer Stimmung erscheinen läßt –, daß dort der Übersetzer nichts als Eintönigkeit sieht und mit fühlbarem Stolz für die zweite oder dritte Stelle ganz andere Wort erfindet, die einfache Geschlossenheit und Deutlichkeit der Steigerung auf solche Weise vernichtend.[109]

Und in einem solchen Reigen von Umdichtung, Neudichtung und rhythmischen Veränderungen werde schlussendlich das Verhältnis zwischen Text und Musik, die eigentliche Ausdeutung des Librettos ad absurdum geführt: „Im Handumdrehen wird Musik der Freude mit Worten der Trauer gekoppelt, werden Klänge der Liebe zu Musik das

---

107 Hans Swarowsky, Operntextübertragungen, in: *Schwäbische Thalia. Der Stuttgarter Dramaturgischen Blätter* 11. Jg., Nr. 16 (Dez. 1929), S. 1–5: 1.
108 Ebd., S. 2.
109 Ebd.

Hasses"[110]. Aber nicht einmal vor der diastematischen Veränderung des Notentextes schreckten die skrupellosen Textdichter zurück:

> Ganz schlimm wird es, wenn sich dann der Schönheitssinn des Übersetzers regt, der es nicht ertragen kann, daß durch Zerlegung eines größeren Notenwertes in viele kleine Noten ein Geklopfe auf ein und demselben Ton entsteht. Hellhörig verleiht er den neuen kleinen Werten verschiedene Tonhöhen – und so wird Herr X. über Nacht zum phantasiereichen Komponisten, den die großen Verleger mit Aufträgen überladen.[111]

Mit *Hoffmanns Erzählungen*[112], *Fortunios Lied*[113], *Urlaub nach dem Zapfenstreich*[114] und *Orpheus in der Unterwelt*[115] in seinem Repertoire wurde Swarowsky zu einen regelrechten Offenbach-Spezialisten. Seine große Verehrung brachte er zum 50. Todestag des Komponisten in der *Schwäbischen Thalia* zu Papier:

> Wenn Wahrheit sich je als beissender Spott im Gewande heitersten Witzes, als schärfste Satire im Kleid anmutigster Laune, wenn Sinn sich je durch holdesten Unsinn offenbarte, moralische Vernichtung je durch eine graziöse Handbewegung erreicht wurde – dann im Zauber des ewigen Lächelns, in den das Werk Jacques Offenbachs das entlarvte Gesicht der Welt bannte. Hier war ein König im Reiche jener Geister erstanden, die mit spielerischer Leichigkeit für ihre leisesten Ahnungen ganz zwanglos den bis ins letzte adäquaten Ausdruck finden, denen immer und immer wieder der glückliche Wurf gelingt, denen das bon mot à bon temps im Bereich ihrer künstlerischen Gestaltungsmittel nur so zufliegt, die alles Verkehrte gerade machen, indem sie es auf den Kopf stellen. [...]
>
> In der Ruhelosigkeit dieses Daseins manifestiert sich ein ungemein lebendiger Geist, in dem ein ganzes Theater von Ideen unablässig wach war, der Welt und Leben mit ihrem Spiel und Widerspiel einfing in übermütige musikalische Komödien. Nichts, das in diesen über hundert Bühnenwerken nicht sein szenisch-musikalisches Symbol gefunden, nichts, das hier in reizvoll-unsinniger Wirklichkeitsferne nicht als sinnvollste Wahrheit sich geoffenbart hätte. Farbenreich und voll Bewegung wie die Szene dieses Lebens sind die Szenen, in welchen Offenbach seine Umwelt auf der Bühne musikalisch zeichnet, den ‚Ernst' des täglichen Treibens in den Spass einer zeitentrückten Phantastik verzaubernd und die verlogene „Ordnung" in einem höllischen Wirbel bis auf die Knochen blamierend. Aus den Bouffes wurde die Operette, die ihre Grenzen immer weiter steckte. Was da – gemeinsam

---

110 Ebd.
111 Ebd., S. 2 f.
112 4.2.1928 (Regie: Albin Swoboda) (16x).
113 28.10.1928 (4x).
114 21.5.1929 (Regie: Albin Swoboda) (3x).
115 16.6.1929 (Regie: Harry Stangenberg) (25x).

verfasst mit Cremieux, Meilhac und Halévy, deren Texte trotz ungleichem Niveau nie ungraziös, nie unwitzig und farblos und vor allem immer musikdurstig und rhythmuserregend waren – was da also an beglückenden Gaben dem Pariser 2. Kaiserreich, Mittelpunkt damaliger geistiger und künstlerischer Kultur, geboten wurde, ist in seiner Fülle kaum fassbar.[116]

Swarowsky sieht sich bei seiner Beschäftigung mit Offenbachs Operette, die schon in der Volksoper begonnen hatte, auch ganz im Einvernehmen mit seinem großen Lehrmeister Karl Kraus:

Das Gesicht dieses Genres der wahren Operette ist nie tiefer geschaut, nie treffender gezeichnet worden, die „Distanz zwischen dem tiefen Unsinn, der das Wesen, und dem flachen Sinn, der das Unwesen der Operette bedeutet", nie klarer abgesteckt worden als durch Karl Kraus, der als einziger den wirklichen Offenbach unserer Zeit wiedergewonnen hat. Heute ist das wundervolle Durcheinander der Ereignisse einer vernünftigen Handlung gewichen, die nichts vorstellt als ihre eigene Aermlichkeit, eine Parodie, die dem Bann des einst Parodierten verfallen ist und mit seinen eigensten Mitteln positiv arbeitet. „Die Forderung, dass die Operette vor der reinen Vernunft bestehe, ist die Urheberin des reinen Operettenblödsinns" (Die Fackel, Nr. 757–58).[117]

In *Hoffmanns Erzählungen* versuchte Swarowsky gewisse Handlungsunklarheiten zu beheben:

Eine als Versuch gedachte Umstellung der Bilderfolge in der Stuttgarter Inszenierung von Hoffmanns Erzählungen bedarf einer Rechtfertigung. Durch die Unterdrückung eines ganzen Aktes, welcher von Giraud, der nach Offenbachs Tod die Partitur besorgte, gar nicht instrumentiert wurde, ist der Lauf der Handlung reichlich verdunkelt worden. In der Urfassung erschien nach dem Puppenakt in der Szenerie des Vorspiels, das in der Theaterkneipe während einer Aufführung von Don Juan in Berlin spielt, die Sängerin Stella im Kostüm der Donna Anna, um Hoffmann seinem studentischen Bohèmien-Leben zu entreissen. Sie war niemand andres als die venezianische Kokotte Giulietta, die Hoffmann einmal übel mitgespielt hatte (was im Brief des Vorspiels zum Ausdruck kommt) und ihm nun in Liebe und Reue nachgefolgt war. Hoffmann wies sie ab und Lindorf führte sie zurück auf ihre Bühne, da die Vorstellung weiterlief. Darauf folgte in der Oper der venezianische Akt, der das einstige Erlebnis mit Giulietta-Stella schildert. Es wird nun – wenn man die Unterdrückung dieses Bildes in Betracht zieht, verständlich, dass Hoffmann im Nachspiel der zerbroche-

---

116 Hans Swarowsky, Jacques Offenbach. Zur 50. Wiederkehr seines Todestages, in: *Schwäbische Thalia. Der Stuttgarter Dramaturgischen Blätter* 12. Jg., Nr. 5 (Okt. 1930), S. 33–38.
117 Ebd., S. 35.

nen Olympia, dann der toten Antonia und zuletzt der lebenden Giulietta gedenkt, die als Stella bald nochmals erscheinen wird, um den Betrunkenen für immer zu verschmähen. Es wird auch verständlich, dass nach dem Antonia-Akt die Barcarole des Giulietta-Aktes als Zwischenmusik zum Nachspiel, zu Stella-Giulietta, überleitet.

Dem Publikum, das aus Unkenntnis des unterdrückten Aktes nichts von der Identität der Sängerin mit der einstigen Kurtisane weiss, müssen diese Zusammenhänge verschlossen bleiben. Um nun die Reihenfolge des Gedenkens im Nachspiel und die Barcarole als Zwischenmusik zu motivieren, stellt die Stuttgarter Inszenierung die Bildfolge um, gibt den Antonia-Akt nach dem Puppenakt und schliesst die Erzählung mit dem venezianischen Bild, sodass die Barcarole nun als motiviertes Nachspiel und der Toast auf Giulietta als frisches Gedenken an das letzte Abenteuer wirkt. Noch ein neuer Anreiz zu solcher Gruppierung tritt nun hinzu: Wir erleben jetzt Hoffmann in der Entwicklung vom rosigen, lebensfremden Jungen, der einer Wachsfigur die Seele raubt, über den jungen Mann, der das geliebte Mädchen unter grausig-tragischen Umständen verliert, zum reifen Manne, der schliesslich in den Orgien venezianischer Nächte Betäubung sucht und sich zuletzt zur Tötung seines Nebenbuhlers hinreissen lässt. Zum ersten Mal wird er hier auch „Dichter" genannt, zu dem ihn wohl die Verdichtung der früheren Erlebnisse (und keines wäre so geeignet wie die phantastische Geschichte von Antonia) reifen liess.[118]

Anlässlich der Neuinszenierung von Millöckers *Der Bettelstudent*[119] schrieb Swarowsky für die *Thalia* eine Geschichte der Wiener Operette[120], für die er immer eine besondere Begabung gezeigt hatte. Seine Leistungen auf diesem Gebiete erfordern große Beachtung, insbesondere, da die Operette ab Spielzeit 1930/31 offiziell in den Plan der Landestheater aufgenommen worden war. Den Auftakt zur Pflege dieser bis dahin als eines Subventionstheaters unwürdig betrachteten Gattung bildete die Neuinszenierung des *Bettelstudenten*. Damit wurde an die alten Traditionen der Hofbühnen, auch Unterhaltungstheater zu sein, wieder angeknüpft und die bis dahin geübte Beschränkung der Unterhaltungsmusik auf die Sommermonate aufgehoben. Weitere Operetten unter Swarowskys Leitung waren: Leo Falls *Der liebe Augustin*[121] (Neueinstudierung), Ludwig Lajtais *Sommer von einst*[122] (Deutsch von Hans Swarowsky und Hans Zerlett) und Franz

---

118 Hans Swarowsky, Bemerkungen zur Aufführung von „Hoffmanns Erzählungen", in: *Schwäbische Thalia. Der Stuttgarter Dramaturgischen Blätter* 12. Jg., Nr. 5 (Okt. 1930), S. 37 f.
119 9.11.1930 (Neuinszenierung, Regie: Harry Stangenberg) (15x).
120 Hans Swarowsky, Die Wiener Operette, in: *Schwäbische Thalia. Der Stuttgarter Dramaturgischen Blätter* 12. Jg., Nr. 17 (Jan. 1931), S. 141–148.
121 5.1.1931 (Neueinstudierung, Regie: Albin Swoboda) (7x).
122 14.5.1931 (UA in der neuen Übersetzung, Regie: Harry Stangenberg) (10x).

von Suppés *Boccaccio*[123]. Daneben blieb nur mehr wenig Raum für anderes: *Lohengrin*[124], von Flotows *Fatme*[125] und *Martha*[126], Delibes' komische Oper *Der König hats gesagt*[127], Kreutzers *Nachtlager von Granada*[128] und Bernhard Paumgartners Ballett *Die Pagoden*[129].

In seiner Einschätzung der „deutschen Verdi-Renaissance", die um 1925 eingesetzt hatte, zeigte sich Swarowsky wieder als kritischer Beobachter der allzu häufig dem Kunstwerk nicht gerecht werdenden Theaterpolitik. Nicht „das Bedürfnis nach Verdi" habe den „primären Impuls zu solchen Erneuerungen gegeben", sondern „vielmehr der Bearbeitungswahn", von dem „die heutige Theaterproduktion ergriffen" worden sei. Wirtschaftliche Not biete keinen Raum mehr für künstlerische Entwicklung und das Theater verkomme mehr und mehr zum „Amüsierbetrieb, zur Entspannungsstätte". Die Produktion habe sich zur Fassade bekannt:

> [S]ie nimmt bewährt Altes und pappt ihm eine neue Maske auf, sie bearbeitet. Fremdes und Deutsches, Opern und Operetten, Shakespeare und Blumenthal – alles wird bearbeitet, „erneuert", und Einige bearbeiten sich selber sogar (freilich ohne sich darum zu erneuern). Aus den alten Stoffen werden zumeist „Zeitstücke" gemacht, die insofern mit der Zeit die erforderliche Deckung aufweisen, als sie ebenso schlecht sind wie sie. Ehrlicher, aber unvermögender Erneuerungswille (Karl Kraus und Bert Brecht gehören natürlich nicht in diese Zusammenstellung) ist da genau so am Werke, wie falsches Revolutionspathos, meist aber nackte Tantièmensucht und Konkursverhütungsversuche (mit Zauberinszenierungen Offenbachs). Die starken Originale wurden auf diese Art geschändet, die schwachen sind ausnahmslos besser als die Bearbeitungen und das ganze blieb ein zielsicherer Danebentreffer.[130]

Die Verdi-Renaissance sei in den Händen von Übersetzern und Bearbeitern zu einer ähnlichen Farce geworden. Und schon in jenen frühen Texten setzte sich Swarowsky für einen Zugang zum Kunstwerk ein, den er später insbesondere als Lehrer vertreten sollte, nämlich die absolute Berücksichtigung des Komponistenwillens, die authentische Aufführungspraxis:

---

123 20.6.1931 (Neueinstudierung, Regie: Albin Swoboda) (4x).
124 11.10.1929 (Regie: Harry Stangenberg) (5x).
125 14.11.1929 (Regie: Albin Swoboda) (2x).
126 22.2.1930 (Regie: Albin Swoboda) (7x).
127 3.4.1930 (Neuinszenierung, Regie: Harry Stangenberg) (6x).
128 22.11.1930 (Regie: Albin Swoboda) (4x).
129 14.11.1929 (Regie: Albin Swoboda) (1x).
130 Hans Swarowsky, Verdi heute, in: *Schwäbische Thalia. Der Stuttgarter Dramaturgischen Blätter* 13. Jg., Nr. 34 (Apr. 1932), S. 245–249: 245 f.

Wir begnügen uns gerade noch damit, „Die Macht des Schicksals", „Simone Boccanegra", „Don Carlos", „Macbeth" in den uns vorliegenden Neufassungen zu hören, aber man wird sie solange für die Erfüllung einer Publikumsforderung halten müssen, als das Publikum nicht von sich aus nach einer Änderung des gänzlich verfälschten Zustandes der Hauptwerke Verdis verlangt. Die Neuaufführung des bisher Unbekannten kann man beim besten Willen nicht „Renaissance" heißen, solange das bisher Aufgeführte (und zweifellos Wertvollere) in dem alten würdelosen Zustand verbleibt. Es gibt keine Renaissance der Quantitäten. Man wende nur ja nicht ein, dass die Macht Verdischer Musik gross genug sei um jederlei sprachlicher Fassung sich anzuschmiegen (wenn sie auch jederlei Handlung erträgt). Kein Organismus überlebt auf die Dauer so empfindliche Störungen und der intelligente und denkende Musiker weiss, welche Verheerung beispielsweise ein adliger Blaustrumpf durch die Wortübertragung in der Traviatamusik angerichtet hat, er leidet, wenn er gezwungen ist, in „Amelia"[131] oder „Aida" Wesentliches in der musikalischen Substanz und Gestaltung dem deutschen Wortgefüge zu opfern. Der grosse Schwung, das eigentlich Künstlerische, Beglückende, kann nur aus der Einheit und Echtheit des Ganzen kommen. […] Vom Echten in der Wiedergabe geht das Fluidum der Persönlichkeit des Schöpfers aus, das Echte in der Wiedergabe sendet die gleichen Strahlen in den Raum, die sich von der Person des Schöpfers übertragen. Ich glaube, dass eine Wiedergabe im Sinne des Schöpfers dessen eigene Lebensenergie bannt, eine telepathische Berührung mit ihm selber herbeiführt, seinen Geist zitiert. Dass nach dem Tode des Schöpfers eine Zusammenraffung der seinem Leib entflohnen Kräfte überall da statt hat, wo das Produkt seiner Gedanken eine wahrhaft organische Wiedergabe erfährt. Und das müsste man im reinsten Sinne „Wiedergeburt", Renaissance, nennen.[132]

Weitere Texte verfasste Swarowsky zu Konradin Kreutzers *Nachtlager in Granada*[133], Bizets *Carmen*[134], Verdis *Troubadour*[135], Emil Nikolaus von Reznicek[136], Wolf-Ferraris *Die schalkhafte Witwe*[137] und Rossinis *Barbier von Sevilla*[138]. Swarowsky zeigte sich somit

---

131 Heute gewöhnlich: *Ein Maskenball*.
132 Ebd., S. 246f.
133 Hans Swarowsky, Bemerkungen zur Aufführung von „Nachtlager in Granada", in: *Schwäbische Thalia. Der Stuttgarter Dramaturgischen Blätter* 12. Jg., Nr. 12 (Nov. 1930), S. 89–91.
134 Hans Swarowsky, Carmen, in: *Schwäbische Thalia. Der Stuttgarter Dramaturgischen Blätter* 12. Jg., Nr. 15 (Dez. 1930), S. 121–132.
135 Hans Swarowsky, Inhaltsgabe des Troubadour, in: *Schwäbische Thalia. Der Stuttgarter Dramaturgischen Blätter* 12. Jg., Nr. 23 (Feb. 1931), S. 189–192.
136 Hans Swarowsky, Zur Charakteristik E. N. von Rezniceks, in: *Schwäbische Thalia. Der Stuttgarter Dramaturgischen Blätter* 13. Jg., Nr. 8 (Okt. 1931), S. 57f.
137 Hans Swarowsky, Zur Aufführung von Wolf-Ferraris Die schalkhafte Witwe, in: *Schwäbische Thalia. Der Stuttgarter Dramaturgischen Blätter* 13. Jg., Nr. 13 (Nov. 1931), S. 93–97.
138 Hans Swarowsky, Rund um den „Barbier", in: *Schwäbische Thalia. Der Stuttgarter Dramaturgischen Blätter* 13. Jg., Nr. 37 (Mai 1932), S. 269–278.

bereits in Stuttgart als ein Kapellmeister, der sich als Dirigent, Dramaturg, Musikschriftsteller und Regisseur auszeichnete.

Unter Swarowskys musikalischer Leitung wurde im Oktober 1930 im Kleinen Haus die Komödie *Schatten über Harlem*[139] von Ossip Dymow mit Liedern von Béla Reinitz aufgeführt, die den größten Theaterskandal in der Geschichte des Stuttgarter Theaters auslöste. Während der Premiere des Stücks kam es zu Störungen durch Nationalsozialisten im Publikum. Nach der Aufführung entwickelte sich vor dem Opernhaus eine Massenschlägerei zwischen Nationalsozialisten, Zuschauern und der Polizei. Als Folge des Skandals wurde das Stück schließlich vom Kultministerium abgesetzt. Walter Erich Schäfer, damals Dramaturg an der Stuttgarter Oper – von 1950 bis 1972 war Schäfer dann Generalintendant der Staatsoper Stuttgart – erinnert sich:

> Im Oktober 1930 gaben wir ein Stück: „Schatten über Harlem", ein Negerstück, von einem russischen und einem ungarischen Juden geschrieben. Das war für die Nazis genug, das war zuviel. Und sie inszenierten einen Skandal, wie sich in den 40 Jahren seitdem nicht wiederholt hat.[140]

Bald nach diesem Skandal war auch Hans Swarowskys Zeit an der Stuttgarter Oper zu Ende, sein 1931 auslaufender Vertrag wurde nicht verlängert.

Mit Sonderverträgen und Gastspielen kam Swarowsky das darauffolgende Jahr wieder an die Stuttgarter Oper zurück. Zunächst leitete er die flotte „Operette mit Hindernissen" *Caramba! oder Dolores und die Parallelen*[141] von Hans Heinrich Dransmann. Dann dirigierte er *Max und Moritz*[142] (nach Wilhelm Busch) von Leopold Günther und *Leben in dieser Zeit*[143] (nach Erich Kästner) von Edmund Nick. Seinen Bühnenabschied nahm Swarowsky als Dirigent der Wiener Operettentruppe unter Direktor Kowalewsky während der Theaterferien im Großen und Kleinen Haus mit Ralph Benatzkys *Im weißen*

---

139 18.10.1930 (Uraufführung) (3x).
140 Faustschläge und eine Absetzung – Der Stuttgarter Theaterskandal: Die NSDAP boykottiert ein „Negerstück", in: Karlheinz Fuchs (Red.), *Ausstellungsreihe Stuttgart im Dritten Reich. Die Machtergreifung. Von der republikanischen zur braunen Stadt* [Katalog zur Ausstellung Stuttgart im Dritten Reich: Die Machtergreifung], hg. vom Projekt Zeitgeschichte im Kulturamt der Landeshauptstadt Stuttgart, Stuttgart 1983, S. 84, zitiert nach: Matthias Pasdzierny, *„Vieles war sehr schwer – innerlich und äusserlich". Emigration und Remigration Stuttgarter Musiker nach 1933*, Staatsexamensarbeit Staatliche Hochschule für Musik und Darstellende Kunst Stuttgart 2003, S. 72 f.
141 9.1.1932 (Regie: Friedrich Brandenburg) (5x).
142 3.4.1932 (Regie: Max Marx) (7x).
143 30.4.1932 (Regie: Friedrich Hellmund) (1x).

Rössel[144], Robert Stolz' *Wenn die kleinen Veilchen blühen*[145] und Franz Léhars *Land des Lächelns*[146].

Swarowsky leitete in Stuttgart in erster Linie Musiktheateraufführungen im Landestheater. Die Orchesterkonzerte wurden ausschließlich von Carl Leonhardt und prominenten Gästen wie Clemens Krauss oder Fritz Busch dirigiert. Die Kapellmeister bekamen lediglich außerordentliche Konzerte und Feierstunden mit gemischtem Programm zugewiesen, wie etwa eine Schubert-Gedenkfeier am 7. Oktober 1928 oder die jährlichen Faschingskonzerte mit einem bunten Unterhaltungsprogramm. Die Programmsammlung zeigt auch zwei Aufführungen der Opernschule der Württembergischen Hochschule für Musik mit dem Hochschulorchester, die Swarowsky teilweise geleitet hat. Am 14. Juli 1930 kam Puccinis *Der Mantel* unter seiner Stabführung zur Erstaufführung und am 13. Juli 1931 dirigierte er Szenen aus verschiedenen Opern. Die Tatsache, dass die musikalische Einstudierung von Max Lang und Hubert Heinen übernommen worden war, lässt aber den Schluss zu, dass Swarowsky keine weiteren Verbindungen zur Hochschule hatte, wo er zudem als Lehrer nicht aufscheint.

Anton Swarowsky, der als Kind ein Jahr bei seinem Vater in Stuttgart lebte, erzählte dagegen von diversen Chorkonzerten, die Swarowsky leitete:

> Er wurde Ehrenmitglied und Direktor eines dieser berühmten Chorvereine, die es in Deutschland überall gab. In Österreich auch, aber weniger als in Deutschland. Da hat der Familienvater bei Anlässen sein Bier getrunken, dann ging er in den Chor. Sie haben erstaunlich gut gesungen, musikalisch und sehr sauber und rein. Von Schumann gibt es ja ganze Bände von Musik für Chor, die heute kein Mensch mehr spielt, leider, denn sie sind sehr gut. Auch von Schubert, aber die große Chorwelle kam etwas später. Es war ein Chor in Esslingen, glaube ich, in der Nähe von Stuttgart, und dort hat er dirigiert, viel besser als Kapellmeister den Chorsatz gewöhnlich dirigieren. Er war ein Berufsmusiker und hatte schöne Konzerte gegeben. Aber eigentlich hat er am Anfang nur Opern dirigiert.[147]

Seinem kunsthistorischen Interesse entsprechend pflegte Swarowsky in Stuttgart enge Kontakte zur Maler-Szene rund um Oskar Schlemmer, der mittlerweile zu den Hauptakteuren des Bauhauses gehörte. Der 1888 in Stuttgart geborene Schlemmer war nach seinem Studium u. a. an der Stuttgarter Akademie der bildenden Künste Meisterschüler von Adolf Hölzel in Stuttgart und wurde bald zu einem der führenden avantgardistischen Maler Deutschlands, der besonders in seiner Heimatstadt die Kunst- und Ausbil-

---

144 9.7.1932 (Regie: Hans Fuchs) (8x).
145 9.8.1932 (Regie: Hans Fuchs) (3x).
146 23.8.1932 (Regie: Hans Fuchs) (3x).
147 Anton Swarowsky im Gespräch mit Daniela Swarowsky, Paris, 16.10.2001.

dungsszene revolutionierte. 1920 berief ihn Walter Gropius an das Bauhaus in Weimar, wo er die Werkstatt für Steinbildhauerei und Wandmalerei sowie den Aktzeichenunterricht übernahm. Sowohl in Stuttgart als auch am Bauhaus, das 1925 nach Dessau übersiedelte, wurde Schlemmer insbesondere auch als Bühnenbildner berühmt. 1929 wurde er an die Staatliche Akademie für Kunst und Kunstgewerbe in Breslau berufen. Schlemmer starb 1943, nachdem er von den Nazis als entartet gebrandmarkt und aus den Diensten entlassen worden war.[148] 1946 lebte Swarowsky mit Schlemmers Tochter Karin zusammen.

In Stuttgart lernte Hans Swarowsky auch seine zweite Frau Maria Gerlach kennen. Die Tochter des Schriftsetzers Eugen Gerlach und von Anna Helene, geb. Fink wurde am 3. Juli 1909 in Stuttgart geboren. Sie stammte aus einfachen Verhältnissen – der Großvater väterlicherseits war Hausmeister, jener mütterlicherseits Lampist. Mit fünf Jahren begann sie als Zögling beim Ballett des Württembergischen Landestheaters. Am 1. August 1924 wurde sie dort als fünfzehnjährige Chortänzerin-Anwärterin mit einem Gehalt von 600 Mark jährlich angestellt. Maria Gerlach blieb bis 1935 am Theater engagiert. Swarowskys Lebensmittelpunkt war bis dahin – trotz anderer Engagements – ebenfalls in Stuttgart. Als er 1935 als Erster Staatskapellmeister der Oper unter den Linden nach Berlin berufen wurde, heirateten Swarowsky und Gerlach, nicht zuletzt um bösen Gerüchten über seinen vermeintlich unmoralischen Lebenswandel ein Ende zu setzen. Maria Gerlach entschloss sich, dem Ballett den Rücken zu kehren, wie sie dem Generalintendanten schriftlich mitteilte:

> [I]ch habe mich auf Bitten meines künftigen Mannes anlässlich meiner Verheiratung entschlossen, meinen Beruf aufzugeben, und bitte Sie, sehr geehrter Herr Generalintendant, um Freigabe aus meinem Vertrag. Ich beabsichtige, nach Berlin zu übersiedeln, wo sogleich nach meinem Eintreffen meine Ehe statt haben soll.[149]

In Berlin wohnte Gerlach zunächst bei Baron von Romersbadt in der Keithstraße 17.[150] Maria Gerlach blieb die gesamte Kriegszeit über in Berlin und wohnte in der gemeinsamen Berliner Wohnung, während Swarowsky in München und Salzburg als Dramaturg und später in Krakau als Chefdirigent arbeitete. Die Ehe wurde 1947 geschieden. Swarowsky blieb mit Maria in Kontakt und unterstützte sie finanziell bis zu ihrer Wiederverheiratung im Mai 1953 mit Rudolf Bardodej. Sie starb 1974 in Salzburg infolge einer Krebserkrankung.[151]

---

148 http://www.dhm.de/lemo/html/biografien/SchlemmerOskar (13.8.2018).
149 Maria Gerlach an Kehm, 22.9.1935, StAL, E VI Bü 1789.
150 Gerlach an den Oberrechnungsrat, 18.10.1935, StAL, E VI Bü 1789.
151 Hans Swarowsky an Anton Swarowsky, 18.3.1974, NlAS.

Swarowskys Stuttgarter Zeit verlief nicht ohne zwischenmenschliche Probleme und den leidigen Hickhack des Theateralltags. Darüber hinaus zeigt sich in den erhaltenen Dokumenten Swarowskys streitbare Persönlichkeit und seine bis heute berühmt-berüchtigte spitze Zunge, durch die sich nicht nur viele Kollegen beleidigt fühlten, sondern auch Swarowskys Karriere immer wieder unterbrochen wurde.

Bereits im Oktober 1927 kam es bei einer Chorprobe zu einem verbalen Zusammenstoß zwischen Swarowsky und einigen Chormitgliedern, die sich durch eine ironische Bemerkung des jungen Kapellmeisters offensichtlich persönlich angegriffen fühlten. Der Streit konnte durch eine Entschuldigung bereinigt werden.[152] Die Angelegenheit war in jedem Fall recht delikat für Swarowsky, da Kehm offensichtlich die Nichtverlängerung seines Vertrages erwog. Swarowsky versuchte in einem Brief an den Generalintendanten diesen zu beschwichtigen.[153] Auch Anton Swarowsky erzählt von konfliktreichen Begebenheiten:

> Es gab immer Krach in Stuttgart. Da hat er immer Reden gehalten. „Machen's des anständig, spielen's das schon, sonst hau ich das ganze hin und fahr weg!" Und, „ich erhalte mich und meine Familie", hat er immer gesagt, „mit dieser Beschäftigung, und ich erwart' von Ihnen, dass Sie das ernst nehmen." Aber er war sehr beliebt. Und alle haben gewusst, dass er einige Grade über dem Rest der Musiker dort stand.[154]

Vermutlich aufgrund solcher wiederholter Streitigkeiten bekam Swarowsky am 30. Dezember 1927 einen neuen Vertrag, der mit Erlass vom 12. Januar Nr. 284 vom Kultministerium genehmigt wurde.[155] Der am 17. Juni 1927 abgeschlossene dreijährige Vertrag wurde mit 31. Juli 1928 gekündigt und durch einen einjährigen Vertrag ersetzt.[156] Das Jahresgehalt betrug 6600 RM, für die Mitwirkung in einer zweiten oder dritten am gleichen Tag stattfindenen Vorstellung wurden 8 RM vergütet.[157]

Swarowsky wurde als dritter Kapellmeister zunächst nicht voll eingesetzt – er dirigierte lediglich Repertoirevorstellungen und stand in dauerndem Konkurrenzverhältnis mit seinem Kollegen Drost, was für ihn ziemlich frustrierend sein musste:

> Innerhalb der letzten drei Monate wurde Herr Drost mit der Leitung von *Fledermaus, Jonny spielt auf, Verkaufte Braut* und *Parsifal* betraut, während ich mit Ausnahme der Wiederaufnahme von *Troubadour*, in der offiziell keine Presse war (obwohl gerade die Qualität die-

---

152 Protokoll, 31.10.1927, StAL, E 18 VI 1193.
153 Swarowky an Kehm, 15.11.1927, StAL, E 18 VI 1193.
154 Anton Swarowsky im Gespräch mit Daniela Swarowsky, Paris, 16.10.2001.
155 Kehm an Swarowsky, 21.1.1928, StAL, E 18 VI 1193.
156 Schreiben an das Kultministerium, 4.1.1928, StAL, E 18 VI 299.
157 Dienstvertrag von Hans Swarowsky, StAL, E 18 VI 1193.

ser Vorstellung ein offizielles Referat gerechtfertigt hätte) nicht berücksichtigt wurde. Herr Drost soll nun wieder *Tosca* einstudieren, eine Aufgabe, für die ich nicht nur besonderes Interesse sondern auch besondere Eignung besitze. [...]

Sachlich kann ich meine Bitte damit begründen, dass ich wie wenige Andere in das Wesen dieser Oper vom Komponisten selber eingeführt bin, dass ich das Werk selber mit grossem Erfolg oft dirigiert und für die Wiener Volksoper teilweise neu übersetzt habe und in Italien eine Reihe der hervorragendsten, vom Komponisten selbst vorstudierten Aufführungen hören konnte. Selbst mein anfangs schonungslosester Gegner, Herr A. Eisenmann, bekennt in der Besprechung der letzten Aufführung von *Troubadour*, dass ich das Werk aus genauer Kenntnis seiner Art heraus leitete und dass die lyrische und dramatische Gesangslinie mit der für diesen Stil erforderlichen Deutlichkeit zur Geltung kam – was in allererster Linie mein Verdienst und nicht das der Sänger ist. Ebenso genau (nur infolge der Weisungen des Komponisten noch intimer) kenn ich die Art von *Tosca* – sicherlich ein hinreichend sachlicher Grund für mein Ansuchen.[158]

Im Oktober 1928 kam es neuerlich zu einer heftigen Auseinandersetzung mit Mitgliedern des Chores. Die Sänger fühlten sich durch Swarowskys hohe musikalische Ansprüche gepaart mit dem ihm eigenen Zynismus immer wieder ungerecht behandelt. Swarowsky selbst war über die mangelhafte Leistung des Chores verärgert. Wieder ging die Angelegenheit über die Theaterleitung und musste in schriftlicher Form von allen Seiten klargelegt werden. Swarowsky schilderte seine Version des Vorfalles in einem ausführlichen Brief an Kehm.[159] Der Chorsänger Stölzel, der mit Swarowsky offensichtlich eine persönliche Fehde auszufechten gedachte, rechtfertigte sich ebenfalls schriftlich.[160] Beide Stellungnahmen zeigen Swarowsky als konsequenten Verfechter höchster künstlerischer Qualität und dass er von allen Beteiligten einschließlich seiner selbst erwartete, sich bestmöglich für diese einzusetzen. Hatte er Leistungen, die seinem Anspruch bei Weitem nicht entsprachen, zu beanstanden, so provozierte er Chorsänger und Musiker häufig mit sarkastischen Bemerkungen.

Am 18. März 1929 wurde Swarowskys Vertrag mit Bestätigung des Kultministeriums, mit Erlass vom 3. April Nr. 4028 genehmigt, neuerlich verlängert[161]. Da Kapellmeister Drost mit 1. August des Jahres das Theater verließ,

wurde die freiwerdende Stelle mit dem bisherigen Übungsmeister Franz Konwitschny in der Weise besetzt, dass dieser und Kapellmeister Swarowsky sich völlig gleichgestellt sind.

---

158 Swarowsky an Kehm, 24.3.1928, StAL, E 18 VI 1193.
159 Swarowsky an die Leitung der Württembergischen Landestheater, 25.10.1928, StAL, E 18 VI 1193.
160 Schreiben Kehms, 3.11.1928, StAL, E 18 VI 1193.
161 Kehm an Swarowsky, 15.4.1929, StAL, E 18 VI 1193.

Konwitschny hat bei den ihm übertragenen Aufgaben bewiesen, dass er über eine außerordentliche Begabung für seine neue Stellung verfügt.[162]

Konwitschny bezog das Zimmer des Herrn Drost, während Swarowsky sein Klavierzimmer beibehalten sollte.[163] Beide Kapellmeister erhielten nun ein Jahresgehalt von 7200 RM.[164]

Zu Swarowskys Leidwesen waren wieder Konkurrenzdenken und theatertypische Streitereien verantwortlich für eine den vertraglichen Vorgaben nicht entsprechende Realität. In einem Schreiben an Kehm erläutert er seine Unzufriedenheit darüber, dass er sich bei der Zuteilung von Werken gegenüber Konwitschny stark benachteiligt fühlte. Insbesondere auf *Carmen*, *Bohème*, *Otello* und *Lohengrin* wollte er jedoch nicht verzichten, und umgekehrt den *Evangelimann*, „für dessen Ideologie mir jede individuelle Eignung abgeht"[165], *Troubadour* und *Zigeunerbaron* sowie drei Lortzingopern an den Kollegen abgeben.

1929 wurde Franz Konwitschny, der in Stuttgart aus vermutlich persönlichen wie auch fachlichen Differenzen gewissermaßen Swarowskys Gegenspieler war, für die Spielzeit 1930/31 zum Ersten Kapellmeister befördert:

Kapellmeister Konwitschny hat sich in diesem Jahre so bewährt, dass wir ihn von der nächsten Spielzeit an in die Stellung des ersten Kapellmeisters nach dem Generalmusikdirektor aufrücken lassen können.[166]

Für Swarowsky begann nun ein harter Konkurrenzkampf mit Franz Konwitschny, der gleichzeitig mit ihm, jedoch als Korrepetitor, begonnen hatte. Am 15. Mai 1928, bei der musikalischen Leitung einer Aufführung von Boieldieus *Weißer Dame* bewies dieser sich auch als Kapellmeister und konnte schon 1929 die Nachfolge von Ferdinand Drost antreten. Der 1901 in Fulnek (Mähren) geborene Sohn eines Musikdirektors hatte als Instrumentalist seine Laufbahn begonnen. Als Bratscher gehörte er dem Gewandhaus-Orchester und später dem Wiener Fitzner-Quartett an. Als Professor für Theorie und Violine lehrte er auch am Wiener Konservatorium. In Stuttgart wollte er sich auf die Dirigentenlaufbahn vorbereiten und stieg in kurzer Zeit zum Ersten Kapellmeister auf. Schon Anfang des Jahres 1928 war aufgefallen, dass der junge Korrepetitor Johann Strauß' Operette *Die Fledermaus* auswendig dirigiert hatte, auch Boieldieus *Weiße Dame*

---

162 Schreiben an das Kultministerium, 27.3.1929, StAL, E 18 VI 299.
163 Schreiben an Swarowsky, 10.7.1929.
164 Dienstvertrag von Hans Swarowsky, StAL, E 18 VI 1193.
165 Swarowsky an Kehm, 9.7.1929, StAL, E 18 VI 1193.
166 Kehm an das Kultministerium, 24.12.1929, StAL, E 18 V 299.

leitete er ohne Zuhilfenahme der Partitur. Gerade bei der komischen Oper mit ihren schwierigen Ensemblesätzen bewies er damit sein musikalisches Können und eine für einen Beginner ungewöhnliche Sicherheit. Die Kritiken waren euphorisch und Konwitschny rückte in der Hierarchie auf. In den folgenden drei Jahren sammelte er genug Erfahrung, um 1933 von Kehm als Generalmusikdirektor nach Freiburg mitgenommen zu werden. 1938 wurde er GMD in Frankfurt und 1945 sollte er bei der Philharmonie des Generalgouvernements in Krakau Swarowskys Nachfolge antreten[167]:

> Ganz zuletzt setzte Goebbels die Entsendung des Rainer Schlösser durch und es kam in meiner Gegenwart zu einer unerhört dramatischen Aussprache, deren Erfolg meine vom Propagandaministerium geforderte sofortige Entlassung und die Einsetzung des nazifesten Herrn Konwitschny war, der bei den Herren persona grata war.[168]

Auch der damalige Dramaturg Walter Erich Schäfer erzählt in seinen Erinnerungen von einem Gespräch mit Karajan über das Verhältnis zwischen Swarowsky und Konwitschny:

> Ein andermal sprachen wir über den vor einiger Zeit verstorbenen Franz Konwitschny. Karajan fragte mich, ob ich sein letztes Konzert gehört habe. Ich sagte: „Nein.". Ich hatte, vielleicht unfairerweise, unangenehme Erinnerungen an die Stuttgarter Zeit, wo er vor 1933 mein Kollege gewesen war. Ich hatte zwar noch als Kritiker miterlebt, wie er als Korrepetitor die „Weiße Dame" von Boieldieu für den erkrankten Kapellmeister übernahm und zu einem sensationellen Erfolg führte. Später trennten wir uns menschlich und politisch voneinander. Karajan sagte: „Das müssen Sie auseinanderhalten. Er ist ein großartiger Dirigent. Ich hatte das Gefühl, von dem kann ich noch etwas lernen."
>
> Ich erzählte darauf noch einige Erinnerungen an Konwitschny, unter anderem den ewigen Streit mit seinem gleichfalls sehr begabten Kollegen Swarowsky, der sich immer neu entzündete, wenn Konwitschny ohne Partitur dirigierte. „Das ist ein Cabaretkunststück und sonst nichts", sagte Swarowsky. Und Karajan: „Mir ist es genauso gegangen. Als ich einmal dirigierte, saß – im Dritten Reich – Furtwängler neben Goebbels. Goebbels fragte ihn: „Kann man eine solche Vorstellung auswendig dirigieren?" – „Nein", sagte Furtwängler. (Vielleicht hätte er nicht Nein gesagt, wenn nicht Karajan dirigiert hätte.) Darauf erging der Befehl an Karajan, mit Partitur zu dirigieren. Er tat es, aber er drehte die Partitur um, so daß jedermann den Deckel sah. „Übrigens", meinte Karajan, „ist das Auswendig-Dirigieren bei mir himmelweit von Angabe entfernt. Ich kann nicht anders. Die Gründe dafür habe ich Ihnen schon genannt."[169]

---

167 Waidelich, *Vom Stuttgarter Hoftheater zum Württembergischen Staatstheater* (Anm. 67), S. 293 f.
168 Swarowsky an Fred Prieberg, 16.3.1964, Privatbesitz Fred Prieberg.
169 Walter Erich Schäfer, *Bühne eines Lebens. Erinnerungen*, München 1975, S. 162 f.

Dass Swarowsky nach dem Krieg im Konzert überwiegend auswendig dirigierte und dies auch von seinen Studenten verlangte, gibt Schäfers Erinnerung eine interessante Note.

Swarowsky hatte mitunter keine leichte Position in Stuttgart. Durch seine Ausbildung bei Schönberg und Webern war er vielleicht gegen bloße Routine geimpft, aber auch selbstbewusst genug, immer wieder auf sein Wissen und seine Kompetenz hinzuweisen. Folgende Briefstelle zeigt Swarowskys Haltung besonders deutlich, als er um die musikalische Leitung der *Bohème* kämpfte, war er doch überzeugt,

> dass gerade ich eine Interpretation des Werkes bieten kann, die den der Oeffentlichkeit leider unbekannten Intentionen des Komponisten aufs genaueste entspricht. Ich bin imstande die Aufführung so zu gestalten, wie sie in keinem anderen Theater Deutschlands gestaltet wird, selbst wenn grössere Stimmen zur Verfügung ständen. Das wissen auch die Sänger, die sich freuen, die richtige Darbietung ihrer Partien durch das Studium mit mir zu erwerben. [...] Es gibt ja schliesslich auch individuelle Eignungen eines Kapellmeisters, die man ohne Rücksicht auf die Einteilung zur Geltung kommen lassen sollte. Ich nehme mir die Freiheit das auszusprechen, weil ich mit ganzer Seele an dem Gedanken hänge, die Schlacken, die den Ruf Puccinis in Deutschland verdorben haben, gerade in seinem geliebtesten Werk zu beseitigen. [...] Mit einem Wort – es ist mir eine Herzensangelegenheit, deren Nichterfüllung mich tief deprimieren würde. [...]
>
> [Ich wäre auf vieles zu verzichten bereit], wenn ich nur die Bohème bekomme, deren Leitung (NB ich habe für die Einstudierung Toscaninis korrepetiert) ich wie ein Vermächtnis des Komponisten empfinde, zu dessen ganzer Erfüllung allerdings auch die Anwendung meiner Uebertragung, die seinen grössten Beifall fand, gehört hätte, was in der kurzen Zeit hier nicht möglich ist (nur Domgraf und Kapper haben sie studiert).[170]

Die Arbeit mit Sängern war Swarowsky von Anbeginn seiner musikalischen Tätigkeit ein besonderes Anliegen gewesen. So arbeitete er Zeit seines Lebens viel und erfolgreich mit diesen zusammen und vermochte wichtige stilistische Ratschläge zu geben. Bereits in Stuttgart nutzte man seine Kenntnis von Stimme und Gesang bei Sängerauswahl und Besetzungsfragen, 1938–40 vermittelte er Sänger und Sängerinnen von Zürich zu Clemens Krauss nach München – Hilde Güden gehörte zu seinen Entdeckungen – und 1970 übernahm er schließlich das Opernstudio in der Wiener Staatsoper, wo er junge Sänger auf ihre Rollen vorbereitete und über Besetzungsfragen mitbestimmte.

Von Stuttgart aus reiste Swarowsky zu anderen Opernhäusern, um geeignete und begabte Sänger und Sängerinnen zu finden. Folgender Brief aus Wien zeugt von dieser Arbeit, bei der er sich jedoch noch von den Agenten beraten ließ:

---

170 Swarowsky an Kehm, 10.3.1930, StAL, E 18 VI 1193 (Kopie in NlHS).

In Wien habe ich folgendes in Erfahrung gebracht:
Elsa Gmendt ist schon nach Bremen verplichtet, Herr Starka will aber versuchen, für uns zu intervenieren.

Über Teschemacher, Wagner, Sinek, und Offermann hörte ich nur sehr Gutes. Phol in Gera habe eine sehr schöne Stimme und Erscheinung, sei aber mit einem äusserst schweren Sprachfehler behaftet, der ihre Verwendungsfähigkeit z. B. bei Mozart stark in Frage stellt.

Kramer in Prag sei ausgesprochen lyrisch, etwas korpulent.

Gorina, Düsseldorf, will 24 000 haben, Herr Starka hofft aber, sie auf 18 000 zu bringen. Von privater Seite erfuhr ich vertraulich, dass Frau Gorina zwar sehr intelligent als Darstellerin sein soll, dagegen zu korpulent, stimmlich hart und ohne Schmelz (angeblich durch zuviel Operettensingen).

Krasova, Prag soll gut sein.

Kejrova habe eine wunderbare Stimme, ausgesprochen Fach A.

Petrikowski, Graz, sei eine sehr schöne Frau, ohne Stimme, ungeeignet.

Rünger singt in Wien am 6. Januar. Sie wird durch Starka vertreten, der Sie ersucht, ihm auf schnellstem Wege Verhandlungsvollmacht für Stuttgart zu geben. Er hofft sie loszubekommen, weil ihre Stellung in Wien sehr ungeklärt ist angesichts der immer wachsenden Verwendungsfähigkeit von Frau Anday.

Herr Starka offeriert ferner

Kraiger, Brünn, eine ebenso schöne wie wunderbar singende junge Person, der er die grösste Zukunft gesichert glaubt. Sie singt das Fach A B (Agathe, Rezia, Senta, Elisabeth) und kostet noch nicht viel. Bei Herr Starka hörte ich Frl. Gilbert aus Bern, 26 Jahre, hellblond, gross, schlank, eine dramatische Altistin mit grosser Höhe und, wie mir im Agenturzimmer schien, sehr grosser Durchschlagskraft, geschickt und musikalisch. Sie singt Verdi, Brangäne, Carmen, sang auch die Santuzza. Herr Starka bittet, sie unbedingt in Bern als Amneris anhören zu wollen. Man will sie dort halten, sie will aber weiter.

Frl. Buchner, die ich gleichfals hörte, hat eine gute hochdramatische Stimme, schien mir aber zu bürgerlich und uninteressant.

Frl. Skoda, Fach A, singt am 23. Dezember – heute – 1 Uhr mittags München vor, Herr Starka hält sie aber für zu jugendlich für das Fach und bittet, sie eventl. von München nach dem Probesingen telefonisch nach Stuttgart zu rufen.

Frl. Egelhofer, Hagen, angeblich alleinvertreten durch Herr Hilpert (jetzt IV. Getreidemarkt 3), Fach A, gastiert am 27.12. in München. Hier ist der gleiche Fall wie bei Frl. Skoda, sie dürfte zu jugendlich für Flesch sein und deshalb nicht engagiert werden, käme aber für Oberländer sehr in Frage. Nach einem eventl. Misserfolg in München sind schon Probesingen in Wien und Dresden vereinbart. Frl. Egelhofer hörte von irgend einer Seite, dass Herr Generalintendant nach Wien kommen, und depeschierte Herrn Hilbert sofort, dass er Verhandlungen aufnehmen solle, wie beiliegendes Telegramm beweist.

Frl. Lotte Bernhard aus Reichenberg als jugendliche Spielaltistin (Kwarnström-Riebensahm) anzubieten. Sie sei auffallend schön, eine wunderbare Erscheinung, ein entzückendes Wesen mit blendender Stimme. Brecher in Leipzig bemühe sich schon zwei Jahre, sie über Etat engagieren zu dürfen, was ihm aber abgeschlagen wurde. Sie singt Orlofsky bis Mignon und gibt sich noch ein Jahr mit einem Anfängerhonorar von 3–400 M zufrieden. Herr Hilpert empfiehlt

Margarete Bölke aus Breslau als den Typ der dramatischen Altistin.

Frau Mathilde Ehrlich, die Gregor jung an die Wiener Hofoper brachte, wo sie aber bald kündigte, weil der bekannte Wiener Maler Viktor Tischler sie heiratete, will sich wieder der Bühne zuwenden und singt gegenwärtig in Dresden für Seinemeyer vor. Sie wird als schöne Frau und ausgezeichnete Schauspielerin mit grosser Stimme Fach B C bezeichnet (Hilpert). Turnau und Kutzschbach haben sich bereit erklärt, überall Auskunft zu geben. Herrn Lanik habe ich nicht angetroffen, Bechert kennt Frau Rospischil, Agram, die eine selten schöne Altsimme haben soll, aber prinzipiell nur gastiert ohne vorzusingen. Er bezeichnet sie als schlank und rassig. Bechert empfiehlt ferner Herrn Robst, Plauen, als Solotänzer und Herrn Stammer, Duisburg, als exquisiten, erstklassigen Solotänzer. Es besteht weiterhin die Möglichkeit, Tänzer vom nunmehr aufgelösten Diaghileff-Ballett zu bekommen, doch müsse man rasch zugreifen, weil viele Anträge vorliegen – eine Gelegenheit, die man nicht versäumen sollte (die Nijinska bringt Bechert an Stelle von Leontjeff als Ballettmeisterin nach Wien.)"[171]

Am 24. Mai 1930 wurde mit Swarowsky ein neuer Vertrag abgeschlossen, der mit Erlass vom 28. Mai Nr. 6983 vom Kultministerium genehmigt wurde[172].

Im Oktober 1930 fühlte sich Swarowsky neuerdings ungerecht behandelt und in seiner Leistung zu wenig gewürdigt. Als ihm die Leitung des *Tannhäuser* aus unerfindlichen Gründen verwehrt wurde, äußerte er wiederum in einem ausführlichen Schreiben seinen Unmut über die herrschenden Verhältnisse und seine forwährende „künstlerische Zurücksetzung".

> Ich nehme an, dass Sie über Qualität meiner Leistungen in dieser Saison, über die Art, in der ich inwendig dirigiere, informiert sind. In meine Situation habe ich mich in voller Ruhe gefunden und alle Ehrgeizereien innerhalb des Betriebes beiseite lassen, wodurch ich erst wirkliche Freude an meiner Arbeit erlangen konnte. Mit meinem Kollegen stehe ich im besten, formellsten Einvernehmen und überhaupt nichts kann Anlass dazu geben, mich jetzt in dieser Weise hinzustellen […].

---

171 Swarowsky an Kehm, 23.12.1929, StAL, E 18 VI 1193.
172 Kehm an Swarowsky, 5.6.1939, StAL, E 18 VI 1193.

Aber zur Erhaltung meiner Arbeitsintensität und vor allem der Wirkung meiner Arbeit ist es nötig, dass die Leitung mir vor dem Personal im vierten Jahr meines Hierseins mindestens das zutraut, was sie mir drei Jahre lang zugetraut hat, im vierten Jahr mit künstlerisch einwandfreien Leistungen (das weiss ich) mich mindestens so beschäftigt, wie sie es im ersten Jahr voll äusserer sich vom Künstlerischen ausschlaggebend manifestierenden Schwächen (das weiss auch ich) getan hat.[173]

Im Oktober 1930 kam es zu einem weiteren Zwischenfall, der Swarowskys Ruf erheblich schadete und zu großem Aufsehen im Orchester führte. Verschiedene Schreiben an die Theaterleitung erhellen die Situation und zeugen von der großen Aufregung, die entstanden war und den Konflikt zwischen Swarowsky und Konwitschny schürte. Auslöser des Streites war ein Beschwerdeschreiben Konwitschnys an Kehm, dass Informationen aus einer vertraulichen Regiesitzung an das Orchester weitergegeben worden waren und Konwitschny selbst dadurch in erhebliche Schwierigkeiten mit dem Orchesterausschuss geraten war. Er verlangte die Aufklärung des Falles, den er nicht zuletzt nutzte, um gegen Swarowsky Stimmung zu machen und seinen Konkurrenten endlich loszuwerden:

Folgende Zeilen sind nur für die Leitung des Theaters bestimmt und dienen Ihnen zur besseren Orientierung bei der Behandlung des Falles. – Ich bin selbstverständlich der Sache gründlich nachgegangen und ruhte nicht früher, bis ich die Angelegenheit ganz klar vor mir sah.
Was damals in der Regiesitzung wirklich gesprochen wurde, ist ja bei der Sache von keiner Wichtigkeit – auf keinen Fall habe ich Sie Herr Generalintendant „zur Rede gestellt". – Von ganz grosser Wichtigkeit aber war mir zu erfahren, wer „ein Herr aus der Regiesitzung" war, der Herrn Prof. Mater über unsere Sitzungen berichtet. Mein Verdacht konnte nur auf Herrn Swarowsky fallen, erstens weil er mit Herrn Mater befreundet ist – und zweitens weil ausser Herrn Generalintendanten, Herr Stangenberg und mir nur noch Herr Swarowsky anwesend war. – Die Sache ging nun für Herrn Swarowsky diesmal ganz schief, denn was er „im Vertrauen" Herrn Mater erzählte, hat dieser unvorsichtigerweise gleich dem ganzen Orchester offiziell mitgeteilt. – Dem Orchesterausschuss gegenüber konnte Herr Mater auch nicht mehr den Namen des Zwischenträgers verschweigen – und er nannte Herrn Swarowsky. – Ich hätte den Vorfall schon längst gemeldet, wenn nicht das Orchester den Beschluss gefasst hätte, mich vor den erweiterten Orchesterausschuss zu stellen – um hier über mein „Vergehen" Rechenschaft abzulegen. – Ich hätte ja diese Einladung gleich an Sie Herr Generalintendant verwiesen – aber sie kam bis heute nicht; Herr Prof. Mater bekam nämlich heftigste Vorwürfe von seinem Freunde Swarowsky und man

---

173 Swarowsky an Kehm, 18.10.1930, StAL, E 18 VI 1193.

versucht jetzt die Sache langsam einschlafen zu lassen. – Für mich ist aber die Geschichte noch nicht erledigt – und ich bitte Sie Herr Generalintendant, schnellstens die Vorstände des Orchesters zu sich zu bitten – Sie werden da von Herrn Mater od. den anderen Herren den Namen des Zwischenträgers (Swarowsky) erfahren. – Dann aber bitte ich gegen Herrn Swarowsky die schärfsten Massnahmen zu ergreifen, denn Herr Swarowsky hat sich durch diesen Fall nicht bloss eines schweren disziplinarischen Vergehens, sondern auch einer Verleumdung und Existenzuntergrabung schuldig gemacht. Ich will in keiner Sitzung mehr teilnehmen, an welcher Herr Swarowsky noch Recht hat, mitzuhören od. mitzureden. – Ob Herr Prof. Mater berechtigt war auf die blossen Mitteilungen des Herrn Swarowsky hin – ohne den Fall vorher zu prüfen od. einer höheren Instanz vorzutragen – gleich dem gesamten Orchester vorzubringen, kann ich nicht beurteilen; auf keinen Fall finde ich es aber richtig. – Ich bitte nun nochmals, die Angelegenheit schleunigst zu behandeln – und wenn möglich, bitte ich den Verhandlungen zugezogen zu werden.[174]

Wenig später wurde zu Protokoll gegeben, dass Swarowsky, der an der Regiesitzung teilgenommen hatte und des Vertrauensbruches beschuldigt wurde, versicherte, keine Informationen an Dritte weitergegeben zu haben, denn „es sei ihm nie in den Sinn gekommen, gegen seinen Kollegen Konwitschny, zu dem er in einem guten Verhältnis stehe, zu intrigieren"[175]. Swarowsky bat den Orchestervorstand Mater dringendst um Nennung des Vertrauensmannes, um von den Vorwürfen entlastet zu werden. Am 27. November wandte sich Swarowsky direkt an den Generalintendanten, um die Sache aufzuklären:

[I]ch habe Herrn Professor Mater gestern nochmals telephonisch um die Preisgabe seines Gewährsmanns in meinem eigensten Interesse gebeten mit dem Erfolg, dass er mir den Namen schliesslich genannt hat. Dadurch erhielt die Angelegenheit für mich eine Aufklärung, auf die ich nicht vorbereitet war. Ich bin tatsächlich, wenn auch in anderem als dem inkriminierten Sinn der Schuldige und habe im Rahmen dieser Schuld die Folgen zu tragen. Herr Professor Mater nannte mir einen Herrn, der ein grosses Aktienpaket der Cannstätter Gesellschaft besass und der mir einmal in einer Privatunterhaltung gesagt hatte, dass nun die Frage des Plattenbespielens endgültig zu gunsten des staatlichen Orchesters erledigt sei. Ich fragte, ob man denn schon mit der Theaterleitung gesprochen hätte und äusserte auf die Verneinung des bewussten Herrn hin, dass dann doch keine Rede von einer Erledigung sein könne. Die Leitung habe im Gegenteil berechtigte Bedenken gegen eine solche Verpflichtung, die hauptsächlich daraus resultierten, dass das Orchester nach eigener Angabe im Theaterdienst überlastet sei und dass daher zumindest auf die Dauer dieser Überlastung eine Zustimmung

---

174 Konwitschny an Kehm, 13.11.1930, StAL, E 18 VI 1193.
175 StAL, E 18 VI 1193.

zu Extradiensten von der Leitung schwerlich zu erlangen sein werde. Ich sprach auch zu dem Herren (der gar nicht wusste, dass man eine Zustimmung zu Extradiensten einholen müsse) von dem Recht nicht nur des Orchesters sondern auch der Leitung auf die vertragliche Ruhezeit. In diesem Zusammenhang und im gleichen positiven Sinn nannte ich auch unter anderen den Namen des Herrn Konwitschny, als eines der Herren, die ihre Bedenken geäussert hätten. Diese im Laufe einer privaten Unterhaltung getanen Aeusserungen waren derart dem Inhalt und Tonfall nach im Sinne der Leitung gehalten, dass ich mich wundere, dass der betreffende Herr nicht auch mich selber später Herrn Prof. Mater gegenüber als einen der Träger der Bedenken genannt hat. Ich stelle ausdrücklich fest, dass:
das Wort „Sitzung" weder in obigem noch in anderem Zusammenhang gebraucht wurde, dass die Nennung des Namens meines Kollegen absichtslos und als Bestätigung der Meinung der Leitung geschehen ist,
dass meine Einstellung zu den Aeusserungen des Herrn K. durchaus positiv erscheinen musste,
dass meine Worte niemals den Eindruck einer Wühlerei weder gegen die Leitung noch gegen das Orchester machen konnten, sondern lediglich Herrn ... auf Schwierigkeiten, die er in seinem Optimismus übersehen hatte, aufmerksam machen und ihn bestimmen sollten, den einzig gangbaren Weg der Verhandlungen mit dem Generalintendanten zu gehen.
Dieses ganze Gespräch war eigentlich meiner ständigen Erinnerung gar nicht mehr gegenwärtig, als mir gestern die bekannten Eröffnungen in Ihrem Bureau gemacht wurden. Es war mir auch nicht bekannt, dass Herr ..., der der Grammophongesellschaft nur als aussenstehender Aktionär angehört hat, ein Bekannter Herrn Prof. Maters ist, aber selbst wenn ich das gewusst hätte, hätte ich aus diesen Gründen keine Zurückhaltung üben müssen, weil mein Gewissen gegenüber dem Orchester rein war und ich sicher war, dass meine geäusserten Bedenken bei den Herrn keinen Anstoss erregen würden. Ich bitte die Leitung der Disziplinaruntersuchung, den Grad meiner Schuld in dieser ganzen Angelegenheit festzustellen. Herrn Prof. Maters und meinen gemeinsamen Bekannten konnte ich gestern nicht erreichen, ich bin aber sicher, dass er nichts gegen die Nennung seines Namens dem Herrn Generalintendanten gegenüber haben wird.[176]

Nicht zuletzt aufgrund dieses Vorfalles und auch anderer „Enttäuschungen" wurde Swarowskys Vertrag mit Juli 1931 nicht mehr verlängert. Dies wurde ihm kurz nach dem Skandal mitgeteilt.[177] Offizielle Begründung waren die finanziellen „Schwierigkeiten […], in die auch die Württembergischen Landestheater geraten sind. Die uns auferlegten Sparmassnahmen haben zum Abbau verschiedener Stellungen geführt. Das wirkt sich insbesondere für einige sehr begabte und verdiente Mitglieder äusserst bedenklich

---

176 Swarowsky an Kehm, 27.11.1930, StAL, E 18 VI 1193.
177 Schreiben des Kultministeriums, 10.7.1931, StAL, E 18 VI 1193.

aus, die wir gerne hierbehalten hätten und die nun in ernster Sorge um ein neues Engagement sind."[178]

Trotz der hausinternen Spannungen unterstützte Kehm Swarowsky bei der Suche nach einem neuen Engagement, wie in folgendem Schreiben an den Intendanten Ernst Immisch:

> Da ich nun gehört habe, dass Ihr seitheriger Dirigent, Herr Dr. Hans Schmidt-Isserst[e]dt als Nachfolger von Herrn Generalmusikdirektor Dr. Böhm nach Darmstadt gehen soll, möchte ich mir erlauben, die Bewerbung meines Kapellmeisters Hans Swarowsky, die Ihnen für diese Vakanz schon vorliegen dürfte, Ihrer bevorzugten Beachtung zu empfehlen. Herr Swarowsky gehörte dem Württ. Landestheater seit 4 Jahren an und es ist gar kein Zweifel, dass er als eine ganz aussergewöhnliche Begabung gewertet werden muss. Er hat bei mir den grössten Teil des laufenden Opern-Repertoires dirigiert und war insbesondere mit den ihm übertragenen Neueinstudierungen stets erfolgreich.
>
> Herr Swarowsky ist ausserdem ein sehr gebildeter, intelligenter und auch musikwissenschaftlich gut fundierter Mensch.[179]

In einem weiteren Empfehlungsschreiben formulierte Kehm:

> Herr Kapellmeister Hans Swarowsky war vom 1. August bis 31. Juli 1931 als Kapellmeister an der Oper der Württ. Landestheater tätig. Er hat sich nicht nur als ein aussergewöhnlich begabter Dirigent und sicherer musikalischer Führer bewährt, er hat sich darüber hinaus als ein sehr gebildeter Musiker und hingebungsvoller Mitarbeiter erwiesen, dessen unermüdliche Arbeitskraft vorbildlich wirkte und ihm das Vertrauen aller am gemeinsamen Werk Beteiligten erwarb.
>
> Mit Beginn dieser Spielzeit schied Herr Kapellmeister Swarowsky aus dem Verband der Württ. Landestheater aus, weil seine Stellung den durchzuführenden Sparmassnahmen zum Opfer fiel.
>
> Ich kann Herrn Kapellmeister Swarowsky für jede leitende Stellung überzeugt und uneingeschränkt empfehlen und stehe zu weiteren Auskünften stets gerne zur Verfügung.[180]

Dass Kehm tatsächlich von Swarowskys Talent und Können überzeugt war, zeigt die Tatsache, dass er unmittelbar nach Kriegsende Swarowsky als provisorischen Generalmusikdirektor einsetzte.[181]

---

178 Kehm an Intendant Ernst Immisch, 4.7.1931, StAL, E 18 VI 1193.
179 Ebd.
180 Schreiben Kehms, 22.9.1931, StAL, E 18 VI 1193.
181 Kehm an die Landesverwaltung für Kultus, Erziehung und Kunst in Württemberg, 31.8.1945, StAL, E 18 VI 1193.

Im Dezember 1931 engagierte man Swarowsky nochmals für die Operettenproduktion *Caramba* ... .[182]. Zwischen der Leitung der Württembergischen Landestheater und Swarowsky wurde folgende vertragliche Vereinbarung getroffen:

I. Herr Swarowsky verpflichtet sich in der neuen Operette „Caramba" zu folgender Tätigkeit:
musikalische Einstudierung in sämtlichen Einzel- und Bühnenproben einschl. Tanz (Aufgabe des Korrepetitors und Dirigenten);
Uebernahme der Sprech- und Dialogrolle des Pianisten in allen Aufführungen und Proben;
die Aufgabe des Pianisten;
die musikalische Leitung.
II. Für obige Tätigkeit erhält Herr Swarowsky für jeden Probentag vom 27. November 1931 ab eine Vergütung von 20 RM (zwanzig Reichsmark).
Etwaige Proben an Sonn- u. Feiertagen werden nicht vergütet. Ferner erhält er für jede Aufführung eine Gesamtvergütung von fünfzig Reichsmark.
Eine bestimmte Anzahl von Aufführungen wird nicht gewährleistet. Die Vergütungen bleiben von etwaigen Notverordnungen unberührt.
III. Das Herrn Swarowsky am 20. Juli gewährte Darlehen von zweihundert Mark wird an der Vergütung für die ersten acht Vorstellungen, in Abzug gebracht. Weitere Abzüge von Seiten der Landestheater werden nicht vorgenommen.
IV. Herr Swarowsky verpflichtet sich, sich ganz nach dem Spielplan der Landestheater zu richten und für die ihm vom Betriebsbüro mitgeteilten Aufführungstermine keine andere Verpflichtung zu übernehmen.
Bei etwaiger Absetzung der Aufführungen entfällt der Anspruch des Herr Swarowsky auf die Vergütung.[183]

Die Suche nach einem neuen Engagement erwies sich als schwierig. Im April 1932 erhielt Swarowsky die Möglichkeit, sich in Kassel vorzustellen. An Kehm richtete er die Bitte, sich beim dortigen Intendanten Mertens für ihn einzusetzen.[184]
Drei Jahre später – Swarowsky war mittlerweile in Hamburg engagiert und im Begriff, nach Berlin zu wechseln – informierte sich Heinz Tietjen, seit 1930 Generalintendant der Preußischen Staatstheater, bei Eugen Jochum über die künstlerischen und politischen Eigenschaften seines zukünftigen Kapellmeisters:

---

182 *Caramba ...!* oder *Dolores und die Parallelen*. Operette mit Hindernissen. Musik von Hansheinrich Dransmann.
183 Vereinbarung zwischen Württembergischen Landestheatern und Swarowsky, 19.12.1931, StAL, E 18 VI 1193.
184 Swarowsky an Kehm, 19.4.1932, StAL, E 18 VI 1193.

Sie werden sicherlich erfahren haben, daß Herr Operndirektor Krauss sich [...] für Herrn Kapellmeister Swarowsky für Berlin interessiert. Da mir über den Genannten allerlei Gerüchte zu Ohren gekommen sind, wäre ich Ihnen für eine Mitteilung, die ich streng vertraulich behandeln werde, dankbar, wie es um das Können des Herrn Swarowsky steht und wie seine charakterlichen Eigenschaften sind. Außerdem wäre ich Ihnen dankbar für eine Mitteilung, ob nach Ihrer Meinung die arische Abstammung einwandfrei feststeht.[185]

In seinem Antwortschreiben bedauerte Jochum, keine Auskunft geben zu können, da er mit Swarowsky „gewisse Differenzen habe, die es ihm unmöglich machen, sich über ihn zu äußern, ohne in den Verdacht einer subjektiv gefärbten Stellungnahme zu kommen."[186] Tietjen wandte sich nun an Albert Kehm, der mittlerweile Intendant des Stadttheaters in Freiburg im Breisgau geworden war. Dieser empfahl dem Berliner Generalintendanten unbedingt ein Engagement des „außergewöhnlich" begabten Dirigenten, doch Tietjen gegenüber erwähnte er auch die Schwierigkeiten, die er mit Swarowsky in Stuttgart gehabt hatte, und gab zu, dass sie der wahre Grund für die Nichtverlängerung seines Vertrages waren:

Wenn ich mich also in künstlerischer Hinsicht so unbedingt für Swarowsky einzusetzen vermag, so halte ich mich für verpflichtet, Ihnen im Hinblick darauf, daß Sie ihn als ernsthaften Bewerber für eine Dirigentenstellung an der Berliner Staatsoper in Erwägung ziehen, zu sagen, daß mich Swarowsky menschlich einigermaßen enttäuscht hat. Ich habe mich mit ihm darüber wiederholt ganz rückhaltlos ausgesprochen und kann deshalb sagen, daß er kein Intrigant und absichtsvoller Stänker[er] ist, aber er redet gelegentlich mehr, als er verantworten kann. Das sind auch die Gründe, weshalb ich ihn schließlich nicht weiter engagiert habe. Swarowsky ist auch darüber genau unterrichtet und hat mir immer wieder ausgesprochen, wie entsetzlich es ihm wäre, daß er mich, der sich in künstlerischer Hinsicht entscheidend für ihn eingesetzt hatte, menschlich so enttäuschen mußte.[187]

Austro-Amerikanische Sommerkurse Mondsee

In den Sommermonaten des Jahres 1930 folgte Swarowsky einer Einladung, bei den austro-amerikanischen Sommerkursen am Mondsee Klavierbegleitung zu unterrichten. Das Austro-American Summer Conservatory of Music and Fine Arts, Los Angeles, veranstaltete gemeinsam mit dem American Institute of Educational Travel Meister-

---
185 Tietjen an Jochum, 5.2.1935, Personalakt Hans Swarowsky, GStA.
186 Jochum an Tietjen, 11.2.1935, GStA.
187 Kehm an Tietjen, 26.2.1935, GStA.

kurse für Musik und Bildende Kunst. Sie fanden zeitgleich mit den nahen Salzburger Festspielen statt, dort aufgeführte Werke wurden bei den Kursen ebenfalls besprochen. Sechs Wochen lang hatten die vorwiegend amerikanischen Kunststudenten nicht nur die Möglichkeit, mit den Meistern zu arbeiten und die Konzerte in Salzburg zu besuchen, sondern auch das weitreichende Freizeit- und Erholungsangebot am Mondsee zu nutzen und Exkursionen in das Salzburger Umland zu buchen. Vor und nach den Kursen konnte man an organisierten Kunstreisen durch Österreich teilnehmen. Das komplette Angebot kostete 945 USD. Darin inkludiert waren Reise- und Aufenthaltskosten für zwei Monate sowie die Kursgebühren. Vorgesehen waren eine Privatstunde mit dem Meister und eine mit dessen Assistenten pro Woche, zwei Wochenstunden in der Klasse, sechs Einführungskurse zu Konzerten der Salzburger Festspiele, Transport nach und von Salzburg, Eintritt zu den Meisterkonzerten, die während der Kurse stattfanden.

Präsidenten der Vereinigung waren auf österreichischer Seite die Komponisten Wilhelm Kienzl, Josef Marx, Franz Schmidt und Max Springer. Das amerikanische Präsidium bestand aus Leopold Stokowski (Philadelphia Symphony Orchestra), Artur Bodanzky (Metropolitan Opera New York), Rudolph Ganz (St. Lous Symphony Orchestra), Josef und Rosina Lhevinne (Konzertpianisten) und Modest Altschuler (Glendale Symphony Orchestra). Mitglieder des Verwaltungsrates waren Franz Barwig (Bildhauer), Gaspar Cassadó (Cellist und Komponist), Karl Kobald (Musikschriftsteller), der Komponist Erich Wolfgang Korngold, August Reisinger (Bürgermeister von Mondsee), der Pianist Emil von Sauer und Alexander Wunderer, Oboist der Wiener Philharmoniker.

Leider konnten keine schriftlichen Unterlagen oder Prospekte für 1930 gefunden werden. Im vorausgegangenen Jahr hatte das Angebot aus folgenden prominent besetzten Fächern bestanden:

Dramatische Komposition: Wilhelm Kienzl
Theorie, Harmonielehre, Kontrapunkt: Richard Stöhr
Opernschule: Erich Wolfgang Korngold, Lothar Wallerstein
Geschichte der Oper und Musikalische Analyse: Richard Specht
Vorträge zu den Salzburger Festspielen: Wilhelm Fischer
Histrionics[188]: Oskar Strnad
Geschichte der Orchesterinstrumente: Alexander Wunderer
Gymnastik und Tanz: Gertrude Bodenwieser, Karl Raimund
Violine: Otokar Ševčík, Margarethe Kolbe-Juellig, Hans Juellig
Cello: Gaspar Cassadó, Rudolf Meyer

---

188 [Bühnentechnik und Bühnenbild? – Hg.]

Klavier: Paul Weingarten, Bertha Beer-Jahn, Ida Hartungen-Bodanzky, Katherine Buford Peeples
Gesang: Paula Mark-Neusser, Theo Lierhammer, Lotte Bunzel-Westen-Wallerstein
Kreative Musik: Satis Naronna Coleman
Malerei und Zeichnen: Egge-Sturm Skrla[189]

Die Meisterkurse fanden im Schloss Mondsee statt, das sich im Besitz der Grafen Almeida befand. Swarowsky war eng befreundet mit der Gräfin Maria Almeida[190] und deren Schwester, der Dichterin Mechtilde Lichnowsky. Auch der deutsche Kronprinz gehörte zu Swarowskys Freundeskreis. Während Swarowskys Unterrichtstätigkeit in Mondsee war auch Béla Bartók als Professor für Klavier bei den Sommerkursen engagiert.[191] Anton Swarowsky, der damals als Sechsjähriger mit dabei war, erinnert sich lebhaft an die „Ferien" am Mondsee:

> Der deutsche Kronprinz war ein Freund von den Almeidas. – Hans hatte ja ein Talent dafür, nie sozial unter dem Rahmen zu erscheinen bei den Leuten, mit denen er zusammen war. – Mit dem deutschen Kronprinz war er sofort sehr gut, und mit den Almeidas natürlich auch. Und ich war mit dem Kronprinzen fast auf du und du. Ich war ein kleines Kind und er gab mir Schwimmstunden. […] Dort hab ich einmal in den Swimmingpool hineingepinkelt und der deutsche Kronprinz hat mich gesehen und Hans hat ein Bild davon gemacht. Ich in einem Bogen uriniere in das Schwimmbad und der deutsche Kronprinz lacht. Doris hat den Kontakt davon. Das könnt ihr vergrößern lassen. Da kann ich sagen, meinen ersten Schwimmunterricht habe ich vom deutschen Kronprinz bekommen. Das ist die Wahrheit. Hab ein sonderbares Leben gehabt.[192]

---

189 Prospekt des Austro-American Summer Conservatory of Musik and Fine Arts aus dem Jahr 1929.
190 [Er besuchte sie noch 1974. Mitteilung von Manfred Huss – Hg.]
191 Anton Swarowsky im Gespräch mit Daniela Swarowsky, Paris, 16.10.2001. Eine Bestätigung liefern die Erinnerungen des Sohnes von Leo Frank, der 1930 als Lehrer für künstlerische graphische Techniken bei den Ferienkursen angestellt war (Hans Frank d.J. studierte übrigens nach dem Krieg zunächst bei Marx und Swarowsky, bevor er selbst zur bildenden Kunst wechselte): Die Malerfamilie Frank – Ausstellung, in: *Nachrichtenblatt der Gemeinde Tiefgraben*, Folge 4/August 2007, [S. 6].
192 Anton Swarowsky im Gespräch mit Daniela Swarowsky, Paris, 16.10.2001.

II. TEIL: 1933–1945

Otto Karner

SWAROWSKY WÄHREND DER NS-ZEIT (1933–1945)

Die zwölf unheilvollen Jahre der NS-Diktatur haben sowohl das Leben Swarowskys als auch seine künstlerische Karriere entscheidend beeinflusst. Nach seiner musikalischen Prägung im Umfeld Arnold Schönbergs und Anton von Weberns und einem ersten Engagement an der Wiener Volksoper begann 1927 mit seinem Wirken an der Staatsoper Stuttgart eine verheißungsvolle Laufbahn des vielseitigen Künstlers an deutschen Opernbühnen. Weitere Stationen an den Opernhäusern von Gera, Hamburg und Berlin sollten folgen. An diesen Orten wurde die Tätigkeit Swarowskys aber schon durch die restriktive Kulturpolitik der Nationalsozialisten beeinträchtigt. Wie so viele andere künstlerische Karrieren in Deutschland nach 1933 war diejenige Swarowskys durch seine „halbjüdische" Herkunft (sein Vater war der bekannte Advokat, Bankier und Industrielle Dr. Josef Kranz) im „Dritten Reich" enorm gefährdet.

In diese Jahre fiel auch ein weiteres Ereignis, das die musikalische Laufbahn Swarowskys stark formen sollte: seine enge Freundschaft zu Richard Strauss, die im Zusammenhang mit Swarowskys Einstudierung der *Frau ohne Schatten* 1934 an der Staatsoper Hamburg ihren Anfang nahm.

Nachdem Swarowsky 1937 eine Anstellung am Stadttheater Zürich bekommen hatte, kehrte er 1940, für viele heute unvorstellbar, in das Deutsche Reich Hitlers zurück, das damals am Höhepunkt seiner Macht stand.

Die Zeit von 1933 bis 1945 war lange Zeit ein dunkles Kapitel in der Biographie Swarowskys, das bis heute von zahlreichen Widersprüchen überschattet ist:
– War die Rückkehr ins Deutsche Reich freiwillig?
– Welche Funktion hatte Swarowsky in der „Reichsstelle für Musikbearbeitungen" des Goebbels'schen Propagandaministeriums?
– Wie eng waren seine persönlichen Kontakte zu NS-Größen wie dem „Polenschlächter" Hans Frank?
– Arbeitete Swarowsky für den britischen Geheimdienst und hatte er enge Kontakte zur polnischen Widerstandsbewegung?
– Welche Rolle spielte er 1944 im besetzten Krakau?
– Was waren die näheren Umstände seiner Flucht vor der Gestapo 1945?

Dies sind nur einige Fragen zum Problemkreis Hans Swarowsky und „Drittes Reich".

All diese Fragestellungen, die eher zu einem Romanhelden während des Zweiten Weltkrieges als zu einem Dirigenten passen würden[1], haben nach 1945 das Bild des Menschen Hans Swarowsky mitbestimmt.

Nach einem ausführlichen Studium von noch unveröffentlichten Quellen möchte ich versuchen, diese Fragen, so gut es geht, zu beantworten. Die fragmentarische Überlieferung der betreffenden Aktenbestände machte ein derartiges Unterfangen nicht immer leicht. Ist die Tätigkeit Swarowskys an der Berliner Staatsoper und in der „Reichsstelle für Musikbearbeitungen" relativ gut anhand der Originalquellen dokumentiert, so gibt es zu seinem Wirken in Gera und Hamburg kaum Material, oder dieses ist noch nicht aufgetaucht.

Deshalb müssen auch in diesem Bericht einige Fragen offenbleiben. Trotzdem glaube ich, dass eine, wenn auch unvollständige, Untersuchung der Biographie Swarowskys während der NS-Zeit einen wichtigen Beitrag zur Aufhellung der Kulturgeschichte des „Dritten Reiches" leisten kann.

1. Dirigent unter dem Hakenkreuz – Swarowskys erste Stationen im „Dritten Reich"

1.1 Gera

Nach vier Jahre dauernder Kapellmeistertätigkeit in Stuttgart verlor Hans Swarowsky im Juli 1931, am Höhepunkt der Weltwirtschaftskrise, wie Millionen andere in Deutschland und Österreich, seinen Arbeitsplatz am Staatstheater, an dem er seit 1927 künstlerisch gewirkt hatte. Nach eineinhalbjähriger Arbeitslosigkeit war die nächste Station in Swarowskys Karriere das „Reußische Theater" in Gera. Das Theater der Stadt Gera war 1849 in den Besitz der Fürsten Reuß übergegangen und wurde seit 1853 als „Fürstliches Hoftheater" geführt. 1902 wurde durch Prof. Heinrich Seeling ein großzügiger Neubau mit einem zugehörigen Konzertsaal geschaffen, der sich seit 1918 den Ruf einer „maßgebenden Stätte für Schauspiel, Oper und Konzert" und „einer wichtigen Nachwuchsbühne" erworben hatte.[2] Während der Weimarer Republik war Erbprinz Heinrich von Reuß-Gera-Ebersdorff Leiter des „Reußischen Theaters", das immer noch zu einem Großteil aus dem fürstlichen Privatvermögen unterstützt wurde. Erbprinz Heinrich war „ein Prophet und Vorkämpfer alles fortschrittlichen, modernen und eigenwilligen Strebens auf der Bühne, im dramatischen Bereich, im Tanz."[3]

---

1 [Swarowsky spricht einmal von „eine{m} Roman {…} (der mein Leben wirklich war)." Brief an Egon Seefehlner, 18.1.1962 (Kopie in NlHS) – Hg.]

2 Hans Patze/Peter Aufgebauer (Hg.), *Handbuch der historischen Stätten Deutschlands*. Bd. 9: *Thüringen*, Stuttgart ²1989, S. 142.

3 Carl Zuckmayer, *Geheimreport*, hg. von Gunther Nickel/Johanna Schrön, Göttingen ³2002, S. 115.

Abb. 1: Gera 1931/32 (HSA)

In der zweitgrößten Stadt Thüringens arbeitete Swarowsky von Oktober 1932 bis April 1934 als Regisseur und Dirigent. Swarowsky betreute zwischen Oktober und Dezember 1932 als Regisseur vor allem die Operettenpremieren des „Reußischen Theaters" (*Wenn die kleinen Veilchen blühen* von Robert Stolz im Oktober 1932, *Das Land des Lächelns* von Franz Lehár und *Wiener Blut* von Johann Strauß im November 1932 sowie *Das Dreimäderlhaus* von Schubert/Berthé und *Gasparone* von Millöcker im Dezember 1932). Am 4. Oktober 1933 dirigierte Swarowsky in Gera mit Puccinis *La Bohème* seine erste Premiere. Im November 1933 übernahm er die musikalische Leitung von Flotows *Martha* und Pfitzners *Christ-Elflein*. Am 26. Dezember 1933 leitete er die Geraer Erstaufführung der neuen Straussoper *Arabella*. 1934 folgten Dirigate von Leoncavallos *Bajazzo*, Puccinis *Mantel*, Smetanas *Verkaufter Braut* und Glucks *Orpheus*.

In die Zeit dieses Engagements fiel auch die sogenannte Machtergreifung der Nationalsozialisten vom 30. Januar 1933, die Swarowskys künstlerische Karriere folgenschwer beeinflussen sollte.[4] Leider sind keine Aktenbestände des Reußischen Theaters bekannt,

---

4 [Bereits seit Sommer 1932 hatte Thüringen eine NSDAP-geführte Regierung. – Hg.]

die mehr Aufschluss über Swarowskys Tätigkeit während dieser beiden Jahre des politischen Umbruchs geben könnten. Erhalten geblieben sind jedoch die Theaterzettel aus dieser Zeit, in denen Swarowsky in den ersten Monaten des NS-Regimes erstaunlicherweise, neben seiner Betreuung des Repertoires des Reußischen Theaters, auch als Dirigent von Festaufführungen der NSDAP aufscheint. So dirigierte er am 7. Oktober 1933, „zur Feier des 10 jähr. Bestehens der Ortsgruppe Gera der NSDAP", als Einleitung zu dem NS-Propagandastück *Schlageter* des parteinahen Dichters Hanns Johst Beethovens Ouvertüre zu *Coriolan*.

Ein halbes Jahr später, am 29. April 1934, übernahm Swarowsky eine Festvorstellung von Wagners Oper *Die Meistersinger von Nürnberg*, die von der Ortsgruppe Gera des „Kampfbundes für deutsche Kultur" veranstaltet worden war.[5] Der von dem NS-Chefideologen Alfred Rosenberg gegründete „Kampfbund" war seit 1928 für kulturpolitische Fragen der NSDAP zuständig, er verstand sich als „Gralshüter nationalsozialistischen Kunstempfindens". Diese Aufführung war mit den Gastspielen von Jaro Prohaska als Hans Sachs, August Seider als Stolzing und Rosalind von Schirach, der Schwester des damaligen „Reichsjugendführers" Baldur von Schirach, sowohl künstlerisch, als auch was die Regimenähe anging, prominent besetzt.

Thüringen galt im „Dritten Reich" als „Mustergau". Im Herzen Deutschlands gelegen, galt es deutsch-völkischen Gruppierungen schon immer als Kernland „deutschen Wesens". Die Wartburg und Jena, wo 1815 die erste Burschenschaft gegründet worden war, galten deutschnationalen Kreisen als heilige Orte. In Thüringen lag aber auch Weimar, der Schauplatz der verfassunggebenden Nationalversammlung der Weimarer Republik und des Bauhauses, als Symbol für die moderne Kunst der jungen Republik. Das demokratische Deutschland der Zwischenkriegszeit bekannte sich zum humanistisch weltoffenen Geist von Weimar. 1921 versuchte die aus einer Koalition zwischen SPD und USPD bestehende Landesregierung unter August Fröhlich, das Land radikal zu modernisieren. Die Schul- und Kulturpolitik nahm geradezu kulturkämpferische Züge an und verunsicherte große Teile der Bevölkerung. Die thüringische Landesregierung wandelte mit dem „Sprung in die Moderne" „modernistische Strömungen der Weimarer Republik in politisches Handeln um, aber gleichzeitig überforderte sie damit die thüringische Bevölkerung."[6] 1924 erreichte der aus den Landtagswahlen als Sieger hervorgegangene „Thüringer Ordnungsbund" einen politischen und auch kulturellen Umschwung. Künstlerische Experimente waren nun verpönt, und das Bauhaus musste nach Dessau umsiedeln. Auch die Nationalsozialisten erhielten in den 20er Jahren in Thüringen verstärkten Zulauf. In Weimarer Zirkeln trafen sich Nationalkon-

---

5 Kopien der Theaterzettel aus Gera erhielt ich freundlicherweise vom Archiv der Theater Altenburg-Gera.
6 Antonio Peter, Thüringen, in: Hans-Georg Wehling (Hg.), *Die deutschen Länder. Geschichte, Politik, Wirtschaft*, Opladen 2000, Wiesbaden ³2004, S. 265–275: 269.

servative, die die Republik ablehnten und mit den aufkommenden Nationalsozialisten sympathisierten. 1926 fand in Weimar der erste Parteitag der NSDAP statt. Diese entwickelte sich auf Landesebene immer mehr zu einer politischen Größe und „nahm damit die Entwicklung auf Reichsebene in gewissem Maße voraus."[7] Bei den Landtagswahlen vom 8. Dezember 1929 erhielt sie 11,3 Prozent der abgegebenen Stimmen. Am 23. Januar 1930 übernahm Wilhelm Frick als erster NSDAP-Funktionär ein Landesministerium. Der spätere Reichsinnenminister, der 1946 als Hauptkriegsverbrecher in Nürnberg am Galgen enden sollte, erhielt in Thüringen in einer Koalitionsregierung mit bürgerlichen Parteien (Deutsche Volkspartei und Thüringer Landbund) die Ministerien Inneres und Volksbildung. Thüringen wurde ab 1930 zum Experimentierfeld Hitlers. Als Innenminister forcierte Frick konsequent die Durchsetzung der Landespolizei mit NSDAP-Parteigängern. Landes- und Kommunalbeamten wurde die Mitgliedschaft in kommunistischen Organisationen verboten. Auch die Kulturpolitik Fricks zeigte schon damals das wahre Gesicht der NSDAP. Durch einen Erlass mit dem Titel „Wider die Negerkultur für deutsches Volkstum" verbot der Innenminister Jazzband- und Schlagzeugmusik, „Negertänze", „Negergesänge" und „Negerstücke" als „den guten Sitten zuwiderlaufend".[8] Zum Leiter der Vereinigten Kunstlehranstalten Weimars und zu seinem Kunstberater berief Frick den NS-Architekten Paul Schultze-Naumburg. Dieser veranlasste Frick zu „Säuberungsaktionen" im Schlossmuseum Weimar. Dabei wurden 70 „entartete" und „kulturbolschewistische Erzeugnisse" entfernt. Frick verbot auch Werke pazifistischen Inhaltes, wie zum Beispiel Erich Maria Remarques Antikriegs-Buch *Im Westen nichts Neues* und den darauf basierenden Kinofilm. An der Jenaer Universität wurde für den Rasseforscher Hans F.K. Günther ein Lehrstuhl für Sozialanthropologie eingerichtet. Die dauernden beleidigenden Ausfälle gegen seine Koalitionspartner, die Frick als „trottelhafte Greise, Verräter und Betrüger" beschimpfte, führten schließlich am 1. April 1931 zum Sturz Fricks.[9]

Im Juli 1932, drei Monate vor Swarowskys Engagement in Gera, erhielten die Nationalsozialisten bei den thüringischen Landtagswahlen 43,9 Prozent der Stimmen. Das war ein großer persönlicher Erfolg für den thüringischen Gauleiter Fritz Sauckel. Sauckel, der wie Frick später seine Kriegsverbrechen am Galgen büßte, stand seit August 1932 einer Koalitionsregierung vor, die aus sechs Mitgliedern der NSDAP und einem Vertreter des Thüringer Landbundes bestand. In Deutschland sprach man aber von der ersten „rein" nationalsozialistischen Regierung des Reichsgebietes. Als Schwerpunkte seiner Arbeit nannte Sauckel: „Rasse und Volkstum, nationaler Lebens- Aufbau- und

---

7 Ebd.
8 Werner Fischer, Wilhelm Frick. „An den Galgen mit den Verbrechern ...", in: Kurt Pätzold/Manfred Weißbecker (Hg.), *Stufen zum Galgen. Lebenswege vor den Nürnberger Urteilen*, Leipzig 1996, S. 224–263: 233.
9 Peter, Thüringen (Anm. 6), S. 270.

Wehrwille".[10] So konnten die Nationalsozialisten schon vor dem 30. Januar 1933 in Deutschland eine uneingeschränkte Willkürherrschaft etablieren.

Vor diesem Hintergrund muss man die Tätigkeit des „Halbjuden" Swarowsky sehen, der zwei Jahre seines musikalischen Wirkens in der zweitgrößten Stadt des „Mustergaus" Thüringen verbrachte. Im Frühjahr 1934, noch während seines Engagements in Gera, hatte sich Swarowsky in Aachen um den Posten des Generalmusikdirektors beworben. Er hatte bereits am 20. und am 22. Februar 1934 am Stadttheater Aachen als Dirigent in *Carmen* und *Der fliegende Holländer* gastiert. Anfang der dreißiger Jahre war auch das Aachener Stadttheater durch die Weltwirtschaftskrise in große finanzielle Schwierigkeiten geraten und befand sich beinahe in Auflösung. In dieser Zeit wurde es von Heinrich K. Strohm, einem Schulfreund von Goebbels, und dem Dirigenten und Schönberg-Schüler Paul Pella geleitet. 1932 kam es in Aachen zu einer „Palastrevolution" und Pella „wurde mit Schmach und Schande entlassen."[11] Strohm ging nach Hamburg und wird uns im Zusammenhang mit Swarowsky noch einmal begegnen. Die Aachener Stadtverwaltung engagierte als Notlösung wieder den Vorgänger Strohms, Francesco Sioli, als Intendanten. Generalmusikdirektor wurde der Liszt-Schüler und spätere Präsident der NS-Reichsmusikkammer Peter Raabe. Im Frühjahr 1934 wurde Sioli, der sich zu dieser Zeit für die Berufung Swarowskys nach Aachen eingesetzt hatte, vom neuen nationalsozialistischen Oberbürgermeister Quirin Jansen entlassen. Jansen „legte sein Veto gegen den Plan ein", Swarowsky zum neuen Aachener Generalmusikdirektor zu berufen.[12] Jansen ernannte als Nachfolger Siolis den Theaterregisseur und Dramaturgen Dr. Edgar Groß zum Intendanten.[13] Durch diesen Wechsel des Opernintendanten kam nun ein anderer Dirigent zum Zug.[14] Um diese Zeit bemühte sich ebenfalls ein junger aufstrebender österreichischer Dirigent verzweifelt um ein Engagement an einer deutschen Bühne: Herbert von Karajan. Dieser hatte schon im April 1934 an seine Mutter geschrieben, dass sein Engagement in Aachen nur an Sioli scheitern würde.[15]

Karajan hatte sich 1934 in Berlin bei der größten Theateragentur der Stadt, mit dem Namen „Paritätischer Bühnennachweis", als Korrepetitor registrieren lassen. Dort be-

---

10 Manfred Weißbecker, Fritz Sauckel. „Wir werden die letzten Schlacken unserer Humanitätsduselei ablegen …", in: Kurt Pätzold/Manfred Weißbecker (Hg.), *Stufen zum Galgen. Lebenswege vor den Nürnberger Urteilen*, Leipzig 1996, S. 297–331: 307.
11 Richard Osborne, *Herbert von Karajan. Leben und Musik*, Wien 2002, S. 108.
12 Ebd.
13 [Groß trat sein Amt im Mai 1934 an. In einem Schreiben an den Aachener Oberbürgermeister vom 24.5. berichtet er von drei möglichen Kandidaten, ohne Namen zu nennen (Mail von Margarethe Dietzel, Aachen, an Manfred Huss, 29.11.2001) – Hg.]
14 Herbert von Karajan, *Briefe an seine Eltern. 1915–1952*, Stuttgart [o.J.], S. 10.
15 Ebd., S. 9.

gegnete er Edgar Groß, der für ihn am 8. Juni 1934 in Aachen ein Probedirigat ansetzte. Karajan erinnerte sich: „Ich habe ihn hypnotisiert: Ich lasse dich nicht weg, du mußt mich engagieren. Du mußt bei diesem Gespräch etwas für dich erreichen, hatte ich mir gesagt."[16] Einen Tag später schrieb Karajan begeistert an seine Eltern:

> Trinkt Euch den größten Rausch Eures Lebens an auf meine Kosten und freut Euch mit mir. Jetzt ist es endlich gelungen ohne Protektion, ohne Verbindungen. Ich bin seit gestern Operndirektor und I. Leitender Kapellmeister am Stadttheater Aachen. Da staunt Ihr [...] habt es mir wohl nicht mehr zugetraut. Aber jetzt hab ich es geschafft [...]. Gestern war Probedirigieren in Aachen. Jeder gab eine Anzahl symphonischer Werke an, die er vorbereitet hatte. An den Tagen vorher hatten schon etliche dirigiert, gestern auch vor mir noch zwei, dann kam ich, ich habe natürlich alles auswendig dirigiert und dann musste ich 7 entsetzliche Stunden warten, in denen ich glaubte, ich verliere meine Nerven, um halb 6 wurde der Vertrag unterzeichnet.[17]

Am 28. März 1935 wurde Herbert von Karajan offiziell zum Generalmusikdirektor des Aachener Stadttheaters ernannt.

1.2 Hamburg

Nach der erfolgreichen Absolvierung von drei Gastdirigaten im April 1934 in Hamburg (13.4.1934 *Tannhäuser*, 15.4.1934 *Rigoletto*, 16.4.1934 *La Bohème*) erhielt Swarowsky für die Saison 1934/35 einen Vertrag an der Hamburgischen Staatsoper.

In dieser Zeit dürften sich Dienststellen der NSDAP intensiver mit dem österreichischen Dirigenten beschäftigt haben. Am 15. November 1934 richtete das „Kulturpolitische Archiv" der NS-Kulturgemeinde ein Schreiben an die Gaudienststelle Baden der NS-Kulturgemeinde, um sich über den aufstrebenden Dirigenten zu informieren:

> Der früher am Reussischen Theater in Gera, jetzt als erster Kapellmeister des Hamburgischen Staatstheaters tätige Hans Swarowski soll nach vor[l]iegenden Informationen nicht einwandfrei sein. Herr Prof. Wührer in Mannheim ist über die Angelegenheit orientiert und dürfte zu genauen Angaben bereit sein.[18]

Die NS-Kulturgemeinde, die 1934 aus dem Zusammenschluss der größten deutschen Besucherorganisationen, der „Deutschen Bühne" und dem von Alfred Rosenberg ge-

---

16 Zitiert in Osborne, *Herbert von Karajan* (Anm. 11), S. 107.
17 Karajan an seine Eltern, 9.6.1934, in: Karajan, *Briefe an seine Eltern* (Anm. 14), S. 10.
18 Kulturpolitisches Archiv der NS-Kulturgemeinde an Dr. W. Hochschild, Gaudienststelle Baden der NS-Kulturgemeinde, 15.11.1934; BAB.

gründeten „Kampfbund für deutsche Kultur" hervorgegangen war, war neben Goebbels' Propagandaministerium eine der einflussreichsten kulturpolitischen Kräfte in den ersten Jahren des „Dritten Reiches". Am 1. September 1934 wurde die traditionsreiche Musikzeitschrift *Die Musik* offiziell zum amtlichen Organ der „NS-Kulturgemeinde" und zum wichtigsten Sprachrohr der NS-Gralshüter um Alfred Rosenberg, den Autor der „NS-Bibel" *Der Mythos des 20. Jahrhunderts*. Bei der von der NS-Kulturgemeinde genannten Auskunftsperson zu Swarowsky handelte es sich um den aus Wien stammenden Pianisten Friedrich Wührer, der schon seit Juni 1933 Mitglied der österreichischen NSDAP war und Swarowsky wahrscheinlich seit Wiener Tagen kannte.[19]

In Hamburg herrschte vor 1933 ein im Vergleich zum übrigen Deutschland eher liberales Klima, an das sich der Regisseur Oscar Fritz Schuh erinnert, der seit 1932 am Stadttheater Hamburg arbeitete, wie das Opernhaus damals noch hieß:

> Im ersten Jahr meiner neuen Tätigkeit habe ich Hamburg noch als demokratische Stadt erlebt. Das Interesse der Bevölkerung an Theater und Oper war nicht allzu stark, was sich auch als ein Vorteil erwies. Wir konnten experimentieren; unmerklich zog auch in Hamburg ein neuer Opernstil ein. Zum erstenmal tauchte damals das Wort „Musiktheater" auf. Doch dann kam das Jahr 1933, die erste große Konfrontation mit der Politik.[20]

Das Stadttheater Hamburg, das von 1921 bis 1931 von dem Berliner Sänger und Schauspieler Leopold Sachse geführt wurde, kämpfte unter dessen Leitung tapfer gegen alle Wirrnisse der Weltwirtschaftskrise. Selbst in den schlimmsten „Inflationsjahren" gab es glanzvolle Premieren. Sachse bewies auch mit seiner Spielplangestaltung Mut. Im März 1924 brachte das Hamburger Stadttheater Busonis Einakter *Arlecchino* heraus, und ein Jahr darauf Respighis *Belfagor* als deutsche Erstaufführung. Zu einem Skandal kam es im Januar 1925 mit der Aufführung von Hindemiths Oper *Sancta Susanna*. Die Presse lief gegen dieses Werk Sturm und entfachte damit eine Kampagne, die in einer Intervention der Bürgerschaft gipfelte. Schließlich lehnte die Mehrheit im Stadtparlament eine künstlerische Einmischung ab.[21] Die beiden Erfolgskomponisten der 20er Jahre in Hamburg hießen aber Erich Wolfgang Korngold und Richard Strauss. Strauss' *Ägyptische Helena* wurde im Oktober 1928 mit großem Erfolg aufgeführt. 1930 folgten Neuinszenierungen von *Intermezzo* und *Rosenkavalier*. Aber mindestens ebenso großes Interesse

---

19 Vgl. Personalakt Friedrich Wührer, BAB.
20 Oscar Fritz Schuh, *So war es – war es so? Notizen und Erinnerungen eines Theatermannes*, Berlin/Frankfurt a.M./Wien 1980, S. 51.
21 Max W. Busch, Zwischen den Krisen. Das Stadt-Theater 1921 bis 1934, in: ders./Peter Dannenberg (Hg.), *Die Hamburgische Staatsoper 1. 1678–1945. Bürgeroper – Stadt-Theater – Staatsoper*, Zürich 1988, S. 111–128: 112.

erregten Korngolds *Tote Stadt, Violanta* und *Das Wunder der Heliane.* Die Nationalsozialisten sollten die Hamburger Korngoldpflege aber bald beenden.

Sachse baute in diesen Jahren ein beachtliches Sängerensemble auf, das später auch oft unter der Leitung Swarowskys sang. In erster Linie muss man hier Sabine Kalter nennen, die 1926 erstmals die Amme in Strauss' *Frau ohne Schatten* übernahm und später als Carmen, Erda und, unter Swarowskys Stabführung, als Lady Macbeth glänzte. Sabine Kalter war „fast zwei Jahrzehnte lang im Hamburger Ensemble die Primadonna".[22] Weitere Stützen des Ensembles waren die Koloratursopranistin Gertrud Callam, die Hochdramatischen Anny Münchow und Emmy Streng, der auch in Wien bekannte Heldentenor Richard Schubert, der Bariton Hans Reinmar und der Bass Herman Marowski. Bis 1931 wirkte in Hamburg der später zur Weltkarriere aufsteigende Heldentenor Lauritz Melchior.

Auch prominente Dirigenten gastierten seit 1929 in Hamburg. Bruno Walter leitete Aufführungen von *Othello* und den *Meistersingern* und Thomas Beecham kam im November 1930 für eine *Rosenkavalier*-Vorstellung. Bis 1931 trug Egon Pollak als Generalmusikdirektor die musikalische Verantwortung des Hauses. In diesem Jahr wurde Sachse von Albert Ruch als verantwortlicher Direktor abgelöst. Leopold Sachse blieb dem Hause aber als Oberspielleiter treu. Neuer Generalmusikdirektor wurde der aus Graz stammende Dirigent Karl Böhm. Böhm wurde von der Kritik als „geborener Theaterdirigent" emphatisch begrüßt, seine „schwungvollen Zeitmaße", „seine Souveränität, seine klare Technik, sein feiner Klangsinn und sein Gespür für musikalische Dramaturgie" fanden großen Beifall.[23] Böhms Ziele waren zunächst die Neueinstudierung großer Werke des deutschen Repertoires und die Auffrischung vieler älterer Inszenierungen. Böhm setzte sich aber auch für Uraufführungen ein. So leitete er persönlich die Premieren von Manfred Gurlitts *Soldaten* und Horst Platens *Krieg über Sonja.* Doch die immer schlechtere wirtschaftliche Lage machte zahlreiche Opernprojekte zunichte. Allein in Hamburg gab es im November 1931 80.000 Arbeitslose. In verschiedenen politischen Kreisen wurde ernsthaft die Schließung des teuren, staatlich subventionierten Theaters erwogen. Operetten sollten daher dem Besucherschwund abhelfen. In der Regie von Gustav Gründgens wurden Offenbachs *Banditen* ein Publikumshit. Ausgerechnet dieses Werk stand am 30. Januar 1933, am Tag von Hitlers Machtergreifung, auf dem Spielplan. Offenbachs Werke waren aber bald „unerwünscht". Im März 1933 musste Leopold Sachse aus „rassischen" Gründen das Haus verlassen. Zum Glück gelang ihm die Emigration nach New York.

Heinrich K. Strohm wurde im Sommer 1933 neuer Generalintendant. Nun gab es Festaufführungen für die NSDAP. So konnte die „Nichtarierin" Sabine Kalter im Juni

---

22 Ebd., S. 117.
23 Ebd., S. 125.

1933 in einer Aufführung der *Walküre* als Fricka den „herzlichen, langanhaltenden Beifall" der Braunhemden entgegennehmen.[24] Sabine Kalter trat auch 1934 weiterhin in allen ihren Glanzrollen auf. Die Lady Macbeth wurde in diesem Jahr ihr größter Triumph:

> „Macbeth", ein Jahr zuvor unter Böhm erstaufgeführt, wurde nun von Swarowsky in der Premierenbesetzung mit Kalter und Ahlersmeyer übernommen. Der Erfolg war noch größer als im Vorjahr, und neben Ahlersmeyer und Swarowsky hatte daran wieder Sabine Kalter den größten Anteil mit ihrer eindrucksstarken Lady, die nach den beiden großen Szenen mit Beifall geradezu überschüttet wurde.[25]

Schon ein Jahr zuvor, kurz nach der Machtübernahme des Nationalsozialisten, wurde Sabine Kalter als Lady Macbeth gefeiert, wie der Regisseur dieser Produktion, Oscar Fritz Schuh, berichtet:

> Erst mit „Macbeth" gelang mir ein neuer Durchbruch. Das lag nicht zuletzt daran, dass Sabine Kalter die Lady Macbeth sang. Jeder wusste, dass sie Jüdin war; drei Monate nach Beginn des „Dritten Reiches" ein Anlass für die hanseatischen Premierenbesucher, ihr nach ihrer ersten Arie spontan und ostentativ zu applaudieren. Es war wie ein Orkan, der Extrabeifall galt der Leistung; primär aber war es eine politische Demonstration. Dies bleibt dem Hamburger Publikum unvergessen.[26]

Derartige Erfolge jüdischer Künstler waren den örtlichen Nazibonzen natürlich ein Dorn im Auge, und so wurden Strohm und sein Verwaltungsdirektor Ruch dazu gedrängt, den Vertrag mit der beliebten Sängerin vorzeitig zu beenden. Zur Verteidigung Strohms muss man sagen, dass er versucht hatte, „jüdische Künstler so lange wie möglich zu halten"[27]. Dieser Druck verstärkte sich noch unter Aufbietung von SA-Randalierern in einer *Macbeth*-Aufführung vom 5. Januar 1935, die übrigens Swarowsky leitete. „Doch das Publikum brachte die Schreihälse bald zum Schweigen" und der „inszenierte Protest wurde zur letzten Ovation für die geliebte Sängerin."[28] Einen Tag später emigrierte Sabine Kalter nach England.

Karl Böhm blieb bis Ende des Jahres 1933 in Hamburg, um in Dresden die Nachfolge Fritz Buschs anzutreten, der dort von den neuen Machthabern vertrieben worden war.

---

24 Ebd., S. 127.
25 Ebd., S. 128.
26 Schuh, *So war es – war es so?* (Anm. 20), S. 52.
27 Busch, Zwischen den Krisen (Anm. 21), S. 128.
28 Ebd.

Nachfolger Böhms sollte nach Wunsch des Hamburger Senats Franz von Hoesslin werden, dieser wurde aber wegen seiner jüdischen Ehefrau von Goebbels, dem nunmehrigen Beherrscher des deutschen Kulturlebens, abgelehnt. Ab 1. Januar 1934 übernahm Eugen Jochum die Nachfolge Böhms. Zum selben Zeitpunkt wurde das Opernorchester mit dem Philharmonischen Staatsorchester Hamburg zusammengelegt.

Im September 1934, am Beginn von Swarowskys Tätigkeit, wurde die Hamburger Oper offiziell in Staatsoper Hamburg umbenannt. Generalintendant Strohm und Verwaltungsdirektor Ruch bemühten sich, die neuen Verordnungen des NS-Regimes durch langsame Übergänge und Vermeidung von materiellen Härten zu mildern. So trat Ruch „mit viel Energie für Pensionszahlungen an die zwangsweise in den Ruhestand versetzten Mitglieder" ein.[29] Trotz scharfer Kritik der NS-Behörden ließ er die Gelder für ehemalige jüdische Ensemblemitglieder auf ein Treuhandkonto überweisen. Im Sommer 1933 engagierte Strohm die „halbjüdische" Spiel-Altistin Hedy Gura, die trotz der sich immer weiter verschärfenden nationalsozialistischen Rassenpolitik bis Kriegsende im Ensemble aktiv mitwirken konnte und bis 1958 der Hamburgischen Staatsoper angehörte. Auch der 1934 nach Hamburg engagierte Hans Hotter hob das politisch einigermaßen milde Klima an der Hamburgischen Staatsoper hervor:

> Ja, also Hamburg. Ich kam ja aus Prag [...], 1933/34 habe ich dort zahlreiche Emigranten erlebt und alles mit den Juden, und ich war ziemlich eingeweiht und habe mich damals eigentlich gesträubt nach Deutschland zu gehen. [...] Als ich nach Hamburg kam, war ich sehr überrascht über die liberale Einstellung, die dort in der Oper herrschte. Ich lernte sehr bald, das war auch für mich neu, es gibt ein paar Leute, auf die man aufpassen muss. Der Vertrauensmann kam zu mir nach ein paar Tagen und sagte, also ich weiss nicht, wie Sie eingestellt sind, aber ich habe schon gehört, dass man mit Ihnen reden kann. Also seien Sie vorsichtig, es gibt also den und den im Orchester, im Büro sitzen ein oder zwei und unter den Solisten ist nur der und die gefährlich.[30]

Ende der 30er Jahre waren nur 13 % des Opernensembles Parteimitglieder, 87 % gehörten der „Deutschen Arbeitsfront", der NS-Einheitsgewerkschaft, an, und 11 % waren überhaupt nicht organisiert. Es war vor allem ein Bestreben von Eugen Jochum, „dass Nazi-Manifestationen und Partei-Einflüsse so weit wie irgend möglich aus der künstlerischen Arbeit herausgehalten wurden."[31] Intendant Strohm und Verwaltungsdirektor

---

29 Max W. Busch, Staatsopernglanz und Zerstörung. Hamburgs Oper 1934 bis 1945, in: ders./Peter Dannenberg (Hg.), *Die Hamburgische Staatsoper 1. 1678–1945. Bürgeroper – Stadt-Theater – Staatsoper*, Zürich 1988, S. 145–156: 145.
30 Hans Hotter im Gespräch mit Manfred Huss, München, 18.11.2001.
31 Busch, Staatsopernglanz und Zerstörung (Anm. 29), S. 148.

Ruch traten erst 1937 in die NSDAP ein. Aber im Spielplan des Opernhauses machte sich der Einfluss der neuen Machthaber bemerkbar. Die norddeutsche Erstaufführung von Hindemiths Oper *Mathis der Maler*, die für die Spielzeit 1934/35 geplant war, wurde nach dem „Fall Hindemith" abgesagt. Wilhelm Furtwängler war öffentlich für Hindemith eingetreten, der vom NS-Regime heftig als „Kulturbolschewist" attackiert worden war.

Die von der NS-Diktatur geschätzten zeitgenössischen Tonsetzer wie Richard Strauss und Hans Pfitzner wurden jedoch durch verstärkte Präsenz gefördert. Vom 17. bis 24. November 1934 widmete man Richard Strauss eine eigene Festwoche, in deren Rahmen der Komponist *Arabella* und *Frau ohne Schatten* selbst dirigierte. Strauss erhielt während dieses Aufenthalts auch die Brahms-Medaille der Stadt Hamburg.[32] Bei dieser Gelegenheit lernte Hans Swarowsky den bekannten Komponisten persönlich kennen und schätzen und fand in ihm einen einflussreichen Freund und Förderer. Die Folgeaufführungen der *Frau ohne Schatten* im November und Dezember 1934 übernahm Swarowsky. Im Januar und Februar 1935 leitete er *Arabella* und *Rosenkavalier*.

Auch Hans Pfitzner kam nicht zu kurz und dirigierte im Frühjahr 1935 die Premiere seines Opernerstlings *Der Arme Heinrich*. Auch hier durfte Swarowsky die folgenden Vorstellungen im März und April 1935 übernehmen. Neben diesen Werken widmete sich Swarowsky in seiner einjährigen Tätigkeit in Hamburg mit *Aida*, *Macbeth* und *Rigoletto* verstärkt dem italienischen Repertoire sowie mit *Rienzi*, *Tannhäuser*, dem *fliegenden Holländer* und einer *Götterdämmerung* dem Werk Richard Wagners. Sonst oblag Swarowsky die musikalische Betreuung von Beethovens *Fidelio*, Glucks *Orpheus*, Bizets *Carmen* und Mozarts Oper *Così fan tutte*, der am 23. April 1935 sein letzter Hamburger Auftritt galt. In dieser Zeit setzte er konsequent seine musikalischen Vorstellungen durch, wie Hans Hotter bemerkt:

> Hamburg war das erste höherklassige Haus, an dem ich engagiert war. Das war in einer sehr guten Position. Ich habe angefangen mit Pizarro zum Beispiel, das ist ja eine erste Rolle, nicht? Ich habe natürlich auch viele kleine Rollen gesungen. Ich habe damals innerhalb eines guten Ensembles gelernt, alternierend mit anderen Leuten mein Repertoire zu singen, und habe das aufgebaut. Unter den Kapellmeistern damals in Hamburg fiel mir dieser Swarowsky durch ein ganz präzises Gefühl für Tempi auf, die er dann auch eingehalten hat. Die meisten Kapellmeister aus unserer Erfahrung nahmen bei der Probe, im Zimmer, ein anderes Tempo als in der Vorstellung. Swarowsky hatte dasselbe Tempo. Zugleich war der Wunsch, dass wir dabei mit ihm Kontakt halten, sehr groß. [...] Swarowsky hatte für mich auffallend viel verlangt von den Solisten. Das war auffallend, denn es war unter den

---

32 Franz Trenner, *Richard Strauss. Chronik zu Leben und Werk*, hg. von Florian Trenner, Wien 2003, S. 554f.

sogenannten bekannteren Sängern nicht so üblich. Swarowsky hat ohne Unterschied, ohne Rang von allen präzise und flüssige Tempi verlangt.[33]

Swarowsky war in Hamburg aber nicht nur als Dirigent tätig. Er schuf für die Neuinszenierung von Glucks *Orpheus und Eurydike* am 6. Oktober 1934 auch eine neue deutsche Textfassung. Dabei entschied er sich für die originale Pariser Fassung des Werkes, also gegen die damals gebräuchliche, von Hector Berlioz bearbeitete Fassung von 1858, die die Titelpartie mit einem Alt besetzt. Swarowsky sah in dieser sehr verbreiteten Bearbeitung des *Orpheus* einen großen dramaturgischen Fehler:

> Orpheus ist ein M a n n und muß ein M a n n bleiben. Nur als M a n n gewinnt er uns durch das Besondere seiner Klage, seiner Trauer, seiner Verzweiflung, des Kampfes mit sich selber. Nur als Kontrast zu seiner Männlichkeit vermag die Süße seiner Schwermut, vermag die Weichheit seines Gesangs jene frappierende Wirkung auszustrahlen, der die Dämonen erliegen. Er ist ein Mann in Schritt und Haltung, Gesinnung und Gebärde, weiblich in der Weichheit der Töne. Nur das erhebt ihn über den Rang eines gewöhnlichen Sängers zum Sänger Orpheus.[34]

Eine neue deutsche Textfassung rechtfertigte Swarowsky mit dem Ziel, „die ursprüngliche dramatische Wirkung des Rezitativs plastisch herauszuarbeiten." Seine neue Verdeutschung

> [ging] von den Forderungen aus, die man an jede Opernübersetzung zu stellen hat (und die kaum eine erfüllt): größtmögliche Wörtlichkeit, unbedingte Sinngleichheit, Wahrung der Sprachform; dabei bedingungslose Unterordnung unter Rhythmik und Melodik der Originalmusik, genaueste Beachtung von Phrasierung und Pausen, von Betonungen, Hebungen und Senkungen; Sangbarkeit und nicht zuletzt Reinheit der Sprache, in die übertragen wurde.[35]

Von der Kritik wurde Swarowskys neue Übertragung durchgehend gelobt:

> Diese Übertragung ist eine Arbeit, die prinzipiell allen Anforderungen, die der fachmännisch anspruchsvolle Beurteiler an Wörtlichkeit, an Wahrung der poetischen Form, an Anschmiegsamkeit gegenüber der musikalischen Deklamation des Originals, an Sangbarkeit

---

33 Hans Hotter im Gespräch mit Manfred Huss, München, 18.11.2001.
34 Hans Swarowsky, Zur Aufführung von Glucks „Orpheus", in: *Programmheft der Hamburgischen Staatsoper* 1934/35, H. 1, S. 36–41: 38.
35 Ebd., S. 40f.

wie an Sauberkeit der Sprache stellen muß, in selten hohem Maße genügt: dank einem
Einfallsreichtum, der sich besonders hörbar in der lebendigen Reimwirkung kundgibt.[36]

Aber auch der Dirigent Swarowsky wurde in Hamburg geschätzt, wie eine Kritik zu
Così fan tutte, einem seiner letzten Dirigate in Hamburg, beweist:

> Der Spiritus rector der Aufführung ist indessen Hans Swarowsky. [...] Die Secco-Rezitative
> begleitet er selbst vom Flügel aus, dessen Tastatur mit dem Pult verbunden ist. Ein kleines,
> aber vorzüglich besetztes Kammerorchester hat er sich zusammengestellt. Und mit ihm
> gibt es ein beseligendes Musizieren. Er erreicht einen überaus duftigen und doch fein pro-
> filierten Klang, der von der prickelnden Ouvertüre bis zum letzten Sextett durchgehalten
> wird. Bühne und Orchester verschmelzen. Und da dieses Werk wesentlich eine Ensem-
> bleoper ist, kommt es zu beglückenden Wirkungen des Zusammenspiels. Alles was man
> artistisch nur wünschen kann, holt Swarowsky aus der Partitur heraus: Esprit, Elan, Zart-
> heit und Poesie. Das Grundtempo bleibt ein spielerisches Allegro, das über die Ahnungen
> einer tieferen Bedeutung freilich unbelastet hinweggleitet. [...] Es wird einer der schönsten
> Erfolge Swarowskys, der sich mit dieser Aufführung als hervorragender Mozart-Dirigent
> zu erkennen gab und den zu verlieren man jetzt in Hamburg um so mehr bedauern muß.[37]

Viele Inszenierungen, die Swarowsky damals dirigierte, wie *Fidelio*, *Der fliegende Holländer* oder *Orpheus und Eurydike*, galten als Verkörperung des „Hamburger Stils" der 30er
Jahre. In einem Rückblick von 1940 wurde dieser Opernstil folgendermaßen charakterisiert:

> Auf eine Formel gebracht heißt er: die gleichberechtigte Zusammenfassung von Ton, Wort
> und Bewegung im Raum als Gesamtbild einer höheren Wirklichkeit. Musikalisch bedeutet
> dies den Verzicht auf Startum und einseitige Bevorzugung des Gesanglichen überhaupt,
> [...] zu Gunsten einer echten Ensemble-Kunst, die allein die wünschenswerte Gesamt-
> höhe der Leistung verbürgen kann. Szenisch fordert der neue Stil in erster Linie die engste
> Zusammenarbeit zwischen Bühnengestalter und Spielleiter. Das Ideal eines spielbezoge-
> nen und spielbestimmenden szenischen Raumes an Stelle einer isolierten Dekoration kann
> ebenso sehr nur in dieser Gemeinschaft angestrebt werden wie andererseits ein aus Cha-
> rakter und Situation entwickeltes Spiel im Raum an Stelle leerer Rampenposen. Entschei-
> dend bleibt bei alledem ein besonderer ortsgebundener Wirklichkeitssinn, der selbst das
> Symbolische des Opernkunstwerkes in dichter Bildhaftigkeit zu erleben wünscht und sich

---

36 Hermann Roth, Der neue „Orpheus" in der Staatsoper, in: *Hamburger Tagblatt*, 6.10.1934.
37 Karl Schönewolf, Beschwingte Mozartaufführung. „Cosi fan tutte" in der Hamburgischen Staatsoper, in: *Hamburger Tagblatt*, 5.4.1935.

davor scheut, die unwirklichste aller Kunstformen auch noch in mystisch verschwommener Bühnenerscheinung zu sehen.[38]

Hauptakteure dieses szenischen Stils waren die Bühnenbildner Wilhelm Reinking und Gerd Richter sowie der schon genannte Oberspielleiter Oscar Fritz Schuh. Schuh beeindruckte mit ausgefeilter, psychologisch motivierter Personenführung und mit lebendiger Bewegung der Chormassen. Schuhs Regie umfasste bereits „viele Elemente dessen, was nach dem Krieg als Musiktheater von Felsenstein, Rennert und auch von Schuh selber weiterentwickelt wurde."[39] Wilhelm Reinkings Bühnenbilder waren oftmals durch ihre für heutige Verhältnisse übertriebene Detailliertheit, phantasietötende „Echtheit" und bedrohliche Monumentalität gekennzeichnet. Reinking hatte sich, nach anfänglich modernen Szenenentwürfen in Berlin und Darmstadt, „nun ganz einer Ausstattungs-Opulenz aus Pappmaché, Holz und Prospektmalerei verschrieben."[40] Vielleicht war es auch ein Zugeständnis an den seit 1933 vorherrschenden „heroischen" Zeitgeist. Caspar Neher, der mit Beginn der Spielzeit 1942/43 in Hamburg als Bühnenbildner wirkte und vor 1933 eng mit Bertolt Brecht zusammengearbeitet hatte, beendete durch seine sachlichen, phantasievollen Bühnenentwürfe die von Hyper-Realismus geprägte Ära Reinking an der Hamburgischen Staatsoper. Nehers Aktivitäten in Hamburg sollten aber nur kurz währen, da das Gebäude der Staatsoper an der Dammtorstraße schon seit Mitte 1943 durch englische Bombenangriffe schwer beschädigt wurde und das Ensemble der Oper nur mehr provisorisch im Thalia-Theater und auf dem Podium der Musikhalle spielen konnte. Doch Swarowsky sollte zumindest der Bombenkrieg im schwer geprüften Hamburg der Kriegszeit erspart bleiben, da ihn schon 1935 der Ruf nach Berlin erreichte.

2. Berlin

Am 4. Dezember 1934 trat Wilhelm Furtwängler von seinem Amt als Operndirektor der Berliner Staatsoper zurück. Furtwängler hatte im März 1934 in Berlin mit großem Erfolg die *Mathis*-Sinfonie Hindemiths uraufgeführt. Dem „orthodoxen" Flügel der NSDAP um Alfred Rosenberg war der „Neutöner" Hindemith ein Dorn im Auge. Rosenbergs einflussreiche NS-Kulturgemeinde, die seit 1934 auch verstärkt Swarowsky unter die Lupe genommen hatte, lehnte den Komponisten und das Werk Hindemiths in öffentlichen Aussendungen vehement ab. Der Streit um Hindemith eskalierte am 25. November 1934,

---

38 Zitiert in: Busch, Staatsopernglanz und Zerstörung (Anm. 29), S. 149, 152.
39 Ebd., S. 152.
40 Ebd.

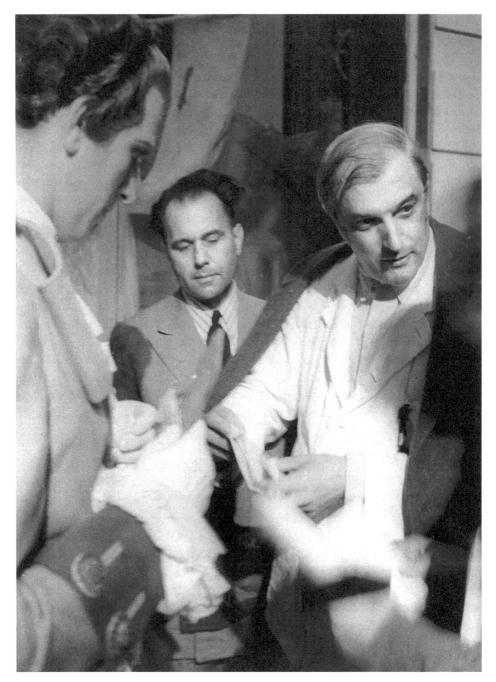

Abb. 2: Mit Clemens Krauss (rechts) an der Staatsoper Berlin 1935 (HSA)

als in der *Deutschen Allgemeinen Zeitung* Furtwänglers viel beachteter Artikel „Der Fall Hindemith" erschien. Furtwängler betonte die wichtige Rolle Hindemiths im deutschen Musikleben und beteuerte, dass Deutschland auf einen derartig „produktiven Musiker" nicht verzichten könnte.[41] Furtwänglers öffentliches Eintreten für Hindemith erregte großes Aufsehen. Als der Dirigent am 2. Dezember vor einer *Tristan*-Aufführung an das Pult der Berliner Staatsoper trat, wurde er vom Publikum mit einem zwanzigminütigen Applaus heftig akklamiert. Dies war eine öffentliche Demonstration gegen das NS-Regime. Rosenberg legte dem „Führer" Furtwänglers mutigen Artikel vor und „Hitler gab den Unbequemen zum Abschuß durch die NS-Presse frei."[42] Auch Goebbels musste reagieren und griff in seiner Rede zur Jahreskundgebung der Reichskulturkammer am 7. Dezember 1934 Hindemith und seine „Verteidiger" scharf an. Furtwängler hatte schon einige Tage vorher seine Konsequenzen gezogen und demissionierte, nicht ganz freiwillig, nicht nur von seinem Amt in der Berliner Staatsoper, sondern auch von seinen Ämtern als Vizepräsident der Reichsmusikkammer und Chef der Berliner Philharmoniker.[43] Göring, preußischer Ministerpräsident und oberster Schirmherr der Preußischen Staatstheater, hatte Furtwängler klargemacht, dass als Folge seines Eintretens für Hindemith alle seine Positionen zur Disposition stünden, auch seine musikalischen Stellungen. Er „dürfe aber seinen Rücktritt selber formulieren, dann werde jeglicher Pressekommentar verboten, weil der Führer eine Trennung in Frieden und Freundschaft wünsche."[44]

Göring genehmigte Furtwänglers Rücktrittsgesuch am 10. Dezember 1934. Die kulturpolitische Funktion in der Reichsmusikkammer gab Furtwängler leichten Herzens auf, der Verlust seiner künstlerischen Positionen in Berlin schmerzte ihn schwer. Der Nachfolger stand bereits fest und war am 9. Dezember aus Wien angereist: Clemens Krauss. Der Dirigent, der schon länger aus dem bürgerkriegsgeschüttelten und „antinationalsozialistischen" Wien des Ständestaats wegwollte, sagte sogleich zu. Das von der Christlichsozialen Partei diktatorisch beherrschte Österreich stand damals in starkem Konflikt mit NS-Deutschland. Im Juli 1934 war Bundeskanzler Dollfuß im Zuge eines Nazi-Putschs getötet worden. Als Krauss am 11. Dezember wieder in der Wiener Staatsoper *Falstaff* dirigierte, war er heftigen Unmutsbezeugungen des Publikums ausgesetzt. Krauss „galt nun in Österreich weithin und durchaus im politischen Sinn als Verräter."[45] Aber schon am 12. Dezember konnte er in sein Datenbuch eintragen: „½6

---

41 Wilhelm Furtwängler, „Der Fall Hindemith", in: *DAZ*, 25.11.1934. [Vgl. zum „Fall Hindemith": Giselher Schubert, *Paul Hindemith*, Mainz 2016, S. 102–107; Günther Metz, *Der Fall Hindemith. Versuch einer Neubewertung*, Hofheim 2016 – Hg.]
42 Fred K. Prieberg, *Kraftprobe. Wilhelm Furtwängler im Dritten Reich*, Wiesbaden 1986, S. 187.
43 Vgl. den genauen Vorgang in: Otto Karner, *Komponisten unterm Hakenkreuz. Sieben Komponistenporträts während der Zeit des Nationalsozialismus*, phil.Diss. Universität Wien 2002, S. 188–208.
44 Prieberg, *Kraftprobe* (Anm. 42), S. 192.
45 Ebd.

nachmittags zweite Unterredung in der Reichskanzlerwohnung. Abends 7.15 Ernennung zum Operndirektor der Berliner Staatsoper."[46] Krauss nahm auch einige prominente Sänger der Staatsoper nach Berlin mit, was man ihm in Wien lange Zeit nicht verziehen hat. Die Mitglieder der Wiener Staatsoper Viorica Ursuleac, Josef von Manowarda, Karl Hammes und Franz Völker verlängerten ihre befristeten Verträge nicht und standen ab September 1935 der Berliner Staatsoper zur Verfügung. Am 28. Januar 1935 schrieb Krauss an Richard Strauss:

> Wir sind alle recht froh, von dort weg zu sein. Die Verhältnisse sind geradezu trostlos. Wenn ich einmal in meiner bekannten Zähigkeit und meiner oft gerühmten arabischen Geduld eine Sache aufgebe, so hat das wahrhaft starke Gründe.[47]

Krauss durfte die letzten Abende in Wien, an denen er vertragsgemäß vorgesehen war, nicht mehr leiten. Ab 1. Januar 1935 trat sein Vertrag als Berliner Operndirektor in Kraft. Er verpflichtete sich vorerst auf eine Laufzeit von zehn Jahren.[48] Über Krauss stand aber nicht nur Ministerpräsident Hermann Göring, sondern auch Heinz Tietjen, seit 1930 Generalintendant der Preußischen Staatstheater. Auf Tietjen, der auch noch im Zusammenhang mit Swarowsky eine wichtige Rolle spielen wird, soll hier näher eingegangen werden.

Tietjen war schon seit 1926 Intendant der Berliner „Kroll"-Oper und der Staatsoper Unter den Linden. Er verblieb auch nach der „Machtergreifung" in diesen Führungspositionen und stand „wie kaum ein anderer Exponent der Hochkultur vor 1933 […] im Kreuzfeuer rechtsradikaler Angriffe."[49] Vor allem die modernen Opernproduktionen der „Kroll"-Oper, für die der Regisseur Jürgen Fehling und Otto Klemperer verantwortlich waren, erregten den Unmut des nationalen Lagers. Nach 1933 wurde Tietjen, der noch von einem sozialdemokratischen Minister bestellt worden war, als „Sozialistenfreund" und „Judengünstling" attackiert. Vorwürfe richteten sich auch gegen Tietjens Personalpolitik. Es wurde behauptet, „daß Tietjen Juden und Ausländer in einem ungewöhnlichem Maße bevorzugt, dagegen deutsche Künstler in ungerechtfertigter Weise zurückgesetzt habe."[50] Man warf Tietjen auch ein gehöriges Maß an Opportunismus vor:

---

46 *Der Prinzipal. Clemens Krauss. Fakten, Vergleiche, Rückschlüsse*, hg. vom Clemens Krauss-Archiv Wien, Tutzing 1988, S. 179.
47 Krauss an Strauss, 28.1.1935, in: *Richard Strauss – Clemens Krauss. Briefwechsel. Gesamtausgabe*, hg. von Günter Brosche, Tutzing 1997 (Publikationen des Instituts für österreichische Musikdokumentation 20), S. 173.
48 *Der Prinzipal* (Anm. 46), S. 181.
49 Oliver Rathkolb, *Führertreu und gottbegnadet. Künstlereliten im Dritten Reich*, Wien 1991, S. 80.
50 Beschwerde der Sängerin Charlotte Börner gegen Heinz Tietjen wegen unbegründeter Nichtverlängerung ihres Vertrages. Personalakt Heinz Tietjen, S. 92 f., BAB.

Schon vor und während der Umgestaltung der politischen Verhältnisse habe Tietjen es rechtzeitig verstanden – ohne allerdings seine bisherigen Beziehungen und seine bisherige Personalpolitik aufzugeben – die Fäden dadurch nach der anderen Seite zu spinnen, daß er die Freundschaft der Frau Wagner – Bayreuth gewonnen und dadurch Beziehungen zu dem Führer und überhaupt zu hervorragenden Männern der NSDAP geschaffen habe.[51]

Tietjen kann man sicherlich keinen Rassismus nationalsozialistischer Prägung vorwerfen, da er 1932 einen Antrag der NSDAP im preußischen Landtag abgelehnt hatte, der forderte, dass „nur noch reichsdeutsche und deutschstämmige Künstler engagiert werden" sollten. Er vertrat den Standpunkt, dass „Fragen der Personalpolitik" nur nach „künstlerischen Gesichtspunkten" bewertet werden sollten.[52] Auch nach dem Krieg, während seines Entnazifizierungsverfahrens, beteuerte Tietjen seine Ablehnung der NS-Rassenpolitik, die auch Hans Swarowsky in Berlin gefährden sollte:

Bei den Preußischen Staatstheatern habe ich sofort bei der Machtübernahme dafür gesorgt, daß die Juden, soweit sie im Verbande der Staatstheater noch verbleiben wollten, geschützt wurden, z.B. Leo Blech, der 1936 mit Erreichung der Pensionsaltersgrenze ausschied; im Jahre 1941 ist es mir gelungen, Leo Blech und seine Frau vor dem Rigaer Ghetto zu bewahren und beide sicher nach Schweden, wo sie jetzt noch sind, zu überführen. [...] Außerdem sind zum Mißvergnügen von Goebbels, der diese Aktion bei seinen Reichstheatern nicht mitmachte, bei den preußischen Staatstheatern sämtliche Mischehen unter Schutz gestellt worden und bis 1945 geschützt geblieben, obgleich, besonders in den Kriegsjahren und ganz besonders nach 1943, ein unausgesetzter Kampf um diese Angelegenheiten hin- und herging. Unter den geschützten Mischehen befanden sich u.a. Max Lorenz, Frida Leider, Karl August Neumann, Fritz Krenn, Paul Bildt, Paul Henckels usw.[53]

Die Tolerierung von prominenten „Mischehen" wurde öfters von der NS-Spitze gepflegt, wobei „Hitler und Goebbels in den meisten Fällen selbst die Entscheidung getroffen hatten und sich primär durch eigene Vorlieben leiten ließen."[54] Hinsichtlich des Schauspielers Paul Bildt war Görings Einwirken so groß, dass er Tietjen ausdrücklich dazu aufforderte, auf einen „Abstammungsnachweis" für dessen Gattin zu verzichten. Görings Protektion war vor allem subjektiv und willkürlich motiviert und entsprach

---

51 Ebd.
52 Zitiert nach Wolf-Eberhard August, *Die Stellung der Schauspieler im Dritten Reich. Versuch einer Darstellung der Kunst- und Gesellschaftspolitik in einem totalitären Staat am Beispiel des „Berufsschauspielers"*, phil.Diss. Universität Köln 1973, S. 34.
53 Personalakt Heinz Tietjen, S. 81, BAB.
54 Rathkolb, *Führertreu und gottbegnadet* (Anm. 49), S. 82.

seinem Verständnis von Despotismus. In solchen Fällen war Tietjen lediglich der „Exekutor" von Görings Gnaden.[55]

Tietjens kulturelle Machtposition wurde besonders durch seine engen Kontakte zu Bayreuth und Winifred Wagner gefestigt. Durch seine Beziehung zu Winifred Wagner, die wiederum die besondere Gunst Hitlers besaß, den sie schon seit Anfang der 20er Jahre unterstützte, war Tietjen in der Lage, seine Widersacher in skrupelloser Weise unschädlich zu machen.

Propagandaminister Goebbels beobachtete Tietjens Einflusssphäre mit zunehmender Besorgnis. Einerseits war Tietjen ein Schützling seines kulturpolitischen Rivalen Hermann Göring, andererseits kritisierte er Tietjens Konflikt mit Furtwängler, den er trotz aller Querelen als Dirigenten schätzte: „Frau Wagner hat Furtwängler für Bayreuth gekündigt. Dahinter kann nur Tietjen stecken. Frau Wagner ist da schlecht beraten. Gewiß ist Furtwängler manchmal sehr unleidlich; aber als Dirigent ist er einmalig."[56]

Tietjen wusste sehr wohl, wo seine politischen Grenzen lagen, und vermied daher ideologische Konflikte. In Fragen des Repertoires war er aber hin und wieder recht mutig. Ende 1937 versuchte er Goebbels davon zu überzeugen, Hindemith aufzuführen, vor allem dessen Oper *Mathis der Maler*, welche „die Abkehr vom Stil" früherer „Werke und Einkehr in die romantische Welt" zeige.[57] Mit diesem Vorhaben hatte er aber keinen Erfolg, und *Mathis der Maler* wurde im April 1938 im Zürcher Stadttheater uraufgeführt. Tietjen wagte es sogar, sich in persönlichen Unterredungen mit Goebbels für „nichtarische" Komponisten einzusetzen:

> Die beiden weiteren Unterredungen mit Dr. Goebbels betrafen die Komponisten Offenbach und Mendelssohn. Ich habe nach langen, wenig erfreulichen Debatten bei Dr. Goebbels den formellen Antrag gestellt, der Führer wolle für die vier Kunstgattungen: Absolute Musik, Oper, Operette, Schauspiel, zunächst je ein Werk der Genannten für klassisch erklären (sie sind es) und für die deutschen Bühnen und Konzertpodien freigeben. Für die Oper „Hoffmanns Erzählungen", für die Operette „Die schöne Helena" von Offenbach. Für das Schauspiel die „Musik" zum „Sommernachtstraum", für das Konzertpodium das „Violinkonzert", beides von Mendelssohn.[58]

Selbstverständlich blieb Tietjen auch mit diesem Vorschlag erfolglos.

---

55 Ebd., S. 83.
56 Tagebucheintragung vom 19.10.1937, in: Joseph Goebbels, *Tagebücher*, hg. von Ralf Georg Reuth, Bd. 3: 1935–1939, München/Zürich 1999, S. 1142.
57 Personalakt Heinz Tietjen, S. 107, BAB.
58 Ebd., S. 106.

Ein weiteres Anliegen des Generalintendanten der Preußischen Staatstheater war die Förderung und Forcierung von Uraufführungen zeitgenössischer Opern an der Berliner Staatsoper. Der damals aufstrebende Komponist Werner Egk fand in ihm einen großzügigen Förderer.

Tietjen war sicherlich kein begeisterter Parteigänger des Nationalsozialismus, aber seine erfolgreiche Leitung der Preußischen Staatstheater war von unschätzbarem Wert für die Gesamtpropaganda des Dritten Reiches. Er scheute auch nicht davor zurück, seinen kulturpolitisch-künstlerischen Spielraum „in erster Linie zur Durchsetzung höchst persönlicher Absichten" auszunützen und Konkurrenten wie Clemens Krauss und Wilhelm Furtwängler durch ein dichtes Intrigennetz auszuschalten.[59] Durch seine Freundschaft mit dem preußischen Finanzminister Johannes Popitz, der sich seit 1938 immer mehr vom NS-Regime entfernt hatte, hatte Tietjen auch zu monarchistisch-nationalkonservativen Widerstandskreisen um Generaloberst Beck und Carl Goerdeler Kontakt, ohne darin aber eine wichtige Rolle zu spielen. Seine Resistenz gegen das NS-Regime wurde gegen Kriegsende immer spürbarer, „ohne aber über einen intellektuellen Widerstand hinauszugehen".[60]

Aber noch befinden wir uns im Jahre 1935, am Beginn der NS-Herrschaft. In dieser Zeit des Machtkampfes zwischen Clemens Krauss und Heinz Tietjen wird Hans Swarowsky auf Krauss' besonderen Wunsch nach Berlin geholt. Seinen ersten großen Erfolg hatte Krauss mit der Leitung von Strauss' *Arabella* in der Inszenierung von Tietjen am 9. März 1935. Tietjen war von der Bestellung des Dirigenten als Generalmusikdirektor der Berliner Lindenoper nicht gerade begeistert. Er vermutete, dass Krauss die Geschicke seines Hauses allein in die Hand nehmen und er an Einfluss verlieren werde. Der Regisseur Rudolf Hartmann war damals Zeuge dieses Machtkampfes: Krauss

> hatte alle Vollmachten und hätte damals ohne Schwierigkeiten Tietjen stürzen können. Dieser sah sich in die zweite Position gedrängt, verhielt sich still beobachtend, aber es war zu erwarten, daß er auf die Dauer die neue Situation nicht widerspruchslos hinnehmen würde.[61]

Krauss konnte sich aber nur auf einige ihm getreue Sänger und das unsichere Wohlwollen Görings stützen. Tietjen dagegen war bei einem Großteil der Belegschaft sehr beliebt. Er

---

59 Rathkolb, *Führertreu und gottbegnadet* (Anm. 49), S. 92.
60 Ebd.
61 Rudolf Hartmann, *Das geliebte Haus. Mein Leben mit der Oper*, München/Zürich 1975, S. 111.

hielt über viele die Hand, die sonst auf den glühenden Rost der Gestapo geraten wären. Vor 1933 hatte er seine Nazis geschützt. Nachher die, welche den Kommunisten oder Sozialdemokraten nahegestanden hatten.[62]

Tietjen stand daher jedem Künstler, der von Krauss nach Berlin geholt wurde, so auch Swarowsky, misstrauisch gegenüber.

Krauss kam im Februar 1935 nach Berlin und feierte mit *Tosca* und *Arabella* erste Erfolge. In beiden Aufführungen war seine Frau Viorica Ursuleac die Protagonistin. Die Neuinszenierung von Strauss' Oper *Die Ägyptische Helena* war Krauss' erste Berliner Premiere. Diese Aufführung vom 30. März 1935 galt als Visitenkarte der neuen Operndirektion. Mit Viorica Ursuleac, Franz Völker, Helge Rosvaenge und Josef von Manowarda gelang Krauss ein großer persönlicher Erfolg. Auch die nächste Neuproduktion von Krauss, Mozarts *Così fan tutte* am 6. Oktober 1935, wurde vom Publikum begeistert aufgenommen. Hier agierte mit Ursuleac, Völker, Adele Kern und von Manowarda eine rein „wienerische" Besetzung. Krauss gewann durch diese Publikumserfolge immer mehr an Boden in Berlin. Tietjen hielt sich angesichts dieser Situation scheinbar völlig zurück, registrierte jedoch tief beleidigt, dass ihn, der selbst Kapellmeister war, bei einem Disput über dirigiertechnische Fragen Krauss hochmütig abgefertigt hatte. Er schwieg und baute sein Überwachungssystem zu einem perfekten Apparat aus, die Trabanten arbeiteten lautlos, aber unablässig.[63]

Am 5. Februar 1935 informierte sich Tietjen beim Hamburger Generalmusikdirektor Eugen Jochum über seinen zukünftigen, von Krauss protegierten Kapellmeister Hans Swarowsky:

Sie werden sicherlich erfahren haben, daß Herr Operndirektor Krauss sich [...] für Herrn Kapellmeister Swarowsky für Berlin interessiert. Da mir über den Genannten allerlei Gerüchte zu Ohren gekommen sind, wäre ich Ihnen für eine Mitteilung, die ich streng vertraulich behandeln werde, dankbar, wie es um das Können des Herrn Swarowsky steht und wie seine charakterlichen Eigenschaften sind. Außerdem wäre ich Ihnen dankbar für eine Mitteilung, ob nach Ihrer Meinung die arische Abstammung einwandfrei feststeht.[64]

In seinem Antwortschreiben bedauerte Jochum, keine Auskunft geben zu können, da er mit Swarowsky „gewisse Differenzen habe, die es ihm unmöglich machen, sich über ihn zu äußern, ohne in den Verdacht einer subjektiv gefärbten Stellungnahme zu kommen."[65]

---

62 *Der Prinzipal* (Anm. 46), S. 186.
63 Hartmann, *Das geliebte Haus* (Anm. 61), S. 116.
64 Tietjen an Jochum, 5.2.1935, Personalakt Hans Swarowsky, GStA.
65 Jochum an Tietjen, 11.2.1935, GStA.

Tietjen wandte sich nun an Albert Kehm, der von 1920 bis 1933 Intendant der Stuttgarter Oper war und 1927 Swarowsky von der Volksoper nach Stuttgart geholt hatte. Kehm, der inzwischen Intendant des Stadttheaters in Freiburg im Breisgau geworden war, empfahl dem Berliner Generalintendanten unbedingt ein Engagement des „außergewöhnlich" begabten jungen Dirigenten und Musikers Swarowsky, warnte Tietjen aber vor dessen Unvorsichtigkeit.[66] Am 21. Februar trug Tietjen Hermann Göring persönlich die von Kehm geschilderten „Bedenken in menschlicher Hinsicht" vor. Göring entschied in dieser Besprechung, dass Swarowsky angestellt werden sollte.[67] Nach diesem Machtwort des Preußischen Ministerpräsidenten schien einer Berufung Swarowskys nach Berlin nichts mehr im Wege zu stehen. Das Engagement wurde aber noch durch einige Missverständnisse gefährdet, wie der folgende Schriftwechsel zwischen Hamburg und Berlin zeigt. Am 1. März bat der Vorsitzende des Aufsichtsrates der Hamburgischen Staatsoper, Senator von Allwörden, Göring, den Zeitpunkt der Freigabe Swarowskys von Hamburg noch offenzulassen,

> weil dieser Dirigent – mit Rücksicht auf die starke Inanspruchnahme unseres Generalmusikdirektors Jochum auf dem Gebiet des Konzertwesens – mit sehr wesentlichen Aufgaben, vor allem auch auf dem Gebiet von Neueinstudierungen, betraut wurde. Auch für den Aufsichtsrat würde die vorzeitige Freigabe eine schwere Belastung bedeuten, da Swarowsky sich in der Öffentlichkeit mit Recht großer Wertschätzung erfreut.

Vielmehr sollte der Zeitpunkt der Freigabe Swarowskys, der ja offiziell bis 15. August vertraglich an Hamburg gebunden war, davon abhängig gemacht werden, wie schnell ein geeigneter Nachfolger zur Verfügung stünde.[68] Durch diese Forderung sah Tietjen die geplante Premiere von Händels *Julius Caesar* im Juni 1935 an der Berliner Staatsoper, die Swarowsky leiten sollte, gefährdet.[69] Er glaubte sich aufgrund dieser Sachlage sogar genötigt, auf ein Engagement des Dirigenten für Berlin zu verzichten und seine Bitte um eine Freigabe Swarowskys zurückzuziehen.[70] Am 4. April schuf endlich ein Telegramm Strohms Klarheit: „Swarowskys Vertragslösung schon vor längerer Zeit wunschgemäß erfolgt und ihm schriftlich am 25. März nochmals ausdrücklich bestätigt".[71] Inzwischen stand auch Hans Schmidt-Isserstedt als Nachfolger Swarowskys in Hamburg fest. Tietjen bedauerte trotzdem gegenüber Strohm, dass er wegen der

---

66 Kehm an Tietjen, 26.2.1935, GStA. Siehe das Zitat dieses Briefs im Kapitel „Stationen bis 1933" am Ende des Abschnitts „Württembergisches Staatstheater Stuttgart".
67 Aktennotiz der Berliner Staatsoper, 21.2.1935, GStA.
68 Senator von Allwörden an Göring, 1.3.1935, GStA.
69 Tietjen an Strohm, 2.4.1935, GStA.
70 Tietjen an von Allwörden, 2.4.1935, GStA.
71 Strohm an Tietjen, 4.4.1935, GStA.

unklaren Situation in Hamburg auf Anordnung Görings die Weiterverhandlungen mit Swarowsky abgebrochen habe, da die Berliner Staatsoper nicht das Risiko eingehen könne, auf unbestimmte Zeit auf dessen Freigabe warten zu müssen.[72] In einem ausführlichen Schreiben an die Berliner Generalintendanz versuchte Swarowsky selbst die komplizierte Sachlage seiner Vertragsbindung mit Hamburg zu erklären:

> Ich war durch dreijährigen Vertrag bis 1937 an die Staatsoper Hamburg gebunden. Herr Generalintendant Walleck von der Staatsoper München betrieb die Lösung dieses Vertrags. Kurze Zeit darauf wurde mir von Herrn Direktor Krauss der Antrag nach Berlin gemacht. Walleck, der dem Herrn Minister gesagt hatte, daß er den vom Führer gewünschten Neuaufbau in München nur mit mir durchführen werde, drängte zum Abschluß. Ich befand mich damals mit Herrn Generalintendant Strohm in Wien, um Sänger für Hamburg zu engagieren, und von dort telephonierte ich nach Berlin, ob ich nun in München zusagen solle, da Walleck nicht mehr warten könne. Es wurde mir aufgetragen abzusagen, mit der Begründung, daß ich Herrn Direktor Krauss für Wien im Wort gewesen sei und er dieses Wort nun auf Berlin übertrage, daß also die Bindung an Krauss älteren Datums sei als die an Walleck. Zu gleicher Zeit und aus dem gleichen Grunde beantwortete ich eine Anfrage des Herrn Direktor Kerber von der Wiener Staatsoper verneinend. Ich wurde nun von Berlin aus durch persönliches Eingreifen des Herrn Ministerpräsidenten in Hamburg frei gemacht. [...] Herr Direktor Krauss hat mir auch auf meine Bitte um schriftliche Unterlagen mehrfach erklärt, daß es dieser gar nicht so dringend bedürfe, da ich durch die Tatsache meiner Freimachung bereits fest engagiert sei. Als Hamburg vor ca. drei Wochen vor dem definitiven Abschluß mit meinem Nachfolger stand, versuchte man nochmals, mich zum Bleiben zu bewegen. Aus einer wankenden Stimmung heraus fuhr ich nach Berlin und fragte Herrn Direktor Krauss, ob ich nicht doch besser in Hamburg bliebe. Herr Direktor Krauss antwortete mir wörtlich: „Sie können ja gar nicht zurück, Sie sind doch hier engagiert!" Ich lehnte darauf das neuerliche Angebot Hamburgs ab. Der Vertrag mit meinem Nachfolger wurde perfektuiert.
>
> Hamburg hatte sich ausdrücklich vorbehalten, mich vom Tage der Verpflichtung eines geeigneten Nachfolgers an Berlin abzugeben. Herr Direktor Krauss hat mir zugesagt, daß ich vom gleichen Zeitpunkt an in Berlin in Vertrag genommen würde. Mein Nachfolger in Hamburg ist nun ab 16. April 1935 verpflichtet. Mit diesem Tage scheide ich aus dem Verband der Hamburger Staatsoper aus. [...] Ich habe mich also der Rechtslage nach, die dem Herrn Ministerpräsidenten bei der Ihnen [...] erteilten Beauftragung zur Absage in den Einzelheiten sicherlich nicht bekannt war, vom Tage der Lösung in Hamburg als Mitglied der Berliner Staatsoper zu betrachten.[73]

---

72 Tietjen an Strohm, 4.4.1935, GStA.
73 Swarowsky an Direktor Franz Joseph Scheffels, Generalintendanz der Preußischen Staatstheater, 16.4.1935, GStA.

Neben diesen vertragsrechtlichen Problemen wurden Swarowsky auch einige Denunziationen bekannt, die bis in seine Stuttgarter Zeit zurückgingen und seine Anstellung in Berlin ebenfalls maßgeblich gefährdeten. Swarowsky wurden sowohl ein „unmoralischer Lebenswandel" als auch politische Unzuverlässigkeit vorgeworfen, die er in seinem schon genannten Brief heftigst dementierte:

> Wie Sie wissen, werden mir Dinge vorgehalten, die sieben und acht Jahre zurückliegen und die außerdem frei erfunden, aufgebauscht, verdreht und in eine falsche Vordergründigkeit geschoben sind. [...] Ich stehe gegenwärtig im neuen Staate ununterbrochen im Engagement und habe – ohne Mucker und Spießer zu sein – nicht den geringsten Anlaß zur Beanstandung meines Privatlebens oder dienstlichen Verhaltens gegeben. Daß ich Zölibatär werde, wird ja wohl niemand im Ernste verlangen, wohl kann man aber fordern, daß ich mein Leben so einrichte, daß nicht der Schatten eines öffentlichen Ärgernisses [...] entsteht. Im Bewußtsein, dieser Forderung vollauf zu genügen, darf ich mir heute jede Bekrittelung meines gegenwärtigen Lebens verbitten.
>
> Sonstige Vorwürfe sind, soweit sie sich auf Unehrlichkeit meiner gegenwärtigen Einstellung beziehen, Verleumdung, soweit sie sich mit meinen Personalien abgeben leicht zu widerlegen und soweit sie sich auf meine Staatsgefährlichkeit und auf meine Auslandsbeziehungen beziehen, reine Kinderei und Abenteurerromantik. Ich bin in Wahrheit nichts, als ein um Geistiges bemühter Mensch und werde Ihnen davon noch deutliche Beweise in Menge geben.[74]

Wie sahen nun diese gegen Swarowsky gerichteten Vorwürfe im Detail aus? Swarowsky reiste am 8. April 1935 nach Stuttgart, um den Rechtsanwalt Dr. Otto Mössner zu beauftragen, seine Interessen wahrzunehmen und die Swarowsky betreffenden Diffamierungen aus Stuttgarter Tagen zu widerlegen. Mössner hatte Swarowsky schon 1933 gegen eine Denunziation erfolgreich vertreten. Im Schriftwechsel Mössners mit Clemens Krauss, der im Personalakt Swarowskys im Geheimen Staatsarchiv Berlin überliefert ist, kann man den Sachverhalt detailliert rekonstruieren.[75]

Swarowsky teilte Mössner die Namen der Anzeigeerstatter mit und bat ihn, deren Anschuldigungen beim Württembergischen Innenministerium vorzutragen. Noch am selben Nachmittag sprach Mössner bei Ministerialdirektor Dr. Dill vom Württembergischen Innenministerium vor, der sich über derartige Diffamierungen Swarowskys, den er persönlich sehr schätzte, überrascht zeigte. Dill vermittelte Mössner im Beisein Swarowskys am kommenden Tag eine Unterredung bei Oberregierungsrat Dr. Stahlecker und Regierungsrat Dr. Bilfinger von der Württembergischen Politischen Polizei. Bilfin-

---

74 Ebd.
75 Mössner an Krauss, 12.4.1935, GStA.

ger wurde nun mit der Vernehmung des Beschuldigten beauftragt. Und noch am selben Abend teilte er Mössner mit,

> daß mit seinem Einverständnis nach Berlin berichtet werden könne, auf Grund der Aussagen des Herrn Swarowsky werde die Angelegenheit durchaus in positivem Sinne erledigt werden, so daß keinerlei Nachteile für Herrn Swarowsky entstehen.[76]

Bilfinger stellte Mössner auch eine baldige Vernehmung und Rückfrage der Anzeigeerstatter in Aussicht. Am 13. April sollten die betreffenden Zeugen gehört werden. Kurz vor diesem Termin versuchte der Hauptankläger Swarowskys, der ehemalige Statist am Stuttgarter Staatstheater, Erich Maier-Stähle, die in Frage kommenden Zeugen zum Nachteil Swarowskys zu beeinflussen. Welche Anschuldigungen erhob Maier-Stähle gegenüber Hans Swarowsky?

> Maier-Stähle hat behauptet, Swarowsky sei Kommunist, er habe auch die Rote Hilfe materiell unterstützt und habe weiterhin vor einigen Jahren erklärt, die Kommunistische Partei sei die einzige Partei, welche keine Koalition eingegangen habe.[77]

Laut Mössner hatte Swarowsky diese Vorwürfe während seiner Vernehmung durch die Württembergische Politische Polizei aber völlig entkräftet:

> Es ist dort ausgeführt, daß er nie Kommunist war, daß er überhaupt keine Zeit gehabt hat, sich irgendwie politisch zu betätigen, da er voll und ganz von seinem Beruf in Anspruch genommen war und keinerlei Interesse für irgendwelche politischen Parteien hatte. Bekanntlich ist Swarowsky österreichischer Nationalsozialist, er trat dort der Bewegung bei kurz vor deren Verbot. Er gibt unumwunden zu, daß er als Nationalsozialist es im Jahre 1931 nicht verstehen konnte, als damals die Nationalsozialisten mit den Deutschnationalen zusammen die Harzburger Front bildeten.[78] Es mag daher zutreffen, wenn er bei der Gelegenheit eines Gesprächs vielleicht einmal sich dahingehend über die kommunistische Partei geäußert hat. Damit wollte er aber keineswegs irgendwelche Agitation für die kommunistische Partei treiben. Er hat auch finanziell nie die kommunistische Partei oder deren Hilfsorganisationen unterstützt. Maier-Stähle führt zum Beweis seiner Behauptung an, Swarowsky habe im Jahre 1928 bzw. 1929 bei Gelegenheit eines kommunistischen Umzu-

---

76 Ebd.
77 Ebd.
78 Am 11. Oktober 1931 fand in Bad Harzburg eine Massenkundgebung der „Nationalen Opposition" gegen die Reichsregierung statt. Es war weniger eine Versammlung der NSDAP als eine der nationalkonservativen Kräfte der Weimarer Republik: der Deutschnationalen Partei Hugenbergs, des „Stahlhelm" und des Landbundes.

ges, als dieser am Theater vorbeigekommen sei, in die Sammelbüchse eines kleinen Jungen, welcher die Rote Hilfe verkauft habe, ein Geldstück geworfen. Swarowsky erklärte sowohl mir, wie auch der politischen Polizei, daß er hievon wirklich keine Kenntnis habe.[79]

Swarowsky habe lediglich nach Zeugenaussage von Eugen Steiner, des Inhabers des Stuttgarter Theatercafés, einem kleinen, kränklich aussehenden Jungen aus Mitleid ein 20-Pfennig-Stück gegeben.[80]

Mössner ging in seinem Brief an Krauss auch auf den angeblichen unsittlichen Lebenswandel ein, der von den Anzeigeerstattern Fried und Sackmann dem Dirigenten zur Last gelegt wurde. Hier berief sich Mössner auf die Zeugenschaft des Sängers Fritz Windgassen und des Professors der Technischen Hochschule Stuttgart, Hans Hildebrandt. Beide legten dar, dass

> Swarowsky ein hundertprozentiger Künstler ist und gerade durch sein Ansehen als Musiker sich großer Beliebtheit, insbesondere bei den Frauen erfreute. Es sind aber maßlose Übertreibungen, wenn behauptet wird, er sei ein zügelloser Mensch, der um das Geld alles mache und der, wenn er nach Berlin käme, eine Gefahr für die Reichshauptstadt bedeute. Er ist seit einigen Jahren mit Fräulein Maria Gerlach verlobt und hat die Absicht, noch im Laufe dieses Sommers zu heiraten. Gerade diese Tatsache dürfte allein genügen, darzutun, daß er mit dieser Frau, an der er geradezu in einer rührenden Liebe hängt, ein gutes Eheleben zu führen bereit ist. Die wörtlichen Aussagen, welche die Anzeigeerstatter Fries und Sackmann angegeben haben, sind aus dem Zusammenhang gerissene Sätze von Swarowsky, die er wohl vielleicht einmal im Kreise von männlichen Kollegen gesprochen haben dürfte, niemals aber ernst gemeint waren. Es ist dies eine gewisse Renommiererei über den Umgang mit Frauen, die vielleicht manchmal durch die Einwirkung von Alkohol verstärkt wurde.[81]

Abschließend gab Mössner noch als Kronzeugen Dr. Bohnenberger, Oberregierungsrat am Polizeipräsidium Stuttgart, und Frau Dr. Voelter an. Bohnenberger beteuerte, Swarowsky und seine Braut Maria Gerlach schon seit Jahren zu kennen. Swarowsky sei damals politisch durchaus neutral gewesen, dagegen hätten „die Anzeigeerstatter früher weit eher kommunistischen Tendenzen gehuldigt". Auch Frau Dr. Voelter, „Parteigenossin" und persönliche Bekannte des „Führers", würde jederzeit für Swarowsky zur Verfügung stehen.[82]

---

79 Mössner an Krauss (Anm. 75).
80 Zeugenaussage von Eugen Steiner. Anlage des Schreibens von Mössner an Krauss (Anm. 75).
81 Mössner an Krauss (Anm. 75).
82 Ebd.

Am 15. April 1935 konnte Clemens Krauss seinen obersten Dienstherrn Hermann Göring davon in Kenntnis setzen, dass sich die Diffamierungen Swarowsky betreffend als haltlos erwiesen hätten und dass „die Württembergische Staatspolizei einen endgültigen Bericht, der die ganze Angelegenheit in positivem Sinne erledigt, an die Geheime Staatspolizei Berlin übermitteln werde."[83]

Zur näheren Klärung dieser prekären Angelegenheit wollte Krauss dem preußischen Ministerpräsidenten persönlich Vortrag halten. Eine Woche vorher hatte Swarowsky Clemens Krauss in einem ausführlichen Schreiben die gegen ihn vorgelegten Anschuldigungen auf das Entschiedenste widerlegt und seine unbedingte Loyalität gegenüber dem NS-Regime beteuert. In diesem Schreiben rückte er auch seine bisherige Familiengeschichte in ein zeitgemäßes Licht und distanzierte sich von seiner ersten Ehefrau, Julia Laszky, die als Jüdin und Kommunistin im Dritten Reich persona non grata gewesen sei:

> Die alten politischen Sachen sind entstellt. Ich bin in Wien geistlich erzogen (und nicht etwa bei Juden), ging mit 17 Jahren ins Feld, kehrte Ende 1919 viel zu spät aus der Gefangenschaft heim, und war noch lange Zeit hindurch das, was man einen Sohn der Kirche nennt. Ich war gezwungen, eine Frau zu heiraten, von der ich mich vor neun Jahren wegen weltanschaulicher Gegensätze (dies der Passus des Urteils) scheiden ließ. Nach der Scheidung war sie dann Kommunistin, ich sah sie meines Kindes wegen noch einigemale, bat schließlich aber die Polizei, als ich merkte, daß sie übermäßig lang in Stuttgart blieb, obwohl sie nur mein Kind nach Wien holen wollte, sie auszuweisen. Ich teilte ihr das mit und sie verschwand innerhalb 24 Stunden. Seither habe ich sie nie wieder gesehen. Sie hat bei der Stuttgarter Meldepolizei angegeben, daß sie zur Wiedergewinnung ihres Mannes sich in der Stadt aufhalte.
>
> Meine Schwester hat bald nach Kriegsende den ersten russischen Geschäftsträger in Wien v. Bronski-Warschafski geheiratet. Das war eine reine Liebesheirat, weder sie noch er sind Kommunisten. Er wurde bald abberufen, da er nur aus anfänglicher Not an geschulten Diplomaten betraut worden war, und lebt seitdem als Mathematikprofessor an der Universität Moskau. Ich habe meine Schwester in über 10 Jahren einen Tag gesehen und sie ist im Unguten wieder weggefahren.

Gegenüber Krauss versuchte Swarowsky sich nun als frühzeitiger und treuer Parteigänger Adolf Hitlers zu profilieren:

> Meine Mutter ist die Tochter eines Polizeiinspektors von Wien, der mit Bürgermeister Lueger zusammen die christlichen Wachekorps gegründet hat. Er war der Freund Luegers (der

---

83 Krauss an Göring, 15.4.1935, GStA.

ja aus „Mein Kampf" bekannt sein dürfte). Zur Zeit des Verbotes der nationalsozialistischen Partei in Österreich hat meine Mutter noch deutsche S.A. Leute beherbergt, die dort illegal als Studenten arbeiteten. Sie hatte nachher deswegen auch mit der Polizei zu tun. Ich kam damals auf Besuch nach Wien und habe mit den jungen Leuten gesprochen und ihnen erzählt, wie es in Deutschland aussehe (im Gegensatz zu den Wiener Zeitungsberichten). Einer von ihnen – den ich ausforschen und um seine Zeugenschaft bitten werde – sagte mir: „Wir danken Ihnen für Ihre Aufklärungen, unsere Leute waren schon ganz entmutigt, wir haben jetzt wieder neuen Mut gefaßt." Wenn es nach dem Geheimakt gegangen wäre, hätte ich ja die Leute der Polizei ausliefern müssen.

Ich selbst wurde durch sehr gute persönliche Freunde des Führers für seine Ideen gewonnen, wandte mich dann als Sozialist, der ich immer war, zu Zeiten der Harzburger Front, von der Bewegung ab, da ich als belesener Mensch meinte, daß nun das Geldbürgertum sich einnisten und die Bewegung zerstören werde. Aus dieser Zeit stammen meine Reden, die man mir nun vorwirft, die aber wesentlich anders gemeint waren. Ich habe mich – Gott sei Dank – geirrt und diesen Irrtum einbekannt, indem ich sagte, daß es zum ersten Mal in der Weltgeschichte der Fall sei, daß eine sozialistische Bewegung, die einen Bund mit dem Kapital eingeht, als Sieger hervorgehe. Ich bin dann in Wien im Dezember 1932 zur Partei gegangen und habe meinen Eintritt angemeldet. Im Mai 33, als ich von Ägypten zurück durch Wien kam, erhielt ich trotz Verbots der Partei meinen Aufnahmeschein und wurde dann in Deutschland auf die Landesleitung München überschrieben. Ich habe mich nie und nimmer politisch betätigt. Mein ganzer Zusammenhang mit Politik war geistiges Interesse, das aus dem Kriegserlebnis entstanden war.[84]

In Berlin gab Swarowsky dann tatsächlich im „Fragebogen zur Durchführung des Gesetzes zur Wiederherstellung des Berufsbeamtentums vom 7. April 1933" den Beginn seiner Mitgliedschaft in der österreichischen NSDAP mit 23.4.1933 an. Sein Aufnahmegesuch habe er am 21.12.1932 in Wien gestellt und am 8.2.1934 sei seine Parteimitgliedschaft von der Landesleitung München der NSDAP bestätigt worden.[85] In demselben Fragebogen verschwieg Swarowsky seinen wirklichen Vater, den jüdischstämmigen Wiener Industriellen und Bankier Dr. Josef Kranz, und gab stattdessen den Wiener Eisenhüttendirektor Ludwig Zenk als seinen leiblichen Vater an. Swarowsky, als „Halbjude" und vermeintlicher Kommunist im Dritten Reich doppelt gefährdet, versucht ein gewagtes Spiel. Um sich vor den politischen Angriffen in dieser Zeit zu schützen, griff Swarowsky zu einem wirksamen Mittel. Er gab sich als illegaler österreichischer Nationalsozialist aus. Kurz nach dem Krieg erklärte Swarowsky Albert Kehm, von 1945

---

[84] Swarowsky an Krauss, 5.4.1935, GStA.
[85] Fragebogen Hans Swarowsky „zur Durchführung des Gesetzes zur Wiederherstellung des Berufsbeamtentums vom 7. April 1933" für seine Aufnahme an der Berliner Staatsoper, 6.5.1935, GStA.

bis 1946 provisorischer Leiter des Württembergischen Staatstheaters Stuttgart, seine
Beweggründe für diese waghalsige Vorgangsweise:

Als ich im Frühjahr 1933 aus Ägypten heimkehrte, um mich zu meiner Verlobten nach
Stuttgart zu begeben, riet mir mein Anwalt Dr. Viktor Weinberg (damals Wien, Herrengasse 38, jetzt in Amerika), mich, wenn ich in Schwierigkeiten kommen sollte, bis zur
Wiederherstellung ruhigerer Umstände den deutschen Behörden gegenüber als illegales Mitglied der soeben verbotenen NSDAP Österreichs auszugeben. Bei den gespannten Beziehungen zum Reich sei diese Mitgliedschaft nicht sofort und nur sehr schwer
kontrollierbar. Kurz nach meiner Ankunft in Stuttgart wurde ich aus meiner Wohnung
gemeinsam mit meiner Braut (die nach zwei Tagen wieder freigelassen wurde) von der
Gestapo verhaftet und im Hotel Silber interniert. Die Frau des Leiters des Betriebsbüros
der Staatstheater hatte mich angezeigt wegen der gegen Hitler gerichteten Äußerung:
„Dieser Anstreicher wird noch das deutsche Volk zugrunde richten und ganz Deutschland
zerstören." (– womit ich nicht Unrecht gehabt habe). Ihr schloss sich der Regie-Gehilfe
Sackmann an mit der Anzeige, ich hätte um Aufnahme in die KPD nachgesucht. Weitere
Anzeigen lagen vor von den Herren Drost, Konwitschny, Dietrich und Mayer-Stähle vom
Staatstheater. Der Betriebsdirektor des Staatstheaters bestätigte als Zeuge die gegen mich
gerichteten Anschuldigungen und deponierte weitere Details aus meinem Privatleben, die
in schroffem Widerspruch zu den ‚neuen' Grundsätzen standen. Ich weihte einen Bekannten (den Polizeirat Bohnenberger), um seine Meinung zu hören, in meine Absicht ein
und gebrauchte nach seiner Zustimmung mit Erfolg das mir von meinem Wiener Anwalt
angeratene Mittel, so daß ich nach acht Tagen wieder freigelassen wurde. Mein Vorgehen war kein anderes, als das eines Häftlings, der – wie es manchmal vorkam – sich die
schwarze Uniform der Bewachungsmannschaft zu verschaffen wußte, um in ihr dem Lager zu entfliehen.
    Der damals angelegte Gestapoakt folgte mir bis zum Jahre 1944 [sic] (wo er, von
Dr. Schlösser überbracht, meine Entlassung in Krakau und mein Remplacement durch den
Anzeiger Konwitschny bewirkte) vermehrt durch später hinzugefügte Angaben überall hin,
wo ich berufliche Tätigkeit anstrebte, sodass mein Leben seit damals ein einziger Kampf
um meine und der mir nächststehenden Helfer persönliche Sicherheit war. Auch in der
Folgezeit mußte ich mich noch einigemale bis zu meinem Weggang nach Hamburg Behörden gegenüber als Illegaler ausgeben, um sie zu bewegen, von gewissen Konsequenzen
abzusehen. Nur so gelang es mir auch 1935 meine Ehe zu schließen, da ich dem Standesbeamten keinerlei Abstammungsnachweis vorlegen konnte. Später wurde mein Gestapoakt
durch die Beschuldigung erweitert, daß ich mich 1934 bei Gelegenheit fälschlicherweise als
illegales Parteimitglied ausgegeben habe und in Gegenwart gewisser Personen sogar das
Anzeichen angesteckt habe, um es nach ihrem Verschwinden wieder in aller Öffentlichkeit abzunehmen. (Ein solcher Fall wurde im Detail aus dem Schlossgarten-Café in Stutt-

gart geschildert.) Bei Erstattung dieser Anzeige war ich soeben in die Schweiz ausgereist. Dr. Weinberg hatte mir damals auch in Wien eine Art Bescheinigung gefälscht.

Nach Österreich zu gehen war mir unmöglich, da mir meine Braut, die ich nicht zu verlassen imstande war, aus privaten Gründen dorthin nicht hätte folgen können, sodaß ich ihr zuliebe die gefährliche Situation im Reich vorziehen mußte.

Gleich bei meiner ersten Besprechung mit den amerikanischen Behörden habe ich diese Zusammenhänge aufgezeigt, aufgeklärt und zu Protokoll gegeben.[86]

Swarowskys nachträgliche Erklärung dieser brisanten Ereignisse scheint plausibel zu sein, da sein Name im Mitgliederverzeichnis der NSDAP, das sich heute im Bundesarchiv Berlin befindet, nicht aufscheint. Diese Mitgliederkarteien der NSDAP sind aber durch die Kriegswirren nicht ganz vollständig. Merkwürdigerweise wurde die Verhaftung Swarowskys durch die Gestapo in Stuttgart im Frühjahr 1933 in dem aufwendigen Verfahren, das 1935 Swarowsky aufgezwungen wurde, nicht thematisiert.

Am 4. Mai 1935 empfing Tietjen Swarowsky, um ihm persönlich den Dienstvertrag der Berliner Staatsoper zu überreichen. Swarowsky war mit Wirkung vom 1. Mai 1935 Mitglied der Generalintendanz der Berliner Staatsoper. Swarowsky wurde als 1. Kapellmeister der Berliner Staatstheater angestellt. Als Vertragsende wurde der 21. August 1938 vereinbart.[87] Im Auftrag von Göring gab Tietjen gegenüber Swarowsky folgende Erklärung ab:

Der Herr Ministerpräsident habe wegen der Vorwürfe in politischer Hinsicht erklärt, die Verantwortung selbst übernehmen zu wollen. Wenn er den Vertrag mit Swarowsky gut heiße und vollziehe, so übernehme er, der MinPr., aber auch in anderer Beziehung, was die Vorgänge in sittlicher Beziehung anlangt, eine große Verantwortung. Er tue das nur, weil er annehmen wollte, daß gewisse Dinge als Jugendtorheiten zu betrachten wären. Der MinPräs. habe ihn, den G.I. beauftragt und ermächtigt, zum Ausdruck zu bringen, daß bei dem geringsten Vorkommnis auf diesem Gebiete, das zu einer Beanstandung Anlaß gibt, von vornherein mit schärfsten Maßnahmen und der fristlosen Entlassung zu rechnen wäre.[88]

Swarowsky bedankte sich bei Tietjen für den ihm entgegengebrachten Vertrauensvorschuss. Am 6. Mai 1935 gab er schriftlich bekannt, dass keiner seiner Eltern- oder Großelternteile „zu irgend einer Zeit der jüdischen Religion angehört" habe.[89]

---

86 Swarowsky an Kehm, 24.11.1945, E 18 VI 1193, StAL; Kopie einer beglaubigten Abschrift in NlHS.
87 Dienstvertrag Swarowskys mit dem Generalintendanten der Preußischen Staatstheater zu Berlin, 4.5.1935, GStA.
88 Aktennotiz der Berliner Staatsoper, 4.5.1935, GStA.
89 Fragebogen (Anm. 85).

Seinen ersten Auftritt an der Berliner Staatsoper hatte Swarowsky schon am 13. Februar 1935 als Gast anlässlich einer *Lohengrin*-Aufführung absolviert. Am 17. Mai desselben Jahres dirigierte er zum ersten Mal als 1. Kapellmeister der Berliner Staatsoper. Wieder stand *Lohengrin* auf dem Programm. Am 8. Juni 1935 leitete er mit Händels *Julius Caesar* seine erste Premiere an der Lindenoper. Zwischen Februar 1935 und Juli 1936 war Swarowsky vor allem für italienische Opern verantwortlich. Das deutsche Repertoire war mit *Zauberflöte* und *Die Entführung aus dem Serail*, seiner zweiten Premiere vom 16. Januar 1936, sowie einigen *Lohengrin*-Dirigaten mehr als spärlich vertreten. Die geplante Berliner Erstaufführung von Werner Egks neuer Märchenoper *Die Zaubergeige* wurde Swarowsky kurzfristig von Tietjen entzogen. Er selbst hatte sich bei Krauss für die neue Oper Egks eingesetzt. In seiner Autobiographie *Die Zeit wartet nicht* schilderte Egk die Vorgänge, die zu seiner Übernahme der Leitung der *Zaubergeige* führten:

> Am nächsten Vormittag begrüßten Elisabeth [Egks Frau] und ich in der Oper Unter den Linden unseren Freund Swarowsky. […]
> Nach der Probe packten die Musiker ihre Instrumente zusammen, und weg waren sie. Die Bühnenarbeiter schufteten, um so rasch als möglich das Schlußbild abzubauen. Da nahte seine Exzellenz, Herr von Holthoff, und beorderte mich „ergebenst" zum Generalintendanten, dem G.I., wie er genannt wurde. Elisabeth mußte warten, die Unterredung sollte ohne Zeugen stattfinden.
> Tietjen saß mit steinernem Gesicht aufrecht und undurchdringlich hinter seinem Schreibtisch und eröffnete das Gespräch:
> „Waren Sie mit der Hauptprobe zufrieden?"
> „Mehr als das."
> „Haben Sie die Unebenheiten im Orchester nicht bemerkt?"
> „Kleinigkeiten, unwesentlich."
> „Würden Sie gegebenenfalls die Leitung Ihres Werkes von der Generalprobe an selbst übernehmen?"
> „Nein", wehrte ich ab, „auf keinen Fall. Ich fühle mich Herrn Swarowsky verpflichtet, schließlich verdanke ich diese Aufführung seiner Initiative."
> „Gut", sagte Tietjen, „dann behalte ich mir vor, notfalls für die Premiere den Generalmusikdirektor Schüler aus Essen zu holen."
> Er stand auf, damit war ich entlassen. Die Gerüchte über den Opernkrieg schossen mir wieder durch den Kopf.
> Elisabeth meinte: „Am besten wird es sein, du sprichst mit Swarowsky."
> Das tat ich. Er vermutete eine neue Runde in der Auseinandersetzung zwischen Tietjen und Krauss. Begreiflicherweise regte er sich darüber auf, daß er dabei ins Schußfeld geraten war.
> Am nächsten Morgen läutete das Telefon ungewöhnlich früh. Fräulein Graeger meldete sich am Apparat. Sie war Tietjens Chefsekretärin, eine Dame von unbestechlicher Erge-

benheit, Zuverlässigkeit und Diskretion. Der G.I. erwarte mich sofort in der Oper. Swarowsky habe wegen Erkrankung abgesagt. Schüler sei nicht erreichbar. Würde ich nicht bereit sein, die Generalprobe und die erste Aufführung zu übernehmen, so ergäben sich bedauerliche Konsequenzen. Der Spielplan ermögliche keine Verschiebung der Premiere. Klick Ende.

Gestern hatte mich Tietjen gefragt: „Wollen Sie die Generalprobe dirigieren?" und heute sagt Swarowsky wegen Erkrankung ab. Ich griff mir ein Taxi und fuhr nicht geradewegs zur Oper, sondern direkt in die Keithstraße 19 zur Wohnung des Patienten. Ich wollte wissen, ob er wirklich so schwer erkrankt war, daß er absagen mußte.

Er war es. Er lag mit hohem Fieber im Bett.[90]

Egk dirigierte die Premiere der *Zaubergeige* am 15. Februar 1936 selbst und begründete damit eine langjährige Partnerschaft mit der Berliner Staatsoper, sowohl als Dirigent als auch als Komponist.[91]

Während seiner einjährigen Tätigkeit an der Berliner Staatsoper wurde Swarowsky immer wieder von finanziellen Sorgen geplagt. Aus diesem Grund sprach er bei Tietjen oft wegen finanzieller Vorschüsse vor, die er meistens mit seiner bevorstehenden zweiten Heirat mit Maria Gerlach begründete.[92] Außerdem wandten sich einige Gläubiger Swarowskys persönlich an Tietjen, um dessen Schulden einzuklagen. Diese Anliegen schwächten den zweifelhaften Ruf, der Swarowsky seit Beginn seines Berliner Engagements anhaftete, nicht gerade ab und verstärkten bei Tietjen den Eindruck, dass er es mit einem leichtfertigen Künstler zu tun hatte.

Aber noch schlimmer für Swarowsky war das nicht verstummende Gerücht, dass er nicht „arischer Abstammung" sei. Im Oktober 1935 erhob Tietjen, der ja sonst „nichtarische" Künstler zu schützen wusste, Zweifel an den Angaben, die Swarowsky wegen seiner Abstammung im „Fragebogen zur Wiederherstellung des Berufsbeamtentums" gemacht hatte. Er richtete daher eine Anfrage an die Reichsstelle für Sippenforschung im Reichsministerium des Inneren, um Swarowskys Erklärungen zu überprüfen.[93] Im März 1936 verstärkte sich bei Tietjen dieser Verdacht, da er aus „unverbürgten Nachrichten aus Wien" erfahren hatte, dass es dort „als bekannt" galt, dass „Swarowsky ein uneheliches Kind des jüdischen Großindustriellen Crantz sei." Um bei Göring näher Bericht erstatten zu können, wandte er sich wieder an die Reichsstelle für Sippenforschung um aufklärende Unterlagen.[94]

---

90 Werner Egk, *Die Zeit wartet nicht. Künstlerisches, Zeitgeschichtliches, Privates aus meinem Leben*, Mainz usw. 2001, S. 246 f.
91 Vgl. Karner, *Komponisten unterm Hakenkreuz* (Anm. 43), S. 140–174.
92 Swarowsky an Tietjen, 27.9.1935, GStA.
93 Tietjen an die Reichsstelle für Sippenforschung, 18.10.1935, GStA.
94 Aktennotiz Tietjens vom 3.3.1936, GStA.

In dem Antwortschreiben der Reichsstelle für Sippenforschung wies man den Verdacht Tietjens zurück, da „nach dem vorliegenden Material [...] die Vaterschaft Zenks mit einem hohen Grad von Wahrscheinlichkeit als erwiesen angesehen" werde. Um die Glaubwürdigkeit der in der Reichsstelle für Sippenforschung vorliegenden Erklärungen der Mutter Swarowskys zu entkräften, müsste Tietjen gewichtige Gründe ins Feld führen.[95]

Tatsächlich gab es schon aus dem Jahr 1933 eine Eidesstattliche Erklärung der Mutter Swarowskys, Leopoldine Swarowsky, in der sie erklärte, dass der

> Direktor i. R. in der Eisenindustrie, Herr Ludwig Zenk, Wien 5, Spengergasse Nr. 16, geboren zu Wien 1875, arischer Abstammung, katholischer Religion, Sohn des Privatbeamten Ludwig Zenk und seiner Ehegattin Maria, beide in Wien, der natürliche außereheliche Vater meines Sohnes Johann Swarowsky, geboren zu Budapest am 16. September 1899, ist.[96]

Am 11. September 1936 entkräftete die Reichsstelle für Sippenforschung Tietjens Bedenken und verfügte in einem amtlichen Schreiben, dass gegen die „arische Abstammung" Hans Swarowskys keine Bedenken im Sinne des Reichsbeamtengesetzes vom 30. Juni 1933 bestünden. Dieser „Unbedenklichkeitsvermerk" war aber nur für die Swarowsky betreffende Dienststelle, die Preußischen Staatstheater, bestimmt und galt nicht als förmlicher Abstammungsnachweis, wie offiziell vermerkt wurde.[97] Tietjen gab diese Erklärung der Reichsstelle für Sippenforschung an das Berliner Standesamt weiter. Swarowsky erhielt erst am 10. Dezember 1942 einen endgültigen „Abstammungsbescheid", der bestätigte, dass er „deutschen oder artverwandten Blutes" sei.[98]

Tietjen konnte auf diesem Weg den ihm unangenehmen Dirigenten also nicht loswerden. Vermutlich sah Tietjen in Swarowsky einen Parteigänger seines Konkurrenten Clemens Krauss, der ja nach einem nur einjährigen Gastspiel als Operndirektor Berlin 1936 wieder verlassen hatte, um nach München zu gehen.

Tietjen hatte schon im Januar 1936 den Versuch gestartet, „den unbequemen Krauss auf der Ebene ‚politischer Vergehen' abzuschieben, aber die ebenso alberne wie schlecht erfundene Anschuldigung verpuffte nach einigem Gestank wirkungslos", wie sich Rudolf Hartmann erinnerte.[99] Die Atmosphäre an der Berliner Staatsoper wurde durch diesen internen Machtkampf zwischen Krauss und Tietjen immer mehr vergiftet. Über diese Zustände schreibt Werner Egk in seiner Autobiographie:

---

95 Dr. Kurt Mayer, Reichsstelle für Sippenforschung an Tietjen, 9.4.1936, GStA.
96 Eidesstattliche Erklärung von Leopoldine Swarowsky, Wien, 19.7.1933, NlHS.
97 Dr. Freiherr von Ulmenstein an Tietjen, Reichsstelle für Sippenforschung an Swarowsky, 11.9.1936, GStA.
98 Der Direktor des Reichssippenamtes: Abstammungsbescheid für Johann Josef Swarowsky, 10.12.1942, NlHS.
99 Hartmann, *Das geliebte Haus* (Anm. 61), S. 116.

Allmählich hörte ich mehr und mehr von den „komplizierten Verhältnissen" an der Berliner Staatsoper. „Angstvoll flüsternd, hinter gewölbter Hand" erzählte der und jener, im Haus gebe es eine Krauss- und Tietjen-Partei. Der eine stütze sich auf seine aus Wien importierten Starsänger, der andere auf seine berühmte Berliner Equipe. Tietjen, der Generalintendant der Preußischen Staatstheater sei auch im Opernbereich nur als Alleinherrscher denkbar, aber Krauss würde sich nie beugen. Beide seien als Gegenspieler furchtbar, jeder sei gleich gefährlich und letzten Endes unüberwindlich. So gäbe es einen gnadenlosen, unterirdischen Krieg mit Sappeuren, Mineuren, Spitzeln hin und her, mit Spionen, die für eine Seite, und solchen, die für beide arbeiteten, Ohrwürmchen, Zwischenträgern, Lauschern an der Wand auf den Gängen und hinter jeder Tür.[100]

Am Beginn der Spielzeit 1936/37 holte Tietjen zum vernichtenden Schlag aus. Göring hatte auf Betreiben einiger unzufriedener Sänger des Berliner Stammensembles eine geheime Versammlung aller preußischen Kammersänger einberufen:

Ergebnis der Zusammenkunft war, daß nach diffamierenden Äußerungen über Krauss – Ursuleac Tietjen einen vollen Sieg errang. Krauss wurde als Operndirektor kurzerhand abgesetzt, die Durchführung der Neuordnung blieb dem Generalintendanten, also Tietjen, überlassen. [...] Krauss traf einige Tage später in Berlin ein, nichtsahnend und voller neuer Pläne. An dem verhängnisvollen Morgen, als er zum erstenmal in die Oper kommen wollte, entdeckte ich beim Portier einen Anschlag, in dem Tietjen in lakonischer Kürze dem Gesamtpersonal die Absetzung von Clemens Krauss und seine eigene sofortige Übernahme der Opernleitung mitteilte.[101]

Nachdem Rudolf Hartmann das Ehepaar Krauss über Tietjens Intrige aufklärte, geriet Viorica Ursuleac in solchen Zorn, dass sie nach Hartmanns Bericht „schnurstracks zu Göring fuhr und in einer überaus heftigen Szene ungeschminkt und furchtlos ihre Meinung sagte."[102] Bald darauf fiel auch Hartmann in Berlin in Ungnade und folgte Krauss nach München. Tietjen konnte nun zufrieden sein. Im Herbst 1936 wurde die auf Görings Geheiß seit 1933 bestehende Operndirektion der Berliner Staatsoper aufgelöst. Tietjen wurde nicht nur die organisatorische Leitung der Staatsoper übertragen, sondern auch die künstlerische Gesamtleitung dieses Hauses.

Nach all diesen internen Machtkämpfen stand Swarowskys Position in Berlin als enger Vertrauter von Clemens Krauss auf immer schwächeren Beinen. Am 25. Juli 1936 hatte Göring während der Bayreuther Festspiele eine vertrauliche Unterredung mit Tiet-

---

100 Egk, *Die Zeit wartet nicht* (Anm. 90), S. 241.
101 Ebd., S. 124 f.
102 Ebd., S. 125.

jen, in der beschlossen wurde, dass mit Swarowsky mit dem Ziel seines Ausscheidens aus der Berliner Staatsoper verhandelt werden sollte.[103] Swarowskys letztes Dirigat an der Staatsoper Unter den Linden war eine Aufführung von Mascagnis *Cavalleria rusticana* und Leoncavallos *Bajazzo* am 5. Juli 1936. Swarowsky, dessen Vertrag mit der Berliner Staatsoper bis August 1938 galt, lehnte eine vorzeitige finanzielle Abfindung, die Tietjen ihm angeboten hatte, ab. Göring entschloss sich daher zu einer Vollauszahlung der Swarowsky bis August 1938 zustehenden Monatslöhne.[104] In einer Aktennotiz der Berliner Staatsoper wurde die Entscheidung Görings begrüßt. Zynisch wurde vermerkt:

> Da seine Beschäftigung als Dirigent der Staatsoper untunlich ist – auch der Oberste Chef der Staatstheater hat ausdrücklich angeordnet, daß von einer weiteren Verwendung S.[warowsky]'s Abstand zu nehmen ist, – empfiehlt es sich, den Vertrag durch Auszahlung des restlichen Betrages zu erfüllen. Diese Vollzahlung ist aus rechtlichen Gründen geboten, umsomehr, weil nach Bühnenarbeitsrecht der Künstler bei Nichtbeschäftigung sehr erhebliche Schadensersatzansprüche zu stellen hat.[105]

Swarowsky wurde der Betrag von 26.166,67 Reichsmark in einer Summe ausbezahlt. Zuvor musste er eine Verzichtserklärung auf Beschäftigungsanspruch und Entschädigung für Nichtbeschäftigung abgeben. Am 8. Mai 1937 stimmte Swarowsky der Vertragslösung zu.[106] Als Grund für die vorzeitige Entlassung Swarowskys wurde das Bestreben genannt, „die Staatsoper von einer Reihe von Kräften zu entlasten, die im Zusammenhange mit der Berufung des früheren Operndirektors an die Staatsoper verpflichtet waren".[107] Der durch seine nach NS-Gesetzen „halbjüdische" Herkunft und seine angeblichen kommunistischen Sympathien schon genug gefährdete Dirigent wurde nun das Opfer eines persönlichen Machtkampfes zweier Größen des nationalsozialistischen Kulturbetriebs. Noch dazu wurde Swarowsky von Krauss, wie es scheint, im Stich gelassen. Für das von Swarowsky nach 1945 immer wieder erwähnte Dirigierverbot durch die NS-Machthaber seit 1937 kann man in den Aktenbeständen der damaligen Behörden keinen Beleg finden. Es scheint auch eher unwahrscheinlich zu sein, dass ein derartiges Verbot jemals ausgesprochen wurde, da sich Swarowsky 1937 mehrmals um eine Anstellung als Dirigent im Reich bemühte. Die Hoffnung Swarowskys, dass Clemens Krauss ihn nach München mitnehmen würde, erfüllte sich nicht. Krauss erklärte dies damit, dass

---

103 Aktennotiz der Berliner Staatsoper, undatiert, GStA.
104 Aktennotiz von Tietjen, 15.4.1937, GStA.
105 Aktennotiz der Berliner Staatsoper vom April 1937, GStA.
106 Erklärung Swarowskys vom 8.5.1937, GStA.
107 Aktennotiz der Berliner Staatsoper vom April 1937, GStA.

kurz vor seinem Eintreten in die Rechte und Pflichten der Münchner Staatsoper noch ein langfristiger Vertrag mit dem Kapellmeister Zallinger abgeschlossen worden sei, wodurch auf längere Sicht die Übernahme Swarowskys unmöglich wurde.[108]

Auch die Hoffnungen Swarowskys auf den Posten des musikalischen Leiters in Duisburg, die Rudolf Hartmann bei dem Dirigenten geweckt hatte, zerschlugen sich. Da kam aus der neutralen Schweiz ein rettendes Angebot.

3. Zürich

3.1 Die Flüchtlingspolitik der Schweiz

Am 20. November 1815 erklärte die Schweiz in Paris ihre immerwährende Neutralität, die von den damaligen Großmächten Österreich, Preußen, Großbritannien, Frankreich und Russland anerkannt wurde. Seit diesem Zeitpunkt war die Schweiz die rettende Insel in Europa für politische Flüchtlinge. Auch Künstler, man denke nur an Georg Büchner und Richard Wagner, schätzten die Schweiz wegen ihres liberalen Klimas und der Bereitschaft, politisch Andersdenkende aufzunehmen. Vor allem im Vormärz und nach der gescheiterten bürgerlichen Revolution von 1848 suchten politisch linksstehende Aktivisten in der Schweiz Schutz vor den Verfolgungen der restaurativen Kräfte in Europa. Um die Jahrhundertwende fanden zahlreiche prominente Sozialisten und Kommunisten wie Lenin oder Trotzki in der Schweiz eine neue Heimat. Ab 1917 wurde die Schweizer Flüchtlingspolitik restriktiver. Der Zusammenbruch Deutschlands, Österreich-Ungarns und des zaristischen Russlands führte in der Schweiz zu einer wirtschaftlichen und gesellschaftlichen Traumatisierung. Die Eidgenossen hatten Angst, von entlassenen Soldaten, Deserteuren und arbeitssuchenden Menschen überschwemmt zu werden. Der Kampf gegen die „Überfremdung" spielte im öffentlichen Diskurs der Zwischenkriegszeit eine immer größere Rolle. Schon 1931 wurde in einem Bundesgesetz über Aufenthalt und Niederlassung der Ausländer der Kampf gegen die „Überfremdung" gesetzlich verankert.[109] Die Weltwirtschaftskrise und ein anschwellender Antikommunismus verschärften die ausländerfeindliche Atmosphäre.

Seit dem Ersten Weltkrieg wollte die Schweiz die Einwanderung von Menschen jüdischer Religion ebenfalls erschweren. Auch in der Schweiz herrschte ein latenter Antisemitismus, der das Land vor einer „Verjudung" bewahrt sehen wollte. Schon 1916 kann

---

108 Aktennotiz von Tietjen, 15.4.1937, GStA.
109 Unabhängige Expertenkommission Schweiz (Hg.), *Die Schweiz und die Flüchtlinge zur Zeit des Nationalsozialismus*, Zürich 2001 (Veröffentlichungen der Unabhängigen Expertenkommission Schweiz – Zweiter Weltkrieg 17), S. 63.

man in Dossiers von Einbürgerungskandidaten handschriftliche Vermerke finden, „die von der Absicht zeugen, für Juden den Erwerb der schweizerischen Staatsbürgerschaft zu erschweren. 1919 benutzte die Bundesverwaltung zu diesem Zweck einen Stempel in Form eines Davidsterns."[110]

Nach der Machtübernahme der Nationalsozialisten in Deutschland im Januar 1933 wurde die Schweiz mit dem größten Flüchtlingsstrom ihrer Geschichte konfrontiert, der bis Kriegsende anhielt. Die beiden bedeutendsten Gruppen, die seit 1933 Deutschland verließen, waren einerseits politisch verfolgte Sozialdemokraten und Kommunisten, andererseits von der immer drastischer werdenden antisemitischen Politik der Reichsregierung bedrohte Juden. Die Schweizer Bundesbehörden legten daher im Frühjahr 1933 „die bis 1944 geltende Unterscheidung zwischen politischen und anderen Flüchtlingen fest."[111] Als politischer Flüchtling galt für die Eidgenössischen Behörden, wer wegen seiner politischen Tätigkeit persönlich bedroht wurde. Die Bundesregierung legte bei der Anerkennung politischer Flüchtlinge größte Zurückhaltung an den Tag. Geflohene Kommunisten waren unerwünscht. Man wollte lediglich „hohe Staatsbeamte, Führer von Linksparteien und bekannte Schriftsteller" als politische Flüchtlinge aufnehmen, wie es das Eidgenössische Justiz- und Polizeidepartment (EJPD) in einer Weisung formulierte.[112] Aufgrund dieser rigorosen Interpretation des Flüchtlingsbegriffs gelangten von 1933 bis 1945 nur 644 Personen in den Genuss eines offiziellen politischen Asyls.[113] Das letzte Wort hinsichtlich politischen Asyls sprach der Bundesrat. Die politischen Flüchtlinge unterstanden der zum EJPD gehörigen Bundesanwaltschaft. Alle anderen Flüchtlinge und darunter besonders die Juden wurden in rechtlicher Hinsicht schlicht als Ausländer betrachtet und gemäß den Bestimmungen des 1934 in Kraft getretenen „Bundesgesetzes über den Aufenthalt und die Niederlassung von Ausländern" (vom 26. März 1931) behandelt. Sie waren den kantonalen Polizeibehörden unterstellt, die für die Erteilung von auf wenige Monate beschränkten „Toleranzbewilligungen sowie von Aufenthalts- und Niederlassungsbewilligungen zuständig waren."[114] Die Polizeiabteilung des EJPD war für die Erlaubnis zur Erwerbsarbeit und für längere Aufenthaltsgenehmigungen der Flüchtlinge zuständig und konnte kantonale Entscheidungen beeinspruchen. Die Kantone verfügten aber hinsichtlich der Umsetzung der Flüchtlingspolitik bis 1938 über weitreichende Kompetenzen, die von den einzelnen Kantonen unterschiedlich gehandhabt wurden. Die Schweiz verstand sich als Transit-

---

110 Ebd., S. 97.
111 Unabhängige Expertenkommission Schweiz (Hg.), *Die Schweiz, der Nationalsozialismus und der Zweite Weltkrieg. Der Bericht der Unabhängigen Expertenkommission Schweiz – Zweiter Weltkrieg*, Zürich 2002, S. 109.
112 Ebd.
113 Ebd.
114 Ebd.

land, als Zwischenstation für Flüchtlinge, die von hier aus weiter nach England, Spanien oder in die USA emigrierten.

Bis Ende 1937, das Jahr, in dem Swarowsky seine Tätigkeit am Züricher Opernhaus begann, befanden sich in der Schweiz nur ungefähr 5.000 Flüchtlinge.[115] Besonders dramatisch für die Flüchtlinge war das 1933 vom Bundesrat verhängte Erwerbsverbot. Die Schweizer Behörden argumentierten mit dem Schutz des einheimischen Arbeitsmarktes. Der beabsichtigte Nebeneffekt dieser Maßnahme war, „eine Integration der Flüchtlinge ins soziale Leben der Schweiz zu verhindern, um deren Weiterwanderung zu beschleunigen."[116] Nach der Generalmobilmachung der Schweizer Armee verlor das Erwerbsverbot aber weitgehend seine wirtschaftliche Begründung, da in zahlreichen Branchen nun Arbeitskräftemangel herrschte. Flüchtlinge, die versuchten, „schwarz" zu arbeiten, gingen ein hohes Risiko ein, da ihnen vor dem Krieg der Entzug der Aufenthaltsbewilligung drohte. Ein Bundesratsbeschluss vom Oktober 1939 verschärfte diese Bestimmung, da den das Erwerbsverbot missachtenden Flüchtlingen nun sogar die Ausweisung drohte. Wenn dieser Fall eintrat, wurden die Flüchtlinge meist in Arbeitslager gebracht.[117] Diese restriktiven Bestimmungen galten auch für Schriftsteller und Künstler, die nur mit ausdrücklicher Genehmigung der Fremdenpolizei publizieren und öffentlich auftreten konnten. Trotzdem wurde das Züricher Kulturleben stark von deutschen SchauspielerInnen geprägt. Seit Frühling 1940 galt für die in Lager eingewiesenen Emigranten die Arbeitspflicht, um die Schweizer Kriegswirtschaft und Landesverteidigung zu unterstützen. In den Arbeitslagern bekam man für verschiedene Tätigkeiten einen Franken pro Tag. Es handelte sich aber meistens um körperlich schwere Arbeit wie Straßenbau und Landwirtschaft. Die Schweizer Behörden handelten nach dem Motto, alle Flüchtlinge gleich zu behandeln, und nahmen dabei in Kauf, dass zahlreiche Lagerinsassen bleibende Schäden davontrugen. Der tragische Tod des berühmten Sängers Joseph Schmidt, „der aus Furcht, eine Erkrankung könnte seiner Stimme schaden, vergeblich um eine Entlassung aus dem Lager nachgesucht hatte, erschütterte 1942 die Öffentlichkeit."[118]

Im Mai 1944 standen 22.500 von beinahe 35.000 Flüchtlingen im Arbeitseinsatz.[119] Emigranten, die das Glück hatten, in die Schweiz zu gelangen, waren aber weiterhin der Enteignungs- und Beraubungspolitik des NS-Regimes ausgesetzt. Schon vor der „Machtergreifung" hatte die Reichsregierung im Zuge der sich verschärfenden Wirtschaftskrise der 1930er Jahre im Juli 1931 „die Devisenbewirtschaftung und eine Steuer eingeführt, um die Kapitalflucht zu bekämpfen."[120] Die Ausfuhr von Vermögens-

---

115 Ebd., S. 110.
116 Unabhängige Expertenkommission Schweiz (Hg.), *Die Schweiz und die Flüchtlinge* (Anm. 109), S. 218.
117 Ebd., S. 218.
118 Ebd., S. 220.
119 Ebd., S. 409.
120 Ebd., S. 233.

werten wie Bankguthaben und Wertpapieren war seit 1931 generell verboten. Jeder finanzielle Transfer ins Ausland musste von den regionalen Devisenstellen oder vom Reichswirtschaftsministerium genehmigt werden. 1936, im Zuge der Einführung des Vierjahresplanes, wurde in Deutschland für die Auswanderung eine Sondersteuer erhoben. Emigranten, die sich bereits im Ausland befanden, wurde die Überführung ihrer Vermögenswerte untersagt und diese wurden vom Staat beschlagnahmt. Für „jüdische Emigranten war ein Kapitaltransfer praktisch unmöglich oder gegebenenfalls mit beträchtlichen finanziellen Verlusten verbunden. Falls sie einen Teil ihres Vermögens zurückgewinnen wollten, mussten sie mindestens auf 80 bis 90 %, wenn nicht sogar mehr, ihres Kapitals" verzichten.[121] Die Überweisung von Renten und Pensionen ins Ausland war nur bis 1938 möglich. Nach Kriegsausbruch verbot das NS-Regime jeglichen Kapitaltransfer ins Ausland, und seit 1941 wurde sämtliches jüdische Vermögen von den Nationalsozialisten beschlagnahmt. All diese Devisenausfuhrverbote und Enteignungen führten dazu, dass die Flüchtlinge praktisch mittellos ins Ausland flüchteten. Durch das generelle Arbeitsverbot und die fast unmöglich gemachte Überweisung von Geldern aus Deutschland konnten Flüchtlinge ihren Lebensunterhalt nur dann selbst bestreiten, wenn sie in der Schweiz Vermögen besaßen. Für die meisten traf das nicht zu, und so waren sie auf die Hilfe von Hilfswerken und Privatpersonen angewiesen. Die Hauptlast trugen die Schweizer Juden, die vom Bundesrat dazu gezwungen wurden, den Großteil der Kosten der Flüchtlinge zu übernehmen. Ab 1940 erhielten in der Schweiz nur niedergelassene deutsche Staatsbürger Überweisungen aus dem Reich.

Nach dem „Anschluss" Österreichs an das Dritte Reich im März 1938 und den brutalen antijüdischen Ausschreitungen der sogenannten „Reichskristallnacht" verschärfte sich die Situation für die Flüchtlinge weiter. Zwischen der Annexion Österreichs durch Hitlerdeutschland und dem Kriegsbeginn im September 1939 flüchteten allein aus Österreich über 100.000 Juden in die Schweiz. Davon blieben schätzungsweise „5500 bis 6500 für kürzere oder längere Zeit" dort. In den Jahren 1938/39 befanden sich vorübergehend 10.000 bis 12.000 Emigranten in der alpenländischen Eidgenossenschaft.[122] Wegen dieses verstärkten Flüchtlingsstroms aus dem immer größer werdenden deutschen Herrschaftsbereich verschärfte der Bundesrat die Einreisebestimmungen: „Am 28. März 1938 führte er die Visumspflicht für die Inhaber österreichischer Pässe ein, am 18. August 1938 beschloss er, Flüchtlinge ohne Visum ausnahmslos zurückzuweisen, und am 4. Oktober 1938 galt für deutsche ‚Nichtarier' die Visumspflicht."[123] Um bei der Einreise zwischen jüdischen und nichtjüdischen deutschen Staatsbürgern zu

---

121 Ebd., S. 234.
122 Unabhängige Expertenkommission Schweiz (Hg.), *Die Schweiz, der Nationalsozialismus und der Zweite Weltkrieg* (Anm. 111); S. 109.
123 Ebd.

unterscheiden, hatte die Schweiz im April 1938 mit den deutschen Behörden Verhandlungen aufgenommen, die für die jüdischen Flüchtlinge folgenschwere Auswirkungen haben sollten. Als der Bundesrat die Visumspflicht für alle deutschen Staatsbürger einführen wollte, einigte man sich auf Vorschlag der Schweiz darauf, die Pässe der deutschen Juden mit einem „J"-Stempel zu kennzeichnen. Diese Diskriminierung erstreckte sich auch „auf die Schweizer Juden, da das gegenseitige Abkommen dem Deutschen Reich das Recht einräumte, die besondere Kennzeichnung der Schweizer Reisepässe zu verlangen."[124] Heinrich Rothmund, der Chef der Schweizer Fremdenpolizei, sprach sich als Einziger gegen diese Kennzeichnung aus und verlangte eine Visumspflicht für alle deutschen Staatsbürger. Schon Anfang 1938 wurden in Schweizer Dokumenten ohne kritische Distanz die Begriffe „Arier" und „Nichtarier" verwendet. Ab August 1938 wurde dieses Abkommen mit voller Härte durchgeführt. Trotz des Wissens um die ihnen drohende Gefahr wurden zahlreiche jüdische Flüchtlinge zurückgeschickt und der deutschen Polizei übergeben. Es gab einzelne Ausnahmen, wie den St. Galler Polizeihauptmann Paul Grüninger, der bis Anfang 1939 Hunderte von Flüchtlingen illegal einreisen ließ. Er wurde für seine menschliche Haltung Ende 1940 vom St. Galler Bezirksgericht wegen Amtspflichtverletzung und Urkundenfälschung verurteilt. Erst 1995, lange nach seinem Tod, wurde er von den Schweizer Behörden rehabilitiert.

Nach dem deutschen Überfall auf Polen im September 1939 eskalierte die Flüchtlingssituation weiter. Der Krieg erschwerte die ohnehin schon mühsame Ausreise der Emigranten in einen Drittstaat weiter. Mit der Besetzung Frankreichs durch Hitlerdeutschland im Mai 1940 war die Schweiz faktisch eingeschlossen und eine Insel in einem faschistischen und nationalsozialistischen Europa. Zwischen 1942 und 1944 war eine Ausreise aus der Schweiz praktisch unmöglich.

Nach Kriegsausbruch und dem Scheitern der Transitpolitik beeinträchtigte der Bundesrat mit einem Beschluss vom 17. Oktober 1939 den rechtlichen Status der im Land befindlichen Emigranten: „Emigranten wurden verpflichtet, die Schweiz so bald wie möglich zu verlassen; politische Tätigkeit, neutralitätswidriges Verhalten und Erwerbstätigkeit waren ihnen verboten und konnten die Ausweisung nach sich ziehen."[125] Ab 1940 wurden Emigranten auch in zivil geführten Arbeitslagern interniert. In diesem Jahr wurden auch Internierungslager für geflohene polnische, französische und andere alliierte Soldaten eingerichtet. Von diesen Internierungsmaßnahmen waren auch Deserteure, Wehrdienstverweigerer und entflohene Kriegsgefangene betroffen. Aus Deutschland flüchtige polnische und sowjetische Zwangsarbeiter galten aber neben Juden, politischen Extremisten und Spionageverdächtigen als „unerwünschte Elemente"

---

124 Ebd.
125 Ebd., S. 112.

und „wurden bis 1944 regelmäßig über die Grenze zurückgestellt, was für diese oftmals schwerwiegende Konsequenzen hatte."[126]

Nachdem im Oktober 1941, im Zuge des Russlandfeldzuges und der Errichtung von Massenvernichtungslagern im besetzten Polen, die nationalsozialistische Vernichtungspolitik gegenüber den europäischen Juden einsetzte, stieg die Zahl der Flüchtlinge in die Schweiz, die in Westeuropa neben Spanien die einzige Fluchtmöglichkeit war. Am 30. Juli 1942 äußerte sich Robert Jezler, der Stellvertreter Rothmunds, in einem Bericht zur hoffnungslosen Situation der jüdischen Flüchtlinge:

> Die übereinstimmenden und zuverlässigen Berichte über die Art und Weise, wie die Deportationen durchgeführt werden, und über die Zustände in den Judenbezirken im Osten sind derart gräßlich, daß man die verzweifelten Versuche der Flüchtlinge, solchem Schicksal zu entrinnen, verstehen muß und eine Rückweisung kaum verantworten kann.[127]

Auch Heinrich Rothmund wies den Bundesrat auf die verzweifelte Situation hin, da trotz der strengen Einreisebestimmungen

> seit einiger Zeit fast keine Flüchtlinge mehr zurückgewiesen [wurden]. Ohne Sie zu fragen. Ich scheue mich nicht, die Verantwortung dafür zu tragen. Der Bundesrat wird diese Praxis kaum desavouieren, wenn er den Bericht Dr. Jezlers liest.[128]

Rothmund schlug dem Bundesrat vor, häufig benützte Grenzübergänge streng bewachen zu lassen und aufgegriffene illegale Flüchtlinge konsequent zurückzuschicken. An schwach bewachten Grenzabschnitten sollten Übertritte weiter zugelassen werden. Dieses Dokument ist ein trauriger Ausdruck der Widersprüchlichkeit und Orientierungslosigkeit, in der sich die Schweizer Behörden damals befanden. Im Sommer 1942 einigte man sich dann aber trotzdem auf eine rigorose Präsidialverfügung Rothmunds, die mit der Feststellung schloss, dass „künftig also in vermehrtem Masse Rückweisungen von ausländischen Zivilflüchtlingen stattfinden müssen, auch wenn den davon betroffenen Ausländern daraus ernsthafte Nachteile (Gefahr für Leib und Leben) erwachsen könnten."[129]

Im August 1942 wurden die Schweizer Grenzen für „rassisch" verfolgte Flüchtlinge geschlossen. In einem Rundschreiben der Fremdenpolizei vom 13. August 1942 an Zivil- und Militärbehörden wurde die Schweizer Flüchtlingspolitik präzisiert. Man sei angesichts der angespannten Lebensmittelversorgung im Land, des innen- und außen-

---

126 Ebd., S. 113.
127 Zitiert in: ebd., S. 115.
128 Zitiert in: ebd., S. 116.
129 Zitiert in: ebd.

politischen Sicherheitsbedürfnisses sowie der Unmöglichkeit, alle Flüchtlinge zu beherbergen und ein neues Aufnahmeland für sie zu finden, dazu gezwungen, die Rückweisung dieser Flüchtlinge zu veranlassen. „Flüchtlinge nur aus Rassegründen, z. B. Juden" galten nicht als politische Flüchtlinge und seien strikt zurückzuweisen, „wobei sie beim ersten Mal schwarz über die Grenze zurückgeschoben, im Wiederholungsfall jedoch den zuständigen Behörden auf der anderen Seite direkt übergeben werden sollten."[130]

Nach der Kapitulation Italiens im September 1943 kam es zu einem weiteren großen Flüchtlingsstrom in die Schweiz. Tausende von italienischen Juden, Oppositionellen und Soldaten flohen vor der Rache der Deutschen Richtung Tessin.

Ab Spätherbst 1943 wurde die restriktive Flüchtlingspolitik gegenüber den Juden, für die meisten viel zu spät, gelockert. 1944 wurden 18.000 zivile Flüchtlinge in der Schweiz aufgenommen. Das EJPD entschloss sich aber erst am 12. Juli 1944, nachdem sich der Untergang des Dritten Reiches nach der erfolgreichen Invasion der Alliierten in der Normandie abzuzeichnen begann, die offizielle Weisung auszugeben, alle an Leib und Leben gefährdeten Zivilpersonen aufzunehmen. Bis Kriegsende befanden sich 115.000 Flüchtlinge in der Schweiz.[131]

3.2 Die Situation der emigrierten Künstler

Zahlreiche deutsche Theaterschaffende, die aus dem deutschen Machtbereich in die Schweiz geflohen waren, erhielten, soweit sie engagiert wurden, befristete Aufenthalts- und Arbeitsbewilligungen, die von Jahr zu Jahr verlängert werden mussten. In den Stadttheatern von Zürich, Basel, Bern, Luzern, Biel-Solothurn, St. Gallen und Chur fanden Opernsänger, Schauspieler, Dirigenten und Regisseure eine zweite Heimstatt und konnten, was vor allem für Schauspieler von nicht geringer Bedeutung war, in ihrer Muttersprache weiterarbeiten. Andere österreichische und deutsche Künstler bereicherten die Schweizer Kabarettszene. Neben den Theaterleuten wirkten in der Schweiz auch Schriftsteller, Publizisten, Verleger und Wissenschaftler. Die prominentesten emigrierten österreichischen und deutschen Schriftsteller waren Thomas Mann, Bertolt Brecht, Ernst Bloch, Ulrich Becher, Robert Musil, Georg Kaiser und Fritz Hochwälder. Für die meisten vor den Nationalsozialisten geflohenen Autoren wurde die Schweiz wegen der restriktiven eidgenössischen Asylpolitik zwar zum Exilort, aber kaum zur Stätte der Veröffentlichung ihrer Werke. Ihnen erging es also nicht besser als den vielen anderen Flüchtlingen, die durch die Schweizer Asylbedingungen in erheblichem Maße in ihrer Betätigung eingeschränkt wurden.[132] In der Mehrzahl flüchteten sich die emi-

---

130 Ebd.
131 Ebd.
132 Frank Wende (Hg.), *Deutschsprachige Schriftsteller im Schweizer Exil 1933–1950. Eine Ausstellung des deutschen Exilarchivs 1933–1945 der deutschen Bibliothek*, Wiesbaden 2002, S. 7.

grierten Schriftsteller in die illegale Arbeit und schrieben unter Pseudonym. Sie hofften damit dem Zugriff der Polizei zu entgehen. Viele Schweizer Redakteure und Verleger ermöglichten unter bewusster Missachtung des Arbeitsverbotes zahlreiche Publikationen von Emigranten. Dazu gehörten unter anderem die Verleger Emil Oprecht, Rudolf Jakob Humm und Hans Zbinden.

Das Schauspielhaus Zürich wurde ab 1933 zum Zentrum antifaschistischer deutscher Theaterarbeit. Es brachte viele Bühnenstücke von in Nazideutschland verfemten Schriftstellern zur Aufführung. Nach der Besetzung Österreichs und der Tschechoslowakei war das 1891 eröffnete Zürcher Schauspielhaus das einzige freie große deutschsprachige Schauspieltheater. Hier wirkten der 1934 aus dem KZ Lichtenburg entflohene Wolfgang Langhoff, Wolfgang Heinz, Kurt Horwitz, Therese Giehse, Kurt Hirschfeld, Curt Riess, Karl Paryla und Theo Otto.

Beispielgebende Höhepunkte antifaschistischer Theaterarbeit waren die Uraufführungen von Ferdinand Bruckners *Die Rassen* am 30. November 1933, Else Lasker-Schülers *Arthur Aronymus und seine Väter* im Dezember 1936 und Georg Kaisers *Der Soldat Tanaka* am 2. November 1940. Bertolt Brecht erlebte in Zürich mit *Mutter Courage und ihre Kinder* am 19. April 1941, *Der gute Mensch von Sezuan* am 3. Februar 1943 und *Galileo Galilei* am 9. September 1943 gleich drei Uraufführungen. Es gab auch einige Theaterskandale. So organisierte die „Faschistische Föderation der Schweiz, Kampfgruppe Zürich" im Juni 1935 eine Protestkundgebung gegen ein Gastspiel des Prager Burian Theaters, das die *Dreigroschenoper* zur Aufführung brachte.[133]

Einige Emigranten gründeten in der Schweiz Kabarettgruppen. So gründete Erika Mann in Zürich ihr in Deutschland verbotenes literarisches Kabarett „Die Pfeffermühle" neu. Ab 1. Oktober 1933 gab sie unter Mitwirkung von Therese Giehse, Sybille Schloß und dem Pianisten und Komponisten Magnus Henning Vorstellungen im Züricher Hotel „Hirschen". Die Schweizer Behörden überwachten die Kabarettabende der deutschen Emigranten, damit die dargebotene Kritik gegenüber dem mächtigen Nachbarland nicht zu scharf ausfiel und womöglich deutsche Proteste auslöste. Die „Pfeffermühle" führte Gastspielreisen in die Tschechoslowakei, Holland, Belgien, Luxemburg und die USA durch. 1937, in dem Jahr, in dem Swarowsky nach Zürich kam, musste sie aufgrund der Proteste von Schweizer Faschisten ihr Wirken beenden. 1937 sprach der Zürcher Kantonsrat ein allgemeines Verbot ausländischer politischer Kabaretts aus.

Einer der prominentesten deutschen Musiker, der damals in der Schweiz lebte, war der Dirigent Hermann Scherchen. Scherchens künstlerische Aktivitäten in der Schweiz waren vielseitig. Der Mentor zeitgenössischer Musik war bereits seit 1922 ständiger

---

133 Stephan Stompor, *Künstler im Exil, in Oper, Konzert, Operette, Tanztheater, Schauspiel, Kabarett, Rundfunk, Film, Musik- und Theaterwissenschaft sowie Ausbildung in 62 Ländern*, Frankfurt a.M. usw. 1994, Bd. 2, S. 175.

Gastdirigent des Musikkollegiums Winterthur. Seit August 1937 hatte er seinen Hauptwohnsitz in Neuenburg. Ab 1935 leitete er für Radio Genf ein Instrumentalisten-Ensemble, das er gemeinsam mit seinem Schüler Ernest Bour aufgebaut hatte. Scherchen arbeitete auch an der Erforschung der Schweizer Musik des 18. und 19. Jahrhunderts. Von 1941 bis 1944 war er Chefdirigent des Stadtorchesters in Winterthur[134], 1945 wurde er musikalischer Oberleiter von Radio Beromünster.

Die künstlerische Tätigkeit deutscher Emigranten in der Schweiz wurde von Goebbels' Propagandaministerium in Zusammenarbeit mit den deutschen Generalkonsulaten scharf überwacht. Auch gebürtige Schweizer erwiesen sich dabei als willfährige Helfer. Bezeichnend dafür ist ein Bericht des Kulturreferenten Ernst Kühnly an das Propagandaministerium vom 22. Juni 1938 über den deutschen Einfluss an den Stadttheatern von Basel und Zürich:

Am 3. und 4. Juni besuchte ich das Stadttheater Zürich anläßlich der Aufführung des „Ringes des Nibelungen" mit deutschen Gästen. Den größten Erfolg bei diesen Gastspielen hatte Kammersänger Max Lorenz, der eine unvergleichlich gute Leistung bot. [...] Direktor Schmid-Bloss hat sich um die deutschen Künstler in der liebenswürdigsten Weise bekümmert. [...] Schmid-Bloss bemüht sich mit aller Energie, auch das Züricher Schauspielhaus unter seinen Einfluß zu bekommen. Er glaubt, Aussicht auf Erfolg zu haben, vor allem dann, wenn er im gleichen Maße wie für das Stadttheater deutsche Gäste verpflichten kann. Ich gab ihm diese Zusage selbstverständlich, wobei ich natürlich betonte, daß keinerlei Emigranten dann im Ensemble beschäftigt sein dürfen. Direktor Schmid-Bloss gab mir im übrigen davon Kenntnis, daß nach seiner Auffassung die Veranstaltung des Konzertes der Philharmoniker mit Dr. Furtwängler nicht richtig arrangiert worden sei. [...] Bei diesem Konzert seien Flugzettel verteilt worden mit abfälligen Bemerkungen über Dr. Furtwängler und Sympathieäußerungen über Toscanini. [...] Ich halte es für zweckmäßig, von dieser Angelegenheit Kenntnis zu geben, und gestatte mir vorzuschlagen, bei zukünftigen Konzerten die Direktion des Stadttheaters zu beauftragen bzw. meine freundschaftlichen Beziehungen zu Herrn Schmid-Bloss für solche Dinge ebenfalls auszunutzen.

Ich hatte Gelegenheit zu einer ausführlichen Aussprache mit dem Präsidenten, Herrn Schwabe, von Basel. [...] Die Schweizer Bühnen haben jetzt keine Möglichkeit mehr, sich in ihren Gästen auf das österreichische Kontingent an Emigranten, Juden und sonstigen Elementen zu stützen. [...] Durch die Sperre deutscher Künstler sowohl für Saisonverträge als auch für Gastspiele ist dem Baseler Stadttheater in den letzten Jahren ein ganz empfindlicher Einnahmeausfall entstanden, der auf die Dauer untragbar wird und die Existenz dieses Theaters in Gefahr zieht. Präsident Schwabe, mit dem ich ganz offen über die Angelegenheit Hartung sprach, erklärte, daß er Herrn Hartung niemals engagiert hätte, wenn

---

134 Ebd., S. 224.

er gewußt hätte, in welch übler Weise Hartung sich gegen Deutschland betätigt hätte. […] Er stellte sich sehr dumm und gab an, von dieser Betätigung Hartungs nichts gewußt zu haben. Er machte mir in Gegenwart des Herrn Schmid-Bloss die bindende Zusage, daß der Vertrag des Hartung nach Ablauf nicht mehr erneuert würde. […] Ich bitte um Richtlinien über das Stadttheater Basel und vor allem um Mitteilung, ob die Möglichkeit besteht zu einem Entgegenkommen.[135]

Während der ersten Kriegsjahre, als Hitlerdeutschland den Großteil Europas beherrschte, war in weiten Teilen der Schweizer Gesellschaft eine opportunistische Haltung gegenüber dem Deutschen Reich weit verbreitet. Flüchtlinge und unliebsame emigrierte Künstler waren daher zahlreichen Diskriminierungen ausgesetzt, wie Curt Trepte berichtet:

Die Schweiz beherbergte 1941 16.500 Flüchtlinge, davon etwa 150 Theaterkünstler und 180 deutsche Schriftsteller, die keine Arbeitserlaubnis erhielten, für die Schweizer Presse und Verlage zu schreiben. Die Exilschauspieler erhielten auch nur von Spielzeit zu Spielzeit, ja von Stück zu Stück Arbeitserlaubnis.[136]

Im besten Falle gewährte die Fremdenpolizei den Emigranten eine „Toleranzbewilligung" für jeweils ein Vierteljahr. Auch Hans Swarowsky musste im Sommer 1940 gegen seinen Willen die Schweiz verlassen.

Neben der Fremdenpolizei ergriff auch die Schweizerische Bundesanwaltschaft Maßnahmen gegen Emigranten. So erklärte die Bundesanwaltschaft 1936 Theo Otto und das Ehepaar Paryla zu unerwünschten Ausländern, gegen die von Seiten der Bundesanwaltschaft eine Grenzsperre verfügt wurde.[137] Nur die Intervention der Schauspielhaus-Direktion konnte die Auslieferung verhindern. Die Betroffenen mussten aber unterschreiben, dass ihnen „unter Androhung des sofortigen Widerrufs der Toleranzbewilligung jede politische Tätigkeit" verboten sei, „die sich gegen das politische Regime eines fremden Landes richte."[138]

Ab 12. März 1940 begannen die Schweizer Behörden mit der rigorosen Internierung von Flüchtlingen aus Deutschland, Österreich und der Tschechoslowakei, von der nur wenige Emigranten ausgenommen waren. Am 26. November desselben Jahres wurde die Schweizer Kommunistische Partei samt deren Organisationen, die sich unter anderem

---

135 Zitiert in: Ute Cofalka/Beat Schläpfer (Hg.), *Fluchtpunkt Zürich. Zu einer Stadt und ihrem Theater. Schauplätze der Selbstbehauptung und des Überlebens 1933–1945*, Nürnberg 1987, S. 105 f.
136 *Protokoll des II. Internationalen Symposiums zur Erforschung des deutschsprachigen Exils nach 1933 in Kopenhagen (August 1972)*, Stockholm 1972, S. 526; zitiert in: Stompor, *Künstler im Exil* (Anm. 133), S. 229.
137 Stompor, *Künstler im Exil* (Anm. 133), S. 229.
138 Ebd., S. 229 f.

auch in der Flüchtlingshilfe engagierten, verboten. In den Internierungslagern führten die Emigranten ihre kulturellen Aktivitäten weiter, so gut es ging. Es entstanden dort Lieder und Aufführungen von Theaterstücken. Schriftsteller wie Eduard Claudius, Robert Jungk, Stephan Hermlin und der Literaturwissenschaftler Hans Mayer befanden sich ab 1940 in derartigen Arbeitslagern. Zu den bekanntesten Opfern dieser Internierungslager gehörte der als Rundfunk- und Filmsänger weltbekannte Tenor Joseph Schmidt. Nach zahlreichen weltweiten Konzerttourneen war Schmidt 1937 nach Deutschland zurückgekehrt, wo er in Konzerten des jüdischen Kulturbundes auftrat. Über Belgien und Frankreich gelang ihm die Flucht in die Schweiz. 1942 erkrankte Schmidt in einem Internierungslager schwer und starb erst achtunddreißigjährig. An seinem Begräbnis auf dem Israelitischen Friedhof nahmen nur neun Personen teil, darunter „als Vertreter der dortigen Theater der Sänger Marko Rothmüller, die Schauspieler Wolfgang Langhoff, Ernst Ginsberg und Eugen Jensen."[139] Der 1938 in die Schweiz geflohene österreichische Schriftsteller Fritz Hochwälder hat in seinen im September 1945 in Solothurn uraufgeführten Drama *Der Flüchtling*, dessen Handlung 1943 in Südfrankreich nahe der schweizerischen Grenze spielt, den Problemen und Schicksalen der Emigranten ein Denkmal gesetzt.

Trotz der widrigen Umstände und zahlreicher Diskriminierungen haben deutsche und österreichische Emigranten den Schauspiel- und Musikbetrieb der Schweiz bereichert und „diesem am Rande des Krieges bleibenden Land viele neue Impulse gegeben; sie haben damit für ein progressives Theater gewirkt, wie es sich dann nach dem Ende des Krieges in den Ländern Europas entwickeln konnte."[140]

3.3 Swarowsky am Stadttheater Zürich

Das Stadttheater Zürich wurde am 30. September 1891 in dem noch heute bespielten Bau der Wiener Architekten Helmer und Fellner eröffnet. Das 1.230 Plätze umfassende Haus wurde von einer Theateraktiengesellschaft betrieben. Unter der Leitung von Alfred Reucker hatte es von 1901 bis 1921 eine viel beachtete Glanzzeit. Nach der Etablierung eines eigenständigen Schauspielhauses im Jahre 1921 beschränkte sich das Stadttheater unter der Direktion von Paul Trede auf Oper und Operette. 1932 wurde Karl Schmid-Bloß zu dessen Nachfolger ernannt und führte das Opernhaus bis 1947. Schmid-Bloß hatte als Sänger begonnen. Der langjährige Dirigent und Vorgänger Swarowskys als 1. Kapellmeister am Zürcher Opernhaus, Max Conrad, charakterisierte den Direktor folgendermaßen:

> Hatte sich der „Sänger" Schmid bisher als gewissenhaftes Mitglied und humorvoller Kollege gezeigt, so offenbarte er als Direktor nun auch andere Eigenschaften, die mehr und

---

139 Ebd., S. 231.
140 Ebd.

mehr das Bild einer eigenwilligen, energischen Kraftnatur erkennen ließen. Ausgestattet mit starkem Selbstbewußtsein, frei von jeder Sentimentalität, konnte er nötigenfalls rücksichtslos sein bis zur Brutalität, Charaktereigenschaften, die gewiß noch durch jahrelangen Kriegsdienst als Offizier gefördert worden waren. […] Immerhin war er im Gegensatz zu der weicheren Natur seines Amtsvorgängers Trede eine starke Persönlichkeit, in seinen Entschlüssen oft von unbekümmertem Draufgängertum, anders auch als Reucker, der, meist vorsichtig abwägend, etwas von einem Fabius cunctator hatte. Es ist klar, daß ein Mensch von so vielen heterogenen Charakteranlagen viele Freunde hatte, sich mit der Zeit aber auch viele Feinde schuf, wie 1947 der große Theaterkonflikt bewies, der zu seinem vorzeitigen Rücktritt führen sollte.[141]

Schmid-Bloß nahm aus St. Gallen, wo er vorher Leiter des Stadttheaters gewesen war, Heinz Rückert als Spielleiter und Dramaturgen nach Zürich mit. Als Bühnenbildner engagierte er den aus dem Bauhaus stammenden Roman Clemens, der viele erneuernde Impulse setzte. Seit 1929 war Dr. Robert Kolisko musikalischer Oberleiter in Zürich. Zum Kern des Sängerensembles gehörten die Altistin Sigrid Onegin, der Tenor Albert Seibert und der Bassist Heinz Prybil.

1933 wurde das Opernhaus wie auch das Schauspielhaus zum Fluchtpunkt politisch verfolgter Künstler. Die ersten waren der Tenor Arthur Cavara und der Bassist Fred Destal, die der Städtischen Oper Berlin den Rücken kehren mussten. 1934 nahm der aus Karlsruhe vertriebene Viktor Pruscha in Zürich als Spielleiter seine Tätigkeit auf. Die aus Deutschland emigrierten Sänger Alexander Gillmann (Tenor) und Martha Rohs (Mezzosopran) ergänzten das Ensemble. In der Spielzeit 1936/37 folgten weitere Emigranten: der ungarische Tenor Paul Feher, der Operettentenor Karl Pistorius, der Operettenbuffo Rudolf Drexler und der Bariton Marko Rothmüller.

Die Zürcher Oper setzte auch mit der Uraufführung der Oper *Der Kreidekreis* von Alexander Zemlinsky am 14. Oktober 1933 ein mutiges Zeichen, da dessen Werke an den deutschen Bühnen seit der Machtübernahme der Nationalsozialisten verboten waren. Das Zürcher Opernhaus sollte noch weitere Uraufführungen von Werken in Deutschland verfemter Künstler ermöglichen.

Schmid-Bloß bewies auch in der übrigen Spielplangestaltung großen Mut und Einfallsreichtum. 1933 erlebte Strawinskys *Oedipus Rex* seine Erstaufführung und im Februar 1936 wurde Schostakowitschs Oper *Katerina Ismailowa* realisiert. Nachdem allerdings der Zürcher Frauenverein gegen diese „obszöne Oper" protestiert hatte, wurde sie nach nur fünf Aufführungen vom Spielplan genommen.[142]

---

141 Max Conrad, *Im Schatten der Primadonnen. Erinnerungen eines Theaterkapellmeisters*, Zürich/Freiburg i.Br. 1956, S. 193 f.
142 Stompor, *Künstler im Exil* (Anm. 133), S. 182.

Am 16. Mai 1936 inszenierte Schmid-Bloß persönlich die Erstaufführung der in Deutschland bereits abgesetzten Straussoper *Die schweigsame Frau*. Strauss musste die Oper wegen des Librettos des „Nichtariers" Stefan Zweig schon nach einigen Aufführungen zurückziehen und auch seinen Sessel als Präsident der NS-Reichsmusikkammer räumen. Dirigiert wurde das Werk von Robert F. Denzler, der schon von 1915 bis 1927 dem Haus als 1. Kapellmeister angehört hatte und 1934 zum Musikdirektor ernannt worden war.

Der 1892 geborene Zürcher war Schüler Volkmar Andreaes. Nach seiner Kapellmeistertätigkeit am Stadttheater Zürich arbeitete er von 1927 bis 1932 als 1. Dirigent an der Städtischen Oper Berlin, wohin ihn Bruno Walter geholt hatte. Die maßstabsetzenden Uraufführungen von Bergs *Lulu* (1937) und Hindemiths *Mathis der Maler* (1938) in Zürich wurden von ihm geleitet. Denzler blieb bis 1947 Chefdirigent des Opernhauses am Bellevue. Zwischen Schmid-Bloß und Denzler kam es immer wieder zu Reibereien wegen der Führung des Hauses. Beide intrigierten heftig gegeneinander und beiden wurde nach 1945 der Vorwurf der Nazifreundlichkeit zum Verhängnis. Denzler schien „1932 um der Karriere willen in Berlin Mitglied der NSDAP geworden zu sein; auf dubiose Weise waren dem Verwaltungsrat der Theater AG einschlägige Dokumente zugespielt worden."[143] Auch er dürfte Swarowsky als gefährlichen Konkurrenten empfunden haben, was sein im Unterschied zu Schmid-Bloß geringer Einsatz für eine Weiterverpflichtung Swarowskys in Zürich zeigt.

Höhepunkt der Spielzeit 1936/37 war die international beachtete Uraufführung der unvollendeten Oper *Lulu* von Alban Berg am 2. Juni 1937. Die *Schweizerische Musik-Zeitung* würdigte dieses Ereignis:

> Welt-Uraufführung der nachgelassenen Oper „Lulu" von Alban Berg – dies Ereignis hatte prominente Gäste von nah und fern am 2. Juni in das Zürcher Stadttheater gelockt, unter denen sich auch die Witwe des Komponisten befand. Mit tiefstem Interesse wurde das Vermächtnis des großen Wiener Musikers und Dramatikers entgegengenommen. [...] Es ist ein Zeichen der Zeit, daß dieses Werk nur in Zürich zur Aufführung gebracht werden konnte. [...] Die merkwürdigen Zeitumstände überbürden unsere Bühne, die doch mit verhältnismäßig bescheidenen Mitteln arbeitet, mit der Darstellung solcher Werke – eine Pflicht, die, wenn es auch eine Ehrenpflicht ist, doch schwer genug ist. [...] Nach Verklingen des zweiten Aktes trat Direktor Schmid-Bloß vor die Rampe, klärte das Publikum über die Sachlage auf und gab in kurzen Worten die Inhaltsangabe des dritten Aktes. Dann erklangen die von Alban Berg noch selbst instrumentierten „Symphonischen Stücke" aus dem dritten Akt und die Schlußszene mit angedeuteter Dekoration. So mußte ein fühlbarer

---

143 Mario Gerteis, Der Höhenflug endete mit einem Absturz. Zum 100. Geburtstag des Dirigenten Robert F. Denzler, in: *Tagesanzeiger*, Zürich, 19.3.1992.

Unterbruch eintreten, die Gesamtkurve des Aufbaues konnte sich nicht ausschwingen. Und doch gehören gerade diese Schlußfragmente zum Ergreifendsten des ganzen Werkes.[144]

1937 folgte Hans Zimmermann als Oberspielleiter auf Heinz Rückert, der dem Aufruf der Reichstheaterkammer gefolgt war, alle „reichsdeutschen" Künstler, die in der Schweiz arbeiteten, sollten nach Deutschland zurückkehren. Rückert arbeitete in den folgenden Jahren als Oberspielleiter in Bielefeld und Breslau. 1937 begann die Altistin Georgine von Milinkovic nach ihrem Studium in Wien ihre Bühnentätigkeit in Zürich. Der Zürcher Tenor Max Hirzel kehrte im selben Jahr nach fünfzehnjähriger Tätigkeit an der Dresdner Staatsoper als dezidierter Gegner des NS-Regimes Deutschland den Rücken und sang in den folgenden drei Jahren in zahlreichen von Swarowsky geleiteten Vorstellungen.

Nachdem Max Conrad mit Ende der Saison 1936/37 in Pension gegangen war, suchte das Opernhaus Zürich einen neuen 1. Kapellmeister. Auf einer Sitzung des Verwaltungsrates des Zürcher Stadttheaters vom März 1937 wurde festgestellt, dass das Schweizer Bundesamt für Industrie, Gewerbe und Arbeit (Biga) nichts gegen das Engagement eines Ausländers für die 1. Kapellmeisterstelle einzuwenden habe. Außerdem wurde der Direktor im Rahmen dieser Sitzung dazu ermächtigt, nach einem „allfällig erhältlichen 1. Kapellmeister Umschau zu halten."[145] Nach Aussage von Anton Swarowsky war es Schmid-Bloß, der Hans Swarowsky nach Zürich holte: „Er hat ihn einmal gehört und ihn gefragt, ob er nicht eine Stelle sucht, außerhalb Deutschlands. Er hat ihn engagiert in Zürich und er [Swarowsky] ist sofort gekommen."[146] Sicherlich hat Richard Strauss die Ambitionen Schmid-Bloß', den seit Berlin in Deutschland glücklosen Swarowsky nach Zürich zu engagieren, unterstützt.

Am 12. und 20. Mai 1937 dirigierte dieser a.G. in Zürich mit großem Erfolg Aufführungen von Beethovens *Fidelio*. Max Conrad verabschiedete sich am 29. Mai gleichfalls mit der Leitung des *Fidelio*. In dieser Aufführung gab Hilde Konetzni als Leonore ein Gastspiel.

Eine Woche nach Swarowskys erstem Auftritt kam in einer neuerlichen Sitzung des Verwaltungsrates die Möglichkeit eines Engagements des Dirigenten zur Sprache, das aber durch einen Einspruch der Fremdenpolizei gefährdet wurde. Der Verwaltungsrat beklagte, dass die Vertreter der Behörden immer wieder versuchten, im letzten Augenblick schon freigegebene Engagementverhandlungen zu durchkreuzen, „nur weil sich plötzlich ein neuer schweizerischer Kandidat meldete." Im Falle Swarowskys handelte es sich um den Dirigenten Rooschütz, der sich um die 1. Kapellmeisterstelle in Zü-

---

144 *Schweizerische Musik-Zeitung*, 15.6.1937, S. 385.
145 Protokoll der Sitzung des Verwaltungsrates des Stadttheaters Zürich vom 18.3.1937, StAZ.
146 Anton Swarowsky im Gespräch mit Erika Horvath, Paris, 4.10.2002.

rich beworben hatte.¹⁴⁷ Die Fremdenpolizei, die den Schweizer Kandidaten favorisierte, bat den Verwaltungsrat, die Frist für die Neubesetzung der Kapellmeisterstelle, die am 21. Mai 1937 ablief, zu verlängern. Schmid-Bloß und der Verwaltungsrat entschieden aber zugunsten Swarowskys und beabsichtigten, sein Engagement durchzusetzen, „falls Swarowsky auf die Verlängerung seiner Wartefrist nicht eingehen könnte oder nicht mehr rechtzeitig zu erreichen wäre." Schmid-Bloß bekam vom Verwaltungsrat die Vollmacht, den Arbeitsvertrag mit Swarowsky zur bisherigen Gage abzuschließen. Bereits am 19. April 1937 war zwischen Karl Schmid-Bloß und Swarowsky der „Anstellungs-Vertrag" für Swarowskys Engagement als 1. Kapellmeister am Stadttheater Zürich abgeschlossen worden. Der Vertrag war ab 1. Juli 1937 gültig und endete am 30. Juni 1938. Swarowsky wurde ein Gehalt von 750 Franken zugesprochen.¹⁴⁸ Bei der Vertragsabwicklung hatte die Abteilung „Kapellmeister" der der Reichstheaterkammer untergeordneten Organisation „Bühnennachweis" mit Sitz in Berlin geholfen, die Schmid-Bloß zur Gewinnung dieses „ausgezeichneten Künstler" gratulierte.¹⁴⁹ Außerdem versicherte der „Bühnennachweis", dass „Kapellmeister Swarowsky selbstverständlich nach deutschen Engagementbestimmungen einwandfrei" wäre.¹⁵⁰ Schmid-Bloß bedankte sich beim „Bühnennachweis" auch für die Unterbringung des in Unfrieden aus der Zürcher Oper geschiedenen Schweizer Dirigenten Kurt Rothenbühler. Rothenbühler war vom „Bühnennachweis" nach Dessau empfohlen worden. Die Eidgenössische Fremdenpolizei hatte bei der Erteilung der Arbeitsbewilligung für Swarowsky ausdrücklich die Erwartung ausgesprochen, dass im Gegenzuge Rothenbühler ein Engagement in Deutschland bekommen würde.¹⁵¹

Im Jahrbuch des Stadttheaters Zürich 1937/38 äußerte sich Swarowsky in einer Selbstdarstellung über seine Aufgabe als nachschaffender Künstler:

Kein Kunstwerk ist so intensiver Rückstrahlung auf die Menge der Empfangenden fähig wie das theatralische. Vollends, wenn es sich mit Musik verbindet, rührt es an tiefste Lagen des Unterbewußten und kann wie kaum eine andere künstlerische Erscheinungsform zum Motor seelischer Umschichtung werden. Es begreift von allen Künsten etwas in sich und die Idee vom Gesamtkunstwerk konnte nur dem Boden des musikalischen Theaters entstammen.

Heute hört man viel Interessantes über eine Krise in der Oper. Im wesentlichen dürfte es sich dabei doch um eine Krise des Darstellungsstils und der Aufführungspraxis handeln, die

---

147 Protokoll des Verwaltungsrates vom 21.5.1937, StAZ.
148 Anstellungsvertrag zwischen Karl Schmid-Bloß und Hans Swarowsky vom 19.4.1937, StAZ.
149 von Gudenberg, Bühnennachweis, an Schmid-Bloß, 26.5.1937, StAZ.
150 von Gudenberg an Schmid-Bloß, 13.5.1937, StAZ.
151 Schmid-Bloß an Bühnennachweis, 31.5.1937, StAZ.

freilich zugleich eine Krise der Gesinnung ist, hervorgerufen dadurch, dass das, was man vulgär „Tradition" zu nennen pflegt (immer erneute gedankenlose Gewöhnung an uralte Gedankenlosigkeiten), alle Zugkraft eingebüßt und sich endlich totgelaufen hat – während der „neue", von Tradition „unbelastete" Weg (und in dieser Verbindung hat das Wort Tradition schon einen besseren Klang) leider oft in einer Richtung gegangen wird, die so weit von den Absichten des Werks wegführt, wie die des „traditionellen" hinter ihnen zurückgeblieben war.[152]

Richard Strauss, der schon das Engagement Swarowskys in Berlin unterstützt hatte, setzte sich auch in Zürich weiterhin für seinen Schützling ein. Im Oktober 1937 bat er den einflussreichen Schweizer Musikkritiker Willi Schuh, Swarowsky in seiner neuen Umgebung zu helfen:

Ich möchte Sie mit meinem Freunde Kapellmeister Swarowsky bekannt machen, der nicht nur ein sehr guter Musiker, sondern auch vielseitig gebildeter, besonders literaturbewanderter Mensch ist. Er ist sehr glücklich, nach einer Berliner Leidenszeit im schönen Zürich gelandet zu sein – vielleicht haben Sie die Güte, ihn, falls er dessen bedürfen sollte, etwas mit Rat und Tat zu unterstützen.[153]

Am 26. August 1938 reiste Strauss in die Schweiz, um in Baden bei Zürich eine Kur zu machen. Er wohnte im Hotel „Verenahof". In dieser Zeit kam es sicherlich zu mehreren persönlichen Begegnungen mit Swarowsky. Am 7. September besuchte Strauss die von Swarowsky geleitete Premiere von Lortzings *Wildschütz*.[154] Anschließend trafen sich Strauss, Paul Hindemith, der die Vorstellung ebenfalls besucht hatte, Schmid-Bloß, Swarowsky und Willi Schuh in der Zürcher Gaststätte „Kronenhalle".[155]

Swarowsky wohnte in Zürich in der Beethovenstraße 49. Diese Wohnung gehörte seinem Freund Julius Marx, den er schon aus Stuttgarter Tagen kannte. Der 1888 in Freudental in Württemberg geborene Marx war seit 30. März 1935 in Zürich gemeldet.[156] In der Wohnung in der Beethovenstraße lebte er seit 1. Oktober 1937. Marx war der Sohn jüdischer Eltern und stand nicht nur wegen seiner Abstammung, sondern

---

152 Hans Swarowsky, Ueber meinen Beruf, in: *Jahrbuch des Stadttheaters Zürich* [1937/38], S. 29.
153 Richard Strauss an Willi Schuh, 3.10.1937, in: *Richard Strauss. Briefwechsel mit Willi Schuh*, hg. von Willi Schuh, Zürich/Freiburg i.Br. 1969, S. 20 f.
154 – die vor halb leerem Saal stattfand, Regie führte Schmidt-Bloß: Boris Kehrmann, *Vom Expressionismus zum verordneten „Realistischen Musiktheater". Walter Felsenstein – Eine dokumentarische Biographie 1901 bis 1951*, Marburg 2015 (Dresdner Schriften zur Musik 3), Bd. 1, S. 601. Siehe die Swarowsky betreffend positive Kritik von Willi Schuh ebd., S. 604 f.
155 Ebd., S. 25.
156 Anna Pia Maissen, StAZ, an Otto Karner, 3.3.2003.

auch wegen seiner republikanischen Gesinnung schon früh auf der Abschussliste der Nationalsozialisten. Marx wurde durch sein *Kriegs-Tagebuch eines Juden*, das 1939 in Zürich erschien, auch als Schriftsteller bekannt.[157] Swarowsky hat ihm bei der Redigierung des Textes geholfen. Dieses Werk beruht auf persönlichen Aufzeichnungen, die der Autor als Frontsoldat zwischen 28. Juni 1914 und 13. April 1918 notiert hatte. Marx wollte damit den zwölftausend Juden in der deutschen Armee, die während des Ersten Weltkriegs gefallen sind, ein literarisches Denkmal setzen. Marx berichtet darin

> ein Einzelschicksal, sein privates Schicksal des Kriegsalltags, gewissermaßen der historischen Existenz-Atome, jedoch so komplex und ehrlich, daß durch die Schärfe und Unvoreingenommenheit der Aspekte, die von diesem Bericht ausgehen, die Totalität des Krieges bezeichnet und verurteilt wird. Es ist ein document humain, weil es nicht bei der bloßen Richtigkeit verharrt, sondern die menschliche Wahrheit, nämlich die Tüchtigkeit und das Leid, tatsächlich und exemplarisch vermittelt. Sein Protest gegen die Unmenschlichkeit des Krieges ist weder plakativ noch abstrakt, sondern lediglich mit dem zwar leidenschaftlichen, aber sparsamen Bericht der Tatsachen formuliert. Das gibt diesem Buch die Kraft der Ueberzeugung und Wahrhaftigkeit. Das isoliert nicht die Leidensgeschichte der jüdischen Kriegsteilnehmer des Ersten Weltkriegs, sondern hilft, ihre Leidensgeschichte einzufügen in die Geschichte des Judentums überhaupt.[158]

Der in Stuttgart als Kaufmann zu Vermögen gekommene Marx gründete in Zürich den Filmverlag „Thema", „der sich weniger durch seine Erfolge, die ihm bis auf seine Bemühungen für Alfred Neumann versagt blieben, als vielmehr durch seine Arbeit um den guten literarischen Film verdient gemacht hat."[159] In diesem Verlag arbeitete Marx mit Bernhard Diebold zusammen. Diebold war 1934 aus Berlin nach Zürich emigriert.

Marx' Wohnung in der Beethovenstraße wurde zu einem Treffpunkt zahlreicher Emigranten, die Rat und auch finanzielle Hilfe bei dem geschäftstüchtigen Schwaben fanden. Neben Swarowsky waren in der Beethovenstraße Thomas Mann, Bertolt Brecht, Alfred Neumann, Fritz Hochwälder und vor allem Georg Kaiser gern gesehene Gäste des literarisch interessierten Hausherrn. Marx war einer der engsten Begleiter Georg Kaisers in seinen letzten Exil- und Lebensmonaten. Auch in der Emigration wollte Marx den Kampf gegen den Faschismus nicht aufgeben.[160] So entstand in Zürich das unveröffentlicht gebliebene Widerstandsdrama *Pik Ass*. Marx' „Bemühungen um

---

157 Julius Marx, *Kriegs-Tagebuch eines Juden*, Zürich 1939. Eine zweite Auflage erschien 1964 in Frankfurt a.M.
158 Walter Huder, Julius Marx. Zu seinem Gedenken, in: *NZZ*, 26.10.1970, Morgenausgabe, S. 27.
159 Ebd.
160 [Julius Marx, *Georg Kaiser, ich und die anderen. Alles in einem Leben. Ein Bericht in Tagebuchform*, Gütersloh 1970 – Hg.]

die Gründung einer jüdischen Legion im Kampf gegen den Hitlerfaschismus" spiegelten sich in dem Entwurf zu einem dokumentarischen Fernsehspiel mit dem Titel *Die Legion der Verdammten* wieder.[161] Marx' Widerstand gegen den Nationalsozialismus war aber nicht nur literarischer Natur. Seine Spionagetätigkeit für die Westalliierten, die in engem Zusammenhang mit Swarowsky stand, wird im nächsten Kapitel behandelt.

Anfang September 1937 gab Swarowsky mit Verdis *Don Carlos* seinen erfolgreichen Einstand in Zürich:

> Sehr bemerkenswert führte sich Hans Swarowsky, der neu engagierte erste Kapellmeister ein, der sich erfreulicherweise über ein gutes Maß Routine ausweist, ohne daß man ihn „Routinier" schelten muß. Er weiß überall seinen Willen durchzusetzen, auch bei den Sängern, die er scharf im Zügel hält und denen er jede Neigung zum Schleppen im Augenblick verunmöglicht. Wie es ja auch sein soll, bestimmt er als verantwortlicher Leiter das Tempo; und zwar sind es Zeitmaße, agogische Modifikationen und dynamische Lebendigkeiten, die das dramatische Feuer hell auflodern lassen. Als nicht zu unterschätzende Tugend darf man Swarowsky weiterhin testieren, daß er es in vorbildlicher Weise verschmäht, sich bei jeder Gelegenheit wie eine Diva beklatschen zu lassen. Möge es immer so bleiben.[162]

Im Oktober 1937 hatte Swarowsky in Zürich einen weiteren spektakulären Auftritt, als er eine Aufführungsserie von Puccinis *Madama Butterfly* leitete, die in der Hauptrolle der Cho-Cho-San Teiko Kiwa vom Kaiserlichen Theater in Tokio aufgeboten hatte. Ein weiterer Höhepunkt dieses Monats war die Premiere von Strauss' Oper *Ariadne auf Naxos*, die ebenfalls von Swarowsky dirigiert wurde.

In seiner ersten Saison in Zürich war Swarowsky wie schon in Berlin hauptsächlich für das italienische Repertoire, insbesondere Verdi, verantwortlich. Im Januar 1938 dirigierte er die Premiere von Verdis *Luisa Miller*, im darauffolgenden Monat folgte die Premiere von *Die Macht des Schicksals* und im April 1938 *Rigoletto*. Das deutsche Opernrepertoire, mit Ausnahme einer *Tannhäuser*-Serie, die Swarowsky im Januar 1938 überantwortet wurde, lag fest in den Händen Denzlers, der sich seine musikalischen Sporen vor dem Ersten Weltkrieg als Korrepetitor in Bayreuth erworben hatte. Im Januar 1938 wurde Swarowsky auch eine große Tanztheaterpremiere übertragen, bestehend aus *Die blaue Blume*, einem Sommernachtsballett der Zürcher Choreographin Pia Mlakar mit Musik von Walter Müller von Kulm, Strawinskys *Kartenspiel* und Manuel de Fallas *Dreispitz*. Choreographie und Spielleitung hatte das Ehepaar Pino und Pia Mlakar inne. Am 2. April des Jahres lag die Schweizer Erstaufführung von Richard Mohaupts neuer Oper

---

161 Ebd.
162 *Der Landbote*, 11.9.1937.

Die Wirtin von Pinsk in den Händen Swarowskys. Die Uraufführung des Werkes hatte erst einige Wochen vorher in Dresden stattgefunden.

Höhepunkt der Saison war aber sicherlich die Uraufführung von Hindemiths *Mathis der Maler* im Rahmen der Juni-Festspiele des Zürcher Stadttheaters. Hindemiths Werk war in Deutschland zum Politikum geworden und führte zu Furtwänglers vorübergehendem Rücktritt von allen seinen Ämtern und zu Hindemiths Emigration aus NS-Deutschland. Hans Heinz Stuckenschmidt berichtete damals über dieses denkwürdige Ereignis, das in Anwesenheit Hindemiths die Zürcher Festspiele eröffnet hatte:

> Das Stadttheater Zürich gehört heute mit dem Prager Neuen Deutschen Theater zu den Bühnen, die eine europäische Aufgabe haben. Es darf seinen Spielplan mit dem Blick auf die Welt formen, im Sinne eines kulturellen Humanismus, der keine anderen Pflichten kennt als die gegen den schöpferischen Geist. Schon im Vorjahre hatte die Uraufführung der „Lulu" von Alban Berg den Lichtkegel des internationalen Interesses hierher gezogen; dieses Jahr sammelt sich ein internationales Publikum zur Premiere der neuen Hindemith-Oper. Im Parkett sieht man Ernest Ansermet, Darius Milhaud, Vittorio Rieti, Hans Rosbaud, Othmar Schoeck, Hans W. Steinberg, Wladimir Vogel und viele andere bekannte Musiker, die aus allen Ländern, sogar aus New York und Kairo, eigens hergekommen sind. [...] Die Aufführung stellt dem künstlerischen Willen aller Mitwirkenden ein hohes Zeugnis aus. Sie war mit Sorgfalt und Stilkenntnis (teilweise vom Autor selbst) vorbereitet und brachte das Werk ohne alle Kompromisse, das heißt strichlos heraus, es dauerte in dieser ungekürzten Form von zwanzig Uhr bis Mitternacht. Robert F. Denzler zeigte sich als Dirigent von seiner besten Seite; er verstand es, die besondere Polyphonie und den holzschnitthaft herben Klang der Partitur klärend und dabei ausgleichend vorzutragen, gestützt durch ein Orchester von schöner, solider Qualität. [...] Die Inszenierung besorgten Karl Schmid-Bloß und Hans Zimmermann. Die schweren Probleme des Umbaus und der Verwandlungen im sechsten Bild waren überzeugend gelöst, während die tumultuösen Bilder unter dem Raummangel auf der kleinen Bühne stellenweise litten. Eine eindringlichere Wirkung wäre auch für die Szene der Bücherverbrennung vorzustellen, die in Zürich nur angedeutet wurde. Um so stärker war die bildliche und dramatische Gestaltung der Visionen. Hier standen dem hochbegabten Bühnenmaler Roman Clemens die Bilder Grünewalds, zwei Tafeln des Isenheimer Altars, als Muster zur Verfügung. Die Solisten gaben ihr Bestes. [...][163]

Mathis der Maler erlebte in Zürich elf Aufführungen. Am 9. März 1939 wurde die politisch brisante Oper anlässlich eines Gastspiels der Zürcher Oper in Amsterdam gegeben. Die deutsche Erstaufführung fand erst 1946 in Stuttgart statt. Auch Wilhelm Furtwängler, musikalisches Aushängeschild des „Dritten Reiches", gastierte während

---

163 *Prager Tageblatt*, 31.5.1938.

der Zürcher Festspiele am Stadttheater. Er leitete eine *Fidelio*-Aufführung mit Hilde Konetzni in der Titelrolle und Max Hirzel als Florestan. Swarowsky dirigierte während der Zürcher Festspielzeit eine Vorstellung von Bizets *Carmen* mit der Protagonistin Dusolina Giannini von der Metropolitan Opera New York.

All diese glanzvollen Produktionen konnten aber nicht darüber hinwegtäuschen, dass sich die politische Lage in Europa immer mehr verschlechterte. Im März 1938 setzte nach der Annexion Österreichs durch NS-Deutschland eine neue Flüchtlingswelle in die Schweiz ein. Die deutschen Gesandtschaften beobachteten mit Argwohn NS-kritische Veranstaltungen im neutralen Ausland, besonders in der deutschsprachigen Schweiz. Man versuchte von Berlin aus auch Einfluss auf die Besetzung von Theaterdirektionen in der Schweiz zu erlangen oder diese unter Druck zu setzen. Dies gelang sogar in St. Gallen, wo der deutschfreundliche Direktor Dr. Theo Modes bis 1938 wirkte, um dann 1938 in das wiedergewonnene „Sudetenland" berufen zu werden.[164] An den Schweizer Bühnen waren aber nicht nur Emigranten tätig, sondern auch von der NS-Reichstheaterkammer abhängige Künstler, die sich die Rückkehr nach Deutschland freihalten wollten. Das Propagandaministerium legte auch großen Wert auf glanzvolle Gastspielreisen von reichsdeutschen Künstlern, besonders bei den Zürcher Sommerfestspielen. Wie das Verbot des von Erika Mann gegründeten politischen Kabaretts „Pfeffermühle" gezeigt hat, gingen die Schweizer Behörden mit antifaschistischer künstlerischer Tätigkeit sehr restriktiv um und unterwarfen diese einer strengen Zensur.

Im Zuge der verschärften politischen Situation in Deutschland suchte auch der Regisseur Walter Felsenstein 1938 in der Schweiz ein neues Betätigungsfeld, um seine Frau und seine beiden Söhne vor weiterer Diskriminierung zu schützen.[165] In diesem Jahr nahm er ein Angebot des Zürcher Stadttheaters als Oberspielleiter der Operette mit Opernregieverpflichtung an. Zwischen 1938 und 1940 inszenierte Felsenstein in Zürich acht Operetten und vier Opern. Felsenstein, der in Deutschland drei Jahre lang kein Musiktheater inszenieren durfte, gelangen in Zürich aufsehenerregende und begeistert rezensierte Produktionen, mehrmals in enger Zusammenarbeit mit Hans Swarowsky.

Für die Saison 1938/39 erreichte auch Swarowsky einen neuerlichen Jahresvertrag als 1. Kapellmeister. Er erhielt sogar 100 Franken monatlich zusätzlich „durch Nebenverdienst am Radio und ähnlichem."[166] In einer Sitzung des Verwaltungsrates vom 20. Dezember 1938 wurde beschlossen, sich auch in der Saison 1939/40 für ein Weiterengagement Swarowskys in Zürich einzusetzen. Es wurde aber festgehalten, dass sich Swarowsky zu diesem Zeitpunkt mit Änderungsabsichten trage.[167]

---

164 Stompor, *Künstler im Exil* (Anm. 133), S. 188.
165 Dazu siehe neuerdings Kehrmann, *Vom Expressionismus* (Anm. 154).
166 Anstellungsvertrag zwischen K. Schmid-Bloß und Hans Swarowsky vom 7.4.1938, StAZ.
167 Protokoll des Verwaltungsrates vom 20. Dezember 1938, StAZ.

Abb. 3: Mit Wilhelm Furtwängler vor der Villa Wesendonck 1939 (HSA)

Die erste Zusammenarbeit zwischen Felsenstein und Swarowsky war die Premiere von Millöckers Operette *Gasparone* am 19. November 1938.[168] Ein Rezensent der *Neuen Zürcher Zeitung* hielt die starke Wirkung dieser Produktion fest:

> Über die neueste Aufführung von Karl Millöckers „Gasparone" berichten heißt in allererster Linie hinweisen auf eine Regieleistung, wie wir sie im Gebiet der Operette auf unserer Bühne überhaupt noch nie erlebt haben. Walter Felsenstein heißt der homo novus, dessen Einverleibung in unser Ensemble nach dieser Probe einen ungeahnten spieltechnischen Aufschwung verspricht. [...] Hier erleben wir ein Spiel, in dem kein Wort unlebendig verhallte, keines in den „leeren Raum" gesprochen war, wobei ein Heer von Chorstatisten unbewegt auf Stichwort und Dirigentenwink wartet. Nein, hier wurde Dramatik bis in den letzten Choristen hinein lebendig, hier erwachte immer mit dem Dialog und mit dem dramatischen Gesang zugleich sein Echo; die ganze Bühne lebte, und so wurde der Hörer unmittelbar mit einbezogen, lebte mit in beständiger Spannung und Sensation. [...]

---

168 Swarowsky übernahm das Stück, weil der eigentlich zuständige Operettenkapellmeister Victor Reinshagen mit der Fertigstellung seiner Operette *Tanz um Daisy* für das Zürcher Thater beschäftigt war: Kehrmann, *Vom Expressionismus* (Anm. 154), Bd. 1, S. 610.

Hans Swarowsky am Dirigentenpult fing mit seinem Sensorium den musikalischen Schwung dieser Partitur auf, ließ sich anregen von dem flüssigen, quicklebendigen Grundton des Spiels und wurde so selbst zum befeuernden Anreger für das Orchester, das differenziert und mit Elan musizierte, und für die Sänger, die auch musikalisch aus sich heraustraten und das treffliche Schauspiel zum anmutigen Singspiel ergänzten.[169]

Felsensteins zweite Regiearbeit in Zürich war die Uraufführung der Operette *Tanz um Daisy* von Victor Reinshagen am Silvesterabend 1938. Reinshagen selbst war seit 1929 am Stadttheater als Kapellmeister tätig. Danach folgte am 18. Februar 1939 die Inszenierung der Premiere zu *Pariser Leben*, Felsensteins erste Beschäftigung mit Jacques Offenbach. Die zweite Zusammenarbeit mit Swarowsky war eine Neuinszenierung von Bizets *Carmen*. Der Regisseur hatte sich mit dieser Oper schon 1933 in Köln auseinandergesetzt. Felsenstein und Swarowsky substituierten die nicht von Bizet stammenden Rezitative durch die gesprochenen Dialoge der Uraufführung. Felsenstein übersetzte das Libretto aus dem französischen Original neu. Das Außergewöhnliche dieser Premiere vom 26. März 1939 wurde auch von der Presse erkannt:

Nun wagt es auch das Zürcher Stadttheater, an die so vertraut gewordene Werkform zu rühren und die Rezitative Guirauds von Bizets Musik, mit der sie längst zu einem Ganzen zusammengewachsen waren, wieder loszutrennen und an ihrer Stelle den originalen Dialog einzusetzen. Er erscheint bei uns in einer im ganzen sehr gut gelungenen, z.T. gekürzten deutschen Sprachgestalt, die dem Regisseur Walter Felsenstein zu danken ist. [...] Es ist erstaunlich, wie sich das traditionelle Werkbild durch den der Merimeeschen Novelle oft recht nahe stehenden Originaldialog verschiebt: Keine Figur, die nicht in neue Beleuchtung gerückt erschiene, und keine, die nicht reichere und feinere psychologische Modellierung gewänne. Die Gestalt Carmens wirkt zugleich schärfer umrissen, einheitlicher und – wenn sie auch alle dämonischen Züge der „Teufelin" behält – zugleich liebenswürdiger. Von Don José, dessen Charakterporträt in der herkömmlichen Fassung reichlich fragmentarisch bleibt, gewinnt man das Bild zurück, das die Leser der Merimeeschen Novelle aus dem dritten Kapitel, der Beichte des zum Tod verurteilten Banditen, kennen. Um wie vieles lebendiger und lebenswahrer nicht nur die beiden Hauptfiguren, sondern auch Escamillo, Micaela, der Leutnant Zuniga und die Schmuggler dank dem ausführlichen, das dramatische Geschehen ungleich besser motivierenden Dialog nunmehr in Erscheinung treten, davon mögen sich die Theaterfreunde in der Aufführung des Stadttheaters selber überzeugen, die unter Hans Swarowskys musikalischer und Walter Felsensteins szenischer Leitung mit allem, was sich im Laufe der Zeit an schlechter Tradition eingenistet hat, radikal aufräumt. [...] Auf oft geradezu verblüffende Art versteht es der Regisseur, den Bühnenraum – der

---

[169] *NZZ*, 21.11.1938.

von den neuen, formal z. T. mit kühnen Überschneidungen arbeitenden, farbig ebenso einheitlich als intensiv und suggestiv wirkenden Dekorationen Roman Clemens' bestimmt wird – auszunützen, die Gruppen hier zu differenzieren und aufzulösen, dort zusammenzuschließen und so den Entspannungen und Steigerungen des musikalisch-dramatischen Ablaufs meisterlich dienstbar zu machen. So reich Felsensteins Regie an Überraschungsmomenten auch sein mag, und so sehr sie die im Dialog gegebenen realistischen Elemente spielmäßig auswertet – wobei sie auch den Humor zu seinem Recht kommen läßt (Wachparade der Buben!) –[,] so drängt sie sich doch kaum je selbstherrlich vor.[170]

Carmen war in Felsensteins Regie und unter Swarowskys musikalischer Leitung ein Riesenerfolg, „das Beste, was man seit langem am hiesigen Opernheater an Spielgestaltung gesehen hat", wie ein weiterer Rezensent urteilte.[171]

Nach *Carmen* trug Felsenstein die szenische Verantwortung für die Premiere von Lehárs Operette *Der Graf von Luxemburg* am 15. April 1939, die dem Kritiker des *Tages-Anzeigers* bewies, „auf welch hohem Niveau […] [die] Operettenwiedergaben [des Stadttheaters] heute stehen."[172]

Am Ende der Spielzeit, am 19. Mai 1939, kam es wieder zu einer bedeutsamen Kooperation zwischen Swarowsky und Felsenstein. Dieser inszenierte anlässlich des 75. Geburtstages von Richard Strauss dessen Oper *Salome*. Strauss leitete persönlich die Premiere am 18. Mai und eine der Folgeaufführungen während der Zürcher Juni-Festwochen. Für die musikalische Einstudierung und die restlichen Vorstellungen war Swarowsky verantwortlich. Strauss hatte eine Verständigungsprobe mit dem Orchester. In den Rezensionen wurde diese Produktion begeistert aufgenommen:

Bei zwei Aufführungen von „Salome" saß der alte Meister am Pulte. Seine Art zu dirigieren ist noch ruhiger geworden als früher; aber von einem Nachlassen der Kräfte, die nach wie vor mit Sicherheit und Souveränität schalten und walten, war nichts zu spüren. […] Vorzügliches leisteten die Darsteller unter der lebendigen Regie von Walter Felsenstein. Allen voran Bachria Nuri, über deren besondere Eignung für die Titelpartie man sich seit ihrer denkwürdigen Lulu klar sein sollte; sie bot denn auch eine Leistung von seltener Eindringlichkeit und Abgeschlossenheit im Zusammenspiel. […]

Ein ganz großes Lob sei auch Walter Felsenstein gespendet, dem neuen Opernregisseur des Stadttheaters. Endlich einmal einer, der mit dem veraltet lächerlichen Opernregie-Stil endgültig aufräumt, der Menschen und nicht nur Puppen auf die Bühne stellt. Unter seiner Führung wird die Szene zum Bild des natürlich bewegten Lebens, die erdichtete Handlung

---

170 *NZZ*, 28.3.1939.
171 *Volksrecht*, 28.3.1938.
172 *Tages-Anzeiger*, 17.4.1939.

zum packenden Geschehen. Die Arbeit Felsensteins für die Neubelebung und Lockerung der Opern-Aufführungen kann ihm nicht genug gedankt werden. Was dem Abend aber das Festliche gab, war die allgemeine Freude, Richard Strauss am Pult zu sehen [...]. Seiner einzigartig sparsamen und präzisen Stabführung folgten Orchester und Ensemble mit solcher Begeisterung, daß die Farbigkeit der Partitur in berauschender Klangschönheit letzten Ausdruck fand. Der Enthusiasmus des Publikums war groß [...] der Jubel wollte kein Ende nehmen.[173]

Die zweite Neueinstudierung zu Ehren Strauss' war der *Rosenkavalier* unter der Leitung von Robert F. Denzler und in der Inszenierung von Karl Schmid-Bloß. In der Saison 1938/39 wurden die Opern von Strauss in Zürich besonders gepflegt. Am 4. Februar 1939 war Zürich das zweite Opernhaus, das den im Juli 1938 in München uraufgeführten *Friedenstag* nachspielte.

Swarowsky dirigierte neben den gemeinsamen Premieren mit Felsenstein in der Spielzeit 1938/39 noch Lortzings *Wildschütz* (September 1938), Janáceks *Jenufa* und Verdis *Aida* (Oktober 1938), Thomas' *Mignon* und Wagners *Lohengrin* (Dezember 1938), d'Alberts *Die toten Augen* (Januar 1939) und Puccinis *La Bohème*[174] (April 1939).

Thomas' Oper hatte Schmid-Bloß auf Anregung Swarowskys in den Spielplan aufgenommen, wie sich Anton Swarowsky erinnert, der 1938 in die Schweiz emigriert war:

Und da hat der Schmid-Bloß ihm gesagt: „Schauen Sie, die Stadt Zürich macht mir lauter Schwierigkeiten. Wir geben zu viel Geld aus. Die Oper hier kostet zu viel. Ich habe gesprochen mit den Stadträten und so weiter und die haben mir alle gesagt, warum wir solche Stars engagieren, [...] die wahnsinnig teuer sind. Sie haben doch ein Ensemble, ein fixes – können sie keine Oper aufführen, wo Sie keinen Gast brauchen? Das wurde mir gesagt und ich muß es Ihnen weitersagen. Finden Sie mir eine Oper, die Erfolg haben wird und die wir aufführen können, ohne einen Gast engagieren zu müssen. Ich muß jetzt ein gewisses Budget einhalten, ich kann nicht mehr so viel Geld ausgeben." Und da hat er [Swarowsky] Mignon von Ambroise Thomas gefunden. [...] Und Schmid-Bloß sagt: „Um Gottes willen, da geht doch kein Mensch hinein." [...] Und Mignon von Thomas wurde der größte Erfolg der Saison! Es war ausverkauft, jede Vorstellung. Der Schmid-Bloß hat zu meinem Vater gesagt: „Ja, Sie haben recht gehabt. Ich bin sehr erstaunt."[175]

Trotz all dieser Erfolge war Swarowsky mit seiner Situation in der Schweiz nicht sehr zufrieden, wie er Clemens Krauss schrieb:

---

173 *Die Tat*, 20.5.1939.
174 Von dieser Produktion an überarbeitete Swarowsky alle Übersetzungen in den von ihm dirigierten Stücken. Siehe dazu Kehrmann, *Vom Expressionismus* (Anm. 154), Bd. 1, S. 656 f.
175 *Die Tat*, 20.5.1939.

Abb. 4: „Salome", Zürich 1939, mit Richard Strauss und Walter Felsenstein (2.v.l.) (HSA)

Ich habe hier sehr viel gearbeitet, sehr schöne Erfolge gehabt – und doch ist das ganze nichts, weil sich keine über den „Dienst" hinausgehende, bildende, einen allgemeinen Fortschritt darstellende, in die allgemeine Entwicklung eingehende Tätigkeit erzielen läßt und im Grunde eben Provinz Provinz ist ---. Mein Verhältnis zum Direktor ist ein wirklich ideales, Denzler hat sich wenigstens im Verkehr tadellos freundlich zu mir verhalten. Was mich künstlerisch drückt ist vor allem die Tatsache, daß hier immer mehr der schöne Wille hinter den Dingen sichtbar ist (gewiß ein schöner kunstmoralischer Zustand), die Dinge selbst aber in ihrer wahren Gestalt niemals zur Ausreifung kommen. Das lähmt und erschüttert mit der Zeit. Auch finanziell geht es mir elendig, die Mittel zur Erhaltung der Meinigen, die ich aus dem Reich transferieren durfte, sind aufgebraucht und ich weiß nicht wovon Mutter und Kind leben sollen. Das Theater macht eine finanzielle Krise durch und mitten in der Spielzeit werden die Gagen jetzt um 7½ % gekürzt, einfach durch Ukas des Verwaltungsrats. Ich kann nichts tun für die Heilung meiner Krankheit und geschenkt wird einem Fremden hier nichts – in einem Lande, dessen oberster moralischer Grundsatz die Ausbeutung des Fremden ist. Die Fremdenpolizei hat mir außerdem als Bedingung meines Aufenthalts jegliche Lehrtätigkeit, jede Arbeit im Konzert oder Rundfunk unwiderruflich verboten, und gestattet auch in Einzelfällen keine Ausnahmen. Die Kontrolle ist äußerst streng."[176]

---

176 Swarowsky an Krauss, 11.2.1939, F 59 Clemens Krauss-Archiv, ÖNB, Musiksammlung.

Doch Swarowskys Kapellmeistertätigkeit stand schon Anfang 1939 auf schwachen Beinen. Der Eidgenössischen Fremdenpolizei war es anscheinend ein Dorn im Auge, dass ein Ausländer am größten Schweizer Musiktheater eine so exponierte Position innehatte. Die Fremdenpolizei wünschte im März 1939 von der Intendanz des Zürcher Stadttheaters, dass Swarowsky durch einen einheimischen Dirigenten ersetzt würde. Es wurde von den zuständigen Behörden der Versuch unternommen, den Auslandsschweizer Ewald Lengstorf „im Einverständnis mit Kapellmeister Denzler [...] als Nachfolger Swarowskys" zu engagieren.[177] Auslöser für diese scharfe Vorgehensweise der Fremdenpolizei gegenüber Swarowsky war der Protest von zwei Delegierten des Schweizer Berufsdirigentenverbandes, die sich vehement gegen die Besetzung des 1. Kapellmeisterpostens mit einem Ausländer ausgesprochen hatten.[178] Im März 1939 schien Direktor Schmid-Bloß vor der Fremdenpolizei zu kapitulieren: „Da trotz der Einreden der Direktion die Haltung der Fremdenpolizei unerschütterlich blieb, waren wir leider nicht in der Lage, Herrn Swarowsky die Verlängerung seines Vertrages anzubieten."[179] Schmid-Bloß schlug dem Verwaltungsrat der Zürcher Oper nun vor, den von den Schweizer Behörden protegierten Dirigenten Ewald Lengstorf anstelle von Swarowsky zu engagieren. Lengstorf wurde in Winterthur geboren, wuchs aber in Hamburg auf. Er begann als Korrepetitor in Dresden und als Kapellmeister in Hamburg. Seine letzte Stellung in Deutschland war der Generalmusikdirektorsposten in Stettin, den er bis 1937 innehatte. Nach einem Probedirigat von Verdis *Troubadour* am 16.3.1939 lobte ihn Schmid-Bloß als besten Kandidaten unter den Schweizer Bewerbern.[180] Eines der führenden Mitglieder des Verwaltungsrates der Oper, Stadtrat Kaufmann, wollte das Nachgeben von Schmid-Bloß in der Angelegenheit Swarowsky nicht akzeptieren und bestand, mit Hinweis auf Swarowskys künstlerische Qualitäten, auf einem Weiterengagement des Wiener Dirigenten. Er verwies auch auf die Konsequenzen, die Schweizer Künstler in Deutschland erwarten würden:

> Ich finde es unerhört, daß die Eidgenössische Fremdenpolizei unserem Stadttheater den sehr tüchtigen Kapellmeister Herrn Swarowsky wegerkennen will. Soviel mir bekannt ist, hat er seine Sache sehr gut gemacht und würde sein Weggang vom theaterbesuchenden Publikum allgemein bedauert. Mit der Entlassung Swarowskys würde zugunsten unseres schweizerischen Arbeitsmarktes praktisch auch nichts erreicht werden; als Antwort darauf werden in Deutschland wieder mehrere Schweizer-Künstler die Kündigung ihrer Verträge zu gewärtigen haben. Natürlich werden es nicht erstklassige Künstler sein, die die Schweizer Bühnen dann zu übernehmen haben werden.

---

177 Protokoll des Verwaltungsrates, 24.3.1939, StAZ.
178 Schmid-Bloß an die Mitglieder des Verwaltungsrates der Theater AG Zürich, 17.3.1939, StAZ.
179 Ebd.
180 Ebd.

Die Entlassung Swarowskys beurteile ich als eine harte Ungerechtigkeit, der ich, bei aller Sympathie für den Schweizer Kapellmeister Lengstorf, nicht zustimmen kann. Überlege man sich, bitte, auch die Konsequenzen eines solchen Vorgehens, der Befolgung des Beschlusses der Eidg. Fremdenpolizei. Beispielsweise könnte uns zugemutet werden, unseren Direktor zu entlassen, wenn ein Theater-Direktor schweizerischer Nationalität auf dem Pflaster läge und versorgt werden müßte.[181]

Stadtrat Kaufmann schlug vor, eine Delegation zum Hauptsitz der Fremdenpolizei nach Bern zu senden, um deren rücksichtsloses Vorgehen gegen Swarowsky zurückzuweisen. Führende Mitglieder des Verwaltungsrates der Theateraktiengesellschaft des Zürcher Opernhauses wie Prof. Gauchat und Dr. Zahn stimmten dem Anliegen Kaufmanns zu und protestierten vehement gegen diese „Einmischung der eidgenössischen Behörden in die inneren Verhältnisse des Zürcher Stadttheaters".[182] Dr. Haeberli, Mitglied des Vorstandes des Verwaltungsrates, hatte schon telefonisch versucht, den Chef der Fremdenpolizei, Rothmund, persönlich in der Angelegenheit Swarowskys zu kontaktieren. Über diese Unterredung erstattete er dem Verwaltungsrat Bericht:

[E]s habe den Anschein gehabt, als würde die Fremdenpolizei dem Begehren des Zürcher Stadttheaters um Verlängerung der Aufenthaltsbewilligung für Kapellmeister Swarowsky zum mindesten bis Ende der Spielzeit 1939/40 Folge geben. Dr. Rothmund wollte den endgültigen Entscheid aber erst anderntags telephonisch mitteilen. Der Entscheid sei dann eingetroffen. Er habe ablehnend gelautet, d. h. die Fremdenpolizei wolle unter keinen Umständen das Verbleiben Swarowskys dulden. Aus der letzten telephonischen Besprechung von Dr. Haeberli mit Dr. Rothmund habe der erstere den Eindruck erhalten, daß die eidg. Fremdenpolizei vor allem vom schweizerischen Berufsdirigentenverband bedrängt werde.[183]

Nach dieser scharfen Vorgangsweise der Fremdenpolizei kam Dr. Haeberli zu dem Schluss, dass man den Vorschlag von Stadtrat Kaufmann, der für ein Verbleiben Swarowskys eintrat, annehmen sollte, nämlich eine Züricher Delegation, der auch der Stadtrat angehörte, nach Bern zu schicken und sich bei den dortigen Behörden für Swarowsky einzusetzen. Eine Bevormundung durch die Fremdenpolizei, besonders in künstlerischen Fragen, wollte der Verwaltungsrat nicht weiter hinnehmen. Doch die Fremdenpolizei blieb in ihrem Vorhaben, einen Schweizer Dirigenten anstelle von Swarowsky in Zürich zu installieren, hartnäckig, wie der Finanzrevisor des Stadttheaters,

---

181 Kaufmann an den Verwaltungsrat des Stadttheaters Zürich, 19.3.1939, StAZ.
182 Protokoll des Verwaltungsrates, 24.3.1939, StAZ.
183 Ebd.

Gallmann, dem Verwaltungsrat der Theater AG Zürich berichten musste.[184] Als neuen Kandidaten setzte sich die Fremdenpolizei nun für den 1. Kapellmeister am Berner Stadttheater, Rooschütz, ein, der neben den Dirigenten Rothenbühler und Sturzenegger genannt wurde:

> Wir hatten […] den Eindruck, daß sich die Fremdenpolizei einen bestimmten Versorgungsplan zurechtgelegt hatte, zu dessen Ermöglichung vom Zürcher Stadttheater Swarowsky als Opfer verlangt wird. Dieser Plan wurde dann auch bei mehreren Gelegenheiten serviert und besteht in folgendem Revirement:
> Swarowsky muß gehen
> Rooschütz kommt nach Zürich
> Rothenbühler, der jetzt in Luzern ist, geht wieder nach Bern, wo er früher war und Sturzenegger geht nach Luzern.[185]

Den ursprünglichen Schützling der Fremdenpolizei, Kapellmeister Lengstorf, lehnte Denzler als 1. Kapellmeister in Zürich ab, da er „im besonderen für die deutsche Oper eingearbeitet [sei], deren Pflege ihm [Denzler] obliege. Italienische Opern seien Lengstorf fremd." Hier lagen die Stärken Swarowskys, wie Denzler bemerkte:

> Gerade darin sei eben Swarowsky stark; er habe es u.a. verstanden, den „Rigoletto" mit nur einer Probe dem Publikum in einer Form zu bringen, daß es voll befriedigt war. Swarowsky sei in hohem Grad befähigt, ihn (Denzler) zu ergänzen, was er von Lengstorf nicht sagen könne. Swarowsky sei für ihn in Zürich genau das, was Ackermann in Bern für Rooschütz sei.
> Auch Ackermann falle in Bern die Aufgabe zu, Werke mit nur sehr beschränkter Vorbereitung herauszubringen, während sich Rooschütz viel mehr Zeit nehme. Interessanterweise scheine aber die Fremdenpolizei nicht daran zu denken, Ackermann, der ja auch Deutscher ist, Schwierigkeiten zu bereiten.[186]

Tatsächlich war der 1909 in Bukarest geborene Otto Ackermann nach seiner Kapellmeistertätigkeit in Düsseldorf von 1935 bis 1947 musikalischer Leiter des Stadttheaters Bern. In einem Schreiben vom 28. März an den Stadtrat von Zürich protestiert der Verwaltungsrat des Stadttheaters noch einmal gegen die Rücksichtslosigkeit der Eidgenössischen Fremdenpolizei und beklagt den großen Verlust, den eine Entlassung

---

184 Ob dabei auch Misstrauen gegen den aus NS-Deutschland, mit dem man sich ja eigentlich arrangieren wollte, hereingeschneiten Swarowsky eine Rolle gespielt hat, steht dahin. Ellen Felsenstein (die ihn nicht mochte) soll ihn „für einen Spitzel gehalten haben" – was wohl heißt: für einen deutschen Spion. Siehe Kehrmann, *Vom Expressionismus* (Anm. 154), Bd. 1, S. 598.
185 Gallmann an den Verwaltungsrat der Theater AG Zürich, 23.3.1939, StAZ.
186 Ebd.

Swarowskys für das Zürcher Stadttheater, besonders während der Zeit der Zürcher Landesausstellung, bedeuten würde:

> Das Stadttheater ist gegenwärtig einem erhöhten Drucke seitens der Fremdenpolizei in Bern bezüglich der Arbeitsbewilligung für ausländische Künstler ausgesetzt. […]
> Der Verwaltungsrat der Theater A.G., der nur aus Schweizern zusammengesetzt ist, nimmt für sich in Anspruch, von der gleichen Sorge der Erhaltung unserer Eigenart erfüllt zu sein, wie die Fremdenpolizei in Bern, kann sich aber damit nicht abfinden, daß die künstlerischen Belange in dem von der Eidgenössischen Fremdenpolizei begehrten Ausmaße der „Staatsraison" unterzuordnen seien. Er ist vielmehr der Auffassung, daß die deutschschweizerischen Theater berufen sind, in der heutigen Zeit, eine vornehme Mission zu erfüllen, die darin besteht, eine Stätte für die freie Pflege guter Kunst und für die persönliche freie Entwicklung der Künstler zu sein, seien sie nun schweizerischer oder anderer Nationalität. […]
> Nach diesen einleitenden Bemerkungen gestatten wir uns, auf den uns zurzeit besonders bewegenden Fall Swarowsky, über dessen Einzelheiten der Bericht von Herrn Gallmann Aufschluß gibt, einzutreten. […]
> Kapellmeister Swarowsky hat beim Publikum immer großen Erfolg mit seiner lebendigen Art der Stabführung, die im besonderen in den leichteren italienischen und französischen Opern zum Ausdruck kommt. Der Verwaltungsrat hofft auch, daß gerade diese auf das Ausstellungspublikum zugkräftig wirken werden. Ein Wechsel des Kapellmeisters könnte sich daher verhängnisvoll auswirken, im besonderen, als ein vollwertiger Ersatz gar nicht vorhanden ist. Daß man uns nun dieser Kraft berauben will und dies in einem für das Theater so ausschlaggebenden Zeitpunkt, ist uns einfach nicht verständlich. Wir empfinden das Begehren der Fremdenpolizei auch als Akt der Unfreundlichkeit gegenüber Zürich, denn es darf darauf hingewiesen werden, daß gegenüber dem Berner Stadttheater das gleiche Begehren nicht gestellt wird. Der beim Berner Stadttheater wirkende 2. Kapellmeister ist auch Ausländer, dem die gleichen Funktionen zugedacht sind, wie unserem Swarowsky. Nach Aussage der Fremdenpolizei soll diesem Wiederengagement nichts im Wege stehen, weil sich für diesen Posten kein Schweizer gemeldet habe. Wenn aber in Betracht gezogen wird, daß der Fall Swarowsky hauptsächlich deshalb aufgezogen worden ist, weil sich der 1. Kapellmeister des Berner Stadttheaters für den Posten des 2. Kapellmeisters in Zürich interessiert, dann kann man es wohl dem Zürcher Stadttheater nicht verargen, wenn es sich gegenüber anderen schweizerischen Theatern benachteiligt fühlt.[187]

Abschließend trat der Verwaltungsrat an den Zürcher Stadtrat mit der Bitte heran, beim obersten Gremium der Schweiz, dem Bundesrat, für Swarowsky wenigstens eine Ver-

---

187 Verwaltungsrat der Theater AG Zürich an den Stadtrat Zürich, 28.3.1939, StAZ.

längerung der Arbeitsbewilligung für die kommende Spielzeit 1939/40 zu erwirken. Dann wollte man die Eignung der von der Fremdenpolizei genannten Kandidaten prüfen.

Nach all diesen Eingaben gelang dem Verwaltungsrat ein neuerliches Engagement Swarowskys bis 30. Juni 1940. Im März 1940 fiel dann im „Fall Swarowsky" eine endgültige Entscheidung. Nachfolger Swarowskys am Stadttheater wurde Max Sturzenegger aus Luzern. Eine neuerliche Konferenz mit dem „Biga" hatte ergeben, dass Swarowsky unter keinen Umständen gehalten werden konnte.[188] Das „Biga" wollte Sturzenegger „unter allen Umständen anstelle Swarowskys nach Zürich bringen, damit der Luzerner Posten für einen andern Schweizer Kandidaten frei wird."[189]

Neben seiner finanziell schlecht abgesicherten Existenz, die durch den regelmäßig ungewissen Bescheid der Arbeitsbewilligung bedroht wurde, musste sich Swarowsky ab März 1938 auch um seinen Sohn aus erster Ehe, Anton Swarowsky, kümmern. Zuerst wohnte Anton bei seinem Vater in der Beethovenstraße in Zürich. Später wurde er bei einem Gutsbesitzer im Berner Oberland untergebracht. Dort hielt es ihn aber nicht lange und er kehrte zu seinem Vater nach Zürich zurück, wo er bis zu dessen Rückkehr nach Deutschland im Sommer 1940 lebte. Danach kümmerte sich das Ehepaar Dr. Kunz in Stäfa bei Zürich um den Jungen.

Ab 1940 bemühte sich Swarowsky von der Schweiz aus um die Emigration seines Sohnes in die USA, wo dessen Mutter Julia Laszky lebte. Aus einem Brief von Dr. Kunz an Julia Laszky geht hervor, wie schwierig die Ausreise Antons aus der Schweiz im immer mehr vom Krieg betroffenen Europa war:

Es ist gar nicht möglich, Nichteuropäern zu erklären, was es alles braucht, um nur eine einzige Landesgrenze zu überschreiten. Meine Frau hat viele Stunden auf all den Büros & Konsulaten zugebracht & wir haben jede Möglichkeit auf ihre Durchführbarkeit geprüft & alles versucht, auch das scheinbar Aussichtsloseste. Selbst wenn alle Visa, Bewilligungen & Stempel vorhanden sind & man endlich fährt, ist es noch lange nicht sicher, daß man auch durchkommt. […]

Trotz aller energischen Bemühungen fehlt Toni immer noch das franz. Durchreisevisum, während wir laut telefonischem Bericht meiner Frau das spanische heute wieder bekommen haben, das auch abgelaufen war. Die Erneuerung der Visa, die immer wieder verfallen, wird immer schwieriger, denn nicht nur Frankreich, sondern auch Spanien fängt jetzt an, Emigranten nicht mehr durchzulassen, angeblich mit der Begründung, sie führen ja nach Canada um in den Munitionsfabriken zu arbeiten. […]

---

188 Protokoll des Verwaltungsrates, 2.3.1940, StAZ.
189 Protokoll des Verwaltungsrates, 29.1.1940, StAZ.

Aber natürlich kann die schweiz. Fremdenpolizei in keiner Weise auf die Entscheidungen der ausländischen Fremdenbehörde Einfluß nehmen. Wenn jemand die finanziellen Verpflichtungen für Toni übernimmt, so ist die Fremdenpolizei bis auf weiteres bereit, ihn in der Schweiz zu dulden & ich habe ihr erklärt, daß ich diese Verpflichtung übernehme. Wenn sich die Hoffnung nicht erfüllt, daß Toni vor Ablauf seines USA-Visums aufs Schiff kommt (15. Dezember), dann stellt sich die schwere Frage, was dann geschehen soll [...].[190]

Doch dieser Fall trat glücklicherweise nicht ein. Über Genf, das unbesetzte Vichy-Frankreich, Spanien und Portugal gelang Anton Swarowsky per Schiff die Emigration in die USA. Im Januar 1941 kam er in New York an.[191]

Die letzte Spielzeit Swarowskys in Zürich begann mit einer von ihm geleiteten Premiere der beiden Verismo-Opern *Cavalleria rusticana* und *Der Bajazzo* am 26. August 1939. Die Silvesterpremiere 1939 wurde wieder von Swarowsky und Felsenstein gemeinsam erarbeitet. Auf dem Programm stand Offenbachs Operette *Orpheus in der Unterwelt*, ein Werk, das in NS-Deutschland schon längst verboten war. Felsenstein bemühte sich um eine dem Original des Werkes gerechte Fassung:

Unser Opernhaus hat seine neue „Orpheus"-Einstudierung als „burleske Oper" gekennzeichnet. [...] So wählte man diesmal nicht die Swiß-made-Bearbeitung, sondern man hielt sich an das klassische Textbuch von Hal[é]vy und Cremieux, das Walter Felsenstein mit gutem Humor textlich retuschiert hat. Ohne vehemente Aufpulverung wurde dies und jenes geschickt aktualisiert; besonders die diplomatische Begrüßungsrede des Teufels im Himmel ist ein Glanzstück eleganter Parodie. [...] Hans Swarowsky steigt mit Vergnügen aus dem Bereich der wirklichen Oper in die fröhliche Unterwelt des Buffostils herab. [...] Diese Offenbach-Beschwörung gehorcht einer echt künstlerischen Zauberformel; sie weckte am Silvesterabend stürmischen Beifall.[192]

In dieser Aufführung wirkte in der Rolle der Diana die junge österreichische Sängerin Hilde Güden mit, die 1938 als Cherubin in Mozarts *Hochzeit des Figaro* in Zürich debütiert hatte und 1942 auf Empfehlung Swarowskys die Nachfolgerin von Adele Kern an der Münchner Staatsoper wurde.

Die letzte Neuinszenierung Walter Felsensteins in Zürich sollte auch Swarowskys letzte Premiere am Stadttheater Zürich sein: Puccinis *Madama Butterfly* am 4. Mai 1940. Leni Funk sang die Butterfly, Simons Bermanis den Linkerton, Marko Rothmüller den

---

190 Dr. Kunz an Hugo und Julia Laszky, 19.11.1940, NlAS.
191 [Hans Swarowsky reiste von Berlin aus nach Zürich, um seinen Sohn nach Genf zu bringen. – Hg.]
192 *NZZ*, 3. Januar 1940. Zu den politischen Anspielungen siehe Kehrmann, *Vom Expressionismus* (Anm. 154), Bd. 1, S. 689 f.

Konsul und Hilde Güden die Kate Linkerton. Die Personenführung Felsensteins konnte den Rezensenten der *Neuen Zürcher Zeitung* diesmal nicht immer überzeugen:

> Es wird auf der Bühne – wo Roman Clemens für einen putzigen, von schneeigen Kirschblütenbäumen belebten Garten mit freiem Blick auf die Bucht von Nagasaki gesorgt hat – fast nur zu viel Betrieb, zu viel Bewegung gesucht, weshalb es dann an kleinen Zwischen- und Unfällen nicht fehlen konnte. Auch der Chor der Verwandten gerät durch das operettenmäßige Bewegungsspiel in Gefahr, vom präzisen Singen abgelenkt zu werden.[193]

Inzwischen war der Zweite Weltkrieg ausgebrochen und Polen, Dänemark und Norwegen wurden in kurzer Zeit von deutschen Truppen überrannt. Nur sechs Tage nach der Premiere der *Madama Butterfly* begann am 10. Mai 1940 der deutsche Westfeldzug, der mit der überraschend schnellen Kapitulation von Belgien, Holland und Frankreich enden sollte. Die Schweiz war nun geographisch und politisch zu einer Insel in einem von den Nationalsozialisten beherrschten Europa geworden.

Ähnlich wie Swarowsky war auch Walter Felsenstein trotz des großen Publikumszuspruchs mit seiner Situation in Zürich nicht sehr zufrieden, wie er an seinen Freund Heinrich George schrieb:

> Alles, was man gemeinhin mit Privatleben bezeichnet, ist bei mir so hoffnungslos und ausschließlich von meinem künstlerischen Zustand und von der wechselnden Befriedigung am Theater abhängig. […] Ich war auf einem ziemlich klar umrissenen Arbeitsweg schon ein gutes Stück erfolgreich und mit sauberen Schuhen gegangen, als die Konsequenzen der Zeitereignisse mich zu nicht immer erfreulichen Berufsabenteuern und zu Dingen zwangen, die meiner Auffassung von Kunst zutiefst widerstrebten. Dazu gehörte in erster Linie die „Operette" bzw. das, was man unter dieser Bezeichnung heute allgemein produzieren zu müssen glaubt. Dazu gehört auch leider zu einem großen Teil mein Vertragsabschluß nach Zürich, der alles eher als freiwillig war und kaum wirklich künstlerische Motive hatte, jedenfalls nicht mehr hat. – Da kam in einem Zustand, der in seinen psychischen Auswirkungen schwer zu beschreiben wäre und in dem es mir fraglich erschien, ob von meinen eigentlichen Kräften überhaupt noch etwas übrig bleiben würde, die Arbeitsverbindung mit Ihnen. Über das absolute künstlerische Ergebnis meiner beiden Inszenierungen kann man freilich recht verschiedener Meinung sein, aber wieviel die Arbeit unter dem Einfluß und dem Schutz Ihres so einmalig identischen Menschen- und Künstlertums in mir wieder aufgerichtet und neu bewirkt hat, das kann wohl niemand von Euch ganz ermessen. – So sind meine allerherzlichsten Wünsche für Sie, Heinrich George, Ihre Familie und ihr Theater verbunden mit tiefem und dauerndem Dank für das Teilhabendürfen an dieser kräftigenden

---
193   *NZZ*, 6.5.1940.

Sphäre, aber auch mit der Hoffnung, daß das, was uns im wesentlichen verbindet, in allen künftigen Begegnungen und uns gemeinsam berührenden Begebenheiten stets vordergründig und unangetastet bleiben möge.[194]

Felsenstein versuchte über George im Sommer 1939 wieder eine Anstellung in Deutschland zu finden. Er machte sich aber große Sorgen um seine Familie, vor allem seine jüdische Frau, mit der er seit März 1939 in Zürich lebte. Im Sommer 1939 schloss er einen Vertrag mit dem von Heinrich George geführten Schiller-Theater ab. Wegen der Unlösbarkeit seines Züricher Vertrages kam es nun zu einer Doppeltätigkeit in Zürich und Berlin mit Hauptwohnsitz in Zürich. Felsensteins Vorschlag, seine Frau Ellen und die beiden Söhne Jürgen und Peter in Zürich zu lassen, wurde vom Geschäftsführer der Reichskulturkammer, Hans Hinkel, abgelehnt. Den Nationalsozialisten schwebte für Felsenstein folgende Lösung vor, wie sie der Regisseur in einer handschriftlichen Notiz vom 18. Dezember 1942 aufzeichnete:

> Mein Fall auf Vorschlag von Dr. Goebbels vom Führer endgültig geregelt, die Frau des Regisseurs Felsenstein bleibt nach dem Gesetz Jüdin, ein nach der Rückkehr auszustellender gemeinsamer Ehepaß soll zum Ausdruck bringen, daß diese Tatsache in der Öffentlichkeit als nicht ersichtlich erwünscht ist. Keinerlei diesbezügliche Beunruhigung darf meine Arbeit künftig behindern. [...] Juli 1940: Übersiedlung der Familie und des Haushalts nach Berlin, Rückwanderung meiner Frau unter dem Schutz des Auswärtigen Amtes. 1940/41: Ehepaß nicht erhältlich, ein Teil zugesicherter Erleichterungen für meine Frau „undurchführbar".[195]

Später gelang es Felsenstein, seine Frau und seine Kinder in einer „weltabgeschiedenen Ecke Österreichs" zu verstecken.[196]

Swarowsky erging es nicht besser. Sein letzter Auftritt in Zürich war eine Aufführung der *Madama Butterfly* am 30. Mai 1940[197]. Der Abgang Swarowskys in Zürich wurde sowohl vom Publikum als auch von der Musikkritik bedauert, wie eine Rezension des *Tages-Anzeigers* mit dem Titel „Abschiedsvorstellungen im Stadttheater" beweist:

---

194 Felsenstein an Heinrich George, 2.1.1940, Felsenstein-Archiv Berlin. Zitiert in: Stompor, *Künstler im Exil* (Anm. 133), S. 202 f.
195 Felsenstein, Handschriftliche Notiz vom 18.12.1942, Felsenstein-Archiv Berlin. Zitiert in: Stompor, *Künstler im Exil* (Anm. 133), S. 204.
196 Stompor, *Künstler im Exil* (Anm. 133), S. 204.
197 – anstelle der eigentlich von ihm und Felsenstein gewünschten Erfolgs-*Carmen*, die jedoch wegen der nach München abgeworbenen Hauptdarstellerin entfallen musste: Kehrmann, *Vom Expressionismus* (Anm. 154), Bd. 1, S. 721.

Swarowskys Aufführungen haben sich stets durch besonderen Schmiß ausgezeichnet. Als ein Dirigent, der sich in erster Linie der theatralischen Wirkung verpflichtet fühlt, ist er jeweilen ohne lange Umstände, ohne Gefühlshemmungen geradewegs aufs Ziel losgegangen. Daß er sich trotzdem auch auf Musik von mehr lyrischem Einschlag ausgezeichnet versteht, das hat er eben mit diesem seinem letzten Puccini bewiesen.[198]

Willi Schuh resümierte in der *Neuen Zürcher Zeitung*, in dem „chronisch unterfinanzierten"[199] Zürcher Stadttheater habe auch ein Hans „Swarowsky, der aus führender Stellung an ersten deutschen Bühnen nach Zürich kam, […] naturgemäß seine bedeutenden Gaben nicht restlos zur Entfaltung bringen können."[200] Am 1. Mai 1940 schrieb Swarowsky resignierend an seine erste Frau Julia Laszky:

[I]ch bin nun endgültig ausgewiesen. Juni muß ich ausreisen. Mir bleibt jetzt ein Weg: zurück dorthin. Es ist gewiß furchtbar und vielleicht gleichbedeutend damit, daß ich die Erfüllung meines Lebens, die ich von 40–50 wohl mit starker Wirkung nach außen noch hätte erreichen können, aufgeben muß. Ich war beim Minister in Berlin und habe alles offen dargelegt, mit dem Erfolg, daß nun Toleranz von Amts wegen geübt wird, daß ich also freizügig bin. Nicht zuletzt Strauss hat das erreicht. Ich bin darüber verzweifelt, fast zerbrochen und habe nur eine Bitte: Tu das, was Du kannst drüben für mich, laß Toni tun, was er kann, leg die Zwangslage dar, in der ich mich befinde.[201]

In diesem Brief an seine ehemalige Frau kommt auch Swarowskys damalige finanzielle Notlage zur Sprache. Durch die Kriegslage bedingt war sein Gehalt an der Zürcher Oper um 30 % gekürzt worden. Mit dem verbliebenen Gehalt musste er aber weiterhin seine zweite Frau Maria, geborene Gerlach, und seine Mutter in Wien unterstützen. Hinzu kam noch die Sorge um seinen einzigen Sohn Anton, der in der Schweiz festsaß und sich immer wieder vergeblich um ein Visum für die USA bemühte.[202] Als „Halbjude" war Anton besonders gefährdet, wenn seine Aufenthaltsbewilligung in der Schweiz ablaufen würde. Schließlich gelang ihm Ende 1940 die Ausreise.

Hans Swarowsky selbst verließ nach drei Jahren, im Sommer 1940, mit gemischten Gefühlen die Schweiz, um sich wieder einmal eine neue Existenz in Deutschland aufzubauen. Große Hoffnungen setzte er auf die Hilfe von Richard Strauss und Clemens Krauss, die im nationalsozialistischen Kulturbetrieb über einflussreiche Kontakte

---

198 *Tages-Anzeiger*, 3.6.1940.
199 Kehrmann, *Vom Expressionismus* (Anm. 154), Bd. 1, S. 631.
200 *NZZ*, 3.6.1940, zitiert nach ebd.
201 Swarowsky an Julia Laszky, 1.5.1940, NlAS.
202 Vgl. den Briefwechsel Anton Swarowskys mit Julia Laszky aus dem Jahre 1940, NlAS.

verfügten. Swarowsky hatte immerhin intensiv am Libretto der jüngsten Straussoper *Capriccio* mitgearbeitet.[203] Dieses „Konversationsstück für Musik in einem Aufzug" behandelte das alte Thema vom Primat des Tons oder des Wortes. Es spielt im Schloss der Gräfin Madeleine um die Mitte des 18. Jahrhunderts. Das neue Werk knüpfte auch an einen denkwürdigen Wettstreit zwischen Mozart und Salieri aus dem Jahr 1786 an. Es ging dabei auch um den Konkurrenzkampf zwischen italienischer Oper und deutschem Singspiel. Mozart schickte sein deutsches Singspiel *Der Schauspieldirektor* und Salieri die Opera buffa *Prima la musica e poi le parole* ins Rennen. Strauss griff diese alte ästhetische Problematik wieder auf und bat Joseph Gregor, der seit 1935 den von Strauss so geschätzten Stefan Zweig als Textdichter der Strauss-Opern ersetzt hatte, um ein adäquates Libretto. Aber alle sieben Textentwürfe, die Gregor dem Komponisten vorlegte, wurden von Strauss als ungeeignet verworfen. In enger Zusammenarbeit mit Clemens Krauss wollte Strauss nun den Text selbst verfassen. An zentraler Stelle der Oper sollte ein Sonett aus der Zeit der Handlung der Oper stehen, wie Krauss Strauss mitteilte:

> Ich habe mich umgetan, um ein Sonett oder ein schönes Gedicht aus der Zeit zu finden. Ich hoffe, daß es mir gelingen wird. Ferner suche ich eine kleine dramatische Szene für den rezitierten Dialog zwischen der Schauspielerin und dem Grafen und ferner suche ich den Text eines Duetts aus einer vergessenen italienischen Oper aus der Zeit. Am besten wohl Metastasio.[204]

Da Krauss durch die Leitung der Münchner Staatsoper stark beansprucht wurde, delegierte er diese Aufgabe an Swarowsky, den Krauss und Strauss neben seinen musikalischen Fähigkeiten auch als großen Literaturkenner schätzten. Swarowsky trieb daraufhin, wie er Krauss berichtete, „in Zürich französische Literaturforschungen."[205] Schließlich empfahl er Krauss ein Gedicht Pierre de Ronsards. Ronsard (1525–1585) war Dichter am Hofe Karls IX., in der Zeit der französischen Glaubenskämpfe und Hugenottenverfolgungen. Krauss fand das von Swarowsky in seiner eigenen Übersetzung beigelegte Ronsard-Gedicht sehr schön. Es sei „genau das", was Strauss brauche. Außerdem wollte er Strauss noch einige Gedichte des Revolutionsdichters André Chenier in Swarowskys Übersetzung senden.[206] Strauss war von Swarowskys Vorschlägen sehr

---

203 [An Clemens Krauss, 6.3.1940: „Von Ihrer Arbeit mit Strauss habe ich leider nichts mehr gehört und in seinem letzten Schreiben lässt Strauss zwei Briefe mit Material zu dem Stück unerwähnt. Sollten sie nicht angekommen sein, da sie auch französische Sätze enthielten?" (Kopie in NIHS) – Hg.]
204 Krauss an Strauss, 26.10.1939, in: *Richard Strauss – Clemens Krauss. Briefwechsel* (Anm. 47), S. 250f.
205 Clemens Krauss gab Swarowskys Brief in seinem eigenen Schreiben an Strauss vom 9.11.1939 wider, in: ebd., S. 258.
206 Krauss an Strauss, 9.11.1939, in: ebd., S. 259. [Weiterhin fertigte Swarowsky für Strauss und Krauss eine Übersetzung des *Fragment d'un Prologue d'Opera* von Nicolaus Boileau an, die teils wörtlich, teils para-

angetan: „Freund Swarowsky herzlichen Dank für seine liebevollen Bemühungen. Das Gedicht von Ronsard ist ausgezeichnet […]."[207] Ende November 1939 hatte Strauss das Ronsardsonett „in Musik gesetzt".[208] Er sandte die Komposition an Swarowsky, der ergriffen dankte:

> Sie wissen vielleicht nicht, wie schwer es ist, die Freude über eine Komposition, wie das mir gütig übersandte Sonett, der großen Sache entsprechend zu äußern, wie schwer, die Begeisterung sichtbar zu zeigen, die sie erweckte und bei jedem Wiederhören immer mehr erweckt. […] Die Größe der Einfachheit Ihrer [Komposition] ist jene, die hindurchgegangen ist durch die kompliziertesten Medien und als im Feuer ausgelöster reiner Stoff zurückbleibt. Und daß nur dort, wo wahre Stärke ist, auch wahre Wärme sein kann, belegt Ihr Lied aufs neue und kräftiger als es irgendwas heute belegen könnte.[209]

Swarowsky beteuerte in seinem Brief vom 12. Dezember 1939, dass er sich bald auch um einen Text von Metastasio für den Wettstreit zwischen Ton und Wort bemühen werde. Swarowsky hoffte durch seine Mitarbeit an einem neuen Werk des „größten lebenden deutschen Tonsetzers" auch die Gunst der NS-Machthaber zurückzugewinnen, wie er Strauss freimütig gestand:

> Ich will nun meinen Generalkonsul aufsuchen und ihm von meiner bescheidenen Mitarbeit an Ihrem Werke erzählen, um vielleicht ein Visum extraordinarium zu erhalten zur persönlichen Besprechung mit Ihnen.

Er machte Strauss auch auf seine schwierige Lage in Zürich aufmerksam:

> Die Gagen sind um 20 % abgebaut und da ich noch zwei Tage vor Kriegsausbruch für den Buben ein Jahr college hinüber bezahlt habe und jetzt also der glückliche Inhaber eines beschlagnahmten Pfundguthabens bin, während der Bub, der nicht mehr reisen konnte, hier bei mir blieb, geht es mir so recht elendig schlecht wie noch nie im Leben. Zuweilen reicht es nicht auf die Straßenbahn. Dann geh ich zu Fuß und meine Gedanken schweifen zurück zu Tietjen und ich bekomme harte Fäuste.[210]

---

phrasiert Eingang in das Textbuch fand. Siehe Herbert Zeman, Literarische Autographen [sic] aus der Sammlung Anton Dermota, in: *Jahrbuch des Wiener Goethe-Vereins* 86/87/88 (1982/83/84), S. 387–572: 397–413; wiederveröffentlicht in: ders./Walter Krause, *Autographen* [sic] *aus drei Jahrhunderten. Literatur – Theater – Bildende Kunst – Wissenschaft*, Zürich/Wien/Köln 1987, S. 11–27 – Hg.]
207 Strauss an Krauss, 14.11.1939, in: *Richard Strauss – Clemens Krauss. Briefwechsel* (Anm. 47), S. 260.
208 Strauss an Krauss, 23.11.1939, in: ebd., S. 274.
209 Swarowsky an Strauss, 12.12.1939, Richard Strauss-Archiv Garmisch-Partenkirchen (Straussarchiv).
210 Ebd.

Abb. 5: Richard Strauss im Automobil, ca. 1940, photographiert von Hans Swarowsky (HSA)

Strauss ließ das Schicksal Swarowskys nicht kalt, denn bald darauf trat er an Krauss mit der Bitte heran, Swarowsky bei dem Versuch, in Deutschland künstlerisch wieder Fuß zu fassen, zu helfen:

> Der arme Swarowsky! Wie kann man ihm helfen? Haben Sie die Absicht ihn ab Herbst 1940 nach München zu engagieren? Wenn nicht, möchte ich Dr. Drewes empfehlen, den Versuch zu machen, ihn wieder nach Hamburg zu bringen![211]

Nach einem persönlichen Besuch Swarowskys bei Strauss im Dezember 1939 ließ er dem verehrten Komponisten „eine selbstverfaßte Einleitungsscene zum Sonett, als Duett zwischen dem Dichter und Clairon"[212], zukommen, die Strauss „ausgezeichnet" und „voll Talent" fand.[213] Als Krauss Swarowskys Textentwurf kritisierte, hielt Strauss unbeirrt daran fest. In der Endfassung hat Krauss die von Swarowsky erfundenen Zeilen erweitert und ein wenig verändert.[214] Am 6. Mai 1940 kam es in Venedig zwischen Krauss,

---

211 Strauss an Krauss, 17.12.1939, in: *Richard Strauss – Clemens Krauss. Briefwechsel* (Anm. 47), S. 285.
212 Swarowsky an Strauss, 26.12.1939, Straussarchiv.
213 Strauss an Krauss, 29.12.1939, in: *Richard Strauss – Clemens Krauss. Briefwechsel* (Anm. 47), S. 287.
214 Kurt Wilhelm, *Fürs Wort brauche ich Hilfe. Die Geburt der Oper „Capriccio" von Richard Strauss und Clemens*

Strauss und Swarowsky zu einem Treffen, wo die weitere Arbeit an *Capriccio* diskutiert wurde. Gegenüber Willi Schuh betonte Strauss die „talentvolle Mitarbeit" von Swarowsky am Libretto.²¹⁵ Strauss beklagte aber auch den vorzeitigen Abgang Swarowskys aus Zürich und bat Schuh, dem bedauernswerten Dirigenten zu helfen:

Haben Sie die sehr betrüblichen Umstände von Swarowskys ganz ungerechtfertigter und für Zürich recht beschämender Nicht-mehr-Engagierung gehört? Leider hat er so spät erst davon erfahren, daß es unmöglich war, in Deutschland etwas für die nächste Saison zu finden. Ich bedaure das aufs tiefste, denn Kapellmeister von seiner Art, von solcher Bildung und geistiger Lebendigkeit sind selten genug. Und für Zürich bedeutet sein Weggang nicht zuletzt im Hinblick auf die Strauss-Pflege einen großen Verlust. Im Augenblick aber ist es seine sehr schwierige Lage, die mich hoffen und auch die Bitte aussprechen läßt, Sie möchten, wo immer möglich, etwas für ihn zu tun versuchen, sei es in Deutschland oder event. auch in Italien. Es tut mir auch persönlich sehr leid, daß er von Zürich weggeht.²¹⁶

4. Zurück im Deutschen Reich

4.1 Die Staatsoper München unter Clemens Krauss

Am 20.11.1940 schrieb Hans Swarowsky, wieder in Berlin, an seinen Sohn Anton:

Hier in Berlin ist es herrlich schön, alles in Fülle vorhanden, bitte sag das nur allen Leuten ins Gesicht – es ist die Wahrheit. Die Liebenswürdigkeit auf den Ämtern sticht derart wohltuend von der Schweizer Grobheit ab, daß man zuerst einmal bass erstaunt ist!! […] Die Großzügigkeit ist bestechend. Wäsche sofort, Anzug vom Schneider in 2 Stunden, Verkehrsmittel herrlich, in 10 Minuten mit der U-Bahn in grader Linie durch ein Gebiet, das ein paarmal so groß ist wie der Kanton Zürich (120 km Geschwindigkeit immer in grader Linie durch!). Die Menschen sind sehr nett, das Fleisch immer frisch, Brot bestimmt besser als in Zürich, Butter wieder prima, […]²¹⁷

Zu diesem Zeitpunkt hatte Hitlerdeutschland eine unglaubliche Siegesserie im nun ein Jahr alten Zweiten Weltkrieg hinter sich. In kurzer Zeit waren Polen, Dänemark, Norwegen, Luxemburg, Belgien, Holland und Frankreich von der deutschen Wehrmacht

---

Krauss, München 1988, S. 154. Kurt Wilhelm gibt in seinem Buch eine detaillierte Darstellung der Textentstehung.
215 Strauss an Schuh, 7.1.1940, in: *Richard Strauss. Briefwechsel mit Willi Schuh* (Anm. 153), S. 28.
216 Strauss an Schuh, 2.5.1940, in: ebd., S. 29.
217 Hans Swarowsky an Anton Swarowsky, 20.11.1940, NlAS.

überrannt worden. Spanien, Italien und das unbesetzte Vichy-Frankreich verhielten sich Deutschland gegenüber freundschaftlich und sogar der ideologische Todfeind des Nationalsozialismus, die Sowjetunion, war durch den Hitler-Stalin-Pakt mit dem Deutschen Reich verbündet. Einzig Großbritannien, unterstützt vom Commonwealth, wollte ein von Hitler beherrschtes Kontinentaleuropa nicht anerkennen. Die USA verhielten sich „noch" neutral und am 13. August 1940 hatte die „Luftschlacht um England" begonnen, die Großbritannien „friedensreif bomben" sollte.

Nach den immer emigrantenfeindlicheren Maßnahmen in der Schweiz dürfte Swarowsky seine ganzen Hoffnungen auf eine berufliche Zukunft im „Großdeutschen Reich" gesetzt haben. Immerhin hatte er engen Kontakt zu Richard Strauss, der, trotz seines unfreiwilligen Rücktritts als Präsident der Reichsmusikkammer 1935, im deutschen Musikleben weiterhin eine bedeutende Rolle spielte. Und auch Clemens Krauss, der mit Swarowsky freundschaftlich verbunden war, hatte kulturpolitisch großen Einfluss.

Nachdem Krauss durch Tietjen aus Berlin hinweg intrigiert wurde, sah Swarowskys Mentor in München, der „Hauptstadt der Bewegung", seine weitere künstlerische Zukunft. Im September 1934 wurde in München der regimetreue Regisseur Oskar Walleck zum Generalintendanten der Münchner Staatstheater ernannt. Im Februar 1936 wurde der seit 1922 als „Bayerischer Staatsoperndirektor" tätige Hans Knappertsbusch in den vorzeitigen Ruhestand versetzt, „mit einer kleinen Pension und Dirigierverbot für Deutschland, das jedoch im Juni 1936 (mit Ausnahme von Bayern) wieder aufgehoben wurde."[218] Die Konflikte zwischen Walleck und Knappertsbusch in Fragen der künstlerischen Leitung der Staatsoper München wurden immer heftiger. Knappertsbusch wurde immer häufiger wegen seiner verschwommenen „nationalen" Haltung kritisiert. Im November 1935 dirigierte er mit Wagners *Walküre* seine letzte Vorstellung in München. Sein letztes Konzert im Münchner Odeon artete fast in eine politische Demonstration aus, als das Publikum demonstrativ im Sprechchor rief: „Knappertsbusch bleibe!"[219] Schon im Dezember 1935 wurde Knappertsbusch von Clemens Krauss abgelöst. Dessen Pläne für München wurden von Goebbels tatkräftig unterstützt, wie dieser in seinem Tagebuch am 13. Juli 1935 festhielt:

Unterredung mit Clemens Krauss. Er fühlt sich in Berlin nicht wohl. Zu übersetzt. Keine Entwicklungsmöglichkeit. Überfüttert. Möchte nach München. Alles das habe ich vorausgesehen. Göring hat des Guten zuviel getan. Krauss ist ein wahrer Künstler.[220]

---

218 Rathkolb, *Führertreu und gottbegnadet* (Anm. 49), S. 107.
219 Barbara Zuber, „Meine Herren, wenn's beliebt, fangen wir an". Das Bayerische Hof- und Staatsorchester und seine Dirigenten, in: Hans Zehetmair/Jürgen Schläder (Hg.), *Nationaltheater. Die Bayerische Staatsoper*, München 1992, S. 191–206: 200.
220 Goebbels, *Tagebücher* (Anm. 56), S. 867.

Nach einem Gespräch mit Walleck über die zukünftige Opernleitung in München entschied Goebbels am 11. Dezember 1935: „Da muß nun Clemens Krauss hin."[221] Für Knappertsbusch war nun ein gleichwertiger Ersatz gefunden worden, der auch politisch als zuverlässig galt.

Krauss hatte seinen Karrieresprung nach München mit großer Zielstrebigkeit vorbereitet und sogar beim „Führer" persönlich Unterstützung für dieses Vorhaben gefunden. Ende 1935 war er von Hitler empfangen worden. Krauss schrieb über diese Begegnung, dass Hitler ihm Einblick in seine großen Theaterbauprojekte für München gegeben und abermals den Wunsch geäußert habe, dass Krauss' Arbeitskraft für die Verwirklichung dieser Pläne in Anspruch genommen werden möge.[222]

München sollte im Kulturbetrieb der Nationalsozialisten eine Sonderstellung einnehmen. Ein Herzstück nationalsozialistischer Kulturpolitik war das „Haus der Deutschen Kunst", in dem Hitler Kunstwerke ausstellen ließ, die seinem persönlichen Kunstgeschmack entsprachen. Mitte Juli 1937 wurde es feierlich eröffnet. Am 19. Juli 1937, einen Tag nach der Einweihung der „Großen Deutschen Kunstausstellung" in Hitlers neuem Musentempel, wurde die berüchtigte Ausstellung „Entartete Kunst" eröffnet, in der die zeitgenössische Kunst, vor allem der Expressionismus, von den Nationalsozialisten an den Pranger gestellt wurde. Berühmte Werke von Max Ernst, Paul Klee, Wassily Kandinsky, Oskar Kokoschka, George Grosz, Max Beckmann, Ernst Barlach, Otto Dix und Emil Nolde wurden einzig zu dem Zweck zusammengetragen, um Menschen gegen sie aufzubringen. Nach München wanderte diese Ausstellung auch durch andere deutsche Städte. In München wurde auch die besonders hasserfüllte und infame Schau „Der ewige Jude" zum ersten Mal gezeigt. Diese Ausstellung diente auf primitivste Weise als bebilderte Rechtfertigung für die antisemitische Politik des Deutschen Reiches. Zwischen 8. November 1937 und 31. Januar 1938 besuchten 412.300 Besucher diese Diffamierungsschau.[223]

Am 1. Januar 1937 trat Krauss in München sein Amt als „bayerischer Staatsopern- und Generalmusikdirektor" an. Er wurde zum

> künstlerischen Leiter des neuen großen Opernhauses in München, dessen Bau beschlossen wurde, ausersehen. Er erhält den Sonderauftrag, bis zur Fertigstellung des Theaterbaus ein Opernensemble zu schaffen, das in der Gestaltung der Aufführungen jenen Grad der Vollkommenheit erreichen soll, welcher der idealen Bestimmung des neuen Hauses gerecht zu werden vermag,

---

221 Ebd., S. 919.
222 Rathkolb, *Führertreu und gottbegnadet* (Anm. 49), S. 108.
223 David Clay Large, *Hitlers München. Aufstieg und Fall der Hauptstadt der Bewegung*, München 1998, S. 346.

wie es in der offiziellen Presseverlautbarung hieß.²²⁴ Krauss hatte aus seinen Berliner Konflikten mit Tietjen gelernt und ließ nichts unversucht, den Einfluss von Walleck auf die Münchner Staatsoper durch direkte Unterordnung seines Instituts unter die Kompetenz des Bayerischen Staatsministers des Inneren, Adolf Wagner, zu verringern. Dies gelang ihm nicht ganz, „obwohl er als selbstständiger Intendant alleinverantwortlich für die innere Neuorganisation der Münchner Staatsoper wurde."²²⁵ Doch die Führung der Münchner Staatsoper war Krauss zu wenig. Wenige Wochen nach der Annexion Österreichs 1938 versuchte er Hitler davon zu überzeugen, dass er zusätzlich zu seinen Aktivitäten in München auch die Wiener Staatsoper leiten könnte. Bereits 1935 hatte er die gemeinsame Leitung der Berliner und Münchner Staatsoper angestrebt. Bis zum „Anschluss" aber hatte er im Sinne Hitlers jede Zusammenarbeit mit der Wiener Staatsoper unterbunden, wie sich Ingeborg Mörschner-Figdor, die Sekretärin Furtwänglers, erinnert:

> Wie ist die prinzipielle Stellungnahme des Führers zur Frage des Solistenaustausches mit Wien? a) Krauss hat das hintertrieben bis jetzt, weil er die Wiener Oper ruinieren will – u. es ist für die Staatsopernleute ein glattes Verbot herausgegeben, nach Wien zu gehen.
> b) Seit mehr als 15 Jahren tauschen wir aus, über alle politischen Spannungen hinweg.²²⁶

Diesmal konnte Krauss den „Führer" aber nicht in seinem Sinne beeinflussen. Goebbels favorisierte für Wien Heinrich K. Strohm, Swarowskys alten Chef aus Hamburg, der im September 1940 sein Amt antrat. Er wurde aber bereits im April 1941 vom Wiener Gauleiter Baldur von Schirach abgesetzt. Bis Kriegsende hatte Karl Böhm die Leitung der Wiener Staatsoper inne.

Krauss, der im Mai 1938 Oskar Walleck als Intendanten der Bayerischen Staatstheater abgelöst hatte, während Rudolf Hartmann zum Direktor der Bayerischen Staatsoper ernannt wurde, konnte dagegen seinen kulturpolitischen Einfluss in Richtung Salzburg ausweiten. 1939 wurde Professor Clemens Krauss zum Direktor der neuen Staatlichen Hochschule für Musik in Salzburg „Mozarteum" ernannt, 1942 wurde ihm auch die Leitung des „Salzburger Musik- und Theatersommers" übertragen. Diese Machterweiterung wurde von Münchner NSDAP-Dienststellen misstrauisch beobachtet, die an der Linientreue des ehrgeizigen Dirigenten zweifelten. In einem „Ausführlichen Gesamturteil" der NSDAP München vom 3. März 1941 wurde über Krauss festgehalten:

---

224 Pressenotiz der obersten Theaterbehörde in Bayern, 2.9.1936, BayHStA, Intendanz Bayer. Staatsoper, Personalakten 289/I.
225 Rathkolb, *Führertreu und gottbegnadet* (Anm. 49), S. 109.
226 Mörschner an Hauptmann a.D. Wiedemann, Adjutant Hitlers, undatiert, NS 10/161, S. 190, BAB.

Nach der Machtübernahme ist [er] politisch nicht hervorgetreten. Er gehört weder der NSDAP noch einer ihrer Gliederungen an.

Da er nicht einmal Mitglied der NSV [Nationalsozialistische Volkswohlfahrt] [ist], eine Voraussetzung, die jeder Volksgenosse insbesondere, wenn er ein höheres Einkommen bezieht, unbedingt und freiwillig erfüllen muß, falls er Anspruch darauf erhebt, den Sinn der Volksgemeinschaft zu verstehen und sich ihr gegenüber verbunden zu fühlen, kann von ihm nicht angenommen werden, daß er sich innerlich vorbehaltlos zum Nationalsozialismus bekennt. Auch sein Verhalten als Vorgesetzter gegenüber den Mitgliedern des Orchesters läßt manches zu wünschen übrig und scheint den nat. soz. Erfordernissen nicht immer Rechnung zu tragen.

Bezeichnend für seine allgemeine Einstellung sind auch seine Antworten auf die beiden an ihn gerichteten Fragen, ob seine Kinder einer nat. soz. Jugendorganisation angehören und was für seinen Haushalt regelmäßig in der Eintopfliste gezeichnet werde, daß seine beiden Söhne pflichtgemäß der HJ angehören, und daß er die zweite Frage nicht beantworten könne, weil er es selbst nicht wisse.

Zusammenfassend muß gesagt werden, daß er der Volksgemeinschaft noch sehr fremd gegenüber steht. Da diese aber die Grundlage des nat. soz. Staates bildet und ihre Pflege insbesondere von Beamten in leitender Stellung erwartet wird, kann dem Intendanten Professor Krauss die politische Eignung für eine Berufung als Direktor einer staatlichen Hochschule nicht zugesprochen werden.[227]

Diese Kritik der Münchner NSDAP-Stellen spielte in der Einschätzung Hitlers aber keine große Rolle, der Krauss und seine Gattin Viorica Ursuleac persönlich sehr schätzte. Im Juni 1943 ließ Hitler durch seinen Sekretär Martin Bormann verlautbaren, dass „der Führer die künstlerischen Fähigkeiten von Clemens Krauss auch weiterhin, und zwar für einen möglichst langen Zeitraum, der Bayerischen Staatsoper erhalten will."[228] Auch die Wiener NSDAP-Stellen entkräfteten Anfang Februar 1941 die Vorwürfe ihrer Münchner Parteigenossen:

Professor Clemens Krauss ist nach den Erhebungen an seinem früheren Wiener Wohnort nationalsozialistisch eingestellt. Während der Verbotszeit hat Genannter als Direktor der Wiener Staatsoper Anzeigen, die gegen Nationalsozialisten erstattet wurden, vernichtet [... Krauss] ist auch ein Günstling des Führers. Er verkehrte schon in der Verbotszeit mit Frauenfeld [...].[229]

---

227 Personalakt Clemens Krauss, BAB.
228 Zitiert in: Rathkolb, *Führertreu und gottbegnadet* (Anm. 49), S. 109 f.
229 Bundesministerium für Inneres, Gauakt Clemens Krauss. Zitiert in: Rathkolb, *Führertreu und gottbegnadet* (Anm. 49), S. 110. Alfred E. Frauenfeld, später Reichskommissar der Krim, war langjähriger Gauleiter der NSDAP Wien während der I. Republik.

1941 wurde Krauss zum Generalintendanten der Münchner Staatstheater ernannt. Er blieb aber innerhalb der NS-Führungsspitze nicht unumstritten. Goebbels lehnte anlässlich des 50. Geburtstags von Krauss die Verleihung der Goethe-Medaille unter Hinweis auf Krauss' Alter ab.

Krauss wurde als Günstling Hitlers immer bevorzugt behandelt und konnte die ausgebombten Mitglieder des Münchner Opernensembles auf direktem Weg über Bormann mit „arisierten" Judenwohnungen versorgen.[230] Nach der Zerstörung der Münchner Staatsoper erhielt Rüstungsminister Albert Speer von Hitler am 20. Oktober 1943 die persönliche Weisung,

> die bei den letzten Bombenangriffen beschädigten Münchner Theater beschleunigt wiederherzustellen [...]. Da München als Hauptstadt der Bewegung und als Stadt der Deutschen Kunst dem Führer besonders am Herzen liegt, soll es im Rahmen des Möglichen bei der Zuteilung von Arbeitskräften bevorzugt werden. Der Führer ordnet deshalb an, in unmittelbarer Nähe Münchens solle ein Durchgangslager für italienische Arbeitskräfte errichtet werden [...]. Die im Durchgangslager befindlichen Italiener sollen, solange ihr Einsatzort noch nicht feststeht, zu den Wiederherstellungsarbeiten in München herangezogen werden.[231]

Nach der Zerstörung der Münchner Staatsoper verlegte Krauss seine Opernaufführungen ins Deutsche Museum. Nach der Verschärfung der Kriegslage versuchte er mit Erfolg, die Einberufung seiner Mitarbeiter zur Wehrmacht unter Hinweis auf die kulturpolitische Bedeutung der Oper und des „Bayerischen Staatsorchesters" zu verhindern. Bis zum Zusammenbruch des Dritten Reiches konnte er sich der Sympathien Hitlers für seine künstlerische Tätigkeit sicher sein. Im Juli 1941 wurde die Bayerische Staatsoper auf Anordnung Hitlers von der Gagenüberwachung freigestellt. Ende 1942 unterstützte Hitler mit 350.000 Reichsmark Krauss' Vorhaben, 26 Meistergeigen, darunter eine Stradivari, für München anzuschaffen. 1944 ordnete er bei Reichsminister Lammers zur Unterstützung der Münchner Staatsoper die Überweisung von 150.000 Reichsmark für die Inszenierungen von *Arabella* und *Tannhäuser* anlässlich des Tages der Deutschen Kunst an.[232]

Krauss' kulturpolitische Position blieb bis Kriegsende, trotz vereinzelter Kritik von Seiten der NSDAP, gesichert, wie das „Amt Rosenberg" kritisch bemerkte: „Krauss gehört zwar zu den wenigen Künstlern, die häufig Zutritt zum Führer hatten, aber

---

230 Vgl. Rathkolb, *Führertreu und gottbegnadet* (Anm. 49), S. 111.
231 Zitiert in ebd., S. 111.
232 Vgl. ebd., S. 112.

wir konnten weltanschauliche Unzuverlässigkeiten an immer neuen Beispielen feststellen."[233]

Swarowsky hoffte nun mit Hilfe von Krauss in München Fuß zu fassen. Neben seiner Mitarbeit am Libretto von *Capriccio* hatte Swarowsky während seiner Züricher Kapellmeistertätigkeit für die Münchner Staatsoper auch an Neuübersetzungen der Rezitative von *Così fan tutte* und an einer neuen Übersetzung von *Simone Boccanegra* gearbeitet.[234] Die erste Arbeit Swarowskys für die Münchner Bühne war allerdings die Neuübertragung von Verdis *Don Carlos*.[235] Auch wenn er in diesem Fall auf eine Übertragung zurückgreifen konnte, die er einige Jahre zuvor für Zürich angefertigt hatte, war trotzdem eine intensive textliche Überarbeitung nötig, da ja für die Münchner Bühne eine neue dramaturgische Fassung erstellt werden musste. Der Übersetzer scheint jedoch merkwürdigerweise weder im Aufführungsmaterial noch auf den Theaterzetteln der Münchner Premiere (4.12.1937) auf. Sogar in einer publizierten Fassung des übersetzten Librettos – wahrscheinlich für den Verkauf im Rahmen der Vorstellung bestimmt – wird Swarowskys Name nicht genannt.[236] Dass es sich bei dieser Übersetzung um eine „[v]ollständig neue deutsche Übertragung von Hans Swarowsky" handelt, wird erst in der zweiten Auflage dieser Publikation erwähnt.[237] Diese Tatsache geht auf Swarowskys eigene Initiative zurück. In einem amtlichen Dokument der Bayerischen Staatsoper vom 24. Juli 1937, vertraulich an den Reichsdramaturgen Rainer Schlösser gerichtet, ist nämlich Folgendes zu lesen: „Herr Swarowsky will auf den Theaterzetteln als Übersetzer nicht genannt sein, seine Übersetzung soll unter dem Titel ‚Neue deutsche Übersetzung der Münchner Staatsoper' angekündigt werden."[238] Die Gründe für diesen Wunsch sind nicht ganz klar. Möglicherweise wollte sich Swarowsky nach den frischen Denunziationen seiner jüdischen Herkunft nicht öffentlich exponieren.[239] Diese Hypothese kann aber nicht gänzlich überzeugen – schließlich wird in allen offiziellen Akten und Anwei-

---

233 Zitiert in: Boguslaw Drewniak, *Das Theater im NS-Staat. Szenarium deutscher Zeitgeschichte 1933–1945*, Düsseldorf 1983, S. 61.
234 Krauss an Swarowsky, 29.4.1938, BayHStA, Intendanz Staatsoper, Korrespondenzen Clemens Krauss – Hans Swarowsky.
235 BSB Musikabteilung, Historisches Aufführungsmaterial der Bayerischen Staatsoper, St. Th. 1389.
236 *Don Carlos. Oper in 4 Akten (10 Bildern) von Méry und Camillo du Locle. Musik von Giuseppe Verdi. Neue Übertragung ins Deutsche, szenische und musikalisch-dramaturgische Einrichtung der Münchener Staatsoper*, München [1937] (Textausgaben der Münchner Staatsoper 1).
237 *Don Carlos. Oper in 4 Akten (10 Bildern) von Méry und Camillo du Locle. Musik von Giuseppe Verdi, Szenische und musikalisch-dramaturgische Einrichtung der Münchner Staatsoper. Vollständig neue deutsche Übertragung von Hans Swarowsky*, (Zweite Auflage), München [o. D.] (Textausgaben der Münchner Staatsoper 1).
238 BayHStA, Intendanz Staatsoper, 784 (Akte Don Carlos). Der Wunsch, nicht genannt zu werden, wird auch in einer Vorbemerkung vom 24.7.1937 ausgesprochen (ebd.).
239 Gundula Kreuzer, Voices from Beyond: Verdi's Don Carlos and the Modern Stage, in: *Cambridge Opera Journal* 18 (2006), S. 151–179: 161.

sungen dieser Produktion, die an die Reichstheaterkammer gerichtet sind, Swarowsky von Anfang an als Übersetzer erwähnt[240], und mit höchster Wahrscheinlichkeit wusste man in den internen Strukturen des deutschen Theaterlebens ohnehin, wer für die Übersetzung verantwortlich war. Vielmehr scheint die fehlende Nennung des Namens mit der Tatsache in Zusammenhang zu stehen, dass Swarowsky zu dieser Zeit kein Mitglied der Vereinigung der Bühnenautoren bzw. Bühnenkomponisten war.[241]

Krauss bat Swarowsky auch um Textänderungen und „Retuschen der krassesten Unmöglichkeiten" des in München verwendeten *Tosca*-Textes[242] – diese Oper wurde jedoch unter der Intendanz Krauss auf Italienisch produziert. Retuschen an bestehenden Übersetzungen fertigte Swarowsky in München auch für Puccinis *Turandot*, Giordanos *André Chenier* und Mascagnis *Cavalleria Rusticana* an. Krauss gab bei Swarowsky auch Neuübersetzungen von Massenets *Manon* und Puccinis *La Bohème* in Auftrag. Die Honorare für diese Übersetzungen wurden Swarowsky in Deutschland ausbezahlt und meistens von seiner in Deutschland lebenden Frau Maria Swarowsky in Empfang genommen. Im Auftrag der Bayerischen Staatsoper schuf Swarowsky auch Neuübersetzungen von Gounods *Margarethe* und Verdis *Falstaff*. Durch den Auftrag zur Neuübersetzung von Gounods Faustoper versuchte Krauss das Werk „künstlerisch zu rehabilitieren."[243] Bei einer Produktion der *Turandot* war er nicht nur mit der Teilübersetzung des Librettos beauftragt, sondern auch mit der Korrepetition.

Um Swarowsky die seit Kriegsausbruch immer schwierigeren Reisen von Zürich nach Deutschland zu erleichtern, unterstützte ihn Krauss bei der Erlangung der Reisegenehmigungen durch die deutschen Behörden mit Hinweis auf seine Übersetzertätigkeit für München.[244] Außerdem empfahl Swarowsky Krauss junge Sänger, mit denen er in Zürich gearbeitet hatte oder die er aus seiner früheren Kapellmeistertätigkeit an deutschen Opernhäusern kannte. Darunter befanden sich z.B. Hilde Güden, Georgine von Milinkovic und Horst Taubmann, den Krauss auf Empfehlung Swarowskys ab 1940 als „jugendlichen Heldentenor" nach München engagierte.[245] Auf Swarowskys Anregung wurde auch das in Zürich tätige Ballettmeisterehepaar Pino und Pia Mlakar nach München verpflichtet. Krauss beauftragte Swarowsky auch nach seinem Ausscheiden

---

240 BayHStA, Intendanz Staatsoper, 784 (Akte Don Carlos). Vgl. z. B. Anweisungen vom 30.7.1937 und 22.11.1937.
241 BayHStA, Intendanz Staatsoper, 784 (Akte Don Carlos), Mitteilung (vertraulich an Reichsdramaturgen Rainer Schlösser) vom 24.7.1937.
242 Krauss an Swarowsky, 29.4.1938, BayHStA, Intendanz Staatsoper, Korrespondenzen Clemens Krauss – Hans Swarowsky.
243 Krauss an Kurt Radecke, Geschäftsführer des Musikverlages Ed. Bote & G. Bock, 13.2.1943, BayHStA.
244 Krauss an das Deutsche Generalkonsulat Zürich, 7.3.1940, BayHStA.
245 Krauss an Swarowsky, 22.3.1939, BayHStA, Korrespondenzen Clemens Krauss – Hans Swarowsky.

in Zürich mit Dienstreisen in die Schweiz, um vielversprechende Sänger anzuhören und diese für München zu gewinnen.

Die Hoffnungen Swarowskys auf eine Kapellmeisterstelle in München sollten sich aber als unrealistisch erweisen. Interessanterweise hatte das Propagandaministerium schon im September 1938 bei Krauss angefragt, ob eine Verpflichtung Swarowskys nach München möglich wäre. Krauss musste dieses Ansuchen aber abschlägig beantworten:

> Zu Ihrem Schreiben vom 2. ds. Mts. [2. September 1938] betreffend [...] Swarowsky möchte ich Ihnen zum Ausdruck bringen, daß eine Verpflichtung Swarowskys nach München für mich zur Zeit noch keineswegs aktuell ist. Herr Swarowsky, den ich – wie Sie wissen – sehr schätze, hat in Zürich eine selbstständige Stellung, während hier die Stelle eines 1. Kapellmeisters auf mehrere Jahre noch mit Herrn von Zallinger besetzt ist. Herr Swarowsky bleibt zwar ständig in meiner Kombination, doch ist die Frage seiner Verpflichtung, wie gesagt, noch nicht spruchreif.[246]

Im März 1940 dürften sich Krauss' Pläne für ein Engagement Swarowskys in München konkretisiert haben, da er in dieser Angelegenheit eine persönliche Anfrage an Staatsminister Dr. Otto Meißner, den Chef der Präsidialkanzlei des Führers und Reichskanzlers, richtete. Swarowsky war mit Meißner seit Berliner Tagen befreundet.

Der Musikliebhaber Otto Meißner war schon seit 1920 Ministerialdirektor und Leiter des Büros des Reichspräsidenten. Er hatte also schon unter Carl Ebert und Paul von Hindenburg gedient. Nach dem Tod Hindenburgs 1934 hatte Hitler das Amt des Reichspräsidenten mit dem Reichskanzler vereint und nannte sich nun „Führer und Reichskanzler". Meißner, der sich „für unpolitisch, aber patriotisch hielt, diente in seiner Funktion als Berater in Fragen des Staats- u. Verfassungsrechts allen Reichspräsidenten sachkundig u. loyal."[247] So hatte er großen Einfluss auf den greisen Reichspräsidenten von Hindenburg und bestärkte ihn im Januar 1933, Hitler zum Reichskanzler zu ernennen.

Krauss waren die Denunziationen, denen Swarowsky während seiner Kapellmeistertätigkeit in Berlin ausgeliefert war, noch gut in Erinnerung, wie er offenherzig an Dr. Meißner schrieb:

> Wie Ihnen bekannt ist, hatte Herr Swarowsky während seiner früheren Tätigkeit an der Berliner Staatsoper darunter zu leiden, daß gewisse ihm feindliche Elemente durch Denunziationen und hinterhältiges Verbreiten von Gerüchten, seine Arbeit und sein Fortkommen

---

246 Krauss an Oberregierungsrat Keppler, Propagandaministerium, 7.9.1938, BayHStA.
247 Vgl. Hermann Weiß (Hg.), *Personenlexikon 1933–1945*, Wien 2003, S. 316. Vgl. auch Otto Meissner, *Ebert – Hindenburg – Hitler. Erinnerungen eines Staatssekretärs 1918–1945*, überarb. Neuaufl. Esslingen–München 1991.

störten. Er hat damals seinen Vertrag mit der Berliner Staatsoper gütlich gelöst und wurde nach Zürich an das dortige Stadttheater verpflichtet. Nun will er in seine Heimat zurück und frägt begreiflicherweise zuerst bei mir an, der ich ihn seinerzeit von Hamburg nach Berlin engagierte, ob ich ihm an der Münchener Staatsoper ein Arbeitsfeld eröffnen kann. […] Eine Wiederholung der Berliner Schwierigkeiten wäre nicht nur geeignet, die Ruhe in dem mir anvertrauten Institut zu stören und mir persönlich große Unannehmlichkeiten zu bereiten, sondern es könnte vielmehr auch die Karriere Swarowskys dadurch aufs schwerste gefährdet werden. Herr Swarowsky teilt mir nun mit, daß Sie, verehrter Herr Staatsminister, ihm Ihren persönlichen Schutz in Aussicht gestellt haben.[248]

Staatsminister Meißner hatte gegen ein Engagement Swarowskys in München keine Bedenken, da sich seiner Meinung nach alle Vorwürfe als haltlos erwiesen hätten:

Herr Swarowsky hat mir seinerzeit von dem gegen ihn von feindlichen Elementen verbreiteten Gerücht, er sei der uneheliche Sohn eines jüdischen Vaters, Mitteilung gemacht und mir dabei in glaubwürdigster Weise nachgewiesen, daß er zwar der uneheliche Sohn einer Schauspielerin sei, daß sein Vater aber Arier gewesen wäre. Er stützt sich hierbei als hauptsächlichstes Beweismittel auf die eidesstattliche Versicherung seiner verstorbenen Mutter [!], wie auf Mitteilungen seiner Großmutter. Diese Angaben Swarowskys werden durch den persönlichen Eindruck, den er macht, durch seine völlige Hingabe an die deutsche Musik und seine äußere Erscheinung bestätigt. Es wird daher m.E. nicht schwierig sein, diese Gerüchte, falls sie wieder auftreten sollten, zum Schweigen zu bringen. Swarowsky hat seinerzeit während seiner künstlerischen Tätigkeit an der Berliner Staatsoper unter der hinterhältigen Verbreitung dieser Gerüchte seelisch so gelitten, daß er es vorzog, seinen Vertrag zu lösen und ein Engagement am Züricher Stadttheater anzunehmen. Er ist nunmehr zu der Überzeugung gekommen, daß er künstlerisch nur innerhalb Deutschlands mit Erfolg arbeiten kann, und daß er nur im reichsdeutschen Theaterleben seinen richtigen Platz fände.[249]

Meißner betonte, dass der Schutz von Richard Strauss und Krauss ausreichen würde, um die Karriere Swarowskys in Deutschland zu sichern. Diese Zusicherung Meißners hatte für Krauss aber zu wenig offiziellen Charakter, um eine problemlose Arbeit Swarowskys in München zu garantieren: „Der Tenor des Briefes ist zwar sehr positiv, bewegt sich aber in einer Richtung, die für mich ein Novum darstellt und die mir, wie gesagt, die gewünschte Handhabe nicht bietet", wie er Swarowsky mitteilte.[250] Im Mai

---

248 Krauss an Meißner, 20.3.1940, BayHStA.
249 Meißner an Krauss, 22.3.1940, BayHStA. Swarowskys Mutter lebte zu diesem Zeitpunkt in Baden bei Wien.
250 Krauss an Swarowsky, 3.4.1940, BayHStA.

1940 erhielt Krauss auch von der „Bühnenvermittlung Oper und Kapellmeister" eine Anfrage, ob Krauss nun Swarowsky anstelle des aus München scheidenden Dirigenten Tutein verpflichten werde, da „sich prominente führende deutsche Männer für ihn einsetzen und sich intensiv um seine Unterbringung im Reich bemühen."[251] Krauss' persönlicher Sekretär Erik Maschat informierte die Bühnenvermittlung dahingehend, dass nach dem Ausscheiden von Staatskapellmeister Tutein ein Engagement Swarowskys nicht angängig sei. Er bat die Bühnenvermittlung vielmehr, sich weiterhin um ein Engagement für Swarowsky zu bemühen.[252] Anscheinend war eine dauerhafte Verpflichtung Swarowskys in München ein zu heißes Eisen für Clemens Krauss, der neue Beschuldigungen und Denunziationen befürchtete.

Richard Strauss hatte bereits seit Dezember 1939 immer wieder bei Krauss vorgesprochen, um für Swarowsky eine neue Position in Deutschland zu finden.[253] Seit dieser Zeit gab es von Seiten Strauss' und Krauss' Pläne, Swarowsky in der von Dr. Heinz Drewes geführten Musikabteilung im Propagandaministerium unterzubringen. Am 26. Januar konnte Strauss in dieser Angelegenheit einen Hoffnungsschimmer vorweisen:

> Mit Drewes habe ich auch den Fall Swarowsky besprochen: er will – den Stier bei den Hörnern packend – Tietjen direkt fragen, was gegen Sw. vorliegt! Weicht er dann aus, dann weiß man doch, wie man dran ist.[254]

Leider ist nicht überliefert, was bei dieser Unterredung zwischen Dr. Drewes und Heinz Tietjen herauskam. Wie die spätere Entwicklung der Geschehnisse zeigt, dürfte Drewes aber keine politischen Bedenken gegenüber Swarowsky gehegt haben.

Bis Mitte 1940 blieb Swarowsky das Sorgenkind von Richard Strauss, der durch seine „nichtarische" Schwiegertochter Alice und seine beiden „halbjüdischen" Enkel schon genug Probleme hatte. Aber Strauss wusste, dass Swarowsky höchstens bis Juni 1940 in der neutralen Schweiz bleiben konnte: „Was kann für den armen Swarowsky geschehen? Er tut mir schrecklich leid!"[255]

Anfang Mai 1940 schienen Krauss' Bemühungen, Swarowsky im Propagandaministerium einzuschleusen, von Erfolg gekrönt zu sein, wie er Swarowsky freudig mitteilte:

> In Ihrer persönlichen Sache möchte ich Ihnen mitteilen, daß ich in Berlin mit Dr. Drewes eine ausführliche Unterredung hatte. Er ist sehr positiv zu Ihnen eingestellt, wir haben ver-

---

251 v. Gudenberg, Bühnenvermittlung Oper und Kapellmeister an Krauss, 3.5.1940, BayHStA.
252 Erik Maschat an von Gudenberg, 6.5.1940, BayHStA.
253 Strauss an Krauss, 17.12.1939, in: *Richard Strauss – Clemens Krauss. Briefwechsel* (Anm. 47), S. 285.
254 Strauss an Krauss, 26.1.1940, ebd.
255 Strauss an Krauss, 30.4.1940, ebd.

schiedene Möglichkeiten für Sie erwogen. […] Ich hoffe bestimmt, daß wir durch einen gemeinsamen Besuch bei Dr. Drewes für Sie etwas erreichen. Ich persönlich werde bestrebt sein, Ihnen nach besten Kräften zu helfen.[256]

Einen Monat später konnte Krauss auch Richard Strauss über seine erfolgreichen Bemühungen informieren:

> Die 3 Tage, die ich in Berlin war, waren sehr ergebnisreich, u. a. ist es mir gelungen, Swarowsky unterzubringen. Drewes hat ihn über meinen Auftrag für das „Reichswerk für Musikbearbeitungen" als meinen persönlichen Mitarbeiter berufen. Er bekommt einen Schreibtisch im Propagandaministerium in der Krausenstraße im Büro des Dr. Joachim Moser und ist fürs erste versorgt. Wenn er an dieser Stelle Gutes leistet und sich im Übrigen menschlich gut führt, werden, glaube ich, etwaige auftauchende Widerstände bald verstummen. Es wäre mir sehr lieb, wenn Sie gelegentlich an Dr. Drewes ein paar Zeilen schreiben würden, daß Sie mit dieser Lösung des Falles Swarowsky zufrieden sind und ihm vielleicht einige Dankesworte sagen. Ich habe lange Zeit mit Minister Dr. Goebbels konferiert und glaube, daß aus diesen Plänen (Bearbeitung von alten Opern und Operetten) etwas sehr Schönes entstehen kann.[257]

Neben seiner neuen Tätigkeit in der „Reichsstelle für Musikbearbeitungen" blieb Swarowsky Krauss bis 1944 als enger Mitarbeiter und Assistent erhalten. Seit Sommer 1940 unterstützte Swarowsky seinen Mentor bei dessen Dirigentenkursen.[258] Dafür konnte Krauss beim Propagandaministerium sogar Extraurlaub für Swarowsky erwirken. Ab 1941 setzte sich Krauss verstärkt bei Georg Schünemann, dem Leiter des Deutschen Musikinstituts für Ausländer, dafür ein, dass Swarowsky in seinen Dirigentenkursen in Potsdam und Salzburg einen zu den eigenen Kursen parallel laufenden Lehrgang erhielt, da die von Swarowsky „gegebenen ergänzenden Unterweisungen" unverzichtbar für ihn seien.[259] Diese Dirigentenkurse wurden bis Sommer 1944 abgehalten und waren trotz der prekären Kriegslage gut besucht, wie Swarowsky im August 1944 schildert:

---

256 Krauss an Swarowsky, 4.5.1940, BayHStA.
257 Krauss an Strauss, 21.6.1940, in: *Richard Strauss – Clemens Krauss. Briefwechsel* (Anm. 47).
258 Krauss an Drewes, 9.8.1940, BayHStA.
259 Krauss an Schünemann, 21.4.1941, BayHStA. Vgl. auch Heike Elftmann, *Georg Schünemann (1844–1945). Musiker, Pädagoge, Wissenschaftler und Organisator. Eine Situationsbeschreibung des Berliner Musiklebens*, Sinzig 2001 (Berliner Musik-Studien 19). Im Prospekt der Sommerkurse 1943 Potsdam und Salzburg heißt es: „Gleichzeitig mit dem Kursus von Professor Clemens Krauß findet ein Lehrgang Einführung in die Technik des Dirigierens von Hans Swarowsky statt. Alle Studierenden an dem Kursus von Professor Clemens Krauß haben an diesem Lehrgang teilzunehmen."

> Die Ausländerkurse im Mozarteum waren besucht wie noch nie. Ich habe 63 Schüler aus allen Nationen. Strauss war im Dirigentenkurs und griff lebhaft in den Unterricht ein und besuchte auch den Regiekurs von Hartmann, der die „Ariadne" zum Thema hatte, wodurch natürlich überaus wichtige Erklärungen aller Art gegeben wurden.[260]

Im August und September 1940 war Swarowsky auch eng in die Probenarbeiten zur Neuinszenierung von Verdis *Simone Boccanegra* in München eingebunden. Mit *Falstaff* lieferte Swarowsky im September 1940 auch eine neue Textbearbeitung für München ab. 1941 erarbeitete Hans Hotter mit Swarowsky an der Münchner Staatsoper die Rollen des Don Giovanni und des Scarpia in der Originalsprache:

> Er hat mit mir sowohl den Scarpia als auch den Giovanni italienisch einstudiert. Und das hat er ja wie ein Korrepetitor gemacht. Nicht nur die Worte, sondern auch den musikalischen Ausdruck. Das war Korrepetition mit Sprache.[261]

Für Puccinis *Tosca* konnte Krauss keine ihm adäquate deutsche Übersetzung finden. *Tosca* war daher auch das einzige Stück, „das Krauss während seiner siebenjährigen Intendanz an der Bayerischen Staatsoper in italienischer Sprache gab."[262]

Hans Hotter konnte sich daran erinnern, dass Swarowsky in München als Vertrauensmann von Clemens Krauss galt. Am Dirigentenpult hat er Swarowsky dort aber nie erlebt:

> Er war viel da. Man hat ihn immer gesehen, auf allen Proben. Und es wurden ja damals die sämtlichen Straussopern neu inszeniert: Rosenkavalier, Die Frau ohne Schatten usw. Ich habe ihn immer herum gesehen in den Proben.

Zwischen 1942 und 44 fuhr Swarowsky zusammen mit dem Bühnenbildner Rochus Gliese wiederholt nach Italien, um Ausstattungen für Münchner Opernproduktionen aufzutreiben.[263]

Im Oktober 1940 versuchte Krauss der Dirigentenkarriere seines Schützlings wieder Auftrieb zu verschaffen. Er wandte sich an den einflussreichen Berliner Konzertagenten

---

260 Swarowsky an Hans Frank, 20.8.1944, Aktenbestände des Generalgouvernements, Korrespondenz Hans Frank, BAB.
261 Hans Hotter im Gespräch mit Manfred Huss, München, 18.11.2001.
262 Krauss an Rudolf Vedder, 14.10.1940, BayHStA.
263 Mitteilung von Manfred Huss. Huss vermutet, dass dort auch Treffen mit Widerstandskreisen (etwa jenem um Lore Possaner in Mailand) stattfanden.

Rudolf Vedder. Vedder sollte Swarowsky vertreten, damit dieser „wenigstens gelegentlich als Konzert-Dirigent tätig sein" könnte.[264]

Vedder hatte in den 20er Jahren die Konzertabteilung der Firma Steinway & Sons geführt. 1927 wurde er wegen Unterschlagung von Künstlergagen entlassen. Seit dieser Zeit bemühte sich der nun selbständige Konzertagent um die besten Musiker Deutschlands. Seine große Stunde schlug nach der Machtergreifung der Nationalsozialisten. Im Februar 1934 wurde er Leiter der Konzert-Abteilung der Reichsmusikerschaft. Einer seiner Förderer war der einflussreiche Gustav Havemann, der ihn bei der nun einsetzenden „‚Entjudung' der Musikstätten der Provinz" unterstützte, „indem er einfach keine jüdischen Künstler dahin vermittelte." Seit 1934 führte Vedder auch einen „Privatkrieg" mit Wilhelm Furtwängler, den er vergeblich in seiner Agentur vertreten wollte. Für Vedder war Swarowsky kein Unbekannter, wie er Krauss schrieb:

> Swarowsky kenne ich, einmal habe ich ihn in Hamburg und einmal in Berlin in der Staatsoper am Pult erlebt. Als Begabung hat er mir sehr imponiert. Alles war ein wenig zuviel, sowohl im Ausdruck als auch im Zeitmaß – dagegen hat er mir gar nicht in der Unterhaltung gefallen, – das war mehr als zuviel. [...] Bereit zu helfen bin ich auf jeden Fall. Das hatte ich auch Herrn von Gudenberg gesagt, der Swarowsky sehr schätzt.[265]

Die Konzertdirektion Vedder übernahm schließlich in der Spielzeit 1941/42 die Alleinvertretung Swarowskys. Swarowsky befand sich nun in prominenter Gesellschaft. Vedder hatte auch die Alleinvertretung der Dirigenten Herbert von Karajan, Clemens Krauss, Willem Mengelberg, Paul van Kempen und Hans von Benda inne. Andere bekannte Musiker, die Vedder in dieser Spielzeit vertrat, waren Edwin Fischer, Georg Kulenkampff, Ludwig Hoelscher, Claudio Arrau, Arturo Benedetti-Michelangeli und Peter Anders.[266]

Im April 1941 setzte sich Krauss beim Propagandaministerium auch für eine UK-Stellung Swarowskys ein, der zum 10. April 1941 einen Einberufungsbefehl der Wehrmacht erhalten hatte.[267] In dieser Zeit versuchte Krauss immer wieder für Swarowsky eine Kapellmeisterstelle in Deutschland oder den besetzten Gebieten zu erreichen. Nachdem Anstellungsbemühungen Swarowskys in Aachen an der Vertragsverlängerung des bisherigen Leiters Herbert von Karajan gescheitert waren und das Opernhaus von Straßburg überhaupt nicht auf dessen Anfrage geantwortet hatte, bat Krauss den Leiter

---

264 Prieberg, *Kraftprobe* (Anm. 42), S. 323.
265 Vedder an Krauss, 23.10.1940, BayHStA.
266 Konzertdirektion Rudolf Vedder: Alleinvertretungen 1941/42, Personalakt Rudolf Vedder, BAB.
267 Krauss an Drewes, 8.4.1941, BayHStA.

der Abteilung Musik im Propagandaministerium, Heinz Drewes, Swarowsky verstärkt in den besetzten Gebieten oder im befreundeten Ausland einzusetzen:

> Ich wäre Ihnen daher sehr verbunden, wenn Sie ihn gastweise da oder dort einsetzen würden und insbesondere bei den vielen Gastspielen im Ausland zu Zwecken der Kulturpropaganda in Konzert und Theater verwenden wollten, für die er nicht nur selbstverständlich künstlerisch der geeignete Mann wäre, sondern auch durch Beherrschung der französischen, italienischen und bald auch spanischen Sprache und ganz allgemein durch die Art seines charmanten Auftretens besonders zu empfehlen wäre. Außerdem dürfte bei seiner Verwendung auch von Vorteil sein, daß seine Abwesenheit keine Lücke in einem Theaterbetrieb hinterließe, wie das bei reisenden Generalmusikdirektoren so oft der Fall ist. Ich bin der Meinung, daß man ihm auch mit gutem Gewissen Reisen mit bestimmten Orchestern bei Verhinderung des zuständigen Dirigenten anvertrauen kann. Auch seine Einstellung in die Konzertprogramme der nächsten Saison im Reich bitte ich Sie zu unterstützen.[268]

Krauss betonte in diesem Schreiben die prodeutsche Haltung Swarowskys, die dafür verantwortlich gewesen sei, dass er seine Position in Zürich auf besonderen Druck der Schweizer Fremdenpolizei verloren habe.

Im Juni 1941 unterstützte Krauss, ebenfalls vergeblich, die Bewerbung Swarowskys um die frei gewordene Stelle des Lübecker Generalmusikdirektors.[269] Ein Jahr später, im Februar 1942, versuchte Krauss Swarowsky im besetzten Holland unterzubringen. In einem persönlichen Schreiben an den Reichskommissar für die besetzten Niederlande, Arthur Seyss-Inquart, empfahl er Swarowsky als neuen Leiter der Symphonie-Konzerte in Den Haag.[270] Nachdem auch dieses Ansuchen erfolglos geblieben war, engagierte sich Krauss im Februar 1942 zum ersten Mal bei Hans Frank, dem Generalgouverneur des besetzten Polen, für Swarowsky. Er versuchte den kunstliebenden Frank darin zu bestärken, Swarowsky zu einem Probespiel nach Krakau einzuladen, um nach dem Tod des bisherigen Chefdirigenten Hans Rohr die Leitung der Philharmonie des Generalgouvernements zu übernehmen.[271] Diese Stelle bekam aber der Bruder Paul Hindemiths, Rudolf Hindemith. Auch Krauss' Empfehlung an den Dresdner Oberbürgermeister, Hans Swarowsky die Nachfolge von Paul van Kempen als Leiter der Dresdner Philharmonie antreten zu lassen, führte zu keinem Ergebnis. (Van Kempen wurde in Aachen als Generalmusikdirektor Nachfolger von Herbert von Karajan.)

---

268 Krauss an Drewes, 21.4.1941, BayHStA.
269 Krauss an Major Brinkmann, 5.6.1941, BayHStA.
270 Krauss an Seyß-Inquart, 18.2.1942, BayHStA.
271 Krauss an Frank, 19.2.1942, BayHStA.

All diese Bemühungen Swarowskys, eine Kapellmeisterstelle im deutschen Herrschaftsbereich zu erlangen, sollten bis 1944 erfolglos bleiben. In diesem Zusammenhang ist interessant, dass Clemens Krauss sich im Januar 1942 für ein Münchner Engagement des jungen Dirigenten Heinrich Hollreiser stark machte und ihn ab Herbst 1942 tatsächlich an die Münchner Staatsoper verpflichtete.[272] Hollreiser hatte bis 1942 als 1. Kapellmeister am Opernhaus in Duisburg gearbeitet. Krauss begründete sein Engagement damit, dass er vom Führer beauftragt sei, „nach einem jungen, besonders begabten Operndirigenten Ausschau zu halten und, wenn es mir gelingt, einen solchen zu finden, ihm meine Erfahrungen nicht nur als Dirigent, sondern auch als Leiter eines Opernhauses weiterzugeben."[273]

Warum verpflichtete Krauss für diese in seinem Einflussbereich liegende Stelle nicht Swarowsky? Davon abgesehen, dass dieser nun nicht mehr der Jüngste war und eigentlich keines musikalischen Mentors mehr bedurfte, war Krauss eine vertragliche Anstellung Swarowskys in München nach den Berliner Ereignissen noch immer politisch zu riskant. Swarowsky musste sich mit einigen wenigen Gastdirigaten im Ausland begnügen. Im Januar 1942 betätigte er sich im befreundeten Spanien Francos als deutscher Kulturbotschafter. Er dirigierte in Barcelona drei Aufführungen von Strauss' *Rosenkavalier*. Am 15. März 1942 gastierte er noch einmal in einem Orchesterkonzert mit Werken von Strauss, darunter auch der *Japanischen Festmusik*, die Strauss dem mit Hitlerdeutschland verbündeten Kaiserreich Japan „zur Feier des 2600jährigen Bestehens" gewidmet hatte. Über dieses geplante Konzert schrieb Swarowsky aus Berlin an Strauss:

[I]ch komme soeben von Barcelona nach Hause, wo ich großen Erfolg mit Rosenkavalier gehabt habe. [...] Die drei Vorstellungen in dem Riesenhaus waren ausverkauft, die Karten gingen zu hohen Agiotagepreisen weg. Mestres [der Intendant von Barcelona] schwärmte von Ihnen und war von meiner Interpretation so angetan, daß er mich sofort zu einem Konzert einlud, das er auf den 15. März ansetzte. Ich schlug ihm ein reines Straussprogramm vor, [...] die Japanische Festmusik, Bürger als Edelmann, – Salomes Tanz, vier Orchesterlieder, zwei Militärmärsche, – Till Eulenspiegel. Hierzu wird die japanische Botschaft aus Madrid erscheinen und die Barceloneser Regierung wird Ihnen und der Frau Gemahlin eine persönliche Einladung auf Staatskosten zukommen lassen. Wenn Sie sich entschließen könnten, zu kommen, wäre das ganz herrlich – vielleicht erhalten Sie dann auch die Erlaubnis, auf der Rückreise sich an der Riviera aufhalten zu dürfen, was ich bei Dr. Meissner hier gut vermitteln kann.[274]

---

272 Krauss an Ministerialdirigent Rainer Schlösser, 14.1.1942, BayHStA.
273 Krauss an Ministerialdirigent Hanssen, 7.2.1942, BayHStA.
274 Swarowsky an Strauss, 10.2.1942, NlHS.

Im März 1942 war auch in Florenz ein Orchesterkonzert mit Werken von Strauss unter Swarowsky geplant.[275] Im April des Jahres leitete Swarowsky Strauss-Orchesterkonzerte in Agram und Budapest.[276] Am 28. Oktober 1942 wurde er Zeuge der Uraufführung von Strauss' letzter Oper *Capriccio*. Strauss hatte die Partitur am 2. August 1941 fertiggestellt. Die Uraufführung in der Bayerischen Staatsoper in München war beim Publikum ein großer Erfolg und stand offiziell unter der „Schirmherrschaft des Herrn Reichsministers Dr. Joseph Goebbels", wie es auf dem Theaterzettel hieß. Trotzdem waren die Rahmenbedingungen während der Uraufführung sehr bedrückend, wie sich der Regisseur der Premiere, Rudolf Hartmann, erinnert:

> Denn wer von den Jüngeren kann sich überhaupt vorstellen, daß eine Großstadt wie München völlig ohne Beleuchtung war, daß durch das Dunkel die Theaterbesucher mit Hilfe kleiner Taschenlampen, die nur durch einen schmalen Schlitz abgedunkeltes blaues Licht freigaben, ihren Weg zum Nationaltheater suchten, um die Uraufführung von „Capriccio" miterleben zu können.[277]

4.2 Swarowskys Mitwirkung beim „Salzburger Musik- und Theatersommer"

Am 1. April 1943 erhielt Swarowsky einen Vertrag der Generalintendanz München-Salzburg als Chefdramaturg und Leiter der Musikdramaturgie des „Salzburger Musik- und Theatersommers". Diese Funktion verlängerte auch Swarowskys immer wieder gefährdete UK-Stellung und schützte ihn vor dem Dienst in der deutschen Wehrmacht.[278]

Seit dem Sommer 1938 lagen die Salzburger Festspiele im Verantwortungsbereich von Goebbels' Propagandaministerium. Obwohl die Nationalsozialisten den „internationalen Charakter" der Festspiele der 30er Jahre verabscheut hatten, wurden die Planungen von 1937 im Wesentlichen für die ersten Festspiele unter deutscher Oberhoheit übernommen. Auf dem Programm standen Opern von Mozart, Wagner, Verdi und Strauss. Der Schweizer Pianist Edwin Fischer bestritt als Pianist und Dirigent ein Orchesterkonzert mit Mozart- und Haydn-Werken. Auch in den Besetzungslisten der Opern hatte sich nicht viel geändert. Wie 1937 wirkten auch diesmal Ezio Pinza, Mariano Stabile, Alfred Jerger, Maria Reining, Esther Rethy und Elisabeth Rethberg bei den Aufführungen mit. Set Svanholm als Tannhäuser, Paul Schöffler als Don Pizarro in *Fidelio* und Maria Cebotari als Gräfin im *Figaro* debütierten 1938 in Salzburg.

---

275 Ebd.
276 Ebd.
277 Rudolf Hartmann, *Richard Strauss. Die Bühnenwerke von der Uraufführung bis heute*, München/Zürich 1980, S. 261.
278 Aktennotiz der Generalintendanz München, 26.3.1943, BayHStA.

Äußerlich waren die Festspiele aber zu einem Propagandainstrument der Nationalsozialisten degradiert worden. Die Stadt war über und über mit Hakenkreuzfahnen bedeckt und tausende Deutsche wurden von der Organisation „Kraft durch Freude" nach Salzburg befördert, um die ausgebliebenen internationalen Gäste zu ersetzen. Willi Schuh beklagte in der *Neuen Zürcher Zeitung*, dass man die Schönheit der Bauwerke und Straßen Salzburgs in einem Meer von Hakenkreuzen jeglicher Größe ertränkt habe.[279] Auch Goebbels persönlich wohnte als Schutzherr der Festspiele einer Aufführung der *Meistersinger von Nürnberg* bei, die von Wilhelm Furtwängler geleitet wurde, der Arturo Toscanini ersetzt hatte.

Das Festspielhaus wurde von Benno von Arent umgebaut und erhielt nun eine „Führerloge". Die organisatorische und künstlerische Verantwortung in dieser Zeit lag beim Salzburger Gauleiter Friedrich Rainer als Direktor, der damit beauftragt wurde, einen künstlerischen Beirat zusammenzustellen und das Programm für 1939 vorzubereiten. Rainer war aber gegenüber dem damaligen Wiener Staatsoperndirektor Erwin Kerber weisungsgebunden. Die endgültigen Entscheidungen trafen Reichsdramaturg Rainer Schlösser und Goebbels.[280]

Gauleiter Rainer und Kerber bemühten sich intensiv darum, für die Festspiele 1939 Clemens Krauss nach Salzburg zurückzuholen. Nach fünfjähriger Abwesenheit dirigierte Krauss in Salzburg Beethovens *Fidelio*. Goebbels hatte nun kein großes Interesse mehr, auf die besondere Bedeutung der Salzburger Festspiele hinzuweisen, und gab der deutschen Presse die Anweisung, die Salzburger Festspiele „gleichrangig mit denen in München, Düsseldorf, Frankfurt und Heidelberg zu behandeln."[281]

Die Hauptattraktion des Jahres 1939 war der persönliche Besuch Hitlers der Aufführungen von *Don Giovanni* und *Die Entführung aus dem Serail* am 9. und 14. August des Jahres. Während der Pause verließ Hitler die Führerloge und wurde vom Publikum mit Heilrufen gefeiert. Nach den Vorstellungen wurden die Sänger von Hitler persönlich mit Lorbeerkränzen und Dankesurkunden geehrt. Trotzdem waren die Festspiele von 1939 von den wachsenden internationalen Spannungen und Kriegsvorbereitungen überschattet.

Der Kriegsausbruch setzte den Vorbereitungen für die Festspiele 1940 ein gewaltsames Ende. Die Salzburger Festspieltradition konnte nur aufgrund der Eigeninitiative der Wiener Philharmoniker aufrechterhalten bleiben. Im Frühsommer gelang es dem Orchester, wenigstens eine Konzertserie zu organisieren, um die Kontinuität zu wahren. Opern wurden diesmal nicht aufgeführt. Die Wiener Philharmoniker konnten für ihre Festspielkonzerte Karl Böhm, Hans Knappertsbusch und den von Hitler geschätzten

---

279 *NZZ*, 8.8.1938.
280 Stephen Gallup, *Die Geschichte der Salzburger Festspiele*, Wien 1989, S. 167.
281 Ebd., S. 168.

Operettenkomponisten Franz Lehár gewinnen. Auch Furtwängler trat anlässlich einer Sonderaufführung auf und dirigierte neben Symphonien von Beethoven und Brahms „Siegfrieds Tod" aus der *Götterdämmerung*.

Die Festspiele von 1941, die ersten, an denen Hans Swarowsky künstlerisch mitwirkte, standen unter einem anderen Stern. Nachdem die deutsche Wehrmacht einen Großteil Europas überrannt hatte, beschloss Goebbels, die Festspiele im kleineren Rahmen wieder ins Leben zu rufen. Nun sollten sie zur Stärkung der allgemeinen Kriegsmoral dienen und der Welt beweisen, dass Deutschland trotz Kriegszustands ein großes kulturelles Potential mobilisieren konnte. Das Publikum bestand nun fast ausschließlich aus Soldaten und Rüstungsarbeitern. Der Besuch von Goebbels während der Festspiele von 1941 war auch die letzte Festspielvisite einer Nazigröße. Diese Festspiele dauerten nur dreieinhalb Wochen. Immerhin wurden mit *Rosenkavalier*, *Don Giovanni*, *Figaro* und *Zauberflöte* vier Opern aufgeführt. Karl Böhm und Hans Knappertsbusch sorgten für einen hohen künstlerischen Standard der Aufführungen und konnten ausgezeichnete junge Sänger um sich versammeln. Die von Böhm geleitete *Zauberflöte* war sogar eine Neuinszenierung. Nach 1941 sank das Interesse Goebbels' an den Salzburger Festspielen immer mehr. Die Presse wurde angewiesen, ihre Berichterstattung einzuschränken und Rezensionen erst nach Beendigung der Festspiele zu veröffentlichen.[282] 1943 entzog Goebbels Salzburg selbst den traditionsreichen Namen Festspiele und ersetzte ihn durch „Salzburger Musik- und Theatersommer".

Während dieser schwierigen Zeit setzten sich drei Persönlichkeiten weiterhin und unbeirrbar für die Salzburger Festspieltradition ein: Edwin Fischer, Karl Böhm und Clemens Krauss. Fischer veranstaltete 1942 und 1943 Konzertserien mit seinem eigenen Kammerensemble. Außerdem war Fischer Direktor der Salzburger Sommerakademie am Mozarteum. Die Tradition dieser Sommerakademien ging auf das Jahr 1929 zurück. Prominente Künstler arbeiteten in Kursen mit jungen Künstlern. Fischer brachte Anna Bahr-Mildenburg, die Pianistin Elly Ney und den Geiger Vasa Prihoda nach Salzburg, die hauptsächlich Nachwuchs aus den mit Deutschland verbündeten Ländern betreuten.

Die künstlerische Verantwortung für die Salzburger Veranstaltungen trug seit Ende 1941 Clemens Krauss als Intendant. Er war schon 1940 zum Direktor des in ein nationales Musikinstitut umgewandelten Mozarteums gekürt worden. Goebbels erhoffte sich von ihm eine künstlerische Neuorientierung der Festspiele. Er meinte, dass

> Krauss von der üblichen Methode, einfach Wiener Inszenierungen nach Salzburg zu bringen abgehen und so die Entwicklung eines eigenen Salzburger Stils, insbesondere bezüglich der Werke Mozarts und möglicherweise auch Glucks fördern werde.[283]

---

[282] Ebd., S. 170 f.
[283] Ebd., S. 171.

Krauss freilich nutzte die Festspiele zwischen 1942 und 1944 verstärkt dazu, Werke seines bewunderten Freundes Richard Strauss in exemplarischen Produktionen aufzuführen. Krauss konnte dabei auf die Unterstützung von Gauleiter Rainer zählen, der ihm das Schloss Leopoldskron zur Unterbringung prominenter Gäste reservierte. Krauss dominierte nun als Dirigent die Festspiele. 1942 leitete er die Aufführungen von *Figaro* und *Arabella*. Für die Neuinszenierung von *Figaros Hochzeit* verpflichtete Krauss Walter Felsenstein. Mit Hans Hotter, Helena Braun, Erich Kunz und Josef Witt stand ihm auch eine beachtliche Sängerbesetzung zur Verfügung. In *Arabella* sang seine Frau Viorica Ursuleac die Titelrolle. Für die Orchesterkonzerte der Wiener Philharmoniker gewann Krauss Richard Strauss, Willem Mengelberg und Ernest Ansermet.[284]

1943 leitete Krauss eine Neuproduktion der *Zauberflöte*. Dies war die erste Festspielinszenierung, in der der Dirigent auch für die Regie verantwortlich war. Krauss hatte den ungewöhnlichen Einfall, die Rollen des Papageno und der Papagena mit den Schauspielern Paul Hörbiger und Gusti Huber zu besetzen. Er beabsichtigte damit den Buffo-Charakter von Papageno und Papagena zu betonen und die Besetzung der Uraufführung nachzuempfinden, „wo der Papageno von Schikaneder gegeben worden war, der keine ausgebildete Opernstimme besass."[285] Dieses ausgefallene Besetzungsexperiment ist seit damals nicht wiederholt worden.[286] Bei all diesen Produktionen dürfte Hans Swarowsky Krauss als musikalischer Assistent zur Seite gestanden sein. Swarowsky war 1942 auch für die Redaktion des Festspiel-Almanachs verantwortlich[287], jedenfalls 1943 und 1944 für die Redaktion der Programmzettel für die Konzerte, für die er verschiedene Originalbeiträge verfasste.

Am 29. Juli 1944 verkündete Goebbels, dass im Zuge des „totalen Kriegseinsatzes" der gesamte Kultur- und Festspielbetrieb des Reiches einzustellen sei. Am 1. August des Jahres wurde dann eine Anordnung über die Einstellung des gesamten Kulturlebens im „Dritten Reich" erlassen. Für den „Salzburger Musik- und Theatersommer" 1944 waren drei Opernproduktionen geplant worden: *Così fan tutte*, *Die Zauberflöte* und als Welturaufführung *Die Liebe der Danae* von Richard Strauss. Krauss, der Strauss versprochen hatte, dass er die Premiere dieses Werkes dirigieren würde, setzte seinen ganzen Einfluss ein, um wenigstens *Danae* zur Aufführung zu bringen. Er wollte Strauss diese Opernaufführung als nachträgliches Geburtstagsgeschenk zu dessen 80. Geburtstag am

---

284 Ein genaues Verzeichnis der Produktionen der Salzburger Festspiele bis 1990 findet man in: Hans Jaklitsch, *Die Salzburger Festspiele. Ihre Geschichte in Daten, Zeitzeugnissen und Bildern. Band III. Verzeichnis der Werke und der Künstler 1920–1990*, Salzburg/Wien 1991.
285 Gallup, *Die Geschichte* (Anm. 280), S. 173.
286 [– jedenfalls nicht in Salzburg. Bei einer Produktion im Rahmen des Festivals „Oper im Steinbruch" in St. Margarethen (Burgenland) 2019 wurde der Papageno allerdings mit dem Schauspieler Max Simonischek besetzt – Hg.]
287 *Festspiel-Almanach. Salzburg 1942*, hg. von der Generalintendanz der Salzburger Festspiele, Berlin 1942.

11. Juni 1944 präsentieren, damit der Komponist noch zu Lebzeiten seine vorletzte Oper in voller Klangpracht hören konnte.

Strauss hatte seine Oper schon 1940 fertiggestellt, wollte sie aber nicht während der Kriegszeit aufführen lassen. Am 20. Mai 1941 hatte Strauss seinen Librettisten Joseph Gregor inständig gebeten,

> über „Danae" nicht das geringste zu veröffentlichen. Sobald nur eine Andeutung darüber, daß die Oper schon fertig ist, in die Presse kommt, würde ich von den Theatern mit Anfragen überschwemmt und „Danae" darf, wenn sie nicht schon […] bei der Geburt getötet werden soll, nicht früher als 2 Jahre nach Friedensschluß herauskommen. Sie ist bezgl. der Ausstattung und Rollenbesetzung so anspruchsvoll, daß es keinen Sinn hat, sie nur an den paar ganz großen Theatern zu spielen, wenn nicht auch die mittleren Bühnen mit genügend Aufführungen nachfolgen können. Wie heute die Weltlage ist, dürfte „Danae" also wohl „œuvre posthume" werden.[288]

Strauss klang in dieser Zeit, als Hitlers Wehrmacht von Sieg zu Sieg eilte, sehr resigniert und stimmte nicht in den Jubel über die erlangten deutschen Siege ein. Krauss, der „treue Taktstock", wie ihn Strauss zu nennen pflegte, versuchte mit aller Diplomatie und Standfestigkeit den neuen Salzburger Gauleiter Scheel doch noch wenigstens zu einer inoffiziellen Uraufführung zu überreden. Und das Wunder gelang.[289] Am 31. Juli 1944 konnte Krauss dem verehrten Komponisten triumphierend berichten:

> Der Gauleiter Dr. Scheel hat den Wunsch, die eine oder andere Aufführung, die in Vorbereitung war, im örtlichen Rahmen in Salzburg herauszubringen, damit die bereits geleistete Arbeit nicht fruchtlos getan ist. Ich setze natürlich alles daran, daß die Uraufführung Ihres Werkes anläßlich Ihres 80. Geburtstages stattfinden kann. Die Salzburger Stellen sind damit auch einverstanden.[290]

Die Vorbereitungen zur Uraufführung waren aber wegen der immer dramatischeren Kriegssituation den denkbar schwierigsten Bedingungen unterworfen, wie Krauss an Strauss schrieb:

---

288 Strauss an Gregor, 20.5.1941, in: *Richard Strauss und Joseph Gregor. Briefwechsel. 1934–1949*, hg. von Roland Tenschert, Salzburg 1955, S. 230.
289 Vgl. *Der Prinzipal* (Anm. 46), S. 10f.
290 Krauss an Strauss, 31.7.1944, in: *Richard Strauss. Clemens Krauss. Briefwechsel*, hg. von Götz Klaus Kende/ Willi Schuh, München 1963, S. 269.

Abb. 6: Mit Richard Strauss in Salzburg (HSA)

> Bei den verschiedenen Luftangriffen in München ist ein Teil der Schreinerarbeit verbrannt, eine Anzahl Säulen, die für den zweiten Akt bestimmt waren und einige hundert Meter Stoff, die in der Färberei zur Bearbeitung lagen. Mit dem Transport von München nach Salzburg hatte es große Schwierigkeiten. Wir mußten versuchen die fertigen Dekorationsteile in Möbelwagen, die mit Holzgas fahren, herüber zu schaffen. […] Die Malerarbeiten für die drei Bilder des dritten Aktes sind in Prag angefertigt worden und vorige Woche hier programmgemäß eingetroffen. Die gesamte Schneiderei von München, die dort in ihrer Arbeit stehen geblieben ist, da – wie Sie ja wissen werden – viele Tage kein elektrischer Strom und kein Licht vorhanden war, ist vorige Woche mit allen angefangenen Kostümarbeiten und mit den noch notwendigen Stoffen nach Salzburg übersiedelt und hat sich hier zur Arbeit in provisorischen Werkstätten niedergelassen.[291]

Während Deutschland und Europa in Schutt und Asche lagen, agierten die „Künstler in einer Phantasmagoriewelt der Antike."[292] Bis zum letzten Augenblick klammerten sich die Beteiligten an eine unschuldige, leichtsinnige und sinnenfreudige Traumwelt, die die reale Untergangsstimmung und die verzweifelten Durchhalteparolen vergessen halfen. Die Faszination der Strauss'schen Musik

> wirkte in dieser Ausnahmesituation noch intensiver als früher im friedlichen Alltag. Noch einmal setzte der greise Komponist einen Kontrapunkt zu seiner Zeit: Als die Welt zu Beginn des Jahrhunderts noch in Ordnung zu sein schien, verstörte er seine Zeitgenossen mit den Perversionen der Salome und den quälenden Dissonanzen der Elektra, nun, da die alte Welt in Ruinen lag, zeigte er, was Schönheit, Liebe, Glück und Geist ist.[293]

Am 16. August fand, nach Strauss' Worten, mit der genehmigten öffentlichen Generalprobe der *Liebe der Danae* das „Totenfest der deutschen Kunst" statt.[294] In der Regie von Rudolf Hartmann und unter der musikalischen Leitung von Clemens Krauss sang die Elite der deutschen Sänger: Hans Hotter verkörperte den Jupiter, Franz Klarwein den Merkur, Viorica Ursuleac die Danae und Horst Taubmann den Midas. Nur wenige geladene Gäste und verwundete Wehrmachtssoldaten wohnten dieser „provisorischen Uraufführung" bei. Hans Swarowsky war Mitwirkender und Zeuge dieser Aufführung, die er seinem neuen Dienstherrn, Generalgouverneur Hans Frank, ausführlich schilderte:

---

291 Krauss an Strauss, 28.7.1944, in: ebd., S. 267f.
292 Maurus Pacher, *Ohne Kostüm und Maske. Die andere Operngeschichte*, Frankfurt a.M./ Berlin 1991, S. 21.
293 Franzpeter Messmer, *Richard Strauss. Biographie eines Klangzauberers*, Zürich/St. Gallen 1994, S. 470f.
294 Zitiert in: Kurt Wilhelm, *Richard Strauss persönlich. Eine Bildbiographie*, München 1984, S. 386f.

Ein Triumph ganz besondrer Art für die deutsche Kunst aber war die [...] Generalprobe der neuen Straussoper, die trotz eigentümlicher Mängel des neuen Buchs zu den Spitzenwerken des Komponisten zählt. Die Musik ist feurig, mitreißend, voll jugendlichem Temperament, dann wieder wunderbar groß und ruhig, von lang nicht gehörter Melodienfülle in ganz einfach geführten Strecken, manchmal mit aus solcher Sicht rührender innerer Rückbeziehung auf den Anfang, auf Wagner. Der unmittelbare Eindruck hielt uns während aller Proben auch außerhalb des Theaters in stetem Bann, es war gar nicht möglich, diesem Meer von Klang zu entrinnen. Nach der Hauptprobe rief Strauss dem Orchester zu: „Auf Wiedersehen in einer besseren Welt" und verließ, von heftigem Schluchzen ergriffen, durch die Zuhörer hindurch das Haus. Die Generalprobe war gedacht als ganz spezielle Ehrung für ihn, Krauss sprach, daß er sie abhalte, um dem Meister zu seinem achtzigsten Geburtstag sein Werk zu präsentieren, damit er es klingen höre. Trotzdem war das Haus voll von Leuten, die von überallher gekommen waren. Die Probe war über alle Begriffe schön. In einem überreich ausgestatteten und mit feinstem Stilgefühl von Pre[e]torius erstellten Bild, in dem die Illusionen des mannigfachen Goldzaubers prächtig gelang[en], sang die Ursuleac so schön wie nie, Hotter übermächtig und gewaltig, Taubmann in der Gestalt neben ihm der gegebene Mann, die Verwandlung des einen in den andren glaubhaft zu machen. Leda, Alkmene, Semele, Europa vereinigten sich zu einem berückend schönen Doppelquartett mit ihren Männern, den vier Königen, und alle andren Solisten, der Chor, das über die Begriffe herrlich spielende Orchester – alles einte sich zu einem Gesamteindruck, dessen Pracht manchen von uns umso tiefer bewegte, je mehr er sich sagte, daß hier vielleicht auf sehr lange Zeit die letzte Gelegenheit gewesen war, solche Kunst, die in sich die gesamte vergangene deutsche Kultur in ihren edelsten Zweigen zur Voraussetzung hat, zu genießen. Mit einem tiefen und entsagungsvollen Seufzer trennten wir uns, nachdem das Publikum sich verlaufen hatte, vom Bühnenhaus.

[...] Von Strauss und Krauss mit Familie soll ich ergebene Grüße bestellen. Es verging kein Tag, ohne das wir Ihrer, sehr verehrter Herr Generalgouverneur, gedachten und ich bin nie zu Bett gegangen, ohne die innigsten Wünsche für Sie, die Erhaltung und Wiedergewinnung Ihres Landes im Herzen.[295]

Neben der *Liebe der Danae* genehmigte Gauleiter Scheel auch die Probenarbeiten zu den geplanten Schauspielaufführungen von Lessings *Emilia Galotti* und Nestroys *Lumpazivagabundus*. Zwei Tage vor der Generalprobe der *Liebe der Danae* hatte Furtwängler mit den Berliner Philharmonikern die 8. Symphonie von Anton Bruckner dirigiert. Dies war das erste Auftreten der Berliner Philharmoniker bei den Salzburger Festspielen.

---

295 Swarowsky an Frank, 20.8.1944, Aktenbestände des Generalgouvernements, Korrespondenz Hans Frank, BAB.

Im Oktober 1944 erreichte der Bombenkrieg auch Salzburg, wo bis April 1945 6.000 Bomben fielen, die große Teile des Doms und des Geburtshauses von Mozart zerstörten. Am 4. Mai 1945 wurde die unverteidigte Stadt Salzburg von US-Truppen besetzt.

4.3 Die Reichsstelle für Musikbearbeitungen

Die „Reichsstelle für Musikbearbeitungen" wurde am 1. Mai 1940 ins Leben gerufen und der Musikabteilung des Propagandaministeriums als nachgeordnete Dienststelle unterstellt. Die Reichsstelle war also nicht direkt dem Propagandaministerium angegliedert worden. Für die Bediensteten bedeutete dies, dass sie sich nicht als Mitarbeiter des Propagandaministeriums ausgeben durften. Zum Leiter dieser neuen Reichsstelle wurde der Chef der Musikabteilung des Propagandaministeriums, Generalintendant Heinz Drewes, ernannt. Drewes leitete auch alle anderen nachgeordneten Dienststellen des Propagandaministeriums, wie die Reichsmusikprüfstelle, das Amt für Konzertwesen und die Auslandsstelle für Musik. Drewes war bei zahlreichen Musikschaffenden als Exekutor des Willens von Goebbels verhasst, und seine Hauptaufgabe lag darin, allerhöchste Musikpolitik durchzusetzen. Er bedrängte aber niemanden plump mit NS-Parolen,

> sondern operierte klug und taktvoll, auch da, wo er sich gegen die Leute um Rosenberg verteidigen mußte [und] förderte immerhin solche nicht ganz bequemen Komponisten wie Höffer, Tiessen, Hessenberg und Theodor Berger, wann immer dies möglich war.[296]

Stellvertretender Leiter der Reichsstelle für Musikbearbeitungen wurde der Musikwissenschaftler und Konzertsänger Hans Joachim Moser. Moser war innerhalb der NS-Bürokratie keinesfalls unumstritten. Der 1889 Geborene war 1927 durch Leo Kestenberg zum Direktor der Staatlichen Akademie für Kirchen- und Schulmusik in Berlin ernannt worden. 1933 wurde er von Reichserziehungsminister Rust im Zuge des NS-„Gesetzes zur Wiederherstellung des [preußischen] Berufsbeamtentums" in den vorzeitigen Ruhestand versetzt. Moser musste dem Nationalsozialisten Bieder Platz machen. 1936 wurde ihm, trotz seines Eintritts in die NSDAP im selben Jahr, die „Beamteneigenschaft nebst Pension und Prof.-Titel aberkannt und nur eine lebenslängliche Unterstützung in Höhe von 60 % der Pension zwecks Unterhalts [s]einer geschiedenen Frau und der Kinder aus erster Ehe zugesprochen."[297] Es wurden auch immer wieder Stimmen laut, die Mosers „arische" Abstammung bezweifelten. Mosers *Kleine deutsche Musikgeschichte* wurde im orthodoxen NSDAP-Flügel um Alfred Rosenberg ebenfalls heftig kritisiert. Neben der

---

296 Fred K. Prieberg, *Musik im NS-Staat*, Frankfurt a.M. 1982, S. 355.
297 Moser an den Kulturreferenten beim Bezirksbürgermeister Berlin-Wilmersdorf, 22.8.1945, Personalakt Hans Joachim Moser, BAB.

„Manieriertheit des Stils" wurden in einer Rezension der Zeitschrift *Die Musik* „fassungslos [...] Mosers Äußerungen über die Rolle der jüdischen Komponisten in der deutschen Musikgeschichte" zur Kenntnis genommen. Moser scheine den „Rassebegriff und die Tatsache der blutmäßigen Bindung" nicht begriffen zu haben.[298]

Durch Unterstützung von Clemens Krauss wurde Hans Swarowsky in dieser neuen Institution seit Juli 1940 als Gutachter und Lektor angestellt. Swarowsky galt auch als „Verbindungsmann von Krauss zur Reichsstelle für Musikbearbeitungen". Krauss stand einem Arbeitsausschuss der Reichsstelle vor. In einem Schreiben von Drewes an Goebbels wurde festgehalten, dass Swarowsky auch nach einer festen Anstellung als Dirigent der Reichsstelle weiterhin „nebenamtlich" zur Verfügung stehen könne.[299]

Hauptziel der Reichsstelle war, durch Auftragserteilung und Neubearbeitung eine Spielplanerweiterung der deutschen Musikbühnen zu erreichen. Einerseits sollten ältere Werke neubearbeitet werden, andererseits wurden zeitgenössische Arbeiten als Werkaufträge vergeben. Dabei legte man ein Hauptaugenmerk auf die Operette und das Singspiel, wie Moser die Programmatik der Reichsstelle umriss:

> Auf dem Gebiet der heiteren Muse ist die [...] mögliche Gefahr einer niveaudrückenden Kommerzialisierung begreiflicherweise weit größer als auf dem Opernfelde; die Operette ist meist kurzlebiger, der Verschleiß größer, und die Fürsorge der Kunstverwaltung im Dritten Reich gilt ganz besonders dem Erquickungsbedürfnis der großen Volksgemeinschaft, für die das Beste auch an Unterhaltung gerade gut genug sein soll; mächtige Volkstheater in den neuen Reichsgebieten wie in den heute luftbedrohten Bezirken des Altreichs werden in kommender Aufbauzeit auch einen hohen Spielplanbedarf haben, und hier rechtzeitig vorzuarbeiten, gehört zu unserer fürsorglichen Friedensplanung. Der Vorsprung der Oper vor der Operette hat aber hinsichtlich der Auffrischung von Werken der Vergangenheit auch noch andere, wohl einleuchtende Ursachen: während die Fälle, in denen wertvolle Opern als solche unerkannt geblieben sind, naturgemäß selten sein werden, da die Zeit hier eine selbsttätige Auslese getroffen zu haben pflegt und seit Jahrzehnten eifrige Ausgrabespaten am Werk waren, um nach etwaigen verborgenen Schätzen auf diesem Gebiet der mehr überzeitlichen Werke zu schürfen, liegt der Fall auf dem Gebiete der Operette einigermaßen anders: diese Gattung war von vornherein stets auf Tagesgeltung eingestellt, ihre Textbücher sind in der Mehrzahl mit einer heute kaum mehr begreiflichen Anspruchslosigkeit, ja ungepflegten Billigkeit zusammengezimmert worden und so in der Originalfassung jetzt meist unerträglich, in den Witzanspielungen veraltet und unverständlich.[300]

---

298 Herbert Gerigk, Rezension zu H. J. Moser: Kleine deutsche Musikgeschichte. Stuttgart 1938, in: *Die Musik* 30/2 (August 1938).
299 Heinz Drewes an Reichsminister Goebbels, 24.3.1941, R 55/240, BAB.
300 Hans Joachim Moser, Von der Tätigkeit der Reichsstelle für Musikbearbeitungen, in: Hellmuth von

Ein weiteres wichtiges Aufgabengebiet der Reichsstelle für Musikbearbeitungen hatte ideologischen Charakter. So sollten Werke, die in einem „politisch unerwünscht gewordenen Milieu" spielten, an andere Handlungsschauplätze verlegt werden.[301] Beispielsweise wurde Millöckers beliebte Operette *Der Bettelstudent* aus dem Krakau Augusts des Starken in das Breslau des Prinzen Eugen verlegt, und aus Nedbals *Polenblut* wurde eine im Sudetenland spielende *Erntebraut*. Auch nicht so bekannte Bühnenwerke wie Franz von Suppés *Fatinitza* blieben nicht verschont: Das Stück sollte künftig nicht mehr 1854 während des Krimkrieges vor Sewastopol, sondern einige Jahrzehnte später im bulgarischen Befreiungskrieg spielen – die Bulgaren waren schließlich Verbündete des Deutschen Reiches. In diesem Zusammenhang nahm man auch die Umtextierung von Händeloratorien und Bachkantaten in Angriff, um jüdische Vokabeln, Stoffe oder Texte zu tilgen. Im Laufe der Jahre erkannte aber selbst die Parteikanzlei der NSDAP, wie grotesk derartige Unternehmungen waren, wie es in einem Rundschreiben von Hitlers Sekretär Martin Bormann formuliert wurde:

> In letzter Zeit haben verschiedentlich einzelne Stellen von sich aus Textänderungen vorzunehmen versucht. Durch oft ganz willkürliche Änderungen kamen Entstellungen zustande, die eher lächerlich und schädigend als reinigend wirkten. So wurde in Cavalleria rusticana der von Orgelklängen begleitete Text „Aus der Kirche gehen wir" in „Nach Hause gehen wir" umgewandelt. Statt des Pilgerchores im Tannhäuser trat eine Bauerngruppe auf, wobei Elisabeth mit entsprechender Textänderung ihres innigen Flehens einen Baumstumpf umarmen mußte.
>
> Derartige Umgestaltungen in Text und Inhalt anerkannter Tonschöpfungen bedeuten geradezu eine engstirnige Mißachtung der kulturellen Leistungen unserer Vergangenheit. Sie entspringen einer falsch verstandenen weltanschaulichen Wachsamkeit, die nicht zu rechtfertigen ist. Eine selbst große Zeit, wie es unsere Gegenwart ist, vergibt sich nichts, wenn sie die künstlerischen Leistungen früherer Zeiten mit gebührender Achtung und Verständnis für deren Zeitbedingtheit behandelt.
>
> Der Reichspropagandaleiter hat demgemäß an die Leiter sämtlicher deutscher Theater ein Rundschreiben gerichtet, in welchem auf die Unzulässigkeit willkürlicher Textänderungen hingewiesen wird. Während des Krieges gibt es zumal im jetzigen Zeitpunkt lebensnotwendigere Aufgaben als die Überarbeitung der Texte von Oratorien und Opern, die den nationalsozialistischen Auffassungen nicht voll entsprechen. Für die Dauer des Krieges haben daher alle Bestrebungen in dieser Richtung zu ruhen.[302]

Hase (Hg.) *Jahrbuch der deutschen Musik 1943. Im Auftrage der Abteilung Musik des Reichsministeriums für Volksaufklärung und Propaganda*, Leipzig/Berlin 1943, S. 78–82: 78 f.
301 Ebd., S. 80.
302 Rundschreiben der Parteikanzlei der NSDAP zur „Umdichtung von Oratorien- und Operntexten mit konfessionellem Inhalt", 8.3.1943, R 55/210, BAB.

Viel Aufmerksamkeit wurde der Neubearbeitung der Spielopern Albert Lortzings geschenkt. So erhielt seine Oper *Die beiden Schützen* einen ganzen Akt aus einem weniger bekannten Werk des Meisters vorgesetzt. Auch Lortzings *Casanova* und seine Revolutionsoper *Regina*, die er 1848 für Wien komponiert hatte, wurden aufgefrischt. Im Falle von Otto Nicolais Jugendoper *Die Heimkehr des Verbannten* kam es zu einer völligen Neuentdeckung eines Werkes.

Großer Stellenwert wurde auch dem Versuch einer Gluck-Renaissance eingeräumt, da die Monumentalität dieser Werke den repräsentativen Festanlässen der Nationalsozialisten entgegenkam. An erster Stelle wurde hier die von Prof. Müller-Blattau entdeckte eigene Verdeutschung Glucks der *Iphigenie auf Tauris* genannt.[303] Swarowsky wurde mit der Bearbeitung von Glucks *Alceste* betraut. Außerdem wurde er mit der Neugestaltung eines Liederalbums von Otto Nicolai beauftragt.[304]

Neben der Bearbeitung und Erneuerung von älteren Bühnenwerken wurden auch Kompositionsaufträge erteilt. Aufträge für neue Opern ergingen an Ottmar Gerster, Karl August Fischer, Georg Böttcher, Fried Walter, Hans Ebert, Norbert Schultze und Rudolf Kattnig.

Die Reichsstelle beschränkte sich aber nicht auf die Auftragsvergabe von Werken, sondern erstellte Hunderte von Gutachten über unaufgefordert eingesandte Arbeiten auf dem Gebiet von Oper, Singspiel und Operette. Hier arbeitete Moser eng mit der Reichsmusikprüfstelle und der Reichsdramaturgie zusammen. Hauptbegutachter dieser Behörde war Referent Dr. Mayer. Auf diesem Sektor war auch Swarowsky eifrig beschäftigt. Er verfasste zahlreiche Beurteilungen neuer musikdramatischer Werke, sowohl im Auftrag der Reichsmusikprüfstelle als auch der Reichsstelle für Musikbearbeitungen. Swarowsky begutachtete nicht nur Klavierauszüge und Partituren, sondern auch eingereichte Opern- und Operettentexte. Im Bundesarchiv Berlin haben sich die Gutachten der Musik- und Theaterabteilung des Propagandaministeriums fast vollständig erhalten. Als ein Beispiel sei Swarowskys Urteil über Hermann Wennigs eingereichte Märchenoper *Schneewittchen* zitiert:

> Sehr gut gemachtes Märchenspiel. Opernmusik, leider ohne jeden prägnanten Einfall. Will der Autor seine Befähigung bescheinigt haben, „für die Bühne zu schreiben" […], so kann sie ihm ohne weiteres nach der technischen Seite hin erteilt werden. Der Stil ist freilich nicht von heute, aber viel zu sauber um „von gestern" sein zu können – außerdem welcher Stil ist denn „von heute"?

---

303 Moser, Von der Tätigkeit (Anm. 300), S. 81.
304 Reichsstelle für Musikbearbeitungen: Liste der weiterlaufenden Aufträge, undatiert, Personalakt Hans Joachim Moser, BAB.

Es müßte aber dem Komponisten bedeutet werden, daß der Einfall das Primäre ist und daß von diesem Gesichtspunkt allerdings sein Werk nicht den Anforderungen entspricht.[305]

Nach Swarowskys Beurteilung reichte Dr. Friedrich Lange, Referent in der Reichsdramaturgie des Propagandaministeriums, dem Komponisten den Klavierauszug „mit bestem Dank" und dem Hinweis zurück, dass es das Werk schwer haben werde, sich durchzusetzen, „nachdem unlängst erst Cesar Bresgen mit seiner sehr hübschen und originellen ‚Dornröschen'-Oper herausgekommen ist."[306]

Auch auf diesem Gebiet musste Swarowsky geschickt lavieren, um seine ehrliche, unverblümte Kritik auch gegenüber vom NS-Regime geförderten Werken zu äußern. Er schreckte dabei auch nicht davor zurück, sich der NS-Diktion („Systemzeit" – freilich in Anführungszeichen –, „Operettengroßjuden") zu bedienen, wie sein Urteil zu A. R. Eisners Operettenlibretto *Sternschnuppen* beweist. Der Reichsstatthalter von Wien unterstützte dieses Projekt, da der von Schirach protegierte junge Wiener Komponist Josef Knaflitsch, Kapellmeister am „Wiener Werkel", bereits an der Vertonung des Textes arbeitete. Das Brisante an der ganzen Thematik ist, dass bereits der „nichtarische" Komponist Edmund Eysler vor 1938 das Operettenlibretto vertont hatte.[307] Swarowsky wob in sein Urteil einen zynischen Seitenhieb gegen die zahlreichen unbegabten „arischen" Komponisten und Textdichter ein, die seit der Ausschaltung jüdischer Künstler den deutschen Kulturbetrieb beherrschten.[308] Dr. Lange übernahm in seinem Antwortschreiben an die Reichsstatthalterei Wien fast wörtlich Swarowskys vernichtendes Urteil über das Libretto.[309]

Eine weitere Aktivität der Reichsstelle war die „Aktion Meistergeigen". Damit war der Ankauf wertvoller Musikinstrumente im Reichsgebiet und im besetzten Ausland gemeint, die dann an bekannte Künstler verliehen wurden. Hauptverantwortlicher war der süddeutsche Geigenbaumeister Hamma. Diese Aktionen standen aber in keinem Zusammenhang mit der berüchtigten Plünderung von Musikinstrumenten durch den „Einsatzstab Reichsleiter Rosenberg" im besetzten Westeuropa.[310] Ein weiteres unrühmliches Arbeitsfeld Mosers im Rahmen der Reichsstelle für Musikbearbeitungen war die Arisierung von jüdischen Musikverlagen.

---

305 Gutachten von Hans Swarowsky zu Hermann Wennigs Märchenoper „Schneewittchen", 18.12.1942, R 55/20210a, BAB.
306 Ref. Dr. Lange an Hermann Wennig, 12.1.1943, R 55/20210a, BAB.
307 Reichsstatthalter in Wien an den Reichsminister für Volksaufklärung und Propaganda, 20.4.1942, R 55/20207, BAB.
308 Gutachten von Hans Swarowsky zum Operettenlibretto „Sternschnuppen" von A. R. Eisner, 6.6.1942, R 55/20207, BAB. Für den Wortlaut des Texts siehe den Beitrag von Oliver Rathkolb in diesem Band.
309 Dr. Lange an die Reichsstatthalterei Wien, Generalreferat für Kunstförderung, 13.6.1942, R 55/20207, BAB.
310 [Vgl. Willem de Vries, *Sonderstab Musik. Organisierte Plünderungen in Westeuropa 1940–45*, Köln 1998 – Hg.]

Swarowsky dürfte in der Reichsstelle nur bis 1942 regelmäßig gearbeitet haben. Im „Stellenbezugsplan" für das Rechnungsjahr 1942 scheint „Kapellmeister Hans Swarowsky" noch mit einem Monatsgehalt von 800,- Reichsmark auf. Als weitere ständige Mitarbeiter werden nur „Generalsekretär Dr. H. J. Moser" und „Assistent Dr. Denecke" genannt.[311] Auch Kurt Rowinski, Angestellter in der Musikabteilung des Propagandaministeriums, sagte nach 1945 aus, dass Swarowsky nur bis 1942 in der Reichsstelle anzutreffen war. Rowinski trat 1947 im Zuge des Entnazifizierungsverfahrens gegen Hans Joachim Moser als Zeuge auf und wusste auch von Swarowsky wenig Schmeichelhaftes zu berichten:

> Mitarbeiter der Reichsstelle für Musikbearbeitungen waren
> 1) Kapellmeister Hans Swarowski – tauchte nur gelegentlich in der Reichsstelle zum Empfang seiner Bezüge auf und verschwand Ende 1942. War Österreicher, ziemlich arrogante und überhebliche Erscheinung, selbstverständlich PG [NSDAP-Parteigenosse], dürfte aber bei seiner Wendigkeit heute irgendwo in seiner Heimat als überzeugter Antifaschist sitzen.[312]

5. Swarowskys Tätigkeit für den britischen Geheimdienst

Über Spionageaktivitäten Swarowskys während des Zweiten Weltkrieges für die Westalliierten gibt es immer wieder Gerüchte.

Swarowsky begann seine Widerstandstätigkeit während seiner Anstellung in der Reichsstelle für Musikbearbeitungen, wie sein Sohn Anton Swarowsky betont:

> Er war ja in einem höchsten Rang dort in der Musikabteilung und hat alle möglichen Dinge gehört, die da gesagt wurden und hat das dann dem Julius Marx weitergeleitet. [...] Brieflich oder mit Code, ich weiß nicht mehr. [...] Es war eigentlich seine Verbindung mit der Schweiz nie abgebrochen. [...] der Julius Marx hat ihm gesagt: „Schau, wenn du in die Reichsmusikkammer oder so etwas kommst und Dinge hörst bei Cocktailpartys, dann sag sie mir, damit ich das weiterleiten kann". Und das hat er auch getan.[313]

Wie man weiß, hatte Swarowsky engen Kontakt zu dem deutschen Emigranten Julius Marx, der seit der Machtübernahme Hitlers in Zürich lebte. Während seiner Kapellmeisterzeit in Zürich wohnte Swarowsky bei Marx.[314]

---

311 Stellenbesetzungsplan der Reichsstelle für Musikbearbeitungen für das Rechnungsjahr 1942, R 55/240, BAB.
312 Kurt Rowinski an die Entnazifizierungskommission für Kunstschaffende Berlin, 25.3.1947, Personalakt Hans Joachim Moser, BAB.
313 Anton Swarowsky im Gespräch mit Erika Horvath, Paris, 4.10.2002.
314 [in einem Brief an Gottfried von Einem vom 24.10.1960, in dem es hauptsächlich um ein mögliches Opern-

Die Schweiz genoss schon während des Ersten Weltkrieges den Ruf eines hervorragenden Spionageplatzes. Die zentrale Lage des Landes und die von den Schweizer Behörden stillschweigend geübte Praxis, Spionage nur dann, wenn sie zum Nachteil des eigenen Landes betrieben wurde, strafrechtlich zu verfolgen, kamen den kriegführenden Mächten entgegen. Außerdem war es Tradition der Schweiz, normale Beziehungen zu fast allen souveränen Staaten zu unterhalten. Die Eidgenossenschaft ließ auch im Kriegsfall die diplomatischen Vertretungen der jeweiligen Gegner weitgehend ungehindert arbeiten. Unter diesen Bedingungen entstand ein beachtlicher konspirativer Informationsfluss, an dem Agenten der verfeindeten Parteien teilhaben konnten, ohne sich dem Zugriff der gegnerischen Abwehr auszusetzen. Seit der Kapitulation Frankreichs im Juni 1940 lag die Schweiz aber nicht mehr zwischen den Fronten, sondern war zu einer Insel im faschistisch besetzten Europa geworden. Diese ungewohnte geographische Situation begünstigte das alliierte Lager. Nachdem bis 1943 die Hauptkriegsschauplätze in der Sowjetunion und in Südostasien lagen, konnten alliierte Beobachter von der Schweiz aus „wie aus einer Theaterloge die Vorgänge im Machtzentrum des Feindes verfolgen."[315] Ein weiterer Vorteil für das antideutsche Bündnis lag darin, dass sich in der Schweiz zahlreiche Oppositionelle der europäischen faschistischen Regime befanden, die sofort bereit waren, mit den Alliierten zusammenzuarbeiten. In die Schweiz reisten auch oft Mitglieder des deutschen Widerstandes, vor allem Industrielle, Diplomaten und Offiziere der deutschen Abwehr, die sich bereitwillig mit den Westmächten am Sturz des Hitlerregimes beteiligten. Besonders erwähnenswert in diesem Zusammenhang ist der Fall des deutschen Unternehmers Eduard Schulte, der seine Schweizer Kontaktleute seit 1939 nicht nur über deutsche Angriffspläne informierte, sondern im Juli 1942 den Westalliierten erstmals Nachrichten über die „Endlösung der Judenfrage" übermittelte. Erst durch Schultes Informationen entschloss sich das britische Kabinett im Dezember 1942, gemeinsam mit den USA und elf anderen Nationen, eine Erklärung abzugeben, die Hitlers systematische Ermordung des jüdischen Volkes verurteilte und die Versicherung enthielt, dass die Akteure dieser Morde zur Verantwortung gezogen würden.[316]

---

buch von Georg Kaiser *Brand im Opernhaus* geht, schreibt Swarowsky: „In Zürich lebt mein alter Freund Julius Marx […] Er ist ein schlichter Autohändler, ein ganz besonders liebenswerter Mensch, Emigrant aus Stuttgart, und war im Kriege Bindeglied zwischen résistence [sic] und unserem Widerstand. Georg Kaiser, der ihm nebst vielen anderen modernen Literaten sehr zugetan war, hat ihn unter anderen mit seiner Nachlassverwaltung betraut." (Kopie in NlHS) – Hg.]

315 Jürgen Heideking, Die „Schweizer Straßen" des europäischen Widerstands, in: Gerhard Schulz, (Hg.), *Geheimdienste und Widerstandsbewegungen im Zweiten Weltkrieg*, Göttingen 1982, S. 143–187: 143.

316 Walter Laqueur/Richard Breitman, *Der Mann, der das Schweigen brach. Wie die Welt vom Holocaust erfuhr*, Frankfurt a.M./Berlin 1986.

Auch die nationalen Widerstandsbewegungen der besetzten europäischen Länder konnten über die Schweiz Verbindungen zu den Alliierten knüpfen und wurden über „die geheimen ‚Schweizer Strassen' mit allem versorgt, was sie für ihren Kampf benötigten."³¹⁷ All diese Aktivitäten führten dazu, dass der Schweiz immer mehr eine Schlüsselfunktion bei dem Versuch zukam, die NS-Herrschaft in Europa zu untergraben.

Bei Kriegsbeginn verstärkte die britische Regierung ihre Gesandtschaft und Konsulate in der Schweiz mit Angehörigen des Geheimdienstes SIS (Secret Intelligence Service). Die englische Spionage und Gegenspionage in der Schweiz leitete der Gesandtschaftsattaché Count Frederick Vanden Huyvel. Die britischen Meldungen aus der Schweiz flossen bei Colonel Claude Dansey zusammen, „der als Assistant Chief von MI 6 die Spionagetätigkeit auf dem Gebiet der Schweiz kontrollierte."³¹⁸ Das Foreign Office ermahnte die Schweizer Abteilung des SIS öfters, diskret zu arbeiten und die Neutralität der Schweiz zu respektieren. Der SIS wurde auch dazu angehalten, deutsche Kontaktpersonen, wie zum Beispiel Hans-Bernd Gisevius, einen Hauptakteur des deutschen Widerstandes, mit Vorsicht zu behandeln, da es sich ja auch um Doppelagenten handeln könnte. Die Mitarbeiter des US-Geheimdienstes OSS (Office of Strategic Services) in der Schweiz, unter der Führung des charismatischen Allen W. Dulles, waren in dieser Hinsicht risikofreudiger und knüpften engen Kontakt mit dem deutschen militärischen Widerstand.³¹⁹

Swarowskys Freund aus Stuttgarter und Züricher Tagen hatte tatsächlich Kontakte zum britischen Generalkonsulat in Zürich. In seiner tagebuchähnlichen Autobiographie schildert Marx, wie seine konspirative Arbeit im Frühjahr 1941 in Zürich begonnen hatte. Nach einer demütigenden Behandlung durch einen Beamten des deutschen Generalkonsulats, das ihn zur Klärung von Passfragen vorgeladen hatte, erwachte in Marx der Entschluss, aktiv am Sturz des Nationalsozialismus mitzuwirken:

> Jedes Mittel, das mir zur Verfügung stehen würde, und jede Gelegenheit, die sich mir bieten sollte, mochte mir dafür recht sein. Die erste Gelegenheit ergab sich durch die Tatsache, daß ein alter Frontkamerad von mir, mit dem ich vor Verdun im Schützengraben gelegen hatte, eine führende Stellung im Berliner Innenministerium bekleidet und sogar ausgezeichnete Beziehungen zu Herren der Reichskanzlei unterhält. Die intimsten Kreise um Hitler sind ihm vertraut. Mir gegenüber hat er aus seiner Gegnerschaft zum herrschenden Regime in Deutschland nie ein Hehl gemacht. Seine Dienstreisen führen ihn des öfteren

---

317 Heideking, Die „Schweizer Straßen" (Anm. 315), S. 144.
318 Ebd., S. 148.
319 Christof Mauch, *Schattenkrieg gegen Hitler. Das Dritte Reich im Visier der amerikanischen Geheimdienste 1941–1945*, Stuttgart 1999.

ins Ausland und so auch nach Zürich, um dort die konsularische Arbeit zu überprüfen. Wir treffen uns jedesmal in der Wohnung einer gemeinsamen Freundin. Was er dann von Berlin, insbesondere aus seinem Erfahrungsbereich, erzählt, ist stets alarmierend. Aus diesen Erzählungen stelle ich Berichte her, die ich dem englischen Konsul in Zürich liefere. […] Mir wurde von englischer Seite für meine Tätigkeit ein ansehnliches Fixum als Belohnung angeboten, was ich jedoch strikt ablehnte.[320]

Leider nannte Marx in seiner Autobiographie keine Namen seiner deutschen Informanten. Der oben genannte Berliner Gewährsmann kann aber kaum Swarowsky gewesen sein, da dieser im Ersten Weltkrieg in Italien gedient hatte.

Im März und April 1941 informierte Marx den britischen Generalkonsul vor allem über deutsche Truppenbewegungen in Nordafrika. Am 15. Juni 1941 berichtete Marx' Berliner Gewährsmann von starken deutschen Truppenkonzentrationen an der deutsch-sowjetischen Demarkationslinie, die auf einen bevorstehenden Überfall Hitlerdeutschlands auf die Sowjetunion schließen ließen. Außerdem bereite das Afrikakorps einen Angriff auf Ägypten vor, um England von seiner Lebensader im Nahen Osten, dem Suezkanal, abzuschneiden. Um die Briten zu warnen, organisierte Marx ein Zusammentreffen seiner Kontaktperson mit einem leitenden Offizier des englischen Nachrichtendienstes. Marx' Spionagetätigkeit schien Früchte zu tragen, wie er sich erinnert:

21. Juni 1941: In den Sendungen von BBC-London hörte ich heute Berichte über Deutschland, in denen ich viele Sätze entdeckte, die auch in meinem zusammenfassenden und dem englischen Konsul gelieferten Text über das Gespräch vom 15. Juni stehen.[321]

Im Mai 1942 schlug Marx Vertretern der BBC London im englischen Konsulat vor, innerhalb ihres Deutschlandprogramms eine regelmäßige Radiosendung für Intellektuelle einzurichten. Marx erklärte sich dazu bereit, für diese Sendung Autoren aus Emigrantenkreisen zu werben. BBC London lehnte diesen Vorschlag aus finanziellen Gründen vorläufig ab. Im August 1942 war Marx' wichtige Berliner Informationsquelle in große Gefahr geraten, wie er durch eine Dame aus Berlin erfahren hatte. Sein Freund wurde scharf überwacht und musste mehrere Verhöre der Gestapo über sich ergehen lassen. Seine wichtigste Berliner Kontaktadresse war damit für einige Zeit ausgeschaltet.[322] Im Dezember 1942 konnte Marx in München eine neue Nachrichtenquelle erschließen, wie er dem britischen Konsul berichtete.[323] Auch in diesem Fall nennt Marx keine Namen

---

320 Marx, *Georg Kaiser* (Anm. 160), S. 82 f.
321 Ebd., S. 93 f.
322 Ebd., S. 124 f.
323 Ebd., S. 129.

seiner Informanten. Nach dem Krieg beteuerte Marx gegenüber der alliierten Nachrichtenkontrollstelle, dass ihn Swarowsky mit geheimen Nachrichten versorgt hätte:

[Ü]ber Herrn Swarowsky, Stuttgart, bitte ich Folgendes aussagen zu dürfen:
Die Schweizer Fremdenpolizei hat im Jahre 1940 Herrn Swarowsky in rigoroser Weise die Arbeitsbewilligung und Aufenthaltserlaubnis entzogen. Schon nach Ablauf der Spielzeit 1939 hätte Herr Swarowsky die Schweiz verlassen sollen. Er ließ jedoch kein Mittel unversucht, um nicht nach Deutschland zurückkehren zu müssen, was ihm auch schließlich gelang. Wenn er 1940 der Ausweisung nicht nachgekommen wäre, so hätte er bei den hier herrschenden strengen Bestimmungen u.U. eine Gefängnisstrafe zu gewärtigen gehabt.
Ich möchte noch bemerken, daß mir Herr Swarowsky bei der Redigierung eines gegen die Nazis gerichteten Buches[324] behilflich war, und daß er sich während des Krieges dem englischen Nachrichtendienst zur Verfügung stellte. Die Nachrichten, die er ohne Rücksicht auf persönliche Gefährdung einsandte, waren in politischer wie in militärischer Hinsicht von größter Wichtigkeit.
Ich glaube unter diesen Umständen für die saubere politische Gesinnung des Herrn Swarowsky jede Gewähr übernehmen zu können.
Ich bin gerne bereit meine Aussage beim hiesigen amerikanischen Konsulat persönlich zu Protokoll zu geben.[325]

Es ist durchaus möglich, dass Swarowsky während seiner Tätigkeit in der Reichsstelle für Musikbearbeitungen, die ja im Berliner Gebäude des Propagandaministeriums untergebracht war, wichtige politische und militärische Informationen aufgeschnappt hatte und in die Schweiz weiterleitete. Durch seine Tätigkeit hatte er ja auch engen Kontakt zu NS-Funktionären wie Heinz Drewes und Dr. Friedrich Lange im Propagandaministerium. Außerdem fand er in Hans Otto Meißner, der immerhin Chef der Präsidialkanzlei des Führers war, einen wohlmeinenden Förderer. In privaten, vertraulichen Gesprächen über die Kriegslage könnten einige nur regierungsintern bekannte Informationen durchgesickert sein. Erhärtet wird diese Annahme durch eine Erklärung des britischen Vizekonsuls in Zürich, der kurz nach Kriegsende eine Tätigkeit Swarowskys für Großbritannien bestätigte:

Confidential
At the request of P. F. C. Anthony Swarowsky of the United States Army it is hereby confirmed that his father, Hans Swarowsky, was favourably known to this Consulate-General during the war and did useful work for the Allied cause.[326]

---

324 Marx, *Kriegs-Tagebuch* (Anm. 157).
325 Eidesstattliche Erklärung von Julius Marx, 19.1.1946, NIHS.
326 Erklärung von Vice-Consul J. Walker, Zürich, 19.12.1945, NIHS.

Wie Marx hatte auch Swarowsky auf Entlohnung für seine Widerstandsaktivitäten verzichtet. Er bat nur um Hilfe für seinen mittellosen, nach New York emigrierten Sohn Anton. Anton Swarowsky erhielt dann in New York tatsächlich Geldzuwendungen der britischen Regierung:

> [D]a kamen immer so sonderbare Boten an, bei unserer Adresse in New York und die brachten mir Kuverts mit Geld. Und da habe ich gesagt: „Woher kommt das Geld?" Wenn plötzlich ein Mann in der Tür steht und dir ein Kuvert gibt. Ganz hübsche Summen, also keine Millionärssummen, aber immerhin. „Es kommt von ihrem Vater". [...] Die haben nichts erklärt. Nachher habe ich dann erfahren: das war die Hilfe, die Hans den Engländern gegeben hat.[327]

Im Dezember 1945 bekräftigte Swarowsky gegenüber den US-Besatzungsbehörden in Bayern seine Widerstandstätigkeit gegen das NS-Regime.[328] In ausführlichen Verhören wurde in Bad Orb die Elite des deutschen Kulturbetriebs, die während der NS-Zeit in Deutschland geblieben war, auf psychologischer Basis durch US-Militärpsychologen durchleuchtet. Nach dem Verhör stellte der US-Militärpsychologe David M. Levy hinsichtlich Swarowskys Spionagetätigkeit fest:

> He said that during his travel in Switzerland in 1942 he made a connection with the English counsel in Zürich and intended to work for the Allied. As witness he gives the name of Mr. Julius Marx, Zürich, Beethovenstraße 49. He said that his son in the U.S. received the money for the information he gave to the counsel, since he himself could not receive it.[329]

Der polnische Komponist Adam Walacinski, der als Jugendlicher während der Kriegszeit die Konzerte der Philharmonie des Generalgouvernements unter Swarowsky besucht hatte, erinnerte sich daran, dass nach dem Krieg auch in Krakau über Swarowskys Geheimdiensttätigkeit für die Westalliierten spekuliert wurde:

---

327 Anton Swarowsky im Gespräch mit Erika Horvath, Paris, 4.10.2002.
328 [In einem Typoskript im Nachlass (nach 1958) mit listenförmig zusammengestellten Namen und Institutionen zu seiner Biographie heißt es im zweiten, „Reservat und nur für den inneren Gebrauch" überschriebenen Teil: „Seit 1939 Mitglied der Widerstandsgruppe Beck-Canaris/1943/44 Mitglied der katholischen Widerstandsgruppe der Polen in Krakau (als Generalmusikdirektor der polnischen Philharmonie.)/Intensive Judenhilfe während des Krieges." – Hg.]
329 David M. Levy, Headquarters United States Forces, European Theatre Information Control Division to Chief, Intelligence Section, 12.12.1945, in: Oskar Diethelm Library, Institute for the History of Psychiatry, Weill Medical College of Cornell University, New York. Eine Kopie dieses Dokuments wurde mir freundlicherweise von Herrn Univ.Prof. DDr. Oliver Rathkolb, Institut für Zeitgeschichte der Universität Wien, zur Verfügung gestellt.

Ein hervorragender Musiker. Ich erinnere mich so ungefähr, dass er äußerlich sehr streng war, aber nach dem Krieg kommentierte man das: „Er war ein Anhänger der Alliierten, ein Agent, er musste sich tarnen".[330]

Während eines Forschungsaufenthaltes in den Londoner National Archives konnte ich zu Swarowskys Spionagetätigkeit für den britischen Geheimdienst keine weiteren Anhaltspunkte finden. Weder in den Aktenbeständen der britischen Vertretungen in der Schweiz[331] noch in diversen englischen Geheimdienstakten[332] hat Swarowsky, so weit ich feststellen konnte, Spuren hinterlassen.[333]

Swarowsky hatte bis 1945, während seiner zahlreichen Wienaufenthalte, immer wieder engen Kontakt zu dem Widerstandskreis um den Wiener Schönbergschüler und Musikwissenschaftler Erwin Ratz. Die beiden kannten sich schon seit ihren Jugendtagen und waren durch ihre Begeisterung für das Werk und die Persönlichkeit von Arnold Schönberg eng miteinander befreundet.

Der aus bürgerlichem Milieu stammende Ratz war schon 1920 aus sozialem Engagement der Kommunistischen Partei Österreichs beigetreten. Ratz verband auch eine enge Freundschaft mit Hanns Eisler. Als die KPÖ 1934 vom austrofaschistischen Dollfußregime verboten wurde, unterstützte Ratz weiterhin die Partei in der Illegalität. 1934 traf er Eisler und Bert Brecht in der dänischen Emigration.[334] In dieser Zeit wandte er sich jedoch, beeinflusst durch die Geschehnisse in der stalinistischen Sowjetunion, immer mehr vom Kommunismus ab. Nach dem „Anschluss" von 1938 wurde Ratz zu einem mutigen Helfer für Emigranten und Regimegegner, die in Wien im Untergrund lebten. Da Ratz' Familie eine Bäckerei betrieb, konnte er verfolgten Personen auch mit Lebensmitteln aushelfen. 1937 ermöglichte er durch eine finanzielle Zuwendung Hanns Eisler die Überfahrt in die USA. Ratz arrangierte auch Anton Weberns Privatkurse in seiner eigenen Wohnung, die dem während der NS-Zeit im Abseits stehenden Komponisten halfen, seine Existenz zu sichern. Größten Mut bewies Ratz, indem er in seiner kleinen Wohnung in der Oberen Bahngasse 6 und im Bäckereihaus seiner Familie in der Favoritenstraße 46 sogenannte „U-Boote", „also Personen, die sich vor der Verfolgung durch die nationalsozialistischen Machthaber durch Untertauchen zu schützen

---

330 Adam Walacinski im Gespräch mit Erika Horvath, Krakau, 28.7.2004.
331 FO 371/27006-27031 Switzerland 1941, 31298-31315 Switzerland 1942, 34871-34891 Switzerland 1943, 39842-39890 Switzerland 1944, 49673-49748 Switzerland 1945, National Archives, Kew, London.
332 HS 6/701 Agent in Switzerland: 1941-1943, 693 Switzerland: possible contacts to form line of communication 1941-1945, 1005 JQ reports; situation reports 1941-1944, 1007 Liaison with Foreign Office 1940-1945, National Archives, Kew, London.
333 Siehe auch den Beitrag von Erwin Barta im vorliegenden Band.
334 Vgl. Johannes Kretz, Erwin Ratz. Leben und Wirken. Versuch einer Annäherung, in: *Studien zur Wiener Schule 1*, Frankfurt a.M. usw. 1996 (Musikleben 4), S. 13-121: 42f.

suchten", versorgte und beherbergte. Auf diese Weise rettete Ratz den als „U-Boot" lebenden Schönbergschüler Josef Polnauer sowie Arnold Schönbergs Sohn Georg und dessen Familie. Ratz hatte „durch sein Engagement für Verfolgte mehr als einmal seine eigene Sicherheit auf das Spiel gesetzt, aber später kaum darüber gesprochen. Er setzte sich für andere ein, weil es für ihn selbstverständlich, ja, natürlich war, zu helfen, wenn man Menschen liebt."[335]

6. Krakau

Clemens Krauss hatte sich seit 1942 bemüht, Swarowsky eine Kapellmeisterstelle im besetzten Polen zu verschaffen. Swarowsky setzte in diese Möglichkeit große Hoffnungen, wie er Strauss gegenüber bekannte:

> Das Orchester soll ganz ausgezeichnet sein, die Aufgaben sind groß, der Minister ist ein sehr musikalischer Mensch, die ganze Atmosphäre ist dem Trubel entrückt, Raum und Zeit zu Arbeit und Aufbau sind vorhanden. Ich könnte, wenn ich dort arbeiten dürfte, nach zwei Jahren mit einem hervorragenden Klangkörper mich auch an das übrige Deutschland wenden.[336]

Der kunstbeflissene Generalgouverneur des von Deutschland besetzten Restpolen, Hans Frank, hatte seit seinem Amtsantritt 1939 intensiv damit begonnen, für die deutsche Bevölkerung in seinem Herrschaftsbereich ein funktionierendes Kulturleben aufzubauen. Frank sah sich als Mäzen und pflegte engen Kontakt zu Richard Strauss, Hans Pfitzner und Gerhart Hauptmann.

Hans Frank war aber auch einer der Hauptverantwortlichen für das blutige NS-Terrorregime im besetzten Polen. Für diese Verbrechen wurde Frank auch im Nürnberger Prozess verurteilt und gehenkt. Frank war schon seit 1919 Mitglied der völkisch-rassistischen „Thule-Gesellschaft" und beteiligte sich auf Seiten der rechtsextremen Freikorps an der Niederschlagung der Münchner Räterepublik. NSDAP-Mitglied seit 1923, war er aktiv am sogenannten „Hitlerputsch" am 9. November 1923 beteiligt. 1927 begann seine Karriere als Parteijurist. Er gründete den NS-Juristenbund und verteidigte in zahllosen Prozessen während der Weimarer Republik mittellose Parteigenossen. Da er in einigen Prozessen auch Hitler persönlich verteidigte, konnte er sich eine Führungsposition innerhalb der Partei sichern und ein gewisses Vertrauensverhältnis zu Hitler aufbauen. Nach der „Machtergreifung" war Frank kurzzeitig bayerischer Justizminister und wurde

---

335 Ebd., S. 50.
336 Swarowsky an Strauss, 10.5.1942, NlHS.

1934 als „Reichskommissar für die Gleichschaltung der Justiz in den Ländern und für die Erneuerung der Rechtsordnung" mit der Liquidierung der föderalen Länderjustiz betraut. Als Minister ohne Geschäftsbereich gehörte er bis 1945 der Reichsregierung an.

1939 wurde Frank zum Chef des Generalgouvernements ernannt. Hier entfaltete er ein beispielloses Terrorregime, das auf die Vernichtung der polnischen Intelligenz und der im Generalgouvernement lebenden Juden abzielte. Die übrige polnische Bevölkerung sollte den deutschen Herren ausschließlich als „Helotenvolk" dienen. „Frank benimmt sich wie ein größenwahnsinniger Pascha", schrieb Ulrich von Hassell, ehemaliger Botschafter in Rom und deutscher Widerstandskämpfer, am 25. Dezember 1939 in sein Tagebuch.[337] Der Generalgouverneur residierte auf der Burg Wawel, dem alten polnischen Königsschloss in Krakau. Obwohl Frank unmittelbar nur Hitler unterstand, kam es immer wieder zu Streitigkeiten und Kompetenzschwierigkeiten mit dem Höheren SS- und Polizeiführer in Polen, der als „Reichskommissar für die Festigung des deutschen Volkstums" Himmler unterstand. Das von Frank in Auftrag gegebene „Diensttagebuch des deutschen Generalgouverneurs in Polen", geführt von 1939 bis 1945, ist eine in seiner Weise einmalige Quelle zu Franks brutalem Besatzungsregime:

> Konzipiert als Dokument der Eitelkeit eines labilen Machtmenschen, der der Nachwelt von seiner „Aufbauarbeit" Zeugnis ablegen wollte, belegt es eher die zunehmend „straffe Außenlenkung und den mangelnden Spielraum" des GG. Bis ins Lächerliche gehende Details belegen, wie sich Frank im besetzten Polen zum Abbild seines vergötterten Führers zu stilisieren versuchte und seine faktisch durch SS, Wirtschaft und Wehrmacht immer stärker ausgehöhlte Position durch rhetorische Dauerauftritte und hemmungslose Repräsentation zu kaschieren bemühte. Das Tagebuch spiegelt insoweit in gleicher Weise die Pathologie der Person des Generalgouverneurs wie das strukturell bedingte Chaos seines Herrschaftsgebiets.[338]

Während der Phase der deutschen Blitzsiege übernahm Frank kompromisslos die brutale Kolonialpolitik seines Führers und errang sich den Ruf eines „Polenschlächters", den er selbst immer wieder bekräftigte. So erklärte er in einer nicht veröffentlichten Passage eines Interviews mit dem *Völkischen Beobachter* vom 6. Februar 1940 den Unterschied zwischen seinem Generalgouvernement und dem Protektorat Böhmen und Mähren folgendermaßen:

---

337 Ulrich von Hassell, *Vom anderen Deutschland. Aus den nachgelassenen Tagebüchern 1938–1944*, Zürich/Freiburg i.Br. 1946, S. 112.
338 Christoph Kleßmann, Hans Frank – Parteijurist und Generalgouverneur in Polen, in: Ronald Smelser/ Rainer Zitelmann (Hg.), *Die braune Elite. 22 biographische Skizzen*, Darmstadt 1989, S. 41–51: 45 f.

> Einen plastischen Unterschied kann ich Ihnen sagen. In Prag waren z. B. große rote Plakate angeschlagen, auf denen zu lesen war, daß heute sieben Tschechen erschossen worden sind. Da sagte ich mir: „Wenn ich für je sieben erschossene Polen ein Plakat aushängen lassen sollte, dann würden die Wälder Polens nicht ausreichen, das Papier herzustellen für solche Plakate. – Ja, wir mußten hart zugreifen."[339]

Solche starken Worte verweisen aber nicht nur auf eine von Frank mitinitiierte Terrorpolitik, sondern auch auf ein Persönlichkeitsbild, das Joachim Fest als „Kopie eines Gewaltmenschen" bezeichnet hat. Franks

> Verhältnis zur Gewalt behielt stets etwas Unechtes, Theatralisches und Aufgesetztes, und seine ordinären rhetorischen Ausfälle hatten offenbar auch die Funktion, seine psychische Labilität zu verdecken. Der kampfbegeisterte Held, als den er sich hinstellte, war er jedoch nie. Das Wunschbild eilte der Wirklichkeit stets weit voraus.[340]

Nach der militärischen Katastrophe von Stalingrad änderte Frank seine Unterdrückungspolitik im Generalgouvernement. Im Sinne der Realisierung des kriegswirtschaftlichen Eigeninteresses des Nazi-Regimes versuchte Frank eine partiell flexiblere und damit letztlich effektivere, die Polen mehr einbeziehende Besatzungspolitik durchzusetzen, die das schon bestehende Misstrauen der SS-Führung gegenüber Frank noch mehr verstärkte. Verschiedene Korruptionsfälle, in die Frank verwickelt war, taten ein Übriges, um ihn gegenüber Himmler und Bormann in die Enge zu treiben. Diese Krise verschärfte sich im Frühjahr 1943 im Zusammenhang mit der „Zamosc-Aktion". Himmler wollte im Kreis Zamosc am Oberlauf des Bugs im Rahmen seiner Germanisierungspolitik einen deutschen Siedlungsgürtel schaffen, der von der Verhaftung und Zwangsevakuierung tausender polnischer Bauern begleitet wurde. Durch diese rücksichtslose Vorgangsweise verschlechterte sich die Sicherheitslage im östlichen Generalgouvernement dramatisch, da die polnische Widerstandsbewegung spontanen Zulauf erhielt. Frank konnte durch eine Intervention bei Hitler diese Aktion stoppen und die Ablösung eines seiner Hauptrivalen, des höheren SS- und Polizeiführers (HSSPF) Friedrich Krüger, erzwingen.

Nachdem sich die Kriegslage an der Ostfront immer mehr verschlechterte, trat er in umfangreichen Denkschriften an Hitler für eine bessere Behandlung der polnischen Zwangsarbeiter im Reich ein, weil deren katastrophale Lebens- und Arbeitssituation in Deutschland der polnischen Widerstandsbewegung immer neue Nahrung gab. Er

---

339 Werner Präg/Wolfgang Jacobmeyer (Hg.), *Das Diensttagebuch des deutschen Generalgouverneurs in Polen 1939–1945*, Stuttgart 1975, S. 45.
340 Kleßmann, Hans Frank (Anm. 338), S. 47.

empfahl daher eine Anhebung der Ernährungssätze, die Wiedereröffnung polnischer Oberschulen und die Beteiligung von Polen an der Verwaltung auf Kreisebene. In einer militärisch immer aussichtsloseren Perspektive versuchte Frank die Flucht nach vorn anzutreten. Bei Hitler konnte Frank aber kein Einlenken zu einer humaneren Besatzungspolitik erreichen.

Gegenüber Künstlern zeigte sich Frank von einer ganz anderen Seite. Hier entstand das Bild des „anderen" Frank, „der im Verbrecher nicht aufging" und auf den ihm nahestehende Zeitgenossen ebenfalls hingewiesen haben. Der italienische Schriftsteller Curzio Malaparte, der Frank während eines Aufenthalts im Generalgouvernement 1942 kennenlernte, gibt in seinem Roman *Kaputt* den ambivalenten Eindruck, den der Generalgouverneur auf ihn machte, wieder:

> Kein Mann, den man mit einem rasch fertigen Urteil abtun konnte. Das Unbehagen, das mich stets in seiner Gegenwart befiel, entstand gerade durch diese äußere Vielschichtigkeit seiner Natur, durch diese einzigartige Mischung grausamer Intelligenz, verfeinerten und vulgären Wesens, von brutalem Zynismus und raffinierter Empfindungsfähigkeit.[341]

Dieses Nebeneinander von Zynismus und kalter Brutalität einerseits und Sentimentalität und bildungsbürgerlicher Kulturbeflissenheit andererseits „ist ein für viele hohe Nazifunktionäre bekanntes und in der bruchlosen Vereinbarkeit besonders erschreckendes Muster."[342] Bei Frank kam noch ein übersteigertes Geltungs- und Repräsentationsbedürfnis hinzu.

> Seine im Nürnberger Gefängnis niedergeschriebenen autobiographischen Reflexionen sind trotz aller Ansätze zur Selbstkritik ein Dokument der hilflosen Apologie seiner eigenen Rolle und des Versuchs, Hitler und Himmler als die einzig wirklich Schuldigen zu sehen. Er blieb seinem Führer noch in dem Bemühen, sich von ihm zu trennen, verfallen.[343]

Schon am 13. Oktober 1939, kurz nach Ende der Kriegshandlungen in Polen, hatten Goebbels und Frank in Lodz über die nun praktizierte Kulturpolitik gegenüber den Besiegten beraten. Man war sich sofort darüber einig, dass den Deutschen die besten Theater- und Künstlergastspiele zur Verfügung stehen sollten. Polen selbst sollte aber kulturell verödet werden. In den kulturpolitischen Richtlinien der Abteilung Volksaufklärung und Propaganda im Amt des Generalgouverneurs wurde verlautbart:

---

341 Curzio Malaparte, *Kaputt. Roman*, Karlsruhe 1961, S. 143 f.
342 Kleßmann, Hans Frank (Anm. 338), S. 49.
343 Ebd., S. 50. Hans Frank, *Im Angesicht des Galgens. Deutung Hitlers und seiner Zeit auf Grund eigener Erlebnisse und Erkenntnisse. Geschrieben im Nürnberger Justizgefängnis*, München 1953.

> Polnische musikalische Darbietungen sind zu gestatten, wenn sie nur der Unterhaltung dienen; Konzerte, die durch ihr hochstehendes Programm den Besuchern ein künstlerisches Erlebnis vermitteln sollen, sind zu verbieten. Aus der polnischen Musik sind zu verbieten: Märsche, Volks- und Nationallieder, sowie alle klassischen Stücke. [...] Die Vorführung des ernsten Schauspiels und der Oper sind für Polen verboten.[344]

Kultur sollte nur den germanischen „Herrenmenschen" dargeboten werden, den „slawischen Untermenschen" wurde sie verweigert. Diese Maßnahmen wurden auch rigoros umgesetzt, wie das Schicksal zweier Polinnen beweist, die es gewagt hatten, das „Reichsgautheater" im nun Deutschland einverleibten Posen zu besuchen. Sie wurden für diesen „unrechtmäßigen Besuch" zu je vier Monaten Straflager verurteilt.[345]

Für die Deutschen im Generalgouvernement bot Frank aber nur das Allerbeste auf. Das erste Gastspiel in Krakau gaben die Wiener Philharmoniker unter Hans Knappertsbusch. Der Jahrestag der Machtübernahme am 30. Januar 1940 wurde mit der Schlesischen Philharmonie unter Philipp Wüst gefeiert. Im Oktober 1940 gastierte die Wiener Staatsoper mit Mozarts *Figaro* in Krakau. Auch der italienische Bundesgenosse erwies mit einem Gastspiel der Königlichen Oper Florenz Frank die Ehre. Gegeben wurde Cimarosas *Die heimliche Ehe*. Frank selbst ließ keinen dieser Anlässe aus und gab auf der Wawelsburg große Künstlerempfänge. Sein Ehrgeiz lag darin, im Generalgouvernement einen eigenständigen, von Goebbels unabhängigen Kulturbetrieb aufzubauen. Sechs Monate nach seiner Übernahme der Zivilverwaltung befahl er die Errichtung einer Bühne in seiner Residenz Krakau. Zum Intendanten des „Staatstheaters des Generalgouvernements" wurde Friedrichfranz Stampe ernannt. Musikalischer Oberleiter war Hans Antolitsch. Am 1. September 1940 wurde das Staatstheater mit einem feierlichen Festakt und in Anwesenheit von Goebbels eröffnet. Zunächst umfasste der Spielplan Sprechtheater und Operetten. Opern wurden erst in der Spielzeit 1941/42 aufgeführt.

Frank wollte auch ein eigenes Orchester haben, das den Berliner und Wiener Philharmonikern in nichts nachstehen sollte. Er verpflichtete den Münchner Kapellmeister Dr. Hanns Rohr nach Krakau, der einen repräsentativen Klangkörper auf die Beine stellen sollte. Zum zweiten Kapellmeister des Orchesters wurde Rudolf Erb ernannt. Da deutsche Spitzenmusiker in dieser Zeit nicht mehr verfügbar waren, musste sich Rohr mit polnischen Orchestermusikern begnügen. Aus ersten Musikern des Warschauer Symphonieorchesters, des Orchesters des Warschauer Opernhauses, des Rundfunkorchesters Warschau und aus Krakauer Musikern schuf Rohr die „Philharmonie des Generalgouvernements". Als 1. Konzertmeister wurde der deutsche Geiger Fritz Sonnleitner gewonnen. Rohr wurde am 17. Juli 1940 zum Chefdirigenten des neuen Klangkörpers ernannt. Die

---

344 Zitiert in: Prieberg, *Musik im NS-Staat* (Anm. 296), S. 404.
345 Ebd.

Abb. 7: Krakau 1944 (Aufnahme: Brandner) (HSA)

Konzerte fanden im Haus Urania in Krakau statt. Im Sommer gab die Philharmonie regelmäßig Abendkonzerte unter freiem Himmel, im Gotischen Hof des Instituts für deutsche Ostarbeit in Krakau. Das Orchester und sein Leiter unterstanden direkt dem Generalgouverneur und „waren damit zwangsläufig Teil der politischen Repressionsstruktur. Der Orchesterleiter hatte sich grundsätzlich für die Belange der Verwaltung des Generalgouvernements zur Verfügung zu halten, war also in diesem Sinne ‚polizeidienstpflichtig.'"[346]

Das Orchester sollte ausschließlich der Erbauung der deutschen Bevölkerungsteile im Generalgouvernement dienen. Frank bewertete die Tatsache, dass vor „tausenden von deutschen Verwundeten Musik gemacht werde genauso wichtig, wie die Verwendung der vielen Polen bei der Ostbahn."[347] Diese eigenmächtigen kulturellen Aktivitäten Franks fanden aber nicht bei allen deutschen Dienststellen Zustimmung. So kritisierte der Sicherheitsdienst (SD) der SS 1942 in einem Lagebericht über die Situation

---

[346] Hans Gerd Brill, Rudolf Hindemith und Hans Pfitzner – Begegnungen, in: *Mitteilungen der Hans Pfitzner-Gesellschaft* 64 (2004), S. 3–28.

[347] Eintrag im Diensttagebuch von Hans Frank am 9.12.1942. Zitiert in: Christoph Kleßmann, *Die Selbstbehauptung einer Nation. Nationalsozialistische Kulturpolitik und polnische Widerstandsbewegung im Generalgouvernement 1939–1945*, Düsseldorf 1971 (Studien zur modernen Geschichte 5), S. 106.

im Generalgouvernement bezüglich der „Kulturelle[n] Betätigung der Polen" die Demonstration eines „hochwertigen polnischen Künstlertums unter deutscher Leitung", die „im ehemaligen Polen in dieser zusammengeballten Form nie habe in Erscheinung treten können."[348] Die Schaffung eines hochwertigen Klangkörpers aus polnischen Musikern musste die deutsche Behauptung, wonach die Polen nie eine eigenständige hochwertige Kultur gehabt hätten, zwangsläufig ad absurdum führen. Außerdem betonte der SD, dass die Existenz der „Philharmonie des Generalgouvernements" ein Beweis dafür sei, dass den Polen eine Weiterbetätigung auf künstlerischem und kulturellen Gebiet zugestanden würde, was schließlich befürchten lasse, „daß dem Polentum in Zukunft noch weit größere Zugeständnisse gewährt würden", was wiederum die Gefahr vergrößere, dass die „polnische Bevölkerung auf eigene Kulturschöpfungen hingewiesen werde und damit zur Stärkung ihres nationalen Lebens beigetragen würde."[349] Deshalb wollte der SD das Auftreten polnischer Künstler vor deutschem Publikum und „den Einbau polnischer Künstler in für Deutsche vorgesehene Kultureinrichtungen" verbieten lassen. Polnische Veranstaltungen dürften „ausschließlich nur für Polen bestimmt sein und keinen künstlerisch hochwertigen oder erbauenden Charakter aufweisen."[350] Die Philharmonie widersprach also allein durch ihre Existenz und ihre Zusammensetzung allen offiziellen Anordnungen des Reichssicherheitshauptamtes zum Umgang mit der polnischen Bevölkerung.

Doch Frank ignorierte diese Bestimmungen und ließ auch in anderen Städten in seinem Machtbereich Orchester gründen. In Warschau wurde ein Orchester der Stadt Warschau etabliert, das unter der Leitung des Münchner Komponisten Albert Hösl stand. 1942 übernahm der bisherige Theater- und Musikreferent des Generalgouvernements, Paul Dörrie, die Führung des Orchesters. In Lemberg organisierte der Direktor des Innsbrucker Konservatoriums, Prof. Fritz Weidlich, als Städtischer Musikdirektor den Aufbau eines adäquaten Klangkörpers aus den Resten des dortigen Opernorchesters. Im November 1943 wurden sowohl in Lemberg als auch in Krakau Musikschulen für die reichs- und volksdeutsche Jugend installiert.

1943 stiftete Frank einen Kulturpreis der NSDAP, Arbeitsbereich Generalgouvernement, der auch für Musik vergeben wurde und mit 50.000 Zloty dotiert war. Dieser Preis wurde im November desselben Jahres noch durch die Verkündigung des „Ostpreises deutscher Kultur des Generalgouvernements" übertroffen, der mit insgesamt 150.000 Zloty ausgestattet war.[351] Frank ließ auch, begeistert von der Gesangskunst der Ukrainer, die er weniger als Unterworfene denn als Verbündete gegen den Bolschewis-

---

348 *Meldungen aus dem Reich*, Nr. 257 vom 5.2.1942, R 58/169, BAB.
349 Ebd.
350 Ebd.
351 Prieberg, *Musik im NS-Staat* (Anm. 296), S. 406.

mus schätzte, einen „Ukrainischen Nationalchor des Generalgouvernements" gründen, der sogar in Berlin auftreten durfte und ukrainische Volkslieder darbot.[352]

Frank begann auch damit, das von Goebbels strikt verfolgte Kulturverbot für Polen und andere „Untermenschen" zu unterwandern. Er verfügte eigenmächtig einen neuen Kurs, wie sich Adolf Mennerich, Leiter der Münchner Volkssinfoniekonzerte und Gastdirigent in Krakau, erinnert:

> Die Philharmonischen Konzerte waren in erster Linie von Deutschen besucht. Es hatten aber auch Polen Zutritt. Eine Kontrolle wurde nicht ausgeübt. Die Wiederholung dieser Konzerte war nur für Polen. Es wurden aber auch noch andere Konzerte für Polen veranstaltet.[353]

In den „Volkssinfoniekonzerten" für die polnische Bevölkerung traten aber keine aus dem Reich importierten Spitzenkräfte wie Wilhelm Kempff oder Wolfgang Schneiderhahn als Solisten auf. Für diese Veranstaltungen wurden Musiker aus dem Orchester rekrutiert. Seit April 1944 ließ Frank für polnische Rüstungsarbeiter Werkspausenkonzerte durchführen, um ihnen für ihre loyale Haltung zu danken. Außer mit Werken von Weber, Smetana und Johann Strauß wurden die Arbeiter sogar durch die Darbietung von Ausschnitten aus der polnischen Nationaloper *Halka* von Moniuszko erfreut.[354]

Im Frühjahr 1944 ließ Frank in Krakau das ehemalige Alte Theater am Stephansplatz erneuern und der polnischen Bevölkerung als „Volkstheater Krakau" schenken. In seiner Eröffnungsrede am 15. März 1944 betonte Stadthauptmann Dr. Krämer, dass das neue Theater den Polen dafür geschenkt würde, dass

> das polnische Volk durch seine Arbeit sich eingeschaltet hat in die Front des Aufbaues des neuen Europas und des Kampfes gegen den kulturzerstörenden jüdischen Bolschewismus. Dieses Theater soll nicht etwa Reservat einer exklusiven Schicht sein, sondern vornehmlich auch den breiten Massen der fleißig schaffenden polnischen Bevölkerung zur Verfügung stehen.[355]

Eröffnet wurde das Volkstheater mit Rossinis *Barbier von Sevilla* unter der musikalischen Leitung von Tadeusz Mazurkiewicz. Schon 1943 hatte Frank alle verstreuten Reliquien des polnischen ‚Nationalheiligen' Fryderyk Chopin nach Krakau holen lassen, um sich

---

352 Ebd.
353 Zitiert in: ebd., S. 407.
354 „Philharmoniker spielen in der Werkhalle. Einheimische Arbeiter erleben Orchesterwerke – Anerkennung für gute Arbeit", in: *Krakauer Zeitung*, Ostern 1944, Nr. 88, S. 6.
355 „Volkstheater Krakau als politische Bühne errichtet", *Krakauer Zeitung*, 16.3.1944. Zitiert in: Prieberg, *Musik im NS-Staat* (Anm. 296), S. 407.

vor dem großen polnischen Komponisten zu verbeugen. Mit großem Aufwand kaufte er die Sammlung des Lyoner Chopinbiografen Edouard Ganche auf, „reicherte sie durch Leihgaben polnischer Museen und Archive an und übergab ‚seine' Chopinsammlung Ende Oktober 1943 der Öffentlichkeit – auch der polnischen".[356] Aber auch in diesem Zusammenhang gab es „Germanisierungsbestrebungen". So versuchten Ahnenforscher Chopins Herkunft väterlicherseits auf die deutsch-elsässische Familie Schopping zurückzuführen, und Heinz Drewes lobte im Auftrag von Goebbels die Sammlung als „Denkmal deutscher Großzügigkeit und weitdenkender Kulturplanung im Ostraum".[357] All diese Aktivitäten standen im Zeichen von Franks neuer Besatzungspolitik.

Im Januar 1942 erlag Hanns Rohr während seines Weihnachtsurlaubs ganz überraschend einem Herzinfarkt. Zu seinem Nachfolger wurde am 24. April 1942 Rudolf Hindemith berufen. In dieser Zeit hatte sich auch Swarowsky um das Amt des Chefdirigenten der Philharmonie beworben. Die Krakauer Presse lobte „Rudolf Hindemiths Arbeit als Dirigent in den höchsten Tönen, hob vor allem seine rhythmische Präzision, das saubere Spiel und seine herausragende Werktreue hervor".[358] Im Sommer 1944 legte Rudolf Hindemith die Position des Chefdirigenten der Philharmonie nieder. Über seinen Rücktritt berichtete die *Krakauer Zeitung* unter der Überschrift „Abschied von Rudolf Hindemith – Empfang bei Generalgouverneur Dr. Hans Frank":

Generalgouverneur Dr. Frank empfing auf der Burg zu Krakau den Chefdirigenten der Philharmonie des Generalgouvernements, Rudolf Hindemith, um ihn, der wegen seines angegriffenen Gesundheitszustandes um Entlassung aus seinem Amt zum 31. August gebeten hatte, zu verabschieden. Dr. Frank sprach dem scheidenden Dirigenten dabei seine besondere Anerkennung aus für sein hervorragendes Wirken im Dienst des Führers und des Reiches im Generalgouvernement und betonte, daß Hindemith es gewesen sei, der als Nachfolger Dr. Rohrs das politisch kunstvolle Gebilde der Philharmonie in Wirklichkeit geschaffen habe, in dem er mit Takt und Umsicht als Orchesterleiter alle Schwierigkeiten bei der Behandlung fremdvölkischer Künstler gemeistert habe. Hindemiths unermüdliche Tatkraft unter Einsatz seines ganzen Künstlertums habe die Philharmonie des Generalgouvernements zu jener Höhe und Leistungsfähigkeit geführt, durch die sie nun in eine Reihe mit den wenigen großen Orchestern im großdeutschen Raum gestellt sei. Der Generalgouverneur rühmte die feinfühlige, vornehme Art und die vortreffliche Kunst des ausscheidenden Chefdirigenten, dessen Weggang er als einen schweren Verlust bezeichnete, und überreichte ihm als Zeichen seines Dankes ein Gemälde von der Burg zu Krakau. Chefdirigent Hindemith dankte seinerseits dem Generalgouverneur bewegt für die fruchtbare Schaffenszeit, die er,

---

356 Ebd., S. 408.
357 Ebd.
358 Brill, Rudolf Hindemith (Anm. 346).

stets von Dr. Frank weitestgehend unterstützt, in Krakau habe verbringen können, bis ihm nun seine Gesundheit ein weiteres Verbleiben im Amt unmöglich machte. Generalgouverneur Dr. Frank betraute gleichzeitig den Dirigenten Hans Swarowsky, Berlin, mit der kommissarischen Leitung der Philharmonie des Generalgouvernements ab 1. September.[359]

Hans Swarowsky hatte nun endlich die lang ersehnte Chefdirigentenstelle erhalten.[360] Die Verhandlungen liefen seit dem Frühjahr 1944. Anfang März hatte er als Gastdirigent zum ersten Mal die Philharmonie im Rahmen eines Sonderkonzerts geleitet. Auf dem Programm standen die Symphonie Nr. 102 in B-Dur von Joseph Haydn, drei Tänze aus dem Ballett *Der Dreispitz* von Manuel de Falla und die 1. Symphonie von Johannes Brahms. Swarowskys Krakauer Debut wurde von der hiesigen Presse kontrovers aufgenommen. Die Krakauer Zeitung urteilte:

Swarowskys Sinn für das Opernpathos bestimmt seine Interpretationen wesentlich, es setzte sich jedenfalls selbst in einem so extrem gelegenen Fall wie der Ersten Symphonie von Brahms durch. Auch hier nutzte der Dirigent das rauschende Tutti bis zur Neige aus, auch hier nahm er die Gelegenheit, effektvolle Glanzlichter aufzusetzen, wahr, wo immer sie sich nur bot, bei Blechbläsereinsätzen zum Beispiel. Bei diesen gewaltigen Klangorgien und bei der durchwegs stark vorwärtsdrängenden Impulsivität bleiben andererseits manche Feinheiten, an denen die Symphonie fast unerschöpflich ist, unausgewertet, bleibt auch wenig Ruhe für klare Unterteilung der Gedanken, für das kultivierte Piano oder gar für ein geheimnisvoll-schönes Pianissimo. Namentlich im Andante vermißte man die vom Musikalischen ausgehende Empfindung, und man bedauerte, daß der Eigenklang der mit solistischen Aufträgen betrauten Instrumente oftmals im flutenden Gewoge unterging. Bewundernswert blieb die vom Dirigenten ausstrahlende und nicht nachlassende Energie, mit der er die Musiker anfeuerte, ihr Bestes zu geben. Seine zweifellos hervorstechende Leistung wurde denn auch von den Zuhörern mit anhaltendem Applaus quittiert und fand ihren Widerhall ebenso in eifriger Diskussion.[361]

Seit 10. März 1944 gab es im Auftrag von Frank Gespräche zwischen dem Intendanten der „Philharmonie des Generalgouvernements", Paul Haslinde, und Swarowsky über ein

---

359 *Krakauer Zeitung*, 12.7.1944, Nr. 178, S. 8.
360 [Einer der Gründe für Swarowsky, sich dort zu bewerben, dürfte gewesen sein, dass die Eltern und Großeltern von Julia Laszky 1944 in ein KZ in der Nähe Krakaus eingeliefert wurden. Swarowsky half so lange wie möglich mit Kleidung und Nahrung; gegen Jahresende wurden sie deportiert und Swarowsky verlor ihre Spur. – Hg.]
361 Gerda Pelz, Haydn – de Falla – Brahms. Ein Sonderkonzert in Krakau, in: *Krakauer Zeitung*, 11.3.1944, Nr. 62, S. 4.

eventuelles Engagement Swarowskys als Chefdirigenten der Philharmonie. Im Diensttagebuch des Generalgouverneurs wurde in diesem Zusammenhang festgehalten:

> Es müsse jetzt endlich gelingen, für das einzigartige Orchester der Philharmonie eine wirklich hervorragende Kraft zu gewinnen. Kapellmeister Swarowsky habe sich als Dirigent sowohl von Konzerten wie Opernaufführungen und auch als Musikwissenschafter weit über den Rahmen Deutschlands hinaus einen großen Ruf erworben. In diesem Zusammenhang bittet Intendant Haslinde den Herrn Generalgouverneur, für eine Klärung der Zuständigkeiten des Intendanten und des Chefdirigenten der Philharmonie Sorge zu tragen. Man müsse endlich zu dem klaren Ergebnis kommen, daß der Chefdirigent in allen künstlerischen, der Intendant in allen verwaltungstechnischen Angelegenheiten den Vorrang habe.[362]

Am 13. März 1944 verfügte Frank in einer Unterredung mit Intendant Haslinde und Staatssekretär Dr. Boepple, dass ein Dauerengagement für Swarowsky bei der Philharmonie nicht in Aussicht genommen werden könne. Swarowsky erhielt immerhin im Einvernehmen mit Generalintendant Stampe den Auftrag, die Aufführung von Strauss' Oper *Ariadne auf Naxos* im Staatstheater des Generalgouvernements zu leiten. Außerdem wurde Swarowsky vom Generalgouverneur aufgefordert, das Dirigat eines Sonderkonzerts der Philharmonie im April 1944 zu übernehmen.[363] Im Zuge der Engagementverhandlungen mit Swarowsky kam es zu einem Zwischenfall, der den Zorn Franks erregte. Frank kritisierte die Vertrauensunwürdigkeit des Intendanten der Philharmonie Haslinde, da Haslinde ein ihm zur vertraulichen und rein persönlichen Information gegebenes Gutachten über Swarowsky diesem gezeigt habe. Außerdem habe Haslinde seine Frau stillschweigend als Angestellte im Philharmoniebetrieb untergebracht. Aus Zorn darüber wollte Frank zum nächstmöglichen Termin die Verträge mit Haslinde und dessen Frau kündigen. Der Posten des Generalintendanten sollte durch den eines Geschäftsführers ersetzt werden.[364]

Im Mai 1944 wurde eine eventuelle Verwendung von Swarowsky als Generalreferent für Musik im Staatssekretariat der Regierung des Generalgouvernements in Erwägung gezogen.[365] Zu dieser Ernennung kam es aber nicht.

Ende April des Jahres dirigierte Swarowsky auch ein reines Wagnerkonzert in Krakau, an dem Gesangssolisten aus dem Reich mitwirkten: Gertrude Grob von der Staatsoper Wien, Gertrud Rünger von der Staatsoper Berlin und Fritz Zöllner von der Staatsoper München. Auf dem Programm standen Wagners *Faustouvertüre* und Ausschnitte

---

362 Diensttagebuch von Hans Frank, 10.3.1944, Ma 120/13, IfZ.
363 Diensttagebuch, 13.3.1944, Ma 120/13, IfZ.
364 Diensttagebuch, 25, 3. 1944, Ma 120/13, IfZ.
365 Diensttagebuch, 16.5.1944, Ma 120/13, IfZ.

aus *Tannhäuser*, *Lohengrin* und *Der Ring des Nibelungen*. Swarowsky und die Gesangssolisten ernteten in diesem Konzert großen Beifall.[366]

Im Juni 1944 kam es aus Anlass von Richard Strauss' 80. Geburtstag zu einigen Festaufführungen zu Ehren des Komponisten. In dieser Zeit hatte Strauss einige Probleme mit den NS-Machthabern, weil er es abgelehnt hatte, in seiner 19-Zimmer-Villa in Garmisch-Partenkirchen Bombenflüchtlinge aufzunehmen. Daraufhin veranlasste Hitler persönlich seinen Sekretär Martin Bormann, ein Rundschreiben an alle Parteidienststellen zu senden. In diesem Rundschreiben Nr. 12/44 vom 14. Januar 1944 verlangte Bormann, dass „führende Persönlichkeiten der Partei" keinen Kontakt zu Strauss mehr haben dürften.[367] Größere Geburtstagsfeierlichkeiten gab es nun nur mehr in Wien und Krakau – Wiens Gauleiter Baldur von Schirach war wie Hans Frank[368] ein besonderer Strauss-Bewunderer und verfolgte bewusst eine von Berlin unabhängige Kulturpolitik.

Am 11. Juni fand im Krakauer Staatstheater einer Feierstunde statt, in der Hans Joachim Moser einen Vortrag über das Lebenswerk von Strauss hielt. Dieser Vortrag wurde auch in den *Blättern für deutsche Kultur* veröffentlicht.[369]

Swarowsky übernahm anstelle des erkrankten Hindemith die Leitung eines Orchesterkonzertes am 12. Juni, das Orchesterwerken von Strauss und der Arie der Zerbinetta, gesungen von Virginia Mott, gewidmet war. Über die künstlerische Leistung Swarowskys in diesem Konzert äußerte sich Frank eher abfällig.[370] Swarowsky hatte sich im Vorfeld besonders um die Organisation der Feierlichkeiten verdient gemacht, wie er Strauss schrieb:

Herr Generalgouverneur Frank hat mich gebeten, Ihnen und der gnädigen Frau die ergebensten Grüße zu bestellen. Sie wissen, daß er sich nochmals an den Führer gewandt hat, und er ist bester Hoffnung, es nicht ohne Erfolg getan zu haben. Er ist heute in dieser Angelegenheit (die ganz zu verstehen ruhigeren Zeiten überlassen sein möge) von den hohen Politikern der ungebundenste – und gewiß auch der Mann, der Ihrem Werk und Ihrer Erscheinung geistig wirklich gerecht zu werden vermag.

In Krakau habe ich zum 11. Juni Professor Moser einladen lassen, einen Vortrag über Ihr Werk zu halten, am 12. ist philharmonisches Konzert, am 24., 26., 28., 30., mache ich die Ariadne in einer schönen Inszenierung mit Ursuleac, Patzak, Kern, Kunitz, usw. Am 27. ver-

---

366 Gustav Andraschko, Opernkonzert. Vier Gäste aus dem Reich, in: *Krakauer Zeitung*, 3.5.1944, Nr. 110, S. 4.
367 Bekanntgabe 12/44 der Parteikanzlei der NSDAP durch Martin Bormann, 14.1.1944, Personalakt Richard Strauss, BAB.
368 Zubin Mehta hörte von Karl Böhm die Geschichte, dass Strauss im Winter 1944 von Frank mit einer Waggonladung Koks für seine Villa versorgt worden sei (Gespräch mit Manfred Huss, Wien, 13.5.2000).
369 Hans Joachim Moser, *Richard Strauß. Leben und Werk*, hg. von der Kulturvereinigung des Generalgouvernements, Krakau 1944.
370 Diensttagebuch, 13.6.1944, Ma 120/13, IfZ.

anstalte ich einen Liederabend Patzak-Cunitz und zum Schluß dirigiere ich am 3. Juli ein großes Strauss-Opernkonzert mit den vereinigten Orchestern des Staatstheaters und der Philharmonie. Frank will die Feier sehr ostentativ des Anlasses würdig gestalten und hat die Absicht, Sie mit der gnädigen Frau einzuladen, in seinem Salonwagen zu kommen und an dem Fest teilzunehmen.[371]

Anders als in Wien blieb Strauss den Krakauer Geburtstagsfeierlichkeiten fern. Offiziell war ihm die Reise zu anstrengend, aber wahrscheinlich war ihm die Frontnähe der Stadt suspekt. Immerhin meldeten sich im Auftrag Franks am 11. Juni zwei SS-Offiziere bei Strauss, um

> ihre Aufwartung machen zu dürfen. Sie brachten […] zwei Kisten Sekt mitsamt besten Wünschen von Generalgouverneur Frank aus Krakau, dazu eine persönliche Einladung, doch bitte gelegentlich in Krakau zu dirigieren. […] Als die beiden SS-Offiziere sich nach einem Imbiß wieder verabschiedeten, sagte Strauss beiläufig, sie könnten ihm einen Gefallen tun und Frank seine Bitte übermitteln, mehrere Personen seiner Bekanntschaft freizulassen, die „in diesen dummen KZs" säßen, und hier seien die Namen. Die Sendlinge notierten, was Strauss ihnen diktierte und verabschiedeten sich sichtlich betreten.[372]

Swarowsky war, wie er in seinem Brief an Strauss erwähnte, für die Leitung der vier *Ariadne*-Aufführungen verantwortlich, die Ende Juni im Staatstheater Krakau stattfanden. Es handelte sich dabei um die Krakauer Erstaufführung von Strauss' Oper. Mit Viorica Ursuleac, Adele Kern, Maud Cunitz und Julius Patzak waren hochkarätige Sänger aus Deutschland aufgeboten, „um so den festlichen Feiern aus Anlaß des 80. Geburtstages unseres großen Meisters Richard Strauß [sic] einen glanzvollen Abschluß zu geben."[373]

Swarowsky trat während der Krakauer Straussfeierlichkeiten auch als Klavierbegleiter in Erscheinung. Maud Cunitz und Julius Patzak gaben zwischen den *Ariadne*-Aufführungen gemeinsam einen Liederabend, dessen Programm sich aus Straussliedern zusammensetzte. Swarowsky, „der die Sänger mit sicherer Führung begleitete, konnte einen angemessenen Teil des Gesamterfolgs für sich buchen."[374]

Während dieser Festtage wurde Swarowsky zum Nachfolger Rudolf Hindemiths als Chefdirigent der Philharmonie bestimmt. Von einer Besprechung Franks mit hohen Re-

---

371 Swarowsky an Strauss, 22.5.1944, NlHS.
372 Diese Episode teilte Hans E. Mutzenbecher am 7.7.1964 in einem Gespräch Fred K. Prieberg mit; siehe Prieberg, *Musik im NS-Staat* (Anm. 296), S. 214.
373 Richard Strauß-Feiern in Krakau. Aus Anlass des 60. Geburtstages des Meisters, in: *Krakauer Zeitung*, 11.6.1944, Nr. 147, S. 6.
374 Gerda Pelz, Maud Cunitz – Julius Patzak. Liederabend in Krakau, in: *Krakauer Zeitung*, 29.6.1944, Nr. 165, S. 4.

gierungsvertretern des Generalgouvernements und Swarowsky am 25. Juni 1944 wurde festgehalten:

> Der Herr GG eröffnet Kapellmeister Swarowsky, daß der bisherige Chefdirigent der Philharmonie des GG Hindemith seinen Rücktritt erklärt habe, und daß er, der GG, ihn als Nachfolger für das Amt eines Chefdirigenten der Philharmonie ausersehen habe. Er beabsichtige, Herrn Swarowsky zu den gleichen Bedingungen wie seinen Vorgänger zu engagieren und zwar vorerst vom 1. September ab bis zum 1. April 1945 auf Probe. Die endgültige Berufung solle dann bei gegenseitiger Zufriedenheit nach Ablauf dieser Frist vorgenommen werden. Nach außen werde diese Vereinbarung jedoch nicht in Erscheinung treten. Er, der GG, müsse in dieser Frist das Vertrauen dazu gewinnen, daß Herr Swarowsky im engsten Zusammenwirken mit den zuständigen Herren der Regierung versuche, aus der Philharmonie des Generalgouvernements ein wirklich großes internationales Orchester aufzubauen. Dieser Weg müsse von Herrn Swarowsky ohne jede Voreingenommenheit gegenüber seinem Vorgänger beschritten werden. Der bisherige Chefdirigent Hindemith habe am Orchester große Erziehungsarbeit geleistet und habe es hochgebracht; nur aus gesundheitlichen Gründen müsse er jetzt von seinem Amt als Chefdirigent zurücktreten. Er, der GG, handle immer nach dem Treuegrundsatz insofern, als er niemandem etwas wegnehmen wolle, was sich einer durch unermüdliche Arbeit aufgebaut habe.[375]

Ab 1. September 1944 sollte sich Swarowsky hauptamtlich der Betreuung der Philharmonie des Generalgouvernements widmen. Aus Deutschland sollten aber weiterhin Gastdirigenten eingeladen werden, um Konzerte der Philharmonie zu dirigieren. Rudolf Erb blieb auf Anweisung von Frank stellvertretender Chefdirigent. Am 8. Juli 1944 wurde Rudolf Hindemith feierlich von Frank verabschiedet. In seiner Rede lobte Frank noch einmal die künstlerische Aufbauarbeit Hindemiths in Krakau:

> Sehr geehrter Herr Chefdirigent Hindemith!
> Leider hat Sie Ihr schwieriger Gesundheitszustand gezwungen, mich um die Entlassung aus Ihrem Amte als Chefdirigent der Philharmonie des Generalgouvernements zu ersuchen. Ich habe mit großer inniger Anteilnahme von diesem Schritt Kenntnis genommen und mich nach einer Besprechung mit Ihnen auch davon überzeugen müssen, daß Ihnen tatsächlich ein Weiterverbleiben in Ihrer Dienststellung hier unmöglich ist. Ich entspreche also mit Wirkung zum 31. August 1944 Ihrem Ersuchen und spreche Ihnen aus diesem Anlaß für Ihr hervorragendes Wirken im Dienste des Führers und des Reiches im Generalgouvernement

---

375 Diensttagebuch, 25.6.1944, Ma 120/13, IfZ. [Die abschließende Formel „Mit freundlichen Grüßen,/Heil Hitler!/Stets Ihr sehr ergebener/Gez. Frank" scheint darauf hinzudeuten, dass die Rede auch in Briefform übermittelt wurde. – Hg.]

meine besondere Anerkennung aus. Sie haben dieses politisch kunstvolle Gebilde, unsere Philharmonie in Wirklichkeit geschaffen; denn der Zustand, in dem Sie das Orchester seinerzeit übernahmen, war ja durch den plötzlichen Tod Ihres Vorgängers, des unvergeßlichen Gründers der Philharmonie, des Herrn Rohr, noch lange nicht in dem Zustand der technischen Reife, der einem Orchester unter dieser Bedeutung notwendig eigen sein muß.

Sie haben das Orchester durch Ihre unermüdliche Tatkraft und den Einsatz Ihres besten Künstlertums erzogen und zu der Höhe der Leistungsfähigkeit geführt, die die Philharmonie des Generalgouvernements in eine Reihe mit den ganz wenigen größten Orchestern im Großdeutschen Machtraume stellt. Sie haben des weiteren durch die Reihe großer philharmonischer Veranstaltungen, die Sie selbst leiteten, Ihre vollendete Kunst als Dirigent bewährt und vielen tausenden Menschen das beglückende Erlebnis edelster Musikalität vermittelt.

Wir erleiden alle durch Ihr Ausscheiden einen schweren Verlust: Ihre feinsinnige, vornehme Art hat Sie uns allen zum Freunde gemacht. Sie haben mit Takt und Umsicht als Orchesterleiter das schwierige Problem der Behandlung fremdvölkischer Künstler gelöst und so waren Sie in allem ein trefflicher Vertreter deutschen schöpferischen Mannestums.

Ich wünsche Ihnen für Ihr weiteres Leben alles das Beste und werde mich immer freuen, von dem weiteren erfolgreichen Aufbau Ihres Lebenswerkes zu hören.

Zum Zeichen der Dankbarkeit überreiche ich Ihnen ein Ölgemälde mit einer Ansicht der Burg zu Krakau.[376]

Im Anschluss an diese Rede gab Frank offiziell die Ernennung Swarowskys zum kommissarischen Leiter der Philharmonie mit Wirkung vom 1. September 1944 bekannt.

Wie war zu diesem Zeitpunkt die politische Situation in Krakau?

Nachdem Krakau am 6. September 1939 von der deutschen Wehrmacht besetzt worden war, begann sofort die Verfolgung der jüdischen Bevölkerung. In der Stadt hatte sich zur Zeit der Donaumonarchie eine blühende jüdische Gemeinde entwickelt. 1939 lebten 60.000 Juden in der alten polnischen Königsstadt. Am 26. Oktober 1939 wurde Krakau von der deutschen Besatzungsmacht zur Hauptstadt des Generalgouvernements erklärt. Alle antijüdischen Verordnungen für das Generalgouvernement wurden in Krakau herausgegeben. Anfang Dezember 1939 kam es zu umfassenden Terroraktionen, wobei mehrere Synagogen niedergebrannt wurden. Schon bis zum März 1941 wurden 40.000 Juden aus der Stadt vertrieben. Im März 1941 wurde im Stadtteil Podgorze auf Anordnung des Distriktgouverneurs von Krakau, Otto Wächter, das jüdische Ghetto errichtet.[377] Bis Ende 1941 lebten 18.000 Juden im Ghetto unter unmenschlichsten Bedingungen. Zur Ausbeutung der Arbeitskraft der Ghettoinsassen wurden außer-

---

376 Diensttagebuch, 8.7.1944, Ma 120/13, IfZ.
377 Vgl. den Artikel „Krakau" in: Eberhard Jäckel u. a. (Hg.), *Enzyklopädie des Holocaust*, Bd. 2 [H-P], München ³1998, S. 808 f.

halb des Sperrbezirks Fabriken errichtet. Ende Mai 1942 begannen die Deportationen der Juden in die Vernichtungslager, dabei wurden 300 Menschen im Ghetto selbst erschossen. 6.000 Juden wurden in das Lager Belzec deportiert. Ende Oktober 1942 kam es zu einer neuerlichen „Aktion", bei der 7.000 Juden nach Belzec und Auschwitz in den sicheren Tod geschickt wurden. Am 13. März 1943 wurden die überlebenden Juden, die weitgehend für die deutsche Rüstungsindustrie arbeiten mussten, in das Lager Plaszow verlegt. Nur einige hundert der nach Plaszow deportierten Juden überlebten den Krieg, darunter die sogenannten „Schindlerjuden", die durch den deutschen Industriellen Oskar Schindler gerettet wurden. Als Swarowsky nach Krakau kam, war die Stadt also weitgehend „judenfrei", wie es im Nazijargon hieß.

All diese Tatsachen lassen die Kulturaktivitäten Franks noch zynischer und skrupelloser erscheinen. Vor dieser Kulisse konnte Frank im Juli 1944 Hans Pfitzner als „Botschafter deutscher Musikkultur" in Krakau begrüßen. Neben Strauss galt Franks besondere musikalische Verehrung dem Werk Pfitzners. In einem 1944 Pfitzner überreichten Huldigungsbuch verfasste Frank folgenden Beitrag:

In Hans Pfitzner verehren wir Deutschen mit Recht einen der größten und würdigsten Meister unserer Musik. Eine säkulare Gestalt offenbart in ihm tiefste Schöpfungswerte unseres völkischen Genius. Als ein in sich geschlossener Tönegestalter hat uns Hans Pfitzner, aus den tiefsten und reinsten Quellen unseres Empfindens schöpfend, monumental eindrucksvolle Meisterwerke geschenkt. Unsterblich ist, wie der Name Pfitzners als einer der ganz großen Künder deutscher Musik, die Reihe der Werke, die wir und die ganze Welt ihm verdanken.[378]

Frank hatte schon seit 1941 Pfitzner zu Konzerten nach Krakau eingeladen. Pfitzner musste aber aus gesundheitlichen Gründen immer wieder seine Teilnahme absagen. Am 5. November 1942 dirigierte er zum ersten Mal die Philharmonie des Generalgouvernements. 1944 konnte Frank Pfitzner wieder in Krakau begrüßen. Der Komponist feierte in diesem Jahr seinen 75. Geburtstag. Pfitzner dirigierte aus diesem Anlass am 12. Juli 1944 ein Sonderkonzert der Philharmonie. Auch mit einem Liederabend mit Werken Pfitzners, den der Komponist selbst am Flügel begleite, wurde Pfitzner geehrt. Die Gesangssolisten waren Margarete Schulz und Josef Lex. Im Juli 1944 reiste Pfitzner nach Wien zurück.

Als Dank für die herzliche Einladung, die Frank dem Komponisten bereitete, schrieb Pfitzner ein Orchesterwerk, die *Krakauer Begrüßung*, die er in einem Brief an seinen Freund und Biographen Walter Abendroth kurz charakterisierte:

---

378 Walter Abendroth, *Hans Pfitzner. Ein Bild in Widmungen anläßlich seines 75. Geburtstages*, Leipzig 1944, S. 15.

Die „Krakauer Begrüßung" endlich ist eine richtige Gelegenheitskomposition, dauert etwa 5½ Minuten, und entstand auf „Bestellung" von Seiten des General-Gouverneurs Frank, dem sie auch gewidmet ist. Die kleine Composition ohne Text ist meiner Feder nicht etwa unwürdig, sie hat als Hauptteil ein fanfarenartiges, chevalereskes Thema, dem als Mittelteil, mit bewußter Andeutung der Landschaft, eine richtige, etwas wehmütige Polonaise beigegeben ist, für großes Orchester geschrieben, sehr gut klingend und einprägsam. Der äußere Erfolg und die allgemeine Beurteilung sind wider Erwarten fast übertrieben groß.[379]

Pfitzner verstand die in der *Krakauer Begrüßung* enthaltene Polonaise als Huldigung an Polen – als Idee. Für die Unterdrückung des polnischen Volkes hatte Pfitzner keine Augen oder er wollte die Schandtaten der deutschen Besatzer gar nicht sehen. Wahrscheinlich erblickte er in Frank nur den Mäzen und nicht den allmächtigen Generalgouverneur, „zumal Frank im persönlichen Umgang seine musische Seite hervorkehrt und Pfitzner jeden Wunsch erfüllte."[380] Für den ausgebombten Pfitzner war es eine ausgesprochene Wohltat, von Frank in Krakau so luxuriös umsorgt zu werden. Die Uraufführung der *Krakauer Begrüßung* dirigierte Swarowsky im Rahmen des VIII. Philharmonischen Konzerts, das ein reines Pfitznerprogramm bot:

Das 8. philharmonische Konzert in Krakau brachte den Musikfreunden ein außerordentliches Erlebnis. Nach den drei Orchestervorspielen der musikalischen Legende „Palästrina" [sic] brachte die Philharmonie unter Stabführung von Hans Swarowsky das Zweite Konzert für Violoncello und Orchester zum Vortrag. Den Höhepunkt des Abends bildete die Uraufführung der „Krakauer Begrüßung" von Hans Pfitzner. Die Zuhörer konnten, nachdem sie diese auf Wunsch und Anregung des Generalgouverneurs Dr. Frank entstandene Komposition begeistert aufgenommen hatten, sie noch mal mit Meister Pfitzner am Dirigentenpult erleben. Die „Krakauer Begrüßung", die als festliche Begrüßung für feierliche Versammlungen gedacht ist, weist einen kräftigen, straffen Hauptteil [auf], dem ein etwas wehmütiger, zarter Mittelteil gegenüber steht, der durch die Form der Polonaise auf die Landschaft des Raumes anspielt, und klingt in dem heitern Adagio-Charakter [?] des Anfangs aus.[381]

Der Dirigent Alfred Gillessen hat damals als Wehrmachtssoldat die gespenstische Atmosphäre dieser Uraufführung, die am 2. Dezember 1944 in Krakau, kurz vor dem Ende der deutschen Herrschaft in Polen, stattfand, miterlebt:

---

379 Hans Pfitzner an Walter Abendroth, 16.12.1944, in: Hans Pfitzner, *Briefe*, Bd. 1: *Textband*, hg. von Bernhard Adamy, Tutzing 1991, S. 943.
380 Bernhard Adamy, *Hans Pfitzner. Literatur, Philosophie und Zeitgeschehen in seinem Weltbild und Werk*, Tutzing 1980 (Veröffentlichungen der Hans-Pfitzner-Gesellschaft 1), S. 337.
381 Rezension in: *Adria Zeitung*, 9.12.1944.

Zwischen Abendkleidern und dunklen Anzügen war ich an diesem Abend nicht der einzige Feldgraue, der, ein Gewehr zwischen den Knien haltend, da saß. Wir durften uns nämlich wegen etwa drohender Überfälle von unserer Waffe nicht trennen. – Pfitzner, der zuerst etwas hinfällig wirkte, wurde von zwei Orchestermitgliedern zum Pult geleitet. Rauschender Beifall begrüßte ihn. Sobald der Meister am Pult stand, richtete er sich straff auf. Er ergriff den Taktstock und dirigierte mit dem gleichen Feuer und dem gleichen Schwung, wie ich ihn zehn Jahre früher am Düsseldorfer Opernhaus erlebt hatte. Seine Komposition [...] war ein markantes Stück in ritterlichem Stil, in welchem auch volkstümliche polnische Melodien verwendet wurden. Es gab großen Beifall, Füßetrampeln und zahlreiche Zurufe für den Komponisten. Ich wollte Pfitzner unbedingt begrüßen. Als ich im Vestibül nach ihm fragte, wies man auf die große Flügeltüre zum Empfangssaal. Ich wäre fast zurückgeprallt als ich den Raum betrat: Abendkleider, hohe Wehrmachtsoffiziere mit ordenbesetzter Brust, Parteigrößen mit „Lametta" jeglicher Art, kurz alles was gesellschaftlich, militärisch, oder auch „parteilich" Rang und Namen hatte, schien versammelt. Inmitten stand Hans Pfitzner mit einem Herrn im Gespräch, den ich, nach Fotos, als den Generalgouverneur Dr. Frank erkannte.[382]

Schon im Sommer 1944 hatte sich die Kriegslage für Deutschland katastrophal verschlechtert. Am 6. Juni 1944 gelang den Westalliierten die lang ersehnte Invasion in der Normandie in Frankreich. Am 4. Juni war Rom von den Alliierten besetzt worden. Noch schlechter sah die Situation für Hitlerdeutschland an der Ostfront aus. Schon am 3. Januar hatte die Rote Armee die ehemalige polnische Grenze erreicht. Im Frühjahr 1944 verlor die Wehrmacht nach einer russischen Großoffensive die Kontrolle über die Südukraine und die Halbinsel Krim. Am 6. Juni 1944 begann eine große Sommeroffensive der sowjetischen Armee, die die deutsche Heeresgruppe Nord nach Kurland abdrängte. Am 11. Oktober 1944 betraten russische Truppen in Ostpreußen erstmals Reichsgebiet. Deutschland selbst litt immer mehr durch den verschärften Bombenkrieg der Alliierten. Aber auch der Terrorapparat der Nationalsozialisten war nach dem missglückten Attentat auf Hitler immer brutaler und willkürlicher geworden. In Polen wurde der Widerstand gegen die verhassten deutschen Besatzer immer energischer. Am 1. August 1944 brach in Warschau der Aufstand der schlecht bewaffneten polnischen „Heimatarmee" aus, den die deutsche Besatzungsmacht erst am 2. Oktober niederschlagen konnte.

Es ist erstaunlich, dass Frank, trotz dieser für das Reich bedrückenden Kriegslage, so energisch an seinem kulturellen „Aufbauprogramm" festhielt und unaufhörlich Konzerte veranstalten ließ, obwohl sich russische Truppen immer mehr Krakau näherten.

---

382 Alfred Gillessen, Erinnerungen (unveröffentlicht). Zitiert in: Hans Pfitzner, *Briefe*, Bd. 2: *Kommentarband*, hg. von Bernhard Adamy, Tutzing 1991, S. 607.

Im Zuge der von Goebbels proklamierten „totalen Kriegsführung" musste aber auch Frank Zugeständnisse machen. Am 3. September verkündete die *Krakauer Zeitung*, „daß im Rahmen der totalen Kriegsmaßnahmen" das Staatstheater des Generalgouvernements geschlossen werde. Die Philharmonie des Generalgouvernements werde aber weiter Konzerte durchführen. Für den 5. September wurde eine „Abendmusik" der Philharmonie unter Swarowskys Leitung angekündigt.[383] In diesem Konzert stellte sich Swarowsky den Krakauer Konzertbesuchern erstmals als Chefdirigent der Philharmonie vor. Swarowsky hatte Haydns letzte Symphonie, die Dritte Leonorenouvertüre und die 5. Symphonie von Beethoven auf das Programm gesetzt. Er wurde für dieses Konzert von der Krakauer Presse einhellig gelobt:

Er ist ein hervorragender orchestraler Techniker, mit feinem Gefühl für die Architektonik eines Werkes, und bewahrt eine so diffizile Partitur durch klare Werktreue vor jeder Vergewaltigung. Das Orchester, das in seiner Gesamtheit den Eindruck stärkster Geschlossenheit machte, vertraute sich willig der Führung seines neuen Dirigenten an und erwies sich durch das fügsame Eingehen auf dessen Intentionen wieder als der Klangkörper von hoher Kultur, als der es bereits weit über Krakau hinaus bekannt geworden ist. Der Beifall war dementsprechend stark und ehrlich.[384]

Zu diesem Zeitpunkt herrschte bei vielen Verwaltungsbeamten des Generalgouvernements und Angehörigen der deutschen Kolonie in Krakau bereits Untergangsstimmung. Auch die Leiter der Philharmonie des Generalgouvernements blieben von diesem Endzeitgefühl nicht verschont. Am 28. August schilderte Rudolf Erb, der stellvertretende Chefdirigent der Philharmonie, seiner Frau die Zustände in Krakau:

Nachdem ich Dir aus Kattowitz gestern schrieb, traf ich am Bahnhof Haslinde, der sich ebenfalls um einen neuen Durchlaßschein bemühen mußte. Er kam aus Wien und wußte noch weniger wie ich, weil man keinen großen Wert auf seine Anwesenheit gelegt hatte. […] Man nahm eben an, daß sowieso bald Schluß ist. […] Ich dirigiere jetzt das nächste Konzert Ende dieser Woche, dazwischen Werkkonzerte und wahrscheinlich auch im Rundfunk. Swarowsky soll erst später kommen am 1. September. Es ist alles in Ordnung und falls unser Orchester bleibt, werde ich wahrscheinlich auch bleiben. […], wir halten uns gegenseitig die Daumen und hoffen ansonsten, daß die Russen nicht kommen. […] Der Gg.[Generalgouverneur] ist noch hier, war aber nicht in den Konzerten und läßt nichts von

---

383 *Krakauer Zeitung*, 3.9.1944, Nr. 229, S. 5.
384 Herbert Urban, Hans Swarowsky am Pult. Abendmusik im Gotischen Hof, in: *Krakauer Zeitung*, 7.9.1944, Nr. 232, S. 4.

sich hören. Wir sind ganz auf das Prop.-Amt angewiesen. Jeden Dienstag sollen wir spielen. Die Konzerte waren sehr voll, lauter Soldaten, Frauen sind nur wenige mehr da.[385]

Zu diesem Zeitpunkt wurde die polnische Bevölkerung schon zu Tausenden zu Schanzarbeiten gegen die Rote Armee zwangsverpflichtet. Die Musiker der Philharmonie bekamen vom Propagandaamt alle acht Tage neue Ausweise, die sie von dieser Tätigkeit befreiten.[386] Rudolf Erb wurde im Oktober 1944 zur Wehrmacht einberufen. Am 25. September 1944 hatten sich Vertreter des Orchesters in einem Schreiben an Frank noch darum bemüht, die Einberufung Erbs und Fritz Sonnleitners zu verhindern. All diese Bestrebungen blieben fruchtlos. Swarowsky musste dem Orchester „lebhaft bedauernd" mitteilen, das die beiden „in Kürze Krakau verlassen müssen, um Soldaten zu werden."[387]

Swarowsky bemühte sich seit Beginn seiner Chefdirigentenposition um das Wohl seiner polnischen Musiker und konnte bei Frank sogar außerordentliche Lebensmittelzuwendungen für die Orchestermitglieder erreichen.[388] Außerdem kam es immer wieder zu Konflikten zwischen Swarowsky und dem schon in Ungnade gefallenen Intendanten der Philharmonie, Paul Haslinde. Haslinde beschwerte sich bei Frank, dass der neue Chefdirigent sämtliche geschäftliche Angelegenheiten der Philharmonie selbst erledige und ihm keine Gelegenheit mehr für ein selbständiges Arbeiten gelassen hätte. Swarowsky „habe offenbar den Ehrgeiz, sich auch um die kleinsten Dinge, wie etwa die Betreuung der Orchestermitglieder, persönlich zu kümmern, Rechnungen zu kontrollieren usw. Chefdirigent Swarowsky habe ihm sogar nach seiner Rückkunft nach Krakau die Lebensmittelkarten entziehen wollen. Er habe immer gegen ihn, Intendanten Haslinde, Stimmung zu machen versucht."[389] Swarowsky wies all diese Vorwürfe in einer gemeinsamen Besprechung mit Haslinde, Frank und Regierungspräsident Ohlenbusch zurück. Er habe sich in seiner neuen Stellung verpflichtet gefühlt, die zentrale Leitung der Philharmonie zu übernehmen und alles nach Möglichkeit selber zu überprüfen. Eine weitere Kontrollinstanz zwischen ihm und dem Rechnungsführer lehnte er außerdem ab. Intendant Haslinde wollte er jedenfalls, im Sinne Franks, einen ehrenhaften Abschied aus Krakau ermöglichen. Frank gab in dieser Angelegenheit Swarowsky recht und bestätigte die Kündigung Haslindes als Intendant.[390]

---

385 Rudolf Erb an seine Frau, 28.8.1944. Zitiert in: Hans Gerd Brill an Erika Horvath, 23.3.2004.
386 [In Swarowskys Nachlass hat sich noch ein entsprechendes Formular gefunden. Zu den näheren Umständen siehe den Beitrag von Joana Wnuk-Nazarowa im vorliegenden Band – Hg.]
387 Hans Gerd Brill an Erika Horvath, 23.3.2004.
388 Diensttagebuch, 15.9.1944, Ma 120/14, IfZ. [Im Nachlass Swarowskys hat sich eine Liste der Möbel erhalten, die Swarowsky seinen Orchestermusikern besorgt hatte; siehe die Abb. im Beitrag von Joana Wnuk-Nazarowa – Hg.]
389 Diensttagebuch, 9.12.1944, Ma 120/14, IfZ.
390 Ebd.

Im August 1944 durfte Swarowsky zum letzten „Salzburger Musik- und Theatersommer" reisen. In einem ausführlichen Brief berichtete er seinem neuen Dienstherrn über die dramatischen Bedingungen der inoffiziellen Uraufführung von Strauss' *Liebe der Danae*. Swarowsky machte sich über die Kriegslage keine Illusionen und sprach Frank offen an, wie man das Orchester in Krakau vor dem Zugriff der immer näher rückenden Roten Armee retten könnte:

> Ich habe darüber nachgedacht, was unternommen werden könnte, um das Orchester zu retten, wenn wir unglücklicherweise die Stadt aufgeben müßten, damit wir über den ganzen Körper wieder verfügen zu dem Zeitpunkt, in welchem die Wiedereroberung Tatsache geworden sein würde. Einer endgültigen Verpflanzung von Polen nach dem Reich wird man sich an manchen Stellen widersetzen, obwohl wir in den deutschen Grenzgebieten das Orchester nicht nur aus künstlerischen, sondern auch aus propagandistischen Gründen mit sehr viel Vorteil einsetzen könnten. Aber es ist sehr wohl denkbar, daß man einer Evakuation zustimmt unter eben dem Gesichtspunkt, den Körper geschlossen in Krakau wiedereinsetzen zu können. Denn sollten – was Gott verhüten möge – die Russen die Stadt nehmen, ist die Möglichkeit eines massacres unter den Musikern nicht zurückzuweisen. Wir würden bei späterem Wiedereinsatz kaum mehr unsere Bestände vorfinden. Wenn wir den ganzen Körper aber geschlossen in ein Lager im Reich führen könnten, in welchem wir weiter arbeiteten, um in geschlossenem Einsatz unter allen nötig scheinenden Vorsichtsmaßregeln zu konzertieren für Wehrmacht und Rüstung, werden wir uns dann vielleicht sagen können, daß das sehr klug gehandelt war. Für die politische Sicherheit müßten wir garantieren und ich selbst würde die Aufsicht nach dieser Richtung mit unerbittlicher Strenge zu führen mich feierlich verpflichten. Ich bitte ergebenst, diesen Vorschlag bedenken zu wollen, denn er müßte in die Tat umgesetzt werden schon geringe Zeit, ehe die letzten Möglichkeiten sich bieten. Aber ich hoffe freilich etwas andres: daß es nie dahin kommen möge, vor dieser Nötigung zu stehen![391]

Im September 1944 übernahm Swarowsky auch die Leitung von Werkspausenkonzerten, die die Arbeitsmoral der polnischen Rüstungsarbeiter heben sollten. Zynisch wurde im Organ der deutschen Besatzungsmacht, der *Krakauer Zeitung*, „das einsichtsvolle Verständnis der deutschen Verwaltung für das bei der einheimischen Bevölkerung hochentwickelte Musikbedürfnis" betont. Noch vor zwei Jahren war den „polnischen Untermenschen" jegliches Kulturbewusstsein abgesprochen worden. Um den polnischen Arbeitern nun entgegenzukommen und sie für eine verstärkte Arbeitsleistung für die deutsche Rüstungsindustrie zu motivieren, wurden ausschließlich slawische Werke

---
391 Swarowsky an Frank, 20.8.1944, Aktenbestände des Generalgouvernements, Korrespondenz Hans Frank, BAB.

gespielt. Unter der Stabführung von Swarowsky spielte die Philharmonie Ausschnitte aus Moniuszkos *Halka* und Smetanas *Verkaufter Braut*.[392] Je ernster und aussichtsloser die deutsche Kriegslage wurde, desto „polenfreundlicher" gab sich die Regierung des Generalgouvernements. Am 18. Oktober 1944 rezensierte die *Krakauer Zeitung* ein Sonderkonzert für Warschauer Flüchtlinge unter der Überschrift „Polen spielten vor Polen für Polen". Am 2. Oktober 1944 war der Aufstand der schlecht bewaffneten polnischen Heimatarmee nach zweimonatigem Kampf gegen eine deutsche Übermacht blutig zusammengebrochen. Die „Rote Armee" hatte auf ausdrücklichen Befehl Stalins den ungleichen Kampf nur wenige Kilometer entfernt zugelassen. Bei diesen Kampfhandlungen starben zehntausende Zivilisten und das ohnehin schon zerstörte Warschau glich nun einer Steinwüste. Frank schenkte den Warschauer Flüchtlingen ein Sonderkonzert der Philharmonie unter der Leitung des „ständigen deutschen Dirigenten des Orchesters". Interessanterweise wurde der Name Swarowskys in dieser Besprechung im Gegensatz zum Solisten des Konzerts, dem Geiger Waclaw Niemczyk, nicht genannt, obwohl es hieß, dass „der deutsche Dirigent lebhaft gefeiert" wurde.[393]

Am 26. und 27. Oktober 1944 leitete Swarowsky zwei Sonderkonzerte der Philharmonie. Auf dem Programm stand ein reines Beethovenprogramm: Die Ouvertüre zu Goethes Trauerspiel *Egmont*, das Klavierkonzert Nr. 4 und die 9. Symphonie mit dem Schlusschor über Schillers „Ode an die Freude". Diese Veranstaltungen sollten den Höhepunkt der Feierlichkeiten zum fünften Jahrestag der Gründung des Generalgouvernements bilden. Es wurden zu diesem Anlass mit Anton Dermota, Ludwig Weber, Tilla Briem und Petronella Boser auch hochkarätige Gesangssolisten aus dem Reich eingeladen. Den Klavierpart übernahm Prof. Friedrich Wührer, der schon während Swarowskys Berliner Dirigententätigkeit eine unheilvolle Rolle gespielt hatte. Kurz vor dem geplanten Konzert gab Frank „seinem großen Befremden darüber Ausdruck, daß angeblich Aufführungen der Neunten Symphonie von Beethoven verboten werden sollten."[394] Auch Swarowsky selbst untermauerte nach dem Krieg diese These, wie er dem Musikwissenschaftler Fred Prieberg schrieb:

> Es wird Sie sicher interessieren, daß Beethovens Neunte Symphonie damals allein in Krakau aufgeführt wurde, nachdem sie im Reich als unerwünscht bezeichnet worden war infolge der Schillerschen Verbrüderungstendenzen im letzten Satze. Frank ordnete an, daß sie für Polen und Deutsche getrennt gegeben werde und da vor dem polnischen Konzert im

---

392 „Nach des Alltags Müh' und Arbeit eine Stunde erfrischende Musik.", in: *Krakauer Zeitung*, 15.9.1944, Nr. 239, S. 6.
393 „Polen spielten vor Polen für Polen". Sonderkonzert für Warschauer Flüchtlinge, in: *Krakauer Zeitung*, 18.10.1944, S. 6.
394 Diensttagebuch, 17.10.1944, Ma 120/14, IfZ.

Saale eben eine Wehrmachtsveranstaltung gewesen war, wartete man mit dem Konzertbeginn bis alle Nazifahnen aus dem Saale entfernt waren. Derartiges konnten wir uns damals im Endkatzenjammer erlauben.[395]

Die Bedenken waren insofern nicht ungerechtfertigt, als das Reichssicherheitshauptamt der SS eine Gastspielreise des Orchesters, in dem Deutsche und Polen gemeinsam im gemischten Chor des Generalgouvernements singen sollten, strikt verboten hatte.[396] All dessen ungeachtet blieb Beethoven einer der musikalischen Heroen der Nationalsozialisten. Am 1. August 1936 war die Eröffnungszeremonie der Olympischen Spiele in Berlin mit Beethovens 9. Symphonie ausgeklungen. Den Verbrüderungsgedanken von Schillers Ode an die Freude versuchte man allerdings, wie Hans Joachim Moser ausführte, zu relativieren:

> Sein „Diesen Kuß der ganzen Welt" bedeutete alles andere als ein Fraternisierenwollen mit Hinz und Kunz (wie man es nachmals in Deutschlands roten Jahren allzugern mißverstanden hat), vielmehr ein glühendes Sichhingeben an die Vorstellung, den Wunschtraum, die Idee einer Menschheit schlechthin – und das war so deutlich wie möglich gedacht![397]

Und so wurde Hitlers letzter Geburtstag am 20. April 1945 vom Berliner Rundfunk mit der 7. Symphonie von Beethoven gefeiert, und zehn Tage später verkündete der Reichsrundfunk den „Heldentod des Führers" unter den Klängen des Trauermarschs aus der *Eroica*.

Es ist erstaunlich, wie reichhaltig das Krakauer Musikprogramm trotz des nahenden militärischen Zusammenbruchs weitergeführt wurde. Allein im November 1944 gab Kammersänger Rudolf Bockelmann einen Liederabend im Staatstheater Krakau und Joseph Keilberth dirigierte als Gast das V. Philharmonische Konzert. Am 18. und 19. November gastierte das Stross-Quartett im Staatstheater und Julius Patzak sang am selben Ort am 22. des Monats einen Liederabend, begleitet von Heinrich Schmidt. Auch Swarowsky übernahm Ende November 1944 die Leitung des VII. Philharmonischen Konzerts, das mit Werken von Peter Cornelius, Liszt, Wagner und Strauss der „deutschen Romantik" gewidmet war, zu der die polnischen „Musiker einen sozusagen natürlichen Kontakt hatten und zu welchem sie [nicht?] erst allmählich hingeführt werden mußten", wie die Rezensentin bemerkte.[398]

---

395 Swarowsky an Fred Prieberg, 16.3.1964. Eine Kopie dieses Briefes wurde mir freundlicherweise von Herrn Prieberg überlassen.
396 Prieberg, *Musik im NS-Staat* (Anm. 296), S. 408.
397 Zitiert in: Esteban Buch, *Beethovens Neunte. Eine Biographie*, Berlin/München 2000, S. 265.
398 Gerda Pelz, „Die Philharmonie spielte Romantiker". Julian von Karolyi als Gast – Programm mit Liszt und Richard Strauss, in: *Krakauer Zeitung*, 26.11.1944, Nr. 302, S. 5.

Auch Hans Pfitzner kehrte im November 1944 zu seinem Gönner Frank nach Krakau zurück und begleitete am 4. Dezember 1944 bei einem Liederabend mit eigenen Werken die Sopranistin Clara Ebers. Zwei Tage vorher hatte Krakau unter der Stabführung von Swarowsky die Uraufführung von Pfitzners *Krakauer Begrüßung* im Rahmen des VIII. Philharmonischen Konzerts erlebt. Am 7. Dezember hielt Hans Joachim Moser einen Einführungsvortrag zu Christoph Willibald Glucks Oper *Orpheus und Eurydice*, deren konzertante Aufführungen im Krakauer Staatstheater Swarowsky am 8. und 9. Dezember des Jahres leitete. Moser betonte in seinem Vortrag besonders das Verdienst Glucks, „die erste dem Wesen nach deutsche Oper geschaffen zu haben."[399]

Kurz vor Weihnachten stattete auch Clemens Krauss mit seiner Gattin Viorica Ursuleac dem bedrohten Krakau einen Besuch ab, um den Durchhaltewillen der deutschen Bevölkerung und der Wehrmacht zu stärken, und dirigierte ein Konzert der Philharmonie des Generalgouvernements. Im Gegensatz zu früheren Jahren herrschte nun im Publikum „der männliche Geist und der männliche Anspruch" der Verteidiger, wie die Rezensentin bemerkte. Krauss stärkte den Widerstandswillen des „deutschen Ostens" mit Mozarts *Jupitersymphonie*, Beethovens *Leonoren-Ouvertüre* Nr. 3, Strauss' *Till Eulenspiegel* und Orchesterliedern von Strauss und Joseph Marx.[400] Am 31. Dezember 1944 wurde im Staatstheater geschmackloser Weise ein Silvesterkonzert der Philharmonie unter Swarowsky mit Werken von Schubert, Suppé und Johann Strauß veranstaltet. Dieses Konzert war als „reizende Silvesterüberraschung" gedacht, die den zahlreich im Publikum vertretenen Soldaten „einen frohen Abend Wiener Musik" schenken sollte.[401]

Im letzten Konzert der Philharmonie, das am 9. Januar 1945 stattfand, machte Swarowsky, neben Werken von Schubert, das Krakauer Publikum mit Wilhelm Jergers Orchestersuite *Theresianische Feste* bekannt, „in der ein barocker Vorwurf mit allem Prunk des modernen Orchesterklanges und mit allen tonmalerischen Raffinessen, die eben dieses Orchester hinzugeben fähig ist, ausgeschmückt ist."[402] Am 14. Januar 1945 wurde dieses Konzert für das polnische Publikum wiederholt. Ein derartig reichhaltiges Kulturprogramm boten im letzten Kriegswinter nicht einmal mehr die deutschen Großstädte, deren Kulturaktivitäten sich hauptsächlich auf Rundfunkkonzerte beschränkten.

Vier Tage nach dem letzten Konzert der Philharmonie besetzten sowjetische Truppen Krakau. Hans Frank flüchtete mit einigen Verwaltungsbeamten nach Neuhaus am

---

399 Gerda Pelz, „Wege zu Ch. W. Gluck". Professor Dr. Hans Joachim Moser sprach in Krakau, in: *Krakauer Zeitung*, 9.12.1944, S. 4.
400 „Cl. Krauss gastiert im Osten". Mit Viorica Ursuleac in Krakau, in: *Krakauer Zeitung*, 21.12.1944, Nr. 323, S. 2.
401 Hellmuth Bohner, „Musik zum Jahresende". Ein Philharmonisches und ein Wiener-Walzer-Konzert, in: *Krakauer Zeitung*, 2.1.1945, S. 4.
402 Gerda Pelz, „Romantik und Moderne". Jerger: Theresianische Feste, in: *Krakauer Zeitung*, 11.1.1944, Nr. 10, S. 4.

Schliersee in Bayern, wo er eine Schattenregierung des Generalgouvernements aufrechterhielt. Swarowsky besuchte ihn noch einmal am 9. März 1945.[403] Am 11. März 1945 verließ Swarowsky Neuhaus.[404]

Wenige Wochen vor dem Zusammenbruch der deutschen Herrschaft in Krakau hatte er wegen seiner polenfreundlichen Orchesterverwaltung Probleme mit dem Propagandaministerium bekommen:

> Ganz zuletzt setzte Goebbels die entsendung des Rainer Schlösser[405] durch und es kam in meiner gegenwart zu einer unerhört dramatischen aussprache, deren erfolg meine vom propagandaministerium geforderte sofortige entlassung und die einsetzung des nazifesten herrn Konwitschny[406] war, der bei den herren persona grata war. Andertags ließ mich Frank rufen und teilte mir mit, daß er nicht so leicht aufzugeben gedenke. Zwei wochen später sah ich die russischen panzer auf dem höhenzug am fluß auffahren und sprang in den letzten zug. Die musiker wollten mich zurückhalten und versprachen mir, daß ich weiterhin ihr leiter bleiben dürfe, ich kannte aber beide widerstandsbewegungen, die katholisch-polnische und die kommunistische. Die erstere war im orchester vertreten, die andre versuchte aus den wäldern heraus die katholisch-antideutschen polen anzugreifen und zu erpressen.[407]

Kurz nach dem Krieg bestätigte Swarowskys Sekretärin während seiner Zeit als Leiter der Philharmonie des Generalgouvernements, Tony Birkenmayer, in einem Schreiben an die US-Militärregierung in Stuttgart Swarowskys polenfreundliche Orchesterführung. Birkenmayer betonte vor allem die antinationalsozialistische Einstellung des Dirigenten. So ließ nach ihrer Aussage Swarowsky schon bei seinem zweiten Konzert das NS-Hoheitszeichen von den Programmen entfernen und Hakenkreuzfahnen aus dem Konzertsaal wegschaffen. Schließlich habe Swarowskys polenfreundliche Kulturpolitik fast zu seiner Verhaftung geführt:

> Alle diese Bemühungen, den Polen bessere Lebensbedingungen zu verschaffen, ihnen die Möglichkeit zu kultureller Betätigung zu gewähren, seine von ihm überall zum Ausdruck gebrachte Meinung, daß die Polen gleiche Rechte hätten wie die Deutschen, sein unermüdlicher Kampf gegen die Sturheit der deutschen Behörden gewannen ihm die Liebe und Dankbarkeit der Polen, die sie ihm in unzähligen Fällen zum Ausdruck brachten. Auf

---

403 Diensttagebuch, 9.3.1945, Ma 120/14, IfZ.
404 Diensttagebuch, 11.3.1945, Ma 120/14, IfZ.
405 [– der „Reichsdramaturg" und seit 1944 Leiter der „Abteilung Kultur" des Propagandaministeriums – Hg.]
406 [– derselbe Franz Konwitschny, der sich bereits an den Denunziationen gegen Swarowsky in den Anfangsjahren des NS-Regimes beteiligt hatte. – Hg.]
407 Swarowsky an Fred Prieberg, 16.3.1964.

anderer Seite hatte dieser Kampf zur Folge, daß Herr Swarowsky bald als „Polenfreund" bekannt wurde. Kurz vor der Räumung Krakaus erfuhr ich von dem bereits erwähnten Musikreferenten Noglik, daß Herr Jaennicke, der Leiter der Abt. Kultur bei der Hauptabteilung Propaganda, Krakau, Material gegen ihn (und gegen mich) gesammelt habe. Er habe es fertig gebracht, daß Swarowsky als „nicht mehr tragbar" für Krakau bezeichnet wurde, und daß bei einem Besuch des Leiters der Reichskulturkammer, Dr. Rainer Schlösser, bestimmt wurde, daß Swarowsky abgesetzt und für ihn ein Nachfolger bestimmt wurde. Diese Maßnahme ist nur zurückzuführen auf die politische Einstellung Swarowskys und sein mutiges und konsequentes Eintreten für die Polen."[408]

Das Orchester selbst überstand den politischen Umbruch und nannte sich nun „Philharmonisches Orchester Krakau".[409] Seine Konzerttätigkeit nahm das Orchester im Februar 1945 wieder auf. Im März 1945 spielte die Philharmonie unter der Leitung Zygmunt Latoszewskis in Krakau, wahrscheinlich in konzertanter Fassung, Stanislaw Moniuszkos polnische Nationaloper *Halka*. Ein Werk, mit dem auch Frank in der Endphase der NS-Herrschaft in Polen die Sympathien der Bevölkerung zu gewinnen versucht hatte.

7. Kriegsende und Neubeginn

Wie Swarowsky die letzten Kriegsmonate überstanden hat, liegt im Dunkel. Der Einberufung zur Wehrmacht konnte er durch ein gefälschtes ärztliches Attest entgehen.[410] Einen Tag vor der Besetzung Krakaus durch die Rote Armee am 17. Januar bestieg er jedenfalls den letzten Zug und zwang das Ehepaar Pfitzner zur Mitreise nach Wien. Dort fanden sie im Luftschutzkeller des Hotel Imperial Unterschlupf.[411] Den Alliierten gegenüber erklärte Swarowsky, dass er sich nach seiner Flucht aus Krakau eine Zeit lang wieder in Wien aufgehalten habe, da seine Wohnung in Berlin total ausgebombt war. Von Wien aus nahm er auch wieder Kontakt zu dem Widerstandskreis um Erwin Ratz auf.

Tony Birkenmayer, Swarowskys ehemalige Sekretärin, wusste kurz nach dem Krieg zu berichten, dass Swarowsky nach der Räumung Krakaus „unter der Geheimaufsicht der Gestapo stand"[412]. Deshalb sind die Umstände unklar, die ihn zum Zeugen des Bombeninfernos von Dresden am 13. Februar 1945 werden ließen:

---

408 Tony Birkenmayer an die US-Militärregierung, z.H. Mr. Stevens, Stuttgart, 17.2.1946, NlHS.
409 [Siehe hierzu den Schluss des Beitrags von Joana Wnuk-Nazarowa im vorliegenden Band – Hg.]
410 Abschlussbericht von Dr. David M. Levy, Bad Orb Intelligence Screening Center (wie Anm. 329).
411 [Pfitzners Witwe erinnerte ihn später brieflich an diese Episode: Mali Pfitzner an Hans Swarowsky, 25.4.1960, NlHS – Hg.]
412 Tony Birkenmayer an die US-Militärregierung, z.H. Mr. Stevens, Stuttgart, 17.2.1946, NlHS.

> [Ich] mußte die entsetzliche Bombennacht miterleben, in der die weltberühmte Kunststadt in Schutt und Asche fiel. Ich befand mich damals gerade mitten im Stadtzentrum, und ich werde den schrecklichen Anblick nicht vergessen.[413]

Nachdem er sich dem letzten Aufgebot der Nationalsozialisten, dem „Volkssturm", durch Desertion entzogen hatte[414], versteckte sich Swarowsky für die nächsten Wochen zusammen mit seiner Frau Maria in einer Mansarde der ihm von früher her bekannten Villa Orsini in Pöcking am Starnberger See. Er besuchte aber auch noch einmal Hans Frank, der im „Haus Bergfrieden" in Neuhaus am Schliersee eine „Außenstelle des Generalgouvernements Polen" unterhielt.

Anfang Mai kam es zu einem fast romanhaften Wiedersehen mit seinem emigrierten Sohn Anton.[415] 1943 wurde Anton Swarowsky in den Vereinigten Staaten zur US-Armee eingezogen. Im von den US-Truppen besetzten Neapel betrat Anton wieder europäischen Boden. Mitte August 1944 nahm er an der Großlandung der Alliierten an der französischen Rivieraküste teil. Er befand sich unter den ersten US-Soldaten, die den Boden Südfrankreichs betraten. Nach der Befreiung von St. Tropez geriet Anton während des weiteren Vormarsches in deutsche Kriegsgefangenschaft. Durch den Absprung aus dem fahrenden Gefangenenzug gelang ihm glücklicherweise die Flucht. Nach einem kurzen Lazarettaufenthalt beteiligte sich Antons Armeeeinheit, die „36th Cavalry Reconnaissance Troop", an der Besetzung Südbayerns.[416] Der Zufall wollte es, dass Anton während dieser Aktion seinen Vater fand, von dem er seit fast vier Jahren nichts mehr gehört hatte. In Antons Divisionszeitung wurde diese fast unglaubliche Begegnung geschildert:

---

413 Barbara Nitzsche, Er war mit Richard Strauss befreundet. Interview mit dem Wiener Dirigenten Prof. Hans Swarowsky während der Proben zum 9. Philharmonischen Konzert, in: *Sächsische Neueste Nachrichten*, Dresden, 30.4.1972. – In der Nacht zum 14. Februar 1945 wurde die sächsische Hauptstadt durch britische Luftangriffe fast vollkommen zerstört. Am nächsten Tag erfolgten noch Bombenabwürfe durch die US-Luftwaffe.

414 [Die potentiellen Kämpfer wurden offenbar aufs Geratewohl aufgegriffen und zusammengetrieben. Manfred Huss erinnert sich an die Geschichte, wie sie Swarowsky ihm erzählte: „Er überlegte, wie dem zu entkommen sei, und wandte eine ‚psychologische' Taktik an: Er wartete, bis die Formation in Reih und Glied aufgestellt war und zum Abmarsch abkommandiert wurde. Er stellte sich an einer der beiden Eckpositionen in der letzten Reihe des Bataillons auf. Sobald es ein ‚rechts-um-Kommando' (oder natürlich auch ‚links-um') geben würde, plante er genau das Gegenteil zu tun und in die entgegengesetzte Richtung zu gehen, um sich sofort zu verstecken. So kam es auch – und seine Erklärung war: Bei ‚rechts-um' schaut keiner nach links, daher wird es auch – insbesondere in einem derart schlecht organisierten Haufen – nicht sofort bemerkt, dass einer, noch dazu von der Eckposition, verschwindet. Das gibt einen Vorsprung, um unterzutauchen. Militärische Erfahrung hatte er ja aus dem 1. Weltkrieg genügend. Relata refero." E-Mail an Reinhard Kapp, 15.11.2017.].

415 Doris Swarowsky im Gespräch mit Otto Karner und Manfred Huss, Wien, 7.2.2005.

416 Anton Swarowsky im Gespräch mit Erika Horvath, Paris, 4.10.2002.

When the 36th crossed into Germany, he was taken out of the troop and placed in the Military Government section as an interpreter. As the Division drove toward Austria, AMG set up in a small town about fifty kilometres from where the Swarowskys had spent their summers up until 1937.

Tony asked his CO, Major Grady Durham, for permission to drive the fifty kilometres to see some people he had known. Perhaps he could find out what had happened to his father. There had been no communication between them for nearly four years.

Arriving at the former residence of his friends, he knocked on the door. There was no answer. After slamming on the door and shouting, it finally opened. Tony's father had opened it.

Father and son stared at each other. "It's me, Tony," said the son. "No", said the father. "Dad, it's Tony."

Then the father recognized him in spite of the dirt, the helmet and the four years.

"I thought that you had come to take over the house", he said later, "and I was afraid to open the door. I didn't know it was you. I thought you were in the Army, but certainly not here."[417]

Kurz nachdem Vater und Sohn sich wiedergefunden hatten, besuchten beide Richard Strauss in seiner Villa in Garmisch-Partenkirchen. Für Strauss' Haltung während der NS-Diktatur zeigte Anton Verständnis, wie er seiner Mutter nach New York schrieb:

> Auf dem Weg nach Kaufbeuren besuchten wir Strauss. Es geht ihm sehr gut. [...] Ich habe sicherlich sehr viel über die Nazis zugelernt und einige Ansichten geändert, aber in Punkto Strauss habe ich 100 % recht gehabt. Strauss ist ein Deutscher. Er ist mit seinem Land verbunden. Er konnte es nicht in der größten Krise verlassen. Er mußte sehen, daß noch etwas Kultur übrig blieb. [...] Strauss arbeitet jetzt daran, ein nazifreies Theater in München aufzubauen. Hans hilft ihm dabei. Alle die Sachen sind nicht so einfach und es ist ein großer Fehler, sie zu rasch zu beurteilen [...].[418]

In den letzten Kriegstagen hatte Strauss zweitschriftlich Swarowsky[419] sein „künstlerisches Vermächtnis" übermittelt, ein „Memorandum über die Bedeutung der Oper und ihre von mir erhoffte Zukunft, besonders in Wien, dem Kulturzentrum Europas!"[420]

Anton unterstützte seinen Vater in den ersten Nachkriegsmonaten, so gut er konnte. Er versuchte ihn in die Organisation der US-Militärregierung in Süddeutschland ein-

---

417 *T-Patch 36th Division News, Special Edition*, Vol. 4, No. 1, 8.5.1945.
418 Anton Swarowsky an Julia Laszky, 1.6.1945, NIAS.
419 [– wie auch Karl Böhm – Hg.]
420 Strauss an Hans Swarowsky, 27.4.1945, NIHS.

Abb. 8: Mit Richard Strauss, Garmisch-Partenkirchen 1945 (HSA)

zubinden und plante sogar Konzerte für US-Soldaten.[421] Gegenüber seiner Mutter betonte Anton in zahlreichen Briefen immer wieder die antifaschistische Tätigkeit seines Vaters. Während seiner Zeit im Generalgouvernement habe er sich um die von den Nationalsozialisten aus Wien deportierten Eltern von Julia Laszky gekümmert.[422] Im Zuge der Kriegswirrnisse habe Hans die Spur seiner ehemaligen Schwiegereltern in Polen aber verloren.[423]

Obwohl Hans Swarowsky im August und September 1945 zahlreiche Konzerte dirigierte, wie aus seinen Briefen an Anton hervorgeht[424], war seine politische Rolle während der NS-Zeit, vor allem in Krakau, für die Alliierten noch lange nicht geklärt, wie er gegenüber seinem Sohn klagte.[425]

Mitte Juni 1945 wurde Antons Einheit nach Ulm versetzt. Am 21. Juli 1945 verkündete Anton seiner Mutter, dass Hans wahrscheinlich Generalmusikdirektor von Stuttgart werden würde.[426] Tatsächlich wurde Swarowsky, nachdem GMD Wüst entlassen worden war, am 20. Juli 1945 von Theodor Heuss, dem damaligen Kultminister von

---

421 Anton Swarowsky an Julia Laszky, 1.6.1945, NlAS.
422 Anton Swarowsky an Julia Laszky, 3.6.1945, NlAS.
423 Siehe das Kapitel „Julia Laszky und Anton Swarowsky".
424 Hans Swarowsky an Anton Swarowsky, 7.8. und 1.9.1945, NlAS.
425 Hans Swarowsky an Anton Swarowsky, 1.9.1945, NlAS.
426 Anton Swarowsky an Julia Laszky, 21.7.1945, NlAS.

Württemberg-Baden[427], zum neuen Generalmusikdirektor des Staatstheaters ernannt, wo sein alter Intendant Albert Kehm, der Freund von Julius Marx, wieder im Amt war.[428] Anfang Dezember des Jahres belegte die US-Militärregierung Swarowsky mit einem Dirigierverbot.[429]

Um das Amt des „Oberleiters für Oper und Schauspiel" bewarben sich damals einige prominente deutsche Musiker, die während der NS-Zeit in Deutschland geblieben waren. Auch Carl Orff bemühte sich ab Dezember 1945 um dieses Amt und wurde in seinem Bestreben durch Theodor Heuss unterstützt.[430] Von 1945 bis 1946 war Albert Kehm Intendant am Staatstheater Stuttgart. Schließlich erhielt der Dirigent Bertil Wetzelsberger diese begehrte Position.

Nun musste sich Swarowsky, wie zahlreiche andere Akteure aus Wirtschaft, Kultur und Politik, einem gründlichen Entnazifizierungsverfahren durch die US-Besatzungsbehörden unterziehen. Die Psychological Warfare Division begann damit, die in Deutschland gebliebenen Künstler in „schwarze, graue und weiße Listen" einzuteilen. Auf der „weißen Liste" wurden aktive Widerstandskämpfer und passive Gegner des Nationalsozialismus vermerkt. Die graue Liste wurde in „grey acceptable" und „grey unacceptable" unterteilt. „Grey acceptable" waren Persönlichkeiten, die zwar nicht Mitglieder der NSDAP waren, sich aber politisch kompromittiert hatten. Diese Künstler sollten nicht als Entscheidungsträger in der Öffentlichkeit auftreten. „Grey unacceptable" waren NSDAP-Mitglieder, die sich nicht besonders hervorgetan hatten. Auf der Schwarzen Liste standen führende Funktionäre des NS-Staates.

Nach einer kurzen Dirigententätigkeit in Stuttgart wurde über Swarowsky von der US-Militärregierung das schon erwähnte Arbeitsverbot ausgesprochen.[431] Swarowsky wurden von den Alliierten vor allem seine Tätigkeit in der „Reichsstelle für Musikbearbeitungen" und als Chefdirigent der Philharmonie des Generalgouvernements sowie seine engen Kontakte zu Nazi-Größen wie Hans Frank vorgeworfen. Die US-Amerikaner setzten Swarowsky auf die „Schwarze Liste". Der Dirigent wandte sich daraufhin verzweifelt an seinen Sohn um Hilfe gegen diese seiner Ansicht nach ungerechte

---

427 [– so die korrekten damaligen Bezeichnungen – Hg.]
428 Goetz, Ministerium für Inneres, Stuttgart, 7.1.1996, Allgemeine Korrespondenz, Orff-Zentrum München. [In einem Schreiben des Ministers an die Landesverwaltung für Kultus, Erziehung und Kunst in Württemberg vom 31.8.1945 ist neben der Monatsgage von 1.000,- RM weiter festgehalten, dass die vertraglichen Verpflichtungen am 1. September beginnen sollen. (Kopie in NIHS) – Hg.]
429 Vgl. das Gespräch von Erika Horvath mit Anton Swarowsky, Paris, 4.10.2002.
430 Hans Swarowsky an Strauss, 10.5.1942, NIHS.
431 [Laut einem internen Schreiben an das Kultministerium vom 28.2.1946 wurde „nach einer aus Bad Homburg eingegangenen Weisung", die Anfang Dezember mitgeteilt worden war, „ein Dirigierverbot bis auf weiteres ausgesprochen". Swarowsky „hat meines Wissens gegen diese Verfügung Einspruch erhoben. Das aus Bad Orb zu erwartende abschließende Ergebnis steht noch aus. Die Bezüge wurden ab 16. Dezember 1945 gesperrt." (Kopie in NIHS) – Hg.]

Behandlung. Swarowsky musste sich im Dezember 1945 in Bad Orb einer intensiven Untersuchung des dortigen „Screening Centers" stellen. In den Screening Centers in Bad Orb und Bad Homburg wurden deutsche Bewerber untersucht, die sich um eine Lizenz zur Führung eines Theaters, eines Verlages oder einer Zeitung bemühten. Neben dem Ausfüllen von Fragebögen mussten sich die Betroffenen auch Intelligenztests und Persönlichkeitsanalysen unterziehen. Oliver Rathkolb konnte nach mehrjährigem Bemühen einige der in der Oskar Diethelm Library in New York City unter Verschluss liegenden Akten des Screening-Centers von Bad Orb auffinden. Unter diesen Aufzeichnungen befand sich auch die abschließende politische und psychologische Beurteilung der US-Militärpsychologen zu Hans Swarowsky. Dieses Dokument ist sehr interessant, da es einige Unklarheiten zu Swarowskys Biographie während der NS-Herrschaft beseitigt.[432]

In Bezug auf seine politische Einstellung betonte Swarowsky, dass er nie Mitglied der NSDAP gewesen wäre, sondern nur von 1933 bis 1940 der Reichstheaterkammer angehört hätte. Die Reichstheaterkammer war eine Pflichtorganisation für alle Theaterschaffenden während des „Dritten Reiches". Es ist erstaunlich, dass Swarowsky als Dirigent nicht Mitglied der Reichsmusikkammer war. Im Bundesarchiv Berlin, in dem ein Großteil der Personalakten der NS-Reichskulturkammer erhalten geblieben ist, gibt es leider keinen Personalakt zu Swarowsky. Swarowsky nannte gegenüber den US-Militärpsychologen nur seine Anwärterschaft für die Kommunistische Partei vor 1933.

Auf die Frage, warum er nach seinem Vertragsende in Zürich nicht in die USA emigriert sei, antwortete Swarowsky, er habe nicht das nötige Einreisevisum bekommen. Außerdem gab er zu, sich durch Vermittlung von Richard Strauss und Clemens Krauss eine gute Position in Deutschland erhofft zu haben. Diese Stellung fand er in der „Reichsstelle für Musikbearbeitungen", der er als freier Mitarbeiter angehörte. In derselben Zeit gab er in Salzburg Dirigierkurse für das „Deutsche Musikinstitut für Ausländer". 1943 habe Swarowsky seine Position in der „Reichsstelle für Musikbearbeitungen" als freier Mitarbeiter auf Druck von Dr. Drewes aufgeben müssen, da dieser ihn sonst an die Gestapo verraten hätte, wie Swarowsky behauptete.

Seit einem Vorfall während seines Engagements in Stuttgart vor 1933, der der Gestapo bekannt war, befand sich Swarowsky nach der „Machtergreifung" Hitlers immer in Gefahr. Swarowsky war nach 1933 von ehemaligen Stuttgarter Kollegen als Kommunist denunziert worden. Außerdem konnte er seine „halbjüdische" Abstammung nur durch gefälschte Papiere verbergen. Auch eine Mitgliedschaft in der österreichischen NSDAP hatte Swarowsky fälschlicherweise immer wieder bei NSDAP-Dienststellen behauptet.[433]

---

432 Abschlussbericht (Anm. 329). Vgl. auch den Beitrag von Oliver Rathkolb im vorliegenden Band.
433 In einem Schreiben vom 24.11.1945 teilte Swarowsky dem Stuttgarter Generalintendanten Kehm einige diesem „schon bekannte Zusammenhänge" nochmals (unter Angabe von Zeugen) schriftlich mit. Siehe die Wiedergabe dieses Briefs oben im Abschnitt „2. Berlin".

Zu den hochrangigen Nationalsozialisten, die Swarowsky während dieser Jahre unterstützten, zählte er Dr. Goetze, den Leiter der Auslandssektion der Theaterabteilung des Propagandaministeriums; Dr. Scherler, Ministerialrat im Propagandaministerium, und den SS-Offizier und Musikagenten Rudolf Vedder.

In Dr. Scherler dürfte Swarowsky ab Frühjahr 1942 einen Mentor im Propagandaministerium gefunden haben, der sich auch für den beim NS-Regime immer mehr in Ungnade gefallenen Richard Strauss stark machen wollte, wie Swarowsky Strauss in einem Schreiben vom Mai 1942 erklärte:

> Herr Scherler ist mein neuer, warmer Freund und ich hoffe, daß er die Versöhnung mit Tietjen herbeiführen wird. Auch Sie haben in ihm nun einen Mann bei Minister Goebbels, der sich vorgenommen hat, all das restlos zu tilgen, was Ihnen an musikhistorischem Unrecht geschehen ist. Er hat mich gebeten, ihn privat in allen musikalischen Belangen zu informieren (da er ja doch vom Schauspiel kommt) – und daran hat er recht getan.[434]

Dr. Goetze habe ihm dazu verholfen, als Gastdirigent in Budapest, Klausenburg, Florenz und Sofia aufzutreten. Diese Konzerttätigkeit ging ausschließlich auf das Engagement von Goetze zurück und wurde nicht vom Propagandaministerium angeordnet. Nur ein einziges Mal wurde er offiziell vom Propagandaministerium als Ersatzdirigent nach Barcelona entsandt. Seine Chefdirigentenposition in Krakau habe Swarowsky ausschließlich durch die Vermittlung von Clemens Krauss bekommen.

In seiner antinationalsozialistischen Haltung und hinsichtlich seiner Spionagetätigkeit für den britischen Konsul in Zürich stellte der US-Militärpsychologe Dr. Levy einige Widersprüche fest:

> Though against the Nazis, he always tried to make a living with their help. It may be correct that he had trouble with the Gestapo and that he was often forbidden to conduct an orchestra. He admitted that he made intrigues with Nazis against other Nazis. He described all his Nazi friends as really anti-Nazi in their activities and considered them as valuable on behalf of German music, which otherwise would have perished. His political orientation is consistently aristocratic and monarchistic. He regarded the Habsburg monarchy in Austria ideal. On political attitude tests, he classified as nationalist.[435]

Seine psychologischen Charakterzüge wurden als „energetic, socially facile, shrewd, egocentric, individual, rather voluble and discursive" charakterisiert.[436] Die Gründe für

---

434 Swarowsky an Strauss, 10.5.1942, NIHS.
435 Abschlussbericht (Anm. 329), S. 3.
436 Ebd.

Swarowskys Charaktereigenschaften lagen in seiner problematischen Kindheit, wie Dr. Levy feststellte:

> His life history is full of episodes related to craftiness and deception. […] He stated that as a child he was a problem because he often told fantastic lies to his comrades, about an aristocratic background and palaces – evidently a psychological reaction to his illegitimate birth. […] Sw-'s childhood history was a good background for the development of cynical attitudes and pleasure-loving behaviour.[437]

Auch gewisse opportunistische Eigenschaften wurden Swarowsky in dieser Beurteilung attestiert, da er nicht davor zurückschreckte, prominente NS-Kontakte zum Vorteil seiner beruflichen Karriere zu nutzen. An Swarowskys grundsätzlicher antinationalsozialistischer Haltung wurde aber nicht gezweifelt.

> His story of utilizing his connections with important Nazis for the purpose, not only of his own existence, but for anti-Nazi activities has not been disproved, regardless of the character study. Sw- made out a bad case for himself in the reports of informants through his own statements, not through their direct knowledge. Only further investigation can reveal the facts we need. If they confirm his story of anti-Nazi activities, he can be accepted as a musical director.[438]

Seine Kontakte zu Widerstandskreisen wurden von den Alliierten im Anschluss an diese Untersuchung überprüft und bestätigt. Swarowsky galt als unbescholten und kam auf die begehrte „Weiße Liste" der US-Besatzungsbehörden:

> <u>Addendum and recommendation</u> / Special investigation in Vienna (Dec. 17–18, '45) revealed in essence that Sw-'s stories of his anti-Nazi activities are true. Political classification: White B. License granted.[439]

Am 11. April 1946 verkündete die *Stuttgarter Zeitung* auf ihrer Titelseite: „Hans Swarowsky darf wieder dirigieren".[440] Als Begründung für die Zulassung Swarowskys als

---

437 Ebd., S. 4f.
438 Ebd., S. 5.
439 Ebd.
440 *Stuttgarter Zeitung*, 11.4.1946. [So erklärt sich wohl auch der Brief von Richard Strauss aus der Schweiz an den Stuttgarter Generalintendanten, in dem es noch am 16.12.1945 heißt: „Ich gratuliere besonders, daß Sie meinen Freund Hans Swarowsky als Generaldirektor gewonnen haben, in dessen Händen ich mein Werk weiterhin in guter Hut weiß. Swarowsky, <u>der als überzeugter AntiNazi schwere Prüfungsjahre durchgemacht u. sich unter schwierigem Zwang stets als aufrechter Deutscher bewährt hat, wovon ich des</u>

Dirigent gab das Blatt an, dass der Künstler nur deshalb so enge Kontakte zu NS-Dienststellen und Persönlichkeiten gehegt hatte, „um seine antinationalsozialistische Einstellung zu verbergen. Während er mit den früheren Nazis freundschaftlich verkehrte, arbeitete er am Sturz der Naziregierung."[441]

Nachdem Swarowsky in Süddeutschland von den Alliierten rehabilitiert war, verließ er Stuttgart und setzte seine Karrierehoffnungen auf seine Heimatstadt Wien, wo er die Chefdirigentenposition der Wiener Symphoniker anstrebte, aber lediglich ein Jahr innehatte.

Voller Optimismus setzte Swarowsky auf die Leitung der Wiener Symphoniker große Hoffnungen.

Die Stadt hat nun die Absicht, diesem zu jeder musikalischen Gelegenheit geschändeten Orchester eine hohe Subvention zu geben. Es will dann unbedingt seinen eigenen Dirigenten haben und nicht wie bisher die Dirne aller sein. Gruder hat es so eingerichtet, daß ich absolut im Vordergrund der Wahl stehe und dem Orchester ist dieser Vorschlag sehr genehm. Sollte ich betraut werden, habe ich den Schlüssel zum ganzen Wiener Musikleben in der Hand, denn die Philharmoniker können nur wenig konzertieren durch ihre Bindung an die Oper.[442]

Am 20. Juni 1946 dirigierte Swarowsky erstmals seit seinem Engagement an der Wiener Volksoper Ende der 20er Jahre wieder in seiner Heimatstadt. Das Konzert wurde zu einem großen Erfolg für ihn und trug ihm die ständige Leitung der Wiener Symphoniker ein. Nach den leidvollen Erfahrungen während der NS-Zeit und dem Zweiten Weltkrieg schien ihm nun eine glanzvolle Karriere bevorzustehen, wie er an seinen Sohn schrieb:

Ich werde also Chef der Symphoniker, Kapellmeister der Oper (großer Erfolg), habe den Zyklus der Konzerte der Gesellschaft der Musikfreunde, bin ständiger Radiodirigent, Professor an der Staatsakademie für Musik (Dirigentenklasse) […], Londoner Grammophonvertrag, Universaledition, Zeitschrift[443], Gastspiele in London und Paris usw.[444]

öfteren mich persönlich überzeugen konnte, gönne ich von Herzen, daß er im schönen lieben Stuttgart endlich wieder eine seiner großen Fähigkeiten würdige Stellung gefunden hat." (Kopie in NIHS) – Hg.]

441 Ebd.

442 Hans Swarowsky an Anton Swarowsky, 13.6.1946, NlAS.

443 – ein gemeinsam mit Alfred Schlee verfolgtes Projekt, siehe den Beitrag „Swarowsky in der Wiener Schule" im vorliegenden Band.

444 Hans Swarowsky an Anton Swarowsky, 25.6.1946, NlAS. [Dementsprechend heißt es in der amtlichen Bescheinigung, ausgestellt vom Kultur- und Volksbildungsstadtrat Viktor Matejka am 15.11.1946, in der auch die Ernennung Swarowkys zum ständigen Dirigenten und künstlerischen Leiter des Orchesters der Wiener Symphoniker und zum Leiter der Kapellmeisterklasse und der Orchesterklasse an der Staatsaka-

In Salzburg fanden bereits drei Monate nach Kriegsende mit Unterstützung der US-Amerikaner Festspiele statt. Aber erst 1946 standen wieder die Wiener Philharmoniker und Ensemblemitglieder der Wiener Staatsoper zur Verfügung. Für die Festspiele von 1946 waren neben Neueinstudierungen von Hofmannsthals *Jedermann* und Goldonis *Der Diener zweier Herren* auf dem Schauspielsektor zwei neue Operninszenierungen geplant, Mozarts *Figaro* und Strauss' *Rosenkavalier*. Außerdem wurde *Don Giovanni* wieder aufgenommen. Bei diesen ersten umfangreichen Nachkriegsfestspielen sollte Herbert von Karajan ursprünglich eine gewichtige Rolle spielen. Baron Puthon, der alte Präsident der Salzburger Festspiele, und Egon Hilbert, der spätere Leiter der Bundestheaterverwaltung, boten Karajan nicht weniger als zwölf Festspielauftritte an. Zwischen Frühjahr und Frühsommer 1946 pendelte Karajan ständig zwischen Wien und Salzburg. In Wien probte er intensiv mit den Sängern und in Salzburg überwachte er die Vorbereitungen für die kommenden Operninszenierungen. In Fragen der Sängerbesetzung stand er dem Festspielkomitee beratend zur Seite. Doch Karajans frühere NSDAP-Mitgliedschaft sollte eine aktive Beteiligung an den Festspielen zunichte machen. Schon im Herbst 1945 war Karajan von den Amerikanern in Salzburg zum ersten Mal verhört worden. Die Befragungen konzentrierten sich auf seine Mitgliedschaft in der NSDAP und seine engeren Beziehungen zu NS-Politikern. Verantwortlich für den Fall Karajan war zuerst der gebürtige Österreicher und US-Kulturoffizier Otto de Pasetti. Karajan konnte in dieser Zeit sein Engagement für seine rassisch verfolgte Frau Anita geltend machen und de Pasetti besänftigen, der meinte, dass Karajan durch „das Aufsichnehmen der damit verbundenen Konsequenzen für seinen Beitritt zur NSDAP Genugtuung geleistet habe."[445] Daraufhin setzten die Wiener Philharmoniker Karajan auf das Programm ihrer Abonnementkonzerte im Januar 1946. Als die Russen davon hörten, protestierten sie lautstark gegen diese Beteiligung Karajans an den Konzerten der Wiener Philharmoniker. Nach längerem Hin und Her erlaubte der sowjetische Zensuroffizier, Hauptmann Epstein, die beiden ersten Dirigate Karajans am 12. und 13. Januar 1946. Über das geplante Konzert am 19. Januar sollte aber nach Ansicht Epsteins neu verhandelt werden. Schließlich verboten die Sowjets dieses Konzert auf rigorose Weise und ließen sogar das Gebäude des Wiener Musikvereins umzäunen.

---

demie festgehalten ist: „Ab Januar 1947 wird Prof. Swarowsky die Neueinstudierung einiger vornehmlich zeitgenössischer Werke an der Wiener Staatsoper durchführen. Für die Universaledition in Wien arbeitet Swarowsky an kritischen Ausgaben klassischer Werke und wird auch der verantwortliche Herausgeber der musikwissenschaftlichen Publikationen dieses Verlages sein. Schliesslich hat Swarowsky erst jetzt Dirigentengastspiele (an der Spitze der ersten Orchester) in Brüssel, Amsterdam, Paris und London abgeschlossen und wird auch mit seinem Orchester Schallplattenaufnahmen für eine der ersten englischen Firmen dirigieren." (NlHS) – Hg.]

445 Osborne, *Herbert von Karajan* (Anm. 11), S. 252.

Im Februar 1946 übertrugen die Alliierten Besatzungsmächte in Wien die Entnazifizierungsverfahren der österreichischen Regierung. Karajan wurde am 15. März 1946 vor eine österreichische Begutachtungskommission zitiert. Den Vorsitz führte Sektionschef Dr. Pernter, ehemaliger Minister des christlichsozialen „Ständestaats" der Zwischenkriegszeit. Karajan wurde zwar von dieser Kommission von dem Vorwurf einer illegalen NS-Tätigkeit zwischen 1933 und 1938 freigesprochen[446], als Dirigent durfte er „aber nicht in leitender Funktion" in Erscheinung treten.[447] Karajans Entnazifizierung zog sich also in die Länge. Hinzu kam noch, dass Dr. Ernst Lothar, der Nachfolger Pasettis, als US-Kulturoffizier eine härtere Haltung gegenüber Karajan einnahm. Lothar wollte nicht glauben, „daß ein so intelligenter Mann völlig ahnungslos über das gewesen sein konnte, was während der Nazi-Zeit rund um ihn vorgegangen war."[448] Im Juni 1946 wurde Karajan die Erlaubnis verweigert, bei den Salzburger Festspielen 1946 zu dirigieren. Aber dieses Verbot enthielt derartig viele Einschränkungen, dass die Festspieldirektion, die Karajan unterstützte, Mittel und Wege fand, es zu unterwandern. So arbeitete Karajan weiter an der Einstudierung von *Figaro* und *Rosenkavalier*, „und zwei bedauernswerte Ersatzmänner", Hans Swarowsky und Felix Prohaska, standen offiziell für ihn im Orchestergraben.[449] Als Lothar von Karajans aktiver Teilnahme bei den Festspielen erfuhr, wurde er wütend und erließ am Tag der *Rosenkavalier*-Premiere eine Weisung an Baron Puthon, die Karajan ausnahmslos untersagte, sich „in irgendeiner Eigenschaft" bei den Festspielen blicken zu lassen.[450] Auch Swarowsky selbst war von diesem Engagement nicht gerade begeistert, wie er seinem Sohn schrieb:

Dann bekam ich das Angebot für den Rosenkavalier, das ich auch leider annahm, besonders weil der amerikanische Controller Dr. Lothar es so wünschte und es als beste Rehabilitierung bezeichnete. Es ist eine mehr oder weniger feststehende Vorstellung mit nicht ganz einwandfreier Besetzung, das Orchester ausgezeichnet.[451]

Gottfried von Einem, damals Mitglied des Salzburger Festspieldirektoriums, erinnerte sich an die kuriose Situation von Karajans Auftrittsverbot bei den Salzburger Festspielen:

Er [Karajan] war Salzburger und es hat sich von selbst verstanden ihn für die Festspiele zu empfehlen. Nun war es am Anfang zunächst nicht möglich und statt zu dirigieren hat

---

446 Ebd., S. 271.
447 Ebd., S. 279.
448 Ebd., S. 281.
449 Vgl. die prägnante Schilderung der Situation in einem Brief von Clemens Krauss an Richard Strauss, 29.11.1946, in: *Richard Strauss – Clemens Krauss. Briefwechsel* (Anm. 47), S. 562.
450 Ebd., S. 283.
451 Hans Swarowsky an Anton Swarowsky, 18.8.1946, NlAS.

er den Souffleur gemacht. Swarowsky hat z.B. den „Rosenkavalier" dirigiert und Karajan saß im Souffleurkasten und hat – wie in Italien üblich – von dort aus dirigiert, die Einsätze gegeben, souffliert – war ganz hübsch![452]

Die dominante Rolle Herbert von Karajans war aber nicht der einzige Faktor, der Swarowskys einmaliges Gastspiel bei den Salzburger Festspielen beeinträchtigte. Swarowsky war während der Proben zum *Rosenkavalier* auch Anfeindungen seitens des Orchesters wegen seines nun bekannt gewordenen antifaschistischen Engagements ausgesetzt.[453] Einige Philharmoniker hielten ihn daher für einen Verräter und flüsterten während der ersten Probe: „Frankmörder! Frankmörder! Frankmörder!"[454] Angeblich hatte Swarowsky gegen Kriegsende den Alliierten das geheime Versteck seines ehemaligen Dienstherrn und gesuchten Kriegsverbrechers, Hans Frank, verraten. Diese Vorgänge scheinen plausibel zu sein, da 1945 40 % des Orchesters NSDAP-Mitglieder waren und die Entnazifizierungsmaßnahmen in diesem Klangkörper nur schleppend vorangingen. Die Wiener Philharmoniker als prominentestes österreichisches Orchester standen von Anfang an, unterstützt von der sowjetischen Besatzungsmacht, „außerhalb aller Entnazifizierungsnormen."[455]

So war auch noch ein Jahr nach Kriegsende die künstlerische Tätigkeit Swarowskys von den Nachwirkungen der unheilvollen NS-Diktatur überschattet. Nach 1946 war aber seine Karriere als Dirigentenlehrer und international gefragter Kapellmeister nicht mehr aufzuhalten.

---

452 Thomas Eickhoff, Interview mit Gottfried von Einem, 23. Januar 1993, in: Thomas Eickhoff, *Politische Dimensionen einer Komponistenbiographie im 20. Jahrhundert – Gottfried von Einem*, Stuttgart 1998 (Beihefte zum AfMw 43), S. 322. Siehe auch Gisela Prossnitz (Hg.), *Die Salzburger Festspiele 1945–1960. Eine Chronik in Daten und Bildern*, Salzburg/Wien 2007, Bd. 1, S. 23.
453 [In einem Brief an Fred K. Prieberg, in dem Swarowsky über seine Zeit in Krakau berichtet und eine differenzierte Einschätzung der Person Franks vornimmt, erwähnt er u.a., „dass das bekanntwerden meiner tätigkeit im widerstand (durch eine amerikanische generals-veröffentlichung) mir mehr geschadet hat als mein bis dahin fälschlich angenommenes nazitum." Swarowsky an Prieberg, 16.3.1964, Privatsammlung Fred K. Prieberg. Bei dem amerikanischen General handelt es sich um Mark W. Clark, den amerikanischen Hochkommissar in Österreich – Hg.]
454 Zubin Mehta im Gespräch mit Erika Horvath, Otto Karner und Manfred Huss, Wien, 11.3.2003.
455 Oliver Rathkolb, „... für die Kunst gelebt", in: Anton Pelinka/Erika Weinzierl (Hg.), *Das große Tabu. Österreichs Umgang mit seiner Vergangenheit*, Wien ²1997, S. 60–84: 65.

Joana Wnuk-Nazarowa

SWAROWSKYS TÄTIGKEIT IN KRAKAU AUS POLNISCHER SICHT

In meinem Besitz befinden sich Diplome von Swarowskys Dirigentenmeisterkursen im Rahmen des Carinthischen Sommers. Ich habe zwei solche Kurse abgeschlossen, einen für Klassische Musik und einen für Romantische Musik in den Jahren 1971 und 1972. Auf den Diplomen stehen auch ein paar nette Worte von Swarowsky selbst, was ich besonders schön finde, er hat mich als Dirigentin bewertet und sehr gelobt – für mich ist das ein echter Schatz. Leider habe ich keine große Karriere als Dirigentin gemacht, aber ich habe doch ständig viel mit Musik zu tun und habe viel für die Musik in Krakau getan. In den Jahren 1991–1997 war ich Generaldirektorin der Krakauer Philharmonie, in den Jahren 1997–1999 habe ich das Amt der Kulturministerin in Polen bekleidet und seit 2000 bin ich als General- und Programmdirektorin des Nationalen Symphonieorchesters des Polnischen Rundfunks in Katowice tätig.

Wenn man heute über die unbekannte Tätigkeit Swarowskys in Krakau in der Besatzungszeit spricht, scheinen einige erklärende Worte nötig zu sein, um die Atmosphäre und die Umstände dieser Jahre zu beleuchten. Krakau war die Hauptstadt des Generalgouvernements, das heißt, 1939 wurden diese Gebiete zum Deutschen Reich geschlagen und die östlichen Teile zur Sowjetunion. Aus Zentralpolen und Kleinpolen, welches im 19. Jahrhundert österreichisch gewesen war, wurde das Generalgouvernement geschaffen. Hans Frank, der Generalgouverneur, wohnte auf Schloss Wawel.

Die ersten Wochen waren besonders tragisch, zum Beispiel wurden alle Professoren aus der Jagiellonen-Universität (Uniwersytet Jagielloński) in Krakau, gegründet im 14. Jahrhundert, ins Konzentrationslager Sachsenhausen geschickt, fast alle sind dort ums Leben gekommen. Trotzdem beschloss der Generalgouverneur Frank, ein Philharmonisches Orchester zu schaffen. Das ist für Krakauer heute absolut unvorstellbar, dass es hier vor dem Krieg nur ein Halbamateur-Orchester gab, jedoch keine ständige Philharmonie. Natürlich sagte man während der Zeit des Sozialismus immer, dass die Krakauer Philharmonie im Jahre 1945 gegründet wurde, die Periode zwischen 1940 und 1945 wurde niemals erwähnt, in keiner Enzyklopädie, in keinen Materialien über polnische Musik war sie zu finden. Jetzt herrscht natürlich eine ganz andere Atmosphäre, wir gehen nicht schweigend über historisch unbequeme Fakten hinweg.

Das einzige Buch zum Thema stammt von Stanisław Lachowicz, *Die Musik im besetzten Krakau 1939–1945*[1], es kann uns sicher interessante Aufschlüsse liefern. Aber ich möchte hier vor allem berichten, was mir Hans Swarowsky persönlich in Ossiach erzählt hat. Wir haben dort oft viele Stunden miteinander gesprochen.

Zunächst die Fakten: Frank hat im Jahre 1940 den Münchner Dirigenten Hanns Rohr nach Krakau eingeladen. Dieser stellte ein Orchester aus Musikern nicht nur aus Krakau zusammen. In Warschau gab es kein Symphonieorchester mehr, und so kamen die besten Musiker aus der Nationalphilharmonie, dem Opern- und dem Rundfunkorchester Warschau nach Krakau, man soll aber auch ortsansässige Musiker und Ausländer nicht außer Acht lassen.

Also all diese Musiker aus Orten[2], die vor dem Krieg kulturelle Zentren Polens gewesen waren, kamen damals in Krakau zusammen. Nach Anhörung einer Probe für ein Konzert dieses Orchesters erklärte Frank, es sei so gut, dass man daraus eine „Philharmonie" bilden könne. Erster Dirigent dieses Orchesters wurde Hanns Rohr, zweiter Rudolf Erb (ebenfalls aus München), und später kam der Bruder von Paul Hindemith, Rudolf Hindemith, ein bekannter Cellist und Dirigent. Nachdem Rudolf Hindemith die Position krankheitshalber aufgeben musste, wurde Hans Swarowsky, der schon vorher elf Konzerte als Gastdirigent geleitet hatte, zum Generalmusikdirektor ernannt. Die Funktion wurde deshalb „Generalmusikdirektor" genannt, weil außer dem Orchester auch ein ständiger Chor geschaffen wurde und neben den Konzerten Opernaufführungen stattfanden.

Für die polnischen Musiker war das alles von großer Bedeutung. Natürlich war das ein Orchester, das sehr „billig" kam, denn seine Mitglieder verdienten nur wenig, sie erhielten vor allem Lebensmittelkarten, in dieser düsteren Zeit ein Schatz.[3]

Es handelte sich um junge, gesunde Menschen, die normalerweise zum Arbeiten nach Deutschland geschickt oder in Polen zu viel schwererer physischer, destruktiver Arbeit zwangsverpflichtet worden wären. Aber immer, wenn jemand kam und dem Direktor Hindemith oder später Swarowsky befahl, einige Personen zu körperlicher Tätigkeit abzustellen, haben die „nein" gesagt, und erklärt, „das würde die Arbeit unseres phantastischen Orchesters, der Philharmonie, stören." Es stimmte ja, dass die Philharmonie Franks Augapfel war, der mit aller Kraft ein Spitzenorchester anstrebte und vorhatte, keine Geringeren als Karajan und Furtwängler als Gastdirigenten einzuladen[4], was sich damals leider als unmöglich erwies.

---
1 *Muzyka w okupowanym Krakowie. Die Musik im besetzten Krakau 1939–1945*, Krakau 1988 (Cracoviana Ludzie i wydarzenia Seria 2).
2 [evtl. auch aus Posen – Hg.]
3 [In Swarowskys Nachlass hat sich eine Aufstellung der Möbel erhalten, die Swarowsky für seine Musiker besorgte – siehe Abb. 2 am Ende dieses Beitrags – Hg.]
4 [Auch Richard Strauss sollte kommen – Hg.]

Ich kann nun eindeutig sagen, dass Swarowsky vielen Musikern geholfen hat, er hat ihnen nicht nur echte Arbeit gegeben, sondern auch bei Bedarf falsche Ausweise ausgestellt, die bescheinigten, dass sie als Choristen angestellt seien. Im Chor gab es 120 Personen; gegen 70 haben tatsächlich gesungen. Leute mit solchen Ausweisen durften zum Beispiel nach der Polizeistunde ausgehen, und manche konnten auf diese Weise bei den Partisanen mitmachen. Sie brauchten nur zu erklären: Ich bin Chorist und komme von der Probe mit der Krakauer Philharmonie, ich wohne auf dem Dorf usw.

Darunter waren auch etliche mittelmäßige Musiker, die für die Konzerte nicht zu gebrauchen waren, sie besuchten eben nur die Proben. Swarowsky bat sie inständig, nicht auch während des Konzerts zu spielen. Insgesamt waren es 80 aktive Musiker, dazu 20, die durch ihre pantomimische Mitwirkung eine Arbeit hatten, während sie wegen ihres schwachen Gesundheitszustandes für schwere physische Arbeit nicht geeignet waren.

Und eine weitere sehr wichtige Sache: Im Orchester gab es einige jüdische Musiker, von denen auch alle wussten, dass es Juden sind. Einmal ist jemand von der Gestapo gekommen, um sie ins Konzentrationslager Plaszow zu bringen. Das war ein kleines Lager, von dem aus regelmäßig Leute nach Auschwitz gebracht wurden. Doch Swarowsky zögerte nicht, auf das Schloss Wawel zu Frank zu gehen und kategorisch zu erklären: Ohne diese Juden können wir nicht spielen, weil Leute immerhin für die 1. Klarinette oder 2. Flöte sonst nicht aufzutreiben sind; deutsche Musiker haben keine Lust, hier zu leben – vergessen wir nicht, das war Krakau 1944/45 –, und polnische Musiker sind alle irgendwo in Lagern usw. Mit einem Wort – ohne diese Leute kann unser Orchester nicht existieren. Swarowsky wusste sehr gut, dass für Frank das Orchester so wichtig war, dass er die Gestapo überzeugte, die Juden müssten im Orchester bleiben. Und so hat Swarowsky auch ein paar Leute vor dem Tode gerettet.

Drei der Musiker leben noch[5] in Krakau: Leszek Izmaiłow, der damals zweite Geige spielte, Elżbieta Wysocka, erste Geige, und der Geiger Henryk Olejniczak, viele Jahre später Inspektor der Krakauer Philharmonie. Izmaiłow war später Konzertmeister. Ich habe mit ihnen und auch noch anderen gesprochen; vor vielen Jahren hatte ich die Möglichkeit, Józef Stojko zu treffen und mich mit ihm zu unterhalten – Professor an der Krakauer Musikakademie, hervorragender Paukist. (Swarowsky wollte ihn herzlich grüßen lassen.) Stojko, als er unter Swarowskys Leitung spielte, war (1944) 35 Jahre alt und schon ein erfahrener Musiker. Ich habe ihn im Jahr 1968 kennengelernt, als er ordentlicher Professor an der Musikhochschule in Krakau und dann auch einer meiner Lehrer war. Leon Solecki, der Schwiegervater von Krzysztof Penderecki, dem berühmten polnischen Komponisten, war Cellist im Orchester und hat mir ebenfalls viel erzählt.

---

5 [– zur Zeit des Referats. – Hg.]

Rudolf Hindemith war gewiss auch ein außergewöhnlicher Künstler, aber alle diese Musiker sagten mir, dass Swarowsky ein ausgezeichneter Kapellmeister war und nicht nur ein großer Musiker, sondern auch ein Mensch, der zudem über ein technisches Können wie niemals nach dem Kriege ein anderer verfügte. Die Krakauer Philharmonie hat später doch unter vielen bekannten Dirigenten wie Kletzki, Skrowaczewski oder Zecchi gespielt, aber alle haben behauptet, dass gerade Swarowsky der größte Dirigent war, der mit diesem Orchester gearbeitet hat. Natürlich war er auch vor allem Mensch von Format und viele Informationen hielt er geheim. Die Polen meinten, er hätte von den Aktionen des Untergrunds, des Widerstands keine Ahnung gehabt, aber er wusste sehr wohl davon, er selbst hat mir viel davon erzählt und es genau beschrieben. Manche hatten damals auch Angst vor Swarowsky, aber er war ein guter Mensch und hat all dieses verbotene Wissen natürlich für sich behalten.

In den mir vorliegenden Dokumenten[6] kann man sehen, wie sich das Musikleben unter der Leitung von Swarowsky in Krakau entwickelte. In Ziffern zum Beispiel: Diese Saison mit Swarowsky von September 1944 bis in die ersten Tage des Jänner 1945 war sehr kurz – die Russen sind schon am 18. Januar gekommen, Frank war am 17. Januar bereits weg und das allerletzte Konzert fand am 16.1.1945 statt[7].

In die Saison 1943/44 – Swarowsky als Gast, Rudolf Hindemith als Chefdirigent – fallen neun Abonnement-Konzerte, zwei populäre, zwölf außerordentliche, 16 Serenaden, ein Konzert für die Arbeiter der Elektrizitätswerke, zwölf Konzerte für Polen. Es gab Konzerte getrennt für Deutsche und für Polen, für Deutsche in deutscher Sprache, für Polen in polnischer Sprache. Zu einem Konzert in polnischer Sprache durften nur Polen kommen, zu einem in deutscher Sprache ausschließlich Deutsche. Auch waren die Solisten in den deutschen Konzerten meistens Deutsche, Polen in den polnischen. Nur eine Person im Orchester war deutscher Nationalität, das war Konzertmeister Fritz Sonnleitner[8], der aber leider im Herbst 1944 zur Wehrmacht einberufen wurde. – Das sind insgesamt 57 Konzerte über das ganze Jahr, davon 34 unter Swarowskys Leitung; allein in den letzten drei Monaten 1944 elf Abonnementkonzerte – früher neun über das ganze Jahr.

Wichtig ist auch, dass in diesem Orchester später berühmte polnische Musiker spielten, wie zum Beispiel Witold Rowicki[9], der dann über 20 Jahre Generalmusikdirektor in Warschau war; aber auch viele bekannte Professoren wie die Cellisten Zofia Adamska

---

6 [Einige Programmzettel haben sich in NIHS erhalten. – Hg.]
7 [Beethoven, IX. Symphonie – Hg.]
8 [1920–1984; seit 1950 Konzertmeister der Münchener Philharmoniker, seit 1958 Primarius des Sonnleitner-Quartetts in München – Hg.]
9 1914–1989, 1945 Chef der Musikabteilung des polnischen Rundfunks Katowice und Gründer des Polnischen Radioorchesters, 1950 Gründer der Nationalphilharmonie in Warschau und deren musikalischer Direktor bis 1955 sowie 1958–77; 1983–85 Chefdirigent der Bamberger Symphoniker.

aus Warschau[10], Józef Mikulski aus Krakau[11], Dezyderiusz Danczowski[12], der Großvater der berühmten Geigerin Kaja Danczowska, aber auch der spätere Konzertmeister des Nationalen Symphonieorchesters des Polnischen Rundfunks in Katowice Władysław Wochniak – man könnte hier noch viele nennen.

Sehr bemerkenswert ist Swarowskys Haltung gegenüber der polnischen Musik. Man muss wissen, dass es in Polen während der Okkupationszeit streng verboten war, Chopin, Moniuszko oder überhaupt polnische Komponisten zu spielen. Darauf stand schwere Strafe; wenn zum Beispiel ein SS-Mann auf der Straße ging und hörte, dass jemand im ersten Stock auf dem Klavier Chopin spielte, bestand die reale Gefahr, dass er ins KZ geschickt wurde. Das erste Mal wurde Chopins f-Moll-Konzert unter Rudolf Hindemith aufgeführt, und als Hans Swarowsky seine Arbeit aufgenommen hatte, brachte er die gleiche Haltung und Einstellung mit.

Über die Saison unter seinem Vorgänger äußerte sich Swarowsky unter der Überschrift „Chef Rudolf Hindemith" (Krakau, 21. Juli 1944), was ich hier wörtlich zitieren darf: „Wir müssen das dankbar sagen: Das polnische Publikum hat die Musik direkt von diesen wichtigsten und besten polnischen Komponisten bekommen. Die Werke von einigen dieser Komponisten, Chopin, Moniuszko[13], Noskowski[14], Karłowicz[15], Żelenski[16], Różycki[17] – das hatte einen wichtigen Platz im Repertoire der vorigen Saison." Das ist aus einer deutschsprachigen Zeitung, Swarowsky hat das demnach offiziell gesagt und gelobt und natürlich auch in der nächsten Saison polnische Musik spielen lassen. Wahrscheinlich, ja bestimmt Chopin mehrfach, wahrscheinlich auch Moniuszko und Noskowski, einmal Karłowicz, ein junger polnischer Komponist – der leider Anfang des 20. Jahrhunderts im Tatra-Gebirge starb –, sehr begabt und berühmt, eine Hoffnung der polnischen Musik, wirklich ein weltberühmter Komponist. Das ist für mich besonders wichtig, denn es zeigt, dass sich Swarowsky mit polnischer Musik auseinandersetzte und darin orientierte, und dass er über die Musik alles wusste, was gut und nicht gut ist, und die beste Musik ausgewählt und aufgeführt hat.

Leider gibt es von einem musikalischen Ereignis nur Plakate – und die werden heute nicht gerne hergezeigt, weil sie nur Programmnummern mit Wagnerscher Musik verzeichnen. Denn so war und so lautete dann das sozialistische Credo in der Orchester-Chronik: Man brauchte nur zu wissen, dass während des Kriegs alles einfach

---

10 1903–1988.
11 ?–4.4.1972.
12 16.3.1891–25.8.1950.
13 Stanisław Moniuszko Herb Krzywda, 5.5.1819 Ubiel bei Minsk–4.6.1872 Warschau (Kongresspolen).
14 Zygmund Noskowski, 2.5.1846 Warschau–23.7.1909 ebenda.
15 Mieczysław Karłowicz, 11.12.1876 Wiszniewo–8.2.1909 in den Bergen der Hohen Tatra.
16 Władysław Żeleński, 6.7.1837 Grodkowice–23.1.1921 Krakau.
17 Ludomir Różycki, 18.9.1883 Warszawa–1.1.1953 Katowice.

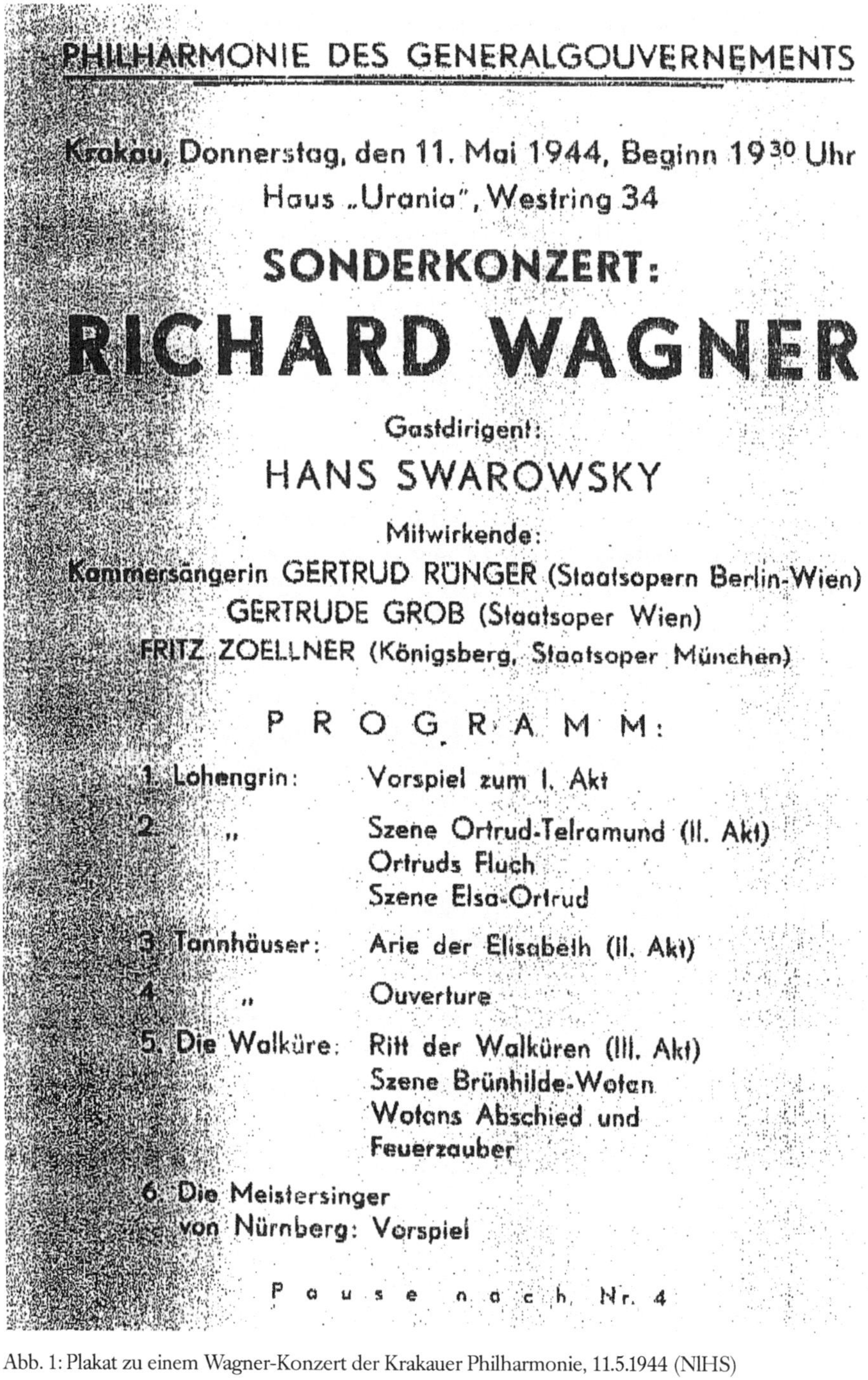

PHILHARMONIE DES GENERALGOUVERNEMENTS

Krakau, Donnerstag, den 11. Mai 1944, Beginn 19³⁰ Uhr
Haus „Urania", Westring 34

SONDERKONZERT:
RICHARD WAGNER

Gastdirigent:
HANS SWAROWSKY

Mitwirkende:
Kammersängerin GERTRUD RÜNGER (Staatsopern Berlin-Wien)
GERTRUDE GROB (Staatsoper Wien)
FRITZ ZOELLNER (Königsberg, Staatsoper München)

P R O G R A M M:

1. Lohengrin: Vorspiel zum I. Akt
2.   „   Szene Ortrud-Telramund (II. Akt)
                Ortruds Fluch
                Szene Elsa-Ortrud
3. Tannhäuser: Arie der Elisabeth (II. Akt)
4.   „   Ouverture
5. Die Walküre: Ritt der Walküren (III. Akt)
                Szene Brünhilde-Wotan
                Wotans Abschied und
                Feuerzauber
6. Die Meistersinger
   von Nürnberg: Vorspiel

P a u s e   n a c h   Nr. 4

Abb. 1: Plakat zu einem Wagner-Konzert der Krakauer Philharmonie, 11.5.1944 (NIHS)

schrecklich war und dass das Musikleben nur aus Propaganda mit Wagnerkonzerten bestand.

Hier also das Plakat zu einem Sonderkonzert: Musik Richard Wagner, Gastdirigent Hans Swarowsky. Mitwirkende: Sänger und Sängerinnen der Staatsopern Berlin und München: Gertrud Rünger von der Berliner Staatsoper, Gertrude Grob-Prandl, damals an der Wiener Staatsoper, Fritz Zöllner (Königsberg und Staatsoper München); auf dem Programm unter anderem Vorspiel zum 1. Akt und Szenen aus *Lohengrin*, Stücke aus *Die Walküre* und das Vorspiel zu den *Meistersingern*. Fest steht aber, dass Swarowskys Konzerte normalerweise klassische Musik von Haydn und Mozart boten und er etwa auch Glucks *Orfeo ed Euridice* (als konzertante Oper) aufgeführt hat.

Schließen möchte ich mit einer Geschichte, die Swarowsky mir selbst erzählt hat. Als alle Notenmaterialien und Instrumente schon verpackt waren – alle Deutschen mussten ja aus Krakau abreisen –, wollte Swarowsky einen letzten Kontrollblick auf die Notenmaterialien werfen. Er ging durch den Korridor, wo die Kisten standen, um sie zu begutachten: Sie waren so gepackt, dass obenauf z. B. eine Stimme der ersten Geige lag, darunter lauter alte Zeitungen, und ebenso ging es mit allen Koffern. Emil Reindl war damals Bibliothekar und Swarowsky war mit ihm sehr befreundet. Natürlich hat Reindl dem Swarowsky kein Wort gesagt, und Swarowsky tat so, als ob er nichts bemerkt hätte. Als er mir davon in Ossiach erzählt hat, meinte er: „Nun, die Krakauer Philharmonie konnte schon im Januar als Polnische Philharmonie ihre neue Saison mit allen ihren Noten beginnen, mit komplettem Orchestermaterial für die Werke von Beethoven, Brahms, Bruckner, Mahler usw. usf. Die Noten waren alle mit diesem „schwarzen Adler", dem Stempel der Nazis, versehen, bei uns in Polen sagte man nicht Adler dazu, sondern umgangssprachlich „Gapa" (verächtliche Bezeichnung für Krähe): dieser Nazi-Gapa.[18] Und die Philharmonie spielte noch aus diesen Noten, als ich dort Direktorin war. Was Swarowsky vielleicht nicht wusste, war, dass nicht nur das Notenmaterial nicht nach Deutschland gesandt wurde, sondern auch alle Instrumente, darunter acht schöne Kontrabässe aus Wien, die stattdessen in einem Möbelmagazin untergestellt wurden. Bis jetzt spielen die Krakauer Kontrabassisten auf diesen Instrumenten.[19]

---

18 [Von den Programmzetteln der regulären Konzerte ließ Swarowsky das Hoheitszeichen entfernen – Hg.]
19 [Wie Swarowsky mit Genugtuung seinem Sohn berichtet, hat die Österreichisch-Polnische Gesellschaft für ihr Inaugurationskonzert 1946 in Wien ihn „in Anerkennung [s]eines Verhaltens in Krakau von dort aus angeregt [...] zum Dirigenten gewählt" (18.6.1946 an Anton Swarowsky, NlAS). – Hg.]

Möbel - Liste

Liste der Möbel, die werden duplg. de poln. Philharmonie verkauft habe.

1. Borkowski Tadeusz — 1 Zimmer u. Küche
2. Bruczkowski Eustachy — 1 Bett u. Schrank
3. Ciechanski Adam — 2 Zimmer u. Küche
4. Cieslewicz Machał — 1 Zimmer u. Küche
5. Czarnecki Władysław — 1 Zimmer u. Küche
6. Czerniatynski Leon — 1 Zimmer
7. Czubacka Helena — 1 Zimmer u. Küche
8. Danczowski Dezyderiusz — 2 Zimmer u. Küche
9. Karwat Josef — 1 Zimmer u. Küche
10. Keller Teofil — 1 Zimmer u. Küche
11. Kielczyk Zygmunt — 1 Zimmer u. Küche
12. Kosieradzki Maksymilian — 1 Zimmer u. Küche
13. Kutrzebski Mikołaj — 2 Zimmer u. Küche
14. Kwasnik Ludwik — 1 Zimmer u. Küche
15. Laszczyk Franz — 1 Schrank, Tisch u. Stühle
16. Leszczyk Bronisław — 1 Zimmer u. Küche
17. Łabus Leopold — 1 Zimmer u. Küche
18. Marczynski Zdzisław — 1 Zimmer u. Küche
19. Michalak Anton — 1 Zimmer u. Küche
20. Mikołajczyk Wacław — 1 Zimmer u. Küche
21. Niewiarowicz Piotr — 1 Zimmer u. Küche
22. Niemczyk Wacław — 2 Zimmer u. Küche
23. Orłow Bazyli — 1 Zimmer u. Küche
24. Orzeł Ignac — 1 Zimmer u. Küche
25. Pacholski Jan — 1 Schrank, 1 Bett u. Einrichtung der Küche

26. Rachoń Stefan   1 Zimmer u. Küche
27. Rakowski Jan   2 Bette
28. Kostkowska Helena   1 Zimmer u. Küche
29. Rudnicki Tobil   1 Zimmer u. Küche
30. Sawczenko Aleksander   1 Zimmer u. Küche
31. Smyk Wojciech   1 Bettt
32. Sobczynski Wiktor   1 Zimmer u. Küche
33. Soja Zbigniew   1 Zimmer u. Küche
34. Szubra Bolesław   1 Zimmer u. Küche
35. Szuksztel Władysław   1 Zimmer u. Küche
36. Szyport Josef   1 Zimmer u. Küche
37. Walczak Aleksander   1 Zimmer u. Küche
38. Wilhelm Tadeusz   1 Zimmer u. Küche
39. Zerzycki Henryk   1 Zimmer
40. Ziemski Tadeusz   1 Zimmer u. Küche
41. Stepniak Tadeusz   1 Zimmer u. Küche
42. Stojko Josef   1 Bett, 1 Schrank, 1 Tisch, u. 2 Stühl
43. Syryłło Stefan   2 Zimmer u. Küche
44. Krzeminski Tadeusz   1 Zimmer
45. Toboła Jan   1 Zimmer

Abb. 2: Liste der Möbel, die Swarowsky den Mitgliedern der „polnischen Philharmonie" verschafft hat (NIHS)

Oliver Rathkolb

HANS SWAROWSKY

Versuch einer biografisch-politischen Spurensuche

Im Zuge einer umfangreichen Recherche über den Entnazifizierungsprozess von Carl Orff habe ich in einer New Yorker Bibliothek[1] einen bisher unbekannten Bestand gefunden, der von US-amerikanischen Offizieren angelegt wurde, die im Rahmen sogenannter Screening Centers nach dem Krieg in Deutschland versucht haben, die neue deutsche Nachkriegselite mittels psychologischer Methoden zu analysieren.[2] Diese Wiederaufbau-Elite sollte überdies auf ihre politische Vergangenheit hin untersucht und auf ihre psychologische Eignung hin befragt werden. Aus diesem Grund wurde ein sehr intensiver und atypischer Prozess in diesen von ausgebildeten Psychologen geleiteten Screening Centers[3] durchgeführt, ein Prozess, dem sich auch Hans Swarowsky unterwarf.

Bei allen Bewertungen von Swarowskys Verhalten in der NS-Zeit wird deutlich, dass er gerade da wieder mit seiner „ledigen Herkunft" konfrontiert wurde. Der Hintergrund, der allgegenwärtige NS-Rassismus, wirkte sich aber massiv existenzbedrohend aus, da jeder reichsdeutsche Staatsbürger, auch jeder Musiker und jede Musikerin, die „arische Abstammung" nachweisen musste – so auch Swarowsky, der eigentlich als „Halbjude" vom NS-Regime stigmatisiert war. Nach den unmenschlichen Kriterien des NS-Regimes wäre er ähnlich einzustufen gewesen wie der Dirigent Josef Krips[4] und hätte von einer öffentlichen Tätigkeit ausgeschlossen werden müssen, wenn er nicht offiziell als Mitglied der Reichsmusikkammer akzeptiert worden wäre.[5] Swarowsky gelang es (auch aufgrund seiner Reisen in Deutschland und dem langen Aufenthalt in Zürich) erst

---

[1] David Levy papers in der Oskar Diethelm Library, DeWitt Wallace Institute for the History of Psychiatry, Weill Cornell Medical College. Vgl. dazu auch http://www.bbk.ac.uk/thepursuitofthenazimind/Cornell.php (2.8.2021) mit weiterführenden Hinweisen.

[2] Caspar von Schrenck-Notzing, *Charakterwäsche. Die Politik der amerikanischen Umerziehung in Deutschland*, Frankfurt a.M./Berlin ²1994, S. 132–143.

[3] David M. Levy, *New Fields of Psychiatry*, New York 1947 und ders., Anti-Nazis Criteria of Differentiation, in: *Psychiatry* 11 (1948), S. 125–167.

[4] Josef Krips, *Ohne Liebe kann man keine Musik machen. Erinnerungen*, hg. und dokumentiert von Harrietta Krips, Wien/Köln/Weimar 1994, S. 175. *Der Prinzipal. Clemens Krauss. Fakten, Vergleiche, Rückschlüsse*, hg. vom Clemens Krauss-Archiv Wien, Tutzing 1988, S. 168.

[5] BAB, ehemaliges Berlin Document Center, Reichskulturkammer, Karteikarte, Mitgliedsnummer 50.979.

1942 – wie, ist derzeit unklar, weil die Akte der Reichsmusikkammer verschollen ist –, vom Reichssippenamt den Abstammungsbescheid zu bekommen, dass er „deutschen oder artverwandten Blutes" sei.⁶ Es wurde zwar sehr kritisch festgehalten, dass er in erster Ehe mit einer getauften Jüdin verheiratet gewesen war, aber auch festgestellt: „[V]on dieser Frau ist er schon lange geschieden und seine jetzige Frau Maria Martha, geborene Gerlach, ist deutschblütig und hat den Ariernachweis erbracht."⁷

Wenn man versucht, bestimmte immer wiederkehrende Erklärungsmuster in den biografischen Überlieferungen zu Hans Swarowsky zu hinterfragen, ist jedenfalls eine davon seine ständige Auseinandersetzung mit seiner Herkunft aufgrund der rassistischen Grundsätze des NS-Regimes. Dies ist ein wichtiger Punkt, der ihn sehr von vielen anderen Dirigenten seiner Zeit unterscheidet, und wir werden dieses Element immer wieder in der Diskussion finden.

In der vorhandenen autobiografischen Überlieferung wird darauf hingewiesen, dass er als 1. Kapellmeister und Spielleiter der Oper am Reußischem Theater Gera seine eigentliche Karriere begann, dann 1934 an der Hamburgischen und 1935 an der Berliner Staatsoper (Unter den Linden) dirigierte und anschließend „Dirigierverbot bekommen habe"⁸. Mir ist dafür kein Hinweis begegnet, was auch damit zusammenhängen mag, dass eben sein Reichsmusikkammer-Akt nach wie vor verschollen ist. Ich führe Swarowskys Probleme im politischen Umfeld in Berlin auf zwei Rahmenbedingungen zurück: Die eine ist, dass Clemens Krauss nur für eine Saison als Direktor in Berlin tätig war. Die zweite ist, dass offensichtlich zu diesem Zeitpunkt das sogenannte Abstammungsverfahren noch lief und völlig unsicher war, wie es ausgehen würde. Dieses Bedrohungsszenario hat auch andere Künstlerinnen und Künstler in Deutschland und Österreich betroffen. Ein ähnlicher Fall ist beispielsweise Ernst Haeusserman. Dieser hat 1939 nicht mehr den Bescheid dieses skurrilen Reichssippenamtes abgewartet und ist in die USA ins Exil gegangen.⁹ Swarowsky ist, wie erwähnt, nach Zürich ausgewichen, wo er bereits im April 1937 einen Anstellungsvertrag abgeschlossen hatte.¹⁰ Aufgrund eines negativen Bescheids der eidgenössischen Fremdenpolizei musste er im Juni 1940 die Schweiz verlassen und erhielt keine Arbeitsgenehmigung mehr. Bei einer Auseinandersetzung in Hamburg um die Lösung seines Vertrages als 1. Kapellmeister, um nach Berlin zu gehen, hatte er sich als österreichisches NSDAP-Mitglied ausgegeben (Beitritt bereits 21.12.1932, aufgenommen am 23.4.1933 und in die bzw. von der Landesleitung

---

6 Ebd. [Die (noch erhaltene) eidesstattliche Erklärung der Mutter, Ludwig Zenk, „arischer Abstammung", sei der Vater, lag bereits Anfang der NS-Zeit vor, siehe den Beitrag von Otto Karner in diesem Band – Hg.]
7 Ebd.
8 Erika Hitzler, Art. „Swarowsky, Hans", in: *oeml*, Bd. 5 (2006), S. 2361f.; Online-Ausgabe: http://www.musiklexikon.ac.at/ml/musik_S/Swarowsky_Hans.xml (2.8.2021).
9 Siehe dazu Oliver Rathkolb, *Führertreu und Gottbegnadet. Künstlereliten im Dritten Reich*, Wien 1991, S. 156f.
10 Ich verdanke diese Information em. o. Univ.-Prof. Dr. Reinhard Kapp.

in München am 8.2.1934 übernommen).[11] Vielleicht fürchtete er, dass dieser Schwindel auffliegen könnte, da nun die österreichische NSDAP voll integriert werden würde.

Die Frage der Rückkehr aus der Schweiz 1940 ist in den vorhandenen Überlieferungen ebensowenig wirklich zufriedenstellend dokumentiert. Aber Swarowsky ist auch im künstlerischen Bereich kein Einzelfall. Ich verweise nur auf den Filmregisseur G. W. Pabst, der ebenfalls 1939 aus dem Exil in den USA zurückgekommen ist.[12] Offensichtlich gab es 1940 genügend Voraussetzungen und Hoffnungen für einzelne im Ausland tätige Kulturschaffende, letzten Endes doch im Deutschen Reich arbeiten zu können. Das Reichspropagandaministerium hat durchaus entsprechende Signale ausgesandt.

Eine Brücke bot Swarowskys Tätigkeit als freier bezahlter Mitarbeiter in der Reichsstelle für Musikbearbeitungen im Reichsministerium für Volksaufklärung und Propaganda seit 1936; noch im März 1941 lobt der Leiter der Musikabteilung, Dr. Heinz Drewes, die Tätigkeit von Swarowsky als „Verbindungsmann zu Clemens Krauss", der ihn für die Stelle empfohlen hatte, und schlägt die Weiterbeschäftigung vor.[13] Unklar ist, ob aufgrund des noch immer nicht geklärten Abstammungsnachweises eine öffentliche Fortsetzung seiner Karriere nicht möglich war. Swarowsky beschäftigte sich jetzt beispielsweise mit Neubearbeitungen – zum Beispiel von Christoph Willibald Gluck.[14] Gluck war noch 1937, nach Richard Eichenauers Buch *Musik und Rasse*, kein rein deutscher Musiker: „Glucks Werke, zumal seine bedeutendsten, sind ursprünglich in italienischer oder französischer Sprache geschrieben und die größten Erfolge seines Lebens hat er in Paris gefeiert, und ist nicht solches Verwischen aller Grenzen das Kennzeichen des rassischen Bastards."[15] Das Reichsministerium versuchte dennoch, durch Neubearbeitungen, Übersetzungen und „Eindeutschungen" Gluck und andere im Opernrepertoire zu halten. Hier sind Auszüge aus einem negativen Gutachten Swarowskys (inklusive Tippfehler), das durchaus ambivalent gedeutet werden kann, und ihn keineswegs als NS-Apologeten zeigt: 6. Juni 1942, *Sternschnuppen*:

> Die übliche Gesellschaftsoperette der „System-Zeit". Feine Gesellschaft, eine Yvonne, eine Marion, die einst Mizzi hiess, Herzog-Hochstapler, Tahung-Li, der unheimliche Chinese, Wiens Heuriger, Hotel zu Cannes, Riviera, Lasterhöhle zu Marseille ... und das Ganze war

---

11 Schreiben Hans Swarowsky an Clemens Krauss, Hamburg, 5.4.1935, S. 4 (Archiv der Staatsoper Berlin und Fragebogen zur Durchführung des Gesetzes zur Wiederherstellung des Berufsbeamtentums vom 7. April 1933 [Kopien im Besitz des Verfassers]).
12 Kay Weniger, „*Es wird im Leben dir mehr genommen als gegeben ...*". *Lexikon der aus Deutschland und Österreich emigrierten Filmschaffenden 1933 bis 1945. Eine Gesamtübersicht*, Hamburg 2011, S. 2021–2025.
13 Fred K. Prieberg, *Handbuch Deutsche Musiker 1933–1945*, CD-ROM-Edition ²2009, S. 2471.
14 Boguslaw Drewniak, *Das Theater im NS-Staat. Szenarium deutscher Zeitgeschichte 1933–1945*, Düsseldorf 1983, S. 328.
15 Richard Eichenauer, *Musik und Rasse*, München ²1937, S. 196.

nur ein Traum, der Mizzi grundsätzlich davon geheilt hat, zum Theater zu gehen, da er ihr zeigte, „wie es da ausschaut!" Was sagt da die Fachschaft Bühne dazu?? Das „Theater" wird als Verbrecherwelt gezeichnet – fürs Theater!
Sprachlich das übliche Operettendeutsch.

Doll-international-mondän das Ganze, und ach so liab der Unterschied zum braven Wiener „Heurigen", wo allein das Leben anständig ist …

Derartige Bücher zu empfehlen ist natürlich für eine staatliche Stelle ganz unmöglich.
[…]

Alle Bücher der Wiener Operette seit Lehar's Regime sind derartige Schandsudeleien und lediglich die Schlagerfähigkeit der Musik hat die Sachen von Lehar, Strauss [sic] (Oskar), Kalman, Fall (der allerdings ein feinerer Musiker war), Granichstaedten und last but least Eysler so populär und zu Serienerfolgen gemacht. Niemals noch hat ein Theater diese Werke ihres Buchinhalts wegen angenommen. Es wird daher auch im vorliegenden Falle abgewartet werden, ob die versprochene Musik Knaflitsch's, der im Cabarett sehr geschickt und originell arbeitet, so ausfallen wird, dass das Libretto von Eisner zum leeren Anlass für einprägsame leichte Musikware geworden ist. Dann wird man, um dem Geschäft aufzuhelfen, das Stück von der Musik aus empfehlen können – das wird aber dann auch überflüssig sein, denn Qualität empfiehlt sich ja von selbst sehr schnell – und von Juden wird der arische Künstler heute nicht mehr zurückgedrängt, er kann sich also nicht mehr beklagen, an seinem Aufkommen gehindert zu werden, falls er nur Qualität liefert! Märtyrer gibt es heute in Deutschland nicht mehr, die Forderungen der seinerzeit nicht in die Höhe gekommenen sind mehr als erfüllt, objektive Staatsstellen wachen über allem, leiten die Produktion und die Verteilung - - - - wozu also Bittierbriefe usw. usw. von Leuten, denen eine so grosse Bühne wie das Raimund-Theater als KDF Bühne nicht als gutes Forum erscheint??[16]

Anschließend war Swarowsky halb-offiziell als Dramaturg und Assistent von Clemens Krauss in München und Salzburg tätig. Der nächste Karrieresprung führte ihn nach Krakau. Hans Frank, der als Generalgouverneur im besetzten Polen eine sehr brutale, menschenverachtende rassistische Politik gegenüber den Polen und Polinnen und Juden und Jüdinnen durchgezogen hat, baute eine enge Beziehung zur klassischen Musik auf – im besonderen zu Richard Strauss,[17] der mit Swarowsky schon seit 1935 in persönlichem Kontakt stand.[18] Nach Darstellung von Swarowsky war es aber nicht seine Bekanntschaft mit Richard Strauss, die ihm diese Stelle in Krakau verschaffte, sondern Clemens Krauss. Zuvor hatten ihn in Berlin im Reichsministerium

---

16 Zitiert nach Prieberg, *Handbuch* (Anm. 13), S. 4034.
17 Dieter Schenk, *Hans Frank. Hitlers Kronjurist und Generalgouverneur*, Frankfurt a.M. 2006, S. 90, 112.
18 Dieter Schenk, *Hans Frank – Kunstliebhaber & Massenmörder*; Online-Publikation: http://dieter-schenk.info/Anhang/Lesung-10Lodz.pdf (2.8.2021), S. 8.

für Volksaufklärung und Propaganda Dr. Götze und Dr. Scherler protegiert sowie sein Agent Rudolf Vedder, ein SS-Mann, der auch Herbert von Karajan vertrat. Trotzdem trat er nur selten als Dirigent in Deutschland auf – nach seiner eigenen Darstellung hatte er zwischen 1936 und 1945 nur fünf bis neun Aufführungen im Rundfunk und auf der Bühne: Außerhalb des Deutsches Reiches gastierte er drei Mal in Budapest und hatte zwei Gastspiele in Klausenburg sowie je einen Auftritt in Florenz und Sofia.[19] Hier lasse ich einen Überblick zu diesen Kulturaktivitäten von Frank folgen:[20] Bereits 1945 wurde aus einem in der Kriegszeit geschriebenen polnischen Bericht[21] deutlich, dass das deutsche Vorgehen in der ersten Phase auf eine sehr massive kulturelle Ausgrenzungs- und Verfolgungspolitik angelegt war. Das Chopindenkmal im Łazienki-Park wurde beispielsweise deshalb im Mai 1940 entfernt und zerstört.[22] Im Musikbereich wurde ähnlich wie in der Reichskulturkammer in Deutschland eine Erlaubniskarte eingeführt, um auch auf diesem Umweg alle polnischen Musikerinnen und Musiker zu zwingen, ihre „arische Herkunft" nachzuweisen.[23] Seit November 1940 war es keinem polnischen Musiker mehr möglich, öffentlich ohne diese Erlaubniskarte, die also vergleichbar ist mit der Mitgliedschaft in der Reichsmusikkammer, aufzutreten. Gleichzeitig begannen die deutschen Machthaber, aber unterstützt durch viele Österreicher, offensive, selbstbewusste deutsche Kulturpolitik in Polen umzusetzen. Einer der Stellvertreter in der ersten Phase von Franks Regime war Arthur Seyß-Inquart, der sich besonders für Krakau interessierte[24] und durchaus alte, traditionelle kulturelle Bande in Richtung Wien gesponnen hatte. Die Serie von prominentesten Konzerten in Krakau begann im Dezember 1939 mit einem Konzert der Wiener Philharmoniker.[25] Ich kann eine Tour d'Horizon liefern über namhafte Musiker und Musikerinnen, Sänger und Sängerinnen sowie Dirigenten, die als „Träger der deutschen Kultur" nach Polen gebracht wurden: Paul Hörbiger, Lil Dagover, Max

---

19 Oskar Diethelm Library, Institute for the History of Psychiatry, Weill Medical College of Cornell University, David M. Levy papers, box 35.16 and 32.2., David M. Levy to Chief, Intelligence Section. Subject: Swarowsky, Johann, 12. December 1945.

20 Vgl. den Beitrag von Otto Karner im vorliegenden Band.

21 *The Nazi Kultur in Poland by several authors of necessity temporarily anonymous*, London 1945. Vgl. dazu auch Grzegorz Michalski u. a., *Geschichte der polnischen Musik*, hg. von Tadeusz Ochlewski, übersetzt aus dem Polnischen von Caesar Rymarowicz, Warschau 1988, S. 146–156.

22 Antoni Buchner, Oder zwei Siege, in: *Muzykalia* 11 (2011): Judaica 3; Online-Publikation: http://www.demusica.edu.pl/wp-content/uploads/2019/07/buchner_muzykalia_11_judaica32.pdf (2.9.2021), S. 3.

23 *The Nazi Kultur* (Anm. 21), S. 202.

24 Vgl. dazu Dieter Schenk, *Krakauer Burg. Die Machtzentrale des Generalgouverneurs Hans Frank 1939–1945*, Berlin 2010, S. 91; Johannes Koll, *Arthur Seyß-Inquart und die deutsche Besatzungspolitik in den Niederlanden (1940–1945)*, Wien/Köln/Weimar 2015, S. 61–68.

25 Fritz Trümpi, *Politisierte Orchester. Die Wiener Philharmoniker und das Berliner Philharmonische Orchester im Nationalsozialismus*, Wien/Köln/Weimar 2011, S. 301.

Halbe, Elly Ney, Veit Harlan, Heinrich George, Clemens Krauss, Solisten der Mailänder Scala, die Wiener Sängerknaben und als „Star" der Komponist Hans Pfitzner.[26] Krakau stand hierbei im Zentrum. Aber nicht nur das bekannte Krakauer Staatstheater, einige dieser Sänger und Künstler traten auch im Theater der SS und der Polizei auf. Die interessante Vignette, die Frank trotz seines rigorosen politischen Rassismus dann im Musik- und Kulturbetrieb vielleicht notgedrungen durchgesetzt hat, war der öffentliche Einsatz polnischer Musiker im deutschen Kulturbereich. Bereits im Juli 1940 hatte Frank mit Adolf Hitler selbst die Errichtung einer Philharmonie des Generalgouvernements unter der Leitung des Münchner Dirigenten Hanns Rohr besprochen.[27] Die Etablierung dieses Orchesters wurde also in Abstimmung mit dem zentralen Entscheidungsträger des NS-Regimes vorgenommen, da es sich natürlich um ein plötzliches Abweichen von der bisherigen, die Polen ausgrenzenden und ausschließenden Kulturpolitik handelte. Beim Nürnberger Prozess sollte Frank versuchen, diese Gründung zu seiner Rechtfertigung und Verteidigung in die Waagschale zu werfen.[28] Letztlich aber diente dieses Orchester der selbstgefälligen ‚Erbauung' von Hans Frank, der, wie sein Diensttagebuch zeigt, zwischen dem brutalen Vernichtungskrieg gegen Juden und Jüdinnen und der Verfolgung und Deportation von Hunderttausenden Polen und Polinnen, die in die Zwangsarbeit verschickt wurden, immer gerne Konzerte besuchte und über Musikfragen diskutierte. So u. a. noch am 9.12.1944, als es um „Klagen und Probleme" Swarowskys ging.

Die polnische Philharmonie des Generalgouvernements – das hat Boguslaw Drewniak sehr deutlich nachgewiesen[29] – galt intern nur als Propagandainstrument der deutschen Verwaltung, so wichtig sie für das Überleben der Musikerinnen und Musiker in diesem Orchester selbst gewesen ist.[30] Frank selbst meinte zu diesem Orchester:

> [W]enn wir uns den Luxus gestatten eine Art Philharmonie den Polen zu gewähren, die wir den ausländischen Journalisten zeigen, so bedeutet das gar nichts. Die Leute machen Musik in unserem Sinne und wenn wir sie nicht mehr brauchen können, lösen wir dieses Institut auf.[31]

---

26 Siehe dazu Prieberg, *Handbuch* (Anm. 13), S. 1756–1760 und Schenk, *Hans Frank – Kunstliebhaber* (Anm. 18), S. 10.
27 Hans-Christian Harten, *De-Kulturation und Germanisierung. Die nationalsozialistischen Rassen- und Erziehungspolitik in Polen 1939–1945*, Frankfurt a.M./New York 1996, S. 187.
28 http://law2.umkc.edu/faculty/projects/ftrials/nuremberg/franktest.html (2.8.2021).
29 Drewniak, *Das Theater im NS-Staat* (Anm. 14), S. 102.
30 http://www.filharmonia.krakow.pl/Institution/ (2.8.2021) – so auch die heutige Selbstdarstellung des Orchesters.
31 Stanislaw Piotrowski, *Hans Franks Tagebuch*, deutsche Übersetzung von Katja Weintraub, Warschau 1963, S. 354.

Das Institut bestand jedoch sehr lange, das letzte Konzert wurde noch am 9. Januar 1945 unter der künstlerischen Leitung Hans Swarowskys in Krakau durchgeführt.[32] Das deutsche Musikleben in Krakau, insbesondere die Philharmonie der Generalgouvernements, war ein Pfeiler für die propagandistische Außenwirkung des Regimes.

Diese Politik stieß zu Kriegsende, ab ungefähr August 1944, plötzlich auf Missfallen bei Joseph Goebbels im Reichsministerium für Volksaufklärung und Propaganda. Frank wurde ganz massiv als schwacher Politiker wegen seiner Polenpolitik kritisiert.[33] Man merkt hier, dass plötzlich alte Rechnungen innerhalb der nationalsozialistischen Führungselite beglichen wurden. Goebbels notiert in seinem Tagebuch im August 1944 herablassend:

> Ich habe Frank ja immer sehr negativ beurteilt. Es handelt sich bei ihm um einen kleinen Winkeladvokaten, der zu seinem hohen Amt nicht die geringste sachliche oder menschliche Qualifikation mitbrachte. Unter seinem Regime ist im Bereich des Generalgouvernements das Schieber- und Schwarzhandelsunwesen hochgeschossen, und er hat sich selbst mit seinen Beamten zum großen Teil daran beteiligt. Wie kann man von ihm erwarten, daß er ein so großes Land den deutschen Kriegszwecken dienstbar macht! Es wäre das beste, wenn man das Generalgouvernement auflöste und die noch verbleibenden Teile den angrenzenden Gauen einverleibte.[34]

In der Retrospektive erklärt Swarowsky während der Verhöre durch die amerikanischen Offiziere im Dezember 1945, dass eben diese „polenfreundliche Musikpolitik" zunehmend unter heftige Kritik seitens des Propagandaministeriums geraten sei.[35] Swarowsky bezieht diese Kritik primär auf sich, letzten Endes aber war es eine Strukturkritik des Reichspropagandaministeriums gegen Frank, und damit freilich zugleich gegen seinen Generalmusikdirektor. Und tatsächlich kam es zur Einsetzung einer eigenen Untersuchungskommission, die in den letzten Monaten der deutschen Präsenz in Krakau noch

---

32 Drewniak, *Das Theater im NS-Staat* (Anm. 14), S. 103.
33 Joseph Goebbels, Tagebucheintrag vom 31. August 1944, in: *Nationalsozialismus, Holocaust, Widerstand und Exil 1933–1945*, München 2006 ff.; Online-Datenbank: http://db.saur.de/DGO/basicFullCitationView.jsf?documentId=TJG-6218 (2.8.2021). Ursprünglich veröffentlicht in: *Die Tagebücher von Joseph Goebbels*, im Auftrag des Instituts für Zeitgeschichte und mit Unterstützung des Staatlichen Archivdienstes Rußlands hg. von Elke Fröhlich; Teil II: Diktate 1941–1945, Bd. 13: Juli– September 1944, bearbeitet von Jana Richter, München usw. 1995, S. 364–374.
34 Ebd.
35 Oskar Diethelm Library, Institute for the History of Psychiatry, Weill Medical College of Cornell University, David M. Levy papers, box 35.16 and 32.2., David M. Levy to Chief, Intelligence Section. Subject: Swarowsky, Johann, 12. December 1945.

wirksam wurde, da Frank sich in seiner Raffgier und Prunksucht an NS-Raubgut, das dem Deutschen Reich zugedacht war, bereichert hatte.[36]

Trotz der Schilderungen dieses polnischen Orchesters als „Insel" – zum Beispiel bei der Aufführung der 9. Sinfonie Beethovens vor polnischem Publikum – muss also darauf hingewiesen werden, dass schließlich Hans Frank den Musikbetrieb auch zur Selbstdarstellung und zur Propaganda in eigener Sache missbraucht hat. Ein Beispiel ist die sechs Minuten dauernde Uraufführung am 2. Dezember 1944 von Hans Pfitzners *Krakauer Begrüßung* op. 54, „Generalgouverneur Dr. Frank gewidmet und dirigiert von Hans Swarowsky", bei der anschließenden Wiederholung von Pfitzner selbst.[37] Der Kulturbetrieb in Krakau hatte somit mehrere Facetten. Offenbar schöpfte Swarowsky seinen Handlungsrahmen, was die Situation der polnischen Musiker im Orchester betraf, aus. Die Überbaubedingungen einer „zeitweise [relativ] polenfreundlichen" Musikpolitik in der Philharmonie waren aber von den Zentralstellen, von Frank selbst, vorgegeben.

Nach dem Zweiten Weltkrieg überlegten die Amerikaner, aber auch die Briten, in Deutschland und Österreich den Nationalsozialismus und Faschismus durch einen Elitenaustausch für alle Zeiten „auszurotten". Auf ersten Planungspapieren wird dieser Begriff wörtlich verwendet, doch am Ende durch die Formel „Entnazifizierung" ersetzt.[38] In der zweiten Liste, die die Amerikaner für den Kulturbereich herausgeben, taucht Hans Swarowsky als Dirigent in Stuttgart gemeinsam mit Richard Strauss auf einer sogenannten grauen Liste von Musikern auf, die akzeptabel waren, aber keine Führungsfunktionen wie beispielsweise eine Opernintendanz ausüben sollten.[39] Wahrscheinlich trug sich Hans Swarowsky mit dem Gedanken, im deutschsprachigen Bereich nach dem alliierten Dirigierverbot wieder eine Intendanz anzunehmen.[40] Entsprechendes trifft übrigens auf Carl Orff zu, der sehr lange im Zusammenhang mit Stuttgart im Gespräch war und deswegen ebenfalls in dieses Screening Center kam.[41]

Als Folge dieser Verhöre entstand ein sehr spannendes Dokument, in dem unterschiedliche Elemente der Bewältigung des NS-Regimes auftauchen, die sowohl die be-

---

36 Thomas Urban, *Von Krakau bis Danzig. Eine Reise durch die deutsch-polnische Geschichte*, München 2004, S. 32 f.
37 *Neues Wiener Tagblatt*, 10.12.1944, S. 2.
38 Elmer Plischke, Denazifying the Reich, in: *The Review of Politics* 9 (1947), S. 153–172.
39 IfZ München, Microfiche-Sammlung OMGUS 11/47-3/26, Headquarters U.S. Forces, European Theatre, White, Grey, and Black List for Information Control Purposes, 1 April 1946. Issued by the Intelligence Branch, Office of the Director of Information Control, OMGUS, S. 36.
40 [Bevor die Alliierten ein tatsächliches Dirigierverbot über ihn verhängten, war er von Juli bis Anfang Dezember 1945 GMD in Stuttgart gewesen. – Hg.]
41 *Die Welt*, 11.2.1999; Online: http://www.welt.de/print-welt/article566168/Komponist-sein-in-einer-boesen-Zeit.html (2.8.2021).

teiligten Psychologen als auch die politischen Analytiker dieses Verhörs sehr irritierte. Es war ihnen, so wie auch mir sehr lange, unklar, wie es Swarowsky gelingen konnte, trotz seiner „ungeklärten Herkunft" im rassistischen NS-Regime am Ende doch noch in Krakau eine öffentliche Position einzunehmen. Schließlich, und das zeigt auch die Qualität dieser Verhörprotokolle, wurde versucht, die Gesamtpersönlichkeit mit den damaligen Mitteln der angewandten Psychologie auszuloten und auch die individuelle Auseinandersetzung mit dem Faschismus und Antisemitismus zu hinterfragen; es gab in diesen Screening Centers eine eigene Untersuchungsreihe mit Rorschach- und dem damals üblichen Satzergänzungstest, mit Gesprächen und Gruppendiskussionen sowie mit dem Schreiben von Aufsätzen zur Einschätzung des Nationalsozialismus.

Aufgrund dieser Testergebnisse kam Hans Swarowsky schließlich auf die sogenannte weiße Liste (White B) und war damit auch wieder im Gespräch für öffentliche Führungspositionen. Die erste Leitungsfunktion hatte er bei den Salzburger Festspielen inne, als er den *Rosenkavalier* dirigierte. Der Hintergrund ist, und das ist eine kleine Facette am Rande, ganz spannend: Der damalige Kulturoffizier und Nachfolger von Pasetti, Ernst Lothar (selbst ein Immigrant), hatte Swarowsky am 12. Juni 1946 gehört, als dieser ein Konzert mit den Wiener Symphonikern dirigierte, und war derartig beeindruckt, dass er dem Baron Pouthon in Salzburg Swarowsky vorschlug.[42] Als Wunschdirigent für diesen *Rosenkavalier* war übrigens Leonard Bernstein vorgesehen gewesen, der jedoch zu dieser Zeit von Europa aus nicht ausfindig gemacht werden konnte. Der Vergleich mit den Erinnerungen und Interviews Gottfried von Einems an dieses Dirigat Swarowskys bei den Salzburger Festspielen geht aber in die Richtung, dass Herbert von Karajan nach wie vor bei den Proben die eigentliche Regie geführt habe und andere wie Felix Prohaska, Josef Krips oder Hans Swarowsky nichts anderes als sozusagen Letztausführende gewesen seien. Die Darstellung von Ernst Lothar weicht davon etwas ab.[43] Diese autobiografischen Fragmente lassen sich erst langsam zu einem kompletteren Bild zusammenstellen.

Zusammenfassend zeigt vor allem das psychologische Gutachten von David M. Levy, dass Swarowsky kein Nationalsozialist war, aber keine Hemmungen hatte, auch seine NS- Verbindungen zu Gunsten seiner Karriere einzusetzen. Zeit seines Lebens versuchte er sowohl seine uneheliche Geburt, die ihn ganz offensichtlich belastetete und seine Verhaltensweisen prägte, als auch seine teilweise jüdische Herkunft zu verschleiern. So erzählte er gerne Geschichten, dass er adeliger Abstammung sei, oder gab – wie bereits ausgeführt – fälschlicherweise in Deutschland 1935 an, in Österreich Mitglied der NSDAP gewesen zu sein. Später versuchte er, alle

---

42 National Archives, Record Group 260. ACA, Box 40, Folder 66, Lothar an Chief ISB, 30. Juni 1946, S. 2.
43 Thomas Eickhoff, *Politische Dimensionen einer Komponistenbiographie im 20. Jahrhundert – Gottfried von Einem*, Stuttgart 1998 (Beihefte zum AfMw 43), S. 106.

mögliche Kontakte zum Widerstand gegen das NS-Regime anzuführen, ohne wirklich starke Beweise.[44]

Es gibt einen Bericht von Hans Swarowsky über jene Krakauer Episode aus dem Jahre 1964, der hier in voller Länge wieder abgedruckt werden soll, weil er seine permanente Rechtfertigungsstrategie dokumentiert und auch die einzige bisher belegte zusätzliche subjektive Erinnerung an seine Zeit in Polen und an Hans Frank nach den Entnazifizierungsverhören 1945 ist:

> Das kulturverständnis des Dr. Frank steht in so krassem gegensatz zu einigen seiner sonstigen eigenschaften [...]. Richard Strauss und Hans Pfitzner spielen hier auch eine bemerkenswerte rolle. Die Goebbels-feindlichkeit war eklatant. Das orchester selbst wurde unter meiner leitung ganz unabhängig, ich führte die polenkonzerte ein, deren besuch deutschen verboten war. Endlich waren wir eine kleine republik in der stadt geworden. Der 80. geburtstag von Strauss wurde allein in Krakau gefeiert, alle andren veranstaltungen im „reich" waren verboten. Frank handelte hier direkt gegen „führerbefehl".
>
> [...] Ganz zuletzt setzte Goebbels die entsendung des Rainer Schlösser durch und es kam in meiner gegenwart zu einer unerhört dramatischen aussprache, deren erfolg meine vom propagandaministerium geforderte sofortige entlassung und die einsetzung des nazifesten herrn Konwitschny war, der bei den herren persona grata war. Anderntags ließ mich Frank rufen und teilte mir mit, daß er nicht so leicht aufzugeben gedenke. Zwei wochen später sah ich die russischen panzer auf dem höhenzug am fluß auffahren und sprang in den letzten zug. Die musiker wollten mich zurückhalten und versprachen mir, daß ich weiterhin ihr leiter bleiben dürfe, ich kannte aber beide widerstandsbewegungen, die katholisch-polnische und die kommunistische. Die erstere war im orchester vertreten, die andre versuchte aus den wäldern heraus die katholisch-antideutschen polen anzugreifen und zu erpressen. [...] Das leben Franks bedürfte einmal genauerer betrachtung. Ich suche überall die katholische novelle, die er 1944 geschrieben hat und von der ich ein exemplar besaß. Es gibt einen sehr intimen freund von ihm, einen bayerischen lehrer, mit dem er (fließend) lateinisch sich zu unterhalten pflegte. [...] Er sagte mir einmal auf eine direkte frage (womit ich mir ziemlich viel herausgenommen hatte), daß, wenn er nicht den judenumlegungen beistimme, herr Himmler (er sagte: „der verbrecher") die regierung in polen erhalten werde und daß dann auch alle polen umgelegt werden würden. Er verhindere also das größere verbrechen. Ich habe hierüber mit einer hohen persönlichkeit des vatikans gesprochen (wo F. gut bekannt war – der papst hat ja auch in Nürnberg für ihn um gnade gebeten) und man bezeichnete diesen standpunkt natürlich als unmöglich,

---

44 [Es gibt, wie die Beiträge von Otto Karner und Joana Wnuk-Nazarowa zeigen, eine Reihe von Hinweisen, aber US-amerikanische oder britische Akten dazu sind noch nicht aufgetaucht. –Hg.]

das problem als solches (verbrechen, um größeres verbrechen zu verhindern) aber als „unlösbar".⁴⁵

Dieser Versuch einer halben Exkulpation des Massenmörders Frank ist ebenso typisch für Swarowskys Realitätsverweigerung wie seine immer wieder aufwallende starke Religiosität, die ihm aber gleichzeitig half, den Zwängen des Alltags zu entkommen. Erst als die sowjetischen Panzer sich Krakau näherten, floh Swarowsky nach Wien. Noch am 9. Januar 1945 leitete er das letzte Konzert der Philharmonie des Generalgouvernements in Krakau. Swarowsky hatte sich eine Scheinwelt gebaut, um auch in der NS-Zeit dirigieren zu können – auch die psychologischen Tests zeigten ein starkes ehrgeiziges Ego, aber auch den Willen, ein gutes Leben zu führen.

---

45 Hans Swarowsky an Fred K. Prieberg, 16.3.1964; Schreibung wie im Original. Prieberg, *Handbuch* (Anm. 13), S. 1759 f.

Erwin Barta

"… UM DER UNANTASTBAREN DEUTSCHEN DINGE UND WERTE WILLEN …".

Zur politischen Entwicklung Ludwig Zenks in den Jahren 1943 bis 1946 nebst einigen Bemerkungen über Hans Swarowsky

Dieser Text verfolgt zwei Ziele: Zu Beginn soll die persönliche Beziehung zwischen Hans Swarowsky und dem Komponisten und Webern-Schüler Ludwig Zenk, einem Cousin Swarowskys, ansatzweise dargestellt werden. Im Zentrum des Beitrags steht jedoch die Auswertung des Tagebuchs von Ludwig Zenk im Hinblick auf seine politische Entwicklung in den Jahren 1943 bis 1946: In einer Fallstudie wird das ambivalente Verhältnis Zenks zum Nationalsozialismus nachgezeichnet und hinterfragt. Während das künstlerische Werk Zenks, vor allem sein Bühnenschaffen, in einer 2008 approbierten Dissertation[1] erstmals umfassend untersucht wurde, haben die im Folgenden präsentierten Überlegungen zur politischen Verortung Zenks bzw. des Webern-Kreises immer noch den Charakter einer Sonde in die Sedimentstrukturen von politischer wie Geistes- und Kulturgeschichte.

Ludwig Karl Maria Zenk wurde am 18. November 1900 in Wien geboren.[2] Nach der üblichen Schulausbildung begann er 1920 das Studium der Musikwissenschaft in Wien, gleichzeitig besuchte er einen Kapellmeisterkurs bei Anton Webern im Rahmen von Schönbergs Seminar für Komposition. Von ca. 1921 bis 1925 nahm er Theorie- und Kompositionsunterricht bei Webern; dieser wurde ihm zu einem künstlerischen und menschlichen Vorbild. Außer durch musikalische Interessen waren die beiden vor allem durch ihre Liebe zur Natur und zu den Bergen bzw. durch das Interesse an Photographie verbunden (eine Reihe von bekannten Porträts Weberns stammt von Ludwig Zenk, der sein Hobby nach Möglichkeit auch in der Kriegszeit ausübte). Wie eng die

---

1 Marie-Therese Hommes, *Verkettungen und Querstände. Weberns Schüler Karl Amadeus Hartmann und Ludwig Zenk und die politischen Implikationen ihres kompositorischen Handelns vor und nach 1945*, Schliengen 2010 (Forum Musikwissenschaft 4).
2 Geburts- und Taufschein Ludwig Zenk (in Familienbesitz): Taufbuch der Pfarre Wien V, St. Florian, Tom. 62b, fol. 203. Vater: Zenk Ludwig Josef, Privatbeamter, geb. 18.10.1874 in Wien, Sohn des Ludwig Zenk, Privatbeamter, und der Maria Amalia Franziska, geb. Kronauer; Mutter: Swarowsky Theresia, geb. 5.8.1876, Tochter des Carl Swarowsky, Privatier und der Theresie, geb. Heck.

Verbindung der beiden war, geht unter anderem daraus hervor, dass Webern Zenk den Klavierauszug zur Kantate op. 26 *Das Augenlicht* herstellen ließ.

Von 1925 bis 1931 nahm Zenk verschiedentlich Kapellmeisterstellen in der Provinz an: Die Stätten seines Wirkens waren Iglau, Znaim und Meissen. Am 14. September 1928 heiratete er in Wien Maria, geb. Reichle. Die Eheleute waren beide kurz zuvor aus der katholischen Kirche ausgetreten.[3]

1930 betrieb Zenk neuerlich Studien bei Webern. Als Frucht dieser Arbeit publizierte er in der Universal Edition seine Sonate op. 1, welche 1933 mit dem Emil-Hertzka-Preis ausgezeichnet wurde. Weiters besuchte er 1932/33 Dirigierkurse bei Hermann Scherchen in Wien und vermutlich auch in Strassburg. Zwischen 1933 und 1938 wirkte Zenk als Sekretär der österreichischen IGNM unter dem Präsidenten Webern; seinen Unterhalt verdiente er als Privatmusiklehrer und bis 1934 auch als Lehrer am Arbeiterkonservatorium. Über den Unterricht bei Ludwig Zenk in den frühen 30er Jahren berichtet Gordon Claycombe, der von Anton Webern an Zenk zum Dirigierunterricht verwiesen wurde:[4]

> When I spoke to Webern about studying conducting, he sent me to his former pupil and friend Ludwig Zenk. Ludwig Zenk and his charming wife then occupied a very small and modest flat on the St. Stefan's Platz. From their living room, one could look out on the roof and towers of St. Stefan's.[5] In that room, I took my lessons beginning with Beethoven's First Symphony and continuing through to the Beethoven's Eighth. Zenk would sit in a chair in front of me – more or less playing the role of the orchestra – and I would stand before him and silently conduct from the score. When I gave a false cue, or my phrasing was wrong, etc., Zenk would indicate the error by singing the part where I had erred. He was an excellent musician and an outstanding teacher.[6]

1938 trat Zenk eine Stelle als Theaterkapellmeister am Theater in der Josefstadt an, dem er bis 1948 angehörte. Daneben wirkte er – oft gemeinsam mit einem zweiten Pianisten – als Bühnenmusiker in den Kammerspielen. Im Februar 1945 wurde Zenk zum Volkssturm eingezogen, kam jedoch bald in ein Lazarett und brachte die letzten Tage des Krieges wieder in seiner Wohnung zu.[7]

---

3 Rückseitiger Vermerk des Magistratischen Bezirksamts für den V. Bezirk am Geburts- und Taufschein Ludwig Zenks vom 18.8.1928.

4 Den Hinweis auf Claycombe verdanke ich, wie einige Punkte zur Biographie Zenks, Prof. Dr. Reinhard Kapp.

5 In dieser Wohnung lebte Ludwig Zenk bis zu seinem Tod; auch das später zu besprechende Tagebuch ist dort entstanden.

6 Gordon Claycombe, Personal Recollections of Webern in Vienna 1929–1934, in: Österreichische Gesellschaft für Musik (Hg.), *Beiträge 1972/73. Webern-Kongreß*, Kassel usw. 1973, S. 29–35: 34.

7 Tagebuch Ludwig Zenk [im Folgenden zitiert als TLZ], 19.2.1946 (S. 59).

Zenk komponierte eine Reihe von Bühnenmusiken, am bekanntesten wurde die zur österreichischen Erstaufführung von Brechts *Der gute Mensch von Sezuan* (Premiere 29.3.1946) sowie zum Märchenlustspiel *Kasperl Larifari* nach Franz von Pocci (Premiere 22.1.1948). Kurz danach erlitt Zenk einen Schlaganfall; er starb am 16. Juni 1949 im Allgemeinen Krankenhaus zu Wien. Als Todesursachen wurden auf seinem Totenschein Lungenschlagaderverstopfung, Herzmuskelschwielen und Hirnerweichung angegeben.[8]

Über Hans Swarowsky muss an dieser Stelle wohl nichts Biographisches berichtet werden. Warum in einem Swarowsky gewidmeten Sammelband ein Beitrag über den Wiener Komponisten und Webern-Schüler Ludwig Zenk erscheint, bedarf hingegen einer kurzen Erläuterung: Zenk war ein Cousin Swarowskys; ein Bruder von Zenks Mutter wurde 1933 von Swarowskys Mutter in einer eidesstattlichen Erklärung als Swarowskys (arischer) Vater bezeichnet. Ehe ich mich dem Schwerpunkt meiner Überlegungen zuwende, der politischen Geschichte Ludwig Zenks, möchte ich einige Schlaglichter auf das Verhältnis zwischen Hans Swarowsky und Ludwig Zenk werfen. Die beiden kannten sich seit ihrer Kindheit. Zenk berichtet an einer Stelle: „[Wir finden] uns am Klavier. Bach! Wie einst in der Schulzeit, da ich Hans stundenlang beim Üben oder Vorspielen des Wohltemperierten Klaviers zuhören konnte."[9] Das persönliche Verhältnis der beiden scheint ein sehr gutes gewesen zu sein; auf Seiten des um ein Jahr jüngeren Zenk schlägt immer wieder Bewunderung für den in Karrierefragen weitaus selbstbewussteren und erfolgreicheren Cousin durch. Über Swarowskys Pläne in Wien berichtet er voll Staunen anlässlich eines gemeinsamen Treffens bei Erwin Ratz im Februar 1946:

> Hans intrigiert gut drauf los. Furtwängler ist ihm sehr im Weg in Hinblick auf seine persönlichen und auf die damit verbundenen Pläne des Clemens Kraus[s]. Hans äusserte, dass er Direktor der neu zu gründenden Volksoper werden solle. Auch habe er mit einem hohen Minister oder Ministerialrat wegen meiner etwaigen Berufung ans Burgtheater auf den Platz des Salmhofers[10] gesprochen, was für den Fall, dass sich Salmhofer diesen Platz nicht im Sinne einer Rückversicherung seiner Person, wenn er wieder vom Platz des Operndirektors scheiden sollte, freihalten wolle, für mich positiv entschieden werden könne. […] Hans fuhr von Ratz aus, indem er diesen mitzufahren vergewaltigte, zur Pianistin Barbara Issakides, welche morgen in die Schweiz reisen soll. Hans' wegen fährt ein amerik. Kurier in die Schweiz, um die Angaben Hans', welchen zufolge er für den brit. Geheimdienst wichtige Informationen über deutsche wirtschafts- und militärpolitische Fakten weitergegeben haben will, zu überprüfen. Der Issakides gibt Hans Briefe an den bei solchen Recherchen für

---

8 Sterbeurkunde Standesamt Wien Alsergrund Nr. 1555/49.
9 TLZ, 19.2.1946 (S. 61).
10 Franz Salmhofer (1900–1975), Komponist und Dirigent; 1929–45 Kapellmeister am Burgtheater, 1945–54 Direktor der Wiener Staatsoper.

die Befragung vorgesehenen Personenkreis mit […] . Internationale Intrigen. Hans versteht seine Sache – nur schont er die anderer Leute nicht, wenn er in Verfolgung seiner Interessen vorgeht! Bei der Oper trennen wir uns.[11]

Aus dem Zusammenhang des Tagebuchs gerissen, wirkt dieses Zitat etwas schroff; tatsächlich aber zeugt es weniger von Swarowskys Karriereanstrengungen als von Ludwig Zenks Sicht auf diese Anstrengungen. Aus seinem Blickwinkel, dem des ziemlich zurückgezogenen, geistigen Interessen lebenden Künstlers, der die Arbeit am Theater als rauh und ungehobelt empfindet und eine Art biedermeierlicher Vita contemplativa als ideale Voraussetzung für seine kompositorische Arbeit anstrebt, muss die zielorientierte Vorgangsweise Swarowskys befremdlich erscheinen.

Eine weitere Eintragung Ludwig Zenks berichtet über das erste Wiener Zusammentreffen Hans Swarowskys mit seinem Sohn aus erster Ehe, Anton/Toni. Toni Swarowsky war mit seiner Mutter Lia, geb. Laszky, aus Wien emigriert und kehrte als amerikanischer Soldat dorthin zurück. (Ebenso kehrte der Bruder Lia Laszkys, Dr. Wolf Laszky, als britischer Armeeangehöriger aus England zurück; er wird später noch erwähnt werden.) Die Darstellung der familiären Wiedersehensszene wirkt klischeehaft; der Moment der Rückkehr des Verwandten oder des Freundes als „fremder" Soldat ist zum literarischen wie zum filmischen Topos geworden – es sei hier etwa nur an *Welcome in Vienna* von Axel Corti oder *Der Bockerer* von Franz Antel erinnert.

Es war ½ 7 früh. [Irma] sagte, dass ich hinauskommen möge, da ein junger amerikanischer Soldat mich zu sprechen wünsche. In aller Eile hinaus, wo Toni Swarowsky, ein amerikanischer Gefreiter stund. Welch eine Überraschung! […] Toni, ein baumlanger, 22jähriger Soldat; ein hübscher Bursche, sehr gut gewachsen, guter intelligenter Kopf. Toni hat mit Hans sich bei uns Rendezvous gegeben!!! Hofft nun dass Hans, den er per Cheep von Stuttgart nach Bregenz gebracht habe, per Bahn hier eintreffe. Er, Toni, ist von Bregenz nach München, wo er den Cheep einstellen musste, und von dort per Bahn nach Wien.

Mia stund auf, ich machte Feuer im vorbereiteten Ofen, Mia rüstet ein Frühstück. Toni erzählt, alles im raschesten Tempo sprechend! Eine endlose Fülle von Abenteuern: Landung in Italien, Landung in Südfrankreich – Kämpfe – Gefangennahme durch die Deutschen – Flucht aus der Gefangenschaft – Teilnahme an den Kämpfen der aus Westen durch Frankreich vordringenden Amerikaner – Stellungskrieg in den Vogesen – Elsass – Baden – Baiern … . bis er eines Tages an einem See, nach Beendigung der Kampfaktion, sich nach dem Namen des Sees erkundigte. Es war der Starnbergersee, wo er als Kind zur Sommerfrische geweilt hatte. Er erkundigte sich nach Pöcking, Villa Ostini; erhielt kurzen Urlaub, dorthin zu eilen und fand Hans und Maria! Seltsam, wie sich alles so fügen mochte und

---

11   TLZ, 23.2.1946 (S. 66).

konnte! Dass ihm nichts geschehen ist! Ausserdem: Toni ist seinem Vater gegenüber der grösste Amoroso. Ganz Liebe und Bewunderung.

Hans sei in Stuttgart. Nach so und so langer Tätigkeit als Generalmusikdirektor sei er nun „von den Amerikanern verboten". Da Hans zu erwarten ist, werden wir ja hören. [...]

Nach dem Frühstück endloses wechselseitiges Erzählen. Toni, der indem er mir erzählt oder meinem Erzählen zuhört vor sich hin und wieder durchs Fenster auf den Platz blickt, schreit auf einmal: „Da ist der Hans"! Und er war es!

Nun wurde es richtig! Tonis Temperament kam ans Sieden, da er Hans in der Stadt und, endlich, hier wusste. Im Vorzimmer lagen wir uns in den Armen – nach einem randvoll gelebten Jahr! Und aller Rührung die Spitze nehmend steckte mir Hans, quasi dort anknüpfend, wo wir vor einem Jahr unterbrochen wurden, eine herrliche amerikanische Zigarre in den Mund. Und herein und wieder Kaffee und Essen und Rauchen und endloses Erzählen. – Ich war dann mit Hans allein, während Toni sich wusch und rasierte. Hans war der Meinung, dass auch ich bei der Partei gewesen sei und war überrascht, dass ich also doch nicht Mitglied und beruflich somit nicht gehemmt sei. Ich erzählte ihm von Webern. Im Reich ist man der Meinung, dass ihn sein Schwiegersohn Mattel erschossen habe. – Es ist unmöglich hier auch nur auszugsweise wiederzugeben, was wir alles gesprochen haben.[12]

Anton Swarowsky wird am Ende dieses Textes nochmals Erwähnung finden; als besonderer Zeuge der persönlichen und politischen Entwicklung Ludwig Zenks, wie sie sich aus den erhaltenen Tagebuchnotizen des Webern-Schülers aus den Jahren 1943 und 1946 rekonstruieren lässt.[13] In diesem Zusammenhang sei die Frage nach der Legitimität und nach dem methodischen Rüstzeug des Historikers, der private Tagebücher auszuwerten sucht, gestellt. Wo ist die Grenze zu ziehen zwischen einem gerechtfertigten historischen Interesse an einer Person bzw. ihren Lebensumständen und dem voyeuristischen Blick auf die intimen Details des Alltäglichen? Fragen und Unsicherheiten, zu denen sich eine weitere gesellt: der schwer bestimmbare historische Wert autobiographischer Quellen – ihnen eignet immer ein gewisser konstruktiver und fiktionaler Charakter. Die meisten Diarien verdanken ihre Entstehung dem Versuch, aus den Fakten des eigenen Lebens eine nachvollziehbare Geschichte zu destillieren. Dabei unterliegen Tagebücher einer kulturellen Normierung: In den meisten Fällen und unabhängig vom Sozialstatus ihres Autors oder ihrer Autorin werden Aufbau und Stil eines Textes durch Vorbilder, oft literarischer Art, geprägt. Das Tagebuch gerät so zu einem persönlichen Konstrukt, in dem die Formung des Dargestellten in einen Gegensatz zur Realität des tatsächlich gelebten Lebens tritt.

---

12 TLZ, 14.2.1946 (S. 53 f.).
13 Über Zenks Frau, Mia Reichle, haben sich im Familienbesitz des Autors das Tagebuch sowie einige Bücher aus dem Besitz Zenks erhalten.

Die neuere Geschichtswissenschaft ist sich dieser Schwierigkeiten und deren methodischer Konsequenzen immerhin bewusst. Ohne eine Reflexion des jeweiligen Quellenwertes hätten Tagebuch- und Oral-History-Forschung nicht jene Akzeptanz erzielt, die ihnen heute weitgehend zugestanden wird. Im Bereich der Kunstwissenschaften und gerade in der Musikwissenschaft werden derlei methodologische Überlegungen erst seit Kürzerem angestellt: Hier galt die autobiographische Aufzeichnung lange unhinterfragt als Quelle historischer Fakten, als persönlicher Kommentar des Autors und als Hintergrundinformation zu den Motivationen der handelnden Personen. Ein Tagebuch kann tatsächlich all dieses sein; zum tieferen Verständnis eines autobiographischen Textes gehört es jedoch, seine verschiedenen Ebenen deutlich voneinander abzugrenzen. Erst die eingehende Analyse der Entstehungsbedingungen eines Textes bzw. seiner Subtexte lassen eine im engeren Sinne historische Bewertung und Auswertung der Quelle sinnvoll werden. Im Bewusstsein dieser Problematik stellen die folgenden Ausführungen den Versuch dar, eine Art politischer Biographie Ludwig Zenks in den Jahren 1943/46 zu skizzieren. Dabei soll auf zeittypische Denk- und Verhaltensmuster hingewiesen werden, die sich in der Persönlichkeit Zenks und seiner Biographie widerspiegeln.

Bei der im Folgenden ausgewerteten Quelle handelt es sich, soweit bekannt, um das einzig erhalten gebliebene Tagebuch Zenks. Seine Eintragungen in das grüne, ringgebundene Heft im Großoktav-Format zerfallen deutlich in zwei Teile: erstens die Notate vom 1.1.1943 bis zum 24.3.1943, dem Todestag des Vaters – hier bricht Zenk ab; zweitens die Notate vom 1.1.1946 bis zum 12.4.1946 – hier bricht Zenk wiederum ab, ohne dass ein ähnlich einschneidendes Erlebnis den Anlass dazu gegeben hätte. Die Blätter des Jahres 1946, insgesamt 96 Seiten, sind in einzelnen Bögen in das Ringbuchheft eingelegt. Die gute Beschaffenheit des Papiers und, soweit solche Schlüsse zulässig sind, auch die schön ausgeführten Schriftzüge zeigen Zenk als qualitätsbewussten und auf ästhetische Wirkung bedachten Menschen. Die stilistische Fassung der Eintragungen deutet darauf hin, dass Zenk die damals gängigen formalen Muster für das Tagebuch eines „Geistesmenschen" soweit verinnerlicht hatte, dass er sie quasi aus dem Stand reproduzieren konnte. Die gängigen Kriterien – Darstellung des Tagwerks und der Lektüre, Reflexion von persönlichen Erlebnissen und gesellschaftlichen Vorgängen und natürlich die Beschreibung des Wetters – werden alle erfüllt.

Der zeitliche Abstand zwischen den beiden Tagebuchperioden spiegelt sich auch im Inhalt wider: Während Zenk das Kriegsjahr 1943 in äußerer und innerer Ruhe erlebt, zeichnen das Jahr 1946 starke Unruhe, Unsicherheit aufgrund seiner persönlichen Situation und vor allem der drückend erlebte Mangel an Nahrungsmitteln und Gebrauchsgütern aller Art aus. Beiden Abschnitten gemeinsam sind immer wiederkehrende Themenschwerpunkte: künstlerische Fragen, gelegentlich auch kompositorische Anmerkungen, Schüler, Kommentare zu Politik und Zeitgeschehen, Theaterangelegenheiten und Kulissentratsch, Bucherwerb bzw. Lektüre, Beschaffung von Zigarren und Zigaretten und, wie bereits erwähnt, das Wetter. Gelegentliche, daher ungewohnte körperliche Tätigkeit wird ebenso hervorgehoben wie die durch den Materialmangel immer schwieriger Arbeit des Hobbyphotographen in der Dunkelkammer.

Ein wesentliches Charakteristikum der Zenkschen Tagebücher ist der Hang ihres Verfassers zur Selbststilisierung. In vielen Eintragungen skizziert Zenk das Bild eines nach Klarheit und Vervollkommnung strebenden unabhängigen Intellektuellen: Aus seinen Eintragungen spricht der geheime Stolz auf das eigene Urteilsvermögen, die Sicherheit des gleichsam ungetrübten Blicks eines in der Welt der Kunst und der „höheren Anschauungen" lebenden Menschen. Dass er sich dabei dem kritischen Ansatz eines Karl Kraus genauso verpflichtet fühlt wie einer imaginären „Reichsidee", wirft ein bezeichnendes Schlaglicht auf sein Denken. Die politische Praxis dieser Haltung entspricht der eines zweifelnden Mitläufers.

Am 20. Jänner 1943 notiert er, nach einer Photosession und einer „guten Jause" mit Anton Webern:

> Mit Webern allein; ich serviere ihm meinen vorbereiteten Mokka und Zigarren. Aussprache – ausgehend vom Buch Hildebrandts über Göthe [sic] kommen wir auf die derzeitige Entwicklung der Dinge zu sprechen. Webern hat wieder allerhand gehört ... (Hauser, Ratz ...?!) Die Lage im Kaukasus, im Raume von Stalingrad. Es steht wieder einmal verzweifelt ernst. Was ist nun zu erwarten! Herostratische Denkungsart, die sich für heroisch hält. Mein [darüber notiert: Unser] Wollen für eine Reichsidee, wie sie als Mythos im Hölderlinschen, im Goetheschen Werk gegeben ist; wie sie in Georges letztem Werk „Das neue Reich" manifestiert ist – demgegenüber die Realität, die uns mit aller Konsequenz ins Heutige führte. Weh dem Zerrissenen. In einer bewegenden Stunde schließe ich W. meine Zerrissenheit auf!¹⁴

Knapp eine Woche später sind Ludwig Zenk und seine Gattin zu Besuch bei einem befreundeten Ehepaar, beide Parteigenossen. Hier wird die Notlage eines „Geistesmenschen", der eine selbst zurechtgezimmerte Theorie von der Notwendigkeit des Reichs und die Praxis des Nationalsozialismus nicht in Einklang bringen kann, noch deutlicher:

> Ein gemütlicher Abend, gutes Essen und reichlich. Nachher ein französischer Rotwein, ein Cinzano, Gebäck, gebrannter Schnaps u. Mokka. [...] Gespräche über die <u>sehr sehr</u> ernste

---

14 TLZ, 20.1.1943 (o.S.). Dass andere Zeitgenossen mit der Reichsidee so gar nichts anfangen können, ruft bei Zenk gleichsam unterstrichenes Erstaunen hervor: „[... mit dem Schauspieler] Rudi Steinboeck im Kaffee Josefstadt bei Mokka. Rudi ist in seinen Anschauungen von der Entwicklung der kommenden Dinge ein absolut ‚anderer' Gedankengängen preisgegebener. Ihm ist die Reichsidee <u>gar nichts</u>!" [TLZ, 20.3.1943 (o.S.)].

Lage im Osten. Der gewisse „N.S.=Klicheè-Optimismus" den Wächters, als Leute denen es immerhin noch leidlich geht, zur Schau tragen, reizt mich zwar, mein Galligstes frei auszugeben. Dennoch, es gelingt über die an sich bewegendsten Dinge zu sprechen, ohne dass es zu wechselseitigen Brüskierungen kommt. Woferne ich eine positive Grundhaltung „der Idee" gegenüber betone, darf ich Wächters gegenüber <u>alles</u> gegen die Art ihrer Praktizierung sagen und wagen. Nun, ob ich verstanden werde ... Meinem Dringen auf <u>unbedingte</u> Reinlichkeit steht eine Zweckmoralität gegenüber; mein Bedürfnis nach Klarheit hat einen Optimismus zum Widerpart, der – aus Anschauungslosigkeit und Angst vor Realitäten geboren – einem kleinbürgerlichen Selbstberuhigungsbedürfnis entspringt.[15]

Doch selbst der Zusammenbruch der Ostfront und die Wende des Kriegsgeschehens, die Zenk als solche erkannte, lassen ihn – und nochmals Anton Webern – an der Person des Führers nicht zweifeln:

Um 7h ist Webern bei uns. Wiewohl wir von Gärtnerischen Dingen sprechen wollten (Webern hatte Bücher Försters mitgebr.) kam es vor und nach dem Nachtmahl nicht dazu. Das ausschließliche Thema des Abends war die derzeitige, höchst aufregende Situation! An der Ostfront ist alles im Weichen. Teile der Kaukasusarmee scheinen abgeschnitten. Rostow wurde preisgegeben! Charkow steht offenbar vor der Räumung. Webern eröffnet sich – auch in ihm ist alles, u. zumal unter dem Eindruck persönlicher Belastungen, zusammengebrochen. Ein Schüler Weberns, den ich nicht persönlich kannte, Mischling, Zahnarzt, Süß mit Namen ist als Komonist [sic] ergriffen und geköpft worden [...]. Wir stehen alle unter ungeheurem Druck, den die Gespenster der Zeit über uns vermögen! Über die Person des Führers, deren Positives uns nicht geschmälert werden kann, sprachen wir auch! Aber ach ... Eine Idee, die richtig ist, mit undienlichen Mitteln verfolgt muß zur Katastrophe führen. Wir sind ihrer gewärtig![16]

Zenks positiver Haltung zu Reich und Führer steht die Ablehnung der „undienlichen Mittel" gegenüber, mit denen der Nationalsozialismus seine Ziele – oder das, was Ludwig Zenk dafür hielt – zu erreichen versuchte. Seinem „Drängen auf unbedingte Reinlichkeit" steht die praktizierte Zweckmoralität der Parteigenossen gegenüber. Wer ein echter Nationalsozialist sein möchte, dem habe der Zweck die Mittel zu heiligen – diese Forderung musste dem intellektuell redlich sich mühenden Zenk wohl fremd bleiben. Und so verwundert es nicht, wenn jene Figur in der Parteihierarchie, die bei Zenk den meisten Abscheu erregt, Joseph Goebbels ist:

---

15 TLZ, 26.1.1943 (o.S.).
16 TLZ, 15.2.1943 (o.S.).

Zwischen den Vorstellungen im Kaffee Josefstadt bei Mokka im V.[ölkischen] B.[eobachter] gelesen. Ein Aufruf des Göbbels zum Neuen Jahr spricht es offen aus, daß dieses 1943 den Frieden nicht bringen werde. Sein Tenor „gelobt sei was uns hart macht" fordert mich zum Widerspruch heraus: Gelobt sei, was uns zart macht![17]

Lektüre im „Reich". Der Leitartikel des Goebbels! „Totaler Krieg". „Erfassung auch der letzten freien Minute". Anpöbelung eines jeden, der sich noch ein buon retire – nota bene ohnedies nur in seiner Vorstellung – von lieben Friedenserinnerungen bewahrt hat. Man spricht uns das Recht auf „Friedenssentimentalitäten" ab. Was hat dieser Mann nicht schon propagiert! Es geht ihm das Wasser bis an die Propagatorenschnautze. Seine ultima ratio ist Ordinärheit, Anpöbeln ...[18]

Besonders deutlich wird Zenks Abneigung gegen Goebbels anlässlich der berühmt-berüchtigten Rede vom Totalen Krieg am 18. Februar 1943 im Berliner Sportpalast. Zenk durchschaut die Inszenierung, erkennt auch die Konsequenzen des Totalen Kriegs, und er sieht das Ende des Dritten Reiches herankommen.

Goebbels Rede: Es muß verzweifelt stehen. Im Prinzip eine große Rede über die Themen „Totaler Krieg"! Es geht um alles. Ein Satz – „die dümmsten Kälber wählen ihre Metzger selber" – er trifft auf die „abstimmende" Versammlung, die als „das Volk" fungiert, indem sie die Rede, unter dem Zwang von Stimmungsmachern unterbricht und meist unterstreicht, zu. „Seid ihr einverstanden, daß, wer sich am Kriege vergeht, seinen Kopf verliert?" ... Jaaaaa ... Ein begeistertes Ja für den Scharfrichter!! Oh, oh, oh, was wird da heraufkommen, ehe es zum Ende mit Schrecken kommt.[19]

Es fällt auf, dass Zenk nach der Sportpalast-Rede kaum mehr politische Angelegenheiten in seinem Tagebuch notiert. Vermutlich kam es zu einem langsamen Prozess der Ablösung und Entfernung; die in den Nationalsozialismus – wenn auch nur bedingt – gesetzten Hoffnungen hatten sich nicht erfüllt. Da das Tagebuch im März 1943 abbricht, ist es zwar nicht möglich, diesen Prozess im Detail zu rekonstruieren. Eine Schlüsselstellung in dieser Entwicklung nimmt sicherlich Zenks Wiedereintritt in die Katholische Kirche ein: Er wurde am 8. April 1945, gemeinsam mit seiner Frau, „in periculo mortis" wieder in die Kirche aufgenommen.[20] Der Familienüberlieferung nach verbrachte er

---

17 TLZ, 1.1.1943 (o.S.).
18 TLZ, 16.1.1943, (o.S.).
19 TLZ, 18.2.1943, (o.S.).
20 Rückseitiger Vermerk der Dompfarre St. Stephan auf dem Geburts- und Taufschein Ludwig Zenks. Über die letzten Kriegs- und die ersten Nachkriegsmonate berichtet Zenk ausführlicher in einem Brief an Weberns Cousin Ernst Diez: „Als im September 1944 die Sperre aller Theater verfügt wurde, hatte ich mir ein

die letzten Kampftage in den Bombenkellern der nahe gelegenen Dompfarre; seinen Kirchenaustritt hat er – angeblich nach langen Diskussionen mit den anwesenden geistlichen Herren – jedenfalls rückgängig gemacht.

Kirche, Kirchenbesuche, Dank- und Stoßgebete nehmen einen wichtigen Platz in den Tagebucheintragungen des Jahres 1946 ein. Fast scheint es, als hätte Zenk seine eschatologische Heilserwartung von der Reichsidee als der Sendung der Deutschen Nation in Europa auf eine katholische Ebene transferiert. Dieser Gedanke liegt umso näher, als die Entfernung von der nationalsozialistischen Ideologie im Falle Zenks keine Entfernung von einer gelebten bzw. ausgeübten Praxis bedeutete, sondern von einer theoretischen Überzeugung, hinter der Zenk als „Geistesmensch" stand. Die eine Heilserwartung musste durch die andere gewissermaßen abgelöst werden, und da bot sich die katholische Kirche dem letztlich bürgerlichen Menschen Zenk als überzeugender Ersatz an.

Das eben Gesagte berichtet von den Umschwüngen der politischen Biographie Zenks in den Jahren 1943/46. Mindestens genauso deutlich tritt aus dem Tagebuch das

---

Nervenleiden zugezogen und kam zunächst, da meine linke Hand infolge dieses Leidens gänzlich atrophisch u. gelähmt war, weder zur Wehrmacht, die mich untauglich befunden hatte, noch zum Einsatz als Rüstungsarbeiter. Damals traf ich mich noch verhältnismäßig viel mit unserem Webern. Weihnachten 1944 kam ich als Luftschutznachtwächter zur Gesellschaft der Musikfreunde. Webern machte damals in der Universal-Edition Dienst und so sahen wir uns ziemlich oft. Das ging so bis Februar 1945. Webern hat unter der Bombenzeit unermeßlich gelitten! Wir haben es alle – weiß Gott!! Aber Webern war ganz am Rande … !! Am 18. Februar wurde ich über Nacht zum Volkssturm eingezogen. Es war mir gar keine Zeit gelassen, persönliche Dinge zu ordnen. (Damals funktionierte fast keine Tramway, kein Telephon; eine Postkarte von Wien I. nach Hietzing war 12–14 Tage unterwegs, wenn sie überhaupt ankam. Alle Kommunikationen stockten. Licht, Gas, Wasser – alle diese Dinge funktionierten nicht mehr.) […] Am 17. III. wurde ich […] als Bewachungssoldat in einem eben schwer bombardierten Lokomotivenwerk, ziemlich schwer verwundet. […] = Ich war am Gründonnerstag 45, als das Lazarett, in welchem ich lag, in den Bereich von Kampfhandlungen rückte, von dort an Krücken und schwer fiebernd eskapiert und hoffte mir am Stephansplatz so viel Frieden, um auf Genesung warten zu dürfen. Es ging alles eher denn friedlich her im Zentrum. Die Linie des Donaukanals war die einzige von einiger Widerstandsfähigkeit für die sich ‚absetzenden' deutschen Armeen. So wurde die Innenstadt Front. Wir haben alles kennengelernt …! Immerhin, wir müssen Gott danken; wenn wir auch ausgeplündert wurden, Kleider, Mäntel, Wäsche etc. verloren haben und heute recht zerlumpt gehen – unser Haus steht!!. Eines der wenigen am Stephansplatz. Wir hatten ja alles abgeschrieben! Denn auch unser Haus hatte am Dachstuhl Feuer gefangen, nachdem dieser durch Luftdruckwirkung von Bombentreffern mehrfach defekt geworden war. = Bis Juni 1945 ging ich mit offenen eiternden Wunden. Immer wieder von Fieberattacken heimgesucht. Dann kam Ruhr und durch absolutesten Hunger völlige Entkräftung. […] = Seit Mai 45 wurde im Theater unter der Leitung eines Regisseurs (Rudolf Steinböck, der indessen Direktor des Th. i. d. Josefstadt geworden ist) gespielt. Wiewohl krank und elend habe ich fleißig mitgearbeitet. Unvergeßlich bleiben mir die Wege, nachts vom Theater nach Hause, mich im Bangen darum, ob ich den nächsten Schritt noch tun könne, von Haus zu Haus weitertastend. Hatte ich einen freien Tag, saß ich pausenlos am Klavier und trainierte meine linke Hand – in einer Art passiver Gymnastik – zurück zur Eigenbeweglichkeit, bis ich sie wieder ‚in der Hand' hatte.=" (Sacher Stiftung, Sammlung Ernst Diez).

Festhalten an langjährig geübten Denkmustern hervor, über die Schwelle des Kriegsendes und der ersten Nachkriegszeit hinaus. Da ist vor allem das bei manchen Intellektuellen der 20er und 30er Jahre stark verbreitete Misstrauen gegenüber demokratischen Institutionen. Auf die Gründe dieser Haltung kann im Rahmen dieses Beitrags nicht näher eingegangen werden; es sei nur daran erinnert, dass die letztendlich wirkungsmächtigsten politischen Strömungen der Zwischenkriegszeit in Europa – Nationalsozialismus bzw. Faschismus und Kommunismus – beide auf dem Boden nicht hinreichend stabiler demokratischer Regierungsformen entstanden. Das eben erwähnte Misstrauen gegen die Demokratie, die demokratischen Institutionen und auch gegen demokratische Politiker wird von Zenk quasi als Motto über seine am 1. Jänner 1946 beginnenden Eintragungen gesetzt:

Mitternacht! Das bitterste, verlustreichste Jahr, randvoll mit Erschütterungen ohne gleichen geht zu Ende. Im Radio spricht der Herr Bundeskanzler Fiegel – Figl, Orthographie Nebensache – und klingt so, wie mans einst Dollfuß nachsagte a la „Hausmasters voice". Ich sorge durch Abdrehen des „Empfangsgerätes" für Schluß des Empfanges, für Familiarität, Exclusivität.[21]

Etwas weiter heißt es:

Man friert elend in der Wohnung. Von den in Aussicht gestellten 50 kg Kohle je Haushalt ist nicht mehr die Rede – am 3. Jänner darf man noch nicht heizen! Das einzige was die Regierung zu tun hätte, Versorgungs- und Verwaltungsprobleme zu lösen, läßt sie kalt. Demzufolge frieren wir, hungern wir, sind wir ohne Möglichkeiten die desolate Beschuhung zu reparieren oder ergänzen zu lassen; ohne Möglichkeit, die durch Abnutzung defekten Reste der zudem durch Plünderungsakte auf ein Nichts reduzierten Garderobe reparieren zu lassen. Aber täglich liest man Psalmen eines oder mehrerer Herren Politiker auf die Befreier! Täglich werden wir mit demokratischem Ethos eingeseift und eingesalbt.[22]

Dass dieses Ethos nicht so recht haften will, hat bei Zenk mehrere Gründe: Zum einen sieht er die Unzulänglichkeiten der ersten Nachkriegsjahre – die Schieber und politischen Günstlinge, die Nichtbestrafung oder zu geringe Bestrafung politischer Verbrechen –, auf der anderen Seite hatte Zenk als Registrierungspflichtiger sozusagen in eigener Sache Schwierigkeiten mit der Bürokratie des neuen Staates. Er selber hielt sich in sittlicher Hinsicht für völlig „rein" und vergleicht in einer aufgeregten Diskussion über Zustände am Theater in der Josefstadt das mögliche Vergehen einer Verlagsarisierung mit der verspäteten Rückgabe eines Buchs:

---

21 TLZ, 1.1.1946 (S. 1).
22 TLZ, 3.1.1946 (S. 5).

Auch wies I[…] darauf hin, da es eben nicht leicht sei, mich, den Registrierungspflichtigen, überhaupt „halten" zu können. Mir dem Reinen, gesagt; von einem, der den Verlag E. P. Tal oder Strache oder wie er sonst heißt, jedenfalls einen ganzen Verlag und einen rentablen dazu „mit Putz und Stingl" (und wahrscheinlich nicht mit zärtlich rücksichtsvollem Bedenken dem ursprünglichen Besitzer gegenüber) arisiert hat! So Herr Dr. I[…], der schon seit Juni 1945 meine gesammelten Gedichte Hildegard Jones in den Klauen hat, die ihm zur Kenntnisnahme geborgt waren.[23]

Ludwig Zenk war also registrierungspflichtig, und zwar aufgrund einer Parteianwartschaft. Er selber berichtet anlässlich seines Antrags auf Deregistrierung, wie es dazu kam:

Ich unterzeichne, was ich zu Protokoll gegeben, daß ich mich nämlich im Frühjahr oder Frühsommer 38 um Aufnahme in die NSDAP beworben habe, um meine jüdisch verehelichte Schwester vor dem Verlust ihrer und der [I]hren Existenz schützen zu können. Daß mich die Parteilokalität nur aus diesem Anlaß gesehen habe; daß ich kein „alter Kämpfer" gewesen sei; daß ich ferner wegen beharrlicher Weigerung, an der „Arbeit der Partei" und deren Versammlungen teilzunehmen, Ende 1940 meiner Anwartschaft verlustig gegangen bin; und eben nicht ohne mein Dazutun. Der Referent, ein Herr (Dr.?) Bielasko „St.Insp.", teilte mir mit, daß mein Akt im Ministerium des Inneren liege, und daß ich mit einer positiven Erledigung meines Ansuchens um De-Registrierung zu rechnen hätte – in welchem Zusammenhange auch seine Recherche bezüglich des Zeitpunktes meines Parteianwartschaftsbeginnes erfolge. (Anwärter seien erst ab Juni 1938 aufgenommen worden; vorher, vor diesem Zeitpunkt, seien nur „Alte Kämpfer" aufgenommen worden. Ich habe, wann weiß ich nicht mehr, den Kontakt zu einer Ortsgruppe der NSDAP im Frühjahr oder Frühsommer hergestellt, indem ich die Ortsgruppe besuchte. Dort notierte man meinen Namen. Nach langer Wartezeit überbrachte mir ein Blockwart oder dergl. einen Fragebogen und wieder einige Zeit nach dessen Ausfüllung besuchte mich, von da ab regelmäßig, ein Blockwart der von mir Beiträge von etwa 2.50 RM einkassierte; und das bis zu meinem Ausschluß.)[24]

Soweit Ludwig Zenks formale Darstellung seiner Geschichte; bedingt durch seine familiäre Situation muss sich Zenk jedoch auch für Dinge verantworten, die über das Formale hinausgehen. Bei seiner Rückkehr nach Wien kommt der amerikanische Soldat Anton Swarowsky, Sohn des Dirigenten Hans Swarowsky aus erster Ehe und Zenks Neffe zweiten Grades, auf seine Mutter, Lia Laszky, in New York, zu sprechen. Zenk berichtet:

---

23 TLZ, 3.4.1946 (S. 86 f.).
24 TLZ, 18.1.1946 (S. 21).

Sie sei sehr böse auf mich, da ich als Schönbergschüler es vermocht hatte, zur Partei zu gehen. – Ich erinnere mich, sie im Frühsommer 1938 getroffen zu haben; ich trug damals ein Hakenkreuzabzeichen, dem der Partei ähnlich; ich war in der Ravag, um mich wegen Dirigierens vorzustellen, gewesen und auf dem Weg in die Spengergasse. Vor dem Meinleck am Ring hatte ich Lia getroffen. Ich hätte ihr allerhand Erklärungen … abgegeben. – Er Toni teile nicht die Animosität seiner Mutter; ihm sei das ganz gleichgültig, etc. etc. – Ich berichtige, was Toni auf Grund der Aussagen seiner Mutter glauben zu müssen genötigt gewesen wäre. Ich bat ihn, von diesen Dingen nichts bei seinem Onkel Dr. Wolf Laszky zu erwähnen.[25]

Ob es für einen Parteianwärter außergewöhnlich war, ein Hakenkreuzabzeichen zu tragen, sei dahingestellt. Die eben geschilderte Situation muss jedoch Zenk in einen letztlich ausweglosen Erklärungsnotstand gebracht haben: denn hätte er das Parteiabzeichen aus Überzeugung getragen, müsste er Lia Laszky und wohl auch sich selber eingestehen, zumindest im Jahre 1938 Nationalsozialist gewesen zu sein. Hätte er es aus Kalkül getragen – die Bewerbung als Dirigent im Rundfunk –, dann müsste er sich zumindest eines unappetitlichen Opportunismus zeihen lassen. Er, „der Reine". Es ist verständlich, dass diese Situation schwer auf Zenk lastete, zumindest ebenso schwer wie das formale Problem der Deregistrierung. Er trägt sich daher mit dem Gedanken, einen Brief an Lia Laszky zu verfassen und – als nunmehr guter Katholik – ein Werk der Buße zu unternehmen:

Mich beschäftigt im Zusammenhang mit Dr. W. Laszky – Toni und Lia unausgesetzt der Gedanke, an Lia einen ausführlichen Brief zu schreiben! Da will ich in den Dingen, welche sie mir vorwerfen zu dürfen glaubt, soweit ich nur einen Vorwurf anerkennen kann Abbitte tun; ansonsten will ich mich gegenüber mir zu Unrecht vorgeworfenen Gegenständen rechtfertigen. Dann beschäftigt mich der Gedanke, und er ist mir nahezu zum festen Vorsatz gereift, einem jüdischen Waisenkinde, sobald nur unsere Verhältnisse geklärt sind, Unterstützung – entweder unmittelbar oder über eine jüdische Organisation zugute kommen zu lassen.[26]

Die Frage von Irrtum und Erkenntnis, letztlich von Wahrheit im historischen und im persönlichen Sinne ist ein zentrales Motiv in Zenks Notizen aus dem Frühjahr 1946. Im Zusammenhang mit diesem Brief erwähnt er ein „ach wie furchtbar (Lia!) zutreffendes Epigramm von Grillparzer":

Jeder Irrtum hat drei Stufen:
Auf der ersten wird er ins Dasein gerufen,

---

25 TLZ, 14.2.1946 (S. 54).
26 TLZ, 16.2.1946 (S. 56).

Auf der zweiten will man ihn nicht eingestehen,
Auf der dritten macht nichts ihn ungeschehen.[27]

Vermutlich ist auch das folgende Zitat in diesem Zusammenhang zu lesen:

Webern sagte mir einmal den Satz, der mir immer wieder ins Gedächtnis kommt: „Du mußt dein Leben wahr machen". Dieser Satz ist möglicher Weise aus einem Briefe Vincent van Goghs – oder sollte er von Sören Kierkegaard sein? – daran erinnere ich mich nicht. Aber der Satz, das Wort hängt mir, ein Vermächtnis Weberns, im Bewußtsein und taucht immer wieder auf. […] Über diesen Satz […] muß ich einmal Betrachtungen, wie ich sie anstellte, zur Niederschrift bringen. Heute zu wenig Zeit![28]

Am 17.2.1946 entwirft Zenk, unter großen Qualen und Windungen, das angekündigte Rechtfertigungsschreiben an Lia Laszky in New York:

Zu Hause dann ein Fußbad, große Wohltat im geheizten Zimmer. Dann habe ich meinen Brief […] begonnen. Unerschöpflich der Gegenstand!! Schwer, alles, was gesagt werden muß, auszusprechen. Sich um eines, notabene halben Irrtums Willen, dem man, nachdem man ihn vor 8 Jahren begangen, nun längst abgeschworen, den man unsagbar bereut hat, zu rechtfertigen. – Es wurde sehr spät.[29]

Trotz aller Zeitnotstände, trotz aller Windungen, Umschreibungen und Stilisierungen: Ludwig Zenk hat diesen Brief fertiggestellt und über Anton Swarowsky nach New York weitergeleitet. In einem Gespräch mit dem Autor erinnerte sich Anton Swarowsky an diesen Brief; er sei „sehr lang, in einer winzigen Schrift und furchtbar gewunden" gewesen. Auch wenn dieser Brief heute vermutlich verloren ist, können wir seinen Inhalt in Grundzügen vielleicht rekonstruieren: Erhalten geblieben ist nämlich der Anhang zum „Gesuch um Streichung aus den Listen ehemaliger Nationalsozialisten", welchen Zenk im Mai 1947 bei der „Registrierungsstelle" einreichte. Die ganze Zwiespältigkeit, Unentschiedenheit, aber auch Unsicherheit des Charakters von Ludwig Zenk spiegelt sich im ausführlichen Anhang zu diesem Gesuch wider. Er sei daher hier in extenso zitiert:

Schon die Voraussetzungen für meine Aufnahme in die NSDAP waren eben nicht prädestinabel. Meine Schwester, Therese Füllenbaum-Frazer, seit 1938 nach England emigriert und nunmehr englische Staatsbürgerin, war mit einem Juden verheiratet. Des weiteren waren

---
27 TLZ, 19.2.1946 (S. 60).
28 TLZ, 2.3.1946 (S. 77).
29 TLZ, 17.2.1946 (S. 58).

andere nahe Angehörige jüdisch verehelicht und deren Kinder als Mischlinge wieder mit Juden verheiratet. – Persönlich gehörte ich als Komponist einem Kreis avantgardistischer Musiker, dem um Arnold Schönberg, Anton von Webern und Alban Berg, welche alle als „entartet" und als „Kulturbolschewiken" der Diffamierung verfielen, an. Ich war Vorstandsmitglied der Internationalen Gesellschaft für neue Musik und meine bis 1938 bekannt gewordene Produktion mußte ebenfalls der Diffamierung verfallen. – Zudem war ich des öfteren im künstlerischen Teil von Veranstaltungen der Sozialdemokratischen Partei, gelegentlich auch als Dirigent, vor die Öffentlichkeit getreten. – Schließlich waren die meisten meiner beruflichen Freunde und das Gros meiner Kompositionsschüler Juden. [...]

Darüber hinaus erzeugten alle anderen Erfahrungen, die sich nach der Besetzung Österreichs ergaben, Zug um Zug ein Gefühl von Abgesperrtheit, ausweglose Ausgeliefertheit und des Beschmutztseins; ein Gefühl unerträglicher Bedrücktheit und das unabweisliche Bedürfnis nach Protest. Abgesehen von jenem Besuch der Ortsgruppe Stubenviertel, den ich, um mich in die Aufnahme in die NSDAP zu bewerben, unternommen hatte, habe ich jene nicht mehr betreten. Aber man kam zu mir und wollte mich als Mitarbeiter und Laufburschen für die Partei gewinnen, beziehungsweise mich dazu nötigen. Ich habe mich konsequent dagegen verwahrt und Gespräche, welche sich im Anschluß an solche Weigerung ergaben, als willkommenes Ventil für Protest und Kritik benützt; anfangs in argloser Ahnungslosigkeit gegenüber der jede Kritik ausschließenden parteiamtlichen Haltung; später unter Nutzung einer gewissen dialektischen Überlegenheit, welche ich gegen eine bloß parteirangbedingte auszuspielen wußte.

Es war mir, je mehr sich meine Anschauung vom wahren Gesicht des Nationalsozialismus komplettierte, immer unabweislicheres Bedürfnis, es zu bekunden, daß man sich um der Reinlichkeit willen mit den NS-Dingen nicht identifizieren könne. So ist mir oft genug dringlichst und bedrohlichst nahe gelegt worden, mir – woferne ich nicht in ein KZ gebracht werden wolle – meine Gedanken nicht zu machen und zu schweigen. Hatte ich nach dem Umbruch 1938 um der unantastbaren deutschen Dinge und Werte willen noch mißverständlich geglaubt, dem Nationalsozialismus einiges zugute halten zu müssen, war ich voll Beschämung, als ich es aufs drastischeste erlebte, wie dieser Irrglaube ad absurdum geführt wurde. Und diese Beschämung sprach ich aus, weil ich sie los werden mußte. Und vorsichtig war ich nur dann – und dann nicht auf lange – wenn ich, nachdem ich bedrohliche Rückäußerungen provoziert hatte, auch die Gefährdung meiner Angehörigen befürchten mußte.

Das Ergebnis meiner konsequent mich vom Nationalsozialismus distanzierenden und pazifistischen Haltung war der in meinem Gesuch erwähnte Ausschluß durch Kreisgerichtsverfahren, gegen welchen ich nicht rekurriert habe."[30]

---

30 Akt im WStLA M. Abt. 119 A42/47 NS-Registrierung 1945–1947 Zenk, Ludwig. Im Gesuch selbst berichtet Zenk, er habe den ihm durch einen Parteiboten zugestellten Bescheid „als lästiges Zeugnis des mich

Ludwig Zenk war – anders als viele andere – aufgrund seiner persönlichen wie familiären Situation gezwungen, Rechenschaft über sein Tun und Lassen während der Zeit des Nationalsozialismus abzulegen. Immerhin hat er sich im Rahmen seiner Möglichkeiten dieser persönlichen Herausforderung gestellt und dabei in manchen Bereichen einen Prozess der politischen Bewusstseinsentwicklung durchlaufen. Und doch: Als typischer „Mitläufer" aus dem Bereich der geistigen und kulturellen Elite, der den Nationalsozialismus in intellektueller Überheblichkeit als bloß unappetitliche Ausformung eines ansonsten mythisch-hehren Reichsgedankens erlebte, blieb er auch nach dem Krieg seinem vordemokratischen Erfahrungshintergrund und den daran geknüpften Denkmustern treu. Alfred Polgar hat diese Geisteshaltung so zynisch wie treffend charakterisiert:

Und nicht verschwiegen darf auch werden, daß es viele im Nazi-Reich gab, die zu den schmutzigen und blutigen Ereignissen dort zwar nicht laut „Nein" sagten, aber immerhin die keineswegs ungefährliche Charakter-Stärke aufbrachten, nicht laut „Ja" zu sagen. In ihrer Mehrheit jedoch erwiesen sich „die Geistigen" im Reich, gleich einer dummen Masse, als brave Schüler in der Schule der Verdummung und Verrohung. Gewiß, der Unterricht war erbarmungslos streng, aber seine Resultate so außerordentlich, daß sie ohne eine gewisse natürliche Begabung der Unterrichteten für den Lehrstoff kaum hätten erzielt werden können. Sie mußten, so hart es ihnen fiel, hinein in die Schrifttums-Kammer, die Kultur-Kammer, die Theater-Kammer, die Presse-Kammer. Wenn ich sie nicht recht von Herzen bedauern kann, so deshalb, weil mein Mitleid aufgebraucht wird für die, die in die Gaskammer mußten.[31]

---

beschämenden Faktums, mich mit diesen Weltbrandstiftern eingelassen zu haben, vernichtet". Diesen Bescheid nicht vorlegen zu können, bedingte jedenfalls die Schwierigkeiten Zenks mit der Registrierungsstelle und verhinderten lange Zeit seine Deregistrierung.

31 Alfred Polgar, Der Emigrant und die Heimat, in: ders., *Kleine Schriften*, Bd. 1: *Musterung*, Reinbek bei Hamburg 1994, S. 204.

III. TEIL: 1945–1975

Erika Horvath

ZU SWAROWSKYS BIOGRAPHIE NACH 1945

Nachdem das von den Alliierten verhängte Dirigierverbot wieder aufgehoben worden war – sein Sohn Anton war mittlerweile in die USA zurückgekehrt –, ging Swarowsky zurück nach Wien, in der Hoffnung, in seiner Heimatstadt als Dirigent reüssieren zu können. Tatsächlich eröffneten sich ihm zahlreiche Möglichkeiten, nun endlich sein Können unter Beweis zu stellen und eine ihm angemessene Stellung zu erreichen. Nach einem erfolgreichen Konzert mit den Wiener Symphonikern verhandelte man mit ihm wegen der Chefdirigentenstelle, die Wiener Akademie für Musik und darstellende Kunst bemühte sich um ihn als Dirigierlehrer und auch in der Oper war man interessiert, mit ihm zusammenzuarbeiten. Ebenso im Gespräch war die Herausgabe einer Zeitschrift, wobei jedoch Swarowsky die Genehmigung vom Ministerium einholen musste. „Entscheidender Mann dafür: Herr Zellwecker, der Lust hat, Schwierigkeiten zu machen!!"[1] Von diesem – letztendlich nicht realisierten – Plan, in Wien eine Zeitschrift zu gründen, ähnlich den *Stimmen*[2] Stuckenschmidts und Rufers in Berlin, berichtet Alfred Schlee, damaliger Leiter der Universal Edition, Arnold Schönberg:

> Im August oder September wollen wir das erste Heft unserer neuen Musikzeitschrift herausbringen. Die Zeitschrift, die wir zwar als eine Fortsetzung des „Anbruch" ansehen, soll sich von diesem in vielen Punkten unterscheiden. Es soll keine Zeitschrift sein, die Verlagspolitik betreibt. Es soll in dieser Zeitschrift auch nicht ausschliesslich über moderne Musik gesprochen werden, sondern der Begriff „Neu" soll sich nicht nur auf die Produktion, sondern auch auf die Reproduktion beziehen: „neu" in diesem Sinn sollen auch musikhistorische Erkenntnisse sein, zu denen wir heute gelangt sind. Wir legen Wert darauf, dass es eine unbestechliche Zeitschrift ist und dass die Aufsätze nicht allgemeine, sondern speziale Themen behandeln und diese möglichst erschöpfen, sodass die Zeitschrift Quellenmaterial für eine Betrachtung der musikalischen Situation in unseren Jahren zusammenstellt.
> Selbstverständlich soll sie ausserdem möglichst genau alle Aufführungen neuer Musik registrieren. Die Zeitschrift wird von Swarowsky und mir redigiert.[3]

---

1   Hans Swarowsky an Anton Swarowsky, ca. 1.6.1946, NlAS.
2   *Stimmen. Monatsblätter für Musik*, hg. von Hans Heinz Stuckenschmidt/Josef Rufer, Berlin 1947–1949.
3   Alfred Schlee an Schönberg, 2.5.1946, ASC (für den Hinweis auf diese Quelle danke ich Dörte Schmidt). [Zu diesem Projekt finden sich umfangreichere Aufzeichnungen in NlHS. – Hg.]

Nachdem viele der großen Dirigenten, die während des Dritten Reiches ihre Karriere fortsetzen oder gar beginnen bzw. intensivieren konnten, nunmehr durch die Dirigierverbote der Alliierten dem Musikmarkt entzogen wurden, bot sich Swarowsky, der seine Dirigentenkarriere hatte unterbrechen müssen, eine relativ gute Verhandlungsbasis. Sein Gegenspieler war Josef Krips, der in Wien hatte untertauchen und als Fabrikarbeiter überleben können.[4] Nach dem Krieg war Krips maßgeblich am Wiederaufbau des Wiener Musiklebens beteiligt. Unter seiner Leitung fanden wieder Opernaufführungen der Staatsoper in der Volksoper und im Theater an der Wien statt, wurden die philharmonischen Konzerte veranstaltet und die Hofmusikkapelle reaktiviert. 1946 und 1947 dirigierte er das Neujahrskonzert und trat jährlich bei den Salzburger Festspielen auf. Mit Gastspielen in Russland, Frankreich, England, Holland, Belgien, Italien und ersten Musikfilmen trug er wesentlich zum internationalen Ruf der Wiener Oper und der Philharmoniker bei.

Auch die Akademie für Musik und darstellende Kunst übertrug 1945 die Leitung der Kapellmeisterklasse zunächst Josef Krips, der die Position jedoch bald wegen seiner intensiven Dirigiertätigkeit aufgeben musste. Vom Studienjahr 1946/47 an übernahm Hans Swarowsky gemeinsam mit Hermann Schmeidel die Leitung und wurde ab Februar 1947 offiziell zum alleinigen Leiter der Kapellmeisterklasse und der Orchesterschule an der Musikakademie ernannt, eine Position, die er bis zu seiner Emeritierung im Jahre 1970 und inoffiziell bis zu seinem Tod 1975 mit einer einjährigen Unterbrechung beibehielt und mit der er nicht nur seinen größten und nachhaltigsten Erfolg erzielte, sondern die Wiener Musikakademie auch zu einem Zentrum der Dirigierpädagogik machte und Studenten aus der ganzen Welt nach Wien zog.

Die Chefdirigentenstelle der Wiener Symphoniker sollte ebenfalls mit Josef Krips besetzt werden und Dirigent und Orchester standen bereits in Verhandlungen. Nach seinem fulminanten Debütkonzert entschied man sich jedoch spontan für den in Wien noch relativ unbekannten Swarowsky, der mit seiner doppelten Berufung in leitende Positionen eine denkbar günstige Startposition hatte.

Aufgrund der schlechten Versorgungslage der Wiener Bevölkerung nach dem Krieg war jedoch auch für Swarowsky die Nahrungssituation Grund für ständige Belastung. Die Briefe an den Sohn in New York sind nicht zuletzt Bittbriefe um Lebensmittelpakete und die notwendigsten Gebrauchsgüter wie Seife oder Rasierschaum, Stoff für Hemden und Anzüge. Viele Monate wurde Swarowsky von Erwin Ratz unterstützt, dessen Frau ihn regelmäßig bekochte:

---

[4] Josef Krips erzählt von den schwierigen Jahren, die er als „Halb-Jude" im Wien der Nazi-Zeit verbrachte, in seiner Autobiographie: Josef Krips, *Ohne Liebe kann man keine Musik machen. Erinnerungen*, hg. und dokumentiert von Harrietta Krips, Wien/Köln/Weimar 1994.

Ich hungere wirklich, denn ich bekomme jetzt die Marken und esse wirklich nur, was auf sie geht bei Frau Ratz, also Kochsalat und Kartoffel jeden Tag. Ich brauche gute Konserven, ordentliches Fett, auch Schokolade, Kaffee habe ich noch, Zucker überhaupt keinen mehr.[5]

Der Musikwissenschafter Erwin Ratz[6] gehörte seit der gemeinsamen Lehrzeit bei Schönberg und Webern zu Swarowskys engsten Freunden. Nach dem Krieg waren sie zudem Kollegen an der Akademie, wo Ratz bis zu seinem Tod im Jahr 1973 „Einführung in die musikalische Formenlehre" unterrichtete. Swarowsky war während des Krieges mit Ratz in Kontakt geblieben und bei seinen Wien-Aufenthalten Gast in dessen Wohnung, wie auch in den ersten Monaten nach seiner Rückkehr nach Wien im Jahre 1946.

Unterkunft fand Swarowsky auch bei dem Schauspieler Hubert Marischka, den er schon zu Volksopernzeiten kennengelernt und mit dem er in der Reichsmusikkammer Operetten bearbeitet hatte.[7] Der Schauspieler, Sänger, Regisseur, Theaterdirektor, Librettist und Filmproduzent, der 1908 als Operettentenor debütiert hatte (ab 1912 am Theater an der Wien), war seit 1921 Mitdirektor mit seinem Schwiegervater W. Karczag und 1923–35 Direktor des Theaters an der Wien, wo er zahlreiche Operetten erstaufführte, ab 1926 auch des Raimundtheaters. Mit seinem Bruder Ernst, der bei den *Sissi*-Filmen mit Romy Schneider Regie führte, ist er einer der Begründer der österreichischen Filmproduktion.[8] Marischka bewohnte eine Villa in der Hietzinger Hauptstraße, wo er legendäre Feste für seine Filmkollegen zu veranstalten pflegte, an denen auch Swarowsky und seine junge Verlobte Doris Kreuz teilnahmen, was einen enormen Eindruck auf diese hinterließ:

Hubert Marischka habe ich auch kennengelernt. Er hatte eine wunderbare schöne große Villa in der Hietzinger Hauptstraße und machte immer große Einladungen. Da kam damals die ganze Crème de la Crème vom Film, lauter fesche Leute. Das war für mich damals unvorstellbar beeindruckend. Die vielen, jungen und hübschen Schauspielerinnen […]. Hubert hatte auch drei sehr fesche Söhne. Und so viele interessante Frauen. Ich war ganz geblendet damals. Meine Mutter hatte mir dafür aus einem alten Schlafrock von meiner Tante – das war so ein schwerer, seidener Schlafrock – ein Abendkleid zusammengeschneidert.[9]

---

5 Hans Swarowsky an Anton Swarowsky, ca. 1.6.1946, NlAS.
6 Johannes Kretz, Erwin Ratz. Leben und Wirken. Versuch einer Annährung, in: *Studien zur Wiener Schule 1*, Frankfurt a.M. usw. 1996 (Musikleben 4), S. 13–121. Siehe zu Erwin Ratz und dessen Beziehung zu Swarowsky auch die Beiträge von Otto Karner und Herta Blaukopf in diesem Band.
7 Doris Swarowsky im Gespräch mit Erika Horvath, Wien, 27.3.2003.
8 http://www.aeiou.at/aeiou.encyclop.m/m234394.htm (5.8.2021).
9 Doris Swarowsky im Gespräch mit Erika Horvath, Wien, 27.3.2003.

Zwischendurch logierte Swarowsky im dritten Bezirk: „Ich wohne sehr schön mit alten Prachtmöbeln im Botschafterviertel, eigenes Bad, Wien III, Modenapark 10, Tür 13. Ess mittags bei Ratz, abends nur aus Packeln."[10] Doch die allgemeinen Existenzsorgen blieben Grund für gesundheitliche und psychische Anspannungen und Probleme.

> Ich würde täglich schreiben – aber was ich in diesem Wien herumrenne, davon machst du dir keinen Begriff. Wieviel Leute, wieviel Verhandlungen, wieviel Lügenzeug und Quertreibereien es hier gibt – mein Gott wie armselig ist dagegen unser Stuttgart mit dem einen Fischer und dem Kaufmann![11]

Über Sohn Anton versuchte er Kontakte zu schaffen bzw. alte Kontakte zu emigrierten Musikern zu nutzen, um beruflich in den USA Fuß zu fassen.

> Frag in New York, was mit meinem Freund Karl Kritz geworden ist, Kapellmeister, vor 10 Jahren, 50 West 67th Street, City, ein sehr begabter kleinbürgerlicher Bursche, der viele Verwandte hat und sicher was für mich tut. Auch ob noch der Gesangsmeister Kiesewetter lebt, der in Stuttgart mit mir und Maria war, und ein sehr einflussreicher Mann sein muss, damals 33 West 67 Str – ob er sich noch an unsern Ausflug an die Solitude erinnert. Dann geh zu meinem Freund Paul Bechert […] er soll dir raten usw. zieh dich schön an zu ihm, du erreichst ihn durch das Essex House, Horwitz oder Piatigorski wissen sicher seine Adresse, auch der Musical Curier. Der kann, wenn er will viel machen! In der Metropolitan ist auch der Tenor Baum, der mich gut von Zürich kennt und mir sogar glaub ich zu Dank verpflichtet ist. Warst du schon bei der Jessner, […]? Ferner, – wo ist der Agent Reitler? Früher Neue Freie Presse, dann Wiener Konservatorium, kennt mich genau, ist mir sehr wohlgesinnt, soll viel zu reden haben![12]

> Mit Ora besprich sofort einen Vorstoß, wie ihr mich managen könnt. Frag ob sie den Judson […] kennt oder Leute kennt, die Leute kennen, die ihn kennen usw. Es muss ein Kapellmeister Martin in Amerika sein – wo?? Dieser ist mein Feind, böser Feind aus Berlin. Er wurde wegen nichtarisch von Göring entlassen und hat – stell dir vor!!!!! – mich beschuldigt, ihn verraten zu haben! Er war der Freund von C. K. [Clemens Krauss] und maßlos eifersüchtig auf mich. Er wird das auch bei euch sagen, es ist entsetzlich dran zu denken. Dieser darf nie in die Quere kommen![13]

---

10 Hans Swarowsky an Anton Swarowsky, 23.10.1946, NlAS.
11 Hans Swarowsky an Anton Swarowsky, undatiert (ca. 12.6.1946), NlAS.
12 Hans Swarowsky an Anton Swarowsky, undatiert (ca. 5.6.1946), NlAS.
13 Hans Swarowsky an Anton Swarowsky, undatiert (ca. 12.6.1946), NlAS.

Es schrieb mir der Theateragent Hans J. Hofmann, 35–42 73RD Street, Jackson Heights L. J., New York, ein alter Freund von mir, der auch bei Julchen in Zürich verkehrte. Er will mich vertreten usw. Bitte ruf ihn einmal an, erzähl ihm alles, sag, dass ich bald schreiben werde, wie ich Zeit habe und dass er alles für mich tun kann, was möglich ist und halt Verbindung mit ihm, er ist sehr nett. [...] Tausendmal wichtiger als er ist André Mertens von dem Columbia-Konzert, ein großer Mann, der mich sehr gut kennt, [...]. Es schrieb mir Ernest Free Manfred, 230 West 82nd Street New York 24, NY. [14]

Letzten Endes erfüllt sich der Traum von einer festen Stelle in einem Land, wo er auf mehr Verständnis für die von ihm vertretene Aufführungspraxis hoffte, jedoch nicht.

Als wichtige Beschäftigung neben der Musik galt Swarowsky seit jeher das Sammeln von Stichen, Autographen und wertvollen Buchausgaben. Gerade in den ersten Nachkriegsjahren wurde es ihm auch zu einer wichtigen Einnahmequelle, da er viele Ausgaben, Manuskripte und Stiche, die er in diversen Wiener Antiquariaten sowie im Dorotheum günstig erstand, zu Sohn Anton in die USA sandte, mit dem Auftrag, sie weiterzuverkaufen und im Gegenzug Carepakete, die die Hauptnahrungsquelle darstellten, Meinlbons und Gebrauchsgüter wie Stoffe, Rasierklingen oder Schreibfedern zu schicken. Besonders nachdrücklich urgierte Waren aus den USA stellten Zigarettenpakete dar, die im Nachkriegseuropa als wichtigstes Tauschmittel fungierten. In den Briefen erwähnte Swarowsky u. a. ein Peter Altenberg-Manuskript[15], eine Gesamtausgabe von Sigmund Freuds Schriften, ein Freud-Porträt („kostbare Originalradierung")[16], eine Gesamtausgabe der *Fackel* in Halbleder gebunden[17], *Die letzten Tage der Menschheit* in Leder gebunden[18], „Erstausgaben von Schubertliedern, erste Symphonien von Beethoven, Walzer von Strauss, die allerseltenste Hofmannsthalausgabe von ihm persönlich signiert, schöne Goethes"[19], Mozart-Faksimilia[20], ein „authentisches" Schubert-Porträt von Rieder[21], Alt-Wiener Stiche[22], Radierungen von Schmutzer[23] genauso wie Briefmarken aus dem Dritten Reich[24] – auch aus Krakau, die Swarowsky als Weihnachtsgeschenk von Frank erhalten hatte[25] etc. Insbesondere anläss-

---

14 Hans Swarowsky an Anton Swarowsky, 7.9.1946, NlAS.
15 Ebd.
16 Hans Swarowsky an Anton Swarowsky, undatiert (ca. 5.7.1949), NlAS.
17 Hans Swarowsky an Anton Swarowsky, 20.11.1946, NlAS.
18 Hans Swarowsky an Anton Swarowsky, 25.8.1947, NlAS.
19 Hans Swarowsky an Anton Swarowsky, undatiert (ca. 12.5.1947), NlAS.
20 Hans Swarowsky an Anton Swarowsky, 14.6.1947, NlAS.
21 Hans Swarowsky an Anton Swarowsky, 26.6.1949, NlAS.
22 Hans Swarowsky an Anton Swarowsky, 25.9.1949, NlAS.
23 Ebd.
24 Hans Swarowsky an Anton Swarowsky, 2.7.1947, NlAS.
25 Hans Swarowsky an Anton Swarowsky, undatiert (ca. 5.2.1948), NlAS („Weihnachtsgeschenk um das ich schon damals von allen beneidet wurde").

lich solcher wertvollen Funde stand er in engem Kontakt mit dem Musikwissenschafter und Experten für Autographe Otto Erich Deutsch, der viele Jahre lang auch sein Wohnungsnachbar war. So erhielt er auch des Öfteren Gutachten von Deutsch, etwa für das oben erwähnte Schubert-Porträt, wie er in einem Brief an Anton zitierte:

> Aus [unleserlich] Otto Erich Deutsch: Das Aquarell von Rieder: „Dieses berühmte Bildnis von Rieder, das Moritz von Schwind als das beste Portrait Schuberts bezeichnete, soll durch einen Zufall entstanden sein. Der Maler hatte sich vor einem Regen zu seinem Freunde Schubert geflüchtet und machte bei dieser Gelegenheit eine Porträtskizze, die er dann in mehreren Sitzungen ausführte. Es blieb Zeit seines lebens in Rieders Besitz, der es nicht einmal bei der Entstehung des Wiener Schubertdenkmals photographieren lassen wollte. Etc. Etc." (1825)
>
> Rieder hat nach dem Bild eine Originallithographie hergestellt, zu der ihm Schubert nochmals kurz gesessen sein soll. Nach dem fünften Abzug sei die Platte zerbrochen und Rieder nicht mehr zu bewegen gewesen, eine neue Platte herzustellen. (Mitteilungen des Hofmusikalienhändlers Spina, eines Freundes von Rieder) (1825)
>
> Deutsch über die Lithographie: „Das Blatt ist sehr selten"
>
> Nach dieser Lithographie gibt es einen Stich von Passini 1826, der dann allgemeine Verbreitung fand. Alle heute kursierenden Bilder sind nicht nach der Lithographie von Rieder gemacht sondern aus dem Nachstich von Passini hergestellt, da Rieder fast nicht in Handel kam. Kriehuber hat dann den Passinistich durch seine große Lithographie noch populärer gemacht. Deutsch über Passini: „Dieser Stich war entscheidend für die allgemeine Vorstellung von Schuberts äußerer Gestalt (– also eigentlich die Rieder Lithographie! –) und für die meisten posthumen Schubertbildnisse. Er erschien schon im Dezember bei Cappi und Diabelli. Nach Schuberts Tod gab Josef Czerny eine zweite Ausgabe mit dem Geburts- und Sterbedatum heraus."
>
> Diese Daten sollen dir als Unterlage beim Verkauf dienen. Noch ferner dass heute nur drei Exemplare der Lithographie bekannt sind. Das vorliegende aus Spinas Besitz (und ein Geschenk Rieders an ihn), dann das der Nationalbibl. Wien und eines bei Frl. Maria Schubert.[26]

1964 entdeckte Swarowsky ein Originalbild Haydns, das für Aufsehen sorgte und auch im *Kurier* abgebildet wurde:

> Hans Swarowsky entdeckte im Handel eine schon lange gesuchte Originalzeichnung, die Joseph Haydn, nach dem Leben gezeichnet, darstellt. Der Künstler ist der bekannte Porträtist Vinzenz Georg Kininger (1767–1851), der das Bild in einer Mischtechnik von Silber-

---

26 Hans Swarowsky an Anton Swarowsky, undatiert (ca. 25.8.1950), NlAS.

stift- und Tuschzeichnung ausführte. Da die Arbeit 1800 von Carl Pfeiffer für den Titel des ersten Heftes von Haydns „Œuvres complètes" gestochen wurde (Verlag Breitkopf und Härtel), vermutet man als Entstehungszeit das Jahr 1799, so daß das Blatt den Meister etwa in seinem 67. Jahre darstellen würde. Professor Otto Erich Deutsch und das Museum der Stadt Wien begutachteten und identifizierten das kleine, mit feinster sorgfältiger Hand ausgeführte Kunstwerk.[27]

Umgekehrt bestellte Swarowsky auch Buchausgaben aus den USA, die ihm Anton zu besorgen hatte, etwa Werke von Bert Brecht, Gedichte von Berthold Viertel[28] etc. Auch Partituren von Schönberg bezog er über Anton in New York:

Bitte geh zu Schirmer, dort ist Schönbergs Schwiegersohn Felix Greissle. Erbitte sofort: Schönberg, Suite für Schülerorchester, String, ich brauche die Stimmen und Partitur sofort. Ebenso: Schönberg, Zweite Kammersymphonie.[29]

Um an Lebensmittelpakete zu gelangen, plante Swarowsky sogar Fernunterricht für amerikanische Studenten:

Kannst du mir nicht schriftlichen Unterricht verschaffen?? Ich sage ein paar Jungen Kapellmeistern auf detaillierte Anfrage Dinge, die Ihnen Niemand so sagen kann, detailliert und werktreu, ich gebe ihnen musikalische und technische Ratschläge, deren jeder ihnen fürs ganze Leben ein Kapital bringt, ich knacke Columbuseier, die ihnen sonst nie hingestellt werden und kläre sie mit ein paar Worten leuchtend, einleuchtend, eindeutig und lakonisch auf – und sie senden mir dann je nach Wichtigkeit und Nützlichkeit meiner Ratschläge Packeln.[30]

Swarowskys finanzielle Lage war nicht zuletzt auch deshalb so schwierig, weil er sowohl seine in Baden lebende Mutter Leopoldine als auch seine Frau Maria, die in Bayern lebte, monatlich unterstützte. Auch nach der Scheidung im Juli 1947 verpflichtete sich Swarowsky zur Unterhaltungszahlung.

Die Situation verschärfte sich, als Swarowsky nach nur einer – den Kritiken nach zu urteilen – erfolgreichen Saison die Wiener Symphoniker wieder verlassen musste. Die Gründe für den schwerwiegenden beruflichen Rückschlag liegen einerseits in den komplexen kulturpolitischen und organisatorischen Implikationen, andererseits in Swarows-

---

27 Neues Originalbild Haydns entdeckt, in: *Kurier*, 8.3.1965.
28 Hans Swarowsky an Anton Swarowsky, undatiert (ca. 26.11.1946), NlAS.
29 Ebd.
30 Hans Swarowsky an Anton Swarowsky, undatiert (ca. 1.5.1947), NlAS.

kys fordernder Haltung dem Orchester gegenüber und seiner von Texttreue geprägten Musikauffassung. Das rettende Angebot, die Leitung der Grazer Oper zu übernehmen, empfand er zwar als einen statusmäßigen und pekuniären Abstieg, doch erkannte er bald das künstlerische Potential der gar nicht kleinen Provinzoper. Auch in Graz kam es jedoch bald zu Konflikten, denen er nach zwei Jahren weichen musste. Es waren zwei künstlerisch wertvolle Jahre, die dem Haus einen großen Aufstieg bescherten, doch gleichzeitig das konservative Publikum verschreckten. Abgesehen von einem Engagement 1957 bis 1959 als Chefdirigent des Scottish National Orchestras in Edinburgh blieben alle Versuche, wieder eine entsprechende Position zu erlangen, vergeblich.

Swarowskys Rückkehr in seine Heimatstadt im Jahre 1946 war also zunächst von Publikum und Kulturpolitikern sehr wohlwollend aufgenommen worden, wofür die Berufung zum Chef der Wiener Symphoniker ein deutliches Zeichen war. Nur ein Jahr später hatten sich jedoch die Parameter so weit verändert, dass man alles daransetzte, um den zu Beginn mit allen Mitteln umworbenen Chefdirigenten so rasch wie möglich wieder loszuwerden. In Wien erlangte er zwar Weltberühmtheit als Dirigierlehrer und machte die Wiener Musikakademie zu einem Mekka für Musikstudenten, doch blieb man ihm als Dirigenten gegenüber skeptisch. Es wäre falsch, die Gründe dafür einzig und allein in organisatorischen und politischen Implikationen zu suchen oder gar nur die generelle Trägheit von Orchestermusikern, Traditionen über Bord zu werfen, in die Waagschale zu werfen. Auch ist nicht davon auszugehen, dass Swarowskys von Texttreue geprägte Musikauffassung gepaart mit einem nüchtern anmutenden Dirigierstil allein ausschlaggebend für sein baldiges Scheitern darstellten. Die Wahrheit liegt wohl irgendwo zwischen Swarowskys unbequemem Charakter, der Ideen der Aufführungslehre der Wiener Schule mit dem Strauss'schen Dirigierideal zu verbinden und hartnäckig durchzusetzen trachtete, und einem restaurativen und konservativen Wiener Kulturleben, wo man anstatt eines Neubeginns nach dem Zusammenbruch eher ideologische und personelle Kontinuität suchte, zumindest nachdem 1947 die von den Alliierten verhängten Dirigierverbote der wichtigsten Dirigenten abgelaufen waren, also in erster Linie die von Böhm, Karajan, Furtwängler, Krauss und Knappertsbusch. Auch Krips, der die Oper und die Philharmoniker fast im Alleingang wieder groß gemacht hatte, wurde nach Rückkehr seiner Kollegen, die er selbst vorantrieb, wieder verdrängt – nur gelang ihm eine Karriere in den USA. Auch wehte natürlich mit dem Machtverlust der Kommunistischen Partei wieder ein anderer Wind.

Die Kommunistische Partei war zwar im April 1945 eine der drei anerkannten politischen Parteien gewesen und Mitglied der Provisorischen Regierung geworden, doch bereits bei den Wahlen im November 1945 erwies sie sich mit vier Mandaten im Nationalrat als Kleinpartei, die nur bis 1947 der Regierung angehörte. Auch die Wiener Stadtregierung hatte sich bereits im April 1945 unter dem sozialistischen Bürgermeister Körner konstituiert, ihm zur Seite standen drei Vizebürgermeister als Vertreter der drei Parteien. Ebenso wurden die Ämter der Stadträte auf die drei Parteien aufgeteilt. Mit dem bekannten Widerstandskämpfer Viktor Matejka als Kulturstadtrat besetzten die Kommunisten eine Schlüsselposition des Österreichischen Wiederaufbaus, der wesentlich durch die Kulturinstitutionen getragen wurde. Eine seiner bemerkenswertesten Leistungen als Kulturstadtrat (von April 1945 bis Dezember 1946) war, dass er die durch die Nazis vertriebenen Österreicher ins Land zurückrief. Dazu zählten Oskar Kokoschka und der Psychiater Prof. Hoff. Auch Arnold Schönberg wurde von Matejka eingeladen, doch scheiterte die Rückkehr des durchaus daran interessierten Komponisten an der mangelnden Bereitschaft der Regierung, Posten und Wohnmöglichkeit in Aussicht zu stellen. Matejkas Unterfangen stieß im Nachkriegs-Österreich auf wenig Gegenliebe, und auch sein Versuch, Schönberg die Ehrenbürgerschaft der Stadt Wien zu verschaffen, scheiterte.[31]

Nichtsdestoweniger gab es durch Matejkas Einfluss eine wesentliche Öffnung und wenigstens die Hoffnung auf einen tatsächlichen gesellschaftlichen und kulturpolitischen Neubeginn, von dem auch Swarowsksy, der mit Matejka befreundet war, profitieren konnte. Viktor Matejka blieb zeit seines Lebens ein unbequemer Mahner, auch in seinen späteren Jahren als Gemeinderat bis 1954 und als Mitglied der Kommunistischen Partei Österreichs, deren Zentralkommitee er bis 1957 angehörte. Matejka blieb bis weit in die 50er Jahre Mitherausgeber und Redakteur der Kulturzeitschrift *Österreichisches Tagebuch. Wochenschrift für Kultur, Politik, Wirtschaft* und mischte sich als eifriger Brief- und unerbittlicher Leserbriefschreiber immer wieder in die österreichische Politik ein.[32]

Die Zäsur im Jahre 1946 war für Swarowsky somit eine entscheidende, die seine erfolgreich begonnene Karriere im deutschen Opernbetrieb langfristig beendete. Remigranten bzw. Untergetauchte oder an der Weiterführung ihrer Karriere Gehinderte waren nur in Ausnahmefällen erwünscht. Insbesondere Herbert von Karajan stieg bald zur einflussreichsten Person im österreichischen Musikleben auf. Zunächst leitete er inoffiziell die Wiener Symphoniker, bis ihm die Philharmoniker zur Verfügung standen. 1956 wurde er künstlerischer Leiter der Staatsoper und der Salzburger Festspiele und ganz „nebenbei" war er Leiter der Mailänder Scala, des London Philharmonic Orchestra und der Berliner Philharmoniker. Im Interesse einer Internationalisierung des Wiener Musiklebens war man neben solch heimischem Potential eher gewillt, Gastdirigenten aus dem Ausland einzuladen.

---

31 Dörte Schmidt, „Das ,verlockende Angebot' wird von mir und Ihren Freunden inzwischen mit allen uns zur Verfügung stehenden Mitteln vorbereitet". Einladungen an Arnold Schönberg zur Rückkehr aus dem Exil, in: *Zwischenwelt. Zeitschrift für Kultur des Exils und des Widerstands* 21 (2005), S. 77–86.
32 Vgl. Viktor Matejka, *Widerstand ist alles. Notizen eines Unorthodoxen*, Wien 1983; ders., *Anregung ist alles. Das Buch Nr. 2*, Wien 1991; ders., *Das Buch Nr. 3*, hg. von Peter Huemer; mit einem Vorwort von Johannes Mario Simmel, Wien 1993; Franz Richard Reiter (Hg.), *Wer war Viktor Matejka? Dokumente – Berichte – Analysen*, Wien 1994.

Swarowsky blieb ein Außenseiter, nicht zuletzt, weil man ihm seine politische Rolle im Dritten Reich vorwarf. Und zwar von beiden Seiten: Die Regimetreuen warfen ihm Verrat vor – insbesondere mit den Wiener Philharmonikern gab es in diesem Zusammenhang nachhaltige Probleme[33] – und auch in Graz hatte er „schwer unter den Angriffen der Nazis zu leiden, die jetzt Morgenluft wittern"[34], wie er seinem Sohn schrieb und auch von Grazer Kollegen und Freunden bestätigt wird.[35] In Österreich galt er zudem als Linker und Freund des Widerstands, nicht zuletzt wegen seiner Freundschaft mit Viktor Matejka und dessen Musikbeauftragten, dem Komponisten und Klarinettisten Friedrich Wildgans, die ja beide die NS-Zeit aus politischen Gründen im KZ verbracht hatten. Ebenso beargwöhnte man seine Nähe zu Erwin Ratz, der ebenfalls im Widerstand tätig gewesen war.

Am schwierigsten für Swarowskys beruflichen Neubeginn war die Situation in Deutschland. Dort unterstellte man ihm sogar, nach dem Kriegsende mit den Alliierten gegen seine Landsleute paktiert zu haben. Noch 1956 erklärte ihm der Konzertagent Winderstein, dass aus seinen engen Verbindungen zu den Amerikanern große Schwierigkeiten resultierten, Swarowsky in Deutschland zu vermitteln. An seinen Sohn schrieb Swarowsky:

Dort [in Deutschland] hat man […] die Anschauung, dass ich mich durch Dich der Amerikaner gegen die Deutschen bedient hätte – wo wir doch nur, wenn wir einem Deutschen helfen konnten, dies getan haben! Wie anders man selber etwas fühlen kann, als die Anderen es fühlen!!! Naja, vorbei ist vorbei – aber dass mir dieses ganze Deutschland verloren gehen musste infolge solcher Missverständnissse, das ist bitter.[36]

Von Herren Winderstein erfuhr ich, dass eine der Hauptschwierigkeiten bei meiner Placierung in Deutschland die ist, dass wir beide nach der Besatzung uns gemeinsam gegen so viele Menschen in Stuttgart gewendet haben und ich durch dich die Leute ins Unglück brachte – was sagst du?????? Wo wir doch mit den Schweinen nur lieb waren und nur geholfen haben!!!![37]

---

33 „Er war engagiert Rosenkavalier zu dirigieren und das verdankt er Clemens Krauss natürlich und wie er in den Orchesterraum gekommen ist, erste Probe, hat er geflüsterte Stimmen gehört: ‚Frankmörder! Frankmörder! Frankmörder!' und er hat gesagt, ‚kannst du dir vorstellen, wie ich meine erste Probe vor den Wiener Philharmonikern durchgestanden habe, mit dieser Stimmung!' Und dann war das überhaupt kein Erfolg für ihn, dieser Rosenkavalier." (Zubin Mehta im Gespräch mit Erika Horvath, Otto Karner und Manfred Huss, Wien, 11.3.2003).
34 Hans Swarowsky an Anton Swarowsky, 25.9.1949, NlAS.
35 Heinz Robathin, Brigitte Neumann-Spallart und Doris Swarowsky im Gespräch mit Erika Horvath, Wien, 17.1.2004; Ernst Märzendorfer im Gespräch mit Erika Horvath, Wien, 17.3.2004.
36 Hans Swarowsky an Anton Swarowsky, undatiert (April 1953), NlAS.
37 Hans Swarowsky an Anton Swarowsky, 22.8.1956, NlAS.

Nur Ostdeutschland machte zunächst Angebote, wie etwa die Leitung der Berliner Staatsoper, die Swarowsky ausschlug, weil er Angst hatte, im Westen endgültig abgeschrieben zu werden[38], doch 1954 berichtete er frustriert:

> Wenn ich im Westen nicht unterkomme, werde ich für nächstes Jahr endgültig ein Angebot des Ostens annehmen und mit dem Westen brechen. Ich lehne große Verdienste beim russischen Film ab, die mir Eisler fortwährend bietet, und der Westen spuckt auf mich.[39]

Letztendlich kam es aber auch zu keinem konkreten Projekt in Ostdeutschland. Auch in Valencia/Spanien wünschte man sich Swarowsky für den Aufbau eines Orchesters, doch scheiterten die Verhandlungen aus finanziellen Gründen.[40] Ausländische Konzertveranstalter blieben aufgrund seiner Nähe zu NS-Institutionen zurückhaltend, sogar in der Schweiz, wo 1954 eine Einladung Wladimir Vogels unterbunden wurde. An seinen Sohn schrieb Swarowsky aufgebracht:

> Sein Anbot [nämlich Vogels] in Zürich, sein großes Oratorium mit mir als Dirigenten herauszubringen wurde abgelehnt – weil ich doch bekanntlich Nazi bin, jedoch Böhm oder Karajan oder Elmendorff oder Albert (alle mit Hakenkreuz) fortwährend dort dirigieren!![41]

Auch Julius Marx, Swarowskys Freund aus Züricher Tagen, riet von einem Versuch, sich in der Schweiz um Konzerte zu bemühen, aus politischen Gründen dringlichst ab:

> Hans wollte im August ein Konzert hier geben. Ganz abgesehen von dem ungünstigen Zeitpunkt halte ich es nicht für richtig, wenn er hier konzertiert, solange noch alle möglichen böswilligen Gerüchte über ihn im Umlauf sind. Nächstes Jahr wird das ganz anders sein.[42]

Einen besonders pikanten Aspekt in Swarowskys Biographie während und nach der Nazizeit bildete Clemens Krauss, der ihn 1935 nach Berlin verpflichtet und ihm 1940 nicht nur die Stelle in der Reichsmusikkammer vermittelt und ihn als Dramaturgen in München und Salzburg eingestellt, sondern ihn auch nach vielen ergebnislosen Empfehlungen nach Krakau gebracht hatte. Swarowsky fühlte sich Krauss, den er als Dirigenten bewunderte, persönlich verbunden und stand 1940 bis 1945 mit diesem in

---

38 Hans Swarowsky an Anton Swarowsky, 25.9.1949, NlAS.
39 Hans Swarowsky an Anton Swarowsky, undatiert (September 1954), NlAS.
40 Hans Swarowsky an Anton Swarowsky, 21.7.1953, NlAS.
41 Hans Swarowsky an Anton Swarowsky, 7.8.1954, NlAS.
42 Julius Marx an Anton Swarowsky, Zürich 22.7.1947, NlAS.

engem Kontakt. Trotzdem ist bis heute nicht klar, warum Krauss Swarowsky nicht als Kapellmeister in München verpflichtet hat, obwohl er mit Meißner sogar von politischer Seite dazu gedrängt worden war. Auch nachdem sich das Verhältnis zwischen Krauss und Swarowsky nach dem Krieg merklich abgekühlt hatte, wurde Swarowsky noch mit ihm und dessen Rolle als einer der einflussreichsten Operndirektoren des Reiches in Verbindung gebracht und als „Agent" des in Wien ungeliebten Krauss bezeichnet. Als Krauss 1954 als Direktor der Wiener Staatsoper im Gespräch war – letztendlich wurde es Karl Böhm –, meldete Swarowsky an seinen Sohn:

> Die Hasswogen gegen Krauss (den auch ich hasse und liebe) gehen höher als je – und damit die Wogen gegen mich, der ich unschuldigerweise immer mit ihm zusammengespannt werde. Ich habe dieses Märtyrerschicksal satt – zu teuer ist der Preis dafür, dass er mich seinerseits geschützt hat.[43]

Im selben Brief deutet Swarowsky auch an, dass ihn Krauss in der Hand gehabt habe, weil dieser Dinge von ihm wusste, die ihn bei Bekanntwerden „sofort den Kragen gekostet hätten", und dass er später vieles zu erleiden hatte, was wegen seines Verhältnisses zu Krauss über ihn kam, „und ihm immer dienlich sein musste". Und auch für sein gespanntes Verhältnis zur Wiener Oper machte Swarowsky Krauss verantwortlich: „In der frühen Oper wollte niemand etwas [von mir] wissen, weil ich der Mann des kommenden Clemens Krauss war, und jetzt weil ich Mann des nicht gekommenen bin."[44] Als Krauss 1954 starb, war Swarowsky aber tief erschüttert vom Verlust seines „einzigen Freundes C.K."[45]

> Ich war in Ehrwald beim Begräbnis, es war sehr traurig, ich war tief erschüttert als ich in Krauss' Zimmer trat, herrenmäßig nach Zigarrenrauch und Papiergeruch der Noten und Bücher duftend, ich bekam ohne zu wollen einen Weinkrampf und Viorica und Naditza brachten mir Pillen zur Beruhigung. Ich blieb dann in der Wohnung, nachdem ich in der Totenhalle des kleinen Dorffriedhofs war und dort mein Alpenblumensträussl neben die stolzen Kränze gelegt hatte, die alle nur auf breiten Schleifen den Namen des Gebers publik machen sollten. Es waren viele da aus München, Dr. Götze, List, viele Sänger und Sieverts und Hartmanns, die sich sehr intensiv nach dir erkundigten.[46]

Das erste Nachkriegsjahrzent war für Swarowsky in erster Linie von materiellen Entbehrungen und beruflichen Rückschlägen und Frustrationen gekennzeichnet. Er ließ

---

43 Hans Swarowsky an Anton Swarowsky, 15.3.1954, NlAS.
44 Hans Swarowsky an Anton Swarowsky, 9.10.1954, NlAS.
45 Hans Swarowsky an Anton Swarowsky, 12.7.1954, NlAS.
46 Hans Swarowsky an Anton Swarowsky, 16.7.1954, NlAS.

gerade in dieser Zeit nichts unversucht, um doch noch eine Stelle in den USA zu erlangen. Gleichwohl begründete er Ende der 50er Jahre insbesondere als Mahler-Interpret und als Haydn-Spezialist einen Ruf als international gefragter Dirigent (letztendlich auch in Deutschland!), doch versagte man ihm gerade in Wien, seine Vorstellungen bedingungslos umzusetzen. So kam es nicht selten zu für alle Beteiligten unbefriedigenden Kompromisslösungen.

Swarowskys Position in Österreich blieb bis zuletzt eine schwierige. An der Staatsoper war er zum Repertoiredirigenten abgestempelt, dem keine einzige Neueinstudierung im Stammhaus anvertraut wurde, die Philharmoniker leitete er so gut wie gar nicht[47], ebenso blieb sein Einspringen für den *Rosenkavalier* 1946, den Karajan vorbereitet hatte, aber nicht mehr dirigieren durfte, sein einziger Auftritt bei den Salzburger Festspielen.[48] Sein Heimatorchester blieben die Wiener Symphoniker, die ihn jedoch nicht in der ersten Reihe ihrer Dirigenten sehen mochten. Gerade von den Wiener Dirigentenpodien war Swarowsky jedoch keineswegs wegzudenken. Allein in Wien dirigierte Swarowsky zwischen 1946 und 1975 zahllose Konzerte – davon über 500 mit den Wiener Symphonikern (ca. 140 Jugendkonzerte), 35 Tonkünstlerkonzerte, unzählige Rundfunkkonzerte – also mehr als 15 Konzerte pro Jahr. Zwischen 1960 und 1975 dirigierte Swarowskys 183 Opernvorstellungen. Nicht zu vergessen ist eine enorme Präsenz im Rundfunk mit zahlreichen Konzertübertragungen und Produktionen.

Die Konzerte fanden zudem ein großes Medienecho, das den Maestro durchaus würdigte, nur vereinzelt gab es negative Kritik. Doch auch in der Presse thematisierte man die Diskrepanz zwischen internationalem Erfolg und heimischer Zurückhaltung. Swarowsky war als großer Dirigent seiner Zeit in jedem Fall voraus, wie Bruno Weil versichert:

> Ich glaube, dass das 30 Jahre zu früh gewesen ist, oder 40. Heute ginge kein Weg an ihm vorbei als Dirigent, das ist überhaupt keine Frage. Wo das Wissen um die Dinge wieder gefragt ist. Wo es wieder aktuell und immer aktueller wird, dass man wirklich den Dingen auf den Grund geht.[49]

Zudem vertrat der von Schönberg und Webern geschulte Swarowsky eine Ästhetik, die neben der Erhaltung eines „traditionellen" Aufführungs- und Klangideals einen schweren Stand hatte. Swarowskys Ablehnung war nur deshalb so auffällig, weil er im Unter-

---

47 [Außer einigen Gelegenheitsauftritten ein einziges Philharmonisches Konzert (7./8.2.1970: Brahms, *Rinaldo*; Hindemith, Symphonie *Mathis der Maler*; Bruckner, *Te Deum*) – Hg.]
48 [In Dr. Tassilo Nekola, dem ‚erzkonservativen' Generalsekretär und Säuberer des Archivs der Festspiele, hatte Swarowsky einen erbitterten Feind. – Hg.]
49 Bruno Weil im Gespräch mit Erika Horvath, Wien, 14.1.2004.

schied zu vielen anderen Interpreten der Wiener Schule in Wien seit 1945 praktisch nie von der Bildfläche verschwand und bis zu seinem Tod im Jahre 1975 nicht müde wurde, aufs Vehementeste gegen den „Wiener Sumpf" anzukämpfen. Er galt als unbequemer Mahner und intellektueller Spezialist für musikalische Aufführungspraxis, der sich auch in zahlreichen Artikeln äußerte und üblicherweise persönlichen Konflikten nicht aus dem Weg ging.

Wie doppelbödig die Wiener Musikszene war, zeigt jedoch die Tatsache, dass Swarowsky nicht nur als einer der bedeutendsten Interpretationslehrer gehandelt wurde, sondern auch als Leiter eines Opernstudios in der Staatsoper junge Solisten vorbereitete, wie etwa Edita Gruberova, bzw. die Rollenbesetzungen in der Oper vornahm und damit von innen heraus enormen Einfluss ausübte. Selbst Karajan wandte sich an Swarowsky, als es darum ging, Mahler möglichst authentisch zu interpretieren.

Trotz vieler Schwierigkeiten war Swarowsky also eine Instanz im Wiener Kulturleben. An ihm ging kein Weg vorbei, nicht zuletzt deswegen, weil er als Pädagoge in der ganzen Welt Sichtbares und bis heute Unvergleichliches leistete. Hinter den Kulissen besaß er wesentlich mehr Einfluss im Wiener Musikleben, als man ihm nach außen hin zugestehen wollte. 1953 saß er beispielsweise gemeinsam mit Helmut Fiechtner, Egon Kornauth, Andreas Liess, Joseph Marx und Leopold Nowak in der Jury für die Staatspreise auf dem Gebiete der Musik.[50]

Auf dem Konzertsektor würdigte man Swarowsky auch in Wien als Spezialisten für die Werke von Anton Bruckner, Gustav Mahler, Richard Strauss und der Wiener Schule. Nach seinem Tod gab es kaum einen Nachruf, der nicht die Verdienste Swarowskys um das Werk Mahlers betonte. Endler würdigte ihn als einen Mahler-Dirigenten, der sogar als Einspringer brillieren konnte: „Manchmal, wenn er buchstäblich über Nacht die Leitung einer Mahler-Symphonie übernahm, scheinbar spielerisch bewies, wie es wirklich gemacht wird, war er auch als Dirigent ganz groß."[51] Tatsächlich war Swarowsky der einzige heimische Dirigent, der sich bereits in den ersten Nachkriegsjahren um Mahler bemühte, dessen Musik nicht nur im Dritten Reich verboten gewesen war, sondern auch nach dem Krieg antisemitischen und antimodernen Anfeindungen[52] ausgesetzt war. Mahlers Musik war gemeinsam mit ihren wichtigsten Interpreten in die USA emigriert. Bereits 1946 dirigierte Swarowsky das *Lied von der Erde* mit den Wiener Symphonikern. 1957 leitete er erstmals die Dritte Symphonie, die über zehn Jahre nicht mehr in Wien zu hören war, und bewies damit endgültig seine Kompetenz in der Mahler-Pflege. Seine Schüler Zubin Mehta und Claudio Abbado gehörten dann

---

50 *Tiroler Tageszeitung*, 19.9.1953.
51 Franz Endler, Musik ist eine heilige Kunst, in: *Die Presse*, 11.9.1975.
52 Vgl. Gerhard Scheit/Wilhelm Svoboda, *Feindbild Gustav Mahler. Zur antisemitischen Abwehr der Moderne in Österreich*, Wien 2002.

zu den Hauptvertretern der sogenannten Mahler-Renaissance, die in den 70er Jahren durch den endgültigen Imagewandel des Komponisten ihren Höhepunkt erreichte. Swarowskys Anteil daran, der viele Jahre lang als „einsamer Rufer in der Wüste"[53] galt, darf nicht unterschätzt werden.[54]

Swarowsky wurde angefeindet und gleichzeit hochverehrt, eine typische Wiener Persönlichkeit also, die auch mit zahlreichen Preisen ausgezeichnet wurde: 1960 erhielt er das Österreichische Ehrenkreuz für Wissenschaft und Kunst, 1965 die Große Ehrenpalette des Österreichischen Rundfunks, 1968 das Große Ehrenzeichen für Verdienste um die Republik Österreich und die Mozart-Medaille durch die Mozartgemeinde, 1969 wurde er Ehrenmitglied der Franz Schmidt-Gemeinde, 1970 erhielt er die Ehrenmedaille der Stadt Wien, 1974 das Österreichische Ehrenzeichen für Wissenschaft und Kunst, den Ehrenring der Stadt Wien und die Goldmedaille der Internationalen Gustav-Mahler-Gesellschaft. Seine letzte Ehrung war die Ernennung zum Präsidenten der Richard-Strauss-Gesellschaft. Am meisten mit Stolz erfüllte ihn jedoch die goldene Imperialnadel.

Swarowsky war zeitlebens ein Mann der Öffentlichkeit. Er nahm regen Anteil am Wiener Kulturleben, nicht nur als ausübender Musiker und Besucher von Konzerten und Opernaufführungen, sondern insbesondere auch als Diskussionspartner und Publizist. Er stand in regem Kontakt mit zahlreichen großen Persönlichkeiten der Musikwelt. In seinem Nachlass finden sich zwar nur mehr vergleichsweise wenige Briefe, doch handelt es sich dabei nur um einen Bruchteil der Korrespondenz eines Vielschreibers: Gegenbriefe u. a. von Karl Rankl, Winifred Wagner, Bert Brecht, Jaromir Weinberger, Karl Böhm, Ferenc Fricsay, Viorica Ursuleac-Krauss, Mali Pfitzner, Ferdinand Leitner, André Previn, Yehudi Menuhin, Willi Reich, Helene Berg, Robert Schollum, Hans Heinz Stuckenschmidt, Louise Zemlinsky, Gerd Albrecht, Gottfried von Einem, Zubin Mehta und Richard Strauss. Zahlreiche Briefe Swarowskys an Strauss finden sich im Richard-Strauss-Archiv. Weiters kannte er Benjamin Britten, Igor Strawinsky[55] und viele andere Größen des internationalen Kulturlebens. Einen besonders freundschaftlichen Kontakt

---

53 Horst Weber, Der dornige Weg zur „Mahler-Renaissance", in: Reinhold Kubik/Erich Wolfgang Partsch (Hg.), *Mahleriana. Vom Werden einer Ikone* [Ausstellungskatalog Jüdisches Museum Wien], Wien 2005, S. 15–22: 15.

54 [– Er wird freilich bis heute zumeist übersehen. So fällt der Name Swarowsky in Bernd Sponheuer/Wolfram Steinbeck (Hg.), *Mahler. Handbuch*, Stuttgart/Weimar 2010, kein einziges Mal, obwohl in diesem Band die Rezeptions- und Interpretationsgeschichte vergleichsweise breiten Raum einnimmt. Dasselbe gilt für Christoph Metzger, *Mahler-Rezeption. Perspektiven der Rezeption Gustav Mahlers*, Wilhelmshaven 2000. Kursorisch wird Swarowsky erwähnt in Wolfgang Schreiber, Gustav Mahlers Dirigenten, in: Lena-Lisa Wüstendörfer (Hg.), *Mahler-Interpretation heute. Perspektiven der Rezeption zu Beginn des 21. Jahrhunderts*, München 2015, S. 45–57: 53 f., bezeichnenderweise aber nur als Lehrer, dem „Claudio Abbado den Einstieg in die Welt Mahlers [...] verdankte." – Hg.]

55 Swarowsky, Rückblick, in: *WdG*, S. 257–264: 258.

pflegte er mit der Kunstsammlerin Peggy Guggenheim, wie sich Doris Swarowsky erinnert:

> Mein Mann war gut befreundet mit Peggy Guggenheim. Immer wenn er in Venedig war – er dirigierte ca. einmal im Jahr dort –, kam sie zu den Konzerten und nacher gingen sie noch gemeinsam etwas trinken. Öfters wohnten wir auch in ihrem Palast. Peggy Guggenheim verstand zwar nichts von Musik, aber sie haben stundenlang über Malerei gesprochen.[56]

Wer den Namen Swarowsky kennt, weiß um seine umfassende Bildung, seine Wortgewandtheit, seine Formulierungsgabe, genauso wie um den Sarkasmus, mit dem er Missstände anprangerte, oder wie Franz Endler es im Nachruf ausdrückt:

> Swarowsky war ein, ich verwende das Wort wirklich selten, gebildeter Herr. Einer, der in Wort und Schrift blendend zu formulieren wußte und kaum imstande war, ohne treffende Pointe über Musik oder Musiker zu berichten oder zu diskutieren – er hat sich Zeit seines Lebens dadurch Feinde gemacht, im Grunde aber stets recht behalten. […] Einer, der nie fachblind war, sondern die rechte Beziehung zwischen Literatur, bildender Kunst, Philosophie und seinem eigentlichen Fach herzustellen wußte.[57]

Sein Wissen war legendär, sein Wissensdurst unstillbar, Bücher waren seine Leidenschaft. Viele tausend Bände, Erstausgaben, kostbare Raritäten, Gesamtausgaben, füllten seine schließlich über 300 Quadratmeter große Wohnung. Ganze Nächte verbrachte er lesend, obwohl sein Arbeitstag meist nicht weniger als 14 Stunden dauerte.

Auch als Freimaurer konnte er sich immer wieder mit Gleichgesinnten austauschen. Bereits 1928 hatte sich Swarowsky um die Aufnahme in der Loge „Wilhelm zur aufgehenden Sonne" bemüht, wie die Durchsicht der 1933 von den Nationalsozialisten beschlagnahmten Stuttgarter Freimaurerakten im Geheimen Staatsarchiv Preußischer Kulturbesitz in Berlin[58] ergeben hat. Es ist damals allerdings nicht zu einer Aufnahme in die Loge gekommen. Hans Swarowsky wurde erst am 15. April 1964 in die zur Großloge „Zu den drei Weltkugeln" gehörigen Berliner Loge „Zu den drei Seraphim" aufgenommen. Am 3. Juli 1971 wechselte er in die Wiener Loge „Mozart"[59], deren Mitglied er bis zu seinem Tod blieb. Es gibt jedoch eindeutige Hinweise[60], dass er bereits min-

---

56 Doris Swarowsky im Gespräch mit Erika Horvath, Wien, 4.9.2002.
57 Franz Endler, Musik ist eine heilige Kunst (Anm. 51).
58 Signatur 5.2.S. 99, Nr. 20.
59 Matrikelbuch der Loge „Mozart": „Prof. Hans Swarowsky, geb. 16. 09. 1899, Staatsangehörig Österreich, verheiratet, 1+2 Kinder, Dirigent, ord. Hochschul-Prof., Reichsratstraße 15."
60 Jubiläumsschrift: „40 Jahre gerechte und vollkommene Johannisloge Mozart im Orient Wien", S. 30.

destens seit 1962, also schon vor seiner Aufnahme in Berlin, mit der Loge „Mozart" in Kontakt stand.[61]

Viele erzählen, dass sich Swarowsky als den besseren Kunsthistoriker zu bezeichnen pflegte. Die Kunstgeschichte war ihm neben der Literatur wohl die liebste Beschäftigung. Keine Kirche, kein Museum, keine Ausstellung wurden ausgelassen, wo immer er sich auch gerade befand. Keine anstrengende Probenarbeit konnte ihn davon abhalten, seine musikalischen Gastspiele auch zu Kunstgenüssen zu machen. Barry Brisk schreibt in seinem Erinnerungsbericht über den Lehrer:

> The American conductor Lawrence Foster once told me of an afternoon spent with Swarowsky held forth on everything from medieval iconography and early Renaissance madonnas to cubism and Dada. Foster discreetly excused himself and queried the proprietor about this information. It was all correct. Swarowsky really had a thorough and deep grasp of Western civilization.[62]

Neben seiner pädagogischen Tätigkeit an Akademie, Opernstudio und bei internationalen Dirigentenkursen, den Operntextübersetzungen, den Proben und Aufführungen und nicht zuletzt den vielen Konzertreisen und Plattenaufnahmen fand Swarowsky auch noch Zeit für musikwissenschaftliche und -publizistische Arbeiten. Er schrieb nicht nur zahlreiche Artikel über Komponisten, einzelne Werke oder Fragen der Interpretation und gestaltete Radio- und Fernsehsendungen, sondern beteiligte sich an Editionsprojekten. Mit H.C. Robbins Landon verband ihn eine enge Arbeitsbeziehung und Swarowsky war ein wichtiger Mitarbeiter der kritischen Gesamtausgaben von Mozart und Haydn. Er selbst brachte eine revidierte Partitur von Johann Strauß' *Fledermaus* und Mozarts *Solfeggi* heraus. Philologische Fragen lagen dem „Diener des Werkes" naturgemäß besonders am Herzen. Er pflegte Autographe und Skizzen genau zu studieren und machte sogar Arturo Toscanini auf zwei falsche Noten in den Ausgaben von Mozarts Es-Dur Symphonie aufmerksam.[63]

Swarowskys Interesse an Autographen ging aber über das an Musikhandschriften weit hinaus und berührte sich mit dem Sinn für Erstausgaben und Originalgraphiken. Dabei ging es ihm auch um die größtmögliche Nähe zu den großen Geistern und ein möglichst umfassendes Bild von ihrer Zeit. Als Sammler bekam er es nicht nur mit Händlern zu tun, sondern tauschte sich auch mit Forschern aus. Stuckenschmidt über-

---

61 Rainer Braun an Erika Horvath, Illingen, 21.9.2004.
62 Barry Brisk, *Hans Swarowsky. A Remembrance*, Typoskript, S. 4, Privatbesitz Barry Brisk, Kopie in Historische Sammlung, IMI; auch verfügbar als Online-Publikation: https://independent.academia.edu/Barry Brisk (1.8.2021).
63 Vgl. Swarowsky, Rückblick, in: *WdG*, S. 258.

mittelte er Kopien von Briefen Schönbergs an Karl Kraus, wie aus einem die Briefe kommentierenden Antwortschreiben Stuckenschmidts zu erfahren ist. Es zeigt zugleich, dass Swarowsky für Stuckenschmidt, der gerade an seiner großen Schönberg-Biographie schrieb, Gesprächspartner, Zeitzeuge und Kontaktmann war:

> Der nicht datierte Brief Schönbergs an Kraus, betreffend Robert Hirschfeld ist in der Liechtensteinstraße 68–70 geschrieben, wo auch Zemlinskys wohnten. Schönberg blieb dort von September 1903 [?] bis Januar 1910. Schönbergs Liebe zu Mahler begann im Dezember 1904 nach der Wiener Aufführung der Dritten Symphonie. Vorher hätte Kraus ihn schwerlich um einen Mahler-Aufsatz gebeten. Also Brief an Kraus nicht vor Dezember 1904, nicht nach Dezember 1910.
>
> Wissen Sie, wer der Doktor Weißmann ist, dem Schönberg am 6. Mai 1928 Rankl empfahl? Den Kritiker Adolf Weißmann hätte er vermutlich mit Professor angesprochen. Es gab noch einen Dirigenten Dr. Frieder Weißmann, aber der hätte wohl Rankl nicht helfen können.[64]

> Können Sie nicht durch einen Kundschafter herausfinden lassen, ob die Partitur von Heubergers „Opernball" wirklich von Zemlinsky (2. Akt) und Schönberg (3. Akt) geschrieben ist? Wo mögen die Autographen [sic] liegen?[65]

Der Großteil von Swarowskys schriftstellerischer Arbeit verteilte sich auf Programmheftbeiträge, verstreute Artikel in Musikzeitschriften und hochschulinterne Papiere; vieles blieb unveröffentlicht. Swarowsky hegte zwar viele Jahre hindurch den Plan, ein zusammenfassendes Buch zu schreiben, dazu kam es jedoch nie. Mit Richard Strauss verfolgte er die Idee einer Gemeinschaftsarbeit *Die Kunst des Dirigerens*. Noch 1972 schrieb er: „Ich glaube, ich werde jetzt endlich mein Buch schreiben, aus dem Ihr alle noch lernen sollt."[66] Manfred Huss gab einige der wichtigsten Texte posthum im Band *Wahrung der Gestalt*[67] heraus, doch befinden sich in Swarowskys Nachlass noch zahlreiche weitere Texte, Entwürfe, Versionen, Notizen und Gedanken zu nicht nur musikalischen Fragen.

---

64 [Weißmann war zu der Zeit ständiger Gastdirigent der Dresdner Philharmonie und vielbeschäftigter Schallplattendirigent. Siehe den informativen Wikipedia-Artikel https://de.wikipedia.org/wiki/Frieder_Weissmann (2.8.2021). – Hg.]
65 Stuckenschmidt an Swarowsky, 23.9.1973, Stiftung Archiv der Akademie der Künste, Berlin.
66 Swarowsky an Brisk, 15.11.1972, Privatbesitz Barry Brisk; veröffentlicht in: Barry Brisk, *Hans Swarowsky, five letters to Barry Brisk. 1967–1972. Compiled and annotated in 2002*; Online-Publikation: https://independent.academia.edu/BarryBrisk (1.8.2021).
67 Hans Swarowsky, *Wahrung der Gestalt. Schriften über Werk und Wiedergabe, Stil und Interpretation in der Musik*, hg. von Manfred Huss, Wien 1979.

Von seiner sprachlichen Gewandtheit konnte man sich auch in öffentlichen Diskussionen überzeugen, wie etwa in den 1967 im Fernsehen geführten *Stadtgesprächen*. Ebenfalls 1967 veranstaltete die Gesellschaft für Musik eine „musikalische Fragestunde". Die Rezension im *Express* vermittelt anschaulich und beispielhaft, wie Diskussionen mit Swarowsky aussahen:

> Der Versuch der Österreichischen Gesellschaft für Musik, eine „Publikumsdiskussion" mit Professor Hans Swarowsky zu veranstalten, ist bei der ersten, durchwegs improvisierten Sitzung fehlgeschlagen. Die Diskussion fand nicht statt. Das Publikum, hauptsächlich durch die ältere Generation vertreten, ließ die amüsanten und blitzgescheiten „Redeschwalle" Swarowskys gern über sich ergehen, ohne jemals einzuhaken, Kritik zu üben oder gar zu widersprechen. Fast scheint es, als habe Swarowsky zu Beginn mit seiner eigenwilligen Übersetzung von „De mortuis nihil nisi bene" („Über Lebende nur Gutes!") – was blieb ihm als Dirigent der Wiener Oper, Leiter der Kapellmeisterklasse an der Musikakademie und international vielbeschäftigter Gastdirigent schon anderes übrig – der Kritiklust des Publikums den Wind aus den Segeln genommen. Die unbewältigte Vergangenheit heißt nun einmal in Wien Karajan, das größte Gegenwartsproblem die Wiener Oper – wirkliche musikalische Fragen, etwa der Interpretation, der Aufführungspraxis usw. sind für die Wiener scheint's von geringer Bedeutung. Traurig für eine Musikstadt.
>
> Also lernte man diesmal aus Swarowskys reichen Erfahrungen und Erlebnissen. Und jeder, der das Glück hat, ihn zu kennen oder unter ihm musiziert zu haben, weiß, wieviel man davon profitiert, und daß dabei kein Auge trocken bleibt. Selbstverständlich lieferte er einigen Zündstoff und übte Kritik. Etwa an der Disziplin der hiesigen Orchester, deren einzelne Musiker zu talentiert seien, um ernsthaft zu arbeiten. An der Tatsache, daß der Orchestermusiker hier bereits nach wenigen Jahren seiner lebenslänglichen Anstellung sicher sei, während er im Ausland (vor allem England und USA) innerhalb dreier Wochen kündbar ist, was sich ungemein auf die Ambition und Perfektion des einzelnen auswirke. Schließlich gab es die längst fällige Kritik am Rundfunk, dessen Charakter sich nicht im entferntesten mit dem Kölner, Berliner, Londoner oder sogar Baden-Badener Pendant messen könne; auch die Interesselosigkeit des Rundfunks an Musikpflege und Erarbeitung der Moderne in höchster Qualität kam zur Sprache. Interessant die Mitteilung Swarowskys, daß auch die neue Führung des Rundfunks nichts für die Musik tun werde. Schließlich lernte man in Swarowsky einen überzeugenden Kämpfer für den Stagione-Betrieb an der Oper kennen. Sein Vorschlag: 16 Tage nur zwei Opern mit derselben Besetzung zu spielen, die austauschbar ist und während dieser Zeit an Ort und Stelle zu bleiben habe, dann Absetzung der Werke bis zur Neuinszenierung zwei Jahre später. Das hieße also: vier verschiedene Opernprogramme (jeweils mehrmals wiederholt) in größtmöglicher Qualität innerhalb eines Monats – für den Opernbesucher, der durchschnittlich ein- oder zweimal in die Oper geht, würde sich überhaupt nichts ändern.

Wie man sieht, lauter interessante und brennende Themen, die unbedingt wert gewesen wären, vom Publikum diskutiert zu werden. Der Abend sollte wiederholt werden. Unbedingt mit Swarowsky. Und mit einigen jugendlichen Kampfhähnen im Publikum.[68]

Die andere Seite von Swarowskys rhetorischem Talent war sein Hang zur Übertreibung und seine Neigung, die Wahrheit etwas auszuschmücken, was Forschungsarbeiten zu seiner Person nicht gerade erleichtert. Prominentestes Beispiel dafür ist die habsburgische Abstammung, die er unter Vorweis seines Habsburger Ringes gern betonte.[69] So konnten Erzählungen wie die, er habe im Krieg Winston Churchill vom Angriff auf Pearl Harbour unterrichten können und dafür habe der Code „Tonight Butterfly" gegolten[70], oder dass sein Dirigierverbot ausgesprochen worden sei, weil er Beethovens Neunte im noch besetzten Polen aufgeführt habe[71], durchaus auf Skepsis oder Unglauben stoßen, und es war schwierig zu erkennen, wo die Wahrheit endete und wo die Phantasie anfing. In jedem Fall aber konnte Swarowsky als einer der letzten Vertreter der alten Epoche angesehen werden, einer, der Schönberg, Webern, Kraus, Freud, Reich und viele andere Protagonisten der Moderne gekannt hatte und gewissermaßen ein Sprachrohr jener versunkenen „Welt von Gestern" darstellte.

Besonders wirkungsvoll waren Swarowskys sarkastischer, bisweilen auch untergriffiger Witz und seine zynischen Äußerungen. In völlig undiplomatischer Weise bedachte er jeden, der nicht seinem Anspruch genügte, mit offener und lautstarker Kritik, was ihm viele Feindschaften einbrachte. Beliebte Opfer seines Spottes wurden immer wieder Orchestermusiker, Musikstudenten und Kollegen. Eines von unzähligen Beispielen findet sich in einem Brief an Barry Brisk:

---

68 Andrea Seebohm, Über Lebende nur Gutes, in: *Express*, 6.4.1967.
69 [Das Spiel mit diesem Szenario begann offenbar nach den Kindertagen erst wieder, als die aus der Vaterschaft Josef Kranz' erwachsene unmittelbare Gefahr vorüber war. Da auch der in diesem Zusammenhang genannte Erzherzog Otto mehrere Beziehungen in der Theaterwelt unterhielt, ist zumindest denkbar, dass die Mutter sich im Zweifel für den reicheren Kandidaten entschied, ohne zu ahnen, welche Folgen das für Swarowskys weiteres Leben haben würde. Sogar, dass sie in einem schwachen Augenblick ihrem Sohn den wahren Sachverhalt gebeichtet hat. – Hg.]
70 Barry Brisk, *Hans Swarowsky* (Anm. 62). [Das Kapitel ‚Spionage für die Engländer' ist derzeit noch nicht abschließend zu beurteilen. Natürlich wären entsprechende Nachrichten nicht auf direktem Wege an den britischen Premier übermittelt worden, aber nach dem sog. Dreimächtepakt zwischen Deutschland, Italien und Japan von 1940 hätten die japanischen Angriffspläne wohl auch in bestimmten Berliner Kreisen durchsickern können. Siehe den entsprechenden Abschnitt im Beitrag von Otto Karner im vorliegenden Band sowie den Tagebucheintrag von Ludwig Zenk im Beitrag von Erwin Barta, aus dem hervorgeht, dass Swarowskys Nachrichten an die Alliierten über die Schweiz liefen – die Beschaffung entsprechender Zeugnisse dürfte dazu beigetragen haben, dass Swarowsky schließlich auf die „weiße Liste" kam und wieder dirigieren durfte. – Hg.]
71 [Tatsache ist, dass Swarowskys letztes Konzert in Krakau Beethovens Neunter galt, und dass seine dortige Tätigkeit für Hans Frank einen Hauptvorwurf im Entnazifizierungsverfahren gegen ihn bildete. – Hg.]

Die Akademie ist eine „Hochschule für Musik" geworden, eine Schar von Idioten, die nicht einmal ihren Namen schreiben können, sind nun Universitätshörern gleichgestellt! Was noch schlimmer ist: ebenso blöde Lehrer sind gleich Universitätslektoren oder -professoren. Herr Schwertmann, Herr Spannagel, Herr Werba, Herr Forer werden Dekane und Rektoren!!!!!!!!! Die kleinste Zahl der Lehrer hat maturiert!! Usw. usw. echt österreichisch.[72]

Swarowskys Arbeitspensum war gigantisch, es gab den Moment nicht, in dem er nichts tat. Er war ein Getriebener, ein Workaholic, wie man heute sagen würde. In einem Schreiben an Robert Schollum klagt er: „Unterricht – Briefe – private Sorgen – Zeitschriftenaufsätze – Proben – Vorstellungen – Intrigieren – man wird nicht fertig!"[73]

Swarowsky arbeitete permanent gegen sich und gegen seine körperliche Konstitution. Schon nach dem Krieg klagte er häufig über seine vielen gesundheitlichen Probleme, die ihn jedoch nicht davon abhielten, einen schier endlosen Arbeitstag einzuhalten. Bereits seit Stuttgarter Tagen litt er unter Magengeschwüren, die 1970 so schlimm wurden, dass ihm der Magen entfernt wurde:

Meinen Magen habe ich mir zur Gänze herausnehmen lassen und nun kann ich essen was ich will und fühle mich sehr wohl. Ich war schon sozusagen am Ende mit den ewig blutenden Geschwüren, die nicht organisch waren (also kein Krebs) sondern psychischen Ursprungs – nicht ausgetobte verhaltene Wut etc. etc. Ich hatte zuletzt noch 16 Konzerte in Israel dirigiert, wurde aber so schwach, dass ich sogar in der neunten Mahler (im Capriccio[74]) einen Strich machen musste, da ich das Ganze nicht mehr ausgehalten habe. Fast nicht mehr lebend ging ich vom Flugplatz in Wien auf den Operationstisch – zwei Tage nach der Operation stand ich schon auf und konnte essen!!"[75]

Entgegen diesen Aussagen hatte Swarowsky jedoch Magenkrebs, wie seine Frau Doris bestätigt:

1970 kam mein Mann von einer Tournee[76] zurück und konnte kaum mehr essen. Er hatte Magenkrebs. Es wurde ihm ein großer Teil des Magens entfernt und der Krebs schien über-

---

72 Swarowsky an Brisk, 28.12.1970, Privatbesitz Barry Brisk; veröffentlicht in: Barry Brisk, *Hans Swarowsky, five letters to Barry Brisk. 1967–1972. Compiled and annotated in 2002*; Online-Publikation: https://independent.academia.edu/BarryBrisk (1.8.2021).
73 Swarowsky an Schollum, undatiert (Februar 1968), ÖNB, F 76 Schollum 368.
74 Gemeint ist sicher der 3. Satz, die ausgedehnte Rondo-Burleske.
75 Swarowsky an Brisk, 28.12.1970 (Anm. 72).
76 [– in Israel – Hg.]

Abb. 1: Aufnahme von Swarowsky an seinem 70. Geburtstag (HSA)

wunden. Drei Jahre später kam der Gehirntumor. Er sprach nie über seine Krankheit. Er verleugnete sogar, dass er Krebs hatte.[77]

1973 musste er sich neuerlich der Krankheit stellen, doch auch der Gehirntumor und die damit verbundene Kopfoperation hinderten ihn nicht daran, bereits fünf Wochen nach dem Eingriff wieder am Pult und in der Klasse zu stehen. 1975 hielt er dem wiederkehrenden Krebs (nun in der Speiseröhre) zum Trotz einen Dirigentenkurs (ohne zu sprechen) und dirigierte nur wenige Monate vor seinem Tod in Argentinien. Die letzten Wochen kommunizierte er nur mehr schriftlich. Am 10. September 1975 erlag Swarowsky seiner Erkrankung. Er wurde in einem Ehrengrab auf dem Wiener Zentralfriedhof beigesetzt.

77 Doris Swarowsky im Gespräch mit Erika Horvath, Wien, 4.9.2002.

Erika Horvath

WIENER SYMPHONIKER 1946–1947

Einleitung

Als Swarowsky im Juni 1946 zu seinem Konzertdebüt bei den Wiener Symphonikern geladen wurde, war das mit der Hoffnung verbunden, dass der in seiner Heimat bis dato unbekannt gebliebene Dirigent dem österreichischen Musikleben entscheidende Impulse zu geben vermöge. Mit einem geeigneten musikalischen Leiter wollte das Orchester zudem die führende Rolle im Wiener Konzertleben zurückerobern und die Philharmoniker in ihre angestammte Position als Opernorchester zurückdrängen.

Auch Swarowsky war nach seinem kurzen Intermezzo als Generalmusikdirektor in Stuttgart und den Monaten des von den Alliierten verhängten Dirigierverbots nun nicht nur daran interessiert, seine von den Nationalsozialisten 1936 unterbrochene Dirigierkarriere endlich fortzusetzen, sondern auch seinem geschädigten Ruf wieder Glanz zu verleihen. Er wollte international tätig werden und strebte nach Einfluss und Wirkungsmöglichkeiten, um träge und verstaubte Orchestertraditionen aufzubrechen und endlich seine Vorstellung von Interpretation und sein mittlerweile großes Wissen um Aufführungspraxis und Komponistenwillen, um Stilfragen und musikalische und kulturgeschichtliche Zusammenhänge mit geeigneten Mitteln in die Praxis umzusetzen. Seinem Sohn Anton berichtet er über seine Pläne im Wiener Musikleben:

> Mein geplantes Konzert mach ich freiwillig nicht mit den Philharmonikern, da ja dabei nichts als ein Eintagserfolg herauskommt und ich meiner ganzen geistigen Anlage nach nicht anders kann, wie auf Planung und Aufbau hin arbeiten. Ich dirigiere also am 19. Juni [eig. 20. Juni, Anm. d. Verf.] die Symphoniker, ein prächtiges Orchester, 130 Mann, das, wenn man 40 hinaus schmeisst, in kurzer Zeit den Rang der Philharmoniker erreichen kann.[1]

Seine Eindrücke bei den Proben für das erste Konzert stimmten ihn optimistisch für eine künftige Zusammenarbeit, die durch die Agenturtätigkeit von Hugo Gruder-Guntram, der Swarowskys Debütkonzert vermittelt hatte[2], äußerst reichhaltig zu werden versprach (die hochgesteckten Reisepläne realisierten sich vorerst natürlich nicht):

---

1 Hans Swarowsky an Anton Swarowsky, undatiert (ca. 1.6.1946), NlAS.
2 Doris Swarowsky im Gespräch mit Erika Horvath, Wien, 27.3.2003.

> Ich habe sechs Proben, eine in Wien unerhörte Anzahl. Eben komme ich von einer Probe, das Orchester ist begeistert – und das muss doch in Wien schon etwas sein […]. Hoffentlich wird es gut gehen. Mein Plan wäre ein langfristiger Vertrag mit den Symphonikern und ich garantiere, dass ich etwas aus ihnen mache, was den Philharmonikern bald gleich kommen wird. Gruder will viele Reisen für uns arrangieren, Frankreich, Afrika, Australien, England, Moskau – das ist alles schon halb vorbesprochen. […] Die Gemeinde will Subventionen geben, aber das ist nicht sicher. Auf diese Weise hätte ich doch ein Instrument, das ich ausbilden könnte. Es sind 20 erste Geigen bis 12 Kontrabässe – also genug. Damit wäre ich der einzige Mann in Wien, der ein wirklicher Chef ist, denn die Oper hat keinen und die Philharmoniker haben auch keinen.[3]

Das Debütkonzert am 20. Juni 1946 war von beachtlichem Erfolg gekrönt. Swarowsky überzeugte nicht nur die Kritiker, sondern auch das Orchester, das ihn als seinen neuen Leiter vorschlug, sowie die RAVAG[4], die ihn für weitere Konzerte engagierte. Er selbst war mit seiner und des Orchesters Leistung vollauf zufrieden und genoss seinen Ruhm und die Position, die er nun in Wien einnahm:

> Nun ist mein Konzert vorbei, es war ein ganz grosser Erfolg. Die ganze Wiener Gesellschaft war da, es war ein geradezu glanzvoller grosser Musikvereinssaal, ich wurde mit tollem Applaus empfangen, nach dem ersten Stück schon fünf Vorhänge, dann noch mehr und wieder Empfang und am Schluss hat es gar nicht aufgehört. […] Das Orchester hat prachtvoll gespielt, nicht wiederzuerkennen und am nächsten Tag haben sie mir in feierlicher Sitzung ihre ständige Leitung angetragen. Da muss nun nur noch die Behörde Ja dazu sagen. Ich hatte 24 erste Geigen und zwanzig zweite, 12 Bässe und auch Haydn spielte ich in solch grosser Besetzung, ganz männlich und zupackend, gar nicht zierlich und zimperlich. Der Haydn war aufsehenerregend […]. Ich bin nun jemand in Wien und wenn nicht geschossen wird, bleibe ich auch jemand. […] Übermorgen habe ich schon Radio, ich wurde sofort engagiert vom Fleck weg. Ich wiederhole dort den Reger, mache im Andenken an Dich das A-Dur Violinkonzert von Mozart, und dazu die 3. Leonore.[5]

Auf dem Programm des Debütkonzertes standen Max Regers *Variationen und Fuge über ein Thema von Mozart*, Joseph Haydns Sinfonie Nr. 102 in B-Dur und Richard Strauss' *Macbeth*. Swarowsky konnte also mit zwei Komponisten punkten, die ihm besonders am Herzen lagen: Joseph Haydn, den er als Urvater der symphonischen Musik bis Mahler besonders verinnerlicht hatte, und dem von ihm verehrten Richard Strauss, mit

---

3 Hans Swarowsky an Anton Swarowsky, undatiert (ca. 12.6.1946), NlAS.
4 Radio-Verkehrs-AG.
5 Hans Swarowsky an Anton Swarowsky, undatiert (ca. 25.6.1946), NlAS.

dem er persönlich viele seiner Werke durchbesprochen hatte. Heinrich Kralik, Musikwissenschafter und Guido-Adler-Schüler, der vor dem Krieg beim *Wiener Tagblatt* gewirkt hatte, seit 1946 dem Redaktionsstab der Tageszeitung *Die Presse* angehörte und die Direktion der Musikabteilung der RAVAG innehatte, stand voll und ganz hinter Swarowskys Auffassung:

> Mit mutiger Gebärde stellte er an die Spitze seines Konzertes die Mozart-Variationen von Reger, ein Programmstück, das hierzulande im allgemeinen mehr geehrt als begehrt wird; das ihm aber Gelegenheit gab, sich als außerordentlicher Techniker und Musik-Dialektiker zu zeigen. Er ließ die einzelnen Variationen förmlich als dramatische Persönlichkeiten spielen, reden, handeln. Eine jede betonte ihren Eigenwert, ihre Meinung, eine jede hatte ihr Profil, ihr Kostüm. In der prächtig gesteigerten Fuge schließlich vereinigten sich alle zu einem wirbeligen Reigen. In der B-dur-Symphonie, die Haydn in London komponiert hat, will Swarowsky bereits die Richtung erkennen, die Beethoven später eingeschlagen hat. Seine Auffassung, die er in einer klugen und anregenden Programmerläuterung vertritt, ist keineswegs unberechtigt. Vor allem aber: er weiß ihr in der Praxis entsprechenden Nachdruck zu verleihen und gelangt zu einem resoluten Haydn-Stil, der sich schon ganz vom Rokoko gelöst hat.[6]

Friedrich Wildgans, Komponist und Klarinettist, Sohn des Schriftstellers Anton Wildgans und wichtige Persönlichkeit der österreichischen Nachkriegskulturpolitik, widmete Swarowskys Wiener Konzertdebüt einen ausführlichen Artikel im *Österreichischen Tagebuch*, in dem er sich von dessen Musikalität und außergewöhnlicher Orchesterarbeit beeindruckt zeigt und dessen untheatralischen Dirigierstil unterstreicht:

> Hans Swarowski [sic] ist nicht nur ein beachtlicher Virtuose des Taktstockes, er ist auch – was weit höher einzuschätzen ist – ein wirklicher Musiker von Geist, Überlegung, Gestaltungsvermögen und echter, unverfälschter Musizierfreude, er ist auch ein Orchestererzieher von Rang und Qualität, wofür das diesmal besonders sauber, klangschön, diszipliniert und durchgeistigt musizierende Orchester der Wiener Symphoniker erfreulichstes Zeugnis ablegte. Er dirigierte sein gesamtes Programm auswendig, und die somit nicht mehr an das Partiturbild fixierten Blicke des Dirigenten hielten das Orchester völlig in Bann und suggerierten ihm eine der eindrucksvollsten Leistungen des Konzertjahres. Swarowskis Dirigierbewegungen haftet nichts Eingelerntes, Maniriertes an; sie sind nicht auf wohlfeilen Publikumsfang, auf billige Wirkung, namentlich bei den weiblichen Zuhörern, berechnet, sie sind auch nicht im choreographischen Sinne „schön". Aber sie sind der elementare Ausdruck seines ureigenen musikalischen Erlebens, in all ihrer zeitweisen äußersten Sparsamkeit oder ihrer bisweilen heftigen Emotion, und deshalb wirken sie persönlich, deshalb

---

6 Heinrich Kralik, in: *Die Presse*, 21.6.1946.

sind sie sinnvoll und übertragen die Gedanken und Klangvisionen des Dirigenten auch zwingend auf das sehr aufnahmewillige Orchester.[7]

Regers Variationenwerk überzeugte Wildgans durch seine „Klarheit" und „überzeugende Faßlichkeit"[8] und für Haydns Symphonie sei Swarowsky eine Interpretation geglückt, die nicht das „heute bisweilen beliebte Zerrbild der bezopften Rokokofigur, sondern einen urmusikantischen, blutvollen, mit Gefühlsausdruck nicht geizenden, mit einem Wort einen echt österreichischen Haydn"[9] zeigte:

> Schon die Herausarbeitung des gesanglichen Bassganges in der langsamen Einleitung durch die (von Swarowski mit gutem Erfolg im rechten Vordergrund postierten) Celli zeugte für die individuelle Gestaltungsgabe des Dirigenten ebenso wie das mitreißende Brio der schnellen Sätze, die behäbige bäurische Derbheit des Menuetts und vor allem die vorbildlich ausgewogene Dynamik. In dieser erfreulichen lebendigen und daher mustergültigen Darstellung zeigte der alte Haydn wieder einmal, um wie viel er moderner, zeitnäher ist als der formal recht amorphe, in seiner Eklektik oft unechte und übersteigerte Macbeth Strauß', dessen musikalischer Inhalt weder durch seine freilich meisterliche Instrumentation noch durch die (auch hier vorbildliche) Interpretation an Tiefe und Erbaulichkeit gewann.[10]

Alle Kritiken zeigen neben der erstaunlichen Offenheit gegenüber den von Swarowsky vertretenen Aufführungsgrundsätzen jedoch auch eines: die Erwartungen, die man in Swarowsky setzte, waren hoch, und die Kritiker betonten nicht nur die hervorragenden interpretatorischen Leistungen, sondern sahen in ihm den neuen österreichischen Dirigentenstar, der in der Lage sein würde, Wien als Musikstadt schnellstens in ihrem alten Glanz wieder auferstehen zu lassen. „Ein Sommerkonzert der Wiener Symphoniker präsentierte einen neuen Dirigenten, Hans Swarowsky, der, so scheint es, berufen ist, eine wichtige Rolle bei uns zu spielen"[11], beschrieb Heinrich Kralik die Situation.

Die Wahl Swarowskys für die Position beendete eine langwierige Diskussion um geeignete, nicht unter Dirigierverbot stehende Dirigenten, welche auch in den Zeitungskolumnen geführt wurde:

> Handelt es sich doch da um einen, und zwar um einen wichtigen Teil des Dirigentenproblems – das keinesfalls in den Qualitäten dieses oder jenes Wiener Dirigenten liegt (das ist

---

7 Friedrich Wildgans, Ein neuer Dirigent, in: *Österreichisches Tagebuch* 1 (1946), Nr. 13 (29.6.1946) S. 15 f.
8 Ebd.
9 Ebd.
10 Ebd.
11 Heinrich Kralik, in: *Die Presse*, 21.6.1946.

die missverständliche Auffassung der Frage), sondern in mannigfachen organisatorischen, kunstpolitischen und ähnlichen Überlegungen, die die Heranziehung möglichst vieler guter Dirigenten wünschenswert macht. Sie könnten sich gegenseitig ergänzen, gegenseitig anregen, was dem allgemeinen Niveau zugute käme. Weil aber die meisten dieser Aufgaben die gesamte Person eines Künstlers beanspruchen, erhebt sich der Ruf nach neuen Männern.

Eine dieser Aufgaben ist die künstlerische Reaktivierung der Wiener Symphoniker, an die als das zweite Wiener Orchester hohe Ansprüche gestellt werden müssen: Wien braucht unbedingt mindestens ein zweites Orchester (es hatte ja in seiner Blütezeit sogar noch ein drittes hochwertiges), dessen Arbeitskreis recht ausgedehnt wird.[12]

Man machte kein Hehl daraus, dass Swarowsky einer von diesen „neuen Männern" sein konnte, dessen umfassend gebildete Persönlichkeit, kritischen Verstand und musikalisches Talent man schätzte, Eigenschaften, die für die Position als besonders wichtig angesehen wurden:

Hans Swarowsky ist ein Dirigent ohne Wenn und Aber. Er ist ein Dirigent, der den Durchschnitt weit überragt. Er ist einer der seltenen Musiker, die einem das Vergnügen bereiten, Verstand zu besitzen. Talent in Verbindung mit Verstand ist für einen Künstler von unschätzbarem Vorteil. Hans Swarowsky besitzt beides. Das macht seine Leistung interessant und fesselnd.[13]

Geradezu euphorisch äußerte sich Kralik über Swarowskys Vorzüge, seine Fähigkeiten, das Orchester zu leiten und die Musiker zu führen, sein musikalisches Gespür, seine Stilsicherheit und sein Temperament:

Er ist frisch, feurig, energisch und von gewinnendem Wesen. Er hat das Orchester fest in der Hand und weiß die einzelnen Instrumentalgruppen, die sonst gerne sich selbst überlassen bleiben, im einheitlichen, homogenen Klangkörper zu verschmelzen. Er ist ein Musiker, der ebenso musikantisch wie künstlerisch empfindet. Er dirigiert auswendig und hat die Partitur im Kopf. Aber nebst der Partitur auch ein klares, sicheres Vorstellungsbild der Musik, die er zur Aufführung bringt. Er scheint auch mit den Dingen vertraut zu sein, die jenseits der Musik liegen und sie umschließen, mit ihrem Stil und ihrer Form, mit ihrer Poesie und Geisteshaltung.[14]

Nicht weniger hoch waren die Erwartungen von Seiten Swarowskys, der zu diesem Zeitpunkt jedoch auf eine Möglichkeit hoffte, in den USA eine seinen Fähigkeiten entspre-

---

12 L., Konzert Swarowsky, in: *Wiener Kurier*, 22.6.1946.
13 F. T., in: *Weltpresse*, 25.6.1946.
14 Heinrich Kralik, in: *Die Presse*, 21.6.1946.

chende Stelle zu finden und von dort eine Weltkarriere zu starten. Die leitende Position bei den Wiener Symphonikern würde ihm somit nicht nur das erhoffte Wirkungsfeld bringen, sondern auch seine Chancen erhöhen, von einem amerikanischen Orchester als Generalmusikdirektor engagiert zu werden, wie er seinem Sohn anvertraute:

Selbstverständlich – wenn ich nach Amerika kann – haue ich den ganzen Krempel sofort hin. Aber nach so einer Position muss ich natürlich in Amerika auch sofort in eine Position berufen werden, das bloße Kommen und Warten ist nun ausgeschlossen.[15]

Geschichtlicher Rückblick[16]

Als Swarowsky die musikalische Leitung des Orchesters übernahm, sah er sich einem Unternehmen gegenüber, das mit komplexen wirtschaftlichen und strukturellen Problemen zu kämpfen hatte, die sich zwangsläufig auch auf die künstlerische Arbeit auswirkten; denn die Symphoniker waren aufgrund ihrer komplizierten Vorgeschichte kein eigenständiges Unternehmen, sondern ein Mietorchester, das sich seinen diversen Mietern mehr oder weniger bedingungslos unterzuordnen hatte. Diese bestimmten neben dem Terminplan sowohl das Programm als auch den Dirigenten, was die Position eines künstlerischen Leiters eigentlich ad absurdum führte. Die Organisationsform war das Resultat der schwierigen wirtschaftlichen Verhältnisse, in die das Orchester innerhalb eines durch zwei Weltkriege geprägten Jahrhunderts geraten war. Bereits nach dem Ersten Weltkrieg und dem Zusammenbruch der Monarchie war der im Jahre 1900 unter Ferdinand Löwe gegründete *Wiener Concertverein* zunehmend ins Schlingern geraten, da mit Wegfall des höfischen Mäzenatentums die Finanzierung auf die demokratischen Einrichtungen übergegangen war. Aus diesem Strukturwandel ergaben sich Schwierigkeiten, die sich noch weit in die Zweite Republik hinein erhielten.

Mit der Gründung des auf zeitgenössische Kunst und Unterhaltungsmusik ausgerichteten Konzerthauses im Jahre 1913 war zwar eine sehr gut funktionierende Organisationsstruktur entstanden, bei der Konzertveranstalter, Orchester und Spielstätte als Einheit fungierten, doch nur wenige Monate später brach der Erste Weltkrieg aus und zerstörte mit der Monarchie auch die bisherige Trägerschicht des Konzertlebens. Das ökonomisch schwer getroffene Bürgertum war nach Ende des Krieges nicht mehr in der Lage, einen funktionierenden Konzertbetrieb zu finanzieren.

---

15 Hans Swarowskys an Anton Swarowsky, undatiert (ca.12.6. 1946), NlAS.
16 Vgl. auch Ernst Kobau, Geschichte der Wiener Symphoniker, in: Rainer Bischof (Hg.), *Ein Jahrhundert Wiener Symphoniker*, Wien 2000, S. 21–54.

Um Verwaltungskosten zu sparen und damit das Orchester vor dem finanziellen Ruin zu bewahren, führte man den nunmehrigen Verein *Wiener Sinfonie-Orchester* als Mietorchester weiter, ein Provisorium, das bis in die 80er Jahre bestehen blieb. Das Orchester hatte nun gegenüber den Konzertveranstaltern Dienstnehmerstatus, was den völligen Verlust von Autonomie in Programmplanung und Dirigentenwahl zur Folge hatte. Selbst der Name änderte sich je nach Mieter. So konzertierte das Orchester als *Wiener Tonkünstlerorchester*, wenn es von dem Tonkünstlerverein, als *Concertverein*, wenn es von der Konzerthausgesellschaft engagiert worden war, und als *Wiener Sinfonieorchester*, wenn es für den Musikverein, die sozialdemokratische Kunststelle oder diverse Chor- und Gesangsvereine spielte. Im Leitungsgremium saßen je ein Vertreter der Gesellschaft der Musikfreunde, der Konzerthausgesellschaft, des Concertvereins, des Tonkünstlervereins, des Musikerverbandes und (später) der RAVAG. Um das Orchester wirtschaftlich zu führen, veranstaltete man möglichst viele Konzerte mit minimalem Probenaufwand, und die Musiker wurden im Vergleich zu anderen Institutionen schlecht bezahlt, was naturgemäß dem Spielniveau des Orchesters abträglich war. Zudem verhinderten die vielen Gastdirigenten den künstlerischen Aufbau.

Aufgrund der technischen Entwicklungen auf den Gebieten von Schallplatte, Tonfilm und Radioübertragung, die einem traditionellen Orchesterkonzert große Konkurrenz machten, versuchte man bereits 1924 – wenige Monate nach Beginn des Rundfunkbetriebs – möglichst intensiv mit diesem zusammenzuarbeiten. So fanden seit Oktober 1925 Konzertsendungen, Sonntagsmatineen und Direktübertragungen von Abonnementkonzerten oder Arbeiter-Symphoniekonzerten aus dem Konzerthaus statt, ohne jedoch mit fixen Verträgen ein wenig Beständigkeit und Sicherheit garantieren zu können. Auch diese Entwicklung hatte weitreichende Folgen für die Zeit nach dem Zweiten Weltkrieg.

1929 verschärfte sich die finanzielle Situation weiter, da die Weltwirtschaftskrise einen dramatischen Besucherschwund auslöste. Nach langwierigen Verhandlungen mit der RAVAG kam es 1933 – nach der Ausschaltung des Parlaments durch Engelbert Dollfuß – endlich zu einem Abschluss mit der RAVAG, der die soziale Absicherung der Musiker jedoch weiter verschlechterte: Die Übernahme von 50 % der Orchesterdienste durch die RAVAG war an die Forderung gekoppelt, den Verein *Wiener Sinfonieorchester* aufzulösen und in den Verein *Wiener Symphoniker* überzuführen. Dadurch konnte man bisher verbürgte Definitivstellen ohne Rechtsanspruch streichen und nur mehr Einjahresverträge mit schlechteren Arbeitsbedingungen vergeben. Der neue Vizepräsident der RAVAG, Heimwehrführer Dr. Steidle, hatte zudem die Aufgabe (laut Heimwehr-*Morgenblatt*), „im österreichischen Rundfunk nunmehr endlich den ständigen Versuchen der Austromarxisten, die Ravag für ihre zersetzenden Absichten zu mißbrauchen, Einhalt zu bieten [sic]."[17] Die Rundfunk-Verpflichtung hatte den Vorteil, dass man endlich mit

---

17 Zitiert nach ebd., S. 51.

einem fixen Dirigenten kontinuierlich arbeiten konnte, denn Oswald Kabasta war als Musikchef der RAVAG und als Konzertdirektor des Musikvereins für die Mehrzahl der Symphoniekonzerte zuständig. Kabasta, der seit 1932 Parteimitglied war, sorgte jedoch geflissentlich dafür, dass keine jüdischen Musiker mehr in das Orchester aufgenommen wurden. Nach dem Krieg erhielt er Berufsverbot und beging 1946 Selbstmord.

Nach dem Anschluss an das Deutsche Reich gab es im November 1938 eine neuerliche Reorganisation des Orchesters: Der Verein *Wiener Symphoniker* wurde liquidiert und dessen Vermögen dem neu gegründeten, autoritär geführten Verein *Stadtorchester Wiener Symphoniker* überwiesen. Da mit der nationalsozialistischen Machtübernahme die Förderung der klassischen Hochkultur einen zentralen Stellenwert in der Kulturpolitik erhielt, kam es zunächst zu einer wesentlichen ökonomischen Besserstellung. Aufgrund ausreichender Subventionen und der Eingliederung in die Klasse 1 der „Tarifordnung deutscher Kulturorchester" stiegen die Musikergagen um 30 % und die Musikerzahl von 65 auf 81. Neun jüdische Orchestermitglieder mussten das Orchester allerdings verlassen. Zwei von ihnen fanden in Konzentrationslagern den Tod, den übrigen gelang die Flucht. Etwa ein Drittel der verbliebenen Musiker trat der NSDAP bei.

Das Orchester spielte weiterhin die großen Konzertzyklen und als künstlerischer Leiter und 1. Dirigent im Reichssender Wien, der weiterhin 50 % des Aufführungsvolumens absorbierte, fungierte seit 1939 Hans Weisbach. Schon bald begann sich das vermeintliche „Glück" der gesicherten Existenz jedoch auch für die „arischen" Musiker in fataler Weise zu wenden. Seit 1940 dezimierten Einberufungen den Personalstand, der ein Jahr später per Verordnung auf 55 Musiker reduziert wurde, Anfang 1943 war bereits ein Drittel davon eingerückt. Die endgültige Stilllegung am 1. September 1944 bedeutete für die verbliebenen Musiker entweder Einberufung oder die Dienstverpflichtung zur Werksarbeit in den Leichtmetallwerken Liesing.

1945

Mit einem im *Neuen Österreich* publizierten Aufruf an die Musiker[18], sich zum Dienst zu melden, begann – nur wenige Tage nach der Befreiung Wiens – am 8. April 1945 der Orchesterbetrieb der heutigen *Wiener Symphoniker*. Unter kaum vorstellbaren Umständen setzte man alles daran, aus dem Restbestand des *Stadtorchesters* und neu engagierten Musikern ein Orchester aufzustellen, die grundlegenden existenziellen Bedingungen für die Musiker zu schaffen, eine neue Organisationsstruktur zu errichten und das Problem der Parteigenossenschaften zu lösen. Zumindest gelang es innerhalb von zwei Jahren, ein zwar wenig homogenes, aber spielfähiges Orchester in der Stärke von

---

18 Vgl. ebd., S. 36.

120 Mitgliedern zu etablieren. Zunächst aber kämpfte man insbesondere mit Problemen der Infrastruktur und der Versorgung, denn Musikverein und Konzerthaus waren beschädigt und ohne Heizung. Auch die Verkehrsbetriebe funktionierten nicht und die Musiker hatten lange Fußmärsche zum Dienstort auf sich zu nehmen. In der ersten Zeit kochten sich die Musiker in den Orchestergarderoben auf Spirituskochern dünne Suppen, später – als sich die Ernährungslage etwas zu bessern begann – gab es eine kollektive Verpflegung in einem Gumpendorfer Wirtshaus. Die Orchesterleitung war in erster Linie damit beschäftigt, Hilfsansuchen für Sonderrationen, für Wollstrümpfe, Stahlblechpfannen, Petroleum, Saiten, Transportwägen, Treibstoff etc. abzufassen und am Schwarzmarkt dringend benötigte Güter zu erstehen. Musiker kamen oft nicht zum Dienst, weil sie unterwegs von einer russischen Militärstreife abgefangen und zu Aufräumungsarbeiten verpflichtet wurden, im Winter 45/46 spielten sie in Mänteln und mit an den Fingerspitzen abgeschnittenen Handschuhen.[19]

Während der ersten Monate machte das Orchester unter den alten Vertragsbedingungen ausschließlich im Rundfunk Dienst. Am 16. September 1945 kehrten die Symphoniker mit Mahlers Dritter Symphonie (unter Robert Fanta) in den Konzertsaal zurück, wenige Tage später dirigierte Josef Krips *Das Lied von der Erde*. Mit Mahlers Musik, die unter den Nazis als entartet gegolten hatte, wollte man ein deutliches Zeichen für einen Neubeginn setzen, der sich in diesem Sinne jedoch nicht fortsetzen ließ.

Da die in der Nazizeit erwirtschafteten Rücklagen Inflation und Währungsreform zum Opfer fielen, war man auf öffentliche Subventionen von Seiten der Gemeinde angewiesen. Insbesondere aber hoffte man, nach 1945 die Organisationsform des Orchesters in einer Weise zu gestalten, dass eigenständige Entscheidungsstrukturen eine künstlerisch und ökonomisch sinnvolle Orchesterarbeit ermöglichen würden. Dabei konzentrierte man sich in erster Linie auf zwei Punkte: erstens die Suche nach einem geeigneten künstlerischen Leiter, der „für die notwendige Mitarbeit bei dem Organisationsaufbau des Orchesters, in Bezug auf die künstlerischen Angelegenheiten"[20] herangezogen werden konnte, und zweitens den Antrag auf Übernahme unter städtische Verwaltung (Kommunalisierung) zur Sicherstellung der Finanzierung, um sich von übermächtigen Mietern auf der einen Seite und knappen, leistungsabhängigen und jährlich zu genehmigenden Subventionen auf der anderen Seite befreien zu können.

Die Frage des künstlerischen Leiters wurde mit der Bestellung Swarowskys zwar relativ schnell gelöst, doch hatte dieser, solange die Verwaltungs- und Finanzierungsfragen nicht geklärt waren, wenig Handlungsmöglichkeiten. Auch während Swarowskys Amtszeit waren die Vermietungsbedingungen weiterhin durch völlige Abhängigkeit gekennzeichnet, ohne Einfluss auf Programm- und Dirigentenwahl, was darüber hin-

---

19 Ebd.
20 *Antrag über die Neuregelung der Betriebsgrundlagen der Wiener Symphoniker*, AWS.

aus auch Folgen für das Verhältnis von Probenzahl und Aufführung und somit für die
Qualität der künstlerischen Darbietung hatte. Insbesondere die „Dirigentenfrage" übte
großen Einfluss auf die „künstlerische Leistungsfähigkeit des Orchesters" aus.

> Hierbei ist nicht nur die gegenwärtige Situation in Betracht zu ziehen, sondern grundsätzlich der Umstand, dass das Orchester an Veranstalter vermietet wird, welche die Dirigenten bestimmen. Wenngleich die Geschäftsführung in besonderen Fällen ganz untragbare Personen ablehnen kann, bildet der fortwährende Wechsel der Dirigenten unterschiedlichster Art künstlerisch ein massgebendes destruktives Moment, über welches die besten Einzelleistungen nicht hinwegkommen.[21]

Künstlerischer Leiter

Unglücklicherweise neigte die Geschäftsleitung dazu, die gesamte organisatorische Problematik an die Frage des Chefdirigenten zu knüpfen, und erhoffte sich, mit der Wahl des geeigneten Mannes endlich künstlerische und finanzielle Autonomie zu erlangen, was sich für Swarowsky letzten Endes als schwerwiegendes Handicap herausstellte. Zunächst aber musste aus der verbliebenen Reihe an guten Dirigenten, die nicht dem Aufführungsverbot der Alliierten unterlagen, eine geeignete Wahl getroffen werden.

Im März 1946 fanden wie gesagt die ersten Verhandlungen mit Joseph Krips statt, der wiederholt versicherte, die Stellung grundsätzlich übernehmen zu wollen.[22] Auch Stadtrat Viktor Matejka erteilte „ausdrücklich seine Zustimmung", mit Krips zu verhandeln. Allerdings gab es Einschränkungen:

> Nachdem für das laufende Geschäftsjahr nach den bestehenden Verträgen mit den konzertveranstaltenden Unternehmungen das Orchester ohne Dirigent vermittelt wird, besteht für die auslaufende Saison keine Möglichkeit, Professor Krips mit bestimmten Bezügen als Dirigenten zu bestellen. Eine solche Bestellung kann erst für das kommende Geschäftsjahr ab 1. September 1946, in Zusammenhang mit der Neuorganisierung des Orchesters und der kommenden Verträge mit den Konzertunternehmungen erfolgen.[23]

Dessen ungeachtet wollte man eine Form finden, Krips so weit mit den Aufgaben des künstlerischen Leiters des Orchesters zu betrauen, dass die Voraussetzungen für eine Übernahme in der folgenden Saison gegeben gewesen wären. Krips erklärte sich prin-

---

21 *Memorandum betreffend die Übernahme der Wiener Symphoniker in die Dienste der Gemeinde Wien*, AWS.
22 *Niederschrift über eine Besprechung im Büro der Wiener Symphoniker am 19.3.1946*, AWS.
23 Ebd.

zipiell bereit, seine Tätigkeit als Dirigent der Wiener Philharmoniker aufzugeben und in der Oper soweit einzuschränken, dass er sich „für alle Dienstverpflichtungen eines künstlerischen Leiters zur Verfügung stellen konnte." Dafür verlangte er als unbedingte Voraussetzung eines förderlichen Wirkens in dieser Stellung „massgeblichen Einfluss" auf die Einstellung und Kündigung von Orchestermitgliedern, Dirigentenwahl, Programmbildung, sowie Anzahl und Art der Orchesterdienste, die Orchesterdisziplin und auf Beurlaubungen von Orchestermitgliedern.

Ferner will er bei Auslandsreisen des Orchesters als Dirigent des Orchesters teilnehmen. Prof. Krips möchte einerseits die Bestellung von bedeutenden Gastspieldirigenten fördern, dagegen die Verwendung von minderwertigen Dirigenten unter allen Umständen verhindert wissen.[24]

Im April 1946 forderte die Vereinsleitung in einem Antrag „über die Neuregelung der Betriebsgrundlagen der Wiener Symphoniker"[25] nachdrücklich die endgültige Bestellung eines künstlerischen Leiters, der „nach Massgabe greifbaren besseren Ersatzes für den Austausch der künstlerisch unzulänglichen Orchestermitglieder zu sorgen" hat.

Weiters müsste in allen künftigen Verträgen über die Orchestervermietung die Verwendung des künstlerischen Leiters als Dirigent der Konzerte, soweit als möglich sichergestellt werden bzw. die Verwendung anderer Dirigenten nur im Einvernehmen mit dem künstlerischen Leiter und der Geschäftsführung festgesetzt werden können, um künstlerisch unzulängliche Dirigenten von der Orchesterleitung auszuschliessen. Die Programmbildung der Konzerte des Orchesters muss nach bestimmten Grundsätzen ausgerichtet und Vorsorge getroffen werden, dass die Durchführung dieser Grundsätze, in einem allgemeinen Sinn, bei den Konzertveranstaltern im Einvernehmen mit dem künstlerischen Leiter und der Geschäftsführung sichergestellt wird. Aus allem diesem ergibt sich auch die Einflussnahme auf die künstlerischen Erfordernisse bei der Regelung des Dienstbetriebes. Diese Befugnisse müssen auf eine Einflussnahme und eine einvernehmliche Regelung mit der Geschäftsführung abgestellt werden, damit über subjektive Versionen hinausgehend, die allgemeinen Interessen der Körperschaft gewahrt bleiben.

Als Anstellungsgrundlage käme ein zweijähriger Dienstvertrag mit der Verpflichtung einer hauptsächlichen Dienstleistung für die Wiener Symphoniker in Betracht. Die Bestellung ab 1.9.1946 müsste jedoch sobald als möglich erfolgen, um den in Aussicht genommenen Herrn für die notwendige Mitarbeit bei dem Organisationsaufbau des Orchesters, in Bezug auf die künstlerischen Angelegenheiten, heranziehen zu können.[26]

---

24 Ebd.
25 AWS.
26 Ebd.

Wiederholt wies die Vereinsleitung darauf hin, dass weiterhin „anstelle eines ständigen, eigenen künstlerischen Leiters" eine „abwechselnde Reihe von Dirigenten" wirkte, und „darunter, ohne dass dies verhindert werden kann, auch eine Anzahl künstlerisch unzulänglicher Herren."[27]

Bereits im Sommer 1945 war eine erfolglose Anfrage an Eugen Jochum ergangen, und nachdem man sich mit Krips offenbar nicht einig wurde, schien das Kontingent der politisch unbelasteten Dirigenten mit gutem Namen auch schon erschöpft. Knapp vor Saisonende erschien dann plötzlich der noch wenig bekannte Hans Swarowsky auf der Bildfläche, und nach dem erfolgreichen außerordentlichen Konzert im Musikverein am 20. Juni 1946 wurde zwischen dem Verein und Swarowsky ein auf ein Jahr befristeter Vertrag für die Saison 1946/47 vereinbart. Krips zeigte sich empört, dass man ihn letztendlich übergangen hatte, doch warf ihm die Geschäftsleitung vor, „dass er sich in den letzten Monaten überhaupt um uns nicht mehr gekümmert hat", man hoffte aber, „dass die guten Beziehungen auch in Zukunft bleiben"[28] würden.

Die erste Bewährungsprobe hatte Swarowsky bereits im August während der Bregenzer Festwoche und der Konzerttournee durch die westlichen Bundesländer. Währenddessen war Swarowskys Vertrag für die Leitung der Symphoniker jedoch noch keineswegs unter Dach und Fach, da die organisatorische Lage alles andere als konsolidiert war. Zugleich übte der Dirigent Druck auf die Leitung aus, wie Felix Apold, der 1945 interimistisch eingesetzte Geschäftsführer des Orchesters, seiner Sekretärin am 20. Juli mitteilte:

> Dr. Kraus [Beamter im Kulturamt der Stadt Wien – Hg.] hat mit Swarowsky alles wegen Vertrag abgesprochen – dann ist alles wieder in Ungewissheit gekommen – Stadtrat Dr. Matejka hat aber angeblich den Vertragsantrag für den Bürgermeister unterschrieben – jedenfalls ist Swarowsky böse, dass man ihm keine verbindliche Zusage gibt – er hat jetzt – wie ich mich selbst überzeugen konnte große Chancen – und es wäre möglich dass er verärgert sich anderwärtig bindet. […] Der formelle Vertrag ist Swarowsky nicht so wichtig, aber er will wissen woran er ist, damit er sich seine Angelegenheiten einrichten kann. – Das ist doch begreiflich – da sucht man immer noch Dirigenten und hat man dann einen, dann vergrämt man ihn wieder.[29]

Man konnte Apold nur eine vertröstende Antwort schicken, die die chaotische Lage des Vereines widerspiegelt:

---

27 Vorschlag eines Antrages bzgl. Übernahme der Wr. Symphoniker in städtische Dienste, 21.5.1946, AWS.
28 Helene Klapper an Felix Apold, 29.6.1946, AWS.
29 Apold an Klapper, 20.7.1946, AWS.

Hr. Dr. Kraus hat sich bereit erklärt, Herrn Swarowsky einen Brief zu schreiben, in welchem er ihn bittet, sich noch einige Zeit zu gedulden, da seine Angelegenheit noch irgendwo hängt. Dass der Vertrag bereits so gut wie fix ist, kann er noch nicht schreiben, hofft aber, dass die Sache nunmehr doch in Kürze günstig erledigt wird. Er wird auch die von ihnen angeführten „grossen Chancen" für Herrn Swarowsky sofort ins Treffen führen und erhofft sich dadurch eine Beschleunigung.[30]

Swarowskys Einjahres-Vertrag wurde am 31. August 1946 abgeschlossen. Darin waren als Verpflichtung des musikalischen Leiters die Schulung des Orchesters, seine Beaufsichtigung bei Proben unter fremder Leitung sowie das Vorschlagsrecht für Aufnahme und Kündigung von Orchestermitgliedern, die Programmgestaltung der eigenen Konzerte im In- und Ausland, die Einflussnahme auf die Vermietung des Orchesters und auf Berufung von Dirigenten und Solisten sowie die Leitung repräsentativer Veranstaltungen des Bundes oder der Stadt Wien festgelegt[31] – Rechte, die in der Realität des Vermietungsgeschäftes nie eingelöst werden konnten, weil sie davon ausgingen, dass der Verein in diesen Fragen selbst bestimmen konnte. Swarowsky erhielt monatlich 1.200 Schilling, für jedes Konzert zusätzlich ein Pauschalhonorar von 500 Schilling (was etwa dem monatlichen Grundgehalt eines Symphonikers entsprach).

Kommunalisierung

Da die Aufnahme in die Verwaltung der Stadt Wien die Lösung aller finanziellen und verwaltungstechnischen Probleme des Orchesters zu versprechen schien, setzte man seit der Gründung des Vereins *Wiener Symphoniker* im Jahr 1933 alles daran, den Traum der Kommunalisierung Wirklichkeit werden zu lassen. Interimistisch lag die Geschäftsführung in den Händen des vom Kulturamt bestellten Direktors Felix Apold, während formell Bürgermeister Theodor Körner als Obmann des Vereins fungierte.[32] Die Korrespondenz erfolgte direkt zwischen ihm und der Amtsstelle, d. h. Oberverwaltungsrat Dr. Robert Kraus, dem Musikbeauftragten des Kulturamtes Friedrich Wildgans und dem Kulturamtsleiter Dr. Viktor Matejka.

Mit dem angestrebten Status eines Gemeinde-Orchesters hätte man eine rechtliche Bestandsgarantie mit einer Finanzierung über das ordentliche Budget erhalten, ohne als ewiger Bittsteller von der Gnade weiterhin gewährter Zuschüsse abhängig zu sein.

---

30 Klapper an Apold, 25.7.1946, AWS.
31 Vertrag zwischen Kapellmeister Hans Swarowsky und dem Verein Stadtorchester „Wiener Symphoniker", 31.8.1946, AWS.
32 Ernst Kobau, *Die Wiener Symphoniker. Eine sozialgeschichtliche Studie*, Wien/Köln/Weimar 1991, S. 75 f.

Dirigenten, Termine und Programme wären in der eigenen Entscheidungskompetenz gelegen, was die künstlerische Freiheit gesichert hätte – „ein Traum, der an den kulturpolitischen Realitäten der Nachkriegszeit scheiterte"[33], denn die Kommunalisierung kam nie zustande. Die Abhängigkeit von öffentlichen Förderungen erhöhte sich sogar immer weiter, nicht zuletzt weil die Differenz zwischen Einnahmen und Ausgaben kontinuierlich anwuchs. So hatte man während der Kriegszeit Einspielergebnisse von etwa 90 % der Ausgabensumme, die jedoch innerhalb von 15 Jahren auf 60 %[34] sanken, nachdem bei den Aufführungskünsten die im Verhältnis zur gesamtwirtschaftlichen Entwicklung überproportional hohe Kostensteigerung nicht durch Rationalisierung und Produktivitätssteigerung ausgeglichen werden kann, wie etwa in der Güterproduktion oder in Dienstleistungsbetrieben.[35] Gleichzeitig subventionierte die öffentliche Hand äußerst sparsam, da man in Kreisen sozialistischer Kulturpolitiker und Finanzfachleute nicht unbedingt von der Notwendigkeit der Erhaltung des Orchesters auf dem Stand von 126 Musikern überzeugt war.[36] Darunter litt die Konkurrenzfähigkeit der Symphoniker deutlich, da deutsche Orchester aufgrund höherer Subventionierungen weitaus günstigere Konditionen bieten konnten. Dies veranlasste selbst den Leiter der Gesellschaft der Musikfreunde, Rudolf Gamsjäger, dazu, die billigeren deutschen Orchester zu bevorzugen. Finanzierungsmöglichkeiten durch private oder industrielle Mäzene nach amerikanischem Muster waren in Österreich mit seiner kapitalschwachen Klein- und Mittelbetriebsstruktur kaum gegeben.

Vermietungsbedingungen

Nachdem die Kommunalisierungspläne nicht realisiert werden konnten, blieben die Symphoniker ein Mietorchester, wobei die Vermietungsfrage mit jener der Subventionierung und des künstlerischen Niveaus eng zusammenhing, denn die Gemeinde war nur unter der Bedingung größtmöglicher Einspielergebnisse zur Unterstützung bereit. Die Konzertinstitute verhandelten nur geringe Honorarsätze, das Konzerthaus konnte mitunter sogar überhaupt nicht zahlen, was die Gemeinde wiederum dazu veranlasste, Restriktionspläne wegen „mangelnder Effizienz" zu verordnen und die Zahlungen zu verzögern. Dem ohnehin durch das fehlende Mitspracherecht bei der Programmgestaltung, der Auswahl der Dirigenten und Solisten und lange Zeit auch bei der terminlichen Disposition geschwächten Orchester blieb somit fast kein Handlungsspielraum.

---

33 Ebd., S. 77.
34 Ebd.
35 William J. Baumol/William G. Bowen, *Performing Arts – The Economic Dilemma. A study of Problems common to Theatre, Opera, Music and Dance*, New York 1966.
36 Kobau, *Die Wiener Symphoniker* (Anm. 32), S. 80.

Nachdem man die Wiener Konzertsäle notdürftig instandgesetzt hatte, begann im September 1945 die erste Nachkriegssaison. Trotz schwierigster Bedingungen – mangelnde Verkehrsverbindungen, Einreisebeschränkungen, Auftrittsverbote für etliche Künstler, kaum zu beschaffendes Notenmaterial und zahlreiche damit einhergehende kurzfristige Absagen – spielten die Symphoniker während der ersten Saison etwa 180 Konzerte, 20 für die beiden Konzertinstitute, 85 Rundfunkkonzerte und 75 Festkonzerte für Einzelveranstalter und Vereine. Dabei bewiesen die Symphoniker sowohl künstlerisch als auch politisch eine große Bandbreite: Von 1945 bis 1948 zählten KPÖ, SPÖ, ÖVP, CV, KZ-Verband, Polizeidirektion Wien, Stadtschulrat und Arbeiterkammer ebenso zu den Mietern wie Collegium Musicum, Lehrerverein, Schubertbund, Männergesangsverein, Chorvereinigung Jung Wien, amerikanisches Rotes Kreuz, Mozartgemeinde, Gesellschaft Österreichischer Kulturfreunde, Naturfreunde, Wiener Konservatorium, Pfadfinder Landescorps, Israelitische Kultusgemeinde, Globus-Verlag, Verlag Waldheim-Eberle, Konzertdirektionen Friedrich Zitterer, Vindobona, Geiger und Winderstein, Bulgarische Kolonie Österreich, Städtische Versicherung, Zentralberufsschule Wien XIV, Johann Strauß-Gesellschaft, Katholikentag, Austria-Emailwerke, Hutfirma ITA, weiters Einzelpersonen wie Raimund Weissensteiner, Dr. Jahek oder Dr. Georgy. Dazu kamen Veranstaltungsreihen wie jene der „Gesellschaft zur Pflege der kulturellen Beziehungen zur Sowjetunion", die das Orchester 1945/46 für sieben Konzerte mit ausschließlich slawischer Musik verpflichtete, 1946/47 waren es sogar zwölf Konzerte, die u. a. von Swarowsky, Krips, Moralt und Kubelik dirigiert wurden. Auch die KPÖ veranstaltete 1945/46 noch fünf Konzerte. Bereits 1946/47 wurde nur mehr einmal jährlich (Ende Oktober) eine Feierstunde mit politisch engagierter Musik abgehalten, und selbst da dirigierte Swarowsky mit Mozart, Mahler und Schubert gänzlich „Unpolitisches".

Auch während Swarowskys Saison 1946/47 spielten diese sogenannten „diversen Mieter" für das Orchester eine bedeutende Rolle und wurden, nachdem die RAVAG ihren Vertrag reduzierte, sogar trotz beginnender Expansion des Konzertbetriebs in den beiden traditionellen Konzertinstituten zum quantitativ bedeutendsten Diensteabnehmer, was die künstlerische Entwicklung nachhaltig beeinträchtigte. Solange es aber keine bindende Zusage der Gemeinde bezüglich eines fixierten Subventionsbetrages gab, war die Vereinsleitung auf diese Einnahmen angewiesen.

Von September 1946 bis Mai 1947 leitete Swarowsky 100 Konzerte, 50 davon für „verschiedene Veranstalter", 28 für die RAVAG, zwölf für den Musikverein, vier für das Konzerthaus, weitere sieben Konzerte für die Russische Gesellschaft, und betreute insgesamt ca. 40 % der Symphoniker-Dienste.[37]

Auch bei der RAVAG versuchte man auf die Vermietungsbedingungen Einfluss zu nehmen. So setzte der Verein die Verwendung des künstlerischen Leiters der Wiener

---

37 Beilage zum Brief an Wildgans, 26.3.1947, AWS.

Symphoniker für zahlreiche Produktionen durch (Swarowsky dirigierte 1946/47 28 von 45 Konzerten). Es gelang jedoch nicht, vier bis sechs Eigenkonzerte nach dem Vorbild der Philharmoniker zu institutionalisieren.[38]

Als 1948 durch das Inkrafttreten neuer Vertragsbedingungen Honorarerhöhungen für die Orchestermusiker beschlossen wurden, sank die Bedeutung der „diversen Mieter", weil die auf das Zweieinhalbfache gestiegenen Selbstkosten von diesen nicht mehr getragen werden konnten. Seitdem fielen etwa 90 % der Konzerte auf die Konzertinstitute und die RAVAG, der Rest auf das Kulturamt der Stadt Wien (Arkadenkonzerte), die Bregenzer Festspiele, den Sender Rot-Weiß-Rot (bis 1955), einige private Vermietungen und Eigenveranstaltungen in Form von Tourneen.

Da die Gemeinde immer wieder bessere Einspielergebnisse einforderte, nahm man alle Angebote an, die an das Orchester herangetragen wurden. Termine, Programme und Dirigenten wurden von außen bestimmt, mit der Folge eines bunten Durcheinanders verschiedenartiger künstlerischer Aufgaben ohne Rücksicht auf einen künstlerisch sinnvollen Arbeitsplan, was durch häufige Absagen, Verschiebungen, Proben-, Programm- und Dirigentenänderungen noch verschärft wurde. Die Musiker waren überlastet und der Verein konnte sich nicht konsolidieren, da die Kosten, die aus Überdiensten, Sonn- oder Feiertagsproben und besonders aus Parallelveranstaltungen entstehenden Substitutenkosten entstanden, vom Verein getragen werden mussten.[39]

RAVAG

Als Swarowsky das Orchester übernahm, widmeten die Symphoniker aus finanziellen Gründen 50 % ihrer Kapazität dem Rundfunk. Trotz weniger Proben, unzureichender Dirigenten und technischer Mängel war man ständig darum bemüht, die Dienstzahl beim Rundfunk weiter zu steigern, um dem Konkurrenzdruck auf dem Konzertsektor durch die Wiener Philharmoniker zu entgehen.

Die Zusammenarbeit mit der RAVAG bildete seit der Konstituierung des Vereins *Wiener Symphoniker* im Jahre 1933 die existenzielle Grundlage des Orchesters. Der Bedarf an Musikprogrammen war im Vergleich zur schwankenden Konjunktur des Konzertwesens konstant und vor Einführung der Magnetophon-Technologie größtenteils durch Live-Konzerte zu decken. Die beiden wöchentlichen RAVAG-Konzerte waren der Grundstock der Beschäftigung des Orchesters. Zudem zahlte die nicht nach privatwirtschaftlichen Kriterien kalkulierende Organisation höhere Honorare als die Kon-

---

38 Kobau, *Die Wiener Symphoniker* (Anm. 32), S. 130.
39 Ebd., S. 137 f.

zertinstitute.[40] Insofern strebte man angesichts der ungeklärten Subventionierungsfrage eine Neuregelung der RAVAG-Verträge an, die den Erhalt oder sogar den Ausbau der Dienstverpflichtung vorsahen.[41]

Konkurrenz

Die Tatsache, dass die Symphoniker in der Öffentlichkeit einen schlechteren Status als die Philharmoniker besaßen, versuchte man mit besonders „zugkräftigen Dirigenten und Programmen" auszugleichen. So bemühten sich die Veranstalter, „möglichst interessante, moderne und in der Regel schwierige Programme zu bringen"[42], ohne jedoch den sich daraus ergebenden Probenerfordernissen Rechnung zu tragen, worunter wiederum die Qualität litt. Aus den extremen Arbeitsbedingungen, der ungenügenden sozialen Absicherung, den vergleichsweise niedrigen Gehältern und dem geringeren Sozialprestiges resultierte eine hohe Fluktuation des Personals. Die künstlerisch qualifiziertesten Musiker setzten alles daran, zu den Philharmonikern zu wechseln, die in allen Bereichen günstigere Bedingungen boten und größere künstlerische Entfaltung ermöglichten. „Es ist eine bekannte Tatsache, dass mehr als die Hälfte des Orchesterstandes der Philharmoniker aus dem Orchester der Wiener Symphoniker hervorgegangen ist"[43], klagte die Geschäftsleitung. Auch das Staatsopern- oder Volksopernorchester und selbst die Bühnenmusik des Burgtheaters boten bessere Bedingungen.

Der Konkurrenzkampf zwischen Symphonikern und Philharmonikern auf dem Konzertsektor war ohnehin enorm. Die Bindung der Symphoniker an die RAVAG und die künstlerisch wertlose Gestaltung von Festakten und Feierstunden drohte die – vom Philharmonischen Abonnement abgesehen – Monopolstellung im öffentlichen Konzertwesen zu gefährden und man drängte nach geregelter Aufgabenverteilung und Kompetenzabgrenzung der Wiener Orchester auf dem Konzertsektor:

> Die Frage nach dem Bedarf eines symphonischen Orchesters im Wiener Konzertbetrieb braucht nicht besonders nachgewiesen zu werden. Die Philharmoniker sind in erster Linie Staatsopernorchester. Ihre Tätigkeit als Philharmoniker im Rahmen ihrer Abonnementkonzerte und einiger Repräsentationsangelegenheiten steht ausser jeder Diskussion. Es muss aber bei dieser Gelegenheit darauf hingewiesen werden, dass sie derzeit trotz ihrer grossen Beanspruchung für die Staatsoper, mit Hilfe ihrer weitverzweigten und ausseror-

---

40 Ebd., S. 189.
41 Ebd.
42 *Memorandum betreffend die Übernahme der Wiener Symphoniker in die Dienste der Gemeinde Wien*, AWS.
43 Ebd.

dentlich bewegten Patronanzen, jede Gelegenheit benützen, um sich mit dem Einsatz ihres Nimbus als Wiener Philharmoniker, aus einer konzertanten Tätigkeit zeitgemässe Vorteile zu schaffen.[44]

BREGENZER FESTWOCHE

Bereits im Sommer 1946 konnte sich Swarowsky als designierter Leiter der Symphoniker einer ersten Bewährungsprobe stellen. Auf zwei Kieskähnen fand ein Jahr nach Ende des Zweiten Weltkrieges mit Mozarts Jugendwerk *Bastien und Bastienne* die erste Bregenzer Festwoche statt. Von Beginn an bildeten die Wiener Symphoniker das Festspielorchester. Am 8. und 9. August fanden außerdem in der Sporthalle zwei Orchesterkonzerte statt. Auf dem Programm standen Beethovens *Eroica* und die *Leonoren-Ouvertüre Nr. 3*, sowie Josef Haydns Klavierkonzert in D-Dur. Solist war Otmar Suitner, der die Leitung des zweiten Konzertes übernahm. Der Tiroler wurde später als Chefdirigent der Staatskapelle Dresden und der Ostberliner Staatsoper bekannt und nahm nach Swarowskys Tod dessen Professur an der Akademie für Musik und darstellende Kunst ein.

Das Orchester trat für diese Konzertreise mit einer Spielstärke von 60 Personen an, die „1. Besetzung möglichst ohne Nazi"[45], wie man mit Direktor Felix Apold vereinbart hatte. Swarowsky erhielt ein Dirigentenhonorar von 1.000 Schilling (einschließlich Spesen)[46] pro Konzert. Unterkunft und Verpflegung hatte die Stadtgemeinde Bregenz beizustellen.[47] Auch für die Konzerte in Innsbruck war die Unterbringung von Seiten der Kulturvereinigung vereinbart. Swarowsky selbst nächtigte auf dem Küchenfußboden der Wohnung von Suitners Eltern.[48] Das Orchester hoffte jedoch, bei großem Erfolg künftig in Vorarlberg und auch der Schweiz eingeladen zu werden. Swarowsky, der ab 14. Juli 1946 in Salzburg mit Proben und Aufführungen zum *Rosenkavalier* engagiert war, konnte die Wiener Proben nicht selbst leiten.[49] Alle Proben wurden nach Bregenz verlegt. Auch ergaben sich Konzerte in Kufstein unter Swarowskys und in Jenbach unter Suitners Leitung.[50]

---

44 Ebd.
45 Apold an Dillinger, 29.6.1946, AWS.
46 Ebd.
47 Vertrag zwischen dem Verein „Wiener Symphoniker", der Stadtgemeinde Bregenz und der Landesregierung Vorarlberg, 28.6.1946, AWS.
48 Otmar Suitner im Gespräch mit Erika Horvath, Wien, 17.7.2002.
49 Dillinger an Apold, 8.7.1946, AWS.
50 Telegramm Apolds, 14.7.1946, AWS.

Die Tiroler Konzerte waren ein großer Publikumserfolg. Anlässlich des Konzertes in Kufstein wurde Swarowsky als Ehrengabe ein Gemälde der Festung Kufstein überreicht. Weitere Einladungen nach Kufstein wurden ausgesprochen.[51] Franz Seidel schrieb vom „Jubel um die Wiener Symphoniker":

> Das erste der beiden Orchesterkonzerte, das möchten wir gleich vorwegnehmen, ein glanzvoller Höhepunkt der Bregenzer Festwoche 1946. Die hohen Qualitäten des Orchesters übertrafen bei weitem alle Erwartungen. Allerdings erhielten die Wiener Symphoniker in ihrem künstlerischen Leiter Generalmusikdirektor Hans Swarowsky einen Dirigenten von Format. Er bringt nicht nur alle Voraussetzungen, kraft derer [sic] er dieses Orchester befähigt seine alte Tradition zu erhalten, sondern weit mehr noch diesen hervorragenden Klangkörper zielsicher zu immer gesteigerten Erfolgen zu führen.
>
> Wer das Glück hatte, dieser Aufführung beizuwohnen, konnte erleben, mit wieviel Ehrfurcht und Hingabe die Werke Beethovens, Haydns wiedergegeben wurden. Wie der Dirigent die *Eroica* musikalisch zu gestalten verstand, ist faszinierend. Die beinahe 2000 Menschen zählenden Besucher des festlichen Konzertes lauschten in atemloser Stille den erhabenen Klängen der 3. Symphonie Beethovens, mit welcher der Abend eröffnet wurde. Sie waren Zeugen einer Leistung, wie wir [sie] verglichen seit den Tagen, da die Wiener Philharmoniker in Bregenz zu Gaste weilten, nicht mehr kannten.
>
> Swarowsky ist ein ausgezeichneter Kenner der Beethovenschen Materie, er weiß die Verbindung zwischen Konstruktivem in der Kunst und rein musikalischen Gefühlen, wie sie bei Beethoven oberstes Gesetz sind, herzustellen. Aber auch das Orchester überbot sich selbst. Wie wohltuend wirkte der weiche und doch satte Klang der Streicher, wie edel und vornehm war die Tongebung der Bläser in ihrer Gesamtheit. So wurde die Eroica die Glanzleistung des Abends. […] Der enthusiastische Beifall der Zuhörer war unbeschreiblich, immer wieder wurde Swarowsky gerufen, aber auch dem herrlich musizierenden Orchester galten die stürmischen Ovationen.[52]

Nicht zuletzt diesem großen Erfolg ist es zu verdanken, dass die Symphoniker ständiges Festspielorchester in Bregenz wurden. Swarowskys beginnende Tätigkeit als Generalmusikdirektor der Symphoniker wurde einhellig als äußerst positiv für die Entwicklung des Orchesters gesehen:

> Dem Orchester fehlte zunächst der ständige Dirigent und seine Leistungen litten darunter, bis Generalmusikdirektor Hans Swarowsky für eine systematische Erziehungstä-

---

51 Schreiben des Amts für Kunst und Wissenschaft Kufstein (Schweighofer) an die Kanzlei der Wiener Symphoniker, 29.10.1946, AWS.
52 Franz Seidel, Jubel um die Wiener Symphoniker, in: *Vorarlberger Volksblatt*, 10.8.1946.

tigkeit gewonnen wurde. Wer Gelegenheit hatte, die Symphoniker im Winter zu hören, verspürte deutlich bei dem gestrigen Konzert, wie sie inzwischen gewachsen sind. Das hinreißend musizierende Orchester bot eine vollkommene Leistung, vom wunderbaren Strich der Streicher bis zu den klaren präzisen Bläsern, die heute so selten auch bei großen Orchestern anzutreffen sind. Hans Swarowsky liebt ein scharfes, direkt plastisches Herausarbeiten der Konturen, verhaltene, fast zarte Betonung als Ausgangspunkt zu unerhörten Steigerungen,[53]

urteilte Ernst Bär, der die Interpretation mit jener von dem Swarowsky persönlich, aber vor allem in künstlerischer und dirigentischer Sicht sehr nahestehenden Clemens Krauss verglich:

Die Interpretation von Joh. Strauß war […] derartig meisterhaft und mitreißend, wie es der Berichterstatter nur noch von Clemens Krauß erlebt hat […], dass man in den begeisterten Jubel der Zuhörer miteinstimmen mußte, mit dem wohl alle Orchester und Dirigenten den Wunsch auf baldiges Wiederhören verdeutlichten.[54]

Im Anschluss an die Aufführungen in Bregenz fand eine Konzertreise durch die westlichen Bundesländer statt. „Das 120 Mann starke Orchester war mit ungefähr 90 Mitgliedern erschienen" und „bestätigte vollauf seinen hervorragenden Ruf als Vorstufe zum Olymp der Wiener Philharmoniker."[55] In seinem Bericht zur ersten Nachkriegsreise erzählte ein Orchestermitglied:

Unsere beiden Konzerte wurden von Publikum und Presse mit ungewöhnlicher Begeisterung aufgenommen und einmütig als Höhepunkt der Festwoche bezeichnet. Nicht nur, dass das eine Konzert auf alle Schweizer Sender übertragen wurde, waren auch zahlreiche Schweizer Gäste selbst zum Besuch der Festwoche herübergekommen. Als wir nach Beethoven (Eroica und 3. Leonoren) und einem Haydn-Klavierkonzert (Solist war der Innsbrucker Otmar Suitner), gleichsam als Gruss aus Wien noch den Kaiserwalzer von Johann Strauss spielten, von unserem Dirigenten Hans Swarowsky mit dem ihm eigenen Wiener Charme interpretiert, da wurden wir mit einem Jubel ohnegleichen überschüttet.[56]

---

53 Ernst Bär, Höhepunkt der Bregenzer Festwochen. Konzert der Wiener Symphoniker [Zeitung unbekannt], 10.8.1946.
54 Ebd.
55 Dr. Albert Riester, Konzerte der Wiener Symphoniker, Kopie in NlHS.
56 Die Wiener Symphoniker bei der Bregenzer Festwoche von einem Orchestermitglied, AWS.

Saisonbeginn

Die reguläre Herbstsaison begann mit dem 1. Gesellschaftskonzert des Musikvereines am 6. November 1946. Auf dem Programm standen Zoltán Kodálys *Konzert für Orchester*, Franz Schmidts *Variationen über ein Husarenlied* und Johannes Brahms' Zweite Symphonie. Zuvor hatte Swarowsky noch bei einigen außerordentlichen Konzerten – Festkonzert der Österreichisch-Polnischen Gesellschaft, Festkonzert „950 Jahre Österreich", Russisches Symphoniekonzert, Bruckner-Fest, Volkstümliches Symphoniekonzert der Zentralstelle für Volksbildung – dirigiert. Die Aufführung galt als Einleitungskonzert, das gründlich vorbereitet und „mit großer Konzentration und verständnisvoller Hingabe"[57] dargeboten wurde. Das Orchester wirkte „überholt und entstaubt", Swarowskys „Erziehungsmethode"[58] wertete man für die Symphoniker als „einen Schritt weiter auf der Leiter ihrer Entwicklung."[59]

Auch in politischer Hinsicht erfuhr Swarowsky eine bedeutende Rehabilitierung, war er doch aufgrund seiner Stellung in Krakau von den Alliierten zunächst mit Auftrittsverbot belegt worden:

> Ende des Monats geht es nach Wien. Dort ist mein erstes Konzert – was sagst Du!! – das Gründungskonzert der Polnischen Gesellschaft, die in Anerkennung meines Verhaltens in Krakau von dort aus angeregt mich zum Dirigenten gewählt hat.[60]

Swarowsky hegte große Pläne für das Wiener Musikleben. Der erzieherische Faktor sowohl für Orchester als auch für Publikum stand für ihn im Vordergrund. Im *Konzertblatt der Musikfreunde* gab Swarowsky seine Ideen der Allgemeinheit bekannt. Er war daran interessiert,

> dem Publikum eine wirkliche Erziehung zu geben, und zwar nicht nur eine Erziehung durch Vorführung von neuen Werken, sondern einen Generalschnitt durch das Schaffen verschiedener Komponisten und gleichzeitig eine Anregung zu einer neuen Weise, ein Konzert anzuhören.
>
> Diese Konzerte sollen nicht mehr als achtzig Minuten reine Musik bringen. Dann soll in diesen achtzig Minuten das Anfangsstück einen absolut musikalischen Charakter haben. Weiterhin ein Solistenstück oder auch ein seltener gehörtes Werk eines Künstlers und zum

---

57 Dr. Hajas, Das erste Gesellschaftskonzert, in: *Österreichische Zeitung*, 10.11.1946.
58 P. L., Symphoniker unter Swarowsky. Brahms, Schmidt und Kodály im Musikfreundekonzert, in: *Wiener Kurier*, 8.11.1946.
59 Konzerte der Woche, in: *Die Woche*, 17.11.1946.
60 Hans Swarowsky an Anton Swarowsky, 18.6.1946, NlAS.

Abschluß eines der populären, oft gespielten Werke großer Meister, die somit dem Programm und dem ästhetischen Gespür der Zuhörer die nötige Abrundung geben.⁶¹

Am 13. November 1946 gaben die Symphoniker einen Konzertabend in Wien mit der Uraufführung von Theodor Bergers *Impressionen*. Zum Abschluss spielten sie Beethovens *Eroica*, mit der Swarowsky in Bregenz Furore gemacht hatte, doch in Wien gab es großes Aufsehen um die Swarowskysche Interpretation, die sich von der bis dahin gepflegten romantisierten Beethovenpflege unüberhörbar abhob. Insbesondere die den Beethovenschen Metronomangaben angenäherten Tempi waren für damalige Ohren sehr ungewohnt. Doris Swarowsky, die als junges Mädchen im Publikum saß, berichtete: „[…] nichts in Swarowskys Interpretation glich dem, was man in Wien von Furtwängler oder anderen gewohnt war, es war wie eine Palastrevolution, die teils heftige Reaktionen hervorgerufen hat."⁶² Die Kritiken waren jedoch eher zurückhaltend, nur wenige verstanden den Hintergrund und äußerten sich mit Begeisterung über die stilistische Rückbesinnung auf Beethoven, wie etwa Friedrich Wildgans:

> In der vitalen, dabei aber durchaus stilvollen Inangriffnahme der Zeitmaße, in der Rückführung des Stils dieser Symphonie in die ihrer Entstehungszeit gemäße Atmosphäre der Klassik zeigten sich am anschaulichsten die Qualitäten Swarowskys, dessen eigentliche Stärke in genau durchdachtem und ausgewogenem Vorstudium liegt und nicht in äußerlichem Pultvirtuosentum.⁶³

Auch in der *Sport Union* wurde auf die Eroica-Interpretation näher eingegangen und mit einer wenige Wochen zuvor von Swarowsky im Radio dirigierten Aufführung verglichen, die offensichtlich anders ausgefallen war. Man betonte auch die hohen Ansprüche und Anforderungen, die Swarowsky dem Orchester auferlegte.

> Und dann die Eroica … Swarowsky macht in letzter Zeit viel von sich reden: Er ist ein beweglicher Geist, Orchestererzieher und Probenfanatiker bis zum Exzeß, kulturgeschichtlich hervorragend unterrichtet, wie seine durchaus persönlichen Stellungnahmen in den Programmerläuterungen beweisen. Hier aber, in der Heldensymphonie Beethovens, verblüfft er: Hat er Bach im Hinblick auf Schönberg, Berger im Anblick Bergers interpretiert, so galt es ihm diesmal, Beethoven – durch das Orchester musizieren zu lassen. Er behielt sich vor,

---

61 Konzerte der Woche (Anm. 59).
62 Doris Swarowsky [Statement], in: „Meine Meinung verbreitet sich durch ihr Wirken" – Symposium einer Gemeinschaft Gleichgesinnter, in: *ÖMZ* 55 (2000), H. 3 [Themenheft *Was hat denn „Swa" gesagt. … Hans Swarowsky. Dirigent, Lehrer, Autor*], S. 10–13: 12.
63 Friedrich Wildgans, Erstes Abonnementskonzert der Konzerthausgesellschaft, in: *Österreichische Zeitung*, 16.11.1946.

> die Originaltempi der Metronomangaben Beethovens zu halten, und hatte seine Symphoniker ganz in der Hand, beispielsweise an ungewohntem Platz auf gemessene „Drei" nur die Einerschläge zu vollziehen. Das Ausschlaggebende war die Tatsache der Wiedergabe der „Eroica" aus neuem Gesichtswinkel: Der führt von der Vorstellung weg, der Dirigent habe Atmosphäre zu bringen, habe das Begegnen seiner Deutung mit der Partitur in das Ereignis der Stunde zu bannen. Swarowsky experimentierte: Aus der Aufführung der gleichen Eroica vor zwei Wochen im Wiener Klassiker-Zyklus des Rundfunks – spannungserfüllt, jäh im Absturz, weit im Bogen der Thematik – und der vorgestrigen der akademischen Maße, des bewussten Zurücktretens wird sich noch eine Synthese formen; der Eindrücke rund um ihn, der Ideen in sich hellhörig und selbsterkenntnisreich voll, wächst Swarowsky, auch wenn er ritardiert. Er muß nur selbst sein Ziel sehen.[64]

Bereits bei den allerersten Konzerten würdigten die Kritiker und Redakteure Swarowskys genaue Stilkenntnis und hatten durchwegs großen Respekt vor dessen Interpretationen. Es schien fast so, als ob man nach 1945 bereit war, viele Aufführungstraditionen, wie man sie etwa von Furtwängler oder Knappertsbusch kannte, zugunsten eines stilgerechten Musizierens über Bord zu werfen. Auch Swarowskys erfolgreiche Erziehungsarbeit mit dem Orchester wurde immer wieder betont. Offensichtlich war es ihm tatsächlich gelungen, innerhalb weniger Wochen gravierende Verbesserungen in der Orchesterqualität zu erreichen.

Swarowsky galt als Innovator und Orchestererzieher, der in der Lage war, das Orchester in jeder Hinsicht zu führen und einen den Philharmonikern um nichts nachstehenden Klangkörper auszubilden. In gleicher Weise hoffte man aber auch, dass er die organisatorischen Probleme der Vereinigung lösen würde. Die Struktur des mittlerweile als Verein geführten Orchesters war jedoch von enormer Starre, sodass die Erwartungen, die man in Swarowsky in dieser Hinsicht setzte, sich im Grunde genommen gar nicht erfüllen ließen.

Presse

Trotz der organisatorischen Misere war die Arbeit Swarowskys in künstlerischer Hinsicht erfolgreich und wurde von der Presse hoch geschätzt. Nach den Kritiken zu schließen entwickelte sich das Orchester rasch und steigerte zunehmend seine Qualität. Die „intensive Orchestererziehung"[65] schrieb man der konsequenten und kompeten-

---

64 E. W., Swarowsky-Konzert der Wiener Symphoniker, in: *Sport Union*, Nr. 13, 1946.
65 *Österreichische Volksstimme*, 8.12.1946.

ten Probenarbeit Swarowskys, seiner Auffassung von Interpretation und seinen großen Kenntnissen zu:

> Hans Swarowsky hat mit dem Orchester der Wiener Symphoniker, an deren Spitze er seit einem halben Jahr steht, bereits gute Fortschritte erzielt und das Resultat seines musikalisch-künstlerischen Trainings ist deutlich spürbar.[66]

Friedrich Wildgans, selbst Musiker und Komponist, war ein Verfechter von Swarowskys Dirigierstil und schätzte seine Haltung der absoluten Werktreue und die neusachliche Zurückhaltung, wenn sie auch beim Publikum nicht immer Anklang fanden. Im *Österreichischen Tagebuch* resümierte er im Januar 1947:

> Swarowsky ist das, was man einen sachlichen Dirigenten nennt, das heißt, er legt bei seiner Interpretation auf eine genaue partiturgetreue Ausdeutung des Kunstwerkes, die bis in die dem Laien schon unwesentlich erscheinenden Details der Metronomangaben, der Stricharten bei den Streichern usw. geht, das Hauptgewicht und verzichtet auf eine Herausstellung seiner eigenen Person in Form von individuellen Nuancen der Zeichengebung oder von subjektiven dynamischen und agogischen Experimenten. Es zeugt für die Verbildung des Publikumsgeschmacks durch schlechte Beispiele, dass gerade diese Form der Interpretation so häufig als abstrus und außergewöhnlich empfunden wird und dass man sich nach den von verschiedenen „großen" Dirigenten her gewohnten, rein subjektiven Eigenarten der Wiedergabe zu sehnen vorgibt, die teilweise nichts anderes sind als durch die Popularität ihrer Verfechter schonungsvoll bemäntelte stilistische Entgleisungen. [...] Auf Details kam es uns diesmal auch weniger an als auf die Initiative allem Publikumsgeschmack zum Trotz mit einer zu Unrecht eingerissenen Tradition zu brechen, und dies wird von uns in dem Augenblick befürwortet, da im Werk selbst und den ihm beigefügten Angaben des Verfassers dazu eine ausreichende Rechtfertigung gegeben erscheint. Gerade auf Grund dieser Aufführung dürfen wir guten Gewissens sagen, dass eine Erscheinung wie Hans Swarowsky im Wiener Musikleben einen positivsten Faktor darstellt, dem – wenn ihm Gelegenheit zu ersprießlicher Entwicklung seiner Intentionen geboten wird – eine wichtigste Aufgabe der Reinigung und Erneuerung zufällt.[67]

Andere wiederum taten Swarowskys Auffassung als Intellektualisierung ab, wie etwa die *Arbeiterzeitung* anlässlich eines Beethovenkonzertes:

---

66 Kr., Orchesterkonzert der Musikfreunde, in: *Die Presse*, 25.1.1947.
67 Friedrich Wildgans, Zwei Orchesterkonzerte unter Hans Swarowsky, in: *Österreichisches Tagebuch* 2 (1947), Nr. 1 (4.1.1947), S. 15 f.

Den Ausklang bildete Beethovens Fünfte Symphonie, befremdend in ihrer Interpretation durch Tempoveränderungen[68] und Klangvergröberung. Hans Swarowsky, der den von ihm geleiteten Konzerten seitenlange Erläuterungen in den Programmen beigibt, vermeint die Dirigierkunst nur als Verstandesarbeit ansehen zu müssen. Das Ergebnis sind Irrungen und störende Eingriffe in die musikalische Logik weltberühmter Meisterwerke.[69]

Dieselbe Aufführung veranlasste auch den Kritiker des *Wiener Kuriers* zu einer ähnlichen Beurteilung:

Nicht das Metronom und auch nicht die Tempoangaben allein können entscheidend sein; sie sind nur Wegweiser für den Herzschlag des nachschaffenden Künstlers in die seelischen Tiefen des Werkes. Swarowsky hat einen geraden, wenn auch nicht interessanten Weg eingeschlagen, der ihn aber nicht bis an die letzten Geheimnisse Beethovenscher Wesenhaftigkeit heranführte.[70]

Während im *Kleinen Volksblatt* der ungewohnte Beethoven-Abend durchaus Gefallen fand:

Hans Swarowsky gestaltete Beethovens „Fünfte" auf neue Weise, die sich an kein Vorbild als an das der Beethovenschen Niederschrift hält. [...] aus Swarowskys Auffassung spricht die unbedingte Aufrichtigkeit vor dem Werk, die immer Voraussetzung für das erfolgreiche Beschreiten eines neuen Weges ist.[71]

Die zitierten Kritiken spiegeln die kontroverse Haltung des Publikums wider und sind typisch für die Rezeption Swarowskys, doch fiel das Presseecho über die Saison 1946/47 mehrheitlich wohlwollend und positiv aus. Nichtsdestotrotz begann die anfängliche Begeisterung und Unterstützung für den neuen künstlerischen Leiter an Boden zu verlieren. Möglicherweise lag es auch an der zunehmenden Konkurrenz, als nach und nach die Spitzendirigenten aus dem Ausland eintrafen und insbesondere die deutschen Dirigenten nach ihrem von den Alliierten verhängten Dirigierverbot wieder arbeiten durften. So kamen im März und April 1947 Malcolm Sargent, Sir Adrian Boult, Hermann Scherchen, Otto Klemperer, Carlo Zecchi, Victor de Sabata, Paul Sacher, Arthur Honegger, Rafael Kubelik und Vaclav Talich sowie Clemens Krauss und Hans Knappertsbusch. Bei den Internationalen Musikfestwochen vom 16. bis 30. Juni 1947 diri-

---

68 [Gemeint war natürlich: gegenüber der ‚Tradition' – Hg.]
69 *Arbeiter-Zeitung*, 22.12.1946.
70 P. L., Symphoniekonzert der Konzerthausgesellschaft, in: *Wiener Kurier*, 19.12.1946.
71 K. Sch., 3. Abonnement-Konzert, in: *Das Kleine Volksblatt*, 24.12.1946.

gierte Paul Sacher das Eröffnungskonzert und Paul Hindemith, der „mit anerkennenden Worten" das „Können, die Leistungsfähigkeit und das tiefe Einfühlungsvermögen der Wiener Symphoniker"[72] lobte, zwei enthusiastisch gefeierte Konzerte mit eigenen Werken (*Mathis der Maler, Symphonia serena, Konzertmusik* mit Peter Stadlen, *Vorspiel für ein Requiem*).

Ende

Waren die Konzertveranstalter – vor allem die Gesellschaft der Musikfreunde – zunächst trotz der oben angeführten Mietbedingungen durchaus bereit, dem neuen Chefdirigenten die Möglichkeit zu geben, mit seinem Orchester zu konzertieren (fünf der sechs Symphoniker-Zyklus-Konzerte im Musikverein wurden von ihm geleitet), so zeigte man sich mit Ablauf der Saison mehr und mehr enttäuscht von Swarowsky, der die bei der Bestellung in ihn gesetzten Erwartungen nicht zu erfüllen schien.[73] Das Interesse von Seiten der Veranstalter sank zunehmend. In einem Schreiben an Friedrich Wildgans versuchte die Geschäftsleitung zunächst noch Swarowskys Stellung zu untermauern:

> Es ergibt sich, wie wir wiederholt besprochen haben, das bedauerliche Verhältnis, dass Prof. Swarowsky, wenn er von den Gesellschaften in ihren Konzerten nicht oder unzureichend beschäftigt wird und, wie mir heute Herr Doktor Kralik mitteilte, auch die RAVAG nicht daran denkt, nächstes Jahr eine ausschliessliche Verpflichtung mit Prof. Swarowsky einzugehen, kaum dazu kommen wird, bei uns überhaupt eine nennenswerte Tätigkeit auszuüben. Herr Dr. Hryntschak erscheint in dieser Beziehung unnachgiebig, Dr. Seefehlner will nicht mehr als 2 Konzerte an Prof. Swarowsky abgeben.[74]

Das Verhältnis zu Swarowsky war merklich abgekühlt. Er war offensichtlich nicht der Mann, den man sich für den Aufbau des Orchesters vorgestellt hatte bzw. der von den die Dirigenten bestimmenden Veranstaltern weiterhin akzeptiert worden wäre. In einem Schreiben an Stadtrat Matejka drückte sich Apold zur Causa Swarowsky folgendermaßen aus:

> Ich hatte die Ehre, gelegentlich einer letzten Besprechung mit Ihnen auf die Sache hinzuweisen und dabei die Schwierigkeiten anzuführen, die dadurch entstanden sind, dass Herr

---
72 *Österreichische Volksstimme*, 24.6.1947, *Weltpresse*, 24.6.1947.
73 Apold an Matejka, 12.4.1947, AWS.
74 Brief an Wildgans, 26.3.1947, AWS.

Swarowsky im Allgemeinen, die in ihn bei seiner Bestellung gesetzten Erwartungen nicht erfüllt hat. Es ist ausser jedem Zweifel, dass er künstlerische Qualitäten besitzt, die ihn in die Reihe der besten Dirigenten stellen, über welche das Orchester im Zeitpunkt seiner Bestellung verfügt hat, ebenso dass er infolge des Umstandes, nahezu die Hälfte der in diesem Spieljahr geleisteten Orchesterdienste in seiner Hand zu haben, einen gewissen künstlerischen Erziehungserfolg im Orchester erreicht hat. Im Allgemeinen hat er jedoch im Orchester selbst die ihm anfänglich entgegengebrachte künstlerische Wertschätzung verloren und vor allen Dingen bei seinen Konzerten nicht den künstlerischen Erfolg gehabt, der notwendig wäre, um ihn weiter in die Reihe der nun von den Konzertgesellschaften für die nächste Spielzeit verpflichteten großen Dirigenten zu stellen. Aus diesem Grunde wurde er, wie mir mitgeteilt wird und ich die Ehre hatte Ihnen zu berichten, von der Konzerthausgesellschaft nur für 2 Konzerte und vom Musikverein für 1 Pro arte Konzert verpflichtet. Auch die RAVAG hat gewisse Vorbehalte für das Ausmass seiner Tätigkeit im nächsten Spieljahr gemacht.[75]

Dennoch wollte Apold Swarowsky für ein weiteres Jahr als Chefdirigent verpflichten:

Trotz dieser Ueberlegungen sind wir in einer nachträglichen Besprechung mit Herrn Dr. Kraus zu der Auffassung gelangt, dass nachdem derzeit keine geeignetere Person verfügbar ist, der Vertrag mit Herrn Swarowsky noch ein weiteres Jahr verlängert werden soll.[76]

„Auf Grund des grossen künstlerischen Erfolges bei seinem ersten Konzert im Jänner d.J." wandte man sich jedoch an Carlo Zecchi mit dem Angebot, Swarowskys Position zu übernehmen, und dieser war „grundsätzlich dazu bereit." Zecchi schien charakterlich weit mehr den Vorstellungen der Orchestermusiker zu entsprechen als Swarowsky, der vermutlich durch seine strenge und oft überheblich wirkende Art den Draht zu den Musikern nicht gefunden hatte und mit der Vehemenz des Berufenen musikalische Maßstäbe zu setzen versuchte, die das schwer unter Druck stehende Orchester zu jenem Zeitpunkt nicht leicht erfüllen konnte:

Zur Angelegenheit selbst möchte ich bemerken, dass das Orchester und alle massgebenden Kreise nicht nur von der Publikumswirkung und der künstlerischen Persönlichkeit, sondern vor allen Dingen auch von der Probentätigkeit und dem Studieren des Herrn Zecchi in einem besonderen Maasse begeistert sind, das die noch vorhandenen Sympathien für Herrn Swarowsky erheblich herabdrückt.[77]

---

75 Apold an Matejka, 12.4.1947, AWS.
76 Ebd.
77 Ebd.

Auch in der Jahresrückschau wird noch einmal betont, welche Wirkung Zecchi auf das Orchester ausgeübt hatte, dessen Konzert „eine neue Ära öffnet."[78] Da Zecchis Terminplan dicht gedrängt war, dachte man auch über eine Kombination der beiden Leiter nach, „wenn Herr Swarowsky seine Situation nicht durch ungeschicktes Verhalten noch weiter verschlechtert."[79]

Auch mit Clemens Krauss fanden Verhandlungen statt, der aber weitgehende, über den Bereich des künstlerischen Leiters hinausreichende Kompetenzen forderte, weil er klar erkannt hatte, „dass unter den gegebenen Verhältnissen eine solche Stellung keine rechte Arbeitsgrundlage für ihn"[80] war. Swarowsky sollte – unter der Bedingung, dass die angestrebte Orchesterverstärkung durchgesetzt werden konnte – als Dirigent der Arbeiter-Symphonie-Konzerte erhalten bleiben, an eine Verlängerung seines Vertrages als künstlerischer Leiter war aber nicht mehr zu denken.[81] „Im übrigen glaube ich, dass Herr Swarowsky diese Sache nicht annehmen wird"[82], schätzte Apold die Situation ein. Ebenfalls ins Auge gefasst wurde eine Zusammenarbeit von Zecchi und Krauss,

> der grundsätzlich bereit wäre, mit Herrn Zecchi zusammen, die künstlerische Leitung zu übernehmen. Dies wäre eine in vielen Beziehungen sehr zweckmäßige Lösung. Da Herr Zecchi bereit ist sich Prof. Krauss unterzuordnen, wäre dadurch die Möglichkeit gegeben, die bedeutende künstlerische Persönlichkeit Zecchis für uns zu gewinnen und die erste Stellung doch einem Österreicher einzuräumen. Es wäre auch bezüglich der Programmbeschränkung des Herrn Zecchi und des zeitlichen Ausgleiches der beiden Herren, die ja auch anderwärtige Verpflichtungen pflegen wollen eine gute Lösung.[83]

Zecchi zog schließlich seine Bereitschaft, die Leitung zu übernehmen, zurück, wobei er als Grund einen fünfmonatigen Meisterkurs in Rom anführte.[84] Die Tatsache, dass die Frage des Chefdirigenten untrennbar mit der Organisationsstruktur und den Vermietungsbedingungen verbunden war, trat immer deutlicher zutage. So schrieb Dr. Kraus zum Problem der künstlerischen Leitung:

> Ich glaube, dass die Frage der künstlerischen Leitung nur mit einer grundsätzlich anderen Art der Orchestervermietung zu lösen sein wird. Wir werden nur dann zu einer befriedigenden Lösung kommen, wenn wir auch auf das Konzertprogramm einen bestimmenden

---

78 *Rückschau auf das Jahr 1947*, AWS.
79 Apold an Matejka, 12.4.1947, AWS.
80 Apold an Kraus, 25.4.1947, AWS.
81 Apold an Matejka, 30.4.1947, AWS.
82 Apold an Kraus, 25.4.1947, AWS.
83 Apold an Matejka, 30.4.1947, AWS.
84 Telegramm Zecchis, 30.5.1947, AWS.

Einfluß gewinnen und das Orchester mit einem bestimmten Programm und bestimmten Dirigenten, die wir auswählen, vermieten [...]. Dann erst werden wir die künstlerischen Leiter haben, die wir brauchen. Ich denke dabei nicht bloß an einen Dirigenten. Dies lässt sich aber nicht sofort machen, sondern erst für die Saison 1948/49. Bis dahin müssen die Konzertgesellschaften etwas mürbe gemacht werden. Dies setzt aber die Konsolidierung des Orchesters voraus, die unbedingt im Sommer erledigt sein muß.[85]

Die Beendigung des Dienstverhältnisses mit Swarowsky war in diesem Sinne nicht mehr Gegenstand von Diskussionen:

Wir sind jetzt daran, zuerst den Abgang Swarowskys in eine entsprechende Form zu bringen. Der Stand der Angelegenheiten ist so, dass sein Ausscheiden aus der Stellung bei uns nicht mehr in Zweifel gezogen wird. Soviel ich zuletzt gehört habe, wird er von sich aus formell seinen Abgang veranlassen. Im August wird er mit uns noch die Bregenzer Reise machen.[86]

Swarowsky selbst fühlte sich als Opfer einer Intrige, wie er seinem Sohn Anton schrieb:

Mit einem Wort, ich habe meine ganze Position in Wien verloren und stehe vielleicht vor dem Nichts. Es kamen einige Intrigen vor, die ganz ungeheuerlich waren [...]. Aber die Hauptsache: Knappertsbusch, Krauss, Furtwängler, Böhm, Karajan kommen zurück und die Gesellschaften brauchen Platz für diese Nazis, sodass für unsereins nichts mehr frei ist. Ich hatte die Wiener Symphoniker als Leiter, ich hatte daneben 48 Symphoniekonzerte im Radio, ich bin Professor an der Akademie mit zwei Hauptfächern. Die Symphoniker sind das große Konzertorchester Wiens und werden von den Gesellschaften und vom Radio gemietet zu den Konzerten. Ich wollte diesen Zustand abschaffen, denn es ist ja lächerlich, ein Chef zu sein, wenn man selber nicht bestimmt, an wen es vermietet wird im Notfalle. Man hat mir das auf der Gemeinde versprochen, aber wir haben ja einen Bürgermeister – na, besser nicht reden von dem! Nun ist das Projekt nicht zustandegekommen und im nächsten Jahr wird das Orchester wieder weitervermietet an die verschiedensten Kapellmeister und Unternehmer. Also wozu dann einen Chef, sagt sich die Gemeinde, der uns soviel Geld kostet? Daher wird die Stelle aufgelassen. Damit geht aber aller Glanz von mir und darum nimmt mich das Radio auch nicht mehr so viel und es ist eine Frage, was die Akademie macht. Ich habe angeboten einen andren Vertrag, der aber wesentlich kleiner ist – und kleiner weiterzuarbeiten, das geht einfach nicht in dieser Stadt! Als Mitläufer sozusagen neben den grossen Nazis! Die Gesellschaft der Musikfreunde hat mich gehegt und gepflegt als Platzhalter für Karajan, jetzt da sie ihn haben kann, lässt sie mich einfach fallen. Dazu zu

---

85 Kraus an Apold, 1.5.1947, AWS.
86 Apold an Zecchi, 7.5.1947, AWS.

alldem kommt noch, dass ich einen heillosen nicht mehr gutzumachenden Gegensatz gegen die Betriebsräte im Orchester habe – muss einfach so sein und wird immer so bleiben, da ich das Betriebsratssystem im GEISTIGEN Bezirk als die größte Gemeinheit betrachte, die es gibt.[87]

Der Verlust der prestigeträchtigen Stellung in Wien traf ihn tief:

Der Verlust meiner großen Existenz und das Zertrümmern der großen Zukunftspläne haben mir einen solch rasenden Chok versetzt, dass ich etwas ruhiger geworden bin. In allen Dingen. Ich bin ein sehr geschlagener Mensch. […] Ich bin verbittert du siehst das und wirst es mir nicht übel nehmen. Es gehören Nerven dazu, den Verlust der Karriere in meinem Alter, wo man weiß, dass man nie aufholen kann, so zu ertragen, dass man sich nicht umbringen muss.[88]

Umso empfindlicher reagierte er, als Clemens Krauss mit den Wiener Symphonikern in Verhandlung trat: „Krauss hat – ich schreibe es nur mit Widerstreben – hinter meinem Rücken über die Übernahme meines Orchesters durch ihn verhandelt …"[89]

Noch im Juni 1947 übernahm Swarowsky mit den Symphonikern eine Reise durch die österreichischen Bundesländer. Die Konzerte in Linz, Wels, Salzburg, Villach, Klagenfurt, Graz und Leoben verliefen „infolge besonderer Umstände" jedoch nur „zum Teil befriedigend".[90] Die organisatorischen Begleitumstände dieser ersten Reiseversuche werden durch Erzählungen der Musiker und der damaligen Sekretärin Helene Klapper illustriert: So übernachteten in Innsbruck wegen Quartiermangels einige Musiker in Wannen des Tröpferlbades, in Wels wurden nach dem Konzert durch Ausrufe Musiker an Privatvermieter unter den Konzertbesuchern vermittelt; etliche Musiker, die solcherart kein Nachtquartier fanden, schliefen auf Parkbänken.[91]

BREGENZER FESTWOCHEN

Die Bregenzer Festwochen 1947 stellten Swarowskys Abschlussveranstaltung dar. Für seine Teilnahme sah man folgende Regelung vor: ein Konzert mit einem Programm Wiener Klassiker (Haydn, Mozart, Beethoven) und ein populäres Konzert mit Johann

---

87 Hans Swarowsky an Anton Swarowsky, undatiert (ca. 12.5.1947), NIAS.
88 Ebd.
89 Ebd.
90 Jahresbericht, Geschäftsjahr 1946/47, AWS.
91 AWS.

Strauß, Suppé, Millöcker etc. Swarowsky forderte je eine Probe in Bregenz. „Seine Programme sind ja im wesentlichen vorbereitet, doch erklärt er darauf nicht verzichten zu können, das Programm einmal an Ort und Stelle aufzufrischen."[92] Das Honorar betrug 1.000 Schilling je Konzert. Zwei weitere Konzerte sollten unter der Leitung von Clemens Krauss stattfinden, wofür Krauss wiederum je drei Proben forderte. Sein Honorar waren 3.000 Schilling pro Konzert.[93] Swarowsky entschied sich schließlich für ein Konzert mit Haydn, Reger und Brahms und ein Matinée-Konzert mit Johann, Josef und Eduard Strauß.[94]

> Diese Konzerte waren wieder ein bedeutender Erfolg. Die Wiener Symphoniker waren die hauptsächlichen Ausführenden und auch die hauptsächlichen Träger des Erfolges der Festspiele. Wenn sich diese zu einer dauernden Einrichtung entwickeln, so wird das Orchester dort seine ständige Sommerstation haben[95],

frohlockte man im Jahresbericht der Saison 1946/47. Weitere zwei Konzerte unter Swarowskys Leitung fanden bei den Filmfestwochen in Kufstein statt.

> Generalmusikdirektor Hans Swarowsky [...] zeigte sich als gewissenhafter Ausdeuter der Partitur, vor allem aber als musikantisch-temperamentvoller Gestalter, der den ständigen Fluß der Linie im allgemeinen über eine, diesen hemmende Berücksichtigung klanglich-epischer Tonentfaltung erhebt. Seiner im Grunde sparsamen, hin und wieder aber äußerst eindringlichen Zeichengebung folgte das Orchester, von dem man sich am ersten Abend ein weiteres Zurückgehen im Piano und einen schöneren Ausgleich innerhalb der Holzbläsergruppe erwartete, das aber andererseits Klangsteigerungen von einziger Pracht (gute Hörner und Trompeten) entfaltete.[96]

Weiters dirigierte Swarowsky drei Vorstellungen von Mozarts *Die Entführung aus dem Serail*, die von der Presse äußerst wohlwollend aufgenommen wurden:

> Hans Swarowsky, der Dirigent des Abends, meisterte alle Schwierigkeiten, die sich einem solch neuen Versuch einer Freilicht-Aufführung entgegenstellen. War es nicht herrlich anzuhören, wenn er inmitten dieser verzauberten Landschaft, bei der Ruhe der Nacht und der Glätte des Sees die feinsten und zartesten Stellen leise ans Ohr dringen ließ, wie er

---

92 Apold an Salzmann, Stadtrat von Bregenz, 24.5.1947, AWS.
93 Vereinbarung zwischen der Stadtgemeinde Bregenz und dem Verein Wiener Symphoniker, 12.6.1947, AWS.
94 Ebd.
95 Jahresbericht, Geschäftsjahr 1946/47, AWS.
96 Phc, Konzert der Wiener Symphoniker, Kopie in NlHS.

seine Künstler auch im Orchester zu bestem Können zwang, den Kontakt mit dem Bühnengeschehen trotz der heiklen Lage nie verlor und meisterlich die Klippen umfuhr, die gerade in musikalischer Hinsicht drohten.[97]

Nachsatz

Nachdem sich die Verhandlungen mit Zecchi und Krauss endgültig zerschlagen hatten, verblieben die Symphoniker ab der Saison 1947/48 ohne künstlerischen Leiter.[98] Swarowsky blieb zwar zunächst mit den Symphonikern in Kontakt – am 9. November 1947 leitete er ein RAVAG-Konzert und am 23. November das 2. Pro-Arte-Konzert im Musikverein –, doch schadete der Ausstieg seinem Ruf als Wiener Konzertdirigent beträchtlich. Zwar kam aus Graz das rettende Angebot, die dortige Oper zu leiten, doch auch als Direktor der Grazer Oper war es ihm weiterhin ein großes Anliegen, mit den Symphonikern zusammenzuarbeiten und jegliche Differenzen aus dem Weg zu räumen. In einem Schreiben an Apold betont er seine Verbundenheit mit dem Orchester:

> Ich bitte Sie nun bei Saisonbeginn, so wie wir es vereinbart haben, bei Ihren Konzertvorschlägen mich besonders zu berücksichtigen. Ich wäre sehr froh, wenn ich das Orchester einmal im Monat bekäme, und wenn Sie selbst den Vorschlag machen, wird Herr Dr. Kralik ganz bestimmt einverstanden sein. Es ist inzwischen eine Zeit vergangen, in der sich viele Dinge grundlegend geändert haben und ich glaube, dass mein Weg zu Euch zurück wieder geebnet ist. Ich hoffe insbesondere, dass Sie, lieber Freund, meine Rückkehr ins Wiener Konzertleben vorbereiten helfen. Ich möchte auch bei meiner nächsten Anwesenheit sehr gerne die Herren vom Orchestervorstand sehen, um etwa noch bestehende alte Gegensätze auszusprechen. Die Dinge aus alter Zeit liegen mir schon so ferne, als wenn sie nie gewesen wären und ich komme wirklich als ganz neuer Mann und völlig unbeladen mit Erinnerungen wieder zu Ihnen. Die Hauptsache ist, dass Sie durch Ihre Persönlichkeit meinem Einsatz Nachdruck verleihen. Ich brauche Ihnen nicht zu versichern, dass Sie es weder künstlerisch noch menschlich zu bereuen haben werden.[99]

Apolds Antwortschreiben lässt die abgekühlte Beziehung zwischen den Symphonikern und ihrem ehemaligen Chefdirigenten erkennen:

---

97 Mozart auf dem Bodensee – Glücksfall, in: *Tageszeitung Bregenz*, 5.8.1947.
98 Brief an Zecchi, 3.9.1947, AWS.
99 Swarowsky an Apold, 20.8.1949, AWS.

Ich bestätige Ihnen dankend Ihr Schreiben vom 20.8.1948 und teile Ihnen mit, dass ich gestern eine Besprechung mit Herr Dr. Kralik hatte, bei der ich auch Ihren Wunsch zur Sprache brachte.

Herr Dr. Kralik lehnt es aber ab eine bestimmte Verbindlichkeit einzugehen d.h. also, dass er Ihnen keinen regelmässigen Konzertturnus zubilligen will, ist aber bereit Sie fallweise mit uns einzusetzen.

Es ist somit am besten, wenn Sie sich mit Frau Spurny in der RAVAG ins Einvernehmen setzen bzw. am Laufenden halten lassen. Von uns aus besteht sicherlich kein Gegensatz zu Ihnen und was ich persönlich in der Sache machen kann, werde ich gerne tun.[100]

Swarowskys Zusammenarbeit mit den Symphonikern war für die nächsten Saisonen somit auf Eis gelegt. 1948 dirigierte er noch zwei RAVAG-Konzerte, 1949 hatte er jedoch gar kein Engagement mehr mit den Symphonikern und 1950 leitete er lediglich ein RAVAG-Konzert. Erst mit der Saison 1951/52 verbesserte sich das Verhältnis und ab 1955/56 dirigierte Swarowsky wieder regelmäßig das Wiener Orchester.

Jugendkonzerte[101]

1950 wurde von der Gemeindeverwaltung gemeinsam mit den Wiener Symphonikern ein Projekt gestartet, das bis 1975 Bestand haben und Generationen von Jugendlichen musikalisch prägen sollte: die sogenannten „Jugendkonzerte", die in großer Anzahl für Schüler geboten wurden. Zu den Initiatoren, ständigen Programmgestaltern und Hauptdirigenten dieser Veranstaltungen gehörte Hans Swarowsky.

Die Idee, Konzerte für die Wiener Jugend während und außerhalb der Unterrichtszeit zu veranstalten, kam vor allem von den führenden Persönlichkeiten des „Theaters der Jugend", das 25 Jahre lang die Organisation durchführte. Die Finanzierung übernahm das Kulturamt der Stadt Wien unter dem Stadtrat für Kultur, Volksbildung und Schulverwaltung (später auch Vizebürgermeister) Hans Mandl. Die größtenteils am Vormittag anberaumten Konzerte für die 2., 3. und 4. Klassen der Hauptschulen der Stadt Wien, der privaten Hauptschulen und der Mittelschulen des Bundes und der privaten Schulerhalter mussten je nach Schülerzahl neun bis achtzehnmal wiederholt werden. Für Jugendliche ab dem 15. Lebensjahr wurde gleichzeitig das „Jugendabonnement der Stadt Wien" eingerichtet. Die Konzerte wurden zunächst ausschließlich von den Wiener Symphonikern übernommen, ab 1958/59 setzte man auch das Nieder-

---

100 Apold an Swarowsky, 25.8.1948, AWS.
101 Vgl. Eberhard Würzl, *Hans Swarowsky und die Wiener Jugendkonzerte*, Typoskript (nach März 2000), Historische Sammlung IMI.

österreichische Tonkünstler-Orchester ein. Als Dirigenten wirkten neben Swarowsky Helmut Froschauer, Karl Hudez, Franz Litschauer, Wilhelm Loibner, Karl Österreicher, Kurt Richter und Milo Wawak. Einige der damals jugendlichen Solisten legten bei diesen Veranstaltungen einen Grundstein ihrer großen Karriere. Dazu gehörten u.a. Mimi Coertse, Alexander Jenner, Ernst Kovacic, Heinz Medjimorec, Hans Petermandl, Günter Pichler, Peter Planyavsky, Heinrich Schiff und Rudolf Scholz. Teil des Konzeptes war die gründliche Vorbereitung der Schüler, die Tonband-Kassetten der im Konzert dargebotenen Werke, Programmblätter und Beiblätter mit Notenbeispielen zur Verfügung gestellt bekamen.

Swarowsky, der damit seinem musikpädagogischen Impetus folgen konnte, dirigierte bis ins Schuljahr 1974/75 Konzerte für die 4. Klasse und erstellte die Programme, die er für Jugendliche als geeignet empfand. Die Programmhefte wurden ab 1954 von Eberhard Würzl verfasst. In den Konzerten für die 4. Klassen, die Swarowsky von 1955 an zunächst allein, ab 1967 alternierend mit Österreicher, Froschauer und zuletzt mit Walter Breitner dirigierte, waren Werke zu hören, die eine Einführung in die Musik der Klassik, Romantik und teilweise auch des 20. Jahrhunderts darstellen sollten. Dazu gehörten u.a. Ouvertüren von Mozart, Beethoven, Rossini, Weber und Wagner, die man den Schülern vielfach auch von ihrem außermusikalischen Inhalt her erläutern konnte. Auch zeitgenössische österreichische Komponisten waren in den Programmen Swarowskys vertreten: Theodor Berger *(Rondino giocoso)*, Alfred Uhl *(Sinfonischer Marsch)*, Karl F. Müller *(Kleftikos)* oder Karl Pilss *(Tarantella)*. Oft wurden nur einzelne Sätze aus symphonischen Werken gebracht, die Swarowsky als besonders geeignet, repräsentativ und vor allem kurzweilig erachtete, z.B. den 1. Satz aus Beethovens Fünfter Symphonie, das Scherzo aus Bruckners Vierter, den 3. Satz aus Tschaikowskys Sechster, den 3. Satz aus Mendelssohn Bartholdys Violinkonzert usw. – trotz zahlreicher Einwände von Musikerziehern gegen solche „Fleckerlteppich-Programme". Unterstützung fand Swarowsky beim Musikreferenten des Kulturamts Dr. Wolfgang Russ-Bovelino.

Das erste Jugendkonzert im Januar 1952 wurde in der Presse als Sensation gefeiert und Swarowskys Talent zum „Conferencier" und Pädagogen bewundert:

> Ein merkwürdiges Konzert wurde Samstag im Großen Musikvereinssaal aufgeführt. Es fand nicht am Abend, sondern am Vormittag statt und war trotzdem ausverkauft. Dem zahlreichen Publikum stellte sich nicht nur der Dirigent, Professor Swarowsky, vor, sondern dieser ließ auch noch jedes Instrument durch einen der Tonkünstler des Wiener Symphonieorchesters separat vorstellen und seine Geschichte, Aufgabe und Bedeutung erläutern.
>
> Das Publikum bestand aus lauter größeren Schülern und Schülerinnen der dritten und vierten Klassen der Haupt- und Mittelschulen, die nun in einer Serie von weiteren Konzerten symphonische Orchestermusik kennenlernen sollen. Das Kulturamt der Stadt Wien steht an der Spitze der Aktion, und der Leiter des Amtes, Stadtrat Mandl, wohnte dem Konzert bei.

Mit viel Einfühlung war das Programm zusammengestellt worden. Zuerst kam die Ouvertüre zur Oper „Der Freischütz" von Carl Maria von Weber, dann Joseph Haydns „Symphonie G-dur" (mit dem Paukenschlag), schließlich Mozarts „Eine kleine Nachtmusik" und als vielbejubelter Abschluß der Walzer „Wiener Blut" von Johann Strauß.

Die Wiener Symphoniker entledigten sich ihrer Aufgabe mit viel Freude. Professor Swarowsky war nicht nur Dirigent, sondern auch Lehrer und Conférencier. Eine nette Geste des Dirigenten: im vierten Satz der „Kleinen Nachtmusik" hörte er auf zu dirigieren und ließ die Symphoniker allein weiterspielen, um den Kindern, wie er sagte, zu zeigen, daß es auch ohne Dirigenten geht.

Die nächsten Schülerkonzerte finden am 19. und 26. Jänner, am 2. Februar, am 15., 22. und 29. März statt. Alle Schüler der dritten und vierten Haupt- und Mittelschulklassen, das sind ungefähr 10.000, werden zu diesen Konzerten geführt werden. Die Kosten dafür, die sich auf 33.000 Schilling belaufen, trägt das Kulturamt der Stadt Wien.[102]

Enthusiastisch und triumphierend feierte die *Wiener Zeitung* Swarowskys „neue" Aufgabe:

Professor Hans Swarowsky stellte sich nicht hin und machte einen vor Dirigentenstolz steifen Knicks vor dem Publikum, sondern er erläuterte mit viel Liebe und Humor, was ein Orchester, was ein Konzert ist. Mit praktischer Instrumentenkunde begann es: „Das ist eine Geige", und der zunächstsitzende Konzertmeister mußte die verschiedenen Arten zu spielen vordemonstrieren, hoch und nieder, mit einer und mit mehreren Saiten, gestrichen und gezupft. Dann kam die Bratsche dran. Das sei der größere Bruder der Geige. Auch ihr wurden Probetöne entlockt, ebenso dem Cello und der Baßgeige und dann allen Instrumenten der Holz- und Blechbläser, den Flöten, Oboen, Klarinetten, Fagotten, dem Waldhorn, der Trompete und Posaune, den Pauken, der Tschinellen und der großen Trommel. Alles wurde einzeln gezeigt und ausprobiert, dazu pädagogisch geschickt aufgezäumt. Man hat diese 1200 oder 1500 Wiener Kinder wirklich beneiden können, wenn man an die eigene verprügelte Jugend zurückdachte, wie sie anschließend an die Belehrung meisterlich gespielte Stücke von Weber, Mozart und Strauß hören durften.[103]

Die Schüler sollten die Musik nicht nur hörend erfahren, sondern auch ihre Eindrücke schriftlich festhalten. Im *Neuen Österreich* wurden sogar Briefe von begeisterten Schülern zitiert, die diese an die Symphoniker schrieben, wobei eingeschränkt wurde, dass

---

102 Jedes Instrument stellte sich einzeln vor. Das erste Schülerkonzert – 10.000 größere Schüler hören symphonische Musik, in: *Weltpresse*, 21.1.1952.
103 B., Der größere Bruder der Geige. Kinder, Humor und Symphoniker im Musikvereinssaal, in: *Wiener Zeitung*, 3.2.1952.

wohl einige davon „von Erwachsenen inspiriert" waren; „der Großteil aber ist ‚echt'
und beweist, daß die Initiative des Wiener Stadtrates für Kultur und Volksbildung auf
fruchtbaren Boden gefallen ist."[104] Eine Jury, die sich aus Swarowsky, dem Lehrer Edmund Josef Bendl sowie je einem Vertreter der Symphoniker und des Kaufhauses Gerngroß zusammensetzte, vergab 33 Preise in Form von Geschenkbons, die für die besten
Einsendungen verliehen wurden (1. Preis: S 1.000,–, 2. Preis: S 600,–, 3. Preis: S 300,–,
10 Preise zu je S 100,– und 20 Preise zu je S 50,–).[105] Karl Gruber, langjähriger Oboist
der Wiener Symphoniker, erinnert sich an die Konzerte, bei denen es nicht immer ganz
ernst zuging.

> Wenn Swarowsky müde war, ging er vom Pult herunter und setzte sich auf das Podium
> und die Schüler wussten nicht, was los war. Dann hat er die ganzen Instrumente angesagt.
> Meine Frau hat Harfe gespielt und da hat er als Erläuterung gesagt: „Die Harfe ist ein
> Instrument, hat 48 Saiten, wird meistens von Frauen gespielt, warum weiß kein Mensch."
> Wir mussten die Instrumente für die Schüler vorführen und er sagte: „Die Flöte ist ein
> technisches Instrument, für Läufe usw." Und der Flötist hat ganz etwas Langsames gespielt.
> „Im Gegensatz dazu ist die Oboe für Melodien." Und mein Freund hat die *Seidene Leiter* gespielt, also eine Riesen-Staccato-Stelle. Er hat uns dann vorgelegt, was wir spielen müssen,
> weil wir ihm so viel Blödsinn gemacht haben.

Die Konzerte – so Gruber – waren ein großer Erfolg:

> Er hatte eine „erstklassige Schlagtechnik" und dirigierte auch „leichte" Stücke sehr schlüssig,
> wie die Moldau von Smetana im Jugendkonzert oder Kodálys Tänze aus Galánta; das war
> natürlich schon schwierig im Orchester, aber er hat das sehr gut gebracht. Das war ein
> großer Erfolg und hat auch den jungen Leuten gefallen. Die haben dort nicht nur die Zeit
> abgesessen und sich gedacht, Turnen wäre mir lieber, oder Fußball spielen. Swarowsky hat
> einführende Worte gesagt, und die waren sehr gut abgestimmt auf das jeweilige Publikum.
> Es waren ja manchmal schon höhere Lehrgänge dort, 14 bis 17 Jahre, und er hat die einleitenden Worte und die Erklärungen sehr gut gemacht.[106]

Ab 1971/72 wurden auch Opernkonzerte mit Gesangs-Solisten angeboten. Besonders
erfolgreich war Swarowsky jedoch mit Tanzmusik: Neben Smetanas Tänzen aus der
Verkauften Braut und aus Tschaikowskis *Nussknacker*-Suite waren die *Tänze aus Galánta*
von Kodály, der Schleiertanz aus *Salome* und die 1. Walzerfolge aus dem *Rosenkavalier*

---

104 Kinderkritiken über das Kinderkonzert, in: *Neues Österreich*, 9.2.1952.
105 Jugend schildert Musikerlebnis, in: *Die Presse*, 29.2.1952.
106 Karl Gruber im Gespräch mit Erika Horvath, Wien, 26.11.2002.

von Strauss, vier Sätze aus den Suiten nach Rossini von Britten sowie Ausschnitte aus Strawinskys *Feuervogel*-Suite und dessen *Zirkuspolka für einen Elefanten* besonders erfolgreich. Auch Walzer, Polkas, Ouvertüren und das *Perpetuum mobile* von Johann Strauß bildeten fixe Programmpunkte. Für das letzte Jahr seines Auftretens stellte Swarowsky im Hinblick auf das Strauß-Jubiläum 1975 ein Programm zusammen, das ausschließlich Werke von Johann Strauß (Sohn) enthielt. Mit dem *Kaiser-Walzer* beendete Hans Swarowsky sein letztes Jugendkonzert. Nach seinem Tod verebbte die Aktion „Jugendkonzerte" schrittweise.

Arkadenhofkonzerte

Auch die im Sommer 1952 vom städtischen Amt für Kultur und Volksbildung eingeführten „Serenadenkonzerte" im Arkadenhof des Wiener Rathauses, die die Sommerpause mit einer Serie von Konzerten unterbrechen sollten, wurden nicht nur von Swarowsky eröffnet, sondern von diesem auch später häufig dirigiert. Intention des Unternehmens war es, Touristen trotz der sommerlichen Sperre von Theatern und Konzerthäusern sowie während der Saison allzu beschäftigten Wienern sinfonische Musik von hoher Qualität und zu erschwinglichen Preisen zu bieten und gleichzeitig ein sommerliches Vergnügen bei einem Freiluftkonzert zu bereiten (was sich allerdings beim Eröffnungskonzert als Tücke herausstellte, musste es doch wegen starken Regens während des dritten Programmpunkts, Mendelssohns *Sommernachtstraum*-Ouvertüre, abgebrochen werden). Die zahlreichen Zeitungskritiken äußern sich zwar lobend über die Idee an sich und über Swarowskys „kundige und befeuernde Leitung"[107] und „vortreffliche Darbietung"[108], doch informierte man natürlich in erster Linie über den allgemein bedauerten Abbruch des Konzertes und die akustisch ungünstige Situation im Arkadenhof des Rathauses, der „wohl auch von seinem Erbauer Friedrich Schmidt für solche Zwecke nicht geplant"[109] war. Zudem wurde die dafür unpassende Werkauswahl kritisiert – Webers *Oberon*-Ouvertüre, Schuberts *Rosamunden*-Ouvertüre, Brahms *Variationen auf ein Thema von Haydn*, „die so stark auf subtiler Holzbläserwirkung und feinem Detail beruhen."[110] Und so schlug man vor, den großen Saal des Rathauses für den Fall von Schlechtwetter zur Verfügung zu stellen, „der doch für eine solche Veranstaltung ausgezeichnet wäre und akustisch sicher sogar viel besser als der Arkadenhof."[111] Nichtsdestotrotz fand diese sommerliche Konzertreihe bis in die 80er Jahre ihre Fortsetzung und er-

---

107 Y., Erstes Serenadenkonzert, in: *Neues Österreich*, 15.7.1952.
108 Verregneter Sommernachtstraum, in: *Neue Wiener Tageszeitung*, 16.7.1952.
109 Y., Erstes Serenadenkonzert (Anm. 107).
110 Ebd.
111 Gestörte Serenade im Rathaus, in: *Sport Tagblatt*, 14.7.1952.

freute sich äußerster Beliebtheit. Das Wetter jedoch spielte immer eine bedeutende Rolle, wie Ernst Kobau zu berichten weiß:

> Die bei weitem beliebteste und bis in die späten 80er-Jahre währende Institution war jene der 1952 eingeführten Arkadenhofkonzerte. Daher erinnern sich noch etliche Musiker der älteren bis mittleren Generation an diese Veranstaltungen, die einen eigenen Wienerischen Charme entfalteten: akustisch untermalt von Taubengegurr und Schwalbengezwitscher, häufig bedroht von unvermittelt hereinbrechenden Regengüssen, die das gerade aufgestellte Klavier zum Wasserstandsmesser der Hohen Warte machten, gewürzt von heftigen Fallwinden des Rathausmannes, die die Notenblätter in Papiersegler verwandelte. Da in Wien immer Wind geht, bot sich den erstaunten Zuschauern häufig das Bild von auf dem Boden umherkriechenden Musikern, die bestrebt waren, ihre Noten bis zum nächsten Solo wieder provisorisch mit Wäscheklammern am Pult zu befestigen oder die mit dem Umblättern kämpften, weil die Umblätterrichtung durch starken Gegenwind unmäßig erschwert wurde. Bisweilen spielte minutenlang ein Kammerorchester der Wiener Symphoniker Tschaikowskys Fünfte – aber schön war es immer …[112]

Rundfunkkonzerte

Ab 1951 war Swarowsky auch als Rundfunkdirigent wieder mit den Symphonikern tätig. Am 13. Mai 1951 eröffnete er mit „1000 Worte Österreichisch" eine neue Sendereihe der Sendegruppe Rot-Weiß-Rot, die im weitesten Umfang ein österreichisches Programm brachte, österreichische Autoren und Komponisten sollten den Schwerpunkt bilden. Die Eröffnung der Sendereihe wurde in feierlicher Form im Raimundtheater öffentlich durchgeführt und über den Weg der Gewerkschaft breitesten Kreisen des Publikums zugänglich gemacht. Die Wiener Symphoniker unter Swarowsky begannen mit der Ouvertüre zu Mozarts *Zauberflöte*, es folgte das *Österreichische Lied* von Richard Strauss, gesungen vom Wiener Männergesang-Verein, Albin Skoda las Anton Wildgans' *Rede über Österreich*, gefolgt vom letzten Satz der Neunten Symphonie von Beethoven. Die Sendereihe wurde sonntäglich um 20.15 fortgesetzt.[113]

Die nachhaltigste Wirkung mit den Wiener Symphonikern aber hatte Swarowsky mit Werken von Gustav Mahler. Spätestens seit der legendären Aufführung der Dritten Symphonie im Jahre 1957 war er als Mahler-Spezialist hochgeachtet.[114]

---

112 Ernst Kobau, in: http://www.wiener-symphoniker.at/gesch/050201_d.htm [mittlerweile (Oktober 2018) nicht mehr verfügbar].
113 Vgl. Die Neue RWR-Sendereihe, 1000 Worte Österreichisch, in: *Große Österreichische Illustrierte*, 2.6.1951.
114 Siehe das Kapitel „Gustav Mahler".

Erika Horvath

GRAZER OPER 1947–1949

Einleitung

Nachdem die Leitung der Wiener Symphoniker endgültig beschlossen hatte, Swarowsky nicht weiterzubeschäftigen, kam aus Graz das rettende Angebot, das dortige Opernhaus zu leiten. Seinem Sohn Anton konnte er bereits im Mai 1947 berichten:

> Nun tut sich zufällig etwas wesentlich kleineres auf, aber nicht in Wien: Graz. Dort könnte ich Direktor der Oper sein, ein Theater wie Stuttgart, nur eben österreichisch. Daneben Symphoniekonzerte, und daneben kann ich noch in Wien Konzerte und Radio machen. Das Theater muss ganz reorganisiert werden, ist gegenwärtig das größte Opernhaus von Österreich, weil die Wiener Oper noch nicht steht, war immer erstklassig, nicht Provinz. Die Stadt groß, alt und herrlich schön. Ich dirigiere nächste Woche den Figaro [18.5.1947]. Dort wäre ich natürlich Papst. Intendant ist der Ebbs, den du aus Stuttgart kennst, er hat aber in einem Jahr sehr abgewirtschaftet und er wird bald gehen müssen – sodass für mich die Möglichkeit der Intendanz, also mit dem Schauspielhaus, besteht, sodass ich dann zum erstenmal ein richtiger Theaterleiter wäre. Freilich – damit sind auch die Träume vom Ausland zu Ende![1]

Bereits im März 1947 hatte er ein Konzert im Grazer Stefaniensaal gegeben, mit Beethovens Ouvertüre zu *König Stephan*, Brahms' Violinkonzert und Anton Bruckners Dritter Symphonie.

Im Juni meldete Swarowsky seine Vertragsunterzeichnung: „Ich habe den Vertrag in Graz unterschrieben und bin dort als Operndirektor richtiger Theaterdirektor."[2] Laut Dienstvertrag[3] wurde er „als Operndirektor an die städtischen Bühnen in Graz verpflichtet und als solcher bezeichnet." Die Verpflichtung galt für drei Theaterspielzeiten, beginnend mit 1. September 1947, und endete am 31. August 1950, konnte jedoch mit 15. Februar 1949 für das Ende der Theaterspielzeit 1948/49 gekündigt werden. Für die

---

1 Hans Swarowsky an Anton Swarowsky, undatiert (ca. 12.5.1947), NlAS.
2 Hans Swarowsky an Anton Swarowsky, 14.6.1947, NlAS.
3 Dienstvertrag der Stadtgemeinde Graz, vertreten durch Herrn Bürgermeister Prof. Dr. Eduard Speck als Vorsitzender des gemeinderätlichen Theaterausschusses, und Prof. Hans Swarowsky, Graz, 12.6.1947, NlHS.

Tätigkeit als Operndirektor erhielt Swarowsky monatlich 1.500 Schilling über die gesamte Dauer des Vertrages.

Swarowskys Vorgänger war Rudolf Moralt, der nach dem Krieg die Leitung übernommen hatte, nachdem er schon 1937–40 in Graz tätig gewesen war, seit 1939 als Kapellmeister und Chordirektor. Moralts Verdienste als Dirigent sind in erster Linie in Verbindung mit der Wiener Oper zu sehen, an der er 1940 zum 1. Kapellmeister ernannt worden war und später zu den wichtigsten Dirigenten zählen sollte. Die Grazer Oper stand mit dem Schauspielhaus unter der Leitung von Helmuth Ebbs, der 1949 von Alfred Huttig abgelöst wurde. Die Kapellmeister waren Gustav Cerny, Maximilian Kojetinsky, Walter Goldschmidt und Fritz Voglar, der in erster Linie Operetten dirigierte.

Geschichtlicher Rückblick[4]

Das Grazer Opernhaus wurde am 16. September 1899, also an jenem Tag, an dem Swarowsky geboren wurde, als Grazer Stadttheater mit Friedrich Schillers *Wilhelm Tell* und Richard Wagners *Lohengrin* eröffnet. Der Bau wurde von dem Architektenduo Helmer und Fellner entworfen, er enthielt

> eines der schönsten Innenraum-Ensembles, das Opernhäuser weltweit zu bieten haben, und [das] als das stilistisch gelungenste und in sich geschlossenste Werk des Architektenduos galt. Ein Repräsentationsraum, der auf ausdrücklichen Wunsch der Bauherren, des Grazer Gemeinderates, dem Stil des österreichischen Barockbaumeisters Fischer von Erlach nachempfunden wurde.[5]

Im Inneren ist dieser Stil unverändert erhalten geblieben, das Äußere hat sich allerdings nach den leichten Bombenschäden, die das Haus 1944 erlitt, wesentlich verändert: Der von Säulen getragene Porticus über dem Balkon des Haupteingangs wurde abgetragen, die üppigen Figurenensembles, die bis dahin die Giebel und die Dachbegrenzungen geschmückt hatten, verschwanden.

Der Zuschauerraum fasste rund 1.900 Besucher – heute wird das Fassungsvermögen aus technischen Gründen nicht mehr so hoch angesetzt – und war somit ein nicht nur für damalige Verhältnisse – Graz hatte um 1900 138.000 Einwohner (heute sind es rund 290.000) – überaus groß dimensioniertes Theater, was sich von Anfang an in der schlechten Auslastung bemerkbar machte. Auch gab es bis zu weiteren Umbauten

---

4 Vgl. *Welch ein Augenblick! 100 Jahre Oper Graz*, hg. von den Vereinigten Bühnen Graz/Steiermark, redigiert von Johannes Frankfurter, Graz 1999.
5 Ebd., S. 18.

im Laufe der Geschichte des Theaters offensichtlich grobe technische und akustische Mängel, da man beim Bau lediglich auf „Prunk und Glanz" Wert gelegt habe, wie in der Festschrift zum fünfundzwanzigjährigen Bestand aus dem Jahr 1924 nachzulesen ist.[6]

Das Grazer Bildungsbürgertum wollte sich jedoch – im Bewusstsein, als südöstlichste und viertgrößte deutschsprachige Stadt der Monarchie eine besondere Aufgabe zu erfüllen – ein Repräsentationsgebäude schaffen, nicht zuletzt aus dem Bedürfnis heraus, das deutsch-nationale Selbstverständnis öffentlich zur Schau zu stellen, was auch in der Wahl von Schiller und Wagner als künstlerischen Leitfiguren zum Tragen kam. Beide wurden in den zentralen Deckengemälden verewigt.

Doch die Größe des Hauses ist bis heute ein Problem, und sie wirkte sich auch für Swarowskys Leitung negativ aus, da er sich gezwungen sah, durch einen reichhaltigen Spielplan mit vielen Neuinszenierungen das Publikum zu halten, was letztendlich nur durch ein breites Angebot an Operetten gelang, denn mehr noch als in anderen Theatern war man hier vom Besuchergeschmack abhängig. Wagner- und Verdi-Opern, Operetten und Volksstücke, Lustspiele und Possen waren die Hauptträger des Spielplans, während Klassikervorstellungen traditionell schlecht besucht wurden.

Nachdem das Theater den Ersten Weltkrieg durch die große Zahl der italienischen und polnischen Flüchtlinge, die vielen Rekonvaleszenten und Urlauber relativ gut überstanden hatte, kämpfte man nach dem Ende der Habsburger-Monarchie mit permanentem Geldmangel, bis das Haus schließlich von dem Großindustriellen Viktor Wutte übernommen wurde, der von 1922 bis 1924 zusätzlich einen Kinobetrieb einrichtete. Zwischen 1926 und 1928 wurde die Opernsparte bis auf wenige Ausnahmen zugunsten von Sprechtheaterstücken, Lustspielen, Operetten und Revuen stillgelegt.

1932 rettete ein eigens dafür gegründeter Theaterverein das Haus vor der endgültigen Schließung. Der Grazer Industrielle Heinrich Haas wurde als Pächter gewonnen und setzte Helmut Ebbs, der später wiederum Swarowskys Vorgesetzter war, als Intendanten ein. Nach einer weiteren finanziellen Krise im Jahre 1933 folgte ihm Helmut Furegg. Die Saison 1933/34 hatte trotz des konservativen Grazer Publikums bedeutende österreichische Erstaufführungen im Programm: Zemlinskys *Der Kreidekreis* sowie *Arabella* und *Elektra* von Richard Strauss. 1936 übernahm Viktor Pruscha die Intendanz, wurde jedoch 1938 aus politischen Gründen durch Willy Hanke ersetzt. Dieser konnte sich mit seinem deutschnational geprägten Hochkulturprogramm trotz massiver Unterstützung Görings, der dem Haus eine Drehbühne schenkte und höhere Subventionen gewährte, nur ein Jahr halten. Sein Nachfolger war Rudolf Meyer, der zwar dem Zeitgeist entsprechend vermehrt Wagner spielen ließ, aber im Großen und Ganzen wieder auf die Unterhaltungsschiene setzte. Im Juli 1944 wurde der Betrieb kriegsbedingt ein-

---

6 Zitiert nach ebd., S. 26.

gestellt. Das Haus wurde noch im selben Jahr bei einem Bombenangriff leicht beschädigt. Bereits im Mai 1945 wurde es jedoch provisorisch wieder bespielt.

Die Jahre des Aufbaus und der Konsolidierung, an denen Swarowsky seinen bis heute nicht dokumentierten Anteil hatte, geschah nicht zuletzt mit Hilfe der englischen Besatzung. Ab 1946 wurde für drei Jahre wieder Helmuth Ebbs Intendant, der als Schauspieler jedoch wenig von Oper verstand. So musste er wichtige Kompetenzbereiche Swarowsky überlassen[7], der so etwas wie der Intendant des Opernbetriebes in einem Zweispartenhaus wurde.

Operndirektor Hans Swarowsky

Der Wechsel nach Graz bedeutete für Swarowsky persönlich finanzielle Einbußen, die zur Existenzbedrohung zu werden schienen; die Bitten um Sendungen aus den USA wurden immer dringlicher. Gleichzeitig war die Anfangseuphorie der Helfer aus Übersee offensichtlich etwas erlahmt. Man sandte weniger Pakete, die für den Spender ständig teurer wurden, und Regelungen traten in Kraft, welche den Warenverkehr nach Europa behinderten. So wurde 1947 die Möglichkeit, Zigaretten zu senden, erheblich eingeschränkt:

> Nun sind Zigaretten verboten, wie ich lese, und damit schwindet die ganze Konstruktion meiner Grazer Operndirektion. Meine Gage ist dort eine solche, dass ich nur mit Z. mich hätte aufrecht halten können. Ich wollte da einen regelrechten Dienst einrichten gegen Wiener Stiche. Meine Situation ist sehr schlimm, ich leide Not an Geld, kann die Steuern nicht zahlen, habe keine Konzerte mehr und borgte zum erstenmale.[8]

Doch schon kurz nach seiner Ankunft in Graz zeigte Swarowsky Begeisterung für seine neue Situation, die schöne, weitaus weniger als Wien zerstörte Stadt, die vielen Aufgabengebiete. Vom Pioniergeist erfasst, wollte er aus einem provinziellen Theater mit Potential eine erstklassige Opernbühne machen.

> Ich kann dir nur sagen, ich habe einen guten Tausch gemacht. Die Stadt ist einfach herrlich schön, groß, fabelhaft zu wohnen, voller noch nie so vollkommen gesehener historischer Häuser, gut zum Essen und neben dem ja überall gleichen Volk eine fabelhafte Gesellschaft und große geistige Kreise und die sehr alte Universität. Mein Theater ist sehr groß und schön, nach Paris das größte, das vom Kriege verschont geblieben ist, größer als Stuttgart.

---

7 Ernst Märzendorfer im Gespräch mit Erika Horvath, Wien, 17.5.2004.
8 Hans Swarowsky an Anton Swarowsky, 2.7.1947, NlAS.

Das Schauspielhaus ist unberührt von 1790, ein italienisches Logentheater, bezaubernd und sehr groß.⁹

Swarowsky konnte wieder deutlich Aufwind spüren und die positive Resonanz wirkte bis Wien, wo er ja vor allem als Lehrer an der Akademie große Erfolge hatte:

> In Wien hat das Ministerium erneut nach meinen großen Konzerterfolgen mit dem Akademieorchester mich zum Leiter der Dirigentenklasse und der Orchesterklasse an der Staatsakademie ernannt. Das ist eine große Auszeichnung. Radio Wien macht mit mir allmonatlich ein großes Symphoniekonzert, das auch direkt nach Paris übertragen wird, das nächste am 9. November, mit dem Klavierkonzert des Schweden Werner Jüllig (der mir dafür Packln sendet) und mit der neuen Welt von Dvorak (Sonntag ¾ 12 h vormittags Wiener Zeit).
>
> In Triest hat der Agent Dottore Kurlaender meine Generalvertretung für Italien übernommen und ich werde nun des öfteren unten dirigieren, auch an der Scala. Ebenso Budapest. Meine vielen Aufgaben haben mich innerlich wieder zur Ruhe kommen lassen."¹⁰

Auch privat gelang Swarowsky ein Neuanfang, der unter sein bislang recht rastloses Leben einen endgültigen Schlussstrich setzte: Nachdem er noch in Stuttgart eine Beziehung mit der Tochter Oskar Schlemmers begonnen und seine Frau Maria daraufhin die Scheidung eingereicht hatte, heiratete er im September 1947 die um 31 Jahre jüngere Doris Kreuz, die zu seiner treuen Begleiterin bis zu seinem Tod 1975 werden sollte. 1960 wurde Tochter Daniela geboren und 1969 erblickte Gloria das Licht der Welt.¹¹

Doris Kreuz, Tochter eines 1934 bei den Novemberaufständen in Wien gefallenen Offiziers, war eine begeisterte Opernbesucherin und Musikliebhaberin. Sie besuchte die 7. Klasse am Gymnasium, als sie ihren zukünftigen Mann kennenlernte, und verließ die Schule vorzeitig, um an seiner Seite zu leben. Gewissermaßen als symbolischen Akt des Neubeginns vernichtete Swarowsky gemeinsam mit seiner jungen Frau all seine Tagebücher und warf sie in die Mur.¹² Seinem Sohn berichtete er:

---

9 Hans Swarowsky an Anton Swarowsky, 28.9.1947, NlAS.
10 Ebd.
11 [Den Namen fand Swarowsky, als im Zuge einer Probe Leonard Bernsteins zu Beethovens *Missa solemnis*, bei der Swarowsky „ohne besondere Funktion dabei" war, während des Gloria die Nachricht von der Geburt eintraf: Harald Goertz *(Erinnerungen an Hans Swarowsky),* Januar 2018, Historische Sammlung IMI. – Hg.]
12 Hans Swarowsky an Anton Swarowsky, 14.12.1947, NlAS. [Nach dem Tod ihres Mannes spielte Doris Swarowsky mit dem Gedanken, auch seine Tagebücher aus den späteren Jahren zu vernichten. Sie sind heute verschollen. Siehe jedoch die Zitate daraus im Beitrag von Wolfgang Prohaska im vorliegenden Band. – Hg.]

Abb. 1: Mit Ehefrau Doris Swarowsky und Tochter Daniela (HSA)

Ich habe sie darum sehr lieb bekommen und sagte mir, dass ich diesen reinen, starken, ganz jungen, schönen Menschen brauche, um endlich einen Strich unter mein Leben zu machen und mit meinen neuen Aufgaben spät aber doch auch im Privatleben einen neuen Menschen aus mir machen will. Sie war einverstanden und ihre Mutter auch und so habe ich sie dann – deine Erlaubnis und Zustimmung vorausgesetzt – am 20. September in Graz geheiratet.[13]

Doris Swarowsky erinnert sich an die kleinen Pannen bei der Hochzeit:

Unsere Trauzeugen waren Karl Böhm und Wolfgang Schneiderhan und mein Mann hat die Eheringe vergessen und Böhm sagte immer, „Und die Eheringe hat er auch noch vergessen!" Nachher waren wir in dem schönen Restaurant Reif essen. Und Böhm fragte: „Herr Professor, was werden sie denn einmal machen, wenn sie 60 oder 70 sind und die Doris ist ja noch so ein junges Mädel?" Und mein Mann antwortete: „Na dann nehme ich mir wieder eine Jüngere." Ich kann mich erinnern, da war tiefes Schweigen. Bei den alten Damen

---

13 Hans Swarowsky an Anton Swarowsky, 28.9.1947, NlAS.

machte ich keinen guten Eindruck, ich war ja noch ein Schulmädchen. Das hat in Graz viel Aufsehen erregt und hat ihm vermutlich auch geschadet. Die Zeit war sehr konservativ.[14]

Die Lebensbedingungen des jungen Paares waren trotz der Ersten Stellung Swarowskys alles andere als rosig. Es war eine Zeit der Entbehrungen, der Geldnot, der allgemeinen Lebensmittelknappheit und Sorge um die Gesundheit. Bei einem Verdienst von 1.500 Schilling monatlich, von denen 300 Schilling an seine Mutter und 500 an die geschiedene Frau Maria gingen, blieb nicht viel zum Leben übrig. Es fehlte an Grundnahrungsmitteln und den notwendigsten Gebrauchsgegenständen, und die Swarowskys lebten in einem ungeheizten Hotelzimmer.[15] Selbst Konzerte im Ausland musste Swarowsky absagen, da er die Reisekosten nicht aufbringen konnte, wie etwa für eine Reise nach Rom, wo für den 24. Januar 1947 ein Konzert im Augusteo geplant gewesen war.[16] Noch 1949 musste er aus finanziellen Gründen ein Konzert absagen, das am 7. Februar in Madrid hätte stattfinden sollen.[17] Auch der Verkauf kostbarer Manuskripte, Stiche und Erstausgaben brachte nur eine vorübergehende Besserung der Situation.

> Du machst dir keine annähernde Vorstellung von meiner Pleite, ich kann dem armen Kind [Doris, Anm. der Verf.] nicht einmal das Schulgeld bezahlen und heute abends wissen wir nicht, wo wir essen sollen. Das kommt keinesfalls von Verschwendung, sondern daher, dass meine großen Wiener Verdienste mit einem Male aufgehört haben und dafür der kleine Grazer Verdienst kam, dass aber noch Verpflichtungen aus dem Wiener Verdienst einzulösen sind, die ich einfach einlösen muss, wenn ich nicht gesellschaftlich unmöglich dastehen will. Wir wohnen noch immer im ungeheizten Hotel und können zu Hause nicht kochen, sodass wir ein Heidengeld aufs Essen ausgeben müssen, da im Gasthaus die Marken nicht länger als eine Woche reichen und dann eben schwarz gegessen werden muss. Und ich habe bei meiner 16 Stunden Arbeit einen Bärenhunger. Ich bin leider sehr krank und kann mir nicht den Arzt leisten, den ich brauche.[18]

Trotzdem war Swarowsky unermüdlich in seiner Arbeit und im Aufbau eines Theaters, wo er seinen Vorstellungen von musikalischer und szenischer Qualität den gebührenden Platz schaffen wollte; oft gegen den Widerstand der Mitarbeiter, wollte er doch einige Sänger nicht mehr weiter beschäftigen. In den Presse-Konferenzen formulierte Swarowsky klar und deutlich seine hochgesteckten Ziele. Er wollte „aus einem provin-

---

14 Doris Swarowsky im Gespräch mit Erika Horvath, Wien, 4.9.2002.
15 Hans Swarowsky an Anton Swarowsky, 14.12.1947, NlAS.
16 Ebd.
17 Hans Swarowsky an Anton Swarowsky, 30.7.1948, NlAS.
18 Hans Swarowsky an Anton Swarowsky, undatiert (ca. 5.2.1948), NlAS.

ziellen Repertoire-Theater ein Stil-Theater" schaffen, das die Aufgabe habe, „in Österreich selbst und darüber hinaus besonders in den südöstlichen Ländern stilbildend zu wirken."[19] Zum Erreichen dieses Zieles waren mehrere Etappen zurückzulegen, wobei er in der ersten Etappe eine möglichst weitgehende Geschlossenheit von Musik, Inszenierung und Bühnenbild anstrebte. Um seine Bemühungen zum Erfolg zu führen, wollte Swarowsky seine Aufmerksamkeit im Wesentlichen auf drei Punkte lenken. Erstens war es notwendig, dem Ensemble „junge begeisterungsfähige und lernbegierige Kräfte" zuzuführen, zweitens bedurfte es eines Regisseurs und eines Bühnenbildners, die „die Bereitschaft und die Fähigkeit haben mußten, in der Unterordnung unter einen Willen schöpferische Arbeit zu leisten", und drittens war die Schaffung eines „musikalischen Mitarbeiterstabes erforderlich, der in den Einzelproben den Intentionen des Chefs gerecht zu werden vermochte."[20]

Swarowskys Interesse galt den jungen talentierten Künstlern, von denen er viele an sein Haus holte und die von dort ihre große Karriere beginnen konnten, wie etwa der Bassist Oskar Czerwenka, der Bass-Bariton Otto Edelmann, die Bühnenbildner Gottfried Neumann-Spallart und Sepp Nordegg oder der Regisseur André Diehl. Selbst Clemens Krauss' berühmter Regisseur Rudolf Hartmann war an einer Zusammenarbeit interessiert:

Ich habe den technischen Leiter von München unter CK engagiert [Sepp Nordegg, Anm. der Verf.] und nun hat mir Hartmann einen Boten geschickt mit der Bitte, ihn aus dem Reich zu holen und als Oberregisseur zu engagieren. Du siehst, worauf ich ziele, wir haben freilich gar kein Material, kein Holz, keine Stoffe, – umsomehr muss man den Geist anstrengen. Ich habe einige glückliche Engagements gemacht.[21]

Weitere Sänger und Sängerinnen, die Swarowsky aufnahm, waren Lisa Lienbach, Paula Jirka, Sebastian Hauser und Wilhelm Leitner, als Korrepetitoren engagierte er seine jungen Schüler Rudolf Bibl, Günther von Noé und Miltiades Caridis, der nach Swarowskys Abgang Märzendorfers Assistent wurde. Swarowsky hatte in Graz weitreichende Kompetenzen und übernahm nicht nur die musikalische Leitung, sondern war auch für die Programmierung und die Neuinszenierungen zuständig; dabei interessierte er sich für sämtliche technischen Details, Beleuchtung und Bühnenbild.

Mein Werk hier ist ein Ideales, ich führe das ganze Theater allein, muss mich um alles kümmern und lebe nur mehr in Leim, Leinwand, Holz, Schleier, Kostümen, Scheinwerfern,

---

19 Abschied von Prof. Swarowsky, Kopie eines Zeitungsartikels (6.7.1949; Zeitung unidentifiziert) im NlHS.
20 Ebd.
21 Hans Swarowsky an Anton Swarowsky, 15.11.1947, NlAS.

Malerfarben usw. Ich will ein geistiges Mustertheater bauen und so wirken wie es mir in Wien infolge der dortigen Fackelmenschheit nicht geglückt ist.[22]

Ernst Märzendorfer erzählte von der ungewöhnlichen Machtposition, die Swarowsky aufgrund seines starken Charakters erhalten hatte:

> Er hatte als Opernchef eine viel mächtigere Position als jeder Opernchef vorher oder nachher. Da war ja vorher immerhin der Moralt da, also wirklich ein sehr guter Dirigent. Aber die haben nie dem Intendanten gegenüber Paroli bieten können. Der Intendant, ein gewisser Herr Ebbs, war gegen Swarowsky viel zu schwach. So hat Swarowsky den Spielplan durchgewischt wie nichts.[23]

Laut Dienstvertrag[24] war Swarowsky zwar dem Direktor der städtischen Bühnen Hellmuth Ebbs unterstellt, jedoch verantwortlich für die Gesamtgestaltung und den Ablauf der musikalischen Vorstellungen in allen ihren Teilen. Selbständige Verfügungen bedurften der Zustimmung des Vorsitzenden des gemeinderätlichen Theaterausschusses, mit dem es natürlich im Laufe der Saison viele Diskussionen gab, bzw. des Direktors der städtischen Bühnen. Ausdrücklich forderte man vom neuen Direktor, „durch intensive Probenarbeit das Niveau der gesamten musikalischen Aufführungen der städtischen Bühnen sowie der Symphoniekonzerte zu steigern."[25] Der Spielplan für Oper, Operette und Ballett wurde von Ebbs und Swarowsky gemeinsam aufgestellt. Die Zuteilung der Leitung und Besetzung der musikalischen Partien erfolgte durch Swarowsky im Einvernehmen mit der Direktion. Swarowsky gelang in seiner Position auch, was zuvor nicht möglich gewesen war – er erhielt Budget für Sonderausgaben. So konnte er nicht nur neue und gute Sänger engagieren, sondern auch die Grazer Sommerfestspiele 1948 durchsetzen:

> Otto Edelmann war sein erster Griff. Für den Carlos haben sie geschaut, was es in der Welt für Stimmen gibt. Das haben sie – weiß Gott – in der Zeit davor nicht gehört gehabt. Ich kann das sagen, weil ich die Wiedereröffnung der Grazer Oper nach dem Krieg betrieben habe. Das war meine Premiere! Offenbach- und Gluck-Abend. Und ich habe alles verfolgt. Der Jammer, dass man keine guten Sänger kriegen konnte. Kein Geld für nichts. Die Oper war doch ziemlich lädiert vom Krieg. Es musste viel gemacht werden. Und dafür wurden die wenigen Geldmittel verbraucht. Es gab einfach kein Weiterkommen. Doch Swarowsky

---

22 Hans Swarowsky an Anton Swarowsky, 14.12.1947, NlAS.
23 Ernst Märzendorfer im Gespräch mit Erika Horvath, Wien, 17.5.2004.
24 Dienstvertrag der Stadtgemeinde Graz mit Swarowsky (Anm. 3).
25 Ebd.

hat mit seiner richtigen Persönlichkeit und auch mit einer Rücksichtslosigkeit viel bewirkt. Hat Geld durchgesetzt für die Festwochen, was vor ihm unmöglich war.[26]

Auch Swarowsky selbst berichtete mit Stolz von seinen Aufgaben und Plänen.

> Ich übe meine Funktion mit aller Macht aus, beginnend von der Bühnentechnik, Beleuchtung, Dekoration – wo ich jetzt den Segen meiner kunstgeschichtlichen Bildung spüre – bis zur Musik und zur Propaganda, den Plakaten usw. Ich begann mit Otello und hatte einen Riesenerfolg. Von meinen 400 Untergebenen habe ich mir 25 herausgesucht, die absolut erster Qualität sind, um diese herum baue ich mir die anderen langsam auf und lasse absterben, was faul ist und zu nichts führt. Ich will hier einen geistigen Mittelpunkt der Theaterkunst gründen. […] In der Oper will ich einen sehr formalen allgemeinen Stil schaffen, dem sich die Dirigenten beugen müssen. Du kennst ihn ja von Verdi und Puccini her, – nicht anders soll es aber bei Mozart gemacht werden. […] Viel Sorgen macht mir die Operette, die ich besonders betreue, damit der Blödsinn wenigstens sehr gut herauskommt, und Freude habe ich mit dem sehr guten Ballett.[27]

Eine der ersten und allseits sichtbaren Neuerungen, die Swarowsky in Graz durchsetzte, war die Erstellung von ausführlichen und niveauvollen Programmheften, die bis dahin – wie zu damaliger Zeit üblich – aus einfachen Zetteln bestanden hatten, aus denen Titel und Besetzung ersichtlich waren. Swarowsky führte nicht nur das Programmheft ein, in dem ausführlich über Werk und Entstehung informiert wurde, sondern schrieb die meisten Texte dazu auch selbst.[28]

Otello

Nach seiner Einführungsvorstellung mit *Figaro* dirigierte Swarowsky im September 1947 Verdis *Otello* mit Josef Janko in der Titelrolle: „Ich hatte einen ganz großen Erfolg mit einem unerbittlich musizierten Otello, (unerbittlich in dem einer Gottheit verpflichteten Sinne Verdis, seinem konzessionslosen Gewissenszustand entsprechend.)"[29] Von der Qualität der Aufführung zeugt auch eine Kritik Herbert Schneibers, der mit dem „stärksten musikalischen Theatererlebnis seit Kriegsende" einem „Triumph des Grazer Theaters" beigewohnt hatte: „Szenische und musikalische Direktion hatten […] eine

---

26 Ernst Märzendorfer im Gespräch mit Erika Horvath, Wien, 17.5.2004.
27 Hans Swarowsky an Anton Swarowsky, 28.9.1947, NlAS.
28 Ernst Märzendorfer im Gespräch mit Erika Horvath, Wien, 17.5.2004.
29 Hans Swarowsky an Anton Swarowsky, 15.11.1947, NlAS.

bis in Kleinigkeiten spürbar sorgsame Arbeit geleistet und sich in dem fertigen Ganzen zu einer Harmonie vereint." Swarowskys Bemühen um Verdi wurde in den „klanglichen und dynamischen Energien des gestrafften, in explosiver Dramatik besonders eindrucksstarken Orchesters" intensiv wahrgenommen. Auch das Publikum gab seiner Freude mit „Beifall und Blumenspenden lebhaften Ausdruck."[30]

Symphoniekonzerte

Neben der Leitung der Oper dirigierte Swarowsky auch einige Konzerte des Städtischen Orchesters, die traditionell im Stefaniensaal stattfanden. Laut Dienstvertrag[31] war er gleichzeitig Leiter des städtischen Orchesters, das ihm in allen Belangen unterstellt war. Es oblag ihm, jährlich bis zu sechs Orchesterkonzerte in Eigenregie der städtischen Bühnen zu veranstalten, wozu auch die allfällige Verpflichtung auswärtiger Dirigenten gehörte. Als Direktor der Symphoniekonzerte war er dem Vorsitzenden des gemeinderätlichen Theaterausschusses direkt unterstellt und verantwortlich für den Aufbau einer für die Stadt Graz repräsentativen Konzertgestaltung. Swarowsky hatte dabei auch die unter der Verwaltung des Kulturamts des Magistrates Graz stehende Stadtkapelle künstlerisch zu beraten. Als Honorar für die Tätigkeit als Dirigent der Konzerte wurden 500 Schilling vereinbart. Die das Personal für die musikalischen Aufführungen betreffenden Engagementsvorschläge sollten von Ebbs und Swarowsky gemeinsam dem gemeinderätlichen Theaterausschuss vorgelegt werden.

Sowohl für die Opern als auch bei seinen Konzertverpflichtungen im Grazer Stefaniensaal legte Swarowsky Wert auf intensive und genaue Probenarbeit, wie er es von seinen Lehrern Schönberg und Webern gelernt hatte. Seine Musizierauffassung fand Verständnis bei einem damals noch jugendlichen Pianisten, mit dem er zeit seines Lebens freundschaftlich verbunden bleiben sollte, Friedrich Gulda, der mit Swarowsky Schumanns Klavierkonzert zur Aufführung brachte.

Mein erstes Konzert am 6. Oktober bringt die Variationen über ein Husarenlied von Franz Schmidt, dann mit dem herrlichen, wunderbar musizierenden und reifen Friedrich Gulda (– 16 Jahre alt, mein lieber Toni!!) das Klavierkonzert von Schumann und schließlich die VII. von Beethoven mit den richtigen Tempi und ohne das falsche Espressivo, geistig zusammengefasst auf lange Formstrecken.[32]

---

30 Herbert Schneiber, Ein verheißungsvoller Auftakt. Verdis „Othello" im Opernhaus, in: *Das Steirerblatt*, 19.9.1947.
31 Dienstvertrag der Stadtgemeinde Graz mit Swarowsky (Anm. 3).
32 Hans Swarowsky an Anton Swarowsky, 28.9.1947, NlAS.

Ein besonderes Ereignis für Graz, aber auch für Swarowsky selbst, wurde die Aufführung von Mahlers *Lied von der Erde* mit Julius Patzak und Anni Prunk vom Opernhaus Graz am 3. November 1947, zu einer Zeit, als in Österreich noch kaum Mahler gespielt wurde. Zwar war man in Wien um dessen Rehabilitierung und Wiedereinsetzung im Repertoire bemüht, doch die vielzitierte Mahler-Renaissance, an der Swarowsky maßgeblich beteiligt sein sollte, setzte erst später ein. In Salzburg etwa hinterließ Mahlers Vierte mit den Wiener Philharmonikern unter Klemperer im August 1947 – die seinerzeit von Swarowsky entdeckte und geförderte Hilde Güden wirkte als Sopransolistin mit – wenig Eindruck, und so kam es erst zwei Jahre später zu einem weiteren Mahler-Konzert mit Bruno Walter, den Wiener Philharmonikern und den Solisten Kathleen Ferrier und wiederum Julius Patzak in *Das Lied von der Erde*.[33]

> Hier hatte ich 2 Konzerte, eines mit dem Schumann-Konzert und der VII., eines mit dem Lied von der Erde, für das ich mit jedem einzelnen Bläser vorher zu Hause intensiv probiert habe, im Sinne des Schönberg-Vereins. Es war eine außerordentliche Aufführung, ganz dem Willen und der geheimen Absicht Mahlers entsprechend, genau in den Details. Patzak hat hinreißend schön gesungen und meine hiesige Altistin phantastisch genau im Takt des letzten Satzes jene Funktion des rhythmisch ungebundenen Schwebens erfüllen können, die ihnen als Symbol des Weltverzichts (– ohne die Kompaktheit des Diesseits, ohne das feste Stehen auf beiden Beinen auf dem Boden des äußeren Daseins) so genial zugedacht ist. Ich glaube, dass nichts herrlicher instrumentiert ist, als dieses Werk.[34]

In den folgenden zwei Jahren seiner Intendanz verfolgte Swarowsky konsequent den ehrgeizigen Plan, in jedem der Städtischen Symphoniekonzerte mindestens ein Werk der klassischen Moderne zur Aufführung zu bringen, was wesentlich dazu beitrug, dass die zeitgenössische Musik in Graz einen großen und begeisterten Kreis von Anhängern gewann.[35] So kamen etwa Max Regers *Variationen über ein Thema von Mozart* (Juni 1947 und Oktober 1948), Franz Schmidts *Variationen über ein Husarenlied* (Oktober 1947), Zoltán Kodálys *Tänze aus Galánta* (Januar 1948), Paul Dukas' *Der Zauberlehrling* (Februar 1948), Paul Hindemiths Symphonie *Mathis der Maler* oder Ravels Klavierkonzert (März 1948) zur Aufführung.

---

33 Vgl. Gerhard Scheit/Wilhelm Svoboda, *Feindbild Gustav Mahler. Zur antisemitischen Abwehr der Moderne in Österreich*, Wien 2002, S. 133.
34 Hans Swarowsky an Anton Swarowsky, 15.11.1947, NlAS.
35 Abschied von Prof. Swarowsky (Anm. 19).

Zauberflöte

Im Dezember 1947 setzte Swarowsky das stärkste Zeichen seit Antritt seines Amtes. Er inszenierte die *Zauberflöte* selbst und holte den Bühnenbildner Sepp Nordegg nach Graz, der ein Jahr später technischer Direktor des Burgtheaters werden sollte.

> Ich hatte mit Zauberflöte, Regie und musikalische Leitung ich selber, einen Riesenerfolg. Ich baue das Theater ganz neu genau à la Münchner Oper – natürlich in den Grenzen unseres Materials. Jetzt kommt Tosca, Aida, Ariadne, Tannhäuser – alles unter meiner Leitung, Regie und Musik.[36]

Auch der *Zauberflöte* zollten Kritiker und Publikum höchste Anerkennung für eine Aufführung, die durch „Ebenmaß und Niveau" bestach, und bei der Regie und musikalische Leitung im besten Sinne ineinanderflossen. Mozarts Musik erfuhr „im Orchester eine sorgsame Ausdeutung und auf der Bühne die entsprechende gesangliche Gestaltung und die dazugehörige Geste und Bewegung." Trotz einer „in ihrer strengen Form etwas zu betonten Ouvertüre" lobte man die „Präzision der Aufführung" im „beispielgebenden Kontakt zwischen dem Orchester und den solistisch und in den Ensembles hervorragend einstudierten Akteuren auf der Bühne." Auch die Besetzung ohne Stars, aber auch „ohne Fehlbesetzung", mit Herma Handl (Königin der Nacht), Sebastian Hauser (Tamino), dem man sogar die Entwicklung zu einem „jungen Gott" prophezeite, Klara Lang (Pamina), Herbert Thöny (Pagageno) und Oskar Czerwenka (Sprecher) wurde gebührend gelobt. Bei Sepp Nordeggs „vornehm stilisierten Bühnenbildern", die „mit wenig viel zu erreichen vermochten", beeindruckten „Phantasiereichtum und glückliche Farbkomposition". Swarowskys Maßnahme der Verjüngung der Chöre, die Ernst Märzendorfer einstudiert hatte, wurde gewürdigt, gewann er doch damit „Klangfrische und stimmliche Biegsamkeit". Und so sah man die Aufführung, die alles andere als „verstaubt"[37] war, als „erfolgreichen Beginn eines anständigen Repertoire-Aufbaues".

Mit Sepp Nordegg brachte Swarowsky einen der profiliertesten Bühnenkünstler und berühmtesten Bühnentechniker der Theatergeschichte an das Grazer Haus. Man verlieh ihm Titel wie „Meister der Raumgestaltung, der Sprache des Lichts und der Projektionen."[38] Der 1913 in Salzburg geborene Josef Friedrich Tullio Nordegg hatte an

---

36 Hans Swarowsky an Anton Swarowsky, 14.12.1947, NlAS.
37 Herbert Schneiber, „Die Zauberflöte". Neuinszenierung im Opernhaus, in: *Das Steirerblatt*, 4.12.1947.
38 Margret Dietrich, Sepp Nordegg, in: Josef Mayerhöfer (Hg.), *Sepp Nordegg. Theatertechniker – Bühnenbildner. Zu seinem 60. Geburtstag* [Katalog zur Austellung im Burgtheater Wien], Wien 1973 (Biblos-Schriften 76), S. 8–14: 8.

der Akademie der bildenden Künste in Wien Bühnenbild bei Emil Pirchan und an der Ingenieursschule in Dresden studiert, wo er zum Bühnen- und Beleuchtungsmeister ausgebildet worden war. Swarowsky hatte ihn während des Krieges in München kennengelernt, wo Nordegg 1942 bis 1944 technischer Leiter am Nationaltheater unter Clemens Krauss und somit ein wesentlicher Teil von Krauss' legendärer Opernarbeit gemeinsam mit seinem Regisseur Rudolf Hartmann war, an der Swarowsky als Dramaturg ebenfalls beteiligt war und der er in Graz nachstrebte. Nach Positionen als Ausstattungschef im Neuen Schauspielhaus Wien und als Maschinendirektor des Weimarer Nationaltheaters kehrte Nordegg 1945 nach München zurück und wurde unter Intendant Harry Buckwitz Theaterarchitekt. 1947 holte ihn dann Swarowsky als Leiter des Ausstattungswesens nach Graz, wo er die Bühnenbilder und Kostümentwürfe von *Aida* (Regie: Paul Graf, Dirigent: Karl Böhm), *Ariadne auf Naxos* (Regie: André Diehl, Dirigent: Hans Swarowsky), *Der Bajazzo* (Regie André Diehl, Dirigent: Maximilian Kojetinsky), Robert Börkners *Dornröschen* (Regie: Paul Graf), Georg Kaisers *Gas* (Regie: Helmuth Ebbs), *Der Graf von Luxemburg* (Regie: Otto Langer, Dirigent: Walter Goldschmidt), Weinbergers *Schwanda, der Dudelsackpfeifer* (Regie: Leo Meinert, Dirigent: Ernst Märzendorfer) und *Die Zauberflöte* (Regie und musikalische Leitung: Hans Swarowsky) gestaltete.

Nordeggs Ruf als technisch einfallsreicher und verlässlicher Neuplaner brachte ihn 1947/48 an das Burgtheater, das er zunächst im Provisorium Ronacher betreute. Auch das Akademietheater vertraute auf seine bühnentechnischen Einfälle. Von Graz wechselte er nur ein Jahr später fix ans Burgtheater, dessen technischer Direktor er für 25 Jahre bleiben sollte. Daneben fungierte er 1947 bis 1957 als technischer Direktor der Bregenzer Festspiele und 1956 sowie von 1960 bis 1963 der Salzburger Festspiele und lehrte an der Akademie der bildenden Künste in Wien. Berühmt wurde Nordegg nicht nur durch seine Bühnenbilder, sondern insbesondere als Erfinder der Zylinderdrehbühne bzw. Drehzylinderbühne, die er 1954 patentieren ließ. Damit konnten nicht nur Umbaupausen auf ein Minimum reduziert werden, sondern es wurden neue Wege und Möglichkeiten des Bühnenbilds geschaffen. Die Zylinderdrehbühne vereinigt Schiebebühne, Versenkbühne und Drehscheibe in einem System. So können die Bilder im Paternoster-Prinzip getauscht werden. Außerdem kann durch Schrägstellung der Podiumsplatten eine Bühnenschräge erzielt werden.

> Sowohl die Veränderlichkeit der Proszeniumszone wie auch die Drehzylinderbühne sind ebenso wie der Schnürboden und die Lichttechnik durch die rasche Veränderlichkeit und Beweglichkeit ein echtes Mittel der Verwandlung. Verwandlung ist aber die Kunst und große Hilfe, welche die Bühnentechnik dem Theater gibt.[39]

---

39 Sepp Nordegg, Gedanken zu Theaterbau und Bühnentechnik, in: Mayerhöfer (Hg.), *Sepp Nordegg* (Anm. 38), S. 20–29: 28.

1948 war Nordegg für den dementsprechenden Umbau des Burgtheaters verantwortlich, 1962 wurde auch im Theater an der Wien eine technisch bereits erweiterte Zylinderdrehbühne gebaut. Die internationale Anerkennung dieser Erfindung brachte Nordegg Einladungen in viele Länder. 1973 schied Nordegg vom Burgtheater, als dessen technischer Direktor er über 500 Stücke eingerichtet hatte.

Nordeggs Bühnenbilder bestachen durch „ausgesprochene Eleganz der Farb- und Formgebung, vor allem im Einspielen von sparsam eingesetzten und unaufdringlichen Details."[40] Technisch gelangen ihm durch die beweglichen Elemente und Drehteile schnell zu erzielende eindrucksvolle Effekte, die durch eine ausgeklügelte Lichtregie von „nobel differenzierender Eleganz"[41] in den Raum erweitert wurden. Im Sprech- wie im Musiktheater gleichermaßen erfolgreich, beherrschte er große aufwendige Szenen, ohne jemals klischeehaft oder exaltiert zu wirken, und war gleichzeitig ein Meister sparsamer Andeutungen. Nach Kriegsende schätzte man ihn besonders als „Provisorienmeister", gelang es ihm doch an den Münchner Bühnen mit relativ einfachen technischen Experimenten und ausgeklügelter Beleuchtung große Wirkung zu erzielen, wie etwa mit Hilfe einer auf einer Stütze frei schwebenden und schwenkbaren Drehscheibe.

Sepp Nordegg wurde somit zu einem wichtigen Teil der Konzeption eines Stil-Theaters mit weitgehender Geschlossenheit von Musik, Inszenierung und Bühnenbild, an der Swarowsky unermüdlich arbeitete. Seine Frau Doris berichtete immer wieder von den Aktivitäten ihres Mannes und den phänomenalen Publikumserfolgen, die seine Konzerte verzeichneten, so anlässlich eines Konzertes am 5. und Puccinis *Tosca* am 15. Januar 1948:

> Vor ungefähr 3 Wochen war das Symphoniekonzert, das Hans dirigierte, die Sensation von Graz. Es gab einen wahrhaft großartigen und verdienten Erfolg. Das Programm: Kodály: Tänze aus Galánta, Moussorgsky: Eine Nacht auf dem kahlen Berge (Walpurgisnacht); Liszt: Klavierkonzert […] und Aus der neuen Welt. – Eine Woche später die Neueinstudierung von Tosca. Wieder für Grazer Begriffe eine Spitzenleistung. Durchwegs gute Sänger, schöne Bühnenbilder (den 1. Akt entwarf Hans nach der Kirche St. Andrea della Valle in Rom, den 2. Akt nach dem Palazzo Farnese.) Riesiger Erfolg! (27 Vorhänge).[42]

In ihren von Zeit zu Zeit abgegebenen Berichten an ihren Stiefsohn Anton schwärmt sie von den Leistungen ihres Mannes:

---

40 Dietrich, Sepp Nordegg (Anm. 38), S. 8.
41 Ebd., S. 9.
42 Doris Swarowsky an Anton Swarowsky, 28.1.1948, NlAS.

> Die Grazer Oper hat seit Hansens Anwesenheit einen bedeutenden Aufschwung erlebt, und das weiß hier jedes kleine Kind. In letzter Zeit eine ausgezeichnete Aida mit guten Sängern und schönen Bühnenbildern. Vielleicht bisher die geschlossenste und einheitlichste Aufführung unter Hansens Leitung. 2 sehr schöne Konzerte: das erste Programm enthielt Egmont Ouvertüre, Doppelkonzert für Violine und Cello von Brahms, 4. Schumann und „Zauberlehrling" von Paul Dukas. Das letzte Konzert (beiliegende Kritiken!) brachte „Mathis der Maler" von Hindemith; Ravel Klavierkonzert und Eroica. Hansens Interpretation von diesem Werk ist die einzig mögliche und seine Auffassung wird und muß sich durchsetzen!!![43]

Mit Antons Unterstützung gelang im Januar 1948 endlich auch das schon mehrfach geplante Rom-Konzert. In der Aula Magna d'Ateneo dirigierte Swarowsky das Orchestra del Teatro dell'Opera in einer Kammerbesetzung. Auf dem Programm standen u. a. Haydns Symphonie Nr. 97 und Beethovens Vierte Symphonie.[44]

> Also zunächst die Meinlbons. Danke tausendmal. Weißt du, was sie mir ermöglicht haben? Meine Reise nach Rom, wo ich eingeladen war ein Konzert zu dirigieren, das ich schon zweimal mangels Mittel, die Fahrt hin und her in österr. Schillingen zu bezahlen, abgesagt habe. Das habe ich nun sofort getan, denn ich habe mir die Zigaretten, die man bei Meinl bekommt, gekauft.[45]

Im Februar 1948 erhielt Swarowsky einen neuen Dienstvertrag[46], der nicht nur seine Kompetenzen, Rechte und Pflichten genauer absteckte, sondern auch eine Gehaltserhöhung mit sich brachte. So wurde Swarowsky nun künstlerischer Leiter für das musikalische Fach (Oper, Operette und Ballett), einschließlich der angegliederten Betriebsstätten. Genauso wie im ersten Vertrag wurde jedoch ein Kündigungsrecht für den 15. Februar 1949 ausbedungen. Nach offensichtlichen Kompetenzstreitigkeiten wurde der Theaterausschuss als letzte Entscheidungsinstanz hervorgehoben:

> Darüberhinaus verpflichtet sich Direktor Prof. Swarowsky, in Erfüllung dieser Aufgaben die Gesamtinteressen der städtischen Bühnen in allen Fällen und zu jeder Zeit im Einvernehmen mit dem Schauspieldirektor zu wahren und den diesbezüglichen Anordnungen des Vorsitzenden des gemeinderätlichen Theaterausschusses oder der allfällig hiezu bestimm-

---

43 Doris Swarowsky an Anton Swarowsky, 3.3.1948, NlAS.
44 Hans Swarowsky an Anton Swarowsky, undatiert (ca. 5.2.1948), NlAS.
45 Ebd.
46 Dienstvertrag zwischen der Stadtgemeinde Graz, vertreten durch Herrn Bürgermeister Prof. Dr. Eduard Speck, und Herrn Direktor Prof. Hans Swarowsky, Graz, 15.2.1948, NlHS.

ten Gesamtleitung bindend Folge zu leisten. Desgleichen entscheidet der Vorsitzende des gemeinderätlichen Theaterausschusses über positive und negative Kompetenzstreitigkeiten zwischen beiden künstlerischen Direktoren.

Swarowsky oblag insbesondere die Gestaltung des Spielplanes, die Erwerbung neuer Werke, die Rollenbesetzung, die Verteilung von Regieaufgaben und die normale Beurlaubung von Mitgliedern. Zudem hatte er die Engagementvorschläge an den gemeinderätlichen Theaterausschuss zu übermitteln. Für seine Tätigkeit erhielt er nun monatliche Bezüge von 2.176 Schilling. Für Dienstreisen wurde ein Tag- und Übernachtungsgeld von insgesamt 30 Schilling sowie der Ersatz der Fahrten 2. Klasse Schnellzug vereinbart. Weiterhin wurde ein Urlaubsanspruch von sechs Wochen festgesetzt. Jede Betätigung des künstlerischen Leiters an einer anderen Bühne bedurfte der Genehmigung des Bürgermeisters. Weiter galt es, bis zu sechs Orchesterkonzerte in eigener Regie der städtischen Bühnen zu veranstalten, wozu auch allfällige Verpflichtungen auswärtiger Dirigenten gehörten. Das Honorar für seine Tätigkeit als Dirigent der Konzerte wurde auf 700 Schilling erhöht.

Tannhäuser

Im Mai 1948 brachte Swarowsky eine Neuinszenierung des *Tannhäuser* auf die Bühne, diesmal unter der Regie von Leo Meinert und mit dem Bühnenbild von Hans Hamann. Doris Swarowsky berichtete:

> Hans arbeitet wie ein Besessener und bucht einen Erfolg nach dem anderen. Vor 3 Wochen brachte er den Tannhäuser in einer sehr schönen Aufführung heraus. Er dirigiert jeden Tannhäuser mit ziemlichem Widerwillen, schließlich sind uns doch die Wagnerideale fast gänzlich verloren gegangen und besonders das Tannhäuser-Sujet ist geradezu lachhaft.[47]

Die Kritiker lobten in erster Linie die Ouvertüre, „dynamisch und im Aufbau, in der sich auch unser Orchester durch Sauberkeit der Streicher-Phrasierungen und durch Reinheit der Intonation in den Bläsern besonders auszeichnete."[48] „Dr. Dw." drückte ob der „geschlossenen Ensemblewirkung", wobei sich jeder Einzelne als „Diener am Werk" dem Ganzen unterordnete, seine und des Publikums „tiefe Ergriffenheit" aus. Swarowsky „wahrte (gelegentlich zwar in ungewohnt raschen Tempi) überlegen die

---

47 Doris Swarowsky an Anton Swarowsky, 4.6.1948, NlAS.
48 Dr. C., Wagners „Tannhäuser". Neuinszenierung – Musikalische Leitung: Hans Swarowsky, Kopie eines Zeitungsartikels (9.5.1948, Zeitung unidentifiziert) in NlHS.

große Linie und arbeitete die dramatischen Höhepunkte eindringlich heraus, wobei die Stimmungskontraste plastisch auseinander gehalten wurden."[49]

Anlässlich der *Tannhäuser*-Neuinszenierung kam in der Presse auch ein allgemeines Problem des Grazer Opernbetriebes zur Sprache, das die Qualität der Aufführungen zu gefährden begann. Swarowsky wollte mit rasch aufeinanderfolgenden Neuinszenierungen dem tendenziell schwachen Opernbesuch entgegenwirken. Miltiades Caridis, Swarowskys Schüler und Korrepetitor in Graz, sah in der Struktur des Grazer Theaterlebens den großen Nachteil für eine befriedigende Theaterarbeit, wie er an seine Frau Sonja schrieb:

> Ausser einer kleinen Beschädigung am Portal ist die Oper gut durch den Krieg gekommen und ist heute das grösste Theater von Mitteleuropa, – leider! Es ist fast ein bisschen zu gross für Graz, sodass die Stücke oft schon nach 10 Vorstellungen abgesetzt werden müssen und ca. alle 2 Wochen etwas Neues heraus muss, – leider; denn so ist manches noch sehr unfertig. Am 7. Mai war Tannhäuser, am 21. Cavalleria und Bajazzo. Anfang Juni Entführung und im Juli „Palestrina".[50]

Auch der Kritiker Dr. Cecerle kritisierte diesen Umstand und insbesondere das schlechte Probenmanagement:

> Bei dem atemberaubenden Tempo, in dem eine Opernpremiere die andere jagt – es „tröpfelt", wenn es gut geht eine Opern-Erstaufführung im Monat – ist es unverständlich, wenn zur Vorbereitung eines großen Werkes nicht mehr als elf bis zwölf Tage zur Verfügung stehen, sodaß langdauernde Nachtproben eingeschaltet werden müssen. Durch diesen Mangel an Disposition werden die Schwierigkeiten auch für den Regisseur unnötig vermehrt. […] Das Zusammendrängen der Proben in die oben erwähnte kurze Zeitspanne hinterließ die Spuren der Ermüdung wohl bei allen Beteiligten.[51]

Aus Caridis' Briefen erfährt man von den schlechten Besucherzahlen im Theater, die nicht nur einen immer häufigeren Spielplanwechsel, sondern auch die Verstärkung der Operette notwendig machten. In beidem sah Caridis die Gefahr eines weiteren Qualitätsverlusts:

> Der Theaterbesuch ist erschreckend und gibt allgemein Anlass zu schweren Befürchtungen. Hoffentlich passiert nicht wie in Bregenz: man versucht, das Haus mit Operetten zu

---

49 Dr. W., „Tannhäuser". Zur Neuinszenierung im Opernhaus, in: *Graz am Abend*, 8.5.1948.
50 Miltiades Caridis an Sonja Caridis, 16.5.1948, Privatbesitz Aristea Caridis.
51 Dr. C., Wagners „Tannhäuser" (Anm. 48).

füllen und jagt eine Premiere nach der anderen heraus, – im Oktober am 2., 10. und 30. Das bedeutet für mich viel Arbeit, – was einerseits erfreulich ist, – anderseits habe ich zu wenig Zeit, um sauber zu studieren (der Chor nämlich).[52]

Swarowsky hatte mit dem Hauptproblem der Grazer Oper zu kämpfen, nämlich der Größe des Theaters in Relation zur niedrigen Grazer Einwohnerzahl. Das Haus war gewissermaßen chronisch leer und so war auch Swarowsky gezwungen, den Spielplan auf diesen Umstand abzustimmen.

Im Mai 1948 erhielt das Ehepaar Swarowsky endlich eine Wohnung und musste nicht mehr im ungeheizten Hotelzimmer leben, wie Hans Swarowsky seinem Sohn schrieb:

Wir haben nun gleich beim Theater vis a vis einem alten Park drei Zimmer mit Bad und Küche, ich richte es mir natürlich voller Atmosphäre ein, kann mir aber nicht einmal einen Besen kaufen. Ich bekomme Nazimöbel von der Stadt, die wir etwas auf neu verbrämen, irgendwie ist das schön, weil es eben Atmosphäre hat. Ein großes Dreifensterzimmer nur mit einer Couch und Stühlen und meinem Schreibtisch, sonst ganz leer, sehr schöner Plafond, etwas vornehm ateliermäßig.[53]

Auch Doris Swarowsky brachte ihre Erleichterung zum Ausdruck, dass das Hotelleben nun nach fast einem Jahr endete:

Gottseidank bekommen wir jetzt in den nächsten Tagen unsere Wohnung u. dieses schreckliche Hoteldasein findet ein Ende. [...] Gerade Hans, der mindestens 10 Stunden täglich arbeitet (ich bewundere seine Agilität!) braucht ein Heim so dringend notwendig.[54]

Ariadne auf Naxos bei den Grazer Festspielen 1948

Bei den Grazer Sommerfestspielen, die Swarowsky bei der Grazer Stadtverwaltung durchgesetzt hatte, wollte er der Moderne und seiner Verbindung zur Wiener Schule ein Denkmal setzen und dachte an Alban Bergs *Wozzeck*. Als daraus nichts wurde, setzte Swarowsky mit *Ariadne auf Naxos* immerhin ein neueres Werk durch.

Ich habe sehr schöne Konzerte gehabt, im Theater eine sehr musikalische und zündende Aida in den Metronomtempi, dann Hoffmann und nun Tannhäuser. Bei den Festspielen

---

52 Miltiades Caridis an Sonja Caridis, 24.9.1948, Privatbesitz Aristea Caridis.
53 Hans Swarowsky an Anton Swarowsky, undatiert (ca. 5.5.1948), NlAS.
54 Doris Swarowsky an Anton Swarowsky, 3.3.1948, NlAS.

mache ich leider nicht den Wozzek, wie geplant, weil die Zeit zu kurz war, aber wahrscheinlich Mathis von Hindemith. Wenn das auch nicht mehr geht – weil man die Materiale so schwer bekommt – dann die Schweigsame Frau.[55]

Doris Swarowsky berichtet von der *Ariadne*-Aufführung. In demselben Brief erfährt man auch, dass Swarowsky als künstlerischer Leiter des Rundfunks im Gespräch war:

Bei den kommenden Grazer Festwochen Anfang Juli hatte Hans ursprünglich Wozzek und dann Palestrina geplant. Daraus wurde nun nichts und Hans wählte die Ariadne. Mir persönlich 1000x lieber wie alles andere. Es verspricht eine sehr glanzvolle Aufführung zu werden. – Hans dirigierte vor kurzem ein so prachtvolles Radiokonzert, dass er vielleicht nächstes Jahr die künstlerische Leitung des Rundfunks bekommt. – Mitte Juli leitet Hans die Musikhochschulfestwochen in Aussee. Mit Italien wird heuer glaube ich nichts mehr werden.[56]

Die Vorstellungen der *Ariadne*, gegen die die Presse ihre Vorbehalte zeigte, fanden am 5. und 8. Juli unter Swarowskys Leitung statt. Swarowsky kommentierte:

Zu den Festspielen habe ich eine wunderbare Ariadne herausgebracht, die das Ergebnis meiner einjährigen Arbeit darstellen soll. Du kannst dir kaum vorstellen wie blödsinnig die Presse über dieses Werk urteilt. Für das nächste Jahr bereite ich zu den Festwochen Wozzek vor.[57]

Die Inszenierung stammte von André Diehl, der 1954 bis 1965 Intendant und bis 1959 auch Generalmusikdirektor in Graz werden sollte, das Bühnenbild stammte von Sepp Nordegg, die Hauptrollen waren mit Sebastian Hauser (Bacchus), Klara Lang (Ariadne) und Herma Handl (Zerbinetta) besetzt. Herbert Schneiber würdigte die Arbeit des „Triumvirats" im *Steirerblatt*:

Transparente Grazie und kraftvolle Fertigkeit, dramatische Prägnanz und mustergültige Präzision kennzeichneten den aufgelockerten und auf kluges Kontrastieren unterschiedlicher Elemente aufgebauten musikalischen Part, in dem das ausdrucksvoll musizierende Orchester den Sängern gegenüber nie in den Vordergrund trat. André Diehls Regie bedeutete szenische Belebung bis zur letzten Möglichkeit, intensive Arbeit an den Solisten und sichere Bewältigung aller aus der Oper in der Oper erwachsenden Probleme, wobei der

---

55 Hans Swarowsky an Anton Swarowsky, undatiert (ca. 5.5.1948), NlAS.
56 Doris Swarowsky an Anton Swarowsky, 4.6.1948, NlAS.
57 Hans Swarowsky an Anton Swarowsky, 2.7.1948, NlAS.

milieu- und stimmungsmäßige Gegensatz in dem von Sepp Nordegg gut gegliederten und ohne stilisierende Übertreibungen gestalteten Bild eine glückliche Ergänzung bot.[58]

In allen Kritiken lobte man Swarowskys Leistung, wenn man an einer Stelle auch seine Sängerauswahl aus dem heimischen Ensemble kritisierte und bedauerte, dass er sich „allen Bedenken gegenüber verschloß":

> Rein musikalisch genommen war die Aufführung ja durchwegs gut und sorgfältig studiert. Besonders der orchestrale Part war fein herausgearbeitet, die solistisch verwendeten Holzbläser gaben ihr Bestes und brachten reine und schön modulierte Kantilenen. Desgleichen die Streichergruppen, unter denen Walter Schneiderhan Gelegenheit hatte, in den zahlreichen Solostellen seine Meisterschaft zu zeigen. – Hans Swarowsky dirigiert diesmal mit kleinen, knappen Bewegungen, eine Technik, die der Präzision des ganzen Apparates zugute kam. Auch die Regie André Diehls ließ mühevolle Kleinarbeit sowohl bei den Solisten im einzelnen als auch in den Miniatur-Ensembles erkennen.[59]

Beanstandet wurden jedoch sowohl Hilde Gärtner als Komponist, der man darstellerische Unbeholfenheit und Unzulänglichkeit sowie eine ungeschulte Stimme vorwarf, als auch Klara Lang, bei deren Stimme man das Süße, Sehnsuchtsvolle und Schlanke der Ariadne vermisste. Hochgepriesen wurden hingegen Alexander Fenyves (Musiklehrer) und Herma Handl (Zerbinetta). Alles in allem aber war jener Kritiker von der „sich flau dahinziehenden Gesamtaufführung wenig angetan."[60] Andere lobten wiederum die „des Straußschen Juwels würdige Neuinszenierung", Swarowskys „intensives solistisches Musizieren und stilvolle Präzision auf der Bühne und im Orchester", André Diehls „comedia-del-arte-Szenerie [sic] bester Prägung" und Sepp Nordeggs „geschmackvolle Bühnenbildlösung" als auch „die ausgezeichnete Ensembleleistung der heimischen Solisten" und die „stimmlich hervorragende, darstellerisch gute Zerbinetta von Herma Handl."[61] In der Grazer *Neuen Zeit* würdigte man die Aufführung als „stilkundige Synthese", sodass „die weitverzweigten Kompositionsknoten bis in ihre Grundgestalt sichtbar sind und aufeinander zustreben." Auch die einfache, aber noble Bühnentechnik und die „geschlossene Gesamtleistung des Ensembles" legte „davon Zeugnis ab, daß in der vergangenen Saison viel und intensiv gearbeitet wurde."[62]

---

58 Herbert Schneiber, Grazer Festspiele 1948, in: *Das Steirerblatt*, 7.7.1948.
59 Grazer Festwochen. Strauß: Adriadne auf Naxos, Kopie eines Zeitungsartikels (7.7.1948; Zeitung unidentifiziert) in NlHS.
60 Ebd.
61 Festspielstadt Graz empfing Gäste. Die ersten Veranstaltungen der Musikwoche, Kopie eines Zeitungsartikels (Zeitung unidentifiziert) in NlHS.
62 K-nn., Grazer Festspielwochen. „Ariadne auf Naxos", in: *Neue Zeit*, 7.7.1948.

Miltiades Caridis hingegen, später ein besonders detailverliebter fanatischer Probierer, damals blutiger Anfänger, war nicht nur von der *Ariadne* enttäuscht, sondern sprach allgemein in Zusammenhang mit Swarowsky von unbeständiger und unzuverlässiger Arbeit:

> Momentan wird eifrigst die „Ariadne" geprobt und ich bin sehr froh, dass dieser fade Palestrina nicht gekommen ist. [...] Leider macht Sw. die Sache sehr ungenau, geht furchtbar flüchtig über viele Einzelheiten hinweg und nimmt sich leider nicht die Mühe, mit den Solisten einmal selbst ordentlich zu studieren. Dabei könnte er ihnen nämlich sehr viel Gescheites sagen; er tut es auch manchmal, aber erst während der Orchesterproben, – zu einer Zeit also, wo der musikalische Teil bei den Sängern schon längst sitzen sollte. Sw. ist überhaupt ein komischer Kerl – er verfügt über einige grossartige Begabungen und setzt sie so selten ein. Manche Premieren von ihm sind zum Beispiel ganz ausgezeichnet und schon die zweite Vorstellung wird entsetzlich heruntergeschlagen. Er weiss so viel und auch Vernünftiges zu sagen – und führt es so selten aus. Manchmal tut er mir irgendwie leid. Vielleicht ist er auch zu wenig Musiker, – bei zarten lyrischen Stellen offenbart er oft eine entsetzliche Gleichgültigkeit; – überhaupt dirigiert er alles sehr rasch u. treibt die Sänger an – ein Zeichen von Mangel an innerer Ruhe, Gelöstheit und Empfänglichkeit für das, was hinter den Noten steht.[63]

Aus zeitlichen Gründen musste Swarowsky im Herbst 1948 seine Unterrichtstätigkeit an der Akademie in Wien aufgeben, da die Akademieleitung die zufriedenstellende Betreuung der Studierenden nicht mehr gewährleistet sah, was Swarowsky leid tat, war er doch sehr stolz über die Leistungen seiner Schüler, von denen einige auch in Graz dirigierten, nicht zuletzt Rudolf Bibl und Miltiades Caridis.

> In Wien hatte ich ein wirklich wunderbares Orchesterschlusskonzert meiner Schüler. Ich habe nach den Wiener Philharmonikern gewiss das allerbeste Orchester Österreichs. Leider muss ich meine gesamte Professur aufgeben, weil ich keine Zeit mehr finde, den Unterricht durchzuführen. Ich werde nur mehr meinen Kurs halten. Meine Dirigenten haben sehr fein dirigiert. Ich habe die Burschen alle nach Graz engagiert. 4 Stück. Da bekommen sie zu arbeiten und gleich zu dirigieren. Als ich so in der Loge im ausverkauften Musikverein saß und meine Kinder die Jupitersymphonie spielten, so schön, wie du sie heute nirgends hören kannst, bis in die Kleinigkeiten nach meinen genauen Intentionen, und wie meine andren Kinder das ganze dirigierten, da kamen mir die Tränen.[64]

---

63 Miltiades Caridis an Sonja Caridis, 24.6.1948, Nachlass Aristea Caridis.
64 Hans Swarowsky an Anton Swarowsky, 2.7.1948, NlAS.

Meistersinger von Nürnberg

Anlässlich einer *Meistersinger*-Aufführung am 21. November 1948 resümierte ein Journalist des Grazer Blattes *Stimme der Heimat* Swarowskys bisherige Leistungen und bezog die vielzitierte „Theaterkrise" auf die gesellschaftlichen Umwälzungen, die durch Diktatur und Krieg stattgefunden hatten:

> Wer die Entwicklung seit 1945 aufmerksam verfolgt hat, muß den steilen Weg nach oben, den unsere Opernbühne unter der Direktion von Professor Hans Swarowsky gegangen ist, mit Bewunderung anerkennen. Seiner Energie, seinem eisernen Willen gelang es, das Theater, das noch vor zwei Jahren im Sumpf einer tödlichen Lethargie dahindämmerte, aus diesem Sumpf herauszureissen und es wieder dem anstrebenswerten Ideal nahezubringen, eine der ersten Bühnen unseres Landes zu sein, wie dies vor langer Zeit der Fall war. Man vergißt zu leicht und ist schnell mit Vergleichen zu den Salzburger Festspielen und der Wiener Staatsoper zur Hand, anstatt z.B. einen Vergleich zwischen dem „Troubadour" vor zwei Jahren und dem heurigen „Don Carlos" zu ziehen.

Die *Meistersinger* galten dem Rezensenten als „vorläufiger Höhepunkt", in dem das Orchster „unter der anfeuernden, alle Feinheiten des polyphonen Gewebes der Partitur aufdeckenden Leitung, klangschön und präzis wie noch selten" spielte. Besonders hervorgehoben wurde die Einheit von Bühne und Orchester und die „im richtigen Moment" „scheinbar mühelose" Verlagerung des Schwerpunktes „vom Vokalen zum Instrumentalen und umgekehrt." Diehls Inszenierung war „von vorbildlicher Geschlossenheit, Lebendigkeit (Prügelszene) und Farbenpracht (Festwiese). [...] Der Jubel im ausverkauften Haus wollte kein Ende nehmen."[65]

Trotz des Aufschwungs, den Swarowsky dem Grazer Opernhaus bescherte, begann sich mittlerweile gegen ihn heftiger Widerstand nicht nur von Seiten des konservativen Opernpublikums, sondern auch vom Ensemble und Orchester zu regen, der anlässlich der größeren Opernpremieren auch in der Presse seinen Niederschlag fand. Besonders heikel waren Aufführungen von Wagner, die von einer gewissen deutschnational angehauchten Clique im Publikum häufig lautstark beargwöhnt wurden. Caridis schrieb anlässlich der *Meistersinger*-Aufführung: „Vorgestern waren ‚Meistersinger' glücklicherweise ohne Publikumsdemonstrationen, – weder gegen Swar. noch von Seiten einiger Nazi (zugunsten von Wagner), wie vorher umlaufende Gerüchte wissen wollten."[66]

---

[65] Fl., Die Meistersinger von Nürnberg, in: *Stimme der Heimat*, 27.11.1948.
[66] Miltiades Caridis an Sonja Caridis, 23.11.1948, Privatbesitz Aristea Caridis.

Turandot

Am 25. Januar 1949 kam die Neuinszenierung der *Turandot* heraus und leitete die fruchtbare Zusammenarbeit Swarowskys mit Gottfried Neumann-Spallart ein, dessen Bühnenbild den Grazern einige eindrucksvolle Inszenierungen bescherte. Märzendorfer erzählte vom Erfolg dieser Inszenierung: „Das lief wie die warmen Semmeln, war immer ausverkauft. Und da hatte er einen wirklich großen persönlichen Erfolg."⁶⁷ Auch die Kritiken zeugen von einer denkwürdigen Aufführung, die die Zusammenarbeit Swarowskys mit Neumann-Spallart und dem Regisseur André Diehl unterstrich. Neumann-Spallart gab „seinen stilvollen Bühnenbildern den Zug ins Große", wobei „die optische Einheit von Bühne und Zuschauerraum, die sparsame Verwendung nachdrucksvoller Linien sowie die kluge Ergänzung durch Licht und Farbe" entscheidend für die Wirkung waren.

> Auch Hans Swarowsky hielt unter Herausmeißeln plastischer Kontraste sowie unter Bedachtnahme auf den rhythmischen Wechsel als Dirigent die große Linie, verlieh dem verstärkten, von Märzendorfer beispielgebend einstudierten Chor gewichtige Akzente und ließ das Orchester in üppigen, von Leidenschaften durchpulsten Klangfarben aufblühen. Machtvoll geriet die Steigerung im ersten Finale, aufgelockert waren die Buffoteile. Ein Bravo dem Orchester, dessen gleißende, klangmalerische Sprache bestrickte.⁶⁸

Geradezu ins Schwärmen geriet Rudolf Weishappel nach der *Turandot*-Premiere, die ihm als „die beste Opernaufführung seit Jahren" galt, hatte sie doch „Stil, Charakter und Profil":

> Hans Swarowsky ist gerade der italienischen Oper ein musikalischer Anwalt, wie man ihn heutzutage nur selten trifft, er hat das für die romantische Musik unerläßliche Fingerspitzengefühl für die Form und gleichzeitig jenes blutvolle Theatertemperament, das Künstler und Publikum gleichermaßen elektrisiert. […] Endlich ist die Aufführung eine regieliche Meisterleistung André Diehls: die Chorszenen übertreffen an Beweglichkeit und Intensität des Ausdrucks alles, was wir bisher auf diesem Gebiet zu sehen bekamen.⁶⁹

Hans Hellmer schloss nach einer überschwänglichen Kritik:

---

67 Ernst Märzendorfer im Gespräch mit Erika Horvath, Wien, 17.5.2004.
68 O, „Turandot". Zur gestrigen Premiere der Neueinstudierung, Kopie eines Zeitungsartikels (26.1.1949, Zeitung unidentifiziert) in NlHS.
69 R. Weishappel, Glanzvolle ‚Turandot', Kopie eines Zeitungsartikels (Januar 1949, Zeitung unidentifiziert) in NlHS.

Über seine [Swarowskys] Leistung entschied das Publikum, von dem kaum behauptet werden kann, daß es in der letzten Zeit von Seite der Presse und der Kritik zu seinen Gunsten beeinflußt worden wäre. Es entschied einhellig, schon bei seinem Erscheinen am Dirigentenpulte, entschied so, wie dies der Beifall bezeugte, mit dem er empfangen wurde und mit aller Deutlichkeit der jubelnde anhaltende Beifallssturm, der am Schluß der Vorstellung das Haus durchbrauste. Es war ja auch die beste, die Graz erlebt hat, seit langem.[70]

Nachdem sich mittlerweile von allen Seiten Widerstand gegen den neuen Direktor zu regen begonnen hatte, triumphierten nun seine Anhänger anlässlich des fulminanten *Turandot*-Erfolges:

Daß jener Teil der Presse, der aus politischen und gesellschaftlichen Gründen seit einiger Zeit eine Kampagne gegen den Opernchef führt, das offenbar nicht zu umgehende Lob an der Aufführung durch Nörgeleien am Werk zu schmälern trachtete und wegen der Amortisation der Ausstattungskosten durch die Zugkraft des Werkes ernsteste Besorgnis heuchelte, konnte, wie die ständig steigende Besucherzahl beweist, die Grazer nicht hindern, sich diese Aufführung wenigstens einmal anzusehen.[71]

Auch innerhalb der Oper hatte sich eine rebellische Stimmung breitgemacht, die sich massiv gegen Swarowsky wandte. Nach Briefäußerungen Miltiades Caridis' zu schließen, wurde im Theater heftig gegeneinander intrigiert, „hauptsächlich Sänger gegen Sänger, manchmal auch zusammen gegen Swarofsky [sic], seltener gegen Kojetinsky", unter dessen Führung sich ein „Anti-Swarowsky-Verein" gebildet hatte.[72] Die Streitereien wurden auch in der Öffentlichkeit ausgetragen, sogar Flugzettel wurden gegen Swarowskys Vertragsverlängerung verteilt:

Momentan läuft eine furchtbare Hetze gegen Swarofsky: – auf die Theaterplakate wird „Fort mit Swarofsky" geschmiert, Flugzettel liegen auf der Strasse herum, – entsetzlich. Jedenfalls ist das eine verdammt schmutzige Art, – wie immer man auch auf ihn zu sprechen ist, – solche internen Angelegenheiten auf die Strasse zu tragen.

Swarowsky sprach von „öffentlicher Opposition" der Bürger gegen ihn und „begeisterten Stellungnahmen der Jungen" für ihn und: „Die abgetakelten Sänger verlangen meine Entlassung", „die Stadt und die Kritik liegt sich in den Haaren wegen mir."[73]

---

70 Hans Hellmer, „Turandot" unter Swarowsky. Glanzvolle Aufführung im Opernhaus, in: *Neue Zeit*, 27.1.1949.
71 Herbert Schneiber, Theater und Musik, in: *Salzburger Nachrichten*, 8.3.1949.
72 Miltiades Caridis an Sonja Caridis, 30.9.1948, Privatbesitz Aristea Caridis.
73 Hans Swarowsky an Anton Swarowsky, 25.1.1949, NlAS.

Ernst Märzendorfer, der das Grazer Theater, dessen Publikum und die Kritiker wie kein anderer kannte und einer der wichtigsten und einflussreichsten Fürsprecher seines Direktors war, berichtete von der absoluten Unvereinbarkeit eines Swarowskyschen durch Karl Kraus geschulten Charakters und der provinziellen Haltung der Grazer Theaterleute, die von Anfang an unüberwindliche Spannungen erzeugte. Bereits zu Beginn brachte Swarowsky aufgrund seiner undiplomatischen Art die meisten Kollegen gegen sich auf, nachdem er sich geweigert hatte, für die Direktorsstelle probezudirigieren:

> Er sagte: „Ich denke nicht daran, mir von dem Provinzorchester ein Nein zu holen!" Dem Theaterausschuss sagte er: „Sie können mich haben für die Stelle, das interessiert mich, ich mache es gern, aber ich dirigiere nicht Probe wie ein Anfänger." Da fing natürlich die Volksseele zu kochen an.[74]

Swarowskys Arbeit mit dem Orchester und mit seinen Sängern war von einem vorher in Graz nicht gekannten Niveau. Immer wieder verglich man nun die Aufführungen mit denjenigen der Wiener Staatsoper, eine regelrechte Theaterrevolution hatte stattgefunden. Für Märzendorfer, der von 1939 bis 1950 in Graz tätig war, bedeutete die Swarowsky-Ära einen unvergleichlichen künstlerischen Höhepunkt:

> Das kann ich mit nichts vergleichen, was wir durch ihn hatten. Es war kein so ein interessanter Musiker in der Stadt. Niemand von annähernd dem Format wie er. Ob einem das jetzt gefallen hat, wie er dirigiert hat, oder was er dirigiert hat, das spielt da keine Rolle.[75]

Doch Orchester und Sängerensemble dankten es ihm wenig, im Gegenteil, sie begannen einen erbitterten Kampf gegen ihren Leiter zu führen, der wenig Verständnis für die Menschen zeigte, die ihm nicht das Wasser reichen konnten, wie Märzendorfer urteilte:

> Er war einer der intelligentesten und gebildetsten Menschen, die ich gekannt habe, doch er hatte eine Art, dem anderen seine Überlegenheit zu zeigen, wie es ein bisschen einfachere Menschen überhaupt nicht ertragen. Dann kam er noch dazu mit dem Signum „Großstadt". Kommt aus der Weltstadt und muss jetzt in der Provinz arbeiten.[76]

Sänger und Orchestermusiker empfanden Swarowskys Haltung als überheblich und arrogant und nahmen jegliche Äußerung von Seiten ihres musikalischen Leiters als per-

---

74 Ernst Märzendorfer im Gespräch mit Erika Horvath, Wien, 17.5.2004.
75 Ebd.
76 Ebd.

sönlichen Affront, denn „sein Ton war scharf, aber sachlich meist total in Ordnung."⁷⁷ Insbesondere Maximilian Kojetinsky, der als Kapellmeister in erster Linie für das Operettenfach zuständig war, bildete mit dem Orchester die Gegenfront:

> Das Orchester war grimmigst gegen ihn. Sie hatten einen Lieblingskapellmeister, an den sie sich angehängt haben, den Kojetinsky. Er war das absolute Gegenteil von Swarowsky. Geistig an nichts interessiert, aber er wusste wie man's macht, dass es zusammengeht. Operettenmentalität an einem Opernhaus mit Ansprüchen. Schwierig.⁷⁸

Swarowsky, der mit seiner Arbeit in sachlicher Hinsicht zwar mehr als zufrieden war, berichtete ebenfalls von der „provinziellen" Hetze gegen ihn:

> Ich arbeite hier am Aufbau des Hauses weiter und mit immer schönerem Erfolg. Dennoch werden die Widerstände immer größer und die provinzielle Kleinbürgerschaft stellt die Haare auf. In das Mignon- und „Schubert"-Dasein der hiesigen Musikkultur will jemand strenge klassische Formen bringen! Ich werde laut beschimpft, dass ich nichts verstehe von Mozart usw. usw. ich sei ein intellektueller Negativist, der in eine Großstadt gehört, nicht aber „Hiwehwe, wo man Herz und wieder Herz braucht!", ich sei eine „Mephistophelische Natur" usw. usw. Aus einem Radiovortrag zu Karl Kraus Todestag weiß nun die Presse auch, dass ich ihn liebe und sein Wort für wahr halte – also erschienen leidenschaftliche Brandartikel gegen mich etc. etc. Ich arbeite weiter, werde mich aber nicht halten können, will es wohl auch nicht. Natürlich greift diese ganze Hetze über, man weiß in Wien davon, einige stellen sich deshalb ganz groß auf meine Seite, einige ziehen davon Nahrung für ihre Feindschaft gegen mich.⁷⁹

So hatte sich bereits im Sommer 1948 abgezeichnet, dass man Swarowskys Vertrag vorzeitig zu lösen plante:

> Ich werde im Herbst das neue Ballett Orpheus von Strawinsky theatermäßig uraufführen. Es ist im übrigen unwahrscheinlich, dass ich noch ein 3. Jahr hierbleiben kann, weil die kolossal weitherzige und kunstverständige Stadtverwaltung den Betrieb (der jetzt groß und absolut konkurrenzfähig ist) auf einen Provinzbetrieb einschränken will. Wo ich dann hin soll mit meinen 50 Jahren??...... Es war ein schöner Traum! Ich weiß und kann mehr als fast alle und bleibe im Dunkel. Dilettanten voller Arroganz stehen im Lichte der Schein-

---

77 Ebd.
78 Ebd.
79 Hans Swarowsky an Anton Swarowsky, undatiert (ca. 30.10.1948), NlAS.

werfer. Ich muss mich eben damit begnügen meinen Beethoven im Herzen zu erleben. Auch er hat ihn nicht mit dem Ohr, nur mit dem Herzen gehört.[80]

Ende der Saison 1948 zog Swarowsky Bilanz über sein Theater, in dem er nicht nur viele junge Talente engagiert hatte, sondern auch seine musikalischen Vorstellungen verwirklichen konnte:

Mein Ensemble habe ich vervollständigt und viele ausgetauscht. Am meisten freut mich mein Musikstab und ich werde die Jungen alle zu ganzen Leuten machen und zu meinen engsten Vertrauten in geistigen Dingen. Mit einer Ausnahme habe ich lauter hochintelligente, ganz moderne Leute, die an meinem Wort hängen. Zwei erste Kapellmeister, Chordirektor und Stellvertreter, Studienleiter und vier Korrepetitoren nebst dem ungeheuer hochbegabten ersten Operettenkapellmeister, der in der Oper einmal eine Berühmtheit werden wird. Neuer Oberregisseur ausgezeichnet, wie Hartmann, neuer Bühnenbildner, fabelhaft begabte neue Chefin des Kostümwesens (jung und energisch) – alles Leute von großer Bildung. Alle Jungen, die eine musikalische Einstudierung am Klavier machen, bekommen das Werk auch zu dirigieren. Mein Lieblingskorrepetitor ist Gustav Cerny, der mit einer so leichten Hand wie Strauss dirigiert und Klavier spielt wie ein Virtuose. Auch die Korrepetitoren, die ihm unterstehen, spielen alle durchaus konzertreif. Mit einem, meinem Akademielieblingsschüler Rudi Bibl, habe ich sogar das Es Dur Beethoven öffentlich gemacht. Er ist zwanzig Jahre und ich widme mich ganz seiner Ausbildung. Es war nur ein Jahr in der Akademiekapellmeisterschule und ist so begabt, dass ich ihn sofort herausgenommen habe und in die Praxis bringe. Er macht das Jahr, das ihm fehlt bei mir als Externist weiter. Ein andrer, Miltiades Caridis ist ein griechischer Hexenmeister an Geschicklichkeit. Der dritte, Marcel Ritter von Noe, sehr vornehm, fabelhaft aussehend und eine Art von Begabung, die sofort siegt, wohin sie kommt. Alle diese haben von mir auf der Akademie das Diplom mit Auszeichnung bekommen.[81]

Troubadour

Im März 1949 sah man anlässlich der *Troubadour*-Neuinszenierung eine wahre Verdi-Renaissance in Graz beginnen. Hans Hellmer attestierte Swarowsky „italienisches Brio" und „italienischen Elan" gepaart mit der unerlässlichen Kenntnis von Brahms und Wagner. So erschloss er „wundervollen Formenreichtum", die „Abrundung ihrer Melodien" sowie „dramatische Kraft."

---

80 Hans Swarowsky an Anton Swarowsky, 18.8.1948, NlAS.
81 Hans Swarowsky an Anton Swarowsky, 2.7.1948, NlAS.

In großem Bogen weiß er zu verbinden zu völlig neu Anmutendem, was in geringerer Wiedergabe reibungslos verpufft, in geistlosem Schlendrian untergeht. In seiner Interpretation aber gibt es keinen toten Punkt, keinen Leerlauf, keine einzige unbelebte Phrase, weder in den Gesangspartien, noch im Orchester. Alles ist geistig erfaßt und bewußt gestaltet.[82]

Die Aufführung erweckte jedoch auch Meinungsdifferenzen um ungewohnt beschwingte Tempi (ein häufig wiederkehrendes Thema) und kräftige Orchesterakzente. Hans Hellmer wiederum frohlockte: „Eine kaum zu überbietende Meisterleistung", die das Publikum mit „geradezu überschwänglichem Dank" belohnte. Auch der Regie André Diehls und dem Bühnenbilder Robert Jahrens war es gelungen, „aus den unverwüstlich schönen Resten der abgespielten Oper etwas völlig neues zu schaffen und das Raumproblem in allen acht Bildern ebenso geistreich, als in Variationen der jeweiligen Stimmung genugtuend" zu lösen. Rudolf Weishappels Besprechung rühmt vor allem Swarowskys Texttreue und authentischen Aufführungsstil und zeigt recht deutlich die Stellung, die Swarowsky in der Geschichte der Interpretation einnimmt:

Er hält sich streng an die vorgeschriebenen Zeitmaße, merzt alle „gebräuchlich" gewordenen Fermaten und Ritardandi aus und erbringt dadurch den eindeutigen Nachweis, daß gegenüber allen „Ausdeutungsversuchen" von Dirigenten und Sängern der Komponist Verdi doch der genialere Musiker ist. Die ganze Struktur der Verdischen Musik bekommt in einer solchen Interpretation ein anderes Gesicht: die bekannten und vielgelästerten Begleitfiguren erhalten formbildende Kraft, im Zuge der spannungsgeladenen formalen Entwicklung springt der dramatische Funke vom Orchester auf die Bühne über [...]. Beispielhaft auch die musikalische Arbeit Swarowskys an Chor und Solisten: Wie unheimlich-düster wirkt doch das präzise „sotto voce" des Chores, zu welch sinnvoller Phrasierung wurden doch die Sänger angehalten.[83]

Fidelio

Am 23. März 1949 hatte mit Beethovens *Fidelio* ein weiteres Projekt des Trios Swarowsky, Diehl und Neumann-Spallart Premiere, das die Presse mit Begeisterung aufnahm. Man lobte das „hohe Niveau" in der Zusammenarbeit, Diehls „ausgewogene, auch die Führung des Chores berücksichtigende Regie", Spallarts „eindrucksvolle Bühnenbilder" und Swarowskys konzise musikalische Leistung, die „keinen toten Punkt aufkommen" ließ.

---

82 Hans Hellmer, Verdi-Renaissance im Opernhaus. Hans Swarowsky dirigiert den „Troubadour", in: *Neue Zeit*, 11.3.1949.
83 R. Weishappel, Der „Troubadour", Kopie eines Zeitungsartikels (März 1949, Zeitung unidentifiziert) in NlHS.

> Er führte die musikalisch-psychologische Entwicklung […] bis zum Schluß geradlinig durch und erzielte, auch in der vom Orchester bravourös gespielten und stürmischen Beifall auslösenden großen Leonoren-Ouvertüre, effektvolle dynamische Abstufungen. Sehr sauber einstudiert war das klassische kontrapunktierte Quartett im ersten Aufzug, das die verschiedenen Gefühlsschwingungen spürbar machte, sowie der ergreifende Chor der Gefangenen und der packende Schlußchor. […] Die mit begeisterten Ovationen für alle Beteiligten aufgenommene Neueinstudierung hinterließ nachhaltigen Eindruck.[84]

Die Produktion wurde in der Presse ausführlich gewürdigt und es wurde auf Details der Inszenierung eingegangen, in der jede Szene „von ihrer eigenen Stimmung, ihrem eigenen Rhythmus getragen" wurde. Diehls Regie zeigte sich in einem „aufgelockerten Darstellungsstil" und in der Übertragung der „musikalischen Spannungen auf die Bühne", die „durch die, sich einfachster Mittel bedienender, Licht und Farbe klug heranziehenden Bilder" Neumann-Spallarts unterstützt wurde. Die beiden ersten Bilder wurden nicht geteilt, was sich vorteilhaft „auf den mozarthaften Singspielcharakter der Marzelline-Jacquino-Handlung auswirkte", während der von hohen Mauern und Türmen umgebene Gefängnishof, „in dem sich die an ein massiges Gitter drängenden armen Kreaturen gleich freiheitshungrigen, eingesperrten Tieren bewegen", die „unheimliche Düsterkeit" der Oper eindrucksvoll widerspiegelte und das „hoffnungslos lebendige Begrabensein" durch das „geschickt die Tiefe betonende Kerkerverlies" noch verstärkt wurde, zu dem „die auf Raumwirkung berechnete Bastei vor dem Schloß, in eine Lichtflut getaucht, stark kontrastiert".

> Swarowsky gab unter Wahrung der geraden Linie des asketischen Werkes dem hervorragend spielenden Orchester die Möglichkeit, sich klanglich auszuschwingen, ohne die Sänger hintanzusetzen und, bei aller Straffheit und Verdichtung das nach dem Jenseits ausgerichtete Wesen der Musik zu vernachlässigen. Die Verteilung der dynamischen Kräfte war ökonomisch vorgenommen, was nicht nur die schön aufgebaute, gut gegliederte, vom Orchester virtuos gespielte und spontan stürmische Ovationen auslösende Dritte Leonoren-Ouvertüre bewies, sondern auch Einzelheiten, wie das kanonische erste Quartett mit dem hochzarten Piano der Frauenstimmen, die mitreißende Dramatik der Kerkerszene oder das jubelnde Finale des letzten Bildes. […] Es war eine durchgeistigte Interpretation, die in der Unterstreichung des Vulkanisch-Verzückten der Musik gipfelte.[85]

---

84 –o-, „Fidelio". Neuinszenierung im Opernhaus, Kopie eines Zeitungsartikels (März 1949, Zeitung unidentifiziert) in NlHS.
85 Dw., Premiere im Opernhaus: „Fidelio", in: *Das Steirerblatt*, 25.3.1949.

Insbesondere die Würdigung dieses „für die Grazer Oper denkwürdigen Abends" durch Rudolf Weishappel zeigt, wie nahe Swarowsky seinem Ziel bereits gekommen war, und wie sehr Publikum und Kritiker dies bisweilen zu schätzen wussten, denn Swarowsky hob die Oper „aus den Schlacken einer falsch verstandenen Tradition und Konvention, in die man gerade diese außergewöhnliche Festoper pressen zu können glaubte."

> Er ist mit dem Stil der Klassik vertraut wie nur ganz wenige Dirigenten unserer Zeit, mit einem Stil, dessen ganzes Geheimnis darin beschlossen liegt, daß ein Höchstmaß an Präzision und genaues Einhalten der Vorschriften des Komponisten auch ein Höchstmaß an musikalischem Ausdruck verbürgt. [...] Auch den Sängern merkte man die intensive Arbeit an, die der Dirigent mit ihnen geleistet hatte. Blitzblank und sauber gerieten alle Ensembles, wohlabgewogen in der komplizierten, polyphonen Stimmführung und klar in ihrem jeweiligen Gefühlsausdruck.[86]

Auch in den Folgeaufführungen war das Publikum ausgesprochen begeistert:

> Das Gesamtbild der Aufführung wahrte das schon eingehend gewürdigte Niveau der Premiere. Insbesondere die prachtvoll musizierte große Verwandlungsouvertüre rief wiederum minutenlange Ovationen und Beifallskundgebungen für das Orchester und den Dirigenten Hans Swarowsky hervor.[87]

Anlässlich der beschlossenen Kündigung Swarowskys bedauerte man: „Im Falle dieses Letzteren beginnen wir allerdings schon mit einiger Besorgnis zu fragen, wie wohl im nächsten Jahre der Nachfolger beschaffen sein müßte, um das Erbe (nur beispielsweise dieser imponierenden Leonoren-Interpretation!) zu übernehmen."[88]

Ein wichtiger Faktor bei den Neuinszenierungen waren die Bühnenbilder von Gottfried Neumann-Spallart, der weit über die Grenzen seiner Heimat bekannt geworden ist. 1915 in Wien geboren, hatte er in der Zwischenkriegszeit an der Fakultät für Architektur der Technischen Hochschule studiert und sich dabei auf das Gebiet der Bühnendekoration spezialisiert. Nach dem Krieg war er Assistent und Lehrbeauftragter an der Technischen Hochschule, lehrte aber auch an der Akademie für Musik und darstellende Kunst und am Institut für Theaterwissenschaft der Universität Wien.

---

86 R. Weishappel, Triumph der Werktreue, Kopie eines Zeitungsartikels (März 1949, Zeitung unidentifiziert) in NlHS.
87 K-nn., Anstellungsgastspiel Feichtmeyer, Kopie eines Zeitungsartikels (März 1949, Zeitung unidentifiziert) in NlHS.
88 Ebd.

Neben seiner Lehrtätigkeit wandte sich Neumann-Spallart aber auch der praktischen Theaterarbeit als Bühnenbildner zu. Große Einflüsse auf sein Werk hatten Stefan Hlawa, dessen Assistent er im Jahre 1938 bei den Salzburger Festspielen war, und Hans Swarowsky, der „entscheidende Impulse für seine künstlerische Tätigkeit"[89] zu geben vermochte. Bereits während des Krieges im Urlaub als Soldat der Luftwaffe schuf er an der Wiener Volksoper seine ersten eigenen Inszenierungen musiktheatralischer Werke. Zwischen 1946 und 1951 arbeitete Neumann-Spallart als redaktioneller Mitarbeiter bei der Zeitung *Welt am Abend*, nachdem er vom Ullstein-Verlag, der die Zeitschrift herausgab, als Grafiker engagiert worden war. In den 50er Jahren war er zunächst am Burgtheater und am Theater in der Josefstadt tätig, erweiterte aber bald sein Arbeitsfeld mit Aktivitäten an den Vereinigten Bühnen in Graz und am Linzer Landestheater, vor allem aber an den bekanntesten Bühnen Deutschlands, der Schweiz, Italiens, Japans, Südafrikas, Israels usw. Er arbeitete mit zahlreichen bedeutenden Regisseuren zusammen. 1954 wurde er festes Mitglied des Burgtheaters, und nachdem er 1961 dem Ruf an die Josefstadt folgte und ein fixes Vertragsverhältnis einging, blieb diese bis zu seinem Tod im Jahre 1983 seine künstlerische Heimat. In seinen letzten Jahren widmete er sich neben seiner Bühnentätigkeit vermehrt der Aquarell-Malerei.

Neumann-Spallart stimmte seine Bühnenbilder immer sehr individuell auf die jeweiligen Stücke ab, sodass sein Stil keiner einheitlichen Linie folgte. Josef Mayerhöfer fasste ihn so zusammen:

> Es ist nicht leicht, Neumann-Spallarts Bühnenwerk in wenigen Worten zu charakterisieren. Fest steht, daß er die Bühne stets räumlich auffaßt, denn die Aufgabe des Bühnenbildners besteht darin, jenen idealen Raum zu schaffen, in dem sich die Bühnenhandlung ereignen soll. Dabei ergibt sich für den betrachtenden Zuschauer eine überzeugende bildhafte Symphonie von Farben und Formen, die den emotionalen Inhalt des Stückes zu unterstreichen vermag. Die latente Poesie von Sprache und Handlung wird durch die Farbwirkung anschaulich ergänzt. Das schließt aber nicht aus, daß die Dekoration auch spielerisch und graziös wirkt, wie es das Stück eben verlangt.[90]

Neumann-Spallarts Bühnenbilder waren einer modernen, abstrakten Sprache verpflichtet, die sich vom Naturalistischen losgelöst hatte und sich der Essenz des Stückes anzunähern versuchte. Bereits anlässlich seiner ersten Musiktheaterinszenierung des *Troubadour* im September 1941 an der Wiener Volksoper legte er klar diese Haltung an den

---

89 Josef Mayerhöfer, Gottfried Neumann-Spallart. Künstler und Wissenschaftler, in: ders. (Hg.), *25 Jahre Theaterarbeit. Gottfried Neumann-Spallart* [Ausstellungskatalog Österreichisches Theatermuseum], Wien 1979 (Biblos-Schriften 105), S. 7 f.: 7.

90 Ebd., S. 7 f.

Tag, die schon jene Affinität zu Swarowsky zeigte, die sich später so erfolgreich in ihrer Zusammenarbeit auswirken sollte.

> Ich löse mich völlig vom Naturalistischen los und stelle überdimensionierte Dekorationen in die Szene. Ich will bewußt weg vom Opernkitsch, der sich im Laufe der Jahre angesammelt hat, und den Troubadour so zeigen, wie er ursprünglich war. Einfach, ganz vom Musikalischen gestaltet. Das für die Szene Wesentliche stelle ich ganz stark heraus, verzichte aber auf alles Nebensächliche. Ich baue nicht den Raum, ich deute ihn nur an. Dadurch will ich erreichen, daß der Zuschauer nicht von den Dekorationen abgelenkt wird, sondern durch sie auf die musikalischen Werte hingelenkt und konzentriert wird.[91]

Dies umzusetzen gelang ihm mit einer Szenographie, welche in ihrer konsequenten Betonung der räumlichen Komponenten unter gleichzeitiger Zurückdrängung des malerischen Moments bestimmend für die folgende Zeit blieb.

Als Swarowsky Neumann-Spallart nach Graz holte, hatte dieser im Wesentlichen für das Sprechtheater gearbeitet und fand bei dem Dirigenten wichtige Anregungen für seine weiteren Arbeiten im Musiktheater. Das erste Bühnenbild entstand für Puccinis *Turandot*. Neumann-Spallarts oft wiederkehrende Forderung nach einer „Raumbühne" fand durch ein „in Manier chinesischer Tuschezeichnungen bemaltes Portal, welches Bühne und Zuschauerraum verbindet – bildlicher Ausdruck des musikalischen Wellenschlages"[92] – ihre Entsprechung, wobei das Wesen seines modernen Dekorationsstils in der Beschränkung lag: „Wenige aber expressive Linien müssen den Eindruck ins Monumentale steigern. Farbe und Licht tun ein übriges."[93]

Die Erarbeitung dieser Opernszenographie verkörperte den Beginn einer fruchtbaren Zusammenarbeit des „Künstlertrios" Neumann-Spallart, André Diehl und Hans Swarowsky[94], die sich auch in den folgenden Jahren erfolgreich fortsetzen sollte (Akademie für Musik, Ausseer Festwochen). Neumann-Spallart gab ein anschauliches Beispiel seiner Zusammenarbeit mit Swarowsky:

> Es ist für mich eine Selbstverständlichkeit, daß ich meine Arbeit mit dem Klavierauszug beginne. Hier in Graz war Prof. Swarowsky so liebenswürdig, mir die wichtigen Teile des mir natürlich bekannten Werkes noch einmal auf dem Klavier vorzuspielen. Und dann nahm

---

91 Gottfried Neumann-Spallart in einem Interview anlässlich der bevorstehenden Premiere des „Troubadour" in der Volksoper Wien, in: *Volkszeitung*, 31.8.1941.
92 Ebd.
93 Ebd.
94 Vgl. Ulrike Öttl, *Der Bühnenbildner Gottfried Neumann-Spallart. Aspekte einer Künstlerpersönlichkeit oder Realismus im Bühnenraum. Typologische Untersuchung von Bühnenräumen am Beispiel eines österreichischen Szenenbauers*, phil.Diss. Universität Wien 1992, S. 19.

ich mir auch selber immer wieder die Noten vor. Aus dem Erlebnis der Musik beginnt sich in mir schon das Wort zu formen. Wenn ich mit den ersten Entwürfen zufrieden bin, mache ich es genauso wie ein Architekt, der ein Haus entworfen hat: ich zeichne die einzelnen Details heraus, nach denen die verschiedenen Handwerker, die Tischler, die Maler und die Schlosser zu arbeiten haben.[95]

Im Laufe des Jahres 1949 stattete Neumann-Spallart fünf weitere Produktionen an der Grazer Oper mit Dekorationen aus: *Fidelio* (Swarowsky), *Eine Frau von Welt*, *Boris Godunow* (Swarowsky), *Fledermaus* und *Cardillac* (Swarowsky).

Boris Godunow

Am 5. Mai 1949 brachte Swarowsky Modest Mussorgskis *Boris Godunow* auf die Bühne. Neumann-Spallart, „einer der besten der Mitarbeiter, die Prof. Swarowsky nach Graz zu ziehen wußte, schuf einen idealen visuellen Rahmen für die glänzende Aufführung", und Diehls Regie erfüllte „diesen visuellen Rahmen mit dem Leben der Gruppen und Bilder."[96] Grundkonzept der Ausstattung bildete die Betonung des religiösen Überbaus durch Verwendung von Farbsymbolik, Requisiten und Raumgestaltung in bewusster Annäherung an das Bild der Ikonostasewand der russisch-orthodoxen Kirche. Die Übertragung einer dem Zuschauer bekannten signifikanten Zeichensprache zur Verdeutlichung und Überzeichnung des ideellen und textlichen Stückinhalts unterstützte auf eindrucksvolle Weise den liturgischen Charakter der Szenenbilder.

Die Kritiker nutzten ihren Enthusiasmus für die „kongeniale Wiedergabe" auch für den vehementen Einsatz zum Verbleib Swarowskys als Direktor des Opernhauses.

> Eine Darbietung, wie man sie in Graz seit Jahren nicht in solcher künstlerischer Vollendung erlebte. Und wieder entschied das Publikum für den Künstler Hans Swarowsky in völlig eindeutiger, jubelnder, ja demonstrativer Begeisterung. Es entschied sich für sein Verbleiben in dem ihm seinerzeit eingeräumten Wirkungskreis, und damit für mehr als den vorbildlichen Führer von Orchester-, Chor- und Sängerensemble, sondern für eine künstlerische Persönlichkeit ersten Ranges, deren vielseitiges Wissen und Können die provinzielle Enge gesprengt hat, die unsere Oper seit langem umfing. Wann wird endlich die Stimme des Publikums und der vorurteilslosen Kritik vernommen werden. Sie lautet dahin, Hans

---

95 Neumann-Spallart in einem Interview mit der *Kleinen Zeitung*, 2.3.1949.
96 Hans Hellmer, „Boris Godunow". Zur Neueinstudierung im Opernhaus unter Hans Swarowsky, in: *Neue Zeit*, 7.5.1949, S. 2.

Swarowsky womöglich durch einen Versuch in letzter Stunde dem Kunstleben der Stadt Graz zu erhalten.[97]

Das düstere Werk des russischen Komponisten hatte in Graz gewissermaßen Tradition, da es schon 1936 unter Karl Rankl und in der Regie Viktor Pruschas eine repräsentative Aufführung erlebt hatte (Premiere 19. Dezember 1936). Die Neuinszenierung brauchte den Vergleich jedoch nicht zu scheuen: Diehls Regie und Spallarts

> eindrucksvolle, mit Hilfe von Vorhängen und szenischen Andeutungen durch Stilisierung auf eine einfache Linie gebrachten Bühnenbilder, die liturgisch umrahmt, manchmal an Altarflügel erinnerten, ließen uns, auch in den farbenfrohen Kostümen und der überlegten Heranziehung des Lichtes russische Sphäre atmen und boten eine eindringliche Milieuschilderung.

Hans Swarowsky hob den zündenden Revolutionschor in den Mittelpunkt und betonte überhaupt, daß dem Chor die Hauptrolle zufällt. Der Dirigent verstand es, unter Wahrung der Einheit von Musik und Szene, ohne Details zu vernachlässigen, immer die Linie zu wahren, die imposante Aufführung intuitiv zu leiten und die klanglichen Schönheiten des gewaltigen Apparates erblühen zu lassen. Die Einzelheiten der orchestralen Illustrationsmusik erfuhren eine sorgfältige Behandlung, ebenso die Belebung der musikalischen Phrasen und das Herausarbeiten der starken Kontraste.[98]

Cardillac

Bei den vierten Grazer Festspielen nach dem Krieg kam es zur letzten und eindrucksvollsten Aufführung des Trios Swarowsky, Diehl und Neumann-Spallart. Hindemiths *Cardillac* nach E.T.A Hoffmanns *Das Fräulein von Scuderi* war „in mehrfacher Hinsicht ein künstlerisches Ereignis"[99], nicht zuletzt aufgrund des Einzuges der musikalischen „Avantgarde" in die hehren Hallen des Grazer Opernhauses. Hindemith hatte mit seinem 1926 uraufgeführten Werk die Grenzen der Tonalität gestreift. Wie sein *Ludus tonalis* zeigen jede Arie, jedes Ensemble und der ganze Orchestersatz eine Musiksprache, die sich anders als bei Schönberg und Strauss von außermusikalischen, programmatischen Elementen befreit und mit absoluter Musik von der Bühne distanziert. Der romantische Stoff, dessen dämonische Expressionismen durch das Libretto beträchtlich verstärkt werden, wird mit einem objektivistischen und harmonisch herben

---

97 Ebd.
98 Dw., Neuinszenierung: „Boris Godunow", in: *Das Steirerblatt*, 7.5.1949.
99 Herbert Schneiber, „Cardillac", in: *Die österreichische Furche*, 23.7.1949, S. 6.

musikalischen Vokabular kontrapunktiert, das sich von Romantik und Espressivo weit entfernt.

Ein solches Werk in Graz aufzuführen bedeutete 1949 eine Sensation[100] und hatte dementsprechendes Presseecho. Die „präzise und intensive Aufführung" hinterließ einen „fesselnden Eindruck", wie sich Herbert Schneiber ausdrückt. André Diehls Regie und Gottfried Neumann-Spallarts Bilder „verbanden sich mit der musikalischen Direktion zu einer Einheit von suggestiver Wirkungskraft" und verhalfen so zu einem „Sieg der musikalischen Moderne."[101]

Cardillac wurde mit Sicherheit das nachhaltigste Zeichen, das Swarowsky in Graz setzte, und war gleichzeitig seine Abschiedsvorstellung. Die Aufführung galt nicht nur als der Höhepunkt der Festspiele, sondern wurde auch von Fachkreisen außerhalb der Steiermark wahrgenommen und löste heftige Diskussionen um die Qualität der Hindemithschen Oper aus, die im Allgemeinen aber als fruchtbringend und positiv gewertet wurden. Einig war man sich nur über die Inszenierung und musikalische Darbietung, die von allen Kritikern als höchste Meisterleistungen gewürdigt wurden. Harald Kaufmann berichtete in seiner Rezension von den unterschiedlichen subjektiven Ansichten über das Werk:

Dem einen war der Cardillac ein Höllenspektakel, dem anderen eine Offenbarung musikalischer Phantasie, dem dritten das Theaterstück schlechthin, dem vierten eine musikalische Frechheit, dem fünften „papierene, konstruierte Musik", der sechste berauschte sich an der dramatischen Spannkraft, während ein siebenter mit bestem Willen überhaupt keine theatralischen Akzente herausfinden konnte, sondern nur ein zusammenhangloses Nebeneinanderschreiten von Handlung und Musik.[102]

Kaufmann selbst beurteilte *Cardillac* nach eingehender Auseinandersetzung als geniales Werk, als „Wurf, der nirgends einen inneren Bruch aufzeigt und in konsequenter Verfolgung aller Absichten ehrlich zu sich und seiner Zeit steht", und stimmte damit doch mit den meisten Zeitungskritikern überein. Lediglich die konservative *Presse* urteilte über alle Maßen ablehnend und zeigt beispielhaft die Argumentationsmuster, die Ende der 40er Jahre gegen Neue Musik vorgebracht wurden:

Hindemiths in der ganzen Welt anerkannte Stupendität im Technisch-Konstruktiven in allen Ehren. Aber er gibt sich heute schon viel zahmer und hat diese Durchgangsstation seiner Verirrung längst hinter sich. Bei Anerkennung des Schöpferischen auch im Radi-

---

100 [Auch in diesem Jahr gelang es nicht, *Wozzeck* durchzusetzen. – Hg.]
101 Ebd.
102 Harald Kaufmann, Grazer Festspiele 1949. Paul Hindemith: „Cardillac". Erstaufführung im Grazer Opernhaus, in: *Neue Zeit*, 8.7.1949, S. 2.

kalismus fragt man doch, ob sich die Kunst ausgerechnet das Negative, Abschreckend-Häßliche zum Vorwurf nehmen soll. Hier wird vergessen, daß restloses Durchmusikalisieren und lediglich bildhafte Typisierung dem Wesen der Oper widerspricht. Resultat: eine von Arien, Duetten und Ensembles begleitete, ganz undramatische Kammersymphonie mit sketchartigen Bühnenszenen (von G. Neumann-Spallart aus Musik und Stimmung heraus entworfen) und mit Entfaltungsmöglichkeiten für den Regisseur (A. Diehl), mit einer orchestralen Selbstherrlichkeit, die sich um das schrill-schwulstige Kinolibretto überhaupt nicht kümmert und eine gefühllose Tonmaschine in Bewegung setzt. Menschen mit normalem Gehör können den gegeneinanderrennende Mißklänge erzeugenden Stimmen und der linearen Kontrapunktik nicht folgen, so sehr sich Hans Swarowsky als begeisterter Anwalt der Moderne am Dirigentenpult auch bemühte. Bedauernswert die Sänger, die solch schwierige Marionettenpartien studieren mußten. [...] Ob sie falsch oder richtig sangen, konnte man nicht feststellen. In der Titelrolle, die ein Kapitel Psychopathologie enthüllt, lieferte O. Edelmann mit Einsatz seiner prächtigen Stimme viel schauspielerisches Können.

Eine quälende Angelegenheit also. Lieblose Pseudomusik, die an den Untergang des Abendlandes glauben läßt. Wo bleibt die Kunst, die ein Bekenntnis zum Schönen sein soll?[103]

Nach solch vernichtendem Urteil zählte umso mehr die positive Würdigung der Darbietung. Dieser „auch durch den Chor gehobenen eindrucksvollen Aufführung, die Niveau besaß", zollte man Beifall, nicht dem Werk, „dessen mühevoll-zeitraubende Einstudierung keine Notwendigkeit war".

Salome

Swarowskys letzte Neuaufführung in Graz war jene von Strauss' *Salome* mit Ljuba Welitsch und Josef Witt als Gästen zu den Grazer Festwochen im Juli des Jahres 1949, eine „Lieblingsoper der Grazer"[104], nachdem sie dort 43 Jahre zuvor sogar ihre österreichische Erstaufführung erlebt hatte. Szenisch wurde die Aufführung mehr oder weniger aus dem Fundus improvisiert, ohne Regisseur oder Bühnenbildner zu bemühen, doch die musikalische Arbeit des scheidenden Musikdirektors wurde wiederum in höchsten Tönen gelobt:

So galt es vom Musikalischen her auszugleichen, jenes „musikalische Raumgefühl" zu entwickeln, das für Strauß so typisch ist. Die stärksten künstlerischen Impulse des Abends

---

103 Dr. Dw., Hindemiths „Cardillac" in Graz, in: *Die Presse*, 10.7.1949.
104 Harald Kaufmann, Richard Strauß: „Salome". Gastspiel Ljuba Welitsch und Josef Witt, in: *Neue Zeit*, 14.7.1949, S. 5.

wurden von Swarowsky getragen. Seine harte Schlagtechnik, sein Temperament, das nie ausschließlich intellektuell bestimmt, aber immer formgebändigt ist, und sein scharf ausgeprägter Sinn für stilistische Linie gingen auch diesmal unbeirrbar ihren Weg. Wie packend der Tanz und die Schlußsteigerung![105]

In einer anderen Kritik erfährt man von Swarowskys Geschick, die Eigenwilligkeit des Sängerstars – Ljuba Welitsch wurde im Übrigen in der Presse hochgelobt – in die richtigen Bahnen zu lenken:

Wie vom Dirigentenpult aus manche Spannungen zwischen der bisweilen eigenwillig singenden Ljuba Welitsch und der Führung des Dirigenten fruchtbar gemacht wurden, war hoch interessant und reizvoll. Es gab am Schluß Stürme des Jubels, die nicht nur dem Gast, sondern auch den heimischen Kräften und – selbstverständlich dem Dirigenten galten.[106]

Auch in den *Salome*-Kritiken bedauerte man Swarowskys Abschied und resümierte:

Alle, die nach der zweiten Aufführung der Oper „Salome" von Richard Strauß dem Dirigenten des Abends, Prof. Hans Swarowsky ihre begeisterte und vernehmliche Zustimmung bekundeten, wußten, daß zugleich mit dem Scheiden dieses Künstlers eines der interessantesten und erlebnisreichsten Kapitel der Grazer Theatergeschichte seinen Abschluß gefunden hat. Daß man hier von einer bedeutenden Persönlichkeit Abschied nahm, geht schon daraus hervor, daß zwei Jahre hindurch um diesen Mann die heftigsten Debatten geführt wurden, die das gesamte theaterinteressierte Publikum in Atem hielten; um unbedeutende Persönlichkeiten aber debattiert man in der Regel nicht.

Das, was Swarowsky in seiner Eigenschaft als Direktor des Grazer Opernhauses erreichen wollte, hat er in den verschiedenen Presse-Konferenzen immer wieder klar ausgesprochen: Er hatte kein geringeres Ziel vor Augen, als aus einem provinziellen Repertoire-Theater ein Stil-Theater zu schaffen, das die Aufgabe gehabt hätte, in Österreich selbst und darüber hinaus besonders in den südöstlichen Ländern stilbildend zu wirken. […]

Aufführungen wie „Turandot", „Fidelio" und „Boris Godunow" reichten bereits weit über das provinzielle Niveau hinaus, eine Tatsache, die nicht nur in den überaus positiven Besprechungen führender Wiener Zeitungen, sondern auch in dem ausgezeichneten Besuch dieser Vorstellungen ihren Niederschlag fand. Seinen eigentlichen und abschließenden Rechenschaftsbericht aber legte Prof. Swarowsky mit der Festspielaufführung von Hindemiths „Cardillac" ab. […] Welches überragende Niveau diese Aufführung hatte ist aus sämtlichen Grazer und Wiener Pressestimmen eindeutig zu ersehen. Daß solche Leistungen wie die

---

105 Ebd.
106 E. G., Ljuba Welitsch als Salome, Kopie eines Zeitungsartikels (Juli 1949, Zeitung unidentifiziert) in NlHS.

oben angeführten vor zwei Jahren an unserer Oper nicht möglich gewesen wären, steht bei objektiver Betrachtung der Sachlage außer jedem Zweifel.[107]

Conclusio

Trotz der unbestrittenen Erfolge erwies sich die Arbeit in Graz für Hans Swarowsky aus gesellschaftlichen und persönlichen Gründen als weitaus schwieriger, als er angenommen hatte. Graz galt als bürgerliche Kleinstadt, deren angestammtes Theaterpublikum zum Teil sehr konservative Ansichten hegte und Swarowskys Stil schlichtweg ablehnte. Anton Swarowsky, der viele Monate in Graz verbrachte und den Proben und Vorstellungen beiwohnte, erinnert sich an die außergewöhnlichen Aufführungen:

> Das waren lauter Wagnisse in einer Oper, die bisher provinziell geführt wurde, plötzlich solche schweren Werke aufzuführen, und zwar wirklich gut. Das Orchester hat sich deutlich verbessert in dem fast einen Jahr, während ich in Graz war. Das hat man gehört. Denn Hans hat dort fest geprobt, als wäre es die Wiener Staatsoper. Er ließ sich von der Provinzatmosphäre nicht einschüchtern.[108]

Das geistige und künstlerische Leben der Steiermark und insbesondere jenes von Graz war seit jeher durch eine gewisse Ambivalenz zwischen mehr oder weniger unverhohlen revolutionärer Unruhe und geruhsamer Idylle gekennzeichnet. Dies war am auffälligsten in den ersten beiden Jahrzehnten nach Ende des Zweiten Weltkriegs, als man zwar alle politischen und weltanschaulichen Wertbegriffe der Nationalsozialisten zu eliminieren versuchte, gleichzeitig aber an deren ästhetischen Maximen festhielt, insbesondere auf musikalischem Gebiet.[109] Von der Möglichkeit, musikalische Moderne wieder oder überhaupt erstmals aufzuführen, wurde kaum Gebrauch gemacht. Dem ausgeprägten Wunsch des Publikums nach gepflegter musikalischer Tradition kam man in den ersten Nachkriegsjahren im Musikverein für Steiermark entgegen, dessen Generalsekretär Albert Moser war, der später auch als Sach- und Nachlasswalter Herbert von Karajans bei den Salzburger Festspielen fungierte. Zu Swarowskys Aufgabengebiet gehörten auch Vereinskonzerte. In diesem Lichte ist aber auch Swarowskys Wirken an der Grazer Oper zu sehen, das von vielen Widerständen gegen seine Auffassung

---

107 Abschied von Prof. Swarowsky (Anm. 19).
108 Anton Swarowsky im Gespräch mit Erika Horvath, Paris, 4.10.2002.
109 Vgl. Peter Vujica, *Steirische Musikgeschichte ab 1945*, 2004; Online-Publikation: http://www.kultur.steiermark.at/cms/beitrag/10106964/2168749/ [mittlerweile (Oktober 2018) nicht mehr verfügbar].

geprägt war. Eine Beschreibung von der „provinziellen" Haltung der Grazer Konzertbesucher gab Caridis in den Berichten an seine Frau:

> Dem Grazer Konzertpublikum bedeutet ein Konzert zu 50 % auch ein gesellschaftliches Ereignis. Sehr gut gekleidet geht man hin, – viele Damen lang – man kommt erst um ½ 8 h, promeniert 10–15 Minuten im Foyer und schert sich den Teufel um das Läuten, sodass jedes Konzert erst fast um 8 beginnen kann. In der Pause – die wenigstens eine halbe Stunde dauert – ist der Saal fast ganz leer und im Foyer kriecht man zentimeterweise weiter, um sich zu sehen und gesehen zu werden. Glückliches Wien, wo es so etwas nicht gibt und nur die philharmonischen Abonnementkonzerte einen ähnlichen – aber lange nicht so stark – gesellschaftlichen Anstrich haben.[110]

Auch das ursprüngliche Ensemble, von dem Swarowsky einige Sänger nicht mehr weiter engagieren wollte, weil sie seinen Anforderungen nicht genügten, war zum Teil entschieden gegen seinen neuen Chef eingestellt und formierte eine Anti-Swarowsky-Bewegung. Auf der anderen Seite gab es eine größere Gruppe junger, weltoffener Musikliebhaber, die quasi einen Fanclub aufrechterhielten und lautstark ihre Begeisterung kundtaten. Spannungen waren also vorprogrammiert und diese entluden sich nicht selten in kleineren bis größeren Skandalen, nicht zuletzt weil Swarowsky selbst nicht unbedingt eine diplomatische Haltung an den Tag zu legen gewohnt war und immer wieder Sänger, Orchester- und Chormitglieder mit seinen zynischen Bemerkungen beleidigte. Die Zeitungskritiker jedoch gehörten zu seinen wichtigsten Verteidigern, wie Doris Swarowsky erzählt und Miltiades Caridis bemerkte: „Immerhin ist er so geschickt, dass er die Presse, die vor seinem Eintritt und noch zu Beginn geradezu unflätige Artikel über ihn geschrieben hat, bereits auf seiner Seite hat und sie heute so ziemlich das schreiben, was er will. Unglaublich!!"[111] Doris Swarowsky erinnerte sich an die spannungsgeladene Atmosphäre:

> Swarowsky war in Graz als Revolutionär verschrien. Er räumte dort tüchtig auf. Die alte verstaubte Sängerriege setzte er vor die Tür und brachte neue junge Sänger, Bühnenbildner und Regisseure ins Haus, die später große Erfolge feierten, und erneuerte den Spielplan. Das Grazer Publikum war gespalten. Die alten Abonnenten tobten und blieben aus, doch die jungen Studenten waren begeistert. Es war ein bisschen so wie bei Peymann[112], diese Spaltung im Publikum. Doch die Antikräfte waren einfach zu stark.[113]

---

110 Miltiades Caridis an Sonja Caridis, 23.2.1949, Privatbesitz Aristea Caridis.
111 Miltiades Caridis an Sonja Caridis, 8.6.1948, Privatbesitz Aristea Caridis.
112 [– als Direktor des Burgtheaters. – Hg.]
113 Doris Swarowsky im Gespräch mit Erika Horvath, Wien, 4.9.2002.

Anton Swarowsky sieht die Gründe für Swarowskys Scheitern in der Unvereinbarkeit der Charaktere:

> Das Grazer Temperament war nicht verträglich mit dem Temperament meines Vaters. Er war ein lustiger Intellektueller mit individuellem Humor. Das haben die Grazer nicht verstanden. Und er war sehr beliebt als Kapellmeister, denn die Grazer Oper wurde deutlich besser.[114]

Auch Günther von Noé, seinerzeit Korrepetitor am Opernhaus, führte Swarowskys Scheitern auf persönliche Konflikte zurück:

> Er war wie mancher seiner Kollegen ein Meister des sarkastischen Witzes. Auf ein Bonmot zu verzichten, war ihm unmöglich, auch wenn es verletzen mußte. Dazu ein Beispiel: Es gab damals einen verdienten Bariton, Herbert Thöny, der wie allgemein bekannt eine Freundin namens Gugel hatte. Als dieser einmal bei einer Probe fehlte, bemerkte Swarowsky maliziös: „Der wird auf einen Gugelhupf sein." Schlimmer war aber folgender Vorfall: Bei der Hauptprobe von Turandot ärgerte er sich über das Schleppen des Extrachores. Dabei entfuhr ihm eine ebenso unpassende wie beleidigende Bemerkung über den Zusammenhang von geringen geistigen Fähigkeiten und dem angeblichen steirischen Nationalübel, dem Kropf. Sie schloß mit dem ironischen Rat: „Trinken Sie Jod, daß Ihre Kröpfe nicht so wachsen!" Die tiefgekränkten Honoratioren des Aushilfschores beschwerten sich daraufhin beim Bürgermeister und Vorsitzenden des Theaterausschusses. Dies soll entscheidend dazu beigetragen haben, daß Swarowskys Vertrag nicht verlängert wurde.[115]

Chordirigent Ernst Märzendorfer war naturgemäß Zeuge dieser Geschichte und hatte Swarowsky geholfen, die schlimmsten Folgen zu vermeiden, denn

> da hat ihm der Theaterausschuss klar gemacht: solche nationalen Beleidigungen sind nicht möglich. Entschuldigen Sie sich, machen sie irgendetwas. Und da ist mir etwas gelungen, was purer Zufall war, einzigartig. Ich habe mich für Wiener Renaissance interessiert. Der bedeutendste Autor hat mich immer fasziniert gehabt, der hieß Conrad Celtis. Und in dem habe ich wieder einmal geblättert und traute meinen Augen nicht. Da gibt es ein Gedicht, *Der Donaustrom*, wo die Donau verfolgt wird von ihrem Ursprung bis an das schwarze Meer, in lateinischen Hexametern. Und diese waren in diesem Buch deutsch übersetzt, ein Vergnügen zu lesen. Und da kommt folgende Stelle vor: „wenn die Donau in die Nähe der

---

114 Anton Swarowsky im Gespräch mit Erika Horvath, Paris, 4.10.2002.
115 Günther von Noé, Hans Swarowsky. Dirigent, Dirigierlehrer und Übersetzer (1899–1975), in: *Das Orchester* 42 (1994), H. 6, S. 11–14: 12.

Steiermark kommt, Älpler auch sahen wir dort, mit blähenden Hälsen behaftet, Männer, die tölpisch und stumpf ihre Gehöfte bebauen. Solcherlei kommt von der Lust, welche im Alpenland lastet und von dem" usw. Es war also genau das, was er gebraucht hat und das habe ich ihm gebracht. Da ist er sofort zum Theaterausschuss damit gegangen und hat gesagt: „Das ist einer meiner Lieblingsautoren, wie soll ich nicht auf die Idee kommen, ich bin ja verfolgt von der Kropfgeschichte!" Das ist eine echte Swarowsky-Story.[116]

Mit Ende der Saison 1948/49 wurde Swarowskys Vertrag in Graz gekündigt. Da er mittlerweile auch Schulden angehäuft und hohe Fixkosten zu bezahlen hatte, galt es nun in erster Linie, finanziell zu überleben. Seinem Sohn Anton schilderte Swarowsky die Ausgaben, die es noch zu tätigen galt, und kam zu dem Schluss, dass er nun mit dem Beginn der Sommerferien in Geldnöten zu versinken drohte:

> In dieser Stimmung bringe ich jetzt noch am 5. Boris Godunow, am 6. Cardillac, am 10. Meistersinger am 12. und 14. Salome am 16. Troubadour. Vom 18. an bin ich ein Niemand. Das werde ich dann erst spüren. Jetzt bin ich noch Chef und viele Menschen tanzen nach meiner Pfeife, wenn ich will, und ich kann ansetzen und machen was und wie ich will…[117]

Wieder bemühte sich Swarowsky um eine Lehrstelle in den USA, vorzugsweise natürlich an der renommierten Juilliard School, wo Sohn Anton Dirigieren studiert hatte.

> Wäre es nicht möglich, dass ich einen ersten Lehrposten in der Juilliard School bekomme? Als Professor der Wiener Staatsakademie kann doch das nicht schwer sein. Ich würde als Chef der Kapellmeisterklasse und Mitdirigent das Orchester revolutionierend wirken. Insbesondere würde ich die Wiener Klassik in New York so wie sie sein soll lehren und eine Generation von Beethoven-Menschen erziehen. Amerika wird jetzt erst reif für diese Sachen, Europa ist ihrer schon – leider! – müde. [...] Ich würde mir dann schon von dort den Weg selber ins Theater und Konzert bahnen, da sei ganz beruhigt.[118]

Die Kulturjournalisten, die Swarowskys wichtigste Stütze in Graz gebildet hatten, bedauerten dessen Weggang zutiefst, denn ohne Zweifel hatte er die Grazer Oper zu Höchstleistungen gebracht. Dass die Konflikte wohl auf sehr persönlicher Ebene abgehandelt wurden, blieb auch nicht unerwähnt, wie folgender Kommentar in der *Union* zeigt:

---

116 Ernst Märzendorfer im Gespräch mit Erika Horvath, Wien, 17.5.2004.
117 Hans Swarowsky an Anton Swarowsky, 2.7.1949, NlAS.
118 Hans Swarowsky an Anton Swarowsky, 18.8.1948, NlAS.

Man hat ihm von verschiedenen Seiten Charakterfehler vorgeworfen. Diese Anschuldigungen können wir nicht überprüfen. Festgestellt sei aber, daß dieser kompromißlose, sachliche Musiker in den zwei Jahren seines hiesigen Wirkens nach jahrelanger Schlamperei und Halbheit wieder glanzvolle Opernaufführungen herausbrachte, deren Mustergültigkeit, Schwung und unverbrauchte Frische von niemandem angezweifelt werden kann.[119]

Im Frühjahr und Sommer 1949 gab Swarowsky allerdings noch zwei äußerst kräftige künstlerische Lebenszeichen von sich, mit denen er den Grazern noch einmal zeigen konnte, was ihnen mit ihm an fortschrittlichem Musiktheater verloren ging. Mit *Boris Godunow* und *Cardillac* ging seine Direktion endgültig in die Geschichte des Grazer Musiklebens ein.

Swarowskys Ausscheiden aus Graz geriet offensichtlich wenig versöhnlich und bis heute scheint man sich nicht gerne an jene turbulente, aber künstlerisch wertvolle Zeit unter seiner Leitung zu erinnern. Swarowsky, der nach *Cardillac* bis zu seinem Tod im Jahre 1975 keinen einzigen Abend mehr am Grazer Opernhaus dirigierte – in den Stefaniensaal kehrt er erst im Jahre 1974 wieder zurück, um das Grazer Philharmonische Orchester zu leiten –, bleibt auch in den Publikationen zur Geschichte des Grazer Opernhauses unerwähnt, sieht man von der Auflistung der Premieren ab, die auch Swarowsky als Dirigenten verzeichnet. In der 236 Seiten umfassenden Publikation zum 100. Jubiläum der Oper findet lediglich die Tatsache Erwähnung, dass *Ariadne auf Naxos* und *Cardillac* bei den Grazer Sommerfestspielen angesetzt wurden.[120]

Nachdem Viktor Pruscha 1950 die Intendanz des Theaters übernommen hatte, wurden auch einige von Swarowskys Produktionen wiederaufgenommen. Die von Swarowsky selbst inszenierte *Zauberflöte* erfuhr im Oktober 1951 eine Neuinszenierung durch Viktor Pruscha (Regie) und Ludwig Heinz (Bühnenbild) unter der musikalischen Leitung von Herbert Albert. *Turandot* folgte im August 1951 (Regie: Viktor Pruscha, Bühnenbild: Ludwig Heinz, Dirigent: Napoleone Annovazzi), *Otello* im September 1951 (Regie: Viktor Pruscha, Bühnenbild Ludwig Heinz, Dirigent: Herbert Albert) und *Aida* im Oktober 1952 (Regie: Viktor Pruscha, Bühnenbild: Ludwig Heinz, Dirigent: Fritz Zaun).

---

119 In: *Union*, 15.7.1949.
120 Johannes Frankfurter, 100 Jahre Oper Graz, in: *Welch ein Augenblick!* (Anm. 4), S. 17–40: 32.

Erika Horvath

WIENER PHILHARMONIKER – WIENER STAATSOPER

Trotz seiner internationalen Erfolge blieb Swarowsky in seiner Heimatstadt Wien als Dirigent nicht unumstritten. Dies zeigte sich besonders in seinem Verhältnis zu den Wiener Philharmonikern und zur Wiener Staatsoper.

Swarowsky leitete die Wiener Philharmoniker erstmals 1946, als er für Karajan einsprang und bei den Salzburger Festspielen den *Rosenkavalier* dirigierte. Anlässlich dieser Zusammenarbeit ergaben sich massive Spannungen zwischen Swarowsky und dem weltberühmten Orchester, die nicht zuletzt politische Ursachen hatten. Erst sechs Jahre später wurde Swarowsky wieder eingeladen, ein Konzert zu dirigieren: Im Dezember 1952 und im Februar 1953 leitete er zwei Rot-Weiß-Rot-Konzerte im Wiener Musikverein. Zwischen Januar 1959 und Oktober 1969 war Swarowsky der Dirigent von sieben Festakten und zwei Stadthallenkonzerten im Rahmen des populären Zyklus „Meisterorchester spielen Meisterwerke", im Oktober 1962, als er für den erkrankten Mario Rossi einsprang, und im November 1965. Die Kritiker lobten zwar Swarowskys Dirigierleistung, doch erklärten sie das Konzertprojekt, Philharmonische für mehr als 5.000 Besucher zu veranstalten, für gescheitert:

> Was der Referent erlebt, ist die öffentliche Hinrichtung von Meisterwerken. Wobei natürlich weder das Orchester noch der Dirigent als Henker fungieren, sondern ausschließlich der Saal und dessen Akustik, die den Klang stumpf und glanzlos macht und der Musik alles Leben nimmt. Den Rest besorgt die grauenhafte Stimmungslosigkeit einer Halle, die für alle möglichen Veranstaltungen geeignet sein mag. Musik, große Musik hat in ihr nichts zu suchen.[1]

Nur ein einziges Mal, im Februar 1970, dirigierte Swarowsky ein Philharmonisches Konzert im Abonnement-Zyklus, bei dem er Brahms' so gut wie nie gespielte Kantate *Rinaldo*, Hindemiths Symphonie *Mathis der Maler* und Bruckners *Te Deum* aufführte. Die Kritiker lobten das „vom üblichen Klischee erfreulich abweichende Programm"[2], doch „der philharmonische Versuch einer Ehrenrettung, den Hans Swarowsky ins Werk ge-

---

1 R. W., Fünftausend konsumierten Musik, in: *Kurier*, 29.10.1962.
2 Herbert Schneiber, Ganz außergewöhnlich, in: *Kurier*, 9.2.1970.

setzt hat, blieb wirkungslos"³, obwohl man von seiner Interpretation überzeugt war: Er „hat hier sein Bestes gegeben und übertraf sich selbst"⁴, urteilte etwa Andrea Seebohm. Weniger Gefallen fand Swarowskys Paradestück *Mathis der Maler*:

> Swarowskys Eigenart, Tempi zu verlangsamen, wenn sich sowohl die Musik als auch die Interpreten in gerade entgegengesetzter „Richtung" befinden, schadete dem expressiven Werk, das seine Wirkung keineswegs nur aus den langsamen Stellen bezieht. Bläserchoräle waren plötzlich schwerfällig und keineswegs nur wuchtig, markante Einsätze kamen weich und lieblich, von deutscher Meisterart war nichts zu merken.⁵

> „Engelkonzert" und „Grablegung" gerieten etwas handfest, das Archaisch-Geheimnisvolle und Religiöse dieser sehr deutschen Musik hatte wenig von der seelischen Einkehr und Abgeschiedenheit, die dem Komponisten im Geiste Matthias Grünewalds vorgeschwebt haben.⁶

Mit der Aufführung des *Te Deum* wusste Swarowsky dagegen zu beeindrucken:

> Hier legte er temperamentvoll los, heizte dem stimmgewaltigen Staatsopernchor ein und lockte die Philharmoniker aus ihrer Begleiterreserve. Ein klanglicher Super-Bruckner entstand da, ein Kolossalgemälde auf Breitwand, mit Multikolorfarben hingemalt.⁷

Das Publikum war begeistert, doch Swarowskys „Debut" im Philharmonischen blieb ein Einzelfall. Sein sarkastischer Tonfall scheint dem weltberühmten Orchester nicht gefallen zu haben.⁸ „Die Philharmoniker sind auf mich noch böse, weil ich sie das Einbrenn-Orchester (wegen ihrer dicken ‚Klangschwelgerei'!) genannt habe"⁹, vertraute er 1947 seinem Sohn Anton an.

---

3   Gerhard Brunner, Mißglückte Ehrenrettung in untadeliger Wiedergabe, Kopie eines Zeitungsartikels (7./8.2.1970), Zeitung unidentifiziert) in NlHS.
4   Andrea Seebohm, Wiedergutmachung an Brahms, in: *Express*, 9.2.1970.
5   F. E., Das Ereignis: der Chor, in: *Kurier*, 10.2.1970.
6   Seebohm, Wiedergutmachung an Brahms (Anm. 4). [Gewisse antisemitische Untertöne sind hier schwer zu überhören. – Hg.]
7   Ebd.
8   [Wie die Diskographie im Anhang zeigt, hat Swarowsky allerdings mit dem „Orchester der Wiener Staatsoper" eine ganze Reihe von Schallplatten aufgenommen. – Hg.]
9   Hans Swarowsky an Anton Swarowsky, 10.7.1947, NlAS.

Staatsoperndirigent

Wesentlich öfter zeigte sich Swarowsky an der Wiener Staatsoper, wo er 1959 sein fulminantes Debut mit *Don Carlos* feierte, nachdem Herbert von Karajan Intendant geworden war. Tatsächlich hat Swarowsky schon 1946 zwei Aufführungen dirigiert, wie er seinem Sohn berichtete: „Ferner dirigiere ich in der nächsten Woche Carmen in der Oper."[10] „In der Oper komme ich Juni wahrscheinlich zweimal mit Proben heraus."[11] Diese ersten Dirigate erwiesen sich allerdings für Swarowsky als wenig zufriedenstellend:

> In Wien dirigierte ich noch Carmen und Bohème[12] – leider, denn es sind unvorstellbare Schmierenvorstellungen, die ich natürlich nur ein bisschen sauberer machen konnte, ohne doch das Niveau wesentlich zu heben. [...] Ob ich mit der Oper abschließe, weiß ich noch nicht. Es müssten ganz besondere Bedingungen sein und ich müsste ganz besondere Sicherheitsmaßnahmen haben, dass es keine Schmiere wird, was ich einstudiere. Lieber halt ich mich zurück – so sehr es mich immer nach dem Theater zieht.[13]

Nach dem Tod des langjährigen Kapellmeisters Rudolf Moralt wurde Swarowsky im Dezember 1959 erstmals in das wiedereröffnete Haus am Ring geladen, was ein beträchtliches Medienecho hervorrief und Swarowsky als zukünftigen Kapellmeister ins Gespräch brachte[14], denn so mancher Kritiker meinte, die beste *Don Carlos*-Vorstellung gesehen zu haben, die jemals an der Wiener Oper gebracht wurde:

> Ein Abend, der bezeugte, daß der Mann am Pult auch in der Repertoirevorstellung ein Gestalter sein kann – sein muß. Hans Swarowsky, Verdi-Spezialist und Theaterkapellmeister von Geblüt und Graden, ließ bei seinem Staatsoperneinstand keinen Zweifel darüber, daß bei Verdi Rhythmus und Form eine primäre Rolle spielen, daß das Kantable der Singstimme durch Einbauen und Einspannen in eine festgefügte Architektur erst richtig erregend wirkt, daß die glutvolle Italianità dieser Musik keine romantizistischen Rückungen und Verbreitungen verträgt. Rhythmisch scharf markiert und klanglich aufgelockert zugleich war das Spiel des Orchesters, kleinste Phrasen und Figuren wurden durch Akzente belebt und in aller Ruhe zu großen Einheiten gesteigert.

---

10 Hans Swarowsky an Anton Swarowsky, undatiert (ca. 12.6.1946), NlAS. Die Aufführung fand am 8.7.1946 statt.
11 Hans Swarowsky an Anton Swarowsky, undatiert (ca. 1.6.1946), NlAS.
12 29.6.1946.
13 Hans Swarowsky an Anton Swarowsky, 18.8.1946, NlAS.
14 F. E., Swarowsky? Behalten!, in: *Illustrierte Kronenzeitung*, 24.12.1959.

Dasselbe gestalterische Moment war auf der Bühne spürbar: Swarowsky ist ein Operndirigent, der Sänger, die sich von ihm führen lassen, vorbildlich begleitet und Arien, Duette, Ensembles auch vom Pult her aufbaut, formen hilft. Die Wirkung vieler Szenen und aller Finali war dementsprechend und bei keiner „Don-Carlos"-Aufführung am Ring bisher in ähnlichem Ausmaß zu konstatieren.[15]

Man bewunderte Swarowskys „Theatersinn und die dramatische Schlagkraft seines Wirkens"[16], seine Ruhe und Sicherheit, seine Routine, die Beschäftigung mit den Sängern, die Freiheiten, die er dem Orchester ließ[17], etc.

Die großen Augenblicke der Partitur wurden wirkungsvoll aufgebaut und gesteigert, und ebenso erschienen Lyrik und Kontemplation bühnenmäßig belebt und intensiviert. Die richtigen Proportionen blieben durchweg gewahrt, gleichviel ob die Solisten, der Chor oder das Orchester die Führung innehatten. Man sah Swarowsky dort orchestral, hier chorisch dirigieren, oder in inniger Übereinstimmung mit den Gesangsmelodien atmen, singen und phrasieren.[18]

Ein anderer Kritiker sah in Swarowsky den perfekten Techniker, der einen großen Gewinn für die Staatsoper darstellte, vermisste jedoch die „nachschöpferische" Persönlichkeit,

denn schon lange griffen die Räderwerke der Bühne und des Orchesters nicht mehr so wohlgeölt ineinander, schon sehr lange wurde im Orchesterraum nicht mehr mit soviel dynamischer Disziplin musiziert. [...] Jedenfalls bewies Swarowsky, daß es an sich möglich ist, die Hörbarkeit der Sänger auch an dynamisch explosiven Stellen weitestgehend zu gewährleisten. Technisch also gelang alles glänzend, ein Routinier und alter Opernpraktiker führte ein prägnantes Zepter. Was man jedoch den ganzen Abend schmerzlich vermißte, war die Aura einer starken Persönlichkeit, die Intensität der Nachgestaltung. Man wurde nie richtig gepackt, eine kühle Distanz, ein Hang zu professoraler Demonstration haftete der Aufführung an. In künstlerischer Hinsicht darf man sich daher von einer etwaigen Weiterentwicklung dieses Gastspiels keine Wunderdinge erwarten.[19]

---

15 –ibe–, Don Carlos – beinahe neueinstudiert, in: *Kurier*, 23.12.1959.
16 Kr., „Don Carlos" – dirigiert von Hans Swarowsky, in: *Kurier*, 22.12.1959.
17 Fritz Skorzeny, Ensemblegeist adelt den Abend, Kopie eines Zeitungsartikels (Dezember 1959, Zeitung unidentifiziert) in NlHS.
18 Kr., „Don Carlos" (Anm. 16).
19 H–n., Swarowsky und das spanische Hofzeremoniell, Kopie eines Zeitungsartikels (Dezember 1959, Zeitung unidentifiziert) in NlHS.

Zwei Wochen später erfolgte das zweite Gastspiel, mit dem Swarowsky seine genaue Kenntnis der Richard Strauss'schen Musik unter Beweis stellen konnte. Seine *Ariadne* überzeugte trotz offensichtlicher Besetzungsschwächen:

> Ein Strauss-Kenner von Graden, der die kostbare Partitur in kammermusikalischer Noblesse pointierte, dabei stets Theaterspannung wahrte und [...] durch genaue und impulsive Sängerführung der Vorstellung das dem Werk gemäße Profil gab.[20]

> Der auffrischende Einfluß, der von ihm ausgeht, machte sich diesmal noch stärker und überzeugender geltend, und deutlich war es zu spüren, daß er dem Gedanken- und Zauberkreis der Strauss'schen Musik innigst verbunden ist, daß er die rechten Maße und Größenordnungen in sich trägt, das richtige Tempo, die angemessene und vernünftige Dynamik und Agogik. Auch das spürt man, daß er die Strauss'sche Musik, die er dirigiert, auch wirklich liebt.[21]

> Hans Swarowsky vermochte Sonntag Abend seinen Ruf, ein hervorragender Strauss-Dirigent zu sein, auf der ganzen Linie zu rechtfertigen. Er ist mit allen Finessen dieser kostbaren, in ihrem vollen Wert vom „Salome"- und „Rosenkavalier"-Publikum gewiß noch längst nicht erkannten Kammerpartitur innig vertraut und vermag dieses Wissen mit Hilfe seiner souveränen Schlagtechnik den Sängern und Musikern prägnant mitzuteilen. [...] Das Werk war in all seinen Details bestens betreut, seine architektonischen Proportionen kamen mit nicht alltäglicher Klarheit zur Geltung.[22]

> Mit der Souveränität des gewiegten Praktikers, mit der inneren Ruhe und Ausgewogenheit des Stilkundigen, mit der deutlichen, stets verlässlichen und hilfsbereiten Gestik eines Musikers, der die Materie der Oper kennt und für das Stück und die Sänger (nie für die eigene Eitelkeit) stets wachsam gegenwärtig ist.[23]

> Hans Swarowsky [...] zeigte sich hiebei von seiner besten Seite: Mit unerschütterlicher Ruhe, logisch ordnender Kraft und klarer Zeichengebung ließ er Melodik und Motivik des herrlichen Werkes reich erblühen, achtete stets auf den Zusammenhang von Bühne und Orchester und war den Sängern und den Musikern eine verläßliche Stütze.[24]

---

20 –ibe–, Zerbinetta hat sich gut herausgeputzt, in: *Kurier,* 11.1.1960.
21 „Ariadne auf Naxos" unter Swarowsky, Kopie eines Zeitungsartikels (Januar 1960, Zeitung unidentifiziert) in NIHS.
22 H–n, Hans Swarowsky dirigierte „Ariadne auf Naxos", Kopie eines Zeitungsartikels (Januar 1960, Zeitung unidentifiziert) in NIHS.
23 K. L, Gestern in der Oper: „Ariadne", Kopie eines Zeitungsartikels (Januar 1960, Zeitung unidentifiziert) in NIHS.
24 Dr. Ruff, Swarowsky dirigierte „Ariadne", Kopie eines Zeitungsartikels (Januar 1960, Zeitung unidentifiziert) in NIHS.

Dem Debut folgten weitere Gastspiele (mit einem Honorar von 4.000 Schilling pro Auftritt[25]). Swarowsky dirigierte von nun an ein- bis zweimal pro Monat eine Repertoirevorstellung. 1965 erhielt Swarowsky einen Bühnenvertrag mit der Staatsoper unter der Direktion von Egon Hilbert, der ihn für die Saison 1965/66 zu 20 Dirigaten zu einem Dirigierhonorar von 7.000 Schilling pro Auftritt verpflichtete.[26] 1966 wurde er für zwei Jahre verlängert, jedoch waren nur zwölf Dirigate (7.000 Schilling) garantiert.[27] 1968 wurde der Vertrag für weitere zwei Jahre verlängert. Swarowsky war zu 18 Auftritten pro Saison verpflichtet und erhielt ein Dirigierhonorar von 10.000 Schilling, wobei der sich ergebende Gesamtjahresbetrag von 180.000 in zwölf gleichen Monatsquoten zu je 15.000 Schilling ausbezahlt wurde. Swarowsky erklärte sich weiters bereit, darüber hinaus Abende zu dirigieren, ohne ein separates Honorar zu verlangen.[28] Dieser Bühnenvertrag wurde ab 1970 jährlich verlängert. 1972/73 wurde er zu 30 Auftritten zu einem Auftrittshonorar von 12.500 Schilling verpflichtet, ausbezahlt in zwölf Quoten zu 31.250 Schilling. In dieser finanziellen Leistung war auch die „Abgeltung der Dirigier- und Probenleistungen, sowie die im Umfang und Durchführung aus der Praxis sich ergebende Mitarbeit in der Planung und Gestaltung des Studienbetriebes in musikalischer und regielicher Hinsicht enthalten."[29] 1973 informierte die Direktion der Staatsoper Swarowsky in einem Schreiben, dass der „laufende Bühnendienstvertrag nach dem 31. August 1973 unter den bisherigen Bedingungen nicht mehr fortgesetzt werden kann und daher mit Ablauf des genannten Tages endet."[30] Man lud Swarowsky zu neuen Verhandlungen, um für Einstudierungen im Opernstudio und Dirigiertätigkeit zwei getrennte Verträge abzuschließen. Allerdings wurde für die Saison '73/74 und '74/75 neuerlich ein Vertrag zu den alten Bedingungen abgeschlossen.[31]

Insgesamt leitete Swarowsky zwischen 1960 und 1975 160 Vorstellungen, jedoch (ausgenommen eine Produktion im Redoutensaal der Hofburg im Oktober 1970[32]) keine Neueinstudierung. An erster Stelle stand das italienische Repertoire mit Verdis

---

25 Betriebsbüro der Wiener Staatsoper.
26 Vertrag zwischen der Direktion der Staatsoper Wien (Hilbert) und Hans Swarowsky, 5.5.1965, Betriebsbüro der Wiener Staatsoper.
27 Vertrag zwischen der Direktion der Staatsoper Wien (Hilbert) und Hans Swarowsky, 2.1.1966, Betriebsbüro der Wiener Staatsoper.
28 Vertrag zwischen der Direktion der Staatsoper Wien (Hilbert) und Hans Swarowsky, 5.2.1969, Betriebsbüro der Wiener Staatsoper.
29 Bühnenvertrag zwischen Rudolf Gamsjäger und Swarowsky, 7.9.1972, Zl. 6348/72, Betriebsbüro der Wiener Staatsoper.
30 Staatsoper Wien (Gamsjäger) und Österreichischer Bundestheaterverband an Swarowsky, 26.1.1973, Betriebsbüro der Wiener Staatsoper.
31 Additional-Artikel zum Vertrag Zl. 6348/72 vom 7.9.1972, 23.11.1973 und Additional-Artikel zum Vertrag Zl. 6348/72 vom 7.9.1972, 3.7.1974, Betriebsbüro der Wiener Staatsoper.
32 Jacques Ibert, *Angélique*; Darius Milhaud, *Der arme Matrose*; Richard Strauss, *Hommage à Couperin*.

Don Carlo (16), *Aida* (2), *La forza del destino* (3), *Rigoletto* (2), *Trovatore* (2) und *Un ballo in maschera* (5), Puccinis *Madama Butterfly* (2), *Tosca* (7), *La Bohème* (2) und *Turandot* (2), Monteverdis *Incoronazione di Poppea* (16), Mascagnis *Cavalleria rusticana* (9) und Leoncavallos *Pagliacci* (9)[33]. Auch Mozart war mit *Zauberflöte* (14), *Le nozze di Figaro* (10), *Entführung aus dem Serail* (5) und *Don Giovanni* (11)[34] sehr präsent, Beethoven mit *Fidelio* (8) und nicht zuletzt Richard Strauss mit *Ariadne* (7), *Elektra* (1), *Capriccio* (11) und *Rosenkavalier* (11). Ferner Wagner mit *Meistersinger* (3), *Fliegender Holländer* (4), *Tannhäuser* (2), schließlich noch Pfitzner mit *Palestrina* (3)[35], Gounod mit *Margarethe* (2) und Massenet mit *Manon* (1).

Die Kritiker würdigten meist Swarowskys profunde Partiturkenntnis, Souveränität, Noblesse und geistige Spannkraft, Präzision und balancierte Zusammenführung aller Elemente, Klarheit und formale Stringenz. So mancher vermisste eine gewisse Emotionalität und Gefühlsintensität, doch lassen die Kritiken im Wesentlichen auf eine wohlwollende Annahme des Wiener Dirigenten schließen. Dennoch blieb er im Hintergrund und konnte nicht in die erste Reihe der Staatsoperndirigenten aufsteigen, was nicht zuletzt mit seinem schwierigen Verhältnis zu den Wiener Philharmonikern zusammenhing.

Das weltberühmte Orchester, das ja mit dem Staatsopernorchester nahezu identisch war, fühlte sich von Swarowsky häufig nicht angemessen behandelt, so zum Beispiel wenn er Zettel in den Garderoben aushängen ließ, wie bestimmte Stellen der *Zauberflöte* zu spielen seien[36], wie Hubert Deutsch, langjähriger Leiter des künstlerischen Betriebsbüros, erzählt:

> Das Orchester hat ihn, glaube ich – mit aller Vorsicht gesagt – nicht sehr mögen und hat sich geärgert über so etwas wie die Geschichte mit den Zetteln, und gesagt, das haben

---

33 [Ein Mittschnitt der *Pagliacci*-Aufführung vom 9.6.1972 mit Ion Buzea und Piero Cappuccilli hat sich erhalten. – Hg.]

34 [Ein Mittschnitt der *Don Giovanni*-Aufführung vom 7.9.1973 mit Kostas Paskalis, Eva Marton und Peter Schreier hat sich erhalten. – Hg.]

35 [Brief von Pfitzners Witwe nach einer Aufführung: „[…] ich muss Ihnen sagen, wie entzückt ich war davon, dass Sie am Charsamstag die Direktion des Palestrina ohne Probe übernommen und sehr gut durchgeführt haben. Endlich ist nun in Wien wieder ein Dirigent, der den Palestrina dirigieren kann – und nicht mehr ohne Probe./Ich wär nämlich in der Aufführung und habe mich gefreut wie gut sie war und wie festlich das ganze schöne Haus!" Mali Pfitzner an Hans Swarowsky, 25.4.1960, NIHS. – Hg.]

36 Einen ähnlichen Fall erinnert Harald Goertz: „,e non ho amato mai tanto la vita' – Cavaradossis Thema, am Schluss von ‚Tosca' dröhnend von den Hörnern wiederholt (rubato, wie in der Arie), sollte OHNE ‚rubato' erklingen. Keine Probe. Swarowskys Ausweg: ein Anschlag an beiden Orchestereingängen./Den lesen nicht alle. Das Ergebnis: ein greller Zwölfton." Harald Goertz (*Erinnerungen an Hans Swarowsky*), Januar 2018, Historische Sammlung IMI. – Offenbar war Swarowskys Konzept, das Rubato den Sängern vorzubehalten. Man versteht schon, warum er sich später immer wieder vehement für das Stagione-System und gegen solche Repertoirevorstellungen aussprach. – Hg.]

wir nicht notwendig. Aber so sind sie nicht nur ihm gegenüber, sondern das Orchester ist bekanntlich selber ein Star. Swarowsky hätte gern geprobt, sie haben aber nie geprobt und es war auch gar nicht möglich wegen der Probeneinteilung – sie haben nur 100 Proben in der Saison gemacht und diese Proben sind aufgegangen für die Neuinszenierungen oder für besonders schwere Stücke. Natürlich bei *Wozzeck* oder *Lulu* waren 25 Proben oder noch mehr und dann war das Kontingent erschöpft. Und das Orchester steht sowieso auf dem Standpunkt, sie können es eh.

Repertoire hat niemand geprobt. Das war nicht gegen ihn persönlich gerichtet. Die einzige Möglichkeit wäre gewesen, wenn ein Dirigent sagt, dann dirigiere ich nicht, wenn ich nicht so und so viele Proben habe. Was natürlich gewisse Dirigenten, wie zum Beispiel Carlos Kleiber, gesagt haben. „Entweder ich krieg' 10 Proben für *Tristan*, …" Er hat sie dann gekriegt, weil's der Carlos Kleiber war. Und dazu war der Swarowsky halt zu wenig prominent, oder wie man das nennen soll."[37]

Deutsch brachte auch Swarowskys Mangel an verhandlungstechnischem Geschick ins Treffen, das gewissermaßen seinen Wert minderte, da er als typischer Einspringer galt, der alles annahm, was man ihm anbot:

Das war natürlich ein taktischer Fehler, denn wenn er gesagt hätte, das mache ich nicht, hätte man ihn mehr geachtet. Aber wahrscheinlich war es ihm ein Anliegen, in der Oper zu dirigieren, was ja verständlich ist, und da hat er sich wohl gesagt, „bevor ich gar nicht dirigiere, dirigiere ich lieber so." Er war natürlich sehr sicher in seiner Schlagtechnik. Es ist nie etwas passiert. Aber die Vorstellungen waren nicht besonders einschneidend. […] Es waren die Sänger, die bei uns engagiert waren, also die Repertoiresänger, die ich auch nicht schmälern will mit dieser Aussage. Ansonsten war es halt so, wenn man keinen Dirigenten gehabt hat, hat man gesagt, der Swarowsky kann das sicher, man hat ihn gefragt und er hat ja gesagt.[38]

OPERNSTUDIO

Während Swarowsky in der Oper keine Gelegenheit gegeben wurde, eine Produktion nach seinen Vorstellungen zu gestalten, spielte er im Hause dennoch eine bedeutende Rolle, durch eine entscheidende Stimme bei der Besetzung von Rollen und dem En-

---

37 Hubert Deutsch im Gespräch mit Erika Horvath, Wien, 19.1.2004.
38 Ebd. [Von diesem Faktor Verlässlichkeit abgesehen, hätte es keinen Grund gegeben, Swarowsky weiterhin regelmäßig zu beschäftigen, wäre nicht eine bestimmte gleichbleibende Qualität der Vorstellungen zu erwarten gewesen. – Hg.]

gagement von Sängern, zuletzt noch durch die intensive Betreuung des Opernstudios. Da es sich dabei um eine in den laufenden Betrieb eingefügte Einrichtung handelte, bei der junge Sänger auf ihre ersten Rollen vorbereitet wurden, gibt es keinerlei schriftliche Dokumente dazu, selbst die befragten Zeitzeugen, die mit dem Opernstudio in unterschiedlicher Form in Berührung gekommen waren, wissen kaum etwas über das Studio als solches zu berichten, das eben „irgendwie da war", dessen musikalische Leitung Swarowsky 1972 übernahm und das Hofrat Ernst August Schneider organisatorisch führte. Swarowsky betreute die jungen Sänger musikalisch-stilistisch und vermittelte ihnen den wertvollen letzten Schliff.

Selbst über die Gründung sind sich die Protagonisten nicht wirklich einig. Hubert Deutsch, der seit den 50er Jahren an der Oper beschäftigt war – drei Jahre als Bühnenkapellmeister, drei Jahre als Leiter des Notenarchivs, als Koordinator der Direktion Karajan, als Leiter des künstlerischen Betriebsbüros und schließlich als Vertreter des Direktors – erinnert sich nur mehr dunkel an die Existenz des Opernstudios und hatte kaum bemerkt, dass Swarowsky einige Jahre dort täglich unterrichtete. Zur Gründung befragt, glaubt er, dass es zunächst von Sängern ins Leben gerufen wurde:

> Zuerst gab es ein Jerger-Studio. Das war ein Sänger und auch Regisseur.[39] Dann gab es ein Witt-Studio, das war auch ein Sänger, der Josef Witt.[40] Dann hat es der Ernst August Schneider so quasi übernommen. Das war der Leiter des künstlerischen Betriebsbüros, mein Vorgänger. Und da hat der Swarowsky das musikalisch betreut. Und dann kam das Seefehlner-Studio, das war ab 76.[41]

Die Triestiner Sopranistin Marta Lantieri[42], die 1968 als Assistentin von Riccardo Muti an die Wiener Staatsoper gekommen war und nach Swarowskys Tod die Leitung des Opernstudios übernommen hatte, erinnert sich dagegen, dass Brigitte Fassbaender einst das Studio gegründet und dann Swarowsky mit der musikalischen Leitung beauftragt habe. Wolfgang Gröhs, der drei Jahre als Swarowskys Korrepetitor im Opernstudio tätig war, wiederum meint, dass Swarowsky selbst das Opernstudio gegründet hätte:[43]

> Ich nehme an, aber ich weiß es nicht mehr so genau, dass der Hofrat Schneider mit dem Swarowsky zusammen das Studio gegründet hat. Es war sicher die Idee vom Swarowsky, weil vor Swarowsky gab es das Opernstudio nicht. Das war also sicher seine Idee. Dann hat

---

39 Alfred Jerger (1889–1976), 1921–1953 Mitglied der Wiener Staatsoper.
40 Josef Witt (1901–1994), 1937–1955 Mitglied der Wiener Staatsoper.
41 Hubert Deutsch im Gespräch mit Erika Horvath, Wien, 19.1.2004.
42 Marta Lantieri im Gespräch mit Erika Horvath, Wien, 26.5.2004.
43 Wolfgang Gröhs im Gespräch mit Erika Horvath, Wien, 28.11.2003.

mich Swarowsky als Korrepetitor und Assistent im Opernstudio vorgeschlagen oder empfohlen. Die administrative Leitung hatte damals noch der Hofrat Schneider, der irgendwann nach dem Krieg sogar für kurze Zeit Staatsoperndirektor und dann Kodirektor war. Eher von seinem Lehnsessel aus hat er zugehört und ist meistens eingeschlafen, er war schon ein betagter Herr.[44]

Staatsopernsänger Georg Tichy sieht als Grund für die „Verborgenheit" des Studios die Tatsache, dass die Direktion nicht so ganz einverstanden damit war: „Das war von der Direktion eher geduldet, das war also nicht sehr gewünscht, das war das Witt-Studio, zu dem sie immer gesagt haben das Witz-Studio."[45]

Tatsächlich aber war Swarowsky, wo nicht an der Gründung, so jedenfalls an der Neukonzeption maßgeblich beteiligt. Im März 1972 wurde er von Staatsoperndirektor Rudolf Gamsjäger im Rahmen seines erwähnten Bühnenvertrags verpflichtet, das Opernstudio zu planen und zu gestalten. In einem Schreiben an Swarowsky erläutert Operndirektor Rudolf Gamsjäger Idee und Durchführung des zu gründenden Studios:

Diese Tätigkeit soll in ihrer Auswirkung die Verbesserung der Repertoire-Aufführungen bewirken. Der dafür von Ihnen zu erstellende Arbeitsplan wird im Einvernehmen mit der Direktion und den künstlerischen und technischen Betriebsbüros die Grundlage für ein zu errichtendes und unter Ihrer Leitung arbeitendes Studiobüro sein. Die Ihnen bekannte Voraussetzung für diese Einrichtung ist die Ihnen obliegende Schaffung eines unter gegebenen Arbeitsbedingungen optimalen künstlerischen Nutzungseffekts.[46]

Auch Skizzen im Nachlass Swarowskys lassen darauf schließen, dass er das Studio konzipiert und Lehrplan und Lehrziele ausgearbeitet hat. In diesem Zusammenhang gibt es auch einen detaillierten Plan für ein Opernseminar für Sänger, Dirigenten, Korrepetitoren und Regisseure.

1973 lud man Swarowsky zu neuen Verhandlungen, um für die Einstudierungen im Opernstudio und die Dirigiertätigkeit getrennte Verträge abzuschließen, da „dank Ihres Interesses und Ihrer hervorragenden Bemühungen das Opernstudio immer grössere Bedeutung erlangt"[47]. Schließlich wurde Swarowskys Bühnenvertrag dennoch in der alten Form weitergeführt.

---

44 Ebd.
45 Georg Tichy im Gespräch mit Erika Horvath, Wien, 20.4.2004.
46 Gamsjäger an Swarowsky, 13.3.1972, Betriebsbüro der Wiener Staatsoper.
47 Staatsoper Wien (Gamsjäger) und Österreichischer Bundestheaterverband an Swarowsky, 26.1.1973, Betriebsbüro der Wiener Staatsoper.

Dass Swarowskys Tätigkeit als Studioleiter als sein Hauptwirkungsfeld in der Staatsoper angesehen wurde, zeigt folgende Begebenheit: Als sich Swarowsky 1973 seiner Gehirntumoroperation unterziehen und zwei Vorstellungen absagen musste, zog der Bundestheaterverband zwei Honorare vom Jahresgehalt ab, was sowohl von Gamsjäger als auch von Swarowsky beeinsprucht wurde:

> Da der Vertrag mit Prof. Swarowsky in erster Linie für seine Tätigkeit im Opernstudio abgeschlossen wurde (wie aus Punkt 4 des Vertrages hervorgeht) ist sowohl die Direktion als auch der Künstler der Meinung, dass diese Vorstellungen Herrn Prof. Swarowsky zu Unrecht abgezogen wurden. Das Dirigierhonorar von S. 12.500,- wurde nur als Basis zur Errechnung eines Jahrespauschales angenommen.[48]

Das Opernstudio war im Grunde ein Teil der geplanten (und teilweise realisierten) Studiobetriebe der Bundestheater, die sich aus vier Teilen zusammensetzen sollten, wie aus dem von Swarowsky erstellten Entwurf ersichtlich ist[49]:

A Schauspielstudio
B Opernstudio mit Chorschule (unter musikalischer Leitung)
C Operetten- und Musicalstudio (unter Leitung eines Regisseurs)
D Ballettschule (das schon bestehende Institut auszubauen nach dem Vorbild der Royal Ballet School London)

Der Lehrplan bestand aus „Vorübung", dazu gehörte Sprache (elementare Sprechübung, Deutsch für Deutschsprechende, Französisch, Italienisch) und Gesang (Solmisation, permanente Stimmkontrolle) sowie „Hauptübung" mit musikalischer Gestaltung (als feststehende nichtvariable Substanz der Opernvorstellung) und Partienstudium (einzeln, im Ensemble). Als Lehrziel formulierte Swarowsky die

> musikalische Perfektion als Ausgangsposition mit dem Ziel künstlerisch vollendet durchgearbeiteten musikalisch und dramatisch stilgerechten Werkvortrags noch jenseits aller Bewegungsregie. Betonung der zeitbedingten und individuellen Stilhaltung bei strenger Unterscheidung der historischen, organisch gewordenen Stile. Weckung des musikhistorischen und kulturhistorischen Verständnisses für stilistische Eigenheiten. Zu erstrebendes Resultat: Erzielung einer dramatisch vollgültigen Realisation allein durch gesangliche und sprachliche Ausdrucksmittel.[50]

---

48 Gamsjäger an den Bundestheaterverband, 4.5.1973, Betriebsbüro der Wiener Staatsoper.
49 Hans Swarowsky, *Opernstudio*, Typoskript, 15.7.1970, NlHS.
50 Ebd.

Der Unterricht im Studio fand täglich von etwa 17.00 bis 19.00 bzw. 20.00 Uhr im Eckzimmer des 4. Stocks der Staatsoper statt. Swarowsky hatte die musikalische Leitung, die szenische Betreuung lag bei Josef Witt und Korrepetitoren waren Swarowskys Schüler: Stefan Soltesz, Wolfgang Gröhs, Adam Fischer und der Staatsopernkorrepetitor Harald Goertz. Teilnehmer waren Sänger, die ihre Gesangsausbildung zwar abgeschlossen, jedoch noch stilistische Unterweisung nötig hatten: „Sie haben bei Swarowsky wirklich Partien gelernt und vor allem die verschiedenen Stilrichtungen."[51] Ziel des Studios war die Förderung des Sängernachwuchses. Einige der Teilnehmer waren bereits mit kleinen Rollen am Haus engagiert, andere kamen von außen und wurden häufig vom Studio weg engagiert, wie Georg Tichy, Alfred Schramek und Ewald Aichberger. Berühmtestes Mitglied des Studios war die blutjunge Edita Gruberová, die bereits am Haus engagiert war, doch mit Swarowsky ihre erste große Partie, die Zerbinetta, im Opernstudio durcharbeitete. Die einzustudierenden Rollen konnten von den Teilnehmern selbst gewählt werden, es sei denn, es kamen direkte Aufträge vom Betriebsbüro, bestimmte Nebenpartien vorzubereiten, um den Einsatz zu ermöglichen.

Marta Lantieri, die Swarowsky bereits aus einem Gastspiel in Triest kannte, wo er mit ihrer Tochter, der Pianistin Roberta Lantieri, ein Konzert gegeben hatte, wurde von Swarowsky beauftragt, im Studio das italienische und das französische Repertoire zu übernehmen, während er selbst sich mehr auf das deutsche konzentrierte. Lantieri erinnert sich:

> Er war ein Netter, Fairer, in der Arbeit ganz Strenger, aber in gutem Sinne. Er wollte, dass die Leute auch immer lernen. Und es waren einige, die das nicht seriös gemacht haben. Und da haben wir immer so eine Sitzung abgehalten, ob man die rauswerfen soll.[52]

Auch der Bariton Georg Tichy begann seine Karriere im Opernstudio und betrachtet Swarowsky als seinen wichtigsten Förderer, denn

> Swarowsky hat damals im Hause so eine Funktion gehabt, wie jetzt der Märzendorfer. Er war nicht Direktor, aber man hat ihm am meisten zugehört. Er hatte aber damals viel mehr zu sagen als heute die ständigen Dirigenten, die Vorsingen abnehmen, also Märzendorfer und Michael Halász. Er war irgendwie gewichtiger.[53]

Swarowsky war maßgeblich beim Vorsingen der Sängeranwärter beteiligt und bestimmte die Besetzung. Bevor Swarowsky Tichy an die Oper brachte, nahm er sich des

---

51 Wolfgang Gröhs im Gespräch mit Erika Horvath, Wien, 28.11.2003.
52 Marta Lantieri im Gespräch mit Erika Horvath, Wien, 26.5.2004.
53 Georg Tichy im Gespräch mit Erika Horvath, Wien, 20.4.2004.

talentierten „Quereinsteigers" – der Achtundzwanzigjährige hatte bis dahin als Angestellter einer Wiener Ziegelfabrik gearbeitet – im Studio an:

> Und so war ich Swarowskys Kind. Ich musste bei ihm die schwierigsten Sachen lernen: also sofort Harlekin[54] usw. Das war für mich ganz schön mühsam. Einmal sagte ich: „Ich kann das ja nicht lesen!" „Lesen Sie's! Wie die Presse!!!!" Und ich bin schon um den Auszug gerannt und der Goertz ist da gesessen … und ich habe Harlekin gesungen. Das war alles blitzartig.
>
> Immer dabei war der Hofrat Schneider und hat Zuckerln gelutscht, und wir haben unsere Nummern gesungen. Es waren wechselnde Korrepetitoren, manchmal waren sie vom Haus und haben bestimmt, was ich fürs Haus lernen könnte. Ich habe mit einer Minigage angefangen. Ich war der erste Eleve – und ich glaube der letzte –, den sie in der Zeit hatten. Ich bekam, glaube ich, 7000,- brutto, da sind dann mit der Kinderbeihilfe 8000,- netto herausgekommen. Das war wesentlich weniger als die Anfänger im Chor verdient haben.
>
> Das ging dann sehr lustig weiter. Im zweiten Jahr ging der [Josef] Witt in Pension und wurde vom [Alfred] Wopmann abgelöst. Und dann habe ich schon zwei Erste Partien gesungen an der Wiener Staatsoper, ohne Orchesterprobe. Das war mein Debüt: als Silvio im Bajazzo. Swarowsky hat dirigiert, das hat er sich nicht nehmen lassen. Und als ich auf die Bühne kam, ist er mit dem Staberl hängen geblieben am Pult und meine Stimme war so leise. Doch nachher sagte er: „Ich hab gar nicht gewusst, dass ihre Stimme so trägt. Das war wunderschön." Es war unglaublich.
>
> Er mochte mich, weil ich von Anfang an sehr viele Stile gesungen habe. Ich wusste ja zunächst gar nicht, dass ich eigentlich ein italienischer Bariton bin, doch ich habe bei ihm schon [Giorgio] Germont gesungen, immer wieder die Germont-Arie[55], und Barbier und solche Sachen. Da hat er schon ventiliert, dass ich dann zum Papageno kam. Der kam allerdings erst nach dem Weggang von Gamsjäger, bei Seefehlner, da war Swarowsky schon tot. Meine zwei Gönner, Swarowsky und Hofrat Schneider sind kurz nacheinander verstorben; ich blieb übrig und in der Oper wussten sie nicht, was sie mit mir machen sollten. Ich bin geblieben und bin heute noch dort.[56]

Swarowsky betrachtete Tichy als seinen persönlichen Schützling: „Er hat eigentlich nur mich dirigiert. Für mich war er großartig, ein Mensch, der sich für einen Niemand wie mich angenommen hat, das war schon toll."[57] Auch Wolfgang Gröhs erzählt von der besonderen Fürsorge, die Swarowsky für Tichy an den Tag legte:

---

54 – in Strauss' *Ariadne*.
55 „Di provenza il mar" aus *La Traviata*.
56 Georg Tichy im Gespräch mit Erika Horvath, Wien, 20.4.2004.
57 Ebd.

Er war – wenn er wollte – ein perfekter Kapellmeister in der Oper. Georg Tichy hat damals zum ersten Mal im *Bajazzo* die Bariton-Partie gesungen. Als er aufgetreten ist, ist er vorgegangen und hat nur mehr auf die Bühne geschaut. Er hat ihn auf Händen getragen. Da konnte man sich Hundertprozent auf ihn verlassen.[58]

Beim Unterricht ging es Swarowsky stets um mehr als bloße Korrektheit:

Er hat sehr große Ausdrucksstärke verlangt in jeder Hinsicht. Mit Singen allein war es nicht getan. Einer spielte am Klavier, und er gab die Tempi an, machte Vortrag, hauptsächlich musikalisch. Aber wenn ein hässlicher Ton war, dann ist er in die Luft gegangen. Aber da gab es bei mir eigentlich nicht viel. Er konnte unangenehm werden. Wenn man viel geschmissen hat, wenn man unkonzentriert war. Das mochte er nicht. Aber mich mochte er sehr. Er hat nie mit mir geschimpft.

Er konnte natürlich ziemlich angriffig werden, wenn nichts gekommen ist, wenn das einer nur fad heruntergesungen hat, ist er narrisch geworden. Er hat szenisch sicher auch etwas verstanden, aber das war da mehr auf das Praktische konzentriert. „Schau nicht weg, wenn du singst." So etwas.[59]

In der Tempofrage war er natürlich ebenso unerbittlich wie in seinem Dirigierunterricht:

Man konnte ihm nicht widersprechen. Wenn er gesagt hat, „das ist in diesem Tempo", dann war das so, als wenn er gerade mit Mozart telefoniert hätte. Da gab es nichts Anderes. Er war eine Instanz.

Sie müssen sich den Unterricht nicht sehr aktiv vorstellen. Die sind beide gesessen und haben zugehört. Das war schwer genug und da hat sich der Klavierspieler abgeplagt und ich habe mich abgeplagt, dass wir das halbwegs hinbringen und dann hat er uns aufs Putzfleckerl gelegt, wenn es irgendwo nicht gestimmt hat.[60]

Besonders wichtig für die Anfänger war natürlich die absolute Rollensicherheit:

Diese Sachen sind uns eingeklopft worden bis zur Besinnungslosigkeit, dass eben nichts passiert. Man weiß ja, wenn so ein Unbedarfter auf die Bühne hinausgeht, – der hat Hindernisse, wo ein anderer keine Hindernisse hat. Er fällt über den Teppich, verirrt sich auf der Bühne, sieht keinen Dirigenten, der genau vor ihm steht. Das ist eben so bei Anfängern

---

58 Wolfgang Gröhs im Gespräch mit Erika Horvath, Wien, 28.11.2003.
59 Georg Tichy im Gespräch mit Erika Horvath, Wien, 20.4.2004.
60 Ebd.

und das war eben mein Anfang. Und da haben sie das so automatisiert, dass nichts passieren konnte. Diese Partien kann ich heute noch im Schlaf auswendig.[61]

Trotz seiner Strenge gab es einen Bereich, in dem Swarowsky Eigeninitiative zu schätzen wusste:

> Er war ein moderner Dirigent, also keine Schnörksel. Aber bei der *Zauberflöte* zum Beispiel, wenn ich einen Vorschlag eingebaut habe oder eine Appoggiatur oder ähnliches, war er begeistert und sagte, endlich einmal ein musikalischer Sänger, der sich das selber macht. Er hat das auch angeregt. Also so trocken modern war er nicht. Ich würde ihn mit Gulda vergleichen, er war ziemlich ähnlich dem Gulda als Dirigent. Das ist eine ganz ähnliche Art zu musizieren.[62]

Die jungen Eleven des Opernstudios waren im Haus jedoch als Risikofaktoren nicht sonderlich beliebt:

> Die eingesessenen Körperschaften und die Korrepetitoren waren eher dagegen, dass da etwas Neues kommt, was unsicher und unroutiniert ist. Der geht raus und fällt nieder oder fällt über die eigenen Zehen oder schmeißt, zählt nicht, da haben wir ja auch Leute gehabt! Mein erster Auftritt als Marullo[63] war desaströs. Vier Wochen haben sie sich mit mir als Marullo beschäftigt.[64]

Auch die alteingesessenen Sänger sahen in dem jungen Tichy aus dem Opernstudio nur einen Konkurrenten:

> Ich war der Einzige und mich hat keiner von den Haussängern gegrüßt. Sie wollten das alle nicht, haben das gehasst! […] Ich bin drei Jahre dort über den Gang gegangen wie ein Aussätziger. Sie haben mir alles Mögliche nachgesagt. Es war ein furchtbarer Beginn.[65]

Swarowsky machte es sich zur Aufgabe, seine Eleven auch in ihrer Entwicklung zu betreuen:

---

61 Ebd.
62 Ebd.
63 – in Verdis *Rigoletto*.
64 Ebd.
65 Ebd.

Man war sehr behütet. Swarowsky hat sehr acht gegeben, dass man sich nicht weh tut und keine schweren Partien singt. Er hat zum Beispiel genau gewusst, welchen Sänger er für was einsetzt. Das war erstaunlich. Welcher Dirigent weiß das heute? Wer beschäftigt sich damit? Niemand! [...]

Was er nicht leiden konnte, war, wenn ich gesagt habe: „Das kann ich nicht!" oder „Das ist mir zu schwer!" Es musste einmal probiert werden. „Stell dich hin, sing das. Lies das! Das liest man wie die Presse!" Ich: „Ich lese keine Presse. Das ist mir zu schwer." Der Schneider hat sich fast am Zuckerl verschluckt, weil er so gelacht hat. Sie sind immer zu zweit gesessen. Der Swarowsky auf so einem Sessel und der Schneider – das Zimmer konnte man jahrzehntelang nicht benutzen, weil auf dem Teppich lauter Zuckerlreste waren – es hat immer nach Zuckerl, nach alten Süßigkeiten gestunken.

Das waren so alte Füchse, irgendwie waren sie lustig. [...] Es hat irgendetwas gehabt von *Hoffmanns Erzählungen* [...]. Weil die eben ja auch schon uralt waren.[66]

Nach Swarowskys Tod übernahm Marta Lantieri die musikalische Leitung:

Es gab in meiner Zeit jedes Jahr eine Broschüre, nicht Reklame, aber Ankündigungen von Terminen oder wir brauchen bestimmte Stimmen. Und dann haben wir jedes Jahresende eine kleine Aufführung im Brahmssaal veranstaltet. Zum Beispiel *La Bohème*. Natürlich konnten wir nicht den 2. Akt mit dem Chor machen. Aber den 1. und den 4. Akt. Und es ist immer sehr gut gegangen. Wir haben es mit zwei Klavieren gemacht. Da konnte man die Leute ein bisschen sehen und hören, wie sie weitergekommen sind.[67]

Das Studio lief weiterhin sehr erfolgreich, bis Intendant Claus Helmut Drese beschloss, dass die Teilnehmer Gebühren zu bezahlen hatten:

Aber mit Drese ist es dann schwer gegangen. Denn er wollte, dass die Leute im Opernstudio bezahlen. Ich war dagegen. Ich habe gesagt, „das ist eine Investition auch für andere Zeiten, gute Sänger aufzubauen." Während meiner Zeit haben die Studenten etwas bekommen, wenn sie eine kleine Rolle gesungen haben, und auch eine kleine Basis, mit der sie ein bisschen leben konnten. Es war eine Hilfe. Da kommen Leute von anderen Ländern, die können nicht bezahlen. Drese aber war der Meinung, wie er es in Zürich gemacht hatte, dass die Leute, die da hineinkommen wollen, auch zahlen müssen.[68]

1995 wurde das Opernstudio unter der Intendanz Joan Hollenders geschlossen.

---

66 Ebd.
67 Marta Lantieri im Gespräch mit Erika Horvath, Wien, 26.5.2004.
68 Ebd.

Keith Griffiths

THE SCOTTISH YEARS 1954–59

My paper will give a broad overview of Swarowsky's work with the Scottish National Orchestra between 1954 and 1959. There is currently no published research on this period and I hope that my offering will go some way toward bridging this gap. I will describe the establishment and aims of the SNO and Swarowsky's initial period with the orchestra and isolate three elements of his work which attract particular comment in the archives and interviews of this research: that of rehearsals, philosophies of conducting and published reviews. I have been fortunate to identify and interview two members of the SNO who worked alongside Swarowsky and, indeed, who were admirers of his work: Mr. Eric Knussen, Orchestral Manager and Tuba player, and Mr. Burt Whone the assistant Concertmaster.[1]

The Scottish Orchestra was established in Edinburgh in 1891 and regularly performed in four cities round Scotland: that of Aberdeen, Dundee, Edinburgh and Glasgow. Between 1891 and 1950 the orchestra was funded by private and industrial sponsorship, this resulted in the orchestra performing the more popular repertoire giving maximum enjoyment to the paying customer. In addition, the financial structure resulted in keeping the employment of the orchestra local, freelance and transitory, fostering instability and comparatively low standards of performance.

On July 8 1950 the Scottish Orchestra was renamed The Scottish National Orchestra, SNO, establishing its headquarters in Glasgow. The SNO had, in its formative years, 71 professional musicians, who, rehearsed and performed together for 48 weeks each year. The orchestra received grants from the Scottish Arts Council of Great Britain and from the four main cities in which it customarily performed. The management of the orchestra was undertaken by 14 Directors, some of whom were appointed by corporations of the four cities.

It is important to comment on the social context of Scotland and the circumstances in which Swarowsky found himself. Scotland was primariliy a nation divided geographically between sprawling agricultural landscape and large industrial urban pockets. Like the majority of towns in Britain, these were parochial in nature, and travel was limited due to poor road infrastructure and financial restraints. Musically, Scotland's most influ-

---

[1] In interview with Mr Eric Knussen, General Manager for the SNO 1950–69, and Mr. Hobert Whone, Assistant Concertmaster (June 2000).

ential native idiom was folk music and live orchestral music was relatively rare. Scotland in the first half of the twentieth century had only one other source of orchestral music, the BBC Scottish Symphony Orchestra, which was established in Edinburgh in 1935. As a radio orchestra it restricted itself to broadcasting and not to the concert platform; therefore the SNO was the principal orchestral force for the concert halls of Scotland.

The aim of the SNO was to bring to the Scottish populous orchestral music of international standing. This was achieved through an eclectic programme of Western music from the Baroque to the late Romantic period. The programmes were well conceived and utilised the most popular of orchestral repertoire. The use of such popular music ensured the SNO of well-attended concerts irrelevant of geographical situation, and in turn, established it as a major cultural influence in Scotland.

The orchestral year commenced in October and was divided into two seasons: the winter season was October to March and the summer and prom season was June to August. The SNO would rehearse on a weekly rotation allowing nine hours rehearsal over one and a half days then perform the concert throughout the four major cities, returning to Glasgow to rehearse its next programme. The chief conductor during the early years was Karl Rankl.[2] His Teutonic tastes allowed complete coverage of the classics for the Scottish people; however, the orchestra wished to play a broader musical repertoire and therefore guest conductors were engaged to conduct its more contemporary music.

Hans Swarowsky began his work with the Scottish National Orchestra in the 1953 season. Work commenced with a guest contract, which, in his first year, permitted him to conduct five concerts split between Edinburgh and Glasgow. These concerts were arranged to employ Swarowsky as sole conductor for a two-week period. It is uncertain whether Swarowsky compiled his own concert programmes this early in his association; more probable is that programmes were undertaken in conjunction with the General Manager Mr. W. R. Fell. A complete list of all known orchestral pieces performed by Swarowsky, and their respective number of performances, is given in the Appendix.

You will notice the predominance of the popular repertoire. I have been able to cross-reference all concert programmes to ascertain the most commonly performed pieces. The results are interesting. The three pieces that have been performed the most frequently: The Magic Flute Overture; Beethoven's 5th Symphony and Beethovens's 7th Symphony. The next most frequently performed were: the overture of *Die Meistersinger*; Beethoven's Piano Concerto No. 5; Brahms' 3rd Symphony. Swarowsky's two showpieces were Respighi's Symphonic Poems *Fontane di Roma* and *Pini di Roma*. During Swarowsky's residency these pieces were incorporated into a minimum of 13 concerts.

---

2 [On Rankl and his time as conductor of the SNO cf. Nicole Ristow, *Karl Rankl. Leben, Werk und Exil eines österreichischen Komponisten und Dirigenten*, Neumünster 2017 (Musik im "Dritten Reich" und im Exil 20), pp. 363–391 – eds.]

Swarowsky's first concerts in January 1954 were extremely well received. Critics[3] of the *Edinburgh Evening News*, January 16 1954, wrote "there is no hide-bound conventionalism about his qualities as an interpreter [...] brought out fresh details [...] communicating the glow of inspiration"[4] and again, January 23 1954, commented "the orchestra excelled in playing with such verve [...]. Swarowsky showed a sympathetic understanding giving a likeness that suggests a child's smiles and fears."[5]

Swarowsky's first period with the SNO was a huge success. His performances were received with affection by audiences and critics alike. He established a relaxed working relationship with the orchestra, which was admired greatly. Knussen, the orchestral manager, remarks that Swarowsky was very well liked: "He brought a lighter touch and congenial manner to his rehearsals, which was marked contrast in comparison with Rankl's aggressive rehearsals."[6] Over the next four years Swarowsky would return to fulfill his guest contracts, which gave the management and the orchestra time to evaluate his work and progress. The preference in Scotland, at this time, for Austrian musicians, linked with the success of his guest appearances, placed Swarowsky in prime position to become the new resident conductor. In 1957 Swarowsky was elevated to the post of conductor elect, which enabled him to expand the potential of the orchestra and resulted in increased audiences.

Under Swarowsky the SNO expanded. The size of the orchestra slowly grew over the two-year period. Swarowsky employed many new string players who replaced those who were to retire. Incidentally, Swarowsky made no redundancies throughout his residency. The new player were employed to strengthen the overall string tone and help attain higher technical standards. Only London-trained musicians were employed, according to Mr. Knussen's clear recollection.[7] Swarowsky, as stated in his paper on Running an Orchestra, believed the players he required would graduate from the most prestigious music academies.[8]

Swarowsky's rehearsals were well designed and business-like. He gave the majority of time to the technical aspects of orchestral playing: that of ensemble, intonation and articulation. Swarwosky's intimate knowledge of the scores allowed him in rehearsals to identify exactly where the weak points in the orchestral playing might be, therefore making economical use of the orchestra's time. Once this was accomplished to his sat-

---

3   When researching this paper in 2000, I was not able to identify by name any of the newspaper critiques. The *Edingburgh Evening News* did not offer any names, however, the *Bulletin* did offer author's initials, which are given in place of their full name.
4   Non-attributed, Conductor's UK Debut in the Usher Hall, in: *Edinburgh Evening News*, 16th, January 1954.
5   Non-attributed, Spirited Playing by the "Scottish", in: *Edinburgh Evening News*, 23rd, January 1954.
6   In interview with Mr Eric Knussen, General Manager for the SNO 1950–69 (June 2000).
7   Ibid.
8   Hans Swarowsky, Orchesterführung, in: *WdG*, pp. 80–83: 80–81.

isfaction he allowed the players to leave. This gained him two things: first, the players would work with exceeding diligence knowing that, with his thorough understanding of the scores, the time spent on the music was meaningful and necessary for the concert's success; and secondly it ensured fresher minds and orchestral playing for each concert.

The orchestra greatly appreciated a conductor who understood the basic human psychology of players and the essence of ensemble making. Knussen and Whone remember that the woodwind players in particular were all highly accomplished, this along with the fresh and more diligent playing of the stronger strings, prompted them to cultivate a brighter and more sumptuous sound. By this means Swarowsky gradually transformed the standard of playing to international levels.

Turning now to Swarowsky's implementation of his philosophies on conducting, which is evident in his work with the SNO. First, his technique. Knussen and Whone especially emphasised the quality of Swarowsky's baton technique. The orchestra would understand each gesture without exception, he was restrained with his body movements until the music required a more extrovert interpretation when he would unleash the gestures of a showman. Secondly, Swarowsky's technical ability used to allow for the ultimate flexibility not only with the orchestra but also with the soloist, spending more time discussing interpretation with the soloist than rehearsing the orchestra. As for Swarowsky the showman. Swarowsky was eager to demonstrate the training and discipline he had brought to the orchestra. Burt Whone, the assistant leader, relates a particular example of showmanship. As an encore Swarowsky would perform Reznicek's *Donna Diana*. He would give the up-beat then leave the stage allowing the orchestra to continue alone.[9]

Tempi were to be contentious issues in Scotland. Swarowsky maintained his fundamental belief in tempo as an interpretative tool, making an architectural building block for his performances. The interviewees remember many occasions when adopted tempos were considered unusual. As commented in the newspaper *The Bulletin*, November 16 1959, "tempi in the slow and final movements of the Mozart symphony no. 39 were too fast."[10] Whone and Knussen both recognised that Swarowsky's tempi were new and generally fast. The tempo fluctuations and indulgent tempi, which were commonplace in performances and recordings of the first half of the 20th century were in direct conflict with Swarowsky's approach. Swarowsky maintained his integrity, however, this was later to have repercussions with the SNO. Tempi precisely executed allowed musical structure to gain architectural grandeur resulting in uniformity uncommon in contemporary circles. *The Bulletin*, March 10 1958, states: "Beethoven's 5th got

---

9 In interview with Mr. Hobert Whone, Assistant Concertmaster (June 2000).
10 Non-attributed, in: *The Bulletin*, 16th, November 1959.

a performance architecturally admirable in every way".[11] In my opinion this brought a sense of security and freedom to the interpretation, but the security, in the course of time, was to become predictable and give rise to feelings of boredom.

My next observation concerns an overview of the critiques that Swarowsky received during his association.[12] My research demonstrates that the openening years of his guest period gave outstanding reviews, however, there was, throughout his residency, an underlying feeling of discontent. Swarowsky's early period with the SNO gave rise to critiques of unrivalled praise at the clarity and freshness of Swarowsky's interpretations, which did not rely on self-expression or self-indulgence to thrill an audience.

In the early residency of 1957 Swarowsky was warmly welcomed as the conductor elect of the SNO. "Happy Augury to New Reign in the SNO", was the headline in the *Edinburgh Evening News*, January 12 1957. "There is a clear understanding and sympathy with the conductor and players, which brought out the best string playing, vivacity and vigour. Swarowsky, with a restraint that conceals a forceful dynamism which can be drawn out at will."[13] *Bulletin Scots and Pictorial*, January 14 1957, states: "Swarowsky impresses a first-rate stick technique, in matters of interpretation he seemed able to achieve just what he wanted."[14] Swarowsky throughout his residency maintained his standing with the critics on all technical aspects of the music. Indeed, I found that the majority of the reviews were very favourable on most counts. *Bulletin*, October 14 1957: "playing of a crisp and exciting kind not seen since the days of Babirolli and Szell."[15] *Edinburgh Evening News*, December 6 1958: "Swarowsky swept singers and orchestra up into a joyous spirit of climaxes."[16]

However, throughout his association with the SNO there was one continous criticism. The audience and orchestra alike thought the man they named the showman, swashbuckler, a man with such a powerful personality, was unable or unwilling to bring a part of him to the music. Both the orchestra and the audience were unable to understand this approach to the music and were therefore very critical. *Bulletin Scots and Pictorial*, February 11 1959: "robust if rather stolid performance"[17]; *Bulletin Scots*

---

11 M.L., Final Winter Concert, in: *The Bulletin*, 10th, March 1958.
12 A number of these critiques are reproduced in: Keith Griffiths, *Hans Swarowsky's legacy to the art of conducting: the Swarowsky System, a manual of restraint*, Ph.D.Diss. University of Cardiff 2009, pp. 331–334.
13 Non-attributed, Happy Augury to New Reign in the S.N.O., in: Edinburgh Evening News, 12th, January 1957, p. 8.
14 M.H.W., Swarowsky Impresses, in: *The Bulletin*, 14th, January 1957.
15 M.L., Crisp and Exciting, in: *The Bulletin*, 14th, October 1957.
16 Non-attributed, S.N.O. and Choral Union Make the "Ninth" a Winner, in: *Edinburgh Evening News*, 6th, December 1958.
17 Non-attributed, in: *The Bulletin*, 11th, February 1959.

and Pictorial, March 23 1959: "as run of the mill performances go, it was perfectly satisfactory."[18]

There was indeed an issue relating to Swarowsky the interpreter. This remarkable conductor of such skilful balance, ensemble and architectural understanding of the music juxtaposed with his unwillingness to impose his personality onto the music. In the period when ultimate romantic interpretations of the classics had traversed the limits of good taste with grotesque tempo fluctuations, self-expressive gesture Swarowsky maintained his honesty to the creators.

His final concert as conductor elect on July 6 1959 gave the orchestra and people of Scottish the event to bid farewell to a well-loved friend. Over these years Swarowsky increased the audience capacity by a minimum of 25 percent, each successive year, his final 10 concerts had an average 2,260 people in the audience. There is evidence, via his colleages in interview, newspaper and other critiques, that Swarowsky, through his rehearsal technique and employment of players, improved the technical ability of the ensemble and implemented his musical concepts found in his book *Wahrung der Gestalt*.

Swarowsky's time with the SNO clearly enabled the ensemble to grow not only in stature but also in class. *Edinburgh Evening News* August 30 1958 "Last night finally and fully established themselves among the great orchestras."[19] The SNO today is a first class international orchestra, which performs not only in the provinces but also worldwide. Swarowsky was one of the prestigious conductors who enabled the orchestra to reach for international recognition.

APPENDIX

Composer	Composition	No Of Times Performed
Arnold	Four Scottish Dances	1
Bach	Brandenburg Concerto No 3	2
Bach	Christmas Oratorio	1
Bach	Magnificat	1
Bach	Mass in b minor	1
Bartok	Concerto for Orchestra	2
Beethoven	Choral Fantasia for Piano, Chorus and Orchestra	1
Beethoven	Overture "Cariolan" Op. 62	1

---

18 Non-attributed, in: *The Bulletin*, 23rd, March 1959.
19 Non-attributed, Scottish Orchestra Show their Mettle, in: *Edinburgh Evening News*, 30th, August 1958.

Composer	Composition	No Of Times Performed
Beethoven	Overture "Egmont" Op. 84	3
Beethoven	Overture "Fidelio" Op. 72b	2
Beethoven	"Komm Hoffnung" from "Fidelio"	1
Beethoven	Overture "Leonore" No. 3 Op. 72	4
Beethoven	Overture "Prometheus" Op. 43	4
Beethoven	Piano Concerto No 1 Op. 15	2
Beethoven	Piano Concerto No 3 Op. 37	3
Beethoven	Piano Concerto No 4 Op. 58	2
Beethoven	Piano Concerto No 5 Op. 73	6
Beethoven	Violin Concerto Op. 61	2
Beethoven	Kontretänze	2
Beethoven	Symphony No 1 Op. 21	1
Beethoven	Symphony No 3 Op. 55 "Eroica"	2
Beethoven	Symphony No 4 Op. 60	1
Beethoven	Symphony No 5 Op. 67	7
Beethoven	Symphony No 6 Op. 68 "Pastoral"	4
Beethoven	Symphony No 7 Op. 92	7
Beethoven	Symphony No 8 Op. 93	1
Beethoven	Symphony No 9 Op. 125	1
Berlioz	Les nuits d'été	1
Berlioz	Overture "Le carnaval romain" Op. 9	4
Bizet	"Habanera" Carmen	2
Bizet	"Seguidilla" Carmen	1
Bizet	Suite "L'Arlesienne"	2
Blacher	Variations on a theme of Paganini	2
Blacher	Fantasy for Orchestra	1
Borodin	Polovstian Dances "Prince Igor"	1
Brahms	Symphony No 1 Op. 68	4
Brahms	Symphony No 2 Op. 73	5
Brahms	Symphony No 3 Op. 90	6
Brahms	Symphony No 4 Op. 98	1
Brahms	Violin Concerto Op. 77	1
Brahms	Piano Concerto No 1 Op. 15	2
Brahms	Piano Concerto No 2 Op. 83	1

Composer	Composition	No Of Times Performed
Brahms	Double Concerto for Violin, Violoncello Op. 102	1
Brahms	Variations on a theme by Haydn op. 56a	5
Britten	Four Sea Interludes "Peter Grimes"	3
Britten	Suite "Soirées musicales" Op. 9	5
Britten	Spring Symphony	1
Britten	Young Person's Guide to the Orchestra	1
Chopin	Piano Concerto No 1 Op. 21	1
Chopin	Piano Concerto No 2 Op 11	1
Debussy	Prélude à l'après-midi d'un faune	1
Donizetti	"O mio Fernando" from "La Favorita"	2
Dukas	Scherzo "The Sorcerer's Apprentice"	3
Dvořák	Cello Concerto Op. 104	1
Dvořák	Aria Song to the Moon "Rusalka"	1
Dvořák	Slavonic Dances Op. 46	1
Dvořák	Symphony No 8 Op. 88	2
Dvořák	Symphony No 9 "New World"	5
Elgar	Cello Concerto Op. 85	1
Elgar	Introduction and Allegro for String Quartet and Orchestra	1
Elgar	March "Pomp and Circumstance" No 1	2
Elgar	Enigma Variations Op. 36	1
Falla	Dances from "The Three-Cornered Hat"	2
Falla	Fragments from "La vida breve"	1
Falla	"Nights in the Gardens of Spain" for Piano and Orchestra	3
Gibilaro	Scottish Fantasia	2
Gluck	"I have lost thee" from "Orfeo"	1
Grieg	Piano Concerto in a minor Op. 16	4
Hamilton	Overture "Bartholomew Fair"	1
Handel	Concerto grosso Op. 6 No 10	1
Handel/Harty	Suite "Water Music"	3
Haydn	Symphony No 100 "Military"	1
Haydn	Symphony No 104 "London"	2
Hindemith	Symphonic Metamorphoses on themes of Weber	2
Hindemith	Symphony "Mathis der Maler"	2
Honegger	Tone Poem "Pacific 231"	1

Composer	Composition	No Of Times Performed
Ibert	Divertissement	1
Kodaly	Dances of Galanta	4
Kodaly	Suite "Hary Janos"	1
Leoncavallo	Intermezzo from "I Pagliacci"	1
Liszt	Hungarian Fantasia for Piano and Orchestra	1
Liszt	Les Préludes	1
Liszt	Piano Concerto No 1	2
Mahler	Das Lied von der Erde	2
Mascagni	Aria "Voi lo salete" from "Cavalleria rusticana"	1
Mascagni	"Intermezzo" from "Cavalleria rusticana"	1
Mendelssohn	Symphony No 4 Op. 90 "Italian"	1
Mendelssohn	Scherzo, Nocturne and Wedding March "A Midsummer Night's Dream"	3
Mendelssohn	Violin Concerto Op. 64	4
Mortari	Arioso e Toccata (La Strage degli Innocenti)	1
Mozart	Aria "Voi che sapete" from "Le nozze di Figaro"	2
Mozart	Arias: a) "Serenade" from "Don Giovanni" b) "While form the Wine Cup" from "Don Giovanni" c) "If you are after a little amusement" from "Le nozze di Figaro" d) "Now your days of philandering" from "Le nozze di Figaro"	1
Mozart	Eine kleine Nachtmusik K 525	2
Mozart	Piano Concerto K 271	1
Mozart	Piano Concerto K 466	1
Mozart	Piano Concerto K 467	3
Mozart	Piano Concerto K 488	2
Mozart	Piano Concerto K 491	1
Mozart	Clarinet Concerto K 622	1
Mozart	Bassoon Concerto K 191	1
Mozart	Overture "The Magic Flute"	7
Mozart	Overture "Le nozze di Figaro"	2
Mozart	Overture "Don Giovanni"	2
Mozart	Overture "Il Seraglio"	3
Mozart	Sinfonia concertante for Violin and Viola K 364	1
Mozart	Symphony No 41 "Jupiter" K 551	3

Composer	Composition	No Of Times Performed
Mozart	Symphony No 40 K 550	1
Mozart	Symphony No 39 K 543	1
Mozart	Symphony No 36 "Linz" K 425	3
Mussorgsky/Ravel	"Pictures from an Exhibition"	2
Parry	"Blest Pair of Sirens" for Orchestra and Chorus	1
Pergolesi	Concerto for Flute and Orchestra	1
Prokofiev	Classical Symphony Op. 25	1
Puccini	Aria "Vissi d'arte" from "Tosca"	1
Purcell	Suite of Songs from "Orpheus britannicus"	1
Rachmaninov	Piano Concerto No 2 Op. 18	2
Rachmaninov	Piano Concerto No 3 Op. 3	2
Rachmaninov	Variations on a theme of Paganini for Piano and Orchestra Op. 43	6
Rankl	A Christmas Overture	1
Rankl	Four Scottish Songs	3
Rankl	Symphony No 5 [Premiere]	1
Ravel	Boléro	1
Ravel	Suite No 2 "Daphnis et Chloé"	1
Reger	Variations and Fuge on a theme of Mozart	2
Rossini/Respighi	Ballet Suite "La Boutique fantasque"	1
Respighi	Suite No 1 Ancient Airs and Dances	1
Respighi	Symphonic Poem "The Fountains of Rome"	6
Respighi	Symphonic Poem "The Pines of Rome"	6
Reznicek	Overture "Donna Diana"	5
Rossini	Overture "Italian Girl in Algiers"	1
Rossini	Overture "Semiramide"	3
Rossini	Overture "Tancredi"	2
Saint-Saens	"O Love from the Power" from "Samson and Delilah"	1
Schubert	Overture "Rosamunde" Op. 26	2
Schubert	Symphony No 8 "Unfinished"	2
Schumann	Piano Concerto Op. 54	3
Shaw	Fanfare for Christmas Day	1
Shostakovitch	Violin Concerto No 1	2
Sibelius	Violin Concerto Op. 47	1
Smetana	Overture "Bartered Bride"	4

Composer	Composition	No Of Times Performed
Smetana	Symphonic Poem "Ma vlast"	1
Smetana	Symphonic Poem "Voltava"	2
Strauß J.	Overture "Die Fledermaus"	2
Strauß J.	Overture "The Gipsy Baron"	1
Strauß J.	Waltz "Vienna Blood"	1
Strauß J.	Tritsch-Tratsch-Polka	3
Strauß J.	Czardas from "Ritter Pazman"	1
Strauß J.	Polka "Light of Heart"	2
Strauß J.	Waltz "Roses from the South"	2
Strauß J.	Pizzicato-Polka	2
Strauß J.	Waltz "Wine, Women and Song"	2
Strauß J.	Radetzky March	2
Strauß J.	Perpetuum mobile	1
Strauß J.	Emperor-Waltz	4
Strauss R.	Burleske for Piano and Orchestra	1
Strauss R.	"Dance of the Seven Veils" from "Salome"	1
Strauss R.	Symphonic Poem "Till Eugenspiegel"	3
Strauss R.	Tone Poem "Death and Transfiguration"	4
Strauss R.	Tone Poem "Don Juan"	2
Strauss R.	Tone Poem "Macbeth"	2
Strauss R.	Waltzes from Act I "Der Rosenkavalier"	1
Stravinsky	Concerto "Dumbarton Oaks"	1
Stravinsky	Suite "The Firebird"	3
Tchaikovsky	Capriccio italien Op. 45	1
Tchaikovsky	Letter Song form "Eugene Onegin"	1
Tchaikovsky	Overture-Fantasia "Roméo et Juliette"	2
Tchaikovsky	Suite "Swan Lake"	1
Tchaikovsky	Suite "The Nutknacker"	5
Tchaikovsky	Piano Concerto No 1 Op. 23	4
Tchaikovsky	Symphony No 6 Op. 74 "Pathétique"	1
Tchaikovsky	Violin Concerto Op. 35	1
Verdi	Three Dances from "Aida"	1
Verdi	Aria "O don fatale" from "Don Carlo"	2
Verdi	Aria "Pietà rispetto amore" from "Macbeth"	1

Composer	Composition	No Of Times Performed
Verdi	"Eri tu che macchiavi" from "The Masked Ball"	1
Verdi	Overture "Force of Destiny"	2
Verdi	"Aida"	1
Wagner	Overture "The Flying Dutchman"	2
Wagner	Overture "Die Meistersinger"	6
Wagner	Overture "Rienzi"	2
Wagner	Overture "Tannhäuser"	5
Wagner	Siegfried Idyll	2
Wagner	"Siegfried's Journey to the Rhine" from "Götterdämmerung"	1
Wagner	"Einsam in trüben Tagen" from "Lohengrin"	1
Wagner	"Dich teure Halle" from "Tannhäuser"	2
Wagner	Prelude and "Liebestod" from "Tristan and Isolde"	2
Weber	Overture "Der Freischütz"	2
Weber	Overture "Oberon"	1
Weber	Three Overtures: "Peter Schmoll" – "Turandot" – "Abu Hassan"	1

Erika Horvath

LEHRE – AKADEMIE FÜR MUSIK UND DARSTELLENDE KUNST WIEN

Institutionelles und Organisatorisches
1909–1945[1]

Nachdem das Konservatorium der Gesellschaft der Musikfreunde 1909 verstaatlicht und zur k. k. Akademie für Musik geworden war, richtete man eine zweijährige Kapellmeisterschule ein, die parallel zum dritten und vierten Jahr des Kompositionsstudiums von „theoretisch vorgebildeten Schülern mit allgemeiner musikalischer Begabung, aber ohne kompositorisches Talent" besucht werden konnte. Zum Leiter wurde Hofopernkapellmeister und Konzertdirektor Franz Schalk bestellt, der jedoch weder die Akademiekonzerte noch die Schlussproduktionen dirigierte, sodass das Akademieorchester einen Großteil seiner Zeit mit der Vorbereitung der Orchesterveranstaltungen unter Wilhelm Bopp verbrachte und den Kapellmeistern als Übungsorchester nicht zur Verfügung stand. In den ersten Jahren absolvierten zwei bis acht Studenten jährlich die Kapellmeisterschule. 1919 legte Schalk sein leitendes Amt nieder und Ferdinand Löwe wurde sein Nachfolger. Im Schuljahr 1921/22 waren acht Hörer gemeldet.

1922 übernahm Clemens Krauss die Leitung der Kapellmeisterschule und hatte im Schuljahr 1923/24 bereits siebzehn Hörer. 1924 wurden die beiden Jahrgänge in eine gesonderte Fachhochschule abgespalten. Im selben Jahr wurde Krauss nach Frankfurt berufen und der Holländer Dirk Fock übernahm die Leitung, doch Krauss hielt noch zwei Jahre Kurse in Musiktheorie für Kapellmeister. Die Schülerzahlen stiegen erneut an. 1926 trennte man sich von Fock im Unfrieden; er soll das Orchester ausschließlich für sich und seine Einstudierungen beansprucht haben und der Meinung gewesen sein, es dürfe sich nur aus den besten Instrumentalschülern zusammensetzen, während die Lehrerschaft und die Akademiedirektion darin ein reines Übungsinstrument für die

---

1 Die folgenden Ausführungen beruhen auf den Jahresberichten der Akademie (*Jahresbericht der k. k. Akademie für Musik und darstellende Kunst über das Schuljahr 1909–1910* bis *1917–18* [Wien 1910–1918], *Staats-Akademie für Musik und darstellende Kunst in Wien. Jahres-Bericht über das Schuljahr 1918–1919* [Wien 1920], *Jahresbericht der Staatsakademie für Musik und darstellende Kunst. Schuljahr 1933/34* bis *1937/38* [Wien 1934–38], *Akademie für Musik und darstellende Kunst in Wien. Jahresbericht Sommersemester 1945, Studienjahre 1945/46–1954/55* [Wien 1960]), auf Lynne Heller, *Die Reichshochschule für Musik in Wien 1938–1945*, phil. Diss. Universität Wien 1992, sowie auf Materialien und Unterlagen im Archiv mdw.

Schüler sahen. Ihm folgte als fünfter Leiter Staatsopernkapellmeister Robert Heger, der jedoch bereits ein Jahr später sein Amt niederlegte und die Trennung von Kapellmeister- und Opernschule empfahl.

Provisorischer sechster Vorstand wurde der Oboist und Leiter der Bach-Gemeinde Alexander Wunderer – man hoffte, noch einen erstklassigen öffentlich wirkenden Dirigenten zu finden, etwa bei der Bestellung eines neuen Kapellmeisters an der Staatsoper. Das Provisorium dauerte vier Jahre, 1931 erkrankte Wunderer und bat um Befreiung von der Leitung der Kapellmeisterschule. Nachdem der Wunschkandidat Erich Wolfgang Korngold nicht zur Verfügung stand, behielt Wunderer den Vorstandsposten und Franz Schmidt übernahm die Orchesterübungen. Die Fachhochschule wurde aufgelöst und wieder der Akademie eingegliedert, zusätzlich plante man Meisterschulen. Als Leiter war abermals Franz Schalk vorgesehen, der jedoch am 3. September 1931 starb.

Nachfolger für Kapellmeisterschule und Orchesterübungen wurde Oswald Kabasta, 1935 übernahm Felix Weingartner die Kapellmeisterschule; Stellvertreter und Leiter der Orchesterübungen, Orchesterkonzerte und Opernaufführungen wurde Josef Krips. 1938 folgte den beiden jüdischen Dirigenten, die ihres Postens enthoben wurden, Leopold Reichwein. Weingartner zog sich in sein Schweizer Domizil zurück und Krips gelang es, in Wien als Arbeitsdienstleistender in der Lebensmittelindustrie zu überleben.

Grundsätzliches Problem blieb das Übungsorchester. Orchesterübungen waren und sind bis heute Pflichtfach und Praxis für Streicher und Bläser, andererseits bildete das Orchester das „Übungsinstrument" für die Kapellmeisterschüler. Bis Wunderer war es üblich, dass der Leiter der Kapellmeisterschule auch das Akademieorchester dirigierte und die Kapellmeisterschüler vom Zuschauen lernten, nicht aber selbst dirigierten; erst Wunderer ließ seine Studenten – auch öffentlich – dirigieren.

Nach 1945

1945 – Leopold Reichwein starb durch Suizid – beantragte die Akademie, Clemens Krauss die Leitung der Kapellmeisterschule an der Staatsakademie zu übertragen. Krauss, dessen politische Haltung während der NS-Zeit nicht eindeutig war, hatte ja bereits 1922 diese Position für kurze Zeit innegehabt und ab 1925 als Dozent gelehrt, bis er 1929 zum Direktor der Wiener Staatsoper bestellt wurde. Josef Krips sollte indes das Amt der Orchestererziehung übernehmen.[2]

Tatsächlich übernahm Josef Krips im Herbst 1945 die Leitung der Kapellmeisterklasse, musste jedoch bald wegen seiner intensiven Dirigiertätigkeit die Position aufgeben. An seiner Stelle wurde Hermann Schmeidel, der bereits das Fach Generalbass und Partiturspiel in Vertretung Egon Kornauths unterrichtete, bis zur Berufung eines ande-

---

2 Friedrich Wildgans an das Staatsamt für Volksaufklärung, für Unterricht und Erziehung und für Kultusangelegenheiten, 1.10.1945, Archiv mdw.

ren Dirigenten die Leitung anvertraut.[3] Vom Studienjahr 1946/47 an übernahm Hans Swarowsky gemeinsam mit Hermann Schmeidel die Leitung der Kapellmeisterklasse und der Orchesterschule an der Staatsakademie.

Hans Swarowsky

Am 17. Februar 1947[4] wurde Hans Swarowsky offiziell zum alleinigen Leiter der Kapellmeisterklasse an der Akademie für Musik und darstellende Kunst in Wien ernannt, eine Stelle, die er bis zu seiner Emeritierung im Jahre 1970 und inoffiziell bis zu seinem Tod 1975 mit einer einjährigen Unterbrechung beibehielt und mit der er nicht nur seinen größten und nachhaltigsten Erfolg erzielte, sondern auch die Wiener Musikakademie zu einem Zentrum der Dirigierpädagogik machte und Studenten aus der ganzen Welt nach Wien zog.

Swarowsky wurde zunächst ab dem 1. Oktober 1946 per Dienstvertrag für 20 Stunden – 12 Wochenstunden Hauptfach und 8 Wochenstunden Nebenfach „Orchesterübungen" – verpflichtet.[5] Im Sommer 1947 übernahm er auch die Leitung der Ausseer Festwochen, der „Musikfestwochen der österreichischen Jugend".

Im Oktober 1947 ging er als De-facto-Direktor des Opernhauses nach Graz. Obwohl er seine Wiener Unterrichtstätigkeit von 20 auf 11 Wochenstunden reduzierte – von 1. Oktober 1947 bis 30. September 1948 war er für 6 Wochenstunden Hauptfach und 5 Wochenstunden Nebenfach[6] verpflichtet – kam es wegen der Doppelbelastung bei unterschiedlichen Dienstorten zu erheblichen Spannungen, da Swarowsky seine Unterrichtstermine häufig nicht einhalten konnte. So erfolgte am 22. Juni 1948 die Kündigung von Seiten der Akademie, dennoch regte Swarowsky an, ein Seminar für Spezialfragen der Dirigiertechnik und Partiturkenntnis einzurichten.

Wieder fragte man bei Krips wegen der Stelle an, doch war es diesem infolge seiner starken Inanspruchnahme als Dirigent nicht möglich, die Orchesterübungen persönlich zu leiten. So beauftragte man den Dirigenten Meinhard von Zallinger-Thurn mit der Leitung der Kapellmeisterklasse.[7] Der damalige Student Hubert Deutsch[8] erinnert sich, nur ein einziges Mal in jenem Jahr von Krips unterrichtet worden zu sein. Der Unterricht wurde ausschließlich von Zallinger gehalten.

Nachdem Swarowskys Grazer Vertrag ausgelaufen war, bewarb er sich im Mai des Jahres 1949 erneut um die Leitung der Kapellmeisterschule. Unter der Voraussetzung eines regelmäßigen, kontinuierlichen Unterrichts und der Erstellung eines Lehrplanes

---

3   Der Akademiepräsident an das Bundesministerium für Unterricht, 5.4.1946, Archiv mdw.
4   Standesausweis Hans Swarowsky, Personalakt Hans Swarowsky, Archiv mdw.
5   Das Honorar betrug S 330.- pro Hauptfach-Jahreswochenstunde und S 200.- pro Nebenfach-Jahreswochenstunde.
6   Dienstvertrag, 6.12.1947, Personalakt Hans Swarowsky, Archiv mdw.
7   Akademiepräsident an das Bundesministerium für Unterricht, 11.10.1948, Archiv mdw.
8   Hubert Deutsch im Gespräch mit Erika Horvath, Wien, 19.1.2004.

war das Professorenkollegium zu erneuten Verhandlungen bereit. Swarowsky regte an, die Kapellmeisterklasse in zwei Kurse zu teilen, wobei nur der zweite Jahrgang auch das Orchester dirigieren sollte. Fünf Tage der Woche waren für den theoretischen Unterricht vorgesehen, der sechste Tag für die Orchesterprobe, wobei der zweite Jahrgang dirigieren, der erste hospitieren sollte. Die Orchesterklasse bekäme zwei Proben wöchentlich für die geplanten Konzertprogramme, eine dritte Probe sollte als Kapellmeisterübung und der Erlernung gewisser allgemeiner technischer Kenntnisse dienen.

Swarowsky war sich bewusst, dass es Widerstände gegen seine Berufung gab, und bot an, dass er damit einverstanden sei, wenn man zusätzlich z. B. einen zweimonatigen Kurs eines berühmten Dirigenten einrichten würde.[9] Am 30. September 1949 beschloss man das neuerliche Dienstverhältnis.[10] Swarowsky wurde für 16 Stunden – 10 Wochenstunden Hauptfach „Kapellmeisterausbildung,"[11] 3 Wochenstunden Nebenfach „Orchesterübungen" und 3 Wochenstunden Nebenfach „Vorbereitung der Orchesteraufführungen"[12] – verpflichtet. Am 7. Oktober 1949 erfolgte die Verleihung des Professorentitels.[13]

Swarowskys Vorschlägen entsprechend wurde „Literaturkunde über Musik" als Wahlfach eingeführt.[14] Im November beschloss die Akademie Spezialkurse und Vorträge von bedeutenden Künstlern wie etwa Furtwängler, Jochum oder Karajan. Clemens Krauss wurde für einen sechswöchigen Lehrkurs „Die Kunst des Dirigierens" als Ergänzung zur Kapellmeisterausbildung verpflichtet. Der erste Kurs von Krauss sollte auch praktische Unterweisung enthalten, wofür neben dem Akademieorchester auch das Tonkünstlerorchester verpflichtet wurde, was den Schülern den großen Vorteil brachte, zumindest einige Male mit einem Berufsorchester zu arbeiten.[15] Insgesamt nahmen 23 Hörer an dem Kurs teil. Angesichts des Erfolges beim Einsatz des Berufsorchesters in Krauss' Kursen beantragte Präsident Sittner, ein solches für die reguläre Kapellmeisterschule fallweise zur Verfügung zu stellen. Sittner schlug die vom Bund subventionierten Wiener Symphoniker vor[16], was jedoch abgelehnt wurde[17]. Auch 1950[18] und 1951[19] hielt Clemens Krauss Dirigierkurse ab, jedoch musste 1951 der Kurs krank-

---

9 Heller, *Geschichte der Kapellmeisterschule* (Anm. 1).
10 Dienstvertrag, 19.10.1949, Personalakt Hans Swarowsky, Archiv mdw.
11 S 350.– pro Jahreswochenstunde.
12 S 220.– pro Jahreswochenstunde.
13 Schreiben des Bundesministers für Unterricht an Swarowsky, 7.10.1949, Personalakt Hans Swarowsky, Archiv mdw; Urkunde, NlHS.
14 Protokoll über die Sitzung des Lehrerkollegiums, 12.4.1950, Akte „Lehrerkollegium", Archiv mdw.
15 Sittner an das Bundesministerium für Unterricht, 2.11.1949, Archiv mdw.
16 Sittner an das Bundesministerium für Unterricht, 23.12.1949, Archiv mdw.
17 Heller, *Geschichte der Kapellmeisterschule* (Anm. 1).
18 Sittner an das Bundesministerium für Unterricht, 14.2.1950, Archiv mdw.
19 Bekanntmachung Sittners, 28.10.1950, Archiv mdw.

heitshalber vorzeitig abgebrochen werden. Externe Teilnehmer des „halben" Kurses waren Leopold Nedomansky, Jörg Demus, Oskar Pernitsch, Kurt Hueber, Anton Hartmann und Dr. Erich Fiala.[20] Nachdem man Krauss' Dirigierkurse nunmehr als „wenig fruchtbar" bezeichnete, wurde eine Wiederholung für das folgende Studienjahr nicht mehr in Aussicht genommen.[21] Swarowsky äußerte sich zu den Dirigierkursen positiv, wenn auch eine gewisse Ironie nicht zu verkennen ist:

> Ich habe zu den offenkundigen hervorragenden pädagogischen Qualitäten von Prof. Clemens Krauss keinerlei Bemerkungen zu machen. Jede Berührung mit ihm bringt hohen Gewinn. […] [Die Studenten] wollen gerade keine Stunde bei Krauss versäumen, da sie ja dort von einer weltberühmten Persönlichkeit nichts andres gesagt bekommen, als was sie im Dirigierunterricht der Akademie lernen, der vollkommen konform mit den Prinzipien von C. Krauss geht, – sodass sie die schönste und von ihnen mit Freuden begrüsste Bestätigung der hohen Qualität ihres normalen Unterrichts aus so erster Hand erhalten. Das stärkt auch ihr Vertrauen in die Führung, die ihnen die Akademie angedeihen lässt.[22]

Ab 1. Oktober 1950 erweiterte man das Ausmaß von Swarowskys Lehrstunden auf 24 Wochenstunden – 18 Wochenstunden Hauptfach, 2 Wochenstunden Nebenfach „Literaturkunde"[23], 2 Wochenstunden Nebenfach „Orchesterübungen" und 2 Wochenstunden Nebenfach „Vorbereitung der Orchesteraufführungen"[24] –, ab 1952 waren es 4 Wochenstunden Teilhauptfach „Leitung der Orchesterübungen."[25] Im März 1952 wurde Swarowsky Konsulent des Vereines „Freunde der staatlichen Musikakademie" in Wien.[26] Obwohl kein Berufsorchester zur Verfügung stand, kümmerte sich Swarowsky ab 1953 um einen entsprechenden Rahmen für die Konzerte seiner Studierenden. Die vier Absolventen Rolf von Ostheim, Kurt Weinzinger, Walter Kamper und André Vandernoot traten erstmals im Musikverein mit dem Akademieorchester auf.[27]

Im Mai 1953 wurde Swarowsky ein zusätzlicher Lehrauftrag im Ausmaß von 12 Wochenstunden[28] erteilt – um *Die Zauberflöte* als Schlussaufführung der Opernklasse der

---

20 Sittner an die außerordentlichen Hörer, Wien, 25.6.1951, Archiv mdw.
21 Musil, Bundesministerium für Unterricht, an Sittner, Wien, 29.11.1951, Archiv mdw.
22 Swarowsky, 11.2.1952, Archiv mdw.
23 S 280.- pro Jahreswochenstunde.
24 Dienstvertrag, 1.1.1951, Personalakt Hans Swarowsky, Archiv mdw.
25 Dienstvertrag, 1.10.1952, Personalakt Hans Swarowsky, Archiv mdw.
26 Schreiben Rohms an Swarowsky, 13.3.1952, NlHS.
27 Programmzettel, NlHS.
28 – gegen eine Entlohnung von insgesamt netto S 1.000,- (12 Wochenstunden zu S 300.- pro Jahreswochenstunde für den Monat Juni d.J.).

Akademie im Juni des Jahres vorzubereiten[29] –, der im September 1953 nochmals um acht Wochenstunden erweitert wurde.[30] Auch im Juni 1955 erhielt Swarowsky einen zusätzlichen Lehrauftrag im Ausmaß von 20 Wochenstunden[31] für die musikalische Leitung der Orchesterkonzerte sowie für Inszenierung und Einstudierung der Operette *Gasparone*, die in Bad Aussee aufgeführt wurde.[32]

Am 19. Mai 1956 wurde Swarowsky zum „außerordentlichen Professor an der Akademie für Musik und darstellende Kunst in Wien unter Einreihung in die erste Gehaltsstufe der außerordentlichen Hochschullehrer"[33] ernannt.

1956 übernahm Swarowsky zum letzten Mal die künstlerische Leitung der Ausseer Festwochen[34], die wegen des großen Aufwandes nicht weiter durchgeführt wurden.

1957 forderte man, dass die Hauptübung aus pädagogischen Gründen nicht mehr von Dirigentenschülern, sondern nur von Lehrpersonen geleitet werden sollte. Die Leitung durch Studierende sollte lediglich bei Produktionen erfolgen, für die sie als Dirigenten vorgesehen waren. Es gibt einen ersten Hinweis, dass für die Studierenden der Dirigentenklasse das Niederösterreichische Tonkünstlerorchester verpflichtet werden sollte, wobei aus den Akten nicht zu entnehmen ist, ab wann genau und in welchem Umfang es seinen Dienst aufnahm.

In den Studienjahren 1956/57 und 1957/58 fungierte Swarowsky als Vorstand der Abteilung für Musiktheorie und Kapellmeisterschule.

1957/58 verstärkte sich Swarowskys Engagement im Ausland und er kündigte an, für mehr als die Hälfte des Studienjahres abwesend zu sein. Sittner beklagte den Tiefstand der Orchestererziehung und die mangelnde Disziplin, die er zurückführte auf die zunehmend zu lange und zu häufige Abwesenheit des Orchesterleiters, mangelnden Kontakt des Orchesterleiters mit den zuständigen Abteilungsvorständen und Hauptfachlehrern, mangelnden menschlichen Kontakt des Orchesterleiters mit den Orchesterschülern, Unpünktlichkeit des Orchesterleiters bei den Orchesterübungen, die sich auf die Dauer demoralisierend auf die Studierenden auswirken müssten, ungenügendes Vom-Blatt-Spiel, dadurch Erarbeitung eines zu kleinen Bereiches der Literatur, demgegenüber allzu langes zermürbendes Proben einzelner Werke durch viele Monate hindurch für öffentliche Produktionen sowie die konstante Verwendung des Akademieorchesters als Lehrinstrument für die Kapellmeisterschüler, obwohl dafür das Ton-

---

29 Akademie an den Bundesminister, 21.5.1953, Personalakt Hans Swarowsky, Archiv mdw.
30 Akademie an den Bundesminister, 19.9.1953, Personalakt Hans Swarowsky, Archiv mdw.
31 S 300.– pro Jahreswochenstunde.
32 Akademie an den Bundesminister, 25.6.1955, Personalakt Hans Swarowsky, Archiv mdw.
33 Bundesminister Drimmel an Swarowsky, 19.5.1956, Personalakt Hans Swarowsky, Archiv mdw.
34 Lehrauftrag im Ausmaß von 20 Wochenstunden gegen eine Entlohnung von S 300.– pro Jahreswochenstunde (Schreiben des Bundesministers für Unterricht, 26.6.1956, Personalakt Hans Swarowsky, Archiv mdw.)

künstlerorchester zur Verfügung stand bzw. auch mit Klavieren und Schallplatten geübt werden konnte. Hier traten die jahrelangen Querelen und die offenkundige Problematik des Akademieorchesters hervor. So logisch die Koppelung der Kapellmeisterschule mit den Orchesterübungen schien, so lief es unweigerlich darauf hinaus, dass entweder die Kapellmeisterschüler oder die Instrumentalisten dabei zu kurz kamen. Zudem gab es auch innerhalb der Übungen stets Spannungen, ob die Vorbereitung der mitunter zahlreichen Produktionen – wie etwa die alljährlich wiederkehrenden Konzerte zum 1. Mai, die Orchesterkonzerte, die Opernaufführungen und Tourneen – oder die ständigen Übungen und das Blatt-Lesen der Hauptwerke der Orchesterliteratur Vorrang haben sollten.

Die Abteilungsvorstände forderten mit Ausnahme des Schlusskonzerts, bei dem die Dirigierschüler dirigieren sollten, die einheitliche Führung des Orchesters. Nicht einmal eine Probe sollte von einem Assistenten oder gar von einem Schüler übernommen werden dürfen, jede öffentliche Veranstaltung sowie das Blattlesen im Orchester sollte nur der Orchesterleiter übernehmen. Sie befürworteten eine Trennung der Orchesterübung von der Kapellmeisterschule und meinten, wenn das Orchester merke, dass es kein Versuchsobjekt für andere Schüler sei, werde sich die Moral von selbst heben. Dieser Sichtweise wurde natürlich von den Studenten der Dirigierklasse und von Swarowsky heftig widersprochen.

Um den Vorwurf zu entkräften, zu viel Zeit für die Vorbereitung von Produktionen zu verwenden, schlug Swarowsky sogar die Einstellung aller Produktionen und Beschränkung auf rein pädagogische Tätigkeit vor. Er verteidigte seine Auslandsreisen und betonte, sie seien deshalb notwendig, weil er kein seiner fachlichen Bedeutung entsprechendes öffentlich-künstlerisches Betätigungsfeld im Inland habe. „Die Frage, ob die Akademie anerkannte und begehrte Künstler als Lehrkräfte beschäftigen soll oder Leute, die Zeit haben, ist eine alte Frage." Solche Fehlzeiten mussten sich allerdings auf den Unterricht auswirken, denn während seiner Anwesenheit musste der Unterricht auf das doppelte Maß intensiviert werden. Dafür mussten die anderen Lehrer ihren Unterricht an der Kapellmeisterklasse während seiner Abwesenheit verdoppeln und in den Monaten, in denen er anwesend war, sich anderem zuwenden.[35]

Ende der 50er Jahre bildete Swarowsky aus dem Akademie-Orchester das Haydn-Orchester, das auf Musik des großen Meisters der Wiener Klassik spezialisiert war und auch im Ausland Konzerte gab. Swarowsky hegte ein großes Interesse für Haydn und arbeitete auch eng mit dem berühmten Haydn-Forscher Robbins Landon zusammen. Da Swarowsky als Chefdirigent des Scottish Philharmonic Orchestra wenig Zeit hatte, übernahm sein Schüler Zubin Mehta die Einstudierungen. 1958 reiste Swarowsky mit dem Haydn-Orchester zur Weltausstellung nach Brüssel, wo ein dreiwöchiger öffentli-

---

35 Siehe unten den Abschnitt „Akademieorchester".

cher Orchester- und Dirigierkurs abgehalten wurde.[36] 1960 unternahm Swarowsky mit dem Haydn-Orchester und den Wiener Solisten eine Belgien-Tournee (15. April bis 30. Juni 1960).[37] 1963 nahm das Haydn-Orchester an Swarowskys Meisterkurs für Dirigenten in Nizza teil.[38]

1958 erfolgten die ersten Überlegungen zu einer Verlängerung und umfassenden Umstrukturierung der Kapellmeisterausbildung, die bis dahin zwei Jahre gedauert hatte. Innerhalb der nächsten Jahre wurde der Lehrplan komplett reformiert und die Ausbildung auf vier Jahre verlängert. 1961 schlossen die letzten Absolventen der zweijährigen Kapellmeisterschule ab. Im Rahmen der erneuerten Kapellmeisterausbildung übernahm Swarowsky das Hauptfach „Dirigiertechnik, Werk- und Stilkunde", die „Orchesterübung" und das Hauptfach „Dirigieren." Wesentlich beteiligt an der Ausarbeitung des neuen Lehrplanes war Hans Swarowsky. Auf seine wiederholten Ansuchen[39] wurde das Lehrgebiet „Musikleitung" eingerichtet, das die Ausbildung der Kapellmeister für Oper und Konzert, der Chorleiter und der Korrepetitoren umfasste und in einer eigenen Abteilung verwaltet wurde. Im ersten und zweiten Jahrgang erfolgte der Unterricht für alle Studierenden gemeinsam, danach absolvierten die Dirigenten zwei weitere Jahrgänge, die Chorleiter und Korrepetitoren hingegen je einen Jahrgang einer speziellen Ausbildung. Eine Kontrollprüfung nach dem Ende des zweiten Jahres stellte die musiktheoretischen Kenntnisse der Studierenden fest, die Übertrittsprüfung entschied darüber, ob der Studierende seine weitere Ausbildung als Dirigent, Chorleiter oder Korrepetitor erhalten sollte. Die Reifeprüfung bestand aus einer internen Prüfung inklusive Partiturspiel aus schwierigen, auch modernen Partituren, etwa von Richard Strauss oder Alban Berg, sowie einer öffentlichen Prüfung, wobei jeder Kandidat im Laufe des letzten Studienjahres in einer öffentlichen Veranstaltung ein Werk in der Dauer von mindestens 15 Minuten unter Anwesenheit von mindestens drei Mitgliedern der Prüfungskommission dirigieren musste. Außerdem wurden auf Vorschlag Swarowskys und Freibergs drei Orchestergruppen errichtet: Orchestervorbereitung (Leitung: Rosner), Orchesterübung (Leitung: Österreicher) und Orchesterpraktikum (Leitung: Swarowsky) bildeten zusammen das große Akademieorchester, dessen künstlerische Gesamtleitung Swarowsky innehatte.[40] Jede Gruppe – auch das große Akademieorchester – stand den Dirigierschülern zur Verfügung. Die aufgelegten Werke mussten von den Dirigenten vollkommen aus dem Gedächtnis beherrscht werden. Für Übungen im Vom-Blatt-Dirigieren stand das Niederösterreichische Tonkünstlerorchester vier Mal pro Semester

---

36 Rudolf Klein im Gespräch mit Erika Horvath, Wien, 6.9.2002.
37 Lehrauftrag im Ausmaß von 10 WSt gegen eine Entlohnung von S 199,16 pro Mt. (Schreiben des Bundesministers für Unterricht, 4.5.1960, Personalakt Hans Swarowsky, Archiv mdw.)
38 Kursprogramm der Académie Internationale d'Été, Nice, NlHS.
39 Swarowsky an Sittner, 20.9.1961, NlHS.
40 Protokoll über die Sitzung des Lehrerkollegiums, 27.10.1959, Akte „Lehrerkollegium", Archiv mdw.

für 1 ½ Stunden zur Verfügung. Im Zuge der Veränderung beschloss man, die Reifeprüfungen aus Musikleitung und Operndarstellung auch öffentlich in Form kleinerer Veranstaltungen durchzuführen. Weiters beantragte Swarowsky – unter Umgehung des Dienstweges – unmittelbar im Ministerium eine Trennung der bisherigen Abteilung für Musiktheorie und Kapellmeisterausbildung in zwei Abteilungen: eine für Theorie und Komposition und eine für Kapellmeister und Orchester. Die Trennung wurde sowohl innerhalb der Akademie als auch im Ministerium im Prinzip gutgeheißen, scheiterte allerdings nach einigen Jahren an der Unmöglichkeit, eine einheitliche Regelung für sämtliche Musikakademien zu finden.

Die zeitweise Verpflichtung des Niederösterreichischen Tonkünstlerorchesters konnte die Spannungen zwischen Kapellmeisterschülern und Schülerorchester zwar entschärfen, aber nicht lösen. 1961 wurde neuerlich gemahnt, dass die Orchester- und Ensembleübungen ausschließlich vom Leiter und nicht von den Kapellmeisterschülern zu leiten seien. Es wurde abermals empfohlen, für die Übungen der Kapellmeisterschüler ein Berufsorchester zu engagieren; die Kapellmeisterschüler sollten zur Leitung der Ensembleübung nur dann zugelassen werden, wenn dies vom Standpunkt der Kapellmeisterschule aus als notwendig und vom Ensembleleiter für möglich erklärt würde. Den Kapellmeisterschülern sollte nur eine halbe Probe vorbehalten bleiben.[41]

Am 31. März 1961 wurde Swarowsky zum ordentlichen Professor ernannt. Er hatte sich schon für 1959, zu seinem 60. Geburtstag, das Ordinariat „gewünscht", doch hatte das Lehrerkollegium den Antrag abgelehnt, da Swarowsky zwar „eine gute Kapellmeisterschule aufgebaut" habe, aber „menschlich sehr schwierig" sei und „sich in letzter Zeit nicht sehr ambitioniert gezeigt"[42] habe. Mit Ernennung zum ordentlichen Professor gelangte er in die Gehaltsstufe 1 der ordentlichen Hochschulprofessoren. Man begründete diesen Schritt mit Swarowskys bisheriger Berufslaufbahn und fügte an:

> Mit 1.10.1946 erfolgte die Bestellung Swarowskys zum Leiter der Kapellmeisterklasse an der Akademie f. Musik u. darst. Kunst in Wien. Er unterrichtet hier seither alle einschlägigen Fächer mit bestem Erfolg. Zahlreiche Dirigenten, die aus seiner Klasse hervorgegangen sind, stehen heute in ersten Positionen in den verschiedensten Staaten. Zum internationalen Ansehen der Wiener Musikakademie leistete die Wiener Dirigentenschule dank der Erziehungsarbeit Swarowskys einen wesentlichen Beitrag. Die in seiner Schule übliche Werkauslegung verbreitete sich durch seine Schüler überall hin und beeinflusste die internationale Aufführungspraxis.[43]

---

41 Siehe die in Anm. 1 genannten Quellen.
42 Protokoll über die Sitzung des Lehrerkollegiums, 17.4.1959, Akte „Lehrerkollegium", Archiv mdw.
43 Sittner an den Bundesminister für Unterricht, 24.11.1960, Personalakt Hans Swarowsky, Archiv mdw.

1964 wurde das Wiener Konzertvereinsorchester zu 72 Diensten pro Studienjahr verpflichtet, womit ein ständiges Problem nach 55 Jahren eine tragbare Lösung fand.

Am 30. September 1970 musste Swarowsky nach Überschreitung des gesetzlichen Emeritierungsalters von seiner Lehrpflicht und der Leitung der Klasse für Orchesterdirigieren entbunden werden[44], nachdem ihm 1969 das sogenannte „Ehrenjahr" bewilligt worden war.[45]

Sein Nachfolger wurde Karl Österreicher, der selbst bei Swarowsky studiert, 1952 sein Dirigierdiplom erhalten, dann aber als Klarinettist an der Bühnenmusik der Staatsoper ein höchst unbefriedigendes Dasein gefristet hatte, ehe er Mitte der 1960er Jahre von Swarowsky an die Akademie geholt und zu dessen Assistenten bestellt worden war. Swarowskys Schüler attestieren Österreicher, ein „hervorragende[r] zweite[r] Mann", ein „ausgezeichneter Lehrer für die Grundbegriffe"[46] und im Besonderen ein „perfekter Schlagtechniker"[47] gewesen zu sein. Jedoch beschränkte sich sein Unterricht auf das rein Handwerkliche und reichte bei Weitem nicht an jenen von Swarowsky heran:

> Österreicher hatte weder die intellektuelle Kapazität, noch das dirigentische Können, geschweige denn die Erfahrung, da er ja fast nie dirigierte. Er war ein sehr guter und wichtiger Bestandteil des Unterrichtssystems, da Swarowsky häufig im Ausland war und sich um die Anfänger sowieso nicht kümmern wollte. Das […] hat gut funktioniert und man hat als Student auch profitiert.[48]

> Österreicher ist bei der Analyse nicht so in die Tiefe gegangen. […] Er war eben ein reiner Handwerker. […] Er unterrichtete zwei Jahre nur Schlagtechnik und das war für meine Begriffe vollkommen sinnlos. Wenn jemand Dirigent werden will und Talent hat, lernt er die Grundbegriffe der Schlagtechnik in zwei Monaten oder er soll aufhören zu dirigieren. Die Schlagtechnik war noch dazu ausschließlich mit Klavier. Was ein Schüler braucht, ist zu lernen, wie das Orchester reagiert, denn das Orchester reagiert vollkommen anders als ein Pianist.[49]

Das Gefälle zwischen den beiden Lehrern und – offenbar schon seit Längerem bestehende – Spannungen zwischen Österreicher und Swarowsky führten nach dessen Eme-

---

44 Bundesminister für Unterricht an Swarowsky, 9.6.1970, Personalakt Hans Swarowsky, Archiv mdw.
45 Präsident der Akademie an den Bundesminister für Unterricht, 28.5.1969, Personalakt Hans Swarowsky, Archiv mdw.
46 Manfred Huss im Gespräch mit Markus Grassl, Otto Karner und Erika Horvath, Wien, 21.7.2003. In dieselbe Richtung äußerte sich Uros Lajovic im Gespräch mit Reinhard Kapp und Erika Horvath, Wien, 9.12.2002.
47 Wolfgang Gröhs im Gespräch mit Erika Horvath, Wien, 28.11.2003.
48 Manfred Huss im Gespräch mit Markus Grassl, Otto Karner und Erika Horvath, Wien, 21.7.2003.
49 Wolfgang Gröhs im Gespräch mit Erika Horvath, Wien, 28.11.2003.

ritierung zu einer zunehmend konfliktgeladenen Situation. Die Studenten beklagten, dass nur mehr „ein Lehrer für das wichtigste Fach der wiedergebenden Musik, nämlich der musikalischen Leitung, vorhanden" war.[50] In einer an Ministerin Firnberg gerichteten Intervention urgierte die Studentenvertetung die Bestellung „eine[r] zweite[n] Lehrperson, die innerhalb dieses hochgradig praktischen Faches ihre Kenntnis vor allem aus der praktischen Tätigkeit bezieht", und ersuchte, „bis zur […] Neubestellung eines Nachfolgers für Herrn Prof. Swarowsky ihm die Fortführung seines Unterrichtes zu ermöglichen", um „seine Lehre, die den Ruf unserer Wiener Dirigentenklasse weltweit verbreitet hat, uns vorläufig auf diese Weise zu erhalten."[51] Aufgrund seines anhaltenden Renommees als Dirigierpädagoge und des Wunsches der Studenten, weiter bei ihm hören zu können, wurde Swarowsky in den folgenden drei Studienjahren 1971/72[52], 1972/73[53] und 1973/74[54] mit einem Lehrauftrag für „Orchesterdirigieren" im Umfang von jeweils 10 Wochenstunden betraut.

Zugleich war Österreicher bestrebt, endlich aus Swarowskys Schatten zu treten. Als sich Swarowsky im März 1973 einer Gehirntumoroperation unterziehen musste und seine Lehrtätigkeit für (lediglich) fünf Wochen unterbrach[55], nutzte Österreicher die ‚Gunst der Stunde'. Er intervenierte im Unterrichtsministerium und wurde schließlich ohne offizielle Ausschreibung zum alleinigen Leiter der Kapellmeisterklasse bestellt. Österreichers Schulfreund Dr. Krenstetter war ihm dabei als zuständiger Ministerialrat behilflich. Da Österreicher bereits außerordentlicher Professor für Klarinette war, wurde die Stelle kurzerhand in eine Dirigierprofessur umgewandelt, während der Professorenposten, den Swarowsky eingenommen hatte, mittlerweile an die Tanzabteilung zur Leiterin der Tanzklasse Rosalia Chladek verlegt worden war.

Als Swarowsky nach seiner fünfwöchigen Zwangspause seine Unterrichtstätigkeit wieder aufnahm, wurde Österreichers Coup bekannt und die Lage weitete sich zu einem Eklat aus, der auch in der Presse diskutiert wurde. Die Studierenden sprachen sich in einer Unterschriftenaktion für Swarowsky „als offiziellen und alleinigen Leiter und Inhaber der Dirigentenklasse" aus.[56] Unterrichtsministerin Herta Firnberg fand

---

50 Wolfgang Heißler, Studentenvertreter der Hochschule für Musik, an Herta Firnberg, Bundesministerin für Wissenschaft und Forschung (überarbeitet von Swarowsky und Manfred Huss), NlHS.
51 Ebd.
52 S 4.833,- pro Jahreswochenstunde (Hochschule an Swarowsky, 22.9.1971, Personalakt Hans Swarowsky, Archiv mdw).
53 S 5.152,- pro Jahreswochenstunde (Hochschule an Swarowsky, 2.10.1972, Personalakt Hans Swarowsky, Archiv mdw).
54 S 5.548,- pro Jahreswochenstunde (Hochschule an Swarowsky, 29.10.1973, Personalakt Hans Swarowsky, Archiv mdw).
55 Bundesminister für Wissenschaft und Forschung an das Rektorat der Hochschule, 20.7.1973, Personalakt Hans Swarowsky, Archiv mdw.
56 NlHS.

eine ‚Kompromisslösung', indem sie Österreicher als Leiter beließ, aber Swarowsky weiterhin zu unterrichten ermöglichte.[57] So wurde Swarowsky trotz Überschreitung des 75. Lebensjahres zuletzt noch im September 1974 „wegen seiner besonderen Erfolge und wegen des dringenden Bedarfes im Fach Orchesterdirigieren […] und auf Verlangen der Hochschule […] ausnahmsweise und unter Ausschluß jeglicher Beispielsfolgerung letztmalig für das Studienjahr 1974/75"[58] ein Lehrauftrag „Ausgewählte Kapitel der Interpretation und Dirigierlehre"[59] erteilt.

Die Konfliktgeladenheit der Situation zeigt ein Brief Swarowskys im Juni 1974 an den Leiter der Abteilung I:

[G]ereizt durch die derzeit durchgeführte voreilige Zeitungscampagne, in der mein Name herabgesetzt wurde, […] ferner erbost durch die Äusserung meines fälschlich sich mit mir in gegnerischer Konkurrenz glaubenden Collegen, es sei hier nur der Gerechtigkeit genüge geschehen, habe ich mich zu einer Formal-Beleidigung hinreissen lassen, die ich bedaure und für die ich mich in aller Form vor dem Kollegium entschuldige.

Es geht bei dieser meinen Namen durch die Zeitung ziehenden Campagne um den lächerlichen, nicht von mir geprägten Ausdruck „Swarowsky-Schüler", der durch mein langes und wie ich glaube sehr segensreiches und unserer Schule Ansehen eintragendes Wirken zu einer Art Marke geworden war. Solange ich nicht emeritiert war, habe ich mir diese Benennung gefallen lassen. Von dem Moment meiner Emeritierung aber habe ich jeden erfolgreichen Studierenden als einen „Schüler der Kapellmeisterklasse der Hochschule" bezeichnet, ja ich habe Journalisten, soweit ich sie in einem unserer Konzerte traf, beschworen, von den Studierenden immer nur in der oben bezeichneten Form zu sprechen. Ich habe auch nie meinen Namen auf ein Plakat von Produktionen meiner Schüler gesetzt, wie es andre Collegen mehr oder minder Buchstabengross zu tun pflegen. Dass es immer wieder „Swarowsky-Schüler" gab, ist nicht meine Schuld. Dagegen hat mein von mir sich fälschlich konkurrenziert fühlender College kräftig dafür gesorgt, dass es „Österreicher-Schüler" gebe, wie mir Persönlichkeiten vom Staatsoperndirektor an über die Leiter der Konzertgesellschaften, ferner Mitglieder des philharmonischen Orchesters und mehrere Privatpersonen mitgeteilt haben. Ich habe darüber die Achseln gezuckt und darauf hingewiesen, dass wir das Fach derzeit in Personalunion und leider nicht als zwei Klassen führen, wodurch sofort Klarheit geschaffen würde. Ich gebe zu, dass es nicht nach meinem Geschmack war, als ich erfuhr, dass ein Schüler, der einen dritten Wettbewerbspreis errang,

---

57 Krenstetter an das Rektorat der Hochschule für Musik und darstellende Kunst, 28.8.1974, NlHS.
58 Bundesminister an das Rektorat, 28.8.1974, Personalakt Hans Swarowsky, Archiv mdw. Ausdrücklich wurde darauf hingewiesen, dass ein Lehrauftrag über den 30. September 1975 hinaus nicht mehr erteilt werden konnte; Bundesminister an das Rektorat, 6.12.1974, Personalakt Hans Swarowsky, Archiv mdw.
59 10 Wochenstunden zu S. 4.603,- pro Semesterwochenstunde (Schreiben der Hochschule an Swarowsky, 9.1.1975, Archiv mdw).

in der Zeitung als Österreicherschüler bezeichnet wurde, woran dann noch Kommentare meines Collegen gehängt waren, er sei der erste Mann in Wien und ich würde sein Fach supplieren, alles Dinge, die die Öffentlichkeit nichts angehen und mich grundlos heruntersetzten. Auf meinen Anruf hin, ob denn diese Dinge wirklich gesagt wurden, antwortete mir der Redakteur, dass mein College dreimal angerufen habe, um ihn zur Veröffentlichung der erwähnten Ausdrücke zu bewegen. Ich erfuhr auch, dass mein College dem betreffenden Schüler unentgeltlich Privatstunden gegeben habe mit der Auflage, er müsse sich Österreicherschüler nennen.
[...]
Ich bin bald 75 Jahre alt und habe mir meinen Abgang von der Akademie feierlicher vorgestellt und ein wenig Dank erwartet. Schliesslich habe ich vor sechs Jahren darauf verzichtet, die Klasse an der Juilliard School in New York zusammen mit der Leitung der drei Juilliardorchester anzunehmen, weil ich in meinem Alter meinen Wohnsitz nicht wechseln wollte, nicht zuletzt aber weil ich unserer Schule die Treue bewahren wollte. Dass ich statt dessen mit einem derartigen Affront als einer bezeichnet werde, über den „die Gerechtigkeit" siegt, dass ich zu meinem Geburtsjahr [sic] und zum Abschied in öffentlichen Schriften besudelt werde, das habe ich gewiss nicht verdient, und ich bitte das Collegium, auch diese Umstände zur Entschuldigung meiner Entgleisungen gelten zu lassen.

Dass die Studierenden nun meine Weiterverwendung verlangen, ist ihre Sache. Auf Anfrage habe ich meine Bereitwilligkeit kundgetan. Darin sehe ich nichts Unerlaubtes. Das Ministerium für Wissenschaft, das andere so oft besuchen, habe ich noch nie betreten, ich weiss nicht einmal, wo die Räume im Hause liegen. Die Frau Minister kenne ich nur aus der Gesellschaft. Ein einzigesmal war ich im Parlament in einem Sitzungszimmer bei einer Tagung dieses Ministeriums.[60]

Dass sich die Situation nicht entschärfte, lag auch an den rechtlichen Bedingungen. Aufgrund des neuen Kunsthochschulorganisations-Gesetzes konnte Österreicher als Leiter der einzigen Kapellmeisterklasse eine umfassenden Verantwortung für die Lehre im Fach Dirigieren beanspruchen. Ein Schreiben des Rektors an Swarowsky im Juni 1974 verdeutlicht die Lage:

Wie Du inzwischen schon erfahren haben wirst, ist der Antrag meines Kollegiums auf Errichtung eines Dirigentenlehrganges, den Du hättest leiten sollen, vom Ministerium abgelehnt worden. Mein Kollegium hat sich auf seiner letzten Sitzung mit der dadurch entstandenen Lage befaßt. Der Spielraum möglicher Beschlüße war begrenzt durch folgende Gegebenheiten:

---

60 Swarowsky an den Leiter der Abteilung I, 19.6.1974, NIHS.

1. Das Kollegium wünscht Deine wertvollen Erfahrungen, Dein hervorragendes Lehrtalent und Deine international bekannte Persönlichkeit für das laufende Studienjahr nochmals zum Einsatz zu bringen.
2. An der Hochschule existiert derzeit nur eine Klasse für Orchesterdirigieren, deren Leiter o.Prof. Karl Österreicher ist. Nach § 33(3) des KHOG [Kunsthochschulorganisations-Gesetz] obliegt die Pflege der Künste, die Unterweisung in den Künsten und die Auswertung der Erschließung der Künste dem für dieses Fach und für die Leitung der Klasse ernannten Hochschulprofessor, das bedeutet, daß für alle Belange der Klasse für Orchesterdirigieren Prof. Österreicher zuständig ist. Das Kollegium kann diese Zuständigkeit durch Beschluß weder in sachlicher noch in personeller Hinsicht einschränken, wenn Prof. Österreicher dem nicht ausdrücklich zustimmt.
3. Deine Lehrtätigkeit ist zwar ohne Zweifel klassenwertig. Doch könnte diese Klassenwertigkeit, da keine zweite Klasse vorhanden ist, nur im Rahmen der Klasse Prof. Österreicher zum Tragen gebracht werden. Dies betrifft insbesondere die Betreuung von Studierenden, für die Du in Stellvertretung des Klassenleiters allein verantwortlich wärest. Eine solche Verantwortlichkeit kannst Du nur ausüben, wenn Prof. Österreicher als Klassenleiter Dir dazu die Erlaubnis gibt.
4. Nun hat Prof. Österreicher mit Berufung auf den oben angeführten Paragraph erklärt, daß er einer solchen faktischen Teilung der Klasse in keiner Weise zustimmt. Das Kollegium hat keine Möglichkeit, Herrn Prof. Österreicher in seiner Eigenschaft als Klassenleiter etwas aufzuzwingen, was er nicht wünscht.
5. Es blieb daher nur die Möglichkeit Dich zu einer Lehrveranstaltung einzuladen, die außerhalb des Rahmens der Klasse von Prof. Österreicher liegt.[61]

Dementsprechend erhielt Swarowsky für die erwähnte Vorlesung „Ausgewählte Probleme der Interpretation und Dirigierlehre" am 6. Dezember 1974 neuerlich einen Lehrauftrag im Ausmaß von 10 Wochenstunden für die Zeit von 1. Oktober 1974 bis 30. September 1975.[62] Krankheitsbedingt war er jedoch nicht mehr in der Lage, den Lehrauftrag vollständig auszuführen.

Österreicher blieb nicht lange der einzige Leiter einer Dirigierklasse. Nach der Emeritierung von Rosalia Chladek beschloss das Gesamtkollegium am 27. Juni 1974 die Rückführung des „sogenannten Chladekpostens" an die Abteilung 1, der gemäß einem Beschluss des Abteilungskollegiums vom 14. November 1974 zur Errichtung einer zweiten Klasse für Orchesterdirigieren herangezogen wurde.[63] Bereits 1975 trat man mit

---

61 30.11.1974, Personalakt Hans Swarowsky, Archiv mdw.
62 Die Höhe der Remuneration betrug 4.603 Schilling pro Semesterwochenstunde. Erlass des Bundesministeriums für Wissenschaft und Forschung, 9.1.1975, NlHS.
63 Friedrich Neumann an Miltiades Caridis, 25.1.1975, Privatbesitz Aristea Caridis.

Miltiades Caridis, der auch Swarowskys Wunschkandidat war, in Berufungsverhandlungen ein. Obwohl Caridis zunächst signalisiert wurde, dass er fest mit der Stelle rechnen könne, sollte er später doch noch eine Bewerbung nachreichen, wozu er an jenem Punkt der Verhandlungen aber nicht mehr gewillt war. Außerdem war Caridis „mit den hochschulpolitischen Gegebenheiten weder besonders vertraut noch daran interessiert. Sitzungen und dergleichen wären ihm wohl ein Gräuel gewesen, auch die schon fixe Assistenzstelle hätte er so nicht akzeptiert".[64] Auf die Professur und damit zum Nachfolger Swarowsky wurde schließlich 1976 Otmar Suitner berufen.

Akademieorchester

Als Leiter der Kapellmeisterschule war Swarowsky auch der ständige Leiter der Orchesterübungen, die jeder Konzertfachstudent zu absolvieren hatte. Swarowskys Lehre wurde also im Laufe der Jahre in aller Breite in die Orchester getragen. Das Akademieorchester spielte nicht nur mehrere Produktionen pro Jahr, sondern war auch viele Jahre das Orchester für die Abschlusskonzerte der Dirigentenklasse im Wiener Musikverein. Natürlich gab es darum immer wieder heftige Auseinandersetzungen, insbesondere mit den Instrumentallehrern, deren Auffassungen naturgemäß selten mit jenen Swarowskys übereinstimmten, nicht zuletzt weil sie kein Interesse zeigten, ‚bloße' Orchestermusiker auszubilden. Besonders mit den Streichern gab es in dieser Hinsicht häufig Probleme.

So ereignete sich beispielsweise im Oktober 1954 ein typischer Fall einer solchen Auseinandersetzung. Swarowsky wies Präsident Sittner in aller Deutlichkeit auf den Umstand hin, dass die Streicher des Studentenorchesters auf keine Weise mit dem Niveau der Bläser mitzuhalten imstande waren, was sich schon in der Tatsache zeigte, dass Streicher in den Orchesterübungen immer unterbesetzt waren.

> Da die hervorragende geigerische Ausbildung unbezweifelbar ist, kann es sich nur um konstante Nichtbeachtung der Bitte, im Hauptfach in erster Linie Orchesterstellen zu studieren, handeln. Notenverbindungen, wie sie von Komponisten für Orchester geschrieben werden, kommen bei den Streichern in der Sololiteratur nicht vor. Was der Komponist für Massen schreibt, ist organisch anders, als was er dem Einzelnen zuteilt. Die Passagen, Tremolos, Brechungen von Akkorden, die Klischeefiguration der Orchesterliteratur existieren in der Sololiteratur schon deshalb nicht, weil sie zumeist als Stimmen „zweiten Ranges" zu erstrangigen Bläserstimmen (und umgekehrt) geschrieben werden. Die Struktur der Tonverbindung ist im Solo grundlegend anders. Im Orchester hingegen kehren die obgenannten

---

64 Aristea Caridis im Gespräch mit Erika Horvath, Wien, 28.4.2003.

und andere Verbindungen immer wieder und für die verschiedenen Stile sind sie organisch verschieden, ein Geiger muss daran Gewöhnung haben. Nicht anders ist es mit Gängen oder Rhythmen, die die einzelnen Streichinstrumente einander abwechselnd abnehmen – wo könnte so etwas in der Sololiteratur vorkommen? Dann all die vielen Stellen, die schwerer sind als Solosachen, weil man sie einem Einzelnen nicht zumutet, jene Stellen von denen man sagt, dass bei Unpräzision des Einzelnen das Ganze doch zum „Klingen" kommen muss? Welcher Solist spielt Stellen aus Rheingold oder Walküre? Vor all diesen Dingen stehen unsere Schüler zunächst wie der Ochs vorm Scheunentor, und gerade die geigerisch am besten ausgebildeten. [...] NB Der Mehrzahl der Streicher ist es unbekannt, dass die „Wagnerstudien" und „Straussstudien" überhaupt existieren.[65]

Swarowskys Beschwerde wurde umgehend an die Professoren der Streicherklassen Wolgemuth, Morawec, Rosner, Rühm, Brabec, Föderl, Jelinek, Krotschak, Prihoda, Samohyl und Steinbauer weitergeleitet. Bibliotheksleiter Matzenauer wurde angeleitet, den Bestand der Wagner- und Straussstudien zu überprüfen. In „Verfolgung des Schreibens"[66] Swarowskys fand eine Besprechung über die Orchesterfrage in Anwesenheit Sittners und der Professoren Morawec, Wlach, Swarowsky, Rosner, E. Steinbauer, Samohyl, Brabec und Wolgemuth statt. Daraus ergab sich, dass aus den zum Orchesterbesuch verpflichteten Studierenden zwei komplette Orchester aufgestellt wurden. Des Weiteren sollte Rosner ein möglichst aus Freiwilligen zusammengesetztes Kammerorchester und aus den restlichen Orchestermitgliedern ein Quartett-Rumpforchester zusammenstellen. Rosner übernahm auch die Zusammenstellung für die Vortragsabende.

Trotz solcher immer wieder aufkommenden Probleme zeigte das Akademieorchester unter der Leitung Swarowskys außerordentliche Leistungen, die es bei den jährlichen Konzerten zum 1. Mai bzw. bei den Abschlusskonzerten im Großen Musikvereinssaal unter der Leitung von Kapellmeisterschülern unter Beweis stellen konnte. Diese Konzerte fanden auch im Haus selbst große Anerkennung. 1955 etwa schrieb Sittner:

Es ist in diesem Studienjahr schon das zweitemal, daß ich mich gedrängt fühle, Ihnen für die außerordentliche Leistung, die Sie mit dem II. Orchesterkonzert zustande gebracht haben, zu danken. Orchester und Dirigentenschüler haben überdurchschnittliche Qualitäten gezeigt, was ich in erster Linie der ernsten und intensiven Probenarbeit zuschreibe.[67]

---

65 – d.h. die entsprechenden speziellen *Orchesterstudien*. Swarowsky an Sittner, 18.10.1954, Akte „Orchesterübungen", Archiv mdw.
66 Sittner an Wolgemuth, Morawec, Rosner, Rühm, Brabec, Föderl, Jelinek, Krotschak, Prihoda, Samohyl, Steinbauer und Matzenauer, 27.10.1954, Akte „Orchesterübungen", Archiv mdw.
67 Sittner an Swarowsky, 27.1.1955, Akte „Orchesterübungen", Archiv mdw.

Für das Mozart-Jahr 1956 plante Swarowsky mit *Der Schauspieldirektor* und *Les petits riens* von Mozart sowie *Prima la musica, poi le parole* von Abbé Casti und Antonio Salieri außergewöhnliche Beiträge:

Das Werk von Casti-Salieri werde ich übersetzen, das Material findet sich in Wien. Es ist ein hochinteressantes Stück, das seinerzeit beim „Lustfest" Josefs II. zusammen mit dem Schauspieldirektor gegeben wurde. Es ist, als für damalig gängigen Stil charakteristisch, sicher aufführenswert. So kommt auch Mozarts berühmter Gegner zu Wort.

Les Petits Riens ist zum Teil von Mozart – die von ihm zweifellos herrührenden Stücke sind vereint, und auch hier macht es nichts aus, wenn die damals von Noverre noch hinzugenommenen Musiken als Zeitdokument mit aufgeführt werden. Madame Derra de Morroda, die geniale Ballettmeisterin, hat seinerzeit (in „höchstem" Auftrag) aus den Pariser Archiven die Aufzeichnung der Choreographie Noverres (der eine genaue Ballettschrift hatte) ausgezogen und das Ballett schrittweise genau in der Choreographie der Uraufführung wiederhergestellt. Ich schlage vor, Frau Morroda, die nun nach dem Abzug der Russen gerne wieder nach Wien kommen wird, zu einer Gastinszenierung einzuladen, da aus unserer Ballettschule die genaue Rekonstruktion eines historischen Hochstils (vor dem Spitzentanz!!) nicht zu erwarten ist und ausserdem Frau de Morroda allein die Aufzeichnungen hat. Solch ein Abend im Schlosstheater, dessen musikalische Leitung ich selbst übernehmen würde, nach genauester Schulung des Akademieorchesters, könnte innerhalb eines mit embarras de richesse arbeitenden offiziellen Programms neben den vollendetsten Prunkdarbietungen durchaus Bestand haben und allerhöchstes Interesse erwecken. Nur unter dieser Voraussetzung aber – Gleichwertigkeit des Interesses mit den Darbietungen des grossen Programms – dürfte sich die Akademie beteiligen, keineswegs als Spenderin kleiner Gaben aus Schülerhand. Die Regie muss in Händen eines Reinhardtseminarlehrers liegen, das Ganze sehr vom Schauspielerischen her gestaltet werden. Das Orchester denke ich mir im Kostüm, die Beleuchtung auf Kerzen adaptiert, alles unter Mitwirkung Prof. Gregors in reinstem historischen Rahmen, die Proszeniumslogen besetzt von alten Höflingen. Leitung vom Cembalo aus.

Sommer-Mozart-Oper Die Entführung aus dem Serail. Ich brauche nur ein, allerdings, sehr vollkommenes, Bühnenbild. Ich bitte, hier auch die Regie übernehmen zu dürfen und werde persönlich dirigieren.

Orchesterkonzert mit seltensten Werken, Solo- und Gesangskonzerten. Durchwegs von Studierenden ausgeführt.

Wenn es Zeit und Umstände erlauben, Mozart, dem grössten Meister des Opertheaters, eine hommage zu bringen, indem man ein Werk des Vaters der Oper spielt, dann schlage ich Die Krönung der Poppea von Monteverdi vor, in der Neuübertragung von Redlich (nur für Streicher und Trompeten, durchaus leicht spielbar!!), deren deutsche Textgestaltung von mir stammt (Universal Edition). Wir haben das Werk momentan auf allen Festspielen in Deutschland, es ist ein Riesensaisonerfolg. Die Modernität des Ganzen ist verblüffend, wir müssen nur eine durchaus zuverlässige Besetzung haben und können es auf einer Einheits-Barockbühne im Akademietheater oder in Schönbrunn geben. Auch dies im genau rekonstruierten Stil. Herrlich wäre das unter Rotts Regie.

Zu diesen Aufgaben zusätzlich käme dann die Inszenierung des Evangelimann, die ich Kassowitz-Möller[68] als Schularbeit für März vorgeschlagen habe, was freudig akzeptiert wurde.

Ich stelle mir diese Aufgaben wunderschön vor, wenn wir einen Jahresplan machen, von dem uns nichts und niemand abzubringen imstande ist. Darüber hinaus kann es nur noch das Konzert zum ersten Mai geben. Die Arbeit für die Festaufführung müsste bei Beginn des Schuljahrs in Orchester, Gesang und Ballett mit Volldampf einsetzen. Dann nach der Aufführung sofort der Evangelimann. Nach ihm die Arbeit für das Maikonzert und die Entführung. Die Poppea müsste mit in den andren Sachen nicht beschäftigten Sängern orchestral als Nebenarbeit gemacht werden.[69]

Obwohl es eine klare Trennung zwischen Orchesterübungen und Kapellmeisterübungen gab, für die das Tonkünstlerorchester engagiert wurde, wurde das Akademieorchester häufig auch von Kapellmeisterschülern dirigiert, was immer wieder zu Beschwerden führte. Im März 1957 gab es anlässlich schlechter Kritiken über die *Don Giovanni*-Produktion eine strenge Mahnung Sittners bezüglich diverser Missstände bei den Orchesterübungen, nicht zuletzt aufgrund der häufigen Abwesenheiten Swarowskys, der mittlerweile Chefdirigent des Scottish National Orchestra war, und der mangelnden Unterstützung durch die Instrumentallehrer. Sittner beklagte in dem Rundschreiben die „seit Jahren chronische, in letzter Zeit wieder bedeutend verschlimmerte ‚Orchesterkrankheit' der Akademie" und forderte von allen beteiligten Professoren eine gemeinsame Aussprache und die Vorlage eines „Plan[s …], der der Akademieleitung die Gewähr dafür bietet, daß [sich] die Orchestererziehung in Hinkunft in einer Weise und auf einem Niveau, demgemäß auch mit einem Ergebnis vollziehe, die den von unseren Absolventen einst zu erwartenden Anforderungen und dem internationalen Ruf unserer Anstalt entsprechen." Trotz der zahlreichen guten Aufführungen kritisierte er die mangelhafte Erziehungsarbeit, deren Ursache er u. a. in den langen und häufigen Abwe-

---

68 Der Alban-Berg-Schüler Gottfried Kassowitz war 1947–66 Vertragslehrer an der Kapellmeisterklasse bzw. -schule und dirigierte immer wieder Opernproduktionen der Akademie. Christian Moeller leitete damals eine Klasse für operndramatische Darstellung.
69 Swarowsky an Sittner, 5.6.1955, Akte „Orchesterübungen", Archiv mdw. [Übrig blieb im Rahmen der Wiener Festwochen eine Produktion der Klasse für operndramatische Darstellung Kassowitz-Moeller im Akademietheater: Mozarts *Die Schuldigkeit des ersten Gebotes* und als Produktion der Abteilung für künstlerischen Tanz *Les petits riens* (20.6.) sowie ein Mozartabend im Schönbrunner Schlosstheater mit *Schauspieldirektor* und *Les petits riens* (6./7.12.). – Hg.]

senheitszeiten Swarowskys vermutete, was sich „auf die Dauer demoralisierend auf die Studierenden auswirken" müsse, und in „ungenügendem Vom-Blattspiel des Orchesters, dadurch Erarbeitung eines zu kleinen Bereiches der Literatur, demgegenüber auf der anderen Seite allzulanges, zermürbendes Proben durch viele Monate hindurch einzelner Werke für öffentliche Produktionen" resultiere. Auch die Hauptfachlehrer wurden gerügt, die Orchesterübungen ungenügend vorzubereiten und bei Terminkollisionen zu ignorieren. Insbesondere aber ging es wieder einmal um die

> konstante Verwendung des Akademieorchesters als Lehrinstrument für die Kapellmeisterschüler, obwohl für diese das Tonkünstlerorchester zur Verfügung steht und obwohl auch anderwärts und in früheren Zeiten an der Akademie unter den namhaftesten Leitern der Dirigentenklasse die Dirigentenschüler bei Schallplatten, Klavier vierhändig oder zwei Klavieren oder vor dem kleinen Ensemble die ersten Dirigierübungen machten bzw. noch machen. Die Dirigentenschüler sind zumeist für ihre praktischen Dirigierübungen so mangelhaft vorbereitet, daß fortwährend ihretwegen unterbrochen werden muß und von einer Orchestererziehung schon aus diesem Grunde keine Rede sein kann.
>
> Die unmittelbare Folge ist, daß gerade die wertvollen, im Orchester brauchbarsten und für dieses wichtigsten Studierenden alsbald jegliche Lust und ihren anfänglichen Eifer verlieren und fernbleiben, weil sie nach ihren eigenen Angaben, die Orchesterübungen in dieser Form als für sie verlorene Zeit betrachten.[70]

Swarowskys achtseitige Replik auf diese vehementen Vorwürfe ließ nicht lange auf sich warten und fiel erwartungsgemäß spitz und äußerst eloquent aus. Die Kritik an der *Don Giovanni*-Produktion gab er an die Opernschule weiter, während er die Behauptung einer „chronisch sich verschlimmernde[n] Orchesterkrankheit" für realitätsfremd erklärte:

> Die Undisziplin aus früheren Jahren ist seit ca. drei Jahren völlig geschwunden und hat heuer einer vorbildlichen Disziplin innerhalb der Übung Platz gegeben. Es ist dies zu danken dem Heraufkommen einer neueren Generation, der die Kriegsgesinnung fremd ist, ferner dem Überwiegen sachlich intensivst interessierter Ausländer, die die etwas lockereren Inländer günstig beeinflussen, dann der Geschlossenheit einer wirklichen Streicherübung und der Vorbereitungsklasse, aus der die Schüler gut vorgeschult in den ersten Orchesterlehrgang kommen, nicht zuletzt natürlich den gemeinsamen Bemühungen von Amtsrat und Orchesterleiter.[71]

---

70 Sittner an Swarowsky, Morawec, Freiberg, Rosner und Österreicher, 8.3.1957, Akte „Orchesterübungen", Archiv mdw.
71 Swarowsky an Sittner, 15.3.1957, Akte „Orchesterübungen", Archiv mdw.

Da jedoch die Streicher den Orchesterübungen regelmäßig fernblieben und tatsächlich immer ein eklatanter Mangel dieser Instrumentengruppe festzustellen war, schlug Swarowsky zur Abhilfe vor, die Erteilung der Abschlussnote sowie der Stipendien und Auftrittsgenehmigungen von der Absolvierung der Orchesterübungen abhängig zu machen. Die Leistungsfähigkeit des Orchesters beschrieb Swarowsky aber als ausgesprochen gut:

> Der Ton der Streicher ist so schön, wie ihn viele Kulturorchester nicht haben, die derzeitige Cellogruppe einzigartig, ebenso die Bässe und gewisse Bläser. Die Streichervorschule führt zu immer mehr Einheitlichkeit. Der Orchesterleiter kennt mindestens 20 Hochschulorchester bei ihrer inneren Arbeit und kann vom absoluten Tiefstand an bis zu guten Leistungen nur Berlin und Neapel aus eigener Anschauung unserem Orchester gleich stellen, vom Plattenurteil her natürlich auch das Juilliard-Orchester, bei welchem aber ganz andre Verhältnisse herrschen.
>
> Der Leiter der Orchesterübung erbittet ferner die Ansetzung einer Probe Ende März vor dem Herrn Präsidenten und einer Kommission, bei der ein vom Herrn Präsidenten zu bestimmendes noch nicht gespieltes Stück zum a prima vista Vorspiel aufgelegt werden soll. Bitte um Bekanntgabe auch dieses Termins. Angesichts der Tatsache, dass seit zehn Jahren noch nie Augen- und Ohrenschein in der Orchesterübung genommen wurde, dürften diese beiden Bitten als nicht zu aufdringlich erscheinen.[72]

Zu dem Vorwurf der zahlreichen außerakademischen Verpflichtungen und Auslandsgastspiele, die Swarowsky viele Wochen im Jahr von der Akademie fernhielten, meinte er lakonisch:

> Er gehört heute zu den ganz wenigen Orchesterleitern, die es sich angelegen sein lassen, ihnen anvertraute Musik aus tiefster Einsicht in das Werk und im Vollbewusstsein der Verantwortung gegen das geistige Eigentum des Schöpfers zur Reproduktion zu bringen. Er ist hierfür in seiner anders gesinnten Heimat verpönt worden – und wird nun, nach einer Pause der Selbstzurückhaltung, hierfür vom Ausland und seinen von falschen Vorstellungen freien Hörern begeistert akklamiert. Das Recht des Künstlers ist es in erster Linie, seiner Kunst tätig zu dienen. Der Leiter der Orchesterübung gehört keineswegs zu dem Typ, der im Ausland nicht genug bekommen kann, obgleich ihm das Inland alles bietet. Er würde nie den Fuss aus Wien setzen, wenn er hier seinen künstlerischen Wirkungskreis hätte.[73]

---

72 Ebd.
73 Ebd.

Nichtsdestoweniger bezeichnete er die pädagogische Arbeit als eine Herzensangelegenheit, der er all seine zur Verfügung stehende Zeit und Energie widme. Er betonte seine großen Verdienste für die Akademie, die ihm selten Dank einbrächten:

> Andrerseits ist er Pädagoge mit Leib und Seele und nichts ist ihm so ans Herz gewachsen wie die Akademie, ohne die er sich ein Leben nicht so leicht denken könnte. Denn nicht nur das Unterrichten, sondern die ständigen reichen neuen Erkenntnisse, die dem Unterrichtenden stets zuteil werden, fesseln sein Interesse total.
>
> Er hat hier eine Dirigentenschule aufgebaut, die ihresgleichen in der Welt nicht hat, und hat aus einem Haufen von wüster Unordnung, gegen manche Ranküne und gern geglaubte Verläumdung, ein Orchester aufgebaut, das schliesslich in der Qualität der Produktion seinen Wert erweist und erweisen wird.[74]

Mit Recht führte Swarowsky die im Unterrichtsbetrieb immer schwelende Problematik ins Treffen, dass im Kunstbetrieb erfolgreiche Musiker eben nicht immer anwesend sein konnten:

> Die Frage, ob die Akademie anerkannte und begehrte Künstler als Lehrkräfte beschäftigen soll oder Leute, die Zeit haben, ist eine alte Frage. Es wird sich wohl nicht umgehen lassen, dass ausübende Künstler z. B. die Dirigentenklasse, das Orchester, die Regieklassen, die Kompositionsklassen leiten. Und hier wird immer die Intensität während der Adsenz den Zeitverlust bei Absenz reichlich wettmachen! So denken zumindest die Schüler.[75]

Zur Abhilfe für das Problem forderte er jedoch einen Assistenten und Stellvertreter:

> Als solcher käme infolge künstlerischer, menschlicher, pädagogischer Qualifizierung und infolge Vertrautheit mit den Verhältnissen sowie Anerkanntheit durch die Studierenden meines Erachtens nach nur Herr VL Karl Österreicher in Frage.[76]

Den Vorwurf des mangelnden Blattspiels entkräftete Swarowsky mit Hinweis auf 24 Orchesterübungen, in denen ausschließlich vom Blatt gespielt wurde, wobei ein beträchtlicher Teil der gängigen Orchesterliteratur erarbeitet werden konnte:

> Beethoven: Vierte, Fünfte und Siebente Symphonie, Egmont, Corolian, Klavierkonzert C-Dur

---

74 Ebd.
75 Ebd.
76 Ebd.

Brahms: Vier Symphonien, Haydn Variationen
Haydn: Symphonien Nr. 93, 99
Mozart: Symphonie g-moll, Ouvertüre Titus
Schubert: Symphonie h-moll, Symphonie C Dur (VII), Rosamunde
Weber: Ouvertüren Freischütz u. Euryanthe
Liszt: Les Préludes
Berlioz: Carneval romain
Rossini: Wilhelm Tell
Strauss: Zigeunerbaron
Wagner: Rienzi
Tschaikowsky: Sechste Symphonie
Tittel: Apollo und Pan
Eder: Genialisch Treiben
Martinu: Konzert für Violine etc. …
Schönberg: Kammersymphonie, Pierrot lunaire

Auch den Vorwurf, dass Dirigierstudenten das Orchester demoralisieren würden, konnte Swarowsky zurückweisen:

> Es haben einige ausgezeichnete Studierende dirigiert. Daneben auch einige weniger gute, durch die der Leiter dem Orchester beibringen wollte, dass es bei unklarem Schlag sich auf sein Gehör verlassen solle im Hören von einem Pult zum andren. Dem Leiter erschien das deshalb pädagogisch, weil die Orchester später in der Mehrzahl der Fälle zwar internationalen doch oft sehr ungeschickten Händen ausgesetzt sind. Es wird in Hinkunft unterbleiben. Doch müssen die in einer Produktion Dirigierenden selbstverständlich auch die Proben machen.[77]

Auch die anderen adressierten Professoren, Ernst Morawec, Karl Rosner, Gottfried Freiberg und Karl Österreicher, nahmen zu den Vorwürfen Stellung. Sie setzten sich insbesondere für die einheitliche Leitung der Orchesterübungen durch Swarowsky, eine Beschränkung der öffentlichen Produktionen sowie Befreiungen vom Orchesterdienst ein.[78] Auch die Kapellmeisterschüler Zubin Mehta, Claude Katz und Rainer Brock meldeten sich in dieser Angelegenheit zu Wort:

> Seit Ende September werden vom Akademieorchester fast nur Repertoirewerke durchgespielt. Als Herr Professor Swarowsky in den Monaten Januar und Februar nicht anwesend

---

77 Ebd.
78 Moravec, Rosner, Freiberg und Österreicher an Sittner, 9.4.1957, Akte „Orchesterübungen", Archiv mdw.

war, leitete durchwegs Herr Kapellmeister Gabriel die Proben für den Don Giovanni. Wenn die obengenannten Studierenden [Mehta, Katz, Brock] die Proben leiteten, war, mit einer einmaligen Ausnahme, immer Herr Professor Swarowsky oder ein anderer leitender Professor anwesend. Durch den ausgezeichneten zweijährigen Unterricht bei Herrn Professor Swarowsky halten wir uns nach gründlicher Vorbereitung für befähigt, mit dem Akademieorchester zu arbeiten.[79]

Die Studenten dirigierten im Übrigen zwei Wochen später ihr Abschlusskonzert im Großen Musikvereinssaal, Mehta das seine im Brahmssaal.[80]

Die Arbeit in den Orchesterübungen war im Laufe der Jahre immer wieder von ähnlichen organisatorischen Problemen begleitet. Swarowsky wurden im Wesentlichen seine häufigen Absenzen aufgrund von Auslandsdirigaten vorgeworfen, den Studenten wiederum – und da in erster Linie den Geigern („100 % Solofimmel"[81]) – das Desinteresse am Orchesterspiel, das sich häufig in unentschuldigtem Fernbleiben äußerte, was durch die Hauptfachlehrer Unterstützung fand. So waren insbesondere die Bläser begeisterte und interessierte Besucher der Orchesterübungen, während es unter den Streichern die meisten disziplinarischen Probleme gab. Zwischen regelmäßigem Übungsbetrieb und außerordentlichen Produktionen herrschten nicht selten chaotische Zustände, da die ganz unterschiedlichen Bedürfnisse von Orchesterleiter, Hauptfachlehrern und Instrumentalstudenten unvereinbar schienen. Auf der anderen Seite mangelte es schlicht und einfach an Kommunikation und Organisation und häufige Missverständnisse trugen das Ihre zum allgemeinen Missstand bei. Immer wieder wurden Maßnahmen gesetzt, durch die unentschuldigten Schülern Disziplinarverfahren bis zum Ausschluss von der Akademie drohten, doch änderte sich dadurch wenig an der Problematik.

Im Oktober 1961 schlug Swarowsky vor, ein ständiges Veranstaltungskomitee zu formieren, „das mit aller Verantwortung belastet werden soll und für den reibungslosen Ablauf des Veranstaltungsbetriebes der Akademie zu sorgen hat."[82] Im November fand die erste Sitzung unter Teilnahme von Hartmann (Vorsitz), Freiberg, Morawec, Panhofer, Samohyl, Schmid, Schermann, Swarowsky, Vogel, Werba, Nödl und Skraban statt. Neben einer Reihe von organisatorischen Regeln für die Studenten und die Orchesterleiter sowie grundsätzlichen Richtlinien zur Häufigkeit von Aufführungen beschloss man insbesondere einem bereits im Oktober gefassten Beschluss Rechnung zu tragen, nämlich das Teilhauptfach Orchester in ein Pflichtfach rückzuverwandeln und es somit

---

79 Mehta, Katz und Brock an Sittner, 24.4.1957, Akte „Orchesterübungen", Archiv mdw.
80 Programm, 3.5.1957, Archiv mdw.
81 Swarowsky an Hartmann, 11.1.1962, Akte „Orchesterübungen", Archiv mdw.
82 Swarowsky an Sittner, 16.10.1961, Akte „Orchesterübungen", Archiv mdw.

den Kammermusik-Klassen und dem Praktikum für zeitgenössische Musik entsprechend zu behandeln.[83]

Im März 1962 wurde Richard Hager mit der Administration der Orchesterausbildung betraut. Er wurde sozusagen als Bindeglied zwischen Orchesterleitern, die ihre Besetzungswünsche schriftlich mitzuteilen hatten, und den Abteilungsvorständen, die eine schriftliche Aufstellung der zugeteilten Studierenden auszufolgen hatten, eingesetzt. Hager konnte die Studenten dann entsprechend zuteilen und ihre Anwesenheit sowie die genaue Einhaltung der Stunden durch Swarowsky resp. seinen Stellvertreter überprüfen.[84] Allerdings brachten auch diese Schritte kaum Besserung.

1965 setzte Swarowsky zu einer neuerlichen organisatorischen Maßnahmenkampagne an, um seine außerordentlichen Orchesterproduktionen mit einer ordentlichen Besetzung zu gewährleisten. Denn trotz enormer Verbesserungen der Leistungen und der Probendisziplin des Orchesters aufgrund des „langjährigen erfolgreichen Aufbaus und infolge des Heranwachsens einer neuen Generation" war die „Präsenz-Disziplin bedenklich abgesunken" „infolge Überbeanspruchung der Studierenden innerhalb und ausserhalb der Akademie, infolge der steigenden Schallplattenproduktion, der Bildung mannigfacher kleiner Spiel-Ensembles, infolge Substitutendiensten und Belastung durch Nebenfächer." Und so mussten „die seit jeher ausgezeichneten Darbietungen bei den Produktionen […] immer mehr durch nervenaufreibendes Einzelweis-Zusammensuchen der Spieler erkauft werden."[85] Die von Swarowsky im Lehrerkollegium vorgeschlagenen Maßnahmen zur Unterstützung der Orchesterproduktionen wurden angenommen, dazu gehörte auch die Schaffung des Postens eines Orchesterinspektors, der für die außerkünstlerischen organisatorischen und disziplinären Belange zuständig war. Außerdem konnten nun sämtliche zum Orchesterspiel geeignete Studierende ohne Rücksicht auf ihren Studienjahrgang herangezogen werden. Befreiungen vom Orchesterspiel waren für die Dauer der Gesamtarbeit an Produktionen aufzuheben. Die Anzahl der Großproduktionen (Orchesterkonzerte, Oper, Ballett) wurde auf höchstens vier Aufführungen pro Studienjahr festgelegt.[86]

Das Problem der Absenzen eines Großteils der Streicher änderte sich allerdings auch durch solche Regelungen nicht. Im November 1966 wandte man sich sogar an die Musikakademien in Graz[87] und Salzburg, um Ratschläge einzuholen, wie das Problem dort gehandhabt wurde. Die Grazer hatten die Orchesterübungen zu einem Teil des Haupt-

---

83 Protokoll über die Sitzung des Aufführungskomitees, 9.11.1961, Akte „Orchesterübungen", Archiv mdw.
84 Vertreter des Präsidenten an Hager, 8.3.1962, Akte „Orchesterübungen", Archiv mdw.
85 Swarowsky und Österreicher an Sittner, 10.5.1965, Akte „Orchesterübungen", Archiv mdw.
86 Hartmann an Swarowsky, Österreicher, Poduschka, Hadamowsky, Samohyl, Schwertmann, Uhl und Skraban, 22.6.1965, Akte „Orchesterübungen", Archiv mdw.
87 Hartmann an Erich Marckhl, Präsident der Akademie für Musik und darstellende Kunst in Graz, 22.11.1966, Akte „Orchesterübungen", Archiv mdw.

faches gemacht, der zur positiven Absolvierung des Jahrgangs erfüllt werden musste, was zumindest kurzfristig zu einem befriedigenden Ergebnis führte.[88] Swarowsky hatte schon 1950 beantragt, die Orchesterübungen zum Hauptfach zu erklären, was jedoch vom Lehrerkollegium abgelehnt worden war.[89] In Salzburg mangelte es prinzipiell an Geigern, sodass die Orchesterarbeit von vornherein eingeschränkt war. Um den Bläsern die Erarbeitung der Literatur trotzdem zu ermöglichen, hatte man eigene „Bläserproben" mit Schlagzeug eingeführt.[90] Auch diese Idee hatte Swarowsky bereits 1962 verfolgt, wie aus einem Schreiben an Hartmann hervorgeht:

> Auf Wunsch der Bläser werde ich nun Orchesterübungen für Bläser allein u. zw. die Werke von R. Strauss durchführen, bis eine solche Ordnung für Streicher geschaffen sein wird, die mir volle Besetzung garantiert.[91]

Nicht zuletzt, um solchen Schwierigkeiten aus dem Weg zu gehen und wegen des Unterschieds „zwischen der freien Leitung eines Berufsorchesters und der pädagogische Umsicht erfordernden Leitung des Schulorchesters"[92] beantragte Swarowsky, für das Abschlusskonzert seiner Kapellmeisterabsolventen im Mai 1967 das Niederösterreichische Tonkünstlerorchester heranzuziehen. Die Kosten hiefür beliefen sich auf 48.000 Schilling (vier Dienste zu 9.000 S, 12.000 S für Saalmiete, Klavierbeistellung, Transporte, Notenmaterialgebühren, Plakate, Einladungen und Programme). Das Ministerium erklärte sich bereit, Eintrittskarten zu verbilligten Preisen an Schulen weiterzugeben, um das Publikum zu sichern. Es dirigierten Barry Brisk, Peter Burwik, Raimund Hug, Dimitri Kitaenko, Christian Lange, Werner Marihart und Wolfgang Rot.[93]

Für das Jahr 1968 plante die Akademieleitung zahlreiche Veranstaltungen, u. a. auch des Akademieorchesters, wofür eine Summe von 452.000 Schilling veranschlagt wurde.[94] Allerdings wurden vom Ministerium so wenig Mittel zur Verfügung gestellt, dass sich die Akademieleitung aus „zwingend budgetären Gründen veranlaßt" sah, sogar das Schlusskonzert für die Dirigentenschüler abzusagen.[95] Swarowsky konterte, dass die Studierenden der Dirigentenklasse „laut Lehrplan eine als Prüfung zu wertende

---

88 Marckhl an Hartmann, 28.11.1966, Akte „Orchesterübungen", Archiv mdw.
89 Protokoll über die Sitzung des Lehrerkollegiums, 3.10.1950, Akte „Lehrerkollegium", Archiv mdw.
90 Robert Wagner an Hartmann, 28.3.1967, Akte „Orchesterübungen", Archiv mdw.
91 Swarowsky an Hartmann, 11.1.1962, Akte „Orchesterübungen", Archiv mdw.
92 Swarowsky an Sittner, 7.4.1967, Akte „Orchesterübungen", Archiv mdw.
93 Programm, 22.6.1967, Archiv mdw.
94 Temnitschka, Bundesministerium für Unterricht, an die Akademie, 16.1.1968, Akte „Orchesterübungen", Archiv mdw.
95 Sittner an die Direktion des Niederösterreichischen Tonkünstlerorchesters, 21.2.1968, Akte „Orchesterübungen", Archiv mdw.

Abschlussproduktion"[96] durchführen müssten, und beantragte, das Schülerorchester der Akademie von allen anderen Verpflichtungen zu entbinden und für die Schlussproduktion der Kapellmeister zur Verfügung zu stellen. Um das Konzert finanziell zu gewährleisten, erklärte sich auch Swarowskys Assistent Karl Österreicher bereit, im Juni auf das Orchester im Dirigierunterricht zu verzichten und stattdessen mit Klavier zu arbeiten. Auch Alfred Uhl setzte sich für diese Variante ein.[97] Schließlich fand man doch eine Lösung, wieder das Tonkünstler-Orchester zu engagieren. Es dirigierten Dusan Praselj, Raffi Armenian, Lasse Zilliacus und Avi Ostrowsky.[98]

In den Studienjahren 1969/70, 1970/71 und 1971/72 wurde das Wiener Konzertorchester für den Unterricht in der Kapellmeisterschule fix gemietet, nachdem es bereits im Jahre 1964 erstmals verpflichtet worden war. In der Zeit vom 1. Oktober bis einschließlich Juni absolvierte das Orchester 72 Dienste (jeweils acht Dienste pro Monat), das Entgelt betrug 7.200 Schilling pro Dienst.[99] Das Orchester stand der Akademie für Unterrichtszwecke wie der Begleitung von Instrumental- und Gesangssolisten sowie für die Studierenden der Dirigentenklasse zur Verfügung. Die Orchesterproben fanden im Probensaal der Musikakademie statt.[100] Als man 1971 diese Errungenschaft aus Einsparungsgründen wieder abschaffen wollte, argumentierte Karl Österreicher:

Das NWKO [Neues Wiener Konzert Orchester] ist seit seiner Erstverpflichtung im Jahre 1964 ein Unterrichtsfaktor geworden, der unter vielem Anderen beigetragen hat, die Dirigentenschulung an der Wiener Hochschule gegenüber de[n] Schwesterinstitute[n] in Graz und Salzburg besonders aufzuwerten. Die Preisträgerbilanz internat. Dirigentenwettbewerbe und die Karrieren unserer ehem. Schüler mögen allein Beweis genug sein, welche Bedeutung u. Anerkennung der Dirigentenausbildung gerade der Wiener Hochschule in der ganzen Welt zukommt.

Die Heranziehung des Schülerorchesters der HS zu Übungszwecken für die Dirigentenklasse ist aus folgendem Grund abzulehnen. Schüler, die im Orchesterspiel vollkommen unerfahren sind, können nur von einem perfekten Dirigenten darin unterwiesen werden.

Zu einer Zeit, da das NWKO der Dirigentenklasse noch nicht zur Verfügung stand, konnten die Schüler nur in seltenen Fällen an ihr Instrument, nämlich das Orchester, herankommen.

Zur Verringerung des Kostenaufwandes für das NWKO schlage ich vor:

---

96 Schreiben Swarowskys, 6.3.1968, Akte „Orchesterübungen", Archiv mdw.
97 Uhl, 2.4.1968, Akte „Orchesterübungen", Archiv mdw.
98 Programm, 11.6.1968, Akte „Orchesterübungen", Archiv mdw.
99 Sittner an das Bundesministerium für Wissenschaft und Forschung, „Akte Orchesterübungen", Archiv mdw.
100 Erwin Czeppe, Geschäftsführer des Wiener Konzertvereinsorchesters, an Sittner, Akte „Orchesterübungen", Archiv mdw.

1. Reduktion der Dienste von 72 auf 60 p.a. In Hinkunft werden feste, und nicht wie bisher variable Unterrichtszeiten vorgesehen, sodaß die Kontinuität des Unterrichtes bei Berücksichtigung der Ferialzeiten und Feiertage trotzdem gewährleistet bleibt.
2. Verkleinerung des Orchesters um 6 Streicher.
Durch diese Maßnahmen würden sich die Kosten um ca. 126.000 verringern.[101]

Für das Schuljahr 1972/73 wurde das Wiener Konzertvereinsorchester nunmehr für 60 Dienste verpflichtet.[102]

Stilkommission

Im Februar 1953 wurde bei einer Sitzung des Lehrerkollegiums beschlossen, eine Stilkommission an der Akademie zu gründen, die ein- bis zweimal monatlich zusammentreten und „Stilfragen bzw. deren musikwissenschaftlich und pädagogisch richtige Auswertung für die Akademie" beraten sollte. Die Ergebnisse sollten „in internen Publikationen dem gesamten Lehrkörper empfehlend zur Kenntnis gebracht werden."[103] Es ging also um die Frage der ‚authentischen' Aufführungspraxis, die durch die Kommission zur Geltung gebracht werden sollte und in Josef Mertin und Hans Swarowsky ihre wichtigsten Vertreter hatte.

Als Mitglieder der Stilkommission lud man die Professoren Hans Swarowsky, Viktor Graef, Walther Gmeindl, Karl Scheit, Josef Mertin und Josef Dichler, die Interesse an der Idee zeigten, wenn auch Zweifel an der Durchführbarkeit hegten. Das Antwortschreiben Josef Dichlers beleuchtet in anschaulicher Weise die Ausgangssituation:

> Ich danke für die mich sehr ehrende Einladung, der neugegründeten Stilkommission an der Akademie angehören zu dürfen und bin selbstverständlich bereit, mitzuarbeiten.
> Ich fürchte allerdings – soweit ich es in meinem Fach überblicken kann –, daß man da nicht viele befriedigende Resultate erzielen wird. Schon die scheinbar doch selbstverständliche Forderung nach Urtextausgaben stößt auf Schwierigkeiten (teils nicht vorhanden, teils nicht zu haben, teils zu haben, aber sehr teuer), die scheinbar selbstverständliche Forderung, den Willen des Komponisten genau zu erfüllen, ist praktisch oft nicht vorteilhaft (undurchführbare Metronomangaben bei Beethoven und Schumann, das Vivace ma non troppo bei der Chopin-Etüde op. 10/3 usw. usw.). Man kann beinahe sagen, daß die Er-

---

101 Österreicher an den Rektor, 8.11.1971, Akte „Orchesterübungen", Archiv mdw.
102 Josef Primec, Wiener Konzertvereinsorchester, an die Akademie, Akte „Orchesterübungen", Archiv mdw.
103 Sittner an Swarowsky, Graef, Gmeindl, Scheit, Mertin und Dichler, 9.2.1953, Akte „Stilkommission", Archiv mdw.

folge unserer Studierenden bei Wettbewerben unmöglich wären, wenn man so unterrichten würde, wie es dem Stand der Musikwissenschaft entsprechen würde! Und es kommt zu der Frage: sollen wir so unterrichten, wie es „richtig" ist oder so, daß man Erfolg hat. Ferner die individuellen Unterschiede bei den Lehrern: ich werde mich nie überzeugen lassen, daß die Triller am Anfang der op. 111 oder der Händelvariationen mit dem oberen Nebenton beginnen oder daß eine 5stimmige Fuge deshalb forte beginnen muß, weil sie fünfstimmig ist und ein als hervorragender Lehrer bekannter Kollege von mir wird sich nie überzeugen lassen, daß es nicht so sein soll. Ich fürchte, wie gesagt, daß schon eine Einigung bei den oben erwähnten grundlegenden Fragen nicht möglich sein wird, geschweige denn bei Detailfragen bezüglich des Tempos, der Artikulation, der Verzierungen, des Pedals usw. und ich fürchte daher, daß ich, gerade weil ich mich sehr mit diesen Dingen beschäftigt habe und sehr objektiv bin, in dieser Kommission irgendwie zersetzend wirken werde.[104]

Im April 1953 trat die Kommission zur ersten Sitzung zusammen und beschloss die Aufnahme weiterer Mitglieder, nämlich der Professoren Anton Heiller, Alfred Uhl, Leopold Wlach (Klarinette) und Franz Eibner. Die Aufgabe der Kommission sollte „unter Wahrung der Lehrfreiheit eine Sicherung authentischer Werkinterpretation im Bereich der Akademie nach Möglichkeit auch die Vorbereitung vorbildlicher Ausgaben sein."[105]

Das Vorankommen der Stilkommission gestaltete sich nicht zuletzt wegen der schwierigen Aufgabe als äußerst zögerlich. Erst im Mai 1954 kam man wieder zu einer größeren Sitzung unter dem Vorsitz des Präsidenten Sittner zusammen.[106] Unter den Anwesenden waren Franz Eibner, Walther Gmeindl, Viktor Graef, Josef Mertin, Karl Scheit, Alfred Uhl und Bibliotheksleiter Matzenauer, nicht gekommen waren Josef Dichler, Gustav Leonhardt, der von Anton Heiller als Mitglied an seiner Stelle vorgeschlagen worden war, Hans Swarowsky und Leopold Wlach. Sittner berichtete in der Sitzung ausführlich über die Entstehung des Planes, eine Stilkommission zu gründen. Er bezog sich dabei auf einen Artikel von Hans Swarowsky, der in der *Österreichischen Musikzeitschrift* erschienen war und von der Gründung dieser Kommission an der Akademie berichtete. Swarowsky bezeichnete darin die Kommission als Instanz zur „Kontrolle der Stilreinheit in der *Wiedergabe* von Werken aus allen Perioden unseres musikalischen Lebens" und zur „Errichtung einer echten Stildemokratie zur Bewahrung eines Stiles vor Übergriffen eines anderen."[107] Den Stilbegriff leitete Swarowsky aus der Kunstgeschichte ab, die ein weitaus elaborierteres Schrifttum hervorgebracht hätte als die Musikwissenschaft:

---

104 Dichler an Sittner, 15.2.1953, Akte „Stilkommission", Archiv mdw.
105 Sittner an Heiller, Uhl, Wlach und Eibner, 27.5.1953, Akte „Stilkommission", Archiv mdw.
106 Sitzungsprotokoll Stilkommission, 4.5.1954, 10–13 Uhr, Akte „Stilkommission", Archiv mdw.
107 Hans Swarowsky, Wahrung der Gestalt. Zur Bildung einer Stilkommission in der Akademie für Musik, in: ÖMZ 8 (1953), S. 290–295: 293.

Die hohe Einsicht in das Kunstwollen der verschiedenen Kulturepochen, die uns die Kunsthistoriker (insbesondere die der Wiener Schule) eröffnet haben, hat die Kunstgeschichte längst zur führenden Disziplin auf dem Sektor der Kulturgeschichte gemacht. Grundlegende Erkenntnisse sind ihr zu danken. Demgegenüber besteht ein großer Prozentsatz dessen, was über Musik geschrieben und gesprochen wird, immer noch aus wesenlosen Phrasen, wortgeschmückten Vergleichen, legendären Zieraten. Die zahlreichen Einzeldarstellungen lassen sich in keinen geistigen Gesamtplan einordnen, der etwa, wie in der Nachbardisziplin, immer breitere Allgemeinverbindlichkeit gewönne. Der durch die Kunstgeschichte zu höchster Vollkommenheit sublimierte Stilbegriff ist dem Bewußtsein derer, die sich mit Musik beschäftigen, vielfach noch in seiner wahren Bedeutung unbekannt.[108]

Noch offen war der Name der Kommission, wobei man „Kommission für authentische Werkinterpretation" vorschlug. Im Besonderen zielte man damit darauf ab, einerseits „die alte Musik in richtiger Weise wiederzugeben zu helfen", andererseits die „neue Musik vor Verfälschung zu bewahren." Unter den sich daraus ergebenden Aufgaben war die

> Verfassung von Verlautbarungen, die ohne Eingriff in die Lehrfreiheit der Akademielehrer, die wie bisher hochgehalten werden soll, dennoch gewisse verbindliche Richtlinien für den Unterricht aufstellen, durch die eine im Grundsätzlichen möglichst nicht zu stark abweichende Lehrpraxis gewährleistet werden könnte.

Diese Verlautbarungen sollten möglichst periodisch herausgegeben werden, man dachte auch an eine ständige Rubrik, die der Akademie in der *Österreichischen Musikzeitschrift* zur Verfügung gestellt werden sollte. Als weitere Aufgabe der Kommission nannte man die „Lernmittelsäuberung" durch „Weisungen an die Lehrer [...] mit der Bitte, diese oder jene Ausgaben von Lehrbüchern im Unterricht nicht zu verwenden, weil sie den Lehrzielen der Akademie nicht entsprechen." Als „Krönung der Arbeit" wünschte man sich schlussendlich die Erstellung von kritischen Ausgaben. Praktisch wollte man Veranstaltungen und Diskussionen organisieren, Unterausschüsse bilden, die sich mit den verschiedenen Problemen wie etwa Tempobezeichnungen, Metronom, Appogiaturen usw. befassten und ihre Ergebnisse publizierten. Weiters beschloss man, Otto Erich Deutsch, H. C. Robbins Landon und Andreas Liess als „korrespondierende Mitglieder" einzuladen. Matzenauer übernahm den „Lesedienst", um die Kommission jeweils auf interessante und empfehlenswerte Neuerscheinungen aufmerksam machen. Die wichtigsten Ziele waren also:

> Mitteilung der wichtigsten Publikationen und Ausgaben etc.

---

108 Ebd., S. 290 f.

Festsetzung der in der Akademie zu verwendenden und nicht zu verwendenden Lehr- und
Lernmittel
Klärung von aufführungspraktischen Missverständnissen und Irrtümern
Vorbereitung vorbildlicher Ausgaben.

Zunächst wollte man mit einigen konkreten Arbeitsgebieten beginnen, bei denen mit
kleinen Artikeln aufklärend gewirkt werden konnte, d. h. über Rezitativ, Nomenklatur,
Editionsfehler etc., und instruktive und pädagogisch wichtige Ausgaben vorbereiten.
Sodann wurden Unterausschüsse festgelegt:

Sakralmusik und Alte Musik (Vorbachische Musik)
    Mertin, Eibner, Leonhardt und Scheit
Vokale Fragen
    Graef und Mertin
Theoretische Fragen (Vereinheitlichung der Nomenklatur)
    Uhl, Gmeindl, Eibner und Wlach
Instrumentenkundliche Details
Pianistische Fragen
    Dichler und Eibner
Klassische Sinfonik
    Swarowsky, Gmeindl und Uhl

Der Sitzung folgte wenig später ein Rundschreiben[109] an alle Lehrkräfte der Akademie
mit der Bitte, Literaturempfehlungen abzugeben bzw. anzugeben, welche Lehrmittel
zurzeit verwendet wurden, allerdings mit wenig Erfolg, hatte doch noch im Februar
1955 ein großer Teil der Lehrkräfte diese Anfrage nicht beantwortet.[110] Auch ein zweiter
dringlicher Aufruf[111] brachte nicht das erwartete Ergebnis, da die Fragen von zahlreichen Lehrkräften „zum Teil erstaunlich ahnungslos"[112] beantwortet wurden.
   Wenig ermuntert durch die geringe Unterstützung von Seiten der Kollegenschaft,
entfaltete auch die Stilkommission keine wesentlichen Aktivitäten und im Oktober 1956
stellte Sittner fest, dass bei den Mitgliedern „jegliche Initiative fehlte"[113], mit Ausnahme
Mertins, der ein Werk über die Aufführungspraxis Alter Musik vorbereitet hatte.[114]

---

109 Rundschreiben an alle Lehrkräfte der Akademie, 11.5.1954, Akte „Stilkommission", Archiv mdw.
110 Rundschreiben an alle Lehrkräfte der Akademie, 10.2.1954, Akte „Stilkommission", Archiv mdw.
111 Ebd.
112 Sittner an Eibner, 1.10.1956, Akte „Stilkommission", Archiv mdw.
113 Ebd.
114 [Seit 1957 erschienen seine Beiträge zu diesem Themenkomplex in lockerer Folge in der *ÖMZ*. 1978 veröffentlichte er ein zusammenfassendes Werk: Josef Mertin, *Alte Musik. Wege zur Aufführungspraxis*, Wien

Wegen starker Arbeitsüberlastung betraute Sittner nunmehr Franz Eibner damit, den Vorsitz der Stilkommission zu übernehmen und ehestens eine Sitzung der Mitglieder – Gustav Leonhardt war mittlerweile ausgetreten, Leopold Wlach und Matzenauer verstorben – einzuberufen, eventuell neue Mitglieder zu kooptieren und die Aufnahme der Arbeit durch die Unterausschüsse anzuregen und insbesondere Swarowsky für die Klassik und Eta Harich-Schneider, die anstelle des ausgeschiedenen Leonhardt eingetreten war, für die Vorklassik um Beiträge „anzugehen". Für den Lesedienst beauftragte Sittner Matzenauers Nachfolger Dr. Wolfgang Pernauer.[115]

Am 16. November 1956 trat ein von Sittner berufener, aus dem Initiator Swarowsky, Mertin und Eibner bestehender Dreierausschuss mit der Aufgabe, die Arbeitstreffen vorzubereiten, zu einer Sitzung zusammen, bei der über die personelle Zusammensetzung der Kommission, über ihre Arbeitsweise und über die zunächst vorzunehmenden Gegenstände beraten wurde. Eine geplante zweite Sitzung, bei der man die endgültige Fassung eines Sitzungsprotokolls erstellen wollte, kam jedoch aus terminlichen Gründen nicht zustande, doch

> da die Grundlegung einer so umfassenden und empfindlichen Einrichtung nicht überstürzt werden soll, wenn ihre Arbeit fruchtbar werden soll, ist die weitere Tätigkeit der Kommission von dem erwähnten Zusammentreten des Dreierausschusses abhängig. Da wir während eines kurzen Zwischenaufenthaltes von Herrn Prof. Swarowsky nicht, wie geplant, in den Weihnachtsferien zusammenkommen konnten, müssen wir notgedrungenerweise seine Rückkehr abwarten,[116]

so Eibner. Swarowsky war mittlerweile Chefdirigent des Scottish National Orchestras geworden.

Der Dreierausschuss kam erst im März 1957 wieder zusammen und erarbeitete „Richtlinien für die Stilkommission", die in der ersten Sitzung vorgelegt werden sollten. Nachdem von ihm auch der Vorschlag zur personellen Zusammensetzung der Stilkommission stammte, ersuchte er in der Kommissionssitzung um die Bestätigung oder Ablehnung seiner Funktion. Personelle Veränderungen im Dreierausschuss wurden ab nun der Kommission zur Entscheidung vorgelegt. Die Aufnahme neuer Mitglieder in die Kommission musste einstimmig beantragt werden, ebenso bedurfte es für den Ausschluss eines Mitglieds der Einstimmigkeit. Vor dem Lehrkörper zu haltende Vorträge waren inhaltlich mit dem Dreierausschuss durchzusprechen, um möglichst

---

1978; 2. ergänzte Aufl. hg. von Ingomar Rainer Wien 1986 (Publikationen der Hochschule für Musik und darstellende Kunst Wien 7) – Hg.]
115 Sittner an Pernauer, 1.10.1956, Akte „Stilkommission", Archiv mdw.
116 Eibner an Sittner, 8.1.1957, Akte „Stilkommission", Archiv mdw.

große Objektivität zu gewährleisten, wobei auch Kommissionsmitglieder beigezogen werden konnten. Bei Ablehnung eines Vortrages durch den Dreierausschuss musste das Vortragsthema der Kommission zur Kenntnis gebracht werden. Entschloss sich die Kommission daraufhin, den Vortrag dennoch anzunehmen, war ein neuer Ausschuss zu gründen. Das von Swarowsky, Mertin und Eibner ausgearbeitete und unterzeichnete Papier hatte folgenden Wortlaut:[117]

> Dem deutschen Sprachgebrauch folgend verstehen wir unter Stil a priori die Äußerung der innerkünstlerischen Gesetzmäßigkeit eines Werkes in der wechselseitigen organischen Bezogenheit des Ganzen und der Teile, also den aus der Geistigkeit seines inneren Aufbaues hervorwachsenden Charakter seiner Erscheinung.
>
> Außerdem verstehen wir unter Stil die besondere Richtung des Kunstwollens innerhalb zeitlich ineinander verfließender, jedoch benennbarer Zeiträume, also die Auswirkung zeitbedingter innerer Spannungen, welche über die subjektive Besonderheit des einzelnen Kunstwerkes hinweg befruchtend wirken und Merkmale, die allen Werken gemeinsam sind, in den Vordergrund treten lassen.
>
> Demnach unterscheiden wir zwischen Individual- und Zeitstil.
>
> Die Ergebnisse der Stilkritik auf anderen künstlerischen Gebieten erfordern, ähnliche Methoden immer mehr auch auf dem Gebiete der Musik anzuwenden, sowohl in der werkgerechten Erschließung einer Komposition an sich, als auch in der Erkenntnis der zeitbedingten Merkmale von Schöpfung und Wiedergabe. Die vielen Stile, die heute mehr denn je nebeneinander lebendig wirksam sind, machen zur geistigen Grundlegung der Lehrveranstaltungen einer Musikhochschule daher die Erarbeitung der spezifischen Stilkriterien durch eine Arbeitsgemeinschaft notwendig. Als solche möchte sich die Stilkommission betrachtet wissen.
>
> Sie erblickt ihre Aufgabe demnach in:
>
> 1) einer exakten Aufschließung des Werkinhaltes,
>
> 2) in der Klarstellung der Stilgesinnungen eines Meisters,
>
> 3) in der Aufhellung der Stilkriterien einer Zeit.
>
> Ihre praktische Tätigkeit erstreckt sich auf:
>
> a) Erklärung der einer Stilperiode eigentümlichen und selbstverständlichen Musikauffassung,
>
> b) Pflege der Stimmführungsanalyse in ihrem speziellen Bereich;
>
> c) gültige Formanalyse aller diesen Bereich überschreitender Werke
>
> d) Anwendung der Ergebnisse aus a) bis c) auf Formzusammenhang, Tempo, Vortrag, Instrumentation, Dynamik, Rhythmus, Manieren usw.;
>
> e) praktisch seminaristische Beschäftigung mit Werkgruppen;

---

117 Hans Swarowsky, Franz Eibner, Josef Mertin: Stil und Stilkommission, 3.3.1957, Akte „Stilkommission", Archiv mdw.

f) Korrektur aller nachweisbaren landläufigen Irrtümer in Text und Wiedergabe, sowie
g) Ausmerzung falscher Textstellen, beziehungsweise Neuherausgabe wichtiger Werke;
h) Bezeichnung von Ausgaben, die aus dem praktischen Unterricht zurückzuziehen sind;
i) Publikationen von Arbeiten aller Art auf den vorstehend genannten Gebieten;
j) Erschließung von Hilfsmitteln zur Erfüllung der oben genannten Ziele.

Für Ende des Sommersemesters 1960 plante man drei Symposien zu spezifischen Themen, Barock-Triller (5.7.1960) und Appoggiatur (21.5. und 18.6.1960), doch gibt es keinen Hinweis, ob diese auch tatsächlich stattgefunden haben. Bei der Lehrervollversammlung am 16. Dezember 1960 wurde jedenfalls festgestellt, dass die Stilkommission, „bevor sie mit der eigentlichen Arbeit begonnen habe, entschlafen" sei.[118] Auch Eibner war es nicht gelungen, sie zu stärkerer Aktivität zu bringen. Weiters merkte man an:

> Nach längerer Debatte, in der von verschiedenen Seiten immer wieder die Wichtigkeit der Stilkommission betont wird, stellt Prof. Mertin fest, daß die Arbeit der Kommission durch die Haltung von a.o. Prof. Swarowsky behindert worden sei.[119]

In welcher Weise Swarowsky die Arbeit behindert habe, wurde jedoch nicht näher ausgeführt. Andererseits führte Eibner in einem Schreiben aus:

> Über die Initiative von Herrn Prof. Swarowsky wurde deshalb im Auftrage des Herrn Präsidenten mehrmals der Versuch unternommen, der Stilkommission jene Form zu geben, in der ohne jedes unkünstlerische Oktroi tatkräftig mitgewirkt werden kann, die musikalische Interpretation innerhalb der Akademie durch Zusammenarbeit nach klar erkannten Grundsätzen des Individual- und Zeitstiles der zu interpretierenden Werke zu vereinheitlichen und somit auch das, was Einzelne auf ihrem ureigensten Gebiet erarbeitet haben, allen zugänglich zu machen.[120]

Als viertes Ausschussmitglied wurde schließlich Robert Schollum ernannt und beauftragt, die Bestrebungen der Stilkommission zu koordinieren. Außerdem wurde er als verantwortlicher Schriftleiter für die ins Auge gefassten periodischen Mitteilungen der Stilkommission bestellt.[121]

Offensichtlichstes Problem der Stilkommission war der chronische Zeitmangel ihrer Mitglieder, insbesondere Swarowskys. So merkte etwa Schollum im Januar 1961 vor-

---

118 Protokoll der Lehrervollversammlung, 16.12.1960, Akte „Stilkommission", Archiv mdw.
119 Ebd.
120 23.11.1957, Akte „Stilkommission", Archiv mdw.
121 Sittner an Eibner, Graef, Mertin und Swarowsky, Akte „Stilkommission", Archiv mdw.

wurfsvoll an: „Ein Zusammentritt des Dreierausschusses ist nur möglich, wenn auch der Initiator der ganzen Idee, Herr Prof. Swarowsky, dafür Zeit hat."[122] Wenige Wochen später wandte sich Schollum an Swarowsky mit der Bitte, an den vom Präsidenten geplanten periodischen Veröffentlichungen der Stilkommission mitzuarbeiten. Man beabsichtigte, mit einem Beitrag von Swarowsky zu beginnen, „der Herr Präsident denkt an eine Arbeit über die Frage der Fermatenausführung. In weiterer Folge bitten wir Sie auch, Ihre so reichen Erfahrungen über das Thema der Temporelationen in der Wiener Klassik für die Mitteilungen festzuhalten."[123] Die Beiträge sollten jeweils vier Seiten einschließlich der Notenbeispiele umfassen. Auch Eibner wurde gebeten, einen Text über die Appoggiaturenfrage zu verfassen, wobei die Mitarbeit von Nordberg, Scherlich, Theuring bzw. Schollum selbst vorgeschlagen wurde.[124] Dichler sollte einen Beitrag über „Pianistische Probleme"[125] verfassen und Mertin über „Wichtigste Ornamentik-Grundsätze"[126] (Unterteilungen: Renaissance, Barock, Klassik etc.). Mertin wiederum riet Schollum, sich hierfür Mitarbeiter wie etwa Harich-Schneider und Melkus zu suchen. Ein Publikationsorgan wurde schließlich in der *Österreichischen Musikzeitschrift* gefunden, die erstmals ein ganzes Heft[127] und dann regelmäßig angemessenen Raum in den folgenden Nummern zur Verfügung stellte.[128]

Eine weitere Sitzung des Ausschusses fand am 25. Februar 1961 statt. In diesem Jahr endete Swarowskys Teilnahme an der Stilkommission, vermutlich aus Zeitmangel und aus dem Gefühl heraus, dass die Kommission kein geeignetes Forum war, Aufführungsfragen effizient durchzusetzen, wie folgender im Januar 1961 verfasste Brief an Sittner zeigt, dem wohl nicht die gewünschte Aufforderung folgte:

[W]ir bitten um eine formelle Aufforderung Ihrerseits, die Ausführungen der Manieren in Glucks Iphigenie zum Zwecke ihrer Anwendung bei der bevorstehenden Aufführung nach strengsten Gesichtspunkten festzulegen, um dazu beizutragen, der Vorstellung stilistisch eine der Akademie würdige Form zu geben.

Ich darf bemerken, dass ich selbst seinerzeit die Partitur mit der Alxingerübersetzung (aus den Beständen des Kärntnertortheaters) in der Nationalbibliothek sozusagen entdeckt, nämlich ihrer wirklichen Bedeutung nach gewürdigt habe. Es fehlten mir die Beweise, dass die Änderungen, die ich dem Gefühl nach sofort als vom Komponisten herstammend emp-

---

122 Schollum an Sittner, 21.1.1961, Akte „Stilkommission", Archiv mdw.
123 Schollum an Swarowsky, 6.2.1961, Akte „Stilkommission", Archiv mdw.
124 Schollum an Eibner, 6.2.1961, Akte „Stilkommission", Archiv mdw.
125 Schollum an Dichler, 6.2.1961, Akte „Stilkommission", Archiv mdw.
126 Schollum an Mertin, 6.2.1961, Akte „Stilkommission", Archiv mdw.
127 ÖMZ 16 (1961), H. 11 (November) mit Beiträgen von Josef Mertin, Nikolaus Harnoncourt, Carl Nemeth, Josef Klima und Walter Szmolyan.
128 Sittner an Elisabeth Lafite, 1961, Akte „Stilkommission", Archiv mdw.

fand, auch wirklich von Gluck seien. Da fand Müller Blattau kleine Handschriftzettel von Gluck, Rezitative, die bei näherer Betrachtung mit deutschem Iphigenie-Text versehen waren. Ein Vergleich ergab, dass es sich um autographe Stellen aus der Alxingerpartitur handelte und der Beweis war geliefert. Ich entdeckte auch das Buch in Alxingers gesammelten Werken (Wien, Allishausser, 1811). Es war somit der Beweis geliefert, dass ein grosser Meister die Musik lieber geändert hat, um sie einer Übersetzung zu adaptieren, als eine blödsinnige Deklamation bei Streckung des Textes unter vorhandene Noten zu gestatten – ein erster Schritt zur Herrschaft des Textes über die Musik in der deutschen Oper. Die Reichsstelle für Musikbearbeitung gab mir den Auftrag der Bearbeitung, es kam aber nicht mehr dazu. Nun hat M. B. die Ausgabe selbständig veranstaltet.

Ich möchte noch erwähnen, dass ich Mitherausgeber der neuen Kritischen Gesamtausgabe – also gewiss kompetent bin. Diese erscheint im Bärenreiter Verlag, wo auch die Alxingerfassung aufgenommen wird. Wir haben bis jetzt Orfeo und die Pilgrime. Ich bearbeite derzeit soeben die Iphigenie in Tauris, die neben der Alxingerfassung in der ersten Fassung mit meiner Verdeutschung erscheint.

Bitte also um einen Brief, in welchem Eibner, Mertin, Swarowsky den Auftrag erhalten, unverzüglich die Manieren nach strengen historischen Grundsätzen festzustellen. Sie wissen wohl, dass diese Prinzipien bei Gluck anders sind, da er sozusagen den Harlekin aus der Komödie vertrieben, d.h. die freien Sängermanieren abgeschafft und nur die rein musikalisch bedingten zugelassen hat – ein Vorläufer der jüdischen Generalmusikdirektoren mit ihrem Zweiunddreissigstel- und Pianissimo-Fimmel."[129]

Bad Ausseer Festwochen

1947 wurden die Ausseer Festwochen, „Die Musikfestwochen der österreichischen Jugend", ins Leben gerufen. Es handelte sich dabei um eine Vereinigung der jeweils besten Dirigenten, Vokal- und Instrumentalsolisten der österreichischen Musikhochschulen Wien, Graz und Salzburg, die zu einem „edlen Wettstreit und Kräftemessen" antraten. Künstlerischer Gesamtleiter der Festwochen war Hans Swarowsky. Ihr Ziel war kein geringeres, als

> der ganzen Welt durch die künstlerische Jugend [zu] beweisen, daß Österreich als wiedergeborener Staat zu demjenigen Land wurde, das es schon seit Jahrhunderten vor den beiden Weltkriegen gewesen war, ein Kulturland, das Land der Kunst, das Land der Musik und das Land des Gesangs.

---

129 Swarowsky an Sittner, 19.1.1961, Archiv mdw.

Um die „Einheit des wiedererstandenen Staates Österreich in der Einheit seiner Kunst" zu demonstrieren, nahmen im ersten Jahr Studierende von Musikschulen in Wien, Graz, Linz, Klagenfurt, Innsbruck und Salzburg teil, bereits im zweiten Jahr gesellten sich Gäste aus dem Ausland hinzu. Bei den, wie allseits bescheinigt wurde, hervorragenden Konzerten – u. a. unter der Leitung von Hans Swarowsky – traten Schüler als Solisten und Dirigenten auf, von denen einige bald darauf Weltruhm erlangen sollten, wie etwa Alfred Brendel, Paul Badura-Skoda, Leonie Rysanek, Walter Berry, Alexander Jenner und Zubin Mehta. Im ersten Jahr entsandte alleine die Wiener Musikakademie 89 Schüler, wobei die organisatorischen Probleme nicht zu unterschätzen waren: Der 15-stündige Transport von Wien nach Aussee, die Durchfahrt durch unterschiedliche Besatzungszonen, vor allem aber die Sicherstellung der Lebensmittel brachten die Veranstalter nicht selten zur Verzweiflung.

Die ersten Festwochen fanden vom 13. bis 27. Juli 1947 mit 14 Konzerten unter der künstlerischen Gesamtleitung Swarowskys statt – drei davon dirigierte er selbst und bot darüber hinaus eine Reihe von Vorträgen an. Einige der Konzerte wurden von der Ravag bzw. vom Sender Rot-Weiß-Rot direkt übertragen.

Die „Festwochen der Musikstudierenden Österreichs" wurden bis 1956 unter Swarowskys künstlerischer Leitung abgehalten und boten dem Künstlernachwuchs die Möglichkeit, erstklassige Aufführungen mit in- und ausländischen KollegInnen zu erarbeiten und sich der Öffentlichkeit zu präsentieren. Bei der Eröffnung der vorletzten Ausseer Festwochen im Juli 1955 maß der Vertreter des steirischen Landeshauptmannes der Veranstaltung repräsentativen Wert bei:

Wenn Österreich auch seine weltbeherrschende Großmachtstellung im Laufe der vergangenen Jahrzehnte eingebüßt hat, so ist doch die Großmachtstellung des Landes auf kulturellem Gebiet nicht gebrochen und wird auf ewige Zeiten andauern.

Gründung 1947

Die Idee zu den „Ausseer Festwochen der Musikstudierenden Österreichs" ging im Wesentlichen auf die Initiative des Bad Ausseer Kurdirektors Emil Oesterley zurück. Oesterley hatte nicht zuletzt aufgrund seines verwandtschaftlichen Verhältnisses zu Henny Kienzl, Witwe des 1941 verstorbenen Komponisten Wilhelm Kienzl und Librettistin seiner letzten drei Opern, einen starken Bezug zur Musik. So schwebte denn auch Kienzls Geist über den Festwochen, die nicht zuletzt seine Musik würdig vertraten.

Im Juli 1946 gab es erste gemeinsame Gespräche zwischen Kurdirektor Emil Oesterley, Akademiepräsident Dr. Ernst Sittner und Sektionsrat Dr. Ernst Mayer vom Bundesministerium für Unterricht auf der Eselsbachfarm in Bad Aussee. Anlässlich dieses Treffens betonte Oesterley in einem Schreiben an Sittner: „Es ist mein herzlichster Wunsch, dass diese Jugendfestwochen zustande kommen und bitte Sie recht sehr, mich zu unterstützen."¹³⁰ Der Plan fand in der Akademie „begeisterte Zustimmung"¹³¹ und man begann umgehend mit den Vorbereitungen. Als künstlerischen Oberleiter ernannte man den Leiter der Kapellmeisterschule Hans Swarowsky und den Leiter der Streicherkammermusik Gottfried Feist als dessen Stellvertreter. Die organisatorische Leitung übernahm Emil Oesterley. Die Programmbildung war Aufgabe des künstlerischen Leiters im Einvernehmen mit der Kurverwaltung, um bestmöglich auf das örtliche Publikum eingehen zu können. Hauptziel der Festwochen¹³² war die künstlerische Förderung der österreichischen Musikstudierenden, die – in räumlicher und zeitlicher Nachbarschaft zu den Salzburger Festspielen –, die Gelegenheit erhalten sollten, ihre Begabung, losgelöst vom Schulapparat, der Öffentlichkeit zu zeigen. Die jugendlichen Teilnehmer sollten nebenbei auch davon profitieren, im Salzkammergut kostenlos „ein wenig seelische und körperliche Erholung" zu finden. Überdies plante man, durch geeignete Vorträge „fachlicher und weltanschaulicher Natur" eine Art Schulung abzuhalten. Mit der Vereinigung von Musikstudierenden aus ganz Österreich wollte man das

> in seinen geeinten Gliedern wieder erstandene Österreich in künstlerischem Zusammenwirken verkörpern. Nach einem Winter härtester Anforderungen durch Hunger, Kälte und Krankheit will unser künstlerischer Nachwuchs zeigen, daß er bereit ist, in zäher Ausdauer den Ruhm unseres Heimatlandes auf dem Gebiete der Musik neu zu begründen und zu mehren. Und so wie unsere österreichischen Vertreter bei den letzten internationalen Wettbewerben im Ausland trotz bedeutend ungünstigeren materiellen Voraussetzungen gegen schärfste Konkurrenz ehrenvoll bestanden haben, so soll hier der Heimat selbst Zeugnis von dem unbeugsamen Bildungswillen unserer begabten Jugend abgelegt werden, mit der sie als unsere stärkste Hoffnung am friedlichen Aufbau österreichischer Kultur teilnimmt.¹³³

Die zweiwöchigen Festwochen fanden von 13. bis 27. Juli statt, mit einer vorangehenden Vorbereitungswoche vor Ort. Als Anreisetag wurde der 5. Juli festgesetzt, für den 13. Juli das Eröffnungskonzert anberaumt. Bei den letztendlich 15 Vorstellungen – Symphonie-, Opern- und Operettenkonzerte sowie Solo- und Kammermusikabende – sah man 40 Orchestermusiker, sämtlich Studierende der Akademie für Musik und darstellende Kunst, und etwa 20 Solisten aus Wien und den Bundesländern – die „allerbesten und repräsentativsten Schüler"¹³⁴ aller Musikakademien und -konservatorien Österreichs (Mozarteum Salzburg, Konservatorium der Stadt Wien, Landeskonservatorium Graz,

---

130 Oesterley an Sittner, 27.10.1946, Akte „Bad Aussee", Archiv mdw.
131 Sittner an das Bundesministerium, 22.11.1946, Akte „Bad Aussee", Archiv mdw.
132 Bundesminister für Unterricht Hurdes an Sittner, 4.1.1947, Akte „Bad Aussee", Archiv mdw.
133 Geleitwort von Bundesminister Dr. Felix Hurdes, *Prospekt der Festwochen der Musikstudierenden Österreichs 1947*, Akte „Bad Aussee", Archiv mdw.
134 Bundesminister für Unterricht Hurdes an Sittner, 4.1.1947, Akte „Bad Aussee", Archiv mdw.

Bruckner-Konservatorium Linz, Konservatorien Innsbruck und Klagenfurt) – vor. Dazu kamen die künstlerischen Leiter, ein Orchesterwart und einige Lehrkräfte, die privat nach Aussee kamen, um dem Ereignis beizuwohnen. Die Kurverwaltung Bad Aussee verpflichtete sich, Fahrtkosten, Unterkunft und Verpflegung bzw. den Transport von Gepäck und Instrumenten aller Teilnehmer zu finanzieren[135], allerdings mussten die Studenten dafür ihre Wiener Lebensmittelkarten abgeben. Man versprach „eine gut bürgerliche Verpflegung den Markenmengen entsprechend", allerdings wurde den Studenten nahegelegt, „sich mit dem Ernährungsamt Linz in Verbindung zu setzen, um zusätzliche Verpflegung für die Dauer des hiesigen Aufenthaltes zu erhalten."[136] Die SPÖ Bad Aussee spendete 2.000 Schilling aus ihrem Kulturfonds[137] und der Bundesminister für Unterricht, Dr. Felix Hurdes, erklärte sich bereit, die Festwochen, die bei Erfolg als ständige Einrichtung geplant waren, probeweise für das Jahr 1947 durchzuführen und für die Kosten der Werbung in den Tageszeitungen eine Subvention aus dem Kunstförderungsfonds zur Verfügung zu stellen.[138] Im Gegenzug hoffte die Gemeinde Bad Aussee, mit einem attraktiven Konzertangebot den Fremdenverkehr anzukurbeln. Aus den Erlösen des Kartenverkaufs erhielt die Gemeinde lediglich 10 % der Bruttoeinnahmen als Lustbarkeitssteuer, die Kurverwaltung 10 % der Bruttoeinnahmen für allgemeine Kosten – Saalmiete, Licht, Bedienung, Kartenvorverkauf, Drucksachen, Plakatierung etc. Der Restbetrag sollte am Schluss der Festwochen, nach Abzug aller Spesen wie Reisegelder, Verpflegung und Quartier, den Studierenden zugutekommen. Die Kurverwaltung sah die Aktion nicht als Geschäft, sondern als „Verpflichtung der österreichischen Musikerjugend gegenüber ebenso wie den Nachwuchs zu fördern, aber auch im Sinne der Fremdenverkehrswerbung."[139]

Ein Schreiben Sittners an Oesterley zeigt die Lage der Musikstudenten in der unmittelbaren von Ernährungsengpässen und Pioniergeist geprägten Nachkriegszeit.

Wir müssen bei der Programmgestaltung vor allem auf die von unserem erst im Anfangsstadium eines völligen Neuaufbaues begriffenen Akademie-Orchester zu erwartenden Möglichkeiten Rücksicht nehmen. Diese sind nach zwei Richtungen hin noch beschränkt. Erstens erlaubt die von Ihnen zugestandene Zahl von Orchestermusikern nur eine Besetzung, bei der nur gewisse Werke, andere nur ausnahmsweise unter besonderer Einrichtung (die künstlerisch natürlich immer bedenklich ist), aufgeführt werden können. Dazu gehören gerade die

---

135 Kurverwaltung Bad Aussee, Josef Neumann, an Dr. Ernst Mayer, Bundesministerium für Unterricht, 27.10.1946, Akte „Bad Aussee", Archiv mdw.
136 Ebd.
137 Ebd.
138 Bundesminister für Unterricht Hurdes an Sittner, Wien 4.1.1947, Akte „Bad Aussee", Archiv mdw.
139 Kurverwaltung Bad Aussee, Josef Neumann, an Dr. Ernst Mayer, Bundesministerium für Unterricht, 27.10.1946, Akte „Bad Aussee", Archiv mdw.

von Ihnen vorzugsweise genannten „leichteren Werke", also Operetten- und Walzermusik. Das trifft besonders für die Besetzung des Blechs, in erster Linie Hörner und Posaunen, zu.

Zweitens ist der Nachwuchs, besonders in den Bläserklassen, ein zahlenmäßig und qualitativ derartig bescheidener, dass auch aus diesem Grunde grundsätzliche Beschränkungen nötig sind. Schließlich läßt die verhältnismäßige Kürze der [...] zur Einstudierung der für Aussee in Aussicht genommenen Werke zur Verfügung stehenden Zeit, verbunden mit dem katastrophalen Ernährungszustand der Wiener Jugend und manchen anderen Dingen, Konzentrierung auf ein allzu grosses Programm nicht zu. Last not least müssen wir unter allen Umständen ein gewisses künstlerisches Niveau einhalten und können daher keinesfalls so freizügig in der Programmgestaltung vorgehen, wie irgendein Berufsorchester.[140]

In monatelanger intensivster Arbeit wurde das Festprogramm im Einvernehmen mit den Direktoren der österreichischen Konservatorien zusammengestellt, dessen größten Anteil die Wiener Akademie trug, nämlich in der Stellung des Orchesters und unter anderen Solisten einer Gruppe von Sängern und Sängerinnen. Die künstlerische Leitung, soweit es sich um die Orchesterkonzerte handelte, lag in den Händen von Hans Swarowsky, der auch die Programme zusammenstellte, die der kammermusikalischen Abende bei Gottfried Feist und die des Opernfragmentabends bei Kammersänger Josef Witt. Die Leiter der übrigen Musikanstalten Österreichs (Mozarteum Salzburg, Konservatorien in Linz, Klagenfurt, Innsbruck und Wien) zeichneten für die Darbietungen der von ihnen benannten Gesangs- und Instrumentalsolisten verantwortlich. Unterrichtsminister Felix Hurdes und der oberösterreichische Landeshauptmann Gleißner übernahmen den Ehrenschutz über die Veranstaltungen, die technische Durchführung oblag dem Kurdirektor von Bad Aussee.

Nach Überwindung aller Schwierigkeiten, die wegen der Unterbringung der Musikstudenten in Bad Aussee zutage getreten waren, blieb bis zuletzt die sehr wichtige und für die Veranstaltung selbst ausschlaggebende Frage der ausreichenden Verpflegung für die Teilnehmer offen. Man ließ nichts unversucht, um zusätzliche Lebensmittel zu beschaffen. Unterstützung erhielt man von der amerikanischen Besatzungsarmee. Thomas Benner, Chief of Education Division, stellte den Kontakt zum internationalen Roten Kreuz mit Sitz in der Liechtensteingasse 49 für „food supplies wich may be obtainable for the summer music camp"[141] her.

Die Festwochen trafen nicht nur beim örtlichen Publikum auf Interesse, sondern fanden auch großen Anklang in den Medien. Der Sender Rot-Weiss-Rot übertrug vier Konzerte und zwar das 1. Symphoniekonzert, den Opernfragmentabend und zwei Kammermusikabende. Für die Aufnahmen verantwortlich zeichnete der Salzburger Kapell-

---

140 Sittner an Oesterley, 12.12.1946, Akte „Bad Aussee", Archiv mdw.
141 Thomas E. Benner an Sittner, 30.6.1947, Akte „Bad Aussee", Archiv mdw.

meister Emmerich Zöllner.[142] Weiterhin plante der Filmemacher Eberhard Frowein[143], einen Dokumentarfilm der Konzerte mit dem Akademieorchester zu drehen. Frowein hatte zusammen mit Henny Kienzl das Skript für den Film *Chronik von Aussee* verfasst. 1941 hatte er unter anderem am Propagandafilm *Ich klage an*[144] (Regie: Wolfgang Liebeneiner) mitgewirkt, doch sprach sich Oesterley für Frowein aus: „Im Herzen ist er kein Nazi wenn auch der Film tendenziös war."[145] Später drehte Frowein den Dokumentarfilm *Meisterdirigenten am Pult* (1954). Frowein selbst beschrieb sein Anliegen folgendermaßen:

> In der Comedia-Tonfilm G.m.b.H. habe ich vor Jahren Musik-Vorprogrammfilme hergestellt, die einen grossen Erfolg hatten. Es wurden insbesondere Ouverturen von bekannten Orchestern gespielt, mit berühmten Dirigenten aufgenommen.
>
> Eine solche Aufnahme bedeutet die Lebendigmachung der Partitur, weil stets die Musikergruppen aufgenommen werden, die führend die Melodie tragen. Besonders interessant ist es auch den Dirigenten zu sehen, wie er selbst von dem Musikwerk ergriffen das Orchester mit sich reisst, ein Anblick, den der Konzertbesucher so klar nie haben kann. Ein solcher Film darf nicht länger als 10–12 Minuten dauern, da er als Vorprogramm laufen soll.
>
> Ich würde gern eine solche Aufnahme mit dem Akademieorchester machen. Sie würde ungefähr drei bis vier Stunden in Anspruch nehmen. Kameramann und Tonwagen würden aus Salzburg kommen. Zu gleicher Zeit könnten sie, wie ich schon besprochen habe, Aufnahmen für die Wochenschauen machen.[146]

Es fanden sich leider keine Hinweise, ob der Film tatsächlich gedreht wurde.

Die ersten Ausseer Festwochen 1947 wurden ein voller künstlerischer Erfolg und trotz vieler Pannen und Schwierigkeiten war der Startschuss gesetzt für eine Veranstaltung, die bis 1956 mit großem Wirkungsradius stattfinden sollte. Zu den Pannen gehörten u.a. die vielen Unfälle und Krankheiten von Teilnehmern, wie Präsident Sittner am zweiten Konzerttag berichtete:

---

142 Oesterley an Sittner, 31.5.1947, Akte „Bad Aussee", Archiv mdw.
143 1881 Elberfelde/Wuppertal – 1964 Altaussee.
144 Der Film *Ich klage an* (1941) entstand nach der Romanvorlage von Frowein und unter seiner Mitarbeit am Drehbuch; er sollte für die „Aktion T4" – Tötung von geistig und körperlich behinderten sowie psychisch kranken Menschen – um Akzeptanz bei der Bevölkerung werben. Der Film bildet den Höhepunkt der nationalsozialistischen Euthanasie-Propaganda; er transportiert auf melodramatische Art und Weise die Ideologie, „lebensunwertes Leben" aus der Gesellschaft zu eliminieren. Das wird im Film als humane Sterbehilfe getarnt (http://www.murnau-stiftung.de/movie/411; https://www.europa.clio-online.de/quelle/id/q63-28567 [19.8.2021]).
145 Oesterley an Sittner, 27.5.1947, Akte „Bad Aussee", Archiv mdw.
146 Eberhard Frowein an Oesterley, 27.5.1947, Akte „Bad Aussee", Archiv mdw.

Hier gab es und gibt es noch unendlich viel Arbeit im Zusammenhang mit den Festwochen, beinahe jeder Tag brachte irgendein Unglück oder eine Schwierigkeit. Einmal bekam ein Bassist Sehnenscheidenentzündung, wodurch er 8 Tage nicht spielen kann, dann ersoffen um ein Haar gleich 5 Orchestermitglieder im Grundlsee beim Segeln, ein anderer schnitt sich das Daumenkappel weg. Das ist aber nur eine ganz kleine Auslese all der Katastrophen und Schwierigkeiten, deren wir hier Herr werden müssen und wir sind es geworden dank der geradezu aufopfernden und vorbildlichen Mitarbeit von Frau Dr. Placht und Herrn Bocklet, ohne die ich nicht gewusst hätte, wie wir alle organisatorischen Aufgaben gelöst hätten, denn die Kurverwaltung hier ist zwar von rührendem Idealismus, gleichzeitig aber von ebenso rührender Unbeholfenheit.[147]

Auch die Verpflegung gestaltete sich, wie man befürchtet hatte, als schwierig, und die Teilnehmer mussten zeitweise hungrig musizieren:

Die Verpflegung ist immer noch besser als anderswo, wenngleich infolge des schrecklichen Kartoffelmangels nicht so reichlich, wie wir es uns wünschen würden. Schliesslich macht Gebirgsluft, Baden und Herumsteigen hungrig, auch muss ziemlich viel geprobt werden, und da hätte ich schon gerne noch eine reichlichere Verpflegung gewünscht. Wir müssen aber bei der augenblicklich schrecklich schlechten Lage zufrieden sein, dass es so ist.[148]

Gegen Ende der Festwochen klagte Sittner:

Wir haben alle abgenommen, da die Verpflegung doch nicht so ausreichend ist, wie sie sein sollte und die Arbeit, sowie die starke Luft hier eher zehren. Die Gegend und zum Teil auch das Wetter sind so schön, dass man gerne manches hinnimmt.[149]

An anderer Stelle berichtete Sittner von weiteren Zwischenfällen der offensichtlich zu Verletzungen und Krankheiten neigenden Teilnehmer, die indirekt auch Swarowsky betrafen:

Einmal gibt es keine Kohle zum Kochen und Brotbacken, dann keine Kartoffel, täglich erkrankt ein Teilnehmer an irgendetwas anderem, heute stürzte eine 2. Geigerin über eine Stiege und spaltete sich die Oberlippe nebst sonstigen Verletzungen. Frau Hofrat Meyer erlitt gestern einen Gallensteinanfall, die Schwiegermutter Swarowskys ebenfalls gestern

---

147 Sittner an Regierungsrat [Name in Briefkopie nicht enthalten], 14.7.1947, Akte „Bad Aussee", Archiv mdw.
148 Ebd.
149 Sittner an Dr. Peter Lafite, Bundesministerium für Unterricht, 23.7.1947, Akte „Bad Aussee", Archiv mdw.

eine Nierenkolik, mehr als 1 Dutzend Teilnehmer leiden an Durchfall, […] Prohaska hat einen Abszess im Hals […] usw.[150]

Die Festwochen wurden am 13. Juli mit dem 1. Symphoniekonzert nebst Ansprachen des Bürgermeisters, Kurdirektors und des Vertreters des Unterrichtsministers feierlich eröffnet. Es spielten das Orchester der Wiener Akademie und der Klarinettist Friedrich Waldstätter vom Mozarteum Salzburg unter der Leitung von Hans Swarowsky. Auf dem Programm stand die Symphonie Nr. 39 in Es-Dur von Mozart, ein Klarinettenkonzert von Weber und die 5. Symphonie von Beethoven. Das Konzert wurde direkt durch den Sender Rot-Weiß-Rot auf Platte aufgenommen; es

> war fast ausverkauft und wurde geradezu ein triumphaler Erfolg! Das sehr zurückhaltende Publikum wollte nicht weggehen und klatschte, rief und trampelte unaufhörlich. Wir hatten alle grosse Freude, das Orchester spielte aber auch wirklich gut, besonders die Beethoven-Symphonie. Sie werden mit jedem Tag besser. Schade, dass ein paar wenige Leute mitgenommen werden mussten, die unzulänglich sind, sonst hätten wir absolut erstklassiges Niveau[151],

berichtete Sittner voll Stolz. Auch Swarowsky war von der Leistung seiner Studenten und der Zusammenarbeit mit ihnen begeistert, selbst die Philharmoniker konnten aus Traditionsgründen dem Vergleich seiner Meinung nach nicht standhalten:

> Mein erstes Konzert ist vorgestern gewesen, ein Triumph, wie man ihn mit einem Berufsorchester nie haben kann. Die Kinder spielen herrlich, weil jede Note geübt ist, jeder Bogenstrich genau ausgewogen, – und schließlich jede Auffassung ganz ohne festgewachsene „Tradition" durchgesetzt werden kann, also ganz mein Wille, meine Tempi, mein Ausdruck – und die Metronome Beethovens! Jedes Berufsorchester setzt diesen Metronomen Widerstand entgegen. Und was war der Erfolg? Die größten Kenner sagten: Das war Beethoven!! In Wien spielten die Schweine von Philharmonikern und die geringeren (aber leider schlecht spielenden) Symphoniker zwar meine (Beethovens) Tempi – aber ohne Übersetzung, also mit nicht dazugehörigem Ausdruck (z. B. rascheres Tempo mit dickem espressivo-Ton, anstatt leicht und schwebend, schmalzlos vergeistigt), und das war in Wien mein Ruin, deshalb muss ich die Stadt verlassen. Die Grazer wieder müssen spielen wie ich will, aber sie können zu wenig …
> Hier konnte ich in der V. diese wunderbare Tempobeziehung zwischen 2. und 3. Satz voll durchführen. Manchmal den 2. nach dem Metronom – aber mit ganz wenig Bogen im Cello das Thema, ganz ohne Druck, wirklich piano, schwebend in der Tongebung, vor-

---

150 Sittner an Magda Leb, Akademie, 18.7.1947, Akte „Bad Aussee", Archiv mdw.
151 Sittner an Regierungsrat [Name in Briefkopie nicht enthalten], 14.7.1947, Akte „Bad Aussee", Archiv mdw.

nehm – ohne Einbrenn (die Philharmoniker sind auf mich noch böse, weil ich sie das Einbrenn-Orchester (wegen ihrer dicken „Klang"schwelgerei!) genannt habe.) Das Metronom des dritten Satzes ist mit einer geringfügigen Abweichung ganze Takte = einem Achtel des ⅜ Takts vom 2. Satz! Mach einmal genau diese Relation. Wie schwebend und zusammengefasst in der weitgeschwungenen Melodie (sodass man sie als Einheit überschauen kann und nicht als Breckerlwerk von schönen Motiven, die immer wieder – fälschlich! – „anheben" und „abklingen"!!!) dann der 2. Satz wird – wie ruhig und ernst der 3. – der kein Scherzo (wenn auch Scherzo„form") ist – gerät! Das sind die höheren Geheimnisse der Musik, so ausgeübt ist sie ein Bezirk des Geistigen. Das sind die beiden Pole: Tschaikowsky und Beethoven. (In Wien habe ich mich überall unbeliebt gemacht, bei den Russen mit dem Satz: „Man darf Beethoven nicht wie Brahms spielen, und Brahms nicht wie Tschaikowsky – und Tschaikowsky darf man überhaupt nicht spielen.")[152]

Auch Sittner war mit Swarowsky sehr zufrieden, der mit dem Studentenorchester sichtlich in seinem Element war und den Grundstein für seine pädagogische Berühmtheit legte:

Swarowsky hat sich hier sehr zu seinem Vorteil entwickelt und sehr schön mit dem Orchester gearbeitet, auch dem Publikum hat er sehr gefallen. Unser lieber Feist ist natürlich über jedes Lob erhaben. Auch Gallos gefällt es hier so gut, dass er seine Schallerbacher Wochen abgesagt hat und beschloss, die ganzen 3 Wochen hier zu bleiben! So haben wir einen netten, gemütlichen Kreis beisammen.[153]

Am 14. Juli gab es den 1. Solo- und Kammermusikabend mit den Solisten Norbert Hartl (Klavier) und Otto Krenner (Cello), mit sehr gutem Erfolg.[154] Das zweite Konzert unter der Leitung Swarowskys am 15. Juli (Wiederholung am 20. Juli) – er reiste zwischenzeitlich nach Graz, um *Ariadne auf Naxos* bei den Grazer Festwochen zu dirigieren – war ein gemischtes Opern-, Operetten- und Orchesterkonzert. Neben den Ouvertüren zu Mendelssohns *Sommernachtstraum* und Mozarts *Die Entführung aus dem Serail* gab es Opern- und Operettenarien von Weber, Kienzl, Mozart, Gluck, Millöcker und Strauß mit Gesangssolisten und Konzertmeister Walter Puschacher (Violine). Es gab großen Erfolg besonders für Lilian Benningsen aus Bad Aussee und Puschacher, ebenso für die übrigen Sängerinnen und Sänger. Der Saal war ausverkauft.[155] Nach den ersten Konzerten resümierte Sittner:

---

152 Hans Swarowsky an Anton Swarowsky, 10.7.1947, NlAS.
153 Sittner an Regierungsrat [Name in Briefkopie nicht enthalten], 14.7.1947, Akte „Bad Aussee", Archiv mdw.
154 *Bericht über die Ausseer Festwochen der Musikstudierenden Österreichs vom 13. bis 27. Juli 1947*, Akte „Bad Aussee", Archiv mdw.
155 Ebd.

> Die bisherigen 4 Konzerte wurden ein geradezu überwältigender Erfolg! Fast immer ausverkauft, ein sehr distinguiertes kunstsinniges Publikum (Sie persönlich würden Ihre besondere Freude an den vielen „Fürstchen" und Prinzessinnen aller Schattierungen und Nationalitäten haben), sehr gute Leistungen, besonders unser zu Hochform anlaufendes Orchester, unsere Bläser zum küssen, Feist ist rührend und hält die Bande zusammen, Swarowsky ist wie ausgewechselt und begeistert hier das Orchester ebenso wie das Publikum, kurz der ideelle Erfolg ist bisher über alle Erwartungen gross.[156]

Nach einem von Dr. Reichert begleiteten Liederabend am 16. Juli, einem Ballettabend der Linzer Kammertanzgruppe – die „grotesken Tänze" fanden geringe Zustimmung[157] – und dem 2. Solo- und Kammermusikabend – u. a. spielte Paul Badura-Skoda, dazumal noch Student des Konservatoriums der Stadt Wien, mit großem Erfolg Chopin und Beethoven – folgte am 19. Juli das 2. Symphonie-Konzert des Akademieorchesters unter Swarowsky. Gespielt wurde die 5. Symphonie von Schubert, die Swarowsky das Orchester alleine spielen ließ, Haydns Londoner Symphonie Nr. 104 und Mozarts Klavierkonzert in A-Dur KV 488 mit der erst vierzehnjährigen Solistin Grete Scherzer vom Konservatorium in Klagenfurt, Preisträgerin beim österreichischen Musikwettbewerb 1947. Wieder schwärmte Sittner von Swarowskys Orchesterarbeit:

> Das letzte Orchesterkonzert, bei dem der Landeshauptmann [von Oberösterreich Dr. Gleißner] anwesend und ausser sich vor Begeisterung war, brachte die Schubert-Symphonie, die vom Orchester ohne Dirigenten überaus exakt und ohne Temposchwankungen und mit bemerkenswerter dynamischer Schattierung gespielt wurde, und die Haydn-Symphonie, die ich mir tatsächlich schwer viel besser ausgeführt denken kann. Auch die kleine Scherzer aus Klagenfurt hatte großen Erfolg. Wir sind ständig ausverkauft und müssen heute ein Nachmittagskonzert einschieben. Auch die Kammermusik-Abende, der Liederabend, hatten grossen Erfolg und waren fast voll.[158]

Ein weiteres Konzert unter Swarowskys Leitung gab es am 22. Juli mit Orchesterwerken und Arien der jeweils vorangegangenen Konzerte (Beethoven, Mendelssohn, Strauß, Lehár, Millöcker und Mozart) für Ischler und Gmundner Gäste, die jedoch fast ausblieben. So gab es wenig Publikum. In höchsten Tönen schwärmte Sittner in seinen Berichten aus Bad Aussee über die schönen Erfolge der Konzerte. Er staunte,

---

156 Sittner an Magda Leb, Akademie, 18.7.1947, Akte „Bad Aussee", Archiv mdw.
157 *Bericht über die Ausseer Festwochen* (Anm. 154).
158 Sittner an Regierungsrat [Name in Briefkopie nicht enthalten], 22.7.1947, Akte „Bad Aussee", Archiv mdw.

wie unsere Veranstaltungsreihe erfolgsmässig im stetigen Ansteigen begriffen ist und so alle Bemühungen reichlich belohnt werden. Ein Herr sagte mir, wir seien hierher gekommen als Schülerorchester, hatten beim ersten Konzert gespielt wie die Symphoniker und würden heimkehren als Philharmoniker. Das ist nun etwas übertrieben, aber es kennzeichnet ungefähr die Entwicklung, die das Orchester bei der regelmässigen Arbeit hier genommen hat.[159]

Weitere Konzerte waren ein Solo- und Kammermusikabend (22. Juli), das 3. Symphoniekonzert (23. Juli) unter der Leitung von Feist, Musik auf zwei Klavieren (24. Juli), die jedoch vom Publikum zum Teil als eintönig empfunden wurde, „Fröhliche und virtuose Musik" (25. Juli) mit Instrumental- und Gesangssolisten – völlig unverstanden blieb Uhls *Kleines Konzert* –, schließlich Opernakte und -fragmente aus *Bohème* und *Figaros Hochzeit* in Anwesenheit des Unterrichtsministers Hurdes mit feierlichem Empfang.

Am 27. Juli gab es eine große Abschiedsfeier im Kurhaussaal mit Ansprachen Hofrat Meyers, des Kurdirektors Oesterley, des Bürgermeisters und des Präsidenten der Musikakademie. Zum Abschied wurde von Bürgermeister Neumann ein Festessen im Gasthof Steirerhof veranstaltet. Für die Reise wurden von Einheimischen Nahrungsmittel als Reiseproviant gesammelt, verschiedene Geldspenden waren eingegangen, die bei der Preisverteilung mitverteilt wurden. Es wurden Preise im Wert von über 2.000 Schilling vergeben. Der 1. Preis ging an Sänger Walter Puschacher (260 Schilling), weitere Preise an Kurt Wehofschitz (150 S), die Sängerinnen Verena Parma (100 S), Irene Patay, Lilian Benningsen (je 50 S), den Sänger Friedrich Nidetzky (25 S), Sängerin Linde Birnhuber (25 S), ferner an Inge Mayerhofer (50 S), Norbert Hartl (25 S), Grete Scherzer (100 S), Friedrich Waldstätter (50 S), Rudolf Bibl (25 S) und das Orchester (zusammen 1500 S).

Die von Oberstaatsbibliothekar Prof. Dr. Donath verfassten Einführungen in die verschiedenen Orchester- und Kammerkonzerte wurden im *Demokratischen Volksblatt*, Spalte „Ausseer Land" jeweils am Tag des betreffenden Konzertes abgedruckt. Die u.a. von Swarowsky gehaltenen Vorträge wurden von keinem einzigen Musikstudierenden besucht, die Zuhörerzahl war immer sehr klein. Die während der Dauer des Aufenthalts in Bad Aussee vorgesehenen Ausflüge, Führungen und dergleichen mussten zum größten Teil unterbleiben, es wurde lediglich eine Führung durch die Salinen veranstaltet und eine kleine Gruppe begab sich in das Salzbergwerk nach Alt Aussee-Loser.

Alle Beteiligten konnten durch die Ausseer Festwochen in jedem Fall eine reichhaltige Zeit erleben und wertvolle Erfahrungen mitnehmen, die in einer Zeit von Not und Entbehrungen nach langen Kriegsjahren doppelt wogen. Der Bericht eines unbekannten Verfassers zeigt eine sehr persönliche Seite dieses Sommers 1947 und ist zugleich ein mentalitätsgeschichtliches Dokument:

---

159 Ebd.

Heute im Morgengrauen fuhren 70 junge Menschen heim: Musikstudenten und -studentinnen, die vor 3 Wochen aus Wien und anderen Teilen Österreichs hierher gekommen waren, blass und abgespannt von der anstrengenden Studienarbeit eines bösen Jahres in der nerven- und kräfteverbrauchenden Stadt. Im Paketwagen lehnten in ihren unförmigen Gehäusen in Reih und Glied die Kontrabässe, davor standen die bauchigen Körbe der Pauken, Kisten mit Noten, Kostümen und sonstigen Requisiten für Konzert und Oper. 14 Tage war mit ihnen allabendlich in Aussee Musik gemacht worden. Im ausverkauften Saale vor einfachen Menschen aus den Häuschen der Saline, den Heimen der Bergbauern und des Kurortes selbst, vor verwöhnten Villenbesitzern und interessierten Kurgästen, waren die rauschenden Symphonien Beethovens, Mozarts, Schuberts und Haydns erklungen, Mimis erschütterndes Schicksal abgerollt und Susanne und Cherubin über die Kurhausbühne getollt, hatten junge Solisten und Kammermusikgruppen ihr vielseitiges Können gezeigt.

Es war ergreifend gewesen, so viele und so begabte, so ernste und so optimistische Jugend am Werk zu sehen, dem Heiligsten des Österreichers: der Musik. Und wenn sie auch den Grossteil ihrer Zeit mit Üben und Proben verbrachten, so fanden sie doch auch ein wenig Musse, um am See, im Wald, im Strandbad oder Kurpark Sonne, Bergluft und Landschaftsbild zu geniessen. Die Wangen röteten sich, der Appetit, ach nur schwach gestillt, stieg ins Riesengrosse, fröhliches Jugendtreiben wechselte mit künstlerisch hochwertiger Arbeit. Und ohne dass die Veranstaltungen den Charakter eines Wettbewerbes gehabt hatten, konnte im Vergleich der Ergebnisse die erfreuliche Tatsache festgestellt werden, dass überall in Österreich eifrig am künstlerischen Nachwuchs gearbeitet wird, auf dessen Leistungen wir schon jetzt, 2 Jahre nach einem beispiellosen Zusammenbruch wieder stolz sein dürfen. Bei solchem hohen Durchschnittsniveau durften die aus Zuwendungen des Unterrichtsministeriums und edler Gönner gestifteten Beträge daher füglich nicht bloss wenige, streng gestaffelte, ausschliesslich bewertende Preise, sondern als Leistung und Fleiss, wie Aufwendungen und soziale Bedürftigkeit in gleicher Weise berücksichtigende Anerkennungsprämie vergeben werden.

Mehr noch vielleicht als darin aber kam die Dankbarkeit und die innige Verbundenheit aller künstlerischer Empfangenden mit den Gebenden dieser schönen Tage in den vielen lieben Naturalspenden zum Ausdruck, die die jungen Leute auf ihrer Heimreise, gerecht verteilt als Reiseproviant mitnehmen konnten.

Der begeisterte Dank unterernährter junger österreichischer Künstler sei allen Spendern ideelle Entschädigung für den eigenen, heute besonders schweren materiellen Verzicht.

So haben wir uns in schöner Gemeinsamkeit wieder einmal gefunden im Geiste der Grössten unseres Volkes, im Anblick der Schönheit unserer Heimat und in starkem Willen zur Zukunft unserer österreichischen Kultur.[160]

---

160 Archiv mdw.

Der offizielle Bericht[161] über die ersten Ausseer Festwochen der Musikstudierenden Österreichs zog demnach eine äußerst positive Bilanz. Es waren insgesamt 104 Personen nach Aussee gekommen, davon 46 Orchestermitglieder, drei zusätzliche Kammermusiker und 29 Solisten, davon 16 von der Wiener Musikakademie und vier vom Wiener Konservatorium, jeweils einer der Konservatorien Klagenfurt, Graz und Innsbruck, drei aus Bad Aussee und zwei vom Mozarteum. Dazu kam Swarowskys Schüler Rudolf Bibl, der die Instrumentalsolisten und einige Gesangsnummern begleitete und ab Herbst als Swarowskys Korrepetitor nach Graz engagiert wurde. Das Bruckner-Konservatorium Linz entsandte die 15-köpfige Kammertanzgruppe. Das künstlerische Begleitpersonal umfasste neben Hans Swarowsky und Gottfried Feist Viktor Graf (Musikakademie Wien) und Staatsopernsänger Hermann Gallos als Leiter der Opernaufführungen. Weiters waren Hofrat Prof. Dr. Ernst Meyer als Vertreter des Bundesministeriums für Unterricht und Sektionsrat Dr. Hans Sittner als Präsident der Akademie für Musik und darstellende Kunst anwesend. Als Gäste nahmen ferner teil Prof. Franz Gräflinger, der einen Vortrag über Bruckner hielt, der Webern-Schüler Dr. Curt Georg Roger aus New York (Musikporträts) und der Redakteur Karl Benyovszky aus Bad Aussee, der einen Vortrag über Johann Nepomuk Hummel hielt. Die technische Durchführung der Festwochen lag bei Inskriptionsreferent Eugen Bocklet, der für die Reiseleitung verantwortlich zeichnete und Studienreferentin Dr. Ilse Placht, die für das Sekretariat zuständig war. Ferner der Requisitenmeister der Musikakademie, Ferdinand Knapek, und der Garderobenmeister der Wiener Staatsoper, Johann Kilian, für den Opernfragmentabend.

Im August konnte auch Emil Oesterley eine erste Bilanz ziehen:[162] Der künstlerische Erfolg und die Wirkung beim Publikum übertrafen alle Erwartungen, doch rein finanziell war die Veranstaltung aufgrund der hohen Inflation ein großer Verlust. Die Besucherfrequenz übertraf mit einem Durchschnitt von 72 % Auslastung die kalkulierten 60 %. Stärksten Zuspruch fanden die Orchesterkonzerte und die Opernfragmentabende, wobei eine steigende Anzahl von Kurgästen als Konzertbesucher konstatiert wurde: Waren die ersten Konzerte zu 80 % von Einheimischen besucht, so waren später die Kurgäste zu mindestens 50 % vertreten. Wenig Anklang fand das Konzert „Musik auf zwei Klavieren" am 24. Juli mit Studenten der Wiener Musikakademie, das laut Oesterley auch „nicht ganz dem Niveau" entsprach, und das Konzert für Einheimische „Fröhliche und virtuose Musik" mit Wiener Akademie- und Konservatoriumsstudenten sowie Musikern aus Bad Aussee, da man mit Uhls *Kleine*[m] *Konzert* wohl ein zu modernes Werk gebracht hatte, was die Besucher veranlasst hatte, nach der Pause zu gehen. Bei dem klavierbegleiteten Opernfragmentabend am 27. Juli mit *Bohème*- und *Figaro*-Ausschnit-

---

161 *Bericht über die Ausseer Festwochen* (Anm. 154).
162 Oesterley an Hofrat Dr. Ernst Mayer, Bundesministerium für Unterricht, 26.8.1947, Akte „Bad Aussee", Archiv mdw.

ten vermisste man ein wenig das Orchester. Sowohl Besucher als auch Veranstalter und verantwortliche Politiker sprachen sich demnach für die Fortsetzung der Festwochen auch im Jahr 1948 aus und im Gemeinderat wurde eine offizielle Einladung beschlossen.

Die finanzielle Problematik hatte sich aus der ungenügenden Planung und der inflationären Entwicklung ergeben. So gab es knapp vor Beginn der Festwochen einen starken Preisanstieg, der die Kosten für Unterkunft und Verpflegung der Teilnehmer mehr als verdoppelte. Besonders groß waren die Ausgaben der Kurverwaltung für die Gäste, die im Hotel Post, Hotel Kaiser von Österreich etc. abstiegen. Insbesondere die selbst zahlenden Angehörigen waren finanziell stark belastet. Infolgedessen plante man für das Jahr 1948 eine teilweise Unterbringung von Studenten in Privathäusern bzw. von Professoren und deren Begleitung in kleineren Gasthöfen.

Besonders Wert legte Oesterley auf die Fortsetzung der Zusammenarbeit mit Swarowsky, denn „ein grosser Teil des musikalisch minderbemittelten Publikums ‚sieht' gerne einen guten Dirigenten." Ausdrückliche Begeisterung über die Ausseer Festwochen liest man auch in den Zeitungskritiken, die sowohl Idee als auch Durchführung lobten. Besonders Swarowskys Orchesterarbeit fand immer wieder Beachtung:

> Es ist eine noch viel zu wenig herausgestellte Tatsache, wie sehr wir in Österreich Orchesternachwuchs nötig haben [...]. So konzentrierte sich das Interesse dieser Festwochen vor allem auf das Orchester der Staatsakademie für Musik in Wien, deren Präsident Sektionsrat Dr. Hans Sittner sich um das Zustandekommen dieser Wochen besonders verdient gemacht hat. Zwei seiner Professoren, der Leiter der Kapellmeisterschule, Hans Swarowsky, und der Vorstand der Kammermusikübungen, Gottfried Feist, standen dem gesamten Programm als künstlerische Leiter vor. Dieses Orchester nun entsprach über alles Erwarten: Mozarts Es-dur-Symphonie oder Beethovens Erste, Mendelssohns „Sommernachtstraum"-Musik oder Haydn gelangen der Leistung eines Wiener Berufsorchesters ebenbürtig; freilich muß man bei den ausgedehnten Proben dabei gewesen sein, um ermessen zu können, welch geduldige Führungsarbeit zu leisten war.[163]

Am 11. September 1947 erfolgte die offizielle Einladung der Akademie von Seiten der Kurverwaltung Bad Aussee zu den „Ausseer Festwochen der Musikstudierenden Österreichs" im Sommer 1948. Akademiepräsident Sittner zeigte sich „grundsätzlich bereit"[164], wieder die künstlerische Organisation solcher Festwochen zu übernehmen, und begrüßte den Plan, sie wieder an dem „in mehrfacher Hinsicht besonders geeigneten Veranstaltungsort" abzuhalten, legte jedoch gleichzeitig großen Nachdruck auf die problematische Frage der Verpflegung, die auf einer „befriedigendere[n] Basis" gewähr-

---

163 *Die Furche*, 9.9.1947, S. 9.
164 Sittner an Oesterley, 8.10.1947, Akte „Bad Aussee", Archiv mdw.

leistet werden müsse, was er auch vom Kulturreferenten des Amtes der Landesregierung in Linz gefordert hatte. Für 1948 dachte man bereits im Sinne der Völkerverständigung an die Teilnahme von Studenten ausländischer Konservatorien bzw. inländischer Privatmusiklehrer und Privatmusikschulen.

1953

Nachdem die Festwochen seit 1947 jährlich und mit wachsendem Erfolg und steigendem Niveau durchgeführt worden waren und im Laufe der Jahre zu einem wichtigen, durchaus international konkurrenzfähigen Kulturfaktor geworden waren, gelang für das Jahr 1953 unter der künstlerischen Gesamtleitung von Hans Swarowsky, die Festwochen „auf ein wirklich internationales Niveau zu heben, das dem steirischen Ort eine kulturelle Bedeutung wie nur wenigen Orten in Österreich verleihen wird."[165] Um dem merklich erweiterten künstlerischen Betrieb Rechnung zu tragen, wurde im Jahre 1952 im Kurhaus ein neuer Saal erstellt, der jedoch aus Spargründen nicht die gewünschte Verbesserung brachte. Unter der Leitung von Hans Swarowsky wurde mit *Die Zauberflöte* nun erstmals eine vollständige Oper szenisch aufgeführt, für deren Ausstattung Swarowsky Gottfried Neumann-Spallart gewinnen konnte. Weitere musikalische Höhepunkte waren die 9. Symphonie von Beethoven und Mozarts „Krönungsmesse".

Während der Festwochen in Bad Aussee wurde auch ein internationaler musikpädagogischer Kongress veranstaltet: Arbeitsgemeinschaften und fachliche Beratungen unter der Leitung von 60 Musikhochschul- und Konservatorumsdirektoren aus aller Welt, die nacheinander in Bad Aussee und in Salzburg tagten. Dazu plante man ein von der Österreichisch-Amerikanischen Gesellschaft und der amerikanischen Regierung gefördertes amerikanisch-österreichisches Music College während des ganzen Monats Juli und im Anschluss eines von der Österreichisch-Englischen Musikgesellschaft gefördertes englisch-österreichisches Music College während des ganzen Monats August. Beide mussten jedoch aus technischen Gründen abgesagt werden. Als Professoren des Colleges für ausländische Studenten hatte man vorgesehen: Karl Schiske, Richard Hauser, Grete Hinterhofer, Edith Steinbauer, Emanuel Brabec, Elisabeth Radó, Wolfgang Steinbrück, Hans Duhan, Harald Goertz, Brigitte Müller, Gottfried Neumann-Spallart, Herbert Tamare, Hans Swarowsky und Josef Dichler.[166] Abgesagt wurde auch ein von Professorin Rosalia Chladek zu leitender internationaler Kurs für künstlerischen Tanz.

Während dieser in der ganzen Fachwelt hochbeachteten pädagogischen Veranstaltungen findet also ein Teil der alljährlichen Ausseer Festwochen der Musikstudierenden Öster-

---

165 Sittner an Landeshauptmann Josef Krainer, 5.12.1952, Akte „Bad Aussee", Archiv mdw.
166 Vgl. Schreiben an Emmerich Zillner, Rot-Weiß-Rot, 2.3.1953, Akte „Bad Aussee", Archiv mdw.

reichs statt, deren Dauer in diesem Jahre mit Rücksicht auf die übrigen Veranstaltungen und den vorjährigen Erfolg etwas erweitert wurde. […] Es liegt auf der Hand, daß diese Veranstaltungen als Ergänzung zu den überall anerkannten Festspielen in Salzburg, Bregenz und Graz auch für das Land Steiermark von starker propagandistischer Bedeutung sind, zumal sie zum Unterschied von allen anderen Festspielen in ihrer Art einzig in Europa sind.[167]

Das Jahr 1953 wurde zu einem künstlerischen Höhepunkt in der Geschichte der Ausseer Festwochen. Dementsprechend fieberhaft verliefen die Vorbereitungen. Man feilschte um jeden guten Studenten, um das künstlerische Niveau international konkurrenzfähig zu machen:

Wir brauchen sowohl für die Zauberflöte, wie für die IX. Beethoven und das Mozart-Requiem [das dann durch die Krönungsmesse ersetzt wurde] sowie die sonstigen anspruchsvollen Stücke, die wir heuer vorhaben, unser allerbestes Ensemble, das entsprechend lange trainiert werden muß. Außerdem soll in Aussee ein Teil der für die Herbsttournée des Haydn-Orchesters geplanten Werke durchgenommen werden, wobei ebenfalls die genannten Bläser eingeteilt sind. Ich habe in den vergangenen Tagen beide Augen zugedrückt und es hingenommen, daß immer wieder auf die verminderte Qualität unseres Orchesters in Aussee hingewiesen wurde. Das ist nun in diesem Jahre völlig anders und darf sich in keinem Falle wiederholen, denn wir müssen in diesem Jahr nicht nur in Konkurrenz mit dem Salzburger Mozarteumsorchester, sondern auch mit dem als erstklassig beschriebenen Rias-Studenten-Orchester[168] treten, das wir unter allen Umständen schlagen müssen. Außerdem werden mehrere hundert ausländische Fachleute in Aussee sein, denen wir unsere Visitenkarte in der bestmöglichen Weise abgeben müssen.[169]

Sommerschule

Anstelle der geplanten Sommer-Colleges veranstaltete man vom 16. Juli bis 21. August eine „Sommerschule" in Altmünster bei Gmunden, bei der u. a. Karl Schiske Komposition und Richard Hauser Klavier unterrichteten. Es nahmen jedoch nur vier Musikstudenten daran teil. Man nahm es mit Gelassenheit und bemühte sich umso mehr um die wenigen, aber besonders Begabten und Lernwilligen, wie man aus einem Brief des Generalsekretärs der Österreichisch-Amerikanischen Gesellschaft, Dr. Karl Schrems, schließen kann: „Die Kurse mit den drei Musikstudenten (der vierte kommt erst nächste Woche) verlaufen zufriedenstellend. Die Leute fühlen sich recht wohl und

---

167 Sittner an Landeshauptmann Josef Krainer, 5.12.1952, Akte „Bad Aussee", Archiv mdw.
168 RIAS-Jugendorchester (West-)Berlin, 1948–2012.
169 Prof. Leopold Wlach, 14.2.1953, Akte „Bad Aussee", Archiv mdw.

haben auch genügend Möglichkeiten zu studieren und zu üben."[170] Auch Karl Schiske äußerte sich über den Kurs äußerst wohlwollend:

> Seit einer Woche sind wir hier schon am Werk und die Sache ist schon angelaufen und entwickelt sich nach Wunsch. H. Prof. Hauser und ich arbeiten intensiv mit den wenigen Musikstudenten. Es sind sehr begabt darunter, für die sich die Mühe lohnt – und es ist mir wahrlich eine Freude, hier zu unterrichten und ich bin Ihnen, hochverehrter Herr Präsident, dafür sehr dankbar. Es würde uns sehr freuen, wenn Sie uns hier einmal besuchten. […] Es ist ja wirklich herrlich schön hier, der See, die Lage, der Blick Richtung Ebensee, die Luft! Die Sommerhochschule ist sehr gut organisiert, ausgezeichnete Verpflegung, gute Stimmung (unsere Leute sind alle ausgesprochen interessiert und fleißig), netter Ton.[171]

Auch Richard Hauser gab ausführlichen Bericht ab:

> Zunächst die Studenten: Wir haben 3 Klavierschüler und zwei Theoriebeflissene, von denen eine sozusagen im Nebenfach auch Klavier macht. Dafür gehen alle Klavierschüler auch zu Dr. Schiske, der sie mit viel Ambition und Liebe unterrichtet.[172]

Internationaler Kongress für die Berufliche Ausbildung der Musiker

Vom 15. bis 23. Juli veranstalteten die Wiener Akademie und das Mozarteum Salzburg in Bad Aussee und Salzburg einen musikpädagogischen Kongress. Bundesminister Ernst Kolb hatte die Schirmherrschaft übernommen, die UNESCO und der Internationale Musikrat das Patronat. Im vorbereitenden Arbeitsausschuss waren Ernst Mayer und Reinhold Schmid (Regierung), Hans Sittner, Fritz Högler (Wiener Akademie), Bernhard Paumgartner und Eberhard Preussner (Mozarteum), Erich Marckhl (Land Steiermark), Wilhelm Rohm (Arbeitsgemeinschaft der Musikerzieher Österreichs). Zur Veranstaltung trafen sich 61 Direktorien von Musikhochschulen und Konservatorien aus 22 Ländern (Europa, USA, Kanada, Lateinamerika und Japan), Vertreter internationaler Organisationen wie UNESCO und International Music-Council und zahlreiche namhafte Musikprofessoren. Es gab öffentliche Vorträge, Arbeitsgemeinschaften und die Konzerte. Auch Hans Swarowsky nahm an dem Kongress als Leiter der Arbeitsgemeinschaft „Ausbildung zum Orchestermusiker" (gemeinsam mit Fritz Münch, Straßburg) teil. Die Konzerte wurden von Orchester und Opernschule der Wiener Akademie, dem Collegium musicum Graz, dem Akademiechor, dem Kölner Studentenstreichquartett, dem Opernstudio des Mozarteums Salzburg, dem Schulfunkorchester des Senders

---

170 Dr. Karl Schremser an Sittner, 23.7.1953, Akte „Bad Aussee", Archiv mdw.
171 Schiske an Sittner, 23.7.1953, Akte „Bad Aussee", Archiv mdw.
172 Hauser an Sittner, 6.8.1953, Akte „Bad Aussee", Archiv mdw.

RIAS Berlin und dem Chor und Orchester der Schuola di musica Antonio Vivaldi, Arzignano bestritten.[173]

Die Kernfragen des Kongresses waren:[174]

Wie steht es um den Nachwuchs in der Berufsmusik der einzelnen Länder?
Wie sind die fachlichen Schulen und Hochschulen, die der Berufsausbildung dienen, organisiert und aufgebaut?
Welche wichtigen Unterschiede zeigen die europäischen Musikhochschulen und Konservatorien in Aufbau, Lehrplan und Lehrzielen?
Wie ist die soziale Lage der Professoren und Lehrer an den Musikschulen?
Welche gemeinsamen Schritte können zur gemeinschaftlichen Bewältigung der auftretenden Schwierigkeiten in der Berufsausbildung der Musiker mit dem Ziel einer internationalen Zusammenarbeit ergriffen werden?

Die Fragen wurden behandelt:

im Rahmen einer internationalen Direktorenkonferenz (interne und vertrauliche Beratungen);
im Rahmen von Arbeitsgemeinschaften (Vorträge, Diskussionen und Darbietungen der Arbeitsgemeinschaft waren öffentlich und für alle Teilnehmer des Kongresses zugänglich).
Konzerte und Opernaufführungen sollten ein praktisches Bild von der Lage der Musikerziehung der Berufsstudenten geben.

Eröffnungsvorstellung war die von Hans Swarowsky im Rahmen der Festwochen geleitete Aufführung von Mozarts *Zauberflöte*. Beim Festkonzert dirigierte Swarowsky die 9. Symphonie Beethovens und den Abschluss bildete die Aufführung von Mozarts „Krönungsmesse" unter der Leitung von Hans Gillesberger.

Bad Ausseer Festwochen

Die Festwochen fanden von 17. bis 26. Juli 1953 statt. Das Programm umfasste Orchesterkonzerte mit Instrumentalsolisten, Kammermusikabende, Chor- und Tanzveranstaltungen, Liederabende und nicht zuletzt Opern- und Operettenaufführungen. Musikalische Oberleitung der Orchesterkonzerte und Bühnenaufführungen hatte Hans Swarowsky, für das Collegium musicum (Landeskonservatorium Graz) zeichnete Franz Illenberger verantwortlich. Kirchenmusik und Akademiekantorei wurden von Hans

---

[173] Programm: Internationaler Kongress für die berufliche Ausbildung der Musiker, Akte „Bad Aussee", Archiv mdw.
[174] Veranstaltungsplan, Akte „Bad Aussee", Archiv mdw.

Gillesberger, der Akademiechor von Ferdinand Grossmann geleitet. Die Liederabende betreute Erik Werba, die Inszenierungen lagen in der Hand von Hans Swarowsky und Hans Niederführ, Choreographen waren Rosalia Chladek, Toni Birkmeyer, Karla Denk-Kuna und Maria Josefa Schaffgotsch; Bühnenbild, Bühnentechnik und Kostüme lagen in der Verantwortung von Gottfried Neumann-Spallart. Ausführende waren das Orchester, die Kantorei, Studierende der Kapellmeisterklasse, der Abteilung für Gesang, der Schauspielabteilung (Max-Reinhardt-Seminar) und der Tanzabteilung der Wiener Akademie, das Collegium musicum am Landeskonservatorium in Graz, der Akademie-Kammerchor Wien und Instrumentalsolisten der Wiener Akademie und des Salzburger Mozarteums. Daneben trat die Ausseer Volkstumsgruppe auf.[175]

Das Eröffnungskonzert fand am 11. Juli 1953 im Großen Kurhaussaal statt. Es spielte das große Akademieorchester unter der Leitung von Hans Swarowsky und seinen Schülern André van der Noot (Vandernoot) und Karlheinz Brand. Auf dem Programm standen die Orchestersuite aus Gottfried Einems *Dantons Tod* (van der Noot), Schumanns Klavierkonzert (Brand) mit dem Wiener Studenten Walter Kamper am Klavier und Brahms' 2. Symphonie (Swarowsky). Der Kritiker des lokalen Tagblattes lobte insbesondere Vandernoots Leistung, der nach seinem Studium sogleich eine internationale Dirigentenkarriere starten konnte:

> Schon das Eröffnungskonzert, das zur Gänze von der Wiener Musikakademie unter der Leitung von Prof. Hans Swarowsky bestritten wurde, war großartig besucht. Wie im Vorjahre stand auch heuer das Werk eines hervorragenden zeitgenössischen Komponisten am Beginn dieses Konzertes: die Orchestersuite aus Einems Oper „Dantons Tod". André van der Noot aus Brüssel, ein Hörer der Dirigentenklasse der Wiener Akademie, der bereits im Vorjahre als Dirigent von Beethovens Leonore-Ouvertüre angenehm auffiel, verstand es, die Komposition bis in ihre kleinsten Details prägnant auszuarbeiten. Als zweiter Nachwuchsdirigent, der ebenfalls gründliches Können verriet, stellte sich Karlheinz Brand mit dem Klavierkonzert in a-moll von Robert Schumann vor, während Walter Kamper in glanzvoller Interpretation den Flügel meisterte. Den Abschluß des Konzertes bildete Brahms' II. Symphonie in D-dur, durch die Prof. Hans Swarowsky sein Orchester mit großem Erfolg geführt hatte.[176]

Auch das „Volkstümliche Konzert" am 19. Juli 1953 wurde von Swarowskys Studenten geleitet: Rolf von Ostheim, Karl Brand, Constantin Floros und Helmuth Froschauer dirigierten Ouvertüren und Arien von Beethoven, Mozart, Kienzl, Puccini und Wagner. Die Festwochen wurden mit sechs Aufführungen von Franz Lehárs *Paganini* beschlos-

---

175 *Programm der Ausseer Festwochen 1953 der Musikstudierenden Österreichs*, Akte „Bad Aussee", Archiv mdw.
176 Die „7. Festwochen der Musikstudierenden" beendet, in: *Tagblatt Ausseerland*, 29.7.1953.

sen, dirigiert von Karl Österreicher. Höhepunkte waren die Aufführung von Mozarts *Zauberflöte* am 15. und 16. Juli und das Festkonzert am 18. Juli. Hans Swarowsky leitete Beethovens 9. Symphonie unter der Mitwirkung des großen Akademieorchesters und des Akademie-Kammerchors sowie der Schulkantorei der Akademie für Musik in Wien (unter der künstlerischen Leitung von Gillesberger).

> Mit dem Akademie-Orchester, dem [Akademie-]Kammerchor, der Schulkantorei der Akademie und den Solisten Eleonor Schneider (Sopran), Margareta Sjöstedt (Alt), Anton Bergmeister (Tenor) und Franz Glawatsch (Baß) führte Prof. Hans Swarowsky als Höhepunkt der heurigen Festwochen Beethovens „Neunte Symphonie" auf. Diese Erstaufführung im Salzkammergut wird den Zuhörern sicher noch lange als musikalisches Ereignis in bester Erinnerung bleiben.[177]

Die *Zauberflöte* war zweifellos ein Projekt, das alle Beteiligten viele Monate beschäftigt hatte. Bei der musikalischen Vorbereitung während des Semesters wurde Swarowsky von seinem Schüler Wolfgang Gabriel unterstützt, der mittlerweile ebenfalls an der Akademie engagiert war und des Öfteren „für sogenannte Feuerwehrdienste geholt" wurde, „also zur Vertretung von Swarowsky im Akademieorchester bzw. bei Aufführungen von für Studenten zu schwierigen Stücken."[178] In den Hauptrollen sangen Peter Lagger (Sarastro), Anton Bergmeister (Tamino), Ruth Jakobson (Königin der Nacht), Donna Pegors (Pamina), Rudolf Wasserlof (Papageno) und Ingrid Brandner (Papagena). Die Korrespondenz aus der Vorbereitungszeit zeigt, wie arbeitsintensiv und hauspolitisch brisant das Projekt war:

> [M]eine Ruh' ist hin, wenn auch mein Herz nicht schwer, seitdem ich mich in das Abenteuer der „Zauberflöte" eingelassen habe. Ich werde bedrängt von Gesangslehrern, welche erklären, dass ihre Schüler selbstverständlich die „erste" Besetzung sind, von andren, die eine Fülle weiterer „Vorschläge" machen usw. usw. Ich kann mich aus dieser Situation nur durch Ihre freundliche Hilfe retten und bitte Sie, als offizielle Lesart das folgende gelten zu lassen: „Es gibt weder eine erste, noch eine zweite Besetzung. Eine gewisse Anzahl von Schülern wird in ihre Rollen eingeübt und wer sich Ende Mai, nachdem er sich zu diesem Zeitpunkt einer nochmaligen Kontrolle unterzogen hat, im Vollbesitz der Rollenkenntnis als der sachlich beste erweist, wird endgültig mit seiner Partie betraut. Erst wenn die Rolle wirklich gekonnt ist, kann man nämlich ein Urteil über die Eignung fällen, da es sich hier ja nicht um tausendmal ausprobierte Kräfte handelt, sondern um Werdende, bei denen man vor Überraschungen nicht sicher ist."[179]

---

177 Ebd.
178 Wolfgang Gabriel im Gespräch mit Erika Horvath, Wien, 2.6.2003.
179 Swarowsky an Sittner, 20.4.1953, Akte „Bad Aussee", Archiv mdw.

In einem anderen Schreiben findet sich ein typisch Swarowskyscher „Beitrag zum Geist der Opernschule":

> Sehr zu denken gibt das Verhalten der Opernsänger gegenüber der Prosa. Auf die jedesmalige Frage Niederführs: „Wie ist es mit der Prosa? Können sie sprechen?" kam stets die Antwort: „Was? Sprechen? Das ist doch nichts! Selbstverständlich kann ich sprechen!" – zum Gaudium des Schauspiellehrers, der da den Beruf, zu dem er ausbildet, in einem fallengelassenen Nebensatz erledigt fand. Man fragte sich unwillkürlich, wozu man jahrelang Schauspiel lerne, wenn einer der es nie gelernt hat „selbstverständlich" dieses „nichts" von Sprecherei beherrscht![180]

Die Auswahl der ersten Besetzung war schlussendlich ein nervenaufreibendes Hin und Her um Können und Nichtkönnen, um Erscheinen und Nichterscheinen zu Proben oder zum Vorsingen. Mehrere „Drohbriefe" von Swarowsky und Sittner machten die Runde, es wurde vorgesungen, zurückgestellt, zurechtgewiesen, ausgetauscht, neu einstudiert etc., bis endlich am 18. März 1953 ein vorläufiger Besetzungsplan erstellt werde konnte.[181]

Die ursprüngliche Absicht, die Chorsänger aus Studierenden der Abteilung für „Stimmbildung und Konzertgesang, Opernschule", die gleichzeitig die Zweitbesetzung für *Zauberflöte* und *Paganini*[182] sein sollten, zusammenzusetzen, scheiterte an der zu geringen Zahl an geeigneten Studierenden. Swarowsky erläuterte:

> Die Schwierigkeiten bei der Durchführung waren folgende: Es haben sich kaum Herren gemeldet und das Stimmverhältnis ist überhaupt ein solches, dass eine gleichmässige Verteilung auf Stimmgruppen nicht möglich ist. Ferner war die Kantorei schon en bloc auf die Reise vorbereitet. Schliesslich waren entscheidend die künstlerischen Forderungen des Herrn Prof. Dr. Gillesberger als Alleinverantwortlichem für das künstlerische Gelingen des Chorgesanges.[183]

Auch die gleichzeitige Abhaltung eines Kongresses sorgte für Spannungen und Engpässe.

> Wenn von 15. bis 18. im Kurhaus tagsüber keine Proben gehalten werden dürfen, ist der Opernabend selbstverständlich undurchführbar. Auch das übrige Programm gerät dadurch

---

180 Ebd.
181 Swarowsky, *Besetzungsentwurf: Die Zauberflöte*, Archiv mdw.
182 Sittner an Swarowsky, 21.4.1953, Akte „Bad Aussee", Archiv mdw.
183 Schreiben Swarowskys, 18.5.1953, Akte „Bad Aussee", Archiv mdw.

ins Wanken. Es scheint eher geboten, den Kongress an diesen Tagen in einen andren Raum zu verlegen, zumindest vor dem Opernabend (Café Vesko wird bestimmt eine Versammlung fassen!!), und tagt denn der Kongress ununterbrochen von 9 bis 18?? Das glaubt doch niemand! Hierüber muss also noch Rücksprache geführt werden mit den Behörden, die ich ergebenst in meiner (für Orchester und Mitwirkende) und Neumann-Spallarts Gegenwart (für die Technik) abzuführen bitte.[184]

Die beiden Musiktheaterveranstaltungen auf professionellem Niveau erforderten enorme Vorbereitungsmaßnahmen, nicht nur für die Studierenden und das Lehrpersonal, sondern auch für die Ausseer Veranstalter, die – nach den Wünschen von Neumann-Spallart – eine neue Bühnentechnik – einschließlich Beleuchtungsanlage, Schnürboden und zerlegbarem Orchesterpodium – installieren sowie die Garderoben ausbauen mussten.[185] Neumann-Spallart hatte bereits 1952 eine genau detaillierte Zusammenstellung der Umbauten und Aufrüstungen vorgelegt[186], die aber nur in einer sehr reduzierten Version durchgeführt wurden. Die Vorstellungen der *Zauberflöte* waren zudem Aufführungen im Rahmen des Internationalen Kongresses der Musikpädagogen und darum restlos ausverkauft.[187]

Beide Aufführungen auf der Bühne des großen Kurhaussaales waren ein voller Erfolg. Unter der Führung ihres Dirigenten Prof. Hans Swarowsky waren Sängerinnen und Sänger ausnahmslos mit jugendlicher Begeisterung bei der Sache und bemühten sich, ihr Bestes zu geben. Die Schulkantorei der Akademie ergänzte unter der Leitung von Prof. Hans Gillesberger Orchester und Solisten in lobenswerter Weise. Die Bühnenbilder von Gottfried Neumann-Spallart waren ein einmaliges Meisterwerk, die dem magischen Rahmen der Zauberoper vollauf entsprachen und auch das Zauberhafte zum Ausdruck brachten.[188]

Der Kritiker des lokalen Tagblattes würdigte die mittlerweile hochprofessionelle Führung der Festwochen:

Dem heurigen Festprogramm lagen die Erfahrungen von sechs Veranstaltungen zugrunde, so daß diesmal eine Veranstaltungsfolge zusammengestellt werden konnte, die nicht nur den Besuchern Genuß musikalischer Leckerbissen bot, sondern darüber hinaus auf die

---

184 Schreiben Swarowskys, Akte „Bad Aussee", Archiv mdw.
185 Vgl. Schreiben an Bürgermeister Maierl, 13.5.1953, Akte „Bad Aussee", Archiv mdw.
186 Gottfried Neumann-Spallart, *Zusammenstellung. Erweiterung der Bühne, des Zuschauerraumes und der Garderobe im Kurhaus*, 15.7.1952, Akte „Bad Aussee", Archiv mdw.
187 Internationaler Kongreß der Musikpädagogen, in: *Tagblatt Ausseerland*, 16.7.1953.
188 Mozarts „Zauberflöte" in Bad Aussee, in: *Tagblatt Ausseerland*, 18.7.1953.

durchschnittlichen Musikliebhaber eine so große Anziehungskraft ausübte, daß sie – mit wenigen Ausnahmen – nahezu ausverkauft waren.[189]

Eröffnungskonzert, Kammermusikabend, internationales Studentenkonzert, Ausseer Heimatabend, Orchesterkonzert und eine Vorstellung von *Paganini* wurden außerdem von der Sendergruppe Rot-Weiß-Rot, Wien, und von der Sendergruppe Alpenland, Graz, übertragen bzw. auf Band aufgenommen. Darüber hinaus wurden Reportagen über talentierte junge Musikstudierende produziert.[190]

Anlässlich des großen Ereignisses resümierte Sittner die beachtlichen Erfolge der Ausseer Festwochen und zählte all die jungen Talente auf, die in Aussee ihre ersten Erfahrungen gesammelt hatten und nun bereits weltberühmt waren oder zumindest in weltberühmten Orchestern spielten. Bei den Sängern fallen vor allem Namen auf wie Karl Terkal, Fritz Sperlbauer, Waldemar Kmentt, Hilde Rößl-Majdan, Walter Berry, Leonie Rysanek, Peter Lagger oder Kurt Wehofschitz. Unter den Instrumentalisten nennt Sittner insbesondere Gretel Scherzer und Alexander Jenner, und auch eine Schauspielerin wie Hanna Matz hatte in Aussee ihre erste größere Rolle.[191]

Jubiläumsjahr 1956

1956 jährten sich die Ausseer Festwochen zum zehnten Mal. Sie standen im Zeichen des 200. Geburtstages von Wolfgang Amadeus Mozart und der 100. Wiederkehr des Geburtstages des steirischen Komponisten Wilhelm Kienzl, in dessen Geist die Festwochen seinerzeit entstanden waren, war doch Bad Aussee Kienzls Wahlheimat. Die Festwochen waren mittlerweile eine kulturell hochwertige Veranstaltung von internationalem Format, die gewissermaßen den Auftakt zum Salzburger Kultursommer darstellten. Im Mozartjahr 1956 strebte man einen besonderen repräsentativen Charakter an. Man plante nochmals die 9. Symphonie als Eröffnungsveranstaltung sowie eine Aufführung von Kienzls *Evangelimann*, Mozarts *Entführung aus dem Serail* und ein repräsentatives Orchesterkonzert mit Solisten, das Werke Mozarts bringen sollte.[192] Angesichts der Fülle an Mozartdarbietungen im Jahr 1956 war der Rundfunk jedoch an solch einem Programm wenig interessiert.[193]

Die Jubiläumsfestwochen waren denn auch von sehr hohem Anspruch. Am 7. Juli fand ein Festakt zur Zehnjahresfeier statt, dessen musikalisches Programm unter der

---

189 Die „7. Festwochen der Musikstudierenden beendet" (Anm. 176).
190 Ernst Ludwig Uray, Leiter der Musikabteilung der Sendergruppe Alpenland, an Sittner, 31.3.1953, Akte „Bad Aussee", Archiv mdw.
191 Hans Sittner, Bad Aussee – Sprungbrett in die Welt, in: *Ausseer Kurnachrichten*, 8.8.1953.
192 Landesmusikdirektor der Steiermark an die Abt. 6 des Amtes der Steiermärkischen Landesregierung, 7.11.1955, Akte „Bad Aussee", Archiv mdw.
193 Schreiben Sittners, 3.3.1956, Akte „Bad Aussee", Archiv mdw.

Leitung von Hans Swarowsky Bachs Kantate *Ein feste Burg ist unser Gott* sowie Beethovens 9. Symphonie umfasste. Es spielte das große Akademieorchester und es sangen die vereinigten Chöre der Akademie. Am 8. Juli wurde zur Eröffnung der Mozartfeier in der Pfarrkirche die „Krönungsmesse" unter der Leitung von Hans Gillesberger aufgeführt und abends die Neunte wiederholt. Die Zeitungskritiker feierten Swarowsky und die Akademie stürmisch:

> Zur Feier des zehnjährigen Bestehens der Ausseer Festwochen hat die Wiener Musikakademie Beethovens Neunte aufs Programm gesetzt. Eingeleitet von Festreden, erklang sie in einer staunenswerten Wiedergabe. Die jungen Ausführenden, zum Großteil noch von kindlichem Habitus, bildeten wieder einen Orchesterkörper, wie ihn – das haben wir schon vor Jahresfrist festgestellt – kaum ein anderes Musikererziehungsinstitut der Welt aufzuweisen hat.
>
> Die auffallende Spieldisziplin der Streicher legt Zeugnis ab von systematischer Erziehung, ihre Klangqualität ist die bekannt „wienerische", manchmal vielleicht allzu expressive. Einzelleistungen der Bläser (Oboe, Klarinette, Horn) ließen ob ihrer reichen Schönheit aufhorchen. Die Homogenität ihres Gesamtklanges steht allerdings nicht auf der Stufe der Streicher. Die größte Überraschung aber: die Akademie hat plötzlich einen Chor, und was für einen! Für Auge und Ohr ein Labsal; junge frische Menschen, junge, frische Stimmen, ein Lied an die Freude, angestimmt von Herzen, die eine reiche Zeit der Freude noch vor sich haben.
>
> Untadelig das Quartett junger Solisten: Baß und Tenor von hoher Qualität, John Dunlap, der ein feuriges Rezitativ bemerkenswert reif gestaltete, und William Blankenship, der die frohen Sonnen hell leuchten und endlich einmal im richtigen Tempo fliegen ließ. Warm und tragend der Alt von Valerie Heath, ausgezeichnet geführt und schön timbriert der Sopran von Hermine Biedermann.
>
> Hans Swarowskys starker und guter Geist waltete über dem Ganzen und beschwor den Geist jenes Gewaltigen, der sicher von Rührung überwältigt worden wäre, hätte er sein größtes Werk, zu seiner Zeit fast unaufführbar für die Reifsten, von solch blutjungen Geschöpfen so wohl gemeistert gehört. Die „Richtigkeit" im höheren Sinne, die Unanzweifelbarkeit der musikalischen Darstellung Swarowskys wird immer mehr und mehr anerkannt und bricht sich gleicherweise Bahn gegen die „Traditionscommoden" wie gegen die „Interessanten". Was hier hervorgehoben zu werden verdient ist vielmehr die außerordentliche erzieherischer Leistung, von deren Rarheit und Schwierigkeit nur der Kenner Zeugnis geben kann. Welche zähe Energie und Hingabe an die Sache, welcher Reichtum an Kenntnissen müssen hinter solchen Resultaten stehen!
>
> Ein Glückwunsch der Wiener Musikakademie zu all dem Erzielten von einem, der die großen Musikschulen von Amerika gut kennt.[194]

---

194 J. K., Zehn Jahre Festwochen Bad Aussee. Österreichs Musikjugend jubiliert, in: *Neuer Kurier*, 12.7.1956.

Auch die Länder beteiligten sich wieder mit eigenen Programmpunkten wie Kammermusikabenden, Mozarts Singspiel *Bastien und Bastienne* oder Arthur Benjamins *Prima Donna* in szenischer Aufführung.

Am 14. und 15. Juli fanden die beiden Mozart-Festaufführungen der *Entführung aus dem Serail* durch die Wiener Akademie unter Leitung von Hans Swarowsky statt. Auch gab es eine Theateraufführung des Max-Reinhardt-Seminars mit Johann Nestroys *Einen Jux will er sich machen*. Schließlich gab es vier Operetten-Aufführungen unter dem Titel „3 Mal Offenbach" unter der Leitung von Gottfried Kassowitz und Christian Moeller. Die beiden leiteten auch die von der Wiener Akademie bestrittene Festaufführung des Hauptwerkes von Wilhelm Kienzl *Der Evangelimann*, der Henny Kienzl beiwohnte.

Aufgrund einer verschobenen Interessenslage wurden die Festwochen des Jahres 1956 vom Rundfunk jedoch gewissermaßen ignoriert:

> Die Leitung der Akademie für Musik und darstellende Kunst in Wien stellt mit größtem Befremden fest, daß die heurigen 10. Ausseer-Jubiläums-Festwochen der Musikstudierenden Österreichs, die im Zeichen von Mozart, Schumann und Kienzl standen, vom Österr. Rundfunk vollständig ignoriert wurden. Nach der Aufstellung des endgültigen Programmes am 11. Mai 1956 wurde an den Österr. Rundfunk das alljährliche übliche Ansuchen um Anschluß eingebracht. Bis am 4. Juli 1956, also wenige Tage vor der Eröffnung der Festwochen erfuhr die Akademieleitung lediglich im Wege ihrer Urgenz bei der Programmdirektion, daß weder Interesse noch Geld für einen Anschluß vorhanden wären.[195]

Der zuständige Programmchef Ernst Ludwig Uray schob die Verantwortung von sich:

> Seit Bestehen der „Ausseer Festwochen der Musikstudierenden Österreichs", einer der erfreulichsten Beweise ungebrochenster Kraft unseres Musiklandes Österreich, war ich, wie vielleicht erinnerlich, mit der Vorbereitung und Durchführung der Aufnahmen für den Rundfunk betraut, wenn ich auch persönlich nur im ersten Jahr das Vergnügen hatte, die Aufnahme für Radio Graz selbst zu leiten.
>
> Heuer wartete ich vergeblich auf zeitgerechte Mitteilungen von Ihrer Seite bzw. auf einen Auftrag meiner vorgesetzten Dienststelle in Wien. Lediglich ein Telefonanruf Ihres Büros knapp vor Eröffnung der Festwochen machte mich mit der Situation, in der Sie sich befanden, bekannt. Ich riet, sich sofort mit der Wiener Programmdirektion, an die Sie sich seinerzeit schriftlich gewandt hatten, in Verbindung zu setzen.
>
> Es kam heuer zu keinen Aufnahmen durch den Österreichischen Rundfunk – warum, entzieht sich meiner Kenntnis. Als derjenige, welcher sich die Jahre bisher um die Aufnahmen, aber auch um die damit verbundenen finanziellen Probleme bemüht hatte, lege ich

---

195 Sittner an das Bundesministerium für Unterricht, 18.9.1956, Archiv mdw.

einen gewissen Wert auf die Feststellung, daß ich heuer von keiner Seite informiert bezw. mit irgendwelchen vorbereitenden oder durchführende[n] Funktionen betraut war.[196]

Aus dem Bundesministerium erklärte man die erstmalige Absenz des Rundfunks mit finanziellen Engpässen und programmatischen Bedenken:

Die Ablehnung erfolgt zu unserem aufrichtigen Bedauern, denn wir sind uns durchaus bewußt, daß die Pflege der Leistungen des künstlerischen Nachwuchses, wie überhaupt die Förderung der heranwachsenden künstlerischen Jugend zu den Aufgaben des Rundfunks gehört. Aber diese Nebenaufgabe kann erst dann in Angriff genommen werden, wenn die Hauptaufgabe des Rundfunks einigermaßen erfüllt ist. Und jedermann, der mit den Angelegenheiten des Rundfunks vertraut ist, weiß, daß seit geraumer Zeit die Mittel zur Erfüllung jener Hauptaufgabe fehlen. Im Budget konnten nur mit größter Mühe die Summen untergebracht werden, die für die Übertragung der Wiener Festwochen und der Salzburger-Festspiele erforderlich waren.

Die programmatischen Bedenken hatten darin ihre Ursache, daß das Ausseer-Programm in weitem Maße auf Mozart abgestimmt war, und daß wir neben den zahlreichen, über das ganze Jahr verstreuten und seit langer Zeit festgelegten Mozartsendungen unseren Hörern keine weiteren Mozartprogramme bieten konnten.

Die Zuschrift des Unterrichtsministeriums führt ferner als besonderen Programmpunkt, den wir uns haben entgehen lassen, eine Aufführung der IX. Symphonie von Beethoven mit dem Akademieorchester unter der Leitung des Akademiestudierenden Karl Heinz Schäfer an. Diese Aufführung hätte der Rundfunk wahrscheinlich auch dann nicht übernommen, wenn er über die erforderlichen Geldmittel verfügt hätte. Denn wir stehen auf dem Standpunkt, daß für die großen und festlichen Klassikerwerke die besten Orchester unter der Leitung der besten und erfahrensten Dirigenten gerade gut genug sind. [...]

Zum Abschluß erlauben wir uns darauf hinzuweisen, daß wir zur Zeit, als die finanzielle Situation noch keine so katastrophale Form angenommen hatte, für die Absolventen und Schüler der Akademie mehr getan und besser gesorgt hatten als dies sonst der Fall ist und als es durch die bloße Übertragung einer Darbietung zu erreichen ist. Herr Prof. Swarowsky wird es bestätigen können, daß wir, solange es finanziell vertretbar war, den begabten Absolventen seiner Klasse Orchesterdienste zur Verfügung gestellt haben, in solchen sie sich zum ersten Mal an die Spitze eines Berufsorchesters erproben konnten.[197]

Swarowskys wütende Anmerkung zu der Briefstelle über die Neunte Symphonie lautete: „Das ist eine echt Henzische Trottelei, denn man will ja in solch einem Fall weni-

---

196 Uray an Sittner, 4.8.1956, Akte „Bad Aussee", Archiv mdw.
197 Weikert (für den Bundesminister) an die Akademie, 23.11.1956, Akte „Bad Aussee", Archiv mdw.

ger das Werk als die Leistung der Jugend zeigen, zu der Herr Henz nie gehört zu haben scheint." Sittners Replik zeigt ebenfalls die Missstimmung über die fadenscheinigen Ausreden des Programmdirektors Dr. Henz:

Zu Punkt 1). „Weil das erforderliche Übertragungshonorar nicht vorhanden war" – Die Akademieleitung hat in ihrer Verhandlung ausdrücklich betont, daß man, wenn keine Mittel vorhanden wären, auch auf einen nichthonorierten Anschluß Wert legen würde! Punkt 1. ist daher zur Gänze entkräftet und bringt die ausgesprochen unfreundliche Haltung des Programmdirektors Dr. Henz deutlicher als je zum Ausdruck.
Zu Punkt 2). „Weil programmatische Bedenken bestanden". In dem Schreiben heißt es wörtlich: „die Pflege der Leistungen des künstlerischen Nachwuchses, wie überhaupt die Förderung der heranwachsenden künstlerischen Jugend zu den Aufgaben des Rundfunks gehört".
Dazu sei festgestellt:
Der Österreichische Rundfunk ist niemals mit irgendeinem Projekt einer Jugendförderung an die Akademieleitung herangetreten, noch hat er jemals kundgetan, daß eine Förderung zu den Aufgaben des Rundfunks gehört.
Wenn die Akademie irgendeinmal Wünsche hatte, so mußte gebettelt werden, urgiert und persönlich vorgesprochen, um auch nur den geringsten Erfolg zu erzielen. Nach langem Zögern hat sich seinerzeit die Musikleitung der Ravag entschlossen, die Austauschkonzerte der ausländischen Gäste aufzunehmen, um sie dann zu den unmöglichsten Zeiten zu senden.
Die Behauptung, daß man Akademieschülern Gelegenheit gegeben habe im Rundfunkorchester zu spielen, scheint kein Verdienst des Programmdirektors Dr. Henz zu sein, vielmehr eine rein private Initiative von Prof. Kralik. Im übrigen muß die Ravag froh sein, Akademieabsolventen in ihrem Orchester zu haben, welches bestimmt nicht erstklassig ist, weil normalerweise die Absolventen gleich zu den Philharmonikern oder zu den Symphonikern engagiert werden. Für das Auffüllen dieses Orchesters mit erstklassigen Musikern, sollte man eigentlich der Akademieleitung dankbar sein.
Dr. Henz bezeichnet weiter die Förderung des künstlerischen Nachwuchses als „Nebenaufgabe"! Dies zeigt wie weltfremd, dilettantisch und amusisch die Herren der Programmdirektion der Akademieleitung gegenübertreten.
Bezüglich der Ablehnung einer Aufnahme der 9. Symphonie wäre die Bemerkung von Prof. Swarowsky auf beiliegendem Antwortschreiben zu lesen.[198]

Vielleicht waren solche unangenehmen Begleiterscheinungen der Jubiläumsfestwochen mit ein Grund, dass 1957 keine Ausseer Festwochen mehr stattfanden und somit eine Institution für das musikalische Österreich ihr Ende fand.

---

198 Schreiben Sittners, 13.12.1956, Akte „Bad Aussee", Archiv mdw.

Inhaltliches – Methodisches

Als Schüler von Arnold Schönberg und Anton Webern reihte sich Swarowsky in die Tradition einer Aufführungspraxis ein, die Treue zum Notentext und zur Autorintention in den Mittelpunkt der interpretatorischen Arbeit stellte. Als Lehrer war er mit Sicherheit einer der erfolgreichsten Vertreter der Aufführungslehre der Wiener Schule.

Als Dirigent hatte er zwar zeitlebens damit zu kämpfen, diese Auffassung von Interpretation so konsequent durchzusetzen, wie er es sich persönlich gewünscht hätte, doch konnte er sie zweifellos während seiner langen Unterrichtstätigkeit tausenden von Musikstudenten aus der ganzen Welt vermitteln. Abgesehen von den über 500 Dirigierstudenten, die die Kapellmeisterschule mit oder ohne Diplom durchliefen, musste jeder Konzertfachmusiker, der zwischen 1947 und 1975 in Wien studierte, die von ihm geleiteten Orchesterübungen der Wiener Akademie besuchen. Dazu kam, dass er zwischen 1947 und 56 die Ausseer Festwochen aller Musikakademien Österreichs leitete und ab Ende der 50er Jahre regelmäßig Meisterkurse abhielt, die sich eines legendären Rufes erfreuten. Nicht zu vergessen, dass sich seine Hörsäle mit außerordentlichen Hörern und nicht eingeschriebenen und somit nicht bürokratisch erfassten Interessierten zum Bersten füllten. Swarowskys Lehre wurde somit von Generationen von Musikern studiert und verinnerlicht.

Als Lehrer revolutionierte Swarowsky zweifellos die Dirigierpädagogik, die zu jener Zeit häufig als rein technische Anleitung gehandhabt wurde. Im Zentrum seines Unterrichts standen hingegen das Erfassen des Formaufbaus, die Befreiung von falschen Traditionen, historisch fundiertes Wissen über die Aufführungspraxis und nicht zuletzt die Fähigkeit, das Erkannte ohne pathetische Selbstdarstellung auf die Musiker zu übertragen.

Swarowsky unterrichtete nahezu dreißig Jahre an der Akademie für Musik und darstellende Kunst. Naturgemäß bestehen Unterschiede zwischen seiner Unterrichtsweise in den Anfängen und in den 70er Jahren, die sich auch im jeweils behandelten Repertoire spiegeln. Die Eckpfeiler seines Unterrichts blieben jedoch konstant. Die hier versuchte Beschreibung des Swarowskyschen Unterrichts stützt sich nicht nur auf die institutionellen Unterlagen, sondern insbesondere auf Erzählungen von Hubert Deutsch[199], Harald Goertz[200], Wolfgang Gabriel[201], Constantin Floros[202], Zubin Mehta[203], Herbert Weissberg[204], Barry

---

[199] 1946/47–1947/48, 1949/50–1950/51.
[200] 1946/47–1947/48.
[201] 1950/51–1951/52.
[202] 1951/52–1953/54.
[203] 1955/56–1957/58.
[204] 1962/63–1964/65.

Brisk[205], Roswitha Heintze[206], Wolfang Gröhs[207], Uros Lajovic[208], Manfred Huss[209] und Bruno Weil[210].

Wer an der Akademie in Wien die Dirigentenausbildung wählte, hatte zwei Jahre bzw. ab dem Studienjahr 1958 vier Jahre die Kapellmeisterschule zu durchlaufen, ehe er mit einer internen Prüfung und einem Antritt im Abschlusskonzert im Großen Saal des Wiener Musikvereins sein Diplom erhielt. Der Unterricht bestand aus einer theoretischen Vorlesung und seit Mitte der 50er Jahre aus praktischen Übungen mit Orchester. Zunächst handelte es sich um das ausschließlich aus Studierenden bestehende Akademieorchester, an dessen Übungen teilzunehmen der Studienplan für die Konzertfachmusiker verpflichtend vorschrieb. Da es dabei immer wieder zu Interessenkonflikten und Terminkollisionen kam, wurde zeitweise das Niederösterreichische Tonkünstlerkonzert für Orchesterpraxis und Abschlusskonzert engagiert. Erst ab 1964 fand man mit einem eigens für Kapellmeisterstudenten zusammengestellten Orchester aus pensionierten Musikern und Studenten eine für alle akzeptable Lösung.

Den Hauptanteil des Unterrichts beanspruchten die theoretischen Vorlesungen, die mehrmals in der Woche stattfanden. Swarowsky besprach die durchzunehmenden Kompositionen anhand der Partitur, analysierte Takt für Takt und verwies immer wieder auf andere Werke, fragte nach Zusammenhängen, zog Vergleiche, erläuterte an Beispielen usw. Die Partitur war der rote Faden seiner Erläuterungen, brachte Systematik in einen ansonsten frei und assoziativ gestalteten Vortrag. Bei der Analyse der Partitur wurden an entscheidenden Stellen Exkurse zu übergeordneten Themen eingebaut, scheinbare Einzelphänomene bildeten gewissermaßen Tore zu allgemeinen theoretischen Abhandlungen. So besprach er etwa während der Analyse der 1. Symphonie Beethovens die Funktion der Fermaten bei Beethoven und zog Fälle aus allen neun Symphonien heran, zeigte anhand charakteristischer Stellen ihre unterschiedlichen Funktionsweisen auf, die je nach strukturellem Zusammenhang anders zu werten waren, was sich aus der Analyse des Werkes und der daraus abzuleitenden Großform erklärte. In gleicher Weise gab es auch Sidesteps in die allgemeine Musikgeschichte, Literaturgeschichte oder insbesondere Kunstgeschichte, die ja zu Swarowskys besonderen Spezialgebieten gehörte. Er zitierte Karl Kraus genauso wie Anton Webern, Arnold Schönberg, Igor Strawinsky, Paul Hindemith, Richard Strauss oder Clemens Krauss. Derartige Exkurse konnten recht weitläufig ausfallen, doch fungierte die zu analysierende Partitur auf dem Pult als sicherer Anker, um wieder zur Takt-für-Takt-Analyse

---

205 1964/65–1966/67.
206 1969/70–1970/71.
207 1972/73–1973/74.
208 1969/70–1970/71.
209 1973/74–1974/75.
210 1973/74.

zurückzukehren. Seine Fähigkeit, aus dem Stegreif aus jedwedem Gebiet Bezugspunkte zu finden, genauso wie in irgendeiner Partitur eine treffende Parallele, faszinierte. So kam er von Detailbeobachtungen ausgehend immer wieder auf Grundsätzliches, Allgemeines und Darüberhinausgehendes zu sprechen. Zudem wurde die Partitur natürlich in ihren kulturellen und zeithistorischen Rahmen gestellt. Auch philologische Fragen wurden immer wieder thematisiert. Swarowsky verlangte von seinen Studenten die Verwendung der neuesten Ausgaben. Fehler mussten sie in ihren Exemplaren korrigieren.

Harmonische Analysen, die die Schüler auch schon selbständig vorzubereiten hatten, bildeten die Voraussetzung für den formanalytischen Unterricht. In der Vorlesung wurde zwar auch harmonisch analysiert, jedoch scheint sich der Schwerpunkt nach und nach mehr in Richtung Formanalyse verlagert zu haben. Gleichzeitig wurden Tempofragen, Dynamik oder stilistische Eigenheiten besprochen. Auch Klang, Farbe, Balance, Phrasierung, Bögen, Stricharten, Besetzung etc. wurden detailreich erörtert. Während Uros Lajovic[211] betont, dass Swarowsky ausdrücklich verboten habe, sich mit Stricharten zu befassen, da dies Angelegenheit der Konzertmeister sei, erzählt Manfred Huss[212], dass sie Swarowsky manchmal sogar minutiös vorschrieb. Auch Bruno Weil[213] lernte, dass man die Bogenstriche so auszuführen hatte, wie sie vom Komponisten intendiert waren, denn auch sie gehörten wie jeder Ton zur Komposition. Schriftlich jedenfalls äußerte sich Swarowsky dazu, etwa am Beispiel von Mozarts g-Moll-Symphonie:

> Mozarts G-Moll-Symphonie KV 550 […] ist nicht „traurig", sondern leidenschaftlich temperamentsgeladen! Es ist daher eine kolossale Verfälschung des Charakters, wenn die Violinen für den Auftakt den Abstrich und für das Eins den Aufstrich nehmen, anstatt umgekehrt, also auf – ab, mit einem kräftigen Ton auf Eins![214]

Im Grunde war es das Wissen um den Stil, das seinen Zugang kennzeichnete. Swarowsky konnte begründen, wie ein Stück zu klingen hatte, wie es auszuführen, wie die Partitur zu lesen war. „Swarowsky taught us what the written symbols meant for each musical epoch, and how their execution changed over the course of several centuries"[215], schreibt Barry Brisk. So lieferte er Kriterien für die unterschiedlichsten Kompositionsstile. Dieses Streben nach Objektivierung beeinträchtigte jedoch nicht sein persönliches Verhältnis zu den konkreten Stücken:

---

211 Uros Lajovic im Gespräch mit Reinhard Kapp und Erika Horvath, Wien, 9.12.2002.
212 Manfred Huss im Gespräch mit Markus Grassl, Otto Karner und Erika Horvath, Wien, 21.7.2003.
213 Bruno Weil im Gespräch mit Erika Horvath, Wien, 14.1.2004.
214 Swarowsky, Temponahme, in: *WdG*, S. 57–71: 71.
215 Barry Brisk, *Hans Swarowsky. A Remembrance*, Typoskript, S. 6, Privatbesitz Barry Brisk, Kopie in Historische Sammlung, IMI; auch verfügbar als Online-Publikation: https://independent.academia.edu/BarryBrisk (1.8.2021).

Swarowsky gab auch Werturteile ab, was er natürlich begründen konnte. Es war wichtig für den Schüler zu sehen, dass ein Mensch, der sich so lange schon mit Musik beschäftigt hatte, noch so begeisterungsfähig sein konnte. Er sagte zum Beispiel, dass das Trio in Bruckners Achter Symphonie das schönste der Welt[216] wäre. Das beeindruckte ungemein.[217]

Über den Gebrauch von Originalinstrumenten sprach Swarowsky im Unterricht nicht. Hatte man ein komplettes Werk durchanalysiert, was mitunter mehrere Wochen in Anspruch nahm, konnte er Großform, Proportionen innerhalb eines Formverlaufs usw. ableiten. Dirigiertechnische Fragen standen keineswegs im Vordergrund, es ging um die klare und verständliche Darstellung des „musikalischen Gedankens". Der Unterricht war also in erster Linie darauf aufgebaut, das Werk in seiner Komplexität zu erfassen. Lediglich bei schwierig lösbaren Passagen gab Swarowsky dirigentische Hinweise und ließ die Klasse mitdirigieren.

Im Vordergrund standen die Schönbergschen Taktgruppen, doch Roswitha Heintze betont, dass keineswegs nur Taktgruppenanalyse betrieben wurde: „Das ist leider, was die Nachwelt überliefert hat. Es wurden die Werke komplett analysiert und dem Schüler so näher gebracht, dass er nachher das Stück kannte und verstand."[218] Dennoch war die Taktgruppenanalyse das wichtigste Instrument, um ein Werk in strukturelle Einheiten zu gliedern. Erst aufgrund dieser Übersicht sollte man es interpretieren, wobei der Begriff Interpretation von Swarowsky grundsätzlich hinterfragt wurde. Mithilfe der Taktgruppen sollte es gelingen, „jenen Weg, den der Schöpfer bei der Gestaltung des Werkes genommen hat, umgekehrt zu gehen"[219], um daraufhin den musikalischen Gedankengang nachvollziehen zu können.

Die Taktgruppen stellen in erster Linie eine strukturelle Reihung dar. Innerhalb einer Taktgruppe herrscht eine bestimmte satztechnische und instrumentatorische Konstellation vor. Taktgruppen sind Zellen innerhalb der Formteile, die aber nicht unbedingt mit Phrasen identisch sind. Die Taktgruppe bezieht sich auf die Gliederung im Satzganzen, die Phrase auf den melodischen Verlauf. Die Gesamtform eines Werkes wird ja nicht nur durch seinen rein musikalischen (gedanklichen) Aufbau, durch die Themen, deren Entwicklung und Verbindung, sondern in gleicher Weise auch durch die Instrumentation, die Dynamik, die Phrasierung usw. repräsentiert: „alles im Werk ist daher forminterpretierend aufzufassen!"[220] Eine Anzahl von Taktgruppen ergibt zusammengefasst übergeordnete Großgruppen oder Abschnitte, mehrere solcher Großgruppen

---

216 [– oder: das Schönste (von) der Welt? – Hg.]
217 Roswitha Heintze im Gespräch mit Reinhard Kapp und Erika Horvath, Wien, 9.6.2004.
218 Roswitha Heintze im Gespräch mit Reinhard Kapp und Erika Horvath, Wien, 9.6.2004.
219 Swarowsky, Taktgruppenanalyse, in: *WdG*, S. 29–47: 29. Die anschließenden Erläuterungen im Text folgen diesem Aufsatz.
220 Ebd., S. 31.

ergeben einen Formteil. Die einzelnen Taktgruppen können verschieden lang sein, sodass sich geradzahlige und ungeradzahlige Taktgruppen abwechseln können, die genau voneinander unterschieden werden müssen. Ein weiteres Unterscheidungsmerkmal ist die Auf- oder Abtaktigkeit. Ein wesentliches Kriterium lässt sich aus der Führung des Basses gewinnen, besonders deutlich in seiner Beziehung zu den Mittelstimmen. Einen Hinweis auf den organischen Zusammenhang der Taktgruppe, falls dies nicht aus der Bassfortschreitung erkannt werden kann, gibt auch die Oberstimme, die man aber niemals isoliert vom Bass betrachten darf, da sich sonst leicht Irrtümer einstellen können. In Zweifelsfällen sind Taktgruppen durch dynamische Vorschriften oder instrumentale Details identifizierbar: etwa durch das Einsetzen der Hörner oder der Holzbläser, durch einen etliche Takte lang gleichbleibenden Rhythmus in einem Instrument oder durch die Veränderung einer Begleitfigur. Jedes nicht mit dem Taktgruppenbeginn einsetzende Instrument folgt einer eigenen Entwicklung innerhalb der betreffenden Taktgruppe; diese Fälle sind entweder als Vorausnahme oder als Rest anzusehen. Veränderung der Dynamik kann auch innerhalb der Taktgruppen erfolgen: *crescendi* und *decrescendi* beginnen mit der Taktgruppe und werden innerhalb dieser weitergeführt oder sie setzen am Ende überleitend ein und führen zu einem *forte* bzw. *piano* im folgenden ersten Takt der nächsten Taktgruppe. Durch das nicht zuletzt mithilfe der Taktgruppen erzielte Aufschließen des musikalischen Werkes konnte man schließlich auch die auf den ersten Blick unübersichtlichsten oder rhythmisch intrikatesten Stücke problemlos dirigieren, wie z. B. Strawinskys *Sacre de printemps*, denn „ein Werk kann man dann dirigieren, wenn man es verstanden hat. Die Bewegungen und die Gesten einzüüben ist vollkommen sinnlos."[221]

Swarowskys Unterricht war nicht zuletzt aufgrund der theoretischen Vorlesungen legendär. Swarowsky war mit Sicherheit der intellektuellste und umfassendst gebildete Dirigierlehrer seiner Zeit. Seine Schüler wussten, „seine" Analyse war die richtige, weil er sie logisch und für alle nachvollziehbar erklären konnte und weil er immer vom Denken des Komponisten ausging. Jacques Delacôte: „[Heute] noch erinnere ich mich auf lebendige Weise, dass er das Fürwort „ich" nie benutzte, er ließ nämlich stets den Komponisten zu Wort kommen. „Was hat er geschrieben? Wie? Warum?"[222]

Hinzu kam bei der modernen Musik sein direkter Kontakt zu den Schöpfern. Er hatte nicht nur bei Schönberg und Webern studiert, sondern auch mit Strauss, Hindemith und Strawinsky deren Werke durchbesprochen. Er galt als jemand, der die Fackel weitertrug. „Wir haben uns gefühlt, als ob wir neben dem Komponisten saßen, wie

---

221 Roswitha Heintze im Gespräch mit Reinhard Kapp und Erika Horvath, Wien, 9.6.2004.
222 [Statement], in: Gerda Fröhlich [Statement], in: „Meine Meinung verbreitet sich durch ihr Wirken" – Symposium einer Gemeinschaft Gleichgesinnter, in: ÖMZ 55 (2000), H. 3 [Themenheft *Was hat denn „Swa" gesagt. ... Hans Swarowsky. Dirigent, Lehrer, Autor*], S. 20 f.: 20.

er das komponiert"²²³, beschreibt Mehta den Unterricht. Und Bruno Weil versichert: „Man lernte bei ihm mehr in einer Stunde als bei anderen in einem ganzen Jahr. Den geistigen Hintergrund – die Erkenntnis von Musik, die habe ich von ihm, von sonst niemandem."²²⁴ Swarowsky galt seinen Schülern als Einer, der die geistige Konstellation und Bildung des Wien der Jahrhundertwende repräsentierte. Er sprach über Schönberg und Webern, Sigmund Freud und Karl Kraus aus persönlicher Erfahrung.

Die Studierenden wurden im Unterricht immer wieder miteinbezogen, mit Problemen konfrontiert, nach Zusammenhängen und Hintergründen befragt und zu Erklärungen aufgefordert, was eine gründliche Vorbereitung auf die besprochenen Werke erforderte, aber nicht unbedingt bedeutete, dass man dann Swarowskys mitunter schwierige Fragen auch zu beantworten wusste. „Die Vorlesungen fanden im Gesprächsstil statt, man konnte durchaus mitreden, wenn man konnte. Man konnte diskutieren, denn Swarowsky brachte keine fertigen Lösungen."²²⁵ Es ging ihm um das Warum, um das Verständnis der kompositorischen Lösungen: „Er hatte die Schönbergsche Methode, die Schüler selbst draufkommen zu lassen auf das Phänomen. Das war ein wesentlicher Punkt seines Unterrichts."²²⁶ Auch Swarowsky betonte immer wieder Schönbergs Einfluss auf seinen Unterrichtsstil:

> Die Eindringlichkeit Schönbergs beim Studium, die Erklärung des Woher, Warum und Wie, der von ihm aufgezeigte Beziehungsreichtum von Form und Ausdruck: das alles hat meine musikalische Vorstellung für immer fixiert und meinen Weg als Dirigent erschwert, weil er mich allen Konventionen entfremdet hat. All das legte in uns den Grund zum musikalischen Non-Konformismus. Solche Werksarbeit setzte sich dann fort in den Kursen Weberns, die sich zu einem wahren Tempeldienst gestalteten.²²⁷

In den 1950er Jahren und Anfang der 60er konnte Swarowsky seine Vorlesungen also in der Art von Seminaren und Diskussionen abhalten, was eine intensive Auseinandersetzung mit dem Werk garantierte. Zumindest für die 70er Jahre aber wird von übervollen Hörsälen berichtet – ordentliche und außerordentliche Hörer, Gasthörer und sonstige Interessenten fanden sich regelmäßig ein, denn Swarowskys Unterricht war sehr gefragt, war er doch einer der berühmtesten Dirigierlehrer weltweit. Jährlich meldeten sich 100 bis 150 Anwärter zur Aufnahmeprüfung, die dann dementsprechend streng ausfiel. Das

---

223 Zubin Mehta im Gespräch mit Manfred Huss, Otto Karner und Erika Horvath, Wien, 11.3.2003.
224 Bruno Weil im Gespräch mit Erika Horvath, Wien, 14.1.2004.
225 Roswitha Heintze im Gespräch mit Reinhard Kapp und Erika Horvath, Wien, 9.6.2004.
226 Bruno Weil im Gespräch mit Erika Horvath, Wien, 14.1.2004.
227 Hans Swarowsky, Arnold Schönberg, in: *WdG*, S. 228–234: 232.

war nicht verwunderlich, denn nicht selten schickten andere Dirigierlehrer ihre Schüler zu Swarowsky, wie Bruno Weil von Franco Ferrara berichtet:

> Er sagte: Geh zu Swarowsky, ihr müsst lernen, wie man sich eine Partitur erarbeitet. Und zwar aus dem Notenbild und nicht von einer Schallplatte oder von irgendeiner Interpretation, die überhaupt keine Gültigkeit hat.[228]

So bildete sich aus der großen Masse ein kleiner Kern fortgeschrittener Studenten, die Swarowsky namentlich kannte und mit Fragen in seinen Unterricht direkt miteinbezog. Die restliche Klasse blieb gewissermaßen anonym, bis sich neue regelmäßig erscheinende und sich hervortuende Studenten in den engeren Kreis gesellen durften. Dabei handelte es sich natürlich in erster Linie um Studenten der letzten beiden Jahrgänge, die auch in den Übungen mit Orchester dirigieren durften und mussten, während die ersten beiden Jahrgänge von Swarowskys Assistenten Karl Österreicher in die Praxis eingeführt wurden. Österreicher benutzte dafür zwei Klaviere, wie er es bei Besuchen in Leningrad kennengelernt hatte. Gegenstand dieses Unterrichts waren im Wesentlichen die elementaren Grundlagen des Dirigierens wie die Schlagtechnik. Befand sich Swarowsky auf Gastspielen im Ausland, wurden auch die Vorlesungen von Österreicher gehalten. War man bereit, in Swarowskys Vorlesungen mitzuarbeiten, sich dem Risiko der Blamage auszusetzen, so konnte man damit rechnen, von ihm wahrgenommen und in den engeren Schülerkreis aufgenommen zu werden.

Der Unterricht war ein sehr harter, fordernder, niveauvoller Kraftakt, der viel Fleiß und natürlich Talent erforderte. Je besser man vorbereitet war, je intensiver man sich mit den Werken schon im Vorfeld beschäftigt hatte, desto mehr konnte man von Swarowskys Ausführungen profitieren. Dennoch mochte einem manches entgehen, weil man der nicht gerade einfachen Sprache nicht folgen konnte, wie Uros Lajovic[229] bedauert.

Die in den Vorlesungen analysierten Stücke wurden in den Übungen mit Orchester in die Praxis umgesetzt, es sei denn, die Bewältigung war für das Orchester oder die Dirigierschüler zu schwierig, wie etwa Mahlers Symphonien oder Schönbergs *Pelleas und Melisande*. Die Übungen fanden bei Swarowskys Anwesenheit ein- bis zweimal wöchentlich statt und dauerten jeweils drei Stunden. Dabei wurde in erster Linie dirigiert, Swarowsky hielt sich hier mit Erörterungen zurück, um den Studierenden besonders viel Gelegenheit zu geben, sich praktisch zu betätigen. Er selbst dirigierte nicht vor, zeigte nur einzelne Stellen, die nicht funktionieren wollten. Natürlich ging es in den Übungen um die „grobe" Dirigierarbeit, nicht um Feinheiten: Tempohalten, Fermaten,

---

228 Bruno Weil im Gespräch mit Erika Horvath, Wien, 14.1.2004.
229 Uros Lajovic im Gespräch mit Reinhard Kapp und Erika Horvath, Wien 9.12.2002.

Tempowechsel bewältigen usw. Wer sich genügend vorbereitet fühlte, setzte sich in die erste Reihe, aus der Swarowsky auswählte. Pro Übungseinheit erhielten vier bis fünf Studenten die Gelegenheit vorzudirigieren, etwa einen Satz einer Symphonie oder ein kürzeres Werk. Swarowsky versuchte dabei möglichst selbständig arbeiten zu lassen, doch konnte es schon vorkommen, dass er mit Heftigkeit unterbrach oder den Kandidaten unerbittlich zerlegte.

Die Studenten mussten sich für ihre Ausbildung einen Dirigentenstab zulegen und Swarowsky legte Wert auf ein bestimmtes Modell, das sich gut in der Hand halten ließ, ohne dass man sich auf die Dauer verkrampfte. Der Griff hatte dasselbe Gewicht zu haben, wie der übrige Stab. Dies war der Fall, wenn er hinter dem Griff balanciert werden konnte. Schlagtechnisch legte Swarowsky Wert auf eine absolut klare Zeichengebung. Besonderes Charakteristikum war die deutlich hinaufgeschlagene Drei im Dreiertakt. Der Taktstock durfte jeweils nur einmal ganz hinauf- und ganz hinuntergeführt werden, wodurch der Takt eindeutig erkennbar wurde. Zentral waren der Vorausschlag und die richtige Temponahme schon im Auftakt. In der Dirigiertechnik bezog sich Swarowsky in erster Linie auf Richard Strauss:

> Die systematisierten Ergebnisse der technischen Selbstkontrolle des unfehlbaren Dirigenten Richard Strauss sind Grundlagen des gestischen Unterrichts in Wien. Die Studierenden werden angehalten, der Anweisung Franz Liszts folgend, steuern und nicht rudern zu lernen.[230]

Ansonsten widmete sich Swarowsky kaum der Dirigiertechnik selbst, zum einen weil sie reines, relativ leicht zu erlernendes Handwerk darstellte, aber vermutlich auch, weil sich Karl Österreicher bei den ersten beiden Jahrgängen fast ausschließlich damit befasste.

Diejenigen Studenten der letzten beiden Jahrgänge, die zum Dirigieren kamen, wurden von Swarowsky verpflichtet, auswendig zu dirigieren, zumindest das Repertoire bis einschließlich Brahms. Das Auswendiglernen nach Taktgruppen und Formabschnitten galt als wichtiger Teil des Unterrichts. Zum einen sicherte es ein tiefes Verständnis des Werkes aus der Partitur, zum anderen ermöglichte es einen besseren Kontakt zu den Musikern und ein freieres Musizieren.

Studenten, die nicht genügend Einsatz und Talent zeigten, wurden von ihrem Lehrer mitunter streng zurechtgewiesen, was einige natürlich als ungerechte Herabsetzung empfanden. Auch war der Konkurrenzdruck bei der großen Studentenzahl enorm hoch,

---

230 Hans Swarowsky, Kapellmeisterschule und Orchestererziehung, in: *ÖMZ* 14 (1959), S. 257 f.: 258. [Das Liszt-Zitat lautet: „Wir sind Steuermänner und keine Ruderknechte", nach Hoplit {Richard Pohl}, *Das Karlsruher Musikfest im October 1853*, Leipzig 1853, S. 92 f. – Hg.]

nur die Besten durften auch dirigieren. Wer sich seine Partitur zur Sicherheit aufs Pult legte, konnte schon damit rechnen, dass Swarowsky – bekannt für seine Impulsivität und Radikalität – diese durch den Klassenraum schleuderte. Die übrigen Studenten und Hörer, die nicht vor dem Orchester standen, hatten „trocken" mitzudirigieren.

Das Anhören von Schallplatten gab es weder im Unterricht, noch war es bei der Vorbereitung eines Stückes erlaubt. Merkte Swarowsky am Dirigierstil oder an charakteristischen Stellen, dass sich ein Schüler mithilfe einer Aufnahme vorbereitet hatte, so musste er sich den Spott des Lehrers gefallen lassen. Genausowenig durfte man sich auf andere Interpreten berufen. Als Quelle galt einzig und allein die Partitur oder Stilfragen erhellende Texte wie die Lehrbücher von Leopold Mozart, Philipp Emanuel Bach, Johann Joachim Quantz etc. Sekundärliteratur erwähnte Swarowsky selten, doch gab es einige Werke, die er auf Anfrage empfahl. Dazu gehörten Rothschilds *Vergessene Traditionen in der Musik*[231], Apels *Notation der polyphonen Musik*[232] oder Scherchens *Lehrbuch des Dirigierens*.[233]

> Mein Unterricht basiert aber nicht so sehr auf dem Zurückgreifen auf alte Lehrbücher, sondern vor allem auf dem Zurückgreifen auf die Partitur. Ich habe meine Schüler von Anfang an gelehrt, die Partitur wirklich zu lesen, und habe ihnen manchmal, gegen deren Widerstand, falsche Auffassungen, die sich eingeschlichen haben, auszutreiben versucht.[234]

Sehr selten spielte Swarowsky nach der Werkanalyse die Aufnahme einer Interpretation vor, wie sie – nachvollziehbar durch die analytische Vorarbeit – eben nicht sein sollte. Wenig Anerkennung fanden etwa Dirigenten wie Krips, Böhm, Furtwängler, Klemperer, Walter, Mengelberg oder Jochum. Es blieben nicht viele Dirigenten, die Swarowsky uneingeschränkt gelten ließ. Dazu gehörten vor allem Richard Strauss und natürlich Clemens Krauss. Oft erwähnte er auch Toscanini, dessen Werktreue er hochschätzte, und – trotz aller von ihm verpönten Eigenheiten – Leonard Bernstein, mit dem er persönlich befreundet war. Seinen Dirigierstil akzeptierte er jedoch nur, weil Bernstein eigentlich Komponist war. Herbert von Karajan konnte er durchaus positive Seiten abgewinnen; während er seinen opulenten Orchesterklang kritisierte, konnte er sich mit seinen Tempoannäherungen anfreunden. Von den Jüngeren lobte er dezidiert Bruno Maderna und Pierre Boulez – wieder zwei Komponisten. Und so empfahl er seinen Schülern dringend, Aufführungen anderer Dirigenten zu besuchen und deren Proben

---

231 Fritz Rothschild, *Vergessene Traditionen in der Musik. Zur Aufführungspraxis von Bach bis Beethoven*, Zürich 1964.
232 Willi Apel, *Die Notation der polyphonen Musik 900–1600*, Leipzig 1962.
233 Hermann Scherchen, *Lehrbuch des Dirigierens*, Leipzig 1929
234 Swarowsky, Rückblick, in: *WdG*, S. 257–264: 263.

beizuwohnen, genauso wie sie auch seine eigenen Aufführungen und Proben besuchten, bereitete Swarowsky doch die von ihm dirigierten Stücke häufig im Unterricht vor.

Besonderen Wert legte er auf das Klavierspiel, das er schon bei der Aufnahmeprüfung kontrollierte. Korrepetition war gewissermaßen das Handwerkszeug eines guten Kapellmeisters, und so kam es auch vor, dass die Studenten aufgefordert wurden, bestimmte Stellen der Partitur auf dem Klavier vorzuspielen, manchmal auch kaum vom Blatt Spielbares, wie etwa die Einleitung des *Don Quixote*[235], vielleicht um die Schüler zu provozieren, zu fordern, mutig zu machen. Für den praktischen Dirigierunterricht wurde aber kein Klavier verwendet. Im Gegensatz zu anderen Dirigierlehrern – wie beispielsweise seinem Vorgänger Meinhard von Zallinger und seinem Assistenten Karl Österreicher, die mit zwei Klavieren arbeiteten – wollte Swarowsky seine Schüler nur vor einem Orchester dirigieren lassen, da die Pianisten nicht orchesteradäquat auf den Dirigenten reagieren konnten. Insbesondere aber pauschaliere das Klavier den Klang und die Klangfarbe, die einen zentralen Anteil des Musizierens ausmachten. Eine solche Lösung simuliere also nur äußerst ungenügend die Realität.

Anfang der 50er Jahre jedoch saß Swarowsky selbst noch am Klavier und die Schüler mussten dirigieren, wie Constantin Floros erzählt. Swarowsky, der ein ausgezeichneter Pianist war, hat offensichtlich in den ersten Jahren seiner Unterrichtstätigkeit auch die Vorlesungen am Instrument illustriert. Wolfgang Gabriel erzählt, was in den 70er Jahren nicht mehr denkbar schien: „Einen ganzen Vormittag erklärte er uns die Struktur der Brahmslieder, spielte am Klavier, sang, erklärte, wie ein Alleinunterhalter […] Er saß immer am Klavier und erzählte und erklärte, spielte, veranschaulichte."[236]

Ebenso wichtig wie Korrepetition war eine profunde theoretische Ausbildung in Harmonielehre, Kontrapunkt und Formenlehre, eine zentrale Voraussetzung bei der Aufnahme in die Kapellmeisterklasse. In sehr gutem Einvernehmen stand Swarowsky mit seinen Akademiekollegen Josef Mertin und seinem langjährigen Freund Erwin Ratz. In beider Unterricht sah er eine notwendige Ergänzung für seine Studenten. Mertin, eine Schlüsselfigur der Wiener Alte-Musik-Bewegung, unterrichtete ein Repertoire, das Swarowsky in seinem Unterricht gänzlich aussparte.

> Swarowsky und Mertin haben sich sehr geschätzt und auch gleich gedacht. Dieses Wissen um Alla breve, den Tactus und die Proportionen, von denen er sagte, die gelten für Mozart genauso wie für das 16. Jahrhundert. Temporelationen und all diese Dinge – davon wusste Mertin natürlich und Swarowsky hat darauf aufgebaut.[237]

---

235 Dies passierte Iván Fischer.
236 Wolfgang Gabriel im Gespräch mit Erika Horvath, Wien, 2.6.2003.
237 Bruno Weil im Gespräch mit Erika Horvath, Wien, 14.1.2004.

Erwin Ratz hingegen unterrichtete Formenlehre und hatte neben Bach und Beethoven in erster Linie Mahler als Schwerpunkt, wobei Heintze Swarowskys Analyse noch profunder als jene von Ratz empfand. So wurden die Studierenden immer wieder ermuntert, den Unterricht der Kollegen zu besuchen. Auch Franz Eibners Schenker-Analyselehrgang wurde empfohlen. Wenngleich Swarowsky nicht uneingeschränkt mit Schenkers Analysemethode konform ging, waren ihm dessen Grundsätze sehr wohl ein Anliegen: „Swarowsky war der Meinung, die Schenkerschen Beethoven-Analysen sind das Beste, was je über ihn geschrieben wurde. Also über die Neunte und die Fünfte."[238] Und nicht zuletzt schickte Swarowsky seine Studenten später auch in Friedrich Cerhas Ensembleübungen für Neue Musik.

Angelpunkt des Unterrichts war die Wiener Klassik. Sie galt als Basis für alle nachfolgenden Kompositionen, die Erfassung der klassischen Form brachte Erkenntnisse, die bis Mahler ihre Gültigkeit hatten. Die musikalische Klassik lieferte Maß und Struktur, die beispielhaft blieben:

> [A]lles ist vollständig zu Ende gebracht innerhalb dessen, was wirklich gehört wird, nichts tendiert – wie in anderen Stilepochen – zur oft reizvollen Ergänzung in weitergedachten Klängen oder in parallel laufenden Ideen, nichts wird geschmackvoll „ausgedeutet", alles ist geschlossen auskomponiert.
>
> [...]
>
> Klassische Kunst ist Kunst des innerlich großen Maßes, das nicht durch die Größe der Dimension erreicht wird, sondern durch zusammenfassende und vereinfachende Darstellung, die eine klare, geschlossene Auffassung nach allen Richtungen hin gestattet.
>
> Die außerordentlich klare Überschaubarkeit – oder wie wir in der Musik, mit einem allerdings leicht mißzuverstehenden Ausdruck sagen könnten, „Überhörbarkeit" – großer Zusammenhänge ist ein Kennzeichen der hohen Klassik. Das Detail vermag sich nie zu verselbständigen, die Größe und Einfachheit des Ganzen zu komplizieren oder seine erhabene Geistigkeit zu stören.[239]

Die klassischen Stücke wurden nahezu komplett durchanalysiert, um letztlich vom Detail zur großen Form zu gelangen. So wie Swarowsky es bei Schönberg und Webern gelernt hatte, zeigte er auch in seinem Unterricht mithilfe der genauen Form- und Strukturanalyse, dass bei Haydn das Wesentliche bereits vorhanden war: „Im allgemeinen ist bei Haydn alles ausgebildet und alles Folgende somit Derivat – Haydn schuf

---

238 Ebd.
239 Swarowsky, *Klassik und Romantik*, in: WdG, S. 18.

vollkommen fertige Modelle."[240] Bruno Weil bestätigt die Stellung, die Haydn in der Musikgeschichte zugeschrieben wurde:

> Er sagte, seit Haydn gäbe es nichts Neues mehr in der Musik, und das stimmt. Die unregelmäßigsten Taktgruppen kommen in Haydn-Symphonien vor. Beethoven ist ein Kinderspiel, was die Taktgruppenanalyse betrifft, im Vergleich zu Haydn.[241]

In den frühen Jahren wurde Haydn weniger behandelt, gewann aber mehr und mehr an Bedeutung. Vorklassisches wurde nicht durchgenommen – wie erwähnt verwies Swarowsky dafür auf seinen Kollegen Josef Mertin. In jeder Phase des Unterrichts waren die späten Mozart-Symphonien, sämtliche Symphonien von Beethoven und Brahms sowie Schubert, Mahler und nicht zuletzt Richard Strauss Gegenstand der Analyse. Zur Darstellung des Sprachcharakters und der Phrasierung benutzte Swarowsky auch Schönbergs Betonungszeichen, insbesondere für die Verteilung von Leicht und Schwer, die „einstmals so fundamental an der Gestaltung beteiligt waren wie Tempo, Rhythmus, Dynamik, Lang und Kurz usw."[242] Erst Schönberg habe sehr bewusst diese Unterschiede wieder aufgenommen und dafür eigene Zeichen gesetzt.

Was die Gattungen betraf, so wurde in erster Linie Orchestermusik durchgenommen, auch Solokonzerte, sowie Opern. Constantin Floros (1951/52–1953/54 bei Swarowsky) versichert zwar, nur Symphonisches analysiert zu haben, doch erinnert sich Hubert Deutsch, der zur allerersten Schülergruppe gehört (1946/47–1947/48, 1949/50–1950/51), dass zumindest *Zauberflöte*, *Fidelio* und *Freischütz* besprochen worden seien. Deutsch berichtet weiters, viel über Gustav Mahlers Symphonik erfahren zu haben, wobei auch auf Schönberg und Webern Bezug genommen wurde. Musik der Wiener Schule wurde damals selbst noch nicht besprochen, doch trat er unmissverständlich für diese ein, wie auch Floros und Wolfgang Gabriel (1950/51–1951/52) betonen. Harald Goertz (1946/47–1947/48) erinnert sich wiederum an den hohen Stellenwert, den Richard Strauss eingenommen habe, und an die Analyse der *Salome*. Floros analysierte auch Bruckners *Romantische* Symphonie, doch scheint sich Swarowsky anfänglich wenig für Bruckner interessiert zu haben, was Zubin Mehta (1955/56–1957/58) bestätigt, der anfügt, dass sich Swarowsky sogar noch ein wenig ironisch über die Form bei Bruckner geäußert habe. Eine Veränderung erfuhr der Stellenwert Bruckners, dessen Symphonik sich Swarowsky selbst vermutlich erst im Laufe der Jahre eröffnete. Ende der 60er Jahre widmete er sich ihm umso ausführlicher. Roswitha Heintze (1969/70–1970/71) erinnert sich, die Achte und die Siebente durchgenommen zu haben, und war

---

240 Ebd., S. 22.
241 Bruno Weil im Gespräch mit Erika Horvath, Wien, 14.1.2004.
242 Vgl. Swarowsky, Temponahme, in: *WdG*, S. 69.

insbesondere von der umfassenden Besprechung der harmonischen Architektonik beeindruckt. Ihr Jahrgangskollege Uros Lajovic erinnert eine eingehende Besprechung der Dritten und betont, dass Bruckners Kompositionstechnik Swarowsky wichtig gewesen sei. Mehta wiederum vermerkt die wichtige Position, die Richard Strauss sowohl als Dirigent als auch als Komponist eingenommen habe. *Till Eulenspiegel* oder *Don Juan* etwa wurden sehr genau analysiert. Swarowskys Bewunderung für die Musik Mahlers war immer deutlich zu spüren. An modernerer Literatur wurde dann nur noch Hindemiths *Mathis der Maler* durchgenommen, ein Werk, das Swarowsky sehr am Herzen lag – seine Interpretation wurde von Hindemith sogar autorisiert.[243] Im Unterschied zu den 50er Jahren wurden nun auch Werke Tschaikowskys erörtert, die Fünfte und das 1. Klavierkonzert, und sehr genau Strawinskys *Sacre du printemps*, nachdem Swarowsky den Komponisten in Venedig getroffen und mit ihm gemeinsam das Werk analysiert hatte. Auch Bartóks *Concerto for Orchestra* stand nun auf dem „Lehrplan". Die Wiener Schule kam gelegentlich hinzu – Heintze erinnert sich etwa an Weberns *Stücke* op. 6., Wolfgang Gröhs (1972/73–1973/74) nennt *Pelleas*, *Verklärte Nacht* und Bergs Violinkonzert, Manfred Huss (1973/74–1974/75) Weberns *Passacaglia*. Schönbergs *Pelleas und Melisande* war Swarowsky als „Ausgangspunkt für das Verständnis seiner späteren Kompositionsstile besonders wichtig."[244] Huss erinnert sich auch an Schumanns Klavierkonzert, obwohl Swarowsky wie etliche Vertreter der Wiener Schule mit Schumann nicht allzuviel anzufangen wusste, ebenso wenig mit Mendelssohn, wie Mehta betont. Beeinflusst wurde die Stückwahl nicht zuletzt von Swarowskys eigener Dirigiertätigkeit.

Die Werkauswahl war restriktiv, gering geschätzte Teile des Repertoires wurden im Unterricht wenig behandelt. Dazu zählten slawische Komponisten wie Prokofieff und Schostakovitsch oder Smetana und Dvořák, obwohl Swarowsky nicht a priori gegen folkloristische Musik eingenommen war – Bartók und Strawinsky waren ihm äußerst nah –, genauso wie die französischen Impressionisten. Darin ganz Mitglied der Wiener Schule, hatte Swarowsky ein sehr strenges Bild von wahren Meisterwerken, das im Wesentlichen die deutsche Tradition von Bach bis Schönberg umfasste, also Musik, die man im Allgemeinen als motivisch-thematisch gearbeitet bezeichnen kann. Mittel- und Höhepunkt der musikalischen Entwicklung stellte Beethoven dar. Alles Symphonische nach ihm wurde an ihm gemessen. So äußerte Swarowsky sich häufig abschätzig über Komponisten, die seiner Meinung nach diesem Ideal nicht gerecht wurden, wie etwa über Tschaikowsky:

Die Durchführung besteht bei den Romantikern meist nur aus betörenden Melodien, die mißverständlich durch endlose Sequenzen aneinandergereiht werden. Diesen Weg geht

---

243 Uros Lajovic im Gespräch mit Reinhard Kapp und Erika Horvath, Wien, 9.12.2002.
244 Hans Swarowsky, Schönberg: Pelleas und Melisande, in: *WdG*, S. 160–170: 160.

zum Beispiel auch Tschaikowsky, weil er unter Durchführen nur das Durchjagen eines thematischen Gebildes durch den Quintenzirkel versteht.[245]

Swarowsky selbst erläuterte seine Ziele beim Dirigierunterricht in einem 1959 erschienenen Text.[246] Auch der von Manfred Huss herausgegebene Sammelband *Wahrung der Gestalt* enthält einen ganzen Katalog Forderungen.[247] An oberster Stelle steht die geistige Erfassung des Werkes, die Durchdringung der Struktur und ihrer Hintergründe und das Wissen um die Absicht des Komponisten. Die Kenntnis vorangegangener Kunst- und Stilepochen war genauso unabdingbar wie das Verständnis aus dem zeitlichen und individuellen Kontext. Der Unterricht sollte also zu einem sicheren künstlerischen, logisch begründeten Standpunkt ausbilden – „frei von ästhetischen Flausen und außerkünstlerischen Nebenvorstellungen."[248]

Dies ist gewissermaßen die Vorbedingung für den Anspruch, die „vollkommen geschaute und innerlich gehörte Gestalt an die unmittelbar ausführenden Musiker"[249] zu vermitteln, also die Beherrschung des Aufführungsapparates und die Fähigkeit zur Übertragung der Werkkenntnis auf das Orchester. Die Mittel dafür sind gewiss auch die theoretische Erklärung, doch vor allem die Geste, insbesondere die klare Dirigiertechnik, und nicht zuletzt die persönliche Ausstrahlung und menschliche Nähe. Gemeint ist die Persönlichkeit, die nach vorne, in Richtung Orchester wirkt, und zu trennen ist von jener „trügerischen" in Richtung Publikum. Schließlich bedarf es der Kraft,

> der formalen Disposition und den Ausdruckswerten jenen Grad von Folgerichtigkeit und Dichte zu verleihen, der sie mit der künstlerischen Vorstellung des Autors zu Deckung bringt, so dass das Werk erklingt, als sei es vom Komponisten selbst dargeboten[250].
>
> Alles Persönliche der Interpretation soll hiebei lediglich „Persönliches" vom Komponisten sein, aus der Versenkung in sein persönliches Wollen künstlerisch neu lebendig Gewordenes. Systematisch verfolgen wir den Weg des Schöpfers zurück: von der endgültigen Gestalt über alle Teilgrößen bis zur grundlegenden Idee.[251]

Swarowskys Unterricht orientierte sich in vielerlei Hinsicht an Schönberg, so auch in didaktischer. Swarowsky wollte keine Rezepte verkaufen, wollte keine Erkenntnisse

---

245 Swarowsky, Klassik und Romantik, in: *WdG*, S. 27.
246 Swarowsky, Kapellmeisterschule, in: *WdG*, S. 257f.
247 Vgl. Hans Swarowsky, Dirigieren, in: *WdG*, S. 72–79. Vgl. dazu auch das Kapitel „Der Interpret wider Willen".
248 Swarowsky, Kapellmeisterschule, in: *WdG*, S. 257.
249 Ebd.
250 Swarowsky, Dirigieren, in: *WdG*, S. 73.
251 Swarowsky, Kapellmeisterschule, in: *WdG*, S. 257.

vorkauen, der Schüler musste selbst forschen, selbst die Prozesse durchlaufen, die zur Erkenntnis führten. Jedes Detail wurde hinterfragt und man suchte nach Erklärungen, nach dem Warum. Es ging darum, das Wesentliche der Musik zu erkennen, um daraus die technische Lösung des Dirigenten dafür zu folgen. Wie Schönberg wollte er zum „Unterscheidungsvermögen zwischen Wert und Unwert" erziehen, „ein Wissen von den elementaren Grundlagen künstlerischer Werturteile" vermitteln und eine „Analyse, die den Gedanken heraushebt und seine Darstellung und Durchführung zeigt"[252]. Schönbergs *Harmonielehre* war sein Lehrbuch, in dem Swarowsky die „Aufdeckung des Warum anstatt der schlichten Aufdeckung des Was"[253] bewunderte. So mag es nicht verwundern, dass Swarowskys „Lehrbedürfnis" „[t]heoretisch schon durch Schönberg geweckt worden" war, „durch seine einmalige Art zu unterrichten, Schüler zu behandeln und zu einer Persönlichkeit zu entwickeln."

> Bei ihm habe ich gelernt, was „unterrichten" heißt. Schönberg hat den Schüler nicht manipuliert, sondern er hat ihn sich selbst erkennen, seine Fehler und Vorzüge selbst finden lassen. […] Schönberg hat, so sagte er es auch selbst, den Schüler mit seinen eigenen Konflikten konfrontiert. Ich pflege auch heute noch einen Schüler, wenn er Fehler beim Dirigieren macht, weiterdirigieren zu lassen, bis er selbst sieht, daß es so nicht geht; ich vermeide es, ihm sofort beim ersten Fehler in den Arm zu fallen und zu sagen, „so geht's nicht", oder ihm gar vorzuzeigen, wie es zu machen wäre. Wenn er sich ein zweites, drittes und vielleicht ein viertes Mal „totläuft", wird er wahrscheinlich von selbst auf das Richtige kommen, wobei man ihm natürlich immer mit einigen wenigen Worten helfen und ihn anleiten kann.[254]

Swarowskys Unterrichtsmethode war apodiktisch, er vertrat seine Grundsätze mit einer Vehemenz, die bisweilen konsternierte. Er sah sich selbst als Anwalt der Komponisten und war kompromisslos und unerbittlich, wenn es darum ging, Authentizität und Werktreue zu verteidigen oder sich auf Kosten des Komponisten profilierende Pultvirtuosen zu entlarven:

> Aber bei verfehltem Stil und danebengelungenem Tempo einen Expressionscancan aufzuführen, der doch nur ein Totentanz um die Leiche des Komponisten sein kann – das hat nichts mit Dirigieren zu tun, wenn auch viele dieser Begabung ihren Ruf als „Große" verdanken.[255]

---

[252] Swarowsky, Arnold Schönberg, in: *WdG*, S. 230.
[253] Ebd.
[254] Hans Swarowsky, Rückblick, in: *WdG*, S. 262.
[255] Swarowsky, Dirigieren, in: *WdG*, S. 75.

Swarowsky wollte nicht interpretieren, sondern realisieren, d.h. nicht etwas aus einem Werk machen, das für sich schon etwas ist, um sich selbst in den Vordergrund zu stellen, das eigene Ego vor den Komponisten zu drängen. Bruno Weil zitiert Swarowsky:

„Ihr wäret gar nichts, wenn ihr den Mozart nicht hättet!"
Er sah den Dirigenten als einzige moralische Instanz, als Anwalt des Komponisten, der sich nicht mehr verteidigen kann.[256]

Selbstdarstellung war ihm zutiefst zuwider. Die visuelle Kraft der Medien und die Oberflächlichkeit der Gesellschaft sah er als Totengräber der wahren Kunst. Swarowsky verstand sich als Diener des Werks, dessen primäre Aufgabe es sein muss, den Notentext in seiner Gesamtheit zu entschlüsseln und klanglich umzusetzen, nicht ihn zu „gestalten". Das bedeutet, sich als Interpret zurückzunehmen und das Werk für sich sprechen zu lassen. Die emotionale Kraft der Musik sollte dabei weder ignoriert werden noch auch nur in den Hintergrund treten, sondern sich im Gegenteil frei von der Bemühung um Intensität, die sich nicht selten in der pathetischen Selbstdarstellung des Interpreten verliere, in dem ihr innewohnenden Ausdruck sich entfalten können.

Dem jungen Musiker muß deshalb besonders der Wert der Konstruktion bewußt gemacht werden, weil ja die Wiedergabe vom Konstruktiven ausgeht, und die Intuition des Komponisten in der Konstruktion vorhanden ist.[257]

Ebenso kategorisch vertrat er jedoch auch Grundsätze, die sich zu Recht anzweifeln ließen. Hier wäre in erster Linie die Komponistenauswahl zu nennen. Nicht nur, dass er einen wesentlichen Teil der Orchesterliteratur nicht unterrichtete, er lehnte ihn schlichtweg ab und hielt sich auch mit offener Kritik keineswegs zurück. Swarowsky war ja nicht gerade ein Mensch der feinen Diplomatie, er pflegte eine an Karl Kraus geschulte Sprache, geschliffene Sarkasmen konnten die empfindlichsten Stellen treffen, und die Gürtellinie war mitunter recht tief angesetzt. Dies betraf hin und wieder Komponisten, häufig Dirigentenkollegen, Instrumentalsolisten und nicht selten Studierende, die ihm das auch des Öfteren übel nahmen, wie beispielsweise Claudio Abbado, der seinen Lehrer zwar stets respektierte, seine Grundsätze anerkannte, jedoch persönlich sehr zurückhaltend blieb.[258] Insbesondere Instrumentalstudenten, die in den Übungen mit Orchester den Solopart von Konzerten übernahmen, bekamen häu-

---

256 Bruno Weil im Gespräch mit Erika Horvath, Wien, 14.1.2004.
257 Swarowsky, Rückblick, in: *WdG*, S. 263.
258 [Aber er dirigierte am 4. 19. 1975 Mozarts *Waisenhausmesse* mit den Wiener Philharmonikern und dem Staatsopernchor „in memoriam Hans Swarowsky". – Hg.]

fig Swarowskys Wutausbrüche zu spüren, wenn sie sich rhythmisch allzu frei bewegten, was dann letztendlich auf deren Lehrer zurückgeführt wurde. Eine Klaviersolistin des Schumann-Konzertes wurde kurzerhand hinausgeworfen. Auch dirigierende Frauen hatten es bei Swarowsky nicht gerade leicht. Die wenigen weiblichen Studenten, die sich in die Kapellmeisterschule oder zu den Dirigierkursen verirrten, wurden durchaus nicht bevorzugt behandelt. Roswitha Heintze, eine der wenigen weiblichen Absolventinnen, fühlte sich im Übrigen fair behandelt. Nur bei der Aufnahmeprüfung gab es eine zynische Bemerkung, ob sie denn eine Damenkapelle leiten wollte. Im Allgemeinen verhielt sich Swarowsky gegenüber seinen Schülern aber eher wohlwollend. Insbesondere wenn er von ihrem Fleiß und ihrer Begabung überzeugt war, unterstützte er sie, wo er konnte, gab auch gelegentlich gratis Privatunterricht, wenn ein Wettbewerb vor der Tür stand, und versuchte sie insbesondere so schnell wie möglich zu vermitteln und in die harte Kapellmeisterrealität zu entlassen, nicht ohne gewisse Starthilfen. Da er als Dirigentenlehrer weltberühmt war und man sich wiederholt von der Qualität seiner Absolventen überzeugen konnte, wurde er sozusagen zum Engagementvermittler par excellence. Suchte man Kapellmeister oder Korrepetitoren, wandten sich Opern- und Orchesterchefs meist an Swarowsky, der wiederum seine Studenten weitervermittelte. Kleinere Stellen wurden allgemein in der Klasse verkündet, für bessere Angebote suchte er selbst den passenden Kandidaten und fragte diesen persönlich. Auf diese Art und Weise gelang es ihm nahezu monatlich, einem Studenten in die Karriere zu verhelfen. Manche Schüler bekamen sogar Partituren für den Anfang eingerichtet, wie etwa Miguel Gomez-Martinez, der ein Angebot Egon Seefehlners aus Berlin erhalten hatte. Swarowsky riet ihm zur Annahme und suchte seine mangelnde Erfahrung mit einer komplett eingerichteten *Fidelio*-Partitur für die Debütvorstellung auszugleichen. Auch Gabriel Chmura wurde für Aachen in derselben Weise geholfen. Als Swarowsky 1974 den sogenannten kleinen Siemenspreis im Wert von 100.000 Schilling erhielt, verteilte er die Summe auf neun der bedürftigsten Studenten, indem er den Nichtsahnenden schlicht und einfach ein Kuvert in die Hand drückte. Für die restlichen 10.000 Schilling sollte Manfred Huss ein Tonbandgerät kaufen und die Vorlesungen aufzeichnen.[259] Auch in Wettbewerben gelang es Swarowsky, seine Schüler zu plazieren. So erinnerte sich etwa Wolfgang Gröhs, dass der Karajanwettbewerb in Berlin, in dessen Jury Swarowsky vertreten war, fast ausschließlich von seinen Schülern gewonnen wurde:

---

259 [Ein Schreiben der Ernst-von-Siemens-Stiftung vom 20.6.1974 spricht von einer „Zuwendung in Höhe von sfr 15.000,-", die ihm mit der Bitte „zur Verfügung" gestellt worden sei, „diesen Betrag nach {seinem} Ermessen an junge Dirigenten zu verteilen, die der von {ihm} geleiteten Dirigierklasse der Wiener Akademie {angehören}, und die Namen der {...} ausgewählten Empfänger dem Sekretariat des Kuratoriums {...} mitzuteilen." NlHS. – Hg.]

Erstens einmal waren die meisten seiner Schüler wirklich gut. Und er hat auch niemandem gesagt, dass er teilnehmen sollte, wenn er nicht gewusst hätte, dass er gewinnen konnte. Und dann hatte er natürlich einen Rieseneinfluss.[260]

Swarowsky betrachtete seine Schüler als seine Schützlinge, fast als seine Kinder, die er zwar manchmal hart anpackte – eine Dirigentenkarriere war schließlich auch kein Erholungsurlaub –, doch wo immer möglich unterstützte und förderte. „Er war – wenn er jemanden gemocht hat – sehr väterlich, da hatte er eine Elefantentreue."[261] Andere Schüler wiederum spürten seine Distanziertheit, wie etwa Herbert Weissberg, der sich nicht zum engen Schülerkreis zählte:

Er konnte schon Distanz herstellen und auch Distanz spürbar machen. Er hat natürlich ein bisschen eine zynische Art gehabt und eine zynische Art bringt automatisch Distanz mit sich. Und Opfer seines manchmal beißenden Spottes zu sein, ist nicht sehr lustig.[262]

Sprechstunden hielt Swarowsky in erster Linie im Kaffeehaus ab. Gerne besuchte er das Sacher oder das heute nicht mehr existierende Café Arabia am Kohlmarkt. Auch Spaziergänge durch die Stadt waren eine Möglichkeit, mit dem Lehrer zu sprechen. Swarowsky lud gerne den einen oder anderen Studenten dazu ein, ihn auf seinem Weg zu begleiten, der nicht selten von diversen Antiquariaten gesäumt war.

Im Jahre 1973 erkrankte Swarowsky schwer und musste sich einer Gehirntumoroperation unterziehen, doch er gönnte sich nur kurze Rekonvaleszenz und stand bereits nach sechs Wochen wieder auf dem Podium und in seiner Klasse, was seinen Unterricht jedoch nur unmerklich zu beeinflussen schien. Gröhs versichert, dass Swarowsky ganz der Alte blieb und sogar Witze über das Toupet machte, das er von nun an tragen musste. Roswitha Heintze dagegen stellte fest, dass sich Swarowskys Unterricht bereits nach seiner Magenoperation im Jahre 1971 wesentlich verändert und an Qualität und Genialität eingebüßt habe.

Swarowskys Unterricht verhalf aber nicht nur zu tiefen Einblicken in die Werke seiner Meister, sondern lieferte auch – fast im Gegensatz dazu – rein praktische Anleitungen, die einem jungen Kapellmeister ermöglichten, seine Dirigate ohne gröbere Zwischenfälle zu bewältigen. So wurde die Taktgruppenanalyse nicht nur zum Instrument des Eindringens in die formale Struktur eines Werkes, sie konnte auch ganz banal als Struktur auswendig gelernt werden, die einem Dirigenten ermöglichte, ein Stück zu lernen, ohne sich tiefer mit der Musik auseinanderzusetzen, wie Swarowsky von Kritikern

---

260 Wolfgang Gröhs im Gespräch mit Erika Horvath, Wien, 28.11.2003.
261 Ebd.
262 Herbert Weissberg im Gespräch mit Erika Horvath, Wien, 4.12.2002.

immer wieder vorgeworfen wurde. Der Sinn dahinter war jedoch, das Werk aufgrund der strukturellen Zusammenhänge zu lernen und eben nicht einfach die Töne oder hervorstechende Klangereignisse zu memorieren.

So bot er in seinem Unterricht auch Methoden, die in der Praxis von unschätzbarem Wert waren. Seine überreiche praktische Dirigiererfahrung – er war schließlich seit Anfang der 20er Jahre im Theaterbetrieb tätig – gab er direkt an seine Schüler weiter. Er wusste nicht nur zu vermitteln, wie man ein Stück einstudierte, sondern hatte auch zu jeder schwierigen Stelle Anleitungen parat, wie sie ohne Umwerfen zu bewerkstelligen wäre. Insbesondere für Probleme des Theateralltags – wie beispielsweise Verzögerungen durch die Sänger – konnte er ein gutes Handwerkszeug liefern. So bezeugen sämtliche Schüler, wie sicher sie sich in den ersten Engagements fühlen konnten. Nicht zuletzt dies gehörte zu den Erfolgsrezepten des Swarowskyschen Unterrichts. So urteilt etwa Wolfgang Gröhs: „Für meine eigene Dirigiertätigkeit schwebt er bei mir so im Hinterkopf mit. Wenn man das, was er unterrichtet hat, befolgt und auf seinen eigenen Stil zuschneidet, kann man nie falsch sein."[263] Der Dirigent Michael Gielen wiederum erwähnt in seinen Erinnerungen:

> Als Dirigent bin ich Autodidakt und habe mir das nötige Rüstzeug in einem langen Prozeß erworben. Nach einem meiner ersten Konzerte in Wien, wo die Zweite Kammersymphonie von Schönberg auf dem Programm stand, hatte ich ein Gespräch mit Hans Swarowsky, dem großen Lehrer der Akademie, bei dem Claudio Abbado und Zubin Mehta ausgebildet wurden. Er sagte mir, ich solle in seine Klasse kommen, ich würde mir zehn Jahre des Lernens ersparen. Ich schätzte ihn nicht sonderlich als Dirigent und konnte mir nicht vorstellen, daß jemand ein mittelmäßiger Dirigent, und doch gleichzeitig ein guter Lehrer sein könne – ich ging also nicht zu ihm. Diese arrogante Haltung hat mich, wie er richtig voraussah, zehn Jahre mühevoller Selbstausbildung und Eigenstudium gekostet, bis ich mir eine Dirigier-Technik erworben hatte, die allen auftauchenden Problemen gewachsen war (oder fast).[264]

Wolfgang Gabriel, der wie alle seine Kollegen von Swarowskys theoretischem Unterricht begeistert war, sah sich als Swarowskys Schüler mit einem Manko behaftet, zumindest wurde er mit gängigen Vorurteilen konfrontiert:

> Als ich noch sehr jung war und die Symphoniker dirigierte, sagte der Kontrabassist Fiala einmal zu mir „Wenn du vergisst, was du beim Swarowsky gelernt hat, dann könntest

---

263 Wolfgang Gröhs im Gespräch mit Erika Horvath, Wien, 28.11.2003.
264 Michael Gielen, *Unbedingt Musik, Erinnerungen*, Frankfurt a.M./Leipzig 2005, S. 272 (Cornelia Krauß hat mich dankenswerterweise auf diese Stelle aufmerksam gemacht).

du ein ganz guter Dirigent werden." Ein bisschen stimmte das schon, vor allem was die Behandlung der Orchestermusiker betrifft oder die militärische Schlagtechnik. Swarowsky lieferte ein wichtiges technisches Grundgerüst, doch reichte das natürlich nicht aus. Phrasieren musste man selbst bzw. auch von anderen Dirigenten lernen.[265]

Swarowsky musste zusehen, wie seine Schüler die Weltkarriere machten, die er sich selbst wohl gewünscht hätte, aber er ließ sich nichts anmerken, wie Zubin Mehta erzählt:

> Seit 1961 dirigiere ich die Wiener Philharmoniker. Und in meinem Fall habe ich nie den geringsten Neid von ihm verspürt. Das habe ich sehr geschätzt, weil ich dachte, mein Gott, er sehnt sich danach, einmal ein Philharmoniker-Konzert zu haben, und jetzt komme ich schon mit 25 Jahren daher und bekomme es angeboten. Das hat er mich nie fühlen lassen. Er war immer da und größtes Lob, und dann haben wir natürlich diskutiert.[266]

Hielt man sich an die Ideale, die Swarowsky vermittelte, verschrieb man sich mehr oder weniger bedingungslos der Werktreue und dem Komponistenwillen, so wählte man einen steinigen Weg, den schlussendlich nur wenige gehen wollten, wie etwa Bruno Weil:

> Er vertrat die Wahrheit, und die Wahrheit ist unbequem. Das habe ich auch zu spüren bekommen. Oft muss man sich entscheiden zwischen Wahrheit und Karriere. Aber zur Wahrheit gibt es keine Alternative. Für Swarowsky nicht und für mich auch nicht. Da verzichtet man lieber auf einiges. Denn wenn man gewisse Dinge nicht akzeptieren kann, weil sie nicht vom Komponisten so gewollt sind, dann macht man sich manchmal keine Freunde. Aber da gilt eben nur der Notentext und nicht, was andere daraus gemacht haben.[267]

Und so konnte natürlich auch Swarowsky sich nicht verhehlen, dass die Karriere seiner Schüler einen gewissen Preis hatte, wenn er in seiner gewohnt zynischen Art anmerkte: „Ich unterrichte das hier und dann geht ihr raus und werdet Schweine und macht Karriere."[268]

Swarowskys Lehre umfasste auch Positionen, die der gelebten Musiziertradition widersprachen. „Das ging so weit, dass die Schüler bei Dirigentenwettbewerben reihenweise durchfielen", erzählt Heintze, „wie etwa Jacques Delacote mit der Dritten von Schubert." Die Schüler hatten zu leiden, bevor solche Dinge Allgemeingut wurden, und

---

265 Wolfgang Gabriel im Gespräch mit Erika Horvath, Wien, 2.6.2003.
266 Zubin Mehta im Gespräch mit Manfred Huss, Otto Karner und Erika Horvath, Wien, 11.3.2003.
267 Bruno Weil im Gespräch mit Erika Horvath, Wien, 14.1.2004.
268 Zitiert nach ebd.

Swarowsky prophezeite: „Ihr werdet miserable Kritiken haben!"[269] Dennoch waren zahlreiche seiner Schüler auch in Wettbewerben erfolgreich.

Auch wenn man des Öfteren Kritik an Swarowskys extremen Haltungen hörte, stellte keiner der Studenten Swarowsky in Frage. Im Großen und Ganzen erfreute er sich uneingeschränkter Bewunderung, ja geradezu Vergötterung. Die Studenten saugten seinen Unterricht auf wie trockene Schwämme, ausgehungert von einem im Allgemeinen recht oberflächlichen Musikunterricht. Seine Stärken waren sein enormes Wissen, sein Nonkonformismus, sein Humor und beißender Witz, seine Schlagfertigkeit und seine logisch-argumentative Beweisführung, der sich niemand widersetzen konnte. Swarowskys ungewöhnliche Erscheinung faszinierte die Studenten, seine Radikalität, seine scharfe Zunge, sein Humor waren insbesondere an der prüden Akademie doch eher die Ausnahme. Er wurde hochgeschätzt und aufgrund seiner Überlegenheit auch gefürchtet.

Seine lernbegierigen Schüler machten sich das zu eigen, wogegen Orchestermusiker häufig opponierten. Der Unterricht war sein Forum, wo er sich artikulieren konnte, wo er überzeugen konnte, wo er an der Basis arbeiten konnte. Die Jungen gingen vorurteilslos auf ihn zu, waren von keinen Aufführungstraditionen geprägt, hatten keine gesellschaftlichen Ressentiments gegen ihren Lehrer und waren im Prinzip von seiner spitzen Zunge mehr beeindruckt als beleidigt. Bei seinen Studenten fruchtete, was ihm im aktiven Musikleben immer wieder Steine in den Weg legte.

Swarowskys Persönlichkeit beeindruckte nicht zuletzt deswegen, weil er – nicht nur unter den Studenten – als der umfassendst gebildete Mensch galt, dem man jemals begegnet war. Er war offensichtlich ein Universalgenie, das in Musik, Kunstgeschichte, Literatur, Philosophie, Kulturgeschichte usw. gleichermaßen das höchste Niveau erreicht hatte und sein Wissen mit einer einzigartigen messerscharfen Rhetorik auch richtig anzuwenden wusste. Jeder Zeitzeuge, ob Anhänger oder Kritiker, ob Freund oder „Feind", betont diese Einzigartigkeit. Gleichzeitig lebte er jedoch auch die Schattenseite dieser Gabe. Er war überheblich und verletzend, wusste um seine geistige Überlegenheit und nutzte sie, um Kollegen zu diskreditieren. Er war intolerant gegenüber Menschen, die weniger Intellekt zu besitzen schienen oder seine Ansichten nicht teilten, legte übertriebenen Wert auf das sogenannte rationale Denken, verurteilte das Emotionale und war dabei doch sehr von den eigenen, oft negativen, Emotionen beherrscht. Er missgönnte erfolgreicheren Dirigenten ihre Karriere, da sie ihm doch nicht das Wasser reichen konnten, und sah sich als Opfer einer ungeistigen Welt.

Die meisten Schüler, von denen ihm viele regelmäßig über ihre Fortschritte als Dirigenten schrieben, halten bis heute treu zu ihrem Lehrer und gedenken seiner in dankbarer Verehrung.

---

269 Roswitha Heintze im Gespräch mit Reinhard Kapp und Erika Horvath, Wien, 9.6.2004.

Erika Horvath

MEISTERKURSE

Ab 1958 leitete Swarowsky internationale Meisterkurse, die sich nicht nur eines legendären Rufes erfreuten, sondern auch zur weltweiten Verbreitung seiner Dirigierpädagogik und seines Aufführungskonzepts beitrugen: 1958 in Brüssel, 1960–66 in Nizza, 1967 in den USA, 1968 in Brasilien, 1971–74 in Ossiach und 1974 in Wien.

Brüssel 1958

Der erste Meisterkurs, zu dem Swarowsky geladen wurde, war Teil der Weltausstellung in Brüssel 1958. Leiter der Musikabteilung im Österreichischen Pavillon war der Musikschriftsteller Rudolf Klein, der während seines siebenmonatigen Engagements den Plan verfolgte, eine öffentliche Musikakademie zu veranstalten – das Resultat wurde schließlich mit dem Grand Prix der Weltausstellung ausgezeichnet.[1] Hinter einer großen Glasscheibe beherbergte der Pavillon Karl Schwanzers – heute dient er im 3. Wiener Gemeindebezirk als „21er Haus" der Österreichischen Galerie Belvedere[2] – ein Studio, in dem österreichische Musikprofessoren öffentlich unterrichteten. Die Zuschauer konnten entweder eintreten und dem Unterricht direkt beiwohnen oder von dem frei zugänglichen Raum auf der anderen Seite der Glasscheibe aus zusehen und über Lautsprecher zuhören. Die Kurse dauerten drei Wochen mit jeweils zwei Stunden Unterricht täglich pro Kurs. Bei drei gleichzeitig laufenden Kursen konnten die Besucher der Brüsseler Weltausstellung täglich sechs Stunden die österreichischen Meisterkurse besuchen. Kursleiter waren Professoren der österreichischen Musikakademien. Aus Salzburg kam Bernhard Paumgartner mit seiner Opernklasse und Vera Schwarz für Liedgesang, aus Wien waren Elisabeth Höngen, Alfred Spannagel und Hans Swarowsky für Oper zuständig, Klavier unterrichteten u. a. Josef Dichler, Richard Hauser und Grete Hinterhofer, Violine u. a. Ricardo Odnoposoff und Edith Steinbauer, Ferdinand Grossmann vertrat Lied und Oratorium, Isolde Ahlgrimm und Karl Scheit standen für Alte, Hanns Jelinek für Zwölftonmusik. Die Gruppe von Prof. Lauda sorgte mit dem späteren „Wie-

---
1 Rudold Klein, Österreichs Musik triumphierte in Brüssel, in: *ÖMZ* 13 (1958) S. 487.
2 [1962 am selben Ort als „Museum des 20. Jahrhunderts" eröffnet, hat es seither verschiedene Umbenennungen und wechselnde Trägerschaften erlebt. – Hg.]

ner Trio" – Rudolf Buchbinder (Klavier), Peter Guth (Geige) und Heidi Litschauer (Violoncello) – für Furore: „Sie waren damals noch Kinder und haben einen Riesenerfolg gehabt"[3], erinnert sich Rudolf Klein. Krönung der Veranstaltung war der dreiwöchige Dirigier- und Orchesterkurs von Hans Swarowsky, der mit dem Haydn-Orchester der Akademie angereist war.

> Das Orchester war der Höhepunkt, der Hit im österreichischen Pavillon. Das Orchester hat dort öffentlich geprobt, dafür war das Studio vielleicht doch ein bisschen zu klein; es war mehr für Kammermusik gedacht. Die Leute haben sich vor dieser Scheibe gepresst und viele, die länger bleiben wollten, sind auch im Studio gesessen. Sie haben sich außerordentlich dafür interessiert. Und dann gab es viele Interviews, ich glaube auch mit Swarowsky.[4]

Der Unterricht bestand aus öffentlichen Proben mit dem Orchester und aus Dirigierunterricht für Studenten und wurde von Mitarbeiterinnen des Pavillons moderiert, die Swarowskys direkte Art auch ein wenig zu „zensurieren" hatten, wie sich Rudolf Klein lächelnd erinnert:

> Wir hatten dort sehr nette Hostessen und eine saß immer am Mikrofon und hat nach außen hin erzählt und Kommentare dazu geliefert. Sie wissen ja, Swarowsky hat immer ein sehr loses Mundwerk gehabt und da hat er manchmal angefangen zu schimpfen auf den Karajan und solche Sachen, und da hatte die Hostesse den Auftrag, das Mikrophon auszuschalten, wenn er mit seinen Tiraden begann. Das hätte ihm ja nur geschadet. Und uns natürlich auch.[5]

Der öffentliche Musikunterricht hatte den österreichischen Pavillon zu einer Hauptattraktion der Brüsseler Weltausstellung gemacht, sodass man letztendlich befürchtete, das Gebäude könnte die täglichen Menschenmengen nicht mehr tragen:

> Es war schon so gegen Ende der sechs Monate, dass sich der Pavillon auf der Seite, wo diese Akademie war, zu senken begonnen hat. Da haben sie dann statische Messungen gemacht aus Angst, dass die Statik nicht ausreicht. Weil so viele Menschen auf dieser Seite standen.[6]

---

3   Rudolf Klein im Gespräch mit Erika Horvath, Wien, 6.9.2002.
4   Ebd.
5   Ebd.
6   Ebd.

Nizza 1960–66[7]

1960 wurde Swarowsky von der Académie Internationale d'Été unter der Leitung von Fernand Oubradous eingeladen, einen Sommerkurs für Operndirigieren in Nizza zu halten. Diese Sommerakademie veranstaltete seit ihrer Gründung im Jahr 1957 jährlich Meisterkurse für Musik und Tanz, seit 1963 auch für Schauspiel und Malerei, mit einer eindrucksvollen Professorenriege. Im Leitungsgremium saßen neben hochrangigen Funktionären Jean Cocteau (Académie Française), E.H. Van der Meersch (Président National, Assemblée Nationale C.V.R. Vice-Président de la Chambre des Députés) und Jean-Louis Barrault (Directeur du Théatre de France). 1960 wurden folgende Gegenstände angeboten:

1. Dirigieren:
Orchesterdirigieren: Eugène Bigot und Dimitri Chorafas (Paris)
Operndirigieren: Hans Swarowsky (Wien)
2. Gesang:
Französisches Lied (Mélodies): Maria Braneze (Nizza, Paris)
Technik und Stil: Prof. Emmy Sittner und Dr. Hans Sittner (Wien)
Lyrischer Gesang und Szene: Fanély Revoil (Paris)
3. Instrumentalklassen:
Orgel (Technik und Improvisation): Pierre Cochereau (Paris)
Cembalo: Robert Veyron-Lacroix (Paris)
Harfe: Lili Laskine (Paris)
Gitarre: Ida Presti, Alexandre Lagoya (Paris, Alexandrien)
Klavier: Magda Tagliaferro (Rio de Janeiro), Aline Van Barentzen, Jacques Fevrier und Jeanne-Marie Darré (Paris), Orazio Frugoni (USA)
Violine: Gabriel Bouillon (Paris), Ricardo Odnoposoff (Wien), Henryk Szeryng (Mexico)
Viola: Pierre Pasquier (Paris)
Violoncello: André Navarra (Paris)
4. Komposition und Orchestrierung:
Alexandre Tcherepnin (Chicago)
5. Musikgeschichte:
Jacques Chailley (Paris)
6. Kammermusik:
Oboe: Pierre Pierlot (Paris)
Flöte: Jean-Pierre Rampal (Paris)
Violine: Alfred Lœwenguth (Paris)

---

7 Prospekte Académie Internationale d'Été, NIHS.

Bratsche: Pierre Pasquier (Paris)
Klavier: Marthe Rennesson (Paris)
7. Lehrerweiterbildung
8. Tanz und Choreographie
Serge Lifar (Kiev)

Swarowskys Kurs fand vom 15. Juli bis 6. August im Kloster von Cimiez statt. Auf dem Programm standen die Opern Mozarts, insbesondere *Die Entführung aus dem Serail* und *Die Zauberflöte*. Die Teilnehmer hatten die Partituren bereits im Vorfeld zu erarbeiten. Am Beginn des Kurses wurden sie in eine Fortgeschrittenen- und eine Anfängergruppe geteilt. Zunächst wurde mit Klavier gearbeitet, dann durfte man auch das Orchester dirigieren. Die besten Studenten leiteten schließlich das Akademieorchester in den „Audition-Concerts". Passive Teilnehmer waren ohne Bezahlung zugelassen. Seinem Sohn Anton berichtete Swarowsky von der angenehmen Erfahrung, die auch eine Einladung durch das monegassische Fürstenhaus einschloss:

> Es war wunderschön, herrliches Wetter, angenehme Arbeit, täglich mehrere Stunden im Wasser, reizende Menschen, viele Veranstaltungen, Eröffnung des Hauses von Renoir in Cagnes, Einladung bei Rainier und Gracia (mit Onassis und Callas) usw. usw. Und sehr billig zu leben, 2000 Fr. Halbpension in gutem Hotel auf dem Berg in Cimiez.[8]

Swarowsky unterrichtete bis 1966 jährlich bei den Sommerkursen.

1963 kam das von Swarowsky aus dem Wiener Akademie-Orchester gebildete Haydn-Orchester als Kursorchester nach Nizza. Auf dem Programm standen Opern von Mozart, Pergolesi und Philidor sowie Symphonien von Haydn und Mozart. Zusätzlich bot Swarowsky den Kurs „Dirigiertechnik nach der Methode von Richard Strauss". Wieder durften die besten Studenten bei den öffentlichen Konzerten dirigieren. Die Kurse von 1963 widmeten sich der Musik, dem Theater und der Malerei. Dieses Mal teilten sich den Unterricht im Orchesterdirigieren:

Technik: Jacques Pernoo (Bordeaux)
Konzert: Jean Fournet (Paris)
Oper: Hans Swarowsky (Wien)

Ansonsten waren die Dozenten ungefähr dieselben wie 1960, nur dass etwa Janine Micheau Gesangstechnik und -interpretation, Henri Dutilleux Komposition unterrichtete und unter den Pianisten auch Richard Hauser aus Wien vertreten war.

---

8 Hans Swarowsky an Anton Swarowsky, 8.8.1960, NlAS.

1964 unterrichtete Swarowsky dasselbe Programm wie im Vorjahr, jedoch ohne „sein" Haydn-Orchester. Auch die Unterrichtsgegenstände und die Professoren blieben im Großen und Ganzen dieselben. Dieses Mal übernahm Tony Aubin den Kompositionsunterricht; weiters gab es einen zweitägigen Interpretationskurs mit Nathan Milstein.

1966 wurden zusätzlich Serenadenkonzerte im Kloster von Cimiez angeboten, bei denen die Professoren als Solisten ihr Können darboten. Es dirigierten Jacques Pernoo, Fernand Oubradous, Joseph Calvet und Hans Swarowsky. Außerdem öffnete Swarowsky einen Abend lang den Meisterkurs für das Publikum.

USA 1967

Im Juni 1967 übernahm Swarowsky von Richard Lert einen Dirigentenkurs der League of American Orchestras in Orkney Springs, Virginia, in der Nähe von Washington, D.C. Lert, der den Kurs gewöhnlich hielt, stammte aus Wien und hatte vor dem Krieg u. a. als Assistent Otto Klemperers in Berlin gewirkt. Bereits vor 1933 war er mit seiner Ehefrau, der Schriftstellerin Vicki Baum, nach Los Angeles emigriert und hatte u. a. das noch heute bestehende Pasadena Symphony Orchestra gegründet. Swarowsky schätzte Lert als einen „der wertvollsten Menschen" und „ganz grosse[n] Freund."[9] Seinem Schüler Barry Brisk berichtet er von dem Kurs: „Ich habe hier ein herrliches Orchester, aus allen grossen USA Orchestern zusammengesetzt."[10]

Brasilien 1968[11]

Im Oktober 1968 hielt Swarowsky einen Internationalen Dirigentenkurs in Rio de Janeiro, der erstmals vom Ministerium für Erziehung und Kultur (Ministério da Educação e cultura) und dem Rundfunk (Serviço de Radiodifsáo Educativa) veranstaltet wurde. Sein Assistent war John Luciano Neschling. Der Kurs dauerte einen Monat und fand in der Cecilia Meireles Hall statt. Teilnehmer brauchten ein Empfehlungsschreiben einer Musikschule oder ähnlichen musikalischen Institution. Auf dem Programm standen die Grundlagen der Dirigiertechnik:

---

9 Swarowsky an Brisk, 6.10.1971, Privatbesitz Barry Brisk; veröffentlicht in: Barry Brisk, *Hans Swarowsky, five letters to Barry Brisk. 1967–1972. Compiled and annotated in 2002*; Online-Publikation: https://independent.academia.edu/BarryBrisk (1.8.2021).

10 Swarowsky an Brisk, 15.8.1967, Privatbesitz Barry Brisk; veröffentlicht in: Barry Brisk, *Hans Swarowsky, five letters to Barry Brisk. 1967–1972. Compiled and annotated in 2002*; Online-Publikation: https://independent.academia.edu/BarryBrisk (1.8.2021).

11 Prospekt Internationaler Dirigentenkurs in Rio de Janeiro, NIHS.

Möglichkeiten der Verwendung des Dirigentenstabes, um den Rhythmus zu markieren. Auftakt. Fermaten.
Rhythmisches Dirigieren. Melodisches Dirigieren. Tempo halten und wechseln. Akzente. Synkopen. Taktgruppen und Phrasierung.
Stile und ihre Bedeutung. Improvisation. Verzierungen. Kadenzen.
Grundtempo in der vorklassischen Musik (Händel und Bach). Temporelationen bei Mozart und Haydn. Tempo bei Beethoven.
Dirigiertechniken bei moderner Musik.
Allgemeine Grundsätze für das Auswendigdirigieren.

Ossiach 1971–74[12]

1971 fand der erste Meisterkurs im Rahmen des Carinthischen Sommers unter der Leitung von Helmut Wobisch und Dr. Gerda Fröhlich-Sandtner in Ossiach statt, wo Swarowsky bis 1974 jeden Sommer unterrichtete und den Kärntner Urlaubsort zu einem Eldorado für Musiker und junge Dirigenten aus aller Welt machte, mit enormem Presseecho:

> Wo immer Swarowsky in der Welt auftaucht, fragt man nach Ossiach, wie man sich eben nach Tanglewood oder Siena erkundigt […]. Der Name Ossiach, und damit verbunden Kärnten, wurde so nach und nach in alle Welt getragen.[13]

Mit den Veranstaltungen des Carinthischen Sommers um das ehemalige Stift Ossiach in Kärnten hatte man bereits seit der Gründung durch den vormaligen Solotrompeter und Geschäftsführer der Wiener Philharmoniker Helmut Wobisch im Jahr 1969 ein neues – bis heute bestehendes – kulturelles Zentrum geschaffen. Neben den Konzerten in der Stiftskirche, die internationale Künstler nach Ossiach brachten, wurden bereits im zweiten Jahr zwei internationale Seminare mit György Ligeti und Henryk Szeryng abgehalten. 1971 erweiterte man das Lehrprogramm um Kurse und Vorträge, deren Hauptattraktion Swarowskys Meisterkurs darstellte:

Hans Swarowsky: Meisterkurs für Dirigenten (25.7.–15.8.)
Krysztof Penderecki: Vorträge über eigene Werke und Konzert (16./17.7.)
Johann Sengstschmid: Vortrag zur Einführung in die Klangreihenlehre (nach Othmar Steinbauer) (30.7.)

---

12 Archiv CS.
13 *Kärntner Tageszeitung*, Kopie in Archiv CS.

Hans Haselböck: Seminar über Orgelimprovisation (2.–7.8.)
Josef Sivó: Seminar „Romantische Virtuosenmusik der Geigenliteratur" (9.–23.8.)
Henryk Szeryng: Kolloquium über „Die Violinwerke W. A. Mozarts" (29.8.)

Bereits im ersten Jahr des Bestehens der Festspiele hatte der Wahlkärntner Helmut Wobisch die heimische Bevölkerung brüskiert, als er Ossiach als „musikalisches Biafra" und Kärnten als „musikalisch unterentwickeltes Land" bezeichnete. Im dritten Jahr konnte er nun mit 36 Konzerten, Vorträgen und Rezitationsabenden, drei Seminaren und Kursen in knapp zwei Monaten und mit der aus den Erträgen der beiden vorangegangenen sommerlichen Musikfeste in Ossiach erbauten „Wilhelm-Backhaus-Gedächtnisorgel" zeigen, dass er einen „Kristallisationspunkt kulturellen Geschehens"[14] geschaffen hatte.

In der Tat: durch Wobischs Initiative wurde Ossiach zu einem Klein-Salzburg in Kärnten – mit Solisten, die hier wie dort auftreten, mit zahlreichen Philharmonikern, die – wie Wobisch – emsig zwischen Salzach und Ossiacher See hin und her pendeln, mit Programmen, die in ähnlicher Form auch bei den Salzburger Festspielen geboten werden. Und mit allerhöchster Anteilnahme von emsigen Kulturproduzenten aus der Filmbranche.[15]

Planung und Konzept des Dirigentenkurses stammten im Wesentlichen von Hans Swarowsky, unter tatkräftiger Unterstützung des Intendanten Wobisch, wie aus einem Schreiben Swarowskys aus dem Jahr 1970 hervorgeht:

Ich habe mir das mit dem Kurs überlegt und bin zum Schluss gekommen, dass nur eine grosszügig angelegte Veranstaltung mir die Grundlage bieten kann, wirklich das zu geben was ich zu geben imstande bin. Jede Art von Einschränkung wäre dem wirklichen, der Bedeutung der Sache entsprechenden, internationalen Erfolg schädlich und würde auch mich an der freien Entfaltung meiner pädagogischen Begabung hindern.

Es ist daher notwendig, kräftige Subventionen zu erlangen – und wer wäre hiefür schlauer und härter, als Sie!? Sie müssten dem Ministerium und der Regierung klar machen, dass es sich hier um einen kulturellen Aktivposten handelt. Die Kapellmeisterklasse in Wien ist tatsächlich so etwas wie die Sängerknaben oder die Lipizzaner geworden, nicht als Anschauungsobjekt, aber in ihrer qualitativen Auswirkung. Man spricht von einer „Wiener Schule". Das wurde mir hier nie honoriert, die Akademie hat es nie für nötig befunden, einen Dirigentenwettbewerb auf dem Grund und Boden dieser Schule zu machen. Wie hätte man das anderwärts ausgewertet!! Sie wissen nicht, wie viel Amerikaner usw. mich

---

14 „Musikalisches Biafra" (Quelle unidentifiziert), Kopie in Archiv CS.
15 Ebd.

ständig fragen, ob ich denn nicht einen Kurs mache und wo und wann, wieviel Briefe ich bekomme etc. etc.

Das Orchester müsste reichlich zur Verfügung stehen durch drei Wochen hindurch. Denn NUR DANN hat ein Kurs einen Wert! Die Werke müssten auch so gut als möglich beherrscht werden.

Stipendien sollten vielen Hörern das Kommen erleichtern. Die Diplome sollten von der Unterrichtsverwaltung sanktioniert sein, damit sie im Ausland Beweiswert haben. Schlusskonzerte sollten den von einer Kommission Auserwählten Gelegenheit geben zu öffentlichem Auftreten.

Die Prämierten bester Klasse sollten die Möglichkeit haben ein Symphoniekonzert in Klagenfurt, ein Arkadenhofkonzert in Wien oder ein Tonkünstlerkonzert etc. zu dirigieren – zumindest soll die Kursleitung sich bemühen, dies zu erreichen. So wird das Unternehmen mehrfach attraktiv gestaltet. Für die Schlusskonkurrenz braucht man eine gute Jury. Vielleicht könnte man den Kurstitel noch ändern in: Meisterkurse etc. etc. in Verbindung mit einem Wettbewerbsfinale. Dabei kann man die ersten Durchgänge des Wettbewerbs sich ersparen, weil man im Kurs ohnedies sieht, wer in die engere Wahl kommt – dazu genügen Sie und ich und eventuell einer der grossen Solistenlehrer wie Szeryng, oder wer eben da ist. [...] Hauptsache: Ein klaglos funktionierendes, den Ansprüchen voll entsprechendes Orchester![16]

Die von Swarowsky geforderte Subventionierung blieb indes ein Wunschtraum:

Denn leider klappte das mit dem von Prof. Swarowsky angesprochenen „Klarmachen dem Ministerium und der Regierung", daß hiefür kräftige Subventionen notwendig seien – trotz der von ihm beschworenen „Schläue und Härte" Wobischs so ganz und gar nicht, nicht einmal annähernd so gut wie Interesse aus und Ausstrahlung in alle Welt. Ich kann mich noch sehr gut erinnern, daß es alljährlich ein an ein Wunder grenzendes Kunststück war, daß Wobisch unter den gegebenen finanziellen Möglichkeiten überhaupt Orchesterdienste für den Kurs zustande gebracht hat.[17]

Der Meisterkurs für Dirigenten fand vom 25. Juli bis 15. August 1971 im Barocksaal des Stiftes Ossiach statt. Die 29 aktiven Teilnehmer und elf Zuhörer zwischen 19 und 71 Jahren stammten aus 18 verschiedenen Ländern, darunter neben Österreich, Deutschland, Italien, Schweiz, Belgien, Holland und den skandinavischen Ländern auch Israel, die Dominikanische Republik, Japan, die USA, CSSR und Polen. Sie bildeten eine

---

16 Swarowsky an Helmut Wobisch, undatiert (1970), Archiv CS.
17 Gerda Fröhlich [Statement], in: „Meine Meinung verbreitet sich durch ihr Wirken" – Symposium einer Gemeinschaft Gleichgesinnter, in: ÖMZ 55 (2000), H. 3 [Themenheft *Was hat denn „Swa" gesagt. ... Hans Swarowsky. Dirigent, Lehrer, Autor*], S. 16–18: 18.

bunte Mischung aus Dirigier- und Musikstudenten, Instrumentalisten, Musiklehrern und Kapellmeistern. Die Kursgebühr betrug 3.000 Schilling für aktive Teilnehmer und 1.500 Schilling für Zuhörer.

Der Meisterkurs war als vierteiliger Zyklus konzipiert, jedes Jahr sollte eine andere Epoche behandelt werden: 1971 die Wiener Klassik (Mozart, Haydn, Beethoven), 1972 die Romantik (Schubert, Brahms, Schumann, Mendelssohn, Dvořák, Tschaikowsky, Verdi etc.), 1973 die Hoch- und Spätromantik (Wagner, Bruckner, Strauss, Mahler) und 1974 die Moderne (Debussy, Strawinsky, Bartók, Schönberg, Webern, Berg und Zeitgenossen).

Auf dem Kursprogramm des ersten Kurses standen Joseph Haydns Symphonien Nr. 97, 99, 102 und 104, Mozarts Symphonien in A-Dur (KV 201), C-Dur (KV 425 „Linzer"), D-Dur (KV 504 „Prager"), Es-Dur (KV 543), g-Moll (KV 550), C-Dur (KV 551 „Jupiter") und *Eine Kleine Nachtmusik*, sämtliche Symphonien Beethovens und die Klavierkonzerte Nr. 3–5. Zur technischen Übung wurde Strawinskys *Le Sacre du Printemps* und *Histoire du Soldat* durchgenommen. Als Vortragssprachen waren Deutsch, Englisch, Französisch und Italienisch angegeben.

Der Unterricht fand Montag, Dienstag und Freitag von 8.30 bis 11.30[18] und von 16.30 bis 19.00 bzw. Mittwoch und Donnerstag halbtägig statt; währenddessen stand das Orchester des Carinthischen Sommers zur Verfügung, das Franz König aus Mitgliedern des Klagenfurter Stadttheaters, der Wiener und der Grazer Symphoniker sowie Professoren der Landeskonservatorien zusammengestellt hatte (insgesamt 44 Musiker). Lediglich am ersten Tag hielt Swarowsky zwei Theorieblöcke ohne Orchester.

Aus den 29 Teilnehmern durften die acht Besten bei den beiden Abschlusskonzerten öffentlich dirigieren, ausgewählt von einer achtköpfigen Jury, bestehend aus Opernchef Robert Filzwieser, Kapellmeister Anton Marik (beides Swarowsky-Schüler), den Philharmonikern Helmut Wobisch und Richard Hochrainer, dem Konzertmeister der Grazer Oper Vladislav Markovitz sowie den Musikrezensenten der drei Kärntner Tageszeitungen.

Bereits in seiner „in nettem Plauderton, wie man ihn beispielsweise von Marcel Prawy kennt und liebt"[19], gehaltenen Eröffnungsrede für die Presse am 25. Juli 1971 im Barocksaal des Stiftes gelang es Swarowsky, großes Aufsehen zu erregen. Die durchaus positive Berichterstattung provozierte eine Flut entrüsteter Leserbriefe in der *Kärntner Tageszeitung*, obwohl sich im Saal selbst eine „rege und interessante Diskussion" ergeben hatte, die „günstige Auspizien für die Atmosphäre des Kurses"[20] schuf.

---

18 [– nach Manfred Huss 10.00 bis 13.00 – Hg.]
19 G. P., Es gibt nur eine richtige Interpretation, in: *Volkszeitung*, Klagenfurt, 28.7.1971.
20 Das Ethos des Dirigenten, in: *Kleine Zeitung*, 27.8.1971.

Prof. Swarowsky erwies sich bei seinem Einführungsvortrag als überaus charmanter Vermittler eines großen Wissens, das er wie beiläufig und in nettem Plauderton weitergibt, so daß er sofort alle Zuhörer zu gewinnen verstand. Das Gehörte war so gehaltvoll, daß wir darauf noch gesondert zu sprechen kommen werden.[21]

Die Aussagen „Es gibt nur eine Interpretation, und zwar die richtige" sowie „Wer anders denkt, hat hier nichts zu suchen" erhitzten jedoch die Gemüter der Kärntner Leser, die sich über Swarowskys „Frechheit" und „Überheblichkeit" mokierten:

> Der Unfehlbare: Beamte und Lehrer haben immer recht […] Besonders Tüchtige unter ihnen machen sich mitunter ihre eigenen Gesetze […] Hans Swarowsky ist vermutlich der einzige, der das Geheimnis der einzig richtigen Interpretation kennt und mit sich herumschleppt […] Swarowskys geheime Ossiacher Offenbarung […] Jeder Andersdenkende hat in seinem Kurs nichts zu suchen […] Unser Carinthischer Zarathustra scheint zusätzlich mit päpstlichen Eigenschaften ausgestattet zu sein: begnadet, berufen und in höchstem Maße dogmatisch […] In Ossiach scheint man endlich im Begriff zu sein, ruckartig und schonungslos das letzte Siegel, den Schleier vom Mysterium musikalischer Interpretation zu reißen, ein für allemal unwiderruflich.[22]

Swarowsky sah sich genötigt, eine ausführliche Stellungnahme zu publizieren, in der er zunächst seiner Verwunderung Ausdruck verlieh, wie viel „Aufwand von Affekt"[23] seine Pressekonferenz verursacht hatte. Swarowsky fühlte seine Worte, die er „aus Demut vor der Größe echter geistiger Werte, deren Unantastbarkeit mir die einzige Garantie gegen völligen Verfall in nackte Barbarei zu sein scheint, zum Ausdruck bringen wollte", dem „Tonfall als vor allem auch dem Sinne nach mit falscher Akzentuierung zu einem Angriff aus heiterem Himmel"[24] missbraucht. Er zitierte die Bildende Kunst, Leopold und W.A. Mozart, Beethoven, Bartók, Richard Strauss und Clemens Krauss und argumentierte weiter:

> Wenn ich sage, daß es nur eine einzige richtige Interpretation gibt, meine ich keineswegs diejenige, die wir unter so oder so gegebenen Umständen darzubieten imstande sind, wohl aber jene ideale, der wir unablässig entgegenzustreben haben.[25]

---

21 G. P., Meisterkurs für Dirigenten, in: *Volkszeitung*, Klagenfurt, 27.7.1971.
22 *Kärntner Tageszeitung*, 4.8.1971.
23 Hans Swarowsky, Die einzig richtige Interpretation als Idealzustand, in: *Kärntner Tageszeitung*, 11.8.1971, und *Volkszeitung*, Klagenfurt, 14.8.1971.
24 Ebd.
25 Ebd.

Seine Aussage „Wer anders denkt, hat hier nichts zu suchen" bezeichnete er als reinen Selbstschutz für angehende Dirigenten:

> Ich wollte niemandem den Eintritt verwehren, sondern ihn vor dem Eintritt bewahren. Wer das Dirigieren eines Meisterwerkes zum willkommenen Anlaß nimmt, seine ganz privaten Emotionen oder neurotischen Reaktionen mit Hilfe einer von fremder Hand gelieferten Notenfolge an den Mann zu bringen, verschwendet sein Geld und seine Zeit, wenn er meinen Kurs besucht.[26]

Auch Richard Hochrainer, Solopaukist der Wiener Philharmoniker und Akademieprofessor, äußerte sich zu der prekären Angelegenheit:

> Hier in diesem stark besuchten Kurs, der kein Dirigentenwettbewerb, sondern ein richtiger Lernkurs ist, kommen Leute aus aller Welt (im Alter von 19 bis 70), die alle – den Dirigentenstab im Tornister – den Glauben haben, bereits ganz berühmte Maestri zu sein. Das ist gut so, denn jeder, der Großes leisten will, muß größtes Vertrauen zu sich selbst haben. Aber mit vollem Recht sagte der ausgezeichnete Pädagoge Professor Swarowsky, daß hier alle Sonderheiten draußen bleiben müßten, da es hier die reinen Grundlagen der Dirigierkunst zu erarbeiten gelte, deren Beherrschung erst später einen individuellen Stil ermöglicht.[27]

Zum Abschluss des Dirigentenseminars wurde die Aufregung nur mehr ironisiert:

> Da werden angriffslustige Leserbriefe in verschiedenen Kärntner Tageszeitungen zur Farce, denn polemisch werden wollen, ohne die näheren Zusammenhänge zu kennen, wirkt nicht nur, sondern ist lächerlich.[28]

Am 13. August dirigierte Swarowsky in der Stiftskirche Ossiach ein Chor- und Orchesterkonzert mit der Konzertvereinigung Wiener Staatsopernchor und Mitgliedern der Wiener Philharmoniker. Auf dem Programm stand die Uraufführung von Ernst Vogels *Musik für 10 Blechbläser und Schlagzeug* (1970), Johann Sebastian Bachs Motette *Singet dem Herrn ein neues Lied* und Anton Bruckners Messe in e-Moll. Weitere Meisterkonzerte gaben u. a. Christa Ludwig, Géza Anda, Konrad Ragossnig, Nicanor Zabaleta, Emil Gilels und Walter Berry.

---

26 Ebd.
27 Prof. Richard Hochrainer, Nochmals zur „richtigen Interpretation", in: *Volkszeitung*, Klagenfurt, 20.8.1971.
28 „Wieder auf die Erde zurückgeführt", in: *Kleine Zeitung*, 15.8.1971.

Swarowskys Konzert wurde überwiegend negativ rezensiert. Ernst Vogels Stück fiel wegen der modernen Musiksprache glattweg durch. Bachs Motette scheiterte an den gesanglichen Leistungen und wohl wirklich ungenügenden Vorbereitung durch den namentlich nicht genannten Chorleiter:

> Die knapp 50 Staatsopernsänger – ihr Chor wirkt sommers in Salzburg, Bregenz, Mörbisch und Ossiach – schrien dem Herrn nicht sein, sondern ihr Lied tremolierend, mit schrillen Sopranen (die fast unhörbare Tenorstimme las ich in der Partitur dazu), unsauberen Einsätzen und Intonation. Ein Stimmgemud[d]el, ohne jedwede Transparenz im Freudenthema „Lobet den Herrn in seinen Taten" und in der Schlußfuge zu argem Skandieren übergehend. Eine Hetzjagd bei der Bach auf der Strecke geblieben ist.[29]

Auch Swarowsky schnitt dabei nicht immer gut ab: „Der Dirigent ließ bei diesem Werk ein flottes Tempo walten; das Wechselspiel zwischen den beiden Gruppen des achtstimmigen Doppelchores wurde selten deutlich, die Fugen nahmen Raketencharakter an."[30] Auch Bruckners e-Moll-Messe wies offenbar gewisse Mängel auf, doch waren die Kritiker stellenweise auch beeindruckt:

> In der Dynamik, dem kleinen Raum nicht angepaßt, schwoll das Fortissimo zu infernalischem Lärm, wobei das Kyrie herzhaft unsaubere und unpräzise Einsätze hatte, die auch das Benedictus wie das Miserere im Agnus trübten. Eine rasche Statistik ergab: Der Chor wirkte gut, sehr gut sogar im vierstimmigen Satz, weniger im achtstimmigen und unsicher im achtstimmigen A-Capella.
>
> Aussagestarke, eindrucksvoll gestaltete Stellen zierten das Gloria, an das sich ein von Swarowsky wundervoll ausgedeutetes Credo mit einem schmerzlich verhaltenen „Et sepultus est" schloß."[31]

> „Im „Gloria" und „Credo" konnten hingegen die Sänger zeigen, was in ihnen steckte und das ist gar nicht wenig. Gewaltig die Fortissimostellen, echt die Tiefe der Bässe. Sehr schön aber auch, wie Swarowsky Stimmen beispielsweise beim „qui tollis" zurücknahm, wie er die Schönheiten der Tiefen der Partitur ausleuchtete.[32]

Am 16. August fand das 1. Abschlusskonzert der Teilnehmer mit dem Orchester des Carinthischen Sommers statt. Es dirigierten Giorgio Rocchini (23, Italien), Hiroshi Ko-

---

29 Gh., Das war kein Meisterchor, in: *Kleine Zeitung*, 15.8.1971.
30 H. Schneider, Ein enttäuschender Opernchor, in: *Kärntner Tageszeitung*, 15.8.1971.
31 Gh., Das war kein Meisterchor, in: *Kleine Zeitung*, 15.8.1971.
32 G. P., Enttäuschende Darbietung, in: *Volkszeitung*, Klagenfurt, 15.8.1971.

izumi (28, Tokio), Lex Veelo (29, Den Haag) und Raffi Armenian (29, Kanada). Das Konzert wurde gebührend gewürdigt und die Leistung der Teilnehmer ausführlich besprochen.

Man könnte Hans Swarowsky einen Dirigentenmacher bezeichnen. Man kommt zu ihm aus Europa und Übersee und holt ihn dorthin. Faszinierend ist seine Persönlichkeit und ob seines Wissens auch auf anderen Kunstgebieten wird man bei jedem Vortrag oder nur von einem Gespräch bereichert sein. Seine Schüler sind da völlig meinungseins. Was sie oder besser gesagt sechs bei seinem Meisterkurs erlernt haben, wurde in bemerkenswerter Weise beim 1. Schlußkonzert vorgestern demonstriert.[33]

Einen Tag später fand das 2. Abschlusskonzert statt. Es dirigierten Toni Nigg (31, Wien), Maximilian Blumencron (30, Wien), Ronald Zollman (21, Antwerpen), Wolfgang Berger (38, Pforzheim), Yoram David (23, Tel Aviv), Varoujan Kodjian (36, Los Angeles) und Carlos Piantini (41, Dominikanische Republik). Als Favoriten bei der Jury erwiesen sich der erst einundzwanzigjährige Belgier Roland Zollmann, „der sich durch souveräne Beherrschung von Partitur und Orchester sowie diffizile Musikalität"[34] auszeichnete, und Varoujan Kodjian, der aus Armenien stammende Assistent Zubin Mehtas und Konzertmeister in Los Angeles. Herbert Schneiber lobte die bereits reife Leistung der jungen Dirigenten: „Das Dutzend Stabschwinger, das ins Finale kam, zeigte sich musikalisch und technisch erstaunlich reif, ließ es auch nicht an Stilgefühl mangeln und zum Teil auch Ansätze eines (ziel-)bewußten Gestaltungswillens erkennen."[35] Insbesondere das 2. Abschlusskonzert wurde als außergewöhnliches Ereignis hervorgehoben:

Konnte man den ersten Teil des Dirigentenkurs-Abschlußkonzertes in Ossiach noch eventuell als eine Art Schülervorführung betrachten, so war der zweite Teil am Dienstag nicht nur ein regelrechtes Konzert, sondern eine der bemerkenswertesten Veranstaltungen des heurigen „Carinthischen Sommers" überhaupt.[36]

Besonderes Lob erfuhr auch das Orchester, das sich an jenem Abend einer besonderen Zusammenstellung erfreute:

Überraschend gestaltete sich das zweite Schlußkonzert des Dirigentenkurses. Hatte das Orchester am Vortag recht ansprechende Leistungen gezeigt, so wuchs es an diesem Abend

---

33 W. G., Des großen Dirigentenmachers Schüler, in: *Volkszeitung*, Klagenfurt, 18.8.1971.
34 Ho., Dreistündige Orchesterschlacht, in: *Kleine Zeitung*, 10.8.1971.
35 Herbert Schneiber, Italien und Japan teilten sich in Mozart, in: *Kurier*, 25.8.1971.
36 H. Schneider, Namen, von denen man in Zukunft hören wird, in: *Kärntner Tageszeitung*, 19.8.1971.

weit über das Niveau eines Kursorchesters hinaus und zeigte eine wirklich konzertreife Leistung. Hervorgerufen wurde diese Tatsache durch unvorhergesehene Schwierigkeiten. Zur selben Zeit mußte nämlich ein Teil des Orchesters in Klagenfurt konzertieren. Prof. Wobisch improvisierte glücklich und ersetzte die fehlenden Streicher durch Teilnehmer des Geigenseminars Sivo. Ja, Sivo sprang selbstlos ein und man hatte das sicher seltene Vergnügen, den bekannten Virtuosen und Konzertmeister der Wiener Philharmoniker am zweiten Pult musizieren zu sehen. Der runde volle Streicherklang und die Ambition der jungen Künstler hob das Orchester um Stufen.[37]

Der Dirigentenkurs fand einen glücklichen Abschluss und wurde von allen Beteiligten und den Zeitungsrezensenten hoch gelobt. Auch Swarowsky zeigte sich den Journalisten gegenüber zufrieden:

Das Seminar selbst bezeichnet er als sehr erfolgreich, sowohl pädagogisch als auch künstlerisch. Begeistert zeigt sich der Dirigent auch von den nahezu idealen Arbeitsbedingungen, die er in Ossiach vorfand. Überhaupt ist Swarowsky überzeugt von den Möglichkeiten, die in der Institution des „Carinthischen Sommers" stecken. In diesem Sinne äußerte er sich auch anläßlich seines Besuches bei Landeshauptmann Sima. Nur mit der „Managertätigkeit", die nötig ist, um einen Ausbau zu leisten, will er nichts zu tun haben. Er gehört nicht zu den Veranstaltern, ist aber gerne bereit, wieder nach Ossiach zu kommen, und wo nötig und möglich, auch zu vermitteln.[38]

Seinem ehemaligen Schüler Barry Brisk teilte Swarowsky mit: „Ich hatte einen Sommerkurs mit 40 Hörern aus 18 Nationen, die taten alle so, als ob ihnen jetzt erst der Staub von den Augen fiele und sie jetzt erst wüssten, was Musik sei."[39] Die *Kleine Zeitung* befragte die Teilnehmer, welche Punkte verbesserungswürdig waren, und fasste zusammen:

Von den Teilnehmern soll vor Beginn des Kurses eine Jury jene Dirigenten bestimmen, die tatsächlich mit Orchester arbeiten werden. Am geeignetsten wäre eine Zahl zwischen 10 und 15.
Die übrigen sind Hörer und nehmen, wie man heuer einstimmig der Ansicht ist, viele neue wesentliche Erkenntnisse und eine enorme Wissensbereicherung mit.

---

37 *Kleine Zeitung*, 19.8.1971.
38 H. O., Ein überaus erfolgreiches Seminar, in: *Kärntner Tageszeitung*, 11.8.1971.
39 Swarowsky an Brisk, 28.8.1971, Privatbesitz Barry Brisk; veröffentlicht in: Barry Brisk, *Hans Swarowsky, five letters to Barry Brisk. 1967–1972. Compiled and annotated in 2002*; Online-Publikation: https://independent.academia.edu/BarryBrisk (1.8.2021).

Ohne staatliche Subventionen wird man einem solchen Seminar nicht gerecht. Die ausländischen Musiker verbinden mit dem Namen Österreich „Land der Musik" und zeigten sich erstaunt, wie achtlos man von oberster Stelle an einem internationalen Seminar von diesem Rang vorbeigehen kann.

Abschließend sprach ein Teilnehmer aus, was allen eigentlich ein Anliegen war: „Professor Swarowsky hat uns wieder auf die Erde zurückgeführt. Er hat als erster wieder von ‚Geschmack' gesprochen und auf die Verwendung der einfachen Mittel verwiesen, um einen größtmöglichen Effekt zu erzielen."[40]

Swarowsky konnte mit dem Dirigentenkurs nicht nur seinen internationalen Ruf als außergewöhnlicher Dirigierpädagoge festigen, sondern auch dem Carinthischen Sommer und dem Fremdenverkehrsort Ossiach enormen Aufwind verleihen:

> Es dürfte der Öffentlichkeit und auch den Subventionsgebern noch gar nicht so recht zu Bewußtsein gekommen sein, was mit diesem Kurs – wie überhaupt den vom Carinthischen Sommer veranstalteten Seminaren – verbunden ist. Nicht nur, daß Nachwuchsmusiker Gelegenheit haben, außerhalb des üblichen Studienbetriebes und verbunden mit einem Aufenthalt in idyllischer Umgebung von hervorragenden Kräften Erfahrungen vermittelt zu erhalten, wird der Name Ossiach und damit verbunden Kärnten nach und nach in alle Welt getragen.[41]

Und so hat Swarowsky denn auch so manche seiner anfänglich rigoros gestellten Forderungen (betreffend ausreichende Orchesterdienste, die Gewährung einer ganzen Reihe von Stipendien wie auch die Durchführung eines großen Wettbewerbsfinales) nach und nach gemildert, und Fröhlich-Sandtner urteilt:

> [Meiner] persönlichen Erinnerung und Einschätzung nach würde ich wagen zu behaupten, daß zum einen das Ossiacher Ambiente, von dem er doch recht angetan war, dazu beigetragen hat, zum andern waren es wahrscheinlich auch die idealistisch-ehrgeizigen Ambitionen des jungen Festspiels, die ihn dazu bewogen, ein bisschen nachzugeben – immer natürlich vorausgesetzt, daß dies keine Qualitätsminderung für das Resultat seiner Kursarbeit zur Folge hatte.[42]

Gerda Fröhlich-Sandtner berichtet auch vom dichten Arbeitspensum, das Swarowsky seinen Schülern auferlegte:

---

40 Hemma Ottisch, Was der Dirigent zu tun hat, in: *Kleine Zeitung*, 15.8.1971.
41 G. P., Meisterkurs für Dirigenten, in: *Volkszeitung*, Klagenfurt, 27.7.1971.
42 Fröhlich [Statement] (Anm. 17), S. 18.

Dann (wie denn anders?) ist er natürlich auch in Ossiach mit seinem höchsten Anspruch angetreten: an sich, an die anderen – die anderen: einmal wir als Veranstalter und Organisations-Fußvolk, dann die Musiker des Kursorchesters und schließlich und natürlich vor allem die Meisterschüler!

So sehr – und daran erinnere ich mich wirklich noch gut – die meisten von diesen unter dem Anforderungsdruck Swarowskys stöhnten, so sehr natürlich auch die Ossiachersee-Fluten zum wohligen Bade luden, sie büffelten Tag und Nacht ihre Partituren: wohl auch aus eigenem Antrieb und Ehrgeiz (da gab es ja tagtäglich das „Messen" der eigenen Leistung, des eigenen Fortschritts an jenem der Kollegen), aber und vor allem auch aus einer Mischung aus Respekt und ein bisschen „Angst" vor dem immer unverblümt sein Urteil, seine Kritik abgebenden Herrn Professor. Dies bzw. dieser ließ einfach keinen Schlendrian zu, jeder nur kleinste Dolce-vita-Ausrutscher in Ossiachs nächtliches Zentrum, die Regina-Bar, rächte sich am nächsten Tag in der Kursarbeit! Waren aber alle konzentriert bei der Sache, dann gab es in Ossiach eigentlich immer ein ausgesprochen freundschaftlich-kollegial-gelöstes Arbeitsklima.[43]

Der große Erfolg des Meisterkurses sprach sich herum und 1972 zählte man mit 80 Interessenten aus 24 Ländern bereits doppelt so viele Anmeldungen, von denen Swarowsky 30 als aktive Teilnehmer auswählte. Kursprogramm des zweiten Ossiacher Meisterkurses, der vom 30. Juli bis 20. August 1972 stattfand, war „Die Romantik". Folgende Werke wurden teilweise oder zur Gänze durchgearbeitet:

Brahms: Symphonien, Haydn-Variationen, Requiem, Violinkonzert, Klavierkonzerte, Konzert für Violine und Cello
Dvorák: 8. und 9. Symphonie
César Franck: Symphonie
Mendelssohn: 3. und 4. Symphonie, Violinkonzert, *Sommernachtstraum* (Ouvertüre und Schauspielmusik)
Schubert: 5. bis 9. Symphonie[44], Messe in Es-Dur
Schumann: 4. Symphonie, Klavierkonzert, Cellokonzert
Tschaikowsky: 5. und 6. Symphonie, Violinkonzert, Klavierkonzert b-Moll, *Nussknacker-Suite*, *Romeo und Julia*
Verdi: Requiem, Ouvertüre *Die Macht des Schicksals*
Wagner: Vorspiele *Rienzi, Tannhäuser, Der fliegende Holländer, Die Meistersinger von Nürnberg, Tristan und Isolde*
Weber: Ouvertüren *Oberon, Freischütz, Euryanthe*

---

43 Gerda Fröhlich, *Ossiacher Reminiszenzen an Hans Swarowsky*, Manuskript, Archiv CS.
44 [d.h. B-Dur, C-Dur, E-Dur D.729 (instrumentiert von Weingartner), h-Moll, „große" C-Dur – Hg.]

Weitere Kurse und Vorträge, die im Rahmen des Carinthischen Sommers besucht werden konnten, waren:

Josef Sivó: Violinseminar „Romantische Virtuosenmusik der Geigenliteratur" (10.–23.7.)
Wolfgang Fortner: Kompositionsseminar „Kompositorisches Handwerk in dieser Zeit" (17.–21.7.)
Hans Haselböck: Seminar „Orgelimprovisation" (31.7.–5.8.)
Anton Heiller: Interpretationsseminar J.S. Bach, „Orgelbüchlein" (2.–5.8.)
Kurt Blaukopf: Vortrag „Gustav Mahlers Klangexperimente" zur Aufführung von Mahlers Neunter Symphonie (20.8.)

Am 19. August 1972 fand das Abschlusskonzert in der Stiftskirche Ossiach statt. Wie im Jahr zuvor wurden von der Jury die besten Studenten als Dirigenten ausgewählt: Giorgio Federico Rocchini (Italien), ständiger Mitarbeiter beim *Corriere della Sera* und Leiter eines Ensembles für Alte Musik; Takashi Kubota (Japan), der seine Ausbildung bei Arthur Grüber in Karlsruhe vollendete; Alexander Alexeev (UdSSR), selbst schon Dirigent und Hörer bei Swarowsky in Wien; Lex Veelo (Niederlande), der am Konservatorium in Den Haag vor dem Abschluss der Kapellmeisterprüfung stand, und Manuel Peres-Newton (Portugal), der bereits mit Orchestern arbeitete.[45]

Am 22. August 1972 dirigierte Swarowsky die Mitglieder der Staatskapelle Dresden im Kongresshaus Villach. Als Solisten hatte man den russischen Pianisten Emil Gilels und seine Tochter Elena gewonnen. Auf dem Programm stand Haydns Symphonie Nr. 82, Beethovens Klavierkonzert Nr. 3 und Mozarts Klavierkonzert in B-Dur KV 595.

Zum Abschluss erzählten die Teilnehmer, „mehr in diesem dreiwöchigen Kurs erarbeitet zu haben, als vielleicht in drei übrigen Semestern. Vor allem ist es die faszinierende Persönlichkeit Swarowskys als Lehrer und Pädagoge, die alle begeistert."[46] Weiterhin problematisch blieb jedoch die Finanzlage, da von öffentlicher Seite nur 1 Million Schilling für das gesamte Festival zur Verfügung gestellt wurde.

Der dritte Ossiacher Meisterkurs vom 9. Juli bis 29. Juli 1973 stand – abweichend von der ursprünglichen Konzeption (Spätromantik) – wieder im Zeichen der Wiener Klassik und der Neueren Musik. Folgende Werke wurden teilweise oder zur Gänze durchgearbeitet:

Wiener Klassik:
Haydn: Londoner Symphonien, „Theresienmesse"

---

45 Hemma Ottisch, Begeisterung da, Subvention gesucht, in: *Kleine Zeitung*, 17.8.1972.
46 Ebd.

Mozart: Symphonien KV 385, 425, 504, 543, 550, 551, *Don Giovanni*, Ouvertüre zu *Die Zauberflöte*, Klavierkonzerte C-Dur KV 503 und B-Dur KV 595, Violinkonzert A-Dur KV 219
Beethoven: Symphonien, *Egmont*-Ouvertüre, *Leonoren*-Ouvertüre Nr. 3, Klavierkonzerte Nr. 3 und 5, Violinkonzert
Neuere Musik:
Bartók: Konzert für Orchester
Bruckner: 3. Symphonie
Hindemith: *Mathis der Maler*
Liszt: Klavierkonzert Es-Dur
Rachmaninow: *Paganini-Variationen*
Strawinsky: *Die Geschichte vom Soldaten, Le Sacre du Printemps, Oedipus Rex, Dumbarton Oaks*
Weitere Kurse des Sommers waren:
Dieter Kaufmann – Ing. Hellmut Gottwald – François Bayle: Seminar „Elektroakustische Musik und neue Klangerfahrung" (10.–14.8.)
Josef Sivó: Violinseminar (20.–31.8.)

Unter den etwa 50 Angemeldeten wählte Swarowsky etwa 30 aktive Teilnehmer, die Übrigen blieben Zuhörer. Am 28. Juli 1973 dirigierte Swarowsky sein Festkonzert im Kongresshaus Villach. Solist war der Pianist Shura Cherkassky. Auf dem Programm stand Webers *Euryanthe*-Ouvertüre, das Klavierkonzert Nr. 1 von Franz Liszt, Rachmaninows *Rhapsodie über ein Thema von Paganini* für Klavier und Orchester und die 7. Symphonie von Beethoven. Am 29. Juli gab es das Abschlusskonzert der von der Jury ausgewählten Kursteilnehmer in der Stiftskirche Ossiach. Es dirigierten Kristijan Ukmar (Jugoslawien), Leonardo Taschera (Italien), Wieland Lafferentz (Deutschland), Fuminasa Ogura (Japan) und Marco Erede (Italien).

1974 fand der vierte Meisterkurs von Swarowsky in Ossiach statt (18. Juli bis 8. August), dessen Thema „Die Opern von W. A. Mozart. Stilgerecht in der originalen Fassung der Zeit" war. Auf dem Kursprogramm standen: *Die Entführung aus dem Serail, Die Hochzeit des Figaro, Don Giovanni, Die Zauberflöte*. Neben dem Orchester des Carinthischen Sommers stand ein vollständiges Sängerensemble zur Verfügung. Die Kursgebühr wurde auf 3.500 Schilling für aktive Teilnehmer und 2.500 für Zuhörer erhöht. Vermutlich aus finanziellen Gründen fand 1974 nur mehr ein weiterer Kurs in Ossiach statt: Marcel Prawy hielt ein „Seminar für Opernfreunde" (8.–15. 7.).

Das Festkonzert mit Joseph Haydns *Missa Cellensis* unter der Leitung von Hans Swarowsky fand am 21. Juli 1974 in der Stiftskirche statt. Ausführende waren das Orchester des Carinthischen Sommers und der Arnold-Schönberg-Chor (Einstudierung: Erwin Ortner). Beim Abschlusskonzert der Teilnehmer dirigierten 13 verschiedene Teilnehmer: Alexander Schwinck, Wolfgang Scheidt, Manfred Huss, Wolfgang Heissler (Österreich), Raimar Neuner, Hermann Breuer (Deutschland), J. M. Röntgen, Harke de Roos (Niederlande), Rudolf Krečmer (ČSSR), Luíz G. Remartinez (Spanien), Geoffrey Simons (Australien) und Andreas Käch (Schweiz).

Zu Ende ist der Meisterkurs, der rund 50 Studierende auch aus fernen Erdteilen nach Ossiach geholt hatte, der wiederum die rare Pädagogenqualität eines Hans Swarowsky dokumentiert und der Carinthischen Sommerakademie den geistigen Aufputz gibt. Bester Beweis schien bei der monströsen Schlußveranstaltung die bis zum Ende andauernde Spannung und Anteilnahme des Publikums.[47]

Was in diesem Sommer unter der Leitung Hans Swarowskys durch die Dirigenten, durch das Orchester und durch die Sänger erarbeitet worden ist, würde so mancher Produktion eines mittleren Opernhauses zur Ehre gereichen. Mit einem Minimum an äußerlichem Aufwand entstanden dank der Begeisterung und dem Einsatz sämtlicher Ausführenden durchaus werksgetreue Opernaufführungen.[48]

Die *Kleine Zeitung* schildert in ihrem Bericht die Atmosphäre, die in Ossiach herrschte, wie es auch aus dem Filmbeitrag *Ihr Auftritt bitte* über den Carinthischen Sommer aus dem Jahr 1974 nachvollziehbar ist:

Werfen wir einen Blick in die Werkstatt des Weltpädagogen: Im Barocksaal des Stiftes Ossiach sitzen malerisch gruppiert die Kursteilnehmer über die Partitur des „Don Giovanni" gebeugt, im Halbkreis angeordnet das Orchester, im Hintergrund aufgestellt die Sänger, alle blickend auf den hierarchisch thronenden Professor, der so tut, als läse er in der Zeitung, dabei aber jede Bewegung des gerade dirigierenden Schülers beobachtend. Plötzlich erhebt er sich, ergreift die Arme des jungen Dirigenten und führt sie im „rechten Tempo" – „Wir haben kein Tempo gehabt, so einfach sind die Opern", bemerkt er vor dem schmunzelnden Auditorium. Alle Dirigentenschüler dirigieren nun ein unsichtbares Orchester, der Barocksaal des Stiftes gerät in Bewegung, ein frohes Bild: Natürlichkeit – Swarowsky stellte fest: „Mozart ist das Genie der Natürlichkeit" – gelöste Stimmung, ein zufriedenstellendes Ergebnis eines Studienvormittags für die begeisterten Teilnehmer.[49]

Auch für das Jahr 1975 wurde Swarowsky als Leiter des Meisterkurses programmiert, wie auf den Prospekten und Plakaten zu lesen ist, doch Swarowskys Gesundheitszustand hatte sich mittlerweile so stark verschlechtert, dass er seinem ehemaligen Schüler

---

47 Gh, Ein Tummelplatz für Agenten, in: *Kleine Zeitung* 10.8.1974.
48 Dr. O. T., Optimale Voraussetzungen geboten!, in: *Volkszeitung*, Klagenfurt, 10.8.1974.
49 *Kleine Zeitung*, 24.7.1974.

Wolfgang Gröhs die Leitung übertrug.[50] Swarowsky starb am 16. September 1975 in Salzburg. Wolfgang Gröhs erzählt zu diesem Kurs:

> Es gab dann jedes Jahr im Sommer einen Dirigentenkurs in Ossiach im Rahmen des Carinthischen Sommers. Das war eine ganz berühmte Sache und im letzten Jahr, also in seinem Todesjahr war geplant, *Ariadne auf Naxos*, *Barbier von Sevilla* und *Fidelio* dort zu unterrichten und zu erarbeiten. Mit Orchester und mit Sängern, weil das eben drei verschiedene Opern waren, signifikant für drei verschiedene Stilrichtungen. Und das haben damals Sänger vorgesungen und ich habe auch einige Bekannte vorgeschlagen. Swarowsky wurde dann sehr krank und konnte nicht unterrichten und hat mir praktisch die Leitung übertragen. Das war eine Riesenehre für mich. Ich war damals 25 Jahre alt und ich habe das gar nicht so erfasst, was das eigentlich bedeutet. Ich war voller Tatendrang und habe in meinem Leben Oper noch nie wirklich dirigiert, nur das, was ich bei ihm gelernt habe. Und ich muss sagen, dieser Kurs, den ich da geleitet habe, hat mir unglaublich viel Musikverständnis für meine weitere Karriere gebracht, rein arbeitsmäßig. Und das war Gott sei Dank dann auch ein großer Erfolg. Leider ist Swarowsky einige Monate später gestorben.[51]

---

50 [Manfred Huss, den Swarowsky ebenfalls fragte, lehnte ab. – Hg.]
51 Wolfgang Gröhs im Gespräch mit Erika Horvath, Wien, 28.11.2003.

Erika Horvath

INTERNATIONALE DIRIGENTENTÄTIGKEIT – SCHALLPLATTENAUFNAHMEN

Internationale Dirigententätigkeit

Im Ausland stand man – nach Überwindung der zunächst auftretenden, seine Vergangenheit unterm Nationalsozialismus betreffenden Hindernisse – Swarowsky wesentlich unvoreingenommener gegenüber als in seiner Heimatstadt. Man schätzte ihn als werktreuen und gewissenhaften Kenner der Musik. Insbesondere die wiederholten Einladungen nach Schottland ab 1954 und die Stelle als Musical Director des Scottish National Orchestra in Edinburgh 1957 bis 59 brachte ihm einen ehrenvollen Platz im Musikleben Großbritanniens ein, und in den 50er Jahren wurde er auch immer wieder von den renommierten Orchestern London Philharmonic und Royal Philharmonic eingeladen, Konzerte zu dirigieren. Auch in Covent Garden trat er als Gastdirigent auf. Swarowsky selbst sagte in realistischer Einschätzung seiner scharfen Zunge: „In England habe ich mich am besten gehalten, weil ich nicht Englisch kann."[1]

Die Chefdirigentenstelle in Edinburgh verpflichtete Swarowsky zu 60 Konzerten und dazugehörigen Proben pro Jahr, wofür Swarowsky ein Gehalt von 3.000 Pfund erhielt. Die Konzerte fanden in ganz Schottland, vor allem aber in Edinburgh und Glasgow statt.[2] Viele davon wurden von der BBC aufgenommen, doch die meisten Bänder wurden vernichtet.

Bereits nach dem Krieg setzte Swarowsky alles daran, im Ausland als Konzertdirigent Fuß zu fassen. Die ersten Dirigate übernahm er bereits Ende der 40er Jahre in Italien, doch schien ein ihm wenig günstig gesonnener Agent ihm zunächst den Weg nach Italien versperren zu wollen. Nichtsdestoweniger wurde er später regelmäßig eingeladen, in Neapel, Rom, Bologna, Mailand oder Venedig zu dirigieren. 1950 gastierte er erstmals (seit 1936) in Barcelona, 1954 unternahm Swarowsky seine erste Reise (seit 1941) nach Brasilien, wo er das Orquestra Sinfonica Brasileira in Rio und Sao Paolo dirigierte. Seit Anfang der 60er Jahre gastierte er auch in Frankreich und in der Schweiz und war sehr erfolgreich in Deutschland, insbesondere in Berlin, Leipzig, Dresden,

---

1 Zitiert nach Doris Swarowsky im Gespräch mit Erika Horvath, Wien, 4.9.2002.
2 Vgl. den Beitrag von Keith Griffiths in diesem Band.

Abb. 1: Mailand, Oktober 1956 (HSA)

Stuttgart und Köln, vermittelt durch die Konzertdirektion Hans Adler, Berlin. Auch in Osteuropa trat Swarowsky regelmäßig als Dirigent in Erscheinung:

> Ich bin neben dem Westen auch viel im Osten und habe sehr grossen Erfolg mit den h e r r - l i c h e n Orchestern von Berlin, Dresden, Leipzig. Auch mit der Prager Philharmonie mache ich sehr schöne Sachen. Jetzt gehe ich auch nach Japan und zur Leningrader Philharmonie.[3]

1964 folgte ein Gastspiel in Kanada, wo Swarowsky das Orchestre symphonique de Montréal dirigierte. Die Einladung verdankte er seinem Schüler Zubin Mehta, der mittlerweile Chefdirigent des kanadischen Orchesters geworden war. Mehta zeichnete in weiterer Folge für viele Gastspiele Swarowskys verantwortlich, nützte er doch in bemer-

---

3 Swarowsky an Barry Brisk, 15.11.1972, Privatbesitz Barry Brisk; veröffentlicht in: Barry Brisk, *Hans Swarowsky, five letters to Barry Brisk. 1967–1972. Compiled and annotated in 2002*; Online-Publikation: https://independent.academia.edu/BarryBrisk (1.8.2021).

kenswerter Treue jede Chefdirigentenstelle, um seinen Lehrer einzuladen: 1965 Los Angeles und Montreal, 1966 Montreal, 1967 Los Angeles und last but not least eine Israel-Tournee mit dem Israel Philharmonic Orchestra im Jahre 1970, bei der Swarowsky 16 Konzerte in allen Städten des Landes dirigierte. Zubin Mehta zeigte damit auch seine Dankbarkeit: „Das war nicht nur eine Lehrer-Schüler-Beziehung, das war vielmehr ein Gefühl, fast so, als wäre ich sein Adoptivsohn gewesen."[4] 1968 gastierte Swarowsky wieder in Brasilien, 1972 in Argentinien und Japan und wenige Monate vor seinem Tod reiste er noch einmal nach Argentinien.

Der Erfolg blieb nicht aus und Swarowsky erfreute sich einer enormen Reputation. Er wurde geschätzt, man würdigte seine Fähigkeiten, seine Konzerte imponierten durchaus. Dennoch überzeugte er letztendlich auch im Ausland nicht zur Gänze und erreichte nicht jene Durchschlagskraft, wie sie Stardirigenten zu eigen ist. Er blieb ein gern gesehener und häufig geladener Gast, doch man wollte ihn an kein Haus oder Orchester vertraglich binden und auch keine längerfristigen Gastverträge eingehen. Genau dies aber blieb Swarowskys Traum bis zuletzt, denn er sah sich selbst in erster Linie als ausübenden Musiker und erst an zweiter Stelle als Pädogogen, sodass er seine Position an der Akademie durchaus gegen eine Stelle als GMD eingetauscht hätte:

Es ist nicht ohne Tragik, dass Swarowsky jedoch immer die Anerkennung als Podiumsfigur suchte und mit jedem Dirigat, bei jedem Orchester eine dirigentische Alterskarriere zu finden hoffte. Davon zeugen Briefe an Orchester- und Opernintendanten, die Swarowsky bis an die Grenze der Erniedrigung um eine Anstellung anfleht – mit der aus heutiger Perspektive bestürzenden Aussage, seine Lehrtätigkeit in Wien dafür sofort aufgeben zu wollen.[5]

---

4 Zitiert nach Günther von Noé, Hans Swarowsky. Dirigent, Dirigierlehrer und Übersetzer (1899–1975), in: *Das Orchester* 42 (1994), H. 6, S. 11–14: 13.

5 Michael Schwalb, Prometheus im Generationensprung. Zur Diskographie des Dirigenten Hans Swarowsky, in: *NZZ*, 2.10.2002, S. 59. [In diesen Zusammenhang gehört jedoch auch der Brief vom 4.6.1964 an den Unterrichtsminister Piffl-Perčević (ÖVP) unmittelbar nach dessen Amtsantritt: „Es ist mein Verlangen, innerhalb so vieler Ausländer an der Wiener Oper ausreichend künstlerisch tätig zu sein, meiner pädagogischen, für die Qualität des Nachwuchsmusikertums so wichtigen Verpflichtung voll nachzukommen, – in Verbindung mit meiner Tätigkeit an der Oper (siehe Schalk, Krauss, Krips) die Hof-Capelle zu leiten, – und nicht zuletzt: meine Familie nicht allein zu lassen und in der Heimat zu leben. Bei dem Grade meiner allgemeinen Bildung, meiner künstlerischen Überschau, meiner innerlichen Theater-Zuständigkeit wäre mein Wirken von spürbaren Folgen begleitet und garantierte Kontinuität des Betriebes in Krisenzeiten […] Direktor Egon Hilbert muss nun Ihren Wunsch respektieren, wenn Sie ihn um die Aufrundung meiner Verpflichtungen auf dreissig Abende 1964/65 […] mit dem Ziele eines Jahresvertrags 1965/66, mit dem ich dem Hause ganz zur Verfügung stünde, ersuchen würden. Sie hätten damit einen weiteren Schritt getan, unser Institut wieder zu einem österreichischen zu machen. Es wird mir dann die höchste Ehre sein, Ihnen zu beweisen, dass nicht Unruhe sondern Ruhe und musikalische Kontinuität mit meiner Dauerbeschäftigung ins Haus einziehen, nicht Belastung sondern Erleichterung des Betriebes. / Ich darf darauf hinweisen, dass auch das unvergleichliche Orchester meine Verpflichtung gerne sähe." (Durchschlag in NlHS) – Hg.]

Tatsächlich finden sich immer wieder Hinweise auf Swarowskys intensives Streben und Drängen nach Einladungen zu Gastdirigaten.[6] Auch über Schüler bzw. ehemalige Schüler hoffte er immer wieder, dass sich Türen öffnen ließen. Der erfolgreichste dabei war Zubin Mehta, der dies unaufgefordert tat, oder auch André Vandernoot in Brüssel. Anfragen richtete Swarowsky auch an Constantin Floros[7] für Griechenland oder Miltiades Caridis für die Philharmonia Hungarica:

> [I]ch habe schon einmal Ihnen gegenüber angedeutet, dass ich gerne einmal die Ungarn dirigieren würde und Sie haben eine Möglichkeit für die nächste Saison angedeutet. Da mir meine Schüler schon allenthalben die schönsten Dinge vor der Nase wegdirigieren, wäre es doch sehr schön, wenn Sie mich nun auch einmal engagieren würden. Das tut nun schon André in Brüssel, ein andrer in Rom und Mehta in Amerika und ich hätte wirklich nichts dagegen, wenn Sie sich anschliessen würden, dem ich ja nicht nur immer mit Vergnügen ein Lehrer, sondern mit ebensolcher Genugtuung ein erster Engagierer war und Wegbereiter für eine grosse Praxis. Also mein Lieber, sehen Sie, was sich tun lässt, der Erfolg wird nichts zu wünschen übrig lassen.[8]

An Walter Erich Schäfer, Intendant des Stuttgarter Staatstheaters, dessen Sohn bei Swarowsky studierte, richtete er die Bitte, wieder in Stuttgart Fuß fassen zu dürfen:

---

6 [Als Egon Seefehlner ihm die Schwierigkeiten dargelegt hatte, ihn in der nächsten Zeit als Gast nach Berlin zu verpflichten, schrieb er ihm im März 1963: „Ihr letzter Brief stimmte mich gar nicht froh. Kommt es denn wirklich nur auf das Theater an und gar nicht auf den M e n s c h e n ? Ist denn gar nicht interessant und gefragt, was ich zu g e b e n habe? ? Glauben Sie denn nicht, dass es etwas Einmaliges ist, das [S]ie mit Höchstpreisen bezahlen würden, wenn es sich um einen gängigeren Namen handelte? Etwas, das es s o nicht wieder gibt? Ist es nicht Gewinn, auch wenn der und der Posten besetzt ist?? Bitte denken Sie über diese scheinbar arroganten Worte nach und empfinden Sie sie so ohne falsche Einbildung gesagt, wie es der Fall ist. Können Sie – ein romanbelesener Hochintellektueller – sich nicht vorstellen, dass es auch ausserhalb der Bücher S c h i c k s a l e gibt? Und dass Sie es in der Hand haben, solch ein Schicksal zu wenden, nicht nur zu Gunsten dessen, der es trägt, sondern zu Ihrem eigenen höchsten Vorteil? Wird sich eine Verbindung mit dem Orchester machen lassen? Was ich h i e r verspreche, ist: intensive Erziehung zu einem S t i l i n s t r u m e n t, wie es derzeit wohl ein zweites nicht geben würde. Einen Klangkörper, der die Werke so spielt, wie sie s i n d – und der über so viele Spielarten verfügt, als er differente Stile spielt. Ein Kampfinstrument gegen die romantisierte Tradition, das auch die ältesten Sachen und die öftest gespielten in neuer, nämlich alter, Sicht bringen und revolutionär wirken würde, nämlich: m o d e r n. Denn alles Alte war einmal hochmodern – und diesen modernistischen Charakter ihm auch in späteren Zeiten zu geben, heisst, es original spielen. Bitte lassen Sie mich in enger Diskussion, holen Sie mich nochmals zu einer Besprechung, lassen Sie mich persönlich auseinandersetzen, was ich meine. Von dieser Wirkung aus könnte eine Reform über die Welt gehen. Ich hatte nur nie Gelegenheit, so zu wirken – weil ich einerseits lange nicht dirigierte und weil ich mich dann in dieses Wien so verankert habe. Solche Erfolge werden mit Ihrem Namen genau so verbunden sein und bleiben. […]" Kopie in NlHS – Hg.]

7 Constantin Floros im Gespräch mit Reinhard Kapp und Erika Horvath, Wien, 23.10.2002.
8 Swarowsky an Caridis, 4.3.1961, Privatbesitz Aristea Caridis.

[I]m sicheren Glauben, dass Sie einverstanden sind, wende ich mich nun an Sie mit der Bitte, mich in Konzerte und Oper bei Ihnen als Gast einzusetzen. Ich habe mit voller Absicht die beiden Jahre, die Ihr Sohn bei mir verbrachte, davon Abstand genommen, eine solche Bitte auszusprechen, weil ich eines nicht mit dem andren kuppeln wollte. Nun da er austritt und als Krönung seines Studiengangs die Neunte dirigieren wird, darf ich sprechen ohne den Verdacht zu erwecken, Persönliches mit Sachlichem zu verknüpfen. Ein sehr eigenartiges Schicksal hat meine so grossartig begonnene äussere Entwicklung gehemmt und erst in den letzten beiden Jahren beginnt sicher und schnell die Rückkehr in mir zustehende Positionen. Ich habe international die grössten Erfolge und zwei grosse Orchester des Westens haben mir – beide in dieser Woche – die ständige Leitung angetragen. Meine Wiederkehr in Deutschland ist mir das herzlichste Anliegen – denn durch Gewöhnung und Gesinnung bin ich Deutscher (im guten Sinne).[9]

Swarowsky war sich dessen bewusst, dass er als Dirigent nicht jenen Status erreichte, den er sich gewünscht hätte, doch die Nachkriegsdirigentenszene wurde in erster Linie von Herbert von Karajan dominiert. Dieser verkörperte einen Typus, der den Geschmack der Zeit vollkommen traf. Gegen Karajan erschien Swarowsky als trockener Professor. Er hatte ein riesiges Repertoire, seine Aufführungen hatten immer Niveau und Qualität, doch ihre unbestreitbaren Qualitäten waren nicht immer von der Art, die Orchester und Publikum elektrisiert.

Schallplattenaufnahmen

Auch als Platteninterpret erlitt Swarowsky ein ähnliches Schicksal, und dies wiegt heute umso schwerer, als Swarowsky, der eine beachtliche Diskographie aufzuweisen hat, mittlerweile vom Tonträgermarkt mehr oder weniger verschwunden[10] und sein Bekanntheitsgrad entsprechend gering ist. Selbst wenn es gelingt, eine LP oder CD mit Swarowsky als Dirigenten aufzutreiben, so kann man sich nicht sicher sein, ob man nicht eine der zahlreichen Fälschungen in Händen hält, die ein findiger Plattenproduzent seinerzeit in Umlauf gesetzt hatte.

Swarowsky selbst pflegte eine gewisse „Nonchalance […] gegenüber dem Medium Schallplatte"[11]. Als er dessen Bedeutung für eine Karriere erkannte, hatten die großen

---

9 Swarowsky an Walter Erich Schäfer, Wien, 30.6.1956, StAL, Personalakt Hans Swarowsky, E 18 VI 1193.
10 [Jedenfalls gibt es noch keine Wiederveröffentlichungen unter dem beliebten Label „Große Interpreten". Mittlerweile hat Hänssler Classic aber eine elf CDs umfassende Box „Hans Swarowsky – The Conductor" herausgebracht (Edition Hänssler 11 CD PH18061 © 2019) – Hg.]
11 Schwalb, Prometheus im Generationensprung (Anm. 5).

Plattenfirmen das Repertoire längst mit marktgerechten Dirigenten besetzt. Daher sind viele seiner Aufnahmen bei kleinen Labels unübersichtlich verstreut und bisweilen von geringer Aufnahmequalität. Die (oft renommierten) Orchester tragen nicht selten aus rechtlichen Gründen Phantasienamen wie Vienna Festival Orchestra oder Vienna Pro Musica Orchestra.

In der Nachkriegszeit hatten die in Wien mit Swarowsky aufgenommenen Schallplatten durch eine massenhafte Verbreitung über Billiglabels und die neu entstehenden Buchklubs einen durchaus „beachtlichen geschmacks- und stilbildenden Einfluss"[12], mittlerweile haben diese Einspielungen mit den jeweils zusammengestellten Phantasieorchestern auf dem überfluteten Tonträgermarkt keinen preislichen Vorteil mehr zu bieten, zumal manche Aspekte von Swarowskys einst bahnbrechenden Interpretationsansätzen von den stilistischen und instrumentaltechnischen Entwicklungen der letzten Jahrzehnte überholt worden sind.[13] Darüber hinaus waren Swarowskys Platteneinspielungen bei Budgetlabels durch den geringen Etat an Geld und Produktionszeit beeinträchtigt.[14]

Die Aufnahme von *Don Giovanni* von 1950 ist die erste reine Studio-Gesamtaufnahme in der seinerzeit noch unüblichen italienischen Originalsprache. Aber erst Jahre später konnte er mit ausschließlich italienischen Sängern und Prager Musikern seine Vorstellungen einigermaßen verwirklichen: „Auf Platte habe ich einen Don Giovanni gemacht mit allen Appoggiaturen, Cadenzen, Temporelationen und mit Kontrabass und Cello beim Secco. Zum allerallerersten Male gibt es das so!"[15] Die *Ring*-Aufnahmen, mit Musikern aus Prager Orchestern im August 1968 in Nürnberg aufgenommen, waren durch die politischen Ereignisse in der tschechischen Hauptstadt beeinträchtigt. Revolutionär war dabei, dass erstmals alle Rollen der Tetralogie durchgehend gleich besetzt waren.[16]

Trotz mancher Einschränkungen sind viele Aufnahmen wichtige Dokumente für die Geschichte der musikalischen Interpretation und zeigen, wie richtungsweisend Swarowskys musikalisches Denken war. Insbesondere die Einspielungen der Symphonien Mahlers, Brahms' und Bruckners haben bis heute ihre Wirkungskraft und Bedeutung nicht verloren.

---

12 Ebd.
13 Vgl. den Beitrag von Martin Elste und die Diskographie von Carsten Schmidt im vorliegenden Band.
14 [*Don Giovanni* wurde tatsächlich mit den Stars der Wiener Staatsoper aufgenommen, ist also auch als Beispiel dafür zu verstehen, was Swarowsky unter besseren Bedingungen dort hätte leisten können. – Hg.]
15 Swarowsky an Brisk, 28.12.1970, Privatbesitz Barry Brisk; veröffentlicht in: Barry Brisk, *Hans Swarowsky, five letters to Barry Brisk. 1967–1972. Compiled and annotated in 2002*; Online-Publikation: https://independent.academia.edu/BarryBrisk (1.8.2021).
16 [Freilich war die Besetzung in vieler Hinsicht nicht ideal. Zur *Ring*-Einspielung siehe den Beitrag von Wilfried Koch. – Hg.]

Abb. 2: Bei der Aufnahme von *Don Giovanni*, Mozart-Saal des Wiener Konzerthauses, November 1950; 2. v.l.: H.C. Robbins Landon (Aufnahme: Josef Vouk, Wien) (HSA)

Swarowsky ist aber nicht nur auf dem Audiomarkt in Erscheinung getreten, sondern hat auch einige Opernfilme für das Fernsehen dirigiert. Prominentestes Beispiel ist die 1960 europaweit ausgestrahlte *Salome* (s/w), die ein großes Medienecho hervorrief und musikalisch hoch gelobt wurde. Aber es gibt auch eine Aufnahme von Pseudo-Pergolesis *Der Musikmeister* (s/w) aus dem Jahr 1963 und von Glucks *Orpheus und Eurydike* in der französischen Version (aber in deutscher Sprache) vom November 1968, die besonders eindrucksvoll ist.[17] Leider ist Swarowsky als Dirigent nie sichtbar (im *Musikmeister* sieht man ihn zeitweise bei reinen Orchesterstellen).

Richard Strauss' *Salome* wurde im März 1960 als Fernseheigenproduktion des Österreichischen Rundfunks für die Eurovision hergestellt, mit Maria Kouba als Salome, Hans Hotter als Jochanaan, Julius Patzak als Herodes, Kitsa Damassioti als Herodias und Erich Kienbacher als Narraboth. Swarowsky dirigierte die Wiener Philharmoniker,

---

17 [Die Produktion ist aber auch dadurch bemerkenswert, dass Swarowsky – oder der Regisseur? – den glücklichen Ausgang des Stücks zugunsten einer dem Mythos entsprechenderen ‚tragischen' Lösung streicht und nach Orpheus' Scheitern in der Unterwelt die Eingangsszene wiederholen lässt. – Hg.]

Hermann Lanske übernahm die Regie, Gerhard Hruby das Bühnenbild. Was die musikalische Qualität von Dirigent und Orchester betraf, waren sich die Kritiker durchaus einig, bedauerten jedoch deren Degradierung zur „bloßen Kulisse"[18], während man Regie, Bild und darstellerische Leistung mehr oder weniger ablehnte.

> Spricht das Bild allzu unmittelbar zu uns, wird die Musik zur Untermalung herabgedrückt. Das galt hier wohl nicht für den Gesang, der durch die Mikrophontechnik stark herausgehoben wurde, aber für das Orchester, das bei Strauss schließlich eine führende Rolle spielt, und dessen Aufgabe, das Geschehen „psychologisch" zu durchleuchten, wesentlich an Bedeutung verlor. […] Hier wird die Fernsehoper – zumindest wenn sie von Strauss ist – für den Musikkenner problematisch.[19]

In der *Illustrierten Kronenzeitung* „genierte" man sich vor dem internationalen Publikum für die „provinzielle Aufzeichnung der *Salome*, die allein musikalisch an ‚Wiener Niveau' heranreichte, sonst aber in jeder Hinsicht traurig, schlecht, einfallslos, ideenarm war." Hermann Lanskes Regie bezeichnete man als „unsachkundig" und Gerhard Hrubys Bühnenbilder als „grauslich". Überdies wurden die vielen falschen und schlechten Einstellungen, die schlechte Führung der Darsteller und Komparsen, die unerotische Salome und ihr fader und langweiliger Tanz sowie das degoutante Haupt des Johanaan beanstandet und gefolgert: „Eine traurige Angelegenheit, diese ‚Salome'. Denn die echten Künstler der Aufführung, die Wiener Philharmoniker und Hans Swarowsky, sah man nicht auf dem Bildschirm und hörte man nicht akzentuiert genug."[20] Auch Herbert Schneiber kam zu dem Schluss, dass einzig und allein die musikalische Wiedergabe erwähnenswert gewesen sei:

> Die leider über Eurovision ausgestrahlte „Salome"-Aufführung des Österreichischen Fernsehens gestern abend war nur musikalisch hochwertig, und dies trotz eines von der Technik über Gebühr zurückgehaltenen luxuriösen Orchesterklanges. Doch der Stil der Aufführung (Dirigent: Hans Swarowsky), die Spannung im differenzierten Spiel der Philharmoniker und die Exaktheit und Intensität im meist wohllautenden und deklamationsklaren Gesang der Solisten gemahnten an eine gute Plattenwiedergabe.[21]

---

18 Karl Löbl, Für Jugendliche zugelassen, Kopie eines Zeitungsartikels (März 1963, Zeitung unidentifiziert) in NIHS.
19 Sch, Fernseh-„Salome" – aus der Nähe betrachtet, in: *Das kleine Volksblatt*, 25.3.1960.
20 Xav., Arme Salome!, in: *Illustrierte Kronenzeitung*, 25.3.1960.
21 Herbert Schneiber, „Salome" in Briefmarkengröße, Kopie eines Zeitungsartikels (März 1963, Zeitung unidentifiziert) in NIHS.

Martin Elste

DER SCHALLPLATTENDIRIGENT HANS SWAROWSKY

Abgesehen von eher unwesentlichen Sängerbegleitungen, reichen Hans Swarowskys Schallplattenaufnahmen bis 1950 zurück; die letzten Einspielungen entstanden wenige Jahre vor seinem Tod. Das kommerziell vermarktete Schallplatten-Repertoire des Dirigenten umspannte den Zeitraum von der *Weihnachtshistorie* des Heinrich Schütz bis zu zeitgenössischen Werken. Seine Rundfunkproduktionen sind einem noch entschieden größeren Repertoire gewidmet, vor allem hinsichtlich zeitgenössischer österreichischer Komponisten.[1]

Die meisten Aufnahmen Swarowskys entstanden für die Labels *Vox* und *Concert Hall*. Die *Vox* wurde nach dem Zweiten Weltkrieg in den USA von George H. Mendelssohn, einem gebürtigen Ungarn, gegründet, der vorgab, ein entfernter Nachfahr von Felix Mendelssohn Bartholdy zu sein. Er veröffentlichte zunächst vorwiegend Kammermusikaufnahmen von damals seltenem Repertoire und brachte bald auch Übernahmen aus dem französischen *Polydor*-Katalog auf den amerikanischen Markt. 1950, zwei Jahre nach der Einführung der LP, brachte auch *Vox* Langspielplatten heraus und produzierte sogar Opernaufnahmen und größere Werkzyklen. Ab den 1960er Jahren veröffentlichte *Vox* viele Produktionen unter ihrem Midprice- bzw. Budgetprice-Label *Turnabout*.[2]

Die Concert Hall Society Inc. wurde 1946 in New York City von David und Sam Josefowitz gegründet, die 1938 nach Boston emigriert waren und Chemie studiert hatten. David hatte außerdem eine musikalische Ausbildung genossen und war Geiger. In den Vereinigten Staaten experimentierten sie mit Plastik als neuem Schallplattenmaterial. Nach dem Vorbild der Buch-Clubs gründeten sie ihren Schallplattenclub als ein Mailorder-Unternehmen, dessen Mitglieder monatlich eine ausgewählte Platte erhielten. Das von ihnen verwendete PVC war für den Postversand wesentlich geeigneter als die bisherige Schellackmasse, weil es so gut wie unzerbrechlich und wesentlich leichter war. Mit einem Durchmesser von zunächst lediglich 25 cm waren die Platten auch nicht so sperrig wie die normalen Schellackplatten mit 30 cm Durchmesser. In den ersten Jahren waren diese *Concert Hall*-Schallplatten Normalrillenplatten mit 78 UpM; als die

---
1 Siehe dazu die Diskographie von Carsten Schmidt im Anhang.
2 Siehe auch Jerome F. Weber, Vox Productions – a short history, in: *International classical record collector* 1 (1995/96) No. 3 (Nov. 1995), S. 15–32.

Langspielplatte aufkam, sprang auch *Concert Hall* schnell auf das neue Format um. Neben *Concert Hall* gründeten die Josefowitz-Brüder die *Musical Masterpiece Society*, die ebenfalls als Club operierte, aber keine „Platten des Monats" verschickte. Nach anfänglichen Erfolgen wurde *Concert Hall* in den USA 1959 von der Verlagsgruppe Colliers aufgekauft, die das Label bald einstellte, weil die großen Schallplattenfirmen *Columbia* und *RCA* auch ins Mailorder-Geschäft eingestiegen waren und schnell in diesem Marktsegment führten. In Europa hingegen bestand *Concert Hall* bis etwa Mitte der 1970er Jahre weiter und vertrieb sowohl *Concert Hall*- als auch *Musical Masterpiece Society*-Platten weiterhin im Clubgeschäft; Tochterfirmen gab es in Zürich und Frankfurt am Main seit den 1950er Jahren, seit 1961 auch in England. In Frankreich nannte man sich *La Guilde International du Disque*.

Im Wesentlichen war das Unternehmen ein One-Man-Business; David Josefowitz war Firmenchef, Produzent und Aufnahmeleiter in Personalunion – und manchmal auch Dirigent. Schallplattengeschichte schrieb das Label mit der Erstaufnahme von Vivaldis Zyklus der *Quattro Stagioni*, gespielt von Louis Kaufmann, begleitet von einem New Yorker Kammerorchester. Trotz ihrer branchenunüblichen Außenseiterposition konnten die Brüder Josefowitz auch prominentere Interpreten verpflichten: So dirigierten die Altmeister Carl Schuricht (Bach, Brandenburgische Konzerte; Bruckner, 7. Sinfonie u. a.), Pierre Monteux (Berlioz, *Symphonie fantastique*) und Charles Munch (Bizet, Sinfonie C-Dur) ebenso auf dem Label wie die Jungdirigierstars Lorin Maazel (Mahler, 4. Sinfonie) und Pierre Boulez (Strawinsky, *Le Sacre du Printemps*, *Les Noces*). Jahre nach dem amerikanischen Verkauf wurden einige *Concert Hall*-Produktionen in Amerika in Lizenzpressungen auf den Billigpreislabels *Nonesuch* und *Vanguard Everyman* wieder erhältlich. 1980 verkauften die Josefowitz-Brüder auch ihre europäischen Niederlassungen. Seither sind sporadisch einige der stereophonen *Concert Hall*-Aufnahmen auf verschiedenen Labels wieder erschienen.[3]

In diesem Umfeld taucht auch Hans Swarowskys Name auf. Versucht man, sein Schallplattenrepertoire zu charakterisieren, lässt sich Folgendes festhalten: Er ist primär als Begleiter hervorgetreten, wobei es sich – abgesehen von Friedrich Gulda, auf dessen Zusammenarbeit mit Swarowsky ich noch zurückkommen werde – in der Regel um zweitrangige Solisten gehandelt hat, wie z. B. den Geiger Ivry Gitlis oder die Pianisten Felicia Blumental, Orazio Frugoni, Eduard Mrazek und Friedrich Wührer. Nach Gulda war Mieczyslaw Horszowski vielleicht der bekannteste Pianist, den Swarowsky auf Platten begleitet hat. Zusätzlich zu diesen Konzertaufnahmen gibt es unter Swarowskys Leitung einige symphonische Orchesterwerke von der Wiener Klassik bis zu Brahms, Tschaikowsky und Mahler. Außerhalb dieses Kanons der Normalität stehen Werke von

---

3   Siehe auch David Patmore/Jerome F. Weber, Your room a Concert Hall, in: *Classic record collector*, Winter 2000, S. 38–53.

Schönberg, Schreker und Hindemith sowie Werke zeitgenössischer nordamerikanischer Komponisten. Soweit Swarowskys symphonisches Repertoire. An großen Vokalkompositionen hat er die Bachsche Matthäuspassion und das Weihnachtsoratorium ebenso wie Haydns Nelson-Messe eingespielt, an Opern in den frühen 1950er Jahren Mozarts *Don Giovanni*, Händels *Giulio Cesare*, Haydns *Orfeo et Euridice* und schließlich, 1968, nahe dem Ende seiner Schallplattenaktivitäten, Wagners *Lohengrin* und den vollständigen *Ring des Nibelungen*. Gerade unter Einbeziehung der Wagner-Opern ist dieses Schallplattenrepertoire eigentümlich disparat. Aber kann man bei Swarowsky überhaupt von einer Schallplattenkarriere sprechen? Hätte er nicht gerade wegen dieses Repertoires größere Aufmerksamkeit verdient? Seine Gesamtaufnahme von Wagners *Ring des Nibelungen* war immerhin die zweite Studioproduktion dieses Zyklus überhaupt. Zuvor hatte es lediglich die von Georg Solti dirigierte Gesamtaufnahme (1958/65) gegeben; alle älteren und dazwischenliegenden Aufnahmen sind Mitschnitte, zumeist von den Bayreuther Festspielen, die ohnehin erst Jahre später veröffentlicht wurden.

Ich will versuchen, am Beispiel von Hans Swarowsky den sozialen Standort des Dirigenten auf Schallplatten einzukreisen. Dabei geht es nicht so sehr um die Kunst, um musikalische Interpretation an sich, sondern um die Wirkung von Kunst durch ihre Vermarktung. Genau dieses wesentliche Charakteristikum eines jeden medial vertretenen Dirigenten muss zwangsläufig in Diskographien ausgespart bleiben. Es geht dabei um den marktpolitischen Status der Veröffentlichungen.

Bereits die Namen der Orchester, die von Swarowsky dirigiert wurden, weisen auf ein typisches Marketing-Phänomen der 1950er und 1960er Jahre hin: Großes Symphonieorchester (auch als: Süddeutsche Philharmonie/South German Philharmonic Orchestra)[4], London Sinfonia[5], Österreichisches Symphonieorchester Wien (auch als: Vienna State Symphony Orchestra)[6], Pro Musica Orchester Wien (Vienna Pro Musica Orchestra)[7], Pro Musica Symphonieorchester Wien[8], Vienna Philharmonica Symphony[9], Vienna State Philharmonia[10], Wiener Akademie-Kammerorchester[11], Wiener Festspielorchester[12] und Wiener Symphonisches Orchester[13].

---

4 Zum Beispiel bei *Weltbild Classics* (Wagner, *Der Ring des Nibelungen*; *Lohengrin*).
5 Zum Beispiel bei *World Record Club* (Beethoven, 5. Sinfonie).
6 Zum Beispiel bei *Concert Hall* (Bach, BWV 244, 248).
7 Dieses Pseudonym wurde vor allem von *Vox* verwendet, zum Beispiel bei der Gesamtaufnahme von Händels *Giulio Cesare in Egitto*.
8 Zum Beispiel bei *Vox* (Beethoven, 1. Klavierkonzert).
9 Zum Beispiel bei *Urania* (Saint-Saëns, 3. Sinfonie).
10 Zum Beispiel bei *Vox* (Chopin, 1. Klavierkonzert auf PL 7870; bei der Wiederveröffentlichung der Aufnahme wurde das Orchester als Vienna Pro Musica Orchestra bezeichnet).
11 Zum Beispiel bei *Lyrita* (Haydn, Hob. I: 54, 70).
12 Zum Beispiel bei *Urania* und *Musidisc*.
13 Zum Beispiel bei *Viennaphon*.

Mit Ausnahme des Wiener Akademie-Kammerorchesters ist keines dieser Orchester je als tatsächliche Orchesterformation im Konzertsaal in Erscheinung getreten, und lediglich fünf von Swarowsky auf Schallplatte dirigierte Orchester sind auch im regulären Konzertleben aufgetreten: das ORF-Symphonieorchester/Austrian Broadcast Symphony Orchestra, die Tschechische Philharmonie, die Wiener Symphoniker, das Wiener Staatsopernorchester/Orchester der Wiener Staatsoper sowie das Wiener Volksopernorchester/Orchester der Wiener Volksoper. Obwohl Swarowsky auch das allen Wienern wohlbekannte N.Ö. Tonkünstlerorchester auf Schallplatten dirigiert hat, ist dieses Orchester auf keiner von Swarowskys Schallplattenveröffentlichungen unter seinem regulären Namen erschienen. *Concert Hall* zog vor, es als „Österreichisches Symphonie-Orchester Wien" zu bezeichnen. Abgesehen von den Aufnahmen mit der London Sinfonia und der Tschechischen Philharmonie hat Swarowsky also ausschließlich Wiener Orchestern vorgestanden, aber vorwiegend solchen mit Fantasienamen. Die Gründe dafür sind aus der Zeit heraus zu verstehen. Als in den 1950er Jahren diese Aufnahmen entstanden, traten verschiedene nordamerikanische Schallplattenproduzenten an die Wiener Musiker heran, um mit ihnen dank des hohen Dollarkurses für billiges Geld Schallplatten aufzunehmen. Da jedoch die prestigereichsten Qrchesterformationen – die Wiener Philharmoniker wie die Wiener Symphoniker – Exklusivverträge mit *Decca* bzw. *Philips* abgeschlossen hatten, formierten sich die Orchestermusiker für weitere Aufnahmen kleinerer Labels ad hoc unter diversen Fantasienamen. Und bei vielen dieser Aufnahmen stand Swarowsky am Pult. Zunächst war sein Repertoire ausgesprochen avanciert: der erste *Don Giovanni* auf Langspielplatten 1951 – bis dato hatte es lediglich die (allerdings legendäre und maßstabsetzende) Gesamtaufnahme unter Fritz Busch mit dem Glyndebourne-Ensemble von 1936 gegeben –, Haydns selten aufgeführte Oper *Orfeo ed Euridice* ebenfalls 1951, 1953 der erste *Giulio Cesare in Egitto* überhaupt. Doch bald investierten auch die großen Schallplattenkonzerne in ähnliche Projekte, und mehr Geld brachte schnell mehr Erfolg beim Engagement prominenter und besserer Sänger. Für die kleineren Labels blieb nur der Ausweg, Repertoiredoubletten zu produzieren und diese über einen günstigeren Preis als bei den Hochpreisprodukten der Majors abzusetzen. So erschienen seit den 1960er Jahren Swarowskys Interpretationen fast ausnahmslos in zwei ähnlichen Labelkategorien: bei den allgemein erhältlichen Billigpreislabels wie *Vox-Turnabout*, *Joker*, *Nonesuch*, *Musidisc* und *Westminster* sowie bei den Labels von Schallplattenklubs, nämlich *Orbis* und – vor allem – *Concert Hall*.

Aber auch hier fällt ein Image-Makel auf: Das „Orchester der Wiener Staatsoper" erscheint lediglich auf Schallplatten der Billigproduktionen, weil auf den prestigereichen großen Labels, mit denen die Musiker Verträge geschlossen hatten und haben, von Anfang an dieses Orchester unter seinem privatwirtschaftlichen Namen als „Wiener Philharmoniker" erscheint. Und es gibt sogar von ein und derselben Aufnahme

Veröffentlichungen unter verschiedenen Orchesternamen; einmal spielt das Wiener Volksopernorchester, ein anderes Mal hingegen das Wiener Staatsopernorchester. Was soll man davon halten?

Im Unterschied zur heutigen Struktur des Tonträgermarkts waren die auf Billigpreisplatten veröffentlichten Produktionen in der Regel keine älteren Aufnahmen, die ursprünglich als Hochpreisangebote sorgfältig produziert und entsprechend vermarktet wurden, sondern Aufnahmen, deren günstigen Preis der Käufer mit einem finanziell eingeplanten Kompromiss erkaufen musste. Dieser Kompromiss konnte klangtechnischer Natur oder bzw. und interpretationstechnischer Natur sein. In anderen Worten: Meist standen nicht die aktuellen State-of-the-Art-Aufnahmeapparaturen zur Verfügung, und immer wurde darauf geachtet, möglichst billig zu produzieren, also in der verfügbaren Zeit möglichst viel Bandmaterial aufzunehmen. So lagen diesen Studioproduktionen keine oder nur ungenügende Probezeiten zugrunde und Schnitte wurden relativ selten durchgeführt. Studioproduktionen waren quasi Liveaufnahmen, bei denen das Band mitlief, während heute – überspitzt formuliert – die mehr und mehr üblichen Liveaufnahmen wie aufwendig produzierte Studioaufnahmen durchgeführt werden.

Die in dieser Beziehung wohl sorgloseste Produktion ist die Einspielung des *Ring des Nibelungen* von 1968. Das beginnt bei der ausgesprochen schlechten Tontechnik, bei der die Gesangsstimmen fast wie über dem Orchesterklang aufkopiert klingen und viel zu viel Hall haben. Sorglos auch das undiszipliniert spielende Orchester, das rau und undifferenziert klingt.[14]

An dieser Stelle möchte ich die rezeptionsästhetischen Implikationen der Schallplattenkarriere Hans Swarowskys ansprechen und damit wesentliche Aspekte des Einflusses der Vermarktung auf die Wirkung von Musik benennen. Wir alle kennen, weil wir es selbst erfahren haben, die Macht der ersten Begegnung mit einem musikalischen Kunstwerk oder mit einem Interpreten. Initialerlebnisse prägen sich uns viel stärker ein als spätere Wiederholungen. Deshalb auch hat jede Generation ihre musikalischen Götter, deshalb glaubt jede Generation an den Niedergang der Kunst, weil der Paradigmenwechsel in der Kunst – was die Musikausübung natürlich miteinschließt – jede nachfolgende Generation mit neuen Idolen beschert. Inititalerlebnisse prägen also unser musikalisches Bewusstsein, was nicht unbedingt bedeuten muss, dass wir uns ihnen expressis verbis verpflichtet fühlen, aber sie uns immerhin die Messlatte vorgeben. Auf die Musikinterpretation bezogen: Die Generationen der v o r 1950 Geborenen hatten ihre Initialerlebnisse in aller Regel im Konzertsaal. Für die n a c h 1950 Geborenen gilt dies längst nicht mehr so ausschließlich. Inzwischen hatten Schallplatte und Rundfunk so große Bedeutung erlangt, dass Hörerlebnisse mittels eines dieser oder beider Medien

---

14 Zu den Bedingungen, unter denen die Aufnahmen entstanden, siehe den Beitrag von Wilfried Koch im vorliegenden Band.

einen potentiellen Einfluss mit enormer ästhetischer Implikation haben konnten. Und genau hier setzt die ästhetische Macht der ökonomisch bedingten Selektion ein.

Wenn sich junge Leute ihre ersten Klassikschallplatten kaufen, erwerben sie meistens preisgünstige Veröffentlichungen.[15] Mehr als auf große Interpretennamen kommt es ihnen dabei auf das Werk an. Sie gehen also in den Schallplattenladen und schauen nach preisgünstigen Angeboten, die es inzwischen en masse gibt und im Wesentlichen Wiederveröffentlichungen älterer Hochpreis-Produktionen sind. In den 1960er Jahren sah die Situation anders als heute aus: Die großen Firmen veröffentlichten fast ausschließlich sogenannte Hochpreis-Schallplatten. Daneben gab es kleinere Firmen, die sich auf das Billigpreis- und Mittelpreissegment spezialisiert hatten, wie heute *Naxos* und *Arte Nova*. Damals jedoch standen deren Platten hauptsächlich in den Ständern der Kaufhäuser: *Somerset* und *Europa* waren in der BRD die „klassischen" Labels dieser Kategorie. Diese Kaufhaus-Labels gab es in aller Regel – anders als heute bei *Naxos* und *Arte Nova* – nicht im Sortiment des Schallplattenfachhandels. Dort führte man freilich ein Importlabel, das als Mittelpreislabel die Kluft zwischen Kaufhaus-Niveau und dem prestigereichen Gelbetikett der *Deutschen Grammophon Gesellschaft* schloss: *Vox-Turnabout* zu DM 16.–. Die *Turnabout*-Platten waren meist etwas ältere, aufnahmetechnisch nur hinreichend befriedigende Produktionen und überdies presstechnisch auch noch ausgesprochenes Mittelmaß: also gewiss keine Coffee-Table-Veröffentlichungen, wie man in den USA jene Bücher nennt, die als Zeichen des sozialen Status auf dem Couchtisch platziert werden. Dementsprechend waren die auf diesen Platten vertretenen Künstler im Konzertwesen weniger bekannt. Dem gegenüber stand der günstige Preis: Damit war eine bedeutende Zielgruppe der interessierte jugendliche Käufer, der noch keinen großen Wert auf große Namen legte und dem hinsichtlich seines Budgets Fesseln angelegt waren. Swarowskys Interpretationen waren also ohne Zweifel weit verbreitet, so weit verbreitet eben, wie es Billigpreisplatten sind. *Turnabout* war nur eines – aber ein erfolgreiches – von mehreren dieser Labels.

Wer waren die Käufer dieser Billigpreisplatten, die vorwiegend in Kaufhäusern am Ständer, im sogenannten „Rack", angeboten wurden und inzwischen auch in Drogerieketten und ähnlichen, nicht spezialisierten Einzelhandelsläden zu finden sind? In den 1960er Jahren waren es sicherlich junge Leute mit wenig Geld, aber Interesse an klassischer Musik; ein Publikum also, das eine musikhistorische Bildung, eine stilistische Prägung noch nicht erfahren hatte. Ähnlich war die Situation bei den Schallplattenclubs. Den seit den 1920er Jahren bestehenden Buchclubs nachgebildet, dienten und dienen diese Clubs der musikalischen ‚Grundversorgung' eines bildungsbürgerlich orientierten

---

15 In den letzten Jahren seit Abfassung dieses Artikels hat sich durch das Internet die mediale Rezeption derart gewandelt, dass hier eine inzwischen historische Situation beschrieben wird.

Publikums, das sich dafür gerne eher Angebote in Form von Monatsplatten unterbreiten lässt, als aktiv festumrissene Kaufvorstellungen zu haben.

Die *Concert Hall* unterschied sich von den anderen Schallplattenclubs insofern, als sie ausschließlich eigene Produktionen vermarktete, die meist ebenso ausschließlich an Clubmitglieder verkauft wurden. Erst durch spätere Lizenzverträge sind mehrere ihrer Produktionen auch auf anderen Labels veröffentlicht worden.

Da mehrere Interpretationen Swarowskys überwiegend auf Labels wie den beiden dargestellten erschienen, auf *Vox-Turnabout* wie auf *Concert Hall* also, hat sein Interpretationsstil zwangsläufig auf jene Hörer einen großen, wenn auch nicht intendierten Einfluss ausgeübt, die mit diesen seinen Schallplatten die Werke kennengelernt haben. Ich selbst habe dies mit eigenen Ohren so erlebt, und zwar mit zwei Aufnahmen des klassischen Standardrepertoires. Die eine Produktion enthielt die Mozart-Klavierkonzerte Nr. 21 C-Dur KV 467 und Nr. 27 B-Dur KV 595, die Friedrich Gulda eingespielt hatte[16], die andere war eine Gesamtaufnahme der Bachschen Matthäuspassion[17]. Beide Male dirigierte Hans Swarowsky, und in beiden Fällen habe ich die Werke durch diese Interpretationen kennen gelernt, und zwar durch vielfaches Hören eben ein und derselben Aufnahme. Im Fall der Mozart-Konzerte konditionierte sich so meine Vorstellung von diesen Werken lange Zeit, ohne dass ich sie bewusst auch anders wahrgenommen hätte. Wer die Aufnahmen kennt, weiß, dass ich damit einen ganz besonderen Interpretationsansatz mit diesen Konzerten in Übereinstimmung brachte: Denn Gulda spielt die Mozart-Konzerte auf einem modernen Flügel im Sinne historischer, gleichwohl nicht unbedingt historisierender Aufführungspraxis. Bereits in den ersten Takten von KV 467 fällt auf, dass der Pianist dezent die Orchestertutti begleitet, ganz so, als würde der Flügel den Generalbasspart übernehmen. Im vierten Takt bereits macht das Klavier auf sich aufmerksam und verbindet die Viertelpause zwischen dem e^1 der I. Violinen mit deren nächstem Einsatz auf dem g^2. Sobald seine Soli einsetzen, ist es mit der Dezenz allerdings vorbei: Mit Eingängen und Verzierungen wie Mordenten, Pralltrillern sowie hinzugefügten Skalenläufen ergänzt Gulda den Notentext improvisatorisch etwa so, wie es möglicherweise Mozart selbst einmal getan hatte.

Der zweite Satz ist fast noch nachdrücklicher gestaltet, weil Gulda hier mit dem historischen Tempo rubato ernst macht und die rhythmische Struktur der Melodiestimme gegenüber der metrisch weitgehend gleichmäßigen Begleitung belebt. Dadurch entsteht so etwas wie ein swingender Mozart, weswegen ich hier trotz der verwirklichten

---

16 Concert Hall: SMS 2319; aktuelle CD-Wiederveröffentlichung auf Preiser Records: 90 021. Die Originalveröffentlichung nennt als Orchester das „Orchester der Wiener Staatsoper", die CD-Wiederveröffentlichung spricht hingegen vom „Wiener Volksopernorchester". [Die zumindest missverständliche, wenn nicht irreführende Benennung bei der Erstveröffentlichung bedient sich der Tatsache, dass die Staatsoper wegen der Bombenschäden am Stammhaus zeitweilig im Gebäude der Volksoper spielte. – Hg.]

17 Concert Hall: SMS 2542 [sic], © 1967.

historischen Konzeption des Extemporierens nicht von einem für den Hörer historisierenden Eindruck reden würde. Gegenüber KV 467 hält sich Gulda im B-Dur-Konzert mehr zurück. Aber auch hier fallen dem Hörer beim Mitlesen in der Partitur im zweiten Satz viele zusätzliche Verzierungen wie auch im dritten Satz zwei gespielte Eingänge (T. 130 und T. 181) auf.

Die Aufnahmen der beiden Konzerte entstanden 1963 als echte Studioproduktionen[18] und standen in keinem Zusammenhang mit Konzertauftritten. Mozart mit extemporiertem Generalbass wäre sicherlich damals im Konzert ein Affront gewesen. Auf Schallplatte war dies hingegen schon möglich – vor allem auf einem Label, das auf dem normalen Tonträgermarkt nicht vertreten und deshalb von der Kritik bei ihrer Erstveröffentlichung kaum wahrgenommen wurde. Als diese Konzertaufnahmen fast zwanzig Jahre später im regulären britischen Handel erschienen[19], äußerten sich die Kritiker durchgehend wohlwollend. So fasste Trevor Harvey im *Gramophone* seine Rezension mit den Worten zusammen:

> This record is of major importance to all lovers of Mozart's piano concertos and I am quite certain that nobody will be irritated by it – only deeply interested. […] Swarowsky was […] as fine a Mozartian as is Gulda. This is a record of most intriguing interest.[20]

Immerhin war die Mozart-Platte eine der wenigen *Concert Hall*-Veröffentlichungen, die überhaupt in der Presse gewürdigt wurden. Bereits 1964 bescheinigte Werner Bollert im *fono forum* dem Pianisten eine „an sich feinsinnige Interpretation", die „für den normalen Musikliebhaber durchaus ungewohnt, für den Kenner höchst fesselnd" sei.[21] Hier muss man weitergehend differenzieren: Das Ungewohnte dieser Interpretation, zu der sich Swarowsky ausdrücklich bekannte, wie Bollert zu berichten weiß, das Ungewohnte also konnte und kann für jenen Musikliebhaber zum Gewohnten, zum Normalen werden, der die Mozart-Konzerte mit dieser Platte kennen und schätzen gelernt hat – wie es bei mir ganz persönlich der Fall war.

Hinsichtlich meiner Rezeption der Matthäuspassion Swarowskys verhielt es sich allerdings etwas anders. Im selben Saal, wo vier Jahre zuvor die Mozart-Konzerte aufgenommen worden waren, fand sich 1967 für Bachs monumentale Passion das Niederösterreichische Tonkünstlerorchester zusammen, das vermutlich sowohl aus rechtlichen als auch aus PR-Gründen als „Vienna State Symphony Orchestra" bezeichnet wurde,

---

18 Der Produzent war David Josefowitz, und er wurde assistiert von Dorel Hardman. Die Aufnahmen fanden laut Auskunft des Produzenten im Saal einer Gaststätte am Rande Wiens statt, einem Saal, der mit einer Raumhöhe von ungefähr acht Metern gute akustische Qualitäten aufwies.
19 Pearl: SHE 560.
20 *Gramophone* 59 (1981/82) No. 702, S. 693–694: 694.
21 *fono forum* (1964) H. 11 (November), S. 44.

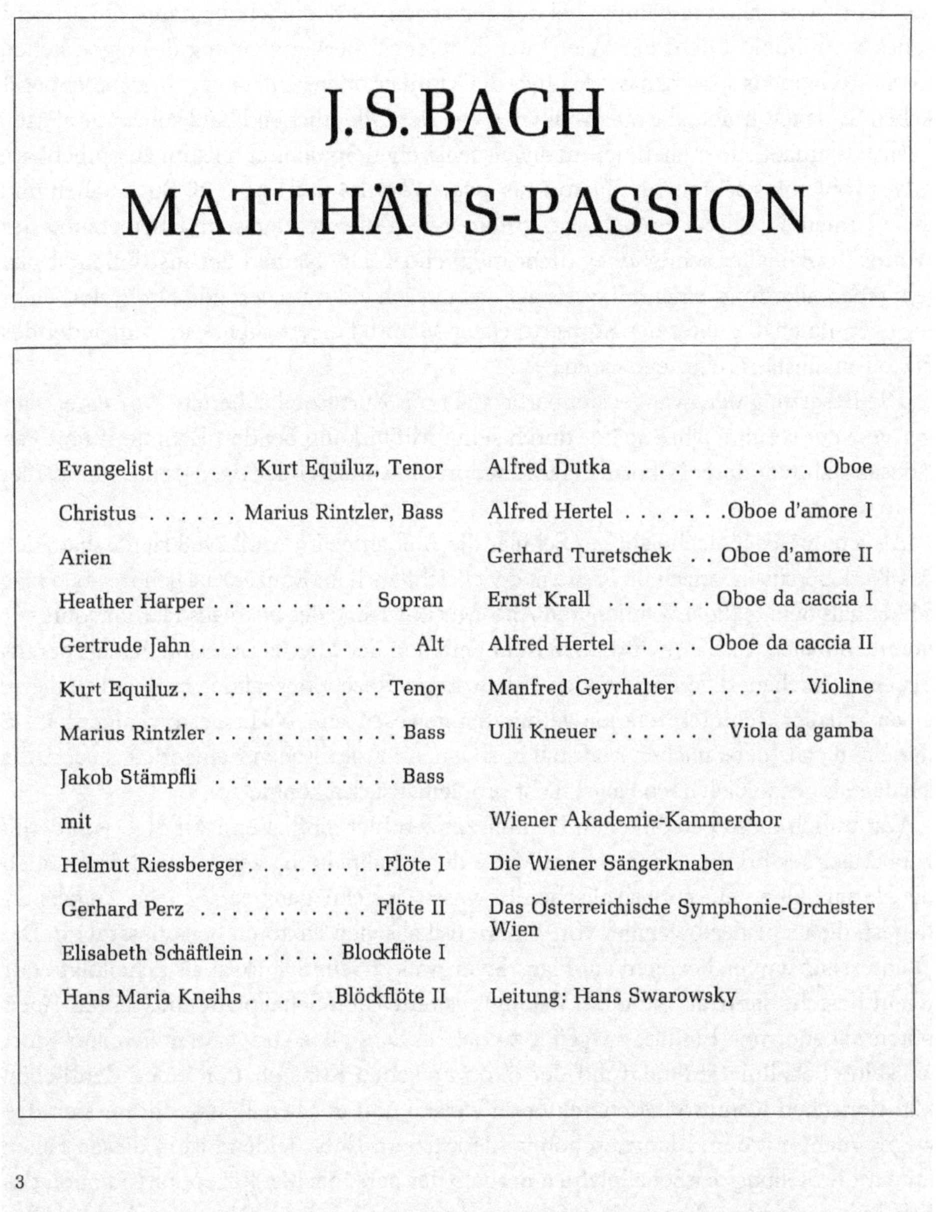

J. S. BACH
MATTHÄUS-PASSION

Evangelist . . . . . . Kurt Equiluz, Tenor	Alfred Dutka . . . . Oboe
Christus . . . . . . Marius Rintzler, Bass	Alfred Hertel . . . . Oboe d'amore I
Arien	Gerhard Turetschek . . Oboe d'amore II
Heather Harper . . . . Sopran	Ernst Krall . . . . Oboe da caccia I
Gertrude Jahn . . . . Alt	Alfred Hertel . . . . . Oboe da caccia II
Kurt Equiluz. . . . . Tenor	Manfred Geyrhalter . . . . Violine
Marius Rintzler . . . . Bass	Ulli Kneuer . . . . Viola da gamba
Jakob Stämpfli . . . . Bass	
mit	Wiener Akademie-Kammerchor
Helmut Riessberger. . . . . Flöte I	Die Wiener Sängerknaben
Gerhard Perz . . . . Flöte II	Das Österreichische Symphonie-Orchester Wien
Elisabeth Schäftlein . . . . . . Blockflöte I	
Hans Maria Kneihs . . . . . . Blöckflöte II	Leitung: Hans Swarowsky

3

Abb. 1: Besetzung der Einspielung der Matthäus-Passion BWV 244 von 1967. Aus dem Beiheft zur Schallplattenkassette Concert Hall SMS 2542

aus dem – wie schon erwähnt – bei der deutschen Veröffentlichung dann „Österreichisches Symphonie-Orchester Wien" wurde. Gegen die Verwendung des eigentlichen Orchesternamens sprach, dass sich hier die Musiker offensichtlich zu einer nebenberuflichen Tätigkeit trafen, die außerhalb des von der Öffentlichen Hand subventionierten Diensts stattfand, aber auch der im angelsächsischen Sprachraum kaum aussprechbare oder problemlos schreibbare Name aus zwei Worten mit 21 bzw. 20 Buchstaben und zwei Umlauten, zumal eine ebenso griffige wie treffende englische Übersetzung des Wortes Tonkünstler schlichtweg nicht möglich ist. Die Namen der Instrumentalsolisten geben allerdings einen Hinweis auf das tatsächlich musizierende Orchester, da einige von ihnen, darunter der Konzertmeister Manfred Geyrhalter, feste Mitglieder des N.Ö. Tonkünstlerorchesters waren.

Die Besetzung der Evangelistenpartie stellt mit Kurt Equiluz bereits 1967 einen Sänger vor, der wenige Jahre später durch seine Mitwirkung bei den Kantaten- und Passionsaufnahmen unter Nikolaus Harnoncourt ein stilbildender Bach-Tenor der 1970er Jahre werden sollte.

Als ich mir als fünfzehnjähriger Schüler die Aufnahme im April 1968 kaufte, hatte ich das Werk bereits mehrfach im Radio und vielleicht auch im Konzertsaal gehört, auch mag ich damals bereits die revolutionären Alte-Musik-Klänge des Nikolaus Harnoncourt vernommen haben. Insofern wird mein Kennenlernen der Matthäuspassion damals bereits mit einer durchaus differenzierenden, distanzierten Rezeptionshaltung hinsichtlich dieser einen Schallplatteninterpretation verbunden gewesen sein. Nichtsdestoweniger hat sie mir einen ganz persönlichen Maßstab in all jenen musikalischen Kategorien gesetzt, die ich damals gedanklich noch längst nicht problematisieren konnte.

Warum ich diese persönlichen Reminiszenzen hier einfließen lasse? Ich will damit zum Ausdruck bringen, in welchem Maße die Schallplattenrezeption und damit auch die Heranbildung eines musikalischen Bewusstseins eine ganz persönliche Angelegenheit ist, die nichtsdestoweniger von außermusikalischen Faktoren beeinflusst wird. Die Quintessenz davon, bezogen auf Hans Swarowsky: Sein Schicksal als Schallplattendirigent besteht darin, als ein quasi Anonymus unter den Schallplattendirigenten einen potentiell enormen Einfluss ausgeübt zu haben. Dies gilt selbstverständlich auch dort, wo seine Schallplatten aufgrund der ökonomischen Konstellation einen deutlichen künstlerischen Kompromisscharakter aufweisen und der Schallplattenhörer sich deswegen nicht mit dem Klanggeschehen identifiziert. Entscheidend ist in diesen Fällen immer die Stellung der Schallplatte innerhalb der persönlichen Rezeptionssituation des Schallplattenkäufers. Letztlich definiert sich dann eine als perfekt oder ideal empfundene Interpretation für diesen an Swarowsky „geschulten" Käufer eben in der Differenz zwischen der einen Aufnahme und der „Negativ"-Referenzaufnahme von Swarowsky. Diese Aspekte der Rezeption sind insofern auch national gefiltert, als Swarowskys Aufnahmen in den USA wesentlich verbreiteter waren als in Europa.

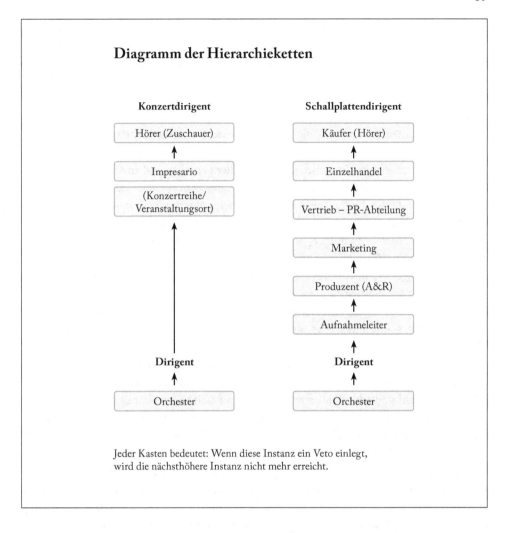

Das abstrahierende Struktur-Diagramm verdeutlicht, inwieweit der Schallplattendirigent mit seiner Wirkung in einen ganzen, komplexen hierarchischen Apparat von Entscheidungsinstanzen eingebunden ist, wie es vergleichsweise der Konzertdirigent nicht kennt. Die Quintessenz aus diesem Diagramm lautet, dass die Wirkung des Schallplattendirigenten immer von den aufgeführten übergeordneten Instanzen abhängig ist.

Wer war Hans Swarowsky? Aus den Beiträgen dieses Bandes kann der Leser viel über diese Künstlerpersönlichkeit erfahren. An dieser Stelle geht es um die Persönlichkeit des Musikers als Schallplattendirigent. Swarowsky, der unter Musikern bereits einen legendären Ruf als Dirigentenlehrer genoss, war für den amerikanischen Schallplattenkäufer nicht mehr als ein Name, der fast Pseudonymcharakter hatte. Viele werden den Namen gekannt haben, aber nur wenige werden ihn mit einer lebendigen Person, einer musikalischen Persönlichkeit verbunden haben. Dies liegt an der Tatsache, dass Swarowskys Platten zwar weit verbreitet waren, ihnen aber keine entsprechende PR- oder A&R-Pflege gewährt wurde, die die Person Swarowsky dem Schallplattenkäufer nähergebracht hätte. Allenfalls im Beiheft zur Matthäuspassion erschienen ein Profilfoto, eine Kurzbiographie und ein eigener, sich zu Bach bekennender Text. Ansonsten blieb er für den Schallplattenkäufer ein beiläufiger, sich dem Werk unterordnender Diener.

Das Beispiel eines anderen Wiener Musikers, des Pianisten Alfred Brendel, verdeutlicht vielleicht am eindrucksvollsten, wozu mediengerechte und medienübergreifende PR-Arbeit, die wohl nur von den großen Firmen geleistet werden kann, fähig ist. Brendel hatte bis Ende der 1960er Jahre als *Vox*-Künstler einen mit Swarowsky vergleichbaren Status. Doch dann wechselte er zur *Philips* über, die ihn ganz anders, nämlich quasi ganzheitlich-medial vermarktete. So lebte Brendel von nun an als Wiener in London und schien den Engländern authentische Wiener Klangkultur zu vermitteln. Von London als dem damaligen Zentrum des europäischen Musiklebens und der Schallplattenproduktion reichte seine Ausstrahlung in die ganze eurozentrierte Welt. Brendel reüssierte zum internationalen Künstler, zum Weltstar, der jetzt für den Schallplattenhörer wegen seiner Schriften, seiner Interviews und seiner Präsenz auf den großen Konzertpodien als lebendige Person greifbar wurde; seine Schallplatten bekamen quasi den Status von Souvenirs. Man holte sich mit ihnen nicht nur das Werk ins eigene Heim, sondern auch die Interpretation des Künstlers, den man im Konzertsaal kennengelernt hatte und dessen Bild man sowohl gedanklich als auch de facto mit sich tragen konnte, weil die Firmen darauf achteten, dass entsprechende Künstlerfotos von ihm immer wieder und überall zu sehen waren. All dieses gilt für Swarowsky nicht, und so hat er, wie beschrieben, durch die an bestimmte Zielgruppen gerichteten Veröffentlichungen zwar nicht als Dirigent mit Schallplatten, aber als Schallplattendirigent einen Einfluss ausgeübt, dessen Breitenwirkung in den 1960er und 1970er Jahren vielleicht empirisch nicht messbar war, aber nicht unterschätzt werden sollte. So widersprüchlich es klingt: Die Tatsache, dass Swarowsky in den Worten von David Josefowitz nie mit viel sichtbarem Temperament dirigierte, sondern als Meister des Taktstocks diesen wirken ließ („He never conducted with much apparent temperament – he was a master of stick technique. The stick did it all"[22]), dass er also eigentlich der geborene Schallplattendirigent war, ein Dirigent, der im auditiven Medium alles gab, was er geben konnte, diese doch so schätzenswerte Tatsache hat dem Kapitel Swarowsky und die Schallplatte nicht zu glorreichem Ruhm verholfen.

---

22 Zitiert nach Patmore/Weber, Your room a Concert Hall (Anm. 3), S. 42.

Wilfried Koch (†)

„VOLLENDET DAS EWIGE WERK".

Erinnerungen an Hans Swarowskys Produktion von Wagners *Ring des Nibelungen*, Nürnberg 1968

Swarowskys Schallplatteneinspielung des *Ring des Nibelungen* im Jahr 1968, bei der ich als Assistent mitgewirkt habe, war ein denkwürdiges Ereignis, das mir schon aufgrund der vielen ungewöhnlichen Details erzählenswert erscheint.

Produktionsort war das Nürnberger Colosseum[1], ein nie vollendeter Hitler-Bau, der ein für damalige wie heutige Verhältnisse großartiges Tonstudio mit Konzertraum beherbergte. Studienleiter war der Schweizer Hans Peter Gmür, der einen Aufnahmeplan erarbeitet hatte, der darauf abzielte, dass all diejenigen Abschnitte an einem Tag aufgenommen wurden, für die die dafür notwendige Sängerbesetzung eingeteilt und verfügbar war, was wiederum eine einheitliche und gleiche Sängerbesetzung ermöglichte. Selbst Herbert von Karajans später bei den Salzburger Festspielen in Zusammenarbeit mit der Deutschen Grammophon aufgenommener *Ring* wurde über einen wesentlich längeren Zeitraum und mit wechselnder Sängerbesetzung produziert.

1968 jedoch lag erst eine einzige Einspielung des *Rings* vor, nämlich diejenige, die Solti 1961/62 mit den Wiener Philharmonikern aufgenommen hatte. Furtwänglers Aufnahme kam erst viel später auf den Markt.

Das uns zur Verfügung stehende Orchester bestand aus Musikern aus den führenden Orchestern der damaligen Tschechoslowakei, die erstmals nach zwanzig Jahren Wagners *Ring* spielten – vom Blatt. Hans Swarowsky hatte also eine enorme Aufgabe!

Der Aufnahmeplan der ersten Woche soll beispielhaft zeigen, welche logistischen Dispositionen getroffen werden mussten, um die gestellten Aufgaben zu erfüllen:
1. Tag *Rheingold*, 2. Szene (Wotan, Fricka, Freia, Fasolt, Fafner, Donner, Froh, Loge)
2. Tag *Rheingold*, 4. Szene (Soli wie oben, dazu Alberich, ohne Erda)
3. Tag *Rheingold*, 3. Szene (Mime, Alberich, Wotan, Loge)
4. Tag *Siegfried*, II. Aufzug (Alberich, Wanderer, Fafner, Siegfried, Mime)
5. Tag *Siegfried*, II. Aufzug (Soli wie oben, dazu Waldvogel)
6. Tag *Siegfried*, I. Aufzug (Mime, Siegfried, Wanderer)
7. Tag freier Tag (eventuell Klavierproben)

---

1 „Colosseum"-Studios in der heutigen Kongresshalle, Bayernstraße 100.

Schon in der ersten Woche passierte die erste Panne. Kammersänger Heinz Imdahl, der die Partie des Wotan sang, erkrankte und musste sozusagen über Nacht durch Rolf Polke aus Graz ersetzt werden. Die bereits aufgenommenen Abschnitte konnten jedoch nicht mehr wiederholt werden. So wurden sämtliche Wotaneinsätze im Nachverfahren auf das vorliegende Orchesterband eingespielt, eine Meisterleistung des Tonmeisters Heinz Schürer, bedenkt man den Stand der damaligen Tontechnik.

Die Aufnahmen wurden mit der sogenannten „Schnürsenkel"-Technik in Stereo gemacht, also eine Zweispurtechnik mit Stützmikrofonen. Der Dirigent saß vor dem Orchester, während sich die Sänger auf zwei Podesten vor dem Orchesterpodium – also hinter dem Dirigenten – befanden. Nun war es meine Aufgabe, die Sänger nach Swarowskys Intentionen zu führen. Ich war sozusagen eine Art Subdirigent, im Italienischen würde man sagen „Maestro Suggeritore". Das führte dazu, dass ich die Ensembleproben mit den Sängern quasi zwischendurch machen musste. Diese sangen zwar Repertoirepartien, doch mussten sie vor der Aufnahme schließlich wiederholt und zusammengebracht oder eben „zusammengesungen" werden. Das war insbesondere bei den Ensembleszenen von *Walküre* und *Rheingold* keineswegs einfach. Swarowsky übernahm die vorgeprobte Partie der Sänger und konfrontierte sie direkt mit dem Orchester, mit dem er die betreffenden Stellen bereits geprobt hatte. Und dann ging die Aufnahme los.

Nach kurzer Zeit begab sich Swarowsky in die verantwortungsvolle Hand des Tonmeisters Heinz Schürer, der – als gerlernter und erprobter Theaterkapellmeister und -komponist – hinter seiner Partitur saß und „mit großem Ohr" korrigierte, was wir unten im Wagner-Getümmel manchmal gar nicht so genau wahrnehmen konnten.

Solisten und Orchester arbeiteten in diesem so eng ausgelegten Zeitplan mit größter Disziplin. Die Atmosphäre war herzlich, fröhlich, erfrischend, wie ich es in langen Theaterjahren nicht immer erlebt habe. So etwa in der ersten Orchesterpause, als sich alle zum Kaffeeautomaten stürzten oder Coca Cola kauften: Hans Swarowsky setzte sich entspannt in die erste Reihe des Saales, las Jerry Cotton oder löste ein Kreuzworträtsel. Nach der Pause ging er fröhlich ans Pult und machte voll konzentriert weiter, in bester Stimmung bis zur Mittagspause.

Mein Aufgabenbereich erweiterte sich rasch, als ich von Swarowsky ob der engen zeitlichen Dispositionen beauftragt wurde, das Orchester am Abend auf die Orchesterabschnitte des folgenden Tages vorzubereiten, während er selbst in seinem Hotelzimmer die von ihm für die Universal Edition herausgegebene, bis dato einzige Orchester-Partitur einer Operette, nämlich der *Fledermaus*, korrigierte.

Ein weiterer wichtiger Aspekt dieser wirklich großen und umfassenden Produktion war der geschäftliche: Die Wolfgang-Winkel-Polyband-Produktion konnte das 1-Millionen-DM-Projekt letztendlich nur finanzieren und damit retten, indem sie die Bänder, d.h. die gesamte Aufnahme, nach Fertigstellung an die Firma Fratelli Fabbri in Mailand verkaufte, die damals durch die Herausgabe von 25er-LPs mit beispielhafter künstlerischer, textlicher und bildhafter Anreicherung Zeichen gesetzt hatte.

Der etwas überstürzte Abschluss der Produktion stand unter schwierigen politischen Vorzeichen (Prager Frühling, 1968) und führte dazu, dass man zunächst einmal nicht wusste, was nun damit geschehen würde. Die Produktion geriet in ernsthafte Probleme, da viele der tschechischen Musiker aufgrund der politischen Situation Nürnberg über Nacht verließen und zu ihren Familien in die Tschechoslowakei zurückkehrten. Das ursprüngliche Streichorchester bestand aus 18 ersten, 16 zweiten Geigen, 12 Violen, 12 Celli und 8 Kontrabässen; letztendlich verblieben 43 der 66 Streicher! Heinz Schürer zauberte mithilfe seiner damaligen technischen Mittel einen Orchesterklang, der den Anforderungen Wagners entspricht.

Swarowsky spielte die verschiedensten Abschnitte quer durch alle vier *Ring*-Opern ein und traf jedes Mal das richtige und gleiche Tempo. Der Tonmeister überprüfte jeden Anschluss mit dem Metronom, um später perfekt schneiden zu können. Das war mit einem nicht auf Wagner eingespielten Orchester eine große Leistung, die auch in den internationalen Kritiken hervorgehoben wurde.

Swarowsky war zu allen Mitarbeitern, Sängern und Orchestermitgliedern stets höflich, aber doch distanziert. Intonierte ein Trompeter eine falsche Disposition, also statt in *F* in *B*, hörte er auf zu dirigieren und sagte zu mir „Herr Koch, gehen sie bitte zu dem Herrn Trompeter und sagen Sie ihm, Trompete an dieser Stelle in F!" Derweilen drehte sich der Maestro auf seinem Drehsessel im Kreis und wenn ich zurückkam, ging es weiter. Mir kam es manchmal so vor, als führte er in dieser überaus geistigen, angespannten Atmosphäre das Orchester so, wie ein routinierter Pianist spielt, der nicht dauernd auf die Tastatur schaut.

Bei einer Begebenheit wurde Swarowsky aber doch ein bisschen nervös. Der 1. Hornist sollte für den Siegfried-Ruf aus Bayreuth anreisen, doch das klappte nicht und man stand wieder einmal vor einer Katastrophe. Sämtliche Hornisten landauf und landab, die den schweren Siegfried-Ruf spielen konnten, waren bei den Salzburger, Bregenzer oder Münchner Festspielen engagiert. Da meldete sich der 8. Hornist des aus Mitgliedern der Tschechischen Philharmonie und Musikern des Prager Nationaltheaters bestehenden Aufnahmeorchesters. Swarowsky lehnte zunächst strikt ab, „so etwas kann man nicht über Nacht spielen!" Man spielte dem Musiker die betreffenden Solostellen aus der Solti-Aufnahme vor, und er kommentierte: „Geben sie mir bitte die Noten und ich *ibe*". Nach vier oder fünf Tagen wurde alles perfekt aufgenommen. Und auch hier staune ich über Swarowskys Geduld, die dann doch letztlich in der Durchführung dieses Riesenprojektes zum Erfolg führte.

Nach der Aufnahme verschwand das Originalband für Jahre im Keller des Musikverlags Wolfgang Winkel, bis Dieter Heisig 1995 in Winkels Archiv über eine Kiste stolperte, in der sich verstaubte Tonbänder befanden. Niemand konnte zu dem Zeitpunkt ahnen, dass hier eine der erfolgreichsten *Ring*-Aufnahmen versteckt war, die Kritik und Publikum überzeugen würde. Dieter Heisig berichtete dazu:

> Bei dieser Ring-Aufnahme hatten wir das Glück, auf die Digitalisierung der Originalschnürsenkelbänder zurückgreifen zu können, vor allem führte dieses technische Wunderwerk der gleiche Tonmeister durch, der bereits die Originalaufnahme 1968 mit Swarowsky aufgenommen hatte.

In der renommierten US-amerikanischen Musikzeitschrift *Fanfare* besprach man begeistert die CD-Ausgabe von Swarowskys *Ring*:

> The best feature of this *Ring* is the conductor, Hans Swarowsky […]. To his *Ring* Swarowsky brought a superb and almost unparalleled ability to support his singers while moving the music along with tempos that always seem just right for the action being depicted.[2]

In der Zeitung *FONO FORUM* stand folgende Kurzkritik: „Eine Ring-Wiedergabe, die heute als beachtenswertes Zeit- und Musikdenkmal dasteht."[3]

Der Swarowsky-*Ring* ist bei Weltbild Classics aus dem Hause Weltbild Verlag GmbH, München im Vertrieb von Koch International im Handel erhältlich.[4]

Die Solosänger sind alle erfahrene Wagnerianer:

Siegmund/Siegfried	Gerald McKee
Hunding/Hagen	Otto von Rohr
Wotan/Wanderer	Rolf Polke
Brünnhilde	Nadezda Kniplova
Sieglinde/Gutrune	Ditha Sommer
Fricka	Ruth Hesse
Mime	Herold Kraus
Erda	Ursula Boese
Waldvogel	Bella Jasper
Loge	Fritz Uhl

---

[2] Robert McColley, Wagner: Der Ring des Nibelungen, in: *Fanfare. The Magazine for Serious Record Collectors* 20 (1996), H. 2, S. 520–522: 521.

[3] Clemens Höslinger, Der „Ring der Überraschungen" präsentiert effektvoll den Wagner-Dirigenten Swarowsky, in: *Fono Forum* 1996, H. 6, S. 81.

[4] [– zur Zeit der Abfassung des Beitrags. Derzeit gibt es eine 14-CD-Box bei Profil-Edition Günter Hänssler. – Hg.]

Gunther/Donner   Rudolf Knoll
Chor der Wiener Staatsoper

Zum Abschluss möchte auch ich eine weitere Anekdote zu Swarowskys erstaunlichen kunsthistorischen Fähigkeiten hinzufügen. An einem der wenigen aufnahmefreien Tage führte mich Swarowsky und den eigens aus Bonn angereisten Ralf Weikert ins Dürer-Haus, wo er uns mit Erläuterungen über die verschiedenen Exponate gekonnt hindurchführte. Auch in der Lorenzkirche konnte er uns jedes der einzigartigen Kirchenfester genauestens erläutern.

Swarowsky gelang es, die verschiedensten Welten von Jerry Cotton und Kreuzworträtseln bis zu höchsten musikalischen und kunsthistorischen Überlegungen zusammenzubringen.

Reinhard Kapp

DER INTERPRET WIDER WILLEN

> Ars est celare artem[1]
>
> Each generation has its own critical canons in poetry
> as well as in political creeds, financial systems,
> or whatever other changeable matters of taste are called
> „Settled Questions" and „Fixed Opinions."[2]

Beim Versuch, unabhängig von persönlich gefärbten Eindrücken, verblassten Erinnerungen, innig gepflegten Ressentiments und klischierten Überzeugungen, wie sie noch immer den halb offiziellen ‚Swarowsky-Diskurs'[3] dominieren, eine Vorstellung von der Interpretenpersönlichkeit zu gewinnen, ist man neben der reichen Hinterlassenschaft von Archivalien, Schriften und Rezeptionsdokumenten vor allem auf die (gesicherten[4]) Aufnahmen verwiesen. Vor den angestammten geschichtlichen Horizont gestellt, sorgfältig studiert, untereinander verglichen und mit den verbalen Äußerungen des Dirigenten in Beziehung gesetzt, erwecken sie einen immer wieder überraschenden und weit weniger beschränkten Eindruck, als das allgemeine Gerede vermuten lässt, und erlauben es, erste Linien zu einem charakteristischen Porträt zu zeichnen.

I.

Swarowsky gehört einer Altersgruppe an, die mit den Revolutionen und dem Fall der Monarchien erwachsen wurde und von der allgemeinen Ernüchterung nach dem Ersten Weltkrieg betroffen war. So resümiert auch Iván Fischer das Wirken seines Lehrers:

---

1 Sprichwortversion einer topischen Maxime, die in Varianten etwa bei Ovid, Quintilian und Castiglione begegnet.
2 *What Will He Do With It?* A Novel by Pisistratus Caxton (Edward Bulwer-Lytton), Motto zu Buch VII, Kapitel 20.
3 Siehe dazu das entsprechende Kapitel im vorliegenden Band.
4 Auch auf YouTube finden sich heute wieder authentische und zweifelhafte oder inzwischen eindeutig als Fehlzuschreibungen identifizierte Aufnahmen bunt durcheinander. Die zweifelhaften warten auf stilkritische Untersuchung durch die Performance Studies.

Er war der alte große Professor, und natürlich hatten wir Riesenhochachtung für ihn. [...] Sein großer Kampf, glaube ich, war gegen die romantische Interpretation von Dirigenten, die gedacht haben, dass sie das eigene Gefühl in die Interpretation bringen sollen. Für Swarowsky war das ein Schimpfwort. Swarowsky wollte das Werk hören und nichts anderes. Wenn wir Studenten – nicht einmal sentimental, aber irgendwie gefühlsreich sein wollten, etwas von uns selbst zeigen wollten, kam sofort eine spöttische Bemerkung, oder wir wurden rausgeschickt, ein anderer Dirigent gewählt. Es ging um das richtige Tempo, Charakter, die Noten, und auf jeden Fall [um] Sachliches. Es war die Generation der Neuen Sachlichkeit, was Swarowsky verkörpert hat, und das hat er uns mit Fanatismus [weiterge]geben. Er wollte, dass wir Dirigenten werden, die den Komponisten dienen. Oder vielleicht noch mehr [wollte er] Gestalt, oder Musik als eine phantastische Ordnung, die die großen Propheten, die großen Komponisten auf Papier gesetzt haben, und wir als [...] Dolmetscher haben die Funktion, genau das zu übersetzen, was auf dem Papier steht. Das war seine Mission, und ich glaube, er hat sehr viel erreicht. Wenn ich einer Reihe von Swarowsky-Studenten jetzt zuhöre, höre ich immer seinen Einfluss. Er war stark und überzeugend.[5]

Dies bezieht sich zunächst auf den eigentlichen Dirigierunterricht, der die ‚kalte' Technik in den Vordergrund stellte und die Persönlichkeit der Studierenden erst wirksam werden ließ, wenn das Manuelle und die Interaktion mit dem Orchester so weit beherrscht waren, dass sie in jeder Situation und für jede Absicht funktionierten. Aber es ging doch bereits hier, und nicht erst in den analytischen und kulturgeschichtlichen Vorlesungen, auch um Ästhetisches. Swarowskys Kampf, der nach dem Zweiten Weltkrieg zudem noch von den Erfahrungen mit dem Nationalsozialismus geprägt war, galt zunächst der Befreiung von den Exzessen der Selbstüberschätzung, wie vieler von der Konjunktur emporgetragener Politiker, so auch reproduzierender Künstler. Die Neue Sachlichkeit war nicht einfach ein veränderter künstlerischer Habitus, sie war auch ein großes Reinigungsunternehmen, das gegen einen Teil des Erbes aus dem 19. Jahrhundert der schlimmen Folgen halber rebellierte, und all die pastosen Übermalungen und stilfremden Eingriffe, Umdeutungen und inkompetenten Rettungsversuche, alles, was von breiter Überlieferung, persönlichen Marotten, Ignoranz und Geltungsbedürfnis den Kunstwerken angetan worden war und eine dicke Kruste auf ihnen gebildet hatte, abtragen und sie unvoreingenommen neu sehen wollte.

Die Restaurierungsarbeit bezog sich bei Swarowsky vornehmlich auf bestimmte Stilbereiche: Sie galt der Errettung der Klassiker Haydn und Mozart aus dem Kerker der Verharmlosung, der Rückverwandlung des Neudeutschen Beethoven in den Frühromantiker und Revolutionär, der Entlastung Wagners ebenso wie Brahms' von Bombast

---

5 Iván Fischer in seinem Statement für die Hans Swarowsky Akademie Dezember 2018, http://www.hansswarowsky.com/en/4868-ivan-fischer.php (2.9.2021).

und Sentimentalität, der Freilegung der verschütteten jüdischen Tradition, insbesondere für die Musik Mahlers und Schönbergs, in der Oper dem Ernstnehmen und der Aufwertung des italienischen Repertoires (das konnte zusammengehen mit einer grundsätzlichen Präferenz für die deutsch-österreichische Linie der Kompositionsgeschichte und einem gewissen Unverständnis etwa für die französische).

Das Herausschälen der ursprünglichen Gestalt der Werke und der Nachweis von Fehlinterpretationen der Zeichen sind nicht zu trennen von der Klärung der Quellenlage. Swarowsky hat nicht nur Notentexte revidiert und in Einzelfällen neu herausgegeben[6], er hat gerne Handschriften und Originaldrucke konsultiert, auch Schüler und Kollegen auf offenkundige Fehler aufmerksam gemacht. Ein charakteristischer Beleg für sein – nicht unbedingt rein philologisches (und bibliophiles) Interesse, vielmehr unbestechliches Ernstnehmen des Werktextes, ist die Bemerkung über ein vernachlässigtes Detail in einem vermeintlich allbekannten Stück – das Rettung verkündende Trompetensignal in Beethovens *Fidelio*:

> Unverständlicherweise hört man dieses sehr logisch gegliederte Modell, das anstelle der Achtelpause [scil.: wie in der dritten *Leonoren*-Ouvertüre] eine akzentuierte Note bringt, in den Theatern sehr selten. Es wird zugunsten des Satzes in der Ouvertüre unterdrückt. Die ungeheure Überraschung in ‚Fachkreisen', als Toscanini die Stelle so brachte, wie sie in der Opernpartitur notiert ist, beweist, daß sie gar nicht einmal gesehen (gelesen) wurde. Der Italiener freilich hatte nicht den blinden Blick der deutschen Traditionalisten.

Swarowskys „Mission" war die Versachlichung des Diskurses und der Aufführung selbst – wobei allerdings die Sache, um die es ging, komplexer Natur und keinesfalls restlos entsubjektiviert war. Wenngleich er in gewissem Sinne das Musizieren als intellektuelle Tätigkeit zu rehabilitieren und sogar zu nobilitieren suchte, zerlegte es sich ihm nicht in einerseits technische, andererseits rationale Aspekte, und dann auch noch den einen oder anderen emotionalen. Das grundlegende Missverständnis aber bestand darin, dass man die leidenschaftliche Verpflichtung auf Werk, Komponistenintention und legitime Überlieferung und die Ablehnung von unangemessener Einmengung des Interpretensubjekts in die Aufführung mit Unbeteiligtheit, ja mit Zynismus verwechselte.

Mit diesem reformatorischen Eifer, mit dieser Penibilität waren Konflikte vorprogrammiert. Weil sie auf viele der lieb gewordenen Schweller und Dehnungen, auf die gewohnte Gemütlichkeit, falsche Feierlichkeit, vermeintliche Tiefe oder äußerliche Dramatik verzichten mussten, vermissten Viele, was für sie Musik ausmachte.

---

6 Siehe das „Verzeichnis der Editionen und Bearbeitungen" im Anhang.

2.

Tatsächlich ist Swarowskys Musikertum von Grundspannungen durchzogen, die sich aus den vielfältigen und divergierenden Prägungen durch die Vorbilder unter den Dirigenten, auf die er stößt und die er sich erwählt (Strauss, Toscanini und Weingartner; Webern; Kleiber und Krauss, also Modelle unterschiedlicher Generationszugehörigkeit und stilistischer Observanz), ebenso erklären wie aus den nicht ohne Weiteres zu harmonisierenden Attraktionspolen in seinem Repertoire: Wiener Klassik und Frühromantik, Brahms und Bruckner, Mahler und Strauss, Wiener Schule und Strawinsky, deutsche und italienische Oper. Zu all dem unterhielt die neusachliche Position jeweils ein besonderes Verhältnis, mit jeweils unterschiedlicher Gewichtung im Verhältnis von Konstruktion und Ausdruck.[7]

Eine Erscheinungsform dieser Spannungen bildet Swarowskys doppeltes Verhältnis zur Tradition. Gewiss erschließen sich dem erklärten Interessenvertreter der Komponisten deren Absichten nicht unmittelbar und restlos aus den Partituren, aber auf die Überlieferung verlässt sich nur, wer von den darin verborgenen Fallstricken nichts ahnt.[8] Natürlich stellt sich Swarowsky in den Traditionszusammenhang der großen deutsch-österreichischen Musik – etwa wenn er seine „lieben letzten zwanzig Hörer" 1975 auf die „Linie Bach bis Schönberg" verpflichten möchte.[9] Dabei setzt er auf Tradition im Sinne des schönen Bildes, dessen prägnanteste Formulierung inzwischen Gustav Mahler zugeschrieben wird[10]: als Weitergabe des Feuers (statt als sterile Anbetung der Asche), die wohl nur von Person zu Person denkbar war. Diese Art direkter Übermittlung will er gesichert wissen. So hatte es Wagner mit dem Werk Webers, Mahler mit dem Werk Wagners gehalten.[11] Das betrifft vor allem die jüngere Produktion, deren Wiedergabe noch ungefestigt ist. Derselbe Mahler, der den Verweis auf ‚die' Tradition bei seinen Sängern und Instrumentalisten als bloßes Festhalten an längst sinnentleerten und oft geradezu fehlerhaften Gewohnheiten bekämpfte, zog als Gastdirigent umher, um eine Tradition

---

7 Ich setze voraus, dass es in der Musik (wie auch in Dichtung und bildender Kunst) ohne Konstruktion, d.h. ohne kompositorische Realisierung im Material, keinen Ausdruck, also weder Gedanken- noch Gefühlsgehalt gibt, und ohne Ausdruck, d.h., ohne dass etwas dargestellt oder verständlich gemacht werden soll und die adäquate Form dafür gesucht wird, keine Konstruktion.

8 Die untrennbare Verbindung von geoffenbarter Schrift und kirchlicher Lehrtradition dürfte zur geistigen Grundausstattung des getauften und periodisch aktivierten Katholiken Swarowsky gehört haben.

9 in: *WdG*, S. 265.

10 – allerdings vielleicht wirklich erstmals 1992 durch Klaus Bachler, also Jahre nach Swarowskys Tod. Siehe Renate Starck-Voit, Zur Verbreitung von wahren und falschen Zitaten – eine Email-Korrespondenz, in: *Nachrichten zur Mahler-Forschung* 71 (Mai 2017), S. 62–65.

11 Siehe Reinhard Kapp, „Tradition" und „Schlamperei". Mahlers Einsatz: Bedingungen und Konsequenzen, in: Jürgen Nautz/Richard Vahrenkamp (Hg.), *Die Wiener Jahrhundertwende. Einflüsse – Umwelt – Wirkungen*, Wien/Köln/Graz 1993 (Studien zu Politik und Verwaltung 46), S. 650–673: 651.

für die Aufführung seiner eigenen Werke zu begründen. Als Swarowsky in Stuttgart 1930 die Leitung von Puccinis *Bohème* erbittet, ja fordert, beruft er sich darauf, dass er, der für eine Einstudierung durch Toscanini (den Dirigenten bereits der Turiner Uraufführung) korrepetiert habe[12], die „Leitung [...] wie ein Vermächtnis des Komponisten empfinde".[13]

Für die Musik Mahlers, die er nach 1945, noch vor der viel beschworenen Renaissance, unermüdlich und authentisch dirigiert hat, waren ihm weniger Aufführungen unter Mahler entscheidend, denen er als Kind beigewohnt hatte, als die Gewissheit, dass ihm Anton Webern einige der Symphonien nicht nur erläutert, sondern auch so vorgespielt habe, wie sie ihm von Mahler selbst dirigiert in Erinnerung geblieben waren. Die Musik der ‚zweiten' Wiener Schule hat Swarowsky von ihren bedeutendsten Vertretern selbst gehört oder nahegebracht bekommen. Nicht nur mit Webern, auch mit Strauss verband Swarowsky darüber hinaus freundschaftlicher Umgang, der zahlreiche Aspekte von Musik und Leben einschloss. Und auch Strauss hat ihm viel über die Wiedergabe seiner Musik (aber ebenso des klassischen Repertoires) vermittelt.

Neben der Vergewisserung über die Korrektheit der Überlieferung gibt es bei Swarowsky ein starkes Element von Traditions*kritik*: Von Mahler und der Wiener Schule übernimmt er auch die Skepsis gegen die gedankenlose Berufung aufs bloße Herkommen. Namentlich im Umgang mit der Musik Mozarts, Beethovens und Brahms' haben sich zahllose Verfälschungen und Irrtümer eingeschlichen, wie ihm die systematische Untersuchung der Partituren und Quellen für die Textüberlieferung, aber bei den älteren Meistern auch die Lektüre der zeitgenössischen Traktate über „die wahre Art" der Aus- und Aufführung klarmacht. Das bringt ihn schließlich in die Nähe der Historischen Aufführungspraxis, die ihm in Wien namentlich in der Person Josef Mertins entgegentritt, und über die er sich wohl auch mit Nikolaus Harnoncourt ausgetauscht hat[14]; es lässt ihn zu einem ihrer Wegbereiter werden.

Wo verlässliche Auskunft von Gewährsleuten außer Reichweite liegt, bleibt als einzig sichere Methode der Rekurs auf den Notentext, der von historischen Ablagerungen und Fehllesungen gesäubert dem insistenten Blick das ursprünglich Gemeinte freigibt.

---

12 – eine der noch immer bestehenden Lücken in Swarowskys Biographie.
13 Brief an den Intendanten Albert Kehm vom 10.3.1930, siehe das vollständige Zitat im Kapitel „Stationen bis 1933", Abschnitt „Württembergisches Staatstheater Stuttgart".
14 Harnoncourts Name wird in einem für Rio de Janeiro bestimmten Entwurf eines idealen Orchesters (1956, also noch vor dem ersten offiziellen Auftritt des Concentus musicus 1957) als der eines „erste[n] Fachmann[s]" „auf dem Gebiete alter Instrumente" genannt, wo es um ein zusätzlich zu bildendes „Ensemble zur stilgetreuen historischen Aufführung vorklassischer geistlicher und weltlicher Musik" geht. „Expertise zwecks Gründung eines Orchester von kleinerer Besetzung für Werke der Klassik und Moderne", Typoskriptdurchschlag in NlHS, S. 7. Doris Swarowsky wunderte sich in einem Gespräch mit Manfred Huss, dass Harnoncourt die vielen von ihr beobachteten Unterhaltungen mit Swarowsky über die von den Symphonikern gerade gespielten Werke nirgends erwähnt habe.

3.

Ein Musterbeispiel für solche Art Rettung sind die zahlreichen musikalischen und technischen Hinweise zur Gestaltung der dritten *Leonoren*-Ouvertüre:

> Im oben Mitgeteilten ist einiger international geübter Gewohnheiten gedacht, die der Vermittlung einer klaren Vorstellung vom Werk als geschlossenem Ganzen abträglich sind. Ich wende mich an alle jungen Dirigenten, die organisatorisch in der Lage sind, bei Proben die dargebotenen Abänderungs-, das heißt Rückänderungsvorschläge zu berücksichtigen und Verbesserungen in ehrlicher, gutwilliger Arbeit mit dem Orchester zu erreichen. Sobald das Verwandelte wieder rückverwandelt ist, sobald zutreffendem Denken wieder zutreffendes Fühlen entspricht, wird sich ein neues Verhältnis zum Werk leicht und sicher einstellen.[15]

Das neue Verhältnis zum Werk ist neu, verglichen mit der entstellenden ‚Tradition' seiner Wiedergabe, es ist keine neue, etwa aktualisierende, ‚Deutung'. Swarowsky teilt die Überzeugung etlicher der Wiener Schule entstammender oder ihr wenigstens nahestehender Musiker: Der Ausführende habe „als *nach*schaffender Künstler"[16], als „the composer's advocat"[17] oder als sein „double"[18] zu fungieren, als der „getreue Korrepetitor" in seinen Diensten[19], und auch in Edward Steuermanns ironischer Definition des Interpreten als „not quite innocent bystander"[20] liegt der Witz darin, dass dieser eben nicht ganz unbeteiligte Dritte in dem Geschehen zwischen Komponist und Zuhörerschaft bei allen Verführungen, die seine durch den Text beschränkte, aber auf Wirkung verpflichtete Zwischenstellung bereithalte, eine moralische Verantwortung trage.[21] Berufungsinstanz ist in all diesen Fällen die kompositorische Intention, deren

---

15 Hans Swarowsky, Beethoven: Ouvertüre Leonore III (schriftliche Aufzeichnung von ca. 1970?), in: *WdG*, S. 93–101: 101.
16 Rudolf Kolisch, Schönberg als nachschaffender Künstler, in: *Arnold Schönberg zum 50. Geburtstage, 13. September 1924*. Sonderheft der *Musikblätter des Anbruch* 6 (1924), S. 306 f.
17 Erich Leinsdorf, *The Composer's Advocate. A Radical Orthodoxy for Musicians*, New Haven/London 1981.
18 René Leibowitz, *Le compositeur et son double. Essais sur l'interprétation musicale*, Paris 1971, Éd. augmentée 1986.
19 Theodor W. Adorno, *Der getreue Korrepetitor. Lehrschriften zur musikalischen Praxis*, Frankfurt a.M. 1963; auch in: *Komposition für den Film/Der getreue Korrepetitor*, Frankfurt a.M. 1997 (Gesammelte Schriften 15), S. 157–402.
20 Edward Steuermann, *The Not Quite Innocent Bystander*, hg. von Clara Steuermann/David Porter/Gunther Schuller, Lincoln/London 1989.
21 Auch wenn Swarowsky gelegentlich Pfitzners *Werk und Wiedergabe* um der Polemik gegen die Rede von der „schöpferischen Wiedergabe" willen lobt (Wahrung der Gestalt, in: *WdG*, S. 9–17: 14), ist seine Position keine rigoros objektivistische; es geht ihm darum, der (kompositorisch realisierten) Intention gerecht zu werden, den *kompositorischen* Gedanken im Werk nachzuvollziehen.

man nicht über die Person, sondern über den von dieser vorgelegten oder hinterlassenen Notentext habhaft wird. Die Objektivität dieses Gegenübers bedeutet freilich nicht, dass sich der Dirigent als Person durchstreichen soll; er muss sich die Komposition in vollkommener Deutlichkeit zur inneren Anschauung gebracht haben und mit nicht nachlassender Aufmerksamkeit darüber wachen, dass die Aufführung nicht zur bloßen Aneinanderreihung von eingespielten Reaktionen der Musiker auf scheinbar vertraute Notenbilder gerät.

Bei einer Diskussion des Unterschieds zwischen Malerei und Musik kommt Swarowsky auf die Schwierigkeit für Hörer und Mitwirkende zu sprechen, das Werk über seine gesamte Aufführungsdauer hinweg als Einheit aufzunehmen und darzustellen.

> Dem Zuhörer wird es unendlich schwerer, sich eine Werk- und Stilvorstellung zu bilden[,] als dem Beschauer. Er wird daher viel eher bei kleinen Strecken, die ihm besonders eingängig sind, verweilen, er wird im Hören das Werk zerstückeln und die eigentliche geistige Leistung fälschlich in abgeschlossenen melodischen Einfällen erblicken. Er wird quasi räumlich und nicht zeitlich hören. Doch die Leistung in der Meinung des Komponisten ist die Durchführung des Ganzen, eben jenes Zusammensetzen, Komponieren. Der sogenannte Interpret, das notwendige Übel zur Realisation musikalischer Werke, hat ihm hierin zu folgen, er hat sich seiner eigenen komplexen Gegenwärtigkeit so viel wie möglich zu entziehen, um dem Hörer alle Lebendigkeit der Wiedergabe nur aus der schöpferischen Absicht, der genialen Wiedergabe des Autors zuzuleiten. Dem Schöpfer muß es immer und zu allererst darauf ankommen, die Spannung im Aufnehmenden wachzuhalten.[22]

‚Zusammengesetzt' ist die Komposition in dieser Hinsicht hauptsächlich aus aufeinanderfolgenden und ineinandergreifenden Formabschnitten (also weder mehr oder weniger herausfordernden technisch zu lösenden Aufgaben noch wechselnden Gefühlsmomenten). Die „Gegenwärtigkeit" bezieht sich sowohl auf die aktuelle psychische Situation des Interpreten als auch auf seine Neigung, nur im musikalischen Augenblick statt im kompositorisch artikulierten Zeitverlauf zu leben. Der Begriff „Lebendigkeit" spielt auf eine gängige Vorstellung von Dynamisierung an, die dem Interpreten als eigentliche und ganz persönliche Aufgabe zufalle, während es doch vielmehr darum geht, die im Werk objektivierte Dynamik, und nur sie, zum Erlebnis werden zu lassen. Eine letzte Pointe liegt in der Formulierung „der genialen Wiedergabe des Autors", die leicht im Sinne des sogenannten ‚genialen Interpreten' missverstanden werden kann – nach Swarowskys Überzeugung eine contradictio in adiecto.[23] Der Genitiv ist einzig als Ge-

---

22 Ebd., S. 10.
23 „Ich gehe von der grundsätzlichen Überzeugung aus, daß G e n i a l i t ä t ein ganz allein dem s c h ö p f e r i s c h e n Menschentypus eigener Wesenszug ist, daß der Wiedergebende in k e i n e m Falle genial genannt

nitivus subiectivus sinnvoll zu verstehen: Die Wiedergabe hat sich an der Wiedergabe durch den Autor, d.h. an seiner Aufzeichnung des Intendierten, zu orientieren.

Dies berührt die zweite Grundspannung: die im Begriff der Interpretation. Zum einen war der Begriff des Interpreten, als Eines, der sich in der Vieldeutigkeit des Textes zurechtfindet und den geheimen Sinn errät und offenbart, Swarowsky suspekt; die Annahme, es bedürfe einer Instanz, welche die Lücke zwischen Autorintention und Partitur kraft ingeniöser Vorstellungskraft schließt und ebenso viel Kreativität wie Sachverstand ins Spiel bringt, schien ihm der Eitelkeit und Willkür, der Selbstherrlichkeit der Pultstars Tür und Tor zu öffnen. So überhaupt davon geredet werden dürfe, sei der beste Interpret seiner Musik in der Regel der Komponist selbst.[24] Wenn „große Komponisten" sogar als „dirigiertechnisch keineswegs versierte" Leiter von Aufführungen ihrer eigenen Werke oft durch ihre „bloße Präsenz […] authentische Darbietungen" erzielen, so ist es gewiss auch „das Fluidum der Persönlichkeit", was „die Übertragung" der erteilten „Anweisungen" und gegebenen Hand-„Zeichen" in die Produktion von sinnvollen Klangfolgen „fördert", aber ebenso die Tatsache, dass die Komponisten besser als jeder Andere mit all seinen „Erkenntnissen" wissen, wie ihre Musik gemeint ist, wie sie ‚geht'.[25] Aber ideale Interpreten in eigener Sache sind sie primär dadurch, dass sie alles zum Verständnis Erforderliche in ihrer Notation niedergelegt haben. „Denn ein Meister weiss nicht nur zu erfinden und durchzuführen", d.h. seine thematischen und formalen Einfälle auszuarbeiten, „sondern auch" seine Komposition so „aufzuzeichnen"[26], dass bei ausreichenden stilgeschichtlichen und Repertoirekenntnissen sowie nach eindringender Untersuchung des konkreten Falls das Intendierte mehr oder weniger eindeutig zu verstehen sein wird.

Das Werk vermag also für sich selbst zu sprechen, wenn man diese Eigeninterpretation des Komponisten zum Maßstab nimmt und den Bereich des Mehrdeutigen eingrenzt, indem man, statt nach Geheimnissen „zwischen" den Zeilen zu suchen, so gründlich wie möglich „in" den Zeilen liest.[27] Dort, und nur dort, ist die zugrundelie-

---

werden kann und ihm höchstens großer Persönlichkeitswert und technische Perfektion zugestanden werden kann." Ebd. Zur Kategorie „Persönlichkeit" siehe auch das Kapitel „Der (Wiener) Swarowsky-Diskurs".
24 – mehrfach überliefert; indirekt etwa: ebd., S. 10.
25 Dirigieren, in: *WdG*, S. 72–79: 79.
26 Leserbrief an eine Kärntner Tageszeitung, 8.8.1971, Durchschlag NlHS. In der *Kleine[n] Zeitung* Klagenfurt, in der am 15.8.1971 auf S. 22 bereits ironisch von „angriffslustige[n] Leserbriefe[n] in verschiedenen Kärntner Tageszeitungen" die Rede ist, wurde Swarowskys Erwiderung jedenfalls nicht (mehr) berücksichtigt.
27 Ausspruch Swarowskys, überliefert von Ralf Weikert, *Beruf Dirigent*, Wien/Köln/Weimar 2017, passim, auch in dem eben erwähnten Leserbrief. Der Raum, der sich „zwischen" den Zeilen öffnen soll, hat sein meta-physisches Pendant in jenem ominösen „hinter" den Zeilen. Man erinnert sich an das Phantasma, das unter den Konsumenten von Sprachkunstwerken herumspukt: Gibt es wirklich etwas „zwischen" den Zeilen zu lesen, das nicht „in" den Zeilen stünde? Gewiss müssen auch die Buchstaben, so wie die Noten, erst zu Sinneinheiten verbunden werden – aber dazu imstande zu sein (und auch mehrfachen Schriftsinn zu

gende Intention zu finden – alles darüber Hinausgreifende ist eitle Spekulation. Die Komponisten, die Swarowsky persönlich besser kannte, bestanden in aller Regel auf minutiöser Genauigkeit in der Umsetzung ihrer Angaben.[28] Gern berief er sich, wenn auch vielleicht in polemischer Absicht, in diesem Zusammenhang auf Strawinsky: „Ich habe oft gesagt, daß meine Werke gelesen, ausgeführt, aber nicht ‚interpretiert' werden sollen! Ich sage es noch immer, denn ich finde nichts in ihnen, was eine ‚Interpretation' erfordern würde!"[29]

So viel zum Interpreten als „Übel". Aber dieses Übel ist auch „notwendig", weil „die Musik der Wiedergabe bedarf, um als Kunstform voll erfaßt zu werden".[30] Und so sehr Swarowsky die mit dem Interpretationsbegriff gern verbundene ‚Freiheit' des Interpreten eingeschränkt sehen will – eine Synthesisleistung ist erforderlich, damit die Zeichen auf dem Papier sich in musikalischen Fluss und klingende Architektur verwandeln. Überdies war Swarowsky natürlich klar, dass Komponisten unterschiedlich verfahren und unterschiedliche Erwartungen an den ausführenden Musiker hegen, dass die Anforderungen an Tempoflexibilität, ja selbst an den Grad der persönlichen Beteiligung ganz unterschiedlich ausfallen. Um aufführen (lassen) zu können, muss der Interpret erst einmal herausfinden, um welchen Typus von Komposition es sich handelt. Und er muss, wenn der Komponist wie meist nicht mehr zur Hand ist, für sich und die Mitwirkenden klären, was die Notation im konkreten Fall bedeutet – nicht im Sinne einer ganz persönlichen Lesart, sondern des individuellen Zeichengebrauchs bei diesem Komponisten.

Interpretation findet also auf mehreren Ebenen statt: Sie betrifft zunächst die Codierung und den Partiturtext als ganzen. Gegenüber dem Orchester übernimmt der Dirigent sodann eine Vermittlungsaufgabe (sagen wir einmal: zwischen Partitur und Stimmen sowie vice versa), die etwa Klavierspieler mit sich selbst abzumachen haben.[31]

---

entdecken) ist Lesekompetenz, nicht Divinationsgabe. Dies scheint mir auch Intertextualitätsphänomene zu betreffen, die sich erst breiterer Literaturkenntnis erschließen.

28 Er zählt über Strawinsky hinaus auf: Pfitzner, Schönberg, Bartók, auch Strauss, der nur Aufführungen in den zahlreichen Provinztheatern gegenüber konziliant gewesen sei; auf den für ihn wesentlichen Bühnen Berlin, Dresden, München und Wien konnte er zum unangenehmen Probierer werden. Gespräch mit Manfred Huss, Ossiach 1974; Kopie der Aufnahme in NIHS, bei min. 20:50 (redigierter Erstdruck als „Rückblick" in *WdG*, S. 257–264.

29 Igor Strawinsky, *Gespräche mit Robert Craft*, Zürich 1961, S. 215, zitiert in: Hans Swarowsky, Dirigieren, in: *WdG*, S. 72–79: 74. In dem genannten Leserbrief wird auch eine eigene Erfahrung Swarowskys mitgeteilt: „Noch gellt mir der Anpfiff Strawinskys bei einer Probe in den Ohren, als ich in ‚Jeux de cartes' ein kleines Ritenuto anbrachte, das ich vorher von Ansermet gehört hatte: Je ne veux pas être interpreté!!!"

30 Wahrung der Gestalt, in: *WdG*, S. 12 f.

31 Man darf sich vorstellen, dass ein Quartettprimarius etwa eine analoge Funktion übernimmt, so sehr auch manche Formationen dieses hierarchische Prinzip zu unterlaufen versuchen. (Ich denke etwa an institutionalisierten personellen Wechsel zwischen Erster und Zweiter Violine, oder das Studium aus Partituren statt

Am Ende geht es darum, die kompositorische Aussage durch Koordination der Einzelintentionen der ausführenden Musiker dem Publikum zu kommunizieren. Für jeden dieser Schritte jedoch gibt es objektive Kriterien über Richtig und Falsch (oder wenigstens Plausibel und Unwahrscheinlich), Angemessen und Verfehlt, Hingegebensein und Willkür. Aber es ist jeweils auch der Interpretationsbegriff besser zu ersetzen: durch Lesen, Verstehen, Synchronisieren, Homogenisieren, Übermitteln.

4.

Mit dem Misstrauen gegen die, schließlich durch mannigfaltige rezente Einflüsse und Erwartungen gesteuerten, persönlichen Prägungen und Vorlieben des Interpreten verbindet sich freilich die Absage an ein konstitutives Element der Aufführungslehre der Wiener Schule: dass die Werke aus der Perspektive der Gegenwart (in Kolischs einprägsamer Formulierung: vom „vorgeschobensten Posten" des kompositorischen Denkens und der instrumentalen Technik her[32]) interpretiert werden müssten. Stattdessen beginnt er sich für die den Werken historisch entsprechende Aufführungspraxis zu interessieren. Voraussetzungen für die Fähigkeit, ein Kunstwerk wiederzugeben und zu bewahren, damit es „als Kunstform voll erfaßt […] werden" kann[33], seien Talent *und* musikgeschichtliche Bildung. Dies vor allem, um zu verhindern, dass die Interpreten ihren Wissenslücken und zufälligen Befindlichkeiten einen Gutteil der interpretatorischen Entscheidungen überließen. Eine der von Swarowsky aufgezählten Anforderungen an einen wirklichen Dirigenten lautet:

Kenntnis vorangegangener Kunst- und Stilepochen, die Fähigkeit, sich in deren Gedanken und Gefühlswelt zu versetzen, erkennende Betrachtung der Struktur des Werkes rein analytisch und in Relation zu den zeitlichen und individuellen Gegebenheiten, die Zusammenfassung und Verlebendigung in der inneren Vorstellung[34].

---

aus Stimmen.) Oder bei der Aufführung von Klavierliedern ist die interpretatorische Kompetenz manchmal mehr bei den Singenden, manchmal eher bei der ‚Begleitung' angesiedelt. Usw.

32 „[…] mit aller Entschiedenheit vertrete ich den Standpunkt, daß auch traditionelle Musik nur von dem vorgeschobensten Posten der Interpretation aus gültig aufgeführt werden kann. Das volle Arsenal der im Laufe der Entwicklung ausgebildeten und verfeinerten Mittel mag eben ausreichen, um die zur Zeit ihrer Entstehung meist ‚unspielbaren' Werke adäquat, als lebendige Musik zu reproduzieren. Die Versuche von Spezialisten für barocke, vorklassische und selbst klassische Musik, die auf historische Treue abzielen, gehören in das museale Gebiet des ‚Collegium musicum'." Rudolf Kolisch, Über die Krise der Streicher, in: *Darmstädter Beiträge zur neuen Musik* [I], Mainz 1958, S. 84–90: 88.
33 Wahrung der Gestalt, in: *WdG*, S. 12 f.
34 Hans Swarowsky, Dirigieren, in: *WdG*, S. 72–79: 73.

Swarowsky stellt sich damit einerseits in die Reihe der Stilbildungsschul-Pläne Wagners und Schönbergs[35], andererseits in den Zusammenhang der kunst- und musikgeschichtlichen Stilforschung. Für Musik unterschiedlicher Herkunft gelten unterschiedliche Bedingungen, vor die Synthese der inneren Vorstellung und äußeren Darstellung hat die Analyse, vor die angemessene klangliche Verwirklichung die Erkenntnis des Stils zu treten. Der Aufführende muss nicht nur über die Konventionen einer Zeit und eines Kulturbereichs Bescheid wissen, sondern auch die Notationsgewohnheiten bestimmter Komponisten (vom generellen Status des Notentexts[36] bis herab zur speziellen Bedeutung einzelner Zeichen) berücksichtigen. Erst dann kann die ideale Selbstinterpretation, die sie in ihren Partituren niedergelegt haben, verstanden und entsprechend umgesetzt werden.

Stil umfasste ein ganzes Bündel von musikalischen Kennzeichen: „Auf Platte habe ich einen Don Giovanni gemacht mit allen Appoggiaturen, Cadenzen, Temporelationen und mit Kontrabass und Cello beim Secco. Zum allerallerersten Male gibt es das so!"[37] Dazu natürlich noch die sorgfältige Beachtung von Artikulation, Syntax und Metrik. Swarowsky versuchte also nicht nur Erkenntnisse der Historischen Aufführungspraxis, die er mit Mertin und Harnoncourt diskutieren konnte, sich zu eigen zu machen – er hat sie auch früh schon auf Werke der Klassik übertragen.[38] Dement-

---

[35] Schönberg hatte eine solche Schule bereits im Zusammenhang mit der Ausarbeitung der Statuten des Mahler-Bundes 1920 konzipiert und seine Vorstellungen nochmals 1927 zusammengefasst: Vorschlag zur Gründung einer INTERNATIONALEN STILBILDUNGS-SCHULE, Archiv ASC, Schriften T39.14; T56.10. Es ist nicht auszuschließen, dass er auch Swarowsky nach seiner Rückkehr aus Amsterdam davon erzählt hat.

[36] – der zugleich darüber entscheidet, worauf sich die Texttreue bezieht. Aus einem Brief Swarowskys an Egon Seefehlner (20.9.1962), in dem er den Plan zu einem Zyklus aus drei Abenden vorstellt, von dem als Torso die Schallplatte von 1963 auf uns gekommen ist: „Die Aufführung von Mozartkonzerten mit Gulda in der einzig gebotenen Art der freien, improvisierenden Interpretation, entspringt meiner Initiative […] Ich kenne alle Manieren und Klischees der Improvisation aus der Zeit und unter meiner Kontrolle kann da nichts daneben gehen. Andererseits macht Gulda das einfach fabelhaft, seine enorme, in der Kunstwelt leider kaum gewürdigte Musikalität, die ihn über alle Klavierspieler aber auch fast über alle Dirigenten und viele Komponisten stellt, erlaubt ihm, mit spielerischer Leichtigkeit die Materie frei zu bewältigen. Ich habe dieses Spiel oft mit Strauss getrieben, der auch die buntesten, wundervollsten Einfälle hatte, wenn er Mozarts Klavierkonzerte zum Vergnügen vornahm. Die Menschheit glaubt immer, dass Bach unzulänglich wiedergegeben wird. Niemand ahnt, dass eben Mozart der totalst verfälschte Komponist ist, und insbesondre seine Solokonzerte heute nur als die Skelette ihrer selbst geboten werden. Wir werden natürlich auch den ganzen Orchesterpart, wie der Meister es ausdrücklich vorgeschrieben hat!!, mit Klavierimprovisationen begleiten. […]"

[37] Swarowsky an Barry Brisk, 28.12.1970, Privatbesitz Barry Brisk; auch veröffentlicht in: Barry Brisk, *Hans Swarowsky, five letters to Barry Brisk. 1967–1972. Compiled and annotated in 2002*; Online-Publikation: https://independent.academia.edu/BarryBrisk (1.8.2021). Dies betrifft die zweite Gesamtaufnahme von 1968 (mit durchweg italienischsprachigen Solisten und dem Prager Kammerorchester).

[38] In der ersten (Wiener) *Don-Giovanni*-Aufnahme von 1950 waren noch nicht alle seine Sänger bereit oder in der Lage gewesen, die stilistischen Vorgaben zu übernehmen.

sprechend waren ihm in erster Linie die zu seiner Zeit wieder leicht greifbaren Instrumentalschulen des 18. Jahrhunderts Ratgeber (bereits Richard Strauss hatte ihn auf die Violinschule Leopold Mozarts hingewiesen). Stil aber bezog sich naturgemäß auf Repertoires, nicht auf konkrete Einzelwerke. Hier ging es um generelle Tempofragen und die Anwendung des ‚klassischen' Rubato, in Solokonzerten und Opern um improvisierte Kadenzen und „Eingänge", die Swarowsky vorsichtig einführt.

Allerdings gab es durchaus Konzessionen an die Gegenwart: die Verwendung des modernen Orchesters und eben die neusachliche Orientierung – die freilich als ‚Rückbau' in den ursprünglichen Zustand verstanden wurde (davon abgesehen, dass natürlich auch das Aufkommen und die Hochzeit der Historischen Aufführungspraxis selbst sich aktuellen Bedürfnislagen verdankten[39]). Die Verwendung historischer oder entsprechend nachgebauter Instrumente (soweit es nicht Sonderformen der Barockzeit wie Blockflöte oder Oboe da caccia waren) überließ er den sich allmählich bildenden Spezialensembles, allenfalls tendierte er offenbar schon seit der Hamburger Stelle bei älteren Werken bis hin zur Klassik zu kleineren Besetzungen.[40]

5.

Wenn Analyse als Voraussetzung der Aufführung gelten muss, ist unter Analyse mehr als die Zergliederung der einzelnen Komposition verstanden, und so heißt es in einem Empfehlungsschreiben, freilich für einen angehenden Musikwissenschaftler:

Er ist […] theoretisch insbesondre in Werkanalyse, die in meiner Schule ganz besonders intensiv betrieben wird, und in der ebenso intensiv behandelten Stilkunde voll ausgebildet und zeigte seinerzeit besondre Begabung in Erwerbung seiner Kenntnisse. […] Die sehr strengen Richtlinien des an unserer Schule erworbenen Denkens werden seinem Vortrag in ganz eigener Weise klärenden und ordnenden Charakter verleihen.[41]

---

39 Siehe Reinhard Kapp, Alte Musik und Avantgarde. Zum Verhältnis von Aufführungs- und Kompositionsgeschichte, in: Barbara Boisits/Ingeborg Harer (Hg.), *Alte Musik in Österreich. Forschung und Praxis seit 1800*, Wien 2009 (Neue Beiträge zur Aufführungspraxis 7), S. 309–341; ders., Zeitgenossenschaft und historisches Bewusstsein, in: Thomas Ertelt/Heinz von Loesch (Hg.), *Geschichte der musikalischen Interpretation im 19. und 20. Jahrhundert. Band 1: Ästhetik – Ideen*, Kassel/Berlin 2019, S. 257–292. Grob schematisiert kann man die Ausbreitung der Historischen Aufführungspraxis in den 1920er Jahren als eine Spielart der Neuen Sachlichkeit, Ausdruck eines Objektivierungsbedürfnisses, bezeichnen.

40 Auch hier bezeugt die zweite *Don-Giovanni*-Einspielung (1968) eine schlankere Klangvorstellung. Die Bachsche Passion nach Matthäus nahm Swarowsky 1967 mit dem Akademie-Kammerchor auf, nicht mit einer der großen privaten Chorvereinigungen.

41 5.8.1969, Privatbesitz Horst Weber.

Was einen genuinen Dirigenten auszeichnen muss, ist dann unter anderem

> die Kraft, der formalen Disposition und den Ausdruckswerten jenen Grad von Folgerichtigkeit und Dichte zu verleihen, der sie mit der künstlerischen Vorstellung des Autors zu Deckung bringt, so daß das Werk erklingt, als sei es vom Komponisten selbst dargeboten[42].

Beim Inswerksetzen der musikalischen Form geht es also nicht allein um sei es bildhaft, sei es numerisch-abstrakt vorgestellte Schemata oder die Einteilung in klar gegeneinander abgehobene Segmente, sondern um Sinnfälligkeit der Aufeinanderfolge und Dynamik der Entwicklung (die durchaus von Komposition zu Komposition, oder von Komponist zu Komponist, verschieden ausgeprägt sein können)[43]; bei den Ausdruckswerten (im Plural, also in ihrem Wechsel innerhalb eines Satzes oder Werks) um unterschiedliche Grade der Intensität, Festigkeit und Konzentration, so dass auch darauf zu achten sein wird, der Musik nicht mehr an Ausdrucks- oder Bedeutungstiefe abzuverlangen, als sie zu fassen geeignet ist. Die künstlerische Vorstellung des Autors aber, mit der die klingende Darstellung in Übereinstimmung gebracht werden soll, enthält in der Form auch disponierte Ausdruckswerte und in den Ausdruckswerten auch formal disponierte Dichtegrade. Die Ausdruckswerte sind also nach Swarowskys Überzeugung nicht etwas, das von außen, etwa kraft individuellen Bedürfnisses oder Vermögens des Interpreten, erst hineingetragen oder -gepresst werden müsste. Ob sie freilich zum Ausdruck ihrer selbst gelangen, hängt von der künstlerischen Sensibilität und Intelligenz des Interpreten ab.

So ist in den überlieferten Aufnahmen und Mitschnitten allezeit die Architektur der Werke klar herausgearbeitet, vom Baukörper über die Gliederung der Formteile (die Taktgruppen) bis zur Themenbildung[44]. Seine Aufführungen heben sich meist wohltuend vom Durchschnitt ab, indem die harmonische Situation in jedem Augenblick deutlich wird und die harmonische Abwicklung gut zu verfolgen ist.[45] Wenn manche Sätze, die man als besonders lang in Erinnerung hat, bei ihm so konzis erscheinen, hängt das sicher damit zusammen, dass es „[z]uvörderst […] die Dimensionen" sind, was „der Musikinterpret zu fixieren hat, die zeitliche Ausdehnung des Stückes"[46], d. h., dass Swarowsky stets vom Großen ins Kleine arbeitet und Details nach ihrer Stellung im Ganzen bewertet. Aber selten werden darüber Binnendifferenzierungen (die verschiedenen

---

42 – mit Hinweis auf eine entsprechende Formulierung Mozarts; Dirigieren, in: *WdG*, S. 72–79: 78.
43 Vgl. die von Erich Urbanner überlieferte Frage: „Wie geht's weiter?", siehe im Kapitel „Der (Wiener) Swarowsky-Diskurs".
44 Ein instruktives Beispiel gibt die Verzahnung von Menuett und Trio in der Aufnahme der ‚Jupiter'-Symphonie.
45 Dies unterscheidet ihn etwa von den Mozart-Aufnahmen seines verehrten Mentors Strauss, die bei aller Frische und Natürlichkeit der Bewegung gerade über das Harmonische allzu leicht hinwegmusizieren.
46 Temponahme, in: *WdG*, S. 57–71: 57.

„Ausdruckswerte") vernachlässigt, auch und gerade wenn der zentrifugalen Tendenz von Episoden kräftig entgegengearbeitet wird.

6.

Eine spezifische Spannung ergab sich bei der Transposition der Idee, die sich Swarowsky von dem Werk gebildet hatte, ins klingende Phänomen. Einerseits fühlte sich Swarowsky in der Lage und aufgerufen, die Orchester dahin zu bringen, das für richtig Erkannte auch in Erscheinung treten zu lassen, und war bereit, dafür die Verantwortung zu übernehmen. Und natürlich genoss er es, wenn etwas seiner Vorstellung entsprechend gelang, genoss sein Vermögen, sich damit durchzusetzen. Andererseits wollte er als einzige Richtschnur die Intention des Komponisten gelten lassen, und das hieß zugleich, dass seine Physis, sein Engagement, seine Willensanstrengung und Konzentration, sein Anteil an den erzielten Graden und Arten von Intensität, seine Rolle als Impulsgeber und Gestalter möglichst wenig in Erscheinung treten, dass die Aufführung des Werks als Emanation nicht seiner Persönlichkeit, sondern jener des Autors wirken sollte.

Auch sein Unterricht zielte darauf ab, die Studierenden zu befähigen, die wesentlichen Signale mit einem Minimum an optischem Aufwand zu senden, um die Konzentration der Musiker auf das Zusammenspiel nicht zu stören:

> Unsere Technik ist darauf gerichtet, das Auge des Musikers nur dort in Anspruch zu nehmen, wo die Musik selbst ihn nicht zu leiten vermag, das Ohr also den nötigen Dienst versagt: bei Beginn des Stückes zum Zwecke der Tempofixierung und des gemeinsamen Einsatzes, bei Tempoänderung, bei Notenhalt oder Unterbrechung und beim Stücksschluss. Es ist unser Bestreben bei allem, was zwischen diesen Ereignissen liegt, das Optische soviel als möglich zurücktreten zu lassen und das Ohr des Spielers alsbald zum Regulator der musikalischen Geschehnisse zu machen. Die Wiener Schule[47] folgt der Anweisung von Richard Strauss, daß die Kunst des Taktschlagenden hauptsächlich darin bestehen müsse, sich baldmöglichst überflüssig zu machen.[48]

Das von ihm häufig vorgebrachte Strauss'sche Bonmot, dass der Dirigent lediglich die Auftakte zu geben habe und ansonsten die Musiker nicht stören solle, war gewiss mehr oder weniger ironisch gemeint.[49] Sehr ernst zu nehmen aber sind die Stichworte, die Liszt in die Debatte geworfen hat, und die Strauss nur paraphrasiert:

---

47 – d.h. die in Swarowskys Klasse an der Wiener Musikakademie befolgten Grundsätze.
48 Hans Swarowsky, Kapellmeisterschule und Orchestererziehung, in: ÖMZ 14 (1959), S. 257 f.: 257.
49 – ebenso die von Sinopoli in verschiedenen Varianten überlieferte Erklärung (die dann allerdings eine pa-

Für die Werke von Beethoven, Berlioz, Wagner, etc. sehe ich noch weniger als für andere die Vortheile ein, (die ich auch anderwärts mit Ueberzeugung bestreiten möchte) welche daraus entstehen könnten, dass sich ein Dirigent die Funktion einer Windmühle zu der seinigen macht, und im Schweisse seines Angesichts seinem Personal die Wärme der Begeisterung mitzutheilen sucht. Da namentlich, wo es sich um Verständniss und Gefühl handelt, um ein geistiges Durchdringen, um ein Entflammen der Herzen zu geistiger Gemeinschaft im Genusse des Schönen, Grossen und Wahren in der Kunst und Poesie: da dürfte die Selbstgenügsamkeit und handwerksmässige Fertigkeit der gewöhnlichen Kapellmeister nicht mehr genügen, sondern dürfte sogar mit der Würde und erhabenen Freiheit der Kunst in Widerspruch stehen! [...] Die wirkliche Aufgabe eines Kapellmeisters besteht, meiner Meinung nach, darin, sich augenscheinlich überflüssig zu machen – und mit seiner Funktion möglichst zu verschwinden. – Wir sind Steuermänner und keine Ruderknechte.[50]

Der Dirigent hat den stabilen Rahmen zu generieren, in dem die Musiker sich ungezwungen bewegen können, er muss sich nicht gerieren, als hinge von seinem physischen Einsatz das Gelingen des Ganzen wie jeder Einzelheit ab. Er sollte sich *augenscheinlich*, d. h. für das Publikum, überflüssig machen, er sollte mit seiner Funktion, deren Wichtigkeit ihm wohl niemand bestreiten würde, *möglichst* (d. h. soweit nicht Veränderungen innerhalb der Musik[51] oder kritische Situationen während der Aufführung es erfordern, „auch optisch ein[zu]greifen") verschwinden.[52] Er gibt die Richtung vor, er ist

---

thetische Wendung nimmt), dass entgegen der ersten Regel für einen Dirigenten die überwiegende Mehrzahl das Orchester bloß durcheinanderbringe (le disturba), während lediglich ein ganz geringer Prozentsatz in der Lage sei, nicht nur Irritationen zu vermeiden, sondern auch den Musikern bei ihrer Aufgabe behilflich zu sein, siehe Ulrike Kienzle, *Giuseppe Sinopoli. Komponist – Dirigent – Archäologe. Band 1: Lebenswege*, Würzburg 2011, S. 135 mit weiteren Literaturhinweisen.

50 – zitiert und übersetzt von Hoplit [Richard Pohl] in: *Das Karlsruher Musikfest im October 1853*, Leipzig 1853, S. 91–93; auch als „Ein Brief über das Dirigiren. Eine Abwehr" in: *Gesammelte Schriften 5: Streifzüge. Kiritische, polemische und zeithistorische Essays*. Deutsch bearbeitet von L. Ramann, Leipzig 1882, S. 227–232: 232. Swarowsky spielt auf die Stelle ausdrücklich an in „Kapellmeisterschule und Orchestererziehung" (Anm. 48), S. 258: „Die Studierenden werden angehalten, der Anweisung Franz Liszts folgend, steuern und nicht rudern zu lernen".

51 – wenn etwa unterschiedliche metrische Unterteilungen des Takts Wechsel der Schlagabstände erfordern: Temponahme, in: *WdG*, S. 57–71: 70.

52 Vielleicht ist es gestattet, ein wenig zu psychologisieren: Dass der Dirigent Swarowsky gewiss autoritativ zu bestimmen suchte, wohin und auf welcher Route musikalisch die Reise gehen sollte, und doch zugleich die Neigung verspürte, als Dirigent unsichtbar zu werden, dürfte unter anderem biographische Gründe haben: Wer mit einer ledigen Mutter und einem inoffiziellen Vater aufwuchs, in einer dissidenten Schule ausgebildet wurde, zeitweilig mit der KP sympathisierte, unterm NS mit gefälschtem Ariernachweis überlebte und seine Nähe zu Parteigrößen für Résistance-Akte nutzte, nach dem Krieg unter widersprüchlichen Zuschreibungen agieren musste, mit einer (gleichfalls illegitimen) habsburgischen Abstammung spielte, einer Freimaurerloge angehörte, die Herkunft aus der Wiener Schule und die Zugehörigkeit zu einer entspre-

nicht für die Kraftentwicklung zuständig, die das Schiff in Bewegung setzt und hält. Wo die Musiker nicht motiviert sind, wird er dies in der Aufführung auch nicht bewirken.

Es gab freilich Kompositionen, die imgrunde eines Dirigenten gar nicht bedurften. Tatsächlich hatte Swarowsky seine Freude daran, wenn das von ihm sorgfältig vorbereitete Studierendenorchester in Bad Aussee eine Schubert-Sinfonie schließlich ohne ihn aufführen konnte.[53]

Zur „Beherrschung des Aufführungsapparates", eine der zentralen Forderungen an den Dirigenten, gehörte also sowohl die effiziente Zeichengebung als auch das aus Erfahrung geborene Wissen, wann die Musiker sich selbst überlassen werden durften oder mussten; die ebenso wesentliche „Fähigkeit" des Dirigenten, die „Übertragung seiner Werkkenntnis auf die Ausführenden"[54], war dagegen nur zum Teil manuelles und pädagogisches Geschick, auch wenn Swarowskys Lehrer Webern es probenökonomisch günstiger (und vielleicht sogar ästhetisch produktiver) fand, nicht zu poetisieren, sondern musikalisch-technisch zu erklären, was die Musiker tun sollten.[55]

7.

Schon in dem kurzen Unterricht bei Schönberg muss Swarowsky sich den insistierenden Blick auf Partituren abgeschaut haben. Aber Schönberg scheint ihn auch mit einigen seiner Systematisierungsversuche aufgrund von Beobachtungen an einer größeren Zahl von Kompositionen der Meister bekanntgemacht zu haben. Jedenfalls gehört zu Swarowskys Programm der Objektivierung nicht nur die Ermittlung und Anerkennung stilistischer Gemeinsamkeiten zwischen Werken einer Epoche, sondern auch das Aufspüren von individuellen Regel- und Gesetzmäßigkeiten bei einzelnen Komponisten.

Im mit Strauss konzipierten Projekt einer Dirigierlehre war es offenbar gerade um solche verallgemeinernden Bemerkungen zu tun. Die Untersuchungen sollten gewissermaßen alle Aspekte des Musizierens erfassen, von Epochen- und Personalstilen über

---

chenden Gruppe an der Akademie lange Zeit möglichst kleinhielt, konnte vielleicht gar nicht anders, als das Spezifische seines Dirigierens ebenfalls als eine Art klandestine Tätigkeit zu empfinden oder als Musiker eine Art vornehmes Inkognito zu wahren, so wie er womöglich auch seinen Unterricht, bei aller äußeren Wirkung und internationalen Ausstrahlung, als Subversion gängiger Überzeugungen betrieb. Es ist aber auch nicht ohne Ironie, dass ein gewisser Alfred Scholz etliche seiner Billigproduktionen von klassischer Musik Swarowsky unterschob. Die genaueren Umstände sind noch alles andere als aufgehellt.

53 – Nr. 5 B-Dur, siehe im Kapitel „Lehre – Akademie für Musik und darstellende Kunst Wien". Ebenso erinnert sich Zubin Mehta, Swarowsky habe ihn angewiesen, in Mozarts *Kleiner Nachtmusik*, für die kein Dirigent nötig sei, die Einsätze vom Kontrabass aus zu geben, Gespräch mit Erika Horvath, Otto Karner und Manfred Huss, Wien, 11.3.2003.

54 Dirigieren, in: *WdG*, S. 72–79: 75.

55 Siehe das Kapitel „Swarowsky in der Wiener Schule".

Gattungsdifferenzen bis zu konkreten Fragen, die sowohl die Komposition als auch die Interpretation betreffen: Themenbildung und Taktgruppen, Metrik, Unterscheidung zwischen ‚rhythmisch' und ‚melodisch'[56], formaler Aufbau, Tempokategorien und -relationen, Fermaten und improvisatorische Ausgestaltung, Verhältnis der Stimmen zueinander, Artikulation, Dynamik, Farbe und manches andere, schließlich Dirigiertechnik, -ästhetik und -geschichte.

Dieser durchdringende und vergleichende Blick charakterisiert auch Swarowskys eigenes Musizieren. Mögen Erinnerungen an Gehörtes mitspielen – meist versucht er erst einmal ernstzunehmen, was dasteht. Viele Vortragsangaben sind aus dem gewöhnlichen Gebrauch beim selben Komponisten, bei seinen Zeitgenossen und während einer bestimmten Epoche zu erschließen und ihrer genauen Bedeutung nach zu fixieren. In der Aufstellung von Typologien zur Eindämmung interpretatorischer Willkür verbirgt sich freilich ebenso ein Moment von individueller Entscheidung, sogar von Justament, wie die Gefahr unzulässiger Egalisierung des Verschiedenen. Dabei lässt Swarowskys Methode die Anerkennung von Sonderfällen durchaus zu – sie werden ja erst im weiteren Rahmen als solche erkennbar. Das einzelne Werk relativiert sich vielleicht zum bloßen Vertreter einer Gattung, aber es kann zugleich aus seinem Gattungszusammenhang besser verstanden werden. Bemerkenswert, wie bei ihm oft gerade die Aufschließung vom jeweiligen Typus her das Individuelle zutage treten lässt. Das hat nichts Doktrinäres, es erlaubt und befördert charakteristische Bestimmtheit.

Tempo

Anscheinend gebot Swarowsky über ein unfehlbares Tempogedächtnis – dass er, und nur er, in der Aufführung exakt dasselbe Tempo nahm wie in der Probe, erzählt Hans Hotter aus der Hamburger Zeit. Und Wilfried Koch berichtet von den *Ring*-Aufnahmen, dass Swarowsky nach jeder Unterbrechung genau da weitermachen konnte, wo er aufgehört hatte.[57]

Swarowsky war ein Freund des freien, ein erklärter Feind des willkürlichen Vortrags.[58] „Zu einem unrhythmisch spielenden Pianisten, schreiend: ‚Spielen Sie im Takt.

---

56 Temponahme, in: *WdG*, S. 57–71: 70.
57 Dem Solohornisten der Symphoniker Robert Freund verriet er ein Rezept, um metronomische Angaben identifizieren und reproduzieren zu können: Als Maßeinheit dient ein Tempo von 300 Schlägen pro Minute – das ist so schnell, dass man gerade noch mitzählen kann. Dann ergibt das Zählen bis 6: MM 50, bis 5: MM 60, bis 4: MM 75, bis 3: MM 100, bis 2: MM 150. Gespräch Robert Freund mit Reinhard Kapp, Wien, 6.11.2018.
58 „‚Freie Auffassung' darf nur so zugelassen werden, wie sie sich innerhalb der Grenzen des Stils gebärdet, [als] die seiner Geisteswelt organisch angepaßte, seinem Kunstwollen entsprechende Freiheit. […] Erlaubte Unterschiede in der Interpretation sind nur jene, die sich als Stationen auf dem Wege zur Wahrheit ergeben, nicht aber [solche,] die den Abweg der Willkür wandeln." Wahrung der Gestalt, in: *WdG*, S. 9–17: 15.

Die Musik ist keine Hure!'"⁵⁹ Die schwierigen geschlechterpolitischen und soziologischen Implikationen und Nebenbedeutungen eines solchen Ausrufs brauchen hier nicht weiter diskutiert zu werden – Swarowsky war ein Mann seiner Zeit und Generation. Gemeint war: dass man die Musik nicht gekauft habe, um mit ihr nach Laune, Befinden und Geldbeutel verfahren zu können – sie verfüge über eine ausgeprägte Persönlichkeit, sei selbständig, habe Rechte und stelle Ansprüche, die gefälligst zu respektieren seien.

Natürlich wusste er, dass es innerhalb von Kompositionen und von Komponist zu Komponist zwischen flexiblerer und strengerer Tempobehandlung zu unterscheiden gilt, und wusste entsprechend zu agieren. Er beherrschte das locker Hingetupfte und Schwebende genauso wie das betont Gleichmäßige, selbst in sozusagen maschineller Besonderung. Aber für den klassischen Stil (unter den für ihn auch Schubert fiel) war Verzicht auf jegliche nicht vorgeschriebene Abweichung vom Grundtempo (namentlich am Ende von Stücken) unumstößliches Gesetz. Gerade die Striktheit, mit der das Andante-Tempo im zweiten Satz von Schuberts ‚großer' C-Dur-Symphonie durchgehalten wird, schafft eine besondere Atmosphäre und fördert ungewöhnliche Ausdrucksnuancen zutage. Aber auch bei Brahms war wichtig, die bereits auskomponierten Ritardandi und Ritenuti⁶⁰ nicht durch zusätzliche Zurückhaltung des Zeitmaßes zu verunklaren.⁶¹ Bei den Klassikern suchte Swarowsky auch unabhängig von den historischen Lehrbüchern nach Regeln. So war etwa die einem insgesamt stabilen Zeitmaß einkomponierte Differenzierung zwischen schnelleren und langsameren Betonungsfolgen zu berücksichtigen; gerade der Unterschied zwischen „rhythmischem" und „melodischem" Vortrag hatte nichts mit Wechsel des absoluten Tempos zu tun:

> [Das sogenannte Gesangsthema] hat meist zwei Schwerpunkte im Gegensatz zu den meist vier Schwerpunkten des „rhythmischen" Beginns. Es ist daher doppelt so langsam, wenn auch die Bewegung unverändert weitergeht, Ja, diese muß gleich weitergehen, wenn das Tempo doppelt so langsam sein will – daher ist es ein ungeheures Mißverständnis, hier das Tempo zu ändern, wie dies romantisch gebundene Dirigenten getan haben. Nur wenn man

---

59 Robert Freund, „*Gicksen Sie nicht!" oder „Spielen Sie gleich die richtige Note!" Eine Autobiographie*, Privatdruck on demand Wien [2018], S. 59.
60 Zu der Unterscheidung siehe *WdG*, S. 60.
61 Im Finale von Brahms' Vierter (Los Angeles 1965) wird der Wechsel zum 3/2-Takt zwar entsprechend dem Hinweis in der Partitur (Viertel = Viertel) nicht durch ein plötzliches Abbremsen ‚vermittelt', aber durch konsequent disponierte Verlangsamung vom Beginn an vorbereitet. Man kann sich fragen, ob nicht bereits das Anfangstempo des Satzes zu breit gewählt ist (Allegro energico e passionato?), aber nun erscheint die Episode der langsamen Variationen noch zusätzlich bis zum Adagio gedehnt (etwas, das im Fall der Reprise des I. Satzes mit der bereits auskomponierten Vergrößerung perhorresziert wird – *WdG*, S. 51), sodass dann auch der Sarabanden-Rhythmus der Posaunen sich kaum noch nachvollziehen lässt und zum Choral wird. War hier selbst für Swarowsky die Größe des Symphonikers Brahms nicht anders darstellbar als für alle seine Kollegen? Man vergleiche dagegen die Aufnahme des 2. Klavierkonzerts.

das Tempo durchhält, gibt man dem Meister Gelegenheit, die Vielfalt der Tempi zu offenbaren, die komponiert sind![62]

Dieser vielfache Bruch mit dem Gewohnten hatte zur Folge, dass Swarowskys Klassiker-Dirigate bei jenen, die nicht genau hinhörten, als mechanisch und uninspiriert galten. Die Wagnersche „Modifikation des Tempos" hielt er auf diese Musik angewandt für verfehlt. Wieder ging es darum, die ursprüngliche Praxis wiederherzustellen, eine falsche Tradition aufzubrechen. Gut möglich, dass Webern auch hier ein Vorbild lieferte, der in Swarowskys späterem Paradestück, der *Eroica*, „den neuen Interpretationsstil" vertrat, indem er (im Unterschied zu Toscaninis damaliger Praxis)

> assigned a „tempo" to each movement and kept to it without impairing one single contrast. The first „allegro" was full of vehemence, and the lyrical elements in it fell quite naturally into place without losing their character.[63]

Für das klassische Rubato berief sich Swarowsky auf Leopold und Wolfgang Amadé Mozart:

> Das Tempo rubato dieser Zeit aber, das gefühlvolle Tempo des freien melodischen Vortrags, war nur dem erlaubt, der die einstimmige Melodie spielte, also beim Klavierspielen nur einem „halben" Interpreten, nämlich der rechten Hand. Die linke Hand musste das Tempo halten, ebenso wie das Begleitorchester: takt- und tempofest haben sie dafür zu sorgen, dass die zeitliche Dimension gewahrt bleibe.[64]

Mit Friedrich Gulda, den er seit dessen Jugend schätzte und mit dem er auch einige Male zusammenarbeitete, unternahm er es bei zwei Mozartkonzerten, diese Art des Rubato zu verwirklichen. Das wirft ein Licht auf Berichte, wonach Swarowsky stets stur „gegen" Solisten andirigiert habe. Bände spricht die halb ironische Stelle über den

> freien Vortrag bei festem Takt im Accompagnement. Wer dies heute unternehmen würde, wäre der Kritik als schlechter Begleiter verfallen – so sehr ist das Wissen um künstlerische Tatsachen geschwunden.[65]

---

62 Hans Swarowsky, Temponahme, in: *WdG*, S. 57–71: 70.
63 Erwin Stein in *Christian Science Monitor*, 2.8.1930, zit. nach Hans und Rosaleen Moldenhauer, *Anton von Webern. A Chronicle of His Life and Work*, New York 1979, S. 460. Wenn man die erhaltenen Aufnahmen des Dirigenten Webern zum Vergleich heranzieht, hat er demnach bei ‚architektonisch' gestalteten Werken bereits die Reinigung vom traditionellen Rubato betrieben.
64 Hans Swarowsky, Temponahme in: *WdG*, S. 57–71: 59. Vgl. zu den zahlreichen Belegen für diese Praxis aus dem 18. und 19. Jahrhundert: Richard Hudson, *Stolen Time. The History of Tempo Rubato*, Oxford/New York 1994.
65 Hans Swarowsky, Temponahme, in: *WdG*, S. 57–71: 59.

Von Beethovens taktfreiem „Rubato-Vortrag" liest er dagegen bei Schindler[66] – dass dieser (als einer von Wagners Gewährsleuten) in seinem Kreuzzug für variable Tempogestaltung auch vor Fälschungen in den Dokumenten nicht zurückschreckte, war zu Swarowskys Lebzeiten noch nicht bekannt.[67] Freilich sind derartige Freiheiten ohnehin dem Klavier-, nicht dem Orchestervortrag zugewiesen.[68] Unklar ist Swarowskys Verhältnis zum Rubato bei Chopin, den er als einen besonders misshandelten Meister beklagt[69] und als „Großmeister des Rubato" preist[70]. Chopins Konzerte und Konzertstücke hat er sowohl mit Pianisten aufgenommen, die sich weitgehend das ‚klassische' Rubato (nach Mikulis Lehre) zu eigen gemacht hatten (etwa Mieczysław Horszowski), als auch mit solchen, welche die moderne ungebundene Tempofluktuation pflegten (wie Menahem Pressler[71]), ohne dass im einen oder anderen Falle etwas von einem Dissens zu merken wäre.

Was Wagner dagegen ebenfalls gefordert hatte: dass der von ihm notierte Deklamationsrhythmus genauestens zu beachten sei, galt dagegen nach Swarowsky generell. So stellte er fest, dass die sogenannte Sprecherszene der *Zauberflöte*[72] am wirksamsten funktioniere, wenn exakt so gesungen werde wie von Mozart notiert – und das bedeutete hier: auch in der Hauptstimme strikt im Tempo.

Das Rezitativ […] ist von Anfang bis zum Ende genau im Takt und haargenau im notierten Rhythmus zu singen. Dann, und nur dann, wird es „frei" wirken, denn Freiheit ist nicht die armselige des „Interpreten", Freiheit muß im Eindruck der Musik auf den Hörer beschlossen sein. Die Meister komponieren aber schon so, daß dem Hörer das Gefühl rhythmischer Freiheit eben dann vermittelt wird, wenn der Ausführende sich streng an die Notation hält. / Mozart, der große Dramaturg, hat die Freiheit in jeder feinsten Regung auskomponiert, bei genauer Zeichnung der so gegensätzlichen Charaktere der beiden Männer.[73]

---

66 Ebd., S. 60f.
67 – zuerst Peter Stadlen, Zu Schindlers Fälschungen in Beethovens Konversationsheften, in: *ÖMZ* 32 (1977) 246–252. Allerdings erinnert sich Manfred Huss, dass Swarowsky immer darauf hingewiesen habe, dass Schindler nicht alles zu glauben sei.
68 Temponahme, in: *WdG*, S. 57–71: 61.
69 *WdG*, S. 49, 263.
70 Dynamik, in: *WdG*, S. 48–53: 49. Die Bemerkung fällt in diesem Zusammenhang, weil die Dynamik bei Chopin zumeist über dem „Rubato-Vortrag" vernachlässigt wird, dem die „sogenannten Interpreten" in seinem Falle sich besonders „wild hingeben".
71 – der übrigens u.a. bei Edward Steuermann studiert hatte, siehe Menahem Pressler/Holger Noltze, *Dieses Verlangen nach Schönheit. Gespräche über Musik*, Hamburg 2016, passim.
72 Das ist der Dialog zwischen Tamino, der aufgebracht in den Weisheitstempel Einlass begehrt, und dem Priester, der ihn erst einmal unlauterer Absichten und falscher Ansichten überführt.
73 Hans Swarowsky, Mozart: Die Zauberflöte, in: *WdG*, S. 197–199.

Swarowsky geht dann die Szene im Einzelnen durch, und seine abschließende Bemerkung zeigt, wie sehr er unter den depravierten Verhältnissen gelitten haben muss, während er den Betrieb, wie er nun einmal war, doch durchaus zu bedienen wusste:

> Man sollte es nicht glauben: aber selbst die besten Orchester sind nicht mehr imstande, hier ihren Part zu spielen, wie er notiert ist. Wehe dem Dirigenten, der den Versuch unternähme, zu dirigieren, was dasteht. Er wird sofort als ein Uneingeweihter aus dem Kreise der in die Tradition (woher? von wem?) Eingeweihten ausgeschlossen, und überdies wird ihm das Durcheinander, das er im Orchester angerichtet hat, als Zeichen seiner Unfähigkeit angerechnet. Denn die Lehrer der Lehrer haben es den Lehrern der agierenden Sänger schon so beigebracht, und die Musiker haben es vom ersten Tag ihrer Einstellung ins Orchester nur so gehört und so gespielt. Und so ist es also ‚Mozart-Stil'. Ich behaupte aber (und ich habe es erfahren), daß die Sänger all diese Abweichungen vom Text für absurd halten würden, hätten sie nur <u>einmal</u>, nur ein einziges Mal vor Öffnung der Schleusen für ‚Freiheit', die Mozart <u>nicht</u> meint, hätten sie also einmal nur die Sache so sich angeeignet, wie sie notiert ist. Schöner und freier kann man nämlich nicht deklamieren, als Mozart es hier tut – freilich unter der Voraussetzung, daß man nicht falsche Gefühlsbetonungen den Noten zugrunde legt. Dazu wird man aber gar nicht kommen, weil der richtige Rhythmus im richtigen Tempo ja sofort einen Ausdruck fordert, der unmißverständlich ist. In der Oper kommt es darauf an, aus der <u>Notation</u> der Stelle, aus der Befolgung der <u>Vorschriften</u>, die Gefühlsbetonung zu entnehmen, nicht aber einer vorgefaßten Gefühlsbetonung durch Verzerrung aller Arten den Notentext zu adaptieren! Jedes andere Vorgehen ist unkünstlerisch, und darüber gibt es keine Diskussion.[74]

Aber auch die barocke Lehre von den einfachen Proportionen zwischen tatsächlich verschiedenen Tempi, die ihm wohl insbesondere durch Mertin vermittelt worden war, revolutionierte seine Interpretationen.

> Sogar die Tempi der Sätze eines Werkes untereinander konnten gebunden sein […] die Aufführungspraxis wirkte hier zurück auf den Stil, da nicht in unserem Sinne dirigiert wurde. Die Ausführenden waren auf eine vorfixierte Zähleinheit angewiesen, innerhalb dere[n] die Tempoverschiedenheit eben durch gerade Relationen zwischen den Werten von selbst erzielt wurde, durch gerade Relationen zwischen den Werten sich ergab, falls eine neue Vorschrift dem Stück neuen Bewegungscharakter verleihen sollte.

Solche einfachen Proportionen gälten jedenfalls bis einschließlich Mozart.

---

74 Ebd., S. 199.

Allen Sätzen eines symphonischen Gebildes kann aufgrund durchgehender Relationen die grundlegende Bewegungseinheit gemeinsam sein. Solche Großrelationen gibt es vor allem in den Messen. Bei Haydn ist dies besonders klar in der *Nelson-Messe* zu sehen, die auf einem durch alle Teile gehenden einzigen Grundschema der Bewegung beruht.[75]

Dies gilt unter Umständen sogar von ganzen Mozart-Opern. So meinte Swarowsky, am Beginn der Ouvertüre zur *Zauberflöte* in einer durchgehenden Tempoperspektive bis zum Ende der Oper schauen zu können.[76] Zubin Mehta hat diese Lehre verinnerlicht:

> Temporelationen waren für Swarowsky so wichtig. Das tragen wir [weiter] bis heute. Und ich sehe junge Kollegen, die haben keine Ahnung davon. [...] Jetzt hat ein ganz junger, schon sehr berühmter, bei mir[77] die *Entführung* dirigiert. In der *Entführung* gibt es nur Temporelationen! Der [macht] einfach più mosso, meno mosso, più mosso. Ich bin weggegangen, ich konnte das nicht mehr hören, das war so falsch. Und das wird heut der neue Mozart-Stil genannt. *Das* ist etwas anderes.[78]

Selbst bei Beethoven, der diese Art der Beziehung zwischen den Sätzen bzw. Formteilen auflöst, sodass eine individuelle Festlegung mittels Metronomangaben wünschenswert erschien, gibt es in den Frühwerken und stets in den Kirchenwerken (einschließlich der *Missa solemnis*) noch die traditionellen Relationen.[79] Auch Schubert hat ein entsprechendes Verhältnis zwischen Introduktion und Allegro beibehalten (etwa in der 'großen' C-Dur-Symphonie[80], wo sich stattdessen ein sinnwidrig überleitendes Accelerando eingebürgert hat[81]), ebenso verfährt noch Bruckner (in der V. Symphonie)[82].

---

75 Temponahme, in: *WdG*, S. 57–71: 63. Swarowskys Aufnahme pendelt um MM 105–110 mit jeweils wechselnden Zählzeiten. Ich muss hoffentlich nicht eigens darauf hinweisen, dass es wie immer in solchen Fällen nicht um mathematische Exaktheit geht.

76 Horst Weber im Gespräch mit Reinhard Kapp, Berlin, 3.2.2019. Verschiedene Beispiele bei Mozart und Brahms findet man diskutiert in: Temponahme, in: *WdG*, S. 57–71: 63–66.

77 – d.i. an der Bayerischen Staatsoper München.

78 Zubin Mehta, Gespräch mit Erika Horvath, Otto Karner und Manfred Huss, Wien 11.3.2003. „Deswegen hat er mit uns so oft das Finale vom zweiten Akt *Figaro* [durchgenommen] – das sind doch nur Temporelationen, das geht von einem zum anderen, vom anderen zum einen."

79 Ebd., S. 62.

80 Siehe Hans Swarowsky, Schubert: Die Symphonien, in: ders., *WdG*, S. 106–113: 106.

81 Vgl. dagegen Swarowskys Einspielung und die beiden Aufnahmen (mit dem Wiener Staatsopernorchester und dem London Philharmonic) unter René Leibowitz sowie dessen Aufsatz „Tempo und Charakter in Schuberts Symphonien", in: *Musik-Konzepte Sonderband Franz Schubert*, hg. von Heinz-Klaus Metzger/Rainer Riehn, München 1979, S. 167–186.

82 Siehe Hans Swarowsky, Bruckner: V. Symphonie, in: *WdG*, S. 114–120: 116.

Aber Swarowsky suchte auch nach der traditionellen Verankerung bestimmter Beethovenscher Tempi. So ließ er sich von dem Wiener Spezialisten für alle Fragen der Etikette, dem Gründer der Tanzschule Elmayer, Rittmeister Willy Elmayer-Vestenbrugg, die traditionelle Schrittgeschwindigkeit für den Kondukt demonstrieren, um festzustellen, dass sie mit Beethovens Metronomisierung des *Eroica*-Trauermarsches übereinstimmte.[83] Beethovens Tempo für den Dreivierteltakt des I. Satzes wiederum identifizierte er mit der klassischen Walzerdrehung.

Es hat sich das Exposé für eine Gesamtaufnahme der Symphonien Beethovens in den Originaltempi und mit genauer Beachtung aller Vortragsangaben erhalten[84] – wie es scheint, fand sich kein Produzent dafür. So findet sich in Swarowskys Schriften auch ein entschiedenes Votum für die Berücksichtigung der meisten Beethovenschen Metronomangaben.[85] In der Praxis scheint er sie gelegentlich ausprobiert zu haben – da bereits in den unmittelbaren Nachkriegsjahren manche Rezensenten kritisch von bloßer Befolgung der Metronomangaben schreiben, könnte es sein, dass Swarowsky selbst seine Beethoven-Revolution auch damit begründete. Bei den Aufnahmen der mittleren Symphonien aus den 1950er Jahren verfährt er recht inkonsequent, teils orientiert er sich an den Ziffern, wenn sie auch in der Regel nicht ganz erreicht werden[86], teils folgt er überlieferten Auffassungen.[87] In späteren Jahren lässt sich der ernstliche Versuch erkennen, die Metronomangaben durchzusetzen.

Mit Studentenorchestern ohne eingespielte Gewohnheiten, mit denen er auch ausgiebiger proben konnte, gelang es ihm oft leichter, seine Vorstellungen zu verwirklichen. In einem Brief an seinen Sohn schildert er, was ihm bei einer oft arg entstellten Beethoven-Symphonie mit dem studentischen Orchester in Bad Aussee gelungen war:

---

83 Ernst Kobau, *Die denkwürdigen Taten* […], S. 172.
84 – ohne Datierung, aber der Adressangabe zufolge jedenfalls vor 1969 und höchstwahrscheinlich vor dem Bekanntwerden der Einspielung durch René Leibowitz aus dem Jahre 1961. Allerdings ist unklar, wann die besondere Bedeutung dieser Einspielung, die etwa gleichzeitig mit Karajans zweitem Beethoven-Set herauskam und aufgrund der gänzlich anderen Vertriebswege (durch READERS DIGEST) in den ‚maßgebenden Kreisen' zunächst unbeachtet blieb, sich herumgesprochen hatte.
85 – z.T. mit analoger Argumentation wie bei Kolisch, sodass die Kenntnis von dessen Aufsatz „Tempo and Character in Beethoven's Music", *MQ* 29 (1943) 169–187; 291–312, angenommen werden darf. Siehe Hans Swarowsky, Bemerkungen zu Beethoven, in: *WdG*, S. 84–92: 89 ff.
86 Beispiel: die Aufnahme der *Pastorale*.
87 Beispiel: die Aufnahme der Fünften mit der Sinfonia of London, die nur im Finale die Beethovenschen Angaben annähernd berücksichtigt, so wie die der *Eroica* nur im Scherzo. Die Restaurierungsarbeit an letzterem Stück bezog sich auf zahlreiche andere Dimensionen. – Wie bei den Temporelationen versteht sich wohl von selbst, dass es nicht um buchstäbliche, mathematisch präzise Ausführung geht, sondern Näherungswerte und Orientierungspunkte für die Vorstellung gemeint sind.

> Die Kinder spielen herrlich, weil jede Note geübt ist, jeder Bogenstrich genau ausgewogen, – und schließlich jede Auffassung ganz ohne festgewachsene „Tradition" durchgesetzt werden kann […] Hier konnte ich in der V. diese wunderbare Tempobeziehung zwischen 2. und 3. Satz voll durchführen. Manchmal den 2. nach dem Metronom – aber mit ganz wenig Bogen im Cello das Thema, ganz ohne Druck, wirklich piano, schwebend in der Tongebung, vornehm – ohne Einbrenn […] Das Metronom des dritten Satzes ist mit einer geringfügigen Abweichung […] ganze Takte = einem Achtel des 3/8 Takts vom 2. Satz! Mach einmal genau diese Relation. Wie schwebend und zusammengefasst in der weitgeschwungenen Melodie (sodass man sie als Einheit überschauen kann und nicht als Breckerlwerk von schönen Melodien, die immer wieder – fälschlich! – „anheben" und „abklingen"!!!) dann der 2. Satz wird – wie ruhig und ernst der 3. – der kein Scherzo […] ist – gerät! Das sind die höheren Geheimnisse der Musik, so ausgeübt ist sie ein Bezirk des Geistigen.[88]

Hier hat man einen der Fälle, in denen nicht nur die individuellen Tempi Beethovens, sondern auch die Tempoverhältnisse zwischen einzelnen Sätzen noch traditionell determiniert waren.[89] Mit dem Versuch, diese Tempi mit den normalen Orchestern unter den üblichen Probebedingungen zustandezubringen, stieß Swarowsky mitunter an Grenzen seiner Durchsetzungsfähigkeit. Auch die ersten beiden Sätze der *Eroica* schlug er wie von Beethoven metronomisiert an – und musste es erleben, dass die Wiener Symphoniker alsbald in den alten Trott zurückfielen.[90] Diese Macht der Gewohnheit lässt sich allerdings unter den Pionieren einer Rehabilitierung der Beethovenschen Metronomisierung öfter beobachten.[91]

---

88 Hans Swarowsky an Anton Swarowsky, 10.7.1947, NlAS.
89 Die Aufnahme der Fünften mit dem Wiener Staatsopernorchester, die auch unter Swarowskys Namen läuft, aber höchstwahrscheinlich von Leopold Ernst Emmer dirigiert wurde, scheint Swarowskys Überzeugung von den klassischen Tempi auch bei Beethoven zu verabsolutieren: Sie orientiert sich am metronomisierten Anfangstempo des Finales und richtet die übrigen Sätze danach aus, sodass alle vier, mit wechselnden Zählzeiten, um MM ≈ 84 herum pulsieren. (Beethovens Ziffern: 108, 92, 96, 84/112.)
90 Robert Freund, Gespräch mit Reinhard Kapp, Wien, 6.11.2018. Über den ersten Satz der Achten geriet Swarowsky in seinem letzten Konzert mit dem Orchester in solche Desperation, dass er hinterher erklärte, wenn das nach all seinen jahrelangen Bemühungen herauskäme, habe es keinen Zweck, überhaupt noch zu dirigieren (Mitteilung von Manfred Huss, Dezember 2018). In einer Filmaufnahme mit dem Orchestra della RTV Svizzera Italiana (ebenfalls im Todesjahr 1975) sieht man ihn den Satz zwar konsequent in ganzen Takten dirigieren, aber die Musiker nicht in dem gewünschten Tempo folgen bzw. ständig bremsen.
91 Ich denke an Artur Schnabels Einspielung der *Großen Sonate für das Hammerklavier*, an manche Sätze in Leibowitz' Gesamtaufnahme der Symphonien und selbst in der modellhaft verstandenen Aufnahme des Violinkonzerts durch Kolisch und Leibowitz (in durch Analogiebildung mit Sätzen verwandten Charakter ermittelten Tempi) mit einem allerdings nicht besonders guten Orchester. Wenn man einige unter den jüngsten Beethoven-Aufnahmen hört, kann man sich kaum mehr vorstellen, gegen welche Widerstände diese Tempi erst wieder erkämpft werden mussten. Ganz auszuschließen ist freilich nicht, dass auch in

Wo solche dezidierten Willenserklärungen der Komponisten nicht vorlagen und auch historisch überlieferte Regeln nicht zugänglich waren, mussten Systematisierungen eintreten, die aus Beobachtung, der Analyse vieler Stücke gewonnen waren. So vertrat Swarowsky etwa eine ganze Typologie der Fermaten.[92] Diese unterscheiden sich je nach Position und struktureller Funktion voneinander und sind deshalb weder nach Gutdünken auszudehnen, noch in ihrer Bedeutung zu verwechseln. Manchmal kann durch das Heranziehen auskomponierter Parallelstellen die exakte rhythmische Bedeutung ermittelt werden. Abgesehen von Fermaten, die sich auf die dramatische Situation beziehen, und solchen, die (jedenfalls ursprünglich) extemporierte solistische Kadenzen, Eingänge und Verzierungen anzeigen[93], sind Fermaten in die Kompositionsstruktur einbezogen und daher zu zählen bzw. vom Dirigenten durchzutaktieren.[94]

Eines aber ist von all diesen Überlegungen und Festlegungen nicht erfasst: wie selbstverständlich sich die Musik in vielen Aufnahmen Swarowskys bewegt, wie Behäbigkeit generell vermieden, auch das ‚schwere' Blech am Schleppen gehindert wird[95], wie der orchestrale Apparat stets so weit beherrscht ist, und das heißt auch: die einzelnen Gruppen so weit integriert sind, dass der Klangkörper als Ganzes sich leicht drehen und wenden, expandieren und sich zusammenziehen kann. Das erlaubt in etlichen Fällen, den ursprünglichen Charakter bestimmter Abschnitte[96] oder ganzer Sätze freizulegen. Anders als viele Dirigenten, die aus jeder Stelle das Maximum an Wirkung herauszuholen trachten, bringt er die Geduld auf, Überleitungspartien als sozusagen bedeutungsschwächer zu belassen, ihnen ihren proportionalen Anteil in der Gesamtdisposition zu sichern, ohne sie künstlich aufzuheizen. So wie er auch etwa in langsamen Sätzen bei allseits für langweilig oder langwierig gehaltenen Partien das Tempo nicht anzieht und gerade dann ihr besonderes Timbre entdeckt.

8.

Das Tempo war selbstverständlich nur ein Aspekt der Gestaltung.

Swarowsky sich noch etwas gegen die konsequente Umsetzung der Beethovenschen Metronomisierung wehrte.

92 Fermaten, in: *WdG*, S. 38–47.

93 Auch hier entdeckte Swarowsky historische Missverständnisse, die schließlich „leider zur Gewohnheit […] und damit auch fester Bestand der Aufführungspraxis" geworden seien. Ebd., S. 43, vgl. S. 42 oben.

94 In dem Film *Conducting Good Music* sieht man Swarowskys Stab am Beginn von Beethovens V. den Zusatztakt bei der zweiten Fermate andeuten.

95 Eindrucksvolles Beispiel: der Misterioso-Satz in der Berliner Aufführung von Mahlers Dritter.

96 Ich denke an die *p*-Episode (die ja thematisch fortsetzt und keinesfalls einen substanziellen Charakterwechsel bedeutet) im Vorspiel zum III. Akt *Lohengrin* in der Aufnahme von 1954.

Die Gesamtform eines Werkes wird ja nicht nur durch seinen rein musikalischen Verlauf, durch die Thematik, deren Entwicklung und Verbindung, sondern in gleicher Weise auch durch die Instrumentation, die Dynamik, die Phrasierung usw. repräsentiert: alles im Werk ist daher forminterpretierend aufzufassen![97]

Demnach ist die Selbstinterpretation des Komponisten in erster Linie: Herausarbeitung der Form. Und so war dies alles wohl zu beachten, durfte sich aber eben nicht als Besonderheit verselbständigen. Die von Swarowsky aufgezählten Aspekte spielten dann u.U. auch eine Rolle bei der Festlegung der Taktgruppen.

Klang

Swarowskys Aufnahmen zeichnen sich in der Regel nicht durch übermäßige Politur der Oberfläche aus, er scheint einen ‚natürlichen' Klang zu bevorzugen, möglicherweise aus einer gewissen anti-amerikanischen und anti-französischen Voreingenommenheit heraus. Klang interessierte ihn nicht per se; es wirkt nicht so, als sei speziell daran gearbeitet worden, und entsprechend konzipierte Musik namentlich französischer Herkunft war ihm wohl wirklich fremd.[98] Ulrike Kienzles Bemerkung, Giuseppe Sinopoli hätte als Dirigent von seinem Lehrer Swarowsky „gelernt […], kulturgeschichtliche Reflexionen mit speziellen Klangvorstellungen in Verbindung zu bringen"[99], stützt sich auf Berichte, wonach Sinopoli mehr durch seine weitausholenden Erklärungen als durch gezielte technische Anweisungen jeweils ein ganz spezifisches Farbspektrum aus den Musikern herausgeholt habe. Tatsächlich wirken Swarowskys Interpretationen oft entsprechend der stilistischen Stellung der Werke individuell getönt. Wo dieser Dimension offenkundig doch eine gewisse Aufmerksamkeit gewidmet wurde, findet man eine Neigung zur Homogenisierung (aber eher im Materiellen/Materialen als im Koloristischen), zur Anschärfung, zum Blitzenden, Aufgerauhten. Ein wunderbares Beispiel für Swarowskys Freude an und seine ungeschönte Herausarbeitung von fremdartigen klanglichen Situationen bietet der Scherzoschluss und die Überleitung zum Finale in Beethovens Fünfter. So fällt Swarowskys Aufnahme der Haydnschen *Missa in angustiis* durch ihre fast brutale Herbheit auf, in Übereinstimmung mit dem gedachten Charakter des Stücks und unterstützt durch die Wahl der ursprünglichen Fassung mit Trompeten, Pauken und obligater Orgel, ohne Holzbläser und Hörner.[100] Andererseits ist die Orientierung an der historischen Aufführungspraxis noch nicht bis zur drastischen Reduzierung des

---

97 Taktgruppenanalyse, in: *WdG*, S. 29–37: 31.
98 Von den sogenannten Impressionisten hat ihm wohl nur Ravel wirklich etwas bedeutet.
99 Kienzle, *Giuseppe Sinopoli* (Anm. 49), S. 419.
100 Diese „Originalfassung" musste Swarowsky in seiner Partitur durch Tilgung der später hinzugefügten Bläserstimmen erst herausschälen. Warum die obligate Orgel in den ersten Kyrie-Takten nicht zu hören ist, wäre noch zu prüfen – vielleicht weil sie hier nur allzu exponierte Begleitstimme ist?

Chors und der Beachtung der historischen Gesangstechniken fortgeschritten, so wie Swarowsky in seinen Bach-Aufnahmen aus den späten 60er Jahren zwar die geforderten ‚historischen' Instrumente einsetzt[101], aber moderne Klangvorstellungen[102] und Spielweisen zulässt.

Ansonsten ist Balance zwischen den Instrumentengruppen wesentlich, Durchsichtigkeit der Struktur, Kontinuität und Plastizität der Linie. Bewundernswert ist die Kunst, die Hauptstimmen nicht registerartig vor- und zurücktreten, sondern sie allmählich sich aus dem Geflecht herauslösen und darin wieder verschwinden zu lassen, auch in einem raffinierten Spiel mit anderen Stimmen. Wodurch sie hervortreten, durch Farbe oder charakteristischen Vortrag, ist manchmal schwer zu entscheiden. Man kann wohl sagen, dass Swarowsky ein polyphon denkender Dirigent war.[103] Doch führt gerade die durchartikulierte Polyphonie bei ihm immer wieder zu überraschenden und faszinierenden *klanglichen* Ergebnissen.[104] Eine bezeichnende Anweisung zum zweiten Satz in Mahlers *Lied von der Erde* lautet:

> Die Stelle von Takt 94–99 muß man gut proben, um sie klanglich einheitlich gestalten zu können: die Baßklarinette setzt in Takt 96 die melodische Linie der zweiten Violine fort, in Takt 98 sind die Hörner besonders wichtig.[105]

Dies betrifft sowohl den thematischen Zusammenhang in der zeitlichen als auch den Ausgleich zwischen den zusammenklingenden Tönen in der räumlichen Dimension. Dabei ist das Ideal völliger Verschmelzung Swarowsky völlig fremd, gerade die unterschiedlichen Beiträge synthetisieren sich zu faszinierenden Komplexen. Aber die Farbzaubereien in der großen nachromantischen Literatur: bei Wagner, Bruckner, Mahler, Strauss oder dem frühen Schönberg, selbst die „Sphärenklänge" im Walzer von Josef Strauss bringt er unbeeinträchtigt zur Geltung. Bemerkenswert auch die Art, wie feinhörig das Schlagzeug immer wieder in den Gesamtklang integriert wird, etwa in der Einleitung zum Strauß'schen *Kaiser-Walzer*, oder im Eröffnungssatz von Mahlers Fünfter.

---

101 – während in seinen Aufnahmen von Klavierkonzerten Mozarts wie selbstverständlich noch auf modernen Flügeln gespielt wird.
102 – zu denen u.U. die kleineren Besetzungen zählen, die er für ‚klassische' Werke schon früh bevorzugt.
103 Einen verblüffenden Eindruck von seiner Meisterschaft in der klaren Disposition und individuellen Gestaltung mehrerer auch heterogener Stimmen gewinnt man aus seiner Aufnahme von Schönbergs *Pelleas und Melisande* mit der Tschechischen Philharmonie.
104 Als Beispiel kann Brahms' Vierte mit dem Los Angeles Philharmonic von 1965 dienen, jetzt auf YouTube zu hören: https://www.youtube.com/watch?v=NtqQxgg7c-0 (2.8.2021).
105 Hans Swarowsky, Mahler: Das Lied von der Erde, in: *WdG*, S. 121–134: 125; siehe auch die Bemerkungen zur Ablösung zwischen den Instrumenten und zur Instrumentation generell, ebd., S. 131 f.

Dynamik

„Um die Dynamik gings oft" in Swarowskys Proben.[106] Das ist zunächst deshalb wichtig, weil ja eine gewisse Kritik an mangelnder Subtilität in seinen Aufnahmen existiert. Aber auch deshalb, weil schließlich die farbliche Differenzierung wesentlich durch Abstufung der Lautstärke zwischen den beteiligten Spielern erfolgt. Hier wie überall gibt es keinen isoliert zu behandelnden Einzelaspekt der Interpretation.

Gerade wenn man wie Swarowsky auf Retuschen verzichtet, muss man immer wieder der Instrumentation zu Hilfe kommen, nicht nur wo etwa bei einander ablösenden unterschiedlichen Instrumenten die Einheit der Linie gewahrt werden soll. Selbst bei erfahrenen Instrumentatoren ist immer wieder Anpassung der Lautstärke bestimmter Instrumente an die Umgebung gefordert. So heißt es zu einer Stelle in Schönbergs *Pelleas und Melisande*: „Die Bläser mit Flatterzunge müssen sehr stark blasen, damit der Akkord vollständig klingt!"[107]

An Swarowskys grundsätzlichen Bemerkungen zum Thema[108], die auch Regeln umfassen wie jene, dass die Singstimmen eigentlich immer Hauptstimme sind und keineswegs den dynamischen Differenzierungen in der Begleitung folgen dürfen[109], ist auffallend die funktionale Bindung. Zum einen ist seiner Überzeugung nach

> „[b]ei allen Meistern […] Dynamik nichts anderes als ein Mittel zur Verdeutlichung der formalen Struktur. Dynamik ist im allerstrengsten Sinne formgebunden, sie ist an die Takte gekettet, zu denen sie gehört wie die Noten, die diesen Takt füllen."[110]

Und so zeigt ein Wechsel der Dynamik in der Regel eine Taktgruppengrenze an. Aber auch die metrischen Differenzierungen haben einen Dynamikaspekt, auch sie sind formkonstituierend, indem sie die kleinste Einheit, den Takt, regulieren. Und Swarowsky diskutiert sie beispielsweise im Zusammenhang mit Tempofragen, weil die Wahl der Zählzeit entscheidend für die metrischen Verhältnisse und für den unterschiedlichen Charakter von Themen bei gleichbleibendem Zeitmaß ist.[111]

„Bei Beethoven" und seinen Nachfolgern ist „die Dynamik" überdies „notengebunden", d.h., sie bezieht sich nicht mehr generell auf Formabschnitte oder Phrasen, son-

---

106 Freund, *„Gicksen Sie nicht!"* (Anm. 59), S. 59.
107 Hans Swarowsky, Schönberg: Pelleas und Melisande, in: *WdG*, S. 160–170: 167.
108 Hans Swarowsky, Dynamik, in: *WdG*, S. 48–53.
109 Hans Swarowsky, Mahler: Das Lied von der Erde, in: *WdG*, S. 121–134: 123.
110 Ebd., S. 48 ff.
111 Temponahme, in: *WdG*, S. 57–71: 69. Hierher gehört auch die Unterscheidung von „rhythmisch" und „melodisch", ebd. S. 70 f.

dern kommt auch einzelnen Tönen zu – „ihre Änderung wiegt um nichts weniger als die Änderung einer Note."[112]

So beschäftigt sich Swarowsky auch in dieser Hinsicht ausschließlich mit dem Verhältnis der Stimmen und der Formteile zueinander, um zu einer klar gegliederten Darstellung des Ablaufs zu gelangen, er pflegt also nicht eine vielstufige Skala von distinkten Lautstärken um ihrer selbst willen, diskutiert nicht, ob etwa zwischen *pp* und *p* ein wesentlicher oder bloß gradueller Unterschied besteht (dagegen bemerkt er wie Rudolf Kolisch das äußerst seltene Vorkommen des *mf* bei den Klassikern[113]), er fordert auch nicht die, sei es beherzte, sei es kontrollierte, Pflege der Extreme, des Leisen oder Lauten.

Allerdings handelt es sich bei manchen Angaben von Komponisten um „eine Charakterisierung der herrschenden Stimmung", die als „gleichsam […] ,innere' Dynamik […], weniger als konkrete Spielanweisung" verstanden und daher gegebenenfalls von Instrument zu Instrument modifiziert werden muss.[114] Ohne weitere Angaben angezeigter Wechsel der Dynamik wird je nach Situation entweder durch Übergänge vermittelt oder in seiner Kontrastwirkung betont, selten anscheinend dem Belieben der Musiker überlassen. „,Freie' Dynamik gibt es" dagegen „in ausdrucksbetonten Phrasen"[115], wo die Emphase des Vortrags größere Ausschläge erlaubt, ja erfordert. An einer ganzen Reihe von Beispielen diskutiert Swarowsky die dynamische Bedeutung von Vorschriften wie *dolce*, *espressivo* und *cantabile*, mit denen „Klassiker" (bis hin zu Brahms) „Grade des Ausdrucks besonders zu bezeichnen" pflegten[116] – ein weiteres Beispiel für die Typologien, die Swarowsky nach umfassenden Vergleichsstudien entwirft und die nicht nur (als Momente der projektierten Dirigierlehre) Fingerzeige für die Studenten liefern, sondern ihm auch in seiner eigenen Praxis Orientierung bieten. Bei jenen Angaben handelt es sich um Abstufungen des Hervortretens bedeutungstragender Stimmen. Wie immer zeigen die besprochenen Fälle neben dem Typischen auch den differenzierten Gebrauch bei den Komponisten, und das heißt, dass es sich nicht um mechanisch anzuwendende Rezepte handelt, sondern um Handhaben für die Beurteilung einer konkreten Stelle.

Aber man kann an Swarowskys Aufnahmen hören, dass er mit den Lautstärkegraden bewusst umgeht, wie beim Klang für übertriebene Subtilitäten nicht zu haben ist, aber

---

112 Ebd. Siehe auch Hans Swarowsky, Beethoven: Ouvertüre Leonore III, in: *WdG*, S. 93–101: 97 f.
113 „Swa: ,Bei Mozart gibt es erst in seinen zwei letzten Opern die Bezeichnung mf. Für jedes mf, das Sie mir vorher zeigen können, einen Hunderter!'" Freund, *„Gicksen Sie nicht!"* (Anm. 59), S. 59.
114 Hans Swarowsky, Bruckner: V. Symphonie, in: *WdG*, S. 114–120: 117. Das in Rede stehende Beispiel ist ein *ppp* der Kontrabässe, das „aber der Wichtigkeit der harmonischen Fortschreitung halber dennoch gut hörbar gespielt werden" muss.
115 Hans Swarowsky, Dynamik, in: *WdG*, S. 48–53: 49–51.
116 Ebd.

jederzeit für Erkennbarkeit der wesentlichen Stimmen sorgt, der Formdisposition entsprechend schattiert (so können Themen sinnfällig in sich gegliedert[117] oder Abschnitte bei ihrer variierten oder unveränderten Wiederkehr differenziert behandelt werden) und – nicht bei den Klassikern, wo er das vermutlich unpassend gefunden hätte, aber von Beethoven an – sowohl die Zurücknahme ins äußerste Pianissimo[118] als auch gewaltige Steigerungen bewerkstelligt.

Auffallend die Fähigkeit, in Konzerten die Dynamik des Begleitensembles so genau zu dosieren, dass Soloinstrument und Orchester gleichermaßen subtil artikulieren wie auf einer Ebene miteinander dialogisieren können – ohne generelle Einebnung des dynamischen Niveaus, aber auch ohne den üblichen Wechsel von diskretem Zurücktreten und unvermitteltem Sich-Vordrängen des Orchesters. Vor allem die Aufnahmen mit weniger illustren Solisten (mit denen eine Verständigung über gemeinsame Absichten wohl leichter fiel) zeigen das doppelte Bestreben, sich dem Präsenzgrad der Soli flexibel anzupassen und sie nicht nur als Bedeutungsträger, sondern auch klanglich in den Gesamtorganismus des Werks zu integrieren. Namentlich ist an den Aufnahmen einiger Mozart-Klavierkonzerte[119] die kammermusikalische Durchsichtigkeit und das kontrolliert Sprechende der kurzen Orchestereinwürfe bemerkenswert.

Artikulation

Bogenführung bei den Streichern überlässt Swarowsky im Allgemeinen den Stimmführern, es sei denn, er möchte an bestimmten Stellen die traditionell überlieferte durch eine dem vorausgesetzten musikalischen Charakter angemessenere ersetzt haben.[120] Und er lässt faule Verkürzung der Notenwerte oder der benutzten Bogenlänge nicht durchgehen.[121] Gelegentlich referiert er auch Strauss' Vorschläge zur Ausführung bestimmter Stellen, etwa in der dritten *Leonoren*-Ouvertüre[122] oder im ersten Satz von

---

117 – etwa am Anfang von Bruckners Siebenter, Berlin 1975. https://www.youtube.com/watch?v=ZlVf2uLW2rU (2.8.2021).
118 Wenn im zweiten Satz von Schuberts „Unvollendeter" den Hornisten des Staatsopernorchesters das vom Dirigenten angesteuerte *ppp* nicht gelingen will, bleibt es in diesen Augenblicken einer ansonsten bemerkenswerten Aufnahme bei der unmissverständlichen Willensbekundung der Interpreten und durchaus möglichem Zurechthören seitens der Benutzer. Unter anderen ökonomischen Voraussetzungen (bei detaillierterer Vorbereitung, zeitlich weniger beschränkten Aufnahmesitzungen und aufwendigerer Mikrophonierung) wäre schließlich notfalls der Tonmeister eingesprungen.
119 Ich denke namentlich an KV 466 und 491 mit Denis Matthews.
120 – so am Anfang von Mozarts später g-Moll-Symphonie: Tempoahme, in: *WdG*, S. 57–71 : 71. Die Bemerkung zeigt, dass Harnoncourt keineswegs als Erster darauf kam, dass das Stück kein liebliches ist.
121 Wenn er von seinen Beethoven-Aufführungen in Bad Aussee schwärmt, dass „jeder Bogenstrich" seines studentischen Kursorchesters „genau ausgewogen" sei, so zeigt das nur, dass ihm das kaum weniger wichtig war als die anderen Aufführungsanteile.
122 Beethoven: Ouvertüre Leonore III, in: *WdG*, S. 93–101 : 97.

Schuberts h-Moll-Symphonie.[123] Gern polemisiert er gegen die Verwechslung von langen Legatobögen mit Angaben zur Strichart, weil die Darstellung größerer melodischer Zusammenhänge nicht auf Kosten der internen Gliederung erfolgen darf.

Schon weil für Swarowsky Prägnanz in vorderster Linie rangierte, nahm er ein gewisses Interesse an der Ausgestaltung des *staccato*, das in reichen Varianten zwischen spitz und rund, perlenartig gereiht oder hart gestoßen auftritt.[124] Es wird allezeit zwischen weichen und scharfen Einsätzen differenziert, zwischen *legato*, *portato* und *tenuto*, die vorgeschriebene Phrasierung nach Möglichkeit durchgesetzt.[125] Was Kraft der Orchesterschläge, Delikatesse von Holzbläsereinwürfen, rundes und präzises *pizzicato*, satte und zugleich artikulierte Bläserchöre, pointierte Rhythmik nicht nur in Tanzsätzen[126], aber auch schwebende Leichtigkeit[127] betrifft, brauchen seine besten Aufnahmen und Konzertmitschnitte keinen Vergleich zu scheuen. Wie wenig dabei auch eng verwandte Stücke über einen Leisten geschlagen werden, zeigt sein unterschiedlicher Zugang zu Mozarts Konzerten in d- und c-Moll.[128]

Aber Artikulation betrifft noch mehr als Strichart, Ansatz und Anschlag, mehr auch als die Morphologie des Tons oder die Bestimmtheit im differenzierten Zugriff auf die Materie, sie umfasst die sprachanaloge Behandlung und die charakterologische Prägung des musikalischen Werks: die plastische Gestaltung der Phrase wie des Stimmenverlaufs, das metrische Gefüge, die sinnfällige syntaktische Gliederung.

Swarowsky orientiert sich in der Regel an der Vorstellung stilistischer Angemessenheit[129] (nicht nur bei Werken der klassischen Periode), ist aber auch für extravagante Deutungen offen.[130] Wenn man sich in die Fernsehproduktion der damals zur Gänze Pergolesi zugeschriebenen Buffa *Il maestro di musica* einhört und den Stand der Historischen Aufführungspraxis berücksichtigt, der 1963 noch nicht alle Dimensionen der Tonproduktion erfasst und für die in dieser Musik sich anbahnende Empfindsamkeitsstilistik noch keine besonderen technischen Lösungen gefunden hatte, ist beachtlich, wie subtil Swarowsky mit den Wiener Symphonikern die einzelnen Nummern gegeneinander charakterisiert.

---

123 Hans Swarowsky, Schubert: Die Symphonien, in: *WdG*, S. 106–113: 112.
124 Auffallend sind in diesem Punkt etwa die Piccolo-Läufe vor dem Ende von Beethovens Fünfter, deren Finale Swarowsky 1955/57 tatsächlich einmal annähernd entsprechend Beethovens Metronomisierung spielen lässt.
125 Ich denke etwa an die Oboe im Andante con moto aus Schuberts „großer" C-Dur-Symphonie.
126 – wie am Beginn des Rondos in Chopins *Krakowiak* op. 14.
127 Ein besonders schönes Beispiel liefert das Menuett-Trio in Mozarts *Eine kleine Nachtmusik*.
128 – nochmals in der Aufnahme mit Denis Matthews und dem Wiener Staatsopernorchester von 1958.
129 Ich erinnere daran, dass die Artikulation ein wesentliches Unterscheidungsmerkmal der Vertreter der Historischen Aufführungspraxis bildete.
130 Ein verblüffendes Beispiel liefert der fast mutwillig pomphaft genommene Menuettsatz in Haydns Symphonie Nr. 103.

Wie hier, spielen in vielen Fällen Tempo-, metrische, dynamische und Phrasierungsfragen ineinander. Mit der Ouvertüre zur *Zauberflöte* blieb Swarowsky dem Staatsopernorchester in unangenehmer Erinnerung, nachdem er Zettel in der Garderobe hatte aufhängen lassen mit der Instruktion, wie der dreimalige Akkord bei der Wiederkehr des *Adagios* zu spielen sei: unbetont – betont – *unbetont*, da in der Klassik niemals zwei betonte Noten aufeinander folgten. Eine Parallele fand sich in der Physik[131]: Auch der Hammer könne aufgrund seiner Masse nie zweimal hintereinander gleich stark aufschlagen. Swarowsky nahm das vorgezeichnete ¢ des Adagios ernst, wie er überhaupt versuchte, die metrischen Verhältnisse auch im Taktschlag abzubilden, also etwa die weitere Unterteilung von 2/4- und Alla-breve-Takten nach Möglichkeit zu vermeiden. Damit handelte er sich wiederholt Konflikte mit Sängern und Orchestern ein, konnte aber im Falle des Gelingens auf den Gewinn an natürlich fließender Bewegung verweisen.

> Wenn man natürlich die *Zauberflöte* an der Wiener Staatsoper dirigiert, funktioniert das nicht, weil es dort eine Tradition gibt, das [anders] zu machen. Und man ja auch normalerweise keine Probe hat. Dann kommt man schon in Gewissenskonflikte.[132]

9.

Medien

Swarowsky war alles andere als öffentlichkeitsscheu, und er nutzte die ganze Palette von Zeitungen, Zeitschriften und Programmheften über Vorträge, Diskussionsrunden, Konzertmoderation bis zu Rundfunk und Fernsehen, um weitere Kreise anzusprechen. Sein Verhältnis zu den Möglichkeiten der Klangspeicherung und -übertragung war nicht von der Faszination durch den technischen Fortschritt geprägt. Zweifellos gefiel ihm die Chance, die Werke der Meister unter die Leute zu bringen, auch mit etlichen Erstaufnahmen Repertoires zu erschließen; aber vielleicht noch mehr, dass er die Kompositionen auf weniger verfälschende Weise als üblich dokumentieren konnte, mit Anwendung neuer, eigener wie fremder, Erkenntnisse – etwa indem er als Erster *Don Giovanni* mit zahlreichen stilistischen Ingredienzien der Mozartzeit auf LP präsentierte.

Vor allem aber erkannte er in der Schallaufzeichnung eine Chance zur Verbesserung der Orchesterkultur und -disziplin: zur Steigerung der Präzision und Hebung des Verantwortungsbewusstseins der Musiker – also ein Mittel der Kontrolle und Objektivierung insofern, als sie unbestechlich das wiedergibt, was tatsächlich erklungen, nicht, was

---

131 – und der Freimaurerei?
132 Bruno Weil im Gespräch mit Erika Horvath, Wien, 14.1.2004.

bloß beabsichtigt und gemeint war.¹³³ Und das zeigt, dass die angestrebte Objektivität nicht nur stilistische Option war, sondern ihm daran lag, dass das Intendierte der Nachprüfung standhielt.¹³⁴

Immer beeindruckt bei unbefangenem Hören Swarowskys Unmittelbarkeit des Zugriffs, und doch lässt Manches in seiner phonographischen Hinterlassenschaft in Hinsicht auf Abrundung und letzte Ausarbeitung zu wünschen übrig. Oft genug musste er mit prekären Bedingungen vorliebnehmen. Was auch unter dieser Voraussetzung zustandekam, ist indessen aller Beachtung wert. Wir müssen damit leben, dass nicht alles, was Swarowsky sich und seinen Studenten lebhaft vorgestellt und überzeugend formuliert hat, in jeder seiner Aufnahmen genauso auch verwirklicht wurde – teils handelt es sich um spätere Einsichten, teils ließen immer wieder die Umstände – unzureichende Kräfte, Mangel an Proben, unzulängliche Aufnahmetechnik, Widerstand der Musiker oder die Konzentration störende atmosphärische Zufälligkeiten – die vollständige Durchsetzung der theoretischen Forderungen nicht zu; aber vergessen wir nicht, dass wir von sehr vielen Dirigenten entsprechende Absichts- oder Verpflichtungserklärungen nicht haben, sodass wir das Verhältnis zwischen Theorie und Praxis nicht beurteilen können, und dass Swarowsky nicht allzu oft Gelegenheit hatte, Stücke von Grund auf einem willigen Ensemble einzustudieren. Aber man braucht nur anzufangen, die authentischen Aufnahmen genauer zu studieren, so wird bald klar, welches Kaliber von Musiker da am Werk war. Und mag Swarowsky vielleicht nicht hundertprozentig hinter seinen Aufnahmen gestanden haben – meines Wissens hat er sich von ihnen auch nicht distanziert. Und für jemanden, der ein ignorantes oder laxes Verhältnis dazu gepflegt hätte, hat er erstaunlich viele und zum Teil ausnehmend gelungene hinterlassen, darunter geradezu musterhafte¹³⁵. Während die Erinnerung an seine Konzerte ver-

---

133 Siehe die Expertise zwecks Gründung eines Orchesters, gekürzt als „Orchesterführung" in: *WdG*, S. 80–83: 82.
134 Wenn doch noch einmal Karajan als Kontrastfolie herangezogen werden darf: Wesentlich dabei ist, dass Swarowsky zwar über viele Eindrücke und Erfahrungen (nicht zuletzt mit seinen Schülern) gebieten konnte, aber es wird allezeit deutlich, dass die Klangvorstellung direkt aus der Partitur generiert ist, gefiltert nur durch stilistische Vorannahmen. Diese unmittelbare Kommunikation mit dem Notentext liefert dann auch Argumente für von der gerade herrschenden ‚Tradition' abweichende Lösungen, während Karajan sich bei vielen seiner interpretatorischen Entscheidungen von vorliegenden Aufnahmen anregen oder leiten ließ, sei es, dass er Konkurrenten auszustechen suchte, sei es, dass er als unzulänglich empfundene Realisierungen (etwa ihm bis dahin kaum bekannter Stücke) als eine Art Sprungbrett für die Ausbildung eines eigenen Interpretationskonzepts nahm, was alles seinen Einspielungen von vornherein einen seltsam indirekten Zug verleiht (man versteht sie besser, wenn man sein Gegenüber kennt, oder: Die Differenz zum damals Erwarteten ist Ausgangspunkt, nicht Resultat), aber auch den Perfektionismus erklären dürfte, der ihn antreibt.
135 Um nur ein einziges Beispiel herauszugreifen: die Einspielung von Brahms' B-Dur-Konzert mit Eduard Mrazek. – Auszuschließen ist freilich nicht, dass bei mancher von Swarowsky übernommenen Aufnahme

blasst, sind Rundfunk- und private Tonbandmitschnitte erhalten geblieben, die gerade durch die Zufälle der Überlieferung ein halbwegs sicheres Urteil über die Resultate und Errungenschaften seiner Arbeit als Dirigent erlauben. An den Schallplatten- und Radioeinspielungen wiederum wird deutlich, das Swarowsky das Medium zur Objektivierung seiner Vorstellungen, für Probeläufe, zur Dokumentation modellhafter Realisierungen, schließlich zur Beweisführung und pädagogischen Vermittlung nutzt, aber auch, dass die Musik selbst für ihn ein Medium ist: der historischen Vergewisserung und kulturellen Orientierung, der Projektion von Ordnungen, der Prüfung des Erkannten im Material, der ausdifferenzierten Bewegung, des objektivierten Gefühlsausdrucks, des spirituellen Genusses, der Verständigung der Musiker untereinander und des Kollektivs aus Musizierenden und Zuhörern nicht zuletzt über Sinn und Bestimmung der Musik selbst.

Es führt in seinem Fall zu nichts, wenn man versucht, den Wert der Theorie an der Praxis zu messen oder umgekehrt – es geht darum zu erkennen, dass hier ein Interpret am Werk war, der so viel wie möglich bewusst handhabte, ohne sich Spontaneität zu verbieten; dass hier ein großartiges Konzept vorliegt, das Swarowskys Interpretationen, und zwar den praktischen ebenso wie den theoretischen, Individualität, Bestimmtheit und Überzeugungskraft, aber auch Lebendigkeit verlieh. Oft unterscheidet sich gerade da, wo er aufs erste Hinhören nur auszuführen scheint, was dasteht, das Resultat gravierend vom Gewohnten, und erweist sich am Ende musikalisch als überlegen. Es ist in diesen Aufnahmen ein Erbe aufbewahrt, das es noch zu erschließen gilt, das die Erschließung aber auch lohnt.

Bedenkt man dies alles, so war er ein bedeutender Dirigent.

---

auch finanzielle Erwägungen im Spiel waren. Aber auch dann ist heute primär die Frage, was er unter solchen Bedingungen mit den Stücken anstellt.

Erika Horvath

GUSTAV MAHLER

Einleitung

Hans Swarowskys musikalische Identität ist eng verbunden mit Gustav Mahler, der für ihn in mehrfacher Hinsicht bedeutsam war. Zum einen als Dirigent, auf den sich auch die Wiener Schule unmissverständlich berief, zum anderen als Komponist: Sowohl im Konzertsaal als auch im Unterricht bildete Mahlers Musik einen Schwerpunkt. In autobiographischen Mitteilungen Swarowskys besetzt Mahler markante Schlüsselstellen seiner Entwicklung:

> Die Erinnerung an Gustav Mahler gehört zu den frühesten Eindrücken, die ich bewahrte. Meine Familie hatte eine ständige Loge in der Wiener Hofoper, der heutigen Staatsoper, und ich konnte daher in diesem Hause ein- und ausgehen. Als Kind mit sieben Jahren habe ich hier Mahler erstmals dirigieren gesehen. Einige Jahre später erlebte ich auch die Uraufführung seiner VIII. Symphonie in München, wo ich im Chor mitgesungen habe.[1] Ich habe damals natürlich nicht verstanden, worin Mahler sich von anderen unterschied, aber der Kreis um ihn, in welchem ich später auch verkehrte, hat immer auf die Besonderheit dieses einen Mannes hingewiesen. Es ist mir dieses Gefühl geblieben, daß hier einer war, der etwas Besonderes und etwas anderes als die anderen macht, der zum Beispiel einen Kreis von Opern, nämlich die von Mozart bis Wagner, die ja schon immer in irgendeiner Form aufgeführt worden sind, revolutionierend anders gemacht hat. Er hat auch die Macht dazu gehabt, und es ist mir ganz klar, daß er nur an seiner theatralischen Phantasie und seiner Auffassungsstrenge gescheitert ist.[2]

Nachdem sich Swarowsky in kunsthistorische Studien vertieft und mit dem Beruf des Psychoanalytikers geliebäugelt hatte, war es wiederum Gustav Mahler, der ihm den Weg zur Musik wies, als er dessen Dritter Symphonie in einem Sonntagnachmittags-

---

1   Wie es dazu kam, hat Swarowsky allerdings nie erwähnt. Die Recherchen ergaben, dass aus Wien mit dem Singverein lediglich der „Erwachsenenchor" angereist war, während sich der Kinderchor aus Schülern von Münchner Musikschulen zusammensetzte.
2   Swarowsky, Rückblick, in: *WdG*, S. 257–264: 257 [Es ist nicht zu überhören, dass in solchen Bemerkungen ein Moment von Identifikation im Spiel ist. – Hg.]

konzert von Wilhelm Furtwängler beiwohnte: „das Erlebnis dieses Werkes hat mich so ergriffen, daß ich sofort begann, systematisch Musik zu studieren."[3] Als Swarowsky 1920 den Unterricht bei Webern aufnahm, war es die gemeinsame Liebe zu Mahler, die von Anfang an einen wichtigen Aspekt der Beziehung ausmachte:

> Als ich Webern auf seine Anfrage antwortete, der Eindruck der *Dritten Symphonie* von Mahler […] sei Ursache, daß ich mein Universitätsstudium abbreche, um mich ganz der Ausbildung meiner musikalischen Veranlagung zu widmen, reagierte er mit merkbarer Steigerung seiner Zuneigung und begann sogleich damit, mir Wesentliches zum Werke Mahlers zu sagen, mir die Augen zu öffnen für Mahlers Formenwelt als konsequente, neuen Inhalten entsprechende Ausweitung Beethovenscher Formprinzipien. Er spielte mir Mahlers Symphonien auf dem Klavier vor, so wie er sie selbst vom Autor gehört hatte, größtes Gewicht legend auf stete Wahrung der Gestalt bei unerhörter Ausdruckskraft, damals schon übliche zeitgemäße Entstellungen perhorreszierend (zwei berühmte Dirigenten hatten es ihm besonders angetan), wenn sie auch lange nicht jenen tragischen Kontrast zum Werk bildeten, dessen sich heutige Darbietungen rühmen können.[4]

Webern spielte eine Hauptrolle für die Entwicklung von Swarowskys Mahler-Verständnis. Neben dem Unterricht wurden die Arbeitersymphoniekonzerte, die Webern durch seine zahlreichen legendär gewordenen Mahler-Aufführungen bereicherte, zu unvergessenen Lehrstunden:

> Wer das Glück hatte, in den damals das eigentliche musikalische Niveau Wiens repräsentierenden Arbeiter-Symphonie-Konzerten der sozialdemokratischen Kunststelle unter Weberns Leitung ein Werk von Mahler mit Verstand zu hören, dem offenbarte sich alsogleich das tiefe Einverständnis zwischen Werk und Wiedergabe, dem erschloß sich durch alle unerhörte Erregtheit des Gebotenen hindurch zwanglos die Inhaltsbezogenheit der Form, die Einfachheit, oder, um mit Webern zu sprechen: die Faßlichkeit des anscheinend Komplizierten, damals selbst von namhaften Kritikern noch als Formlosigkeit Angesprochenen.[5]

---

3 Ebd.
4 Swarowsky, Anton von Webern, in: *WdG*, S. 235–240: 236.
5 Ebd.

Mahler-Pflege nach 1945

Nach dem Zweiten Weltkrieg wurde die wieder einsetzende Mahlerpflege in Wien[6] wesentlich von Hans Swarowsky mitgeprägt, der aufgrund seiner Studien bei Webern zu den besten Kennern dieser Musik gehörte – obwohl er bis dahin Mahler selbst nicht aufgeführt hatte, war er doch überwiegend als Opernkapellmeister tätig gewesen.

Nachdem Mahlers Musik während des Nationalsozialismus verboten gewesen war, galt es als Selbstverständlichkeit, dass in Wien, der musikalischen Heimat Mahlers, unmittelbar nach der Kapitulation Nazi-Deutschlands ein deutliches Zeichen für ihn gesetzt wurde. Bereits am 3. und 6. Juni 1945 erklang Mahlers Erste Symphonie, dirigiert von Robert Fanta, der unter den Nationalsozialisten mit Berufsverbot belegt gewesen und nach der Befreiung als Hauptmusikreferent der Stadt Wien am „musikalischen Wiederaufbau" Österreichs beteiligt war. Er leitete mit den Wiener Philharmonikern ein Orchester, dessen Mitglieder zu zwei Dritteln der NSDAP angehört hatten. Staatssekretär Ernst Fischer von der Kommunistischen Partei Österreichs sprach bei dieser Gelegenheit über die Bedeutung des Komponisten für die österreichische Identität.

Am 2. September folgte die Zweite Symphonie unter Josef Krips, am 15. und 16. September die Dritte Symphonie wiederum unter Fanta. Am 30. Oktober erklang zusammen mit dem *Adagio* der unvollendeten Zehnten das *Lied von der Erde* unter Krips. Der Alban-Berg-Schüler Gottfried Kassowitz gab am 11. Oktober einen Abend mit Orchesterliedern. Zudem wurde an der Außenmauer des Wiener Konzerthauses eine Gustav-Mahler-Gedenktafel angebracht, die auf die siebenjährige Verbannung der Musik Mahlers hinwies. Dieses enorme Engagement für Mahler, das wenige Monate nach Kriegsende eine nicht zu unterschätzende Leistung bedeutete, ist zweifelsohne als Zeichen einer neuen politischen Haltung zu verstehen. Auch Swarowsky, der zu dieser Zeit noch als Generalmusikdirektor in Stuttgart wirkte, zeigte indes eine bescheidene Geste, indem er bei einem gemischten Lieder- und Arienabend Mahlers *Ich ging mit Lust* und *Ich atmet' einen linden Duft* dirigierte.

Unmittelbar nach Kriegsende kam Mahlers Musik als österreichisches Pendant zu den nun häufig gespielten russischen bzw. sowjetischen Komponisten jedoch nicht ungelegen. Kommunistische Kulturpolitiker instrumentalisierten ihn als Komponisten des „österreichischen Volkscharakters" und Luis Fürnberg deutete Mahler in einem Essay

---

[6] Siehe auch: Reinhard Kapp, Folgen der Emigration, Voraussetzungen der Remigration – aufführungsgeschichtlich betrachtet, in: Maren Köster/Dörte Schmidt (Hg.), *Man kehrt nie zurück, man geht immer nur fort. Remigration und Musikkultur*, München 2005, S. 174–231; Gerhard Scheit/Wilhelm Svoboda, *Feindbild Gustav Mahler. Zur antisemitischen Abwehr der Moderne in Österreich*, Wien 2002.

im *Österreichischen Tagebuch* als „Arbeiter-Komponisten"[7]. In eben diesem Essay kritisierte Fürnberg jedoch auch die Halbherzigkeit der beginnenden Mahlerpflege:

> Man lasse es nur einmal ins Orchester eingehen, statt es sporadisch aufzuführen, wie um das schlechte Gewissen besserwissender Dirigenten und Konzertveranstalter zu beruhigen. Hat man seit Bruno Walters oder Zemlinskys Muster- und Meisteraufführungen jemals eine am Kontinent erlebt, die werkgetreu gewesen wäre, statt improvisiert?[8]

Im Dezember 1946 gab es im Gesellschaftskonzert der Musikfreunde wiederum *Das Lied von der Erde*, diesmal dirigierte Hans Swarowsky, mittlerweile Chefdirigent der Wiener Symphoniker, mit den Solisten Rosette Anday und Julius Patzak. Die Kritiken zeigen nicht nur, dass Mahlers „reifstes Werk"[9], das „Einblick in die Seelenvorgänge des Komponisten"[10] zu geben vermochte, den größten Eindruck machte, sondern auch, dass man ihm mit Swarowskys Einstudierung weitaus näher gekommen war als in den bislang gehörten Nachkriegsaufführungen:

> Die Aufführung bedeutet im Vergleich zu den Mahler-Konzerten des Vorjahres einen Fortschritt. Die Wiener Symphoniker wurden mit den enormen Schwierigkeiten der Partitur gut fertig. Das ist gewiß nicht zuletzt das Verdienst Hans Swarowskys. Wie immer sorgte er auch diesmal vor allem für Sauberkeit und Präzision und war darauf bedacht, das Stimmengeflecht möglichst klar hervortreten zu lassen. […] Es war eine Aufführung, mit der wir in unserer heutigen Lage sehr zufrieden sein können.[11]

Friedrich Wildgans betonte im *Österreichischen Tagebuch* den Mahler-authentischen Charakter, der insbesondere in der Transparenz und der Logik der Darstellung zu finden war:

> Wir kennen Gustav Mahler als im besten Sinne absoluten Musiker, der seine Inspiration aus dem Klang der Instrumente, aus der Ausgewogenheit einer musikalischen Phrase, aus dem Reiz einer Harmonieverbindung, aus der Prägnanz eines volksliedhaften Themas empfing und nicht, wie man ihm – aus Gründen der Konzession an die Mentalität gewisser Publikumskreise – so gern in die Schuhe schieben möchte, als Tonmaler, als Grübler, als Philoso-

---

[7] Luis Fürnberg (Nuntius), Gustav Mahlers Heimkehr, in: *Österreichisches Tagebuch* 1 (1946), Nr. 2 (12.4.1946), S. 9f.
[8] Ebd., S. 9.
[9] P. L. [Peter Lafite], „Das Lied von der Erde". Aufführungen der Gesellschaft der Musikfreunde, in: *Wiener Kurier*, 5.12.1946.
[10] K. B. J., Gustav Mahler: „Das Lied von der Erde", in: *Das kleine Volksblatt*, 7.12.1946.
[11] *Akademische Rundschau*, 14.12.1946.

phen, als übersteigerten Gefühlsmenschen. Alle diese Komponenten seines Wesens, sofern sie überhaupt vorhanden waren, sind gewiß nur sekundär und sollen daher nicht in allererster Linie unterstrichen werden. Die vergangene Aufführung des „Liedes von der Erde" zeigte hier Swarowsky auf dem richtigen Wege. Mahlers ungemein farbige, durch saubersten, streckenweise kühn linearen, transparenten Satz ungemein klare und unmissverständliche, dabei aber so hochgradig klangfreudige Partitur entstand hier in einer Atmosphäre fast kammermusikalischer Durchsichtigkeit, in einer Atmosphäre der aus der Klassik entlehnten scharfen Gegensätze, die dem logischen Aufbau des Werkes zu überzeugendster Darstellung verhalf. Die vielfach gewohnten Romantismen und dramatischen Ballungen fehlten auf diese Weise wohl, unseres Erachtens aber kaum zum Nachteil von Mahlers Werk, das viele von uns in dieser Wiedergabe erstmalig so gehört haben dürften, wie es vom Komponisten wohl gemeint war. Die Disziplin des Orchesters, das seinem Dirigenten auf diesem Wege willig folgte, war rühmenswert; vielleicht hätten einige Streicherkantilenen noch etwas mehr Wärme vertragen, die – das sei betont – mit der angestrebten Entsinnlichung der Partitur in keinem Widerspruch gestanden wäre.[12]

Auch die Darbietung der beiden Gesangssolisten, die in den folgenden Jahren zu den Interpreten heranwuchsen, die *Das Liede von der Erde* am häufigsten sangen, zeichneten sich durch „feinfühligen Vortrag"[13] und „vollendeten Gesang"[14] aus, auch wenn Wildgans' Eindruck zufolge Anday mit Swarowskys Intentionen nicht vollständig harmonierte:

Weniger mit Swarowskys Interpretationsform vermochte sich die noch zu sehr in der konventionellen, gefühlsüberschwänglichen „Tradition" des Werkes verhaftete Rosette Anday zu befreunden; eine gewisse fühlbare Divergenz in der Auffassung durch Solisten und Dirigenten kam der Einheitlichkeit des Gesamteindruckes nicht immer zugute […].[15]

Nachdem Swarowsky nach nur einer Saison seine leitende Funktion bei den Symphonikern wieder aufgeben musste und es in den folgenden Jahren wenig Berührungspunkte mit dem Orchester gab, blieb *Das Lied von der Erde* trotz der äußerst positiven Resonanz bis 1957 die einzige von Swarowsky geleitete Mahler-Aufführung im Konzertsaal, sieht man von einer Aufführung desselben Werkes am 3. November 1947 in Graz ab, wo er nun Direktor des Opernhauses geworden war, mit Julius Patzak und Anni Prunk

---

12 Friedrich Wildgans, Zwei Orchesterkonzerte unter Hans Swarowsky, in: *Österreichisches Tagebuch* 2 (1947), Nr. 1 (4.1.1947), S. 15 f.: 16.
13 Julius Benesch, Das Lied von der Erde, in: *Österreichische Rundschau*, Dez. 1946.
14 *Arbeiter-Zeitung*, 10.12.1946.
15 Wildgans, Zwei Orchesterkonzerte unter Hans Swarowsky (Anm. 12).

aus dem Grazer Ensemble. Swarowsky selbst maß dem Konzert große Bedeutung bei, handelte es sich doch um eines der Werke Mahlers, die ihm persönlich am nächsten lagen.[16]

Trotz der seltenen Konzert-Aufführungen waren fast sämtliche Mahler-Symphonien unter Swarowskys Leitung nach und nach für ein breites Publikum zugänglich: im Funkhaus der Ravag gab er am 21. Februar 1947 die Neunte sowie am 27. April 1947 und am 9. Oktober 1948 die Erste. 1949 sollten unter seiner Leitung sogar alle neun Symphonien Mahlers im Rundfunk erklingen. Seiner ersten Frau Lia Knöpfmacher konnte er berichten:

> Im Wiener Sender mache ich einen Zyklus aller Mahlersymphonien, jeweils zur Zeit des großen Symphoniekonzerts Sonntag Mittag um 11 Uhr 30 unserer Zeit. Wenn es da bei Euch möglich ist, zu hören, so versuch doch, uns hereinzubekommen. Die Erste ist am 9. Oktober. […][17]

Dieses Konzert (mit den Symphonikern) fand tatsächlich statt. Die Symphonien II und III wurden allerdings von Rudolf Moralt dirigiert; danach scheint das Projekt abgebrochen worden zu sein.

Im Wiener Konzertleben wurde es nach der Anfangsbemühung um Mahler bedeutend stiller, und die Aufführungen gingen auf etwa eine Symphonie pro Jahr zurück; nur 1951, als sich Mahlers Tod zum vierzigsten Mal jährte, erklangen in Wien fünf Werke (die Erste, Zweite, Vierte und Siebente sowie das *Lied von der Erde*). Nicht zuletzt aufgrund der hohen Anforderungen seiner Partituren spielten die Orchester Mahler äußerst ungern, und unter vielen Mitgliedern der Wiener Philharmoniker herrschte nach wie vor die Meinung, Mahlers Musik sei „abgeschrieben" und „gestohlen" bzw. „übertrieben und typisch jüdisch."[18]

Auch fehlte es an geeigneten Dirigenten, die nicht nur den Willen, sondern auch die Autorität gehabt hätten, Mahlers Werk durchzusetzen. Weder Herbert von Karajan, ehemaliges Mitglied der NSDAP, noch Karl Böhm, der – ohne Parteimitglied gewesen zu sein – jedenfalls mit den Nazis sympathisiert hatte, waren daran interessiert, ihre starke Position für Mahler zu verwenden. Die meisten Dirigenten, die in den 50er Jahren Mahler in Wien auf ihr Programm setzten, waren neben Swarowsky[19] und dem seinerzeit ebenfalls mit Berufsverbot diskriminierten Josef Krips[20] oder dem Schwei-

---

16 Vgl. das Kapitel „Grazer Oper".
17 Swarowsky an Lia Knöpfmacher, 25.9.1949, NlAS.
18 Interview mit Gerhard Scheit, Wien, 11.6.1996; Scheit/Svoboda, *Feindbild Gustav Mahler* (Anm. 6).
19 23. und 24.5.1957: Dritte Symphonie, 20.12.1957: *Das Lied von der Erde*, 9.6.1958: Achte Symphonie (Wiener Symphoniker).
20 10.5.1950: *Das Lied von der Erde*, 4. und 5.10.1956: Zweite Symphonie (Wiener Symphoniker).

zer Erich Schmid[21] Emigranten: Bruno Walter[22], Otto Klemperer[23], Karl Rankl[24], Paul Kletzki[25], Fritz Mahler[26], Michael Gielen[27], Hermann Scherchen[28]. Gemeinsam mit den wenigen, die geblieben waren und sich nach Kriegsende international für Mahlers Musik einsetzten wie Winfried Zillig[29] und Hans Rosbaud[30], die wie auch Schmid, Rankl, Mahler und Scherchen aus dem Schönberg-Kreis hervorgegangen waren, blieben sie „einsame Rufer in der Wüste"[31], denn sowohl Konzertagenturen als auch Medien übten noch Jahre nach Kriegsende große Zurückhaltung. Die Ursache dafür lag nicht zuletzt in der Tatsache, dass ein Großteil des Mahler-Publikums der 20er und 30er Jahre dem jüdischen Bildungsbürgertum angehört hatte, das 1938 vernichtet oder vertrieben worden war. Das Konzertpublikum nach 1945 hingegen ging aus dem Dritten Reich hervor und stand den Symphonien Mahlers skeptisch gegenüber. Ebenso zurückhaltend verhielt sich die Schallplattenindustrie, denn Produktionen mit Mahlers Werk bedeuteten nach wie vor ein großes finanzielles Risiko. So war 1951 lediglich eine Symphonie im Schallplattenhandel erhältlich und drei weitere nur direkt über die Schallplattenfirmen beziehbar. Erst 1956 konnte jede Symphonie auf Tonträger käuflich erworben werden.[32]

Auch die Wiener Kritikerszene bildete in dieser Hinsicht zwei Lager, was zwar durchaus der Situation in der Ersten Republik entsprach, doch war jenes der Mahler-Verehrer wesentlich kleiner geworden.[33] Zwar waren die meisten Rezensenten – mit

---

21 2.4.1957: Siebente Symphonie in Zürich (Tonhalle-Orchester).
22 15. und 16.1.1948: Zweite Symphonie, 1952: *Das Lied von der Erde*, 4. und 6.1.: Neunte Symphonie (Wiener Philharmoniker).
23 1951 und 1954: Zweite Symphonie (Wiener Symphoniker).
24 28.6.1949: *Das Lied von der Erde* (Wiener Symphoniker).
25 9. und 10.5.1951: Vierte und Fünfte Symphonie, 6.12.1951: *Das Lied von der Erde* (Wiener Symphoniker).
26 22.9.1957: *Das klagende Lied* (Wiener Symphoniker).
27 22. und 23.10.1958: *Das Lied von der Erde* (Wiener Symphoniker).
28 13.6.1951: Achte Symphonie, 13.6.1956: Neunte Symphonie (Wiener Symphoniker).
29 1955: Achte Symphonie in Hamburg.
30 1947: Siebente Symphonie in Berlin; 9. und 11.12.1958: Fünfte Symphonie in Zürich.
31 Horst Weber, Der dornige Weg zur „Mahler-Renaissance", in: Reinhold Kubik/Erich Wolfgang Partsch (Hg.), *Mahleriana. Vom Werden einer Ikone* [Ausstellungskatalog Jüdisches Museum Wien], Wien 2005, S. 15–22: 15.
32 Erich Wolfgang Partsch, Zur Geschichte der Internationalen Gustav Mahler Gesellschaft, in: ders. (Hg.), *Gustav Mahler. Werk und Wirken. Neue Mahler-Forschung aus Anlaß des vierzigjährigen Bestehens der Internationalen Gustav Mahler Gesellschaft*, Wien 1996, S. 11–33: 11 f.
33 Für die Zeit nach 1945 sind an einflussreichen Kritikern Peter Lafite und Rudolf Klein zu nennen, die im *Wiener Kurier* publizierten; Erich Schenk schrieb 1948/49 in der *Wiener Tageszeitung* ebenso wie Erik Werba, der vor allem als Liedbegleiter reüssierte; in der Nachfolgezeitung *Neue Wiener Tageszeitung* rezensierten Alexander Witeschnik, Roland Tenschert und Fritz Skorzeny; Tenschert wechselte zum *Wiener Kurier*, Karl Löbl begann bei der *Weltpresse* unter der Leitung von Max Graf; Hermann Ullrich leitete die Kulturredaktion des *Neuen Österreich*; in der Zeitung *Die Presse* übernahm dann in den 60er Jahren nach dem Tode von Heinrich Kralik Franz Endler die Stelle des Musikjournalisten; in der *Volksstimme* dominierte jahrelang

Ausnahme von Joseph Marx und Norbert Tschulik – bemüht, dem Mahlerschen Werk eine einigermaßen sachkundige Kritik angedeihen zu lassen, wobei das kaum gespielte Spätwerk – sieht man vom *Lied von der Erde* und der Achten Symphonie einmal ab – allgemein auf Ablehnung stieß.[34]

Gustav Mahler hatte in den 50er Jahren eine eigenartige Zwischenposition eingenommen: Dem konservativen Musikvereinspublikum galt er als zu modern – man bevorzugte Franz Schmidt und Joseph Marx –, während jener Teil des Konzerthauspublikums, der sich für die europäische Moderne begeisterte, Mahler gemeinsam mit den so gut wie nicht Aufgeführten wie Arnold Schönberg, Alban Berg, Franz Schreker oder Alexander Zemlinsky als veraltet und überholt ansah.[35]

1955 wurde in Wien die Internationale Gustav Mahler Gesellschaft Wien gegründet. Maßgeblich daran beteiligt war Swarowskys Freund aus dem Schönbergkreis Erwin Ratz, der wie Webern und Berg Mahler tief verehrte und bis zu seinem Tod der Gesellschaft als Präsident vorstand. Bruno Walter nahm die Ernennung zum Ehrenpräsidenten an, Alma Mahler wurde zum einzigen Ehrenmitglied gewählt. Die beiden Vorstände der Wiener Philharmoniker, Hermann Obermeyer und Helmut Wobisch[36], saßen als Abgesandte des Orchesters im Präsidium.

Die ersten Jahre ihrer Geschichte war die Gesellschaft ein wissenschaftlicher Ein-Mann-Betrieb in der Person von Erwin Ratz. Sie bestand aus Studienbibliothek und Arbeitsraum in dessen Privatwohnung. Ratz' von Schönberg und Webern geschulter Zugang war ein rein analytischer; er legte keinen Wert auf biografische Forschung. In unermüdlicher Arbeit erstellte er die ersten Bände der Kritischen Gesamtausgabe und ermöglichte eine umfassende Dokumentation der Quellen und Literatur. Auslandssektionen entstanden, die mitunter aus Geldmangel bald wieder schließen mussten. Trotz der spärlich vorhandenen Mittel konnte im Tätigkeitsbericht 1957 vermerkt werden, dass 70 Tonbänder und 36 Schallplatten archiviert, 1.500 Titel bibliografisch erfasst und 4.500 Seiten von Manuskripten bzw. von Mahler korrigierten Partituren reproduziert wurden.[37] Trotz intensiver Bemühungen der Gesellschaft zeigten die 50er Jahre aber ein eher „trostloses Bild des Mahler-Schrifttums": „Während die Avantgarde betre-

---

Marcel Rubin mit seinen Kritiken, in der *Wiener Zeitung* schrieb Norbert Tschulik. Vgl. Scheit/Svoboda, *Feindbild Gustav Mahler* (Anm. 6), S. 149.

34 Vgl. ebd., S. 142 ff.
35 Ebd., S. 151.
36 [Wobisch war vor 1938 aktives Partei- und SS-Mitglied gewesen, Obermeyer hatte zumindest „dem Regime nahegestanden" (Silvia Kargl/Friedemann Pestel, *Ambivalente Loyalitäten: Beziehungsnetzwerke der WIENER PHILHARMONIKER zwischen Nationalsozialismus und Nachkriegszeit, 1938–1979*. Durchgesehene und aktualisierte Version März 2017, http://wphdata.blob.core.windows.net/documents/Documents/pdf/NS/ns_kargl_pestel_ambivalente_loyalitaeten_de_v02.pdf (3.8.2021), S. 34) – Hg.]
37 Partsch, Zur Geschichte der Internationalen Gustav Mahler Gesellschaft (Anm. 32), S. 17.

ten schwieg, trugen die alten Kämpen aus der braunen Ära wie Hans Schnoor, Walter Abendroth und Hans Joachim Moser mit heuchlerischer Miene Mahler zu Grabe."[38]

Ganz anders stellte sich die Situation im Exil dar: Musiker, die noch persönlich mit Mahler gearbeitet hatten wie Bruno Walter, Otto Klemperer und Frederick Charles Adler, trugen Mahlers Musik in die USA mit. In zahlreichen Aufführungen und Platteneinspielungen engagierten sie sich bereits während des Krieges für sein Werk. Jüngere Kollegen folgten ihrem Beispiel: Fritz Reiner, Eugene Ormandy, George Szell, William Steinberg, Jascha Horenstein, Georg Solti, aber auch Amerikaner wie Leopold Stokowski, Leonard Bernstein und Dimitri Mitropoulos, langjähriger Chef des New York Philharmonic Orchestra, dessen Bedeutung für Mahler nicht unterschätzt werden darf. Auch in England waren Emigranten wie Karl Rankl, Walter Goehr und Berthold Goldschmidt als Dirigenten, Egon Wellesz als Kommentator[39] an der Mahler-Pflege maßgeblich beteiligt.

Jubiläumsjahr 1957

Nach 1945 kam auch im übrigen Europa die Mahler-Pflege wieder in Gang, wenn auch in Deutschland und Österreich eher zaghaft. Besonders in Wien, Mahlers wichtigster Wirkungsstätte als Dirigent, tat man sich weiterhin schwer. 1957 feierte man hier jedoch ein doppeltes Jubiläum: 1897 war Mahler zum Hofoperndirektor bestellt worden und 1907 hatte er demissioniert. Aus diesem Anlass kam eine große Anzahl von Mahler-Aufführungen zustande, die nach internationalem Maßstab beispiellos war. Es erklangen die Erste,[40] die Dritte[41], die Sechste[42], die Neunte[43] und das Adagio der Zehnten[44], ferner *Das klagende Lied*[45] und das *Lied von der Erde*[46]. Als erster Höhepunkt erwies sich die Aufführung der Neunten Anfang März 1957 unter Rafael Kubelik. Trotz des großen Ereignisses schien sich das Interesse des Publikums jedoch weiterhin in Grenzen zu halten:

---

38 Zitiert nach Weber, Der dornige Weg (Anm. 31), S. 16.
39 Etwa: Mahlers Instrumentation, in: *MdA* 12 (1930), S. 106–110; Mahler's Orchestration, in: *Monthly Musical Record* 60 (1930), S. 321–323; The Symphonies of Mahler, in: *MR* 1 (1940), S. 2–23; Reminiscences of Mahler, in: *Score*, Nr. 28 (Jan. 1961), S. 52–57; Erinnerungen an G. Mahler und A. Schönberg, in: *Orbis musicae* 1 (1971/72), S. 72–82.
40 2.6. Maazel (Wiener Symphoniker).
41 23./24.5. Swarowsky (Wiener Symphoniker).
42 21. und 22.9. Mitropoulos (Wiener Philharmoniker).
43 2. und 3.3. Kubelik (Wiener Philharmoniker).
44 9.10. und 11.4. Moralt (Wiener Symphoniker).
45 22.9. Fritz Mahler (Wiener Symphoniker).
46 20.12. Swarowsky (Wiener Symphoniker).

Abb. 1: Aufführung von Mahlers 3. Sinfonie, Wiener Konzerthaus, 23.5.1957 (HSA)

Die Abonnenten, die gekommen waren, hatten nichts zu bereuen. Die jedoch Karten hatten und sie vor dem Konzert wieder zurückgaben – und das waren laut Aussage der hiefür zuständigen Kanzlei nicht eben wenige –, dürfen sich getrost und in aller Öffentlichkeit ein wenig schämen. [...] Von dieser betrüblichen Ignoranz, die sich auch am Samstag durch Lücken im Parkett bemerkbar machte, abgesehen, bedeutete das Konzert einen ungetrübten Genuß.[47]

Unverständnis gegenüber der späten Symphonik Mahlers zeigte sich auch, als im April 1957 der Torso der Zehnten gespielt wurde, denn „das Publikum reagierte lau."[48] „Jedenfalls wurde 1957 nicht zur Initialzündung für die Mahler-Renaissance, und dies mag ein erster Hinweis darauf sein, dass Aufführungen allein nicht genügen, um die Wiedergeburt eines Komponisten ins Werk zu setzen"[49], urteilt Horst Weber.

Nichtsdestoweniger wurden Swarowskys Aufführungen der Dritten am 23. und 24. Mai 1957 zu einem bis heute legendären Triumph für Wien, für Mahler und nicht

---

47 Herbert Schneiber, Mahler hat es in Wien heute noch schwer. Rafael Kubelik leistete Pionierarbeit, aber das philharmonische Abonnementspublikum gab zum Teil die Karten zurück, in: *Neuer Kurier*, 4.3.1957.
48 Herbert Schneiber, Lauter Meisterwerke. Gestern im Konzerthaus: Moralt dirigierte, in: *Neuer Kurier*, 12.3.1957, zitiert nach Scheit/Svoboda, *Feindbild Gustav Mahler* (Anm. 6), S. 170.
49 Weber, Der dornige Weg (Anm. 31), S. 16.

zuletzt für Swarowsky, der sich nun endgültig als Mahler-Dirigent bewiesen und insbesondere die Dritte, die ihn als jungen Studenten zur Musik bekehrt hatte, zu „seiner" Symphonie gemacht hatte. Mit ihr sollte er nun viele Male in Wien und der ganzen Welt Erfolge feiern. Der Abend wurde durch „die Größe und Geistgebundenheit des Musizierens zu einem absoluten Höhepunkt des ganzen Konzertjahres", urteilt Herbert Schneiber:

> In der Aufführung durch Hans Swarowsky war trotz relativ geringer Probenzahl der Geist des Werkes zu jeder Sekunde präsent. Ein Beweis für die Intellekt- und Gefühlsgespanntheit des Dirigenten und sein Stilwissen, ein Zeugnis auch für die Pultautorität Swarowskys, der das eineinhalb Stunden währende Opus auswendig dirigierte und dem orchestralen und vokalen Riesenaufgebot ständig die eigene Intensität des Erlebens mitzuteilen wußte. Eine dirigentische Großleistung, aus der im Verein mit den ebenso interessiert wie nuancenreich musizierenden Symphonikern die Großtat einer bedeutenden Mahler-Aufführung resultierte. Der Frauenchor der Singakademie, die Sängerknaben und Hilde Rössel-Majdan als stil- und ausdrucksvolle Solistin hatten im vokalen Gefolge ihre Verdienste um den Abend, Walter Schneiderhan, Josef Röhm und Eduard Körner waren die brillanten Orchestersolisten.[50]

Swarowsky hatte mit seiner Aufführung nicht nur ein Schlüsselwerk der Mahlerschen Symphonik für das Wiener Publikum wiederentdeckt, sondern insbesondere mit seiner Mahler-treuen Wiedergabe bewiesen, dass er einer der wichtigsten Kenner der Mahlerschen Musik im Lande war:

> Man hat an diesem Abend Gustav Mahler kennengelernt, genau und gründlich. Einmal, weil die dritte Symphonie, nur alle Jahrzehnte einmal zu hören, ein exaktes Bild von dem Komponisten gibt, und dann, weil sie in einer Wiedergabe erklang, die dieses Bild in höchster Treue reproduzierte, keinen Strich daran änderte, aber auch nichts im Schatten ließ.
> Hans Swarowsky fällt das Verdienst zu, eine der schönsten, ja vielleicht die schönste Mahler-Aufführung der letzten Jahre geschaffen zu haben. Ähnliche Präzision bei einem rhythmisch derart romantisch-biegsamen, unaufhörlich Stimmung und Richtung ändernden Werk wird nicht jeden Tag erzielt: es gehört dazu ein Dirigent ohne Mätzchen, die gehörige Anzahl Proben, der gute Wille aller Beteiligten – und ein Orchester, das imstande ist, über sich hinauszuwachsen. Was die Wiener Symphoniker an diesem Abend leisteten, das könnte nahezu so, wie es vom Rundfunk mitgeschnitten wurde, auf die Schallplatte übertragen werden.[51]

---

50 Herbert Schneiber, Das Musikfest hat bereits begonnen, in: *Neuer Kurier*, 25.5.1957.
51 Rudolf Klein, Ein Heldendenkmal für Gustav Mahler, in: *Bild-Telegraf*, 25.5.1957.

Marcel Rubin sprach in seiner Rezension an, was Swarowsky zeit seines Lebens bedauerte, denn nur allzu oft sah er sich selbst und sahen ihn seine Anhänger als den „Propheten im eigenen Land":

> Die Aufführung der Dritten Symphonie im Konzerthaus unter der Leitung von Hans Swarowsky war verdienstvoll nicht nur als ein wichtiger Schritt auf dem Weg der Wiederentdeckung Mahlers in Österreich, sondern auch durch ihre Sauberkeit, die Ausarbeitung vieler Details, die Klarheit des Klangbildes, kurz durch eine Qualität, die den Dirigenten als einen bedeutenden, leider mehr im Ausland als in seiner Heimat gewürdigten Künstler ausweist.[52]

Mit der Dritten legte Swarowsky nicht nur ein bedingungsloses Bekenntnis zu Mahler ab, sondern auch Zeugnis für seine Qualität als Dirigent und Musiker:

> Hans Swarowsky, der das Riesenwerk partiturfrei dirigiert, vollbrachte damit eine Leistung, die für seine Musikalität, seine technisch souveräne Stabkunst und sein Konzentrationsvermögen, wie mehr noch für das aus ganzer Seele kommende Untertauchen in den Geist dieser Musik höchste Bewunderung abfordert. [...] Regierte vom Pult her der Geist saubersten Studiums und völliger Sicherheit, so erhob sich dieser im Schlußadagio zum inbrünstigen Gebet, entführte dorthin, woher es gekommen ist: in mystische Fernen.[53]

Seinem Sohn Anton konnte Swarowsky glücklich berichten:

> Meine Dritte war das Ereignis der Saison, alles spricht in Wien davon. Schade, dass diese nicht aufgenommene Symphonie von niemandem genommen wird. Sie ist ein wunderbares Werk. [...] Ich bin nun in Wien wieder ziemlich groß geworden. Wenn es gut geht, habe ich im nächsten Festival die achte Mahler.[54]

Das Konzert wurde zwar entgegen Swarowskys Aussage aufgezeichnet, jedoch nie auf Schallplatte herausgegeben. Der dritte Satz ist nunmehr auf der Begleit-CD des 2005 erschienenen Katalogs der Ausstellung „Mahleriana. Vom Werden einer Ikone"[55] veröffentlicht. Es handelt sich um ein beeindruckendes Tondokument von äußerster Konzentration und Klarheit. Die Proportionen des Satzes wirken gefestigt und strukturiert. Insbesondere die Transparenz des Orchestersatzes und die logisch-flüssige Bewegung ermöglichen ein tiefes Eintauchen in Mahlers Klangwelt. Viele Jahre später urteilte Swarowsky:

---

52 Marcel Rubin, Die Wiederentdeckung Gustav Mahlers, in: *Volksstimme*, 28.5.1957.
53 Fritz Skorzeny, Was mir die ewige Liebe erzählt ..., in: *Österreichische Neue Tageszeitung*, 28.5.1957.
54 Hans Swarowsky an Anton Swarowsky, undatiert (ca. 20.6.1957), NlAS.
55 Kubik/Partsch (Hg.), *Mahleriana* (Anm. 31).

Nach dem zweiten Weltkrieg war ich einer von jenen, die die sogenannte Mahler-Renaissance ankurbelten, und zwar mit jener III. Symphonie, die mich seinerzeit so ergriffen hat. Es ist übrigens interessant, daß Schönberg erst dann Mahler zu verehren begann, nachdem er die III. Symphonie kennengelernt hatte.[56]

Swarowskys Erfolg war um so erstaunlicher, als man ihm von Seiten des Orchesters jene ambivalente Haltung entgegengebracht hatte, die für das Verhältnis zwischen Swarowsky und den Wiener Musikeinrichtungen charakteristisch war, und so musste er die Symphoniker in Abwesenheit der prominentesten Instrumentalisten dirigieren, die sich auf Tournee befanden. Im Allgemeinen bedauerte man, dass das Publikum kaum Gelegenheit erhielt, Mahlers Musik, und da insbesondere die Dritte, zu hören, denn

ein so selten aufgeführtes, irgendwie aus dem Bewußtsein unserer Zeit getretenes riesiges Werk kann natürlich weder von den Künstlern noch vom Publikum beim erstenmal erarbeitet und ganz verstanden werden. Aber die Aufführung bedeutet ein entschiedenes Verdienst des Konzerthauses und Swarovskys [sic], der zu den Aposteln des großen Symphonikers gehört.[57]

Währenddessen war in den europäischen Nachbarländern bereits eine weniger belastete Mahler-Pflege entstanden. Hermann Scherchen trat in Italien mit Konzerten für Mahler ein und in den Niederlanden lebte die Mahler-Tradition der 20er Jahre wieder auf. Otto Klemperer, der inzwischen wieder ans Dirigierpult zurückgekehrt war, leitete 1954 und 1955 die Vierte Symphonie in Rotterdam und Amsterdam. Ein Jahr später erklang die Siebente Symphonie unter Eduard Flipse in Rotterdam. Flipse kannte die holländische Mahler-Tradition aus eigenem Erleben und hatte sich als Mahler-Dirigent einen internationalen Ruf erworben; so war er schon 1954 nach Los Angeles eingeladen worden, um die Siebente in der Hollywood Bowl zu dirigieren. Nach 1945 dirigierte er in Europa auch Schallplatteneinspielungen der Sechsten und Achten Symphonie, die Philips unter dem Schlagwort „Mahler-Renaissance" herausbrachte – ein Slogan, der sich bald als zukunftsträchtig erweisen sollte.[58]

---

56 Swarowsky, Rückblick, in: *WdG*, S. 260.
57 Y. [Hermann Ullrich], Mahlers Natursymphonie unter Hans Swarowsky, in: *Neues Österreich*, 26.5.1957.
58 Wolfgang Schlüter, Die Wunde Mahler. Zur Rezeption seiner Symphonien, in: Musik-Konzepte Sonderband. *Gustav Mahler*, hg. von Heinz-Klaus Metzger/Rainer Riehn, München 1989, S. 7–149: 17. [Die erste Aufnahme der Sechsten hatte F(rederick) Charles Adler mit den Wiener Symphonikern bereits 1952 herausgebracht. – Hg.]

Abb. 2: Proben zu Mahlers 8. Sinfonie, Musikverein Wien, 9.6.1958 (HSA)

Achte Symphonie 1958

Den Mahler-Höhepunkt des Jahres 1958 bildete die Aufführung der Achten anlässlich des Europäischen Chorfestes mit den Wiener Symphonikern unter Hans Swarowsky. Ein gewaltiges Vorhaben, „das bewunderungswürdig bleibt, selbst wenn es nur zu Teilen gelingt – gelingen kann"[59], denn die Achte galt in ihren enormen Dimensionen als aufführungstechnische Herausforderung. Ausführende waren neben den Symphonikern die Singakademie des Konzerthauses, der Singverein des Musikvereines, die Wiener Sängerknaben und die Solisten Mimi Coertse, Gerda Scheyrer, Christiane Sorell, Christa Ludwig, Dagmar Hermann, Robert Charlebois, Eberhard Wächter und Oskar Czerwenka. Swarowsky wurde anlässlich der Aufführung auf Wunsch Alma Mahler-Werfels mit der Ehrenmitgliedschaft der Mahler-Gesellschaft ausgezeichnet. Das gigantische Werk fand unter den Kritikern nicht nur Anhänger und man lobte im Allgemeinen Swarowskys dirigentische Bewältigung eines solch riesigen Apparates. Er „beherrschte mit souveräner, klarer Zeichengebung das Massenaufgebot zu seinen Füßen, war im Rahmen des Möglichen um klangliche Differenzierungen bemüht und gab dem Gesamtablauf dämonischen Schwung."[60] Im Grunde waren sich die Rezen-

---

59 Herbert Schneiber, Mahlers Griff nach den Sternen, in: *Neuer Kurier*, 10.6.1958.
60 Ein Monument: die VIII. Mahler, in: *Bild-Telegraf*, 13.6.1958.

senten einig, dass Swarowskys Leistung in Anbetracht der seltenen Aufführung eines so schwierigen Werkes – man hatte die Achte nur 1951 unter Hermann Scherchen gespielt – eine durchaus lobenswerte und solide war, wenn auch nicht ohne gewisse – vielleicht sogar vermeidbare – Schwächen. Hermann Ullrich und Heinrich Kralik bedauerten die dynamische Unsensibilität insbesondere des ersten Teiles:

> So kann man auch von der Aufführung dieses einzigartigen Werkes sagen, daß im normalen Ablauf einer Konzertsaison nur teilweise Realisierungen möglich sind, und daß man dankbar sein muß, wenn Geist und Stil der Wiedergabe die künstlerischen Formen und Charaktere, die der Aufführung vorschweben, gleichfalls erahnen lassen. Dieser Vorzug darf der Aufführung unter Hans Swarowsky in vollem Maße zugesprochen werden. Man spürt die gläubige Gesinnung, die den Gedankenzug des Hörers in die richtige Bahn lenkt, unbeschadet der Tatsache, daß die Aufführung den Eindruck machte, in der technischen Ausarbeitung noch nicht fertig zu sein. Auch wurde zumal der erste Teil in einem sozusagen summarischen Fortissimo gehalten, so daß die Gliederungen und Abstufungen im Ausdruck und in der Dynamik nur schattenhaft erkennbar waren. Gleichviel, die Aufführung vermittelte eine packende Idee von der Würde und der Größe des Werkes.[61]

> Die von Hans Swarowsky mit großer Sorgfalt und Umsicht studierte und geleitete Aufführung verwirklichte nicht alle Absichten des Komponisten und litt an Klangüberfülle und dynamischer Schattierungsarmut, vor allem im ersten Satz. Piani waren selten, sie steigerten sich meist zu Mezzofortes, und oft schien die Klangorgie die ehrwürdigen Mauern des Musikvereinssaals ins Wanken zu bringen. Weit besser der zweite Teil, der differenzierter und stellenweise wirklich prächtig geformt, schön gesteigert und sinnvoll belebt war.
> An Bruno Walters, Klemperers oder Mengelbergs Mahler-Feste darf man nicht denken, sie sind heute nicht mehr realisierbar. Aber was Fleiß, Initiative und Musikalität vermochten, war da, und erzielte eine trotz mancher Mängel und Schwankungen durchaus annehmbare Aufführung.[62]

Herbert Schneiber sah die Ursachen für die Schwächen der Aufführung in erster Linie in dem problematischen Werk eines „Naturmystikers" und „Gefühlsneurotikers", der einen eigentlich „unvertonbaren Vorwurf" mit Mühe vertont hatte. Wie viele Kritikerkollegen maß er der Achten nur mehr historischen Wert bei. Die dynamischen Schwächen führte er auf die Größe des Raumes zurück:

---

61 Kr., Gustav Mahler „Symphonie der Tausend", in: *Die Presse*, 11.6.1958.
62 Y. [Hermann Ullrich], Europäisches Chorfest: Mahlers Achte, in: *Neues Österreich*, 11.6.1958.

Möglich, daß die von Swarowsky mit Bedacht ausgelösten Evolutionen in einem größeren Raum besser, überhörbarer zur Geltung gekommen wären. Wo dies dennoch geschah, war freilich eine schöpferische Kraft spürbar, die den Sinn des Textes aus dem Geist der Musik neu erstehen ließ.[63]

Einig war man sich über den erschwerenden Umstand, dass das komplexe Werk nie gespielt wurde, und darin, dass Swarowskys Leistung trotz allem besonders lobenswert war:

Die Aufführung des ganz selten gespielten monumentalen Werkes war dessen ungeachtet ein Verdienst, im speziellen ein Verdienst von Hans Swarowsky, der das riesenhafte Opus ebenso beherrschte wie das riesenhafte Aufgebot zu seiner Verwirklichung, und der seine permanent Höchstspannung erfordernde Funktion mit außerordentlichem Temperament und außerordentlichem Geist erfüllte.[64]

Sie alle, Chöre, Solisten, Orchester und Dirigent, unterzogen sich damit einer ebenso dankenswerten wie großen und schweren Aufgabe, die sie nach ihren besten Kräften erfüllten. Der große Mahler-Schüler und -prophet Bruno Walter, der größte heute lebende nachschöpferische Musiker, hat uns hier das ideale und vollkommene Maß der Aufführung dieses Werkes hinterlassen; ihm nahezukommen, waren alle Beteiligten mit heiligem Eifer bemüht, und das ist schon viel. Das Dank des Publikums war ehrlich, groß und herzlich.[65]

Der Mahler-Gegner Norbert Tschulik kam in der *Wiener Zeitung* zu dem Schluss, dass diesem „Monsterwerk, dessen Problematik nicht allein im aufführungstechnischen Bereich, sondern auch in der erschütternden Zwiespältigkeit der künstlerischen Erscheinung Mahlers liegt", durch Swarowsky „eine nicht mehr als handwerkliche Wiedergabe" widerfuhr, „der der souveräne Zusammenhalt fehlt und [die] die Schwächen des Werkes nicht milderte, sondern eher lautstark unterstrich."[66] Das Publikum brachte dem Werk jedenfalls „ehrliches Verständnis" entgegen und bereitete eine „freudige und festliche Aufnahme."[67]

1958 fanden außerdem Aufführungen der Zweiten, Vierten, Zehnten, der *Kindertotenlieder*, des *Liedes von der Erde* und der *Lieder eines fahrenden Gesellen* statt. „Wenngleich damit nicht von einer wesentlichen Auseinandersetzung mit dem Mahlerschen Werk gesprochen werden kann, so ist immerhin für dieses Jahr eine gewisse Kontinuität festzustellen"[68], urteilen Scheit/Svoboda. Karl Löbl sah den endgültigen Durchbruch

---

63 Schneiber, Mahlers Griff nach den Sternen (Anm. 59).
64 Ebd.
65 Hans, Die „Symphonie der Tausend", in: *Arbeiter-Zeitung*, 11.6.1958.
66 –t–k. [Norbert Tschulik], Übersteigertes Streben nach der Höhe. Mahlers 8. Symphonie beim Europäischen Chorfest, in: *Wiener Zeitung*, 11.6.1958.
67 Kr., Gustav Mahler „Symphonie der Tausend", (Anm. 61).
68 Scheit/Svoboda, *Feindbild Gustav Mahler* (Anm. 6), S. 179.

zumindest des *Liedes von der Erde* in Wien gekommen, als im Oktober dieses Jahres Michael Gielen für Paul Kletzki einsprang. Neben Gielen konnte ein weiterer junger Dirigent mit Mahler seinen Durchbruch feiern: Der achtundzwanzigjährige Lorin Maazel leitete die Zweite mit den Wiener Symphonikern und erntete Lobeshymnen. Er wurde für drei weitere Konzerte in der folgenden Saison engagiert.

Im November dirigierte Swarowsky, nun Chefdirigent des Scottish National Orchestra, das *Lied von der Erde* in Edinburgh und Ende Dezember wiederum in Wien, diesmal mit den Niederösterreichischen Tonkünstlern, Christa Ludwig und Robert Charlebois. Das späte Werk kann mit Abstand als das bevorzugte Mahler-Werk der 50er Jahre gelten. Es wurde sogar beim letzten Konzert der Mahler-skeptischen Salzburger Festspiele 1959 von Rafael Kubelik, der mittlerweile als „Mahler-Apostel" in der Nachfolge von Bruno Walter gehandelt wurde[69], dirigiert, allerdings gelang es ihm nicht, die „lieblos musizierenden"[70] Philharmoniker von der Musik zu überzeugen. Die Rezensionen des Tonkünstlerkonzertes bezeichneten Swarowsky als „einen der letzten großen Mahler-Dirigenten", der die Tonkünstler „stilsicher und kraftvoll"[71] führte und zu „immer beachtlicherer Kapazität" emporstieg. „In seiner dramatisch-leidenschaftlichen Interpretation" habe er insbesondere „das herbstliche Leuchten der Orchesterpartitur eindringlich nachgezeichnet, dabei aber in seiner temperamentvollen Hingabe an das herrliche Werk manches, besonders in den kraftvollen Tenorliedern, dynamisch übersteigert."[72]

Swarowskys „persönliche Zeitmaße" wurden nicht von allen geschätzt. Im *Express* würdigte man ihre Logik und den Versuch, „die oft langatmige Versponnenheit der Musik (etwa in ‚Der Abschied') zu raffen und dem Orchester ein Maximum an Klangschönheit abzugewinnen."[73] In der *Österreichischen Neuen Tageszeitung* kritisierte man jedoch, dass er „etwa gleich das ‚Trinklied vom Jammer der Erde', dramatischer auf[fasste] (und [...] damit dem Sänger eine schwere Aufgabe [stellt]); auch nahm er manches Tempo zu Ungunsten des lyrischen Grundtones rascher. [...] Jedenfalls war das Publikum damit einverstanden und bereitete ihm [...] mehrfache Hervorrufe."[74]

Das Konzert wurde aufgezeichnet und als Begleit-CD dem schon erwähnten Katalog der Ausstellung „Mahleriana. Vom Werden einer Ikone"[75] beigefügt. Es handelt sich dabei zweifellos nicht bloß um ein einfaches Zeitdokument, um einen Zeugen „der

---

69 Kubelik als Mahler-Apostel. Das letzte Konzert der Salzburger Festspiele 1959, in: *Salzburger Volkszeitung*, 1.9.1959.
70 R. Wolf, Abschied in Resignation. Die Wiener Philharmoniker unter Rafael Kubelik, in: *Salzburger Volksblatt*, 1.9.1959.
71 –ibe-, Abschied von der Romantik, in: *Neuer Kurier*, 5.1.1959.
72 P-er, Mahlers Lebensabschied, in: *Arbeiter-Zeitung*, 3.1.1959.
73 Dir, Lied von der Erde, in: *Express am Morgen*, 3.1.1959.
74 W-l, Ergreifender Abschied, in: *Österreichische Neue Tageszeitung*, 6.1.1959.
75 Kubik/Partsch (Hg.), *Mahleriana* (Anm. 31).

frühen Versuche, Mahler im Österreich der Nachkriegszeit in gleichem Ausmaß wie in New York, Amsterdam oder London zu etablieren"[76], sondern um eine in ihrer konturierten Klarheit und scharfen Farbigkeit äußerst beeindruckende Aufnahme, die in ihrer Intensität ihresgleichen sucht. Christa Ludwigs bewegend dunkel-timbrierter Gesang vervollkommnet die Aufnahme. Michael Haas bezeichnet sie als „sicherlich einen der wertvollsten geheimen Schätze des Archivs der IGMG."[77]

Das Jahr 1959

Auch 1959 setzte Swarowsky Mahler auf sein Programm des ersten „Sonntagnachmittagskonzertes der Europäischen Musik" mit den Niederösterreichischen Tonkünstlern. Neben Schuberts *Italienischer Ouvertüre* und Bruckners Siebenter Symphonie sang Hans Braun die *Lieder eines fahrenden Gesellen*, die in der Interpretation des Sängers, der kurzfristig für den erkrankten Herbert Brauer einsprang, die *Lieder* zum ersten Mal aufführte und selbst indisponiert war, kein gutes Presseecho erhielten. Im *Kurier* lobte man immerhin die feine orchestrale Ausarbeitung und den „kammermusikalischen Duktus."[78] Auch in der *Neuen Tageszeitung* betonte man trotz allem die positive Orchesterarbeit. Swarowsky „ist dieser Musik mit Überzeugung ergeben und wußte sie aus dem sehr fein spielenden Orchester stilgerecht aufblühen zu lassen."[79]

Das Interesse von Staat und Gesellschaft an Mahler hatte sich seit der Zeit unmittelbar nach 1945 beträchtlich gewandelt. Auf Initiative der Gustav Mahler Gesellschaft wurde im September 1959 eine Gustav-Mahler-Gedenktafel in Steinbach am Attersee enthüllt – an jenem Gasthaus, in dem Mahler einst logierte und in dessen Nähe er sein Komponierhäuschen bauen ließ. Bei den feierlichen Reden wurden für das Jahr 1960 größere Mahler-Veranstaltungen angekündigt.

Das Jubiläumsjahr 1960

1960 beging man schließlich den 100. Geburtstag des Komponisten. In New York dirigierte Mitropoulos die Fünfte Symphonie als Silvestervorstellung in der Carnegie Hall. Ihm folgten Bernstein mit der Zweiten und Vierten, George Szell mit der Neunten,

---

76 Michael Haas, Ein Spaziergang durch das Tonarchiv der Internationalen Gustav Mahler Gesellschaft, in: Kubik/Partsch (Hg.), *Mahleriana* (Anm. 31), S. 115–117: 117.
77 Ebd.
78 R. W., Von Österreich nach Europa, in: *Kurier*, 26.10.1959.
79 -rz-, Europäische Musik, in: *Österreichische Neue Tageszeitung*, 30.10.1959.

Mitropoulos präsentierte die Zehnte und der Wiener Emigrant Fritz Jahoda die amerikanische Erstaufführung des *Klagenden Lieds* mit den Musikern des New York College of Music. Auch in Amsterdam gedachte man Mahlers mit der Zweiten unter Rafael Kubelik.

Natürlich fühlte man sich auch in Wien verpflichtet, Mahlers 100. Geburtstag zu würdigen, was jedoch nicht hieß, dass man ihn als Schwerpunkt in den Wiener Konzerthäusern finden konnte – im Wiener Musikverein standen sieben Konzerten mit Mahler etwa 22 mit Brahms gegenüber. Nur die Wiener Festwochen programmierten dementsprechend. In der deutschen Presse wurden in einer Bilanz der Feierlichkeiten kritisiert,

> daß selbst im Jahr des 100. Geburtstages die Werke Mahlers nur einen bescheidenen Raum in dem überreichen Gesamtprogramm einnehmen konnten. Es hing wohl mit finanziellen Erwägungen zusammen, daß zwar das symphonische Gesamtwerk Beethovens (unter Otto Klemperer, einem der größten Mahler-Interpreten!!), nicht aber dasjenige Mahlers aufgeführt wurde.[80]

Das Mahler-Jahr wurde mit der Ersten Symphonie unter Josef Krips eröffnet. Die Kritiker spiegelten die Eindrücke des Publikums wider, das immer noch befremdet auf die Musik reagierte.[81] Am 3. und 4. Februar 1960 folgte die Dritte Symphonie, die man vertrauensvoll in Hans Swarowskys Hände legte, nachdem er drei Jahre zuvor mit ihr Triumphe gefeiert hatte.

> Die Presse lobte seine Fähigkeit, die riesigen Dimensionen des Werkes nicht durch emotionale Exaltation, sondern durch Formgefühl und Genauigkeit im agogischen Detail zu bewältigen. Damit stellte er sich in die Nachfolge seines Lehrers Webern, von dessen „heiliger Nüchternheit" als Dirigent die Zeitgenossen beredt Zeugnis abgelegt haben.[82]

Auch in Zusammenhang mit der Dritten sprach man von „unproportionierter Länge", „hypertropisch, titanenhaft und oft bizarr"[83], doch würdigte man Swarowsky als echten Mahler-Dirigenten.

> Das Werk fordert einen ganzen Mann und bedeutenden Orchesterführer, und wir freuen uns, sagen zu können, daß Swarowsky seine Aufgabe zu lösen verstand. In der immer klei-

---

80 Ernst Mengler, Wien im Gustav Mahler-Jahr, in: *Rhein-Zeitung* (Koblenz), 23.7.1960, zitiert nach Scheit/ Svoboda, *Feindbild Gustav Mahler* (Anm. 6), S. 185 f.
81 Vgl. Weber, Der dornige Weg (Anm. 31), S. 18.
82 Ebd.
83 Y. [Hermann Ullrich], Mahlers Dritte unter Swarowsky, in: *Neues Österreich*, 6.2.1960.

ner werdenden Schar echter Mahler-Dirigenten behauptet er seinen Platz mit Ehren, und wenn das Werk auf eine zum großen Teil unvorbereitete und Mahler beziehungslos gegenüberstehende Hörerschaft tiefen Eindruck machte, so ist das ebenso sein Verdienst, wie jenes der mit Hingebung musizierenden Symphoniker, der immer verläßlichen Singakademie und der Wiener Sängerknaben. Im Alt-Solo lernte man in Ursula Boese eine vortreffliche Sängerin mit schönem, kraftvollem und doch sorgfältig nuancierendem Alt kennen.[84]

Karl Löbl – auch er hatte trotz der „handwerklich grandios konzipierten Musik" Schwierigkeiten, „sich in diese üppige Welt und ihre romantische Hypertrophie, in ihre artistisch raffiniert vorgetäuschte Naivität und Erzählfreude hineinzuhören"[85] – zweifelte nicht an Swarowskys Interpretation:

> Die Aufführung […] war ausgezeichnet studiert, klanglich sorgfältig disponiert, exakt und von starker Intensität. Hans Swarowsky, der mit diesem Werk schon vor drei Jahren im Konzerthaus beeindruckte, hat auch diesmal sein Verständnis, seine Liebe und sein Wissen um Mahlers Musik bewiesen und vor allem Wissen und Liebe auch akustisch wahrnehmbar gemacht. Seine ruhige Souveränität, die nur zuweilen in die Erregung des aktiven Miterlebens umschlug, war imponierend und zweckmäßig zugleich.[86]

Norbert Tschulik, der seine Mahlersicht ein wenig dem Zeitgeist anzupassen versuchte, interpretierte die Aufführung, die ein „dem Mahler-Gedenkjahr würdiges Niveau" hatte, als „Sieg Mahlers", auch wenn sein guter Geschmack anfangs rebellieren wollte:

> Hans Swarowsky wußte das Bekenntnishafte von Mahlers Werk herauszuarbeiten und den reichen Strom seiner musikalischen Phantasie, die der Natur und dem Volkstümlichen so zugewandt war, deutlich zu machen. Im ersten Satz betonte er zwar die etlichen grellen Stellen, die hier, wie des öfteren im Schaffen dieses Komponisten, aus dem genialen Rahmen fallen, etwas zu sehr, aber schon die Introduktion dieses Satzes war von eindrucksvoller Intensität. Die in der zweiten Abteilung zusammengefaßten Sätze waren dann ein ununterbrochenes Crescendo voll naturhaften Klingens, voll Empfindungsstärke, voll reiner echter Musikalität, gekrönt von dem großen melodischen Abgesang des Schlußsatzes, den Swarowskys hingebungsvolles, von den Wiener Symphonikern gefördertes Musizieren in die Sphären eindringlicher Erlebnishaftigkeit empor- und zum Siege führt.[87]

---

84 Ebd.
85 Karl Löbl, Intensive Romantik und eine neue Ferrier, in: *Express*, 5.2.1960.
86 Ebd.
87 –t-k. [Norbert Tschulik], Mit Hingabe zum Siege geführt, in: *Wiener Zeitung*, 6.2.1960.

Herbert Schneiber bedauerte, dass für Gustav Mahlers Musik „in Wien immer noch Siege errungen werden" mussten:

> Umso bedeutsamer war der gestrige Abend im Musikverein, an dem Hans Swarowsky Geist- und Gefühlsgespanntheit im Verein mit einer von Liebe inspirierten Werkvertrautheit einen großen Sieg für Mahler errang. Der Beifall nach der „ersten Abteilung" der monumentalen Symphonie und der Applaus am Ende war stark, spontan, anhaltend, hatte alle Zeichen des Dankes für ein großes Erlebnis. […] Es war in erster Linie dem Dirigenten zu danken, seinem Mahler-Enthusiasmus, seiner Sachkenntnis, seiner psychischen und physischen Kraft, das große Aufgebot immer am Werk und stets in der Hand zu haben. Swarowsky, der sich an diesem Abend selbst übertraf, packte zudem durch eine nicht alltägliche Gefühlsstrahlung bei der Gestaltung des Nachtstücks mit dem Altsolo und hielt auch bei heftigsten Klangevolutionen die Linien klar und die Farben rein, so auch das Instrumentationsgenie Mahler in strahlendes Licht rückend.[88]

Lothar Knessl, der die Symphonie in ihren wesentlichen Aspekten zu durchleuchten vermochte, ohne in Floskeln zu verfallen, schätzte die „beispielhafte Wiedergabe, die sich zwar streng an die Anweisungen hielt, dennoch aber den Atem lebendiger Interpretation spürbar machte."[89] Auch in der *Arbeiter-Zeitung* anerkannte man Swarowskys werkauthentische Wiedergabe, wie man sie nur selten hören könne: „Swarowskys kluge Interpretation fesselte bei intensivem Bemühen um Werktreue vor allem durch ihre klare formale Gliederung und liebevolle Detailzeichnung."[90] Fritz Skorzeny erkannte in Swarowskys „überschauendem absoluten Musikertum" einen Dirigenten, dem es gelang, das bestmöglich herauszustellen, was in der Musik selbst lag, ohne die Notwendigkeit zu spüren, etwas hinzuzufügen:

> Er grübelt nicht nach Problemen, sondern nimmt das Gegebene als selbstverständlich hin, seine kluge Dispositionskraft und besonnenen Führereigenschaften daran zu erproben und damit alles Charakteristische, Allgemeinverständliche, Wirkungshafte in den Mittelpunkt zu rücken. Er ruft somit den Zuhörer zur Mitarbeit auf, hält ihm das Bild vor: Möge jedermann den Geist erleben, nach Kräften, wie sie ihm zugemessen sind. Das hat etwas Korrektes, Sicheres an sich und die Wirkung blieb nicht aus.[91]

---

[88] Herbert Schneiber, Hans Swarowskys Sieg für Gustav Mahler, in: *Kurier*, 5.2.1960.
[89] Lothar Knessl, Symphonische Monumente, in: *Salzburger Nachrichten*, 8.2.1960.
[90] P–er, Von Pan, den Engeln und dem Menschen, in: *Arbeiter-Zeitung*, 6.2.1960.
[91] Fritz Skorzeny, Dionysischer Naturgesang an das Leben, in: *Österreichische Neue Tageszeitung*, 6.2.1960.

Franz Endler betonte insbesondere Swarowskys Rolle im Wiener Musikleben und in der Wiener Mahlerpflege:

> Unter der wirklich vortrefflichen Leitung Hans Swarowskys – ihm zu danken und zu erklären, wie wesentlich sein Anteil am Wiener Musikleben gerade jetzt wieder ist, soll unsere Pflicht sein – waren die Wiener Symphoniker, der Frauenchor des Singvereins, die Wiener Sängerknaben und Ursula Böse – eine junge Dame mit schöner Altstimme – vortreffliche Ausführende.[92]

Auch Erik Werba positionierte Swarowsky in die erste Reihe der authentischen Mahler-Interpreten und maß ihm eine Schlüsselfunktion in der Mahler-Pflege bei:

> Swarowsky nahm den Zuhörer als Gestalter der Partitur vollends gefangen. Er hat mit der spannungsreichen Wiedergabe des sechssätzigen Werkes eine seiner bedeutungsvollsten Taten der letzten Jahre gesetzt. Von der rein technischen Dirigierleistung bis zur seelischen Spannkraft, von der lyrischen Grundeinstellung bis zur dramatischen Ballung gelang alles in einer lapidaren Einfachheit, in einer verblüffenden Selbstverständlichkeit, daß dem Hörer von allen Seiten der Zugang zu diesem Riesenwerk offenstand. Ich kann mich an keine auch nur annähernd ebenbürtig „authentische" Mahler-Interpretation seit dem Jahre 1936 in Wien erinnern! […] Ich glaube, daß sich das Mahler Bild vor allem im zwiespältigen Wien durch eine solche großartige Wiedergabe verhältnismäßig leicht ins rechte Licht rücken läßt. […] der Gesellschaft der Musikfreunde war ein eindrucksvoller Abend zu danken, der die Diskussion um Gustav Mahler und sein Werk von neuem anfacht, weil die Interpretation durch Swarowsky und seine Sänger und Musiker eine neue Ausgangsposition geschaffen hat.[93]

Die Presse sah die „wohlvorbereitete, von echten musikalischen Impulsen getragene Aufführung" durchaus geeignet, „Verständnis und Liebe für das Werk des bedeutenden Symphonikers wiederzuerwecken", denn beides war im Laufe der vergangenen Jahrzehnte in Wien abhandengekommen, nachdem die von Bruno Walter festbegründete Wiener Mahler-Tradition im Stich gelassen worden war: „Sollte das jüngste Festkonzert diesen Bann gebrochen haben, wofür der Jubel des Schlußapplauses Anhaltspunkte geben könnte, so käme ihm über den besonderen Anlaß hinaus prinzipielle Bedeutung zu."[94] Lediglich in der *Volksstimme* konnte man Swarowskys sachlicher Zurückhaltung wenig abgewinnen:

---

92 Franz Endler, Was ihm die Engel erzählen, in: *Illustrierte Kronenzeitung*, 5.2.1960.
93 Dr. E. W., Swarowskys Mahler-Interpretation, in: *Das kleine Volksblatt*, 6.2.1960.
94 Mi, Verheißungsvoller Auftakt zum Mahler-Jahr, in: *Die Presse*, 6.2.1960.

Wer freilich noch die Intensität, mit der etwa Bruno Walter und Klemperer diese Symphonie dirigierten, in Erinnerung hat, der mußte, vor allem im ersten Satz, die Ausdruckskraft, die Spannung und den Jubel der Mahlerschen Musik vermissen. Der Fehler scheint mir darin zu liegen, daß Swarowsky sich am Dirigentenpult mit der sachlichen Ordnung des Klangmaterials begnügt und die Musiker, was die Intensität des Ausdrucks betrifft, zu sehr sich selber überläßt.[95]

Die zentralen Ereignisse des Mahler-Festjahres fanden während der Wiener Festwochen im Frühsommer 1960 statt. Begleitet wurden sie von der Ausstellung *Gustav Mahler und seine Zeit* in der Wiener Sezession. Sie dokumentiert, wie stark das Interesse an Mahler mit dem neuen Interesse der Öffentlichkeit an der Kultur der Jahrhundertwende verknüpft war. Die Ausstellung und das parallel dazu erscheinende Sonderheft der *Österreichischen Musikzeitschrift*[96] signalisieren aber auch, dass man in Wien keineswegs bereit war, mit Mahler „der musikalischen Moderne Tür und Tor zu öffnen."[97]

Die Gustav Mahler Gesellschaft wiederum legte zum Jubiläum mit der Siebenten Symphonie den ersten Band der Kritischen Gesamtausgabe vor, an der Erwin Ratz bereits in den 1950er Jahren zu arbeiten begonnen hatte. Die Mahler-Feierlichkeiten wurden vorrangig von Erwin Ratz und der Mahler Gesellschaft angebahnt.[98] Als prominenten Festredner lud man Theodor W. Adorno ein, Jascha Horenstein dirigierte das Festkonzert mit der Neunten Symphonie. Adornos Festvortrag am 21. Juni 1960 im Mozart-Saal des Wiener Konzerthauses stellte zwar für die ausweichende Wiener Kulturpolitik eine große Ausnahme dar, doch blieb der Saal Presseberichten zufolge leer. Die Rede erschien schließlich auch nicht in einer österreichischen Zeitung oder Zeitschrift, sondern in der *Neuen Zürcher Zeitung*[99] und in den *Neuen Deutschen Heften*[100]. Einzig die *Epilegomena* wurden im *Forum* abgedruckt[101]. Adornos *Wiener Gedenkrede*[102] und die im selben Jahr erschienene Mahler-Monographie[103] wurden jedoch zu Meilensteinen der Mahler-Forschung und veränderten das Bild des Komponisten nachhaltig,

---

95 Beginn des Mahler-Jahres, in: *Volksstimme*, 9.2.1960.
96 *ÖMZ* 15 (1960), H. 6.
97 Scheit/Svoboda, *Feindbild Gustav Mahler* (Anm. 6), S. 186.
98 Eine ausführliche Schilderung der Ereignisse liefert Herta Blaukopf in ihrem Beitrag.
99 – unter dem Titel „Gustav Mahler. Zur Feier des hundersten Geburtstags", 2.7.1960.
100 Februar 1961, H. 79, S. 973–983.
101 *Forum* 8 (Sept. 1961), S. 335–338.
102 Theodor W. Adorno, Mahler. Wiener Gedenkrede 1960, in: *Musikalische Schriften I–III*, Frankfurt a.M. 1978 (Gesammelte Schriften 16), S. 323–338.
103 Theodor W. Adorno, *Mahler. Eine musikalische Physiognomik*, in: *Die musikalischen Monographien*, Frankfurt a.M. 1971 (Gesammelte Schriften 13), S. 149–319.

wenn auch zunächst nur unter den Intellektuellen und in den aufgeschlosseneren Kreisen der Musikwissenschaft.

Die Wiener Symphoniker eröffneten die Wiener Festwochen mit der Zweiten Symphonie unter Josef Krips. Von den Instrumentalsymphonien hörte man die Fünfte in einem Gastspiel der Prager Philharmoniker unter Karel Sejna. Weder sie noch die Neunte trafen jedoch auf Verständnis unter den Rezensenten. Selbst Herbert von Karajan beteiligte sich an der Mahler-Retrospektive: In einer Sonntagsmatinee dirigierte er das *Lied von der Erde*, das von jeher als unproblematisch für das Publikum galt, doch auch hier blieb die Presse zurückhaltend. Am Abend folgte dann die Achte Symphonie unter Joseph Keilberth, der bisher ebenfalls nicht als Mahler-Dirigent in Erscheinung getreten war, wie Erwin Ratz in einem Brief an Jascha Horenstein verärgert feststellt: „Es ist ja grotesk, daß Herr Keilberth in Wien die 8. Symphonie dirigiert."[104] Die Interpretation überzeugte auch die Kritiker nicht und hielt dem Vergleich mit derjenigen Swarowskys zwei Jahre zuvor bei Weitem nicht stand. Die Festrede der offiziellen Feier hielt der vor den Nationalsozialisten nach England geflohene Komponist und Musikwissenschaftler Egon Wellesz. Sie erschien auch in gedruckter Fassung – wiederum in keiner österreichischen Zeitung, sondern in der *Neuen Rundschau*.[105] Heinrich Kralik kritisierte in der *Presse* den „inoffiziellen" Charakter der „offiziellen" Feier:

Das offizielle Österreich unserer Tage hielt sich jedoch von der Feier dieses großen Österreichers geflissentlich fern. Auffallend karg war ferner das äußere Arrangement der Feier. Es gab keine Blumen, kein Blattgrün, keine Mahler-Büste. Nicht einmal Programme gab es. Sie seien, so hieß es, im komplizierten Instanzenzug zwischen den Behörden entgleist oder steckengeblieben. War tatsächlich nur die Tücke des Objektes schuld? Oder wurde der Tücke subjektiv ein wenig nachgeholfen?[106]

Auch die Neunte unter Horenstein hatte keinen Erfolg, was Ratz vorausgesehen hatte. Im Vorfeld hatte er dem Dirigenten sogar die Siebente als publikumssichereren Ersatz vorgeschlagen:

Diese Anregung gebe ich Ihnen, weil ich schon voraussehe, wie die Leute auf die Neunte reagieren werden. Ich hab das nicht nur in Wien, sondern auch in Amsterdam und anderen Orten zu meiner größten Betrübnis erfahren müssen. Es ist vor allem der ironische und

---

104 Ratz an Horenstein, 26.4.1960, zitiert nach Weber, Der dornige Weg (Anm. 31), S. 22.
105 Egon Wellesz, Gustav Mahler und die Wiener Oper. Festrede, gehalten am 26. Juni in der Wiener Staatsoper, in: *Die Neue Rundschau* 71 (1960), H. 2, S. 255–261.
106 Kr., Offizielle Mahler-Feier – blieb „inoffiziell", in: *Die Presse*, 28.7.1960.

bittere Charakter der Mittelsätze, der den Menschen ihren Spiegel vorhält, auf das sie dann so bitter reagieren.[107]

Einen Nachklang fanden die Mahler-Konzerte der Wiener Festwochen bei den Salzburger Festspielen mit der Achten Symphonie unter Mitropoulos.[108] Das Mahler-Jahr 1960 schloss mit dem Adagio der unvollendeten Zehnten in Wien, wieder unter Mitropoulos.[109]

1960 versuchte man endlich ein schon 1929 geplantes Mahler-Denkmal – das dafür vorgesehene Geld war damals von den Nationalsozialisten beschlagnahmt worden – in die Realität umzusetzen. In der Mitgliederliste des „Komitees zur Schaffung eines Denkmals" finden sich unter den Körperschaften die Internationale Gustav Mahler Gesellschaft, die Gesellschaft der Musikfreunde, die Wiener Konzerthausgesellschaft, die Wiener Philharmoniker, der Verein der Wiener Symphoniker, der Österreichische Rundfunk, der Singverein der Gesellschaft der Musikfreunde, die Wiener Singakademie, die Universal Edition, die Musikalische Jugend Österreichs; unter den Personen Bruno Walter, Herbert von Karajan, Wilhelm Waldstein, Karl Hartl, Egon Hilbert, Franz Salmhofer, Leopold Nowak, Erwin Weiss, Franz Glück, Josef Neubauer, Rudolf Kalmar, Wilhelm Rohm, Jean Egon Kieffer, Heinrich Kralik, Erik H. Wickenburg, Theodor Berger, Gottfried von Einem, Gottfried Kassowitz, Josef Polnauer, Karl Schiske, Helene Berg und Hans Swarowsky.[110] Die Mitglieder und Proponenten umfassen nahezu das gesamte Musikleben der Zeit – und dennoch kam das Denkmal wieder nicht zustande. Der für das Denkmal erforderliche Betrag konnte nicht aufgebracht werden. Das gesammelte Geld wurde 1971 der Gustav Mahler Gesellschaft überwiesen.[111]

Die Wiener Mahler-Aufführungen, die über den Österreichischen Rundfunk auch von deutschen Sendern ausgestrahlt wurden, bekamen letztendlich enorme Unterstützung durch die Schallplattenindustrie, die sich nun auf Mahler stürzte, nachdem alle Symphonien Beethovens, Schumanns, Brahms' und Bruckners mehrfach eingespielt worden waren. Ohne die LP wären die Mahlerschen Symphonien weiten Kreisen unzugänglich geblieben, und so konnte letztendlich doch die vielzitierte Mahler-Renaissance einsetzen.[112]

---

107 Ratz an Horenstein, 26.4.1960 (Anm. 104).
108 28.8.1960 (Wiener Philharmoniker).
109 1. und 2.10.1960 (Wiener Philharmoniker).
110 Siehe Scheit/Svoboda, *Feindbild Gustav Mahler* (Anm. 6), S. 219.
111 Ebd.
112 Vgl. Kurt Blaukopf, *Gustav Mahler oder Der Zeitgenosse der Zukunft*, Wien 1969, Kassel/Basel ²1989, S. 274.

Das Jahr 1961

Dass die Feierlichkeiten des Jahres 1960 noch keine langfristige Mahler-Renaissance einleiteten, zeigte sich schon im darauffolgenden Jahr, das ebenfalls ein Mahler-Jahr war, beging man doch den 50. Todestag des Komponisten. Heinrich Kralik, der selbst an der vielfältigen Mahlerpflege vor 1938 teilgenommen hatte, klagte:

> Auch die Mahler-Besinnung im vorigen Jahr – Ausstellung, Aufführungen, ästhetische Wertung und künstlerische Betrachtungen – war, so scheint es, nicht Herzens-, sondern Lippenbekenntnis. Nichts davon ist haftengeblieben. Nach wie vor verschließen wir uns der Mahler-Welt und lassen uns das Wunderbare, Faszinierende und Geistig-Abenteuerliche seiner Symphonien glatt entgehen. So stehen wir heute vor der beschämenden Situation, daß sich zu seinem 50. Todestag keine Hand rührt und daß in diesem Gedenkjahr keine Note von ihm erklingt, weder in unserem Konzertalltag, noch bei unseren üppigen Musikfesten.[113]

Kralik übertrieb zwar ein wenig – im Januar hatten die Niederösterreichischen Tonkünstler die Fünfte aufgeführt, im März Christa Ludwig mit den Symphonikern unter Friscay die *Kindertotenlieder* gesungen, und im Juni sollte schließlich die Erste, im November eines der *Nachtstücke* aus der Siebenten, jeweils mit den Symphonikern unter Swarowsky, folgen –, doch bleibt der Kontrast zwischen den beiden Gedenkjahren auffällig genug: Blickt man auf Wien, stehen den vier Konzerten von 1961 – zwei davon auf Swarowskys Initiative – neunzehn im Jahr 1960 gegenüber.

Indessen wurde in den USA der 100. Geburtstag des Komponisten von allen führenden Orchestern zum Anlass genommen, seine Symphonien und Liederzyklen schwerpunktmäßig aufs Programm zu setzen. Die New Yorker Philharmoniker, denen Mahler 1909 vorgestanden hatte, veranstalteten ein Mahler-Festival mit neun je viermal wiederholten Konzerten in der Carnegie Hall, von denen jeweils eines landesweit im Rundfunk übertragen wurde. Die Dirigenten waren Dimitri Mitropoulos, Leonard Bernstein und Bruno Walter; sämtliche Konzerte waren ausverkauft. Den 36 Konzerten der New Yorker Philharmoniker standen sieben der Wiener Philharmoniker gegenüber. Von den USA gingen in der Folge auch entscheidende Impulse für die Mahler-Renaissance in Europa und insbesondere in Österreich aus.[114]

Am 12. Juni 1961 dirigierte Swarowsky die Erste Symphonie mit den Wiener Symphonikern in einem Sonderkonzert des 35. IGNM-Weltmusikfestes. Die jährlich in einem anderen IGNM-Mitgliedsland veranstaltete Konzertreihe fand 1961 in Wien statt und wurde mit einem Anton Webern gewidmeten Konzert eröffnet. Das Sonderkonzert

---

113 Kr., Ein versäumtes Gedenkjahr? Vor 50 Jahren starb Mahler, in: *Die Presse*, o. D.
114 Vgl. Mahler-Zentenarfeiern in Amerika, in: *NZZ*, 24.2.1960.

war im Wesentlichen ein Abend des hochgejubelten italienischen Meistergeigers Zino Francescatti, der mit zwei Violinkonzerten von Mozart und Prokofieff beeindruckte. Auf Initiative des Dirigenten Swarowsky wurde auch Mahlers Erste dem Programm der Konzerthausgesellschaft eingefügt, wie Heinrich Kralik betont, der Swarowskys Dirigierleistung als kleinen Trost für die „beschämende Stumpfheit, die wir einer Erscheinung wie Mahler gegenüber an den Tag gelegt haben", anerkannte:

> Swarowsky dirigierte auswendig und mit festem, klaren Blick auf das Wesentliche und Eigentümliche des Werkes. In schöner Ausgeglichenheit erklang zumal der dritte Satz, dieses pittoreske Intermezzo aus Phantastik und romantischer Ironie. Die Mahler-Stimmung, die der Dirigent dabei hervorzurufen vermochte, war so stark, daß er sich getrost auch an die Anweisung der Partitur hätte halten und den Beckenschlag, mit dem das Finale einsetzt, ohne Unterbrechung hätte folgen lassen können.[115]

Auch in der *Arbeiter-Zeitung* war man von Swarowskys Mahler-Interpretation begeistert, nachdem man ihm seine unterkühlte Begleitung der Violinkonzerte vorgehalten hatte:

> Zum Gedenken an Mahlers fünfzigsten Todestag hörte man als Abschluß […] die romantisch-stimmungsreiche Erste Symphonie, die Swarowsky mit dem konzentriert musizierenden Orchester in ihren phantasievollen Naturbildern wie im gespenstischen dritten Satz lebendig nuanciert und erfreulich spannend nachzeichnete. Viel Beifall.[116]

Auch die *Wiener Zeitung* betonte den Qualitätssprung mit Mahler, bei dessen Wiedergabe dem Mahler-Spezialisten „das Herz so richtig aufging":

> Swarowsky, der dazu befähigt erscheint, einer der hierzulande seltenen Sachwalter Mahlers zu sein, hat die feinen Einzelheiten des Werkes sehr schön und echt herausgearbeitet, zugleich auf die Geschlossenheit der symphonischen Gesamtwirkung Bedacht genommen.[117]

Herbert Schneibers emphatische Konzertbesprechung lässt den Eindruck, den man als Konzertbesucher empfangen konnte, erahnen:

> Freilich: Mahlers Wirkung ist an eine fast schon verzehrende Leidenschaftlichkeit der Wiedergabe gebunden, der es dennoch an Ruhe und Transparenz im Lyrischen und Schärfe im Grotesken nicht fehlen darf. Alle diese Voraussetzungen waren bei der Interpretation

---

115 Kr., Mahler nachträglich zum Gedenken, in: *Die Presse*, 14.6.1961.
116 P–er, Weltmusikfest der Moderne, in: *Arbeiterzeitung*, 15.6.1961.
117 IGNM – ausnahmsweise konservativ, in: *Wiener Zeitung*, 14.6.1961.

durch die Symphoniker unter Hans Swarowsky mit größter Selbstverständlichkeit erfüllt. Der Dirigent, im Speziellen nicht nur Könner, sondern auch Kenner von besonderen Graden, hatte Noten und Geist der Partitur genau im Kopf und das Orchester ebenso in der Hand – in einer Hand, die in diesem Fall wirklich der verlängerte Arm einer ebenso klaren wie unabdingbaren Willensvollstreckung war.[118]

Lediglich Franz Endler war von der Swarowskyschen Haltung nicht vollends zu überzeugen: „authentisch und mustergültig, doch nicht so intensiv und traumhaft, wie man Mahler spielen könnte. Es fehlten keine Noten, doch einige Töne!"[119]

Am 17. November 1961 beschloss Swarowsky das vergessene Mahler-Gedenkjahr für sich mit einer politischen Geste: In einem japanisch-österreichischen Austauchkonzert unter dem Ehrenschutz des japanischen Botschafters und des Wiener Bürgermeisters Franz Jonas spielte er neben Einem, Mozart, Haydn, Beethoven und Schubert eines der *Nachtstücke* der Siebenten Symphonie.

Trotz allen Mahler-Engagements konnte sich das Ressentiment gegen den Komponisten in der österreichischen Presse relativ stark behaupten, besonders in den Zeitungen der Bundesländer, wie etwa den *Salzburger Nachrichten* oder auch bei dem Wiener Kritiker Franz Tassié, der im *Express* deutlich machte, wie wenig sich die Maßstäbe der Mahler-Rezeption im Grunde geändert hatten. So gab es den ersten wirklichen Mahler-Zyklus, in dem das Gesamtwerk Mahlers zur Aufführung gebracht wurde, im Nachkriegs-Wien erst im Jahr 1967.

Die Jahre 1963/64

Das Wiener Konzertpublikum war in der Rezeption der Werke Mahlers äußerst träge und die Mahler-Gedenkjahre brachten nicht den erhofften Durchbruch, wenn auch schon entscheidende Impulse gesetzt worden waren. 1963 dirigierte Swarowsky wieder Mahler in Wien, abermals die Dritte, die unter seiner Leitung zu einem sicheren Erfolg zu werden versprach. Trotzdem konnte das Programm den Saal nicht füllen, was Marcel Rubin – der aus dem mexikanischen Exil zurückgekehrte Komponist engagierte sich seit den 50er Jahren unermüdlich für Mahler[120] – enttäuscht feststellte:

Welche Verwüstung die sieben Jahre des braunen Faschismus in Österreich auch auf diesem Gebiet hinterlassen haben, zeigt sich darin, daß es den Symphonien Mahlers, die in der

---

118 Herbert Schneiber, Ein ganz besonderes Sonderkonzert, in: *Kurier*, 13.6.1961.
119 Franz Endler, Langeweile zur Unterhaltung, in: *Illustrierte Kronen Zeitung*, 14.6.1961.
120 Vgl. Scheit/Svoboda, *Feindbild Gustav Mahler* (Anm. 6), S. 215.

Ersten Republik immer wieder die Konzertsäle füllten, jetzt nicht nur an Dirigenten, sondern auch an Publikum fehlt.[121]

Im Juni 1964 musste ein Konzert unter Rafael Kubelik mit der Vierten sogar wegen mangelnder Publikumsnachfrage abgesagt werden[122], doch Swarowsky, einem „der verläßlichsten, unprätentiösesten und besten unserer Musiker"[123], gelang es wieder, Publikum und Kritiker zu überzeugen, wobei diese jedoch selten unterließen, gegen Mahlers gigantisches Werk grundlegende Einwände zu erheben:

> Ein symphonischer Dinosaurier, gewiß. Und doch versteht man, daß ein intellektueller Künstler wie Hans Swarowsky, der die großen Werke der Musik als Zeugnisse der Kultur- und Geistesgeschichte zu erfassen und wiederzugeben vermag, immer wieder nach Mahlers Dritter greift. Und nicht nur deshalb, weil er mit Klemperer und Scherchen zu den letzten authentischen Mahler-Interpreten zählt.[124]

Auch Herrmann Ullrich betonte Swarowskys Rolle in der Mahler-Pflege: „Swarowsky ist ein berufener Mahler-Interpret und darf die Nachfolge eines Mengelberg oder Walter neben Scherchen übernehmen."[125] In der Presse lobte man die „echt Mahlersche" Aufführung, die an „die in Wien vielfach abgerissenen Fäden authentischer Mahler-Interpretation [...] wieder angeknüpft"[126] hatte. Wesentlich vorsichtiger äußerte sich Marcel Rubin, der den ersten Satz, einen „der schwierigsten Probleme der symphonischen Literatur", als nicht „restlos gelöst" bezeichnete:

> Eine falsche Zurückhaltung, eine gewollte ‚Sachlichkeit', die der brennenden Aussage Mahlers gegenüber gar nicht sachlich ist, bewirkte eine merkbare Distanz und Kühle der Wiedergabe und ließ den Satz länger erscheinen als er ist.[127]

Die anderen Sätze konnten Rubin aber schlussendlich doch überzeugen:

> Mit dem zweiten Satz erst änderte sich das Bild der Interpretation. Hier, wo die liebevolle Ausführung der Details gegenüber den großen Bögen an Bedeutung gewinnt, gewann auch das Musizieren an Intensität und erreichte zuweilen Mahlersche Größe. Und als der letzte

---

121 Marcel Rubin, Gustav Mahler im Konzerthaus, in: *Volksstimme*, 2.3.1963.
122 Vgl. *Kurier*, 4.6.1964, zitiert nach Scheit/Svoboda, *Feindbild Gustav Mahler* (Anm. 6), S. 215.
123 G. B.: Zyklopenhafte „Pastorale", Kopie eines Zeitungsartikels (8.3.1963, Zeitung unidentifiziert) in NIHS.
124 Herbert Schneiber, Musik – ihrer Zeit um Jahrzehnte voraus, in: *Kurier*, 1.3.1963.
125 Y., Swarowsky dirigiert Mahler, in: *Neues Österreich*, 3.3.1963.
126 Mi., Kein Zeichen von Enthusiasmus, in: *Die Presse*, 2.3.1963.
127 Marcel Rubin, Gustav Mahler im Konzerthaus, in: *Volksstimme*, 2.3.1963.

Takt der Symphonie verklungen war, hatte man zu Recht den Eindruck, einem – in seiner Art leider seltenen – künstlerischen Ereignis beigewohnt zu haben.[128]

Indes reüssierte Swarowsky mit „seiner" Dritten in Deutschland und Kanada und setzte mit Mahler zu seiner internationalen Dirigentenkarriere an, die in schroffem Gegensatz zur Haltung des österreichischen Musiklebens ihm gegenüber stand, das ihm die volle Anerkennung als Dirigent letztendlich verweigerte. Bereits im Januar 1963 konzertierte er drei Abende im Berliner Funkhaus mit dem Radio-Symphonie-Orchester. *Der Tagesspiegel* frohlockte: „Mahler als Ausnahme-Ereignis"[129] und *Der Kurier* sah in Swarowsky den „richtigen Mann"[130]. Auch in Berlin fesselte seine „überlegene, vom ersten bis zum letzten Ton fesselnde Interpretation"[131], die „hervorragend geeignet war, das Urteil über Gustav Mahler zurechtzurücken."[132]

Am 9. und 10. April 1963 gab Swarowsky ein Mahler-Gastspiel in Montreal, wo er bereits das Jahr zuvor mit Händels *Messias* debütiert hatte. In Montreal war zuvor nur die Erste und die Vierte gespielt worden und man schätzte die Gelegenheit, Weiteres von Mahler kennenzulernen, hoch ein, war man doch im angloamerikanischen Sprachraum nicht den Vorurteilen ausgesetzt wie hierzulande. Swarowsky wurde als unbestrittener Kenner der Materie vorgestellt, man war von seiner Werkkenntnis sichtlich beeindruckt: „His enthusiasm, his complete understanding of the idiom, was a refreshing experience. There was no showoff with this conductor, just devotion, knowledge and experience."[133] Auch diesmal fand man zwar den ersten Satz etwas zu rigide[134] und professoral[135] dirigiert, doch bewunderte man umso mehr die Verschmelzung von Dirigent und Orchester in den übrigen Sätzen:

> Interprétation un peu rigide dans le premier mouvement mais qui, dès le deuxième mouvement est devenue souple, naturelle. A partir de ce moment, il n'a avait plus un chef qui dirige un orchestre, mais un musicien qui fait de la musique avec des camarades aussi convaincus et aussi comblés de bien-être que lui.[136]

---

128 Ebd.
129 Oe, Mahler als Ausnahme-Ereignis, in: *Der Tagesspiegel*, 24.1.1963.
130 K-r, Swarowsky – der richtige Mann, in: *Kurier*, 22.1.1963.
131 Oe, Mahler als Ausnahme-Ereignis (Anm. 129).
132 Heinz Joachim, Im Zwiespalt von Natur und Geist, in: *Die Welt*, 23.1.1963.
133 Thomas Archer, The Longest Symphony, in: *The Gazette*, 10.4.1963.
134 Jean Vallerand, Hans Swarowsky dirige la „Troisième" de Gustav Mahler, in: *La Presse*, 10.4.1963.
135 Eric McLean, Mahler Symphony, Alone in Program, in: *The Montreal Star*, 10.4.1963.
136 Jean Vallerand, Hans Swarowsky dirige la „Troisième" de Gustav Mahler (Anm. 134).

In Berlin, wo Swarowsky „durch sein Eintreten für ungewöhnliche Werke" mittlerweile „eine nahezu unentbehrliche Erscheinung des Berliner Konzertsaals"[137] geworden war – 1962 hatte er da neben Schuberts *Unvollendeter* Strawinskys *Persephone*, 1963 neben den Mahler-Konzerten Bruckners Messe Nr. 1 mit Brahms' *Tragischer Ouvertüre* und Regers *Totenfeier* dirigiert –, konnte man Ende Dezember 1963 noch das *Lied von der Erde* hören, das „mit einer Eindringlichkeit, einer farbig-plastischen, niemals ins nur Stimmungshafte versinkenden musikalischen Gegenwärtigkeit, die die Schönheiten der einzigartigen, orchestrale und kammermusikalische Wirkungen mischenden Partitur in helles Licht setzte"[138], beeindruckte.[139]

Auch 1964 gelang es Swarowsky, wieder eine Mahler Symphonie in Wien durchzusetzen. In dem Zyklus „1914 – Ende und Wende" im Großen Sendesaal des Österreichischen Rundfunks kombinierte er die Sechste mit den Sechs frühen Orchesterliedern Arnold Schönbergs, beide etwa 1906 entstanden. Swarowsky wagte sich also mit Schönberg – wenn auch mit einem tonalen Werk – vor das konservative Wiener Publikum. Das Konzert wurde auch im Radio gesendet. Die Kritiken spiegeln die äußerst positive Aufnahme wieder. Helmut Fiechtner bezeichnete die Interpretation „als im höchsten Grad eindrucksvoll" und „vollkommen", das Werk kam „mit aller wünschenswerten Präzision, Leuchtkraft und Intensität zur Darstellung."[140] Rudolf Weishappel unterstrich wieder einmal Swarowskys Rolle als „der" Mahler-Interpret:

> Es ist ein Werk, in dem der ganz persönliche Ausdruck von Mahlers musikalisch-poetischem Empfinden und überpersönliches Meistern dieses Ausdrucks zu vollendeter Einheit verschmelzen. Gerade das Erreichen dieser Synthese zeichnete Hans Swarowskys Wiedergabe der Symphonie aus, gab ihr das Signum der Größe, Swarowsky ist einer der ganz wenigen Mahler-Dirigenten, die das glühend Bekenntnishafte von Mahlers Musik ins Überpersönliche, Allgemeingültige zu transportieren vermögen, weil sie das Detail zwar nicht vernachlässigen, sich aber nicht in ihm verlieren.[141]

In der *Wiener Zeitung* wurde im Zusammenhang dieser außerordentlichen Leistung auch das Problem Wiens mit Swarowsky angedeutet:

> Hans Swarowsky dirigierte das typische Nicht-Repertoirestück mit nie erlahmender Intensität und jener Differenzierung, wie sie nur eine wirkliche Pultautorität erzielen kann. Hof-

---

137 Oe: Konzerte zum Jahreswechsel, in: *Der Tagesspiegel*, 3.1.1964.
138 Ebd.
139 31.12.1963 und 1.1.1964 (Radio-Symphonieorchester Berlin).
140 Helmut A. Fiechtner, in: *Die Furche*, 19.12.1964.
141 Rudolf Weishappel, Ende und Wende im Licht der Klassik, in: *Kurier*, 14.12.1964.

fentlich weiß Wien, was es an diesem Musiker hat, der von sich nicht viel Aufhebens macht, der aber immer zur Stelle ist, wenn es gilt, spröde und heikle Sachen, die weit außerhalb des üblichen Konzertrepertoires liegen, authentisch zu interpretieren. Diese Aufführung der „Sechsten" von Mahler war eine vorbildliche, eine künstlerisch wirklich bedeutsame Tat, die gewiß nicht nur die erklärten Parteigänger des Meisters zu würdigen wissen werden. Die Symphoniker übertrafen sich diesmal selbst.[142]

Die Jahre 1965/66

Das Jahr 1965 setzte wesentliche Impulse für die Rezeption der Werke Mahlers in Österreich. Entscheidendes kam teilweise von außen, durch Leonard Bernstein, die neuen Mahler-Dirigenten und die Veränderungen im internationalen Musikbetrieb. Bis dahin wurde Mahler in Österreich in erster Linie auf Initiative ausländischer Dirigenten gespielt – mit wenigen Ausnahmen, zu denen vor allem Hans Swarowsky gehörte.[143] In einer Programmbeilage des Konzerthauses zum Konzert vom 26. September 1975 listete Rudolf Klein anlässlich Swarowskys Ablebens einen Gutteil der von ihm dirigierten Mahler-Konzerte auf und folgerte: „Damit steht Hans Swarowsky im Rahmen der vom Wiener Konzerthaus unternommenen Mahler Renaissance an erster Stelle."[144]

Zu den wichtigsten aus dem Ausland kommenden Mahler-Dirigenten gehörten wie gesagt zunächst vor allem Musiker, die ursprünglich aus Österreich und Deutschland stammten bzw. in diesen Ländern als Musiker gewirkt hatten und ab 1933 bzw. 1938 vertrieben oder verfolgt und diskriminiert wurden. Welchen Widerständen diese Dirigenten begegneten – was mit Sicherheit die Mahler-Rezeption erheblich erschwerte –, soll ein Artikel aus dem *Wiener Montag* des Jahres 1954 verdeutlichen:

> Vier ehemalige Österreicher, heute amerikanische Staatsbürger, Professor Löwy, Frau Alma Mahler-Werfel, Professor Richard Schüller und der Dirigent Bruno Walter haben just zum Zeitpunkt, wo Österreich wieder einmal um seinen Staatsvertrag kämpft, einen Beschwerdebrief an den USA-Staatssekretär Dulles gerichtet. In diesem Schreiben drücken sie ihre tiefe Enttäuschung über die Haltung der österreichischen Regierung im Hinblick auf die jüdischen Wiedergutmachungsforderungen aus und stellen fest, daß – wie sie aus eigener Erfahrung bezeugen können – die Nazibewegung in Österreich nicht ausschließlich deutschen Ursprungs war, daß vielmehr ein Großteil der österreichischen Bevölkerung das

---

142 H-n., Mahlers „Tragische Symphonie", in: *Wiener Zeitung*, 13.12.1964.
143 Vgl. Scheit/Svoboda, *Feindbild Gustav Mahler* (Anm. 6), S. 221.
144 Programmbeilage des Konzerthauses zum Konzert vom 26.9.1975, zitiert nach Scheit/Svoboda, *Feindbild Gustav Mahler* (Anm. 6), S. 320.

Naziregime aktiv unterstützte und sich an gesetzwidrigen Handlungen beteiligte. Dieser Brief ist zweifellos als Dolchstoß in den Rücken Österreichs gedacht und stellt ein typisches „Emigrantenstück" dar, wie wir deren schon zahlreiche zu spüren bekommen haben. Es würde uns nur interessieren, ob Mr. Dulles weiß, wie der Nationalsozialismus in Österreich entstanden ist. Ob ihm bekannt ist, daß zum großen Teil auch Juden daran Schuld trugen, die als marxistische Politiker, als Presse- und Kulturleute das Gefühl für Religion, Staat, Vaterland und Tradition in der österreichischen Bevölkerung herabsetzten und verspotteten und das bodenständige Leben des Volkes zu zersetzen suchten; Leute, die lange bevor sie in die Emigration gingen, nach ihrem Wesen und ihrer Handlungsweise das waren, was wir heute unter dem Begriff „Emigrant" uns vorzustellen gelernt haben.[145]

Vor diesem Hintergrund, der die traurige, ja schockierende Tatsache nicht verbirgt, dass nationalsozialistische und antisemitische Gesinnung 1945 nicht nur nicht geendet hatte, sondern weiterhin offen kommuniziert wurde, mag es nicht verwundern, dass Mahlers Musik erst breite Akzeptanz zu finden begann, als sich eine junge und in beider Hinsicht „unbelastete" Generation ihrer annahm, auch wenn es bei vielen unter ihnen nicht mehr um authentische Werkinterpretation, sondern um eine neue Sichtweise ging. Dazu gehörten neben Leonard Bernstein, der gewissermaßen eine Schlüsselrolle einzunehmen begann, Pierre Boulez, James Levine, Lorin Maazel und Georg Solti. Die erfolgreichsten und Mahler-treuesten unter ihnen waren jedoch die jungen Schüler Hans Swarowskys, allen voran Claudio Abbado und Zubin Mehta.

Die junge Generation verlieh Mahler ein neues Image: Galt er zuvor als ein Komponist älterer Emigranten, so erschien Mahler nun als der Vertreter eines modernen, international geprägten Musiklebens, das von der Schallplattenindustrie bestimmt wurde, die auch Leonard Bernstein den Weg nach Europa und Österreich ebnete. Eine Schallplattenkritik der Dritten mit den New Yorker Philharmonikern aus dem Jahre 1963 spiegelt wider, was Bernstein am Mahler-Bild veränderte:

[…] und es ist ihm gelungen, die chaotischste Symphonie Mahlers als ein ganz natürliches Szenarium wechselnder Stimmungen genießbar zu machen. Vielleicht sind ein paar österreichische Untertöne verloren gegangen, doch die musikdramaturgische oder architektonische Klarheit dieser Wiedergabe ist bewunderungswürdig. In ihrem Rahmen nimmt man sogar das knabenwunderhörnige „Bimbam" des fünften Satzes gelassen hin.[146]

---

145 Dolchstoß für Österreich, in: *Wiener Montag*, 15.2.1954; vgl. auch Helga Embacher, *Neubeginn ohne Illusion. Juden in Österreich nach 1945*, Wien 1995, S. 148 f.
146 Gel., Die Bernstein-Welle, in: *Die Wochen-Presse*, 7.9.1963.

Ehe aber Bernstein in Österreich mit Mahler debütierte, gab es ein Mahlerkonzert des jungen Italieners Claudio Abbado: Seine Aufführung der Zweiten bei den Salzburger Festspielen im August 1965 rief allgemeine Begeisterung hervor und legte den Grundstein zu seiner Karriere, wobei man in den Kritiken den Dirigenten gegen den Komponisten ausspielte. Überschwänglich lobte man die Aufführung und die Dirigierkunst Abbados, reduzierte aber das Werk, über dessen Mängel weiterhin kein Zweifel bestand[147], zu einer Vorlage für Abbados Virtuosität. Leonard Bernstein jedoch engagierte sich mit großem persönlichen Einsatz für die Durchsetzung Mahlers: nicht nur als Dirigent, auch als Musikschriftsteller, -pädagoge und mit den Wiener Philharmonikern als regelrechter Orchestererzieher. Im April 1966 debütierte er mit großem Erfolg bei den Philharmonischen Konzerten mit dem *Lied von der Erde*. Mit ihm kam ein neuartiger Überschwang in die Mahler-Interpretation, der auch in Wien auf positive Resonanz traf.

Doch zurück in das Jahr 1965: Auch Swarowsky gelangen einige sehr erfolgreiche Mahler-Initiativen. Im Februar[148] wurde er mit „seiner" Dritten zu einem Gastspiel nach Los Angeles geladen, also in jenes Land, in dem sich Mahlers Musik längst durchgesetzt hatte. Auch da konnte Swarowsky mit seiner Mahler-Interpretation beeindrucken:

> The audience obviously was deeply moved; at the close there was an outburst of pent-up emotion, and the participants were given a prolonged ovation. […] The performance was superb. Mr. Swarowsky […] is at least in this music, a masterful conductor. He unfolded the score from memory, a prodigious feat; he held it together tightly with a minimum of effort, and he extracted magnificent playing from the orchestra. Nothing seemed to escape his attention. He is a conductor one would like to know much more about.[149]

Im November des Jahres kam Swarowsky – erstmals seit seiner Zeit als Chefdirigent – wieder nach Stuttgart, wo er die Uraufführung von Kenneth MacMillans Ballett *Das Lied von der Erde* zur Musik von Gustav Mahler und John Crankos Ballett *Passacaglia* zur Musik von Anton Webern dirigierte[150], eine echte Herausforderung für einen Musiker, der sich primär als Anwalt des Komponisten sah. Der *Stuttgarter Zeitung* teilte er in einem Interview mit, dass er im Prinzip zwar gegen eine choreographische Ausdeutung der Mahlerschen Musik sei, doch er zeigte sich „sehr einverstanden mit einer Choreographie so hohen Niveaus, wie sie hier geboten wird."[151] Seinem Sohn Anton gegenüber äußerte er sich zwei Monate zuvor naturgemäß kritischer:

---

147 Vgl. Scheit/Svoboda, *Feindbild Gustav Mahler* (Anm. 6), S. 226.
148 18. und 19.2.1965 (Los Angeles Philharmonic Orchestra).
149 Albert Goldberg, Mahler Symphony Superbly Played, in: *Los Angeles Times*, 20.2.1965.
150 7.11.1965.
151 Petz, Ein Wiedersehen mit Stuttgart, in: *Stuttgarter Zeitung*, 4.11.1965, S. 22.

Ich habe Vertrag nach Stuttgart! Werde Opern machen, bin aber eigentlich engagiert zum Lied von der Erde – getanzt!! ... Nun, in meiner Lage habe ich es akzeptiert und da ich 10 Orchesterproben habe, werde ich wohl noch nie so ein L. vdE. gemacht haben. Da Vandernoot nun in Brüssel unter dem Titel „Ring-Digest" Wagners Ring gekürzt an einem Abend macht (!!!!!), ist ein getanztes L. vdE. immerhin noch etwas anständiges ...![152]

Swarowskys Einwände waren freilich berechtigt, eine ausführliche Besprechung in *Christ und Welt* legt dar, warum man MacMillans Versuch, Mahler zu „zertanzen", für gescheitert erklärte:

Kenneth MacMillan, der an diesem Abend nacheinander sein erstes und sein letztes Werk tanzen ließ, scheiterte trotz bester Begabung, trotz der freundlichen Legitimation durch Frau Mahler-Werfel, trotz des Versuchs einer Abstraktion – welche dann allerdings nicht durchgehalten wurde. Entweder interpretierte er zu vordergründig, da er aus (Frühlings-) Trunkenen Betrunkene machte, oder zu freizügig, da er die Kürze des menschlichen Lebens durch ein wogendes Hin und Her zu verdeutlichen trachtete. Sein Versagen begann damit, daß ihm der philosophische Zugang zu einer solchen Musik völlig fehlt. Setzt man streng den Tanz neben die Musik, dann bleibt als Gegenüber zu dieser Mahler-Sinfonie mit all ihrem Anspruch nur eine Summe hochgestochener und selten passender Freiübungen. Die dramaturgische Idee, die Figur eines „Ewigen" durch alle sechs Lieder zu ziehen, widersprach sowohl dem Plan der Abstrahierung als auch dem Können Egon Madsens, der sich für diese Rolle opfern mußte.[153]

Wesentlich besser als der englische Starchoreograph Kenneth MacMillan schnitt John Cranco ab, der weniger vordergründig und effektvoll agierte. Weberns *Passacaglia* eignete sich wohl auch besser für ein Tanzstück:

John Cranko hingegen löste sich immer mehr von vordergründigen Ideen, von akrobatischen Versuchungen (in denen er übrigens Meisterliches zu leisten vermag) oder effektvollen Solis. Anton von Weberns Opus 1, die Passacaglia, gestaltete er in der Weise des Ballett pur, nur noch Form und Bewegung, ein harmonisches Ganzes, an dem sich Interpreten wie Interpretatoren noch die Köpfe zerbrechen können.[154]

Besonders problematisch galt den Kritikern aber die Verdrängung eines musikalischen Meisterwerkes in den Hintergrund, was den „Musikfreund in Gewissenskonflikte" brachte.

---

[152] Hans Swarowsky an Anton Swarowsky, 3.9.1965, NlAS.
[153] Wolf-Eberhard von Lewinski, Sinfonie für Sänger und Tänzer?, in: *Christ und Welt*, Nr. 47, 19.11.1965, S. 24.
[154] Ebd.

Der Rhythmus oder auch der Charakter der Musik wurden tänzerisch-formal sinnreich gespiegelt. Dennoch kann ein so suggestives Werk wie diese Mahler-Komposition ein Miteinander von Auge und Ohr im Sinne eines gleichberechtigten Aufnehmens offenkundig nicht zulassen.[155]

Auch bei Swarowsky merkte man den grundsätzlichen Widerstand gegen Mahler als Untermalungsmusik:

Automatisch wurden die Kompositionen zu mehr oder weniger illustrativen Untermalungsklängen degradiert. Ein Dirigent gerät dabei in die Zwickmühle: Kann er bei ausgesprochenen Tanzpartituren schon Rücksicht auf die Bühne nehmen, so ist ihm dies bei einem Werk wie Mahlers „Lied von der Erde" nicht erlaubt. Hans Swarowsky dirigierte wohl deshalb in Stuttgart mit einer fast wütenden Leidenschaftlichkeit und leider auch Lautstärke gegen die Bühne an.[156]

Das Programm wurde – um Crancos „Ballet pur" zu Mozarts *Konzert für Flöte, Harfe und Orchester* erweitert – im Juni 1966 auch in Wien aufgeführt, bei einem Gastspiel des Württembergischen Staatstheaterballetts Stuttgart. Swarowsky dirigierte diesmal die Wiener Symphoniker. Im Gegensatz zur Stuttgarter Uraufführung zeigten die Wiener Kritiken Begeisterung und erblickten in der Choreographie eine wahre Bereicherung des Mahlerschen Werkes interpretiert von Hans Swarowsky, Margarethe Bence, James Harper und den „dankenswert konzentriert spielenden Symphonikern":

Macmillan gelang es in unnachahmlicher Weise, die einzelnen Sätze tänzerisch zu konturieren, ihre thematische Verklammerung untereinander herauszuarbeiten und für die atemberaubende Steigerung zum 6. Satz („Der Abschied") hin zu sorgen. Ohne handlungsmäßiges Beiwerk oder störende Kostümeffekte gruppierte Macmillan seine Tänzer vor einem zartgrünen Hintergrund und ließ den gedanklichen Kern der einzelnen Tondichtungen rein durch Bewegung und die „Komposition menschlicher Körper in Raum und Zeit" (Cranko) sichtbar werden.[157]

Im November des Jahres nahm Swarowsky bei einem Sonntagnachmittagskonzert der Niederösterreichischen Tonkünstler die *Kindertotenlieder* mit Margarethe Bence ins Programm, das noch Schuberts Vierte Symphonie und Beethovens *Eroica* umfasste.[158]

---

155 Ebd.
156 Ebd.
157 Lothar Nesch, Macmillans Triumph mit dem „Lied der Erde", in: *Oberösterreichische Nachrichten*, 18.6.1966.
158 20. und 21.11.1965 (Niederösterreichische Tonkünstler).

Trotz der eindrucksvollen und authentischen *Eroica* – „eine Demonstration, wie Beethoven heute zu interpretieren ist" – konnte Mahler nicht in den Hintergrund gedrängt werden:

> Das Herzstück des Programms in mehr als einer Hinsicht waren Mahlers immer wieder erschütternde „Kindertotenlieder", die Swarowsky mit besonders spürbarer innerer Anteilnahme dirigierte. In dieser kammermusikalisch durchsichtigen Partitur brillierten auch einzelne Solisten des Orchesters (Oboe, Englischhorn, Harfe) durch Intensität und Klangschönheit. […] eine Aufführung, deren Dichte und Eindringlichkeit man lange nicht vergessen wird.[159]

Anlässlich eines Mahler-Konzertes der Wiener Festwochen im Juni 1966, das Swarowsky als Einspringer für den erkrankten Josef Krips dirigierte, kam in den Kritiken wieder einmal die umstrittene Rolle, die Swarowsky im Wiener Musikleben einnahm, zur Sprache. Swarowsky, der im Ausland große Erfolge feierte, galt in Wien, trotz seiner unbestrittenen Autorität, insbesondere was Mahler betraf, nicht unbedingt als erste Wahl. So merkte etwa Lothar Knessl bedauernd an:

> Vorwegnehmend sei gefragt, warum Swarowsky, einer der profundesten Kenner der Musik Mahlers, sogar für Mahler-Konzerte nur als Einspringer verpflichtet wird; man könnte ihm ein solches Konzert auch einmal a priori anbieten. Das wäre mit keinem künstlerischen Risiko verbunden.[160]

Alle Kritiker anerkannten einhellig Swarowsky als einen der wenigen „berufenen Mahler-Dirigenten"[161], der „alles andere als ein ‚Einspringer'"[162] und „überdies einer unserer besten, wenn auch verkanntesten Mahler-Interpreten"[163] sei, der Krips, „einen hervorragenden Mahler-Musiker, keine Sekunde vermissen"[164] ließ. Swarowsky besaß zudem „außer allen Tugenden eines wissenden und erfahrenen Musikers auch noch jene Affinität zur Welt Mahler, die Grundvoraussetzung für eine gültige Interpretation dieser Musik ist."[165] Doch das Einspringen war gewissermaßen „Swarowskys Los"[166], nicht nur, aber immer wieder auch für Mahler, wie etwa 1968, als er Gielens „Musica viva"-

---

159 Gerhard Kramer, Handwerk und Geist, in: *Die Presse*, 23.11.1965.
160 Lothar Knessl, Bekenntnis zu Gustav Mahler, in: *Neues Österreich*, 7.6.1966.
161 –ma–, Symphoniker-Konzerte: in: *Salzburger Volksblatt*, 8.6.1966.
162 *Die Furche*, 11.6.1966.
163 Andrea Seebohm, Weiterer Sieg für Mahler, in: *Express*, 7.6.1966.
164 Herbert Schneiber, Identifizierung mit dem Schöpfer, in: *Kurier*, 6.6.1966.
165 Ebd.
166 Mahler unter Hans Swarowsky, in: *Der Merker* Nr. 7, 1966.

Konzert mit Hans Werner Henze, Tadeusz Baird und dem Adagio aus der Zehnten übernahm[167], oder 1969, als er beim 5. Konzert der Union Europäischer Rundfunkorganisationen für Carl Melles einsprang und neben Schuberts *Lazarus Das klagende Lied* dirigierte.[168]

Auf dem Programm standen bei den Festwochen 1966 die als besonders schwierig geltende Neunte und die *Lieder eines fahrenden Gesellen* mit Hermann Prey. Das Presseecho war enorm, handelte es sich doch um den „Glanzpunkt der diesjährigen Festwochen"[169], in dem man noch dazu das seltene Vergnügen hatte, ausschließlich Mahlers Musik zu hören, was sich zwar Lothar Knessl wünschte[170], doch immer noch nicht unbedingt selbstverständlich war, wie Herbert Schneiber zu berichten wusste:

> Mit Mahler haben's die Wiener nicht so sehr, wenn's nicht die Vierte ist oder das Lied von der Erde oder sonst was Gesungenes. Auch ein Teil der Musiker spielt ihn nur mit halber Freude. Was bedeutet, daß ein ganzer Abend Mahler in Wien richtig durchgeboxt werden muß, vom Veranstalter, der tunlichst einen populären Sänger engagiert, und vom Dirigenten, der sich für das Werk des Komponisten in einem Maße einsetzt, daß auch das abwehrwilligste Orchester zum Mithalten gezwungen wird. Beide Voraussetzungen waren mit Hermann Prey und Hans Swarowsky gegeben. […] Die beispielhaft konzentriert und differenziert spielenden Symphoniker blieben Mahler nichts schuldig und wurden am Ende von Swarowsky sehr verdient zum Beifallsempfang beordert. Auch für den Dirigenten war das Konzert ein außerordentlicher, von den Musikern allerdings ignorierter Erfolg. Das Publikum wußte jedenfalls Bescheid.[171]

Und so war auch dieses Mahler-Konzert Swarowskys ein Abend im Sinne des Komponisten:

> Swarowsky hat ein scheinbar höchst einfaches Interpretationskonzept: er respektiert jederzeit den Willen des Komponisten und macht genau das, was in der Partitur steht. Und plötzlich hat es den Anschein, als fügten sich alle Teile wie von selbst zusammen. Eine Mahler-Symphonie dauert nun einmal lange. Aber man spürt, wenn Swarowsky dirigiert, das Zwingende der monumentalen Konzeption.[172]

Swarowskys sparsame Gestik, Sachlichkeit und Konzentriertheit wurde sehr geschätzt:

---

167 7.4.1968, Großer Sendesaal (Wiener Symphoniker).
168 10.3.1969, Musikverein (Wiener Symphoniker).
169 Prof. Schmidek, Anfang und Ende eines Lebenswerkes, in: *Volksblatt*, 7.6.1966.
170 Knessl, Bekenntnis (Anm. 160).
171 Schneiber, Identifizierung (Anm. 164).
172 –ma–, Symphoniker-Konzerte (Anm. 161).

Swarowsky dirigierte mit sicherer Gebärde die Wiener Symphoniker, hielt wieder einmal nichts von übertriebener Gestik und überheizter Interpretation, sondern diente ruhig und ehrfürchtig Mahler. Daß die immerhin 80 Minuten lange Symphonie keinen Moment an Spannung verlor, zeugt für seine und seiner Musiker Qualität.[173]

Dass auch Mahlers emotionale Seite durchaus nicht zu kurz kam, bestätigte Andrea Seebohm, die jedoch auch den Widerstand des Orchesters feststellte:

Swarowsky [...] dirigierte sie so, daß all die schönen Worte so Berufener wie Schönberg und Berg über diese Musik wahr wurden. „Der erste Satz ist das allerherrlichste, was Mahler geschrieben hat", schreibt Alban Berg bereits 1912 an seine Frau. Und 1913 sagt Schönberg in seiner Prager Gedenkrede: „Fast sieht es so aus, als ob es für dieses Werk noch einen verborgenen Autor gäbe, der Mahler bloß als Sprachrohr benützt hat." Dieser Gedanke drängte sich beim Anhören des überirdischen Adagios geradezu auf. Wer hier Swarowsky und den Symphonikern zuhören durfte und dabei kalt blieb, dem ist nicht zu helfen. [...] Swarowsky begleitete, wie ein Pianist seinen Sänger zu begleiten hat; indem er mitatmet, dem Sänger auf den Mund sieht, und dessen innerste Regungen erspürt. Leider waren dazu die Symphoniker nicht gewillt.[174]

Knessl beurteilte die Wiedergabe differenziert, indem er auf die Schwierigkeiten des Werkes einging:

In der Neunten Symphonie gestaltete er mit Hilfe der intensiv musizierenden Symphoniker vor allem den ersten Satz [...] und das beschließende Adagio mit dem herrlich verebbenden Streicher-Abgesang packend und suggestiv. Der über Gebühr ausgedehnte Ländler und die grotesk-marschartige Burleske fielen demgegenüber ab, was jedoch nicht an den Interpreten liegt, sondern an kompositorischen Problemen. Insgesamt: ein wertvolles, ein zutiefst menschliches Konzert.[175]

Auch in der *Kronenzeitung* schätzte man zwar die „dem Schönen und Wertvollen dieser Musik gerecht werdende Interpretation", doch hatte man ähnliche Einwände:

Swarowsky versäumte nicht, im Ländler und in der Burleske die Instrumentaleffekte herauszuarbeiten, doch konnte er dadurch die überlang geratenen Sätze nicht in reine Kurz-

---

173 F. E, Mahler im Zenit, in: *Die Presse*, 7.6.1966.
174 Andrea Seebohm, Weiterer Sieg für Mahler, in: *Express*, 7.6.1966.
175 Knessl, Bekenntnis (Anm. 160).

weil verwandeln und verhindern, daß man diesen bizarren Tongebilden etwas ratlos gegenübersteht.[176]

Mahlerzyklus 1967

1967 wurde zum Schlüsseljahr der Mahler-Renaissance in Österreich. Peter Weiser, Generalsekretär der Konzerthausvereinigung, realisierte erstmals einen kompletten Mahler-Zyklus, der tatsächlich den Durchbruch für Mahler zu bedeuten schien. Mahler wurde nun nicht mehr von älteren ehrwürdigen Herren dargeboten, sondern von jungen aufstrebenden Stardirigenten aus dem Ausland und im Stil von Bernstein als Komponist der unmittelbaren Gegenwart begriffen, in dessen Werk sich die Katastrophen des Jahrhunderts abzeichneten. Das Publikumsinteresse war endgültig erwacht und ein Umschwung in der Musikkritik erfolgt: Eingeschworene Mahler-Gegner wie Franz Tassié traten zurück und Mahler-Skeptiker passten sich gewissermaßen dem neuen Zeitgeist an. Die Mahlerkenner waren: Harald Kaufmann in der *Kleinen Zeitung*, Kurt Blaukopf und Lothar Knessl.[177] Auch der österreichische Mäzen Manfred Mauthner-Markhof sprach ein deutliches „Votum für Mahler" aus.[178] Welche Kriterien allerdings auf offizieller Seite galten, drückte sich in einer Bilanz der Wiener Festwochen 1967 aus: „Interesse und Echo im Ausland waren größer denn je"[179], lautete die Schlagzeile. Mahler beschäftigte nun sogar das österreichische Fernsehen: Am 15. Juni 1967 wurde eine Sendung ausgestrahlt, in der Ernst Haeusserman mit Peter Weiser, Hans Swarowsky, Joseph Wechsberg, Karl Löbl und Herbert Nedomansky über Mahler diskutierte und ein Interview von Löbl mit Bernstein eingespielt wurde.[180] Die Konzerte waren erstmals rege besucht, wie Gerhard Kramer rückblickend feststellte:

Gleich bemerkenswert wie die großzügige, konsequente und zweifellos auch kühne Planung dieser Konzertreihe ist dabei der Umstand, daß dieses noch vor wenigen Jahren ein sicheres Fiasko verheißende Unternehmen diesmal von einem konstanten Publikumserfolg begleitet war. Er kam ebenso im vorzüglichen Besuch der Konzerte, unabhängig von der Attraktivität der Ausführenden, zum Ausdruck wie in der Dauer und Intensität des Beifalls,

---

[176] F. Schr., Ergriffenheit und Ratlosigkeit, in: *Illustrierte Kronenzeitung*, 7.6.1966.
[177] Vgl. Scheit/Svoboda, *Feindbild Gustav Mahler* (Anm. 6), S. 234.
[178] *Die Furche*, 3.6.1967.
[179] Stadt Wien – offizielles Organ der Bundeshauptstadt, 5.7.1967, zitiert nach Scheit/Svoboda, *Feindbild Gustav Mahler* (Anm. 6), S. 232.
[180] Karl Löbl, Gegen den Widerstand, in: *Express*, 10.6.1969, zitiert nach Scheit/Svoboda, *Feindbild Gustav Mahler* (Anm. 6), S. 223.

die nicht immer mit der Qualität der Wiedergabe allein korrespondierten, sondern offensichtlich dem Werk selbst galten.[181]

Auch Peter Weiser zog nach Beendigung des Zyklus eine erfreuliche Bilanz: Er dankte der Festwochenintendanz für den großen „Vertrauensvorschuss" zum Mahler-Zyklus, dem ein geradezu überwältigender Erfolg beschieden gewesen sei. Das Presseecho gerade auf diesen Zyklus sei so lebhaft gewesen wie nie zuvor, allein *Time* habe beispielsweise – erstmals – einem musikalischen Ereignis einen mehrseitigen Artikel gewidmet.[182] Der Erfolg machte Schule und so veranstaltete Ernst Märzendorfer ein Jahr später einen Mahler-Zyklus mit den Grazer Philharmonikern. Auch Märzendorfer gehörte zu den profunden Mahler-Kennern.[183]

Der Wiener Mahler-Zyklus wurde im Wesentlichen von den Wiener Symphonikern getragen. Die Philharmoniker beteiligten sich mit der Aufführung der Zweiten unter Bernstein und der *Lieder eines fahrenden Gesellen* unter Böhm. In den darauffolgenden Jahren begann eine langsame Annäherung des Orchesters an den Komponisten, die nicht ohne innere Widerstände vonstatten ging. Die Wende im Verhältnis der Wiener Philharmoniker zu Mahler fand in den 70er Jahren statt, als die Film-Firma Unitel die Aufnahme sämtlicher Mahler-Symphonien mit dem Dirigenten Leonard Bernstein finanzierte, und Nina Maxwell-Jackson, die englische Mäzenin des Orchesters, eine Klausel in ihrem Vermächtnis hinterließ, worin die jährliche Aufführung eines Werkes von Mahler vorgesehen war.

Die wichtigste Voraussetzung aber war das Engagement Bernsteins, der geradezu besessen war, das Wiener Orchester und das Wiener Publikum zu Mahler zu bekehren.[184] Swarowsky war mit Bernstein bereits seit den 50er Jahren in gutem Kontakt und assistierte bei dessen Plattenaufnahmen. Seine jüngste Tochter Gloria wurde 1969 nach der von Bernstein in Anwesenheit Swarowskys geprobten *Missa solemnis* benannt, da sie während des Gloria das Licht der Welt erblickte und Bernstein die Wahl des Namens angeregt haben soll.[185]

---

181 Gerhard Kramer, Der Durchbruch scheint gelungen, in: *Die Presse*, 22.6.1967, zitiert nach Scheit/Svoboda, *Feindbild Gustav Mahler* (Anm. 5), S. 232.
182 Vgl. *Kurier*, 27.6.1967, zitiert nach Scheit/Svoboda, *Feindbild Gustav Mahler* (Anm. 6), S. 233.
183 Vgl. Scheit/Svoboda, *Feindbild Gustav Mahler* (Anm. 6), S. 237.
184 Ebd., S. 244.
185 Zubin Mehta im Gespräch mit Manfred Huss, Otto Karner und Erika Horvath, Wien, 19.3.2003 [Nach Aufzeichnungen des Ohrenzeugen Harald Goertz handelte es sich um eine spontane Eingebung Swarowskys, als er die Nachricht erhielt: Typoskript „Erinnerungen an Hans Swaorwksy", Historische Sammlung IMI – Hg.]

Swarowsky, „der schon stets für Mahler sehr viel übrig hatte (nicht erst, als er plötzlich modern wurde)"[186], gehörte mittlerweile auch zur alten Generation und beteiligte sich am Mahler-Zyklus von 1967 mit seiner altbewährten Dritten[187], der einzigen Symphonie Mahlers, die man ihm vorbehaltlos zugestand und die ausschließlich er in Wien dirigierte. Die Erwartungen, die man in ihn setzte, erfüllten sich jedes Mal aufs Neue. Die Kritiken betonen immer und immer wieder Swarowskys Berufung zu Mahler[188], seine Werkkenntnis, Überzeugungskraft, Fähigkeit, Mahlers Musik in einer fast unerreichten Weise erlebbar zu machen[189], die stilistische Authentizität[190], seine „Mittlerrolle"[191], „exemplarische Interpretation"[192] und die „Einheitlichkeit und Eindringlichkeit"[193] seines Musizierens. „[U]nd wieder einmal hat sich gezeigt, daß er den Ersten seines Faches zuzuzählen ist, wenn ihn auch nicht die (nicht immer gerechtfertigte) Gloriole mancher aus dem Ausland kommender Orchesterleiter umgibt."[194] Und so fragte Paul Lorenz wahrscheinlich zu Recht: „Weiß man, was man an Swarowsky hat?"[195] Nur in der *Presse* meinte man Swarowsky von der neuen Generation überholt: „Vielleicht, daß die Jungen unter den Mahlerdirigenten da und dort noch mehr Schärfe und Akkuratesse im Detail erzielen". Allerdings musste das Blatt einwenden: „kaum einer hat sich so wie Swarowsky den Geist dieser Musik, ihre Sprache, ihren Atem zu eigen gemacht."[196] Das Publikum jedenfalls tobte.

Swarowsky sah den Grund für die späte Durchsetzung Mahlers im Konzertleben in erster Linie in der Mahlerschen Polythematik:

Ein Grund dafür, daß Mahlers Musik sich erst nach relativ langer Zeit durchsetzen konnte, ist gewiß, daß seine dichte Schreibweise bisher ungekannte Anforderungen an das Hörvermögen und das Musikverständnis des Zuhörers stellt, da stets eine größere oder kleinere Zahl von Motivelementen gleichzeitig erklingt und geistig verarbeitet werden muß – das ist freilich keine „angenehme" Musik mehr.[197]

---

186 *Der Merker*, Nr. 7, 1967.
187 10.6.1967 (Wiener Symphoniker).
188 H-n., Mahlers Dritte unter Swarowsky, in: *Wiener Zeitung*, 14.6.1967.
189 Rudolf Weishappel, Jeder Streit ist müßig, in: *Kurier*, 13.6.1967.
190 H-n., Mahlers Dritte (Anm. 188).
191 Paul Lorenz, Weiß man, was man an Swarowsky hat?, in: *Volksstimme*, 14.6.1967.
192 Wie in alten Zeiten, in: *Die Wochenpresse*, 14.6.1967.
193 *Die Furche*, 17.6.1967.
194 Lorenz, Weiß man (Anm. 191).
195 Ebd.
196 Die tönende Weltenschau, in: *Die Presse*, 12.6.1967.
197 Swarowsky, Mahler: Das Lied von der Erde, in: *WdG*, S. 121–134: 131.

Die Jahre 1969/70

Nach 1967 wurden Swarowskys Mahler-Aufführungen in Wien seltener. Erst 1969 gab er wieder ein großes und reguläres Konzert, nachdem er einen Monat zuvor mit dem Los Angeles Philharmonic Orchestra in San Diego die Vierte gemeinsam mit Hindemiths *Mathis der Maler* gebracht hatte.[198] In dem Zyklus „Meisterwerke des 20. Jahrhunderts" stand neben der Neunten noch Brittens *Serenade* op. 31 auf dem Programm. Unter die vermehrt positiven Kritiken mischte sich auch ein wenig Enttäuschung. Lothar Nesch verglich das Konzert mit einem sportlichen Ereignis, fand, dass „die Mannschaft stellenweise kopflos durch die Gegend lief und das Konzept des Trainers nicht ganz stimmte", und erinnerte an Swarowskys Neunte drei Jahre zuvor, an der er „schon einmal gescheitert"[199] sei. Auch Ruff, den zwar der Gesamteindruck überzeugte, fand Swarowsky „einigermaßen reserviert"[200], und Gerhard Mayer hörte „nur eine solide, im Detail zu wenig gegliederte und vom Orchester nicht besonders hervorragend gespielte Symphonie."[201] Dem gegenüber stand die gewohnte Begeisterung um den „wissenden Mahler-Dirigenten"[202] der anderen Kritiker: Man erkannte Swarowskys „inneres Engagement", er leitete „mit Spannkraft und Intensität, mit dem hier so unentbehrlichen Wissen, wann und wie lange man liebevoll bei Details verweilen darf und wann man wie er energisch zupacken muß, um die Teile zum Ganzen zu fügen. Auch die Klangregie, die das Nebeneinander dynamisch ungleichwertiger Instrumente vom Dirigenten erfordert, stand auf hoher Stufe."[203] Swarowskys tiefe Werkkenntnis bleibt auch hier wieder unangezweifelt, wie in den Kritiken in der *Furche* und im *Kurier* spürbar wird:

> Swarowsky setzte sich mit den formalen Organisationsproblemen sachlich auseinander, spürte den Details der fein differenzierten Partitur sorgsam nach. Mit fester Hand und viel Theatergespür konturierte er die vier Sätze, füllte sie mit scharfen Kontrasten, ließ die sinnlich leuchtenden Kantilenen verströmen; besonders des herrlichen Adagios.[204]

> Er weiß um die formalen Probleme, er bemüht sich, den Geheimnissen, dem Weben der Stimmen, der subtilen Atmosphäre auf den Grund zu gehen. Er zeichnet die in jeder Hinsicht ungemein differenzierte Partitur sensitiv nach, und er hat die feste Hand, das Riesenstück mit all seinen hypertrophen Kontrastmalereien, der weit ausholenden theatralischen

---

198 23.3.1969, San Diego Civic Theatre (Los Angeles Philharmonic Orchestra).
199 Lothar Nesch, Katastrophenabend aller Mahler-Freunde, in: *Oberösterreichische Nachrichten*, 12.4.1969.
200 Dr. Ruff, Mahlers Abschied von der Welt, in: *Arbeiter-Zeitung*, 12.4.1969.
201 Gerhard Mayer, in: *Wochenpresse*, 16.4.1969.
202 Prof. Schmidek, Mahler auch ohne Festwochen, in: *Volksblatt*, 12.4.1969.
203 M. R., Mahlers Musik der Zukunft, in: *Volksstimme*, 12.4.1969.
204 K. H. R., Monumental, in: *Die Furche*, 26.4.1969.

Gebärde richtig in den Griff zu bekommen, ohne daß es am sentimentalen Verströmen fehlt. Nur manchmal, wenn Mahler aus der herbstlichen Atmosphäre, den Träumen, ein Evangelium macht, greift er robust ein, fährt mit strafferen Zeichen ins Flechtwerk.[205]

Im März 1970 unternahm Hans Swarowsky eine Konzertreise durch Israel. Mit dem Israel Philharmonic Orchestra gab er 16 Konzerte. Im Programm war auch Gustav Mahlers Neunte Symphonie. Der Erfolg war phänomenal, Swarowsky genoss die Reise, doch hatte er mit extremen gesundheitlichen Problemen zu kämpfen. Nach seiner Rückkehr musste er in Wien notoperiert werden. Seinem Sohn Anton berichtet er von der Reise:

> Israel war wunderbar, ich dirigierte 18x in 3 Wochen […]. Das Land und die Leute, das ist ein echtes, großes Erlebnis. Meine historischen Gelüste sind 100 % auf ihre Kosten gekommen. Wir waren fürstlich untergebracht, hatten einen großen Wagen mit Fremdenführer = Chauffeur, waren absolut überall, Jerusalem, Bethlehem, Nazareth, Haifa, Akkon, Cäsarea, Jaffa, Askalon, Kapernaum, Beersheba, Iberias, Sodom & Gomorrha, See Genezareth, gr. Wüste, im toten Meer etc. etc. Station war Tel-Aviv, Orchester herrlich, sehr undiszipliniert ([…] Jeder weiß es besser!). Konzertpublikum = 40.000 Abonnenten, in einer Stadt von 600.000 Einwohnern. Äußerst liebe Menschen überall, freundlich, hilfsbereit, mit Zusammengehörigkeits- und Aufeinanderangewiesenseins-Gefühl. […] Ich musste mich leider immer in Schmerzen winden und in diesem Zustand dirigieren (u.a. Mahler IX!). Am Tage der Heimkehr ging ich ins Spital und musste eine Sofort-Operation machen, 2 Geschwüre im 12 F. D., 1 großes mit Infusion über 4/5 der Magenfläche und knapp vor dem Durchbruch in die Bauchspeicheldrüse (Pancreas) im Magen. Der Professor bezeichnete meine Konstitution als die eines 40jährigen. Jetzt muss ich Vieles absagen und mir Ruhe gönnen.[206]

Die Jahre 1971/72

1971 – die sogenannte Mahler-Renaissance stand auf ihrem Höhepunkt, auch das Publikum hatte mittlerweile Mahler für sich entdeckt – dirigierte Swarowsky die Sechste im Orchesterzyklus der Wiener Konzerthausgesellschaft[207], die damit „einen neuen Höhepunkt ihrer Mahlerpflege"[208] setzte. Davor erklang noch Strawinskys Violinkonzert mit dem jungen israelischen Geiger Zvi Zeitlin. Auch die Kritiker thematisierten die Wende in der Mahler-Rezeption und die „neue Position" des Publikums „seit dem bahnbre-

---

205 Karlheinz Roschitz, Im Schwanengesang resigniert, in: *Kurier*, 11.4.1969.
206 Hans Swarowsky an Anton Swarowsky, April 1970, NlAS.
207 25. und 26.3.1971 (Wiener Symphoniker).
208 Ruediger Engerth, Gustav Mahler erobert Wien, in: *Salzburger Nachrichten*, 30.3.1971.

chenden Mahler-Zyklus des Konzerthauses."[209] „Wieder einmal [...] wurde die Einsicht bestätigt, daß die verspätete Breitenwirkung, die Mahlers Symphonien heute erringen, einer historischen Notwendigkeit gleichkommt"[210], urteilte Wolfgang Schreiber, und in der *Furche* freute man sich: „Heute ist Mahler fast schon eine Attraktion".

> Der Saal war fast voll, auch viele jugendliche Zuhörer waren da, und nach dem 80 Minuten dauernden Riesenwerk gab's Applaus wie nach einer italienischen Oper in Starbesetzung. In den fünfziger Jahren war das noch anders. Da wurden vor einem Konzert mit eben dieser Sechsten von den mißtrauischen Abonnenten mehr als 200 Karten zurückgegeben, obwohl Dimitri Mitropoulos am Pult stand.[211]

Die Kritiken spiegeln auch wider, wie geteilt man in der Auffassung von richtiger Interpretation im Allgemeinen war. Lobte man in den *Salzburger Nachrichten* den „großen Atem der Tragik, lebendig und leidenschaftlich in der Stimmung, in den Details durchsichtig und einleuchtend"[212], und in der *Arbeiter-Zeitung* den „Schwung", die „starke innere Spannung" und die bewundernswerte Ausdrucksintensität", die plastischen Akzente und die feinfühlige Wiedergabe[213], so beanstandete Franz Endler die „straffen Tempi", mit denen „alle Unebenheiten weggewischt werden sollten", und vermisste die Größe, die „mit Inspiration und Gleichgestimmtheit himmelwärts reißt"[214], und das häufig nicht ausgeführte *morendo* der Mahlerschen Partitur. Auch Norbert Tschulik wünschte sich ein „Crescendo der emotionellen Intensität."[215] Karlheinz Roschitz erkannte richtig die Intention des Dirigenten:

> Swarowsky ist kein Ekstatiker oder Mystiker wie Bernstein. Er liebt das Theatralische nicht sonderlich. Er überzeichnet keine Tempi und Farben. Seine Mahler-Wiedergabe ist ein Bekenntnis zu dem, was in der Partitur steht. Die vielschichtige Polyphonie, die Freiheit in der Entwicklung einzelner Stimmen im Zusammenhang mit bestimmten Farbvaleurs, die prosaartige, großflächige Verkettung der Details modellierte er ungemein akkurat.[216]

Wolfgang Schreiber thematisierte indes Swarowskys Position in der Dirigentenwelt und seine pädagogische Wirkkraft in der Mahler-Pflege:

---

209 KHR, Mit Mahler Maßstäbe gesetzt, in: *Express*, 29.3.1971.
210 Wolfgang Schreiber, Mit dem Hammer!, in: *Illustrierte Kronenzeitung*, 28.3.1971.
211 Sieg für Mahlers Sechste, in: *Die Furche*, 3.4.1971.
212 Engerth, Gustav Mahler erobert Wien (Anm. 208).
213 P-er, Virtuosität und Größe, in: *Arbeiter-Zeitung*, 28.3.1971.
214 Franz Endler, Über Stock und Stein, in: *Die Presse*, 29.3.1971.
215 -t-k, Musikalische Kontraste, in: *Wiener Zeitung*, 28.3.1971.
216 KHR, Mit Mahler Maßstäbe gesetzt, in: *Express*, 29.3.1971.

Hans Swarowsky, der wohl über jeden Verdacht von „Star"-Dirigententum erhaben ist, führte die Sache Mahlers zum Sieg, derselbe Swarowsky, der als Lehrer die Dirigenten der jüngeren Generation (Abbado, Mehta …) mit seinem Werk vertraut gemacht hat.[217]

Und Ruediger Engerth merkte wieder einmal an: „Der Dirigent hat erneut unter Beweis gestellt – was wir eigentlich schon immer wußten, gelegentlich freilich vergessen –, daß er ein gründlicher und liebevoller Mahler-Kenner ist."[218]

Auch im *Lied von der Erde* im November des Jahres[219], das „lange, ehe die Wogen der Mahler-Renaissance das Wiener Musikleben erschütterten […] zu den allseits beliebten und immer wieder tief ergreifenden Repertoirestücken"[220] zählte – auch Swarowsky hatte eine starke Affinität zu diesem Werk –, kamen kleine Widersprüche der Kritik zutage. Hauptpunkt war allerdings die Positionierung der Sänger auf den Orgelbalkon, was zur Folge hatte, dass Anna Reynolds und Eduardo Alvares vom Orchester überdeckt wurden bzw. das Zusammenspiel zwischen Orchester und Sänger erheblich litt, obwohl Swarowsky „straff, elastisch und übersichtlich dirigierte."[221] Die *Wiener Zeitung* urteilte:

> Hans Swarowsky gilt zu Recht als Mahler-Spezialist. Immer wieder ist man überrascht, wie selbstverständlich er Duktus und Eigenart dieser Tonsprache beherrscht, wie ihm gleichsam mühelos gelingt, worum andere leidenschaftlich und meist vergeblich sich abmühen. Vom ersten bis zum letzten Takt herrschte jener durchgeistigte Ernst, der, neben vielem anderen, dieser Tonsprache ihr charakteristisches Profil verleiht. Die großen Bögen konnten richtig ausschwingen. Nichts wurde überbetont, nichts unterspielt.[222]

Die Sechste Symphonie brachte Swarowsky auch nach Ostdeutschland, wo er als Dirigent, insbesondere als Bruckner- und Mahlerinterpret, einen besonderen Stellenwert genoss. Sein sachlicher Dirigierstil und seine profunde Werkkenntnis fanden immer wieder große Anerkennung:

> Swarowsky gehört nicht zu jener Gruppe von Stardirigenten und Pultvirtuosen, die sich mit gewaltigen pantomimischen Gebärden in Szene setzen. Er dirigiert sachlich und klar, bar jeglicher Pose, mit ökonomischer Zeichengebung, setzt Impulse, wenn notwendig, und

---

217 Schreiber, Mit dem Hammer! (Anm. 210).
218 Engerth, Gustav Mahler erobert Wien (Anm. 208).
219 25. und 26.11.1971, Konzerthaus (Wiener Symphoniker).
220 H-n., Mit Routine, Wissen und Ehrlichkeit, in: *Wiener Zeitung*, 28.11.1971.
221 Karlheinz Roschitz, Nicht zueinandergefunden, in: *Illustrierte Kronenzeitung*, 28.11.1971.
222 H-n., Mit Routine, Wissen und Ehrlichkeit (Anm. 220).

läßt auch stellenweise das Orchester selbst musizieren, wenn es angebracht erscheint. Mit sparsamen Mitteln eindringlich formend, dient er ganz dem Werk.[223]

Das deutsche Publikum war sich eines großen Ereignisses bewusst. In Dresden[224] feierte man ihn als „berufenen Deuter" von Mahlers Musik:

Eine Aufführung der „Sechsten" hat unverändert den Rang des Seltenen und Außergewöhnlichen, namentlich dann, wenn ein Dirigent wie Swarowsky mit weiser Ökonomie den ganzen Apparat leitet und mit dem ordnenden Verstand die Themen klar herausarbeitet, den Unterschied zwischen einem gläubigen Bruckner Choral und dem fast bedrückenden choralhaften Bläsersatz in diesem Mahler-Finale deutlich macht.[225]

Die Aufführung der „Sechsten" fügte der reichen Mahler-Tradition der Dresdner Philharmonie ein weiteres Ruhmesblatt hinzu. Angesichts der großartigen Leistungen Swarowskys und der Philharmonie waren die Längen des mehr als einstündigen Werkes nicht zu spüren.[226]

Auch in Leipzig[227] war Swarowsky mit der Sechsten zu hören und in Berlin[228] dankte man dem „Wiener Mahler Spezialisten" für die „authentische Interpretation", wenn die Kritik auch ein wenig differenzierter ausfiel:

In der Begegnung mit dieser „Sechsten" ließ der Dirigent mit reifem Wissen die Mittel deutlich werden, die Mahlers eigene Sprache und Handschrift sind: die metrische Unnachlässigkeit, der Kampf von Melodie und Rhythmus um ihre ihnen doch nicht gewährte Selbständigkeiten, die Klangphantasie, die den Instrumenten Geheimnisse entlockt, von denen vor Mahler keiner etwas wußte. Im Geistigen zwingend, im Klanglichen nur gelegentlich nicht genügend differenziert zwischen Stille und Ausbruch, Lyrik und Hochdramatik, erstand in dieser Darstellung eine authentische Interpretation.[229]

Im Oktober des Jahres fand schließlich wieder und zum letzten Mal eine Aufführung der Dritten unter Swarowsky in Wien statt[230], vierzehn Jahre nach seiner „Wiederent-

---

223 W. Poike, Großartiger Hans Swarowsky, in: *Die Union*, Dresden, 28.4.1972.
224 19. und 20.4.1972, Kulturpalast (Dresdner Philharmonie).
225 Mahlers „Sechste" unter Swarowsky, in: *Die Union*, 28.4.1972.
226 -gb-, Großartiger Hans Swarowsky (Anm. 223).
227 9. und 10.11.1972, Gewandhaus (Leipziger Gewandhausorchester).
228 24. und 25.4.1972, Metropoltheater (Berliner Sinfonie Orchester).
229 Kr., Ein Mahler-Erlebnis, in: *Nationalzeitung Berlin*, 11.5.1972.
230 12. und 13.10.1972, Konzerthaus (Wiener Symphoniker).

deckung" im Jahre 1957. Der Große Konzerthaussaal war ausverkauft – „am erfreulichsten: daß man heute mit einer Mahler-Symphonie, auch ohne Bernstein, den Großen Konzerthaussaal füllen kann – und daß sich soviel Jugend im Publikum fand"[231] – das Publikum tobte vor Begeisterung.[232] Swarowskys Wiedergabe war „klar, sachlich, gefühlvoll." Er unterlag nicht „sentimentaler Gefühlsduselei", vermied „Überzeichnungen in Tempi, Dynamik, Modellierung der Phrasen", er überzeugte davon, „dass er eine echte Beziehung zu dem Werk hat", und stellte „es mit großer Partiturkenntnis dar."[233] Rudolf Weishappel lobte Swarowskys Strategie, trotz der Länge Längen zu vermeiden.

> Swarowsky ist natürlich ein viel zu intelligenter Musiker, um diesen Eindruck etwa dadurch erzielen zu wollen, daß er die Tempi anzieht. Im Gegenteil: Ich habe bisher überhaupt noch keine Aufführung dieser „Dritten" in so ruhigen Zeitmaßen gehört. Da nun gerade durch diese Ruhe (und eine bis in die kleinsten Finessen abgestufte und durchdachte Dynamik) alle Zusammenhänge hörbar werden, läßt die Spannung nie nach.[234]

Swarowsky musste sich aber auch den Vergleich mit dem ekstatischen Leonard Bernstein gefallen lassen:

> Um in den siebenten Himmel vorzustoßen, dessen Erzählung Mahler schließlich selbst aus seiner Dritten ausklammerte, hätte es vielleicht nur noch jener Ekstasen bedurft, die etwa Bernstein auch in den Stellen der Verhaltenheit noch dem letzten Musiker abringt.[235]

Im Frühjahr 1972 begann die große Offensive Leonard Bernsteins, die immer noch skeptischen Wiener Philharmoniker von Mahler zu überzeugen. Er verabreichte ihnen eine Art Radikalkur: Nachdem er 1971 die Neunte mit großem Erfolg dirigiert hatte, gab er unmittelbar hintereinander drei weitere Symphonien: die Fünfte, Dritte und Vierte. Doch die Proben und die Konzerte mit der Fünften verliefen geradezu desaströs. Bernstein verzweifelte an der mangelnden Bereitschaft des Orchesters, sich Mahler zu öffnen[236], und die Kritiken spiegeln die groben Mängel der Aufführung wider[237], deren Radioübertragung Bernstein kurzerhand absagte. Nicht besser schnitt die Dritte

---

231 Kopie eines Zeitungsartikels (Oktober 1972, Zeitung unidentifiziert) in NlHS.
232 F. W., „Was uns die Liebe erzählt ...", Kopie eines Zeitungsartikels (Oktober 1972, Zeitung unidentifiziert) in NlHS.
233 KHR, in: *Express*, 13./14.10.1972.
234 Rudolf Weishappel, Spannung in der Ruhe, in: *Kurier*, 14.10.1972.
235 F. W., „Was uns die Liebe erzählt ..." (Anm. 232).
236 Interview mit Leonard Bernstein, in: *In memoriam Leonard Bernstein, eine Dokumentation* von Franz Wagner, Produktion des ORF, 1990, zitiert nach Scheit/Svoboda, *Feindbild Gustav Mahler* (Anm. 6), S. 249.
237 Vgl. Scheit/Svoboda, *Feindbild Gustav Mahler* (Anm. 6), S. 250.

nur eine Woche später ab[238], erst die letzte Aufführung der Mahler-Serie unter Bernstein, die fasslichste und unkomplizierteste Vierte hinterließ einen positiven Eindruck und endlich schienen auch – nicht zuletzt durch die Begeisterung des Publikums – die Philharmoniker überzeugt. Auch ohne Bernstein hätten sich die Philharmoniker der allgemeinen Mahler-Renaissance auf Dauer nicht entziehen können. Zu groß war in dieser Zeit der Druck der Schallplattenindustrie und des internationalen Musikbetriebs auf das nationale Musikleben und sein Spitzenorchester geworden, als dass der Widerstand gegen Mahler sich weiter hätte fortsetzen lassen können. Zudem war mit Mahler ein Komponist gefunden, der als modern galt und doch tonal war. Selbst Herbert von Karajan, der noch das Angebot Peter Weisers ausgeschlagen hatte, beim Wiener Mahler-Zyklus von 1967 zu dirigieren, sah sich nunmehr veranlasst, über das *Lied von der Erde* hinaus, das er 1972 erneut herausbrachte, sich anderen Werken Mahlers zuzuwenden. Dabei ist bemerkenswert, dass er sich neben der Vierten die schwierigeren, weniger populären Symphonien aussuchte und mit einem großen Aufwand an Proben umsetzte: die Fünfte, Sechste und Neunte.[239] Interessanterweise arbeitete Karajan dabei ausschließlich mit den Berliner Philharmonikern und unternahm keinen einzigen Versuch, diese Werke mit den Wiener Philharmonikern aufzuführen. Gänzlich unbekannt blieb natürlich das Faktum, dass sich Karajan von Hans Swarowsky beraten ließ.[240]

Im Jahr 1972 herrschte auch kein Mangel an Dirigenten mehr, um die Wiener Philharmoniker weiterhin mit Mahler zu beschäftigen: Noch im selben Jahr folgte die Sechste unter Claudio Abbado in Salzburg; und nach eineinhalb Jahren Pause 1974 das Adagio der Zehnten mit Zubin Mehta und Bernstein sowie die Siebente mit Bernstein; 1975 die Sechste mit Bernstein, die Vierte mit Abbado usw. 29 Mahler-Aufführungen der Wiener Philharmoniker im Zeitraum zwischen 1945 und 1966 stehen 126 Mahler-Konzerte in den Jahren 1967 bis August 1991 gegenüber (die Auslandskonzerte eingerechnet). Von den bis August 1991 insgesamt 234 Mahler-Aufführungen des Orchesters hat Leonard Bernstein 51, Bruno Walter 34 und Claudio Abbado 31 dirigiert. Es folgt mit einigem Abstand Lorin Maazel mit 8.[241]

---

238 Ebd., S. 254f.
239 Siehe dazu Reinhard Kapp, Ein österreichischer Dirigent und die Musik der Wiener Schule, in: Lars E. Laubhold/Jürg Stenzl (Hg.), *Herbert von Karajan 1908–1989. Der Dirigent im Lichte einer Geschichte der musikalischen Interpretation*, Salzburg/Wien/München 2008, S. 133–156.
240 Manfred Huss im Gespräch mit Reinhard Kapp, Markus Grassl, Otto Karner und Erika Horvath, Wien, 8.8.2003.
241 Vgl. Clemens Hellsberg, Die Wiener Philharmoniker und das symphonische Werk Gustav Mahlers, in: CD-Beiheft zu: *Gustav Mahler. Symphonien Nr. 1–10*; Wiener Philharmoniker, Lorin Maazel (Dir.), Sony SX14K48198, S. 72–76.

Das Jahr 1974

1974 kehrte Swarowsky erstmals seit seinem Abgang von der Grazer Oper im Jahre 1949 als Dirigent des Grazer Philharmonischen Orchesters[242] zurück. So wie 1947 bot er den Grazern das *Lied von der Erde*.

1974 dirigierte Swarowsky noch drei Symphonien Mahlers. Im April gab er die Siebente und einige Lieder, im Juni die Neunte und die unvollendete Zehnte. Mit ihnen verabschiedete sich Swarowsky von seinem Mahler-Publikum, denn bis zu seinem Tod im September 1975 sollte er Mahler nicht mehr dirigieren. Die Aufführung der Siebenten wurde für Swarowsky ein besonderer Ehrentag. Nicht nur wurde sein Verdienst um die Mahler-Pflege in den Zeitungen gebührend gewürdigt, sondern es wurde ihm auch durch Gottfried von Einem, der dem 1973 verstorbenen Ratz als Präsident der Gustav Mahler Gesellschaft nachgefolgt war, die goldene Mahler-Medaille überreicht.[243] Gerhard Brunner betonte Swarowskys Eintreten für Mahler, „als von einer ‚Renaissance' noch keine Rede sein konnte."[244] Ruediger Engerth sah in Swarowsky den letzten wahren Mahler-Interpreten: „Wenn es Mahler gelungen ist, eine ‚Tradition' für die Aufführung seiner Werke zu schaffen, so ist Swarowsky ihr letzter Repräsentant."[245] An anderer Stelle würdigte man ihn als den „eigentlichen Mahler-Pionier der letzten Jahrzehnte."[246] Anlässlich des von Swarowsky verfassten Programmheftes wurde auch erstmals seine Lehrzeit bei Webern thematisiert, dessen Analysen sich Swarowsky zu Eigen gemacht hatte. Man würdigte Weberns und Swarowskys authentisches Mahlerbild und fügte an:

> Jedoch von der Erkenntnis bis zur eindrucksvollen Interpretation ist ein großer Schritt, und man kann sagen, daß dieser Swarowsky, besonders wenn er die Wiener Symphoniker leitet, immer wieder gelingt. Swarowsky ist der Mann, der manchmal auf Kosten pikanter instrumentaler Details die Konstruktion, die Architektur der Mahler Werke so überzeugend deutlich macht, wie nicht viele in dieser Zeit und kaum ein einziger seiner Generation, die wir allmählich als die „ältere" bezeichnen müssen.[247]

Die Siebente wurde denn auch zu einem bejubelten Festakt für den doch sehr spät gefeierten Mahler-Pionier:

---

242 3. und 4.3.1974, Stefaniensaal (Grazer Philharmonisches Orchester).
243 Weitere Preisträger des Jahres 1974 waren Josef Krips und Kyrill Kondraschin.
244 Gerhard Brunner, Ohne falsche Ekstatik, in: *Kurier*, 28.4.1974.
245 Ruediger Engerth, Abschiedsstimmung bei Mahler, in: *Salzburger Nachrichten*, 20.4.1974.
246 C. H., Mahlers Rückkehr nach Wien, in: *Neue Zeit Graz*, 28.4.1974.
247 Helmut A. Fiechtner, Mahler-Medaille für Swarowsky, in: *Die Furche*, 4.5.1974.

Wohl brauchte auch er bei der 7. Symphonie e-Moll zunächst einen guten Teil des breit exponierten, im Allegro risoluto jedoch zügig angepackten Stirnsatzes, um sich mit den Symphonikern zu finden, aber schon in der ersten der beiden Nachtmusiken war ein interpretatorisches Niveau erspielt, das Swarowsky dann zu wahren wußte – in stetiger Steigerung hinführend zum (scheinbar so naiven) C-Dur-Jubel des Rondos, dessen gemessene Festlichkeit zu Recht den lautesten Beifall provozierte. Konzentrierter habe ich aber auch das Orchester, ein paar kleinen, am Anspruch dieser Partitur fast unvermeidlichen Pannen zum Trotz, seit langem nicht erlebt.

Swarowskys Mahler-Bild, das entscheidend geprägt sein mag durch den Dirigenten Webern, ist frei von falscher Emphase und Exaltation. Swarowsky genügt es durchaus, den Notentext so klar und so genau als möglich zu realisieren. Das Ergebnis ist ein sachliches formbewußtes, aber niemals nüchtern-dogmatische Musizieren. Ich meine, daß diese „Siebente" zu den einsichtigsten und reifsten, aber auch feinfühligsten Leistungen gehört, die wir Hans Swarowsky zu danken haben.[248]

Gustav Mahler im Unterricht

Insbesondere in der Kapellmeisterschule gehörten die Werke Gustav Mahlers von Beginn an zu Swarowskys Lehrplan. Hubert Deutsch[249], der zur allerersten Schülergruppe zählt (1946–51), berichtet, bereits viel über Gustav Mahlers Symphonik gehört und im Unterricht dessen Werke analysiert zu haben, wobei auch auf Schönberg und Webern Bezug genommen wurde. Zubin Mehta[250] (1955–58) spürte deutlich Swarowskys Nähe zur Musik Mahlers; Swarowsky schenkte ihm seine Partitur der Siebenten. Noch heute dirigiert sie Mehta aus der Partitur seines Lehrers sowie auch sein Freund Daniel Barenboim, dem er eine Kopie schenkte. Manfred Huss[251] erinnert sich, dass bei der Analyse der Formverläufe in Mahlers Werken immer wieder auf Webern verwiesen wurde, und Roswitha Heintze war beeindruckt, dass Swarowsky „sogar in der Lage war, seinen Schülern die Neunte Mahler so beizubringen, dass sie sie verstanden, auch wenn sie nie zuvor eine Partitur Mahlers gesehen hatten."[252] Beachtet man die Rolle Zubin Mehtas und Claudio Abbados für die sogenannte Mahler-Renaissance und die Mahler-Pflege bis heute, so wird deutlich, was Swarowsky hier geleistet hat. Ein weiterer Mahler-Dirigent mit weltweitem Wirkungskreis unter seinen Schülern ist Mariss Jansons.

---

248 Gerhard Brunner, Ohne falsche Ekstatik, in: *Kurier*, 28.4.1974.
249 Hubert Deutsch im Gespräch mit Erika Horvath, Wien, 19.1.2004.
250 Zubin Mehta im Gespräch mit Manfred Huss, Otto Karner und Erika Horvath, Wien, 11.3.2003.
251 Manfred Huss im Gespräch mit Markus Grassl, Otto Karner und Erika Horvath, Wien, 21.7.2003.
252 Roswitha Heintze im Gespräch mit Reinhard Kapp und Erika Horvath, Wien, 9.6.2004.

Swarowskys Mahler-Bild war stark von Webern geprägt. In den von Swarowsky annotierten Partituren der Mahlerschen Symphonien lassen sich etliche Hinweise auf die durch den Lehrer und den Dirigenten Webern vermittelte Mahler-Tradition finden. Wie seine Lehrer Schönberg und Webern ging Swarowsky bei der Analyse der Mahlerschen Partituren von Haydn aus: „Schon vieles bei Beethoven und Mozart ist auf Keime bei Haydn zurückzuführen, ja selbst eine Mahler-Symphonie läßt Haydns Grundlage immer noch erkennen."[253] Auch bei Beethoven und Brahms konnte Swarowsky zahllose Bezüge finden, so etwa formale Anknüpfungspunkte wie in folgendem Beispiel:

> Es ist lächerlich zu behaupten, bei Mahler gäbe es keine Form mehr, oder es handle sich um eine „Fantasie über die Form" (im guten Sinne von Specht gemeint); so hat zum Beispiel die Misterioso-Kadenz (Takt 376 ff.) im ersten Satz von Mahlers IX. Symphonie ihr Vorbild im gleichen Formteil des langsamen Satzes von Beethovens IV. Symphonie (vgl. Takt 96 ff. ab Takt 98); Parallelstellen lassen sich auch bei Brahms finden (vgl. II. Symphonie, erster Satz, Takt 497 ff.).[254]

Immer wieder betonte Swarowsky Mahlers tiefe Verwurzelung in der Tradition und reihte sich damit unter jene Interpreten ein, die Mahler gewissermaßen rückwärtsgewandt interpretierten und nicht als einen der ersten Vertreter der Neuen Musik:

> Von der Fünften Symphonie an hat er den Bezug auf das Lied nicht mehr in Anspruch genommen. Auf nur sehr allgemein gehaltenem weltanschaulichem Hintergrund entwickelt er nun in der Darstellung seiner musikalischen Gedanken allen Spannungsreichtum einer aufs äußerste ausgeweiteten Form, alle Künste des musikalischen Satzes um ihrer selbst willen und noch weit über bisher Erreichtes hinaus, in einer Art fanatischen Aufspürens der aus alten Gelegenheiten resultierenden neuen Möglichkeiten. Denn in all dem ist nichts, wie neu es auch klingen möge, was der Kundige nicht auf Beethoven oder gar auf Haydn zurückzuführen vermöchte. Die weite Form bleibt der knappen immer verpflichtet.[255]

Swarowskys Forderung der absoluten Werktreue galt ihm besonders auch für Mahler, dessen Musik für sich selbst spreche, führe man sie nur so aus, wie sie gedacht und notiert ist, denn Mahlers kompositorisches Denken spiegle sich in der Orchestrierung perfekt wider:

---

253 Swarowsky, Klassik und Romantik, in: *WdG*, S. 18–28: 24.
254 Ebd., S. 25.
255 Swarowsky, Mahler: Das Lied von der Erde, in: *WdG*, S. 121.

> Wem sich zum Beispiel die stupende Kunst sinnvollen Verteilens des klanglichen Geschehens auf die Instrumente in einer Partitur von Mahler offenbart, der muß schon von dieser Erkenntnis her den Nerv des Stils treffen. Das Klanggewand birgt und erschließt hier den Sinn der Musik. Instrumentalisten, die sich in der Dynamik peinlich genau an Mahlers Vorschriften halten, haben durch die einfache Wiedergabe der Noten ihrem dynamischen Wert nach legal an der Darlegung des Gehalts mitgewirkt. Alles Führende erscheint dann in schönster Klarheit, das Eigenleben des Beigegebenen vollzieht sich in dem ihm zugewiesenen Raum, der Reichtum der Farben erschließt den Reichtum des Inhalts, einer klingenden Analyse gleich.[256]

Auch Mahlers Tempi sind in der Partitur genau notiert und bedürfen keiner Änderung:

> Nichts schadet Mahlers Musik so sehr, wie die auf „Interpretation" beruhende hysterische Atmosphäre übertriebener Temporückungen. Entgegen manchen populärwissenschaftlichen Darstellungen ist nicht Mahler und seine Musik, sondern höchstens manch einer seiner „Interpreten" hysterisch.[257]

Die wenigen noch erhältlichen Aufnahmen, die von Swarowskys Mahler-Engagement zeugen, zeigen, dass sein Zugang, sein Wissen, seine Erkenntnisse ihre Wirkung hatten.

---

256 Swarowsky, Dirigieren, in: *WdG*, S. 72–79: 74.
257 Swarowsky, Mahler: VII. Symphonie, in: *WdG*, S. 135–159: 141.

Herta Blaukopf (†)

ERWIN RATZ: EIN KRITISCHER FREUND

Alles spricht dafür, dass Hans Swarowsky und Erwin Ratz einander schon in den frühen 1920er Jahren kennengelernt haben; bei Arnold Schönberg oder Anton von Webern, vielleicht bei den Veranstaltungen des „Vereins für musikalische Privataufführungen". Vielleicht hat auch Lonny Ratz, die erste Frau von Erwin Ratz, die Verbindung hergestellt oder vertieft, als sie 1923 bis 1927 als Geigerin im Theater in der Josefstadt tätig war und dort mit Swarowsky zusammentraf.[1] Die im Folgenden zitierten Dokumente stammen allerdings aus einer viel späteren Zeit und stellen wohl nur eine Episode, eine charakteristische allerdings, in einer langen Beziehung dar. Swarowsky und Ratz waren ungefähr gleich alt und waren Duzfreunde. Das hinderte Ratz jedoch nicht, die Dirigierleistungen des Freundes, wie wir sehen werden, unter Umständen sehr kritisch zu betrachten.

Zunächst einige Worte über Erwin Ratz (1898–1973). Als Achtzehnjähriger lernte er bei einer Aufführung von *Verklärte Nacht* durch das erweiterte Rosé-Quartett Arnold Schönbergs Musik kennen. Zum Besuch dieses Konzerts wurde Ratz vermutlich durch seinen damaligen Lehrer Josef Polnauer angeregt, der den jungen Mann auch Schönberg vorstellte. Bald darauf nahm er an dessen „Seminar für Komposition" teil[2], das nach gänzlich neuen Unterrichtsprinzipien gestaltet war. Fast gleichzeitig begann er, Musikwissenschaft bei Guido Adler an der Universität Wien zu studieren. Mit Befremden musste Ratz zur Kenntnis nehmen, dass seine Begeisterung für Schönberg nur von wenigen geteilt wurde. Dies konnte seiner Ansicht nach nur auf die ungenügende Kenntnis der Werke zurückzuführen sein. So verfiel er auf den Gedanken, „Zehn öffentliche Proben zur Kammersymphonie op. 9 von Arnold Schönberg" zu veranstalten. Schönberg selbst leitete die Proben, und der Versuch wurde zu einem Erfolg.[3] Damit war der Weg gebahnt zur Gründung des „Vereins für musikalische Privataufführungen", den Ratz gemeinsam mit Alban Berg und Paul Amadeus Pisk ins Leben rief. „Ein Höhepunkt in den Vereinskonzerten war [...] mit der Aufführung der VI. und VII. Symphonie von Gustav

---
1 Johannes Kretz, Erwin Ratz. Leben und Wirken. Versuch einer Annäherung, in: *Studien zur Wiener Schule 1*, Frankfurt a.M. usw. 1996 (Musikleben 4), S. 13–121: 36 f.
2 Erwin Ratz, Die zehn öffentlichen Proben zur Kammersymphonie im Juni 1918 und der „Verein für musikalische Privataufführungen", in: Ernst Hilmar (Red.), *Arnold Schönberg. Gedenkausstellung 1974*, Wien 1974, S. 68–70.
3 Ebd.

Mahler in der Bearbeitung von Alexander Zemlinsky bzw. Alfredo Casella erreicht", erinnerte sich Ratz. „Rückblickend ist heute ohne Übertreibung zu sagen, daß die einstudierte vierhändige Wiedergabe dieser Werke einen Vergleich mit modernen Aufführungen in der Originalfassung nicht zu scheuen hätte."[4] Die Tätigkeit dieses Vereins trug 1922 bei zur Gründung der „Internationalen Gesellschaft für Neue Musik" (IGNM). Ratz, der ein Jahr lang oder zwei fern von Wien am „Bauhaus" in Weimar tätig gewesen war, kehrte zurück, nahm an allen diesen Institutionen regen Anteil und setzte gleichzeitig seine Studien bei Schönberg und, als dieser nach Berlin übersiedelte, bei Anton von Webern fort. Im Übrigen lebte er trotz seiner stupenden Kenntnisse auf dem Gebiet der klassischen und der modernen Musik, insbesondere der Formenlehre, als Privatmann, der gelegentlich Arbeiten für die Universal Edition übernahm.

Solche Privatheit war insbesondere während der Hitler-Zeit geboten. Ich erinnere mich, dass ich an einem Kurs für Instrumentenkunde teilnahm, den Friedrich Wildgans in einer Privatwohnung der Inneren Stadt abhielt und bei dem auch Ratz gelegentlich auftauchte. Ich erinnere mich weiter an einen Kurs für Formenlehre, für den Ratz die Privatwohnung seiner Mutter, oberhalb der im Familienbesitz befindlichen Bäckerei Tobias Ratz gelegen und daher auch im Kriegswinter 1944 angenehm warm, zur Verfügung stellte. Vortragender war Anton von Webern. In diesem Kurs wurde wohl kaum musikalisch Relevantes erörtert, es galt vermutlich mehr, dem in jeder Beziehung armen Webern ein kleines Taschengeld zu verschaffen.[5] Politisch formuliert: Es war eine Aktion der damals illegalen IGNM, der u. a. auch Josef Polnauer sein Leben verdankte. Dass Erwin Ratz bei seinem humanitären Wagemut – er soll zur Rettung von neun Menschenleben beigetragen haben[6] – und seinem heftigen Temperament die Hitler-Zeit unbehelligt überstanden hat, ist ein Wunder!

Schon im Herbst 1945 wurde Ratz durch Vermittlung von Friedrich Wildgans als Professor für Formenlehre an die Akademie für Musik und darstellende Kunst berufen; wenige Jahre später erschien sein Hauptwerk, die *Formenlehre*.[7] Karl Heinz Füssl, Freund und Nachfolger von Ratz an der Musikakademie, die nunmehr Musikhochschule hieß, hat diese Arbeit mit folgenden Worten charakterisiert: „In diesem Werk erfährt die von Schönberg begründete *funktionelle Formenlehre* zum ersten Male eine grundlegende wissenschaftliche Darstellung."[8] Trotz solcher Erfolge muss die künstlerische Entwicklung

---

4 Ebd., S. 69.
5 [Vgl. jedoch Anton Webern, *Über musikalische Formen. Aus den Vortragsmitschriften von Ludwig Zenk, Siegfried Oehlgiesser, Rudolf Schopf und Erna Apostel*, hg. von Neil Boynton, Mainz usw. 2002 (Veröffentlichungen der Paul Sacher Stiftung 8) – Hg.]
6 Kretz, Erwin Ratz (Anm. 1), S. 46–50.
7 Erwin Ratz, *Einführung in die musikalische Formenlehre. Über Formprinzipien in den Inventionen und Fugen J.S. Bachs und ihre Bedeutung für die Kompositionstechnik Beethovens*, Wien 1951, ³1973.
8 Karl Heinz Füssl, Prof. Erwin Ratz zum 60. Geburtstag, in: ÖMZ 14 (1959), S. 10.

der Nachkriegsjahre, nachdem die erste Euphorie vorüber war, Ratz zutiefst enttäuscht haben. Die IGNM, die er ab 1952 leitete, wurde zwar wieder aktiv, aber die Werke ihrer Mitglieder wurden außerhalb dieser Organisation nur selten aufgeführt. Kein Wunder, wenn nicht einmal Gustav Mahler nach den Jahren der „Wiedergutmachungskonzerte" Eingang ins ständige Konzertrepertoire fand. Selbstverständlich war Erwin Ratz ein begeisterter Mahlerianer wie seine Lehrer Arnold Schönberg und Guido Adler. So kam es, dass er im Jahr 1955 mit Beistand der Wiener Philharmoniker die „Internationale Gustav Mahler Gesellschaft" gründete, der er bis zu seinem Tod als Präsident vorstand. „Seien Sie versichert", schrieb Ratz an Alma Mahler in jenen Tagen, „daß ich die Leitung der Gesellschaft nur unter der Bedingung übernommen habe, daß kompromißlos alles für das Werk und die Persönlichkeit Gustav Mahlers geschieht, was heute zu geschehen hat."[9]

Dies ist ein für Erwin Ratz sehr charakteristischer Satz. Ein Schlüsselwort erscheint darin: kompromisslos. So verstand er seine Aufgabe gegenüber den Meistern der Tonkunst. Kompromisslos war, wie wir gleich sehen werden, auch seine Haltung gegenüber dem alten Freund und Mitstreiter Hans Swarowsky. Trotz des demokratischen österreichischen Vereinsrechtes leitete Ratz auch seine Mahler-Gesellschaft ganz kompromisslos als absoluter Monarch. Eine sehr persönliche Erinnerung: Ich wurde Zeugin eines Telefongesprächs zwischen Ratz und meinem Mann Kurt Blaukopf. Zu Beginn des Gesprächs teilte Ratz meinem Mann mit, dass er ihn in den Vorstand der Mahler-Gesellschaft kooptiere. Mein Mann fragte daraufhin ganz naiv, ob dies ein Beschluss des Vorstandes sei. „Des Vorstands?", schrie Ratz empört. „Ich schmeiße Sie hinaus, wenn Sie solche Fragen stellen!"

Die Mahler-Gesellschaft war also gegründet, und Ratz gelang es, prominente Künstler und Musikliebhaber der ganzen Welt in der Mahler-Gesellschaft zu vereinen. Bis zum Herbst 1963 zählte man immerhin 507 Mitglieder, darunter Dirigenten wie Rafael Kubelik, Georg Solti und Carl Schuricht, SängerInnen wie Hilde Güden und Dietrich Fischer-Dieskau und Komponisten wie Ernst Krenek, Luigi Dallapiccola und Egon Wellesz. Erstaunlicherweise war Hans Swarowsky nicht darunter, obwohl er im Jahr 1957 nach jahrelanger Pause in Wien die Dritte Symphonie von Mahler mit den Wiener Symphonikern aufgeführt und damit unter den Mahler-Freunden Aufsehen erregt hatte. Wien verdankte Swarowsky die Wiederentdeckung dieses Werks. Hier einige Beispiele aus den Rezensionen: „Hans Swarowsky hat als Dirigent des Abends eine Wiedergabe von beachtlichen Qualitäten zustande gebracht und bemerkenswertes Stilgefühl bewiesen", hieß es in einem sehr kurzen Referat in der *Wiener Zeitung*.[10] „Mahlers Zeit ist noch nicht

---

9 Briefkopie im Archiv der IGMG.
10 r.t. [Roland Tenschert], in: *Wiener Zeitung*, 26.5.1957.

gekommen", stellte der Kritiker des *Neuen Österreich* fest.[11] „Erst wenn die Epoche des krassesten Materialismus, der erfinderischen Sterilität und Seelenlosigkeit [...] vorüber ist, wird man Mahlers ganze Größe erkennen." Auch diese Rezension lobte die Überzeugungskraft Swarowskys und stellte am Schluss die Frage, warum das Konzert in den ganz anderen Zielen dienenden Zyklus „Musica nova" eingegliedert wurde. Eine berechtigte Frage. Mahlers Dritte war eben, was ihre Akzeptanz anlangt, noch Musica nova.

Die *Presse* rügte nach einer Würdigung des Werks, dass Mahler so selten aufgeführt werde:

> Da verdient denn ein Künstler wie Hans Swarowsky in erhöhtem Maß Lob und Anerkennung. Er hat die Chance, die ihm der „Betrieb" einräumte, nicht zum eigenen Vorteil genützt und mit einem billigen Programm billigen Erfolg gesucht, er hat vielmehr in hingebungsvoller Arbeit sich bemüht, das schöne und festliche Bild der III. Mahler-Symphonie, das er – auswendig – im Geist und im Herzen trägt, dem Symphonikerorchester und dem Auditorium zu vermitteln. Daß sich eine beträchtliche Anzahl der besten Symphoniker-Instrumentalisten im Verband des „klassischen Gulda-Orchesters" auf Tournee befand und daß deren Abwesenheit die Qualität des Orchesters spürbar beeinträchtigte, ist nicht die Schuld des Dirigenten.[12]

Dass Swarowsky eine Mahler-Symphonie in Abwesenheit der prominentesten Instrumentalisten dirigieren musste, wirft ein Licht auf die ambivalente Haltung, die ihm von Seiten der Wiener Orchester und vor allem der Konzertveranstalter entgegengebracht wurde. Man stelle sich vor, was Karajan wohl gesagt und getan hätte, wenn er bei einem seiner Konzerte auf das Fehlen dieser Musiker aufmerksam geworden wäre. Doch dieses Gedankenexperiment ist müßig, denn im Jahr 1957 dachte Herbert von Karajan noch nicht daran, eine Symphonie von Mahler auf sein Programm zu setzen.

Leider ist mir keine ausführliche schriftliche Äußerung Swarowskys über die Dritte Mahler bekannt. Seine Einstellung zu Mahlers frühen Symphonien wird aber deutlich, wenn er in einem seiner Aufsätze – über das *Lied von der Erde* – sagt, dass in ihnen „die menschliche Stimme organischer ins Ganze" gefügt sei als in Beethovens Neunter.[13] Das Altsolo der Dritten beschreibt Swarowsky als Mahlers „tiefste Liedschöpfung" überhaupt, als „ergreifende Tonwerdung geheimnisvoll traumhafter Urzusammenhänge", als einen Satz, „der sich in Sprache und Klang zu den gehaltvollsten Äußerungen menschlichen Geistes gesellt."[14]

---

11 Y [Hermann Ulrich], in: *Neues Österreich*, 26.5.1957.
12 Kr. [Heinrich Kralik], in: *Die Presse*, 26.5.1957.
13 Hans Swarowsky, Mahler: Das Lied von der Erde, in: *WdG*, S. 121–134: 122.
14 Ebd.

Auch Erwin Ratz hat Swarowskys Interpretation der Dritten geschätzt und ihn dies offenbar wissen lassen. Das geht aus einem Schreiben hervor, das im Archiv der Mahler-Gesellschaft liegt und das in mancher Hinsicht aufschlussreich ist. Swarowsky schreibt am 3. Juni 1957, also wenige Tage nach dem Konzert, an den damals in Zürich weilenden Erwin Ratz. Er zeigt ihm an, dass nun Rezensionen erschienen seien – wir haben soeben einige zitiert –, und will ihm Photokopien schicken. Gleichzeitig teilt er mit, dass Lacy Hermann, der Ehemann der Sängerin Hilde Güden und Vorstandsmitglied der Mahler-Gesellschaft, den höchst einflussreichen Züricher Chef der Schallplattenfirma DECCA für eine Aufnahme von Mahlers Dritter gewinnen wolle. Mit den Wiener Philharmonikern und Swarowsky am Dirigentenpult. Und nun beschwört Swarowsky seinen Freund Ratz, ebenfalls bei DECCA für ihn zu intervenieren. Er schreibt:

> Bitte nun, gib Herrn R. meine Presse und sprich mit ihm, wie es Dir vom Herzen kommt. Der Dienst ist diesmal sicher nicht nur mir getan, sondern auch dem, in dessen Zeichen wir uns ja vereinen, Mahler. Jetzt, n a c h der Aufführung bin ich noch viel mehr auf dem Wege, aus der zusammenfassenden Erinnerung heraus in das Innerste des Werkes ideell einzudringen, nicht ideell-verstandesmäßig, sondern ideell-ideal, eine Geistesebene, zu der man erst immer nach der Tat oder nach mehreren Taten der Realisation gelangt. Ich spüre, daß das Stück nun beim Wiedermachen aus mir f l i e ß e n würde. Tu also, bitte, Dein Bestes und bekunde auch das Interesse der Mahler-Gesellschaft (das ja hoffentlich da ist?).

Der Brief enthält im Übrigen noch einige sehr kritische Bemerkungen über Lorin Maazel und dessen Mahler-Interpretation, aber das gehört nicht hierher. Ob Ratz mit Herrn Rosengarten, dem Züricher DECCA-Chef, damals gesprochen hat, lässt sich kaum mehr feststellen. Die Sache war so oder so ziemlich aussichtslos. DECCA hatte die Wiener Philharmoniker unter Vertrag, Swarowsky arbeitete im Konzertsaal mit den Wiener Symphonikern und hatte bisher zwar oft und immer wieder das Staatsopernorchester geleitet, aber nicht die mit diesem nahezu identischen Wiener Philharmoniker. Es hat den Anschein, als habe Swarowsky in seiner gesamten Wiener Dirigentenlaufbahn ein einziges Mal (1970) ein reguläres Philharmoniker-Konzert dirigiert.[15] In seinem soeben zitierten Schreiben an Ratz meinte er, dass die Firma DECCA im Fall einer Tonaufnahme den Dirigenten einfach bestimmen könne, ohne das Orchester lange zu fragen. Den Kennern der damaligen Wiener Musiklandschaft sind die zahlreichen Rivalitäten und Intrigen gewiss noch in peinlicher Erinnerung. Hier Philharmoniker – dort Symphoniker, hier Gesellschaft der Musikfreunde – dort Konzerthausgesellschaft. Warum sich damals freilich kein anderer Produzent fand, der die Dritte Mahler unter

---

15 Clemens Hellsberg, *Demokratie der Könige. Die Geschichte der Wiener Philharmoniker*, Zürich/Wien/Mainz 1992, S. 548.

Swarowsky mit den Wiener Symphonikern, den kompletten wohlgemerkt, aufnahm, erscheint aus heutiger Sicht rätselhaft. Vielleicht war die Dritte zu lang? Eine alte Durata in der Mahler-Gesellschaft besagt, dass Swarowskys Interpretation 91 Minuten in Anspruch nahm. Das ist fast genau die Dauer, die Ratz später in seiner Ausgabe dieser Symphonie angab.

Erwin Ratz hatte nämlich noch in den 1950er Jahren begonnen, eine *Kritische Gesamtausgabe* der Werke Gustav Mahlers vorzubereiten und die Partituren von Fehlern und Missverständnissen zu säubern. Den Anfang machte die Siebente Symphonie, weil deren Partitur die größten Mängel aufwies. Ratz entdeckte mehr als siebenhundert Fehler. Die von ihm revidierte Ausgabe erschien im Jahr 1960, gerade zu Mahlers 100. Geburtstag. Das Jubiläum gab Anlass zu Feiern: Bruno Walter kam nach Wien und dirigierte Mahlers Vierte Symphonie, Josef Krips die Zweite, Joseph Keilberth die Achte und Karajan in Musikverein und Oper *Das Lied von der Erde*, wobei Egon Wellesz die Festrede hielt. Die Stadt Wien ehrte den Komponisten und einstigen Operndirektor überdies durch eine umfassende Ausstellung. Erwin Ratz und die Mahler-Gesellschaft planten, gleichfalls mit Unterstützung der Stadt Wien, einen Festvortrag und ein Festkonzert mit Mahlers Neunter Symphonie zu veranstalten. Und dieses Vorhaben erwies sich als viel komplizierter, als man annimmt, obwohl Ratz bereits zu Beginn des Jahres 1959 mit den Vorbereitungen befasst war. Er gewann früh einen sehr prominenten Festredner, nämlich Theodor W. Adorno, der auch förderndes Mitglied der Mahler-Gesellschaft war. Aus der damals sehr dichten Korrespondenz zwischen Adorno und Ratz lassen sich die Probleme des Festkonzertes erkennen, die auch Hans Swarowsky betrafen.

Als Dirigent des Festkonzertes mit Mahlers Neunter, im Konzerthaus und mit den Wiener Symphonikern, war ursprünglich Georg Solti vorgesehen, den Adorno favorisierte[16]. Ratz hatte vorher mit den Wiener Philharmonikern und der Gesellschaft der Musikfreunde verhandelt, doch diese hatten im Jubiläumsjahr so viele eigene Mahler-Konzerte, dass sie sich auf kein weiteres einließen. Adorno freilich zweifelte, ob Solti, mit dem er unter der Annahme, dass die Philharmoniker spielen würden, bereits gesprochen hatte, auch bereit wäre, die Neunte mit den Symphonikern aufzuführen.[17] Jedenfalls drängte Adorno in mehreren Briefen an Ratz, die Stadt Wien möge an Solti ehebaldigst eine offizielle Einladung richten. Die Sache zog sich hin. Am 12. November schließlich musste Erwin Ratz seinem Briefpartner mitteilen, dass Solti endgültig abgesagt habe.[18] Angeblich ging es um die Höhe des Dirigierhonorars. Nun wurde die Zeit knapp. Rafael Kubelik, ein prominenter Mahler-Dirigent der Zeit, war zu dem vorge-

---

16 [Solti war bis 1961 GMD in Frankfurt a.M., dem Wirkungsort Adornos. – Hg.]
17 Brief von Adorno an Ratz, 12.3.1959, Archiv der IGMG.
18 Brief von Ratz an Adorno, 12.11.1959, Kopie im Archiv der IGMG.

sehenen Termin im Juni 1960 nicht frei, die jungen Dirigenten, die Ratz vorschlug, darunter Michael Gielen, passten dem Chef des Konzerthauses nicht. Erwin Ratz ließ in einem Brief an Adorno alle in Frage kommenden Orchesterleiter Revue passieren und schrieb dann wörtlich:

> Eventuell käme noch Swarowsky in Frage, der zwar eine gute Dritte vor längerer Zeit dirigiert hat, aber die Achte so schlecht gemacht hat, daß ich gar keine Lust habe, ihn das Festkonzert dirigieren zu lassen … Dann lieber kein Festkonzert![19]

Das war kompromisslos, wenn auch nicht ganz logisch. Die Neunte Symphonie stellt an Orchester und Dirigenten vielleicht nicht geringere Anforderungen als die Achte, aber jedenfalls ganz andere. Und war Swarowskys Achte wirklich so schlecht, wie sie Ratz gegenüber Adorno darstellte? Auch die Kritiker machten Einwände, gewiss, doch zeigten sie mehr Verständnis für die besonderen Schwierigkeiten einer Aufführung gerade dieses Werkes. Aus heutiger Sicht lässt sich sagen, dass die Achte Symphonie von Mahler, am 9. Juni 1958 im Rahmen eines Chor-Festivals aufgeführt, dem Dirigenten offenbar nicht so überzeugend gelungen ist wie ein Jahr zuvor die Dritte. Die *Wiener Zeitung* meinte, dass das Werk unter Swarowskys Leitung „eine nicht mehr als handwerkliche Wiedergabe, der der souveräne Zusammenhalt fehlte und die die Schwächen des Werkes nicht milderte, sondern eher lautstark unterstrich" erfahren habe.[20] Im *Neuen Österreich* lautete es ziemlich ähnlich: „Die von Hans Swarowsky mit größter Sorgfalt und Umsicht studierte und geleitete Aufführung verwirklichte nicht alle Absichten des Komponisten und litt an Klangüberfülle und dynamischer Schattierungsarmut, vor allem im ersten Satz […]"[21] Die *Presse* freilich erkannte und anerkannte die Schwierigkeiten, die sich der Verwirklichung gerade dieses Werkes entgegenstellen:

> So kann man auch von der Aufführung dieses einzigartigen Werkes sagen, daß im normalen Ablauf einer Konzertsaison nur teilweise Realisierungen möglich sind und daß man dankbar sein muß, wenn Geist und Stil der Wiedergabe die künstlerischen Formen und Charaktere, die der Aufführung vorschweben, gleichfalls erahnen lassen. Dieser Vorzug darf der Aufführung unter Hans Swarowsky in vollem Maße zugesprochen werden.[22]

Das Ergebnis der Dirigentensuche von 1960 war, dass Jascha Horenstein, von der Konzerthausgesellschaft vorgeschlagen, das Festkonzert übernahm. Theodor W. Adorno,

---

19 Ebd.
20 k-e-p, in: *Wiener Zeitung*, 11.6.1958.
21 Y [Hermann Ulrich], in: *Neues Österreich*, 11.6.1958.
22 Kr. [Heinrich Kralik], in: *Die Presse*, 11.6.1958.

der fest mit Solti gerechnet hatte, war damit ziemlich unzufrieden. Er hörte nämlich Mahlers Neunte unter Horenstein auf einer Schallplatte, war gar nicht glücklich und fand vor allem den 1. Satz zu langsam und zu schwerfällig. „Es wäre recht wichtig, wenn wir irgendwie an den Proben teilnehmen und ihm einiges dazu sagen könnten", schrieb er an Ratz.[23] Das Konzert fand statt, ebenso Adornos Festvortrag, der in seiner Druckfassung in die Kulturgeschichte eingegangen ist.

Ob sich durch diese Affäre etwas an den Beziehungen zwischen Swarowsky und Ratz geändert hat? Drei Jahre später finden wir jedenfalls Swarowskys Namen in den Mitgliederlisten der Mahler-Gesellschaft und zwar als Nummer 508 mit dem Vermerk „Ehrenmitglied". Von 1964 stammt die zweite schriftliche Mitteilung Swarowskys, die sich in den Archiven der Mahler-Gesellschaft finden lässt. Es handelt sich um eine Ansichtskarte aus Kanada. „Liebster Erwin", heißt es da:

> Ich studiere Mahlers VI. und bin sehr begeistert! Bitte, kümmere Dich um die Programm-Erklärungen der Ravag, daß nicht der kriminelle programmatische Dreck geschrieben wird, sondern Form-Inhalt-Analyse. Bitte, bitte, bitte! Riesenerfolg in New York und hier (Eroica), nun kommt Messias.[24]

Der Hinweis auf Form-Inhalt-Analyse kommt nicht von ungefähr, denn Swarowsky hat Ratz als Theoretiker hoch geschätzt und setzte sich dafür ein, dass alle Studenten seiner Dirigier-Klasse bei Ratz Formenlehre hörten.[25] Neben dieser Lehrtätigkeit gelang es Ratz, bis zu seinem Tod alle Symphonien Mahlers mit Ausnahme der Achten und des *Lieds von der Erde* im Rahmen seiner Gesamtausgabe herauszubringen. Er hatte zwar Helfer, es war im Wesentlichen aber doch eine Ein-Mann-Leistung!

---

23 Brief von Adorno an Ratz, 6.4.1960, Archiv der IGMG.
24 Karte von Swarowsky an Ratz, undatiert, Archiv der IGMG.
25 Kretz, Erwin Ratz (Anm. 1), S. 59.

Uros Lajovic

HANS SWAROWSKYS NOTEN-BIBLIOTHEK

Mit meiner Untersuchung von Swarowskys Notenbibliothek verfolgte ich nicht nur das Ziel, den heutigen Stand der Bibliothek zu beleuchten, sondern insbesondere die daraus erkennbare Arbeitsmethode des Dirigenten aufzuzeigen.

Swarowskys Bibliothek ist nicht komplett erhalten, nicht zuletzt deswegen, weil seine Berliner Wohnung 1945 der Bombardierung zum Opfer gefallen war. In ihrem jetzigen Zustand befinden sich somit fast ausschließlich diejenigen Partituren darin, die Swarowsky nach dem Krieg erstanden hatte. Leider verlieren wir dadurch die Möglichkeit, zwischen den ersten Exemplaren der einzelnen Werke und den späteren zu vergleichen und uns auf diese Weise über den Werdegang der Analyse und der daraus folgenden Beherrschung der Materie ein klares Bild zu verschaffen. Insbesondere gibt es keine Ausgaben aus der Studienzeit bei Schönberg und Webern mehr.[1]

Gegenwärtiger Stand

Von den etwa 800 erhaltenen Bänden sind mehr als die Hälfte Partituren im Kleinformat, der Rest im Mittel- bzw. Großformat. Bei der ersten Durchsicht fällt auf, dass ein und dasselbe Werk in mehreren Exemplaren – manchmal mehr als vier – vorhanden ist, was Schlussfolgerungen über die Intensität der Auseinandersetzung mit Werk und Komponist zulässt. So gibt es beispielsweise jeweils fünf Exemplare von Mahlers 3. Symphonie und dem *Lied von der Erde*, Bruckners 8. Symphonie oder Beethovens *Eroica*; den Rekord bilden jedoch neun Exemplare von Händels *Messias*, zwei Partituren und sieben Klavierauszüge von verschiedenen Herausgebern. Vermutlich wollte Swarowsky die Ausgaben miteinander vergleichen. Die große Zahl der Exemplare eines einzelnen Werkes könnte natürlich auch darauf zurückzuführen sein, dass sich im Laufe der Zeit und der vielen Übersiedlungen so einiges in der Hausbibliothek ansammelte. Ich vermute aber, dass er die eine oder andere Partitur während Auslandsgastspielen gekauft hat, als er auf seine Hausbibliothek keinen Zugriff hatte. Die Tatsache, dass die Mehrzahl der Partituren ohne Eintragungen ist, deutet darauf hin.

---

1 [Immerhin gelang es ihm, die große Partitur von Mahlers Dritter, die ihm seine Frau im Zusammenhang mit dem ‚Mahler-Erlebnis' 1919/20 gekauft hatte, zu bewahren. – Hg.]

Obwohl die Notenbibliothek also nicht komplett ist und höchstwahrscheinlich den Stand der Notenanschaffungen nach dem Jahr 1945 darstellt, können wir uns ein Bild von den Komponisten machen, mit denen sich Swarowsky am intensivsten beschäftigte. Das sind in erster Linie die Meister der Wiener Klassik und diejenigen Komponisten, die in besonderem Maße zur Musikgeschichte des 20. Jahrhunderts beigetragen haben. Ich versuche, die These mit der Zahl der Exemplare von Werken eines Komponisten in der Bibliothek zu unterstreichen:

Komponist	Zahl der Werke	Zahl der Exemplare
Mozart[2]	51	79
Haydn[3]	49	69
Beethoven	42	66
Bruckner	12	37
Brahms	19	32
Mahler	19	35
Strauss	25	39
Schönberg	16	29
Strawinsky	35	42
Bartók	14	19

Andere Komponisten sind entsprechend weniger vertreten, jedoch sagt auch ihr jeweiliger Anteil etwas über Swarowskys Interesse aus. Die Palette ist sehr breit und reicht von Monteverdi bis Webern, Bartók und Eisler. Die Komponisten der Gegenwart sind eher rarer vertreten; ihre Partituren stellen in der Bibliothek vermutlich die Gelegenheitsgeschenke dar.

Johann Sebastian Bach ist mit allen orchestralen Werken und Hauptwerken seines vokalen Schaffens vertreten. Von Béla Bartók fehlt beispielsweise *Der wunderbare Mandarin*, obwohl ihn Swarowsky mit dem Mozarteum Orchester Salzburg aufgenommen hat.[4] Brahms und Bruckner sind komplett. Paul Hindemith war Swarowskys Zeitgenosse und wurde von ihm auch viel dirigiert – Hindemith hat u.a. sein Dirigat der Symphonie *Mathis der Maler* autorisiert! –, in der Bibliothek befinden sich aber nur wenige Partituren von ihm: Oper und Symphonie *Mathis der Maler*, *Nobilissima Visione* und *Sym-*

---

2 + ca. 70 Bände *Neue Mozart-Ausgabe*. Swarowsky war einer der *NMA*-Subscribenten und daher im Besitz der Bände, die bis zu seinem Tode erschienen sind. Diese Partituren sind hier nicht in Betracht gezogen.
3 Dazu kommen die zwölf Bände von Robbins Landons Sinfonien-Gesamtausgabe, die sich nicht mehr in seiner Bibliothek befinden.
4 Siehe das Verzeichnis der Tonaufnahmen im Anhang zu diesem Band.

phonische Metamorphosen. Zoltán Kodály ist umfassend vertreten, ebenso Gustav Mahler und Wolfgang Amadeus Mozart mit der Neuen Gesamtausgabe.[5] Die wichtigen Werke von Maurice Ravel sind genauso enthalten wie das Œuvre von Arnold Schönberg, und zwar vieles in mehreren Exemplaren. Verwunderlich ist nur, dass es keine Partitur von *Verklärte Nacht* gibt. Ebenso sind mit vielen Exemplaren alle symphonischen Werke von Richard Strauss vorhanden – mit Ausnahme der Konzerte. Schwer kann man ein Werk von Igor Strawinsky angeben, das nicht auch in Swarowskys Bibliothek Platz gefunden hätte! Ich habe in Katalogen nachkontrolliert und fand mit Mühe einzelne Werke: *Apollon musagète* und *Die Geschichte vom Soldaten*, was mir aber unglaublich erscheint. Die Partitur muss wohl irgendwann verlorengegangen sein. Ein weiterer Komponist ist in Swarowskys Bibliothek sehr präsent: Richard Wagner, mit vielen Opernpartituren und ebenso vielen kleinen Partituren mit Ausschnitten aus seinen Opernwerken. Als Schüler Weberns muss Swarowsky dessen Werke gekannt und studiert haben, umso mehr als die beiden eine langjährige Freundschaft verband. So überrascht, dass mit sechs Exemplaren verhältnismäßig wenige Werke von Anton Webern in der Bibliothek stehen. Ich bin überzeugt, dass es deren mehrere gegeben haben muss.

Interessant sind natürlich auch die Namen, die heute nicht mehr besonders geläufig sind; dazu gehören Auber oder Benda, Farkas oder Nussio. Selbstverständlich beginnt die Reihe der Komponisten mit Monteverdi und Schütz, da sich Swarowsky viel mit der Aufführungspraxis alter Meister auseinandersetzte.

Swarowskys Repertoire war jedoch viel umfangreicher, als uns sein Notenarchiv zeigen kann, weil er oft aus Leihmaterial dirigierte, besonders wenn es sich um Werke aus dem nicht allzu bedeutenden Repertoire handelte. Vergleicht man seine Bibliothek mit der aktuellen Diskographie, kann man noch folgende Komponisten hinzufügen: Hans Erich Apostel (*Fünf österreichische Miniaturen*), Boris Blacher (*Paganini-Variationen, Träume vom Tod und vom Leben*), Henry Brant *1. Symphonie*), Luigi Cherubini (Ouverture *Anacreon*), Frédéric Chopin (*Klavierkonzert Nr. 2*), Peter Cornelius (Ouvertüre *Barbier von Bagdad*), Paul Dukas (*L'Apprenti sorcier*), Werner Egk (Ouvertüre *Die Zaubergeige*), Friedrich von Flotow (Ouvertüre *Martha*), Christoph Willibald Gluck (*Orpheus und Euridike*[6]), Charles Gounod (*Margarethe*-Ballettmusik), Edward Grieg (*Klavierkonzert*), Karl Amadeus Hartmann (*8. Symphonie*), Engelbert Humperdinck (Zwischenspiele aus den Opern *Königskinder, Hänsel und Gretel*), Leos Janáček (*Kinderreime*), Norman dello Joio (*Epigraph, Serenade*), Paul Kont (*Traumleben*), Erich Wolfgang Korngold (*Der Ring des Polykrates*), Ernst Krenek (*Konzert für zwei Klaviere*), Peter Mennin (*Concerto for Orchestra*), Giacomo Meyerbeer (*Prophet*-Königsmarsch), Stanislav Moniuszko (Arien aus

---

5 siehe Anm. 2.
6 Herr Kalb berichtete während des Symposions 2011 von Swarowskys Mitwirkung bei der Aufnahme der Oper *Orpheus und Euridike*.

Halka), Jacques Offenbach (Ouvertüre *Orpheus in der Unterwelt*), Giovanni Battista Pergolesi (*La serva padrona*), Giacomo Puccini (Arien aus verschiedenen Opern), Ottorino Respighi (*Fontane di Roma*), Camille Saint-Saens (*3. Symphonie*), Karl Schiske (*4. Symphonie*), Franz Schreker (*Kammersymphonie, Der Geburtstag der Infantin*), Alexander Scriabin (*Klavierkonzert fis-Moll*), Robert Stolz und Franz von Suppé (Operettenschlager), Georg Philipp Telemann (*Der Tag des Gerichts*), Jaromir Weinberger (*Schwanda der Dudelsackpfeifer*), Alexander Zemlinsky (*23. Psalm*).

Die Diskographie ist damit natürlich nicht komplett erfasst, doch zeigt schon diese Aufzählung, dass der Dirigent Swarowsky ein außerordentlich breites Symphonie- und Opernrepertoire beherrschte.

Werfen wir noch einmal einen Blick zurück zu den Partituren bestimmter Werke, die in besonders vielen Exemplaren vertreten sind, so können wir uns vorstellen, mit welcher Selbstverständlichkeit Swarowsky im Brief vom 22. Mai 1975 seinen letzten zwanzig Hörern als ästhetische Richtlinie mitgegeben hat: „Orientieren Sie Ihren Geschmack an der Linie Bach bis Schönberg: Alles, was nicht Anteil hat an diesem Geiste, nehmen Sie nur halb so ernst."[7]

Die Partituren sind in sehr unterschiedlicher Weise verwendet worden. Etwa ein Drittel (240) der 800 Bände ist mit Annotationen versehen, ca. 100 davon mit ganz oder zum Teil ausgeschriebener Periodik, die anderen noch mit vielen Bemerkungen anderer Art, elf davon beinhalten eine detaillierte Werkanalyse. Einige Partituren sind zerfetzt, nicht des häufigen Gebrauchs wegen, sondern aus einer für Swarowsky typischen Gewohnheit: Nach Aussage seiner Gattin zerriss er Partituren absichtlich in mehrere Teile, um sie unterwegs genauer studieren zu können.

Taktgruppenanalyse

Interpreten und insbesondere Dirigenten pflegen im Allgemeinen verschiedene Notizen in ihre Partituren zu schreiben: von Symbolen über Ideenvermerke bis zu Kommentaren, die ihnen bei der adäquaten Realisierung der Werke weiterhelfen sollen. Swarowsky war jedoch derjenige, der der Periodisierung als praktischer Hilfe beim Partiturstudium zur Durchsetzung in der Praxis verhalf. Swarowsky selbst schreibt darüber:

> Der umfassende kompositorische Gedanke führt vom Großen ins Kleine und baut sich aus diesem wieder durch die Folge der Taktgruppen auf. Diese stellen vor allem eine innere organische Reihung dar, ihre äussere Erscheinung ist eine additive.[8]

---

7 Abgedruckt in: *WdG*, S. 265.
8 Hans Swarowsky, Taktgruppenanalyse, in: *WdG*, S. 29–37: 31.

> Taktgruppen sind Zellen innerhalb der Formteile und sie bedeuten nicht immer dasselbe wie Phrasen: die Taktgruppe bezieht sich […] auf die Gliederung im Satzganzen, die Phrase hingegen meint die rein melodische Gliederung. […] Eine Anzahl von Taktgruppen ergibt zusammengefasst übergeordnete Großgruppen oder Abschnitte […], mehrere solcher Großgruppen ergeben sodann einen Formteil. […]
> Entscheidend für die Taktgruppenanalyse ist die Erkenntnis von Auftaktigkeit oder Geradtaktigkeit. […]
> Taktgruppen lassen sich vor allem an der Führung des Basses erkennen.[9]

Die Periodisierung des Dirigenten unterscheidet sich oft von der theoretischen Analyse der Partitur. Da der Blick des Dirigenten immer voran gerichtet ist, entscheiden wir uns bei eventuellem Überlappen der Perioden immer für die neue Periode, auch wenn die alte Phrase noch nicht abgeschlossen ist. In einem moderneren kompositorischen Satz bekommen die Perioden eine andere Bedeutung und Funktion und spiegeln nicht mehr unbedingt die Kadenz-bedingten Gedanken wider. Vielmehr definieren sich damit Taktgruppen, die abhängig von den gegebenen kompositorischen Prinzipien eine Einheit oder mindestens einen Teil davon bilden. Mittels der übergeordneten Taktgruppen verhelfen wir uns zu einem besseren Überblick über das komplexe Notenmaterial.

Ich möchte mich nun einigen Werken widmen, bei denen die Swarowskysche Herangehensweise besonders besonders deutlich zum Ausdruck kommt. Dafür geeignet erschienen mir insbesondere jene Werke, die in mehreren Partituren vorliegen und die zudem für Swarowskys Lehre exemplarisch sind, da sich darin sein analytischer Zugang spiegelt. Es handelt sich dabei um die 3. und die 9. Symphonie von Ludwig van Beethoven, *Don Juan* von Richard Strauss, die 3. Symphonie von Gustav Mahler und das *Concerto for Orchestra* von Béla Bartók. Dabei werde ich mich auf ein paar typische Details beschränken.

Ludwig van Beethoven: Symphonie Nr. 3 (Eroica)

Swarowsky besaß fünf Exemplare der Symphonie, davon sind jedoch nur zwei mit Eintragungen versehen. Die ältere weist viele Bemerkungen aller Art auf, die zweite wenig, vorwiegend im 4. Satz; sie ist jedoch zerrissen, was darauf hindeutet, dass sie Swarowsky unterwegs zum Studium benutzte.

---

9 Ebd., S. 32.

1. Partitur (Eulenburg)

Die Eulenburg-Partitur war vermutlich für den praktischen Gebrauch geplant, da Orientierungsbuchstaben eingetragen sind. Die Bemerkungen sind mit Bleistift, roter und blauer Tinte geschrieben – Swarowsky muss sich mindestens dreimal mit dieser Partitur intensiver beschäftigt haben. Das Werk ist größtenteils periodisiert.

1. Satz

Zu Beginn des 1. Satzes finden sich Dirigierhinweise – für den Anfang *a tre*, ab dem dritten Takt *in uno*. Immer wieder begegnen Schlagänderungen. Bei Thema B steht die Bemerkung „periodisch" – die Dirigierweise beim taktweisen Schlagen *in uno*, die Swarowsky später im Unterricht strikt verlangt hat. In diesem Satz gibt es auch ein paar Interpretations-Anweisungen wie etwa *espressivo*, *crescendo*- und *decrescendo*-Zeichen oder ein *rallentando* beim Übergang zur Reprise.

2. Satz

Hier ist die analytische Arbeit offensichtlich: Die Reprise wird mit dem Anfang verglichen, und die Unterschiede werden vermerkt – die verschiedene Notation der Bässe, verschiedene Länge der Notenwerte usw. (Notenbeispiel 1). Das Tempo wurde mit Achtel = 80 eingetragen (in späteren Partituren war die originale Metronomzahl gedruckt, in dieser noch nicht).

Das Notenbeispiel eröffnet die ewige Frage, wie man wohl die Schleifer am Anfang des Satzes aufführen soll und ob alle drei Schleifer gleich sind. Swarowsky suchte die Antwort in der Reprise des Anfangs im T. 106. In T. 6 fehlt die Triolenbezeichnung – auch das wurde verbessert. Fast könnte man glauben, dass es sich um eine Revision handelt! Im Fugato-Teil des Satzes ist mit blauer Tinte am Rande die komplette Periodik des Fugato (3, 3+1, 3+2, 3+1, 3+2, 4+1, 4+2) angegeben (Notenbeispiel 2). In vielen Partituren befinden sich über den Taktstrichen Kreuze – so kennzeichnete Swarowsky häufig die Perioden, auch wenn er keine Zahlen dazuschrieb. Was mir in diesem Satz interessant erscheint, sind die Interpretations-Kommentare: z.B.: „fp +p – also decrescendo" (in T. 41) oder „f nach p = rf". Hier machte sich Swarowsky Gedanken über die richtige Deutung der Beethovenschen dynamischen Anweisungen.

Aus den Bemerkungen kann man auf ein peinlich genaues Studium des Satzes schließen, doch ginge es zu weit, alle zu zitieren.

3. Satz

Im 3. Satz gibt es eine sehr genaue Periodisierung und viele Überlegungen dazu.

Notenbeispiel 1: Beethoven, 3. Symphonie, 2. Satz, Beginn (Eulenburg-Partitur)

Notenbeispiel 2: Beethoven, 3. Symphonie, 2. Satz, T. 110 ff. (Eulenburg-Partitur)

Notenbeispiel 3: Beethoven, 3. Symphonie, 4. Satz, T. 16 ff. (Eulenburg-Partitur) (NlHS)

Abb. 1: Beethoven, 3. Symphonie,
Titelseite (Eulenburg-Partitur) (NlHS)

4. Satz

Im 4. Satz sind die Bemerkungen auf Englisch geschrieben – Swarowsky hat sich anscheinend für die Arbeit mit einem englischen Orchester vorbereitet. In T. 28, gleich vor der zweiten Fermate, steht die Periodisierung: 3 Takte + Fermatentakt, der auch 3 Takte lang sein sollte – eine ähnliche Lösung wie am Beginn der Pastoral-Symphonie! Wie detailliert sich Swarowsky mit der Analyse beschäftigt hat, kann uns das Notenbeispiel zeigen (Notenbeispiel 3, S. 771).

Erst nach Durchsicht der kompletten Partitur wird die enigmatische Titelseite der Partitur verständlich (Abb. 1). Höchstwahrscheinlich hat sich der Dirigent Swarowsky die Periodik von Fugato-Stellen im 2. Satz (unten: 3/3+1/3+2/3+1/3+2/4+4/4+2) und im 4. Satz notiert (oben das erste Fugato: 6/6+2/6/6+3/6/; in der Mitte das zweite Fugato: 7/7+1/7+4/7+5/7+6). Die letzte notierte Gruppe 3/2/2/2 mit *cresc.*- und *decresc.*-Zeichen gehört zum Übergang vor dem Schluss-Presto!

2. Partitur (Philharmonia)

Die zweite Partitur ist, wie schon erwähnt, zerrissen und hat nur wenige Bemerkungen, ist jedoch mit den Metronomziffern vermutlich von Toscanini ausgestattet. Die Bezeichnungen sind viel spärlicher als in der Eulenburg-Partitur. Aber mit Violettstift eingetragen sind die Metronomzahlen und einige agogische Bemerkungen, die Swarowsky wahrscheinlich beim Abhören einer Toscanini-Aufnahme gemacht hat. Periodik ist nur ab und zu angegeben. Der 2. Satz wurde nur flüchtig periodisiert, einige markante Stellen (Vorschläge der Bässe) notiert. Toscaninis Metronomziffer ist mit „Achtel = ca. 60" angegeben. Der 3. Satz wurde nur bis zur Hälfte periodisiert, sonst gibt es keine Eintragungen. Im 4. Satz gibt es beim Andante-Teil eine interessante Bemerkung über Toscaninis Tempo („Tosc. 84").

Ludwig van Beethoven: Symphonie Nr. 9

Swarowsky besaß zwei Partituren dieses Werkes, eine große Breitkopf-Partitur, die keine Bemerkungen aufweist, und die kleine Philharmonia-Partitur, in der – abgesehen von der Periodisierung im 1. Satz – die Bemerkungen ausschließlich analytischer Natur sind (Nachsatz, Modulation, Modell I und II, Überleitung zum Seitenthema). Interessant ist der 2. Satz, Scherzo (Notenbeispiel 4, S. 774).

Beim Übergang zum ersten Presto befindet sich in der Philharmonia-Ausgabe noch die alte irrtümliche Bezeichnung „ganze Note MM = 116."[10] Swarowsky plagte sich mit der Ausrechnung der Proportion, die immer zum gleichen Ergebnis führte: die Metronomziffer des Presto stimmte nicht. Auf der linken Seite ist die Errechnung des Tempos einer Viertelnote aus dem Anfangstempo zu sehen (MM = 348), rechts dasselbe aus dem neuen Tempo (MM = 464). Darunter befindet sich die Errechnung des Tempos des kompletten Taktes (MM = 154), was stimmt, wenn man vorher (wie allerdings vorgeschrieben) ein großes *stringendo* nimmt (MM = 116 → 154). Nur ist ein solches *stringendo* schwer realisierbar, ebenso wenig aber die Fortsetzung in dem vorgeschlagenen Tempo MM = 116! Endlich hat Swarowsky sich entschlossen, Viertel gleich Viertel zu nehmen, was heißt, dass die ganze Note eigentlich MM = 88 heißen müsste. Ich vermute, dass die Ziffer, die heute als 116 angegeben wird, falsch abgelesen wurde – das ist aber schon eine andere Geschichte, die ich bei einer anderen Gelegenheit näher erklären werde.

Im 3. Satz setzte Swarowsky das Schema des Beginns fest: 5+5+3+5+4.

---

10 In der späteren Ausgabe wurde dann die ganze Note zur halben Note verbessert, was aber an der Lage nichts ändert.

774 Uros Lajovic

Notenbeispiel 4: Beethoven, 9. Symphonie, 2. Satz, T. 408 ff. (Philharmonia-Partitur)

4. Satz

Am interessantesten ist der Beginn des 4. Satzes (Notenbeispiel 5): Gleich am Anfang vermerkt Swarowsky in Bezug auf die falsche Metronomziffer (punktierte Halbe = 96), dass Schindler im Brief an Moscheles vom 18. März 1827 diese Ziffer angegeben habe, und korrigierte somit die Metronomziffer auf die richtige (MM = 66).

Ein paar Seiten später sind die vielen Versuche der Textunterlegung angedeutet. Viel davon ist kaum mehr lesbar, einige Schlüsse lassen sich aber noch immer ziehen: In *Wahrung der Gestalt* ist eine Skizze aus Nottebohms *Beethoveniana*[11] wiedergegeben.[12] Wie wir uns alle noch gut erinnern können, zitierte Swarowsky im Unterricht den kompletten Text. Aus dieser Partitur geht hervor, dass er derjenige war, der den (in der Skizze noch unvollständigen Text) komplettiert hatte! Der Swarowsky-Text lautet: „Nicht so, nein, auch das nicht, denn, es ist nicht besser, nur etwas heiterer als zuvor!" Und in der zweiten Zeile: „Das ist auch nicht besser; sie ist zu zärtlich; ich selber, ja, ich selber will Euch etwas freudigeres singen!" Swarowskys Hauptinteresse lag eindeutig an der Verdeutlichung der *vokaliter* gefassten und *instrumentaliter* aufgeführten Anfangstakte des 4. Satzes, wo er vermutlich die textliche Anregung in Beethovenschen Skizzen fand. Da sehen wir den Pädagogen Swarowsky, der sich alle Mühe gab, den Studierenden die Materie verständlicher zu machen und möglichst nahe zu bringen!

Noch eine Stelle in diesem Satz soll erwähnt werden: Alla marcia im T. 331 (*Allegro assai vivace* – punktierte Viertelnote = 84): Swarowsky war der erste, der an der Metronomzahl zweifelte (durchgestrichene und mit Fragezeichen versehene Halbe MM = 84 und dann Notlösung Halbe = 66). Seine Idee haben später sein Schüler Miltiades Caridis[13] und Peter Gülke[14] weitergeführt und bekräftigt. Es ist interessant, dass alle Interpreten fühlen, dass an dieser Zahl etwas nicht stimmen kann, und das Tempo spätestens beim Fugato im T. 435 beschleunigen, obwohl dort keine Tempoänderung vorgesehen ist (Notenbeispiel 6, S. 777)!

Die übrigen Bemerkungen betreffen nur die übliche Periodisierung.

---

11 Gustav Nottebohm, *Beethoveniana. Aufsätze und Mitteilungen*, Leipzig/Winterthur 1872; ders., *Zweite Beethoveniana. Nachgelassene Aufsätze*, Leipzig 1887.
12 Hans Swarowsky, Bemerkungen zu Beethoven, in: *WdG*, S. 84–92: 91.
13 Miltiades Caridis, Gedanken über eine Metronom-Angabe in Beethovens IX. Symphonie, in: *NZfM* 150 (1989), H. 9, S. 13 f.
14 Peter Gülke, Zum Verhältnis von Intention und Realisierung bei Beethoven, in: *Beethoven. Das Problem der Interpretation*, hg. von Heinz-Klaus Metzger/Rainer Riehn, München ²1985 (Musik-Konzepte 8), S. 34–53.

Notenbeispiel 5: Beethoven, 9. Symphonie, 4. Satz, Beginn (Philharmonia-Partitur)

Notenbeispiel 6: Beethoven, 9. Symphonie, 4. Satz, T. 331 ff. (Philharmonia-Partitur)

Richard Strauss: *Don Juan*

In der Swarowsky-Bibliothek befinden sich vier Partituren von Strauss' *Don Juan*: eine Erstausgabe im Großformat aus dem Verlag Aibl und die anderen im Kleinformat von verschiedenen Herausgebern (bei Eulenburg, Peters und Philharmonia). Erstaunlicherweise befinden sich die meisten Bemerkungen in der Philharmonia-Partitur, die zudem die Vermutung zulassen, dass sie Swarowsky als erste für sein Studium verwendet hat.

Aibl-Partitur

Diese Partitur ist sehr sorgfältig periodisiert. Dazu kommen viele Bezeichnungen für Instrumenteneinsätze, was darauf hindeutet, dass Swarowsky das Werk auch aus dieser Partitur dirigierte.

Mittelteil (großes Oboensolo): „Melodie immer in 4-Gruppen" – die Melodik ist sehr genau strukturell analysiert, besonders bei den Wiederholungen (zwei fehlende Takte, neue Entwicklung).

Hornsolo (mit Oktave am Beginn): „nicht schnell" ist eigentlich die erste interpretatorische Bemerkung, die nicht nur Verstärkung einer schon vom Autor angegebenen ist. Dazu Gliederung des Motivs (a, b), wobei das zweite Motiv einmal repetiert wird, beim zweiten Mal aber variiert wiederholt.

P 9 (Karneval): „etwas einhalten" – da hält Swarowsky die Metronomzahl von Strauss für übertrieben und notiert sich statt MM = 92 MM = 84.

U 4: In der Erstausgabe steht die originale Vorschrift „von hier bis *poco a poco calando* ganze Takte schlagen!" Swarowsky berücksichtigt das und überträgt die Bemerkung auch in die nächste Partitur (wo sie schon weggelassen ist), in die weiteren Partituren aber nicht mehr.

Philharmonia-Partitur

Gleich auf der ersten Seite befinden sich Zeichen des Ringens um die richtige Periodisierung – in allen anderen Partituren gibt es nur eine Zahl, die die achttaktige Periode am Anfang definiert. In dieser Partitur aber gibt es im ersten Takt die Zahlen 2, 4, 6 und 8! (Notenbeispiel 7, S. 761). Der Dirigent war sich nicht im Klaren, wie er die Periode aufteilen sollte! Die Partitur wurde wahrscheinlich am häufigsten benutzt, da sie sich in ziemlich schlechtem Zustand befindet.

Sehr detailliert ist Swarowsky an die motivische Analyse gegangen; das beweisen viele Bemerkungen in der Philharmonia- und der Aibl-Partitur. So hat er beispielsweise an den polyphonen Stellen die gleichzeitig erklingenden Motive hierarchisch geordnet. Im Allgemeinen ist die Periodik in dieser Partitur in viel kleinere Zahlen aufgegliedert als in den anderen. Die Aibl-Ausgabe weist noch etwas größere Taktgruppen auf, später wurde die Periodik aber wieder etwas weiter detailliert. In allen Partituren sind die Probleme der Periodisierung lehrreich. So ist beispielsweise am Anfang (8 Takte vor B) nach dem bekannten ¾-Takt in jeder Partitur eine andere Periodisierung notiert: in dieser 2+4+3, Aibl: 9, die anderen 6+3.

E 11 das bekannte Thema B kann auch als Illustration des langsamen Weges zur richtigen periodischen Lösung dienen:

Philharmonia:	2+7+2;	2+5+3; 6	[3×4]	+ [2×4]	+ [3×4]
Aibl und Eulenburg:	2+7+2;	2 (+8), 4+2;	12 (3×4),	8 (2×4),	12 (3×4)
Peters:	2+7+2;	2+8+6;	12;	8;	12

Man sieht, wie die Systematik mit der Zeit an Übersichtlichkeit gewann. In der Peters-Partitur sind dazu noch die vertikalen Linien angedeutet, die die übergeordneten Takt-

Notenbeispiel 7: Strauss, *Don Juan*, Beginn (Philharmonia-Partitur)

gruppen darstellen (siehe unten). Es zeigt sich der Werdegang der berühmten Swarowsky-Taktgruppenlehre.

K̄ 12 Noch drastischer sind die Unterschiede in der Periodisierung an dieser Stelle bemerkbar:

	Synkopen	Flöte (flebile)		Oboe solo
Philharmonia (S. 58):	7;	[1+2] + [2+1]; 1+2, 1+1, 1+1,		4
		6 [1+5]	[3 + 2 + 2]	+ 4
Aibl (S. 41):	7;	9 [3×3];	8 [4×2]	
Eulenburg (S. 58):	7;	6;	3; 4;	4
Peters (S. 58):	4+3;	3 + 3;	3 + 2 + 2 +	4

Da sind wirklich die größten Schwierigkeiten entstanden und im Laufe der Zeit ist Swarowsky zur endgültigen Lösung gekommen. In der Eulenburg-Partitur sind die vertikalen Linien noch nach jeder Periode, in der Peters-Partitur aber schon im Sinne der übergeordneten Taktgruppen gesetzt.

Eulenburg-Partitur

In der Eulenburg-Partitur ist die Periodisierung schon viel „ruhiger" und überschaubarer. Swarowsky hatte bereits eine absolut klare Sicht in der Frage der Struktur des Satzes. Nur die senkrechten Linien stehen in dieser Partitur nach jeder Periode. Von *übergeordneten Taktgruppen* kann also noch nicht die Rede sein.

Peters-Partitur

In der Peters-Partitur sind alle Bezeichnungen mit roter Tinte eingetragen – nur Periodisierung, aber auch senkrechte Linien für die übergeordneten Taktgruppen (oder *Stollen*, wie sich Swarowsky in dieser Frage auszudrücken pflegte). So gewinnt die Partitur an Übersichtlichkeit. Ich kann hier natürlich nur auf wenige Details eingehen, die beim parallelen Studium aller vier Partituren auffallen, doch kann man schon am Beispiel einiger markanter Stellen das langsame Werden der Taktgruppenanalyse erkennen.

Gustav Mahler: Symphonie Nr. 3

Besonders interessant ist natürlich Mahlers 3. Symphonie, war es doch eine Aufführung dieses Stücks, die den Studenten der Kunstgeschichte dazu bewogen hat, sich dem Dirigieren zu widmen. Wie schon erwähnt, besaß Swarowsky fünf Exemplare dieses

Werkes: die Erstausgabe der Universal Edition[15] im Großformat, zwei spätere Ausgaben im Mittelformat, eine von Boosey & Hawkes und eine kleine Philharmonia-Partitur. Mit Ausnahme der Erstausgabe, die zweifellos die erste Partitur aus dieser Reihe war, die Swarowsky besaß (in diesem Exemplar sind von Verlagsseite die Verbesserungen Mahlers nach der Erstaufführung eingetragen, die in den späteren Partituren schon berücksichtigt sind). Bei den anderen lässt sich die Reihenfolge schwer feststellen, da die beiden Partituren im Mittelformat ausgesprochen viele und sich wiederholende Bemerkungen haben. Die Philharmonia-Partitur ist ohne Eintragungen. Hier soll es genügen, nur ein paar Schlagworte über einzelne Partituren zu sagen.

Erstausgabe

Aus dieser Partitur studierte und analysierte Swarowsky die Symphonie, doch er benutzte sie höchstwahrscheinlich nicht zum Dirigieren. Besonders der erste Satz ist in der Konstruktion schwierig; daher ist interessant zu beobachten, wie minutiös sich Swarowsky an die Analyse des Werkes begeben hat.

UE-Partitur im Mittelformat

In dieser Partitur sind sämtliche analytischen Bemerkungen ebenfalls enthalten, dazu gibt es aber auch viele dirigiertechnische Zeichen und selbstverständlich die Periodisierung. Eine Stelle ist im ersten Satz bemerkenswert: In T. 55 notierte sich Swarowsky das Dirigieren der Triolen *a tre* – also die Dirigierart, die er seinen Schülern später strikt verboten hat![16]

Boosey-&-Hawkes-Partitur

In der Boosey & Hawkes-Partitur gibt es viel weniger Bemerkungen als in den anderen, interessant ist nur die Formanalyse auf der letzten Seite (Abb. 2, S. 782).

PAUL HINDEMITH: SYMPHONIE *Mathis der Maler*

Von zwei Schott-Partituren dieses Werkes (Swarowsky besaß daneben noch die Partitur der kompletten Oper mit sehr vielen Eintragungen und Kürzungs-Vorschlägen) ist die größere gut erhalten, während die kleine nur mehr bruchstückhaft vorhanden ist und zahlreiche Gebrauchsspuren aufweist. Beide enthalten genaue Analysen, wobei die größere noch mehr ins Einzelne geht. Ich möchte nur auf ein kleines Detail im 3. Satz

---

15 [Es handelt sich um den UE-Nachdruck der Erstausgabe aus dem Verlag Josef Weinberger. – Hg.]
16 [Der Kontext der Stelle, vor allem der Einsatz der Violinen auf der *3* der Triole, dürfte die Lösung allerdings nahelegen. – Hg.]

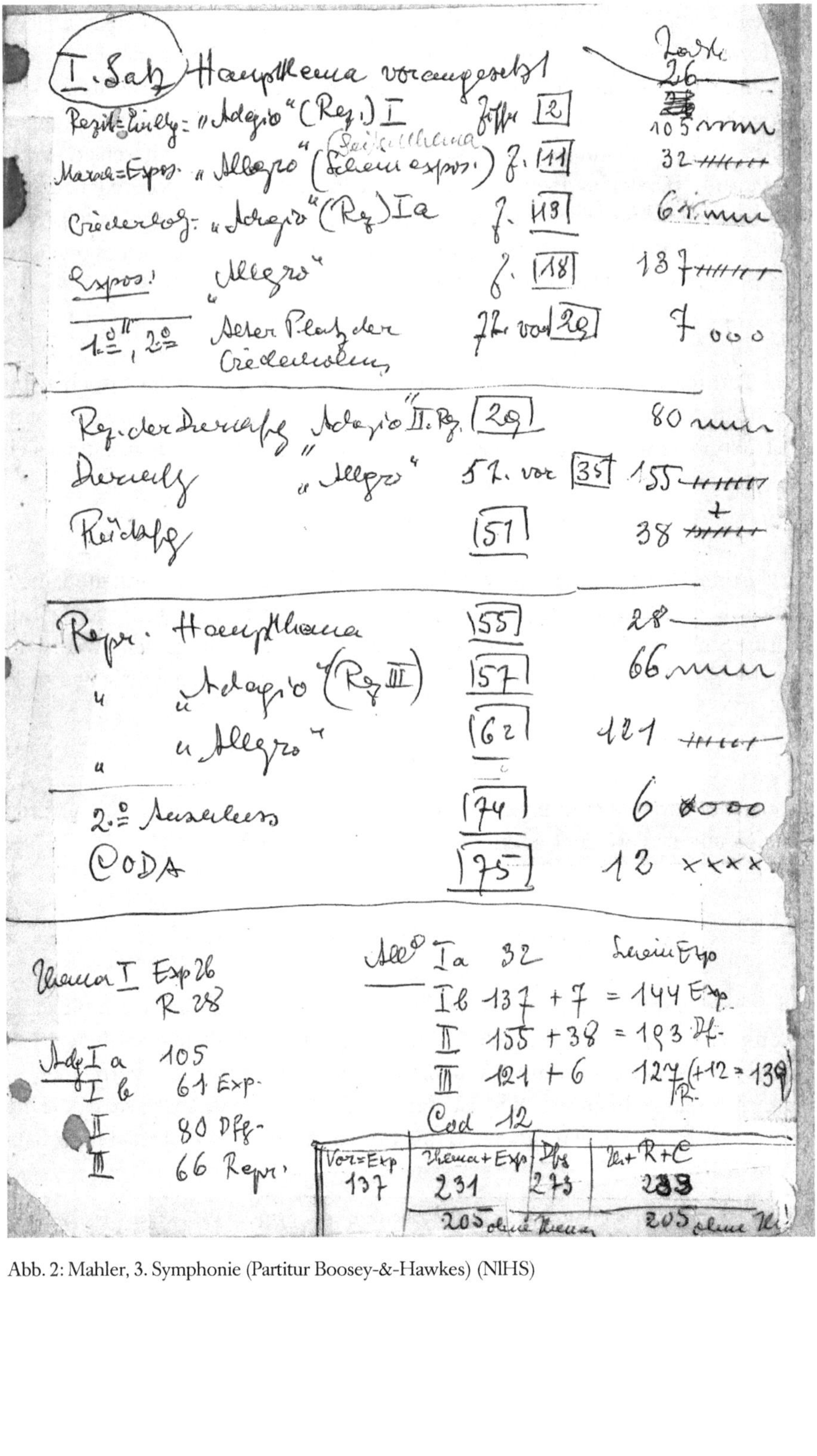

Abb. 2: Mahler, 3. Symphonie (Partitur Boosey-&-Hawkes) (NlHS)

hinweisen (Notenbeispiel 8): Im langsamen Teil dieses Satzes („Die Versuchung des heiligen Antonius") sind neben einer sehr genauen Analyse und Dirigieranweisungen auch die Bogenführungen eingetragen (was in den anderen Partituren nicht zu finden ist). In der Fortsetzung fehlt auch die berühmte „Telephon-Nummer des heiligen Antonius" (24–19–16 Takte) nicht – ein witziger Einfall Swarowskys, wobei er selbst die Stelle jedoch in viel kleinere Einheiten unterteilte.

Notenbeispiel 8: Hindemith, Symphonie Mathis der Maler, 3. Satz (Partitur Schott)

Béla Bartók: Konzert für Orchester

Es gibt eine große und eine kleine Partitur, beide von Boosey & Hawkes, mit demselben Notenbild, nur in verschiedenen Formaten. In der großen Partitur, die vermutlich die erste war, sind – wie üblich – auf der ersten Seite Swarowskys Versuche vermerkt, das Kompositionsprinzip festzustellen (Notenbeispiel 9). Das Stück ist durchgehend periodisiert und es gibt auch viele dirigiertechnische Zeichen, da das Stück recht kompliziert zu schlagen ist. In der kleinen Partitur sind nur Gedanken hinsichtlich der Periodik notiert worden.

Notenbeispiel 9: Bartók, Konzert für Orchester, Beginn (Partitur Boosey & Hawkes)

Notenbeispiel 10: Bartók, Konzert für Orchester, 1. Satz (Partitur Boosey & Hawkes), Teil 1

Notenbeispiel 10: Bartók, Konzert für Orchester, 1. Satz (Partitur Boosey & Hawkes), Teil 2

1. Satz

In der großen Partitur ist die Periodik 5+4+2, 4+6, 7 (ohne Bemerkung). In der kleinen Partitur ist die Periodik 4+1+6, 4+6, 4+3+6, also detaillierter. Swarowsky war immer auf der Suche nach der adäquaten Einteilung der Komposition. Ein anderes Beispiel findet sich im 1. Satz, S. 10 der Studienpartitur: Mit Bleistift ist eine Periodik notiert, mit blauer Tinte ist sie korrigiert (Notenbeispiel 10, S. 785–786). Dazu noch ein Beispiel der Analyse eines Abschnittes im 1. Satz (Notenbeispiel 11, S. 788).

Revisionen

Swarowsky hat sich auch mit Revisionen beschäftigt, und so befinden sich in seiner Bibliothek die Partituren von Werken, die seine Revisionsunterschrift tragen: Beethovens 5. Symphonie und *Die Fledermaus* von Johann Strauß – letztere in der Reihe der Eulenburg-Partituren erschienen, ebenso daraus die Ouvertüre und der Csárdás als selbständiges Stück ohne Solopart.[17]

Abschliessende Gedanken

„Das Werk interpretiert sich selbst" war das Interpretations-Motto von Swarowsky, was man aber dialektisch verstehen und einordnen sollte: In einer Zeit der sogenannten Autoren-Interpretation kämpfte er um die objektivere Deutung des Werktextes, der damals rücksichtslosen Eingriffen der Interpreten, insbesondere der Dirigenten, unterworfen war. So verwundert nicht, dass einer der Dirigenten, die Swarowsky achtete und schätzte, Arturo Toscanini war, selbst ein Kämpfer für textgetreue Aufführung. Swarowsky zitierte in diesem Zusammenhang auch gerne Igor Strawinsky: „Meine Werke sollte man aufführen, nicht interpretieren". Aufgrund dieser Überzeugung begegnete der Dirigent Swarowsky in seiner Karriere nicht wenigen Schwierigkeiten.

Am Ende noch ein Gedanke: Swarowsky muss über ein außerordentliches Gedächtnis verfügt haben – von allen Details, Geschichten, mnemotechnischen Prinzipien, dirigiertechnischen Momenten gibt es in den Partituren, die ich zu Gesicht bekommen habe, sehr, sehr wenig. Er musste also alles, wovon er beim Unterricht sprach – und das war viel! –, im Kopf haben. Das machte diesen Menschen so einzigartig: Sein unglaublich umfassendes Wissen und sein Gedächtnis ermöglichten ihm, im Moment die verschiedensten Parallelen zu ziehen und seine Gedanken mit Beispielen aus anderen

---

17 Siehe das Verzeichnis der Bearbeitungen und Editionen Swarowskys im Anhang zu diesem Band.

Notenbeispiel 11: Bartók, Konzert für Orchester, 1. Satz (Partitur Boosey & Hawkes)

Gebieten des menschlichen Wissens zu illustrieren oder zu bekräftigen. Ich bin froh, etwas von seinem so großen Wissen erfahren zu haben, und stolz darauf, dass ich mich zu seinen Schülern zählen darf.

Juri Giannini

HANS SWAROWSKY ALS OPERNÜBERSETZER[1]

Die Libretto-Übersetzungen Swarowskys stehen im engen Zusammenhang mit seiner Entwicklung und seiner Tätigkeit als Dirigent. Musiktheater gelangte bis weit ins 20. Jahrhundert hinein in der jeweiligen Landessprache zur Aufführung; vor diesem Hintergrund zählte das Übersetzen von Libretti bzw. das Einrichten bestehender Libretto-Übersetzungen für eine Produktion zu den Aufgaben eines Kapellmeisters, vor allem in einer Zeit, in der es noch keine auf diese Aufgabe spezialisierten Experten und Expertinnen gab.[2] Dabei wurde nicht notwendigerweise das ganze Libretto neu übersetzt – dies geschah nur in seltenen Ausnahmefällen. In der Regel wurden vorhandene Aufführungsmaterialien revidiert, etwa weil sich herausstellte, dass die beigefügte Übersetzung sich mit konzeptionellen und produktionsbedingten Vorgaben einer Neuinszenierung nicht vertrug, oder weil gängige Übersetzungen als Zeugnisse einer vergangenen Zeit und Rezeptionskultur nicht mehr vertretbar und aktuell erschienen.[3]

Mehrere Archivalien zeigen die Auseinandersetzung Swarowskys mit bestehenden Übersetzungen.[4] Dabei zielten seine Eingriffe hauptsächlich auf die Wiederherstellung des originalen Notentextes, da Übersetzer diesen gerne änderten, um ihn an den neuen

---

1   Unter Benutzung des entsprechenden Kapitels in Erika Horvaths Projektbericht. Ausführlich Juri Giannini, *Interpretation zwischen Praxis und Ästhetik. Hans Swarowsky als Übersetzer von Opernlibretti*, Ph.D.Diss. Universität für Musik und darstellende Kunst Wien 2017; Druckfassung: Wien 2020 (Musikkontext 13).
2   Die Berufsbezeichnung Kapellmeister wird in diesem Text ausschließlich in der männlichen Form verwendet, da in der untersuchten Zeitspanne tatsächlich keine Frauen diese Funktion in Theatern ausübten. Die ersten Veröffentlichungen zum Thema Opernübersetzungen wurden ebenfalls von Kapellmeistern verfasst, so etwa Gustav Brecher, *Opernübersetzungen*, Berlin 1911.
3   Zu dieser Praxis vgl. etwa Gotthold Ephraim Lessing, Opernübersetzung, in *NZfM* 118 (1957), H. 4, S. 214–217: 214.
4   Vgl. exemplarisch die Materialien zur Übersetzung von Mascagnis *Cavalleria rusticana* im Nachlass (NlHS, 281). Bei den genannten Archivalien handelt es sich manchmal auch um Revisionen der eigenen Übersetzungsarbeiten (etwa bei den Übersetzungen von Puccinis *La Bohème* aus verschiedenen Zeitperioden: NlHS, 238 und NlHS, 239).

Worttext anzupassen.[5] Viele seiner Korrekturen bezweckten außerdem bessere Sangbarkeit des Textes.[6]

Nach dem Zeugnis eines Briefs aus dem Jahr 1930 war Puccinis *La Bohème* die erste Oper, die Swarowsky, ob nun komplett oder zum Teil, übersetzt hat.[7] In jene Zeit (1927) verlegt Swarowsky auch eine Teilübertragung von Verdis *I vespri siciliani*[8], zu der allerdings keine Quelle überliefert ist. Darüberhinaus stammt aus den späten 1920er Jahren auch die Übertragung der Operette *A régi nyár* von Lajos Lajtai und István Békeffi. Diese fertigte Swarowsky gemeinsam mit dem deutschen Drehbuchautor und Regisseur Hans Zerlett an. Das Libretto wurde auch publiziert und ist somit die erste veröffentlichte Übersetzung Swarowskys.[9] Für die als Klavierauszug erschienene Ausgabe richtete Swarowsky auch den Klavierpart ein. Interessanterweise war Swarowsky mit der ungarischen Sprache nicht vertraut. Das Übersetzen aus Sprachen, die man nicht oder nur ansatzweise beherrscht, ist aber im Theateralltag nicht unüblich. Zu diesem Zweck werden Roh- bzw. Interlinearübersetzungen in Auftrag gegeben, die dann an die Musik angepasst werden.[10]

Swarowskys Interesse für Fragen der Opernübersetzung findet um 1930 nicht nur praktischen, sondern auch publizistischen Ausdruck: Ein kurzer Artikel darüber in der *Schwäbischen Thalia*, dem offiziellen Organ der Württembergischen Staatstheater, ist überhaupt eine seiner ersten Veröffentlichungen.[11] Sonst äußert er sich aber nur selten zur

---

5 Katharina Dalfen konnte diesbezüglich in ihrer 1999 verfassten Diplomarbeit anhand einer vergleichenden Analyse der *Don Carlos*-Übersetzungen von Swarowsky und Julius Kapp/Kurt Soldan zeigen, dass die nach lexikalischen Gesichtspunkten von ihr häufig als negativ eingestuften Vorschläge Swarowskys dadurch bedingt waren, dass diese keine Veränderung des Notentextes mit sich brachten (Katharina Dalfen, *Don Carlos. Von Schillers Drama zum Opernlibretto und dessen deutsche Übersetzung*, Dipl.arb. Universität Wien 1999, S. 90–116).

6 Zum Begriff der Sangbarkeit und ihrer Relevanz für die Übersetzung von Opernlibretti vgl. Klaus Kaindl, *Die Oper als Textgestalt. Perspektiven einer interdisziplinären Übersetzungswissenschaft*, Tübingen 1995 (Studien zur Translation 2), S. 119–121. Diesbezügliche Argumentationen von Swarowsky in Hans Swarowsky, Operntextübertragungen, in: *Schwäbische Thalia. Der Stuttgarter Dramaturgischen Blätter* 11 Jg., Nr. 16 (14. Dez. 1929), S. 1–5: 3 oder ders., Zur Aufführung von Glucks „Orpheus", in: *Programmheft der Hamburgischen Staatsoper 1934/35*, H. 1, S. 36–41: 40 f.

7 Brief von Swarowsky an Albert Kehm, 10.3.1930, StAL, Personalakt Hans Swarowsky, E 18 VI 1193; siehe das Zitat dieses Schreibens im Kapitel „Stationen bis 1933", Abschnitt „Württembergisches Staatstheater Stuttgart".

8 Erwähnt in Briefen von Hans Swarowsky an den Bärenreiter Verlag vom 8.1.1966 und 24.9.1966, Archiv B-V.

9 Ludwig Laytai, *Sommer von Einst. Operette in drei Akten (7 Bildern). Nach dem Ungarischen des Stefan Békeffi. Deutsch von Hans Swarowsky*, Stuttgart 1931.

10 Zu dieser Praxis vgl. etwa Katharina Reiß, *Möglichkeiten und Grenzen der Übersetzungskritik. Kategorien und Kriterien für eine sachgerechte Beurteilung von Übersetzungen*, München 1971, S. 94 f., oder Heinrich Creuzburg, *Das Operntheater aus der Sicht der musikalischen Einstudierung*, Berlin 1985, S. 44.

11 Swarowsky, Operntextübertragungen (Anm. 6).

Theorie und Praxis des Opernübersetzens: einige Vorworte in den veröffentlichten Übersetzungen und neben dem eben erwähnten Grundsatztext noch eine Miszelle aus den späten 1950er Jahren informieren über seine Prinzipien beim Übersetzen von Libretti.[12] In diesen Veröffentlichungen kritisierte er oftmals die auffallenden qualitativen Schwächen vieler Arbeiten, beispielsweise eine Schwülstigkeit, wie sie damals für die Übertragungen etwa eines Max Kalbeck oder Franz Werfel typisch war und nach Swarowskys Überzeugung den Charakter der Opern manipulierte. Als wesentliche Probleme der alten Übersetzungen erachtete er darüber hinaus die metrischen und phonetischen Freiheiten in den Zieltexten und deren mangelnde Abstimmung mit der Musik.[13] Im Grunde sah Swarowsky jede Art der Übersetzung als Verfälschung an, „allein die Aufführung in der Sprache des Originals" gebe „ein authentisches Bild des Werkes"[14], denn „immer sind doch Sprache und Musik eins, von der Wortbedeutung und dem Wortakzent, vom Handlungsablauf, vom Stimmungsgehalt und vom Sprachton her".[15] Insbesondere die italienische Oper sei insofern unlösbar mit der Sprache verbunden, als „die italienisch ausgebildete Opernstimme durchaus instrumental behandelt"[16] worden sei und die italienische Sprache als „optimale Lautstütze für instrumentale Tonbildung in allen Schattierungen"[17] fungiert habe. Die Sprache und der spezifische Wortlaut und Sinngehalt des Textes sei Teil der Komposition geworden. Jede Sprache habe ihre eigene Musikalität, die in der kompositorischen Behandlung ihren Niederschlag finde:

> Im Italienischen der groß aussingbare Vokal ohne Endkonsonant, der klangvoll gehaltene Anfangskonsonant, die Abwesenheit von zungenbrecherischen Kopplungen, wodurch die Klarheit der Gesangslinie, anderseits aber auch die Plastik und Rasanz im Rezitativ entsteht. Aus dem Französischen gewinnt der Gesang Biegsamkeit und lyrischen Schmelz, aus dem Slawischen ein sehr eigenes rhythmisches Profil. Wie im Französischen das „stumme" e dem Gewichte nach unübersetzbar bleibt, so im Slawischen die beiden unbetonten Endsilben des Verbums, für die man im Deutschen ein eigenschweres Wort, einen neuen Begriff setzen muß, der durch Gewichtsverschiebung die Phrase entstellt.[18]

Ferner deutete Swarowsky an, wie eine misslungene Übersetzung auch inhaltlich die originale Idee einer Oper verfälschen könne, denn der Komponist interpretiere ja Satz-

---

12 Hans Swarowsky, Operndeutsch, in: ÖMZ 14 (1959), S. 417–420. Zu den Vorworten der Notenausgaben vgl. die Bibliographie am Ende dieses Bandes.
13 Ebd., S. 418.
14 Ebd., S. 417.
15 Ebd.
16 Ebd.
17 Ebd.
18 Ebd.

gehalt und Wortbedeutung – oft auch Mehrdeutigkeiten – durch die Musik und verbinde so jedes inhaltliche Detail mit einem musikalischen Element. In der Übersetzung bekämen dann wichtige Worte eine „unwichtige" Note zugewiesen bzw. würden große musikalische Akzente mit Nebensächlichkeiten verbunden, auf Kosten der Verständlichkeit, was letztendlich ein Grund für die Unbeliebtheit gewisser Opern sei.[19] Eine schlechte Übersetzung bewirke somit eine Verkehrung des Klangcharakters, Verlagerung der Gewichte, Unterbrechung der Linie, Minderung des Klangvolumens und der Klangkontinuität sowie eine Aufspaltung bzw. Verschmelzung der Notenwerte.[20] Nicht zuletzt aber werde das Tempo dadurch oft beträchtlich verändert, denn dieses setze sich aus der Verteilung der Schwerpunkte zusammen, die im Deutschen eine andere sei.[21] Zum engen Zusammenhang zwischen Übersetzung und Tempo der Aufführung äußerte sich Swarowsky auch in einem Brief an Walter Felsenstein anlässlich einer gemeinsamen Produktion von Mozarts *Così fan tutte* in Zürich.[22] Diese Quelle dokumentiert die enge Zusammenarbeit zwischen Regisseur und Übersetzer im Rahmen einer musiktheatralischen Produktion.

In seinem translatorischen Handeln nahm sich Swarowsky vor, eine deutsche Fassung zu schaffen, die den Anforderungen des ‚Originals' so weit wie möglich entsprechen würde. In den Translationswissenschaften wird diese Auffassung von Übersetzung kritisch betrachtet, schließlich sei die Idee des Originals ein Konstrukt, das in den verschiedenen Epochen jeweils anders definiert und interpretiert werde.[23] Im Falle des Musiktheaters sei überhaupt die Idee einer originalen Textgestalt problematisch, da es hier je nach produktionstechnischer und kultureller Situation regelmäßig zu kleineren oder größeren Änderungen kommen könne.

Swarowskys fasste seine Leitlinien als Übersetzer folgendermaßen zusammen:

> Worte an den rechten Platz rücken, Sprachinhalte adäquat wiedergeben, lyrisch Dichterisches und Prosaisches originalgerecht verteilen, dem Sentiment die zuständige Farbe verleihen und die Musik allen ihren Anforderungen nach wieder in ihre Rechte einsetzen.[24]

Detaillierter äußerte er sich in Zusammenhang mit *La Bohème*:

---

19 Ebd, S. 418.
20 Ebd.
21 Ebd. Vgl. auch diesbezüglich Hans Swarowsky, Kritisches zum Opernbetrieb, in: *WdG*, S. 182 f.
22 Swarowsky an Felsenstein, undatiert (möglicherweise aus der Züricher Zeit ?), NIHS.
23 Vgl. exemplarisch Rosemary Arrojo, Pierre Menard und eine neue Definition des „Originals", in: Michaela Wolf (Hg.), *Übersetzungswissenschaft in Brasilien. Beiträge zum Status von „Original" und Übersetzung*, Tübingen 1997 (Studien zur Translation 3), S. 25–34.
24 Swarowsky, Operndeutsch (Anm. 12), S. 419.

Meine deutsche Neuübertragung ist bemüht, soweit wie nur möglich den Eindruck des Originals zu vermitteln, den originalen Satz- oder Wortsinn im originalen Tonfall der ursprünglichen musikalischen Phrase anzupassen, originale Werte in Gleichwertigem auszudrücken und so ein Höchstmaß der möglichen Übereinstimmung mit dem Original zu erreichen. Der Ausdruck der Worte will lebendig, der Satzinhalt unmittelbar aufzufassen sein. Sangbare Worte sollen den Klang des italienischen Vokals konservieren (insbesondere in Endsilben), die Atemzäsuren bleiben erhalten. Richtige Akzentsetzung wahrt der Phrase den rechten Aufbau. In ganz wenigen Fällen, in denen der Begriff stark vor der Note rangiert, sind Notenspaltungen vorgenommen, ferner auch dort, wo der deutsche Artikel und das Fürwort, die beide im Italienischen wegbleiben können, die Setzung einer Note erfordern, die dann aber als einfacher Vorschlag notiert wurde. Die Eigenheit der italienischen Gesangsorthographie, mehrere aus Vokalen bestehende Silben unter eine einzige Großnote zu setzen, bedingt im Deutschen Auflösung dieser Note in die von den Sängern tatsächlich gesungenen Rhythmen. [...] Andererseits verschmelzen die Italiener wieder End- und Anfangssilben, wenn sie vokalisch sind, so sehr in Eines, daß wir im Deutschen, wo solche Übung möglich ist, dasselbe unternommen und der Deutlichkeit halber durch einen Bogen über den Silben bezeichnet haben. Dort also wird die Note zerlegt, hier werden die Worte verschliffen.[25]

Nach dem Gesagten dürfte klar sein, daß Vollmusikertum, totale Beherrschung der Sprache (und zwar der, in die übersetzt wird, dem Reichtum ihres Wortschatzes gemäß und in der Meisterung ihrer syntaktischen Kombinationen) sowie lebendige Vertrautheit mit den Wirkungen des Theaters für die Herstellung solcher Übertragungen nötig sind, nicht zu reden von Werkeinsicht und Stilbeherrschung. Um Übertragungen (und nicht „Übersetzungen") im eigentlichen Sinne handelt es sich hier: kunstcharakterliche Grundhaltungen sollen von einem Idiom nicht ins andere einfach hinübergenommen, sondern freien Entsprechungen nach übertragen werden, unter voller Wahrung aller musikalischen Erfordernisse. Der Hörer muß glauben, ein Original zu empfangen.[26]

Während der Reichstheaterwoche 1934 leitete Swarowsky am 6. Oktober eine Produktion von Glucks *Orpheus*[27], für die er auch den Text neu übersetzte. Im Programmheft äußerte er sich zu seiner Neuübersetzung und betonte, dass er „die ursprüngliche dramatische Wirkung des Rezitativs plastisch herauszuarbeiten" gesucht habe; ferner „geht" er erneut

von den Forderungen aus, die man an jede Opernübersetzung zu stellen hat (und die kaum eine erfüllt): größtmögliche Wörtlichkeit, unbedingte Sinngleichheit, Wahrung der Sprach-

---
25 Swarowsky, Puccini. La Bohème, in: *WdG*, S. 215–224: 218.
26 Swarowsky, Operndeutsch (Anm. 12), S. 419.
27 Joachim E. Wenzel, *Geschichte der Hamburger Oper 1678–1978*, Hamburg 1978, S. 102.

form; dabei bedingungslose Unterordnung unter Rhythmik und Melodik der Originalmusik, genaueste Beachtung von Phrasierung und Pausen, von Betonungen, Hebungen und Senkungen; Sangbarkeit und nicht zuletzt Reinheit der Sprache, in die übertragen wurde.[28]

Swarowskys Übersetzung wurde zwei Jahre nach der Aufführung vom Hamburger Verlag Hans Christians gedruckt[29] und – wie auch im Fall anderer Übersetzungen, die er am Anfang seiner Karriere angefertigt hatte – für spätere Produktionen (in Köln während der Saison 1959–1960) und Editionen (1967 für Bärenreiter)[30] weiter überarbeitet.

In seiner Züricher Zeit kam er als Dirigent mit Kompositionen des Standard-Repertoires – vor allem des italienischen – in Kontakt, einige dieser Opern wurden im Zuge von Neuproduktionen teilweise textlich revidiert, andere in komplett neuen Übersetzungen aufgeführt. Aus den Jahrbüchern des Stadttheaters Zürich und den Theaterzetteln erfährt man von einem Dirigat der *Bohème* in einer „Neurevision des deutschen Textes nach dem Original von Hans Swarowsky" sowie von *Don Carlos*, diesmal „neu übersetzt von Hans Swarowsky" (beide in der Saison 1937/38). In Zürich dirigierte Swarowsky auch eine *Tosca* (Saison 1939/40) – als Grundlage diente auch hierbei eine „Neurevision des deutschen Textes nach dem Original von Hans Swarowsky"[31]. Wie bei der anfangs erwähnten *Bohème* handelte es sich um die Revision einer bereits existierenden Übersetzung – eine komplette Neuübersetzung wurde, wenn überhaupt, gewöhnlich in einem zweiten Arbeitsgang in Angriff genommen, etwa mit dem Ziel einer Publikation oder im Rahmen einer aufwändigen und prestigiösen neuen Produktion. So etwa in München, wo Swarowsky im Auftrag von Clemens Krauss die Libretti übersetzte und auch teilweise als Dramaturg im Probenprozess eingesetzt wurde. Dass die ÜbersetzerInnen des Librettos so weitgehend in die Produktion eingebunden werden, ist alles andere als selbstverständlich, obwohl es zum Erfolg entscheidend beitragen könnte.[32] Swarowsky fertigte und lieferte diese Übersetzungen von Zürich aus, verschiedene Archivalien beweisen allerdings seine zumindest zeitweilige Präsenz in München während der Vorbereitungen.[33]

---

28 Swarowsky, Zur Aufführung von Glucks „Orpheus" (Anm. 6), S. 40 f.
29 Christoph Willibald Gluck, *Orpheus und Euridike, Opern-Tragödie in drei Akten. Musik von Gluck. Text von Moline nach Calzabigi. Neue Deutsche Übertragung aus dem Original von Hans Swarowsky*, Hamburg 1936.
30 Christoph Willibald Gluck, *Orphée et Euridice. Orpheus und Eurydike (Pariser Fassung von 1774). Tragédie opéra (Drame héroïque) in drei Akten von Pierre-Louis Moline (nach Raniero de' Calzabigi). Herausgegeben von Ludwig Finscher. Deutsche Übertragung von Hans Swarowsky*, Kassel usw. 1967 (Sämtliche Werke Abt. I, Bd. 6).
31 Interessanterweise benutzte Swarowsky, als er am 15.1.1948 die *Tosca* in der Grazer Oper dirigierte, nicht die eigene Übersetzung, sondern jene von Max Kalbeck. Die Gründe dafür können verschiedene sein, möglicherweise hatte das Sängerpersonal nicht die Möglichkeit, in kurzer Zeit einen neuen Text einzustudieren.
32 Vgl. diesbezüglich Kaindl, *Die Oper als Textgestalt* (Anm. 6), S. 161–168.
33 Vgl. exemplarisch Swarowsky an den Oberfinanzpräsidenten, Devisenstelle München, 17.7.1939; Akte An-

Nachdem Swarowskys Stellung in Zürich nicht verlängert worden war, hoffte er zwar mit Hilfe von Krauss in München als Dirigent Fuß zu fassen, doch während des Zweiten Weltkrieges wurden die Arbeitsmöglichkeiten immer beschränkter, der Konkurrenzkampf um die wenigen künstlerischen Posten härter und von der Protektion durch die im NS-System bestimmenden Funktionäre abhängig. Swarowskys Hauptbeschäftigung von 1938 bis 1944 bildete daher die Neuübersetzung von Opernlibretti aus dem Italienischen und Französischen für die Bayerische Staatsoper. Dies wurde seine wichtigste Einnahmequelle und ermöglichte ihm und seiner Familie das Überleben. Für München können folgende komplette oder Teilübersetzungen Swarowskys nachgewiesen werden: Verdis *Falstaff, Don Carlo(s)* und *Simone Boccanegra*, Puccinis *La Bohème* und *Turandot*, Umberto Giordanos *Andrea Chénier*, Mascagnis *Cavalleria rusticana*, Gounods *Margarethe* (*Faust*) und Thomas' *Mignon*, dazu die Rezitative von Mozarts *Così fan tutte*.

Im Falle von *Don Carlos* konnte Swarowsky auf eine Übertragung zurückgreifen, die er einige Jahre zuvor für Zürich angefertigt hatte. Trotzdem war eine intensive textliche Überarbeitung nötig, da für die Münchner Bühne eine neue dramaturgische Fassung erstellt wurde. Während sonst auf den Programmzetteln und in den Veröffentlichungen der Münchner Institution Swarowskys Arbeit genannt ist, wurde sein Name im Falle der Übersetzung von *Don Carlos* zuerst unterdrückt, und zwar auf Swarowskys eigene Initiative.[34] Die Gründe für diesen Wunsch sind nicht ganz klar. Möglicherweise wollte er sich nach einigen frischen Denunziationen über seine jüdische Herkunft nicht öffentlich exponieren.[35] Diese Hypothese kann aber nicht gänzlich überzeugen – schließlich wird in allen offiziell an die Reichstheaterkammer gerichteten Akten zu dieser Produktion Swarowsky von Anfang an als Übersetzer erwähnt[36], und höchstwahrscheinlich wusste man in den internen Strukturen des deutschen Theaterlebens ohnehin, wer für die Übersetzung verantwortlich war. Vielmehr scheint die fehlende Nennung des Namens mit der Tatsache in Zusammenhang zu stehen, dass Swarowsky zu dieser Zeit nicht Mitglied der Vereinigung der Bühnenautoren bzw. Bühnenkomponisten war.[37] Ob auch urheberrechtliche Bedenken wegen der partiellen Wiederverwendung der Übersetzung

---

dré Chenier, BayHStA, Intendanz Bayerische Staatsoper, 650: „Die Durchführung dieser Arbeiten bedingt meinen Aufenthalt in München, da ich während meiner Übersetzungsarbeiten ständig in Fühlung mit dem Herrn Intendanten der Bayr. Staatsoper bleiben muß".

34 Akte Don Carlos, BayHStA, Intendanz Bayerische Staatsoper, 784.

35 Gundula Kreuzer, Voices from Beyond: Verdi's Don Carlos and the Modern Stage, in: *Cambridge Opera Journal* 18 (2006), S. 151–179: 161.

36 Vgl. z. B. Anweisungen vom 30.7.1937 und 22.11.1937; Akte Don Carlos, BayHStA, Intendanz Bayerische Staatsoper, 784.

37 Vgl. Mitteilung (vertraulich an Reichsdramaturgen Rainer Schlösserer) vom 24.7.1937; Akte Don Carlos, BayHStA, Intendanz Bayerische Staatsoper.

für die Zürcher Oper eine Rolle gespielt haben können, wäre im Detail zu prüfen. Erst in der zweiten Auflage der Übersetzung wird Swarowsky als Mitarbeiter genannt.[38]

Es sei schließlich noch auf einige nicht realisierte bzw. gescheiterte Übersetzungsprojekte für die Münchner Bühne hingewiesen: Swarowsky berichtet in einem Brief an Krauss über sein Vorhaben, sich mit Janáčeks *Vyléty pana Broučka* (*Die Ausflüge des Herrn Broucek*) zu beschäftigen;[39] dieses Projekt wurde jedoch nicht weiter verfolgt. Bezüglich Übersetzungen aus dem Tschechischen ist außerdem anzumerken, dass Swarowsky nichts mit der Münchner Übersetzung von Smetanas *Verkaufter Braut* zu tun hatte. Diese wurde von Paul Ludikar und Ilse Rinesch-Hellmich angefertigt, die auch in allen Primärquellen (Theaterzettel und Archivalien)[40] sowie in der Sekundärliteratur namentlich erwähnt werden.[41] Im September 1940 gab Krauss Swarowsky den Auftrag zur Übersetzung von Puccinis *Trittico*.[42] Von dieser Arbeit existiert lediglich eine spätere Fassung von *Gianni Schicchi* (für eine Kölner Produktion im Jahr 1960).[43] Schließlich muss noch auf Krauss' Vorhaben hingewiesen werden, in München Glucks *Alceste* herauszubringen.[44] Quellen zu einer Übersetzung Swarowskys sind in den dortigen Archiven jedoch nicht auffindbar.

In Swarowskys Münchner Zeit entstand auch Richard Strauss' *Capriccio*, an dessen von Richard Strauss und Clemens Krauss verfasstem Libretto Swarowsky mitgearbeitet hat. Er fand und übersetzte das Sonett von Pierre de Ronsard (*Je ne saurais aimer autre que vous*) und verfasste die Einleitungsszene zum Sonett zwischen Dichter und Clairon.[45]

---

38 Giuseppe Verdi, *Don Carlos, Oper in 4 Akten (10 Bildern) von Méry und Camillo du Locle. Musik von Giuseppe Verdi, Szenische und musikalisch-dramaturgische Einrichtung der Münchner Staatsoper. Vollständig neue deutsche Übertragung von Hans Swarowsky*, München [²1937] (Textausgaben der Münchner Staatsoper 1).

39 Swarowsky an Krauss, Feb. 1938, F 59 Clemens Krauss-Archiv, ÖNB, Musiksammlung, 100.

40 Vgl. auch die gedruckte Fassung dieser Übersetzung als zweite Folge der *Textausgaben der Münchner Staatsoper* im Jahre 1940.

41 Paul Ludikar, Zur Neu-Übersetzung der „Verkauften Braut", in: Bayerische Staatsoper (Hg.), *Dramaturgische Blätter. Spielzeit 1939–40*, Nr. 8, S. 85–88; *Der Prinzipal. Clemens Krauss. Fakten, Vergleiche, Rückschlüsse*, hg. vom Clemens Krauss-Archiv Wien, Tutzing 1988, S. 226.

42 Krauss an Swarowsky, 5.9.1940; Briefwechsel Clemens Krauss – Hans Swarowsky, BayHStA, Intendanz Bayerische Staatsoper, 1769.

43 Giacomo Puccini, *Gianni Schicchi, Klavierauszug, Ricordi, ins Deutsche übertragen von Alfred Brüggemann* [in den 1920er Jahren], partielle handgeschriebene Neuübersetzung von Hans Swarowsky über der gedruckten Übersetzung, NlHS, 244.

44 Akte Alkestis, BayHStA, Intendanz Bayerische Staatsoper, 638. Vgl. auch Brief von Clemens Krauss an Heinz Drewes, Reichsministerium für Volksaufklärung und Propaganda, 9.8.1940; Akte André Chenier, Bayerisches BayHStA, Intendanz Bayerische Staatsoper, 650. Darin bittet Krauss um eine Beurlaubung Swarowskys, damit „er seine bereits begonnene Übersetzungsarbeit für ‚Alkestis' […] in engster Zusammenarbeit mit mir fortsetzt."

45 *Der Prinzipal* (Anm. 41), S. 226; Günther von Noé, Hans Swarowsky. Dirigent, Dirigierlehrer und Überset-

Swarowskys Übersetzungen wurden prinzipiell positiv rezipiert, seine darauf gerichtete Tätigkeit fand nach dem Krieg nicht nur in den Produktionen der Grazer Oper, wo Swarowsky zwischen 1947 und 1949 als Leiter tätig war, einen Niederschlag. Einige seiner bis dahin angefertigten Übersetzungen wurden leicht überarbeitet von verschiedenen Verlagen veröffentlicht.[46] Zudem beauftragte ihn der Bärenreiter Verlag mit weiteren Opernübertragungen.[47] Im Rahmen von Radioproduktionen übersetzte und dirigierte Swarowsky darüber hinaus Benjamin Brittens *Spring Symphony*[48] (für den WDR im März 1966)[49] und Strawinskys *Persephone*[50] (für den Sender Freies Berlin im Mai 1962).[51] Für eine Produktion, die Swarowsky selbst dirigierte, übersetzte er schließlich gemeinsam mit Axel Corti *Angélique* von Jacques Ibert.[52] Im Programmzettel dieser Veranstaltung wird allerdings nur Corti als Urheber der „[d]eutschsprachige[n] Einrichtung"

---

zer (1899–1975), in: *Das Orchester* 42 (1994), H. 6, S. 11–14: 14. Die Zusammenarbeit bei der Librettogestaltung zwischen Swarowsky, Strauss und Krauss ist anhand von deren Korrespondenz Ende 1939 und Anfang 1940 genau rekonstruierbar (Korrespondenz in: ÖNB-F 59, 15–19, NIHS und *Richard Strauss – Clemens Krauss. Briefwechsel. Gesamtausgabe*, hg. von Günter Brosche, Tutzing 1997 [Publikationen des Instituts für österreichische Musikdokumentation 20]). Zur Gestaltung der Oper vgl. insbesondere Kurt Wilhelm, *Fürs Wort brauche ich Hilfe. Die Geburt der Oper „Capriccio" von Richard Strauss und Clemens Krauss*, München 1988. In einem Brief von Hans Swarowsky an Jefferson von 1974 (Kopie in NIHS) fügt Swarowsky einiges über seine Arbeit am Libretto hinzu: „Es sind auch viele sprichwörtliche Bemerkungen von mir und eine generelle Überarbeitung des Sprachlichen." Zum Einleitungstext zum Sonett vgl. Wilhelm, *Fürs Wort brauche ich Hilfe*, S. 154 f. Swarowskys Text wurde in der Endfassung von Krauss erweitert und ein wenig verändert (Synopsis der zwei Fassungen in Wilhelm, *Fürs Wort brauche ich Hilfe*, S. 155). Swarowsky hatte ursprünglich sechs Ronsard-Sonette ausgesucht und übersetzt – Strauss entschied sich schließlich für *Je ne saurais aimer autre que vous*. Die Übersetzungen der anderen Sonette befinden sich angeblich im Nachlass von Swarowskys Sohn Anton (Mitteilung von Manfred Huss, 20.6.2016). Diesbezügliche Recherchen meinerseits waren erfolglos.

46 Vgl. die Bibliographie der veröffentlichten Übersetzungen von Hans Swarowsky im Anhang zu diesem Band.
47 Vgl. ebd.
48 Vgl. ebd. Wahrscheinlich hat Swarowsky in diesem Fall auf Rohübersetzungen Anderer zurückgegriffen, da er nach eigener Aussage (vgl. das Kapitel „Internationale Dirigententätigkeit – Schallplattenaufnahmen") das Englische nicht beherrschte. Aus einem Brief von Hans Swarowsky an Herrn Koren (10.11.1965) erfährt man zusätzlich, dass er Probleme mit dem Altenglischen des Ausgangstextes hatte und sich daher mit der Bitte um Rat an einen Altenglisch-Professor in New York gewandt hatte (Kopie des Briefes, NIHS).
49 Diesbezügliche Archivalien befinden sich in NIHS.
50 Vgl. Verzeichnis der unveröffentlichten Übersetzungen von Hans Swarowsky im Anhang.
51 http://www.dpmusik.de/straw/075.html (3.8.2021).
52 Vgl. NIHS, 248. Die Premiere erfolgte im Redoutensaal der Hofburg am 2.10.1970 (Regie: Axel Corti); Folgevorstellungen fanden bis 11.10.1970 statt. Vgl. Harald Hoyer (Hg.), *Chronik der Wiener Staatsoper 1945 bis 1995. Aufführungen – Besetzungen – Künstlerverzeichnis*, Wien/München 1995, S. 19. Im Rahmen derselben Produktion wurde auch das Ballett *Hommage à Couperin* (Aurel Milloss nach Richard Strauss' *Tanzsuite aus Klavierstücken von François Couperin*) und der Einakter *Der arme Matrose* von Darius Milhaud inszeniert (vgl. ebd., S. 26).

aufgeführt. Swarowskys Ankündigung, 1961/62 in der Gesellschaft der Musikfreunde in Wien Händels *Deborah* in einer von ihm erstellten Neuübersetzung dirigieren zu wollen, sollte sich nicht bewahrheiten.[53]

Dass Swarowsky in der zweiten Hälfte des 20. Jahrhunderts hauptsächlich für Verlage übersetzte, hängt nicht nur damit zusammen, dass die Theater weniger Fassungen in der Landessprache produzierten bzw., wenn sie dies taten, aus Kostengründen oft auf bestehende Übersetzungen zurückgriffen. Dank des ökonomischen Aufschwungs in den 1960er Jahren stieg andererseits die Verlagsproduktion stark an, wodurch ÜbersetzerInnen wie Swarowsky auf diesem Feld Betätigungsmöglichkeiten erkannten. Im Archiv des Bärenreiter Verlags konnte die Arbeit Swarowskys anhand von Verträgen und Korrespondenz genau dokumentiert werden. Die Übersetzungstätigkeit für Bärenreiter war – mit den Ausnahmen von Monteverdis *L'Incoronazione di Poppea* und Haydns *Il Mondo della luna* – auf die Übersetzung des Gluck-Repertoires für eine Gesamtausgabe *(Sämtliche Werke)* beschränkt.[54] Dabei übersetzte Swarowsky sowohl aus dem Italienischen als auch aus dem Französischen. Swarowskys Tätigkeit als freier Mitarbeiter des Bärenreiter Verlags setzte im Jahr 1958 mit der Verdeutschung von Haydns *Il Mondo della luna*[55] ein, für die Swarowsky von H.C. Robbins Landon, dem Herausgeber der Oper, vorgeschlagen wurde.[56] Man erfährt, dass die komplexe Übersetzungsarbeit von Swarowsky unter der Mitarbeit des Sängers und Dirigenten Herbert Handt durchgeführt wurde.[57] Letzterer war für die Vorbereitung und Korrektur des italienischen Textes zuständig.[58] Im selben Jahr bekam Swarowsky auch den Auftrag, Monteverdis *Poppea* zu übersetzen.[59] Swarowsky hatte sich mit dieser Oper schon vorher beschäftigt, die im Jahr 1953 bei der Universal Edition als praktische Ausgabe in der Bearbeitung von Hans Ferdinand Redlich und mit der deutschen Übersetzung von Swarowsky veröffentlicht worden war.

1959 begann Swarowsy mit der Arbeit an den Gluck-Opern. Sein erster Auftrag betraf die Opéra comique *Le Rencontre Imprevu* (*Die Pilger von Mekka*)[60]; zu einem späte-

---

53 Brief von Swarowsky an den Bärenreiter Verlag, Juni 1961, Archiv B-V. [In einem Brief vom 5.6.1955 an Sittner (Akte „Orchesterübungen", Archiv mdw) bekundet er auch seine Absicht, für eine geplante Aufführung von Salieris *Prima la musica e poi le parole* durch die Wiener Akademie die Übersetzung anfertigen zu wollen; das Projekt zerschlug sich, siehe das Kapitel „Lehre – Akademie", Abschnitt „Akademieorchester". – Hg.]
54 In einem Brief an Sittner (19.1.1961) übertreibt Swarowsky seine Funktion bei Bärenreiter, indem er sich als Mitherausgeber der neuen Gluckschen kritischen Gesamtausgabe bezeichnet (Archiv mdw).
55 Vertrag, 9.7.1958, Archiv B-V.
56 Robbins Landon an Bärenreiter, 16.10.1957, Archiv B-V.
57 Bärenreiter an Robbins Landon, 27.1.1959, Archiv B-V. Siehe auch den folgenden Beitrag von Herbert Handt in diesem Band.
58 Robbins Landon an Bärenreiter, 5.11.1957 Archiv B-V.
59 Vertrag, 15.12.1958, Archiv B-V. Swarowsky unterzeichnet jedoch den Vertrag erst am 18.8.1963.
60 Vertrag, 14.8.1959, Archiv B-V.

ren Zeitpunkt bekam er auch die Aufgabe, eine Bühnenfassung der Oper herzustellen.[61] Diese Übersetzung beruht auf Vorarbeiten, die Swarowsky im Rahmen seiner Aktivitäten in der Reichsstelle für Musikbearbeitungen durchgeführt hatte.[62] In dieser Funktion beschäftigte er sich auch mit *Iphigénie en Tauride,* und es überrascht daher nicht, dass er von Bärenreiter ebenfalls ein Angebot zur Übersetzung dieser Oper bekam.[63] Zu einer Edition der Oper kam es allerdings erst viel später, 1973, und dann mit deutschem Text von Peter Schmidt.[64] Im August und September 1959 wurden Verträge über die Verdeutschung von *Orphée et Euridice*[65] und *Orfeo* abgeschlossen.[66] Zu einem späteren Zeitpunkt erhielt Swarowsky schließlich den Auftrag zur Übersetzung von *Il re pastore.*[67]

Swarowsky schlug Bärenreiter auch die Übersetzung der Da-Ponte-Opern Mozarts vor. Bärenreiter hatte für Mozart allerdings außergewöhnliche Pläne: Man wollte ein Team zusammenstellen, das Swarowskys Übersetzungen hätte durchsehen und Verbesserungsvorschläge machen sollen.[68] Das Projekt zog sich jedoch in die Länge. 1965, also fünf Jahre nach den ersten Besprechungen, stand es immer noch in der Anfangsphase und Swarowskys Rohübersetzungen waren dem Team noch nicht vorgelegt worden.[69] Das Vorhaben scheiterte. Die Korrespondenz liefert keine klaren Indizien, warum das geschah, möglicherweise war das allzu anspruchsvolle Prozedere dafür verantwortlich.

Wenn die Tätigkeit für Bärenreiter in einem weit gefassten Sinn die Fortführung der Arbeit Swarowskys an den Gluck-Opern in der Reichsstelle für Musikbearbeitungen darstellte, so könnte man die Arbeit für Ricordi als die Weiterführung seiner Münchner Tätigkeit ansehen, da Swarowsky alle vier für Ricordi übersetzten Opern[70] zuerst für München bearbeitet hatte. Die Übersetzungen für Ricordi erfreuten sich einer regen Zirkulation. Dies belegen Aufführungskarteien der einzelnen Opern, die uns freundlicherweise von der Münchner Zweigstelle des Verlags zur Verfügung gestellt wurden. Diese Übersetzungen werden immer noch ohne Änderungen nachgedruckt oder vereinzelt, etwa im Fall von *Falstaff,* von anderen Verlagen übernommen.[71]

---

61 Nachtrag zum Vertrag, 19.11.1962), Archiv B-V.
62 NlHS, 279.
63 Vertrag, 14.8.1959, Archiv B-V.
64 Christoph Willibald Gluck, *Iphigénie en Tauride. Tragédie opéra in vier Akten von Nicolas-François Guillard,* hg. von Gerhard Croll, Kassel usw. 1973 (Sämtliche Werke Abt. I, Bd. 9).
65 Vertrag, 14.8.1959, Archiv B-V.
66 Vertrag, 25.9.1959, Archiv B-V.
67 Vertrag, 7.10.1963, Archiv B-V.
68 Das Projekt konnte anhand der Archivalien im Archiv des Bärenreiter Verlags rekonstruiert werden.
69 Bärenreiter an Hans Swarowsky, 7.10.1965, Archiv B-V.
70 Vgl. Bibliographie der veröffentlichten Übersetzungen von Hans Swarowsky.
71 Giuseppe Verdi, *Falstaff. Einführung und Kommentar von Kurt Pahlen unter Mitarbeit von Rosmarie König, Textbuch (italienisch-deutsch), Deutsche Übersetzung von Hans Swarowsky,* Schott/Piper, Mainz usw. 1993 (Opern der Welt).

Herbert Handt

HANS SWAROWSKYS OPERNÜBERSETZUNGEN

Einleitend erlaube ich mir zu erwähnen, dass ich – obwohl ich nie offiziell in Swarowskys Klasse studiert habe und seinem Unterricht nur unregelmäßig gefolgt bin – in meiner Wiener Studienzeit an der damaligen Akademie für Musik und darstellende Kunst (1949–1952) allein durch meine Zusammenarbeit mit Swarowsky und die wenigen Stunden, die ich ihn als Zuhörer erlebte, fast alles, was ich heute über das Dirigieren weiß, gelernt habe. Aus diesem Grunde fühle ich mich als richtiger „Swarowsky-Schüler".

Durch meinen Schulfreund Toni (Anton) Swarowsky, den ich im Sommer 1949 in Salzburg zufällig wiedertraf – ich studierte damals Gesang bei Julius Patzak –, lernte ich im Herbst desselben Jahres seinen Vater Hans kennen, der mich an die Opern-Schule der Akademie vermittelte, wo ich bei Josef Witt und Hubert Marischka studieren durfte. Gleichzeitig erlaubte er mir, seinen Stunden in der Dirigenten-Klasse beizuwohnen.

Die Arbeit für die Haydn Society und H.C. Robbins Landon brachte uns häufig auch beruflich zusammen: Unter Swarowskys Leitung sang ich die Tenorpartien der ersten vollständigen Platten-Aufnahmen von Mozarts *Don Giovanni*, Haydns *Orfeo* und Händels *Giulio Cesare*. Es waren meines Wissens die allerersten Aufnahmen von Arien mit Da Capo und Verzierungen. Swarowsky begann sich in dieser Zeit intensiv mit Barockmusik zu beschäftigen, und gemeinsam mit Landon unternahmen wir zahlreiche Recherchen. Swarowsky war zudem ein wunderbarer Pianist und begleitete mich bei einigen Lieder-Sendungen der Ravag bzw. dem Sender Rot-Weiß-Rot.[1] Dank seiner Lehren und der praktischen Erfahrungen mit Swarowsky konnte ich 1960 meine ersten Engagements als Dirigent glücklich absolvieren.

Das Thema „Übersetzung von Operntexten" begleitete mich von Anbeginn meiner Sängerkarriere. Als ich 1948 nach Europa kam, herrschte noch die Gewohnheit, alle Opern in der Sprache des jeweiligen Landes aufzuführen. So sang ich in Brittens *Sommernachtstraum* in englischer, italienischer und französischer Sprache, in Bergs *Wozzeck* italienisch, deutsch und englisch oder in Tschaikowskys *Eugen Onegin* russisch und italienisch. Häufig änderte ich die Übersetzungen, da sie dem originalen Sinn nicht folgten oder dem musikalischen Bild nicht treu waren. In dieser Hinsicht war meine Arbeit mit Swarowsky sehr interessant. Damals wusste ich noch nichts von seinen Erfahrungen als

---

1 [Es muss Bänder von diesen Sendungen gegeben haben; sie sind aber noch nicht wiederaufgetaucht. – Hg.]

Übersetzer, und so erstaunte mich, dass er den Text von Goldonis *Il Mondo della luna* so wort- und musiktreu auf Deutsch wiederzugeben vermochte, in den Secco-Rezitativen sogar fast, ohne eine Note zu ändern. Bis zu diesem Zeitpunkt hatte ich immer das Gefühl, dass die meisten Übersetzer entweder die Musik oder manchmal sogar ihre eigene Sprache nicht gut genug kannten. Swarowsky war die große Ausnahme.

Als die Haydn Society für den Bärenreiter Verlag den ersten Druck von Haydns *Il Mondo della luna* herausbrachte, wurde Swarowsky beauftragt, Goldonis Text ins Deutsche zu übertragen, während ich für den originalen italienischen Text zuständig war, denn für Haydns Oper war Goldonis Original durch Carl Friberth verändert worden. Die verschiedenen Materialien des Textbuchs waren leichter in Rom zu finden. H.C. Robbins Landon schrieb dazu im Vorwort zur neuen Ausgabe:

> [I]m 18. Jahrhundert wurden italienische Secc[h]i im allgemeinen in deutschen Übersetzungen nicht gesungen, sodern nur gesprochen. Sämtliche Mozart- und Haydn-Opern hatten, wenn sie in deutschen Theatern aufgeführt wurden, gesprochene Dialoge an Stelle von Secco-Rezitativen.[2]

Ich denke jedoch, dass sich Swarowskys Rezitative sehr gut singen lassen, und die Noten dürften immerhin von Haydn sein.

Il mondo della luna

Besonders in den Arien und Ensembles spürt man Swarowskys poetischen Feinsinn, wie etwa in Buonafedes erstem Auftritt mit Chor (Szene III, Nr. 2 Coro, S. 32):

Servitor obbligato.	Meinen Gruß, euch ergeben!
Felice e fortunato	Beneidenswertes Streben
chi è amico della luna;	nach des Mondes fernem Pfade!
per voi si gran fortuna	Des Himmels hohe Gnade,
il ciel riserberà.	sie warf euch dieses Los!

Swarowsky gelingt es, die genaue Struktur des Stückes zu berücksichtigen, ohne eine Note zu ändern und gleichzeitig den Sinn des italienischen Gedichts in sangbares Deutsch zu übertragen.

---

2 H.C. Robbins Landon, Vorwort, in: Joseph Haydn, *Die Welt auf dem Monde (Il Mondo della Luna)* […]. *Deutsche Übertragung von Hans Swarowsky. Klavierauszug von Karl Heinz Füssl*, Kassel usw. 1958, S. v f.: vi.

Im Quartett-Finale des 1. Aktes, „Schweben, schweben, fliegen, fliegen" („Vado, vado; volo, volo …") versuchte er hingegen den Charakter des Stückes auf Kosten der genauen Übersetzung beizubehalten. Der Sinn vieler Phrasen zeigt sich dabei sogar deutlicher in der deutschen Übersetzung als im italienischen Original (Szene XI, Nr. 11 Finale I – Adagio, S. 163)

Buonafede: Vado, vado; volo, volo…	Schweben, schweben, fliegen, fliegen …
Ecclitico: Bravo, bravo, mi consolo.	Bravo, bravo, und betrügen!
Buonafede: Dove siete?	Fühlt Ihr's wehen?
Ecclitico: Volo anch'io.	Mild und linde!
Buonafede: Dove siete?	In den Höhen
Ecclitico: Volo anch'io.	sanfte Winde!
Beide: Addio mondo; addio, mondo addio!	Leb wohl, o Erde, entweiche! Welt, entschwinde!

In dieser Szene glaubt Buonafede, der von Ecclitico mit einem Schlafmittel narkotisiert worden ist, die Erde zu verlassen und zum Mond zu fliegen. Swarowskys „Schweben, schweben, fliegen, fliegen" ist zwar keine genaue Übersetzung – „Vado, vado; volo, volo …" bedeutet wörtlich übersetzt „Ich gehe, ich gehe, ich fliege, ich fliege" –, aber mit der leisen 32stel-Begleitung der Streicher spiegeln seine Reime den musikalischen und dramatischen Sinn der Handlung vielleicht sogar besser wider als das italienische Original. Ecclitos erster Auftritt verweist hier unmittelbar auf den Betrug, während er im Italienischen nur sagt: „Es freut mich [mi consolo], dass Buonafede jetzt zum Mond fliegt", und zu Buonafede: „Wo seid ihr?" (Dove siete?) statt „Ich fliege auch" („Volo anch'io"). Ecclitico antwortet: „Mild und linde! sanfte Winde!", indem er dem Sinn von Buonafedes „Fühlt Ihrs wehen? In den Höhen" folgt.

Obwohl man in der deutschen Sprache gewöhnlich wesentlich mehr Silben als im Italienischen braucht, gelingt es Swarowsky fast immer, Haydns Notentext treu zu bleiben. Bei den wenigen Stellen, an denen er Noten ändern muss, gibt es meistens einen plausiblen Grund dazu, wie beispielsweise im Finale I, T. 10 (S. 165): Das Wort „addio" braucht im italienischen nur zwei Noten (Auftakt und Betonung), während die deutsche Übersetzung („entschwinde") dreisilbig ist. Es sei jedoch bemerkt, dass „addio" eigentlich dreisilbig ausgesprochen wird (ad-di-o), doch im Italienischen nicht notwendig ist, die letzte Silbe mit einer eigenen Note zu versehen. Swarowsky erwähnt diesen Fall in seinem Vorwort zu *La Bohème*. Dieses Finale, T. 18 (S. 168), enthält eine der wenigen Stellen, an denen Swarowsky das Notenbild ändern muss:

Oh che for-tu-na!   Ein Spaß, der sich lohn-te!

Swarowsky verwandelte das punktierte 16tel *b* in ein 16tel plus ein 32stel, während das übrige Notenbild unverändert blieb.

Falstaff und Bohème

In den 60er Jahren befasste sich Swarowsky auch mit neuen Übertragungen von Verdis *Falstaff* und Puccinis *La Bohème*.[3] Im Vorwort der beiden Klavierauszüge[4] legte er die Grundsätze seiner Ideen klar dar. Es verblüfft die Genauigkeit, mit der Swarowsky alle Quellen überprüft und untersucht hatte, um ein klares Verständnis von Text und Musik zu erreichen. Besonders deutlich tritt dies in seiner Übersetzung des *Falstaff*-Textes hervor. Man ist geneigt zu sagen, dass er den Sinn des Originaltextes von Shakespeare manchmal besser als der Librettist Boito selbst verstanden und seine Übersetzung an so manchen Stellen auch besser als dieser den Noten Verdis angepasst hat. Leider kannte ich Swarowskys Klavierauszug nicht, als ich *Falstaff* zum ersten Mal 1974 in Barcelona dirigierte – ich hätte einiges ganz anders aufgefasst. Sein deutscher Text ist an manchen Stellen auch sangbarer und somit wesentlich verständlicher als Boitos Italienisch.

Im folgenden Zitat aus dem Vorwort des Klavierauszuges von *Falstaff* schlägt Swarowsky die Verschmelzung von mehreren Vokalen auf derselben Note vor, wie es im Italienischen üblich, in der deutschen Gesangstradition jedoch vollkommen neu ist:

Die neue Übertragung ins Deutsche ist dem Original gegenüber bemüht um treffenden, sinngemäß sich deckenden Ausdruck (der allemal v o r dem wörtlichen zu stehen hat), ferner um beim ersten Hören sogleich erfaßbaren Wort- und Satzinhalt, um Wahrung der Gleichzeitigkeit von sprachlichen und musikalischen Schwerpunkten oder Gewichtslosigkeiten (deren Nichtbeachtung durch Übersetzer so oft schuldtragend ist an der Unverstehbarkeit gesungener Texte), um richtige Silbenbetonung, um möglichst konsonantenarme Vokabeln insbesondere an gesanglich exponierten Stellen, um klingende Silben unter

---

[3] [Swarowsky hat eigener Aussage zufolge bereits in den 1920er Jahren eine Übersetzung von *La Bohème* angefertigt; siehe den Beitrag von Juri Giannini in diesem Band. In welchem Verhältnis die 1965 publizierte Übertragung zu dieser Arbeit steht, ist unklar. – Hg.]

[4] Giuseppe Verdi, *Falstaff* […]. *Neue deutsche Übertragung von Hans Swarowsky. Klavierauszug mit deutschem und italienischem Text. Nach dem Autograph der Partitur revidiert von Mario Parenti*, Mailand/Frankfurt a.M. 1964; Giacomo Puccini, *La Bohème* […]. *Neue deutsche Übertragung von Hans Swarowsky. Klavierauszug mit deutschem und italienischem Text. Nach dem Autograph der Partitur revidiert von Francesco Bellazza*, Mailand/München 1965.

langen Noten usw. Sie ist bemüht um poetischen Ausdruck im Lyrischen und überhaupt um eine sprachliche Fassung, die auch ohne Musik Bestand hat. Last not least macht sie sich zur Aufgabe die genaue Erhaltung des Notenbildes. Zu rechtfertigende Abweichungen findet man an gezählten Stellen, in denen der Sprachinhalt die Musik so unabdingbar beherrscht, daß die Spaltung einer Note gegenüber der Veränderung des Sinnes als das geringere Übel erscheint. Kleine, wie Vorschläge auszuführende Vorsatznoten erscheinen, wo unsere Sprache die Setzung von Fürwörtern oder Artikeln erfordert, die im Italienischen fortbleiben können. Als authentische Aufzeichnung jedoch müssen Aufspaltungen von Noten dort gelten, wo der Komponist zwei oder mehrere n i c h t miteinander verschmelzbare Vokale unter eine einzige Sammelnote gesetzt hat, wie es der italienischen Gesangsorthographie entspricht. Sind derart zusammengezogene Vokale aber verschmelzbar, unternimmt die Übertragung den Versuch, in italienischer Manier Endvokale mit dem darauffolgenden Anfangsvokal zu verschmelzen und unter ein und dieselbe Note zu setzen, ein Gebrauch, der sich in deutschen Versionen italienischer Gesangsmusik einbürgern sollte und der insbesondere bei vokalisch anlautenden Eigennamen große Vorteile bietet. An den entsprechenden Stellen weist ein kleiner Bogen unter den betreffenden Vokalen auf die gebotene Ausführung hin.[5]

Diese Ideen hat Swarowsky in seiner Neuübertragung von *La Bohème* erweitert und kodifiziert:

Die Übertragung ist bemüht, so weit wie nur möglich den Eindruck des Originals zu vermitteln, den originalen Satz- oder Wortsinn im originalen Tonfall der ursprünglichen musikalischen Phrase anzupassen, originale Werte in Gleichwertigen auszudrücken und so ein Höchstmaß der möglichen Übereinstimmung mit dem Original zu erreichen. Der Ausdruck der Worte will lebendig, der Satzinhalt unmittelbar aufzufassen sein. Sangbare Worte sollen den Klang des italienischen Vokals konservieren (insbesondere in Endsilben), die Atemzäsuren bleiben erhalten. Richtige Akzentsetzung wahrt der Phrase den rechten Aufbau. In ganz wenigen Fällen, in denen der Begriff stark vor der Note rangiert, sind Notenspaltungen vorgenommen, ferner auch dort, wo der deutsche Artikel und das Fürwort, die beide im Italienischen wegbleiben können, die Setzung einer Note erfordern, die dann aber als einfacher Vorschlag notiert wurde. Die Eigenheit der italienischen Gesangsorthographie, mehrere aus Vokalen bestehende Silben unter eine einzige Großnote zu setzen, bedingt im Deutschen Auflösung dieser Note in die von den Sängern tatsächlich gesungenen Rhythmen. Als Beispiel diene die Stelle:

---

5 Hans Swarowsky, Zur Aufführungspraxis, in: Verdi, *Falstaff* (Anm. 4), S. vii f.: viii.

[Notenbeispiel 1]

wo der Italiener vier (ganz genau genommen sechs!) Silben unter zwei Noten setzt, die er dann praktisch in vier spaltet, wobei die letzte sogar in der Tonhöhe gespalten ist. Dies ist im Deutschen wiederzugeben mit:

[Notenbeispiel 2]

Anderseits verschmelzen die Italiener wieder End- und Anfangssilben, wenn sie vokalisch sind, so sehr in Eines, daß wir im Deutschen, wo solche Übung möglich ist, dasselbe unternommen und der Deutlichkeit halber durch einen Bogen über den Silben bezeichnet haben [vgl. Notenbeispiel 3]. Dort also wird die Note zerlegt, hier werden die Worte verschliffen.[6]

Notenbeispiel 3: Verdi, *Falstaff.* Klavierauszug, Mailand/Frankfurt a.M. 1964, S. 36

Obwohl diese Erfindung sehr interessant ist, lässt uns die deutsche Sprache viel weniger Freiheit als die italienische, denn jedes deutsche Wort, das mit einem Vokal anfängt, benötigt einen kleinen Akzent der Stimmritze. In der obigen Phrase kommen im Italienischen zwei „a" auf der dritten Achtel: „Ful-gi-da A-li-ce", die als ein einziges „a"

---

6 Hans Swarowsky, Zur deutschen Neuübertragung, in: Puccini, *La Bohème* (Anm. 4), S. ix.

ausgesprochen werden. Auf Deutsch ist das nicht so einfach, denn eigentlich sollte man einen kleinen Akzent auf der ersten Silbe des Wortes „A-li-ce" aussprechen, obwohl die richtige Betonung des Wortes ja auf der zweiten Silbe liegt. Man könnte zwar die letzte Silbe von „Strah-len-de" weglassen, also: „Strah-len-d' A-li-ce", was jedoch nicht gut klingt. Verwendet man aber den deutschen Namen für Alice, also Else (siehe Nicolai, *Die lustigen Weiber von Windsor*), würde man dieses Problem vermeiden, aber dann gingen viele reizende Wortspiele des Originals verloren.

Der Textdichter von Otto Nicolais *Die lustigen Weiber von Windsor*, Salomon Hermann Mosenthal, hat das Problem umgangen, indem er für fast alle Personen des Stückes deutsche Namen erfand: außer Sir John Falstaff, Fenton, Dr. Cajus haben wir Herrn Fluth, Herrn Reich, Junker Spärlich, Frau Fluth, Frau Reich, Jungfer Anna Reich, Erster Bürger. In Boitos Text bleiben nur zehn von Shakespeares originalen achtzehn Personen: Sir John Falstaff, Ford, Fenton, Dr. Cajus, Bardolfo (Bardolph), Pistola (Pistol), Alice Ford (Mistress Ford), Nannetta (Anne Page), Meg Page (Mistress Page) und Quickly (Mistress Quickly); dazu drei stumme Rollen: Der Wirt, Robin (Falstaff's Page) und Fords kleiner Page. Boito hat nun einige Namen italienisiert oder vereinfacht. Swarowsky behält so wie Boito einige Namen der englischen Originale bei: Sir John Falstaff, Ford, Fenton, Dr. Cajus, und Quickly; Bardolfo und Pistola werden Bardolf (Bardolph) und Pistol – so wie im Englischen auszusprechen –, aber Anne Page (Nannetta bei Boito) wird Ännchen, während Alice Ford (Mistress Ford) und Meg Page (Mistress Page) zu Alice und Meg vereinfacht werden, so wie bei Boito. (Nur wird Alice gemäß der italienischen Gewohnheit dreisilbig ausgesprochen: A-li-ce, und nicht zweisilbig wie im Englischen.)

In der oben zitierten Vorrede der Ausgabe der *Bohème* befasst sich Swarowsky auch mit der Aussprache von Personennamen, und er rät, die originale Schreibweise und Aussprache beizubehalten:

> Zum Thema Personennamen ist zu bemerken: Namen von Personen, die als Liebende auftreten, sollten prinzipiell unverändert bleiben. Es ist klar, daß sie in zärtlichen und in heftigen Ausbrüchen, in Liebe und Haßliebe, süß-innig und leidenschaftlich, die unersetzliche Texturierung der schönsten musikalischen Höhepunkte bilden. Unser Held heißt daher R o d o l f o , und Mimì hat den Ton auf der zweiten Silbe.[7]

Deutsche Sänger müssen also ein wenig über die italienische Aussprache Bescheid wissen. Bei *Falstaff* etwa sollten die Sänger wissen, dass man *A-li-tsche* sagt, mit dem Akzent auf der zweiten Silbe, und nicht *A-li-ze*. Freilich ist Swarowsky seinem eigenen Rat nicht immer gefolgt, und so verwandelt er Nannetta in Ännchen und lässt in *La Bohème*

---

7 Ebd.

Musetta als Musette und Marcello als Marcel singen. Wie in *Falstaff* fällt die letzte Silbe des Namens hin und wieder weg: Colline und Alcindoro spricht man Collin und Alcindor aus. Natürlich sind Colline und Alcindoro keine Liebenden, aber Musetta und Marcello erleben „Liebe und Haßliebe, süß-innig und leidenschaftlich…". In *La Bohème* bevorzugt Swarowsky somit die französische Aussprache bei den Personennamen.

Bei Puccini ist die Beziehung zwischen Wort, Ton und Farbe wesentlich wichtiger als bei Verdi, daher muss Swarowsky seine Erfindung des Vorschlags hier viel öfter anwenden, sonst wäre es nicht möglich, die ursprünglichen Beziehungen zwischen Wort und Ton zu bewahren. Trotzdem erscheint mir die Übertragung von *La Bohème* etwas weniger gelungen als diejenige von *Falstaff*. Aufgrund der großen Bedeutung der Farbe des Wortes ist Puccini ja eigentlich nicht übersetzbar, so wie etwa Schuberts Lieder bei einer Übersetzung an Farbe und Inhalt verlieren würden. Puccini war bekanntermaßen auch ein Dichter, der seinen Librettisten oft Knittelverse sandte, um den richtigen Rhythmus und die richtige Wortfarbe zu erhalten. Offensichtlich war er sich also schon der Farbe und des Rhythmus des Textes bewusst, als er die Musik komponierte.

Es ist erstaunlich, mit welcher Sorgfalt Swarowsky die originalen Quellen untersuchte und berücksichtigte. Besonders im *Falstaff* führt er uns zu einem außergewöhnlichen Verständnis von Musik und Text. Seine Lösungen sind in vielerlei Hinsicht vortrefflich, was nicht heißt, dass nicht manche seiner Ideen und Übertragungen durchaus strittig sind. So ist meiner Meinung nach die Lösung von Mimìs Aussage „Sei il mio amor" (letzter Akt, S. 200) etwas übertrieben, denn kein Italiener würde diese Phrase als vier (ganz genau genommen sogar sechs!) Silben begreifen. Swarowskys Verteilung des Auftaktes auf vier Sechzehntel (siehe Notenbeispiel 2 bzw. 4), mit der ersten Silbe des Wortes „mio" auf dem dritten 16tel (*f* statt *es*), ist meines Erachtens nicht ganz richtig, denn Puccini hat dieses Wort – zusammen mit der ersten Silbe von „amor" – auf *es* geschrieben. Dass auf dieser letzten 16tel sogar drei Vokale gesungen werden, ist im Italienischen nichts Ungewöhnliches. Ein Italiener würde „mio" in jedem Fall auf *f*, statt auf *es* singen. (Hier ist Swarowskys Lösung nicht eindeutig, denn im Vorwort ist „mio" auf *f*, im Klavierauszug jedoch richtig gedruckt.)

Im Deutschen ist diese Stelle in zweierlei Hinsicht kritisch. Zum einen stellt sich das übliche Problem, wie man den richtigen Ausdruck behalten kann, ohne die originalen Noten zu ändern. Mimi liegt im Sterben und will mit letzter Kraft ihre Liebe zu Rodolfo geradezu herausschreien. Puccini schreibt diese kleine Passage (so wie ein Arioso, mit „Sono andati?" [„Sind sie fort nun?"] beginnend) fast immer in der mittleren oder tieferen Stimmlage. Nur das Ende – bei „Sei il mio amor' e tutta la mia vita! – setzt er in die hohe Lage (*f* bis *as*, sogar das hohe *b* berührend), als ob Mimi schreien möchte: „Ich liebe dich, und du bist mein Alles!" Der erste Ton dieses Ausbruchs ist eine punktierte Achtel auf *f*, das im Italienischen wie eine einzige Silbe gesungen wird: „Sei_il" Swarowsky überträgt sinngemäß, doch er braucht drei Sechzehntel auf *f*: „Du bist mei-".

Meiner Meinung nach verliert diese Lösung an Kraft, denn Mimi soll nur zwei Töne (langes *f* – kurzes *es*) als Vorbereitung für das hohe *as* singen. Es gäbe hier wohl verschiedene Möglichkeiten, um die Kraft des *f* zu behalten. Am besten wäre vielleicht „Mei-ne Lieb' bist du, mein gan-zes Le-ben!" auf *f* beginnend und weiter mit nur einer Silbe auf jede Note. Man könnte auch „Mei-ne Lieb' bist du, und du mein gan-zes Leben" singen, indem man die zwei Silben des Wortes „mei-ne" im Voraus auf den letzten zwei Triolen (*c-des*) vor dem *f* stelle. So würde die Phrase zwar sprachlich etwas hinken, doch musikalisch dem Rhythmus und auch dem Sinn ziemlich genau folgen.

Notenbeispiel 4: Puccini, *La Bohème*. Klavierauszug, Mailand/München 1965, S. 200

Die Analysen von Swarowskys Übersetzungen fußen ausschließlich auf meinen persönlichen Erfahrungen und insbesondere auf der persönlichen Zusammenarbeit mit Swarowsky selbst. Da ich leider nicht alle seine Übertragungen einstudiert habe, spreche ich nur von *Il Mondo della luna*, *Falstaff* und *La Bohème*. Als ich die beiden letztgenannten Opern untersuchte, fiel mir ein besonderer Unterschied zwischen den beiden auf. Wie schon erwähnt, erscheint mir Verdi für die deutsche Sprache wesentlich geeigneter als Puccini. Ich stellte mir die Frage, warum die Übersetzung von *Falstaff* schlichter und noch passender erscheint. Zum einen ist Verdis Musik abstrakter, Wortlaut und Farbe sind weniger an die einzelnen Noten gebunden. Die Konzepte sind häufig Ideale wie Freiheit, Heimat, Familie und nicht selten Beziehungen zwischen Vater und Tochter (*Nabucco*, *Luisa Miller*, *Rigoletto*, *Simon Boccanegra*). Bei Puccini sind die Handlungen alltäglicher, was eine alltägliche Sprache ohne hohe Ideale notwendig macht. Sogar in *Tosca* – Verdi hätte wohl ein ganz anderes Stück daraus gemacht – und *Madama Butterfly*, eigentlich ein Stück gegen den amerikanischen Imperialismus, sind die alltäglichen Beziehungen – meist zwischen Liebenden – wichtiger als Revolution und Freiheit (*Tosca*) oder Imperialismus (*Butterfly*). Zudem leitet Puccini häufig die Melodie direkt aus dem Wortklang ab, was dazu führt, dass bei einem Wechsel der Vokale, insbesondere aber der Konsonanten, die Musik nicht mehr richtig oder zutreffend zu sein scheint. Singt man „Oh wie so trügerisch sind Weiberherzen" statt „La donna è mobile qual piuma al vento" (*Rigoletto*), ist es bei Weitem nicht so schön wie im Original, doch es stört kaum die Musik. Singt man jedoch „Wie eiskalt ist dies Händchen" statt „Che gelida manina" (*La Bohème*), geht die ganze Poesie verloren, obwohl es sich nur um eine Parlando-Stelle handelt, nicht einmal um eine Melodie. Im *Falstaff* wiederum ist der deutsche Text manchmal sogar besser als Boitos Original (S. 30/31).

Vorwärts, vorwärts, vorwärts,	Lesti, lesti, lesti,
wollt ihr laufen, Halunken!	al galoppo, al galoppo!
Gauner! Gauner! Gauner! Gauner!	Ladri! ladri! ladri! ladri!
Strahle dein Antlitz auf mich,	e il viso tuo su me
von Glück erhellt,	risplenderà
so wie die Sterne auf die weite Welt.	come una stella sull'immensità.

„Strahle dein" und „Sterne" ist in gewisser Weise sangbarer als „e il viso" und „stella", außerdem ist es Swarowsky gelungen, die Reime zu erhalten. In *La Bohème* hingegen wären Reime zur Charakterisierung des Dichters Rodolfo sehr wichtig, doch kann Swarowsky leider nichts Dichterisches finden (S. 49):

Was soll das Suchen?	Cercar che giova?
Man findet nicht im Dunkel.	Al buio non si trova.

Weiter im 1. Akt, wo ohne die kleinen Reime einfach der Witz fehlt (S. 59):

Geht Ihr nur zu Momus,	Andate da Momus,
belegt die Plätze,	tenete il posto,
wartet auf uns beide…	ci saremo tosto…

Auch Doppeldeutigkeiten sind kaum übersetzbar (S. 39/40):

Rodolfo: Ich bleibe, erst muß ich	Io resto per terminar
noch den Leitartikel schreiben	l'articolo di fondo
für die Zeitung	del Castoro.
Marcel: Stutze mutig die Flügel	Taglia corta la coda
deinem Geist!	al tuo Castor!

Der Titel von Rodolfos Zeitung ist „Il Castoro" (Der Biber), was Marcel zu der Empfehlung veranlasst, Rodolfo solle sich sputen und den Schwanz seines „Bibers" kürzen.

Ohne „Biber" und „Schwanz" ist der Witz verloren. So ist Swarowskys Fassung zwar treffend, doch ohne Humor.

In der ersten Szene im *Falstaff* gibt es ein ähnliches Beispiel. Es ist fast unmöglich, die witzige Bemerkung Falstaffs über die falsche Singerei von Bardolf und Pistol auf Deutsch wiederzugeben (S. 12):

Singt keine Psalmen hier.	Cessi l'antifona.
Sie sind jetzt nicht am Platze.	La urlate in contrattempo.

Hier fordert Falstaff auf, die „alte Leier zu beenden", denn die beiden schreien im falschen Zeitmaß. Boito hatte in diesen Zeilen ein doppeltes Wortspiel ersonnen. „Antifona" heißt zum einen „Choralgesang", zum anderen (idiomatisch) „die alte Leier". Obwohl Swarowskys Lesart ganz gut passt, wäre das Wortspiel einfach musikalisch zu verstehen, nicht in dem speziellen Sinne von jetzt gerade unpassenden Chorälen.

Andererseits findet Swarowsky nicht selten die perfekte idiomatische Phrase auch im Deutschen. (S. 37):

Ein und dasselbe.	E' tal e quale.

Vortrefflich übersetzt Swarowsky die großen Ensembles (z.B. S. 45–59), indem er dem Sinn des Originals genau folgt und den deutschen Text den Personen und den Noten anpasst. Besonders treffend erscheint mir die folgende Stelle des *Falstaff* (S. 61), wo Swarowskys Übersetzung das Original geradezu übertrifft (vielleicht erinnerte er sich an Leporellos Arie in Mozarts *Don Giovanni*):

Falstaff begehrt sie alle,	Falstaff le occheggia tutte
die Schlanke und die Dralle,	che sieno belle o brutte,
Jungfrauen und Eheweiber.	pulzelle o maritate.

Hier findet er auch einen sympathischen Reim („alle – Dralle").

Sehr schön ist auch das Duett zwischen Ännchen und Fenton (S. 64–67 und 71–75), wobei mir allerdings Fentons letzte Phrase weniger gelungen vorkommt (S. 66 und 74):

Glück eines Kusses geht niemals verloren.	Bocca baciata non perde ventura.

Die Übertragung weist zu viele Konsonanten auf und das „u" des „Kusses" klingt auf dem hohen Ton weit weniger schön als das „a" von „baciata", das „k" in Glück imitiert dann wieder sehr gut den Laut von „Bocca". Und damit fand Swarowsky für das hohe *as* Ännchens einen guten Reim (S. 66 f. und 74):

| Gleich dem Monde immer geboren. | Anzi rinnova come fa la luna. |

Auf dem hohen *as* singt sich „geboren" eigentlich besser als „luna", außerdem reimt sich „verloren" mit „geboren", während im Italienischen kein Reim zwischen „ventura" und „luna" besteht.

Und so gibt es manche Stellen, wo Swarowsky Boito durchaus hätte folgen können. Etwa beim Namen des Wirtshauses. Boito hatte ihn aus dem Englischen „Garter Inn" in „Osteria alla Giarrettiera" transformiert. „Garter" ist tatsächlich eine königliche Auszeichnung, doch erscheint mir „Giarrettiera" exotischer als „Hosenband". (Falstaff hoffte, Ritter des Hosenbandordens zu werden, wie in Shakespeares *King Henry the Fourth* nachzulesen ist.) Es wäre also lustiger gewesen, wenn Swarowsky das italienische Original beibehalten hätte (S. 76), statt zu übersetzen:

| Im „Hosenband" Eu'r Gnaden. | Alla Giarrettiera. |

„In der ‚Giarrettiera'" wäre vielleicht besser gewesen, denn in Windsor ist dieser Gasthof allen bekannt. An anderen Stellen gelingt es Swarowsky aber, die dümmsten Witze genau wiederzugeben (S. 143):

| Mit einem Hagel von kleinen Radieschen. | Da una mitragliadi torsi di cavolo. |

Swarowskys Fassung von *Falstaffs* berühmtestem Lied (S. 156)

Einstens als Page des Herzogs von Norfolk	Quand'ero paggio del Duca di Norfolk
war ich berückend, berückend, berückend,	ero sottile, sottile, sottile,
war ich ein Luftbild, lieblich und lose,	ero un miraggio vago, leggiero,
entzückend, entzückend, entzückend.	gentile, gentile, gentile.

erscheint mir als Meisterwerk von Sanglichkeit, Verständlichkeit, Humor und hübschen Reimen, und in der Szene, in der sich Falstaff im Korb verstecken soll, ist Swarowskys „erlaubt" viel komischer als das originale „Vediam". Auch erstaunt Swarowskys Erfindungsreichtum an Schimpfwörtern und das große Finale des 2. Aktes (S. 177–206) ist äußerst feinsinnig übertragen. Die vielen Wörter mit zischenden Konsonanten am Anfang dieser Szene sind einfach wunderbar! Im leisen Anfang sind die Wörter „erwischt", „fass", „zerreiß", „zerhau", „zerfetz", „Schandmaul" usw. wirkungsvoller als die italienischen.

Natürlich gibt es einige Stellen, die man sinngemäß hätte anders übertragen können – ich muss leider zugeben, selten mit einer Übersetzung wirklich ganz zufrieden zu sein. Für „Welt voll Undank" (S. 209 „Mondo ladro") könnte man vielleicht besser „räuberisches Weltall" sagen (den Auftakt müsste man in ein Achtel und zwei Sechzehntel statt punktiertes Achtels plus Sechzehntel ändern). Für „Elende Zeiten" (S. 211 „Tutto declina") gefiele mir besser „Alles verfällt schon", denn es handelt sich nicht nur um eine „schlechte Welt, ohne Treue und Glaube, elende Zeiten", sondern um den Zerfall von Falstaffs enormem Bauch und um seine verminderte sexuelle Kraft.

Im Grunde genommen ist die Übertragung jedoch ein Meisterwerk: Die zischenden Konsonanten in der Szene zwischen Quickly und Falstaff (S. 219–221) erhöhen die geheimnisvolle Atmosphäre. Alices Arietta (S. 226) ist mit den unglaublich vielen Einfällen besonders schön: „Weiße Geistchen, schwarze Teufel, Fliegen, Falter und Libellen"; und wieder einmal ist der Text den Noten genau angepasst. Fentons „Dal labbro il canto estasiato vola" („Dem Mund entflieht ein Lied in weite Runde") wird mit viel Subtilität und Leichtigkeit wiedergegeben (Anfang 3. Akt, S. 233–235); sehr fein und poetisch ist Ännchens „Sul fil d'un soffio etesio" („Auf weichen Zephyrs Welle" S. 246–250). Das letzte Finale ist eine geradezu vollkommene Übertragung. Es erstaunt die große Fuge genauso wie die Sorge für das kleinste Detail (S. 278). Besonders auffällig die verblüffenden Schimpfwörter Falstaffs bei Bardolfs Erkennung: „Glutrote Nase! Blutige Blase! Leuchtendes Stachelschwein! Harziger Fackelschein!" usw., sogar alles gereimt! Wollte man all die wunderbaren Kleinigkeiten zitieren, fände man kein Ende. Nur ein Musiker mit Swarowskys vielseitiger Bildung und seinen unglaublichen Kenntnissen der italienischen, aber auch der deutschen Sprache kann solch eine Übertragung realisieren.

Von *La Bohème* habe ich ja schon einige Beispiele gebracht. Auch für einen Meister wie Swarowsky stellt Puccini jedoch kaum lösbare Probleme. Bei Marcels erstem raschen Eintritt und den folgenden aufgeregten Phrasen gelingt es ihm mit ganz wenigen Änderungen der Noten (S. 2):

| Dies „Rote Meer" durch-näßt mich und durch-frös-telt mich. | Que-sto Mar Ros-so mi_am-mol-li-sce_e_as-si-de-ra. |

Bedenkt man, dass die Italiener sogar drei Silben mit einer raschen Note singen („sce_e_as"), ist dieser erste Einsatz Marcels sehr geglückt. Auch hat Swarowsky das Zischen der Konsonanten vortrefflich imitiert. Nur in der letzten Phrase braucht er ein Sechzehntel mehr:

| Um mich zu rä-chen, er-säuf ich Pha-ra-o! | Per ven-di-car-mi, af-fo-go_un Fa-ra-on! |

Zwar hat der italienische Text mehr Silben als die deutsche Fassung, doch sind die Italiener eben in der Lage, zweimal zwei Vokale auf einer Note zu singen („mi, af-" und „-go_un"). Nach Marcels gelungenem ersten Auftritt ist derjenige Rodolfos problematischer. „Nei cieli bigi" (S. 3) ist eine sehr lyrische und sangbare Phrase, gegen die „Aus tausend Essen" nicht ankommt. Die Übertragung ist zwar genau und den Noten angepasst, doch fehlt die Poesie und der Kontrast mit Marcels ungestümer Natur. Doch dann findet Swarowsky einen schönen Text für Marcel beim Auslöschen von Rodolfos kleinem Feuer, das die Stimmung beinahe besser einfängt als das Original (S. 14):

Es glimmert, es knistert, es stirbt!	Già scricchiola, increspasi, muor!

Hie und da fehlen der simple Reim von Puccinis Knittelversen oder spielerische Reime von Giacosa oder Illica, wie beim Auftritt von Schaunard (S. 16):

Da, die Bank von Frankreich	La banca di Francia
bankrott durch euren Aufwand.	per voi si sbi-lancia.

In dieser Passage gibt es eine szenische Anweisung, die nicht ganz korrekt übersetzt ist: „raccattano gli scudi" heißt eigentlich „sie sammeln die Münzen vom Boden". Daher sollte Colline sagen: „sammeln, sammeln!" und nicht „sie rollen, sie rollen!" Zwar rollen die Münzen tatsächlich, doch ist im Original von „rollen" keine Rede.

Auch Rodolfos berühmte Arie (S. 49) habe ich schon erwähnt: Die Übertragung ist korrekt, doch wenig poetisch. Bei Mimis erster Arie (S. 53) ist es Swarowsky jedoch sehr wohl gelungen, eine poetische Stimmung zu schaffen, obwohl er das Libretto fast immer getreu übersetzt. Das Duett am Ende des 1. Akts ist auch mit besonderem Feingefühl wiedergegeben (S. 60–64).

Die Chöre und die großen Ensembles des 2. Akts (S. 65 ff.) sind wie auch die großen Ensembles im *Falstaff* meisterhaft übersetzt. In der sehr komplizierten ersten Chorszene sind die geringsten Details berücksichtigt. Offensichtlich hatte Swarowsky eine Schwäche für Süßigkeiten, da er so viele Leckerbissen erfinden konnte (S. 66 f.): „heiße Maroni, Toroni, Karamellen, Pastete, Torte mit Sahne, Früchtebrot, Datteln, Orangen, Kokosnuß, Mandelkuchen" usw. Fast alles ist genau übersetzt und den Noten angepasst. Auch die ersten Einsätze der Solisten sind der Stimmung entsprechend, ohne dass Noten geändert werden mussten (Schaunard, S. 69)

Falsch ist dieses D!	Falso questo re!
Horn und Pfeife, wieviel?	Pipa e corno quant'è?

Leider fehlt der Reim („re – è"), doch es klingt fast so gut wie im Italienischen. Die Szene zwischen Musette, Marcel und Alcindor (S. 93–105) ist voll köstlicher und amüsanter Reime und lustiger Wortspiele (Schaunar, S. 93):

Der alte Affe scheint stark zu schwitzen!	Quel brutto coso mi par che sudi!

(S. 94):

Colline: Das würdevolle Laster…	E il vizio contegnoso…
Marcel: mit der keuschen Susanna!	Colla casta Susanna!

(S. 95):

Mimi: Sie ist schön gekleidet!	È pur benvestita!
Rodolfo: Engel gehn ohne Kleider.	Gli angeli vanno nudi.

(S. 97):

Marcel: Drum hab ich keines mehr!	Per questo non ne ho più!
Den Braten reicht mir her!	Passatemi il ragù!

„Ragù" ist vielleicht lustiger als „Braten", aber Swarowskys Fassung ist doch sehr humorvoll und trifft und bereichert die Stimmung.

Was soll man über Musettes „Quando m'en vo" („Geh ich allein") sagen? Die Legato-Stelle lässt sich nicht leicht ins Deutsche übertragen. Swarowsky hat die Darstellerin und den Sinn der Szene gut charakterisiert, aber der deutsche Text singt sich nicht so schön wie das Original. Schon zu Beginn benutzt Puccini sehr breite und offene Vokale („a" – „o"), als ob Musette eine große Rede vor dem Publikum halten wollte – jedenfalls will sie Marcels Eifersucht erwecken. Auf Deutsch aber beginnt das Stück mit zwei geschlossenen Vokalen („Geh ich"), die eine ganz andere Wirkung haben. Ich bin der Überzeugung, dass das Swarowsky durchaus bewusst war, aber vielleicht gab es keine andere Lösung. Die folgende Ensembleszene ist meisterhaft entwickelt, und am Ende des Aktes zeigt Swarowsky wieder einmal sein großes Können mit komplizierten Ensembles, die durch seine Übertragungen ganz durchsichtig werden.

An dieser Stelle möchte ich nicht unerwähnt lassen, dass dem 2. Bild ein Missverständnis zu Grunde liegt. Im Allgemeinen denkt man, dass es in Paris im Café Momus spielt (siehe die Beschreibung S. 65), doch scheint das nicht ganz richtig zu sein. Ich bin überzeugt, dass es sich in Wahrheit um die Piazza San Michele, einen zentralen Platz in Puccinis Heimatstadt Lucca, handelt. Zu Weihnachen verwandelt sich dieser in einen Markt voller Baracken und Stände, wo man alles Mögliche kaufen kann und wo es nach Fritelle (eine Art Pfannkuchen, eine Luccheser Spezialität) riecht. Ich denke, dass Puccini an diese Stimmung gedacht hat, als er den 2. Akt komponierte. Auch im 3. Bild finden sich wieder Erinnerungen an Puccinis Kindheit – er wohnte in der Via di Poggio ganz nahe bei diesem Platz. Statt der Pariser Barrière d'Enfer (siehe die Beschreibung S. 129) handelt es sich um eine der großen Pforten in Luccas Stadtmauern (vermutlich die Porta San Pietro, die obiger Beschreibung sehr ähnlich ist und sich ebenfalls in der Nähe von Puccinis Geburtshaus befindet) und um den Treffpunkt Piazza San Michele. Einst gab es an jeder Pforte eine Wache, und die Frauen mussten alles, was sie zur Stadt brachten, der Wache zeigen. Danach war es üblich, sich zur Mittagszeit auf dem Michaeler Platz zu treffen (S. 134):

Wohin müßt ihr denn gehen?	Voi da che parte andate?
Nach Saint Michel	A San Michele!
Wir treffen uns doch später?	Ci troverem più tardi?
Zu Mittag hier!	A mezzodì!

Im 3. Bild fließt die Übersetzung viel besser, und der Text ist vor allem gesanglicher. Mimis Einsätze im Duett mit Marcel singen sich manchmal sogar besser als im Original. Swarowsky gelingt es, das Wort „wahr" auf die hohen Töne von Mimis Gesang zu setzen (S. 141 f.)

Es ist wahr, wir müssen uns trennen.	Dite bene. Lasciarci conviene.

In diesem Bild erkennt man stärker die Hand des Dramatikers Giacosa, der fast alles gereimt hat. Obwohl Swarowsky dem Sinn und der Musik genau folgt und im Laufe des Stückes das Poetische zunimmt, gelingt es ihm nicht immer, Giacosas Reime im Deutschen wiederzugeben. Auch so manches, das gewissermaßen der italienischen Gesangstechnik angepasst ist, hat im Deutschen natürlich eine andere Wirkung, was insbesondere in Rodolfos folgendem Solo sichtbar wird:

Notenbeispiel 5: Puccini, *La Bohème*. Klavierauszug, Mailand/München 1965, S. 149

An Stellen, wo Puccini den Vokal „a" verwendet, steht in Swarowskys Deutsch gehäuft der Vokal „i", was für einen deutschen Sänger bequem sein mag, jedoch Puccinis

Farbvorstellung nicht widerspiegelt. Wie erwähnt sind Puccinis Musik und die Farbe des Textes fast untrennbar miteinander verbunden, was die Übersetzbarkeit stark einschränkt. Im folgenden Beispiel muss Swarowsky einen Vorschlag auf *g* einsetzen, um das Wort „Liebe" an die gleiche Stelle wie „Amo" (*g-d*) zu platzieren.

In Mimis Arietta „Donde lieta uscì" („Woher froh sie einst kam" S. 155–158) fällt es nicht leicht, die intime Stimmung im Deutschen zu erhalten. Text und Sinn sind sehr gut übertragen, doch leider kenne ich auch die Farbe und die Einfachheit des italienischen Originals. „Nido" heißt zwar tatsächlich „Nestchen" und „finti fior" „falsche Blumen", doch singt man „nido" auf *es*, klingt es viel weicher als „Nestchen". Viel wichtiger an dieser Stelle ist jedoch die Alliteration des Buchstabens f in „finti fior" sowie das Absinken (diminuendo) auf „fior", als ob Mimi in diesem Moment die Stimme fehle. Diese Wirkung könnte mit „falsche Blumen" nur eine sehr große Künstlerin erzielen.

Dasselbe gilt für eine andere äußerst einfache Stelle, als sich Mimi im Abgehen an eine Kleinigkeit erinnert, die ihr aber sehr wichtig ist (S. 157, T. 7): „Bada…" („Höre…"). Puccini schreibt hier ein portamento zwischen *e* und *a* und sogar *pppp* im Orchester (nur Streicher). Wahrscheinlich dachte er beim Komponieren dieser Stelle schon an das Wort „Bada…". Er hätte ja auch das sinnentsprechende Wort „Senti…" benutzen können, aber „Bada" hat ohne Zweifel einen anderen Effekt. Swarowskys „Höre…" ist sinngemäß natürlich richtig, doch auch hier bedürfte es großen Könnens, um diese Nuance herauszubringen. Ich habe diese Stelle als Beispiel gewählt, um zu betonen, welche Schwierigkeiten Swarowsky überwinden musste, um eine Puccini-Oper zu verdeutschen.

Weiter im 3. Bild finden wir das Quartett, das durch seinen Fluss und die schönen Einfälle brilliert. Besonders witzig und gut getroffen sind die Einsätze im Streit zwischen Musette und Marcel (S. 160 ff.), die im Kontrast stehen zu den lyrischen Ergüssen Mimis und Rodolfos. Swarowsky gelingt ein meisterhaft übertragenes Concertato.

Es ist bekannt, dass die Anfänge der Bilder 1 und 4 der *Bohème* auf Puccinis Jugendwerk *Capriccio sinfonico* basieren. Weniger bekannt ist die Beziehung dieser Musik zu Puccinis Jugendfreunden in Mailand, Pietro Mascagni (mit welchem er sein Zimmer teilte) und Ruggero Leoncavallo. Man könnte fast sagen, dass die vier Freunde in *La Bohème* vier Künstler-Komponisten widerspiegeln: Puccini (Rodolfo), Mascagni (Marcel), Franchetti (Schaunard) und Leoncavallo (Colline). Puccini war träumerisch und poetisch wie Rodolfo, Mascagni draufgängerisch und waghalsig wie Marcel, Franchetti (dessen Vater Bankier war) fand das Geld wie Schaunard und Leoncavallo (dessen Namen Puccini des Öfteren als Leonbestia verballhornte) war ein Bär wie Colline. Vielleicht gelang es Puccini auch deswegen, die Stimmung dieser beiden Bilder so treffend darzustellen.

Das Duett zwischen Rodolfo und Marcel am Anfang des zweiten Bildes ist wunderschön übertragen, fast ohne eine Note zu ändern (S. 169), und es bedient sich zweier verschiedener Stimmungen: die kurzen Parlando-Phrasen am Anfang und die lyrischen und gefühlsvollen Ausbrüche der beiden Künstler. Schade, dass Swarowsky das letzte Wort des Duetts nicht reimen konnte (S. 174): „amor – cuor" („Grab – Herz"). Beim Eintritt Musettes versucht Swarowsky dem originalen Notenbild zu folgen, indem er zwei Worte auf ein Sechzehntel singen lässt:

Notenbeispiel 6: Puccini, *La Bohème*. Klavierauszug, Mailand/München 1965, S. 187

Es wäre viel einfacher, wenn Swarowsky noch ein Sechzehntel hinzugesetzt hätte.

Wie bei „Strahlende_Alice" in *Falstaff* halte ich Swarowskys Ideen nicht immer für ausführbar. Ansonsten ist diese Szene fabelhaft übertragen, denn die erregte Stimmung wird durch den deutschen Text sogar noch erhöht. Wieder ist es Swarowsky gelungen, dem Sinn zu folgen, ohne die Noten zu ändern.

In meiner gesamten Gesangskarriere habe ich kein zweites Mal einen so wunderbaren Übersetzer gefunden. Swarowsky kannte nicht nur die italienische Sprache in all ihren Facetten, sondern verblüfft auch immer wieder mit seiner Gewandtheit in der deutschen Sprache. Stets gelingt es ihm, das richtige Wort zu finden. Nur die Tatsache, dass seine Übertragungen so außergewöhnlich sind, macht eine Diskussion von relativen Kleinigkeiten sinnvoll. So ist Collines Arietta (S. 197) „Vecchia zimarra, senti" („Höre, du alter Mantel") sehr fein und empfindsam, vor allem aber ausgesprochen sangbar, da sie mit den besten Vokalen an den heikelsten Stellen versehen ist. Doch wäre ich froher, wenn das Stück nicht mit „Höre" anfänge. Das oben erwähnte Problem in Mimis letztem Arioso „Sono andati …" („Sind sie fort nun?") lag Swarowsky besonders am Herzen und vielleicht hatte er ja recht, dennoch bin ich überzeugt, dass man es hätte übertragen können, ohne die Noten in dieser Weise zu ändern. Ein letzter Kritikpunkt: Eine Stelle in der alten und bekannten Übersetzung von *La Bohème* hat mich immer gestört und ich erinnere mich noch an das erste Mal, als ich diese Oper 1948 im Züricher Stadttheater gehört habe. Der Tenor Libero de Luca sang da „Wie eiskalt ist dies Händchen" und ich musste unwillkürlich an einen Eisschrank denken! Es erschien mir nicht besonders dichterisch. Leider singt die Sterbende denselben Text wie Rodolfo im 1. Bild. Ich hatte gehofft, Swarowsky würde etwas Schöneres, Poetischeres finden, wie etwa „Wie zart und kalt dies Händchen". Vielleicht ist der alte deutsche Text so gut bekannt, dass er nicht wagte, ihn zu ändern.

Zum Abschluss möchte ich nochmals betonen, dass ich in meiner ganzen Laufbahn – fast sechzigjährige Erfahrung mit mehr als 200 verschiedenen Opern, unzähligen Oratorien und Liedern (oft in schlechter Übersetzung) – nie einen Musiker mit einer so umfassenden kulturellen Kompetenz wie Swarowsky gekannt habe. Er war ein Meister!

Reinhard Kapp

DER (WIENER) SWAROWSKY-DISKURS[1]

In zahlreichen mit Swarowskys Schülern und Musikern, die unter seiner Direktion gespielt haben, namentlich in Wien geführten Gesprächen[2] entsteht ein merkwürdig zwiespältiges, aber darin fast schon wieder einheitliches Bild. Regelmäßig tauchen gewisse bis zur Formel erstarrte Statements auf, die sich offenkundig von eindeutig bestimmbaren Anlässen, wenn nicht sogar von den in Rede stehenden faktischen Leistungen des Dirigenten emanzipiert haben. Persönliche Verletzungen, die Wirkmächtigkeit eines erst einmal aufgebauten Images, die Fiktion eines notwendigen Gefälles zwischen Theorie und Praxis, Ressentiments gegen angeblich bloß intellektuelle Befassung mit Musik und bei etlichen Gesprächsteilnehmern auch Überdruss angesichts von Swarowskys damaliger Allgegenwart in Wien mögen eine Rolle spielen. Bei der Bewertung solcher Urteile ist freilich zu berücksichtigen, dass es sich um weit zurückliegende Wahrnehmungen und Erlebnisse handelt, die Unterredner damals meist sehr jung und unerfahren waren und wie immer in solchen Fällen mit der Überformung der Erinnerungen durch spätere Eindrücke, Einsichten, aber eben auch Convenus gerechnet werden muss.[3]

So ergeben die verschiedenen Aussagen ein Ensemble von weit verbreiteten und kaum je hinterfragten generellen Überzeugungen, die nur schwer Rückschlüsse auf spezifische interpretatorische Eigenheiten erlauben. Immerhin lassen sie sich zu einzelnen Argumentationssträngen bündeln, welche die Rede über den Dirigenten zum Teil bis heute bestimmen. Versteht man sie richtig, so ergibt sich aus ihnen, direkt oder indirekt, doch bereits so etwas wie ein Profil.

---

1 Ich habe für diesen Beitrag einiges Material aus Erika Horvaths entsprechendem Kapitel im Projektbericht benutzt.
2 Bänder, Dateien und Protokolle befinden sich in der Historischen Sammlung des Instituts für Musikwissenschaft und Interpretationsforschung der Universität für Musik und darstellende Kunst Wien.
3 Die flächendeckende Untersuchung der internationalen Wirkung des Dirigenten Swarowsky war im Rahmen des Forschungsprojekts nicht zu leisten. Ein Auftrittsverzeichnis befindet sich in der Hans Swarowsky Akademie Wien (HSA) im Aufbau. Siehe aber den Beitrag von Griffiths im vorliegenden Band.

I.

Als eines der hartnäckigsten Stereotype hält sich die Überzeugung, dass Swarowsky als Lehrer einen weit größeren, unbestritteneren und (bis dato) nachhaltigeren Erfolg als auf dem Podium gehabt habe. Dabei wird in der Regel das Faktum der internationalen Karriere des Dirigenten ausgeblendet, und die exzeptionelle Qualität etlicher hinterlassener Aufnahmen ignoriert.[4] Das Urteil konnte sich bis zu der Formel steigern, er sei ein guter Lehrer, aber ein schlechter Dirigent gewesen[5] – manchmal auch in der Variante: ein schlechter Dirigent, gerade *weil* er ein guter Lehrer gewesen sei. Zumindest in Wien habe er in erster Linie für seine Schüler dirigiert. Er habe sich in demonstrativer Weise zurückgenommen, um das Werk allein sprechen zu lassen, „so weit, dass er schon fast abwesend bzw. nicht mehr bei der Sache zu sein schien."[6] Sehen wir davon ab, dass ein derartiger *Habitus* das Ergebnis noch nicht unbedingt zu tangieren braucht, und es unter den bedeutenden Dirigenten Vertreter der unterschiedlichsten Typen gab und gibt. Häufig ist jedoch zu hören, und das stimmt nicht ganz mit der zur Schau getragenen Reserviertheit oder Impassibilité zusammen, dass Swarowsky auch als Orchesterleiter den Lehrer, den Doktrinär nicht abgelegt habe, dass die strengen Richtlinien, die er im Unterricht vertrat, auf seinen Dirigierstil abgefärbt hätten, der etwas Eigensinniges und Unflexibles, andererseits Didaktisches und Akademisches angenommen habe.[7]

Es war nicht Prätention, sondern durchwirkendes Lebensprinzip, dass Swarowsky sich in sämtlichen Belangen in erster Linie als Vertreter der Interessen des Komponisten verstand, und alles dafür tat, damit dessen Intentionen unverfälscht und unmissverständlich die Zuhörerschaft erreichten, wozu unter anderem gehörte, deren Aufmerksamkeit möglichst wenig von der Person des Dirigenten absorbieren zu lassen, nicht einmal durch die Brillanz von dessen Plädoyers. Gewiss wollte er mitunter auch zeigen, wie das Stück im Unterschied zum Gewohnten eigentlich gemeint war, also weniger eine Demonstration für seine Schüler liefern als seinem Publikum ein Licht aufstecken – und es auch weniger mit einer ungewohnten Lesart überraschen als endlich mit der

---

4 Eine gewisse Ausnahme bildet Swarowskys ehemaliger Student Barry Brisk: „He was a successful conductor with an international career who desired but did not achieve major prominence, whose teaching was so effective that it ultimately overshadowed his other work." *Hans Swarowsky. A Remembrance*, Typoskript, S. 3, Historische Sammlung IMI; auch verfügbar als Online-Publikation: https://independent.academia.edu/BarryBrisk (1.8.2021).

5 Für den einschlägig bekannten Norman Lebrecht, der es schafft, die wenigen Zeilen seiner Anzeige der Swarowsky-Ausstellung in der Wiener Staatsoper 2018/19 nicht nur mit Sottisen, sondern einer ganzen Reihe von Fehlern zu spicken, ein gefundenes Fressen: Norman Lebrecht, Such a bad conductor, such a great teacher, SlippedDisc 16.10.2018, https://slippedisc.com/2018/10/such-a-bad-conductor-such-a-great-teacher/ (3.8.2021).

6 Roswitha Heintze im Gespräch mit Reinhard Kapp und Erika Horvath, Wien, 9.6.2004.

7 Wolfgang Gröhs im Gespräch mit Erika Horvath, Wien, 28.11.2003.

Sache selbst konfrontieren. Es darf aber nicht vergessen werden, dass sich die Beurteilungen auf Live-Auftritte stützen, bei denen von der Erscheinung des Dirigenten oder von Personalia wohl nur schwer abstrahiert werden konnte. Etliche unserer Zeitzeugen dürften sich damals für den Leiter mehr interessiert haben als für die Aufführung. Zieht man die Tondokumente zu Rate, beginnen sich manche dieser Gewissheiten zu relativieren, wenn nicht aufzulösen.

2.

Während in solchen Einschätzungen eine Art Übereinstimmung herrscht zwischen dem Bild, das der Lehrer, und jenem, das der ausübende Musiker abgab, der auch auf dem Podium gleichsam Vorlesungen gehalten habe, registrieren Andere vor allem eine Diskrepanz zwischen Theorie und Praxis. Nachdem man von der unbedingten Notwendigkeit einer bestimmten Interpretation überzeugt worden sei, habe die Umsetzung durch Swarowsky selbst dem von ihm theoretisch Entwickelten nicht recht entsprochen, schien sogar auf irritierende Weise den hochgestochenen Ansprüchen nicht zu genügen.[8] Auch dabei werden allerdings meist keine konkreten Details genannt.

Sicher wurde im Unterricht das Technische ebenso wie das Inhaltliche zunächst einmal rigoros durchgesetzt oder auf einer grundsätzlichen Ebene vermittelt, während in der Realität des Musiklebens liberaler und differenzierter vorgegangen werden konnte oder musste, so dass sich zwischen der Klarheit der vorgetragenen Grundsätze und der scheinbaren Konzilianz oder Inkonsequenz in den Aufführungen eine Kluft aufzutun schien. Es ist bekannt, dass Swarowsky die Technik zunächst als ‚kalte' üben ließ, damit die Erfahrung im Umgang mit dem Apparat nicht durch Mitteilungsbedürfnis und Autosuggestion vernebelt wurde[9], und das mag bei einigen Studenten den Eindruck hinterlassen haben, er habe es auch als Dirigent auf die prinzipielle Unterdrückung jeglicher persönlichen Beteiligung abgesehen.

Gewiss erklärte Swarowsky im Unterricht die Sache so, wie sie sich seiner Überzeugung nach eigentlich verhielt, und in den Übungen mit dem Akademieorchester konnte er einigermaßen für die Verwirklichung sorgen.[10] In Oper und Konzert mussten Sänger begleitet werden, so wie sie in einer stehenden Repertoireaufführung oder als nur notdürftig instruierte Gäste eben sangen, Instrumentalsolisten nahmen sich traditionell

---

8 Hubert Deutsch im Gespräch mit Erika Horvath, Wien, 19.1.2004 (Deutschs Beispiel war gerade ein Paradestück Swarowskys, Beethovens *Eroica*.)
9 Dazu unter dem Stichwort „Persönlichkeit" später mehr.
10 Ich denke an die Aufnahme von Haydns Symphonie Nr. 70 (1952), die etwas von einer intimen Zwiesprache mit den Instrumentalstudenten hat.

Freiheiten heraus, die Orchester brachten ‚ihre' Lesarten mit, die auch gegen entschiedene Interventionen zugunsten des zweifellos eigentlich Richtigeren resistent blieben. Die für grundlegende Veränderungen erforderliche Anzahl von Proben aber stand in der Regel nicht zur Verfügung.

Vielleicht waren auch die Auffassungen, die man sich aufgrund der Swarowskyschen Instruktionen in der Vorlesung bildete, von den Hör- und Seherfahrungen mit anderen, gerade für prominent gehaltenen, Dirigenten eingefärbt, so dass man von der Realisierung durch Swarowsky selbst enttäuscht war. Die von ihm dirigierten Aufführungen dürften der damals gängigen Vorstellung von tiefsinnigen, ausdrucksstarken, mitreißenden, verzaubernden, ansteckend musizierfreudigen oder ostentativ virtuosen Interpretationen nicht so ganz entsprochen haben, ein Abstand, der im Unterricht womöglich nicht abzusehen war, weil dort zwar der konsequente Verzicht auf willkürliche Entstellungen und persönliche Zutaten propagiert wurde, das Gelehrte gleichwohl mit den Erfahrungen der Studierenden kompatibel erschien. Diese mochten glauben, das, was Swarowsky so eindruckvoll klarlegte, bezöge sich auf die musikalischen Erinnerungen, die sie in den Unterricht mitbrachten, und es gehe darum, eben jene Art Klangeindruck und Sensation hervorzurufen, der mit einer anderen Art ‚Aufführung' von Dirigenten eben untrennbar verbunden schien. Denn die sich auf einen ‚Maestro' heftenden Erwartungen waren nicht nur damals durch Figuren geprägt, welche ihren persönlichen Anteil an den faszinierenden, elektrisierenden, erschütternden akustischen Erlebnissen und Offenbarungen, welche man ihnen verdankte, auch wirksam in Szene zu setzen wussten. Sobald es aber um die Probe aufs Exempel ging, sobald wirklich das Geschriebene, offenkundig Gemeinte und für richtig Befundene und nicht das Gängige und beim Publikum Erfolgreiche die Berufungsinstanz bilden sollte, vor der die Aufführung sich zu rechtfertigen hatte, war der Schluss, den man zog, nicht etwa, dass dem im Unterricht Gelehrten offenbar eine andere Art von dirigentischem Rollenbild und Klangergebnis als die gewohnten entsprechen musste, sondern dass Swarowsky seinen eigenen Grundsätzen untreu geworden oder gar nicht zu genügen in der Lage gewesen sei. Die Schüler erwarteten wohl, von ihrem Lehrer am Dirigentenpult ähnlich an- und aufgeregt zu werden wie in der Vorlesung; er wäre als Dirigent so eloquent, überzeugend, mitreißend, charismatisch gewesen wie als Dozent, und sahen sich getäuscht. Verglichen mit den erfolgreichen Selbstdarstellern: den sich bis zum letzten verausgabenden Vortänzern und Ekstatikern, den frohgemuten Musikanten und unbefangenen Junggenies, den Grandseigneurs und Schwerarbeitern, den Philosophen, Priestern und Magiern am Dirigentenpult erscheint die Rolle des Professors, die Swarowsky sich angeeignet hatte und trotz (jedenfalls in früheren Jahren) lebhafter und ausgreifender Gestik *verkörperte*, den jugendlichen Enthusiasten einfach minder attraktiv. Ein Lehrer mochte so aussehen, aber ein Dirigent? Der Typus des *Kapellmeisters*, wie ihn seinerzeit recht erfolgreich Erich Kleiber, unter den Jüngeren Ferdinand Leitner oder Wolfgang Sawallisch vertraten, eignete sich wohl schlecht als role model für enthusiastische Jugend. Dass aber die Wirkung der Person des Dirigenten und die der erklingenden Musik auf das Publikum nicht unbedingt miteinander identisch sind oder ursächlich zusammenhängen, verstand sich wohl nicht von selbst. Stattdessen herrschte (und herrscht vielfach noch) die Überzeugung, dass die mimetische Übertragung eher vom Körper des „Musikdarstellers"[11] ihren Ausgang nehme als vom *Klangkörper*.

Möglicherweise hatten es manche von Swarowskys Schülern besonders schwer, wenn sie zwischen einer doch ziemlich anspruchsvollen Lehre und einer Praxis, die ihre eigenen Forderungen erhebt, unter Umständen sogar die Theorie desavouiert oder auf mannigfache Weise in ihrer Verwirklichung behindert, hin- und hergeschickt wurden. Es wird aber auch wenig Dirigenten geben, die in so vielen Fällen so dezidiert und detailliert erklärt haben, wie sie sich die Musik vorstellten, bzw. wie sie ihrer Überzeugung gemäß aufgeführt werden musste, dass die Differenz zwischen ‚Theorie' und ‚Praxis', zwischen wohlbegründeter Intention und schnöder Realität des Opern-, Konzert- und Studiobetriebs bisweilen umso unbarmherziger ans Licht trat – Dirigenten, die weniger Worte gemacht hatten und darum nicht provozierten, dass man sie an ihren Doktrinen maß, hatten es da leichter, erst einmal einfach als Musiker wahrgenommen zu werden. Sagen wir also, dass das Image des Intellektuellen der Wirkung des Dirigenten im Weg stand.

Vielleicht erhofften sich die Studenten, die im Unterricht ebensowohl in die Sache eingeführt wie auf die Realitäten des Musiklebens vorbereitet wurden, aber auch, dass wenigstens ihr verehrter Lehrer in seinen Aufführungen diese Differenz aufzuheben in der Lage sein würde.

3.

Da die ‚Diagnose' der Distanziertheit (als ob etwa Furtwängler von der zur Erscheinung gebrachten oder entfesselten Musik bloß sympathetisch erregt gewesen wäre und nicht genau kontrolliert hätte, was unter seiner Leitung geschah) schon in den Nachkriegsjahren und nicht erst im Nachhinein vorgebracht wurde, ist es nicht sehr wahrscheinlich, dass sich Swarowskys Dirigierstil im Laufe der Zeit substanziell gewandelt hat, auch wenn gerade dies von Manchen in Betracht gezogen oder geradewegs behauptet wird. Einige seiner Schüler sind davon überzeugt, dass anfangs die Konzerte feurig und dramatisch gewesen seien, doch dann habe er sich in seinem Wesen verändert; den Panzer, den er sich wahrscheinlich aufgrund der vielen Anfeindungen zugelegt hatte,

---

11 Vgl. Hans-Klaus Jungheinrich, *Der Musikdarsteller. Zur Kunst des Dirigenten*, Frankfurt a.M. 1990.

habe er irgendwann auch beim Dirigieren nicht mehr abgelegt.[12] Besonders in seinen späten Jahren sei er sehr distanziert gewesen, als ob er die ganze Zeit nur zuschaue, was vor sich gehe. Er habe nie die geringste Aufregung gezeigt.[13] Dass ihm das gelang, in jeder Lage die Ruhe zu bewahren, ist in der Tat bemerkenswert; was es bedeutet, bildet einen diffusen Bereich von kaum jemals in Worte gefassten Unterstellungen.

Distanziertheit ist noch das Konkreteste, was genannt wird, wenn der bei seinen Dirigaten gefühlte Mangel in Worte gefasst werden soll. Sie wird von zahlreichen (Wiener) Zeugen bestätigt und oft genug als Eigenheit bezeichnet, die einer intensiveren Wirkung im Wege gestanden habe. Selbst beim umjubelten offiziellen Wiener Staatsoperndebüt mit *Don Carlos* im Dezember 1959[14] gab es Stimmen, die die innere Beteiligung beim Dirigenten vermissten.[15] Ganz als ob in Swarowsky bei Musik nichts vorgegangen sei.

Anlässlich einer Aufführung von Schönbergs *Pelleas und Melisande* im Wiener Konzerthaus im Jahre 1965 bemerkte etwa Gerhard Brunner, der Kritiker des *Express*:

> Es mag die persönliche Problematik des Dirigenten sein, daß er als hervorragender Pädagoge, der Distanz zu halten hat, immer erst die Barriere seines kritischen Bewußtseins überwinden muß, um zur erreichbaren Bestform aufzulaufen.[16]

Hier ist wenigstens die Distanz als notwendiges Zurücktreten des Lehrers vom konkreten Fall (dem Werk, der Stelle darin, der musikalischen und technischen Kapazität der gerade Unterrichteten) vom kritischen Bewusstsein des Dirigenten unterschieden, allerdings wird dieses wiederum als Barriere zwischen ihm und dem Optimum seiner Möglichkeiten und seiner Wirkung angesehen. Der bewusste Dirigent steht sich gleichsam selbst im Wege. So bleibt es bei der belämmernden Dichotomie, dass ein so guter Pädagoge einfach kein hervorragender Dirigent sein kann – jedenfalls behindert der Erfolg des Lehrers die vorurteilslose Wahrnehmung des Dirigenten.

---

12 Wolfgang Gabriel im Gespräch mit Erika Horvath, Wien, 2.6.2003.
13 Uros Lajovic im Gespräch mit Reinhard Kapp und Erika Horvath, Wien 9.12.2002.
14 Ich darf daran erinnern, dass eine der ersten Taten Karajans als künstlerischer Leiter der Staatsoper war, Swarowsky zu verpflichten. Bruno Weil, Swarowsky-Schüler und Assistent Karajans, bezeugt, dass dieser Swarowsky als Dirigenten geschätzt hat (Video-Statement für die HSA 2019). Aber auch da ist die Folgerung offenbar unvermeidlich, er habe sich eben einen Mann geholt, der seinen eigenen Glanz nicht verdunkeln würde. Welche Gefahr im Übrigen schon damit gebannt war, dass Swarowsky bis zuletzt keine eigene Produktion im Haus zugestanden wurde.
15 H–n., Swarowsky und das spanische Hofzeremoniell, Kopie in NlHS. Vgl. dagegen die im Kapitel „Wiener Philharmoniker/Wiener Staatsoper" zitierten überaus positiven Kritiken.
16 Gerhard Brunner, Gute Qualität für die Minderheit, in: *Express*, 25.5.1965. (Auch wenn Zeitungskritiker nicht immer für die Überschriften verantwortlich zu machen sind, zieht sich der oft leicht herablassende Ton als Konstante durch die Wiener Swarowsky-Berichterstattung.)

Swarowsky selbst hielt dafür, dass das Entscheidende in der Probe stattfinden müsse. Zu seiner Haltung auf dem Podium gibt es zwei auf den ersten Blick nicht ganz kongruente Äußerungen: Erst einmal habe der Dirigent dafür zu sorgen, dass die entscheidenden Elemente der Aufführung funktionieren, dann dürfe er sich auch als Schlangentänzer gerieren.[17] Und: Im Konzert oder während der Opernaufführung obliege ihm vor allem die Kontrolle des Ablaufs, nicht das punktuelle Anheizen der Betriebstemperatur oder die spontane Modellierung des Ganzen oder bestimmter Teile.

> Erst n a c h d e m ein Kapellmeister sich vollkommen auf Tempogeben und Tempohalten versteht, darf er auch alles andere tun, bis zum vollendeten Balletturnen. […] Auf der Probe hat der Dirigent Gelegenheit, alle kleinen Details auszuarbeiten, Phrasierung, Dynamik, Agogik etc. richtigzustellen, während er sich bei der Aufführung um die Form kümmern soll: das heißt, das Ganze in den richtigen Rahmen der zeitlichen Dimension bringen.[18]

Da er nicht mehr auf jede Einzelheit suggestiv-pantomimisch eingehen muss, kann er darauf achten, „daß das Stück jenen Charakter, der ihm vom Autor zugedacht ist, auch wirklich bekommt." Und der hängt in erster Linie (wiederum) vom Tempo ab. Dagegen kann der Versuch, jetzt noch auf Gestaltungsmomente Einfluss zu nehmen, die in der Probe geklärt worden sein sollten, nur zu Irritationen führen.

Von Distanz ist auch in Swarowskys grundsätzlichen Erwägungen zur musikalischen Aufführung die Rede – da betrifft es aber gar nicht unmittelbar den Dirigenten:

> Das Werk soll so präsentiert werden, als würde es zum ersten Mal gespielt, ohne Restspuren des Erlernthabens, neuen Atems voll. Hierzu bedarf es nicht nur künstlerischer Begeisterungsfähigkeit, sondern vor allem jener hellwachen Aufmerksamkeit, durch die im Augenblick der Produktion der Teil aus dem Ganzen gewertet, das Ganze ungeteilt als Einheit erfaßt werden kann, so daß die Zuschauer zu Z u h ö r e r n werden, daß sie ein We r k und nicht einen Aufführungsapparat erleben, den S c h ö p f e r und nicht den Wiedergebenden, und daß ihre mannigfachen Gefühle zu dem gegenüber jeder künstlerischen Schöpfung einzig zuständigen Gefühl sich finden: dem Erschauern vor der Macht geistiger Größe, dem Glück im Empfangen künstlerischer Vollkommenheit. Es ist grundfalsch, durch populäre Vortragsmethoden ein Werk dem Publikum „nahebringen" zu wollen. Wir haben im Gegenteil die Aufgabe, Distanz zu schaffen auf die allernatürlichste Art, indem wir das Genie das und nichts anderes aussagen lassen, als was es auszusagen beabsichtigt. Dann

---

17 Swarowskys Freundschaft zu Leonard Bernstein gibt in vieler Hinsicht zu denken. Offenbar haben weder dessen ekstatisches Gehabe als Dirigent noch seine sehr freie Auslegung der Mahlerschen Partituren die Beziehung getrübt.
18 Dirigieren, in: *WdG*, S. 72–79: 76.

ist die Situation ungeheurer Distanz von Natur aus gegeben, dann, und nur dann, wird die Folge wahre, allen Hochmut in ihm vernichtende, ihn reinigende Ergriffenheit des Empfangenden sein.[19]

Die Vermittlungsarbeit soll nicht bewirken, dass die Zuhörer sich mit dem Kunstwerk auf Du und Du fühlen; das volle Engagement des Interpreten zur Erzielung von Deutlichkeit ist erforderlich, darf aber nicht dazu führen, dass sich der optische Eindruck der sich abarbeitenden Musiker oder der Suggestionsbemühungen ihres Leiters der Aufmerksamkeit aufdrängen. Insofern geht es nicht um Distanz des Dirigenten gegenüber dem musikalischen Geschehen, sondern darum, dass die exponierte Stellung des Dirigenten nicht zum Hindernis für die Erfassung der wesentlichen Vorgänge durch das wahrnehmende Publikum wird.

Wenn Robert Freund also konstatiert, bei all seinen Qualitäten sei Swarowsky „nur eines nicht" gewesen: „ein impulsiver Musikant"[20], so ist das im Prinzip völlig richtig, denn er wollte jederzeit wissen, was er tat und warum – so wie er seine Schüler gemäß der sokratischen Methode seines Lehrers Schönberg immer wieder nach den Gründen für bestimmte kompositorische Entscheidungen[21], und damit auch für interpretatorische, fragte. Aber bei aller Neigung, sich Rechenschaft abzulegen, Gesetzmäßigkeiten aufzuspüren und sich der Intention der Komponisten so weit wie möglich zu versichern, wusste er natürlich auch, wie viel von der Gunst des Augenblicks abhängt, und konnte sich dem Gelingen einfach überlassen. Freilich nur unter der Bedingung, dass das Schwingen auf gleicher Wellenlänge nicht in der falschen Einstellung erfolgte, nicht zu irreführenden Ergebnissen führte.

Die Frage aber einer Veränderung in Swarowskys Dirigierpraxis ließe sich wohl nur in einer systematischen Auswertung der Zeugnisse von Schülern aus verschiedenen Phasen oder von Beobachtern über einen längeren Zeitraum, schließlich der Aufnahmen seit den 1950er Jahren, namentlich von Stücken, die in mehreren Einspielungen und Mitschnitten vorliegen, abschließend klären. Es ist aber leicht vorstellbar und nur natürlich, dass bei ihm (wie es etwa auch von Mahler, Strauss und manchem anderen Dirigenten überliefert ist) ursprünglich jugendlich-ekstatische Gestikulation mit zu-

---

19 Ebd., S. 78.
20 Robert Freund, „Gicksen Sie nicht!" oder „Spielen Sie gleich die richtige Note!" Eine Autobiographie, Privatdruck on demand Wien [2018], S. 58.
21 Erich Urbanner „In diesem Sinne habe ich mein Dirigierstudium als Komponist verstanden [...] ,Komponieren heißt schauen, wie's weitergeht.' Dieser zugegeben lapidare Satz hat mich aber in zweifacher Hinsicht sehr beschäftigt: Kreativität immer neu zu erleben und mit Hilfe von Erfahrungen durch die Aufführungspraxis angeregt zu werden, wie es weitergehen könnte." Statement für die HSA: https://www.youtube.com/watch?v=ssqkMtFkU1Y (3.8.2021). Von zahlreichen Schülern wird die Frage nach dem Warum in den Kompositionen bei jeder Gelegenheit als essenzieller Teil des Unterrichts bezeugt.

nehmendem Alter einer gewissen Ökonomie in der Zeichengebung gewichen ist. Und wirklich existieren Zeugnisse, dass Swarowsky früher impetuoser und mit ausladenderen Bewegungen agiert habe.[22]

So viel scheint sich abzuzeichnen: dass Swarowskys Verhältnis zur Musik ausweislich seiner Aufnahmen keiner solchen grundsätzlichen Umstellung unterliegt wie etwa beim späten Bruno Walter oder Otto Klemperer. Die Unterschiede zwischen den drei *Don-Giovanni*-Aufnahmen betreffen Details oder die Adaptierung von Elementen der Historischen Aufführungspraxis, aber der Vergleich der ersten Aufnahme von 1950 (unter Einsatz von Stars der Wiener Staatsoper, wenn auch nicht des Staatsopernorchesters) mit dem Mitschnitt einer Vorstellung im Haus am Ring 1973 zeigt keine Differenzen im prinzipiellen Zugang, abgesehen natürlich davon, dass Swarowsky im einen Fall auf den prominenten, wenn auch nicht mehr ganz jugendfrischen Vertreter der Titelrolle, im anderen auf eine stehende Vorstellung und gewisse im Haus eingespielte Gebräuche Rücksicht nehmen musste. Wer daraus umgekehrt ableiten wollte, dass Swarowsky von seinen einmal gewonnenen Überzeugungen nicht mehr abweichen konnte, also ein Gefangener seiner Doktrinen gewesen sei, würde ebenso irren. Natürlich reagierte er auf Orchester und Sänger, Räume, Umstände und historische Entwicklungen. Wenn aber das generelle Programm lautet: das Werk genauso zu geben, wie es dasteht und intendiert ist, ohne Abstriche und willkürliche Zutaten, schrumpft der Spielraum für die Ausbildung und weitere Modifizierung eines dezidiert persönlichen Zugangs beträchtlich, und es bleibt bei Zunahme an Wissen und Erfahrung.

4.

In zahlreichen Einlassungen wird betont, dass man bei Swarowskys Aufführungen die Empfindung eines Mangels nicht habe loswerden können. Sieht man davon ab, dass auch das Bild eines *vergleichsweise* unbewegten Dirigenten dergleichen (wie auch die Überzeugung von einer besonderen Distanziertheit in seinem Falle) suggerieren kann, bezieht sich dieses Urteil manchmal einfach darauf, dass er bestimmte Sachen weniger gut konnte als andere. Oder: dass seine Art des Zugangs und Zugriffs manchen Kompositionen oder Stilrichtungen weniger gut bekam als anderen. Das wäre natürlich keine Eigentümlichkeit dieses Dirigenten. Jeder Musiker hat seine speziellen Fähigkeiten, kei-

---

22 Bei meiner einzigen Begegnung mit dem Dirigenten (Bruckners V. in Berlin 1972) war eben dies das Hauptfaszinosum: Wie Swarowsky es schaffte, eine so gespannte, gleichzeitig eindringliche und kontrollierte, wohlproportionierte Darstellung zustande zu bringen, ohne dass vom Auditorium aus zu *sehen* gewesen wäre, wie er das machte. – Eine der drei Aufführungen ist jetzt auf youTube nachzuhören: https://www.youtube.com/watch?v=2APhC2iOSBo (29.8.2021).

ner ist in allem gleichermaßen perfekt. Allerdings sind die Zeugen darüber uneins, wo die besonderen Meriten Swarowskys gelegen hätten. Nicht alle anerkennen seine Zuständigkeit im Bereich der ‚Wiener' Klassik. Zubin Mehta lud seinen Lehrer mehrmals als Gastdirigenten zu den von ihm geleiteten Orchestern ein[23] und erinnert:

> Beim ersten Mal machte er immer die Dritte Mahler. Damals kannten die Orchester das überhaupt nicht. Er probte gut, dirigierte auswendig und imponierte. Das zweite Mal kam er mit seiner Spezialität, der Wiener Klassik, und er war stur und ließ nicht musizieren. Er wollte einfach herunterdirigieren und nicht beteiligt sein. Da gab es dann große Schwierigkeiten mit dem Orchester.[24]

Das ist ein merkwürdiges Zeugnis für einen bis heute loyalen Schüler und Freund, aber ein symptomatisches: Abgesehen davon, dass Swarowsky in allen diesen Fällen ein viel breiteres Repertoire dirigierte und auch keineswegs immer mit Mahler debütierte, kollidierten offenbar seine Vorstellungen bei den Klassikern (in diesem Falle: Haydn, Mozart, Beethoven) mit dem, was die Orchester gewohnt waren (womit sich Mehta offen solidarisch erklärt), und es war für ihn schwer, dagegen anzukämpfen. Natürlich wollte er die Musiker nicht am „Musizieren" hindern, im Gegenteil – er hatte nur ein anderes Bild von der Musik vor Augen; gewisse eingespielte Nuancen hielt er für der Musik fremd, stattdessen wollte er größere Zusammenhänge herstellen und die Musik zum Fließen bringen, wo die ‚Tradition' bloß Einzelheiten in ständig wechselnden Bewegungsformen kannte. Er wollte nicht „einfach herunterdirigieren", sondern liebgewordene Verschleppungen und willkürliche Temporückungen nicht tolerieren. Er war auch gewiss nicht innerlich unbeteiligt, er verstand den musikalischen Ausdruck als geistigen, nicht als emotionalen, und schon gar nicht wollte er sich gerieren, als ginge es bei seinen Interpretationen um den Ausdruck seiner Persönlichkeit.

Bei Beethoven freilich schieden sich die Geister, je nachdem, wo man ihn lokalisierte. Soweit man Swarowskys Aufführungen nicht generell als unbeethovensch (zu wenig leidenschaftlich, monumental, tiefgründig etc. pp.) abtat, konnte bei positiv darauf Ansprechenden die Begründung variieren: Die abgekühlte Lesart entspricht dem ‚Klassiker', oder sie tut nach den erlebten Übersteigerungen auch dem ‚Romantiker' gut:

> Dass sich das Unterrichten auf seine Dirigiertätigkeit ausgewirkt hat, [muss] speziell in der klassischen Musik, also bei Beethoven und Mozart, nicht unbedingt von Nachteil [gewesen sein]. Ich beobachtete ihn einmal im Musikverein en face von der Bühnentür, wie er mit knappen Bewegungen Beethovens *Eroica* dirigierte, und da erkannte ich zum ersten Mal,

---

23 – nach Montreal, Los Angeles und zum Israel Philharmonic Orchestra.
24 Zubin Mehta im Gespräch mit Manfred Huss, Otto Karner und Erika Horvath, Wien, 11.3.2003.

was das für ein phantastisches Stück ist. Er ging mit einem gewissen Abstand und einer unheimlichen Klarheit an das Stück heran.[25]

Besonders bei Mahler und Beethoven gelang es Swarowsky aber wirklich, die pure Musik darzustellen, was diese Musik sehr nötig hatte.[26]

Offenbar war ihre Darstellung für manche hier endlich von den durch falsches Pathos oder mangelnde Partiturtreue verursachten Entstellungen gereinigt. Für andere dagegen fiel sie wie diejenige Haydns und Mozarts bei Swarowsky allzu strikt, trocken und geheimnislos aus. – Wenig Zweifel hegte man, was Swarowskys grundsätzliche Kompetenz für die Musik der Nachromantik und Moderne betraf: „Er dirigierte gut Mahler, Bruckner, Strauss."[27] Oder: die Swarowsky zugeschriebene Haltung sei der neueren Musik einfach besser bekommen.[28]

5.

Auch wenn die Zeugen Schwierigkeiten haben, den von ihnen konstatierten Mangel zu benennen, sind sie sich darin weitgehend einig, dass Swarowsky zum ‚großen' oder ‚bedeutenden' Dirigenten etwas Entscheidendes gefehlt habe. Was das war, wird in der Regel als das Unbeschreibliche mehr beschworen als benannt.

Man kann feststellen, dass die Seiten, die ihn als Lehrer so gut gemacht haben, nämlich, darstellen zu können, erklären zu können, dazu geführt haben, dass das, was man nicht mehr darstellen kann, was man nicht mehr erklären kann, unter den Tisch gefallen ist.[29]

Swarowsky hielt es wohl mit Mahler, der einerseits erklärte, es als seine hauptsächliche Aufgabe zu betrachten, die Musiker dazu anzuhalten, das zu spielen, was in den Noten

---

25 Wolfgang Gröhs im Gespräch mit Erika Horvath, Wien, 28.11.2003. (Das war ‚dieselbe' *Eroica*, die bei Hubert Deutsch keinen besonderen Eindruck hinterließ.)
26 Roswitha Heintze im Gespräch mit Reinhard Kapp und Erika Horvath, Wien, 9.6.2004.
27 Freund, *„Gicksen Sie nicht!"* (Anm. 20), S. 58.
28 „Ich habe *Mathis der Maler* gehört, das war sehr gut. Dann Bruckners *Te Deum*, einmal [Brahms'] *Rinaldo* und die *Haydn-Variationen*. Das ist absolute Musik, wo man das auch so machen kann. Bei Bruckners *Te Deum* ist ja eher diese apollinische Distanz gefragt. Und dafür war er voll und ganz." Uros Lajovic im Gespräch mit Erika Horvath, Wien, 9.12.2002.
29 Herbert Weissberg (Schüler Swarowskys und Soloflötist bei den Symphonikern) im Gespräch mit Erika Horvath, Wien, 4.12.2002. – Um einmal persönlich zu werden: Nachdem ich inzwischen eine Menge Aufnahmen Swarowskys gehört habe und zum Teil ganz gut kenne, weiß ich schlechterdings nicht mehr, wovon in solchen Statements die Rede sein soll.

stehe, andererseits aber, dass das Beste der Musik nicht in den Noten stehe. Der Widerspruch lässt sich dahingehend auflösen, dass man, um das zu erhalten, was nicht in den Noten steht, erst einmal genau das spielen (lassen) muss, was alles darin steht.[30] Der geforderte ‚freie Vortrag' kommt nicht dadurch zustande, dass man sich am Notentext vorbeimogelt, sondern indem man durch dessen möglichst genaue Befolgung hindurch die erforderliche Freiheit gewinnt. Soll es aber um etwas gehen, was man nicht mehr erklären kann, lässt sich der Mangel auch nicht mehr argumentativ bezeichnen oder einfordern.

Wenn Iván Fischer, zum Vergleich seiner beiden Lehrer angestiftet, Swarowsky „trocken" nennt, so spricht er nicht vom Dirigenten, sondern vom Lehrer, der generationsbedingt Sentimentalität verabschiedet habe, während Fischer beim jüngeren und emotional aufgeschlosseneren Harnoncourt, als dessen Assistent er eine Zeit lang gearbeitet hatte, wohl auch in die Praxis eingeführt worden war. Vor der Folie von Harnoncourts ‚Lehre' erscheint Swarowskys Unterricht auf die bloße Ausführung der Noten reduziert, während die Erklärung dessen, was hinter den bloßen Noten zu finden sei, kaum deutlicher ausfällt als bei den Kollegen:

> Harnoncourt hat uns dagegen die Augen geöffnet, dass es um viel mehr geht. Musik ist nicht nur eine Reihe von Noten, sondern dahinter steckt eine Botschaft. Das hat mich viel mehr interessiert.[31]

Das ist deswegen seltsam, weil Fischer in anderem Zusammenhang ein entschieden gehaltvolleres Bild von Swarowskys Musikverständnis entwirft.[32] Aber so wie hier eine ominöse „Botschaft" der Musik, tauchen bei den anderen Schülern regelmäßig Kategorien wie Gespür, Herz, Innerlichkeit, Passion, Lebendigkeit, Tiefe, Geheimnis auf, die jede sachliche Auseinandersetzung abschneiden und die Kriterien in einen Bereich von Eigenschaften und Begabungen verlagern, die man entweder hat oder nicht hat: Swarowsky gehörte wesensbedingt einfach nicht zu den Interpreten, die „wirklich ein Aha-Erlebnis vermitteln können."[33] Es müsste also die psychologische Merkwürdigkeit

---

30 Zur unterschiedlichen Herkunft dieser Zitate und der Auflösung des scheinbaren Widerspruchs zwischen ihnen siehe Reinhard Kapp, „Tradition" und „Schlamperei". Mahlers Einsatz: Bedingungen und Konsequenzen, in: Jürgen Nautz/Richard Vahrenkamp (Hg.), *Die Wiener Jahrhundertwende. Einflüsse – Umwelt – Wirkungen*, Wien/Köln/Graz 1993 (Studien zu Politik und Verwaltung 46), S. 650–673.
31 „Beamtenhaftes Musizieren tötet die Musik" Interview mit Klemens Hippel, 26.10.2015, *concerti* https://www.concerti.de/interviews/ivan-fischer-beamtenhaftes-musizieren-toetet-die-musik/ (4.8.2021).
32 Iván Fischer, Statement für die Hans Swarowsky Akademie https://www.youtube.com/watch?v=8pMoVxVvVfA (4.8.2021).
33 Wolfgang Gröhs im Gespräch mit Erika Horvath, Wien, 28.11.2003. Demselben Unterredner hatte sich doch in einer Aufführung der *Eroica* unter Swarowsky „zum ersten Mal" erschlossen, „was das für ein phantastisches Stück ist", siehe oben.

vorliegen, dass die starke Persönlichkeit, die Swarowsky als Lehrer offenbar besaß[34], ihn als Dirigenten im Stich gelassen hätte. Swarowsky spricht dieses spezielle Erfordernis selbst an:

> Zu all dem bedarf der Dirigent noch des höchsten Glücks der Erdenkinder, der Persönlichkeit. Die besten Anweisungen, die deutlichsten Zeichen, die klarsten Erkenntnisse werden nur halbe Wirkung tun, wenn nicht das Fluidum der Persönlichkeit ihre Übertragung fördert. [...] Persönlichkeitswirkung nach vorne, in Richtung Orchester, ist jedoch streng zu trennen von jener trügerischen Wirkung nach hinten, die den naiven Zuschauer in Entzücken setzt [...][35]

Die Goethe-Anspielung am Anfang des Zitats hat es allerdings in sich. In dem Gedicht aus *West-östlicher Divan* referiert Suleika das Lob der Persönlichkeit als einen Gemeinplatz von „Volk und Knecht und Überwinder", während ihr Geliebter Hatem sich einzig in Beziehung auf sie definiert und dafür auch die Identität zu wechseln bereit ist. Dass Swarowsky den Zusammenhang im Sinn hat, beweist wohl die Formulierung ein paar Sätze später: „Der Dirigent strebe, sich an die Schöpfung zu verschwenden." Hatem bemerkt:

> Wie sie sich an mich verschwendet,
> Bin ich mir ein werthes Ich.
> Hätte sie sich weggewendet,
> Augenblicks verlör ich mich.

Obwohl die Rollen von Subjekt und Objekt in diesem Fall vertauscht sind, bleibt die eigentümliche Dialektik im Spiel: Absolute Hingabe des Interpreten konstituiert das Kunstwerk; es ist so zwar auch auf sie angewiesen, aber nur der es wahrhaft Liebende ist ein Jemand.[36] Die Angst, als bloßer Interpret sich selbst zu verlieren[37], ist ein schlech-

---

34 Adám Fischer (Anm. 32).
35 Hans Swarowsky, Dirigieren, in: *WdG*, S. 79.
36 – oder dazu wird: Im Programmheft zum Carinthischen Sommer 1971 (mit den ersten Ossiacher Meisterkursen) heißt es: „Daß [der Wiedergebende] aus der vergeistigten Lebendigkeit des Kunstwerks Anregungen zur Steigerung seiner eigenen *persönlichen* Lebendigkeit zieht, die sich rückwirkend wieder der Ausführung mitteilt, heißen wir gut." (Hervorhebung R.K.).
37 *Suleika*: „Jedes Leben sey zu führen,/Wenn man sich nicht selbst vermisst;/Alles könne man verlieren,/Wenn man bliebe was man ist." *Hatem*: „Kann wohl seyn! so wird gemeynet;/Doch ich bin auf andrer Spur:/Alles Erdenglück vereinet/Find ich in Suleika nur. // Wie sie sich an mich verschwendet,/Bin ich mir ein wertes Ich;/Hätte sie sich weggewendet,/Augenblicks verlör ich mich. // Nun mit Hatem wär's zu Ende;/Doch schon hab' ich umgelos't:/Ich verkörpre mich behende,/In den Holden, den sie kos't. [...]"

ter Ratgeber, wo es darum geht, dem Gegenüber des Werks gerecht zu werden. „Daher vermeide" der Dirigent, „die Schöpfung auf sein eigenes Maß zurechtzuschneiden."[38]

Für seinen Unterricht hat Swarowsky den Grundsatz entwickelt, das Erlernen der „kalte[n] Technik" von der Förderung der Musikalität und der Entwicklung des Charakters zu trennen. Nachdem ein Schüler Gerüchte über Unterdrückung seiner Individualität in die Öffentlichkeit getragen hatte, sah sich der Lehrer zu einer Klarstellung gegenüber dem Akademiepräsidenten veranlasst:

> Ich habe es mir zur Aufgabe gemacht, die sogenannte „musikalische Persönlichkeit", d.i. Temperament, Interessantheit, Faszination, Tonschwelgerei, tänzerische Erscheinung vor dem Publikum und was sich sonst noch hinter diesem geduldigen Wort verbirgt, aus meinem pädagogischen Programm auszuschalten Nicht aber um sie zu negieren (soweit sie nicht Schwindel ist!), sondern eben, um ihre organische und wirklich souveräne Entfaltung zu gewährleisten. Ich habe sehr bewusste pädagogische Anschauungen über die Persönlichkeitsbildung, die von Ideen Pestalozzis, Goethes und Freuds herkommen und stark durch mein eigenes intuitives Denken auf diesem Gebiet genährt sind. Ich halte jede „persönliche Note" bei Musikinterpreten (nicht so bei Schöpferischen!), die in Erscheinung tritt vor Abschluss der technischen Studien und vor Apperzeption des nötigen Wissens, für nicht angebracht […]. Ich lasse daher bei der Musikwiedergabe in der Schule bewusst keine „persönliche Ausdeutung" oder „faszinierende Geste" zu, solange ein Schüler das Werk weder kennt, noch analysieren kann, noch auch schlagtechnisch beherrscht. […] Die Überwindung der Technik ermöglicht erst die reine, weite, ehrliche, also die organische Ausbildung der Persönlichkeit des Dirigenten. Und diese reine Persönlichkeit in den Schülern zu wecken, ist mein oberstes Ziel.[39]

Stattdessen haben Manche einen persönlichen Defekt beim Dirigenten als Ursache ihres eigenen Mangelempfindens vermutet, wie der noch sehr junge und unerfahrene Miltiades Caridis in der konfliktreichen Grazer Zeit:

> Vielleicht ist er auch zu wenig Musiker – bei zarten lyrischen Stellen offenbart er oft eine entsetzliche Gleichgültigkeit; – überhaupt dirigiert er alles sehr rasch u. treibt die Sänger an – ein Zeichen von Mangel an innerer Ruhe, Gelöstheit und Empfänglichkeit für das, was hinter den Noten steht.[40]

---

38 Dirigieren, in: *WdG*, S. 79.
39 Brief an Hans Sittner, 15.12.1952, Durchschlag in NlHS.
40 Miltiades Caridis an Sonja Caridis, 24.6.1948, Nachlass Aristea Caridis. Übrigens wird ein Ausspruch von Caridis überliefert, dass man erst mit 30 anfange, einigermaßen zu wissen, worum es gehe, bis dahin sei man ein blutiger Anfänger. 1948 in Graz war er 25.

Wieder (und offenbar notwendigerweise) bleibt offen, was da alles hinter den Noten stehen mag. Den ominösen Raum, der sich dort öffnen, und zu dem nur Eingeweihten der Schlüssel gegeben sein soll, hat noch niemand mit eigenen Augen gesehen, und wenn von Dirigenten behauptet wird, dass sie dort zu Hause seien, kann man ihre angeblichen Offenbarungen in der Regel ganz gut in musikalischen Kategorien fassen.[41] Hier sitzt Einer einem verbreiteten Klischee auf. Swarowsky hat aber oft auch bewusst gegen solche Erwartungen andirigiert, er wollte gerade etwas herausbringen, das unter den konventionellen Vorstellungen von lyrischer Innerlichkeit oder auch lyrischem Überschwang verschüttet lag. Diese verkrustete Ideologie war es, wovon Swarowsky in hartnäckiger Arbeit die Orchester (und seine Schüler) zu befreien versucht hat. Das heißt gewiss nicht, dass dann nichts mehr von dem vorhanden gewesen wäre, was wahre Musik ausmacht, sondern dass im Fall des Gelingens etwas Ungewohntes zutage treten konnte – etwas, das Swarowsky mit Vorliebe geistig (im Gegensatz zu bloß sinnlich und bequem) nennt.

Was dagegen das unterstellte ‚inhaltliche' Defizit betrifft, so wäre erst einmal zu untersuchen, was nach Abzug der von ihm bekämpften Verzerrungen musikalisch übrig bleibt (stilistische Sicherheit, Schwung und langer Atem, Festigkeit des Formaufbaus, Differenziertheit der Ausgestaltung, Prägnanz der Artikulation etc.). Im Übrigen gibt es zahlreiche Stellen in Swarowskys Schriften und Briefen, an denen er andeutet, was selbst er nicht näher erläutern kann oder will, und die immerhin erkennen lassen, was Musik über das ohne Weiteres Erklärbare hinaus bei ihm auslöste – sein Anspruch ist nicht wie der des späten Rudolf Kolisch, technische Korrelate zu tendenziell allen Ausdrucksnuancen zu finden (ein Anspruch, der freilich jenen anderen zur Voraussetzung hatte, die Ausdrucksnuancen als solche musikalisch und emotional zu *verstehen*) – er macht sich in der Praxis eher das Webernsche Prinzip zu eigen, nicht zu poetisieren, sondern den Musikern in rein technischen Begriffen zu vermitteln, was sie tun sollen.[42] (Das ‚Geschwafel' des „Schwaferl" betraf weniger Umschreibungen des emotionalen Gehalts der Musik als Hintergrundinformationen und mehr oder weniger motivierende Ad-hoc-Scherze.)

Aber er möchte doch auch sagen, was er an der Musik findet. So bei der dritten *Leonoren*-Ouvertüre, wo die beiden Fälle vorkommen: einerseits die vollendete instrumentale Realisierung der musikalischen Idee durch Beethoven selbst, die zur vollen Wirkung bloß der genauen Befolgung der Vorschriften bedarf, andererseits Stellen, die

---

41 Zu dem ganzen Komplex siehe auch das Kapitel „Der Interpret wider Willen".

42 „Im Kapellmeisterkurs machen wir jetzt ‚Freischütz' u. dirigieren die I. Beethoven. Das letztere gibt mir Anlaß, viele wichtige Dinge über Vortrag usw. zu sagen; vor allem u. insbesondere wie der Dirigent es mit rein musikalisch-technischen Ausdrücken (Dynamik, Streichart usw.) vermag, den Spielern anzugeben, was er sich vorstellt." Webern an Schönberg, 6.1.1921, zit. nach Hans Moldenhauer/Rosaleen Moldenhauer, *Anton von Webern. Chronik seines Lebens und Werkes*, Zürich 1980, S. 215.

ihre eigentliche Bedeutung nur dem verstehenden Blick erschließen, während keine noch so engagierte Bemühung um das adäquate Klangbild der visionären Bedeutung gerecht werden kann:

> Wundervoll – und unvorbereitete Ohren heutzutage leider kaum so affizierend wie ehemals beabsichtigt – mündet der Abwärtsgang ins *fis* des 5. Taktes [… Die] Aufteilung der dynamischen Funktionen [d.i. der Schweller auf Streicher und Fagotte] klärt den Vorgang und fördert die Wirkung der drei einmalig schönen Takte [5 ff. …] Überblickt man die zwanzig Takte, die mit dem Eintritt des [stacc. e *pp*] nun verflossen sind, so ruht das Auge mit inniger Bewunderung auf der klaren Gliederung und überlegenen Führung der Stimmen eines der herrlichsten musikalischen Verläufe, die uns geschenkt sind, und das Ohr horcht in die heilige Stille dieses Tonsatzes hinein (nicht anders, als der taube Meister selbst seine Musik erlauscht haben mag), Klanggebilde aus einer tönenden Traumwelt vernehmend, wie sie die instrumentale Realisierung der Komposition nie zu bieten vermöchte. [...] Von Takt 360 an hat der Dirigent sich den Bässen und nur den Bässen zu widmen. Jede Halbe- bzw. überbundene Viertelnote muß in sich crescendieren, um besonders von Takt 364 an die Ungeheuerlichkeit des Dissonanzenrausches zu mitreißender Wirkung kommen zu lassen. Ohne jedes Stocken hin und hergezogen, müssen die Baßnoten in immer kräftigerem „largamente", insbesondere unter den Noten der Violinen, also in ihrer zweiten Hälfte, erklingen. Das ist „Neue Musik" von der Art, die zu allen Zeiten neu bleibt.[43]

Manche Interpretationsprobleme erweisen sich als hausgemacht. Wenn man sich beispielsweise von bestimmten ‚Traditionen' der Wiedergabe von Schuberts ‚großer' C-Dur Symphonie nicht beeindrucken lässt, das Alla breve der Einleitung ernst nimmt und ihr Tempo in einfacher Relation zum Hauptsatz wählt, lösen sich die Schwierigkeiten auf, und man wird mit ungeahnten Schönheiten beschenkt:

> Unter Ausschaltung sämtlicher ererbten Gefühlsbindungen gehen wir eine neue Bindung ein: die an neugewonnene Klarheit, neue künstlerische Orientierung. Wie plastisch, wie faßlich erklingt nun die eigenartige Dreitaktigkeit der herrlichen Melodie [der Introduktion], wie deutlich stellt sich der 7. und 8. Takt dar als das, was er ist, Dehnung und Echo in einem, ein echtes „diminuendo" von Bewegung und Dynamik, wie zusammengefaßt und beschwingt klingt der folgende Streichersatz, wie geheimnisvoll die Überleitung zum dritten Einsatz des Themas! Und dieser selbst erscheint nun als energiegeladener Block. Die ehemalige Durststrecke ab Takt 48 trägt Blüten, die Trompete in der Wendung nach C vermag ihre Funktion zu erfüllen, das „crescendo" schließlich kann des accelerando entraten, die Trompetenfanfare kommt in dem dieser Kombination typisch zugehörigen Tempo

---

43 Hans Swarowsky, Beethoven: Ouvertüre Leonore III, in: *WdG*, S. 93–101: passim.

(genau entsprechend der Stelle in *Leonore III*), das „Allegro" entwächst musikalisch konsequent der ihm vorgesetzten Großkadenz. [...] Der zweite Satz heißt „Andante con moto", auf zwei Viertel, das Viertel etwa 63. Der zweite Satz von Beethovens *Siebenter* wirft seine Schatten über das Stück. Doch ist es durchaus getragen von jener Schubertschen Holdseligkeit des Musizierens, der Lieblichkeit des Getönes, der Zärtlichkeit im Leisen (die so sehr auf Webern gewirkt hat). Jede Verbreiterung des Zeitmaßes vernichtet den freundlichen Charakter, wandelt aber auch die kräftig einherschreitenden Rhythmen in plump sich dahinschleppende. Die Zweiunddreißigstel büßen ihre trommelähnliche Funktion ein, die ihnen in dieser heimlichen Marschmusik zufällt.[44]

Swarowsky war also durchaus der Entzückung fähig, und auch wenn er sich in den 1950er Jahren gelegentlich ironisch über die Form bei Bruckner äußerte[45], erlaubte er sich dem von dessen Musik begeisterten Orchester in Kansas City gegenüber die Bemerkung: „So komponieren bei uns die Bauern!"[46], die ja doch bereits eine gewisse reservierte Zuneigung, wo nicht Stolz verrät, und im Unterricht konnte er „das Trio in Bruckners Achter Symphonie" auch einmal zum „schöneste[n] der Welt" erklären[47]. Für Mahlers „Trinklied vom Jammer der Erde" fand er fast übertrieben scheinende Lobesworte:

ein so wunderbares Musikstück, daß man ihm eigentlich nichts von der übrigen Liedliteratur mit Orchester zur Seite stellen kann. [...] Mit Ausnahme der schönsten Goethe-Lieder von Schubert ist kein Gedicht so vollendet ausgedeutet wie in diesem Werk, das als ein Höhepunkt nicht nur der Musik, sondern der abendländischen Kultur anzusehen ist[48]

– worauf allerdings detaillierte technische und musikalische Hinweise folgen.

Aufschlussreich ist auch der Enthusiasmus, den Swarowsky über gelungene Aufführungen an den Tag legen kann: Mahlers *Lied von der Erde* in der Grazer Zeit[49] oder Beethovens Fünfte bei den Ausseer Festwochen.[50] Wie immer in diesen Fällen schlägt die Befriedigung über das von ihm etwa mit ‚seinem' Akademieorchester Erreichte um in rückhaltlose Bewunderung der aufgeführten Musik, die sich dank dieser Bemühungen jetzt erst in ihrer ganzen Schönheit offenbaren konnte.

---

44 Franz Schubert: Die Symphonien, in: *WdG*, S. 106–113: 107–109.
45 Erika Horvath aus einem Gespräch mit Zubin Mehta.
46 Freund, *„Gicksen Sie nicht!"* (Anm. 20), S. 59.
47 Roswitha Heintze im Gespräch mit Reinhard Kapp und Erika Horvath, Wien, 9.6.2004.
48 Hans Swarowsky, Mahler: Das Lied von der Erde, in: *WdG*, S. 121–134: 123.
49 Siehe das entsprechende Kapitel im vorliegenden Band.
50 Siehe den Abschnitt „Bad Ausseer Festwochen" im Kapitel „Lehre – Akademie für Musik und darstellende Kunst Wien".

Aber es bedarf vielleicht keines Hinweises auf solche ‚lyrischen' Stellen in Swarowskys Prosa, um zu erkennen, dass nicht nur seine Erörterung von interpretatorischen Problemen, sondern auch die Aufführung gemäß seiner Interpretation immer von lebendiger Anschauung und ‚innigster Empfindung' der jeweiligen Musik getragen ist.

6.

Die Perspektive der betroffenen Orchestermusiker ist naturgemäß eine andere als die der Zuhörer, seien sie nun Dirigierschüler und Kollegen oder in verschiedenen Graden kompetentes Publikum.

Gewiss gehörte Swarowsky zu einer Generation von Dirigenten, die agierte, wie man es sich heute nicht mehr erlauben dürfte.[51] Er, der keine Pointe zurückhalten konnte, hat sich den Musikern gegenüber „oft unvorsichtig geäußert, scharf und manchmal verletzend"[52]. Er konnte autoritär und rücksichtslos sein. Wie immer haben sich die unangenehmen Situationen im Gedächtnis festgehakt, weniger all die Fälle, in denen man im besten Einvernehmen arbeitete, oder die Scherze zündeten. Es gab Einige, die später nichts mehr von ihm wissen wollten, sei es, weil sie sich beleidigt fühlten, sei es, weil das Bild, das sich im Laufe der Zeit von seinen musikalischen Leistungen bei ihnen festgesetzt hatte, ihnen mittlerweile nur noch abschätzige Bemerkungen erlaubt hätte. In einigen Fällen mochten auch einfach divergierende Vorstellungen darüber im Spiel gewesen sein, wie Musik zu klingen habe und wie das zu bewerkstelligen sei. So mag es nicht verwundern, dass einige der Angesprochenen kommentarlos oder mit unterschiedlichen Begründungen ein Interview verweigerten.[53] Auch Nikolaus Harnoncourt, langjähriger Cellist bei den Symphonikern, war für das Forschungsprojekt nicht zu sprechen. In seinen publizierten Erinnerungen (wie in so manchen anderen) wird Swarowsky nicht erwähnt, obwohl der Dirigent mit ihm in vielen Probenpausen offenbar intensiv über Fragen der Aufführung wohl nicht nur Alter Musik diskutiert hat.[54]

---

51 Ernst Kobau, Gespräch mit Erika Horvath, Wien, 21.11.2002; ähnlich in Ernst Kobau, *Die denkwürdigen Taten des Ingenioso Hidalgo Fabio Fedobeck nebst einem kleinen Ankeruhr-Dirigentenpandämonium aus dem vorigen Jahrtausend* […], Eigenverlag 2018.

52 – er sei aber nicht so bösartig gewesen wie in vielen Fällen Karl Böhm oder Josef Krips: Robert Freund, Gespräch mit Reinhard Kapp, Wien, 6.11.2018.

53 Telefongespräche Erich Rath (5.9.2002), Paul Trimmel (22.11.2002), Kurt Theiner (22.11.2002) mit Erika Horvath. – Es ist auch bemerkenswert, in wie vielen Erinnerungsbüchern von Wiener Musikern sein Name nicht genannt wird.

54 Harnoncourts Name taucht dagegen in Swarowskys (der Stadt Rio de Janeiro zugedachtem) Modell eines Orchesters auf, wo er die Möglichkeit erwähnt, „noch zusätzlich ein Ensemble zur stilgetreuen historischen Aufführung vorklassischer geistlicher und weltlicher Musik [zu] gründen […] Für die Zusammenstellung kann der massgebende Rat des in Wien lebenden Comte de Harnoncourt, der auf dem Gebiete alter In-

Karl Gruber, Oboist der Wiener Symphoniker und ebenfalls Mitglied des Concentus Musicus, stand hingegen gerne für ein Gespräch zur Verfügung.[55] Auch er gab zu, dass sich Swarowsky Feinde im Orchester gemacht habe, weil er im Unterricht viel über Musiker geschimpft habe. Er selbst habe Swarowsky aber auch als Chef der Wiener Symphoniker in „guter Erinnerung" behalten. Er hob dessen „erstklassige Schlagtechnik" hervor und die schlüssige Darstellung auch leichter Stücke wie *Die Moldau* von Smetana oder Kodálys *Tänze aus Galánta*, ferner die rationelle Probenarbeit, bei der er gezielt die schwierigen Blöcke und Phrasen herausnahm und eigens studierte, was sich auf die Motivation und die Ausgeglichenheit des Orchesters positiv ausgewirkt habe.[56] Als Negativum führte Gruber an, dass Swarowsky zu gutmütig dem Orchester gegenüber gewesen sei und sich zu wenig Respekt verschafft habe. Da Swarowsky gerne und viel sprach, erhielt er zwar den Spitznamen „Schwaferl"[57] (dies wird von verschiedenen Seiten bestätigt), doch sei man ihm gegenüber im Großen und Ganzen durchaus positiv eingestellt gewesen. Obwohl man ihn nicht in die Spitzenklasse der Dirigenten einreihte, habe man seine Qualitäten als Orchestererzieher anerkannt. Swarowsky sei aber kein Musiker mit Herz gewesen, was allerdings auch von Karajan gesagt werden dürfe, der sich im Übrigen auf Swarowskys erste Aufbauarbeit nach dem Krieg stützen konnte.

> Ich habe eigentlich kein schlechtes Konzert von Swarowsky in Erinnerung. Vielleicht waren es keine Glanzpunkte, aber eine gewisse Qualität war immer da.[58]

Das ist nicht ohne Sympathie geäußert, aber zugleich fast ein Kompendium alles dessen, was einem Routinier von Graden attestiert und zugestanden wird. Demnach hatte

---

strumente ein erster Fachmann ist, und des Wiener Professors Mertin, einer Weltautorität, herangezogen werden. Die Veranstaltungen sind zwanglos gesellschaftlich, so wie sie auch in alten Zeiten rein ge se l l i g waren." (Dies wurde 1956 geschrieben, als der Concentus musicus sein erstes offizielles Konzert – 1957 – noch vor sich hatte.) Expertise zwecks Gründung eines Orchesters von kleinerer Besetzung für Werke der Klassik und Moderne., Typoskriptkopie NlHS, [S. 7]. Vgl. den hierauf basierenden Text „Orchesterführung", in: *WdG*, S. 80–83: 81.

55 Dass er das tat, mag als Bestätigung der erwähnten Bemerkung von Robert Freund gelten, Swarowsky sei bei aller Nonchalance in seinen Äußerungen nicht bösartig gewesen. Zu Grubers Erfahrungen ganz anderer Art mit anderen Dirigenten siehe Irene Suchy, *„Wir waren nur auf uns angewiesen." Alice Harnoncourt im Interview*. https://van.atavist.com/alice-harnoncourt-interview (4.8.2021). Karl Gruber (1928–2007) wirkte 1968 auch als Oboe-d'amore-Spieler in Swarowskys Aufnahme des Bach'schen Weihnachtsoratoriums mit.
56 Harnoncourts Schilderungen von Karajans Proben während seiner Symphoniker-Jahre sind im Technischen damit durchaus vergleichbar: Nikolaus Harnoncourt, *Wir sind eine Entdeckergemeinschaft. Aufzeichnungen zur Entstehung des Concentus Musicus*, hg. von Alice Harnoncourt, Salzburg ³2018, S. 25.
57 Wiener Mundartausdruck für ‚Schwafler' (Schwätzer); bei entsprechend getönter Aussprache kann auch ‚Schweiferl' (Schwänzchen) anklingen.
58 Gespräch Karl Gruber mit Erika Horvath, Wien, 26.11.2002. Ich folge hier dem Referat in Horvaths Projektbericht.

man den Eindruck, bei Swarowsky etwas zu lernen und als Orchester gefördert zu sein, vermisste jedoch gleichzeitig die zwingende Gewalt des geborenen Herrschers. Man fühlte sich gut behandelt, obwohl man ihm die aus dem Unterricht kolportierten Witze übelnahm[59]; man wurde auch nicht recht warm mit ihm, obwohl er andererseits zu wohlwollend war (zu viel durchgehen ließ?), um das Orchester in der Furcht des Herrn zu erhalten. Aber auch das vorweg feststehende Ranking (obere Mittelklasse?) dürfte den Mangel an Bereitschaft des Orchesters beeinflusst haben, mehr als „eine gewisse Qualität" zu liefern. Und auch der Ton der Herablassung klingt an, der sich in weite Teile des Swarowsky-Diskurses eingeschlichen hat.

Der Solohornist Robert Freund hielt in seinen Erinnerungen fest:

> Ich selber spielte unter ihm von etwa 1955 bis 1961 im Akademieorchester, von 1959 bis 1967 bei den Tonkünstlern, dann bei den Wiener Symphonikern. Ich hatte jede Art von Beziehungen zu ihm: Freundliche, korrekte, hilfsbereite, aber auch Krachs. Auch meine Tätigkeit als Betriebsrat der Wiener Symphoniker brachte mich mit ihm immer wieder in Berührung. Wie das schon so ist im Leben: Wenn man sich gegen einen Dirigenten zur Wehr setzt, wird man mit ihm automatisch bekannt. Das Beste, das er mir (und wenigen anderen auch) mit auf den Lebensweg gegeben hat, war seine Auffassung von der Musik, konkret der Fanatismus, die Partitur möglichst so zu interpretieren, wie sie wirklich dastand, nichts dazuzutun und nichts wegzulassen. Und das war gar nicht selbstverständlich. Wie viele Dirigenten fordern nach eigenem Gutdünken vom Orchester […] ritardandi und dynamische Veränderungen! Er brachte uns dazu, Musik ohne jegliches Ritardando zu beenden, wenn die Musik das verlangte.[60]

Damit ist immerhin zwischen dem menschlichen Umgang und der sachlichen Basis für die musikalische Kommunikation unterschieden.

Eine gerne eingesetzte Formel ist die etwa von Mehta gebrauchte: Er „ließ nicht musizieren". Damit ist vor allem gemeint: der gewohnte Bewegungsduktus, den die Orchester für natürlich und der Sache angemessen hielten. Auch in der Erinnerung desselben Robert Freund, der aus Swarowskys Bestehen auf genauester Beachtung der Vorschriften des Textes eine Lehre fürs Leben gezogen haben will, habe Swarowsky oft nicht ausschwingen und ausmusizieren lassen, aber es habe Ausnahmen gegeben, wie in der Sechsten von Mahler:

---

59 Manfred Huss erinnert sich, dass es solche kleinen Spötteleien im Unterricht gab, aber in den Proben bei allen Witzworten keinerlei herabwürdigende Bemerkungen gegen die Musiker (Gespräch mit Reinhard Kapp, Wien, 27.8.2019).

60 Freund, *„Gicksen Sie nicht!"* (Anm. 20), S. 57.

„Meine Herren, was soll man mit nur einer Probe machen? Mahler hat alles genauestens notiert. Bitte spielen Sie es so, wie es da steht." Das Stück wurde durchprobiert, alle haben sich zusammengenommen, und am Abend war es ein wunderbares Musizieren.[61]

In diesem Falle kam anscheinend im Zusammenwirken von Gunst der Stunde und gemeinsamer Konzentration auf die Aufgabe eine gelungene Darbietung der Mahlerschen Komposition zustande. Offenbar war aber gerade die sorgfältige Beachtung der Mahlerschen Angaben eine gute Voraussetzung dafür, dass es zu diesem freien Spiel kam; es gehörte freilich auch dazu, dass Swarowsky die Musiker (notgedrungen?) machen ließ, die sich ihrerseits zusammennahmen, so dass er sich schließlich auf die bevorzugte Rolle als bloße Kontrollinstanz beschränken durfte. Mit etwas mehr Zeit zum Proben hätte er die Gestaltung detaillierter ausarbeiten können, wodurch wiederum Jene, die nichts wollten als musizieren, sich in ihrer Entfaltung als Musiker hätten behindert fühlen können. (Es genügte ja unter Umständen bereits, das Tempo fest zu halten, um bei ihnen und den Zuhörern, die es anders gewohnt waren, die Empfindung der Hast, der Einengung wachzurufen).

Eine Stelle in der modellhaft intendierten „Expertise zwecks Gründung eines Orchesters" zeigt, dass Swarowsky das Dirigieren nicht als Ausübung von Zwang verstanden wissen wollte, dass er das Taktieren lediglich als Koordinationsfunktion für unerlässlich hielt, soweit die Musiker aus räumlichen Gründen nicht unmittelbar miteinander kommunizieren und aufeinander reagieren konnten[62]:

Haupterziehung in den Proben: die Erziehung zum H ö r e n und zum s e l b s t ä n d i g e n K o n t a k t untereinander. Nur so kann eine reine Stimmung gehalten werden und Genauigkeit im Zusammenspiel erzielt werden. Nur so kann auch ein freies, lebendiges, unabhängiges Spiel, das dem Spiel eines Solisten gleichkommt, erzielt werden. Das Diktat der Hand oder des Taktstockes des Dirigenten nimmt dem Spieler den freien Atem und nur schlechte Dirigenten regieren sichtbar mit dem Stock.[63]

Aber eben diese Zurückhaltung konnte ihm auch als Mangel an Autorität angekreidet werden.

---

61 Gespräch Robert Freund mit Reinhard Kapp. Vgl. Freund, *„Gicksen Sie nicht!"* (Anm. 20), S. 58.
62 Ausspruch während einer Symphoniker-Probe: „Routine heißt auf den anderen horchen!" Freund, *„Gicksen Sie nicht!"* (Anm. 20), S. 59.
63 Expertise zwecks Gründung eines Orchesters von kleinerer Besetzung für Werke der Klassik und Moderne. Typoskriptkopie, NIHS. [S. 11]. Dieser Text von 1956 war offensichtlich für den Bürgermeister von Rio de Janeiro bestimmt; die näheren Umstände sind nicht bekannt. Siehe die gekürzte Wiedergabe als „Orchesterführung", in: *WdG*, S. 80–83.

Ernst Kobaus[64] entschieden negatives Urteil beruht auf sehr punktuellen Eindrücken – er spielte im Studentenorchester des Ossiacher Kurses 1974. In dieser Zeit mag Swarowsky bereits durch Krankheit beeinträchtigt gewesen sein – sein ‚Unvermögen', den willkürlichen Freiheiten eines bestimmten Solisten zu folgen, dürfte zum Teil Unwille gewesen sein. Denn er war zu flexiblem Eingehen auf Sänger durchaus in der Lage, wenn er wollte und es angemessen fand, wie die (späten) Mitschnitte aus der Wiener Staatsoper[65] und diverse Plattenaufnahmen[66] zeigen, aber es konnte schon auch vorkommen, dass er versuchte, seine Vorstellung gegen gewisse Sänger durchzusetzen[67] oder unmotiviert das Tempo wechselnden Solisten das Zeitmaß in Erinnerung zu rufen[68]. Bisweilen konnte er wohl einfach nicht anders, als die Unmusikalischen mehr oder weniger diskret auf das eigentlich Gemeinte hinzuweisen, oder ihnen wenigstens die Chance zu bieten, ein korrektes Rubato, d. h. ein solches auf der Basis einer stabilen Begleitung, auszuführen. Wie viel davon auch für das Publikum bestimmt war, braucht hier gar nicht entschieden zu werden.

Gelegentliche Missverständnisse zwischen Dirigent und Orchester blieben natürlich in Erinnerung und werden mit Gusto immer wieder aufgetischt.[69] Wären sie allerdings

---

64 Ernst Kobau trat 1975 als Oboist in den Verband der Symphoniker ein, konnte also als Symphoniker nicht mehr unter Swarowsky spielen. Als Chronist des Orchesters fühlte er sich aber wohl gedrängt und berufen, sehr weitreichende Folgerungen aus den Erinnerungen aus seiner Jugend und Gesprächen mit Musikerkollegen zu ziehen: Kobau, *Die denkwürdigen Taten* (Anm. 51), S. 167–176.

65 – beide aus der letzten Zeit: *I Pagliacci* Juni 1972, *Don Giovanni* September 1973 (im Mai des Jahres war er, drei Wochen nach seiner Hirntumoroperation, mit diesem Stück ans Pult der Staatsoper zurückgekehrt).

66 – etwa das Mendelssohnkonzert mit Ivry Gitlis 1955.

67 Horst Weber erinnert sich aus seiner Studienzeit an eine Aufführung der *Zauberflöte,* in der Swarowsky nicht einsah, warum er sich in Paminas Arie der mehr mit der vorteilhaften Präsentation ihrer Stimme als mit der Musik beschäftigten Gundula Janowitz anpassen sollte (Gespräch mit Reinhard Kapp, Berlin, 3.2.2019).

68 Mit demselben Stück (Rachmaninows *Rhapsodie über ein Thema von Paganini*), von dem Kobau den Eindruck davontrug, Swarowsky habe dem Solisten Shura Cherkassky mit dem Orchester (notabene: dem Ossiacher Kursorchester aus Studierenden, was der Angelegenheit noch eine besondere ‚didaktische' Nuance gibt) nicht flexibel folgen können (Kobau, *Die denkwürdigen Taten* [Anm. 51], S. 173), gewann, allerdings etliche Jahre früher, Swarowsky dem Glasgower Rezententen ein vollkommen anders lautendes Urteil ab: „Hans Swarowsky, conducting the Scottish National Orchestra again […], showed that he has already established a good understanding with the orchestra./Two features gave cause for special satisfaction. First, Mr Swarowsky is a sensitive and gifted accompanist who lavishes the same care and artistry on his accompaniments as he does when handling purely orchestral items./This was evident in his accompaniments to the widely different Paganini Rhapsody of Rachmaninow, and Manuel Defalla's [sic] ‚Nights in the Gardens of Spain,' in both of which Richard Farrell was the pianist. […]" M. H. W., Some sensitive conducting, in: *The Bulletin and Scots Pictorial*, 21.1.1957. Übrigens blieb dies nicht das einzige Mal, dass Swarowsky mit Cherkassky zusammentraf.

69 „Cavaradossis Thema, am Schluss von ‚Tosca' dröhnend von den Hörnern wiederholt (rubato, wie in der Arie), sollte OHNE ‚rubato' erklingen. Keine Probe. Swarowskys Ausweg: ein Anschlag an beiden Orches-

so regelmäßig vorgefallen, wie sie erzählt werden, hätte sich Swarowsky als Dirigent an der Staatsoper nicht so lange halten können.

Kobau weiß weiterhin zu berichten, Swarowsky habe wie Richard Strauss mit einer Hand in der Hosentasche dirigiert und mit der anderen Hand nüchtern den Takt in die Luft geklopft[70] und damit einen Dirigententypus verkörpert, der – zu Zeiten eines Karajan – vollkommen veraltet gewirkt habe.[71] Von der Unterstellung einer unumgänglichen Entwicklung der *Imago* (oder der absoluten Notwendigkeit einer Anpassung an das jeweils kurrente *Image*) des Interpreten einmal abgesehen, gibt der so häufig vorgebrachte Vergleich mit Karajan[72] immerhin zu denken. Karajan war alles Mögliche – unter anderem ein sehr begabter Musiker –, aber es wird geredet, als ob er der absolute Maßstab wäre, das Nonplusultra des seinerzeit Möglichen und Notwendigen, und nicht einfach Swarowsky eine Art Gegenmodell. Die Hand in der Hosentasche[73] – eines der langlebigsten Klischees –, lässt sich kaum verifizieren. Während zahlreiche Fotos den Dirigenten mit weit ausholenden Bewegungen beider Arme zeigen, oder die Linke in charakterisierend verstärkenden oder abschwächenden Gesten und mit spezifischen Fingerzeigen, gibt es tatsächlich ein entsprechendes Foto von dem letzten Kurs in Os-

---

tereingängen. Den lasen nicht alle. Das Ergebnis: ein greller Zwölfton." Erinnerungen von Harald Goertz, Typoskript in Historische Sammlung IMI. Lassen wir den „Zwölfton" einmal unkommentiert, aber Goertz, der mit Swarowsky in der Oper viel zu tun hatte, schließt eine Verallgemeinerung an, die sowohl die Begleitung des Gesangs im erwähnten Fall (die offenbar ohne Probleme erfolgt war) stillschweigend übergeht als auch die stilistische Differenzierung zwischen Swarowskys Dirigaten für unerheblich erklärt: „Der sängerische Atem schien Swarowskys eher motorischen Zeitbegriff zu behindern, das ging nicht überall gut." – Hartmut Krones berichtet, dass er als Mitglied des Singvereins der Gesellschaft der Musikfreunde in den 1960er Jahren unter Swarowsky in der Neunten und der Missa solemnis mitgewirkt habe; beide Male habe der Dirigent sich ‚verschlagen' und dadurch die Aufführung gefährdet – vielleicht aus Nervosität; in den Proben sei es anders gewesen. (Gespräch Hartmut Krones mit Reinhard Kapp, 16.1.2019). Vgl. dagegen die Bemerkungen Robert Freunds über ein Einspringen ohne Probe gerade bei Beethovens Neunter, „*Gicksen Sie nicht!*" (Anm. 20), S. 57f.

70 Kobau, *Die denkwürdigen Taten* (Anm. 51). – Das ist jetzt aber nicht der angesichts von Shura Cherkasskys Extravaganzen von Nervosität befallene Swarowsky (S. 173)? In Sachen ‚nüchtern den Takt Klopfen' braucht man sich dagegen bloß die paar Filmaufnahmen des dirigierenden Strauss genau anzuschauen.

71 Ernst Kobau im Gespräch mit Erika Horvath, Wien, 21.11.2002; Kobau, *Die denkwürdigen Taten* (Anm. 51), S. 167.

72 Vgl.: „The post-World War II European conducting scene came to be dominated more and more by Herbert von Karajan. Handsome, suave, graceful, charismatic, with a private life that showed him piloting his own jet, driving fast cars and skiing the slopes of St. Moritz, it was Karajan who set the tone for the fifties and sixties. Swarowsky, professorial in demeanor, portly, balding, with thick horn-rimmed glasses, did not possess that presence which can galvanize an orchestra and, through it, the audience." Barry Brisk, *Hans Swarowsky* (Anm. 4), S. 3. Der relative Erfolg von Karl Böhm, fünf Jahre älter als Swarowsky und gleichfalls etwas professoral im Habitus, harrt noch der näheren politischen, sozialpsychologischen und musikalischen Untersuchung.

73 Etwa Ernst Kobau im Gespräch mit Erika Horvath, Wien, 21.11.2002.

siach. Das ist aber eine Unterrichtssituation oder ein Schnappschuss während einer Probenpause. Natürlich galt, dass die rechte Hand mit dem Stab das Entscheidende zu leisten habe, und so mag Swarowsky diese Doktrin gelegentlich optisch unterstrichen haben.[74] Das scheint aber nicht für Konzerte gegolten zu haben. Man muss für möglich halten, dass solche Fotos die persönliche Erfahrung überdecken (so wie Familienerzählungen die eigene Erinnerung verändern oder geradezu kreïeren können).

Ebenfalls recht beliebt sind mutmaßlich erfundene Anekdoten wie die, dass Swarowsky während einer Aufführung wiederholt auf die Uhr geschaut habe; schließlich habe sich herausgestellt: Es seien die Taktgruppen gewesen, die er sich als Memo auf die Manschette geschrieben habe. Da kommt natürlich die Aversion gegen solche Art ‚mechanischer' Einteilung von Musik zutage – wo doch Musik etwas ist, das sich organisch entwickelt und ausschließlich mit dem Gefühl zu erfassen sei. Im nur halb liebenswürdig spöttischen Spitznamen Schwaferl klingt auch ein gutes Stück Ressentiment mit: gegen das Reden, gegen die ‚immense Gescheitheit', gegen intellektuelle Überlegenheit, gegen Analyse und Erklärung, schließlich gegen den („absoluten") Wahrheitsanspruch.

Swarowskys generelle Einstellung gegenüber den Orchestermusikern ist ebenfalls häufig Gegenstand der Kritik.[75] Unter den Schülern kursierte als eines seiner Bonmots, dass der Orchestermusiker der natürliche Feind des Dirigenten sei.[76] Uros Lajovic nannte es bei aller Bewunderung Swarowskys größtes Manko als Lehrer, dass er seine Haltung an seine Schüler weitergegeben habe, die er vor den „Lumpen im Orchester warnte, die absichtlich falsch spielen". Lajovic berichtet von großen Anfangsschwierigkeiten, weil er mit solch negativen Gefühlen vor die Orchester getreten war.[77] Aber es ist doch auffallend, mit welcher Regelmäßigkeit solche Äußerungen wiederholt und zu einer generellen verhärteten Position hochstilisiert werden, während man wenig darüber zu hören bekommt, wie Swarowsky nun tatsächlich in Proben mit dem Orchester umgegangen ist.[78] Von Fällen, in denen er (wie im Falle der Salzburger *Rosenkavalier*-Produktion 1946) mit offener Obstruktion des Orchesters zu kämpfen hatte, ist dagegen so gut wie nie die Rede.

Swarowsky hatte (vor allem in den ersten Wiener Nachkriegsjahren) manchen Grund zu der Annahme, dass die Einstellung der Orchestermusiker ihm gegenüber

---

74 Man vergleiche Filmaufnahmen von Erich Kleiber aus den 1950er Jahren.
75 „Er hatte von vielen Orchestermusikern keine besonders gute Meinung und das spürte ich auch im Unterricht immer wieder. Für mich war es nicht lustig, weil ich doch von der anderen Seite kam." Herbert Weissberg, Soloflötist der Symphoniker und Dirigent, im Gespräch mit Erika Horvath, Wien, 4.12.2002.
76 So auch Erich Urbanner (freilich mit einsichtigem Kommentar): Statement für die HSA, https://www.youtube.com/watch?v=ssqkMtFkU1Y (4.8.2021).
77 Uros Lajovic im Gespräch mit Reinhard Kapp und Erika Horvath, Wien, 9.12.2002.
78 Auch der wohlwollend gesinnte Karl Gruber berichtete, Swarowsky habe sich unter den Wiener Symphonikern Feinde gemacht, weil er *im Unterricht* viel über Musiker geschimpft habe.

feindselig war, alle Erfahrungen seines bisherigen Berufslebens hatten ihm eine kämpferische Haltung zur zweiten Natur werden lassen.[79] Seine Haltung in dieser Frage war zumindest ambivalent. In der Textcollage „Rückblick" heißt es schon erheblich differenzierter:

> Der Dirigent schlägt ja nur mit dem Stab in die Luft und gibt, Gott sei Dank, keinen Ton von sich.
> Zum Dirigieren gehört aber nicht nur das Beherrschen der Musik, sondern dazu gehört auch die vollkommene Entspannung der Persönlichkeit der Masse gegenüber. Der Dirigent ist ja der einzige Künstler, der den „Feind" gleichzeitig vor und hinter sich hat: vor sich das Orchester und die Partitur und hinter sich das Publikum und die Kritiker.[80]

Solche Zitate sind natürlich immer cum grano salis zu verstehen. Zu beachten ist hier freilich, dass von „Beherrschen" nicht in Bezug auf das Orchester, sondern auf die Musik als den zu verinnerlichenden Stoff die Rede ist, dass der Feind hier in Anführungszeichen steht und dass er spezifiziert wird. Mit dem Hinweis auf die Partitur wird das Orchester als Gegenüber relativiert: Es handelt sich nie um ein direktes Machtverhältnis oder die Durchsetzung des persönlichen Willens, sondern einerseits um die Überwindung von wie auch immer motivierten individuellen oder kollektiven Widerständen, andererseits um Berufung auf eine höhere Instanz und um Rechtfertigung vor der Partitur, eine Art Kontrolle, die von der Autorität des Notentexts ausgeübt wird. Im Rücken hat der Dirigent wiederum das Publikum mit seinen Erwartungen, von der Musik oder auch von der Person des Dirigenten fasziniert oder wenigstens anständig unterhalten zu werden; die Kritiker (im Plural allein schon wegen ihrer unverbindlichen Meinungsvielfalt) mit mehr oder weniger kompetenten Fachurteilen. Die „vollkommene Entspannung", welche der Dirigent „der Masse gegenüber" erreichen muss, bedeutet, dass er sich weder in persönliche Auseinandersetzungen verstricken noch sich vom Bewusstsein seiner Herausgehobenheit irritieren lassen darf; sie ist grundsätzlich zu unterscheiden von seinem verantwortungsvollen und insofern gespannten Verhältnis zum Werk bzw. zum Komponisten.

An mehreren Stellen seiner Schriften betont Swarowsky in verschiedenen Varianten, dass der Dirigent auf die Musiker angewiesen sei, während er selbst nur virtuell musiziere; dass künstlerische Resultate „nicht durch Zwang, sondern durch die Führung

---

79 „Er hat viel Humor gehabt, war immer lustig, immer stark, scharf, manchmal beleidigend, weil er irgendwie immer in Konflikt war mit jemandem." Statement Iván Fischer für die HSA 2018: https://www.youtube.com/watch?v=8pMoVxVvVfA (4.8.2021).
80 Rückblick, in: *WdG*, S. 257–264: 264. Bei diesem Text handelt es sich um den Zusammenschnitt eines Interviews, das Manfred Huss 1974 in Ossiach mit Swarowsky geführt hat (Kopie der Aufnahme in NlHS), mit Notizen Swarowskys zu Dirigierproblemen von 1975.

zur Einsicht erzielt werden" sollten.⁸¹ Solange er keinen offenen Widerstand spürte, bemühte er sich nach Kräften, seine Musiker zu Höchstleistungen anzuspornen und sie dabei nicht zu überfordern. Und so heißt es noch im Abschiedsbrief an seine letzten Hörer:

> Bemühen Sie sich klar und verständlich zu dirigieren, aber überschätzen Sie die Technik nicht, vergessen Sie nicht, dass es der Orchestermusiker ist, der die Musik macht[,] und achten Sie ihn dafür.⁸²

In der Realität gab er den Orchestermusikern einen Gutteil der Schuld, wenn die Werke nicht angemessen herauskamen, weil sie ihrer ‚Tradition' mehr vertrauten als seinen Direktiven und Erklärungen, für die er doch den Notentext und vielfach gute Gründe auf seiner Seite hatte.

Die Situation in Wien war zudem speziell. Swarowsky liefert ein Beispiel für das Wort vom Propheten, der „nirgend weniger gilt denn in seinem Vaterlande und in seinem Hause". Hier wirkten die auf die NS-Jahre zurückgehenden Anfeindungen noch lange nach – wobei es fast gleichgültig war, ob sich die Aggressionen gegen Swarowskys augenscheinliche Nähe zu NS-Größen, andererseits gegen den ‚Verräter' an Hans Frank, den Parteigänger Mahlers und der Schönberg-Schule (und im Zusammenhang damit den vermuteten oder gewussten jüdischen Hintergrund der Person), den angeblichen Profiteur der Besatzungszeit, den erklärten Feind von Routine und Schlendrian, den Vielredner und Besserwisser oder den allgegenwärtigen Dirigenten richteten. Unter den Wiener Musikern litt Swarowskys Renommee wohl wirklich darunter, dass er einfach da war und verlässlich funktionierte (so wie die Hausdirigenten in Opernhäusern, sie mögen so exzellent sein, wie sie wollen, vom Glanz berühmter Gäste zuverlässig verdunkelt werden⁸³, während es Dirigenten von einigem Ruhm, jedenfalls nach Mahler, selbst dann, wenn sie als künstlerische Direktoren ein Haus wie die Wiener Staatsoper leiteten, gelang, wie Gäste empfangen und dankbar begrüßt zu werden). Robert Freund:

> Er war Jahrzehnte lang der Einspringer vom Dienst. Kaum sagte einer ab, wurde einer krank – schon stand der Swarowsky da und dirigierte. Bei uns Symphonikern einmal ohne Probe die 9. Beethoven. Tja, da muß man erst Berufsmusiker gewesen sein, um zu erahnen, was es heißt, mit einem Dirigenten die 9. beim Konzert ohne Probe zu spielen! Was da für Fallen und Möglichkeiten zum Schmiß auf ihn und auf die Musiker lauern! Man weiß ja nicht, wird er jetzt einen großen Auftakt geben, wird er einen Einsatz geben, wird er das

---

81 Hans Swarowsky, Dirigieren, in: ders., *WdG*, S. 75.
82 22.5.1975., in: *WdG*, S. 265.
83 Ich denke an den großartigen Gianandrea Gavazzeni an der *Scala,* aber auch an Rudolf Moralt und Felix Prohaska in Wien.

auf zwei oder auf vier dirigieren, kurz: werden wir mit ihm umschmeißen? Aber das kam nie vor.[84] Er wußte genau, auf was es ankam, auf welche Bewegung das Orchester reagieren würde, wie man sich „vorn" anstellen mußte, damit die Musiker das taten, was man von ihnen wollte.[85]

Aber trotz klarer Vorgaben war natürlich die Macht der ‚Tradition' sehr oft einfach zu groß. Vielleicht entstand dadurch der Eindruck, Swarowsky sei nicht der Mann gewesen "to develop an orchestra's potential over the long run, but as a guest he was the musician to bring out the orchestra's best in difficult works."[86] Die offenkundig zirkuläre Argumentation lässt außer Acht, dass Swarowsky nur in relativ kurzen Phasen (in Krakau, Stuttgart, Wien, Graz, Edinburgh) Chefpositionen innehatte, in denen er kontinuierlich mit ‚seinem' Orchester arbeiten konnte, dass er diese Stellen nicht etwa verlor, weil diese Aufbauarbeit nicht zu einer kontinuierlichen Höherentwicklung geführt hätte, sondern immer wegen bestimmter politischer und personeller Konstellationen, und dass er zeitlebens genau davon träumte, das Potential einer Orchesters langfristig entwickeln zu können. Als Chef aber gewann er sich den Ruf eines hervorragenden „Orchestererziehers", der sich freilich auf das Renommee eher negativ auswirkte – muss doch ein Dirigent nach allgemeiner Überzeugung vor allem als Magier, nicht als Pädagoge wirken –, und da er (aus allerdings vielfältigen Gründen) den Starstatus nicht erlangte, der einem genügend Probenzeit verschafft[87], hat man es vielfach mit dem zu tun, was präzise Vorstellung, unmissverständliche Zeichengebung, ökonomische Probenarbeit, Wissen und Erfahrung unter der Voraussetzung konstruktiver Mitarbeit der Orchestermusiker zustande bringen – und das war oft genug weit oberhalb des Geredes vom kaltherzigen und doktrinären Routinier angesiedelt.[88] Vielleicht kann man dennoch sagen, dass er allein schon durch die ständige

---

84 Dass es gelegentlich zu kritischen Situationen kam, wird allerdings von mehreren Seiten berichtet. Was bei einem Dirigenten, dem die Forderungen der Musik u.U. mit dem reibungslosen Funktionieren des Apparats in Konflikt gerieten, nicht weiter verwunderlich ist.
85 Freund, *„Gicksen Sie nicht!"* (Anm. 20), S. 56 f.
86 Brisk, *Hans Swarowsky* (Anm. 4), S. 3.
87 Karajans Erfolg beruhte in erster Linie auf harter Arbeit. Gewiss war er ein herausragender Musiker, aber er hatte einen Stellenwert erlangt, bei dem man nach Herzenslust probieren und experimentieren kann und keine unfertigen Produkte mehr an die Öffentlichkeit bringen muss. Er nahm diese Chance aber auch wahr und schenkte sich und seinen Musikern nichts. Im Konzert brauchte er dann nur noch jenen ‚Überschuss' an Energie aufzubringen und dem Orchester zu entlocken, der zu wirklich glänzenden Resultaten führt, während ein gewöhnlicher Dirigent im Konzert noch einen Teil der Arbeit leisten muss, die eigentlich den Proben vorbehalten bleiben sollte.
88 Der von Knappertsbusch tausendfach kolportierte Satz: „Meine Herren, Sie kennen das Stück, ich kenne das Stück – auf Wiedersehen heute abend" wäre für Swarowsky schon deshalb undenkbar gewesen, weil er, was die Kenntnis *des Stücks* unter den Musikern betrifft, begründete Zweifel hegte. Er war ein Ironiker, aber kein Zyniker.

Zusammenarbeit mit den Wiener Symphonikern in Konzerten und im Aufnahmestudio auch diesem Orchester auf Jahre hinaus seinen Stempel aufgedrückt hat.

7.

Aus den Rezensionen zahlloser von Swarowsky im Laufe vieler Jahre dirigierter Aufführungen hat Erika Horvath folgendes Bild destilliert:

> An positiven Eigenschaften attestierte man häufig Vitalität, straffe Führung, Präzision, die ihm eigene Lebendigkeit, schwungvolle Interpretation, Sinn für Details, anspruchsvolle und konzentrierte Wiedergabe, hohe Qualität, Niveau, hervorragende Verdeutlichung des architektonischen Aufbaus, prächtige Disposition, bemerkenswerte Hingabe, Verbindung von Emotion und Souveränität des Wissens, imponierende Klarheit, Gelassenheit, Sicherheit, „taktvolle" Betreuung jeder Instrumentengruppe, die genaue und zwingende, überlegene und überlegte, umsichtige, fein ziselierende, väterlich gütige aber auch strenge Stabführung, Leichtigkeit, wache künstlerische Präsenz, Erfahrenheit, Einsatz, Verzicht auf eine spektakuläre Oberfläche, der manche musikalische Schönheit besser hervortreten lasse, Wienerischen Charme, phantastische Begleitung, glänzende Phrasierung, schönen Ton, Mitatmen, ruhiges aber bestimmtes Nachgeben, Entromantisierung, präzise Herausarbeitung der stilistischen Merkmale, Bewahren der Gesamtlinie, expressive und spannungsgeladene Formung, klares Durchleuchten komplexer Zusammenhänge, hervorragenden Klang, starken Ausdruck, innere Geschlossenheit, gute und richtige Tempi, dramatischen Impetus, übersichtlichen Aufbau, innere Ergriffenheit, klare Herausarbeitung der klassischen Anlage, saubere und auch in kleine Details vordringende Arbeit, ohne darüber den Zug ins Große zu verlieren, klare Formensprache, Eleganz und Lockerheit, Stiltreue, Ebenmaß der Proportionen, Transparenz, überlegene Meisterschaft, gelassenes Temperament, klug aufgebaute Steigerungen, souveräne Beherrschung des großen Apparates, großzügig durchdachte Gestaltung, Befreiung von falschem Pathos, Verzicht auf bombastische Effekte zugunsten einer klar sezierenden Wiedergabe der Details, aus denen sich der große Bogen formt, Verzicht auf hyperromantische Klangschwelgerei, wohldurchdachte, sinngemäße Wiedergabe, ehernen Grundrhythmus, Verzicht auf Sentimentalitäten, Romantizismen und Kapellmeistereitelkeiten, Realisierung der Partitur ohne beschönigende Retuschen und Eingriffe, Geschlossenheit, Mut in der Programmierung und elanvollen Einsatz für Neue Musik. Man bezeichnete Swarowsky als Herren mit Hirn, der kein pinselnder Parterreakrobat sei, als einen versierten und in allen Sätteln gerechten wie auch klugen und sicheren und allgemein geschätzten Dirigenten, der die verschiedenst gearteten Werke ihrem Geiste nach auf das Glänzendste zu interpretieren wisse, als einen souveränen Gestalter, achtsam und in ständigem Kontakt mit den Solisten, und als einen überlegenen Techniker und her-

vorragenden Orchesterpraktiker, der den Dienst am Werk über die musikalische Selbstbespiegelung stelle, unkonventionell, erfrischend, innig, schlicht und würdevoll. Kritikpunkte waren die Distanz des Pädagogen, übertriebene Gelassenheit, allzu solide Handwerksarbeit, mangelnde Faszination, allzu viel Straffheit, Schwerfälligkeit, lockerer und beiläufiger Taktschlag, die nicht immer optimale Begleitung, legere Show, im Detail nicht ausgearbeitete Interpretation, zu rasche Tempi, vermeidbare Missverständnisse zwischen Dirigent und Orchester, innere Unruhe, gekünstelte Steigerungen, aufgesetzte Höhepunkte, Mangel an Wachsen und Verklingen, zu wenig Demut und Verinnerlichung, Mangel an tiefer gegründeter Klanggeschmeidigkeit, überintellektueller Ansatz, mangelnder Feinschliff oder das Fehlen tragischer oder dramatischer Akzente. Einige Rezensenten empfanden seine Aufführungen als seigneural, gediegen, aber keineswegs festlich, behäbig, undifferenziert, unausgearbeitet, zu routiniert, professoral, etwas zu vernünftig, zu realistisch und solide und ihn als Rationalisten, der den Werken das Geheimnisvolle nehme."[89]

Dieses Sammelsurium von widersprüchlichen und nicht immer verständig klingenden Urteilen sagt wohl mehr über die Rezipienten als den Rezipierten, wenn auch manchmal etwas über die Umstände der Aufführungen; aber es zeigt immerhin so viel: dass Swarowsky polarisierte, und zwar aus verschiedenen Gründen: historischen, soziologischen, psychologischen und musikalischen. Denn natürlich konnte die „Entromantisierung" begrüßt oder verteufelt werden, der analytische Zugang als den Kern der Werke freilegend oder als um das Wesentliche verkürzend empfunden werden.

Aber auch beim sympathisierenden Versuch einer zusammenfassenden Würdigung konnten die überkommenen Vorurteile einrasten – wieder einmal ging es um eines von Swarowskys Favoritstücken, die *Eroica*:

Hans Swarowskys jahrzehntelanges Bemühen um werktreue Wiedergabe, um die Befreiung der klassischen Meisterwerke vom Schutt romantischer Traditionen und um Offenlegung ihres ursprünglichen Textes ist bereits in die Interpretationsgeschichte unseres Jahrhunderts eingegangen; nicht zuletzt oder in erster Linie deshalb, weil seine zahlreichen zum Teil berühmt gewordenen Schüler seiner Lehre weltweite Geltung verschafft haben. Daß er selbst vom Pult aus nicht immer den gleich durchschlagenden Erfolg in der Durchsetzung seines Wissens und Wollens zu erringen vermag, wiegt dagegen leicht.[90]

Waren die Schüler demnach nicht etwa erfolgreich, weil sie von ihm gelernt hatten, großartig Musik zu machen, großartige Musik gut aufzuführen, sondern darum in der Lage, Swarowskys Wissen und Wollen in der Praxis durchsetzen, weil sie eben über

---

89 Erika Horvath, Abschlussbericht über das Forschungsprojekt Hans Swarowsky, Historische Sammlung IMI.
90 Ghjk [Gerhard Kramer], Kampf um die Eroica, in: *Die Presse*, 8.11.1974.

Abb 1: Prag 1962 (Aufnahme: B. Kocek, Prag)

jene Fähigkeit verfügten, während es beim Lehrer mit der Absichtserklärung und dem theoretischen Entwickeln sein Bewenden hatte? Dass darin enthalten ist, dass Swarowsky kein besonderer Dirigent gewesen sei, bleibt vielleicht unbewusst. Aber selbst wenn konzediert wird, dass ihm immer wieder erfolgreiche Konzerte gelangen: Mit bloß erfolgreichen Konzerten schreibt man noch keine Interpretationsgeschichte – dazu bedarf es eines Paradigmenwechsels und namhafter Distributoren. Beides hervorzubringen ist Swarowsky offenbar gelungen, aber um den Preis, bereits zu Lebzeiten in die Geschichte abgeschoben, als historisches Phänomen neutralisiert zu werden.

Die Implikationen der verschiedenen Urteile sind insgesamt nicht recht überzeugend: Wäre bei weniger Wissen und Wollen und mehr Unmittelbarkeit und Spontaneität vielleicht mehr herausgekommen? Stand die rationale Ausrichtung größerer emotionaler oder philosophischer Tiefe entgegen? War Swarowsky ein Mann des Übergangs, ein bloßer Pionier, während die Früchte seiner Kultivierungsanstrengungen Andere ernten durften?

Im Ausland scheint eine unbefangenere Wahrnehmung möglich gewesen zu sein.

Abb 2: Bei der Aufnahme des *Rings des Nibelungen*, August 1968 (HSA)

Abb 3: Konzert beim Carinthischen Sommer, August 1972 (HSA)

Abb 4: Probe Gewandhaus Leipzig, Dezember 1974 (Aufnahme: Barbara Stroff, Leipzig)

EPILOG

Manfred Huss

HOMMAGE AN HANS SWAROWSKY

Ein Dirigent im Kampf mit den Mächten der Finsternis

I. Credo

„Musik ist eine heilige Kunst" – dieser Satz des Componisten aus dem Vorspiel zu *Ariadne auf Naxos*, ausgesprochen in jenem Moment, da sein Werk willkürlich verändert, ja zerstört werden soll, charakterisiert Hans Swarowskys Einstellung zur Musik und deren Interpreten treffend.

Wie einem *defensor fidei* ging es ihm stets und zu allererst um das werkgerecht treue Ausführen einer Partitur, um das Bewahren des darin geäußerten Komponistenwillens als höchste Autorität. Dies führte merkwürdigerweise und konsequent zu einer nonkonformistischen, alles kritisch betrachtenden Herangehensweise und der steten Forderung nach Neuem und Ungewohntem an die Ausführenden. Diese Grundhaltung wurde aber zwangsläufig auch zum Nährboden für die unterschiedlichsten Konflikte und Enttäuschungen beim Nichterreichen ideeller Ziele, gleichzeitig aber auch für große Leistungen und lang anhaltende Erfolge.

Hans Swarowsky ist auch Jahrzehnte nach seinem Tode immer noch ein Begriff, er ist präsenter als so manch vordergründig erfolgreiche Dirigent seiner Generation. Es gibt naturgemäß immer weniger Zeitzeugen, die ihn erlebt haben, im Konzert, in der Oper, bei Proben oder gar im Aufnahmestudio. Gleichzeitig war bis vor Kurzem keine repräsentative Auswahl seiner zahlreichen Tonaufnahmen erhältlich[1], seien sie live oder im Studio entstanden, vieles ist immer noch unveröffentlicht. Erst wenn sich diese Situation bessert, kann jenes Phänomen wirksam werden, das Beurteilung und Wirkung und damit auch den Stellenwert künstlerischer Leistungen allein durch einen zeitlich größer werdenden Abstand oftmals verändert: Für die Interpretation von Musik bedeutet es das Wegfallen aller *optischen* Eindrücke, die unser Hörerlebnis in einem höheren Maße mitprägen als uns bewusst ist, und die Konzentration der Wahrnehmung auf das Wesentliche fördert: das Werk.

---

1 Im Herbst 2019 erschien erstmals eine „Hans Swarowsky Edition" bei Hänssler Classic mit Erst- und Wiederveröffentlichungen mit Werken u. a. von Haydn, Mozart, Beethoven, Mahler, R. Strauss und Schönberg (Edition Hänssler PH 18061).

Man wird Hans Swarowsky als Dirigent aber erst dann gerecht werden können, wenn man erkennt, dass er nicht nur Dirigent und Musiker, nicht nur Künstler war, sondern über alledem ein Denker, der stets versuchte, den Dingen auf ihren Grund zu gehen, betreffe es nun eine Partitur, einen Stil, ein Gemälde, die menschliche Psyche, einen Text oder politische Grundkonstellationen: Sein Zugang war stets ein analytischer. Diese Denkungsart und sein Verhältnis zur Sprache waren im Deutschen, Italienischen und Französischen, aber auch durch seine Beherrschung von Alt-Griechisch und Latein als gedankliche Basis geprägt. Dies erklärt vielleicht, warum alle seine Äußerungen über Musik und Kunst[2], so unterschiedliche Themen sie auch umfassen, nicht nur logisch begründet sind, sondern stets *einer* Quelle entspringen und in *einen* Strom von Gedanken münden – in der Erkenntnis des Grundsätzlichen.

> Die Kunst ist in die Welt gestellt, um dem Wissenden eine Ahnung tieferen Wissens, dem Fühlenden ein Vorgefühl der Unendlichkeit zu geben, ja sogar dem, der sie mehr an der Oberfläche oder gleichsam nur im Vorübergehen mitnimmt, einen Hauch unirdischer Beglückung, der ihn anweht, er weiß nicht wie und woher. Die Kunst lässt uns über das von ihr gegenständlich Gebotene hinaus das große *Warum* jeder Lebensäußerung, nach dem die Wissenschaft innerhalb der Grenzen der Erfahrung forscht, *jenseits* dieser Grenzen ahnen. Die Wissenschaft führt uns das *So* unseres Daseins vor Augen, und immer mehr auch das *Wie* und *Woher*. Das *Warum*, das *Wozu* – das uns Sinn und Zweck des Daseins aufschließen könnte – vermag sie nicht zu enträtseln, aber wir spüren es in begnadeten Momenten aus dem Geheimnisvoll-Unfassbaren der Kunst.[3]

II. Prägungen

Die Persönlichkeit des jungen Swarowsky wird geformt, indem sie Einflüssen verschiedenster Art ausgesetzt ist, unter deren Andrang sich auch die vielfältigen Interessen ausbilden, die Swarowsky später lebenslang begleiten sollten. Auch die Atmosphäre des aufgeregten und aufregenden Theater- und Konzertbetriebs in Wien vor und nach dem Ersten Weltkrieg – man denke nur an das Wirken von Karl Kraus, das ihn so beeindruckte – war ein reicher Nährboden für all dies. Schon die frühesten musikalischen Eindrücke ergeben ein facettenreiches Bild: Gleich zu Beginn steht das Erlebnis Gustav Mahlers als Dirigent an der Wiener Hofoper und 1910 bei der Uraufführung seiner *VIII. Sinfonie* in München, wo der kleine Hans im Chor mitgesungen hat. Sein

---
2 *Wahrung der Gestalt. Schriften über Werk und Wiedergabe, Stil und Interpretation in der Musik*, hg. von Manfred Huss, Wien 1979. Eine zweite und erweiterte Auflage ist in Vorbereitung.
3 Hans Swarowsky, aus einem Vortrag für den Rotary-Club Wien, ca. 1965. NlHS, Nr. 86.

vielleicht erstes großes Konzerterlebnis hatte er – wenn man den im Nachlass erhaltenen Abendprogrammen folgt – am 13. November 1907 im Wiener Musikverein: Bachs *h-Moll-Messe* dirigiert von Franz Schalk; es waren aber vor allem auch von Felix von Weingartner dirigierte Konzerte, darunter Liszts *Faust-Sinfonie* am 9. Jänner 1910 und die *Neunte* von Beethoven am 13. März 1910.

Ein besonderer Anlass dürften auch die Konzerte zur Grundsteinlegung des Mozarteumsgebäudes in Salzburg vom 29. Juli bis zum 6. August 1910 gewesen sein, ein erster Vorläufer der späteren Festspiele.[4] Hans wohnte im „Paschinger Schlößl" aus dem 17. Jahrhundert, damals Eigentum von Swarowskys Ziehvater Josef Kranz, der es 1917 an Stefan Zweig verkaufte. Innerhalb von nur neun Tagen fanden je drei Aufführungen der *Zauberflöte* und des *Don Giovanni* im Landestheater sowie sechs „Mozartkonzerte" in der Aula der Universität statt, geleitet von den Dirigenten Karl Muck, Ernst von Schuch und Felix von Weingartner. In Wien war der kleine Swarowsky spätestens seit seinem Volksschulalter Stammgast in der heutigen Staatsoper, wo Josef Kranz eine permanente Loge besaß, in die er jederzeit gehen konnte: Mit 17 kannte er zweifelsohne das gesamte Kernrepertoire der Oper auswendig vom Hören und vom eigenen Klavierspiel.

In besonderer Erinnerung blieb Swarowsky ein Konzert am 17. April 1917, in dem er zum ersten Mal Bruckners *Neunte* unter der Leitung von Ferdinand Löwe hörte[5] – genau am Abend jenes Tages, an dem er seine verfrühte „Notmatura" abschloss, um tags darauf zur k.u.k. Armee an einen der schlimmsten Frontabschnitte des Ersten Weltkriegs, die gebirgige Brenta-Front im Trentino, einzurücken. Auf der Titelseite seiner Dirigierpartitur[6] dieser Sinfonie notierte Swarowsky genau, wann er sie dirigiert hat und welche Momente ihn hinsichtlich der Interpretation beeinflusst haben:[7] als erstes die Gespräche mit Dr. Friedrich Eckstein, Bruckners Schüler und Vertrautem, die 1916 in Wien begannen; einige Jahre später „Vollste Werkanalyse A. von Webern 1924 Mödling u. Wien, Herrengasse"; dirigiert hat er die Sinfonie zum ersten Mal in Stuttgart 1928 „unter Anleitung von Franz Schalk, der dort gastierte" – von ihm bezog Swarowsky zweifelsohne auch Kenntnisse, die direkt auf Bruckner zurückgingen. Ein Jahr später spielte Swarowsky die *Neunte* vierhändig (mit Herberth Haarth) in der Fassung von Karl Grunsky; in diesem Zusammenhang erwähnt er auch ein „sarkastisches Gespräch

---

4 Das Gebäude der Stiftung Mozarteum liegt in der Schwarzstraße und ist heute noch wegen seiner Konzertsäle von Bedeutung; früher war auch die gleichnamige Musiklehranstalt „Mozarteum" (heute Universität für Musik und darstellende Kunst) dort untergebracht. Die Grundsteinlegung erfolgte offiziell durch die Sopranistin Lilli Lehmann und die tatsächliche Eröffnung fand am 20. August 1914 statt.
5 Gespielt wurde die Sinfonie in der Bearbeitung durch Ferdinand Löwe.
6 Es handelt sich um die Fassung von Haas; Swarowsky dirigierte Bruckner grundsätzlich nur nach den Haas-Fassungen.
7 Alle folgenden Bemerkungen zu Bruckners *IX. Sinfonie* folgen Swarowskys Eintragung auf der Titelseite seiner Dirigierpartitur. Manuskript Nr. 1076 in NIHS.

Schalks mit Grunsky", bei dem er erstmals auf die Existenz der spielbaren Urfassung aufmerksam wurde, die aber erst 1934 von Robert Haas veröffentlicht wurde. Auch mit Haas gab es analytische Diskussionen (Wien und Berlin 1935/36), ebenso mit Walter Abendroth und Alfred Orel, dem Swarowsky „tiefstes Verständnis" attestierte. Auch mit Wilhelm Furtwängler gab es offenbar eine ausgiebige Auseinandersetzung im Jahre 1939 in der Villa Wesendonck in Luzern. Swarowsky dirigierte Bruckners *Neunte* im Laufe seines Lebens 25-mal (eine Aufnahme ist umstritten, sie könnte gefälscht sein) – im Vergleich dazu Mahlers *Dritte* „nur" 17-mal.

Was wir aus dieser Aufstellung ersehen können, ist vor allem Swarowskys Ernsthaftigkeit, *wahre* Traditionen aufzuspüren, und wie er seine vielfältigen sozialen Kontakte nutzte, um diese Erkenntnisse zu vertiefen.

Nach seiner Rückkehr Ende 1919 als zweimal verwundeter Fähnrich aus italienischer Kriegsgefangenschaft erlebte Swarowsky in Wien kurz hintereinander zwei Konzerte, die zu einschneidenden Erlebnissen wurden: Mahlers *III. Sinfonie* unter Furtwänglers Leitung am 8.6.1920 im Konzerthaus und kurz darauf Schönbergs *Gurre-Lieder* unter der Leitung des Komponisten am 20.6.1920 in der Staatsoper. Das Erlebnis der Mahler-Sinfonie „erschütterte"[8] ihn so sehr, dass er sich endgültig entschloss, sich beruflich ganz der Musik zu widmen, denn er schwankte bis dahin noch zwischen Psychologie und Kunstgeschichte. Im September desselben Jahres schenkte ihm Julia Laszky (seit 1923 seine erste Ehefrau) eine Dirigierpartitur dieser *III. Sinfonie* zum 21. Geburtstag, die er bis zu seinem Tode behielt. Für Swarowsky sollte Mahlers *Dritte* ein Werk von ganz besonderer Bedeutung bleiben: Es war eines seiner persönlichen Lieblingswerke und ab 1957 auch ein stets sicherer Konzerterfolg.[9]

Mahlers Werke wurden im Wien der 20er Jahre relativ oft gespielt, vor allem gemessen daran, dass Orchesterkonzerte damals weit seltener stattfanden als heute. Swarowsky war daher sicher auch Zeuge anderer Aufführungen: Im Rahmen der *Arbeitersinfoniekonzerte* stand Mahler in Wien regelmäßig auf dem Programm, dirigiert von den verschiedensten Dirigenten, auch Webern leitete u. a. am 27. und 29.5.1922 die *Dritte*, und am 18. und 19.4.1926 die *Achte*. Es ist schwer vorstellbar, dass Swarowsky nicht anwesend war: Auch wenn er am 18. April selbst an der Wiener Volksoper Offenbachs *Schöne Helena* und am 20. *Die schöne Galathée* von Suppé dirigierte, so konnte er doch die Aufführung am 19. und einige der zahlreichen Proben davor hören.

Weberns Sichtweise, Analysen und Kenntnisse der Mahlerschen Partituren war ebenso prägend für den Dirigenten Swarowsky und noch wichtiger als selbst das persönliche Erlebnis Mahlers: Vermutlich studierte Swarowsky die *3.*, *4.*, *6.* und *7. Sinfonie* mit Webern, Eintragungen in seinen Dirigierpartituren legen dies nahe. Swarowsky

---

8   Siehe das Kapitel „Rückblick", in: *WdG*, S. 257.
9   Mahlers *Dritte* ist Teil der Swarowsky-Edition der Edition Hänssler 2019.

erzählte mir, dass er eines Tages zu einer Lektion bei Webern ging in der Erwartung, Mahlers *Siebte* zu besprechen – auf Weberns Tisch lag allerdings Haydns *Sinfonie 104* und Webern soll bemerkt haben: „Hier ist alles schon im Keim vorentwickelt."[10]

Weitere Veranstaltungen, die der junge Swarowsky erlebt haben könnte: Im „Schönberg-Verein" gab es Mahlers *Vierte* in Erwin Steins ausgezeichneter Bearbeitung für Kammerensemble (Mai 1921). Auch Bruno Walter dirigierte in dieser Zeit des Öfteren Mahler in Wien: *Das Lied von der Erde* (19./20.11.1922), die *Zweite* (13.5.1923), die *Achte* (21.8.1923), das *Klagende Lied* (14.11.1926) – und es ist davon auszugehen, dass der junge Swarowsky auch das hörte.

Im Juni 1920 veranlasste der enorme Eindruck von Proben und Aufführung der *Gurre-Lieder* unter Schönbergs Leitung an der Wiener Staatsoper den jungen Swarowsky, bei Schönberg zu studieren. Der „strenge Unterricht" bei Schönberg, der bei Webern fortgesetzt wurde, der Umgang mit bedeutenden Musikern aus dieser Schule und den prominenten Gästen der Veranstaltungen des Schönberg-Vereins – u. a. Ravel 1921, an den er sich gut erinnerte – waren naturgemäß ein weiterer fundamentaler Baustein in Swarowskys musikalischem Weltbild.

Swarowsky absolvierte bis 1923 auch Dirigierkurse bei Webern an der Schwarzwaldschule, die aber – mit Beethoven im Zentrum – wohl in erster Linie für die musikalische Interpretation bedeutsam waren und seine ästhetische Ausbildung stärkten, während er das Handwerk des Dirigierens vornehmlich von Weingartner und Schalk erlernte. All diese Bekanntschaften eröffneten dem jungen Dirigenten einen weiten und weit in die Vergangenheit zurückreichenden Horizont, der durch Dirigenten wie den jungen Furtwängler, Klemperer, Kleiber und Toscanini noch erweitert wurde.

Arturo Toscanini wurde zweifelsohne besonders wichtig für Swarowsky, nachdem er Anfang der 1920er Jahre dessen Korrepetitor an der Scala war (u. a. für *La Bohème*[11]), wobei Swarowskys perfektes Italienisch hierbei eine gewichtige Rolle gespielt hat.[12] Die *Bohème* wurde zu einem der Schlüsselwerke in seinem Opernrepertoire, später über-

---

10 Zahlreiche Details in diesem Bericht entstammen meiner persönlichen Bekanntschaft mit Hans Swarowsky und den zahlreichen Gesprächen, die ich mit ihm in den Jahren 1973 bis 1975 führen durfte; sie werden des Weiteren nicht im Einzelnen nachgewiesen.

11 Swarowskys Brief an den Stuttgarter Intendanten Albert Kehm vom 10.3.1930, StAL, E 18 VI 1193 (Kopie in NIHS), in dem er auf seine besondere Beziehung zu dieser Oper und Toscanini hinweist; siehe das Zitat dieses Schreibens im Kapitel „Stationen bis 1933", Abschnitt „Württembergisches Staatstheater Stuttgart".

12 Swarowsky beendete seine Kriegsgefangenschaft vermutlich nach wenigen Tagen durch Flucht und verbrachte etwa zwölf Monate auf einem großen Gutshof in Norditalien. Dort verliebte er sich in die Tochter des Gutsherrn mit dem Resultat, dass 1919 eine Tochter zur Welt kam, die er bis in seine letzten Jahre dort besuchte, wofür jedesmal ein opulentes Fest inszeniert wurde. Die erste große Liebe eines gerade Achtzehnjährigen – welch herrlicher Nährboden, um eine Sprache perfekt zu erlernen. Der Name der Familie und der Ort blieben Swarowskys Geheimnis, niemand hat es erfahren.

setzte er die Oper und dirigierte sie von 1933 in Gera bis zuletzt an der Wiener Staatsoper regelmäßig.

Toscaninis Persönlichkeit blieb für ihn stets präsent: Swarowsky berichtete über Treffen in Wien, wo er den Maestro in die Musiksammlung der ehemaligen Hofbibliothek[13] führte, wo er ihn zum Studium von Autographen und anderen wichtigen Quellen animierte, sodass Toscanini fortan regelmäßig dorthin zurückkehrte.[14] Auch während Swarowskys Züricher Zeit düften sie sich nach Gründung des Festivals in Luzern 1938 getroffen haben. Herbert Handt, Swarowskys famoser Don Ottavio seiner Aufnahme des *Don Giovanni*, berichtet, dass er nach dem Zweiten Weltkrieg Toscanini fragte, wo er Dirigieren studieren solle und zur Antwort erhielt: „Bei Swarowsky in Wien." Ich vermute, dass Swarowskys dirigentische und musikalische Herangehensweise, vielleicht auch seine Probentechnik von Toscanini beeinflusst war, denn hier haben sich zwei im Geiste Verbündete gefunden. „Swarowsky war nach dem Krieg, als ich nach Wien kam, der ‚Anführer' der ‚Toscanini-Partei' im Gegensatz zur ‚Furtwängler-Partei'", beschreibt Zubin Mehta den Eindruck, den er 1956 gewonnen hat.

Einen besonders starken Impuls erhielt Swarowsky durch Richard Strauss, als dessen „Eckermann" er sich bezeichnete, und mit dem ihn weit mehr verband als nur die Musik. Es entwickelte sich eine Freundschaft, für die sich Übereinstimmung nicht nur im Musikalischen, sondern auch im Literarischen fand – Goethe stand im Zentrum und Swarowsky erwarb, dem Vorbild von Strauss folgend, ebenfalls die chronologische *Propyläen-Ausgabe* von Goethes Werken. Bei der bildenden Kunst war der gemeinsame Nenner die Malerei der italienischen Renaissance, zahlreiche gemeinsame Reisen nach Italien galten der Besichtigung dieser Meisterwerke.

Swarowsky wurde also in seiner Jugend durch absolut unterschiedliche, ja teils gegensätzliche Eindrücke geprägt: Weingartner, Schalk, Furtwängler, Toscanini unter den Dirigenten, Schönberg, Webern, Strauss, Bartók[15] unter den Komponisten, Karl Kraus, Kafka, Werfel unter den Dichtern, die er vornehmlich im literarischen Salon seiner Nenn-Schwester Gina Kaus[16] kennenlernte. Und dennoch fand er, dass es immer wieder eine gemeinsame Linie gab, die all diese sehr divergierenden Persönlichkeiten insgeheim verband, trotz aller Verschiedenheit von Ansichten, Stilen und Generationen: Bei den Komponisten beeindruckte Swarowsky vor allem deren Erpichtsein auf das Eigene und deren Wille zur Genauigkeit bei der Ausführung eigener Schöpfungen.

---

13 Heute Österreichische Nationalbibliothek.

14 Widmung Toscaninis auf einem Foto datiert „29.10.934 Wien"; Privatbesitz Familie Swarowsky.

15 Swarowsky und Bartók lernten einander bei den austro-amerikanischen Sommerkursen in Mondsee (Oberösterreich) 1930 kennen, wo beide unterrichteten.

16 Die Schriftstellerin Gina Kaus (1893–1985) war zuerst eine Geliebte von Josef Kranz, der sie später als „Tochter" adoptierte. Zwischen Swarowsky und Kaus bestand ein lebenslänglich gutes Verhältnis, sie trafen sich später noch in Stuttgart, Zürich und Los Angeles, wohin sie 1938 emigriert war.

III. Auf dem Weg zum Dirigenten

Der Beginn von Hans Swarowsyks Dirigentenlaufbahn gestaltete sich wie damals üblich: zuerst als Korrepetitor und Begleiter, parallel erlernte man das Dirigieren in der Praxis an einem Opernhaus. Swarowsky war ein hervorragender Pianist und spielte zweifelsohne schon aus Leidenschaft gerne Klavier. Von Kindesbeinen an wurde er von den bedeutendsten Pianisten unterrichtet, von Rosenthal und Sauer, später auch Busoni und Steuermann. Schon im Volksschulalter erhielt er vom Ziehvater Josef Kranz einen Flügel geschenkt und seine Mutter, Leopoldine Swarowsky, war eifrig bedacht, ihn zum Üben anzuhalten, erzählte später sein Sohn Anton.

Bereits in den Gymnasialjahren spielte er mit seiner späteren Frau Julia Laszky (Violine) und deren Bruder Wolf Laszky (Cello) Klaviertrios[17]; nach seiner Rückkehr aus dem Ersten Weltkrieg finden wir öffentliche Auftritte Swarowskys als Korrepetitor, Liedbegleiter und Kammermusiker im Wiener Konzerthaus (u.a. im November 1924 und März 1925). Erste Dirigierversuche dürfte der etwa Sechzehnjährige unternommen haben, als er das Schülerorchester des Wiener Piaristengymnasiums, wo er eingeschrieben war, zum Geburtstag von Josef Kranz dirigierte.

Als der junge Swarowsky ab 1922 plötzlich Geld verdienen musste, weil Kranz über Nacht sämtliche Zahlungen an ihn und Mutter Leopoldine einstellte, tat er dies als Korrepetitor: zuerst an der Wiener Volksoper, etwas später an der Scala, von November 1923 bis März 1924 an der Königlichen Oper in Bukarest. Andere verstreute Engagements waren für Diaghilews Ballett, das Orchester des Schlosstheaters Schönbrunn, eine Tournee mit Jan Kiepura, das Orchester des Josefstädter Theaters (wo er Max Reinhardt, den damaligen Direktor, kennengelernt haben musste); er spielte auch in den berühmten Wiener Jüdischen Kabaretts und korrepetierte für Einstudierungen, die Webern leitete (1925 Schuberts *Es-Dur-Messe* und Weberns *Trakl-Lieder* op. 14). Noch nach 1945 machte er Rundfunkaufnahmen von Liedprogrammen mit Herbert Handt für den Wiener Sender Rot-Weiß-Rot und sein letzter derartiger Auftritt dürfte 1956 in London mit Hilde Konetzni mit einem Programm von Schubert, Brahms und R. Strauss gewesen sein.

Natürlich spielte er auch vierhändig, wie alle damals: die *Gurre-Lieder* 1922 mit Alban Berg, weshalb Swarowskys Dirigierpartitur[18] gespickt ist mit Interpretationsanweisungen Bergs (der sie vermutlich seinerseits von Schönberg bezog); 1923 wurden die *Gurre-Lieder* bei einem Vortrag Anton Weberns nochmals vierhändig gespielt, diesmal mit Erwin Stein.

---

17 Julia Laszky emigrierte nach New York, wo sie als prominente Psychoanalytikerin arbeitete; Wolf emigrierte nach England. Swarowskys Kontakt blieb lebenslang aufrecht.
18 Diese Partitur ist heute im Besitz von Zubin Mehta; eine Kopie ist im Besitz der HSA.

Felix von Weingartner und Franz Schalk waren also die Ersten, die den jungen Swarowsky als Dirigenten prägten, von beiden erhielt er in unterschiedlicher Form auch Unterricht, sie dirigierten im Wien der 20er Jahre regelmäßig Oper und Konzert. Weingartner leitete von 1919 bis 1924 die Volksoper und engagierte Swarowsky 1922 als Korrepetitor an dieses Haus. Man kann davon ausgehen, dass er Swarowsky auch praktischen Unterricht erteilte, so wie es damals an allen Opernhäusern üblich war. Aber sowohl Weingartner als auch Schalk unterrichteten in diesen Jahren auch an der Staatsakademie für Musik[19] und wahrscheinlich besuchte der junge Swarowsky gelegentlich dort deren Vorlesungen, wenn auch nicht als regulärer Hörer.

Weingartner, der erste Swarowsky wesentlich prägende Dirigent, erinnert in so Manchem an Swarowsky, so auch in seiner Unterrichtsmethode:

> Weingartner gab […] eine Art Seminar, wo wir bis ins Detail Partituren besprachen. Er erklärte die Architektur der grundlegenden Werke der Musikliteratur […] Das Wichtigste für ihn stellte das Erfassen der Form eines Werkes dar. Erst dann kamen die Details … „Es gibt nur ein Tempo, das richtige" […] Das Festhalten an einem Tempo, ohne es in jedem zweiten oder dritten Takt zu ändern, war Weingartners Forderung an den Dirigenten: „Ständiges Tempowechseln macht die Form undeutlich und kann sie sogar zerstören".[20]

Weingartner, der bei Liszt studiert und Brahms und Wagner noch persönlich gekannt hatte, lieferte zweifelsohne starke Ansatzpunkte, die für den jungen Swarowsky von Bedeutung waren. In seinem Buch *Über das Dirigieren* lesen wir Sätze über den Dirigenten, die wörtlich vom (späteren) Swarowsky stammen könnten:

> Je mehr aber seine Persönlichkeit verschwindet […] umso größer wird seine Leistung sein […] Er sei vor allem w a h r h a f t i g gegen das Werk, das er aufführen will, gegen sich selbst und das Publikum. Er denke nicht, sowie er eine Partitur zur Hand nimmt: „Was kann ich aus diesem Werk machen?", sondern „Was hat der Schöpfer damit sagen wollen?".[21]

Aber auch Weingartners Persönlichkeit dürfte Ähnlichkeit mit Swarowsky gehabt haben:

---

19 Gegründet 1817 durch die Gesellschaft der Musikfreunde in Wien als „Conservatorium für Musik", 1909 mit kaiserlichem Privilegium zur „k.k. Akademie für Musik" transformiert, ist es heute die Universität für Musik und darstellende Kunst in Wien (mdw).

20 Josef Krips, *Ohne Liebe kann man keine Musik machen. Erinnerungen*, hg. und dokumentiert von Harrietta Krips, Wien/Köln/Weimar 1994, S. 46f.

21 Felix Weingarnter, *Über das Dirigieren*, Leipzig ⁴1913, S. 42; die erste Auflage erschien bereits 1896 in Berlin und wurde in späteren Auflagen erweitert.

Er war […] ein höchst kultivierter Mensch von umfassender Bildung, mit großem Wissen über die Malerei und die Literatur. Seine tiefe Liebe und Kenntnis Goethes zeigte sich in wunderbaren Rezitationen […].[22]

IV. Die erste Karriere

Swarowsky machte sehr schnell eine außerordentliche Karriere: Seine erste Aufführung absolvierte er am 10. September 1925 (am Tag genau 50 Jahre vor seinem Todestag) an der Wiener Volksoper *(Hoffmanns Erzählungen)* – zehn Jahre später war er bereits als Nachfolger Erich Kleibers 1. Staatskapellmeister an der Berliner Oper unter den Linden.

Seinen letzten Abend an der Wiener Volksoper dirigierte er am 28. Februar 1928 *(Orpheus in der Unterwelt)*: Er hatte in zwei Saisonen nicht weniger als 136 Vorstellungen geleitet, vorwiegend waren es die großen Operetten, die ihm jene dirigiertechnische Basis brachten, die einen Opernkapellmeister ausmachen: Auch in seinem Unterricht empfahl er dies stets.[23] In den rund zwei Jahren an der Volksoper gab es Wochen, ja Monate, wo Swarowsky fast täglich am Pult stand: *Ich hab mein Herz in Heidelberg verloren* (F. Raymond) bewältigte er 57-mal, *Orpheus in der Unterwelt* (J. Offenbach) 37-mal. Parallel dazu zeigte er aber auch erstmals sein Interesse an Übersetzungen und dramaturgischen Fragen: Er verbesserte die damals gängige deutsche Fassung von *Tosca* für die Volksoper.

Stuttgart

Es folgten vier Jahre am Stuttgarter Opernhaus, das damals noch „Württembergisches Landestheater" hieß, wo Swarowsky 1927 – wiederum an einem 10. September – mit Rossinis *Barbier* debütierte. Hier lernte er auch seine zweite Ehefrau, Maria Gerlach, kennen, die im Ballett des Opernhauses tanzte und durch all die schlimmen Jahre bis nach Kriegsende bei ihm bleiben sollte.

Neu war in den Stuttgarter Jahren der *Schriftsteller* Swarowsky, der nun regelmäßig in den Heften der *Schwäbischen Thalia* aktuelle Themen des Opernhauses erörterte: u. a. zu *Hoffmans Erzählungen*, *Carmen*, dramaturgische Fragen zu *Rusalka* (deren deutsche Erstaufführung er leitete), zu Verdi, Rossini oder – bereits damals – Kritisches zu Übersetzungsfragen von Opernlibretti. Im Übrigen war diese Zeit davon geprägt, dass Swa-

---

22 Krips, *Ohne Liebe kann man keine Musik machen* (Anm. 20), S. 48.
23 Im März 1975 schickte er mich (so wie auch andere Studenten vor mir) buchstäblich über Nacht in die Schweiz und nach Deutschland, um eine Tournee mit J. Strauß' *Eine Nacht in Venedig* zu dirigieren: mit einem Salonorchester und ohne jegliche Probe, aber mit teils prominenten Sängern wie Rudolf Schock. „Schreiben Sie mir nach der *zweiten* Aufführung eine Postkarte, wie es geht!", lautete sein Auftrag. Andere Hinweise oder Hilfestellungen erhielt ich nicht.

rowsky viel Operette dirigierte, gleichzeitig aber auch das traditionelle Opernrepertoire kennenlernte: In vier Jahren leitete er rund 460 Abende mit etwa 45 Werken, die sich auf Operette und Oper, deutsches, italienisches und französisches Fach aufteilten.

Insgesamt aber überwiegen die Abende mit Operette, allen voran Offenbach, von dem Swarowsky nicht weniger als *vier* Werke dirigierte. Offenbach war ihm auch Jahre später noch ein Anliegen, es war eine Hommage an das Wien seiner Jugend, an Karl Kraus und dessen Offenbach-Lesungen. Die *Bohème*, um die sich Swarowsky eingedenk seiner Einstudierung unter Toscaninis Leitung an der Scala so bemühte, bekam er nicht[24], dafür dirigierte er aber 1928 erstmals Richard Strauss: zwölfmal die *Salome*.

Es ist auffällig, dass die Anzahl von Swarowskys Abenden gegen Ende seines Vertrags im Abnehmen war und immer mehr Operetten auf dem Programm standen anstelle von Opern – ein offensichtlicher Abbau des Dirigenten durch die Intendanz trotz mehrerer Jahre uneingeschränkt erfolgreicher Arbeit. Seine letzte Neueinstudierung fand am 18.10.1930 mit *Schatten über Harlem* statt, einer Komödie von zwei jüdischen Autoren, in der auch „Neger" auftraten. Dieses Werk führte zu einem handfesten Theaterskandal, nachdem Anhänger der erstarkenden Rechten lautstark in und vor dem Theater dagegen protestierten und es sogar zu Handgreiflichkeiten kam; das Werk wurde nach drei Aufführungen auf Anordnung des Kultministeriums (!) abgesetzt und Swarowskys Vertrag fast zeitgleich nicht mehr verlängert. Allerdings erhielt er mehrmals Einzelverträge meist für Operetten-Produktionen, zuletzt im Sommer 1932 für Ralf Benatzkys *Weißes Rössel am Wolfgangsee*.[25]

Während der gesamten Stuttgarter Zeit Swarowskys gab es ständig Probleme, vor allem wegen seiner offenkundig hohen künstlerischen Anforderungen, insbesondere Chor und Orchester gegenüber, was durch Sympathisanten der NS-Bewegung (aus dem Hause) gegen ihn verwendet wurde. Auch die Intrigen seines Kollegen Franz Konwitschny, der sich den braunen Strömungen gegenüber alles andere als abgeneigt zeigte (er war allerdings später auch in der DDR gefügig), zeitigten ihre Wirkung. Typische Bemerkungen Swarowskys wie „Dieser Anstreicher [Hitler] wird noch das deutsche Volk zugrunde richten und ganz Deutschland zerstören" (1932) waren ein gefundenes Fressen für seine Widersacher[26] und die Folgen blieben nicht aus: Swarowsky und seine Frau wurden Ende Februar 1933 – gerade von einem Gastspiel in Kairo zurückgekehrt, wo er mit der Wiener Volksoper den *Rosenkavalier* dirigiert hatte – bei ihrer Ankunft

---

24 Brief Swarowskys an den Intendanten Albert Kehm vom 10.3.1930, GStA.

25 Programmheft des Württembergischen Landestheaters Stuttgart vom Juli 1932 „Sommer-Spielzeit der Wiener Operette" (NlHS).

26 Brief Swarowskys an Kehm vom 24.11.45, E 18 VI 1193, StAL (Kopie in NlHS); siehe das Zitat dieses Schreibens im Kapitel „Swarowsky während der NS-Zeit (1933–1945)", Abschnitt „2. Berlin". Ein anderer Ausspruch (mir gegenüber) lautete: „Wer jemals Hitler im Frack erlebt hat, der weiß, was das für ein Hausmeister war!"

verhaftet. Maria Gerlach wurde nach Kurzem, Hans Swarowsky erst nach einer Woche wieder freigelassen.[27]

Gera

Die unerwartete Nichtverlängerung seines Stuttgarter Vertrags in einer Zeit der allgemeinen Arbeitslosigkeit, die sich natürlich auch auf Künstler auswirkte, und die dramatische Veränderung der politischen Verhältnisse in Deutschland machten es für Swarowsky nicht leicht, einen neuen Vertrag zu finden; es gelang ihm aber von 1932 bis 1934 als „Oberregisseur" und danach auch als „Musikalischer Oberleiter" am *Reussischen Theater* in Gera[28] unterzukommen (ausgerechnet in jener Stadt, die als Stammburg der NS-Bewegung galt). Zur Ermöglichung dieses und weiterer Verträge in Deutschland lieferte Swarowskys Mutter Leopoldine ihrem Sohn einen nach außen hin zweifelsfreien „Ariernachweis": Ihr Schwager Ludwig Zenk war bereit, sich eidesstattlich als leiblicher Vater zu bekennen, obwohl er das garantiert nicht war, aber er war „Arier" und entsprach den Anforderungen (Erzherzog Otto, jüngerer Bruder des österreichischen Thronfolgers Franz Ferdinand, wäre ein anderer Kandidat gewesen, war aber bereits 1906 verstorben).

Jedenfalls war Swarowsky ab Oktober 1932 eine Saison lang ausschließlich als Regisseur und Oberspielleiter – wiederum – von Operetten tätig, und erst ab der zweiten Saison auch als Dirigent, er war also de facto Generalmusikdirektor in Gera. Hier gelang es ihm endlich, am 14. Oktober 1933 die *Bohème* einzustudieren; es folgten *Arabella*, Puccinis *Der Mantel*, Glucks *Orpheus* und Pfitzners *Christ-Elflein*. Bei dieser Gelegenheit lernte er den Komponisten auch persönlich kennen: Pfitzners musikalische Ansichten in puncto Interpretation entsprachen weitgehend jenen Swarowskys, der seinen Studenten auch stets die Lektüre von Pfitzners *Werk und Wiedergabe* empfahl.

Am 29.4.1934 leitete Swarowsky seine letzte Vorstellung in Gera: Wagners *Meistersinger* als Festvorstellung für die dortige Ortsgruppe des „Kampfbundes für deutsche Kultur". Bedenkt man, dass Thüringen als „Mustergau" galt, so ist diese Aufführung und Swarowskys eineinhalbjähriger Aufenthalt dort vielleicht nicht so sehr als Ironie des Schicksals, sondern vielmehr als Provokation des Schicksals zu sehen. Allmählich fiel er den „Reichsbehörden" auf und sie begannen sich insgeheim für ihn zu interessieren: „[D]er früher am Reussischen Theater in Gera, jetzt als erster Kapellmeister des Hamburgischen Staatstheaters tätige Hans Swarowski [sic] soll nach vorliegenden Informationen nicht einwandfrei sein […]."[29]

---

27 Es gab noch weitere Vorwürfe politischer Natur, u.a. Swarowskys Antrag auf Aufnahme in die Stuttgarter Freimaurerloge.
28 Gera war die Hauptstadt des früheren Fürstentums Reuss, das Theater mit 550 Plätzen wurde 1902 erbaut.
29 Kulturpolitisches Archiv der NS-Kulturgemeinde an Dr. W. Hochschild, Gaudienststelle Baden der NS-Kulturgemeinde, 15.11.1934, BAB.

Hamburg

Natürlich wollte Swarowsky weg aus Gera und bewarb sich daher um den Posten des Generalmusikdirektors in Aachen, wo er im Februar 1934 (am 20. *Carmen* und am 22. *Der Fliegende Holländer*) mit großem Erfolg vordirigierte. Der Vertrag scheiterte jedoch am damaligen NS-Oberbürgermeister der Stadt Aachen und einige Monate später kam statt Swarowsky schließlich Karajan zum Zug, der damals bereits einige Zeit arbeitslos war. Gleichzeitig riss Karl Böhms Berufung nach Dresden ein Loch in die Dirigentenriege der Hamburger Staatsoper, was letztendlich Swarowsky zugute kam, der ab Herbst 1934 dort dirigierte – für weniger als eine Saison.

Nach den Galeerenjahren in Wien, Stuttgart und Gera war Swarowsky bereit für Größeres, nach diesen rund zehn Lehrjahren bedeutete die Position als 1. Kapellmeister in Hamburg den richtigen Sprung zum rechten Zeitpunkt. Wie man den Zeitungsartikeln entnehmen kann, dirigierte er dort ab dem 13. April 1934 (zuerst als Gast) mit großem Erfolg ein ungemein weitgespanntes Repertoire. Zwei Produktionen fallen auf: Zum ersten Mal (Premiere 6.10.1934) wird für Glucks *Orpheus und Euridyke* Swarowskys Übersetzung verwendet. Den Orpheus singt ein Tenor, der Schweizer Willy Frey, und nicht wie traditionell seit Berlioz üblich, eine Altistin. Im Programmheft schreibt Swarowsky ausführlich über die Probleme bei der Realisierung dieser Oper und ihrer Fassungen. Die *Orpheus*-Produktion im Jahr davor in Gera war jedenfalls ein Probelauf für diese Übersetzung.

Hans Hotter, der legendäre Bassist, lernte Swarowsky 1934 in Hamburg kennen, wo auch er gerade neu engagiert wurde, und schilderte einige wesentliche Charakteristika des Dirigenten Hans Swarowsky:[30] eine klare Tempovorstellung, „denn kein anderer konnte in der Klavierprobe das gleiche Tempo anschlagen wie mit dem Orchester am Abend"; eine äußerst „klare Zeichengebung"; ein von der „Tradition" unbeschädigter Interpretationsstil und eine „gewisse Strenge den Ausführenden gegenüber" – Hotter war sofort beeindruckt. Als Erstes hörte Hotter in Hamburg eine Aufführung von Glucks *Orpheus* unter Swarowskys Leitung und es war ihm klar, dass dieser Dirigent „anders ist als all die anderen". Hotter sang dann u.a. Verdis *Macbeth* unter Swarowskys Leitung und sie begegneten einander immer wieder – nicht zuletzt bei der außerordentlichen Verfilmung der *Salome* 1960 mit der Wiener Staatsoper.

Die zweite herausstechende Produktion galt der *Frau ohne Schatten* (Premiere 18.11. 1934), die weitreichende Folgen haben sollte. Richard Strauss, der bei den Proben anwesend war und die Premiere dirigierte, bot Swarowsky an, ihm dirigiertechnische Anregungen zu geben, um sein Dirigieren etwas lockerer und klarer zu machen. Er fand, dass

---

30 Dieses und weitere Zitate Hotters stammen aus einem Gespräch Hans Hotters mit dem Autor am 18.11.2001 in seiner Münchener Wohnung.

Swarowsky „zu groß und zu viel mit den Ellenbogen dirigiere und es sich damit unnötig schwer mache". Anschließend an das Hamburger Zusammentreffen setzte Strauss den jungen Swarowsky regelmäßig ein, um Produktionen seiner Opern durch ihn einstudieren zu lassen. Strauss wollte damals offenbar keine Probenarbeit mehr absolvieren, war zwar anwesend, begnügte sich aber mit der Leitung der Premiere und der einen oder anderen Reprise – so war es u. a. auch in Amsterdam mit *Arabella* (18.2.1936) und in Zürich mit *Ariadne* (29.10.1937) und *Salome* (18.5.1939). Inwieweit Swarowsky in die Einstudierung der Uraufführungen von *Capriccio* in München (28.10.1942) und *Die Liebe der Danae* in Salzburg (16.8.1944) involviert war, ist unklar. In beiden Fällen war er jedenfalls die rechte Hand von Clemens Krauss, für den er alles tun durfte, außer Aufführungen oder Proben zu dirigieren. Allerdings durfte er nach Paris reisen, um die gesamte Ausstattung für *Capriccio* möglichst „original" von dort zu organisieren, desgleichen nach Mailand und Florenz für eine *Tosca*-Produktion in München – bizarre Verhältnisse für diese Kriegszeit. Paris und Mailand waren allerdings auch Zentren der alliierten Spionage-Abwehr, was für Swarowsky eine entscheidende Rolle gespielt haben könnte.

Zwischen Strauss und Swarowsky musste es ein grundlegendes musikalisches Einverständnis gegeben haben, wesentliche Elemente von Swarowskys Sicht klassischer Temponahme, der Temporelationen und einer stilistisch richtigen Aufführungspraxis wurden von Strauss zumindest bestärkt, wenn nicht wesentlich beeinflusst. Unter anderem machte ihn Strauss explizit auf Leopold Mozarts *Violinschule* aufmerksam, ein Buch, das Swarowsky bis zuletzt immer wieder als seinen „wichtigsten Lehrmeister" bezeichnete.

Strauss muss den Dirigenten Swarowsky tatsächlich sehr geschätzt haben, der „nicht nur ein sehr guter Musiker, sondern auch ein vielseitig gebildeter, besonders literaturbewanderter Mensch ist."[31] Und so versuchte er auch immer wieder, „seine[m] Freunde" zu helfen und ihm erste Positionen zu vermitteln – vermutlich war es Strauss, der Swarowsky 1935 an die Berliner Staatsoper empfahl, als Clemens Krauss Intendant wurde. Später wollte er Swarowsky mehrfach als Nachfolger Böhms in Dresden sehen (was aber aus politischen Gründen unmöglich war): „Können wir nicht Swarowsky nach Dresden bringen? Ich möchte dort schon nicht gerne einen Vierviertelschläger oder sog. Wagnerdirigenten haben à la Reichwein, sondern einen, der meine Opern wirklich kennt und Ihre Münchner Aufführungen gehört und daran gelernt hat"[32]. Im Jahre 1944 vermittelte er ihn (in seiner „Vertretung") nach Krakau.

---

31 Brief Strauss an Willi Schuh vom 3.10.1937; *Richard Strauss. Briefwechsel mit Willi Schuh*, hg. von Willi Schuh, Zürich/Freiburg i.Br. 1969, S. 20f.

32 Brief Strauss an Krauss, 7.3.1942; siehe *Richard Strauss – Clemens Krauss. Briefwechsel. Gesamtausgabe*, hg. von Günter Brosche, Tutzing 1997 (Publikationen des Instituts für österreichische Musikdokumentation 20), S. 452. Vgl. auch den Brief von Strauss an Krauss vom 14.1.1940, ebd., S. 295f.

Nicht ohne Grund richtete Strauss sein „Künstlerisches Vermächtnis" an Karl Böhm *und* Hans Swarowsky, der eine Zweitschrift, einen „Durchschlag" mit zusätzlichen Bemerkungen erhielt. Böhm wird gerne neben Krauss als *der* authentischer Strauss-Interpret bezeichnet, liest man aber die Briefe von Strauss genau, so entsteht ein anderer Eindruck. Aber Böhm war Chef des Opernhauses Dresden und danach bis Kriegsende der Wiener Oper, beides Häuser, die für Strauss größte Wichtigkeit hatten, er brauchte also Böhm ganz einfach. Vergleicht man heute die Strauss-Interpretationen von Böhm und Swarowsky, so ist der Unterschied für Jeden hörbar: Mit straffem Rhythmus, schwungvoll zügigen Tempi, transparentem Orchesterklang und ohne falsche Sentimentalität bringt Swarowsky die Musik von Strauss dem 20. Jahrhundert und den Intentionen seines Schöpfers näher als die meisten anderen Dirigenten. Böhm war für Strauss der „Fliegenfanger"[33] (dessen Dirigiertechnik charakterisierend) und Swarowsky die „Tratschbase" (dessen unglaublichen Redefluss bezeichnend).[34]

Am 5. Jänner 1935 erlebte Swarowsky abermals die Gewalt von NS-Anhängern im Theater: Die in Hamburg beim Publikum beliebte Sopranistin Sabine Kalter sang die Lady Macbeth, Swarowsky dirigierte. Während der Aufführung kam es zu lautstarken Wortduellen zwischen Befürwortern und Gegnern dieser Sängerin – einen Tag danach emigrierte sie nach London. Welche Reaktionen hätte es wohl provoziert, wenn Swarowskys Bemühungen, die Uraufführung von Alban Bergs *Lulu* nach Hamburg zu bringen, erfolgreich gewesen wären? Aber Swarowskys Tätigkeit in Hamburg war nicht von langer Dauer, denn bereits weniger als ein Jahr nach Vertragsbeginn musste Eugen Jochum[35] auf ihn zugunsten der Berliner Staatsoper verzichten, wo Krauss einen „tüchtigen" 1. Staatskapellmeister benötigte, da er selbst auch die Intendanz innehatte.

Berlin

Nachdem man sich in Berlin in zwei Probevorstellungen (*Lohengrin* am 13.2. und *Rigoletto* am 19.2.1935) von Swarowskys dirigentischen Qualitäten überzeugt hatte, war *Lohengrin* am 17. Mai 1935 seine *erste* Vorstellung als 1. Kapellmeister – am 5. Juli 1936 war *Cavalleria/Bajazzo* seine *letzte*, das Engagement dauerte also kaum länger als ein Jahr.

Die Berliner Stellung war eine Peripetie in der bis dahin steilen Karriere des erst sechsunddreißigjährigen Dirigenten, der als nächste Karrierestufe unter normalen Umständen Generalmusikdirektor eines Hauses wie Frankfurt hätte werden müssen – wären nicht die Mühlen des NS-Staates gegen ihn in Gang gesetzt worden. Swarowsky hatte nebst allen anderen Schwierigkeiten das Problem, zwischen die Fronten einer bitteren Auseinandersetzung zwischen Heinz Tietjen und Clemens Krauss geraten zu

---

33 Refero relata Swarowskys.
34 Brief Strauss an Krauss, 20.2.1942; *Richard Strauss – Clemens Krauss. Briefwechsel* (Anm. 32), S. 446.
35 Eugen Jochum (1902–1987) war von 1934 bis 1949 Generalmusikdirektor in Hamburg.

sein – zwei Herrschaften, die absolut nicht miteinander konnten. Swarowskys Berliner Vertrag wurde daher auf Betreiben Tietjens, des Generalintendanten aller Berliner Bühnen und Gefolgsmann Hermann Görings, frühzeitig gekündigt und jegliches weitere Engagement im Deutschen Reich verunmöglicht.[36] Man verdächtigte Swarowsky einer „nicht-arischen" Abstammung und einer „linken" politischen Einstellung, man verwendete Probleme der Stuttgarter Jahre gegen ihn und recherchierte sogar bis nach Wien, um dies zu belegen. *Beweisen* konnte man das Wenigste, und so stellte man ihn ganz einfach kalt. Liest man den Berliner Akt, so spürt man die Wut, die Tietjen ob seiner formalen Ohnmacht gehabt haben musste. In seiner Taschenpartitur[37] von Strauss' *Tod und Verklärung* setzte Swarowsky sein Schicksal dem des imaginären Titelhelden gleich und notierte mit bezugreichen Stichworten zu den einzelnen Abschnitten jeweils seine Situation, von der „heiteren Kindheit" bis zur „Verklärung" nach Kriegsende 1945.

In Berlin dirigierte Swarowsky zwei Premieren: *Julius Cäsar* (8.6.1935) und *Die Entführung aus dem Serail* (16.1.1936), daneben betreute er fast ausschließlich das italienische Repertoire. Ohne Zweifel hat Swarowsky in all diesen Jahren auch Konzerte dirigiert – leider fehlen aber bis dato die Unterlagen dazu; wir wissen lediglich, dass er sowohl in Stuttgart als auch in Hamburg und in Berlin Bruckners *Neunte* dirigiert hat.[38] Und es gab etwas völlig Neues: Studioaufnahmen mit der Staatskapelle Berlin und Jan Kiepura.

Swarowsky hatte Glück im Unglück – aber dem Mutigen gehört das Glück –, denn es gelang ihm, seine Forderung nach Auszahlung aller Gagen in Berlin bis zum ursprünglichen Vertragsende gerichtlich zu erzwingen, was ihm das Überleben des darauffolgenden Jahres erleichterte. Wir wissen über 1936 dank einer eigenhändigen Eintragung in seine Dirigierpartitur lediglich von einem Gastspiel in Buenos Aires, wo er für das Teatro Colon Schönbergs *Gurre-Lieder*[39] leitete und die bereits zitierte *Arabella* für Strauss in Amsterdam.

Zürich

Als weiteren Glücksfall muss man wohl – trotz aller sich erst später zeigenden Widrigkeiten – das darauffolgende, immerhin dreijährige, Engagement als 1. Kapellmeister am damaligen „Stadttheater" (heute Opernhaus) in Zürich sehen: Es begann am 8. September 1937 mit *Don Carlos*, es endete am 30. Mai 1940 mit *Madama Butterfly* und bedeutete somit immerhin fast drei Jahre Dirigieren und Schutz vor direkter NS-Verfolgung. Swarowsky war nicht der Einzige an diesem Haus, der dort während der

---

36 Siehe den umfänglichen Swarowsky-Akt in GStA.
37 Taschenpartitur Nr. 1623 in NlHS.
38 Diese Informationen befinden sich in der bereits früher zitierten Dirigierpartitur Swarowskys der Sinfonie.
39 Diese Information ist einer Eintragung in Swarowskys Dirigierpartitur der *Gurre-Lieder* zu entnehmen. Kopie im Besitz der HSA.

NS-Zeit vorerst einen Zufluchtsort gefunden hat. Nicht nur in der Oper, sondern auch im Sprechtheater war Zürich ein Zentrum emigrierter Künstler.

Swarowskys Repertorie umfasste so ziemlich alles außer Wagner, der Robert Denzler, dem damaligen Chefdirigenten, vorbehalten blieb. Interessant ist, dass es Swarowskys Rat an den nach zusätzlichen Geldquellen suchenden Intendanten war, *Mignon* von Ambroise Thomas anzusetzen, um einen echten Kassenschlager zu haben – was auch eintraf, denn er dirigierte vom 17.12.1938 bis zum 15.1.1939 zwölf ausverkaufte Abende. In diesen vier Wochen standen aber auch eine Neueinstudierung von d'Alberts *Die toten Augen* (14.1.1939) sowie *Gasparone, Aida, Lohengrin, Tosca* und *Der Wildschütz* auf dem Programm: „… sehr gut dirigiert. Derselbe hat mit Vorteil bei mir zugeguckt!", meinte Richard Strauss, der die Premiere des *Wildschütz* im September gehört hatte.[40] Swarowsky dirigierte in diesen vier Wochen 24 Abende für ein Gehalt von rund 850,- Franken monatlich. In seiner gesamten Züricher Zeit stand er mehr als 225-mal am Pult, was bei einer neunmonatigen Spielzeit von September bis Mai einen Durchschnitt von drei bis vier Abenden pro Woche ergibt.

Mehrere Inszenierungen fanden in der Regie von Walter Felsenstein statt, ebenfalls ein Emigrant, mit dem sich Swarowsky auch bezüglich Übersetzungsfragen sehr gut zu verstehen schien und mit dem er lebenslang in Kontakt blieb. Felsenstein betreute die *Salome*-Inszenierung, die am 18. Mai 1939 Premiere hatte und von Strauss persönlich dirigiert wurde; gemeinsam mit Felsenstein folgten noch *Gasparone, Orpheus in der Unterwelt* und *Carmen*. Auch die Aufführung von *Carmen*, neu übersetzt von Felsenstein, räumte mit Traditionellem auf, indem – erstmals wieder – die gesprochenen Dialoge Bizets anstelle der später von fremder Hand nachkomponierten, falschen Rezitative verwendet wurden.

Nach einiger Zeit manifestierte sich in Swarowsky eine gewisse Unruhe bezüglich seines Schweizer Exils, er fand das Opernhaus insgesamt mittelmäßig und künstlerisch trotz der nicht uninteressanten Aufgaben als nicht zufriedenstellend.

> Ich habe hier sehr viel gearbeitet, sehr schöne Erfolge gehabt – und doch ist das ganze nichts, weil sich keine über den „Dienst" hinausgehende, bildende, einen allgemeinen Fortschritt darstellende, in die allgemeine Entwicklung eingehende Tätigkeit erzielen lässt und im Grunde eben Provinz Provinz ist […] Was mich künstlerisch drückt, ist […] dass die Dinge selbst aber in ihrer wahren Gestalt niemals zur Ausreifung kommen.[41]

Man erkennt, dass Swarowsky weit mehr wollte als nur „Repertoire" dirigieren, dass er gestalten, Orchester und Sänger weiterentwickeln wollte, dass er klare Ziele vor Augen

---

[40] Siehe Kurt Wilhelm, *Fürs Wort brauche ich Hilfe. Die Geburt der Oper „Capriccio" von Richard Strauss und Clemens Krauss*, München 1988, S. 40.
[41] Brief Swarowskys an Clemens Krauss vom 11.2.1939, F 59 Clemens Krauss-Archiv, ÖNB.

hatte, die aber unter den gegebenen Umständen nicht zu erreichen waren. Den meisten Anderen hätte das schon Erreichbare durchaus genügt, noch dazu unter den damaligen politischen Bedingungen.

Dazu kam eine zunehmende finanzielle Not, da Swarowsky in Zürich weit weniger verdiente als in Berlin: „Zuweilen reicht es nicht auf die Straßenbahn. Dann geh ich zu Fuß und meine Gedanken schweifen zurück zu Tietjen und ich bekomme harte Fäuste."[42] Er fühlte sich ja verpflichtet, weiterhin seine Mutter (lebenslänglich), seinen Sohn und seine zweite Frau, die ihren Beruf für ihn geopfert hatte, zu unterstützen. Swarowskys finanzielle Misslichkeit sollte aber – von kurzen Unterbrechungen abgesehen – noch rund 20 Jahre andauern.

Auch die Beeinträchtigung von Swarowskys Gesundheitszustand war eine Konsequenz des reichsdeutschen Bannstrahls: Er litt fortan ständig – erste Anzeichen gab es bereits in Stuttgart – an Schlaflosigkeit und zeitweise auch an physischen Problemen mit dem Bewegungsapparat. Nach außen ließ er sich nichts anmerken, nur in den Briefen an Anton klagte er darüber.

Am 12. März 1938, am 14. Geburtstag von Anton, annektierte das Deutsche Reich Österreich, sodass Anton als Sohn einer jüdischen Mutter sofort zu seinem Vater in die Schweiz emigrieren musste, über dessen tatsächliche Lebensumstände er damals wohl noch nicht Bescheid wusste:

[G]eschenkt wird einem Fremden hier nichts – in einem Lande, dessen oberster moralischer Grundsatz die Ausbeutung der Fremden ist. Die Fremdenpolizei[43] hat mir außerdem als Bedingung meines Aufenthalts jegliche Lehrtätigkeit, jede Arbeit im Konzert oder Rundfunk unwiderruflich verboten [...][44]

Not macht erfinderisch – und Swarowsky ging vermehrt daran, Opernlibretti zu übersetzen, um Geld zu verdienen. Seine erste Version von Verdis *Falstaff* wurde bereits 1940 an der Wiener Staatsoper und danach auch in München unter der Leitung von Krauss aufgeführt.

Swarowsky lernte in diesen Züricher Jahren zahlreiche Persönlichkeiten kennen, dazu zählte auch Igor Strawinsky, als Swarowsky *Petruschka* und die europäische Erstaufführung des Balletts *Jeu de cartes* dirigierte. Swarowsky erzählte zu diesem Ballett[45],

---

42 Swarowsky an Richard Strauss, Brief vom 12.12.1939, NIHS.
43 Chef der Schweizer Fremdenpolizei war damals ein gewisser Heinrich Rothmund, der für die immer rigidere Politik der Schweiz den Emigranten gegenüber verantwortlich war, der mit Berlin zusammenarbeitete und ein deklarierter Antisemit war. Es gab allerdings vergleichbare Fälle, in denen die Arbeitserlaubnis trotz allem erteilt wurde, z.B. für Otto Ackermann in Luzern.
44 Brief Swarowskys an Clemens Krauss vom 11.2.1939, F 59 Clemens Krauss-Archiv, ÖNB.
45 Er nahm *Jeu des cartes* 1974 mit dem ORF-Sinfonieorchester in Wien auf und unterrichtete das Werk da-

dass Strawinsky tatsächlich ein tournierfähiger Kartenspieler gewesen sei und jede freie Minute dafür nützte; er traf ihn sogar am Markusplatz in Venedig alleine sitzend und Karten spielend an. Später trafen sich die Beiden noch in Mailand, wo Swarowsky Strawinskys *Canticum Sacrum* am 1.10.1956 an der Scala leitete, kurz nach der Uraufführung am 13.9.1956 im Markusdom in Venedig; dort war Swarowsky zwar anwesend, Strawinsky dirigierte aber selbst. Sie trafen sich auch als Gäste im Palazzo von Peggy Guggenheim, wo auch George Szell, mit Swarowsky von Jugendtagen an befreundet, zugegen war.

Aber noch Anderes machte Swarowskys Zeit in Zürich zu einem wichtigen Aufenthalt: Dazu gehörte die Sichtung hunderter Beethoven-Briefe aus der Sammlung Bodmer, die zu sortieren, zu entziffern und zu datieren waren.[46] Anton Swarowsky erzählte, dass diese Autographe in seines Vaters Arbeitszimmer offen am Schreibtisch lagen und er immer wieder hörte: „Nicht angreifen! Das ist von Beethoven!".

Gegen Ende 1939 entdeckte Swarowsky in einem Zürcher Antiquariat (er war stets und überall Stammkunde in solchen Geschäften) eine alte Ausgabe der *Sonette* von Pierre de Ronsard. Er übersetzte sechs davon (als freie Übertragung im Sinne einer Nachdichtung) für Richard Strauss ins Deutsche, der eines davon für *Capriccio* verwendete. Strauss komponierte das Sonett binnen weniger Tage Ende November 1939 und widmete das Autograph dieser Erstfassung (in A-Dur, höher als die endgültige Fassung) unmittelbar danach Hans Swarowsky. Über das tatsächliche Ausmaß von Swarowskys Mitautorschaft am Libretto von *Capriccio* herrscht keine endgültige Klarheit, es dürfte aber mehr gewesen sein als bekannt, was von Strauss diskret behandelt wurde, um die offensichtliche Eifersucht von Clemens Krauss nicht zu fördern. So schreibt Krauss am 3. Jänner 1940, also nach der Erstfassung des Sonetts, etwas lakonisch an Strauss: „Die kleine Dichtung von Swarowsky ist gewiß sehr hübsch und talentiert. Sie ist allerdings nicht ganz das, was ich mir vorstelle …" Strauss antwortet sofort: „Bezüglich Sw. Gedicht bin ich nicht ihrer Meinung: gereimte Verse contrastieren sehr glücklich mit der übrigen Prosa des Stücks und das Sonett schließt sich ausgezeichnet an."[47] Swarowsky als Mitautor in der Druckausgabe zu nennen, wäre in der damaligen politischen Situation wohl nicht denkbar gewesen.

Swarowsky wohnte während seiner gesamten Züricher Zeit bei Julius Marx, einem Freund aus Stuttgarter Tagen, in dessen großer Wohnung in der Beethovenstraße 49. Auch Marx war bereits Jahre zuvor in die Schweiz emigriert und baute dort eine der

---

mals auch in seinen Vorlesungen.
46 Hans Conrad Bodmer (1891–1956), ein Züricher Patrizier, trug die wohl bedeutendste private Beethoven-Sammlung zusammen und vermachte sie dem Beethoven-Haus Bonn, das eigens umgebaut werden musste, um die umfangreichen Bestände aufzunehmen. Siehe auch den Eintrag des Beethoven-Hauses https://internet.beethoven.de/de/ausstellung/125-jahre-beethoven-haus/id6.html (30.8.2021).
47 Briefe vom 3.1.und 4.1.1940; *Richard Strauss – Clemens Krauss. Briefwechsel* (Anm. 32), S. 288–291.

zentralen Kommandostellen für den britischen Geheimdienst auf – es kann kein Zweifel bestehen, dass er die Schlüsselfigur für Swarowskys bald einsetzende Tätigkeit für die Alliierten war. Die Wohnung von Marx war ein Treffpunkt für in Zürich lebende exilierte Intellektuelle und nicht zuletzt auch dadurch ein Konspirationszentrum erster Klasse.[48]

Am 1. Mai 1940 resümierte Swarowsky mit bitteren Worten:

[I]ch bin nun endgültig ausgewiesen. Juni muss ich ausreisen. Mir bleibt jetzt nur ein Weg: zurück dorthin. Es ist gewiss furchtbar und vielleicht gleichbedeutend damit, dass ich die Erfüllung meines Lebens, die ich von 40–50 wohl […] noch hätte erreichen können, aufgeben muss […] ich bin darüber verzweifelt, fast zerbrochen […][49]

Swarowskys Aussichtslosigkeit auf weitere künstlerische Tätigkeit, das vermeintlich endgültige Scheitern seiner Karriere – das Schlimmste, was einem Künstler überhaupt passieren kann – ist ein Schlüssel zum Verständnis seiner Rückkehr nach Deutschland.

V. Die unterbrochene Karriere

Trotz des ausdrücklichen und mehrfach bis an die Berner Regierung vorgebrachten Wunsches des Zürcher Opernhauses, Swarowsky behalten zu dürfen, wurde lediglich eine Verlängerung um eine Saison gewährt und am 30. Mai 1940 war es zu Ende. Mangels realistischer Alternativen und finanzieller Ressourcen kehrte Swarowsky ins Deutsche Reich zurück, mit der Versicherung durch Richard Strauss und Clemens Krauss, ihm zu helfen und ihn zu schützen. Daneben gab es aber noch ein anderes Motiv für diese Rückkehr: die „innere Emigration", die Swarowsky für essentiell hielt, wenn es darum geht, autoritäre Regimes zu unterminieren und letzten Endes zu stürzen. Er war überzeugt davon, dass dies nur aus dem Inneren eines Landes möglich war und niemals von außen[50], und meinte daher, dass in einer solchen Situation nur Jene ein Land verlassen dürften, deren Leben gefährdet wäre. Swarowsky missbilligte in diesem Zusammenhang ausdrücklich die Emigration von Thomas Mann, den man gewiss nicht schlechter als Richard Strauss behandelt hätte, und er zog Parallelen zu den russischen Dissidenten Sacharow und Solschenizyn.

---

48 Marx gab 1939 das *Kriegs-Tagebuch eines Juden* heraus, an dem Swarowsky mitgewirkt haben dürfte.
49 Brief Swarowskys an seine erste Frau, Julia Laszky, vom 1.5.1940, NlHS.
50 Diese Meinung vertrat Swarowsky nicht nur gesprächsweise dem Autor gegenüber, sondern auch in einer Vorlesung für seine Dirigentenklasse in Wien in seinem letzten Unterrichtsjahr (1974/75).

Was macht also jemand, der an der Ausübung seines künstlerischen Berufs gehindert wird? Clemens Krauss verschaffte Swarowsky mit Hilfe von Strauss tatsächlich einige Anstellungen: zuerst in der „Reichsstelle für Musikbearbeitungen", um ihn „bei den Herrschaften in Berlin wieder hoffähig" zu machen, wo Swarowsky neue Bühnenwerke hinsichtlich deren künstlerischer Qualität und ideologischer Verlässlichkeit zu untersuchen hatte. In seinen Beurteilungen drückte er erstaunlich offen aus, was er wirklich dachte, und stellte sich damit immer wieder in Gegensatz zur politisch erwünschten Meinung, was aber dank seiner doppelbödigen Formulierungen nicht so leicht zu erkennen war.

Diese Berliner Stellung ermöglichte ihm aber auch den Kontakt zu führenden NS-Politikern, wie z. B. Otto Paul Meissner, den Leiter des Büros des deutschen Staatspräsidenten (von 1920 bis 1945), den er über einen mit seiner Frau Maria befreundeten Ballettänzer kennenlernte, der mit Meissner eine Beziehung gepflegt haben soll.[51] Nicht zuletzt über diesen Kontakt – Swarowsky lernte auch, „verkehrt zu lesen" (um 180° gedreht liegende Schriftstücke) – erhielt er den Stoff für jene Nachrichten, die er den Alliierten codiert in „Telegrammen über Übersetzungsfragen von Opernlibretti" übermittelte. Das Honorar der Engländer für diese Dienste ging direkt zu Anton, dem Ende 1940 nach langen Mühen die Emigration in die USA zur Mutter in New York gelang.

Swarowsky wurde aber bald als „Chefdramaturg" an die Münchner Staatsoper und die Salzburger Festspiele engagiert, wo er u. a. mit Wissen von Clemens Krauss einigen Sängern das italienische Standardrepertoire auf Italienisch beibrachte, denn auch Krauss meinte, es würde bald die Zeit kommen, wo das nicht mehr auf Deutsch aufgeführt würde. Hans Hotter erinnerte sich an Scarpia und Don Giovanni, Rollen, die er damals mit Swarowsky einstudiert hatte.[52]

Nach seiner Rückkehr ins Deutsche Reich intensivierte Swarowsky auch seine Übersetzertätigkeit, einige dieser Opern wurden von Clemens Krauss für die Münchener Staatsoper in Auftrag gegeben. Dazu zählt auch ein *Don Giovanni*, den er gemeinsam mit Georg Schünemann bearbeitete. „Wir nahmen von allen alten Übersetzungen die besten Stellen und das überraschende Ergebnis war: es ergab die alte Levi-Übersetzung", erzählte er später[53]. Im Nachlass gibt es allerdings auch Teile des *Don Giovanni*, den er gemeinsam mit Richard Strauss übersetzte[54], aber nicht vollendete. Mehrere von Swarowskys Übersetzungen wurden nach dem Krieg bei Ricordi und Bärenreiter

---

51 Aussage Doris Swarowsky im Gespräch mit dem Autor.
52 Auch diese Mitteilungen Hotters stammen aus einem Gespräch Hans Hotters mit dem Autor am 18.11.2001.
53 Ich gehe davon aus, dass es sich um jene Ausgaben handelt, die auch Jahrzehnte nach dem Krieg noch im Umlauf waren und den Namen Schünemanns tragen. Swarowsky schätzte Georg Schünemanns Tätigkeit sehr.
54 NlHS.

verlegt und sind heute noch in Verwendung.[55] Giuseppe Sinopoli, einer der Schüler Swarowskys, meinte „er kenne außer Hans Swarowsky keinen anderen Nicht-Italiener, der Italienisch wie ein echter Italiener spricht". Die Qualität der Übersetzungen, die sich sowohl inhaltlich, sprachlich wie musikalisch am Original orientieren, bezeichnete der Bariton Otto Edelmann als „fast besser sangbar als das Original".

Ans Dirigentenpult ließ Krauss seinen früheren Berliner 1. Kapellmeister allerdings nicht mehr. Hans Hotter[56] fragte Krauss mehrfach, warum dieser hervorragende Mann nicht dirigieren dürfe, worauf Krauss antwortete: „Der Swarowsky kann so vieles und ist so wichtig für uns, dass das gar nicht so wichtig ist". Was war es also, was dieser Mann alles konnte, abgesehen vom Korrepetieren auf Italienisch? Er durfte die Ausstattung für Neuinszenierungen in Paris und Mailand organisieren, Opern übersetzen und Dirigiertechnik in den Kursen unterrichten, die Krauss unter der Patronanz von Strauss ab 1941 in Potsdam und Salzburg abhielt; Swarowsky berichtet von „63 Schülern aus allen Nationen" und dass Strauss „lebhaft in den Unterricht eingriff".[57] Zudem war er offenbar ein sehr nützliches Element bei der Programmierung und Durchführung der Salzburger Festspiele, die ja ab 1941 ebenfalls unter der Kontrolle von Krauss waren (ebenso wie das Mozarteum in Salzburg). Für den Sommer 1943 schrieb Swarowsky (ohne namentlich zu zeichnen) sämtliche Texte der Salzburger Programmhefte. 1944 wurden die Festspiele zwar abgesagt, aber Swarowsky dürfte die Einstudierung der „Ur-Generalprobe" der *Liebe der Danae* geplant und überwacht haben.[58] Es existieren Fotos, die ihn zusammen mit Sängern (im Kostüm) beim Schlussapplaus zeigen. Und Swarowsky lieferte auch jenen Bericht[59], der heute oft zitiert wird:

> [Ein] Triumph für die deutsche Kunst aber war die Ur-Generalprobe der neuen Strauß-Oper *Danae* […] Der unmittelbare Eindruck hielt uns während aller Proben, auch außerhalb des Theaters, in stetem Bann […] Nach der Hauptprobe rief Strauss dem Orchester zu: „Auf Wiedersehen in einer besseren Welt" […] alles einte sich zu einem Gesamteindruck, dessen Pracht manchen von uns umso tiefer bewegte, je mehr er sich sagte, dass hier vielleicht auf sehr lange Zeit die <u>letzte</u> Gelegenheit gewesen war, solche Kunst […] zu genießen.

---

55 Siehe dazu die Dissertation von Juri Giannini, *Interpretation zwischen Praxis und Ästhetik. Hans Swarowsky als Übersetzer von Opernlibretti*, Wien 2020 (Musikkontext 13).
56 Gespräch mit Manfred Huss, München, 18.11.2001.
57 Brief Swarowskys an Hans Frank vom 20.8.1944, Aktenbestände des Generalgouvernements, Korrespondenz Hans Frank, BAB (Kopie in NIHS); siehe zu diesem Schreiben auch im Kapitel „Swarowsky während der NS-Zeit (1933–1945)" die Abschnitte „4.1. Die Staatsoper München unter Clemens Krauss", „4.2. Swarowskys Mitwirkung beim ‚Salzburger Musik- und Theatersommer'" und „6. Krakau".
58 Siehe die entsprechenden Dokumente in NIHS.
59 Brief Swarowskys an Hans Frank vom 20.8.1944 (Anm. 57).

Im August 1944 waren diese Sätze durchaus nicht unprovokativ, denn der Brief war an Hans Frank, den deutschen „Generalgouverneur" von „Rest-Polen"[60], in Krakau gerichtet.

Seit dem Ende des Züricher Engagements hatte Swarowsky kaum Gelegenheit zu dirigieren – ein paar Konzerte außerhalb des Deutschen Reichs, in Barcelona, Budapest, Agram (Zagreb) und Klausenburg (Cluj). Bemerkenswert ist ein Programm, das er Ende November 1943 in Budapest dirigierte, es standen ausschließlich Werke von Schubert auf dem Programm: die „Unvollendete", drei Lieder (*Die junge Nonne, Der Tod und das Mädchen, Dem Unendlichen*) und die *Messe in Es-Dur*. Hätte man die damalige politische Stimmung – Ungarn kurz vor der deutschen Okkupation – musikalisch besser skizzieren können?

VI. Krakau – Die erste Chefposition

„Man muss zuerst mit den Wölfen heulen können, um sie zu bekämpfen!" Diese Sentenz bezeichnet eine der möglichen Positionen politischen Widerstands und sie charakterisiert Swarowskys Position im Dritten Reich und insbesondere sein Verhältnis zu Hans Frank in Krakau sehr gut. Im März 1944 ergab sich für Swarowsky erstmals seit dem deprimierenden Ende seiner Züricher Zeit nicht nur unerwartet die Möglichkeit, wieder dirigieren zu dürfen[61], sondern sogar die Chefstelle der neu gegründeten und ausgezeichneten Krakauer Philharmonie zu erhalten – ein Intermezzo, denn der Zusammenbruch des NS-Regimes war bereits erkennbar. Dieses Engagement war naturgemäß ein heikles Geschäft, das mit der üblichen Agenda eines Chefdirigenten nicht zu vergleichen war: Der Intendant des Orchesters, Haslinde (ein Nationalsozialist und Mitglied der SS), war bei Gouverneur Frank in Ungnade gefallen, was Swarowsky sehr gelegen kam, um ihn über kurz oder lang entfernen zu lassen und dessen Funktion selbst zu übernehmen.

Hans Frank, der auf dem Wawel, der Krakauer Burg, residierte (angeblich die längste Zeit gemeinsam mit der jungen Elisabeth Schwarzkopf[62]), beabsichtigte, in Krakau einen Kulturbetrieb aufzubauen, wie er sonst nur in Wien, München oder Berlin zu fin-

---

60 Hans Frank (1900–1946) regierte jene Teile Polens, die von Deutschland nicht okkupiert wurden oder an Russland gingen, die Hauptstadt war Krakau. Frank zählte zu den schlimmsten Kriegsverbrechern und wurde im Nürnberger Prozess zum Tode verurteilt. Dessen ungeachtet muss er ein gebildeter und fanatischer Kunstfreund gewesen sein, dem die Musik nicht nur aus politischen Gründen ein Anliegen war; seine Residenz in Warschau war vollgestopft mit Raubkunst erster Klasse.
61 Gesetze, die für das Territorium des Deutschen Reichs galten, mussten nicht unbedingt im „Generalgouvernement" Anwendung finden und Hans Frank hatte zudem eine Art politischer Narrenfreiheit.
62 Auskunft von Doris Swarowsky nach Berichten ihres Mannes.

den war. Swarowsky wurde, nach einigen Konzerten auf Probe und trotz anfänglicher Ressentiments, ab September für gerade vier Monate Chefdirigent dieses Orchesters. Auffallend ist, dass es relativ viele Auftritte gab, denn es wurden mehr als einmal wöchentlich Konzerte veranstaltet, in Fabrikshallen, in Sälen, im gotischen Arkadenhof, für die Wehrmacht oder auch – auf Betreiben Swarowskys und nicht ohne Risiko für ihn – in sonntäglichen Aufführungen für die polnische Bevölkerung, was von Frank offenkundig geduldet wurde. Die deutsche Volksgruppe, vielfach aus abkommandierten Soldaten bestehend, durfte die Konzerte der polnischen nicht besuchen und umgekehrt. In einem Brief schrieb Swarowsky:

> [T]ausende von Soldaten hörten […] zum letzten Male im Leben Musik. Es war immer schrecklich, wenn „Abgehende" geschlossen in die Veranstaltung kamen […] die damals in ihrer Frontverzweiflung Stärkung in der Musik fanden".[63]

Das Repertoire war gemischt: viel Richard Strauss, Wiener Klassik, Wagner – aber auch die damals verfemten polnischen Komponisten wie Chopin und Moniuszko, der in Polen durch seine Oper *Halka* als Komponist des nationalen Widerstands galt. Teile aus dieser Oper Monuiszkos standen in Konzerten für die Polen auf dem Programm, auch in den sogenannten „Werkspausenkonzerten", die tagsüber in Fabrikshallen stattfanden, wo polnische Arbeiter zwangsweise eingesetzt waren. Insgesamt muss man Swarowskys Programmierung also ausgesprochen polenfreundlich sehen. Zum 80. Geburtstag von Richard Strauss am 11. Juni 1944 gab es ein ganzes Strauss-Festival mit mehreren Konzerten und sechs Aufführungen der *Ariadne*, alles mit den besten damals verfügbaren Solisten (Viorica Ursuleac, Adele Kern, Maud Cunitz, Julius Patzak). Strauss war aus mehreren Gründen damals bei den Spitzen des NS-Staates so verpönt, dass Veranstaltungen zu seinem 80. Geburtstag ausschließlich in Krakau und Wien – und auch dort war es inoffiziell[64] – stattfinden konnten. Die Pressestimmen zu Swarowskys Tätigkeit waren durch die Bank hymnisch und bestätigten ihn in seiner Aufgabe.

Franks fanatische Liebe zur Musik – seine Verehrung für Strauss und Pfitzner und sein durchaus auch politisches Ziel, in Krakau ein musikalisches Pendant zu den anderen Musikzentren aufzubauen – war der Hebel, mit dem Swarowsky ansetzte. Da eine Philharmonie samt Chor mit Deutschen nicht mehr zu besetzen war (sogar der deutsche Konzertmeister Fritz Sonnleitner wurde Ende September gegen den Widerstand von Swarowsky und dem Orchester zur Wehrmacht einberufen), brachte Swarowsky Frank dazu, es mit polnischen und jüdischen Musikern tun zu dürfen. So gelang es, aus dem nahe gelegenen KZ Plaszow einige Häftlinge herauszubekommen, indem sie in

---

63 Brief Swarowskys an Fred K. Prieberg vom 16.3.1964.
64 Karl Böhm dirigierte in einer geschlossenen Vorstellung der Wiener Staatsoper ebenfalls *Ariadne*.

Chor und Orchester integriert wurden, obwohl manche von ihnen weder singen noch spielen konnten.

Das Orchester muss hervorragend gewesen sein, nicht zuletzt weil es aus den besten Musikern *ganz* Polens bestand, die nach Auflösung ihrer ursprünglichen Ensembles nach Krakau geflüchtet waren. Swarowsky erkannte, in welcher Lage die polnischen Musiker waren, und setzte daher alles daran, ihnen zu helfen, ohne Rücksicht auf sich selbst. Alle diese Musiker wurden von Swarowsky mit Wohnungen und Hausrat, Essensrationen und Passierscheinen versorgt. Letzteres war bei der ab September verhängten Ausgangssperre besonders wichtig, nicht zuletzt zur Erledigung oppositioneller Tätigkeiten. Eine von Swarowsky geschriebene und erhaltene Liste derjenigen Musiker, für die er die nötigsten Möbel organisiert hat, umfasst allein 45 Namen.[65]

Swarowsky, der selbst Kontakte zu polnischen Widerstandsgruppen hatte – den miteinander verfeindeten kommunistischen, katholischen und aristokratischen –, wurde bald als „Polenfreund" bekannt. Von welchem anderen Chefdirigenten gibt es ein vergleichbares Verhalten aus dieser Zeit zu berichten?

Dies hat ihn aber auch verdächtig gemacht und deshalb sollte er Mitte Dezember 1944 von einer eigens aus Berlin angereisten Kommission unter der Leitung des höchsten Kulturbeamten, Rainer Schlösser[66], abgesetzt, verhaftet und ausgerechnet durch Franz Konwitschny ersetzt werden. Nur der ideologisch untermauerte Größenwahnsinn von Hans Frank – der auf sein Musikprojekt nicht verzichten wollte – rettete Swarowsky, denn Frank weigerte sich, ihn freizugeben. In einer Situation, in der die Russen bereits seit Längerem Krakau umzingelt hatten und es nur mehr eine Frage von Tagen war, wann sie dort einmarschieren würden, musste noch zu Sylvester 1944 ein „Neujahrskonzert" nach Vorbild der von Clemens Krauss erfundenen und geleiteten Wiener Strauß-Konzerte gespielt werden.

Swarowsky hatte offenkundig einen psychologischen Weg gefunden, sich Frank geradezu gefügig zu machen, wobei ihm seine enorme Bildung geholfen hat, mit einem Mann auszukommen, dessen große kulturelle Kenntnisse und intellektuelle Fähigkeiten in diametralem Gegensatz zu seinen politischen Verbrechen stand, eine Schizophrenie, für die auch Swarowsky keine Erklärung finden konnte. Wir besitzen einen einzigen, aber sehr langen und aufschlussreichen Brief Swarowskys an Frank aus dem August 1944, also noch *vor* dem offiziellen Antritt seiner Chefstelle: Er ist Ausdruck einer völlig aberwitzigen Situation, eines riskanten Seiltanzes über dem Abgrund. Noch sind

---

65 „Möbel-Liste" aus 1944, NlHS; siehe die Reproduktion im Beitrag von Joana Wnuk-Nazarowa.
66 Dr. Rainer Schlösser (1899–1945), „Reichsdramaturg" und Leiter der Kultursektion in Goebbels' Propagandaministerium, war der einflussreichste NS-Kulturpolitiker seit 1933 und verantwortlich für die Umgestaltung des deutschen Kulturlebens im Sinne der NS-Ideologie; er wurde 1945 von russischen Truppen als Kriegsverbrecher hingerichtet.

die Nazis eine tödliche Bedrohung und die Zukunft ist völlig ungewiss, noch herrscht die deutsche Bürokratie mit ihren schrecklichen Mechanismen und will den kommenden Zusammenbruch nicht wahrhaben – dagegen steht Swarowskys Wille, die Musik und die Musiker zu bewahren und zu schützen. Voll Selbstverleugnung argumentiert Swarowsky, wohl auch um das eigene Leben zu retten, er tanzt mit dem Teufel, um ihn zu übertölpeln, er schmeichelt hemmungslos, dokumentiert aber gleichzeitig seine wahre Meinung. Natürlich reflektiert Swarowsky Gedanken und Wünsche Franks, führt sie aber gleichzeitig – von Frank, dem „Regierungsgenie", missverstanden, da ihm ja scheinbar Recht gegeben wird – mit einer brillanten Doppelbödigkeit und Ironie ad absurdum.

[Es] verging kein Tag, ohne dass wir Ihrer, sehr verehrter Herr Generalgouverneur, gedachten und ich bin nie zu Bett gegangen, ohne die innigsten Wünsche für Sie […] Ich mußte sehr an Ihr Wort denken, dass Sie <u>mit der Kunst</u> regieren, als ich gestern im Eckermann las, wie Goethe bei der Erwähnung des „Dämonischen" (was für ihn so viel bedeutet, wie für uns heute die eingeborene Führernatur) diese Rolle auch der Musik im höchsten Masse zubilligt.

Swarowsky fährt fort und zitiert Goethe:

„Sie steht so hoch, dass kein Verstand ihr beikommen kann und es geht von ihr eine Wirkung aus, die alles beherrscht und von der niemand imstande ist, sich Rechenschaft zu geben. Der religiöse Kultus kann sie daher auch nicht entbehren; sie ist eins der ersten Mittel, um auf die Menschen wunderbar zu wirken." Mir fiel auf, wie sehr Sie ebenso gedacht hatten, als Sie mit unserer Philharmonie ein gut Teil der östlichen Herzen gewinnen wollten.[67]

Der Vergleich mit Eckermanns Text zeigt den Zynismus von Swarowskys Argumentation, denn Goethe meint: „[…] Mephistopheles ist ein viel zu negatives Wesen, das Dämonische aber äußert sich in einer durchaus positiven Tatkraft"[68], und Goethe gesteht es unter den Menschen Byron, Paganini oder Napoleon zu, keinen von ihnen kann man mit einem Frank vergleichen.

Ferner stellt Swarowsky im selben Brief (August 1944) Überlegungen an, wie man die Krakauer Philharmonie vor den Russen retten könnte,

---

67 Brief Swarowskys an Hans Frank vom 20.8.1944 (Anm. 57).
68 Johann Peter Eckermann, *Gespräche mit Goethe in den letzten Jahren seines Lebens*, Kapitel 183 und 186, Frankfurt a.M. 1981.

[…] wenn wir unglückseligerweise die Stadt aufgeben müßten, damit wir über den ganzen Körper [das Orchester] wieder verfügen zu dem Zeitpunkt, in welchem die Wiedereroberung Tatsache geworden sein würde […] Denn sollten – was Gott verhüten möge – die Russen die Stadt nehmen, ist die Möglichkeit eines massacres unter den Musikern nicht zurückzuweisen.[69]

Aber es kam anders: Die Russen waren seit Ende Juli 1944 auf dem Vormarsch in das Generalgouvernement, Lemberg und Lublin waren bereits unter russischer Hand. Als sie dann vor Krakau standen, versuchte Frank tatsächlich, das Orchester nach Deutschland zu „evakuieren", weshalb im Jänner 1945 in letzter Minute das gesamte Notenarchiv und die Instrumente zum Versand dorthin verpackt werden sollten. Die Kisten enthielten jedoch nur Makulatur und Attrappen, denn Swarowsky boykottierte insgeheim im Einverständnis mit dem Orchester Franks Anordnung.

Das Orchester muss eine Art polnisches *NBC Orchestra*[70] gewesen sein: Swarowskys Asisstent war damals Witold Rowicki[71], der als Bratschist in der Philharmonie neben zahlreichen anderen in Polen prominenten Professoren und Instrumentalsolisten mitwirkte. Der Solocellist war Leon Solecki (der spätere Schwiegervater Krzystof Pendereckis), mit dem Swarowsky als Pianist Kammermusik spielte.

Auch hier wurden die Programmhefttexte von Swarowsky selbst verfasst, und er sorgte dafür, dass diese Programmhefte großteils ohne Reichsemblem gedruckt wurden. Die letzte Aufführung fand am 14. Jänner 1945 statt, sie wurde bereits vom russischen Bombardement akustisch untermalt. Am 17. Jänner 1945 fuhr Swarowsky nach Wien[72], mit dem von ihm am Rockzipfel nachgezerrten, widerwillig-ungläubigen Pfitzner, sie bestiegen den allerletzten Zug vor dem russischen Einmarsch in Krakau. Auch Frank flüchtete mit seiner gesamten Entourage am selben Tage nach Bayern.

Es könnte aber sein, dass Swarowskys Entschluss, nach Krakau zu gehen, auch persönliche Gründe hatte, denn die Vorfahren seines Ziehvaters Josef Kranz stammten aus Galizien: Großvater Gerson Kranz (1820–1892) war Kreisrabbiner in Auschwitz (!), bevor er 1864 als Advokat nach Wien übersiedelte; Josef Kranz wurde 1862 in Auschwitz geboren. Swarowsky wusste auch, dass die Eltern und Großeltern seiner ersten Frau,

---

69 Brief Swarowskys an Hans Frank vom 20.8.1944 (Anm. 57).
70 Toscaninis NBC Orchestra in New York, das vor allem aus emigrierten Europäern bestand.
71 Witold Rowicki (1914–1989), geboren und aufgewachsen in Krakau, war einer der bedeutendsten polnischen Dirigenten nach 1945, Gründer der „Radiophilharmonie" in Kattowitz und der „Nationalphilharmonie" in Warschau. 1975 empfahl Swarowsky ihn als seinen Nachfolger für die Leitung der Wiener Meisterkurse.
72 Details aus der Krakauer Zeit finden sich auch in der umfangreichen eidesstattlichen Erklärung vom 17.2.1946 der damaligen Sekretärin des Orchesters, Frau Toni Birkenmayer, wo sie ausführlich über Swarowsky in Krakau berichtet (NlHS).

Julia Laszky, unweit von Krakau interniert waren, und so lange es ging, versuchte er, ihnen zu helfen.

Swarowsky selbst überlebte das NS-Regime nur gerade noch: Strauss half ihm entscheidend, indem er ihm das Untertauchen in der Villa Ostini in Pöcking am Starnberger See ermöglichte und ihn dadurch vor dem Zugriff der Gestapo schützte. In einer Dachkammer des ansonsten unbewohnten Hauses wochenlang versteckt, galt es eine Ablenkung zu finden:

> [U]m nicht verrückt zu werden, überlegte ich mir als gelernter Psychologe eine Überlebensstrategie – ich ging daran, die Brockhaus-Enzyklopädie angefangen vom Buchstaben A auswendig zu lernen. Bücher waren die einzige Ablenkung in dieser Situation und noch heute zehre ich von diesem Wissen."[73]

Seine Frau Maria war bei ihm und erzählte später, dass sie schon in der Berliner Wohnung regelmäßig Angstzustände bekommen hatte, wenn jemand an der Türe läutete, denn sie erwartete jedes Mal, dass sie verhaftet würden. Diese nervliche Zerrüttung war denn auch ein Grund für das Ende dieser Ehe bald nach Kriegsende.[74] Diese Berliner Wohnung Swarowskys, sein eigentlicher Hauptwohnsitz, wurde Anfang 1945 mitsamt der Bibliothek und einer Autographensammlung Swarowskys (u.a. zahlreiche Strauss-Skizzen) ein Opfer der Bomben, wie auch ein Brief von Richard Strauss bestätigt.[75]

Anfang Mai 1945 wurde Swarowsky völlig unerwartet von einer Militär-Patrouille aus dem Versteck am Starnbergersee geholt; es waren aber nicht die Deutschen, sondern sein Sohn Anton, mittlerweile in US-Uniform – ein Happy End von Hollywood-Format. Die erste gemeinsame Fahrt in einem US-Jeep galt der Villa Strauss in Garmisch-Partenkirchen, wo Anton Swarowsky veranlasste, dass eine kleine US-Schutztruppe die Familie Strauss von Ungemach freihalten sollte.

VII. Neuanfang 1945 – die zweite Karriere

Unmittelbar nach Ende des Krieges gab es eine ungeheure Aufbruchsstimmung unter den bis dahin verfolgten Künstlern, die aber bald wieder verebbte. Im September 1945 wurde Swarowsky für kurze Zeit Generalmusikdirektor in Stuttgart, wo Albert Kehm wiederum Intendant war: Mozarts *Figaro* war seine erste und letzte Produktion, denn dieses Engagement wurde schon nach drei Monaten unterbrochen, bis die US-Behör-

---

73 Gespräch mit Manfred Huss im Herbst 1974.
74 Bericht von Doris Swarowsky an den Autor.
75 R. Strauss an R. Hartmann, Brief vom 10.2.1945.

den Swarowsky Ende Dezember 1945 nach mehrtägigen intensiven Verhören eine „weiße Weste" bescheinigten. Im Juni 1946 dirigierte er *Carmen* und *Bohème* an der Wiener Staatsoper, die damals im Theater an der Wien ein Ersatzquartier gefunden hatte: „[…] leider, denn es sind unvorstellbare Schmierenvorstellungen, die ich natürlich nur ein bisschen sauberer machen konnte, ohne doch das Niveau wesentlich zu heben."[76]

Bald danach bahnte sich die Chefdirigentenstelle bei den Wiener Symphonikern an und Swarowsky absolvierte mit diesem Orchester bereits vor seinem offiziellen Antritt im September 1946 zahlreiche Konzerte: das erste am 20. Juni 1946, gefolgt am 5. August mit *Bastien und Bastienne*, der ersten Aufführung auf einer aus Schiffskähnen improvisierten Seebühne in Bregenz; es war die Geburtsstunde der Bregenzer Festspiele. Dazu kamen tägliche Konzerte in ganz Tirol mit den Symphonikern bis zum 13. August.

Parallel zu diesen Konzerten fanden die Proben für den *Rosenkavalier* als Eröffnungspremiere der ersten Salzburger Festspiele nach dem Weltkrieg statt – kein Wunder also, dass Swarowsky diese Produktion eigentlich gar nicht übernehmen wollte:

> Dann bekam ich das Angebot für den Rosenkavalier, das ich auch leider annahm, besonders weil der amerikanische Controler Dr. Lothar[77] es so wünschte und es als beste Rehabilitierung bezeichnete. Es ist eine mehr oder weniger feststehende Vorstellung mit nicht ganz einwandfreier Besetzung, das Orchester ausgezeichnet. Aber ich hätte es doch besser g a r n i c h t machen sollen […] die Leute sind begeistert von mir, aber i c h bin nicht zufrieden.[78]

Die Aufführungen gerieten beinahe zu einem Fiasko, nachdem der amerikanische General Clark[79] in einem Zeitungsinterview Swarowskys Haltung während der NS-Zeit dafür lobte, dass er die Alliierten unterstützt hatte. Daraufhin beschimpften ihn einige Orchestermitglieder der Wiener Philharmoniker während der Proben als „Frank-Mörder" und Ähnliches[80], da sie vermuteten, Swarowsky hätte den Amerikanern Franks Versteck verraten und somit zu dessen Verhaftung beigetragen. Swarowsky schrieb dazu später:

---

76 Brief Swarowskys an Sohn Anton vom 18.8.1946, NlAS.
77 Dr. Ernst Lothar war eine bedeutende Persönlichkeit der österreichischen Literatur als Autor, Regisseur, Manager und Mitbegründer der Salzburger Festspiele seit den frühen 1920er Jahren. Er emigrierte 1938 in die USA, arbeitete dort als Literaturprofessor und kehrte nach dem Krieg als US-Oberleutnant zuständig für Entnazifizierungsverfahren von bedeutenden Künstlern (u. a. Karajan) nach Österreich zurück, wo er bis zu seinem Tode auch lebte.
78 Brief Swarowskys an Sohn Anton vom 18.8.1946, NlAS.
79 Mark Wayne Clark (1896–1984) war von 1945 bis 1947 Hochkommissar für Österreich; er wurde 1946 der jüngste General der US-Armee.
80 Laut Doris Swarowsky sollen vor allem der Hornist Freiberg und der Klarinettist Wlach die Rädelsführer gewesen sein – Musiker, die Swarowsky als solche sehr schätzte.

[I]ch möchte diese alten Sachen nicht aufrühren, die in Deutschland immer noch Ressentiments erwecken. Ich selbst musste die groteske Situation erleben, dass das Bekanntwerden meiner Tätigkeit im Widerstand (durch eine amerikanische Generals-Veröffentlichung) mir mehr geschadet hat als mein bis dahin fälschlich angenommenes Nazitum.[81]

Dazu kam, dass Karajan, damals noch mit Dirigierverbot belegt und erbost darüber, nicht selbst dirigieren zu dürfen, sein eigenes Spiel betrieb:

Trotz des neuerlichen Verbots wirkte Herr v. K. bei den Festspielen hinter den Kulissen. Auf den Proben durch ein Sichnützlich-machen aller Art, soufflieren, markieren von Partien nicht auf der Probe anwesender Sänger; er bestimmte die Tempi, führte Regie und spielte während der Vorbereitungszeit den leider verhinderten Hausherrn.[82]

Und so wurde aus einer gut gemeinten Aktion kein echter Erfolg, auch weil man den Stil, in dem Swarowsky die Oper dirigierte, gar nicht mochte: alles ungewohnt schnell, obwohl genau diese Tempi durchaus den Intentionen des Komponisten entsprachen.

Nicht minder übel wurde Swarowsky kurze Zeit später als Chefdirigent der Symphoniker mitgespielt: Er ging voller Euphorie ans Werk, um vereinbarungsgemäß aus dem Orchester das erste Wiener Konzertorchester zu machen (während die Philharmoniker primär das erste Opernorchester waren), mit umfangreichen Übertragungen durch den Rundfunk, Tourneen, Aufnahmen und Plänen aller Art. Mit amerikanischer Hilfe besorgte er dem Orchester neue Pirastro-Besaitung und Bogenhaare, weil beides nicht mehr in erforderlicher Qualität vorhanden war. Trotz allem aber wurde sein Vertrag nach nur einem Jahr nicht mehr verlängert – Neider waren hinterrücks am Werk, u. a. auch Clemens Krauss. Durch Swarowskys fast illusionäre künstlerische Ansprüche an den Leistungswillen der Musiker gab es auch von dieser Seite Widerwillen. In einem Brief[83] resumiert er seine verzweifelte Lage und nennt als einen der Gründe für sein Scheitern, die ungeheuren Intrigen, die von den im „Dritten Reich" hofierten Dirigenten wie „Knappertsbusch, Krauss, Furtwängler, Böhm, Karajan" geführt wurden, um wieder in ihre alten Positionen eingesetzt zu werden, nachdem sie 1947 wieder zum Dirigieren zugelassen wurden. Swarowskys Konzept, die Symphoniker als Chef zum „ersten Wiener Konzertorchester" zu entwickeln, wurde wieder verworfen und man kehrte dazu zurück, das Orchester zu einem Mietorchester der Veranstalter zu machen:

---

81 Brief an Fred K. Prieberg vom 16.3.1964.
82 Clemens Krauss, Brief an R. Strauss vom 29.11.1946; *Richard Strauss – Clemens Krauss. Briefwechsel* (Anm. 32), S. 562.
83 Brief Swarowskys an Sohn Anton undatiert (ca. 12.5.1947), NlAS. Siehe den vollständigeren Abdruck des Briefs im Kapitel „Wiener Symphoniker 1946–1947".

Die Gesellschaft der Musikfreunde hat mich gehegt und gepflegt – als Platzhalter für Karajan, jetzt da sie ihn haben kann, lässt sie mich einfach fallen. [...]

[Z]u all dem kommt noch, dass ich einen heillosen nicht mehr gutzumachenden Gegensatz gegen die Betriebsräte im Orchester habe – das muss einfach so sein und wird immer so sein bei mir, da ich das Betriebsratssystem im GEISTIGEN Bezirk als die größte Gemeinheit betrachte, die es gibt.

Es überrascht nicht, dass Swarowsky mit seiner idealen Vorstellung von Musikausübung ungern Beschränkungen gelten ließ, dass er auch von allen Orchestermusikern denselben Enthusiasmus und den beinahe prophetischen Missionsgeist, den er selbst an den Tag legte, zumindest physisch erwartete. Menschliche Grenzen hatten da wenig Platz.

Swarowsky wollte aber auch das Publikum „erziehen", indem er eine klare Programmstrategie verfolgte, um den Werken der (in der Nazi-Zeit verfolgten) Klassiker des 20. Jahrhunderts ihren Platz im Konzert wiederzugeben. Dieser „pädagogische" Prozess wurde von Swarowsky auch insofern gefördert, als er auch hier wieder die Texte zu den meisten Programmheften selbst verfasste.

Wäre da 1946 nicht auch etwas positives Neues in Wien gewesen: Swarowskys Berufung an die Wiener Musikakademie als Leiter einer neuen Dirigentenausbildung, eine „Nebenbeschäftigung" neben dem eigentlichen Dirigieren. Auch hier beschritt er neue Wege und begründete seine später zu Weltruhm gelangte Dirigentenschule, die er Schritt für Schritt einem fundierten Unterrichtssystem unterwarf.[84] Man kann davon ausgehen, dass das Systematische dieses pädagogischen Konzepts in der Folge auch an zahlreichen anderen Orten angewendet wurde und wird.

Fast wirkt es wie ein moderner Atridenfluch: Wer seinerzeit von der NS-Diktatur diskriminiert wurde, dem ging es auch danach meist nur vorübergehend besser. Ein Boykott durch diese Diktatur hatte leider für *alle* betroffenen Künstler, ob ausübende oder schöpferische, nachhaltig negative Folgen.

Natürlich beschäftigte sich Swarowsky seinerzeit auch mit Überlegungen, in die USA zu emigrieren, vor allem, als sein Züricher Vertrag auszulaufen drohte:

Aber ich war kein Fritz Busch, kein Bruno Walter, kein Furtwängler, kein Erich Kleiber – ich war viel jünger und außerhalb Deutschlands völlig unbekannt, als Dirigent hätte ich dort kein einziges Engagement gefunden.[85]

Aber ging es den anderen exilierten und verbannten Dirigenten nach dem Krieg besser? Blech, Busch, Kleiber, Krips, Leibowitz, Scherchen, Prohaska usw. – die *wirklich* großen

---

84 Siehe die entsprechenden Dokumente in NlHS.
85 Gespräch mit dem Autor 1974.

Chefstellen an den Opernhäusern und bei den ersten Orchestern blieben ihnen insbesondere in Deutschland und Österreich auch nach dem Krieg verwehrt, ebenso wie die großen Schallplattenverträge, denn die Tietjens und Nekolas[86] waren immer noch – oder schon wieder – da und bevorzugten ihre alten Seilschaften; die Engagements in Wien und vor allem in Salzburg in den Nachkriegsjahrzehnten bestätigen das. Besser hatten es nur jene, die schon viel früher und mit größerem Renommee in die USA gingen: Dazu zählen u. a. Toscanini, Walter, Ormandy, Szell.

In mancher Hinsicht zählte leider auch Clemens Krauss, der zwar alles andere als ein Freund Tietjens oder gar ein eingeschriebener Anhänger des NS-Regimes war, zu diesen Intriganten. Sein Verhältnis zu Swarowsky war zwiespältig: Er hatte Swarowsky 1935 an die Berliner Staatsoper geholt, aber offenbar erst zu spät entdeckt, welche Büchse der Pandora er damit geöffnet hatte, denn Swarowsky war offenbar unerwartet erfolgreich und wäre bald zu einem Konkurrenten geworden. Zeitungsberichte aus Bregenz 1946, als Swarowsky und Krauss die Symphoniker nebeneinander dirigierten, belegen das. So etwas konnte Krauss offenkundig nicht akzeptieren (und er ist damit kein Einzelfall unter den Dirigenten). Krauss weigerte sich daher bereits 1936, Swarowsky nach München zu engagieren, „da er keine Stelle mehr für ihn frei hätte"[87]; er ließ ihn auch zwischen 1940 und 1945 in München nicht ans Pult, obwohl er das vermutlich hätte durchsetzen können. Andere „gefährdete" Künstler wie z. B. Hilde Güden ließ Kraus aber sehr wohl auftreten. Seine Aussagen dazu sind widersprüchlich – gegenüber Hotter erklärte er, Swarowsky sei mit anderen Aufgaben viel wertvoller, anderswo meinte er allerdings, er wolle keine Wiederholung der Berliner Situation erleben.

Auch die Zusammenarbeit für *Capriccio* war nicht einfach – während Strauss von „vive le triumvirat" sprach, wollte Krauss offenbar allein als Schöpfer des Librettos gelten und verhielt sich Swarowskys Beiträgen gegenüber abwehrend und scheinbar geringschätzend. Nach dem Krieg bemühte er sich in Wien hinter Swarowskys Rücken sowohl um die Professur an der Akademie als auch um die Chefstelle bei den Symphonikern. Swarowsky hingegen war stets loyal zu Krauss aus Dankbarkeit dafür, dass er ihm tatsächlich geholfen hatte, die NS-Zeit zu überleben. Ähnlich handelte er mit Richard Strauss: Er stellte offenbar auch nach dem Krieg keine Forderungen nach Tantiemen aus *Capriccio*, die ihm natürlich zugestanden wären. In einem Brief an Anton bezieht Swarowsky offen dazu Stellung und gibt zu, dass es doch Hass-Liebe zu Krauss war, die beide verband, dass er aber gezwungenermaßen schweigen *musste*. Krauss war ein

---

[86] Tassilo Nekola war Mitglied der NSDAP und bereits während des Kriegs organisatorisch bei den Salzburger Festspielen tätig. Nach Kriegsende kehrte er dorthin zurück, zuerst als Leiter des künstlerischen Betriebsbüros und später als Generalsekretär. Er blieb bis 1979 der dort nahezu allmächtige Gefolgsmann Herbert von Karajans.

[87] U.a. Tietjen an Göring, siehe Swarowsky-Akt GStA.

Machtmensch, der karrieremäßig nie genug bekommen konnte, aber auch ein ungemein gebildeter und kluger Mann, was das Verhältnis zu Swarowsky gewiss förderte.

Graz

Auch in Graz hatte Swarowsky vorerst Glück, denn das Grazer Opernhaus suchte jemanden als Intendanten und Chefdirigenten in einer Person. Swarowsky setzte mit dem ihm eigenen Pioniergeist an, nahm einige seiner ersten Wiener Absolventen von der Akademie als Korrepetitoren mit (u. a. Miltiades Caridis) und versuchte, die veralteten Strukturen des Grazer Opernbetriebs radikal zu modernisieren. Dies betraf Spielplan, Anzahl der Premieren, Inszenierungsstil, Engagement junger Sänger – einfach sämtliche Bereiche des Opernbetriebs. Zusätzlich gründete er noch die „Grazer Festwochen" als Verlängerung des Saisonbetriebs im Juli.

Trotz aller Erfolge stellten sich ähnlich wie in Wien bald Probleme ein, denn im Graz der Nachkriegsjahre genügte es schon, Werke Gustav Mahlers zu programmieren, um Proteste zu provozieren.[88] Auch kam Swarowskys Verehelichung am 20. September 1947 (die Trauzeugen waren Karl Böhm und Wolfgang Schneiderhan) mit der damals siebzehnjährigen Doris Kreuz in der Grazer Gesellschaft gar nicht gut an und stellte den Operndirektor in ein schiefes Licht.[89]

Für Swarowskys Leben erschwerend war – wieder einmal – seine wirtschaftliche Lage, denn das Grazer Honorar reichte kaum für das Allernötigste, dazu kamen Gesundheitsprobleme.

> Nur Morris allein würde mir über alles hinweghelfen – mit Ausnahme von ein paar Sachen, die man hier nicht bekommen kann, wie z. B. Klingen und Rasierseife. Auch Kaffee von dem ich völlig entblößt bin, wodurch der Zustand einer latenten Müdigkeit bei mir hervorgerufen ist. Ich verdiene 1500 Schilling und habe 500 gegen Maria[90] und 300 gegen Mutter Verpflichtung. Mein Werk hier ist ein Ideales. Ich führe das ganze Theater allein, muss mich um alles kümmern und lebe nur mehr in Leim, Leinwand, Holz, Scheinwerfer, Schleier, Kostümen, Holz, Malerfarben usw. Ich will ein geistiges Mustertheater bauen und so wirken wie es mir in Wien infolge der dortigen Fackelmenschheit[91] nicht geglückt ist. Ich wohne immer noch im Hotel und habe bis heute nicht ein einzigesmal geheizt […] mein Kind weint oft vor Kälte. Aber ich kann mir schwarz kein Holz kaufen, das liegt eben an Morris![92]

---

88 Zeuge dafür ist u. a. Otto Kolleritsch (geb. 1934), langjähriger Rektor der Musikuniversität Graz.
89 Swarowskys Ehe mit Doris Kreuz hielt bis zu seinem Tod 1975.
90 Maria Gerlach, seine zweite Ehefrau, von der er 1946 geschieden wurde.
91 Die Bemerkung bezieht sich auf die zahlreichen von Karl Kraus in seiner Zeitschrift *Die Fackel* kritisierten und karikierten „österreichischen Menschen".
92 Brief Swarowskys an Sohn Anton vom 14.12.1947. Mit „Morris" meint er die amerikanischen Philip-Morris-

„Ein geistiges Musiktheater bauen" – diesen Anspruch hatte sich Swarowsky gestellt, seine eigene Bezeichnung beschreibt sein Programm am allerbesten – aber es war genau das Gegenteil von dem, was die Grazer kannten: gewöhnliches, traditionelles Boulevard-Theater. Swarowsky versuchte aus einem provinziellen Repertoiretheater ein „Stiltheater" zu machen und engagierte zahlreiche neue junge Sänger, die in der Folge Karriere machten: Oskar Czerwenka, Otto Edelmann, vor allem aber die stilbildend in die Zukunft der Regie blickenden Bühnenbildner Gottfried Neumann-Spallart und Sepp Nordegg sowie den Regisseur André Diehl, die alle tatkräftig mitwirkten, den neuen Grazer Bühnenstil zu entwickeln. Künstlerisch funktionierte es gut, ein Großteil der Presse jubelte: 27 Vorhänge gab es nach der Premiere von *Tosca*. Und dennoch: Am Ende wurden Plakate am Haus mit „Fort mit Swarowsky" beschmiert, das ältere Publikum tobte, während die Jüngeren im und außerhalb des Hauses begeistert waren über Swarowskys Revolution. Doris Swarowsky verglich die Situation mit der späteren Burgtheater-Direktion von Claus Peymann und Hermann Beil am Wiener Burgtheater[93].

Der Spielplan ließ auch nichts zu wünschen übrig, nur war es nicht einer für ein verschlafenes Provinztheater: *Otello*, *Zauberflöte* (von Swarowsky inszeniert und dirigiert), *Tannhäuser*, *Cavalleria/Bajazzo*, *Palestrina*, *Ariadne*, *Meistersinger*, *Turandot*, *Orpheus* (Strawinsky), *Troubadour*, *Fidelio*, *Boris Godunov*, *Cardillac*, *Salome* – und das alles in nur zwei Saisonen. Die Reaktion der steirischen Beamten und Politiker auf so viele, lange und schwierige Werke war ähnlich wie drei Jahre davor in Wien, „weil die kolossal weitherzige und kunstverständige Stadtverwaltung den Betrieb (der jetzt groß und absolut konkurrenzfähig ist) auf einen Provinzbetrieb einschränken will"[94]. Und so endete dieser Vertrag nach bereits zwei Jahren, und tatsächlich wurden nach Ende der Ära Swarowsky in Graz einige seiner Neuinszenierungen zwar weitergespielt, aber durch den neuen Intendanten Viktor Pruscha rückinszeniert.

Swarowsky blieben in den nächsten Jahren nur die Professur in Wien und gelegentliche Gastkonzerte, oft nicht mehr als eines pro Monat. Swarowsky war tatsächlich menschlich, künstlerisch und auch finanziell in einer äußerst schwierigen Lage.

> Es war ein schöner Traum! Ich weiß und kann mehr als fast alle und bleibe im Dunkel. Dilettanten voller Arroganz stehen im Lichte der Scheinwerfer. Ich muß mich eben damit begnügen meinen Beethoven im Herzen zu erleben. Auch er hat ihn nicht mit dem Ohr, nur mit dem Herzen gehört.[95]

Zigaretten, die er nur durch seinen Sohn bekommen konnte. Diese Zigaretten zählten damals zu den wertvollsten Tauschobjekten am Schwarzmarkt für Essen, Heizmaterial usw.

93 Diese Direktion dauerte von 1986 bis 1999. Die beiden Direktoren setzten tatsächlich viele ähnliche Maßnahmen, um das damals sehr in seiner Tradition verhaftete Burgtheater zu modernisieren.
94 Brief Swarowskys an Anton vom 18.8.1948.
95 Ebd.

VIII. Meister neuer Ideen

Hans Swarowsky war ein Meister im Anpassen an unerwartete und schwierige Situationen und demgemäß auch im ständigen Erfinden und Entwickeln neuer Ideen. So war es auch damals, nach Graz: Er setzte u. a. Orchester und Chor der Wiener Musikakademie ein, wo immer nur möglich, für Konzerte, Kurse und sogar für Aufnahmen. Er war auch maßgeblich beteiligt an der Gründung der *Musikfestwochen der österreichischen Jugend*, die von 1947 bis 1956 jährlich in den Sommermonaten in Bad Aussee im Salzkammergut stattfanden. Diese Festwochen waren ein Sommercamp aller größeren österreichischen Musiklehranstalten mit Meisterkursen; die Studenten wurden aber auch in die Praxis des täglichen Konzertierens bis hin zu Opernaufführungen eingebunden. Es war auch ein politisches Projekt unter der künstlerischen Direktion Swarowskys, das Österreich, damals noch besetzt und aufgeteilt unter den vier Alliierten, musikalisch vereinen sollte, weshalb Musikstudenten aus *ganz* Österreich daran teilnahmen. Vom Solisten bis zum Orchester gab es alle Schattierungen der Musikausübung. Swarowsky leitete auch Aufführungen von Opern und Konzerten und seine guten Beziehungen zur dort wirkenden amerikanischen Besatzungsmacht brachten erhebliche Vorteile. Später prominente Künstler spielten, sangen, dirigierten und beteiligten sich: Leonie Rysanek und Walter Berry, Zubin Mehta spielte Kontrabass im Orchester (unter Swarowskys Leitung) und Pianisten wie Alexander Jenner oder Alfred Brendel brillierten. Das Ende der Ausseer Musikfestwochen – Österreich war 1955 von der Besatzung befreit – fiel genau in jene Periode, als Swarowsky international immer mehr gefragt war und auch sein schottisches Engagement begann.

Die Idee, dass sich ein bedeutender Dirigent an die Spitze eines Jugendorchesters stellt und damit einen Riesenerfolg einerseits in der Heranbildung dieses Orchesters erzielt und anderseits auch das Publikum zu frenetischem Beifall bringt, ist heute ein zentrales Element in der Arbeit mit jungen Musikern. Damals war es aber ein absolutes Novum: „[A]nfangs spielten sie wie ein Schülerorchester, dann wie die Symphoniker und vor ihrer Heimkehr wie Philharmoniker", lautet eine hervorragende Beschreibung durch einen Konzertbesucher.

In einem der zahllosen Briefe an seinen Sohn Anton[96] schrieb Swarowsky schon 1947 nach einem seiner ersten Ausseer Konzerte:

> Mein erstes Konzert […] ein Triumph, wie man ihn mit einem Berufsorchester nie haben kann. Die Kinder spielen herrlich, weil jede Note geübt ist, jeder Bogenstrich genau ausge-

---

[96] Der Briefwechsel mit Anton währte von 1938 bis 1975 und gibt uns wie kein anderes Dokument einen umfassenden und menschlichen Einblick in die Person Swarowskys, der uns durch das Abhandenkommen seiner Tagebücher verloren gegangen ist; Swarowskys Tagebücher umfassten allein ab 1945 rund 40 Bände, sind aber seit dem Tode von Doris Swarowsky (2006) unauffindbar.

wogen, – und schließlich jede Aufführung ganz ohne festgewachsene „Tradition" durchgesetzt werden kann [...][97]

Auch in Wien initiierte Swarowsky ein Projekt, er schlug vor, in den Monaten Juli und August – in einer ansonsten kulturell ausgetrockneten Periode der Stadt – sommerliche Konzerte im großen neogotischen Arkadenhof des Wiener Rathauses abzuhalten.[98] Die jeweils ersten *Arkadenhofkonzerte* wurden ab 1952 von den Wiener Symphonikern gestaltet, danach spielten zweimal wöchentlich verschiedene Orchester. Die Serie wurde unglaublich populär, die Konzerte waren oft ausverkauft trotz mehrerer tausend Sitzplätze. Der Arkadenhof war im heißen Sommer auch für das Publikum angenehm, denn dort wehte meist ein leichter Wind, der allerdings auch die Notenblätter der Musiker verwehte. Für Swarowsky selbst brachte diese Initiative aber lediglich ein jährliches Konzert mehr.

Es mag zwar kommerziell und politisch begründbar sein, warum die Arkadenhofkonzerte *im* Rathaus um 1990 abgeschafft und durch das Filmfestival *vor* dem Rathaus ersetzt wurden. Aber die Entscheidung ist dennoch anzuzweifeln, denn diese Konzerte hatten großes Potential – gerade heute sind Freiluftkonzerte weltweit ein populäres Vehikel zur Verbreitung klassischer Musik[99], wie z.B. in der Hollywood Bowl (wo Swarowsky 1967 aufgetreten ist) oder im Schönbrunner Schlosspark, wo die Wiener Philharmoniker neuerdings aufspielen.

Swarowsky erkannte bereits damals, wie wichtig es ist, die klassische Musik zur Jugend zu bringen. So gelang es ihm 1952 (!), dass die Kulturstelle der Stadt Wien Schülerkonzerte an Vormittagen mit den Wiener Symphonikern organisierte, die programmatisch auf diesen Zweck abgestimmt und mit Kommentaren Swarowskys versehen waren. Ein wunderbarer Nebeneffekt: Viele junge österreichische Solisten, vor allem Instrumentalisten, hatten hier erstmals Gelegenheit, die großen Solokonzerte öffentlich zu spielen („Junge für Junge"). Diese Tätigkeit, die vorerst auch finanziell eine kleine Verbesserung für Swarowsky war, beschäftigte ihn von da an regelmäßig; die letzten Schulkonzerte dirigierte er noch Anfang der 1970er Jahre, als er dieses Einkommen längst nicht mehr brauchte. Er muss von dieser Idee überzeugt gewesen sein – heute ist das Programmieren für Kinder und Junge ein Muss für jedes größere Konzert- und Opernhaus.

---

97 Swarowskys Brief an Anton vom 10.7.1947.
98 Juli und August sind in Wien traditionell „kulturlos", da alle Konzert- und Opernhäuser geschlossen sind und es keine anderen Veranstalter gibt. Das Musikleben samt der Bühnentechnik wandert samt und sonders nach Salzburg und Bregenz.
99 Ich erinnere mich noch an Swarowskys letztes Arkadenhofkonzert mit den Wiener Symphonikern am 4. Juli 1974: Er dirigierte Beethovens *2.* und *5. Sinfonie* und Franz Schmidts *4. Sinfonie*.

Zusammenfassend kommt man auf eine erstaunliche Zahl von Initiativen Swarowskys, mit denen er immer wieder Neuland betrat und zukünftige Trends frühzeitig erkannte: die Redaktion der Programmhefttexte in Stuttgart 1929, über das parallele Engagement des Dirigenten als *Regisseur* in Gera, das Übersetzen von Opern, 1935 die ersten Schallplattenaufnahmen, 1946 sein Konzept für die Wiener Symphoniker, danach jenes für das Grazer Opernhaus, den Aufbau seiner Dirigentenklasse, die Ausseer Musikfestwochen mit ihrem Jugendorchester, seine intensive Aufnahmetätigkeit ab 1950 (womit er den meisten Kollegen voraus war), die Gründung der Wiener Arkadenhofkonzerte und der Konzerte für alle vierzehnjährigen Mittelschüler – all das waren entscheidende Impulse. Selbst was heute so selbstverständlich wirkt: Mahler in den Mittelpunkt des Repertoires zu stellen, zu einer Zeit, in der das niemand sonst außer Bruno Walter tat, oder seine frühe Hinwendung zu einer historischen Aufführungspraxis, die damals noch Experimentierfeld einiger Pioniere war – das waren musikalische Großtaten ebenso wie sein *Salome*-Film als erste TV-Verfilmung einer Oper (1960) und seine TV-Sendung *Lebendige Musik* (1970). Auch Swarowskys mediale Präsenz war für damals nicht die Norm: Mediale Auftritte durch Zeitungsartikel und gesprochene Rundfunksendungen, eine Schallplatte zum Beethovenjahr 1970, auf der er fast 40 Minuten über Beethoven spricht[100] – das waren keine Selbstverständlichkeiten für einen „Dirigenten". Selbst im Mai 1975, bereits schwerkrank und in Kenntnis, dass sein Lehrvertrag an der Musikhochschule nicht mehr verlängert würde, glaubte er noch an eine neue, private Musiklehranstalt, in der er seinen Unterricht fortsetzen könnte.[101] Natürlich waren diese Aktivitäten nicht durchweg selbstlos, aber welcher Dirigent entwickelte schon eine derart intensive und weitgespannte Innovationstätigkeit?

IX. Aufnahmetätigkeit

Wiederum bahnte sich Neues an: die *regelmäßige* Aufnahmetätigkeit für Schallplatten. Der erste uns bekannte Termin fand am 11. Mai 1950 im „Sinfoniastudio"[102] des Wiener Konzerthauses mit den Wiener Symphonikern statt, Haydns 1. Sinfonie (Hob. I:1) stand auf dem Programm. Noch im selben Jahr folgten Aufnahmen zahlreicher Werke des klassischen Repertoires, Schlager und weniger Bekanntes, für drei verschiedene Labels: erstens das Label *Viennaphon* (später Donauland Club); hinter dem zweiten Label – *The*

---

100 Es war eine Privatpressung für die Österreichische Mineralölverwaltung, 1970 produziert von *Preiser Records*; Kopie im Besitz der HSA.
101 Es handelt sich um eine austro-amerikanische privat finanzierte Gesellschaft unter der Leitung Günther Theurings, die auch Swarowskys letzten Dirigierkurs im Juli 1975 in Wien organisierte.
102 Ein heute nicht mehr existenter Proben- und Aufnahmeraum im Keller des Konzerthausgebäudes.

Haydn Society Boston – stand H.C. Robbins Landon, der aus einer wohlhabenden Bostoner Bankiersfamilie kommend sich nach Kriegsende als US-Soldat nach Wien versetzen ließ, um sich auch hier seiner Leidenschaft für Haydn zu widmen. Er half wesentlich bei der Finanzierung von Platteneinspielungen für die Haydn Society und leitete auch die wissenschaftliche Seite der Aufnahmen. Als erstes Projekt mit Swarowsky wurde 1950 die Erstaufnahme von Haydns letzter Oper *Orfeo ed Euridice* (oder *L´anima del filosofo*) gewählt (deren fehlende Teile Swarowsky gemeinsam mit Landon in einem Antiquariat entdeckte) und es folgte *Don Giovanni*; als Orchester dienten jeweils die Wiener Symphoniker. Diese Aufnahmen dürften die frühesten Tonaufnahmen sein, die wir von Swarowsky besitzen, sieht man von den Arien ab, die er mit Jan Kiepura 1935 in Berlin dirigierte.[103]

Im Unterschied zu anderen Aufnahmen des *Don Giovanni* wurde hier mit unglaublicher Sorgfalt gearbeitet: Es gibt keine Kürzungen, auch nicht in den Rezitativen, man folgt exakt der „Prager Erstfassung" und gibt die „Wiener" Nummern der Oper als „Bonus-Track" am Ende der letzten LP dazu; es wird auf Italienisch gesungen, und das Booklet zur Erstausgabe dieser Aufnahme – mit Texten von Robbins Landon und Alfred Einstein – liest sich wie der kritische Bericht einer Urtextausgabe. Diese Aufnahme ist zweifelsohne aus mehreren Gründen ein musikalischer Meilenstein in der Aufnahmegeschichte (und nicht nur dieser Oper), die nicht nur dank der prominenten Sänger-Riege immer noch im Verkauf ist.

Als drittes Label erscheint 1952 *Preiser Records*, ein österreichisches Label, betrieben von Otto G. Preiser, einem musikliebenden Wiener Industriellen, der während der Zeit der Okkupation Österreichs in London lebte und mit Swarowsky lebenslänglich befreundet war. Hier entstanden als Erstes einige der damals beliebten kleinen „45er-Platten" mit ca. 5 Minuten Spieldauer pro Seite u. a. mit den bekanntesten Ouvertüren Mozarts und *Eine Kleine Nachtmusik* sowie Mendelssohns Ouvertüren *Die Hebriden* und *Ruy Blas*.

All diese frühen Aufnahmen Swarowskys sind geprägt vom schier unbändigen Willen zu demonstrieren, dass die *wahre* Interpretation dieser Werke eine ganz andere ist als in der gewohnten und im Vergleich dazu geradezu gemütlichen und zweifelhaften Tradition der meisten anderen Dirigenten. Gemeinsam ist all diesen Aufnahmen Swarowskys Entschlossenheit zur „Wahrung der Gestalt" des betreffenden Werks, zur Authentizität der Wiedergabe in jedem Detail, dies auch trotz der arrivierten Sänger der Wiener Staatsoper, die das alles nicht gewohnt waren. Auch wenn Swarowsky nicht alle seine Vorstellungen bei den Sängern durchsetzen konnte, ist das Ergebnis dennoch ein Meilenstein in der Geschichte der Interpretation, eine kleine musikalische Revolution,

---

103 Diese Arien (u. a. *O sole mio* und Arien von Buday und Robert Stolz) sind bei diversen CD-Labels erhältlich.

durchaus ebenbürtig dem, was die Pioniere der Aufführungspraxis auf historischen Instrumenten – Hogwood, Norrington, Harnoncourt – 30 Jahre später mithilfe der neuen CD-Technik leisteten. In beiden Fällen war es das neue Medium, zuerst die Schallplatte, dann die CD, das die Verbreitung neuer Ideen ermöglichte, nur dass die 1980er Jahre einer solchen Entwicklung musikalisch viel offener gegenüberstanden.

Ein anderes Aufnahmeprojekt betraf die Sinfonien Beethovens: Bereits vor 1960 projektierte Swarowsky die Gesamtaufnahme der Sinfonien unter Berücksichtigung der authentischen Metronomangaben und Beachtung sämtlicher Vortragsangaben (u. a. Unterscheidung von Keilen und Punkten), stieß aber auf taube Ohren (René Leibowitz gelang die Umsetzung eines ähnlichen Vorhabens 1961). Swarowsky untersuchte kritisch die Partituren anhand von Autographen und Erstdrucken sowie anderer Quellen und fertigte sich u. a. eine komplette Revision der *Fünften*[104] an. Auch die verschiedenen zeitgenössischen Traktate aus dem 18. Jahrhundert zeigten ihm den Weg für „die wahre Art" der Ausführung an.

Swarowsky schrieb seinem Sohn Anton[105] über sein Beethoven-Bild, über „die höheren Geheimnisse der Musik" und den „Bezirk des Geistigen": Es genüge ihm keineswegs, die Metronomangaben mechanisch nachzuvollziehen, dies noch dazu ohne Überzeugung und ohne den richtigen Ausdruck: „[…] rascheres Tempo mit dickem espressivo-Ton, anstatt leicht und schwebend […]". Swarowsky ist z. B. begeistert über die de-facto-Temporelation zwischen 2. und 3. Satz in der *Fünften*: der zweite Satz „aber mit ganz wenig Bogen im Cello das Thema, ganz ohne Druck, wirklich piano, schwebend in der Tongebung, vornehm […] Wie schwebend und zusammengefasst in der weitgeschwungenen Melodie (sodass man sie als Einheit überschauen kann […])" Es ging ihm also keineswegs nur um eine sklavische Ausführung der Originalmetronome, sondern ebenso um eine intelligent-musikalische Ausführung auch aller anderen Details der Partitur: Artikulation, Dynamik, Phrasierung und metrische Gestaltung.

Diese Erörterung erinnert mich an eine Probe Swarowskys für die *Eroica* im November 1974 mit den Wiener Symphonikern[106], in der er sich insbesondere mit den langsamen und leisen Stellen beschäftigte. Viel Zeit verbrachte er z. B. mit dem Ende des zweiten Satzes, um die Fragmentierung des Themas herauszuarbeiten, ohne das Tempo zu verlangsamen. Dynamik war immer eines der Hauptanliegen Swarowskys, sei es in der Klassik, bei Schubert, oder den Werken Mahlers, Strauss' und Schönbergs: Im Gegensatz zum Klangstil Furtwänglers verabscheute er den damaligen üppigen „Einbrenn-Klang"[107] vor allem der Wiener Orchester ganz und gar. Aber in Wahrheit befinden wir

---

104 Erhalten in NlAS.
105 Swarowsky an Anton, Brief vom 10.7.1947 aus Bad Aussee, NlAS.
106 Konzert vom 5.11.1974 im Musikverein.
107 „Einbrenn" ist in der Küche die Basis für zahlreiche Gerichte, sie wird aus Mehl, Butter und Wasser zube-

uns hiermit, abseits aller Bonmots, bereits mitten in einer ganz anderen Diskussion: dem Beginn der „historischen Aufführungspraxis".

Die Aufnahme von zwei Klavierkonzerten Mozarts mit Friedrich Gulda war ein frühes Experiment (1959) in Richtung historischer Aufführungspraxis, wenn auch auf modernen Instrumenten, anders ging es ja damals nicht, denn es gab das nötige Instrumentarium und seine Spieler noch lange nicht. Trotzdem wurde sehr viel umgesetzt, so weit es auf modernem Instrumentarium realisierbar war: Für den Solisten bedeutet dies klassisches Rubato (in den langsamen Sätzen), Auszierungen, improvisierte „Eingänge" und Ausführung des basso continuo im Tutti; und selbstverständlich die richtigen Tempi, *nota bene* die zweiten Sätze bei Mozart nicht zu langsam. All dies war im 18. Jahrhundert übliche Konvention, zur Entstehungszeit dieser Aufnahmen jedoch vergessen oder gar verpönt und so blieb es denn auch anstatt der geplanten Serie bei der Aufnahme dieser zwei Konzerte. Sie sind ein rares Dokument in jeder Hinsicht (das im Übrigen von Otto Preiser produziert wurde).

Swarowskys Auseinandersetzung mit historisch informierter Interpretation kulminiert in seinen Aufnahmen von Bachs *Matthäuspassion* (1967) und *Weihnachtsoratorium* (1968). Beide Oratorien besetzte er mit kleinem Chor und Orchester (wenn auch mit modernen Instrumenten) und einem eigens dafür organisierten Orgelpositiv, das Josef Mertin[108] während der gesamten Dauer der Aufnahmen betreuen musste. Die Sänger – u. a. der famose Evangelist Kurt Equiluz – befolgten hier alle Wünsche Swarowskys und die Instrumentalisten dieses eigens zusammengestellten Kammerorchesters waren führende Mitglieder der Wiener Symphoniker, von denen so mancher bereits Mitglied von Harnoncourts *Concentus Musicus* war. Bemerkenswert ist, was in diesen Aufnahmen alles an stilistisch Neuartigem zu hören ist, noch vor anderen „historischen" Aufnahmen, und zu einer Zeit, als Karl Richter allgewaltig mit Hundertschaften auf dem Podium über Bach zu herrschen schien. Dennoch sind diese Aufnahmen relativ unbeachtet geblieben.

Insgesamt spielte Swarowsky weit mehr als hundert Schallplatten ein, dazu zählt auch Wagners kompletter *Ring* (1968), die zweite Studioproduktion überhaupt nach Georg Solti. Swarowskys letzte Aufnahmen galten im Juni 1973 Schönbergs *Pelleas* und Weberns *Passacaglia* mit der Tschechischen Philharmonie Prag, einem seiner Lieblingsorchester sowie 1972 Brahms Erster mit der Süddeutschen Philharmonie.[109]

---

reitet, ideal für Suppen und Saucen. Swarowsky bezeichnete Wiener Orchester ihres teils „schmalzigen" Klangs wegen daher etwas sarkastisch als „Einbrenn-Orchester".

108 Josef Mertin (1904–1998), Orgelbauer und einer der bedeutendsten Pioniere historischer Aufführungspraxis, zählte neben Erwin Ratz und Franz Eibner zu jenen Professoren der Dirigentenausbildung an der Wiener Musikakademie, die Swarowsky für die einzig dort ernstzunehmenden Kapazitäten hielt.

109 Dieses Orchester war eine Erfindung des Produzenten Alfred Scholz, selbst ein Schüler Swarowskys, der es speziell für diese Aufnahmen mit Musikern aus Bayreuth, Bamberg und 1968 für den *Ring* vor allem

Das Wenigste von Swarowskys Aufnahmen ist heute erhältlich – nicht zuletzt auch deshalb, weil er diesem Medium in mancher Hinsicht eher skeptisch bis desinteressiert gegenüberstand und die Tragweite der kommerziellen Tonaufnahme in einer sich anbahnenden medialen Welt nicht richtig einschätzte. Er bekam aber auch nicht die richtigen Verträge – er wollte ausnahmslos „einmalige Auszahlung" und keine Tantiemen, womit er freilich jedwedes Recht, die weiteren Geschicke seiner Aufnahmen zu kontrollieren, aus der Hand gab. Aus welchen Gründen immer, Swarowsky war jedenfalls nicht bei den Labels, die sich im Laufe der Jahre als führend entwickelten, und er nahm auch in vielen Fällen nicht unter den besten Bedingungen auf, erzielte aber trotzdem hervorragende musikalische Ergebnisse.

Auch auf dem Gebiet des Films machte Swarowsky ein wenig Geschichte: *Reich mir die Hand mein Leben*, ein Zitat aus der alten Übersetzung des *Don Giovanni,* ist der Titel eines Films (1955) über die letzten Lebensjahre Mozarts mit Oskar Werner in der Hauptrolle und den damals prominenten Sängern des „Mozart-Ensembles" der Wiener Staatsoper: Dermota, Frick, Güden, Köth, Kunz. Produzent war Carl Szokoll, vermutlich einziger Überlebender der in den Juli-Putsch 1944 verwickelten österreichischen Widerstandskämpfer (Szokoll war damals Major der Wehrmacht in Wien), eine nicht uninteressante Nebengeschichte. Swarowsky dirigierte auch, suchte die Musik aus, im Wesentlichen aus der *Zauberflöte*, und komponierte Übergänge und Ergänzungen dazu.

Swarowskys *Salome*-Verfilmung (1960), wieder mit der Wiener Staatsoper, dürfte die erste europäische TV-Verfilmung (also nicht ein Live-Mitschnitt) einer Oper überhaupt sein. Sie ist ein historisches Dokument, in dem musikalisch *und* szenisch alle Anweisungen des Komponisten ausgeführt wurden, nicht zuletzt mit Hans Hotter als Jochanaan, der mit Strauss sehr vertraut war. Diesem Experiment folgten zwei weitere Filme: Glucks *Orfeo ed Euridice* und Pergolesis *Maestro di musica*, letzterer (ganz stilgerecht) im Schlosstheater Schönbrunn aufgenommen, und auch in diesen beiden Fällen mit den besten Sängern (Wunderlich, Sciutti, Kmentt usw.).

Einige Jahre später beschäftigte sich Swarowsky mit einem anderen Filmprojekt, das vermutlich ein wenig dem Vorbild Bernsteins folgte: Heranbringung „ernster" Musik an ein *breites* Publikum – also nicht nur an die Jugend – in einem zeitgemäßen Medium, also dem Fernsehen. 1969 startete das Projekt, für das es umfangreiche schriftliche Entwürfe Swarowskys gibt.[110] Gedreht wurde im großen Redoutensaal der Wiener Hofburg, dem ältesten Opern- und Konzertsaal Wiens.[111] Von den anfangs geplanten Fol-

---

auch aus Prag besetzte. Scholz ist auch verantwortlich für die zahllosen falschen Swarowsky-Aufnahmen, die er nach Swarowskys Tod in Umlauf gebracht hat.
110 Erhalten in NlHS.
111 Dieser Trakt der Wiener Hofburg fiel 1992 einem großen Brand zum Opfer, die Säle wurden danach – teils stark modernisiert – wieder errichtet.

gen wurde nur die erste gedreht, und ich vermute, dass Swarowskys Erläuterungen für ein breites Publikum einfach zu anspruchsvoll waren. Auch dieser Film ist ein weiteres Belegstück für Swarowskys immerwährende Suche nach Neuem.

X. Die internationale Karriere

Zweifelsohne bewirkte diese intensive Aufnahmetätigkeit einen Anstieg in Swarowskys internationalem Ansehen, und im Laufe der späten 50er Jahre besserte sich seine Situation betreffend Konzertengagements, wenn auch langsam. Dies führte schließlich zu Swarowskys Engagement als Chefdirigent des damaligen *Scottish National Orchestra*, das er dann auch – für wiederum nur zwei Jahre – zu einem regelrechten Pendant zu den Londoner Orchestern entwickelte. Das erste Konzert gab es bereits 1950, das letzte 1964; dazwischen lagen rund 150 Konzertauftritte, die allermeisten davon (ca. 125) zwischen 1957 und 1959, als Swarowsky Chef war (er absolvierte damit ein Pensum, das den meisten heutigen Chefdirigenten fremd ist). Die meisten dieser Konzerte fanden in Glasgow (wo Swarowsky auch wohnte), in Edinburgh und in zahlreichen anderen schottischen Städten statt. Diese Konzerte umfassten auch das Edinburgh Festival und hatten nur die besten Solisten: Hier lernte Swarowsky seinen späteren Freund Yehudi Menuhin kennen und bekannte Solisten wie Shura Cherkassky, Gina Bachauer, Geza Anda, Peter Pears, Benno Moiseiwitch, Peter Katin, Gaspar Cassadó, Victoria de los Angeles, Paul Tortelier usw. – lauter Solisten, die damals sehr bekannt waren.

Vorbereitet wurde Swarowskys Tätigkeit von seinem Freund Karl Rankl, den er aus den Tagen bei Schönberg und an der Wiener Volksoper kannte und der das Orchester seit 1952 geleitet hatte. Beim Repertoire fällt auf, dass der am meisten aufgeführte Komponist Beethoven war – es waren die Jahre von Swarowskys intensiver Beschäftigung mit Beethoven – gefolgt von Mozart und Brahms, R. Strauss, aber auch Britten und Rankl. Schließt man nach den wenigen bekannten Aufnahmen Swarowskys mit diesem Orchester (durchwegs Konzertmitschnitte), so hört man mit Erstaunen ein Orchester von erstklassigem Format, erstaunlich deshalb, weil man sonst – jedenfalls akustisch – so gar nichts von diesem Orchester aus dieser Zeit weiß.[112]

Sieht man sich Swarowskys Dirigierkalender ab 1957 an, so erkennt man, welch gewaltiges Pensum er zu bewältigen imstande war, da er neben den schottischen Konzerten auch mit den Londoner Orchestern und anderswo Konzerte, Aufnahmen und seine Schülerkonzerte in Wien dirigierte. Und ganz „nebenbei" gab es natürlich seine damals bereits weltberühmte Wiener Dirigentenklasse: Zubin Mehta und Claudio Abbado erhielten ihre Diplome 1958.

---

112 Zum Beispiel *Ein Heldenleben* von R. Strauss aus dem Jahre 1958.

Mahler

Bald nach Beginn seiner schottischen Zeit dirigierte Swarowsky ein Konzert in Wien, das Langzeitfolgen haben sollte: Es war Mahlers *Dritte* am 23. und 24. Mai 1957 mit den Wiener Symphonikern im Konzerthaus. Diese Aufführung wurde zu der Sensation der Wiener Konzertsaison, weil niemand dieses Werk kannte und die Aufführung offenbar gewaltig einschlug, selbst Karajan befand sich unter den prominenten Zuhörern im Saal. Diese Sinfonie wurde zwar in Wien unmittelbar nach Kriegsende das eine oder andere Mal gespielt (Swarowsky selbst baute den 1. Satz am 19. Oktober 1946 in eines seiner ersten Programme ein), danach aber wieder vergessen. *Das Lied von der Erde* war das einzige Werk Mahlers, das nach 1945 tatsächlich regelmäßig gespielt wurde: Auch Swarowsky dirigierte es bereits am 4. Dezember 1946 in Wien mit Rosette Anday und Julius Patzak als Solisten.

Die Aufführung der *Dritten* 1957 aber war der Beginn jener Mahler-Renaissance, die von da an von Swarowsky mit den Wiener Symphonikern energisch betrieben wurde, die ihm in Wien, aber auch international die Tore der Konzerthäuser öffnete und größte Erfolge brachte. Leider hatte er nicht die Möglichkeit, diese Werke komplett für Schallplatte aufzunehmen – Leonard Bernstein kam ihm damit zuvor und gilt seither international als derjenige, der die Mahler-Renaissance zu verantworten hätte.[113] Bis zu seinem Tode dirigierte Swarowsky weit über 100-mal Mahlers Sinfonien und zusätzlich auch dessen Lieder. Es bleibt zu überprüfen, ob irgendein anderer Dirigent jemals mehr Mahler dirigiert hat.

Nach dem Ende des Vertrags in Schottland hatte Swarowsky nie mehr einen Vertrag als Chefdirigent und man fragt sich gewiss, warum. Die Gründe sind vermutlich teils im Musikalischen und teils im Persönlichen zu finden: Einerseits stellte sich ihm die Frage, ob er überhaupt noch eine Chefposition benötige, denn im Herbst 1959 hatte ihn Karajan als Hausdirigenten an die Wiener Staatsoper berufen. Dieses Engagement beschäftigte ihn nicht nur mit bis zu 30 Abenden pro Saison, sondern bot ihm auch gemeinsam mit der Professur an der Musikakademie, den Symphoniker-Konzerten und den Gastdirigaten endlich jene finanzielle Sicherheit, die er so lange vermisste. Zu diesen drei Hauptsäulen kamen noch Konzerte mit dem Tonkünstlerorchester (1947–1969), mit dem Rundfunkorchester (ab 1955) und mit den Wiener Philharmonikern (seit 1952); des Weiteren leitete Swarowsky auch immer wieder die traditionellen sonntäglichen Messaufführungen in der Hofburgkapelle mit der „Hofmusikkapelle" (den Wiener Sängerknaben) und zahlreiche Konzerte mit dem Wiener Akademischen Orchesterverein, einem alten Wiener Traditionsorchester, sowie jeden Sommer mehrwöchige Dirigier-

---

113 Bernstein dirigierte zwei Gesamtaufnahmen der Mahler-Sinfonien: ab 1965 mit dem New York Philharmonic Orchestra und in den 1970er Jahren mit den Wiener Philharmonikern (auch für TV).

kurse in aller Welt (u. a. Nizza, USA, Rio di Janeiro, Ossiach). Für eine Chefstelle hätte er einige dieser Engagements absagen müssen, sein Terminkalender war komplett ausgebucht.

Es gab aber auch noch ein privates Motiv: 1960 kam Tochter Daniela[114] zur Welt, was das Privatleben der Swarowskys veränderte. Swarowsky war ein Familienmensch: Zahlreiche Eintragungen in seinen Partituren über das Alter des Kindes zum Zeitpunkt des betreffenden Konzerts und eingelegte Kinderzeichnungen belegen die große Hinwendung zu dieser Tochter. Als dann 1969 Gloria[115] als zweite Tochter zur Welt kam, war Wien als Hauptwohnsitz unumstößlich. Swarowsky war aber auch ein Wiener von Graden, was er folgendermaßen definierte: „Ein echter Wiener will ständig weg von Wien; kaum ist er aber mit der Bahn in Pressbaum[116], will er wieder zurück!" Und so dürfte all dies den Ausschlag gegeben haben, Wien auch ohne ausländische Chefposition zur Hauptstation seines Wirkens werden zu lassen. De facto war er der „Wiener Generalmusikdirektor" mit den meisten Auftritten in dieser Stadt pro Jahr unter allen Dirigenten: Allein mit den Symphonikern waren es zwischen 1946 und 1975 über 500 Auftritte[117], niemand anderer dirigierte das Orchester so oft; mit der Wiener Staatsoper und den Wiener Philharmonikern über 200 Abende – und insgesamt waren es in Wien zwischen Kriegsende und dem Tode Swarowskys an die 1000 Auftritte, die er absolvierte.

Wie so vieles an Hans Swarowskys Biografie ist aber auch seine umfangreiche internationale Tätigkeit, sind seine zahlreichen und teils regelmäßigen Auftritte mit bedeutenden Orchestern in aller Welt heute weitgehend unbekannt.[118] Am Rande sei be-

---

114 Daniela Swarowsky (1960–2019).
115 Swarowsky hörte gerade das *Gloria* von Beethovens *Missa Solemnis* in der Generalprobe unter Bernsteins Leitung, gemeinsam mit Bernstein wurde spontan der Name kreiert.
116 Pressbaum ist ein kleiner Ort nur wenige Kilometer im Westen von Wien.
117 Inklusive der Schülerkonzerte.
118 Die Jahreszahl gibt in der folgenden Aufstellung das Jahr des jeweiligen Erstauftritts an; die Aufzählung ist nicht vollständig: Barcelona (Orquesta del Liceu 1942), Berlin (RSO 1962 auf Wunsch von Ferenc Fricsay; Philharmonie 1963), Bratislava (Slowakische Philharmonie 1961), Budapest (Ungarische Nationalphilharmonie 1942), Buenos Aires (Buenos Aires Philharmonic 1975), Dortmund (Philharmonisches Orchester 1965), Dresden (Staatskapelle 1952; Philharmonisches Orchester 1972), Florenz (Orchestra del Maggio Musicale 1974), Genf (Orchestre de la Suisse Romande 1961), Köln (WDR Sinfonieorchester 1960 auf Wunsch von Dimitri Mitropolous), Leipzig (Gewandhausorchester 1972), London (Royal Opera House Covent Garden 1966; Philharmonia 1956; London Philharmonic 1958), Los Angeles (Los Angeles Philharmonic 1965 auf Wunsch Zubin Mehtas), Mailand (Orchestra di Scala Milano 1956), Montreal (Orchestre Symphonique de Montreal 1963 auf Wunsch Zubin Mehtas), Oslo (Oslo Philharmonic Orchestra 1971), Paris (Orchestre National de France 1968), Prag (Tschechische Philharmonie 1950), Rio de Janeiro (Brazil Symphonic Orchestra 1954, Orchestra del Teatro Municipal do Rio de Janeiro 1968, Orquestra Sinfonica Nacional Da Radio Ministerio 1960), Tel Aviv (Israel Philharmonic 1970), Tokio (NHK Symphony Orchestra 1973).

merkt, dass Swarowsky an jene Orte, an denen er schon vor 1945 große Erfolge hatte, nie mehr zurückkehrte, obwohl er sich bei manchen darum bemühte: Hamburg, Zürich, Graz, Krakau und München; lediglich nach Berlin und Budapest brachten ihn Konzerte regelmäßig zurück.[119]

Swarowsky dirigierte die gesamte Elite an Instrumentalisten und Sängern, lediglich Rubinstein, Horowitz und Heifetz fehlten. Wenn er konnte, wählte er aber stets jene Solisten, die nicht nur technisch, sondern auch musikalisch seinen stilistischen Überzeugungen entsprachen, weshalb es auf seinen Aufnahmen oft die weniger berühmten, dafür aber nicht weniger interessanten und kompetenten gibt. „Die Bjoner als Leonore wär' mir lieber gewesen", meinte er zum damaligen Operndirektor Gamsjäger, als anlässlich der Festaufführung des *Fidelio* zu Ehren seines 75. Geburtstages Birgit Nilsson an der Wiener Staatsoper sang (Gamsjäger darauf: „da hätt ich mir viel Geld erspart!"). Swarowsky schätzte die damals junge Wiener Pianistengeneration (Gulda, Jenner, Kann, Mrazek, Badura-Skoda) ebenso wie die südamerikanische Pianistin Guiomar Novaes oder auch den jungen Yehudi Menuhin außerordentlich – während er anderseits von weltberühmten Solisten des Öfteren gar nicht sonderlich angetan war. Dem *sinfonischen* Gehalt der großen Solokonzerte gerecht zu werden, ohne in geschmäcklerische („wienerische") Verhübschung, epische Breite und solistische Willkürlichkeiten zu verfallen, das war Swarowskys Anliegen und das erwartete er auch von Solisten. Er deklariert sich auch in dieser Hinsicht als geistiger Verwandter Toscaninis. Es war ihm verhasst, wenn Pianisten am Beginn von Beethovens 4. Klavierkonzert das Thema nicht im Haupttempo oder den 1. Satz von Schumanns Klavierkonzert nicht *von Anfang an* im Tempo und rhythmisch korrekt spielten.

Swarowsky dirigierte mit großen, schwungvollen, teils weit ausladenden Bewegungen beider Arme, wenn nötig aber auch sehr klein und wenn möglich *ausnahmsweise* sogar nur mit einer Hand schlagend. Solisteneinsätze (bei Sängern in der Oper) gab er meist mit der linken Hand mit pistolenartig ausgestrecktem Zeigefinger – er beherrschte eine perfekte Dirigiertechnik mit bis ins Kleinste gehenden differenzierten Bewegungen. Wie sonst hätte er komplizierte Aufführungen sogar ohne jede Probe dirigieren können: *Palestrina* an der Wiener Staatsoper oder mit den Symphonikern Beethovens *IX.* und Mahler *VI. Sinfonie* (eine Probe!). Seine enorme Repertoirekenntnis und gerade diese handwerklichen Fähigkeiten machten Swarowsky auch zum „Einspringer vom Dienst" in Wien, sei es an der Oper oder im Konzert, niemand sonst konnte Aufführungen so gut retten.

Bedeutende Dirigenten haben ebenso eine klangliche Handschrift wie Instrumentalisten: Bei Swarowsky bedeutete dies die Transparenz des Gesamtklangs, rhythmische

---

119 In Berlin wurde er 1964 Mitglied der Freimaurer-Loge „Zu den drei Seraphim"; später setzte er diese Mitgliedschaft in Wien fort und war stolz, in derselben Loge, in der schon Mozart saß, Meister zu sein.

Genauigkeit, Akkorde mit messerscharfer Präzision ausgeführt (für ihn gab es auch in der Orchestermusik *Artikulation*) und eine äußerst differenzierte Dynamik. Unter Swarowskys Leitung klangen Orchester immer besonders farbig, gut ausbalanciert und intonationsmäßig absolut sauber.

XI. Das Repertoire

Wertet man die Statistik sämtlicher Auftritte Swarowskys aus, so stößt man auf teils überraschende Erkenntnisse, wobei es natürlich schwierig ist, eine Ouvertüre mit einer Oper zu vergleichen – die statistischen Zahlen weisen also eine gewisse Relativität auf und beziehen sich beim *Konzert*repertoire lediglich auf die Jahre ab 1945 (mit Ausnahme von Bruckners IX.). Es zeigt sich aber eindeutig, welche Werke und Komponisten er am häufigsten dirigierte:

Beethoven (500)[120], Mozart (300), Richard Strauss (250), Verdi (200). Dem gegenüber stehen zahlreiche Komponisten des 20. Jahrhunderts (Mahler und Strauss ausgenommen) mit rund 300 Aufführungen, aber Webern mit nur einem einzigen Werk, der *Passacaglia* (12). Die seinerzeit jungen Avantgardisten nach 1945, die Generation von Stockhausen und Penderecki fehlt schon deshalb, weil Swarowsky improvisierende Orchester und nicht voll ausnotierte Partituren ablehnte. Möglicherweise bevorzugte Swarowsky (als Mensch seiner Zeit) bei aller Offenheit dem Neuen gegenüber doch Musik, in der zumindest noch ein Rest von romantischem oder expressionistischem Pathos oder irgendeine Art nachvollziehbaren „Ausdrucks" vorhanden war. Offenbar gehörte Weberns Werk mehrheitlich nicht mehr dazu, obwohl es überraschend ist, dass Swarowsky nicht einmal die *Stücke* op. 5 oder op. 6 dirigiert hat.

Höchst beeindruckend ist aber allein die quantitative Leistung des Dirigenten Hans Swarowsky mit seinen mehr als 3500 Auftritten[121] zwischen 1926 und 1975: In 45 Jahren (die Jahre von 1941 bis 1945 kann man vernachlässigen) bedeutet das, *durchschnittlich* fast 80 Abende pro Jahr zu dirigieren, eine Leistung, die selbst der strebsamste Maestro unserer Zeit nur schwer übertreffen könnte. Während Swarowsky bis 1949, dem Ende seiner Grazer Operndirektion, hauptsächlich ein *Opern*dirigent war, veränderte sich dies danach zugunsten des Konzerts: Hatte er zwischen seinem ersten Auftritt an der Wiener Volksoper 1925 und 1949 beinahe 1500 Abende fast ausschließlich Oper und Operette dirigiert, so absolvierte er von 1950 bis zu seinem Tode 1975 weitere

---

120 Derartige (Zahlen) geben in diesem Kapitel die gerundete Anzahl der Abende an.
121 Eine genaue Anzahl kann derzeit nicht angegeben werden, da noch nicht alle Termine erfasst werden konnten; es fehlen u. a. Konzerte vor 1945 und eine ganze Reihe von Gastdirigaten im Ausland nach 1945. Auch gibt es eine Menge von Konzertdaten ohne Programmangabe.

rund 2000 Abende und Aufnahmesitzungen, wovon aber weniger als 20 % der Oper gewidmet waren (und nach 1945 kein einziger mehr der Operette).

Swarowsky dirigierte das gesamte gängige Repertoire (meist auswendig), er mied die französischen (ausgenommen Debussy und Ravel), russischen und slawischen Komponisten, aber auch den Sinfoniker Schumann (er dirigierte die *2. Sinfonie* nie, die *1.*, *3.*, *4.* je *ein* Mal). Auch hier ging es ihm stets um das Konstruktive eines Werkes – wenn eine Sinfonie nicht im Sinne der „Wiener" komponiert war, so war sie für ihn schon anrüchig. Swarowskys Repertoire war im Kern also von jenen Säulen getragen, die er auch in seinem Abschiedsbrief „An die lieben letzten 20 Hörer" im Juni 1975[122] definierte: Bach, Wiener Klassik samt Schubert, dann naturgemäß Brahms und Bruckner, ferner Klassiker des 20. Jahrhunderts wie R. Strauss, Mahler, Schönberg, Strawinsky, Britten. Vieles andere kam noch dazu, wie auch Wagner (in gar nicht geringem Ausmaß), aber auch zu diesem Komponisten hatte Swarowsky trotz allem eine ziemlich distanzierte Einstellung.

Seit den frühen 50er Jahren ging Swarowsky daran, Barockmusik aufzuführen, darunter Schütz (Aufnahme der *Weihnachtshistorie*), Bach (Aufnahmen der *Matthäuspassion* und des *Weihnachtsoratoriums*), Händel (Aufnahmen von *Ezio* und *Giulio Caesare*), Pergolesi (Fernsehfilm *Il Maestro di Capella*). Monteverdis *Il coronazione di Poppea* dirigierte er an der Wiener Staatsoper zwölfmal (etwas widerstrebend in der Kraakschen Bearbeitung), nachdem Karajan das Werk nach der Premiere weggelegt hatte. Telemanns Oratorium *Der Tag des Gerichts* faszinierte Swarowsky und er redete es Egon Seefehlner, dem damaligen Chef des Wiener Konzerthauses, wider dessen besseres Bauchgefühl ein; aber im Jahr 1952 sorgte so ein Werk in Wien leider nur für einen leeren Saal und Seefehlners Verärgerung. Derartige Programmideen waren damals um Jahrzehnte zu früh, Swarowskys Ambitionen wiesen jedoch in diesem Punkt in Richtung historische Aufführungspraxis, von der damals andere „klassische" Dirigenten nicht einmal geträumt haben.

Auch Haydn war in der Zeit nach dem Zweiten Weltkrieg ein noch weitgehend unbekannter Komponist. Für gewöhnlich spielten die Orchester außer dem *Trompetenkonzert* (und dies erstmals ab ca. 1950!), einigen *Londoner Sinfonien* und der *Schöpfung* fast nichts von ihm. Swarowsky beschäftigte sich aber bereits seit Kriegsende auch mit den früheren Sinfonien Haydns (u. a. die Nr. 1, 30, 31, 45, 65, 70, 82, 83, 85, 90 und die meisten der zwölf „Londoner"), mit fast sämtlichen Solokonzerten und sogar den heute noch unbekannten Einlagearien. Sein Lieblingswerk war die „Nelsonmesse", die er – ebenso wie die „Theresienmesse" – Ende der 60er Jahre auch aufnahm. Von der Nelsonmesse, die er – wie auch Mozarts „Krönungsmesse" KV 317 – des Öfteren in

---

122 Vgl. *WdG*, wo der gesamte Brief auf S. 265 abgebildet ist.

Konzertprogramme aufnahm, hatte er anhand des Autographs die klein besetzte Originalversion für seinen Gebrauch revidiert.[123]

Natürlich standen Mozart, Beethoven und Brahms ständig im Zentrum der Swarowskyschen Programmplanung, so sehr, dass man darüber eine eigene Abhandlung schreiben könnte. Während bei Mozart der Schwerpunkt auf den Opern lag, konzentrierte er sich bei den Sinfonien auf die letzten sechs: Insgesamt leitete Swarowsky rund 300 Abende mit Werken von Mozart, nicht nur Sinfonien (70), sondern zahlreiche Solokonzerte, Arien, Serenaden, Ouvertüren und Messen. Die „Jupiter-Sinfonie" ist der Spitzenreiter (18), die frühe A-Dur-Sinfonie KV 201 kommt auf erstaunliche elf Mal.

Interessante Details offenbaren sich statistisch bei den Mozart-Opern: *Così* war seine erste, er dirigierte sie 1935 in Hamburg und nur ein einziges weiteres Mal 1964 an der Deutschen Oper Berlin; in Berlin leitete er 1935 eine Neueinstudierung der *Entführung*, eine zweite Produktion bei den Bregenzer Festspielen 1947 am See; schon im Jahr davor dirigierte er bei den 1946 gegründeten Festspielen im Bregenzer Gondelhafen (unmittelbar neben der heutigen Seebühne) *Bastien und Bastienne* gekoppelt mit der *Kleinen Nachtmusik* als Ballett – es waren die ersten Aufführungen auf dem See überhaupt, und es würde mich wundern, wenn die Idee zu Aufführungen auf dem See nicht zumindest auch von Swarowsky gekommen wäre.

Ebenfalls in Berlin leitete er 1935/36 erstmals *Die Zauberflöte* (7), der im Dezember 1947 die selbst inszenierte Grazer Produktion folgte; Swarowskys erste Einstudierung des *Figaro* erfolgte überhaupt erst im April 1961 in Genf und im August desselben Jahres im Kloster von Cimiez (Nizza) während seines dort jährlich stattfindenden Dirigentenkurses mit dem „Haydn-Orchester Wien" (eine Formation des Wiener Akademieorchesters).

Interessant ist auch die Situation bei *Don Giovanni*: Seinen ersten *Don Giovanni* dirigierte Swarowsky im November 1950 im Rahmen seiner Schallplattenaufnahme in Wien – danach erst wieder 1962 an der Wiener Staatsoper, dann aber regelmäßig, vor allem in den letzten Jahren, ebenso wie *Figaro*, *Entführung* und *Zauberflöte*. 1968 dirigierte Swarowsky in Prag eine zweite Aufnahme des *Don Giovanni*, die sich stilistisch von der ersten deutlich abhebt. Die Erkenntnisse der neuen Mozart-Ausgabe wurden durchwegs eingehalten, die Sänger sind alle Italiener.

Ab etwa 1969 war Swarowsky an der Wiener Staatsoper neben Krips und Böhm hauptverantwortlich für das Mozart-Repertoire, was zu permanenten Diskrepanzen aufgrund der gravierenden Auffassungsunterschiede dieser drei Dirigenten führte und darin gipfelte, dass Swarowsky – mangels Orchesterproben – Zettel auf die Pulte der Musiker legen ließ, in denen aufgelistet war, was bei ihm alles *anders* gehe als sonst im Alltag des von ihm verabscheuten „Wiener Mozartstils". Swarowskys Sensibilität in die-

---

123 *Missa in angustiis*, Hob. XXII:11, Partitur Nr. 1129 in NlHS.

sen Fragen war evident, beriet er doch u. a. auch H.C. Robbins Landon bei der Herausgabe des Bandes 9 (die letzten drei Sinfonien) der *Neuen Mozart-Ausgabe* und war er einer von ganz wenigen Dirigenten, der von Anfang an (1955) diese Gesamtausgabe nicht nur als Subskribent bezog, sondern auch die Vorworte und kritischen Berichte studierte und befolgte. Seine Kenntnis und Verwendung korrekter, neuer kritischer Ausgaben war demnach auch eine der Grundlagen seines Dirigierens – verständlich seine Verwunderung, warum sich viele Jahre nach Erscheinen der ersten Bände der Mozart-Ausgabe die dort publizierten Klarstellungen noch immer nicht weiter verbreitet hatten.[124]

Swarowskys Beethoven-Repertoire bestand im Wesentlichen aus den Sinfonien und Konzerten, *Fidelio* (16), die dritte *Leonoren*-Ouvertüre und die *Missa Solemnis*. Beethovens Sinfonien Nr. 2, 3, 5, 6, 7, 8 gibt es in authentischen Aufnahmen. Die Aufführungszahlen sprechen für sich: *Eroica* (36), 5. (34), 7. (53) und 9. Sinfonie (28) sowie *Leonore III* (52) und *Egmont*-Ouvertüre (45).

Für Schubert leistete Swarowsky Pionierarbeit, nicht nur weil er dessen Opern zumindest in Ausschnitten konzertant brachte, sondern auch weil über 100 Aufführungen dokumentiert sind. Faszinierend ist zum Beispiel der differenzierte Zugang, mit dem er die beiden großen Sinfonien angeht: Während er die in der Tradition Beethovens stehende „große" C-Dur-Sinfonie D. 944 dementsprechend interpretiert, gestaltet er die „Unvollendete" als etwas völlig anderes, so als ob Schubert versucht hätte, den sinfonischen Modellen Beethovens ein gänzlich neues hinzuzufügen: die „lyrische Sinfonie" als Konsequenz aus seinem Liedschaffen mitsamt jener neuen, inneren Dramatik[125], derer sich Schubert nicht nur in seinen Liedern, sondern auch in seinen frühesten Opern bediente. Swarowsky, als Pianist ein Kenner von Schuberts Liedern, verstand es, diese vollendete Musik auf außergewöhnliche Weise zu gestalten. Swarowskys Schubert-Repertoire war sehr vielfältig, wir finden die Es-Dur-Messe ebenso wie Ouvertüren und Ausschnitte aus den Opern, *Deutsche Tänze* oder die Sinfonien 3–8, sogar den selten zu hörenden *Lazarus* (10.3.1969 Wien). Häufig setzte er auch Lieder (u. a. *Dem Unendlichen, Der Tod und das Mädchen, An Schwager Kronos, Gott in der Natur*) in Orchestrationen Brahms' und Regers auf das Programm. Ein wesentliches Element für seine Schubert-Interpretation ist Swarowskys Entdeckung – lange vor der Edition der *Neuen Schubert-Ausgabe* – dass die dynamischen Bezeichnungen Schuberts, in erster Linie seine Akzente, in den alten Drucken falsch als *decrescendo* wiedergegeben wurden

---

124 Die bis zum Tode von Swarowsky erschienenen rund 50 Bände der NMA wurden testamentarisch Manfred Huss vermacht, ebenso wie die erste 12-bändige Gesamtausgabe der Sinfonien Haydns in Landons Ausgabe bei der UE. In beiden Ausgaben gibt es eine Reihe von Werken mit Eintragungen Swarowskys, u. a. im *Don Giovanni*, für dessen zweite Aufnahme 1968 Swarowsky die NMA-Partitur verwendete.

125 Aufnahmen beider Sinfonien sind in der von der Edition Hänssler 2019 veröffentlichten CD-Box enthalten.

und dementsprechend falsch ausgeführt worden sind (z.B. ein falsches *decrescendo* auf *ff*-Schlussakkorden).

Brahms ist im Vergleich zu diesen Spitzenreitern numerisch etwas bescheidener vertreten, aber es gibt ja auch weit weniger Orchesterrepertoire von ihm: Swarowsky dirigierte sämtliche Orchesterwerke inklusive der Chor-Orchesterwerke wie *Rinaldo*, sein spezielles Lieblingswerk war die *Nänie*; unter den Sinfonien ist die *Erste* (20) eindeutig an der Spitze der Aufführungen (inklusive zweier Aufnahmen), gefolgt von der *2., 4. und 3. Sinfonie* (11, erstmals 1955 in Wien) sowie den Haydn-*Variationen* (15); insgesamt gab es immerhin ca. 160-mal Brahms in Swarowskys Konzertprogrammen, von den *Ungarischen Tänzen* bis zum *Deutschen Requiem*. Swarowskys Interesse an den Standardwerken war stets gepaart mit der Betreuung von weniger Bekanntem.

Swarowsky war – was mangels Aufnahmen etwas in Vergessenheit geriet – auch ein eminenter Bruckner-Dirigent, aber einer, der sich auch hier dem gängigen Aufführungsstil widersetzte. Er war u.a. überzeugt davon, dass der berühmte Beckenschlag im Adagio der *Siebenten* nicht auf Bruckners Wunsch zurückgeht, ebenso lehnte er es ab, Bruckners Bemerkung „lang gezogen" bei den Streichern als Tempobezeichnung zu verstehen, sondern erkannte sie als Anweisung, wie die Streicher zu spielen haben: den Bogen lang ziehen und gelegentlich auch vom Frosch bis zur Spitze nutzen; er ließ auch vielfach die schnellen 32stel-Begleitfiguren in den Streichern nicht tremolieren, sondern ausspielen. Bei all diesen Dingen bezog er sich auf Schalk und damit Bruckner selbst, wie seine Eintragungen in die Partitur der *Neunten* zeigen.[126] Ebenso widersetzte er sich der Zerstückelung einzelner Sätze, die entsteht, wenn die agogischen Nuancierungen Bruckners als Temporückungen missverstanden und ständig wie neue Tempi ausgeführt wurden – es ging ihm also um die Wahrung des großen Bogens nicht nur in den langsamen Sätzen. Swarowskys bevorzugte Sinfonien waren die *Neunte* (25), die *Dritte* (15) und die *Fünfte, Siebente* und die *Achte* (jeweils 7) und das *Te Deum* – insgesamt sind über 100 Bruckner-Aufführungen bekannt. So manche sarkastische Äußerung Swarowskys über den kauzigen Bruckner und seine durchaus originell-eigentümlichen Sinfonien muss man im Lichte dieser dirigentischen Leistung messen und darf ihnen lediglich scherzhaft-kritische Bedeutung zumessen. Besonders beeindruckt war Swarowsky davon, dass Bruckner in den Autographen seiner Sinfonien stets die Taktgruppen dazuschrieb, die er naturgemäß auch übernahm.

Swarowsky, drei Monate nach dem Tod von Johann Strauß Sohn geboren, war seit seiner frühesten Jugend Ohrenzeuge einer direkten Überlieferung der Aufführungspraxis von Werken der Strauß-Dynastie. Er verkehrte im „Palais Strauß" bei Johanns Witwe Adele, er war gewissermaßen ein Kronzeuge, wie es auch Bruno Walter, Clemens Krauss, Karl Böhm oder Robert Stolz waren. Die Interpretation durch solche

---

126 Swarowskys Dirigierpartitur Nr. 1076 von Bruckners *IX.* in NIHS.

Dirigenten gibt dieser Musik ihren natürlichen Schwung und vermittelt unaffektiert die Atmosphäre der Wiener Gesellschaft im Fin de Siècle mit all ihrem Charme, ihrer Eleganz, gepaart mit Temperament und straffem Rhythmus. Die heute vielfach zu hörende Verkitschung durch gewollte „Interpretationen" mit falschen Tempi und angeblichen „Traditionen" hat mit dem Original nichts zu tun – aber im Laufe der Zeit ist leider auch das Wissen um den Charakter und somit das richtige Tempo der einzelnen Tänze verloren gegangen. Swarowsky dirigierte Strauß nicht nur gerne, sondern auch oft – der *Kaiserwalzer* (50-mal u. a. auch in Schülerkonzerten) war offenbar sein Lieblingswerk. Er nahm nicht nur viele dieser Werke auf, sondern gab auch die erste kritische Ausgabe der *Fledermaus* heraus, in deren Vorwort und Kritischem Bericht er alle bekannten Unarten der Interpreten auflistet.[127]

Mahler, der nach Swarowskys Überzeugung als Wiener Operndirektor an seiner künstlerischen Auffassungsstrenge und Kompromisslosigkeit scheiterte, war für ihn stets Leitbild. Vermutlich bereits aus den Tagen bei Schönberg und Webern kannte Swarowsky auch den Musiktheoretiker Josef Polnauer, der dem engsten Kreis dieser Komponisten angehörte und der bei Proben und Aufführungen Mahlers und Weberns anwesend war und sich dabei Notizen gemacht hatte. Seine akribisch gesammelten Beobachtungen gab er auch an Swarowsky weiter, denn auch bei dessen Proben und Konzerten war er ein stets aufmerksamer und kritischer Zuhörer.

Statistisch betrachtet dirigierte Swarowsky allen voran *Das Lied von der Erde* (27), die *Sechste* und die *Dritte* (je 17), die *Neunte* (10), dazu kamen natürlich noch einzelne Wunderhornlieder und Liedzyklen. Von 1957 an gab es bis zu Swarowskys Tod kein Jahr mehr, in dem nicht mindestens eine Mahler-Aufführung in Wien stattfand. Mit den Wiener Symphonikern machte Swarowsky Studio-Aufnahmen für den Österreichischen Rundfunk (*Sinfonien 5, 6, 7, 9*) und mit der Tschechischen Philharmonie nahm er die *4. Sinfonie* 1972 in Prag auf (auch dies sollte eine Gesamtaufnahme werden). Ausgenommen war nur die *Zweite*, die er nie dirigierte, weil er sie nicht mochte; er bezeichnete sie als „Pasticcio-Sinfonie", deren weltanschaulicher Hintergrund ihm suspekt war. Das mag überraschen, aber Swarowsky hatte generell wenig Sympathie für die gängige Requiems- und Oratorienliteratur mit Ausnahme von Bach. Er dirigierte diese Werke – im Gegensatz zu den Messkompositionen – auch nie, das einzige Requiem, das er je aufführte, war ein einziges Mal jenes von Brahms.[128]

Mit den Werken von Richard Strauss wurde Swarowsky direkt durch den Komponisten vertraut gemacht, er lernte somit einen Großteil der sinfonischen Dichtungen sowie der Opern aus erster Hand kennen. Swarowskys Interpretation unterscheidet

---

127 Johann Strauß *Die Fledermaus. Komische Operette in 3 Akten*: nach dem Autograph revidiert und hg. von Hans Swarowsky, London usw. 1968 (Studienpartitur, Ed. Eulenburg Nr. 922).
128 Konzert am 16.2.1947 mit den Wiener Symphonikern im Musikverein Wien.

sich hörbar von jener anderer Dirigenten durch transparenten Klang, stringente Tempi (innerhalb der von Strauss geforderten Temporelationen wie z. B. im *Till Eulenspiegel*) und prägnanten Rhythmus, wodurch alles viel moderner wirkt. Insgesamt ist Richard Strauss neben Beethoven wohl der von Swarowsky am häufigsten dirigierte Komponist überhaupt: Derzeit sind uns rund 250 Aufführungen Strauss'scher Werke in Oper und Konzert bekannt, bei den Sinfonischen Dichtungen und anderen Orchesterwerken findet sich fast alles (*Till Eulenspiegel* 35-mal) bis auf die *Alpensinfonie*, die Swarowsky nicht mochte – *Macbeth* hingegen verteidigte und dirigierte er oft. Interessant ist dabei, dass die Häufigkeit der Strauss-Programme nach 1964 deutlich zugunsten von Mahler nachlässt.

Nur wenige Dirigenten (seiner Generation) haben so viele Werke Schönbergs dirigiert (u. a. auch *Moses und Aron*[129]) wie Swarowsky, wobei zu bedenken ist, dass er auch die Musik der „Zweiten Wiener Schule" von ihren bedeutendsten Vertretern selbst gehört oder erläutert bekommen hat. *Kol Nidre* und *Ein Überlebender aus Warschau* unter Swarowskys Leitung sind die ersten veröffentlichten Aufnahmen dieser Werke (1953), die wenige Jahre nach deren Komposition entstanden. Die Wahl gerade dieser beiden Werke Schönbergs könnte auch Bekenntnischarakter haben, da Swarowsky 1944 bekanntlich das Schicksal der polnischen und der jüdischen Bevölkerung in Krakau aus nächster Nähe miterlebt hatte.

Die ganze Weite von Swarowskys schier unglaublichem Repertoire erschließt sich aber erst, wenn man sich ansieht, wie viel er aus dem 20. Jahrhundert neben rund 120 Opern und den zahllosen klassischen sinfonischen Werken dirigiert hat. An oberster Stelle standen für ihn: Strawinsky (86), Britten (60), Kodály (47), Hindemith (42, darunter die Opern *Mathis* und *Cardillac*), Prokofiew (28), Ravel (24) und Bartók (22).

Ergänzend dazu eine Liste der zahlreichen anderen Komponisten des 20. Jahrhunderts, die Swarowsky laufend dirigierte: Genannt werden nur jene, von denen er entweder ein größeres Bühnenwerk oder mehrere Werke oder eine Schallplattenaufnahme dirigiert hat: E. d'Albert, Th. Berger, B. Blacher, H. Brant, L. Dallapiccola, C. Debussy, P. Dukas, G. von Einem, E. Elgar, G. Enescu, H. Erbse, M. de Falla, W. Fortner, H.W. Henze, K.A. Hartmann, A. Honegger, W. Hübner, J. Ibert, L. Janacek, N. dello Joio, A. Katschaturian, E.W. Korngold, E. Krenek, W. Müller von Kulm, R. Liebermann, W. Lutoslawski, G.F. Malipiero, F. Martin, J. Marx, P. Mennin, D. Milhaud, R. Mohaupt, V. Mortari, H. Pfitzner, S. Rachmaninov, K. Rankl, F. Raymond, M. Reger, O. Respighi, K. Schiske, F. Schmidt, D. Schostakowitsch, F. Schreker, J. Sibelius, K. Szymanowski, H. Villa-Lobos, A.J. Weinberger; etwas weniger häufig kommen auch

---

129 Der zweite Akt der Oper war Teil eines Konzertprogramms (Werke von Schönberg) der Wiener Festwochen am 17.6.1969 im Wiener Konzerthaus mit den Wiener Symphonikern. Das Konzert wurde aber kurzfristig nach der Generalprobe abgesagt, weil nur 18 Karten (!) verkauft waren.

H.E. Apostel, M. Arnold, S. Barber, A. Casella, W. Egk, A. Gibilaro, J.N. David, A. Jolivet, B. Maderna, N. Nabokov, A. Schibler und A. Skrjabin in den Programmen vor.

Statistisch betrachtet dirigierte Swarowsky in der Oper vor allem Verdi (mehr als 200): davon *Don Carlos* (27), *Rigoletto* (25), *Aida* (22), *La forza del destino, Macbeth, Otello, Un ballo in maschera* (jeweils mehr als 10); an zweiter Stelle steht R. Strauss mit über 100 Aufführungen: u. a. *Rosenkavalier* (25), *Ariadne* (24), *Capriccio* (15); fast ebenso oft Mozart mit ca. 90 Abenden: *Entführung, Figaro, Don Giovanni* und *Zauberflöte, Bastien und Bastienne*; Puccini stand 70-mal auf dem Programm.

Am *häufigsten* dirigierte Swarowsky Raymonds *Ich hab mein Herz in Heidelberg verloren* (56, Volksoper 1927), Mascagnis/Leoncavallos *Cavalleria/Bajazzo* (45), Offenbachs *Orpheus in der Unterwelt* an der Volksoper, in Stuttgart und in Zürich (55); alle anderen Werke und Komponisten verteilten sich ziemlich gleichmäßig. Auffallend ist dabei, dass er an der Wiener Oper nur achtmal Wagner dirigierte: *Meistersinger, Tannhäuser und Holländer*. Gerade bei Wagner dürften die Auffassungsunterschiede ein erhebliches Hindernis im probenlosen Opernalltag gewesen sein, Swarowskys Aufnahmen belegen dies deutlich.

XII. Bilanz eines Dirigentenlebens

Der Kampf gegen die Mächte der Finsternis[130] war ohne Zweifel ein dominantes Merkmal in Hans Swarowskys Laufbahn, es war ein Lebenskampf, der in verschiedene Richtungen zu führen war: künstlerisch, finanziell, gesundheitlich und politisch. Er begann im Grunde schon mit seiner außerehelichen Geburt, die für 1899 eine schwere Bürde war und deren unmittelbar negativ gesellschaftlich Folgen nur dank der Munifizenz von Josef Kranz, des Ziehvaters, umgangen werden konnten. Aber schon beim Schulkind gab es offenbar Anzeichen, diesen Umstand als Mangel zu empfinden, denn der Knabe erklärte seinen Mitschülern gegenüber, Sohn eines höchsten Aristokraten zu sein.

Genau genommen gab es nur wenige Abschnitte, in denen er von diesem Kampf unbelastet war: Kindheit und frühe Jugend, die Jahre 1919–1922 in Wien, das Hamburger Jahr, die Jahre nach dem Krieg bis 1949, und die Jahre ab 1957 bis zum Ausbruch seiner Krebskrankheit (1970). Vor allem in seiner Kindheit mit den beinahe bizarren Vorteilen eines Sohnes aus schwerreichen Verhältnissen, konnte er die schönen Seiten eines faszinierenden Lebens ungestört ausleben. Dieses Paradies endete am Tag des

---

130 „Die Mächte der Finsternis" und deren Bekämpfung ist ein Ausdruck, den Hans Swarowsky selbst verwendete; der Begriff kommt aus der Freimaurerei, wo die Finsternis im Gegensatz zum Licht steht und das Böse ganz allgemein bezeichnet.

Einzugs zum Militär mit 17 Jahren und wurde durch den unerwarteten Abbruch der Zahlungen durch Josef Kranz 1922 und die Notwendigkeit, plötzlich mit musikalischen Fähigkeiten Geld verdienen zu müssen, fortgesetzt – eine völlig neue und unerwartete Erfahrung. Das damit verbundene Reisen und Kennenlernen von berühmten Persönlichkeiten mochte ja noch interessant gewesen sein – finanziell war es aber bereits die erste Zerreißprobe, da sich der junge Swarowsky umgehend auch um seine Mutter und seinen 1924 geborenen Sohn Anton finanziell kümmern musste.

In Stuttgart begannen Swarowskys Probleme mit Chören und Orchestern wegen seiner anspruchsvollen, für Bühnen von „B"- oder „C"-Häusern teils visionären und daher ungewohnten Forderungen; Probleme, die – wenn auch nicht durchgehend abhängig von Repertoire und allgemeinen Umständen – bis zu seinem letzten Konzert mit den Wiener Symphonikern 1975 immer wieder auftraten[131]: Swarowsky konnte es nicht fassen, dass dieses Orchester damals noch immer nicht bereit war, Beethovens *Achte* im gebotenen Tempo – nach der Originalmetronomisierung, um eine komplexe Frage auf ein Schlagwort zu reduzieren – zu spielen. Swarowsky war mit seinen musikalischen Ideen seiner Zeit voraus, das konnte aber in einer Stadt wie Wien nur bedingt funktionieren, da sich – nach Swarowsky Worten – seit Schönbergs Abgang kulturell hier nichts mehr getan hatte. Erst Jahre später gelang es Dirigenten der nächsten Generationen, aber nicht nur den Vertretern der historischen Aufführungspraxis, den von Swarowsky so oft getadelten Traditionsschwindel erfolgreich zu bekämpfen.

So war Swarowsky immer wieder gezwungen, auch in seinem künstlerischen Lebenskampf schwere Rückschläge oder die Verhinderung seines Wollens hinzunehmen, und er sah sich in dieser Hinsicht durchaus Gustav Mahler verwandt. Swarowsky war kein „bequemer" Dirigent, so wie ihn sich die meisten Orchester wünschen, sondern einer, der vieles in Frage stellte, vieles anders wollte, der ein überaus genauer Probierer war und somit nicht nur für Orchester, sondern gelegentlich auch für das Publikum ein Unbequemer war.

In Stuttgart schlug dieser Lebenskampf sehr bald von einem künstlerischen in einen politischen um, obwohl er als Dirigent äußerst erfolgreich war. So wie er *bis* 1945 als Künstler politisch traktiert wurde, so ging es quasi spiegelgleich *nach* 1945 bald wieder weiter und es dauerte mehr als zehn Jahre, bis sich das beruhigte. Der Schaden durch das „Dritte Reich" war irreparabel und nachhaltig.

Als weiteres Element in diesem Kampf muss man die bereits gegen Ende der Stuttgarter Zeit einsetzenden Gesundheitsprobleme sehen, die Swarowsky zwar nach außen nie zeigte, mit denen er aber bis an sein Lebensende zu kämpfen hatte: 1974 sagte er vor einer Probe für ein Konzert mit Bruno Leonardo Gelber zu mir: „Niemand weiß,

---

131 Konzert für den ORF am 16.3.1975. Das Programm war Beethoven *VIII.*, R. Strauss *Macbeth*, Villa-Lobos *Klavierkonzert* (F. Wührer, Klavier).

wie es mir wirklich geht. Kein Tag, der nicht mit einem Besuch an der Klinik beginnt […] und eigentlich ist das heute ein Krüppelkonzert, nur dass man es mir nicht so ansieht."[132] Er wollte seine Krankheiten nicht wahrhaben, biss sich durch und verleugnete seine Zustände regelrecht, bis es zu dramatischen Situationen kam: Es war seine schwere Krebserkrankung, die ihn Anfang 1970 vom Pult des Israel Philharmonic (Mahler IX.[133]) direkt in die Wiener Klinik brachte. Ähnlich verlief sein Zusammenbruch in der Wiener Staatsoper während des II. Akts von *Turandot*, wo er am 22.2.1973 plötzlich bewusstlos vom Pult fiel. Die Aufführung musste unterbrochen werden und Swarowsky wurde noch in derselben Nacht an einem Gehirntumor operiert. Wie stets war er bald darauf wieder „fit" und leitete an der Staatsoper am 23. Mai 1973 *Don Giovanni*, seine Lieblingsoper.[134]

Ende der 1960er Jahre begann ihm ein neues Problem auf unwürdige Weise zuzusetzen, indem Kollegen aus der Professorenschaft der Dirigentenklasse der Musikakademie vehement bis zu seinem Tode gegen ihn wetterten, intrigierten und falsche Behauptungen ausstreuten, um sich selbst in Szene zu setzen. Diese Auseinandersetzung wurde sogar in der Wiener Presse verbreitet, aber damals war Swarowsky über solche Dinge bereits erhaben, auch wenn sie ihn sehr schmerzten. Es war einzig einer Petition *aller* Dirigierstudenten an die zuständige Ministerin Hertha Firnberg zu verdanken, dass Swarowskys Lehrauftrag jährlich bis zuletzt trotz alledem immer wieder verlängert wurde.

Swarowsky hatte eine in jeder Hinsicht charismatisch-gewinnende, schillernde, vielschichtige und dominante Persönlichkeit, die jeden beeindruckte, selbst wenn man gerade Opfer seines Wortwitzes wurde.[135] Er liebte es, polemisch pointierte Bemerkungen zu machen, und polarisierte damit – intellektuelle und künstlerische Überlegenheit sind

---

132 Konzert am 5.11.1974 (Brahms *2. Klavierkonzert*) mit Bruno Leonardo Gelber, der von einer Kinderlähmung her sichtbar gehbehindert war.
133 Er leitete Anfang März 1970 zahlreiche Konzerte mit dem Israel Philharmonic, obwohl er bereits wusste, dass er schwer krank war, sagte aber keines ab. Im letzten Konzert musste das Programm gekürzt werden und Swarowsky wurde direkt vom Konzertsaal mit der Rettung zum Flugzeug und in Wien zur Klinik gebracht.
134 Swarowsky wachte tagelang nach der Operation nicht mehr auf, bis der Primarius zu einer „alten" Notmaßnahme griff und den Patienten in einer anderen als seiner Muttersprache anschrie: Es war Italienisch, und Swarowsky war wieder wach.
135 In einer Sitzung des Gesamtkollegiums der Wiener Musikakademie polemisierte Swarowsky eines Tages sehr ausführlich zu einem Thema. Der Präsident der Akademie – Dr. Hans Sittner – wollte diese Rede zu einem Ende bringen und sagte zu Swarowsky: „Herr Kollege, Sie sollten Schwadronowksy heißen!" – darauf Swarowsky prompt: „Und Ihr Name wäre dann wohl *Un*sittner?" Oder bei einer Diplomprüfung für Dirigenten kündigte Swarowsky an: „Und jetzt kommt mein bester Ägypter!" – Frage aus der Prüfungskommission: „Ja, wie viele haben Sie denn von dort?" – Swarowsky: „Na den einen natürlich! Das genügt doch."

eben etwas, womit die „normale" gesellschaftliche Umgebung nur schlecht zurande kommt; sich solcherart missliebig zu machen ist ein Leichtes. Er war eine stadtbekannte Persönlichkeit in Wien nicht nur aufgrund seiner Dirigententätigkeit, sondern weil er auch immer wieder öffentlich in Erscheinung trat: Er verfasste große Artikel für führende Zeitungen, jeweils ganze Seiten wie sein kritischer Artikel im *Wiener Kurier* zur Wiedereröffnung der Wiener Staatsoper 1955, ebenso zum 200. Geburtstag Mozarts (1956) und zu dem Beethovens (1970); zahlreiche Artikel schrieb er für die *Österreichische Musikzeitschrift* und er trat wiederholt im Fernsehen auf – er war also präsent.

Swarowsky war im Grunde genommen ein wie aus dem Geiste der Renaissance geborener Polyhistor, der ja nicht „nur" Dirigent, sondern auch Pianist, Übersetzer, Schriftsteller, Kunsthistoriker und Pädagoge (und nicht nur als solcher auch Psychologe) war. Seine Opern-Übersetzungen räumen mit romantisierendem „Übersetzer-Nonsens" auf und sind dramaturgisch ebenso zutreffend wie musikalisch gut sangbar. Als Autor mit einem eigenen, packenden, pointierten Sprachstil von literarischer Qualität schrieb er zahlreiche brillante, stets kritische Texte und Vorträge meist zu musikalischen und kulturpolitischen Themen. In jüngeren Jahren war er ein leidenschaftlicher Photograph (was für seinen Sohn Anton zum Beruf wurde) und Präsident des „Deutschen Leica-Vereins" und sogar als zeichnerisches Naturtalent[136] konnte er überzeugen.

Kunstgeschichte beschäftigte Swarowsky so sehr, dass er die Gemälde jedes Museums, jede Ausstellung und jedes Bauwerk, das er während seiner vielen Reisen besuchte, analytisch betrachtete und entsprechende Notizen in seine (leider verlorenen) Tagebücher schrieb. „Ich verstehe mehr von Kunstgeschichte als von Musik" war sein Ausspruch zu Studenten der Dirigierklasse, die er gelegentlich ins Kunsthistorische Museum in Wien mitnahm, um seine Vorlesung dort erweitert abzuhalten.[137]

Swarowsky war auch ein großer Sammler von seltenen Erstausgaben, seine Bibliothek war weithin berühmt. Seine Rundgänge durch Antiquariate und Antiquitätenläden führten immer wieder zu kleinen Sensationsfunden, weil er unerkannt Gebliebenes richtig diagnostizierte: So kam es zum Sonett für *Capriccio*, dessen französische Vorlage er in einer alten Buchausgabe zufällig in einem Züricher Antiquariat fand, später entdeckte er gemeinsam mit Robbins Landon in Italien autographe Teile von Haydns letzter Oper *L'anima del filosofo* und in Wien verloren geglaubte Portraits von Haydn und Johann Strauß.

---

136 Im Nachlass befindliche Zeichnungen und Stilkopien nach Kokoschka, Schiele etc. belegen dies. Diese Blätter sind im Eigentum von Gloria Seiko-Swarowsky.

137 1974 gab es im oberösterreichischen Stift Reichersberg eine Ausstellung über die Bildhauerfamilie Schwanthaler, zu der ich Swarowsky begleiten durfte. Er führte durch die Ausstellung und erläuterte alle Objekte spontan und umfassend, ganz so, als ob er die Ausstellung selbst gestaltet hätte, es war ein unvergessliches Erlebnis.

Es war zweifelsohne die „moderne" Lehre der Wiener Kunstgeschichte, aus der Swarowsky so etwas wie ein klares Stilbewusstsein auch für die Musik ableitete: Die bildende Kunst mit ihrem Formen- und Farbenkanon inspirierte ihn, auch für die Musik ein vergleichbares analytisch geprägtes Instrumentarium zu implementieren. Er vergleicht die Elemente formaler Gestaltung in der Musik mit jenen in der Malerei und überträgt die *begrenzende Funktion* des Bilderrahmens[138] auf das Tempo in der Musik und ihren Verlauf in der Zeit. Unverzichtbar war daher für ihn die Kenntnis der stilistischen Elemente einer jeden Epoche sowie die analytische Betrachtung eines Werks, seine Aufgliederung bis ins kleinste Detail, wie er es bei Schönberg und Webern kennengelernt hatte. Aus diesen Überlegungen entwickelte sich die Basis für Swarowskys Methode eines sachlichen und nur in der Musik begründeten, umfassenden und authentischen Werkverständnisses. Ganz in diesem Sinne rief Swarowsky Mitte der 1950er Jahre an der Wiener Musikakademie eine „Stilkommission" ins Leben, die nach entsprechenden Grundsätzen den Unterricht *aller Lehrer* leiten sollte. Allerdings kamen die Mitglieder dieser Kommission nie zu einem einhelligen Ergebnis, weshalb sie nach jahrelangem Tagen ergebnislos wieder aufgelöst wurde.

Dieser theoretische Zugang bildete für Swarowsky jedoch in keiner Weise einen Widerspruch oder gar ein Hindernis zu Spontaneität und freiem Musizieren. Entscheidend für ihn war erstens, ob er ein Werk dirigierte, das er als „Meisterwerk" erkannte und das er aus Überzeugung hochhielt; zweitens ob alle materiellen Umstände einer Aufführung passten – man konnte also Swarowsky einerseits als sehr passionierten und engagierten, andererseits als einen nur routinierten Dirigenten kennenlernen. Seine Abendverfassung war tatsächlich von vielen, oft auch kleinen, für andere unwesentlich scheinenden Merkmalen geprägt. Es gibt viele Gründe, warum Swarowskys Musizieren nicht so einfach auf einen Nenner zu bringen ist.

Mit Orchestern unterhielt er ein ausgezeichnetes Verhältnis, das hat man in Krakau gesehen, davon spricht man in Schottland und bei vielen anderen Orchestern heute noch, auch wenn es gelegentlich etwas süffisant im Tonfall zugegangen ist; in Wien wiederum hatte er in seinen letzten Lebensjahren die Gepflogenheit, Mitglieder der Wiener Philharmoniker jährlich zu einem kleinen Neujahrsempfang in das Hotel Sacher einzuladen.[139]

---

138 Mit „Bilderrahmen" meint er den Keilrahmen des Bildes, der das Bild faktisch von Anfang an begrenzt, und nicht den umrahmenden Schmuckrahmen.

139 Das Hotel Sacher hatte besondere Bedeutung für Swarowsky, er bezeichnete es als den „Ort seiner Erzeugung". Er selbst zeigte mir 1974 den hinter der Lobby gelegenen „Roten Salon" (um 1900 ein Séparée), in dem er – nach eigenen Angaben – im Laufe eines üppigen Soupers gezeugt wurde. Ähnliche Bedeutung hatte das Hotel Imperial, in dessen Luftschutzkeller er sich im Jänner 1945 (mit dem Ehepaar Pfitzner) versteckte; in den Cafés beider Hotels war Swarowsky oft zu Gast und hielt dort Besprechungen ab – auch mit Studenten, die er dorthin einlud.

Abb. 1: Hamburg 1935 (HSA)

Hans Swarowsky war ein Dirigent, der stets versuchte, künstlerisch das ideell Richtige durchzusetzen, der Musiker wie Zuhörer dazu bringen wollte, hörend umzudenken; jemand, der leidenschaftlich gerne gegen den Strom schwamm – so wie er nach Ende des Zweiten Weltkriegs mit unglaublicher Entschlossenheit und einem geradezu unbändigen Furor daranging, Werke des Standardrepertoires wie die *Erioca* so gegen den traditionellen Strich zu bürsten, dass es für jedermann unüberhörbar war.[140]

„Musik ist Religion"[141], und die Musik im Sinne der *septem artes liberales* auch als *Wissenschaft* und nicht nur als *Kunst* zu verstehen – diesen hohen ästhetischen Anspruch, diese künstlerische Einstellung zu leben, ist Hans Swarowsky trotz aller Widrigkeiten gelungen, sie hält seine Leistung für die Nachwelt lebendig und macht ihn zu einer der interessantesten Persönlichkeiten unter den Dirigenten des 20. Jahrhunderts. Sein

---

140 Beispiele dafür sind u. a. die Aufnahmen der frühen 1950er Jahre der *Eroica*, Brahms *1. Sinfonie* oder die instrumentalen Ausschnitte aus dem *Ring, Parsifal* und *Tristan*.
141 Aus dem Vortrag für den Rotary-Club ca. 1965; Artikel Nr. 86 in NlHS.

Abb. 2: ca. 1960 (Aufnahme: Fayer, Wien) (HSA)

innerstes Verständnis von Künstlertum beschreibt er in einer Abwandlung von Goethes Gedicht *An den Mond*:

„In *fassbare Form* zu bannen,
Zu *gültiger Aussage* zu bringen,
Was, von Menschen nicht gewusst
Oder nicht bedacht,
Durch das Labyrinth der Brust
Wandelt in der Nacht',
ist die Sendung des Künstlers."[142]

---

142 Swarowskys Schlusswort aus demselben Vortrag.

Abb. 3: Dezember 1961 (HSA)

Abb. 4: ca. 1965 (Aufnahme: Anton Swarowsky) (NIAS)

Abb. 5: ca. 1967 (HSA)   Abb. 6: 1973 (HSA)

ANHANG

Carsten Schmidt

VERZEICHNIS DER TON- UND BEWEGTBILDAUFNAHMEN HANS SWAROWSKYS

Hans Swarowskys erste Aufnahmen kamen während der kurzen Kapellmeister-Episode in Berlin, im Februar 1936 für die Deutsche Grammophon AG und zwischen März und Juni 1936 für den Lindström-Konzern, zustande. Die letzte kommerzielle Aufnahme entstand im Juni 1974 in Prag für Supraphon, diejenige Schallplattenfirma, mit der ihn wohl das nachhaltigste Geschäftsverhältnis verband. Die zahlreichen Rundfunkproduktionen Swarowskys, die nach dem Zweiten Weltkrieg vor allem in Österreich entstanden, dürften inhaltlich allerdings bedeutsamere Zeugnisse seines künstlerischen Vermächtnisses enthalten, weil die Sender ihm eher als die Schallplattenfirmen Gelegenheit boten, wichtige Werke einzustudieren und aufzuzeichnen.

Die nachstehende Aufstellung gibt einen tabellarischen Überblick über Swarowskys Aktivitäten für die Schallplattenindustrie. Die Ziffern links geben die Anzahl der Aufnahmen geschlossener Werke aller Dauern an, rechts davon steht der Name der Firma[1], in deren Auftrag die Aufnahmen produziert wurden. Unterhalb der halbfett ausgezeichneten Zeilen sind die Orte und Daten von Aufnahmeaktivitäten für die jeweilige Firma notiert.

1	Deutsche Grammophon
	Berlin, 7. Februar 1936
8	Carl Lindström
	Berlin, 24. März–20. Juni 1936
4	The Haydn Society
	Wien, 1950–24. November 1950
50	Supraphon
	a) Wien, 11. Mai 1950–8. Oktober 1952; 1953

---

1 Nicht: Label. Zumindest die wissenschaftlichen Antrieben folgende Befassung mit Tonträgern bzw. den auf ihnen enthaltenen Aufnahmen sollte sich auf die produktionsverantwortlichen und rechtsfähigen Körperschaften fokussieren, nicht auf sogenannte Labels (Imprints), die Instrumente und Objekte des Verkaufs sind.

	b) Prag, 9.–13. September 1957, 11. November 1957
	c) Prag, 5.–7. Juni 1973 und 23. Juni 1974
41	Vox Records
	Wien, Februar 1952–Oktober 1959
2	Columbia
	Wien, 28.–30. Oktober 1952
52	ARS
	Wien, November 1954–1957
19	Urania
	Wien, Mai–Juni 1956
1	World Record Club
	London, zwischen 1955 und 1957
8	Vanguard
	Wien, Juni 1958–Juni 1965
51	Concert Hall
	Wien, 1961–Juni 1968
5	Fratelli Fabbri Editori
	Nürnberg; Prag, 1968
11	Joker
	Wien, um 1970
4	Opus
	Bratislava, September 1972

Die rund 100 Aufnahmen der US-amerikanischen Firmen Columbia, Urania, Vox und ARS sind Auftragsproduktionen der Wiener Symphoniker-Tonaufnahme Ges.m.b.H, einer Tochtergesellschaft der Interessengemeinschaft Wiener Symphoniker. Die 1951 gegründete American Recording Society veröffentlichte ihre Wiener Aufnahmen mit Namensangaben zu Solisten und Dirigenten in ihren Reihen *Music Treasures of the World*, *Young People's Records* und anschließend anonym in der Reihe *Philharmonic Family Library of Great Music*. Die weitere Verwertung des ARS-Repertoires geschah bis in die 1970er Jahre auf den Labels Audio Fidelity (USA) und Véga (Frankreich), nicht selten mit falschen Interpretenangaben. Von der Columbia abgesehen, gehören die genannten Firmen zur Spezies der mit pejorativer Absicht als „Billiglabel" („budget label") bezeichneten Firmen. Ihre Geschäftsmodelle, oft unterstützt durch Clubstrukturen, Subskriptionen und die vielfache Lizensierung von zu Pauschaltarifen hergestellten Aufnahmen, fußten auf der Weizenkornlegende und waren damit wirtschaftlich langfristig erfolgreicher und wirkungsmächtiger als die der sogenannten „Majors" der Branche, die ausschließlich das nach traditionellen gesellschaftlichen Hierarchien geformte Starprinzip pflegten, immer wieder auf frisches Kapital angewiesen waren und ansonsten vom Nimbus insolvent gewordener Markennamen lebten. Fortwährender Bedarf für die „Billiglabels", zu denen aus der obigen Übersicht noch insbesondere Concert Hall und Fratelli Fabbri hervorgehoben seien, erwuchs immer neu aus dem auf breiter gesellschaftlicher Basis fußenden Betrieb der *Music appreciation*[2], der vielen Generationen die Befassung mit westlicher klassischer Kunstmusik als Komponente sozialen Aufstiegs vermittelte.

Hans Swarowsky, dessen legendäre Spottlust auch den „Meisterschallplatten" von „blendender Tonqualität" galt,[3] von deren Cover „uns das liebe Antlitz" des „Stars" entgegenblicke,[4] hielt dennoch nichts für „so erzieherisch für die Spieldisziplin eines Orchesters wie die nötige Aufmerksamkeit jedes einzelnen Spielers bei der Herstellung einer Schallplatte. Die peinliche Genauigkeit des ‚High-Fidelity'-Spiels soll der ‚Stil' des Orchesters überhaupt sein!"[5] „Die Flut von Literatur über ‚Interpreten' (Regisseure, Dirigenten, Sänger, Instrumentalisten und ähnliche Sekundärkünstler), die über uns hereingebrochen ist", zeige uns indes, „wo wir stehen",[6] und was ihn selbst anging, so musste er sich damit abfinden, dass er abseits des Starbetriebs der Plattenindustrie stand und als Dirigent oft genug nach der Shaw'schen Invektive zu den angeblichen mangelhaften praktischen Fertigkeiten von Lehrern beurteilt wurde.[7]

Seit zwei seiner Schüler, Zubin Mehta und Claudio Abbado, schnellen Weltruhm erlangten, stand Swarowskys Name für eine gute Schule, wenn auch nicht für einen unverwechselbaren Maestro, und das nutzte die Tonträgerindustrie, insbesondere nach Swarowskys Tod, aus. Ein ungewisser „Alfred Scholz"[8] veröffentlichte in einem schwer zu überschauenden Geflecht von Firmen, das mittlerweile wie ein Virus auch im World Wide Web wirkt, Produktionen unbekannter Herkunft und solche des Rundfunks, bei-

---

2 David Bonner, *Revolutionizing children's records: The Young People's Records and Children's Record Guild series, 1946–1977*, Lanham usw. 2008, S. 10 ff. Bonners verdienstvolles Buch enthält zudem reiches Material zum unternehmerischen und pädagogischen Wirken von Horace und Judith Sidorsky Grenell, in dem die Vermittlung des (meist gemeinfreien) Werkes im Mittelpunkt stand und (kostspieliger) interpretatorischer Individualismus keine Rolle spielte.
3 Swarowsky, Beethoven: Ouvertüre Leonore III, in: *WdG*, S. 93–101: 96.
4 Swarowsky, Dirigieren, in: *WdG*, S. 72–79: 72.
5 Swarowsky, Orchesterführung, in: *WdGt*, S. 80–83: 82.
6 Swarowsky, Dirigieren, in: *WdG*, S. 72.
7 „He who can does. He who cannot teaches." George Bernard Shaw, *Man and superman: a comedy and a philosophy*, Westminster 1903, S. 230.
8 Er wird bisweilen Swarowskys Schüler genannt; der Name taucht in den Klassenkatalogen Swarowskys jedoch nicht auf. Ich danke Mag. Erwin Strouhal und Prof. Dr. Reinhard Kapp für diese Auskunft aus dem Archiv der mdw (e-Mail an den Autor vom 30. Mai 2018).

spielsweise mit den Dirigenten Michael Gielen und Erich Schmid, unter dem Namen „Hans Swarowsky". Dass ein Taktstock nicht klingt, wofür Swarowsky Gott gedankt wissen wollte,[9] muss ich im Zusammenhang mit dem Aufdecken von Fälschungen, die durch Unterschiebung entstanden sind, bedauern, denn methodisch führt bei der Klärung der Zuschreibung das *close listening*, begleitet vom *close reading* der in Swarowskys Aufführungshinweisen enthaltenen Ausführungsempfehlungen, nicht zu belastbaren Ergebnissen, wenn nicht gleichzeitig eine begleitende dokumentarische Grundlage vorhanden ist. Ob und inwiefern das Spiel mit der Mystifikation, der Maske fremder Identität auf den bekanntlich kunst- und kulturgeschichtlich gut orientierten Anti-Maestro und Spötter Swarowsky selbst zurückging? Diese wilde Spekulation wird sich wohl nicht mehr aufklären lassen.

Zur Anlage der Einträge

Das nachfolgende Verzeichnis führt Hans Swarowskys Musikaufnahmen in alphabetischer Ordnung nach Komponist und Werktitel und die Sprachaufnahmen chronologisch auf. Aus Platzgründen entfallen die Angaben in diesem Zusammenhang überflüssiger Werkverzeichnisnummern in den Werktiteln,[10] der Betriebsart einer Aufnahme, d. h., ob die Raumdarstellung mono-, stereo- oder quadrophonisch erfolgte, sowie die Angabe der Satz- und Gesamtdauern. Die letztgenannte Auslassung hat natürlich auch pragmatische Gründe: Vor der Messung einer Dauer muss sichergestellt sein, dass die Tonhöhe der Aufzeichnung korrekt und konstant ist, und es muss einheitlich, unter Ein- oder Ausschluss von Satzpausen, Beifall etc. gemessen werden, wozu es der Autopsie eines jeden Titels bedurft hätte. Ebenso habe ich auf die Angabe der Aufnahmesituationen „Studioproduktion", „Livemitschnitt", „Liveproduktion" und dergleichen mehr verzichtet. Bei Swarowsky dürfte diese Angabe ohnehin entbehrlich sein, weil er auf die körperliche Anwesenheit von Publikum nicht irrational zu reagieren pflegte, wie die erfreulich sachlichen „Liveaufnahmen" zeigen. Die Nennung der Mitwirkenden beschränkt sich auf die ersten vier Personen, die Angabe des künstlerischen und technischen Produktionspersonals unterbleibt.

Ebenfalls aus Platzgründen nenne ich nicht alle Ausgaben, in denen eine kommerzielle Produktion auf dem Tonträgermarkt erschienen ist, sondern beschränke mich auf die jeweils beste erste und letzte Quelle. (Berücksichtigung fanden bis August 2018

---

9 Swarowsky, Dirigieren, in: *WdG*, S. 73.
10 Mir geht es in der vorliegenden Übersicht besonders um leichte Fasslichkeit, weshalb ich bei generischen Werktiteln vor der Verwendung eingeführter Verlegerzählungen nicht zurückschrecke, Kurz- und Populärtitel wie „Weihnachtshistorie" verwende, aber dennoch originalsprachige Titel respektiere.

erschienene Neuausgaben.) Nur die Aufnahmen aus dem Jahr 1936 sind Nadeltonaufnahmen, alle folgenden sind Magnettonaufnahmen. Daher nenne ich die technisch inferioren Erstausgaben von Tonbandaufnahmen auf Normalrillen-Platten (sog. Schellackplatten) nicht, sofern sie auch im Mikrorillenformat erschienen sind. Unter den CD- und Downloadausgaben bemühe ich mich, diejenige zu nennen, die das zugrundeliegende Tonband am unverfälschtesten hören lässt.

Soweit ermittelbar und sinnvoll, habe ich fiktive Klangkörpernamen und persönliche Pseudonyme in ‹Chevrons› nach den wirklichen Namen des Individuums oder der Körperschaft gesetzt. Dies kann für die Wiener Orchesternamen auf Industrieschallplatten aufgrund der vielsprachigen und variantenreichen Angaben auf den Tonträgern und der häufig nicht zu ermittelnden wahren Identität und Zusammensetzung der Klangkörper nur andeutend und unvollständig geschehen. Feste Regeln dafür, welches Orchester hinter welchem Pseudonym steckt, gibt es nicht, auch die Wiener Symphoniker sind als „Staatsopernorchester" vermarktet worden. Nach Swarowskys Tod absichtsvoll ihm untergeschobene Aufnahmen habe ich am Ende jedes Komponistenabschnitts genannt, aber in der Regel keiner weiteren Beschreibung gewürdigt. Die eher nur irrtümlich unter Swarowskys Namen veröffentlichten oder in älteren Verzeichnissen versehentlich ihm zugeschriebenen Aufnahmen sind in dem Abschnitt „Eliminierte Einträge aus älteren Verzeichnissen" zusammengefasst.

Quellen

Mein Verzeichnis basiert auf dem von Franz Lechleitner zusammengestellten Verzeichnis der „Tonaufnahmen von Angehörigen der Wiener Schule"[11] und auf der Hans-Swarowsky-Homepage von Satoshi Saito.[12] Ergänzend und korrigierend herangezogen habe ich:

Barbara Biemann, Ruth Burchard, Johannes C. Weiss (Red.), *Musische Programme [des Bayerischen Fernsehens]*, München 1988 (= Fernsehproduktionen 1954–1986. 2.).
Bibliothèque nationale de France, Paris. *Catalogue Général* http://catalogue.bnf.fr/index.do (4.8.2021).
British Library. *British Library Sounds* http://sounds.bl.uk/ (4.8.2021).

---

11 Markus Grassl/Reinhard Kapp (Hg.), *Die Lehre von der musikalischen Aufführung in der Wiener Schule. Verhandlungen des Internationalen Colloquiums Wien 1995*, Wien/Köln/Weimar 2002 (Wiener Veröffentlichungen zur Musikgeschichte 3), S. 732–810, hier S. 782–799.
12 Mehrfach abgelegt im *Internet Archive*. Der umfassendste Zustand der jüngsten Version vom Januar 2005 ist unter http://web.archive.org/web/20050409121627/http://www.h4.dion.ne.jp/~hugo.z/HSwarowsky.html erhalten. (4.8.2021).

Jonathan Brown, Parsifal *on record: A discography of complete recordings, selections, and excerpts of Wagner's music drama*, Westport usw. 1992.

Jonathan Brown, Tristan und Isolde *on record: A comprehensive discography of Wagner's music drama with a critial introduction to the recordings*, Westport usw. 2000.

Carlo Carotti / Giacinto Andriani (Hg.), *La Fabbri dei Fratelli Fabbri*, Mailand 2010.

Deutsche Nationalbibliothek. *Katalog der Sammlung historischer Tonträger* https://portal.dnb.de/opac.htm (4.8.2021).

Discogs https://www.discogs.com (4.8.2021).

Gesellschaft der Musikfreunde in Wien. *Konzertarchiv* https://www.musikverein.at/suche/sucheErweitert.php (4.8.2021).

Gesellschaft für historische Tonträger – Alfred-Seiser-Stiftung (Hg.), *Die Aufnahmebücher der Carl Lindström A. G,* Wien [Selbstverlag] 2011.

Michael H. Gray, *A classical discography* http://classical-discography.org (4.8.2021).

Bice Horszowski Costa, *Miecio: Remembrances of Mieczyslaw Horszowski*, Genua 2002.

John Hunt, *Concert Hall: Concert Hall Society and Concert Hall Record Club*, London 2011.

Institut National de l'Audiovisuel, Paris. *INA Mediapro* https://www.inamediapro.com/ (4.8.2021)

Konzerthaus Wien. *Datenbank des Wiener Konzerthauses* https://www.konzerthaus.at/datenbanksuch (4.8.2021)

Kurtz Myers, *Index to record reviews.* Based on material originally published in „Notes", the quarterly journal of the Music Library Association between 1949 and 1977, Bd. 1–5, Boston: Hall, 1978–1980.

Nederlands Instituut voor Beeld en Geluid, Hilversum [Katalog] http://zoeken.beeldengeluid.nl (4.8.2021).

Österreichische Mediathek, Wien. *Katalog: Die Gesamtbestände der Österreichischen Mediathek* www.katalog.mediathek.at (4.8.2021).

Staatliches Institut für Musikforschung Stiftung Preußischer Kulturbesitz, Berlin (Hg.). *Konzertführer Berlin-Brandenburg 1920–2012* https://digital.sim.spk-berlin.de/viewer/browse/ak.kfbb/-/1/-/-/ (4.8.2021).

Hans Swarowsky, *Wahrung der Gestalt. Schriften über Werk und Wiedergabe, Stil und Interpretation in der Musik*, hg. von Manfred Huss, Wien 1979.

Virtuální národní fonotéka www.narodnifonoteka.cz (17.4.2018).

Wiener Philharmoniker, Archiv. [Datenbank aller] *Konzerte der Wiener Philharmoniker seit der Orchestergründung 1842* https://www.wienerphilharmoniker.at/konzerte/archive (4.8.2021).

Wiener Staatsoper, Archiv. *Spielplanarchiv* https://db-staatsoper.die-antwort.eu/ (4.8.2021).

Wiener Symphoniker, Archiv. *Archivsuche: Alle Veranstaltungen seit 1900* https://www.wienersymphoniker.at/de/archiv/suche (4.8.2021).

Leider gibt es in Hans Swarowskys persönlichem Nachlass keine schriftlichen Dokumente zu seiner audiovisuellen Hinterlassenschaft, keine Verträge, Korrespondenzen, Listen, Honoraraufstellungen oder Kalendarien. Zu den wenigen archivischen Dokumenten, die mir bekannt wurden, gehört ein mehr als 200 Stücke umfassendes Konvolut von Fotokopien aus dem Symphonia-Tonstudio in Wien, das der um die Rettung solchen Quellenmaterials eminent verdiente Diskograph Michael H. Gray mir zugänglich machte. Die Originale sind inzwischen nicht mehr auffindbar.

Sehr zu Dank verpflichtet bin ich den nachfolgenden Institutionen und Personen für geduldig gewährte Auskünfte und Hilfe: Deutschlandradio Berlin (Rüdiger Albrecht); Rundfunk Berlin-Brandenburg, Berlin (Renate Klein, Harald Weis); Deutsches Rundfunkarchiv, Frankfurt (Jörg Wyrschowy); Bertelsmann SE & Co. KGaA, Gütersloh (Andreas Knura); Südwestdeutsche Philharmonie Konstanz (René Kubelík); Český Rozhlas, Prag (Tomáš Bělohlávek); Supraphon A. S., Prag (Lukáš Kadeřábek); Internationale Stiftung Mozarteum, Salzburg (Mag. Stephanie Krenner); Canadian Broadcasting Corporation, Music Library, Toronto (Allan Morris); Internationale Gustav Mahler Gesellschaft, Wien (Severin Matiasovits); Österreichische Mediathek, Wien (Bakk. Mag. Harald Gauss, Mag. Robert Pfundtner, Annette Ravens); Radiotelevisione Italiana, Rom (Monica Margrande, Matteo Chiocchi); Österreichischer Rundfunk, Wien (Gerald Kolbe); Symphonia, Wien (Silvia Kempf); Wiener Philharmoniker, Historisches Archiv, Wien (Dr. Silvia Kargl); Wiener Symphoniker, Historisches Archiv, Wien (Mag. Ulrike Grandke); Dr. Károly Csipák, Berlin; Michael H. Gray, Alexandria; Manfred Huss, Wien; Takahiro Iida, Tokio; em. o. Univ.-Prof. Dr. Reinhard Kapp, Wien und Berlin; Hofrat Dr. Ernst Kobau, Wien; Stefano Mollo, Berlin; Hans-Jörg Müllender, Frankfurt a.M.; Wolfgang Wendel, Karlsruhe; Wolf Zube, Berlin.

Symbole und Abkürzungen

Ø	Durchmesser
‹›	Pseudonym; angegebener Name
-	Bindestrich
–	Erstreckungszeichen
A WPh	Historisches Archiv der Wiener Philharmoniker
BBC	British Broadcasting Corporation, London
BeG	Nederlands Instituut voor Beeld en Geluid, Hilversum
BL SA	British Library Sound Archive
BR	Bayerischer Rundfunk, München
CD	Compact disc
ČR	Český Rozhlas, Prag

D	Otto Erich Deutsch, *Franz Schubert. Thematisches Verzeichnis seiner Werke in chronologischer Folge*, Kassel 1978
DL	Download
DRA B	Deutsches Rundfunkarchiv, Babelsberg
Einst.	Einstudierung
Hob.	Anthony van Hoboken, *Joseph Haydn. Thematisch-bibliographisches Werkverzeichnis*, Mainz 1957–1978
HSA	Archiv Hans Swarowsky Akademie
IGMG	Internationale Gustav Mahler Gesellschaft, Wien
INA	Institut National de l'Audiovisuel, Bry-sur-Marne
KV	Ludwig Ritter von Köchel, *Chronologisch-thematisches Verzeichnis sämtlicher Tonwerke Wolfgang Amadé Mozarts*, Wiesbaden ^{6}1964
M17	Mikrorillen-Schallplatte Ø 17 cm, 45 oder 33 ⅓ UpM
M25	Mikrorillen-Schallplatte Ø 25 cm, 33 ⅓ UpM
M30	Mikrorillen-Schallplatte Ø 30 cm, 33 ⅓ UpM
MDR	Mitteldeutscher Rundfunk, Leipzig
N25	Normalrillen-Schallplatte Ø 25 cm, 78 ⅓ UpM
N30	Normalrillen-Schallplatte Ø 30 cm, 78 ⅓ UpM
NHK	Nippon Hōsō Kyōkai, Tokio
OeM	Österreichische Mediathek des Technischen Museums, Wien
ÖNB	Österreichische Nationalbibliothek, Wien
ORF	Österreichischer Rundfunk, Wien
ORTF	Office de Radiodiffusion Télévision Française (1964–1974)
RAI	Radiotelevisione Italiana
RBB	Rundfunk Berlin-Brandenburg, Berlin
RIAS	Rundfunk im amerikanischen Sektor (1946–1993)
RSR	Radio Suisse Romande, Lausanne
RTF	Radiodiffusion-Télévision Française (1949–1964)
S	Humphrey Searle, *The music of Liszt*, London 1954
SFB	Sender Freies Berlin (1953–2003)
SRG	Schweizerische Radio- und Fernsehgesellschaft (1960–1999)
TB	Tonband
TrV	Franz Trenner, *Richard Strauss. Werkverzeichnis (TrV)*, Wien ^{2}1999
VD	Veröffentlichungsdatum
VHS	Video Home System (Video-Magnetbandformat)
WDR	Westdeutscher Rundfunk, Köln

Musikaufnahmen

Hans Erich Apostel (1901–1972)
Fünf österreichische Miniaturen. Großes Wiener Rundfunkorchester. Wien, 19. November 1959. ORF UK RM01/UK7446-50_H
Variationen über ein Thema von Joseph Haydn. Münchner Philharmoniker. München, Deutsches Museum, Kongreßsaal, 1. Oktober 1954. BR 54/8829. Gelöscht

Johann Sebastian Bach (1685–1750)
Brandenburgisches Konzert Nr. 2 F-Dur. Wiener Symphoniker ‹Vienna Festival Orchestra›. Wien, Konzerthaus, Mozart-Saal, 26. Januar 1955. M30 Music Treasures of the World MT 2
Matthäus-Passion. Heather Harper (Sopran), Gertrude Jahn (Mezzosopran), Kurt Equiluz (Tenor), Marius Rintzler (Baß) u. a., Wiener Sängerknaben, Wiener Akademie-Kammerchor (Einst. Hans Gillesberger), Niederösterreichisches Tonkünstler-Orchester ‹Österreichisches Symphonie-Orchester, Wien›. Wien, 1967. M30 Concert Hall SMS-2542; CD Éditions Atlas SAC CD 058–060
Weihnachts-Oratorium. Heather Harper (Sopran), Ruth Hesse (Alt), Thomas Page (Tenor), Kurt Equiluz (Tenor) u. a., Wiener Kammerchor (Einst. Hans Gillesberger), Niederösterreichisches Tonkünstler-Orchester ‹Österreichisches Symphonie-Orchester, Wien›. Wien, Mai und Juni 1968. M30 Concert Hall SMS-2585; CD Éditions Atlas SAC CD 044–045
Unterschobene Aufnahmen: *Brandenburgisches Konzert Nr. 2 F-Dur,* ‹Bamberger Philharmoniker›; *Brandenburgisches Konzert Nr. 3 G-Dur,* ‹Bamberg Philharmonic Orchestra›; *Brandenburgisches Konzert Nr. 4 G-Dur,* ‹Philharmonisches Orchester Bamberg›; *Brandenburgisches Konzert Nr. 5 D-Dur,* ‹Bamberger Philharmoniker›

Tadeusz Baird (1928–1981)
Vier Essays. Radio-Symphonie-Orchester Berlin. Studio Berlin-Lankwitz, 3. Januar 1964. RIAS. Deutschlandradio Berlin 268–978

Béla Bartók (1881–1945)
A csodálatos mandarin op. 19: Suite. Akademieorchester des Salzburger Mozarteums. Salzburg, 29. November 1954. ORF Salzburg B 11.662. Im Archiv des ORF nicht nachweisbar
Klavierkonzert Nr. 1. Helmut Roloff (Klavier), Akademieorchester des Salzburger Mozarteums. Salzburg, 29. November 1954. ORF Salzburg B 11.661/1–2. Im Archiv des ORF nicht nachweisbar
Két portré op. 5. Herta Kendler (Violine), Akademieorchester des Salzburger Mozarteums. Salzburg, 29. November 1954. ORF Salzburg B 8700. Im Archiv des ORF nicht nachweisbar
Unterschobene Aufnahmen: *A csodálatos mandarin* op. 19: Suite. ‹Süddeutsche Philharmonie›; *Táncszvit.* ‹Süddeutsche Philharmonie›

Friedrich Bayer (1902–1954)
Klavierkonzert. Frieda Valenzi (Klavier), Großes Wiener Rundfunkorchester. Wien, 23. März 1957. ORF QM01/UK191_H; OeM ORF-05923

LUDWIG VAN BEETHOVEN (1770–1827)

Coriolan-Ouvertüre op. 62. Kölner Rundfunk-Sinfonie-Orchester. Köln, WDR, Saal 1, 13.–16. Juni 1964. WDR 6125675101.1.01

Egmont op. 84: Ouvertüre. Wiener Symphoniker. Wien, 23. Juni 1950. M25 Supraphon LPM 48

Egmont op. 84: Ouvertüre. Sinfonia of London. London, zwischen 1955 und 1957. M30 World Record Club T 11 (VD: 1957)

Fidelio op. 72: Ouvertüre. Wiener Symphoniker. Wien, Juni 1950. M25 Supraphon LPM 48

Fidelio op. 72: I: Marsch. Niederösterreichisches Tonkünstler-Orchester ‹Österreichisches Sinfonie-Orchester Wien›. M30 Concert Hall SMS-2482 (VD: 1966); CD Éditions Atlas MEL-CD 315

Die Geschöpfe des Prometheus op 43: Ouvertüre. Kölner Rundfunk-Sinfonie-Orchester. Köln, WDR, Saal 1, 2.–4. November 1961. WDR 6070064102.1.01

Große Fuge op. 133. Orchestereinrichtung von Felix Weingartner. Kölner Rundfunk-Sinfonie-Orchester. Köln, WDR, Saal 1, 10.–14. September 1962. WDR I-69161/3

Große Fuge op. 133. Orchestereinrichtung von Felix Weingartner. Radio-Symphonie-Orchester Berlin. Berlin, Haus des Rundfunks, Saal 1, 1.–3. Oktober 1963. SFB. RBB E 250 949

Klavierkonzert Nr. 1 C-Dur op. 15. Friedrich Wührer (Klavier), Wiener Symphoniker ‹Pro Musica Orchestra, Vienna›. M30 Vox PL 8400 (VD: März 1954)

Klavierkonzert Nr. 4 G-Dur op. 58. Guiomar Novaes (Klavier), Wiener Symphoniker ‹Pro Musica Symphony, Vienna›. Wien, Musikverein, Brahms-Saal, 5.–7. Oktober 1953. M30 Vox PL 8530 (VD: 1955); TB Phonotapes-Sonore PM 121

Klavierkonzert Nr. 5 Es-Dur op. 73. Hans Kann (Klavier), Wiener Symphoniker ‹Vienna Festival Orchestra›. Wien, Musikverein, Großer Saal, 19.; 20. Januar 1955. M30 Music Treasures of the World MT 36; DL ReDiscovery RP 38

Klavierkonzert Nr. 5 Es-Dur op. 73. Walter Kamper (Klavier), ‹Orchestre de l'opéra d'état de Vienne›. ARS. M30 Véga ⌐B 400–402 (VD: 1961)[13]

Klavierkonzert Nr. 5 Es-Dur op. 73. Friedrich Gulda (Klavier), ‹Orchester der Wiener Staatsoper›. Wien, Konzerthaus, 1963. M30 Concert Hall SMS-2307; CD Guilde Internationale du Disque CD 1122

Leonore: Ouvertüre III. ‹Orchestr Vídeňské státní opery›. Wien, 1950. N30 Supraphon 14503–14504-V (030873–030876)

Leonore: Ouvertüre III. Wiener Volksopernorchester ‹Orchester der Wiener Staatsoper in der Volksoper›. M30 Orbis CX 11 050

Leonore: Ouvertüre III. Kölner Rundfunk-Sinfonie-Orchester. Köln, WDR, Saal 1, 18.–21. November 1960. WDR 6069497103.1.01

Leonore: Ouvertüre III. Orchestre de la Suisse Romande. Genf, Victoria Hall, 19. Oktober 1962. RSR MS 62.310

---

13 Die Zuschreibung ist zweifelhaft. Die Aufnahme ist weder mit der unmittelbar zuvor genannten noch mit der im Januar 1957 von Frederick Charles Adler geleiteten identisch und ebenfalls ausschließlich monophonisch veröffentlicht; es ist keine frühere Ausgabe nachweisbar. Die Interpretenangaben auf Véga-Wiederveröffentlichungen sind häufig unzuverlässig.

Rondo B-Dur WoO 6. Friedrich Wührer (Klavier), Wiener Symphoniker ‹Pro Musica Orchestra, Vienna›. M30 Vox PL 8400 (VD: März 1954)

Die Ruinen von Athen op. 113: Türkischer Marsch. Niederösterreichisches Tonkünstler-Orchester ‹Österreichisches Sinfonie-Orchester Wien›. M30 Concert Hall SMS-2482 (VD: 1966); CD Éditions Atlas MEL-CD 315

Sinfonie Nr. 3 Es-Dur op. 55. Wiener Symphoniker ‹Vienna State Opera Orchestra›. M30 Music Treasures of the World MT 59[14]

Sinfonie Nr. 3 Es-Dur op. 55. Scottish National Orchestra. Edinburgh, Usher Hall, 7. März 1958. BBC. BL SA 1CDR0012279 BD1-4

Sinfonie Nr. 3 Es-Dur op. 55. NHK Symphony Orchestra. Tokio, NHK Hall, 17. Oktober 1973. NHK

Sinfonie Nr. 3 Es-Dur op. 55. Wiener Symphoniker. Wien, Musikverein, Großer Saal, Konzerte am 5.–9. November 1974. ORF. HSA

Sinfonie Nr. 5 c-Moll op. 67. Sinfonia of London.[15] London, zwischen 1955 und 1957. M30 World Record Club T 11 (VD: 1957)

Sinfonie Nr. 6 F-Dur op. 68. Wiener Symphoniker ‹Vienna State Opera Orchestra›. ARS. M30 Audio Fidelity FCS 50,014

Sinfonie Nr. 7 A-Dur op. 92. Wiener Philharmoniker. Wien, 14. Februar 1953. A WPh

Sinfonie Nr. 8 F-Dur op. 93. Orchestra della RTV Svizzera Italiana. Januar 1975. Bewegtbildaufnahme, Regie: Sandro Briner. SRG

Sinfonie Nr. 8 F-Dur op. 93. Wiener Symphoniker. Wien, Funkhaus Argentinierstraße, 16. März 1975. ORF. HSA

Unterschobene Aufnahmen: *Klavierkonzert Nr. 2 B-Dur* op. 19, Gilbert Schuchter (Klavier), Mozarteumorchester Salzburg; *Klavierkonzert Nr. 3 c-Moll* op. 37, Gilbert Schuchter (Klavier), Mozarteumorchester Salzburg; *Klavierkonzert Nr. 4 G-Dur* op. 58, Gilbert Schuchter (Klavier), Mozarteumorchester Salzburg; *Sinfonie Nr. 2 D-Dur* op. 36, ‹Süddeutsche Symphoniker›; *Sinfonie Nr. 3 Es-Dur* op. 55, ‹Philharmonisches Orchester Bamberg›; *Sinfonie Nr. 4 B-Dur* op. 60, ‹Norddeutsche Philharmonie›; *Sinfonie Nr. 5 c-Moll* op. 67, ‹Süddeutsche Philharmonie›; *Sinfonie Nr. 6 F-Dur* op. 68, ‹Münchner Symphoniker›; *Sinfonie Nr. 8 F-Dur* op. 93, ‹Süddeutsche Philharmonie›; *Sinfonie Nr. 9 d-Moll* op. 125, ‹Philharmonisches Orchester Bamberg›; *Tripelkonzert C-Dur* op. 56, ‹Philharmonisches Orchester Bamberg›

ALBAN BERG (1885–1935)

Lulu: Drei symphonische Stücke. Los Angeles Philharmonic Orchestra. Los Angeles, 26. Januar 1967. Privatsammlung

---

14 Die Stereo-Ausgabe dieser ARS-Produktion, M30 Audio Fidelity FCS 50,019, nennt Michael Gielen als Dirigenten. Auf Nachfrage von Satoshi Saito antwortete Gielen im Juni 2003, er habe die Sinfonien Nr. 2, 7 und 8 aufgenommen, aber nicht die 3., vgl. http://web.archive.org/web/20050409174514fw_/http://www.h4.dion.ne.jp:80/~hugo.z/hs_people/hs_Gielen.html (4.8.2021).

15 Die Sinfonia of London war ein zwischen 1955 und den mittleren 1960er Jahren aktives Londoner Studioorchester, das mehrheitlich aus Mitgliedern des London Symphony Orchestra bestand und sich vornehmlich der Einspielung von Filmmusik widmete.

Violinkonzert. Christa Ruppert (Violine), Orchester des Österreichischen Rundfunks. Wien, 13. April 1966. ORF UK 21.386

THEODOR BERGER (1905–1992)
Rondino giocoso op. 4. Radio-Symphonie-Orchester Berlin. Berlin, Haus des Rundfunks, Saal 1, 7.; 8.; 9. Mai 1962. SFB. RBB E 10/7150

HECTOR BERLIOZ (1803–1869)
Le carnaval romain op. 9. Los Angeles Philharmonic Orchestra. Los Angeles, Hollywood Bowl, 13. Juli 1965. Privatsammlung
Le carnaval romain op. 9. ‹Orchester der Wiener Staatsoper›. M30 Concert Hall SMS-2441 (VD: 1966); CD Guilde Internationale du Disque G. I. D. CD 113
La damnation de Faust op. 24: Marche hongroise. Wiener Symphoniker ‹Vienna Festival Orchestra›. M30 Music Treasures of the World MT 9
La damnation de Faust op. 24: Marche hongroise. Niederösterreichisches Tonkünstler-Orchester ‹Österreichisches Sinfonie-Orchester Wien›. M30 Concert Hall SMS-2482 (VD: 1966); CD Guilde Internationale du Disque G. I. D. CD 113[16]
Romeo et Juliette op. 17: *Grande fête chez Capulet; Scène d'amour; Scherzo La reine Mab.* Wiener Symphoniker ‹Music Treasures Philharmonic Symphony›. M30 Music Treasures of the World MT 23
Symphonie fantastique op. 14. Wiener Symphoniker. Wien, Musikverein, Großer Saal, 30. Dezember 1953. ORF. OeM ORF-06063
Unterschobene Aufnahme: *Symphonie fantastique* op. 14, ‹Bamberger Philharmonie›

GEORGES BIZET (1838–1875)
Carmen: I: „L'amour est un oiseau rebelle". In deutscher Sprache. Ira Malaniuk (Alt), ‹Wiener Staatsopernorchester in der Volksoper›. M30 Joker SM 1097 (VD: 1971); CD Preiser 90428
Carmen: I: „Près des ramparts de Séville". In deutscher Sprache. Ira Malaniuk (Alt), ‹Wiener Staatsopernorchester in der Volksoper›. M30 Joker SM 1097 (VD: 1971); CD Preiser 90428
Carmen: Suite Nr. 1: Nr. 1–4, 6. Wiener Symphoniker ‹Music Treasures Philharmonic Symphony›. Wien, Musikverein, Großer Saal, 19.; 21. Januar 1955. M30 Music Treasures of the World MT 31; DL ReDiscovery RP 21
Carmen: Suite Nr. 2: Nr. 1, 2, 4–6. Nikolaus Hübner (Violoncello solo), Wiener Symphoniker ‹Music Treasures Philharmonic Symphony›. Wien, Musikverein, Großer Saal, 30. Januar 1955. M30 Music Treasures of the World MT 23; DL ReDiscovery RP 21

BORIS BLACHER (1903–1975)
Orchestervariationen über ein Thema von Paganini op. 26. Orchester des Österreichischen Rundfunks. Wien, 24. Januar 1963. ORF UK 22.064
Träume vom Tod und vom Leben op. 49. Kurt Wehofschitz (Tenor), ORF-Chor (Einst. Gottfried Preinfalk); Orchester des Österreichischen Rundfunks. Wien, 24. Januar 1962. ORF UK 22.063

---

16 Bei dieser Wiederveröffentlichung irrtümlich dem Dirigenten Pierre-Michel Le Conte zugeschrieben.

Johannes Brahms (1833–1897)

Alt-Rhapsodie op. 53. Lucretia West (Mezzosopran), ORF-Chor (Einst. Gottfried Preinfalk), Orchester des Österreichischen Rundfunks. Wien, 12. Oktober 1960. ORF UK 21.817

Alt-Rhapsodie op. 53. Luba Baricová (Alt), Slowakischer Philharmonischer Chor (Einst. Jan Maria Dobrodinský), Slowakische Philharmonie. Bratislava, Konzertsaal der Slowakischen Philharmonie, September 1972. M30 Opus 9112 0196

Gesang der Parzen op. 89. Wiener Singakademie, Wiener Symphoniker. Wien, Konzerthaus, 29. November 1968. ÖNB T-mel 103/4

Gesang der Parzen op. 89. Slowakischer Philharmonischer Chor (Einst. Jan Maria Dobrodinský), Slowakische Philharmonie. Bratislava, Konzertsaal der Slowakischen Philharmonie, September 1972. M30 Opus 9112 0196

Klavierkonzert Nr. 1 d-Moll op. 15. Friedrich Wührer (Klavier), ‹Vienna State Philharmonia›. M30 Vox PL 8000 (VD: Juni 1953); TB Phonotapes-Sonore PM 116

Klavierkonzert Nr. 1 d-Moll op. 15. Claudio Arrau (Klavier), Los Angeles Philharmonic Orchestra. Los Angeles, 26. Januar 1967. Privatsammlung

Klavierkonzert Nr. 2 B-Dur op. 83. Eduard Mrazek (Klavier), Wiener Symphoniker ‹Vienna State Opera Orchestra›. ARS. M30 Audio Fidelity FCS 50,016 (VD: 1959); DL ReDiscovery RD 168

Klavierkonzert Nr. 2 B-Dur op. 83. Bruno Leonardo Gelber (Klavier), Wiener Symphoniker. Wien, Musikverein, Großer Saal, Konzerte am 5.–9. November 1974. ORF. HSA

Liebeslieder-Walzer aus op. 52 und op. 65, ausgewählt und instrumentiert vom Komponisten. Ingrid Bjoner (Sopran), Ira Malaniuk (Alt), Waldemar Kmentt (Tenor), Otto Wiener (Baß), Kölner Rundfunk-Sinfonie-Orchester. Köln, 18.–21. November 1960. WDR 6069497104.1.01

Drei Motetten op. 110. Konzertvereinigung Wiener Staatsopernchor. Wien, Dezember 1968. M30 Preiser SPR 3278

Nänie op. 82. Wiener Singakademie, Wiener Symphoniker. Wien, Konzerthaus, 29. November 1968. ÖNB T-mel 103/4

Nänie op. 82. Slowakischer Philharmonischer Chor (Einst. Jan Maria Dobrodinský), Slowakische Philharmonie. Bratislava, Konzertsaal der Slowakischen Philharmonie, September 1972. M30 Opus 9112 0196

Rinaldo op. 50. Waldemar Kmentt (Tenor), Konzertvereinigung Wiener Staatsopernchor, Wiener Philharmoniker. Wien, Musikverein, Großer Saal, 7.; 8. Februar 1970. ÖNB T-mel136/1

Schicksalslied op. 54. Wiener Singakademie, Wiener Symphoniker. Wien, Konzerthaus, 29. November 1968. ÖNB T-mel 103/4

Schicksalslied op. 54. Slowakischer Philharmonischer Chor (Einst. Jan Maria Dobrodinský), Slowakische Philharmonie. Bratislava, Konzertsaal der Slowakischen Philharmonie, September 1972. M30 Opus 9112 0196

Sinfonie Nr. 1 c-Moll op. 68. ‹Vienna State Opera Orchestra›. Wien, zwischen 1956 und 1959. ARS. M30 Audio Fidelity FCS 50,017

Sinfonie Nr. 1 c-Moll op. 68. ‹Großes Symphonieorchester›. Nürnberg, Studios des Fränkischen Landesorchesters, April–Juli 1970. CD Weltbild Classics 704031[17]

---

17 Die Wiederveröffentlichung der Brahms-Sinfonien auf dem Label Weltbild (1997) geht auf unklare Quellen zurück. Manfred Huss, der den Booklettext für die Ausgabe verfasste, hält mittlerweile nur noch die

Sinfonie Nr. 2 D-Dur op. 73. ‹Großes Symphonieorchester›. Nürnberg, Studios des Fränkischen Landesorchesters, April–Juli 1970. CD Weltbild Classics 704031

Sinfonie Nr. 3 F-Dur op. 90. ‹Großes Symphonieorchester›. Nürnberg, Studios des Fränkischen Landesorchesters, April–Juli 1970. CD Weltbild Classics 704031

Sinfonie Nr. 3 F-Dur op. 90. Wiener Symphoniker. Wien, Funkhaus Argentinierstraße, 19. November 1972. ORF. HSA[18]

Sinfonie Nr. 4 e-Moll op. 98. Los Angeles Philharmonic Orchestra. Los Angeles, Hollywood Bowl, 13. Juli 1965. Privatsammlung

Sinfonie Nr. 4 e-Moll op. 98. ‹Großes Symphonieorchester›. Nürnberg, Studios des Fränkischen Landesorchesters, April–Juli 1970. CD Weltbild Classics 704031

Tragische Ouvertüre d-Moll op. 81. Wiener Symphoniker. Wien, Musikverein, Großer Saal, 31. Oktober; 2.; 10. November; 1. Dezember; Wien, Konzerthaus, Mozart-Saal; 23.; 29. Oktober; 1.; 30. November 1954. ARS. Unveröffentlicht[19]

Tragische Ouvertüre d-Moll op. 81. Berliner Philharmoniker. Berlin, Philharmonie, Großer Saal, 23. November 1963. RIAS. Deutschlandradio Berlin 200-519 I

Ungarische Tänze Nr. 1, 2, 3, 5, 6, 7, 10. Wiener Symphoniker ‹Music Treasures Philharmonic Symphony›. Wien, Musikverein, Großer Saal, 12.–14. September 1954. M30 Music Treasures of the World MT 19

Ungarische Tänze Nr. 1, 2, 3, 5, 6. ‹Orchestra of the Vienna State Opera›. M17 Concert Hall SM-942

Variationen für Orchester über ein Thema von Joseph Haydn B-Dur op. 56a. Scottish National Orchestra. BBC. BL SA C1026/50 White collection, 1CDR0011585; 2CDR0010185[20]

Unterschobene Aufnahmen[21]: *Akademische Fest-Ouvertüre* op. 80, ‹Süddeutsche Philharmonie›; *Klavierkonzert Nr. 2 B-Dur* op. 83, Hans Lang (Klavier), ‹Bamberger Symphoniker›; *Sinfonie Nr. 1 c-Moll* op. 68, ‹Süddeutsche Philharmonie›; *Sinfonie Nr. 2 D-Dur* op. 73, ‹Süddeutsche Philharmonie Stuttgart›, auch ‹Philharmonisches Orchester Bamberg›; *Sinfonie Nr. 3 F-Dur* op. 90, ‹Philharmonisches Orchester Bamberg›; *Sinfonie Nr. 4 e-Moll* op. 98, ‹Süddeutsche Philharmonie Stuttgart›; *Tragische Ouverture d-Moll* op. 81, ‹Süddeutsche Philharmonie›

Aufnahme der Sinfonie Nr. 1 für authentisch (E-Mail an den Verfasser vom 30. Mai 2016). Diese ist zuvor auf den CDs Vivace 598 und Spectrum U 4080 erschienen, jeweils mit der Orchester-Angabe ‹Bamberger Philharmoniker›. Veröffentlichungen auf Langspielplatten sind nicht nachweisbar. M30 Top Classic TC 9008 mit ‹Pieter van Zeyck› und den ‹Symphonikern› konnte ich leider nicht prüfen, ebensowenig M30 Centrocord 4002, wo angeblich Swarowsky die ‹Bamberger Symphoniker› in Brahms' 4. Sinfonie dirigiert. Ich führe die Studio-Aufnahmen der vier Brahms-Sinfonien hier unter Vorbehalten an.

18 Aufnahmedatum dort Dezember 1972. Eine entsprechende Aufführung ist nicht nachweisbar.

19 Dieser Eintrag folgt der Veranstaltungsdatenbank der Wiener Symphoniker, die sich nicht nur aus gedruckten Programmen, sondern auch aus handschriftlichen Aufzeichnungen der Orchestermitglieder über ihre Dienste speist. Eine Veröffentlichung ist nicht nachweisbar.

20 Das Werk stand am 21. Dezember 1957 und am 16. August 1958 in Glasgow, St. Andrew's Hall, auf dem Programm.

21 Vgl. Anm. 17.

Henry Brant (1913–2008)
Sinfonie Nr. 1 B-Dur. Wiener Symphoniker ‹American Recordings Society Orchestra›. M30 ARS 38 (VD: 1953)

Benjamin Britten (1913–1976)
Peter Grimes op. 33: Four sea interludes op. 33a. Kölner Rundfunk-Sinfonie-Orchester. Köln, WDR, Saal 1, 10.–14. September 1962. WDR I-69161–62/4
Spring symphony op. 44. In deutscher Sprache. Übersetzung von Hans Swarowsky. Edith Mathis (Sopran), Elisabeth Steiner (Alt), Ernst Haefliger (Tenor), Kölner Kinderchor (Einst. Hans-Günter Lenders), Kölner Rundfunkchor (Einst. Herbert Schernus), Kölner Rundfunk-Sinfonie-Orchester. Köln, WDR, Saal 1, 10.–14. September 1962. WDR I-92756/3
Spring symphony op. 44. In deutscher Sprache. Übersetzung von Hans Swarowsky. Halina Lukomska (Sopran), Meriel Dickinson (Alt), Murray Dickie (Tenor), Wiener Sängerknaben, Wiener Jeunesse-Chor, Wiener Bach-Akademie, Orchester des Österreichischen Rundfunks. Wien, Konzerthaus, 15. April 1966. ORF UK 21.801
The young person's guide to the orchestra op. 34. Wiener Symphoniker ‹Pro Musica Orchestra, Vienna›. Wien, 15.; 17. Dezember 1954. M30 Vox PL 9280; TB Phonotapes-Sonore PM 5001 (englische Fassung gesprochen von Brandon de Wilde); M25 Pantheon BP 1310 (Label und Bestellnummer laut Hülle: Opera 3015, deutsche Fassung [verfasst (?) und] gesprochen von Hans Swarowsky); CD Vox ACD 8219 (englische Fassung)

Anton Bruckner (1824–1896)
Messe d-Moll. Martina Arroyo (Sopran), Sieglinde Wagner (Alt), Ernst Haefliger (Tenor), Kim Borg (Baß), der verstärkte RIAS-Kammerchor (Einst. Günther Arndt), Berliner Philharmoniker. Berlin, Philharmonie, Großer Saal, 23. November 1963. RIAS. Deutschlandradio Berlin 200–519 III–IV
Sinfonie Nr. 3 d-Moll. Limburgs Symfonie Orkest. Maastricht, Staargebouw, 9. Januar 1971. NCRV. BeG EM-71015
Sinfonie Nr. 5 B-Dur. Radio-Symphonie-Orchester Berlin. Berlin, Haus des Rundfunks, Großer Sendesaal, 13.; 14.; 15. Februar 1972. SFB gelöscht. Privatsammlung
Sinfonie Nr. 7 E-Dur. Radio-Symphonie-Orchester Berlin. Berlin, Haus des Rundfunks, Großer Sendesaal, Konzerte am 12.; 13.; 14. Januar 1975. SFB gelöscht. Privatsammlung
Sinfonie Nr. 9 d-Moll. Wiener Symphoniker. Wien, Musikverein, Großer Saal, 4., 5., 7. Januar 1973. Privatsammlung
Te Deum. Margarita Lilowa (Mezzosopran), Ileana Cotrubas (Alt), Waldemar Kmentt (Tenor), Marius Rintzler (Baß), Konzertvereinigung Wiener Staatsopernchor, Wiener Philharmoniker. Wien, Musikverein, Großer Saal, 7.; 8. Februar 1970. Privatsammlung
Te Deum. Sona Ghazarian (Sopran), Ria Bollen (Alt), Emil Gherman (Tenor), Helge von Bömches (Baß), Singverein der Gesellschaft der Musikfreunde Wien, Wiener Symphoniker. Wien, Musikverein, Großer Saal, 4., 5., 7. Januar 1973. Privatsammlung
Unterschobene Aufnahmen: *Sinfonie Nr. 2 c-Moll,* ‹Münchner Philharmonische Vereinigung›, auch

‹Süddeutsche Philharmonie›;²² *Sinfonie Nr. 4 Es-Dur*, ‹Süddeutsche Philharmonie›;²³ *Sinfonie Nr. 5 B-Dur*, ‹Süddeutsche Philharmonie›;²⁴ *Sinfonie Nr. 6 A-Dur*, ‹Vienna Festival Orchestra›, auch ‹Philharmonisches Orchester Bamberg› und ‹Süddeutsche Philharmonie›;²⁵ *Sinfonie Nr. 9 d-Moll*, ‹Bamberger Symphoniker›, auch ‹Süddeutsche Philharmonie›²⁶

Dénes von Buday (1890–1963)
Mein Herz ist voller Sonnenschein. Jan Kiepura (Tenor), Mitglieder der Staatskapelle Berlin. Lindström, Aufnahmeraum 2, 20. Juni 1936. N25 Odeon O-4739 (Be 11392); CD Preiser 89138

Francis Burt (1926–2012)
Espressione orchestrale op. 10. Wiener Symphoniker. Wien, Konzerthaus, 18. Dezember 1959. Universal Edition, Archiv

Arturo Buzzi-Peccia (1854–1943)
Lolita. Władysław Kiepura ‹Wladyslaw Ladis› (Tenor), Mitglieder der Staatskapelle Berlin. Berlin, Lindström, Aufnahmeraum 2, 24. März 1936. N25 Odeon O-25737 (Be 11292)

Eduardo di Capua (1865–1917)
O sole mio. Jan Kiepura (Tenor), Arcaris Mandolinen-Orchester, Mitglieder der Staatskapelle Berlin. Berlin, Lindström, Aufnahmeraum 2, 20. Juni 1936. N25 Odeon O-4739 (Be 11393); CD Preiser 89138

Luigi Cherubini (1760–1842)
Anacréon: Ouvertüre. ‹Orchester der Wiener Staatsoper›. M30 Concert Hall SMS-2441 (VD: 1966); CD Éditions Atlas MEL-CD 358

---

22 Diese auch unter dem Pseudonym ‹Alberto Lizzio› in Umlauf gebrachte Aufnahme von Bruckners Sinfonie Nr. 2 ist eine Studioproduktion des SWF unter der Leitung von Erich Schmid aus dem Jahr 1965, vgl. https://www.abruckner.com/downloads/downloadofthemonth/november13/ (4.8.2021).

23 Die Urheberschaft dieser auch unter den Pseudonymen ‹Joseph Kreutzer›, ‹Alberto Lizzio› und ‹Denis Zsoltay› in Umlauf gebrachten Aufnahme von Bruckners Sinfonie Nr. 4 ist bislang nicht ermittelt; vgl. https://www.abruckner.com/discography/symphonyno4ineflat/ (4.8.2021).

24 Diese auch unter dem Namen Alfred Scholz sowie den Pseudonymen ‹Henry Adolph›, ‹Alberto Lizzio›, ‹Cohn Weiss› und ‹Denis Zsoltay› in Umlauf gebrachte Aufnahme von Bruckners Sinfonie Nr. 5 ist eine Studioproduktion des SWF unter der Leitung von Michael Gielen aus dem Jahr 1968, vgl. https://www.abruckner.com/editorsnote/features/southgermanphilhar/ (4.8.2021).

25 Die Urheberschaft dieser auch unter dem Namen Hans Zanotelli sowie unter den Pseudonymen ‹Cesare Cantieri›, ‹Cohn Weiss› und ‹Denis Zsoltay› in Umlauf gebrachten Aufnahme von Bruckners Sinfonie Nr. 6 ist bislang nicht ermittelt; vgl. https://www.abruckner.com/discography/symphonyno6inamajo/ (4.8.2021).

26 Diese auch unter den Pseudonymen ‹Cesare Canteri› und ‹Denis Zsoltay› in Umlauf gebrachte Aufnahme von Bruckners Sinfonie Nr. 9 ist eine Studioproduktion des SWF unter der Leitung von Stanisław Skrowaczewski aus dem Jahr 1965, vgl. https://www.abruckner.com/articles/articlesEnglish/berkyjohnscholz9th/ (4.8.2021).

Frédéric Chopin (1810–1849)
Andante spianato et grande polonaise brillante op. 22. Orazio Frugoni (Klavier), ‹Pro Musica Orchestra, Vienna›. M30 Vox PL 9030 (VD: März 1955)
Klavierkonzert Nr. 1 e-Moll op. 11. Mieczysław Horszowski (Klavier), ‹Vienna State Orchestra›. Wien, 8.–10. September 1952. M30 Vox PL 7870; TB Phonotapes-Sonore PM 126; CD Vox CDX 5511
Klavierkonzert Nr. 2 f-Moll op. 21. Carmen Vitos (Klavier), Wiener Symphoniker ‹Vienna Festival Orchestra›. Wien, Musikverein, Brahms-Saal, 18. Dezember 1955. ARS. M30 Music Treasures of the World MT 43
Klavierkonzert Nr. 2 f-Moll op. 21. Guiomar Novaes (Klavier), ‹Pro Musica Orchestra, Vienna›. M30 Vox PL 11.380
Klavierkonzert Nr. 2 f-Moll op. 21. Menahem Pressler (Klavier), ‹Orchestra of the Vienna State Opera›. M30 Concert Hall SMS-2314 (VD: 1964)[27]
„*La ci darem la mano" varié pour le piano forte* op. 2. Orazio Frugoni (Klavier), ‹Pro Musica Orchestra, Vienna›. M30 Vox PL 9030 (VD: März 1955)
Rondo à la Krakowiak op. 14. Orazio Frugoni (Klavier), ‹Pro Musica Orchestra, Vienna›. M30 Vox PL 9030 (VD: März 1955)
Les Sylphides. Ballett blanc von Michel Fokine mit Musik von Frédéric Chopin, orchestriert von Alexander Glasunow. Zlatko Topolski (Violine), Wiener Symphoniker ‹Music Treasures Philharmonic Symphony›. Wien, Konzerthaus, Großer Saal, 13. Januar 1955. M30 Music Treasures of the World MT 27; DL ReDiscovery RP 44

Peter Cornelius (1824–1874)
Der Barbier von Bagdad: Ouvertüre. ‹Orchester der Wiener Staatsoper›. Staatsoper. M30 Concert Hall SMS-2317

Ernesto de Curtis (1875–1937)
Tu ca nun chiagne. Władysław Kiepura ‹Wladyslaw Ladis› (Tenor), Mitglieder der Staatskapelle Berlin. Berlin, Lindström, Aufnahmeraum 2, 24. März 1936. N25 Odeon O-25737 (Be 11291)

Norman Dello Joio (1913–2008)
Epigraph. Wiener Symphoniker ‹American Recordings Society Orchestra›. Wien, Konzerthaus, Mozart-Saal, 2. Februar 1953. M30 American Recording Society ARS-31; CD Bay Cities BCD-1007
Serenade. Wiener Symphoniker ‹American Recordings Society Orchestra›. M30 ARS-36 (VD: 1953)

Paul Dukas (1865–1935)
L'apprenti sorcier. Wiener Symphoniker ‹Music Treasures Philharmonic Symphony›. Wien, Mu-

---

27 Die CDs Guilde Internationale du Disque CLA-CD 119 und Doron DRC 4019 enthalten die Aufnahme in irreparabel überrestauriertem Zustand.

sikverein, Großer Saal, 31. Oktober; 2.; 10. November; 1. Dezember; Wien, Konzerthaus, Mozart-Saal; 23.; 29. Oktober; 1.; 30. November 1954. M30 Music Treasures of the World MT 23

Antonín Dvořák (1841–1904)
Cellokonzert h-Moll op. 104. Bernard Greenhouse (Cello), ‹Vienna State Opera Orchestra›. M30 Concert Hall SMS-2322
Legende C-Dur op. 59, Nr. 4. Fassung für Orchester. ‹Vienna State Opera Orchestra›. M30 Concert Hall SMS-2322; CD Guilde Internationale du Disque CD 108
Legende A-Dur op. 59, Nr. 7. Fassung für Orchester. ‹Vienna State Opera Orchestra›. M30 Concert Hall SMS-2322; CD Guilde Internationale du Disque CD 108
Sinfonie Nr. 8 G-Dur op. 88. Wiener Philharmoniker. Wien, Musikverein, Großer Saal, 13. Dezember 1952. RWR. A WPh
Unterschobene Aufnahmen: *Sinfonie Nr. 5 F-Dur* op. 76, ‹Das Österreichische Rundfunk-Sinfonie-Orchester›;[28] *Sinfonie Nr. 5 F-Dur* op. 76, ‹Philharmonisches Orchester Bamberg›; *Sinfonie Nr. 9 e-Moll* op. 95, ‹Süddeutsche Philharmonie›

Werner Egk (1901–1983)
Die Zaubergeige: Ouvertüre. Orchester der Staatsoper Berlin. Berlin, Grammophon, Aufnahmeraum 8 (Lützowstraße 111, Schwechten-Saal), 7. Februar 1936. N25 Grammophon 47035 (6430 ½–6431 ½ GR .8.)

Gottfried von Einem (1918–1996)
Dantons Tod op. 6: Drei Zwischenspiele. Orchester des Österreichischen Rundfunks. Wien, 24. Januar 1963. ORF RM01/UK22061_H
Glück, Tod und Traum. Wiener Philharmoniker. 1961. Bewegtbildaufnahme der Inszenierung von Yvonne Georgi. ORF Fernsehen. Verbleib ungeklärt
Hymnus op. 12. Hilde Rössel-Majdan (Alt), Chor des Österreichischen Rundfunks (Einst. Gottfried Preinfalk), Orchester des Österreichischen Rundfunks. Wien, ORF, Funkhaus Argentinierstraße, 1. Oktober 1964, im Rahmen des Festabends *40 Jahre Rundfunk in Österreich*. ORF PM01/HM10368_H
Kammergesänge op. 32. Gertrude Jahn (Mezzosopran), Großes Orchester des Österreichischen Rundfunks. Wien, 8. Januar 1968. ORF RS01/UK19091-98_H
Serenade op. 10. Kölner Rundfunk-Sinfonie-Orchester. Köln, 7.–13. Februar 1962. WDR 6106695104.1.01

Edward Elgar (1857–1934)
The dream of Gerontius op. 38. In deutscher Sprache. Julius Patzak (Tenor), Ira Malaniuk (Mezzosopran), Ludwig Welter (Baß), Chor des Österreichischen Rundfunks (Einst. Gottfried Preinfalk), Orchester des Österreichischen Rundfunks. Wien, Funkhaus, 2.–5. Januar 1960. ORF QM01/UK21650-52_H; CD Elgar Society EE CD 67

---

28 Diese unter Swarowskys Namen in Umlauf gebrachte Aufnahme ist eine von Samo Hubad dirigierte Studioproduktion des ORF aus dem Jahr 1972.

RONALD EMANUEL (1912–1976)
Sinfonie Nr. 1. Orchester des Österreichischen Rundfunks. Wien, 10. September 1964. ORF PM01/ UK20100_H

GEORGE ENESCU (1881–1955)
Rhapsodie roumaine Nr. 1 A-Dur op. 11, 1. Wiener Symphoniker ‹Music Treasures Philharmonic Symphony›. Wien, Musikverein, Großer Saal, 29. März 1955. M30 Music Treasures of the World MT 26

HEIMO ERBSE (1924–2005)
Praeludium für Orchester op. 10. Wiener Symphoniker, Wien, ORF, Funkhaus Argentinierstraße, Großer Sendesaal, 27. November 1960. Privatsammlung

MANUEL DE FALLA (1876–1946)
Noches en los jardines de España. Guiomar Novaes (Klavier), Wiener Symphoniker ‹Pro Musica Orchestra, Vienna›. M30 Vox PL 8520 (VD: 1954); TB Phonotapes-Sonore PM 5006; CD Vox CDX2 5513
El sombrero de tres picos: Drei Tänze. Akademieorchester des Salzburger Mozarteums. Salzburg, 13. Juni 1959. ORF Salzburg B 12 079

FRIEDRICH VON FLOTOW (1812–1883)
Martha oder Der Markt zu Richmond: Ouvertüre. ‹Orchester der Wiener Staatsoper›. M30 Concert Hall SMS-2317

CÉSAR FRANCK (1822–1890)
Sinfonie d-Moll. Wiener Symphoniker ‹Vienna Festival Orchestra›. M30 Music Treasures of the World MT 35; DL ReDiscovery RP 44
Variations symphoniques. Eva Wollmann (Klavier), Wiener Symphoniker ‹Vienna Festival Orchestra›. Wien, Musikverein, Großer Saal, 1. Februar 1955. M30 Music Treasures of the World MT 39; DL ReDiscovery RP 44
Unterschobene Aufnahme: *Sinfonie d-Moll,* ‹Süddeutsche Philharmonie›

CHRISTOPH WILLIBALD GLUCK (1714–1787)
Orfeo ed Euridice. In deutscher Sprache (Hans Swarowsky). Waldemar Kmentt (Tenor), Ingeborg Hallstein (Sopran), Judith Blegen (Sopran), Ballettgruppe des Ballettstudios Prag, Chor des Bayerischen Rundfunks, Symphonieorchester des Bayerischen Rundfunks. Regie: Václav Kašlik, Bühne: Josef Svoboda. München, 1967. Bewegtbildaufnahme. Co-Produktion ZDF/ ORF. ZDF 06342/00260
Orfeo ed Euridice: III: „Che farò senza Euridice". In deutscher Sprache. Diana Eustrati (Alt), Orchester der Städtischen Oper Berlin. M30 Orbis OL 3[29]

---

29 Unter Vorbehalt. Diese und andere Arien-Aufnahmen aus Opern von Mozart, Verdi und Puccini (mit den Sängern Horst Wilhelm, Ilona Steingruber, Ilva Ligabue und Nicola Filacuridi) erschienen ab 1959 in ver-

Orfeo ed Euridice: III: „Che farò senza Euridice". In deutscher Sprache. Ira Malaniuk (Alt), ‚Wiener Staatsopernorchester in der Volksoper'. M30 Joker SM 1097 (VD: 1971); CD Preiser 90428

Edvard Grieg (1843–1907)
Klavierkonzert a-Moll op. 16. Guiomar Novaes (Klavier), Wiener Symphoniker ‚Pro Musica Symphony, Vienna'. Wien, Musikverein, Brahms-Saal, 5.–7. Oktober 1953. M30 Vox PL 8520; CD Vox CDX2 5513
Klavierkonzert a-Moll op. 16. Felicja Blumental (Klavier), Wiener Symphoniker ‹Pro Musica Orchestra, Vienna›. Wien, Konzerthaus, Großer Saal, 31. Oktober–2. November 1960. M30 Vox GBY 11780; CD Brana BR0015
Peer Gynt: Suite Nr. 2 op. 55. Wiener Symphoniker ‚Ein symphonisches Orchester aus Wien'. Wien, Musikverein, Großer Saal, 12.–14. September 1954. M25 Viennaphon 3006
Unterschobene Aufnahme: *Peer Gynt*: Suite, ‚Wiener Volksopernorchester'

Georg Friedrich Händel (1685–1759)
Concerto grosso F-Dur op. 6 Nr. 9. Akademieorchester des Salzburger Mozarteums. Salzburg, 11. Juni 1959. ORF Salzburg B 12 077. Im Archiv des ORF nicht nachweisbar
Ezio. Christiane Sorell (Sopran), Otto Wiener (Bariton), Kurt Equiluz (Tenor), George Fourie (Tenor) u. a., ORF-Chor (Einst. Gottfried Preinfalk), Großes Wiener Rundfunkorchester. Wien, 27. April 1959. ORF PM01/UK21398–402_H
Giulio Cesare in Egitto. Otto Wiener (Bariton), Elisabeth Roon (Sopran), Phil Curzon (Baß), Mira Kalin (Mezzosopran) u. a., Wiener Akademiechor, Wiener Symphoniker ‹Pro Musica Orchestra›. Wien, Musikverein, Brahms-Saal, 23.; 25. Februar 1952. M30 Vox PL 8012 (VD: Juni 1953)
Serse: I: „Ombra mai fù". Ira Malaniuk (Alt), ‹Wiener Staatsopernorchester in der Volksoper›. M30 Joker SM 1097 (VD: 1971); CD Preiser 90428

Karl Amadeus Hartmann (1905–1963)
Sinfonie Nr. 5. Radio-Symphonie-Orchester Berlin. Berlin, Haus des Rundfunks, Saal 1, 6. Januar 1964. SFB. RBB E 252 333
Sinfonie Nr. 8. Großes Orchester des Österreichischen Rundfunks. Wien, April 1964. ORF QM01/UK20322_H

Franz Hasenöhrl (1885–1970)
Violinkonzert. Jaro Schmied (Violine), Großes Wiener Rundfunkorchester. Wien, 22. März 1957. ORF QM01/UK169_H

---

schiedenen Zusammenstellungen auf Labels der Peter-Paul-Kelen-Schallplatten-Gesellschaft (Orbis, Amalthea), mit wechselnden Angaben zu den begleitenden Orchestern und Dirigenten. Die zwei genannten Interpretationen der Arie von Gluck sind konzeptionell identisch und so beschaffen, dass mir Swarowskys Urheberschaft möglich erscheint, vgl. Swarowsky, Gluck: Orfeo ed Euridice, in: *WdG*, S. 191–196: 195 f. Den übrigen Fällen konnte ich in diesem Rahmen nicht nachgehen.

Johann Friedrich Hasse (1902–1990)
Prooemium. Orchester des Österreichischen Rundfunks. Wien, 12. November 1963. ORF RM01/ UK462_H

Joseph Haydn (1732–1809)
L'anima del filosofo, ossia Orfeo ed Euridice. Herbert Handt (Tenor), Judith Hellwig (Sopran), Alfred Poell (Bariton), Hedda Heusser (Sopran) u. a., Chor und Orchester der Wiener Staatsoper. Wien, 1950. M30 Haydn Society HSLP-2029 (VD: 1951); CD Music & Arts CD-1250
Messe Nr. 11 d-Moll Missa in angustiis „Nelson-Messe". Margueritha Kalmus (Sopran), Sonja Draksler (Alt), Kurt Equiluz (Tenor), Franz Pacher (Baß), Wiener Akademie-Kammerchor, Philharmonia Hungarica. Wien, Konzerthaus, Mozart-Saal, 3. Juni 1959. ORF. INA PHD 89031764 003
Messe Nr. 11 d-Moll Missa in angustiis „Nelsonmesse". Teresa Stich-Randall (Sopran), Nedda Casei (Alt), Kurt Equiluz (Tenor), Nikolaus Simkowsky (Baß), Chor und Orchester der Wiener Staatsoper. Wien, Konzerthaus, Juni 1966. M30 Concert Hall SMS-2483; CD Éditions Atlas SAC CD 006
Messe Nr. 12 B-Dur „Theresienmesse". Annelies Hückl (Sopran), Nedda Casei (Alt), Adolf Dallapozza (Tenor), Nikolaus Simkowsky (Baß), Chor und Orchester der Wiener Staatsoper. Wien, Juni 1963. M30 Concert Hall SMS-2439; CD Éditions Atlas SAC CD 033
Ouvertüre Nr. 4 D-Dur. Wiener Symphoniker ‹Vienna Philharmusica Orchestra›. Wien, Musikverein, Großer Saal, 26.–29. Juni 1956. M30 Urania USD 1029
Sinfonie Nr. 1 D-Dur. Wiener Symphoniker. Wien, Konzerthaus, Symphonia-Studio C, 11.–13.; 15. Mai 1950. M30 Supraphon LPV 78
Sinfonie Nr. 30 C-Dur „Alleluja". ‹Vienna State Opera Orchestra›. Wien, 3.; 4.; 9. Juni 1965. M30 Vanguard VCS 10021; DL Bach Guild Big Haydn Symphonies Box
Sinfonie Nr. 31 D-Dur „Symphonie mit dem Hornsignal". ‹Vienna State Opera Orchestra›. Wien, 3.; 4.; 9. Juni 1965. M30 Vanguard VCS 10021; DL Bach Guild Big Haydn Symphonies Box
Sinfonie Nr. 45 fis-Moll „Abschieds-Symphonie". Wiener Symphoniker. Wien, Konzerthaus, Symphonia-Studio C, 11.–13.; 15. Mai 1950. M30 Supraphon LPV-78
Sinfonie Nr. 54 G-Dur. ‹Orchestra of the Vienna State Academy›. M30 Lyrichord LL 32 (VD: 1952)
Sinfonie Nr. 70 D-Dur. ‹Orchestra of the Vienna State Academy›. M30 Lyrichord LL 32 (VD: 1952)
Sinfonie Nr. 86 D-Dur. Wiener Symphoniker. HSA
Sinfonie Nr. 87 A-Dur. ‹Vienna State Opera Orchestra›. M30 Haydn Society HSLP-1018 (VD: 1950)
Sinfonie Nr. 89 F-Dur. ‹Vienna State Opera Orchestra›. M30 Haydn Society HSLP-1018 (VD: 1950)
Sinfonie Nr. 93 D-Dur. Kölner Rundfunk-Sinfonie-Orchester. Köln, 8.–10. Februar 1962. WDR 6106695103.01
Sinfonie Nr. 94 G-Dur „Mit dem Paukenschlag". Wiener Symphoniker. Wien, Konzerthaus, Symphonia-Studio C, 11.–13.; 15. Mai 1950. N30 Supraphon 14106–14108-V (030780–030785)

Sinfonie Nr. 94 G-Dur „Mit dem Paukenschlag". Wiener Symphoniker ‹Vienna Philharmusica Symphony Orchestra›. M30 Saga XID 5241 (VD: 1965)

Sinfonie Nr. 97 C-Dur. ‹Vienna State Opera Orchestra›. Wien, zwischen Dezember 1950 und Januar 1951. M30 Supraphon LPV-208

Sinfonie Nr. 100 G-Dur „Militär". Wiener Symphoniker ‹Vienna Philharmusica Symphony›. Wien, Musikverein, Großer Saal, 3. Mai 1956. M30 Urania UX 104; CD Tuxedo TUXCD 1091

Sinfonie Nr. 102 B-Dur. Wiener Symphoniker. HSA

Trompetenkonzert Es-Dur. Adolf Holler (Trompete), Wiener Symphoniker ‹Vienna Philharmusica Orchestra›. Wien, Musikverein, Großer Saal, 26.–29. Juni 1956. M30 Urania USD 1029; CD Tuxedo TUXCD 1072

Unterschobene Aufnahme: *Sinfonie Nr. 45* „Abschiedssinfonie", ‹Süddeutsche Philharmonie›; *Sinfonie Nr. 63* „La Roxelane", ‹Süddeutsche Philharmonie›; *Sinfonie Nr. 99 Es-Dur.* ‹Vienna State Opera Orchestra›; *Trompetenkonzert Es-Dur*, ‹Rudolf Sandhorn› (Trompete), ‹Orchester der Wiener Volksoper›

PAUL HINDEMITH (1895–1963)

Orchester-Suite „Nobilissima visione". Radio-Symphonieorchester Wien. Wien, 14. Dezember 1971. ORF QS01/UK23666_H; M30 Classical Excellence CE 11026

Symphonic metamorphosis of themes by C. M. von Weber. Wiener Symphoniker. Wien, Funkhaus Argentinierstraße, 21. September 1958. ORF. HSA

Symphonie „Mathis der Maler". Orchestre National de l'ORTF. Paris, 21. Februar 1968. ORTF. INA PHF 06048600 3

Symphonie „Mathis der Maler". Wiener Philharmoniker. Wien, Musikverein, Großer Saal, 7.; 8. Februar 1970. HSA

JOHANN BAPTIST HOLZER (1753–1818)

zugeschrieben: *Bundeshymne* KV 623a. Orchester des Österreichischen Rundfunks, Chor des Österreichischen Rundfunks (Einst. Gottfried Preinfalk). Wien, ORF, Funkhaus Argentinierstraße, 1. Oktober 1964, im Rahmen des Festabends *40 Jahre Rundfunk in Österreich*. ORF PM01/HM10368_H

ARTHUR HONEGGER (1892–1955)

Le roi David. In deutscher Sprache. Christiane Sorell (Sopran), Marga Hoeffgen (Alt), Murray Dickie (Tenor), Albin Skoda (Sprecher) u. a., Großes Wiener Rundfunkorchester. Wien, 12. Dezember 1960. ORF PM01/UK21849–50_H

Le roi David. In deutscher Sprache. Renate Holm (Sopran), Juanita Porras (Mezzosopran), Adolf Dallapozza (Tenor), Franziska Kalmar (Sprecherin) u. a., Singverein der Gesellschaft der Musikfreunde (Einst. Helmuth Froschauer), Radio-Symphonieorchester Wien. Wien, 17. Dezember 1971. ORF PS01/UK24039–40_H

WILHELM HÜBNER (1915–2004)

An den Mistral. Chor des Österreichischen Rundfunks (Einst. Gottfried Preinfalk), Orchester des Österreichischen Rundfunks. Wien, 11. März 1962. ORF RM01/UK8989_H

Klavierkonzert Nr. 1. Frieda Valenzi (Klavier), Großes Wiener Rundfunkorchester. Wien, 22. Mai 1963. ORF RM01/UK22121_H

Vier musikalische Momente. Chor des Österreichischen Rundfunks, Großes Orchester des Österreichischen Rundfunks. Wien, 7. März 1969 (Uraufführung). ÖNB T2842–c; T-mel111/2

Sinfonia ritmica. Orchester des Österreichischen Rundfunks. Wien, 22. Januar 1964. ORF RM01/UK14695_H

ENGELBERT HUMPERDINCK (1854–1921)

Dornröschen: Tonbilder. Wiener Symphoniker ‹Vienna Philharmusica Symphony›. Wien, Musikverein, Großer Saal, 5.; 6. Mai 1956. M30 Urania UR 8007; CD Urania US 7175–CD

Fantasie über Motive aus *Hänsel und Gretel*, für Orchester bearbeitet von Oskar Fried. Wiener Symphoniker ‹Vienna Philharmusica Symphony›. Wien, Musikverein, Großer Saal, 5.; 6. Mai 1956. M30 Urania UR 8007; CD Urania US 7175–CD

Königskinder: Zwischenspiele. Wiener Symphoniker ‹Vienna Philharmusica Symphony›. Wien, Musikverein, Großer Saal, 5.; 6. Mai 1956. M30 Urania UR 8007; CD Urania US 7175–CD

LEOŠ JANÁČEK (1854–1928)

Říkadla. In deutscher Sprache. Chor des Österreichischen Rundfunks (Einst. Gottfried Preinfalk), Orchester des Österreichischen Rundfunks. Wien, 12. Oktober 1960. ORF QM01/UK21818_H

ANDRÉ JOLIVET (1905–1974)

Flötenkonzert Nr. 1. Jean-Pierre Rampal, (Flöte), Orchestre de la Suisse Romande. Genf, Victoria Hall, 19. Oktober 1962. RSR MS 62.312

ZOLTÁN KODÁLY (1882–1967)

Budavári Te Deum. Edda Moser (Sopran), Juanita Porras (Mezzosopran), Glade Peterson (Tenor), Manfred Schenk (Baß), Singverein der Gesellschaft der Musikfreunde (Einst. Helmuth Froschauer), ORF-Chor (Einst. Gottfried Preinfalk), Radio-Symphonieorchester Wien. Wien, 13. Juni 1972. ORF QS01/UK23755_H

Concerto. Kölner Rundfunk-Sinfonie-Orchester. Köln, WDR, Studio 1, 10.–14. September 1962. WDR 6109681103.1.01

Galántai táncok. ‹Vienna State Opera Orchestra›. Wien, 30. April 1952. N30 Supraphon 19070–71–V (030994–030997)

Galántai táncok. Orchestre de la Suisse Romande. Genf, Victoria Hall, 19. Oktober 1962. RSR MS 62.313

Galántai táncok. Los Angeles Philharmonic Orchestra. Los Angeles, 26. Januar 1967. Privatsammlung

Háry János op. 15: Suite. Wiener Philharmoniker. Wien, Musikverein, Großer Saal, 13. Dezember 1952. RWR. A WPh

Háry János op. 15: Theater-Ouvertüre. Radio-Symphonie-Orchester Berlin. Berlin, Haus des Rundfunks, 7.; 8.; 9. Mai 1962. SFB. RBB 10/7152

Missa brevis. Chor des Österreichischen Rundfunks (Einst. Gottfried Preinfalk), Alois Forer (Orgel), Orchester des Österreichischen Rundfunks. Wien, 25. März 1961. ORF QM01/ UK21899_H

PAUL KONT (1920–2000)
Concertino des enfants. Frieda Valenzi (Klavier), Großes Wiener Rundfunkorchester. Wien, 15. Juni 1961. ORF RM01/UK21952_H
Komplex E. Orchester des Österreichischen Rundfunks. Wien, 11. März 1962. ORF RM01/ UK806_H
Traumleben: Ouvertüre. Großes Wiener Rundfunkorchester. Wien, 19. November 1959. ORF M01/ UK5336_H

ERICH WOLFGANG KORNGOLD (1897–1957)
Der Ring des Polykrates op. 7. Waldemar Kmentt (Tenor), Ruthilde Boesch (Sopran), Erich Majkut (Tenor), Walter Berry (Bariton) u. a., Das Große Wiener Rundfunkorchester. Wien, 1951. Erstsendung: 28. November 1952. M30 EJS 363 (Auszüge); CD Omega Opera Archive 449
Die tote Stadt op. 12: I: „Glück, das mir verblieb". Marni Nixon (Sopran), Los Angeles Philharmonic Orchestra. Los Angeles, Music Center, 30.; 31. Dezember 1965. Privatsammlung

ERNST KRENEK (1900–1991)
Glaube und Wissen op. 194. Erstaufführung unter dem Titel *Glaube, Hoffnung und was sonst?* Chor des Österreichischen Rundfunks, Großes Orchester des Österreichischen Rundfunks. Wien, 7. März 1969. ORF. ÖNB T-mel111/2
Konzert für zwei Klaviere und Orchester op. 127. Ansgar Janke (Klavier), Gernot Sieber (Klavier), Großes Wiener Rundfunkorchester. Wien, ORF, Funkhaus Argentinierstraße, 10. April 1964. ORF UK RM01/UK20781_H; OeM 99-64030

FRITZ LEITERMEYER (1925–2006)
Konzert für Violine und 21 Bläser op. 21. Walter Weller (Violine), Großes Orchester des Österreichischen Rundfunks. Wien, 22. Januar 1964. ORF QM01/UK455_H

RUGGIERO LEONCAVALLO (1857–1919)
Pagliacci. Ion Buzea (Tenor), Jeannette Pilou (Sopran), Piero Cappuccilli (Bariton), Murray Dickie (Tenor) u. a., Orchester der Staatsoper Wien. Wien, Staatsoper, 9. Juni 1972. DL Opera Passion 7107
Pagliacci: „Qual fiamma avea nel guardo!". Daniza Ilitsch (Sopran), ‹Wiener Staatsopernorchester›. Wien, 1951. M25 Supraphon DM 5109; CD Preiser 90429

FRANZ LISZT (1811–1886)
Hungaria. Wiener Symphoniker ‹Orchester der Wiener Staatsoper in der Volksoper›. Wien, Musikverein, Großer Saal, 5.; 6. Mai 1956. M30 Pro musica PMC 1019; CD Tuxedo TUXCD 1079[30]

---

30 Die Zuschreibung geschieht aufgrund einer entsprechenden Honorarnote der IG Wiener Symphoniker an

Klavierkonzert Nr. 1 Es-Dur. Orazio Frugoni (Klavier), ‹Pro Musica Orchestra, Vienna›. M30 Vox PL 8390 (VD: 1954); TB Phonotapes-Sonore PM 128

Klavierkonzert Nr. 1 Es-Dur. Paul Badura-Skoda (Klavier), Scottish National Orchestra. Glasgow, St. Andrew's Hall, 8. März 1958. BBC. CD Gramola 99130[31]

Klavierkonzert Nr. 1 Es-Dur. Shura Cherkassky (Klavier), Orchester des Carinthischen Sommers. Villach, 28. Juli 1973. ORF PS34/20745_K

Klavierkonzert Nr. 2 A-Dur. Orazio Frugoni (Klavier), ‹Pro Musica Orchestra, Vienna›. M30 Vox PL 8390 (VD: 1954); TB Phonotapes-Sonore PM 128

Les préludes. Wiener Symphoniker ‹Vienna Festival Orchestra›. Wien, Musikverein, Großer Saal, 29. Januar 1955. M30 Music Treasures of the World MT 39

Totentanz. Orazio Frugoni (Klavier), Wiener Symphoniker ‹Pro Musica Orchestra, Vienna›. Wien, Konzerthaus, Großer Saal, 24.; 26. August 1954. M30 Vox PL 9030 (VD: 1955)

Ungarische Rhapsodie Nr. 2. Für großes Orchester bearbeitet von Karl Müller-Berghaus. Wiener Symphoniker ‹Vienna Festival Orchestra›. Wien, Musikverein, Großer Saal, 27.; 28. Dezember 1954. M30 Music Treasures of the World MT 2

Ungarische Rhapsodie Nr. 2. Für großes Orchester bearbeitet von Karl Müller-Berghaus. ‹Vienna State Opera Orchestra›. M30 Concert Hall MMS-2189 (VD: 1961); CD Fnac Music 642304

Ungarische Rhapsodie Nr. 3. Für Orchester bearbeitet. ‹Vienna State Opera Orchestra›. M30 Concert Hall MMS-2189 (VD: 1961); CD Fnac Music 642304

Ungarische Rhapsodie Nr. 9 „Le carnaval de Pesth". Für Orchester bearbeitet vom Komponisten und Franz Doppler S 359, 6. ‹Vienna State Opera Orchestra›. M30 Concert Hall MMS-2189 (VD: 1961); CD Fnac Music 642304

Ungarische Rhapsodie Nr. 14. Für Orchester bearbeitet vom Komponisten und Franz Doppler S 359, 1. ‹Vienna State Opera Orchestra›. M30 Concert Hall MMS-2189 (VD: 1961); CD Fnac Music 642304

ALBERT LORTZING (1801–1851)
Der Wildschütz: Ouvertüre. ‹Orchester der Wiener Staatsoper›. M30 Concert Hall SMS-2317

Zar und Zimmermann: Ouvertüre. ‹Orchester der Wiener Staatsoper›. M30 Concert Hall SMS-2441

Zar und Zimmermann: Holzschuhtanz. ‹Orchester der Wiener Staatsoper›. M30 Concert Hall SMS-2441

WITOLD LUTOSŁAWSKI (1913–1994)
Muzyka załobna. Radio-Symphonie-Orchester Berlin. Berlin-Lankwitz, 3. Januar 1964. RIAS. Deutschlandradio Berlin 268-979

---

die Symphonia GmbH vom 22. Juni 1956, die den Namen Swarowskys nennt. M30 Music Treasures of the World MT 53 und M30 Urania US-57140 enthalten eine Leipziger Rundfunkaufnahme unter der Leitung von Rolf Kleinert und sind nicht identisch mit der hier verzeichneten.

31 Bei der Datierung folge ich der von Saito mitgeteilten Konzertchronik des Orchesters http://web.archive.org/web/20050409192028fw_/http://www.h4.dion.ne.jp:80/~hugo.z/hs_orch/hs_ScottishNational.html (4.8.2021). Auf der CD ist das Aufnahmedatum mit Dezember 1959 vermutlich falsch angegeben.

Gustav Mahler (1860–1911)

Das Lied von der Erde. Christa Ludwig (Mezzosopran), Robert Charlebois (Tenor), Niederösterreichisches Tonkünstlerorchester. Wien, Musikverein, Großer Saal, 28. Dezember 1958. IGMG; CD-Beilage zu: Reinhold Kubik/Erich Wolfgang Partsch (Hg.), *Mahleriana. Vom Werden einer Ikone* [Ausstellungskatalog Jüdisches Museum Wien], Wien 2005

Das Lied von der Erde. Anna Reynolds (Alt), Eduardo Alvarez (Tenor), Wiener Symphoniker. Wien, Konzerthaus, Großer Saal, 25.; 26. November 1971. HSA

Sieben Lieder aus letzter Zeit. Benjamin Luxon (Bariton), Wiener Symphoniker. Wien, Konzerthaus, Großer Saal, 26. April 1974. HSA

Sinfonie Nr. 1. Scottish National Orchestra. Glasgow, BBC Glasgow Studios, 1959. BBC. The University of York, MP_TT0376

Sinfonie Nr. 3. Hilde Rössel-Majdan (Alt), Wiener Sängerknaben, Wiener Singakademie, Wiener Symphoniker. Wien, Konzerthaus, Großer Saal. 23.; 24. Mai 1957. IGMG; 3. Satz: CD-Beilage zu: Reinhold Kubik/Erich Wolfgang Partsch (Hg.), *Mahleriana. Vom Werden einer Ikone* [Ausstellungskatalog Jüdisches Museum Wien], Wien 2005

Sinfonie Nr. 3. Sona Cervena (Alt), RIAS-Frauenchor (Einst. Günther Arndt), Knabenchor des Staats- und Domchores (Einst. Gottfried Grote), Heinrich von Senden (Posthorn), Erwin Klopsch (Posaune), Radio-Symphonie-Orchester Berlin. Berlin, Haus des Rundfunks, Saal 1, 21. Januar 1963. SFB. RBB 250 171 I–III

Sinfonie Nr. 3. Lili Chookasian (Alt), Frauenstimmen des Los Angels Master Chorale, Knabenstimmen des St. Charles Boys' Choir, Los Angeles Philharmonic Orchestra, Los Angeles, Hollywood Bowl, 18.; 19. Februar 1965. Stanford University, Archive of Recorded Sound, ARS.0124:32

Sinfonie Nr. 3. Helen Watts (Alt), Wiener Sängerknaben, Wiener Singakademie, Wiener Symphoniker. Wien, Konzerthaus, Großer Saal, 12.; 13. Oktober 1972. HSA

Sinfonie Nr. 4. Gerlinde Lorenz (Sopran), Česká filharmonie. Prag, Rudolfinum, 23. Juni 1974. M30 Supraphon 1 10 1346; CD Supraphon 110625-2011

Sinfonie Nr. 5. Wiener Symphoniker. Wien, Musikverein, Großer Saal, 16.; 17. Februar 1971. ORF UK 23.635; CD Berlin Classics 0017102BC

Sinfonie Nr. 6. Wiener Symphoniker. Wien, ORF, Funkhaus Argentinierstraße, 11. Dezember 1964. IGMG

Sinfonie Nr. 6. Wiener Symphoniker. Wien, 1966. HSA

Sinfonie Nr. 6. Wiener Symphoniker. Wien, Musikverein, Großer Saal, 6.–11. November 1969. ORF PS01/UK20095–20096_H

Sinfonie Nr. 6. Wiener Symphoniker. Wien, Konzerthaus, Großer Saal, 26. März 1971. ORF. HSA

Sinfonie Nr. 6. Gewandhausorchester Leipzig. Leipzig, Kongreßhalle, 9. November 1971. Rundfunk der DDR. MDR 3LMDOK170/A–C

Sinfonie Nr. 7. Wiener Symphoniker. Wien, Konzerthaus, Großer Saal, 12. Dezember 1971. ORF PS06/MA5213; ORF SS01/UK26052_H

Sinfonie Nr. 7. Wiener Symphoniker. Wien, 21.–23. Dezember 1971. ORF PS01/HM10267–68_H

Sinfonie Nr. 7. Wiener Symphoniker. Wien, Konzerthaus, Großer Saal, 26. April 1974. ORF. HSA

Sinfonie Nr. 8. Mimi Coertse (Sopran), Gerda Scheyrer, Christiane Sorell (Sopran), Dagmar Hermann (Alt), Christa Ludwig (Alt), Robert Charlebois (Tenor), Eberhard Wächter (Bariton),

Oskar Czerwenka (Baß), Josef Nebois (Orgel), Wiener Sängerknaben, Singverein der Gesellschaft der Musikfreunde, Wiener Singakademie, Wiener Symphoniker. Wien, Musikverein, Großer Saal, 9. Juni 1958. IGMG
Sinfonie Nr. 9. Wiener Symphoniker. Wien, Musikverein, Großer Saal, 5. Juni 1966. HSA
Sinfonie Nr. 9. Wiener Symphoniker. Wien, Musikverein, Großer Saal, 6.–8. April 1971. ORF PS01/HM10008-10_H; OeM ORF-06866-67
Sinfonie Nr. 9. Wiener Symphoniker. Juni 1974. ORF. HSA
Sinfonie Nr. 10: 1. Satz. Radio-Symphonie-Orchester Berlin. Berlin-Lankwitz, 2. Oktober 1963. RIAS. Deutschlandradio Berlin 264-187

GIAN FRANCESCO MALIPIERO (1882–1973)
Klavierkonzert. Delia Pizzardi (Klavier), Wiener Symphoniker. Wien, Musikverein, Großer Saal, 24.–28. Februar; 3. März 1969. ORF RS01/UK23298_H

FRANK MARTIN (1890–1974)
Cellokonzert. Wolfgang Herzer (Cello), Wiener Symphoniker. Wien, ORF, Funkhaus Argentinierstraße, 28. Februar 1971. HSA

PIETRO MASCAGNI (1863–1945)
Cavalleria rusticana: „Voi lo sapete, o mamma". Daniza Ilitsch (Sopran), ‹Wiener Staatsopernorchester›. Wien, 1951. M17 Supraphon SUK 30446; CD Preiser 90429

FELIX MENDELSSOHN BARTHOLDY (1809–1847)
Athalia op. 74: Kriegsmarsch der Priester. Niederösterreichisches Tonkünstler-Orchester ‹Österreichisches Sinfonie-Orchester Wien›. M30 Concert Hall SMS-2482 (VD: 1966); CD Éditions Atlas MEL-CD 315
Capriccio brillant op. 22. Orazio Frugoni (Klavier), ‹Pro Musica Orchestra, Vienna›. M30 Vox PL 8350 (VD: März 1954)
Capriccio brillant op. 22. Rena Kyriakou (Klavier), ‹Vienna Symphony›. M30 Vox PL 11800 (VD: 1961); CD Tuxedo TUXCD 1011
Die Hebriden. Konzert-Ouvertüre op. 26. ‹Vienna State Opera Orchestra›. Wien, 10. Juni 1952. M25 Supraphon MU 7010
Die Hebriden. Konzert-Ouvertüre op. 26. Scottish National Orchestra. BBC. BL SA C1026/50 White collection, 1CDR0011585; 2CDR0010185[32]
Der 114. Psalm op. 51. Chor des Österreichischen Rundfunks (Einst. Gottfried Preinfalk), Orchester des Österreichischen Rundfunks. Wien, 12. Oktober 1960. ORF UK 21.819
Der 114. Psalm op. 51. Kölner Rundfunk-Sinfonie-Orchester, Kölner Rundfunkchor (Einst. Bernhard Zimmermann). Köln, WDR, Saal 1, 18.–21. November 1960. WDR 6069497102.1.01
Klavierkonzert Nr. 1 g-Moll op. 25. Menahem Pressler (Klavier), ‹Orchester der Wiener Staatsoper›. M30 Concert Hall SMS-2314 (VD: 1964); CD Planeta Agostini GEP 17-2

---

32 Das Werk stand am 18. Oktober 1957 in Edinburgh, Usher Hall, und am 19. Oktober 1957 in Glasgow, St. Andrew's Hall, auf dem Programm.

Klavierkonzert Nr. 2 d-Moll op. 40. Rena Kyriakou (Klavier), ‹Pro Musica Orchestra, Vienna›. M30 Vox STPL 514.120 (VD: 1962); CD Tuxedo TUXCD 1067

Klavierkonzert E-Dur. Orazio Frugoni (Klavier), Eduard Mrazek (Klavier), ‹Pro Musica Orchestra, Vienna›. M30 Vox PL 8350 (VD: März 1954)

Oktett Es-Dur op. 20. Orchester des Österreichischen Rundfunks. Wien, 12. November 1963. ORF PM01/UK639_H

Ouvertüre C-Dur op. 101 „Trompeten-Ouvertüre". ‹Vienna State Opera Orchestra›. Wien, 1956. M30 Urania UX-112; CD Urania US 7175–CD

Rondo brillante op. 29. Rena Kyriakou (Klavier), ‹Pro Musica Orchestra, Vienna›. M30 Vox Turnabout TV 34170 S; CD Tuxedo TUXCD 1011

Ruy Blas. Ouvertüre op. 95. ‹Wiener Staatsopernorchester›. M17 Music MU 7010[33]

Serenade und Allegro giojoso op. 43. Rena Kyriakou (Klavier), Wiener Symphoniker ‹Pro Musica Orchestra, Vienna›. M30 Vox Turnabout TV 34170 S; CD Tuxedo TUXCD 1011

Sinfonie Nr. 4 A-Dur op. 90. Wiener Symphoniker ‹Music Treasures Philharmonic Symphony›. Wien, Musikverein, Großer Saal, 23. Dezember 1954; 5.; 6. Januar 1955. M30 Music Treasures of the World MT 25

Ein Sommernachtstraum: Ouvertüre op. 21; Scherzo, Notturno, Hochzeitsmarsch op. 61. Wiener Symphoniker ‹Vienna Festival Orchestra›. Wien, Musikverein, Großer Saal, 12.–14. September 1954. M30 Music Treasures of the World MT 21

Violinkonzert e-Moll op. 64. Ivry Gitlis (Violine), Wiener Symphoniker ‹Pro Musica Symphony, Vienna›. M30 Vox 8840 (VD: 1955); TB Phonotapes-Sonore PM 113; CD Vox CDX 2 5505

Unterschobene Aufnahmen: *Sinfonie Nr. 3 a-Moll* op. 56, ‹Bamberger Philharmonie›; *Sinfonie Nr. 4 A-Dur* op. 90, ‹Bamberger Philharmonie›

Peter Mennin (1923–1983)

Concertato for orchestra „Moby Dick". Wiener Symphoniker ‹American Recordings Society Orchestra›. Wien, Musikverein, Brahms-Saal, 2. Februar 1953. M30 American Recording Society ARS-31

Giacomo Meyerbeer (1791–1864)

Le prophète: IV: Marche du couronnement. Niederösterreichisches Tonkünstler-Orchester ‹Österreichisches Sinfonie-Orchester Wien›. M30 Concert Hall SMS-2482 (VD: 1966); CD Éditions Atlas MEL-CD 315

Darius Milhaud (1892–1974)

Les amours de Ronsard. Chor des Österreichischen Rundfunks (Einst. Gottfried Preinfalk), Orchester des Österreichischen Rundfunks. Wien, 12. Dezember 1960. QS01/UK21848_H

---

33 Unter Vorbehalt; es ist nur die angeführte 17-cm-Platte bekannt. Möglicherweise wurde hier eine Produktion aus Wien, 1951 dirigiert von George Singer (M17 Remington R-149–48), eine Berliner Rundfunkaufnahme, dirigiert von Walter Schartner (M30 Urania URLP-7114) oder eine aus Bamberg, 1955 dirigiert von Jonel Perlea (M30 Vox PL 9590), irrtümlich mit Swarowskys Namen versehen. Ich konnte die Aufnahmen nicht vergleichen.

STANISŁAW MONIUSZKO (1819–1872)
Halka: II: „I ty mu wierzysz, biedna dziewczyno". Władysław Kiepura ‹Wladyslaw Ladis› (Tenor), Mitglieder der Staatskapelle Berlin. Berlin, Lindström, Aufnahmeraum 2, 10. März 1936. N25 Odeon O-25678 (Be 11277)
Halka: IV: „Szumiá jodły na gór szczycie". Władysław Kiepura ‹Wladyslaw Ladis› (Tenor), Mitglieder der Staatskapelle Berlin. Berlin, Lindström, Aufnahmeraum 2, 10. März 1936. N25 Odeon O-25678 (Be 11278); (Be 11278²)

WOLFGANG AMADÉ MOZART (1756–1791)
Bastien und Bastienne. Edith Urbanczyk (Sopran), Elmar Brenneis (Tenor), Kurt Ruzicka (Baß), Orchestre Haydn. Chimay, 1960. RTF. INA PHD 89039263
La clemenza di Tito: II: „Deh per questo istante solo". Ira Malaniuk (Alt), Orchester der Staatsoper in der Volksoper ‹Vienna State Opera Orchestra›. M30 Joker SM 1118 (VD: 1971); CD Preiser 90428
Così fan tutte: I: „Come scoglio". Daniza Ilitsch, ‹Wiener Staatsopernorchester›. Wien, 1951. M25 Supraphon LPM-132; CD Preiser 90429
Don Giovanni. Mariano Stabile (Bariton), Gertrude Grob-Prandl (Sopran), Herbert Handt (Tenor), Oskar Czerwenka (Baß) u. a., Chor der Staatsoper Wien, Wiener Symphoniker. Wien, Konzerthaus, 20.; 21.; 24. November 1950. The Haydn Society HSLP 2030; CD Preiser 90166[34]
Don Giovanni. Silvano Pagliuca (Baß), Ileana Sinnone (Sopran), Gino Taddei (Tenor), Paolo Badoer (Baß) u. a., Pražský filharmonický sbor (Einst. Josef Veselka), Pražský komorní orchestr. Prag, Supraphon-Studio, 1968. M25 Fratelli Fabbri Editori GOL 72–75; M30 Concert Hall SMS 6324–6326
Don Giovanni. Kostas Paskalis (Bariton), Éva Marton (Sopran), Peter Schreier (Tenor), Walter Kreppel (Baß) u. a., Orchester der Staatsoper Wien. Wien, Staatsoper, 7. September 1973. CD-R The Opera Lovers DONG 197301; DL Opera Depot OD 11256-3
Don Giovanni: Ouvertüre. ‹Wiener Staatsopernorchester›. M17 Music MU 7004[35]
Die Entführung aus dem Serail: Ouvertüre. ‹Wiener Staatsopernorchester›. N30 Telefunken E 1118 (30877); M17 Music MU 7004
Flötenkonzert Nr. 1 G-Dur. Camillo Wanausek (Flöte), Wiener Symphoniker ‹Vienna Pro Musica Chamber Orchestra›. Wien, Musikverein, Brahms-Saal, 5. Mai 1953. M30 Vox PL 8130 (VD: 1953)
Flötenkonzert Nr. 2 D-Dur. Camillo Wanausek (Flöte), Wiener Symphoniker ‹Vienna Pro Musica Chamber Orchestra›. Wien, Musikverein, Brahms-Saal, 5. Mai 1953. M30 Vox PL 8130 (VD: 1953)
Flötenkonzert Nr. 2 D-Dur. Jean-Pierre Rampal, (Flöte), Orchestre de la Suisse Romande. Genf, Victoria Hall, 19. Oktober 1962. RSR MS 62.311
Hornkonzert Nr. 1 D-Dur. Albert Linder (Horn), ‹Orchester der Wiener Staatsoper in der

---

34 Irwin C. Elkins' Opera Omega Archive bot Mitte der 1990er Jahre eine Rundfunkaufzeichnung vom 9. November 1950 mit identischer Besetzung an. Ob diese und die beschriebene Aufnahme identisch sind, ließ sich nicht klären.
35 Unter Vorbehalt; es ist nur die angeführte 17-cm-Platte bekannt.

Volksoper›. Wien, 1960. M30 Vanguard VSD 2092; TB Vanguard VTC 1648; CD Vanguard Amadeus AMD-7012

Hornkonzert Nr. 2 Es-Dur. Albert Linder (Horn), ‹Orchester der Wiener Staatsoper in der Volksoper›. Wien, 1960. M30 Vanguard VSD 2092; TB Vanguard VTC 1648; CD Vanguard Amadeus AMD-7012

Hornkonzert Nr. 3 Es-Dur. Albert Linder (Horn), ‹Orchester der Wiener Staatsoper in der Volksoper›. Wien, 1960. M30 Vanguard VSD 2092; TB Vanguard VTC 1648; CD Vanguard Amadeus AMD-7012

Hornkonzert Nr. 4 Es-Dur. Albert Linder (Horn), ‹Orchester der Wiener Staatsoper in der Volksoper›. Wien, 1960. M30 Vanguard VSD 2092; TB Vanguard VTC 1648; CD Vanguard Amadeus AMD-7012

Klavierkonzert Nr. 9 Es-Dur. Guiomar Novaes (Klavier), Wiener Symphoniker ‹Pro Musica Orchestra, Vienna›. Wien, Herbst 1953. M30 Vox PL 8430; CD Vox CDX2 5512

Klavierkonzert Nr. 10 Es-Dur. Paul Badura-Skoda (Klavier), Jörg Demus (Klavier), NHK Symphony Orchestra. Tokio, NHK Hall, 11. Oktober 1973. NHK

Klavierkonzert Nr. 18 B-Dur. Ingrid Haebler (Klavier), ‹Pro Musica Orchestra, Vienna›. M30 Vox PL 8300

Klavierkonzert Nr. 20 d-Moll. Guiomar Novaes (Klavier), Wiener Symphoniker ‹Pro Musica Orchestra, Vienna›. Wien, Herbst 1953. M30 Vox PL 8430; CD Vox CDX2 5512

Klavierkonzert Nr. 20 d-Moll. Denis Matthews (Klavier), ‹Vienna State Opera Orchestra›. Wien, Columbia-Studios, Juni 1958. M30 Vanguard SRV 142; CD Vanguard VECD 7503

Klavierkonzert Nr. 21 C-Dur. Friedrich Gulda (Klavier), ‹Vienna State Opera Orchestra›. Wien, Juni 1963. M30 Concert Hall M-2319; CD Preiser 90021

Klavierkonzert Nr. 24 c-Moll. Denis Matthews (Klavier), ‹Vienna State Opera Orchestra›. Wien, Columbia-Studios, Juni 1958. M30 Vanguard SRV 142; CD Vanguard VECD 7503

Klavierkonzert Nr. 27 B-Dur. Friedrich Gulda (Klavier), ‹Vienna State Opera Orchestra›. Wien, Juni 1963. M30 Concert Hall M-2319; CD Preiser 90021

Drei Märsche KV 408. Niederösterreichisches Tonkünstler-Orchester ‹Österreichisches Sinfonie-Orchester Wien›. M30 Concert Hall SMS-2482 (VD: 1966); CD Éditions Atlas MEL-CD 315

Maurerische Trauermusik. Orchester des Österreichischen Rundfunks. Wien, 5. Januar 1960. ORF RM01/UK7207_H

Le nozze di Figaro: Ouvertüre. ‹Wiener Staatsopernorchester›. M17 Supraphon MU 7005[36]

Le nozze di Figaro: I: „Non so più cosa son, cosa faccio". Ira Malaniuk (Alt), Orchester der Staatsoper in der Volksoper ‹Vienna State Opera Orchestra›. M30 Joker SM 1118 (VD: 1971); CD Preiser 90428

Le nozze di Figaro: II: „Voi che sapete". Ira Malaniuk (Alt), Orchester der Staatsoper in der Volksoper ‹Vienna State Opera Orchestra›. M30 Joker SM 1118 (VD: 1971); CD Preiser 90428

Ouvertüre B-Dur KV Anh. C 11.05.[37] ‹Orchestra of the Vienna State Academy›. M30 Lyrichord LL 32 (VD: 1952)

---

36 Unter Vorbehalt; es ist nur die angeführte 17-cm-Platte bekannt.
37 Das Werk wird mittlerweile nicht mehr Mozart zugeschrieben.

Serenade Nr. 13 G-Dur „Eine kleine Nachtmusik". ‹Orchester der Wiener Staatsoper (in der Volksoper)›. Wien, Musikverein, Brahms-Saal, 18. Dezember 1955. M30 Orbis CX 11 050
Serenade Nr. 13 G-Dur „Eine kleine Nachtmusik". ‹Wiener Volksopernorchester›. CD Preiser 90021[38]
Serenade Nr. 13 G-Dur „Eine kleine Nachtmusik". Los Angeles Philharmonic Orchestra. Los Angeles, Dorothy Chandler Pavilion, 6. Januar 1966. Privatsammlung
Sinfonia concertante Es-Dur KV Anh. C 14.01. Otto Kuttner (Oboe), Ottokar Drapal (Klarinette), Heinz Lorch (Fagott), Herwig Nitsch (Horn), Großes Orchester des Österreichischen Rundfunks. Wien, Funkhaus Argentinierstraße, 18. Oktober 1967. ORF QS01/UK20432_H
Sinfonia concertante Es-Dur KV 364. Régis Pasquier (Violine), Pierre Pasquier (Viola), Orchester. Nizza, Monastère de Cimiez, 29. Juli 1965. ORTF. INA PHD86011214
Sinfonia concertante Es-Dur KV 364. Régis Pasquier (Violine), Pierre Pasquier (Viola), Orchester. Nizza, Monastère de Cimiez, 1966. Bewegtbildaufnahme. ORTF. INA CPF86619778
Sinfonie Nr. 25 g-Moll. NHK Symphony Orchestra. Tokio, NHK Hall, 11. Oktober 1973. NHK
Sinfonie Nr. 31 D-Dur. NHK Symphony Orchestra. Tokio, NHK Hall, 17. Oktober 1973. NHK
Sinfonie Nr. 36 C-Dur „Linzer Sinfonie". Radio-Symphonie-Orchester Berlin. Berlin, Haus des Rundfunks, Saal 1, 7.; 8.; 9. Mai 1962. SFB. RBB E 10/7149
Sinfonie Nr. 38 D-Dur „Prager Sinfonie". NDR-Sinfonieorchester. Hamburg, Musikhalle, 20.; 21. September 1964. NDR M 801558 001
Sinfonie Nr. 39 Es-Dur. Orchester des Österreichischen Rundfunks. Wien, ORF, Funkhaus Argentinierstraße, 1. Oktober 1964, im Rahmen des Festabends *40 Jahre Rundfunk in Österreich*. ORF PM01/HM10369_H
Sinfonie Nr. 41 C-Dur „Jupiter-Sinfonie". Wiener Symphoniker ‹Music Treasures Philharmonic Symphony›. Wien, Musikverein, Großer Saal, 29. Dezember 1954; 6. Januar 1955. M30 Music Treasures of the World MT 25[39]
Die Zauberflöte: Ouvertüre. ‹Wiener Staatsopernorchester›. Wien, 1950. N30 Supraphon H 23493 (030807–030808); M17 Music MU 7005
Die Zauberflöte: Ouvertüre. Wiener Symphoniker ‹Vienna Festival Orchestra›. Wien, Musikverein, Großer Saal, 31. Oktober; 2.; 10. November; 1. Dezember; Wien, Konzerthaus, Mozart-Saal; 23.; 29. Oktober; 1.; 30. November 1954. M30 Music Treasures of the World MT 2
Die Zauberflöte: II: Marcia. Niederösterreichisches Tonkünstler-Orchester ‹Österreichisches Sinfonie-Orchester Wien›. M30 Concert Hall SMS-2482 (VD: 1966); CD Éditions Atlas MEL-CD 315

---

38 Die zwei genannten Wiener Aufnahmen ähneln sich sehr, sind aber nicht identisch. Die erste könnte der angegebenen Aufnahmesitzung für die ARS entstammen. Die zweite ist eine mutmaßlich spätere stereophonische Aufnahme. Beide folgen dem von Swarowsky geforderten gleichbleibenden Grundmaß, vgl. Swarowsky, *WdG*, S. 63.

39 In der Honorarnote der Symphonia GmbH an Otto Preiser vom 21. Januar 1955 ist der Name des Dirigenten nicht genannt. Auf dem Etikett der genannten wie auch der ARS-Ausgabe (M25 ARS MP 107) ist Michael Gielen angegeben, der seine Urheberschaft zuletzt 2003 bestritt. Im Bestand der Österreichischen Mediathek befindet sich unter der Signatur OeM 5–30798 ein Weißmuster einer 30-cm-Pressung aus den 1980er Jahren (Matrizennr.: P 44122 A) dieser Aufnahme aus dem Archiv der Firma Preiser Records. Die von Hand aufgebrachte Beschriftung nennt Swarowsky als Dirigenten und Es-Dur als Tonart des Werkes.

Musikalische Leitung des Spielfilms *Mozart* (Verleihtitel für Deutschland: *Reich mir die Hand, mein Leben*). Regie: Karl Hartl. Erstaufführung: 20. Dezember 1955. Cosmopol-Film GmbH, Wien. DVD Filmarchiv Austria Edition Film + Text 8

Unterschobene Aufnahmen: *Sinfonie Nr. 35 D-Dur,* ‹Bamberger Philharmonie›; *Sinfonie Nr. 36 C-Dur,* ‹Philharmonisches Orchester Bamberg›; *Sinfonie Nr. 38 D-Dur,* ‹Philharmonisches Orchester Bamberg›

Otto Nicolai (1810–1849)

Die lustigen Weiber von Windsor: Ouvertüre. Wiener Symphoniker. Wien, 8. April 1952. M25 Supraphon LPM-225

Die lustigen Weiber von Windsor: III: „O süßer Mond". ‹Chor und Orchester der Wiener Staatsoper›. M30 Concert Hall SMS-2317

Jacques Offenbach (1819–1880)

Les bouffes-Parisiens. Auszüge aus *Les contes d'Hoffmann, Orphée aux enfers, Robinson Crusoe, Barbe-Bleue, Madame Favart, La belle Hélène, La vie parisienne* und *La Grande-Duchesse de Gérolstein*, arrangiert von Richard Mohaupt. Wiener Symphoniker ‹Vienna Festival Orchestra›. Wien, Musikverein, Großer Saal, 6. März 1955. M30 Music Treasures of the World MT 28

Orphée aux enfers: Ouvertüre, zusammengestellt von Carl Binder. Wiener Symphoniker. Wien, 1950. N30 Supraphon 16261-V (030823–030824)

Orphée aux enfers: Ouvertüre, zusammengestellt von Carl Binder. ‹Orchester der Wiener Staatsoper›. M30 Concert Hall SMS-2441 (VD: 1966)

Orphée aux enfers: II: Galop infernal. Wiener Symphoniker ‹Vienna Festival Orchestra›. Wien, Musikverein, Großer Saal, 31. Oktober; 2.; 10. November; 1. Dezember; Wien, Konzerthaus, Mozart-Saal; 23.; 29. Oktober; 1.; 30. November 1954. Music Treasures of the World MT 9

Giovanni Battista Pergolesi (1710–1736)

Il maestro di musica. Pasticcio; Deutsche Textfassung von Kurt Dieman-Dichtl. Fritz Wunderlich (Tenor), Graziella Sciutti (Sopran), Walter Berry (Baß), Annelies Hückl (Sopran) u.a., Wiener Symphoniker. Wien, Schlosstheater Schönbrunn, 13.–16. Februar 1963. Co-Produktion ORF/ BR/ SRG. ORF 01517231–0100; VHS Bel Canto Society Video BCS 597; DL Premiere Opera DVD 7477

Hans Pfitzner (1869–1949)

Das dunkle Reich op. 38. Gerlinde Lorenz (Sopran), Ernst Gerold Schramm (Bariton), Rudolf Scholz (Orgel), Singverein der Gesellschaft der Musikfreunde Wien, Niederösterreichisches Tonkünstler-Orchester. Wien, Musikverein, Großer Saal, 12. Oktober 1969. ORF. HSA

Klavierkonzert Es-Dur op. 31. Friedrich Wührer (Klavier), Wiener Symphoniker. Wien, Funkhaus Argentinierstraße, 17.; 18. November 1972. ORF UK 23.803

Palestrina. Frederick Guthrie (Baß), Walter Berry (Baßbariton), Wolfgang Windgassen (Tenor), Tugomir Franc (Baß) u.a., Chor und Orchester der Wiener Staatsoper. Wien, Staatsoper, 12. Mai 1970. ORF. Privatsammlung, im Archiv des ORF nicht nachweisbar. CD Orfeo C 683 102 I (Auszug)

Amilcare Ponchielli (1834–1886)
La Gioconda op. 9: III: Danza delle ore. Wiener Symphoniker ‹Vienna Festival Orchestra›. Wien, Musikverein, Großer Saal, 29. Januar 1955. Music Treasures of the World MT 67-7

Ennio Porrino (1910–1959)
Der Prozeß Christi. Chor des Österreichischen Rundfunks (Einst. Gottfried Preinfalk), Alois Forer (Orgel), Orchester des Österreichischen Rundfunks. Wien, 25. März 1961. ORF QM01/UK21894-95_H

Alfred Prinz (1930–2014)
Sinfonia II. Großes Orchester des Österreichischen Rundfunks. ÖNB T-mel 111/2

Sergei Prokofjew (1891–1953)
Klavierkonzert Nr. 4 B-Dur op. 53. Georges Bernand (Klavier), Orchestra Sinfonica di Torino della RAI. Turin, Auditorium RAI di Torino, 8. März 1966. RAI. Im Archiv der RAI nicht nachweisbar
Petya i volk op. 67. Wiener Symphoniker ‹Pro Musica Orchestra, Vienna›. Wien, 15.; 17. Dezember 1954. M25 Pantheon BP 1300 (Hülle: Opera 3014, deutsche Fassung gesprochen von Hans Jaray); M30 Vox PL 9280; TB Phonotapes-Sonore PM 5001 (englische Fassung gesprochen von Brandon de Wilde, VD: 1955); M25 Panthéon XPV 5000 (französische Fassung gesprochen von Yves Furet); M30 Club National du Disque CND 73 (französische Fassung gesprochen von Jean-Christophe Benoit); M30 Musidisc 30 RC 884 (französische Fassung gesprochen von Claude Dauphin); M25 Vox VOF 252 (italienische Fassung gesprochen von Ignazio Colnaghi); M30 Ariola Eurodisc H 82038 (spanische Fassung gesprochen von Mario Cabré); CD Vox ACD 8219 (englische Fassung)
Sinfonie Nr. 7 cis-Moll op. 131. ‹Das Österreichische Rundfunk-Sinfonie-Orchester›. M30 Classical Excellence CE 11030 (VD: 1978)[40]

Giacomo Puccini (1858–1924)
La bohème: I: „Si, mi chiamano Mimi". Daniza Ilitsch (Sopran), ‹Wiener Staatsopernorchester›. Wien, 1951. M25 Supraphon DM 5109; CD Preiser 90429
La fanciulla del West: III: „Ch'ella mi creda libero e lontano". Władysław Kiepura ‹Wladyslaw Ladis› (Tenor), Mitglieder der Staatskapelle Berlin. Berlin, Lindström, Aufnahmeraum 2, 28. April 1936. N25 Odeon O-25817 (Be 11326)
Madama Butterfly: III: „Con onor muore". Daniza Ilitsch (Sopran), ‹Wiener Staatsopernorchester›. Wien, 1951. M25 Supraphon DM 5109; CD Preiser 90429
Tosca: I: „Non la sospiri la nostra casetta". Daniza Ilitsch (Sopran), ‹Wiener Staatsopernorchester›. Wien, 1951. M25 Supraphon DM 5109; CD Preiser 90429
Turandot: II: „In questa reggia". Daniza Ilitsch (Sopran), ‹Wiener Staatsopernorchester›. Wien, 1951. M25 Supraphon DM 5109; CD Preiser 90429

---

40 Unter Vorbehalt. Eine entsprechende Produktion ist im Archiv des ORF nicht nachweisbar, möglicherweise ist sie Swarowsky unterschoben.

Turandot: III: „Nessun dorma". Władysław Kiepura ‹Wladyslaw Ladis› (Tenor), Mitglieder der Staatskapelle Berlin. Berlin, Lindström, Aufnahmeraum 2, 28. April 1936. N25 Odeon O-25817 (Be 11325)

Sergei Rachmaninow (1873–1943)
Klavierkonzert Nr. 2 c-Moll op. 18. Felicja Blumental (Klavier), Wiener Symphoniker. Wien, Musikverein, Großer Saal, 28. Februar 1953. RWR. Österreichische Mediathek RWR TB 21/1
Rhapsodie über ein Thema von Paganini op. 43. Shura Cherkassky (Klavier), Orchester des Carinthischen Sommers. Villach, 28. Juli 1973. ORF PS34/20745_K

Karl Rankl (1898–1968)
Vier schottische Lieder. Janet Baker (Alt), ORF-Orchester. Wien, 22. Januar 1964. ORF M01/UK14694_H

Max Reger (1873–1916)
An die Hoffnung op. 124. Lucretia West (Alt), Orchester des Österreichischen Rundfunks. Wien, 10. Oktober 1960. ORF RM01/UK12765_H
Requiem op. 145a. Der verstärkte RIAS-Kammerchor (Einst. Günther Arndt), Berliner Philharmoniker. Berlin, Philharmonie, Großer Saal, 23. November 1963. RIAS. Deutschlandradio Berlin 200-519 II
Variationen und Fuge über ein Thema von Mozart op. 132. ‹Vienna State Opera Orchestra›. Wien, 30. April 1951. N30 Supraphon 15650–15653–V (030980–030987)
Variationen und Fuge über ein Thema von Mozart op. 132. Kölner Rundfunk-Sinfonie-Orchester. Köln, WDR, Saal 1, 19.; 20. Juni 1964. WDR 5158881.1.01

Ottorino Respighi (1879–1936)
Fontane di Roma. Kölner Rundfunk-Sinfonie-Orchester. Köln, 7.–13. Februar 1962. WDR 6106695102.101

Nikolai Rimski-Korsakow (1844–1908)
Skazka o zare Saltane: Suite op. 57: Hummelflug. Wiener Symphoniker ‹Vienna Festival Orchestra›. Wien, Musikverein, Großer Saal, 31. Oktober; 2.; 10. November; 1. Dezember; Wien, Konzerthaus, Mozart-Saal; 23.; 29. Oktober; 1.; 30. November 1954. M30 Music Treasures of the World MT 9

Jean Rivier (1896–1987)
Concerto pour trompette, saxophone et orchestre. Francis Hardy (Trompete), Daniel Deffayet (Saxophon), Orchestre de l'Association des Concerts de Chambre de Paris. Nizza, Academie Internationale d'été de Nice, 1. August 1966. ORTF. INA

Gioachino Rossini (1792–1868)
Il barbiere di Siviglia: Ouvertüre. ‹Wiener Staatsopernorchester›. M17 Music MU 7008

Il barbiere di Siviglia: Ouvertüre. Wiener Philharmoniker. Wien, Musikverein, Großer Saal, 13. Dezember 1952. RWR. A WPh

Il barbiere di Siviglia: Ouvertüre. Wiener Symphoniker ‹Vienna Festival Orchestra›. Wien, Musikverein, Großer Saal, 31. Oktober; 2.; 10. November; 1. Dezember; Wien, Konzerthaus, Mozart-Saal; 23.; 29. Oktober; 1.; 30. November 1954. M30 Music Treasures of the World MT 9

Il barbiere di Siviglia: II: Temporale. ‹Vienna State Opera Orchestra›. M25 Supraphon DM 5106

L'italiana in Algeri: Ouvertüre. ‹Wiener Staatsopernorchester›. M17 Music MU 7008

Guillaume Tell: Ouvertüre. Wiener Symphoniker ‹Vienna State Opera Orchestra›. Wien, 31. August 1952. M25 Supraphon MM 522

Guillaume Tell: III: Ballettmusik. ‹Wiener Staatsopernorchester›. Wien, 1952. N30 Supraphon 17413–V (030926 2)

Semiramide: Ouvertüre. ‹Vienna State Opera Orchestra›. Wien, 1952. N30 Supraphon 17420–17421–V (030998; 030999; 031000)

Tancredi: Ouvertüre. ‹Vienna State Opera Orchestra›. Wien, 1952. M25 Supraphon LPM 226

CAMILLE SAINT-SAËNS (1835–1921)
Le carnaval des animaux. Wiener Symphoniker ‹Music Treasures Philharmonic Symphony›. M30 Music Treasures of the World MT 27

Klavierkonzert Nr. 2 g-Moll op. 22. Orazio Frugoni (Klavier), Wiener Symphoniker ‹Pro Musica Orchestra, Vienna›. Wien, Konzerthaus, Großer Saal, 24.; 26. August 1954. M30 Vox PL 8410; TB Phonotapes-Sonore PM 132

Klavierkonzert Nr. 5 F-Dur op. 103. Orazio Frugoni (Klavier), Wiener Symphoniker ‹Pro Musica Orchestra, Vienna›. Wien, Konzerthaus, Großer Saal, 24.; 26. August 1954. M30 Vox PL 8410; TB Phonotapes-Sonore PM 132

Samson et Dalila op. 47: I: „Printemps qui commence". In deutscher Sprache. Ira Malaniuk (Alt), ‹Wiener Staatsopernorchester in der Volksoper›. M30 Joker SM 1097 (VD: 1971); CD Preiser 90428

Samson et Dalila op. 47: III: Bacchanal. Wiener Symphoniker. Wien, Musikverein, Großer Saal, 31. Oktober; 2.; 10. November; 1. Dezember; Wien, Konzerthaus, Mozart-Saal; 23.; 29. Oktober; 1.; 30. November 1954. M30 Music Treasures of the World MT 9

Sinfonie Nr. 3 c-Moll op. 78. Franz Eibner (Orgel), Wiener Symphoniker ‹Vienna Philharmusica Symphony›, Wien, Musikverein, Großer Saal, 26.–29. Juni 1956. M30 Urania UX 105; TB Urania UST-1201; CD Urania US 5145–CD[41]

KARL SCHISKE (1916–1969)
Sinfonie Nr. 4 op. 44. Orchester des Österreichischen Rundfunks. Wien, 11. März 1962. ORF QM01/UK21258_H

---

41 Die klanglich inferiore Ausgabe dieser Aufnahme auf CD Tuxedo TUXCD 1079 gibt als Organisten Josef Nebois an.

Franz Schmidt (1874–1939)
Sinfonie Nr. 4 C-Dur. Wiener Symphoniker. Wien, Musikverein, Großer Saal, 28. Februar 1953. RWR. OeM 9-08086
Sinfonie Nr. 4 C-Dur. Kölner Rundfunk-Sinfonie-Orchester. Köln, WDR, Studio 1, 13.–16. Juni 1964. WDR 6125675102.1.01
Sinfonie Nr. 4 C-Dur. Wiener Symphoniker. Wien, Musikverein, Großer Saal, 24.–28. Februar; 3. März 1969. ORF UK 23.296

Arnold Schönberg (1874–1951)
Friede auf Erden op. 13. Wiener Akademie-Kammerchor, Philharmonia Hungarica. Wien, Konzerthaus, Mozart-Saal, 3. Juni 1959. ORF. INA PHD 89031764 001
Gurre-Lieder. Wilma Lipp (Sopran), Margareta Lilowa (Alt), Herbert Schachtschneider (Tenor), Paul Kuën (Tenor) u. a., Chor der Deutschen Oper Berlin (Einst. Walter Hagen-Groll), Radio-Symphonie-Orchester Berlin. Berlin, Haus des Rundfunks, 17. April 1964. SFB. RBB E 300 347 I–IV; WDR I-8192–64/I–IV
Kammersymphonie Nr. 2 op. 38. Wiener Symphoniker. Wien, 24. März 1969. ORF QS01/UK23297_H
Kol nidre op. 39. Hans Jaray (Sprecher), Wiener Akademie-Männerchor, Wiener Symphoniker. Wien, Konzerthaus, Mozart-Saal, 28.; 30. Oktober 1952. M30 Columbia ML 4664
Sechs Lieder op. 8. Georg Jelden (Tenor), Hans Quest (Rezitation der Liedtexte), Kölner Rundfunk-Sinfonie-Orchester. Köln, 16. und 20. Dezember 1963. WDR 5078352.1.01
Pelleas und Melisande op. 5. Los Angeles Philharmonic Orchestra. Los Angeles, Dorothy Chandler Pavilion, 6. Januar 1966. Privatsammlung
Pelleas und Melisande op. 5. Orchestre National de l'ORTF. Paris, 21. Februar 1968. ORTF. INA PHF 06048600 1
Pelleas und Melisande op. 5. Wiener Symphoniker. Wien, Funkhaus Argentinierstraße, 21.; 22.; 23. Dezember 1972. ORF PS01/UK23806_H
Pelleas und Melisande op. 5. Česká filharmonie. Prag, Rudolfinum, Dvořák-Saal, 5.–7. Juni 1973. M30 Supraphon 1 10 1505; CD Supraphon 11 0663–2
Pelleas und Melisande op. 5. Orchestra del Maggio Musicale Fiorentino. 19. Oktober 1974. Teatro del Maggio Musicale Fiorentino. Angaben nicht verifizierbar
Streichquartett Nr. 2 op. 10. Fassung für Streichorchester. Margueritha Kalmus (Sopran), Philharmonia Hungarica. Wien, Konzerthaus, Mozart-Saal, 3. Juni 1959. ORF. INA PHD 89031764 002
Streichquartett Nr. 2 op. 10. Fassung für Streichorchester. Edith Gabry (Sopran),[42] Kölner Rundfunk-Sinfonie-Orchester. Köln, WDR, Saal 1, September 1965. WDR 5158620.1.02
A survivor from Warsaw op. 46. Hans Jaray (Sprecher), Wiener Akademie-Männerchor, Wiener Symphoniker. Wien, Konzerthaus, Mozart-Saal, 28.; 30. Oktober 1952. M30 Columbia ML 4664

Franz Schreker (1878–1934)
Der Geburtstag der Infantin: Suite. Unbekannt (Sprecher), ORF-Symphonieorchester. Wien, Ende 1967/Anfang 1968. ORF UK 23.000; M30 Classical Excellence CE 11046

---

42 Angabe der Solistin nach der Ansage eines ORF-Sendungsmitschnitts (SIMPK, SM 51 T18D111).

Kammersymphonie. Großes Orchester des Österreichischen Rundfunks. Wien, Ende 1967/Anfang 1968. ORF QS01/UK22999_H; M30 Classical Excellence CE 11046

Franz Schubert (1797–1828)

Alfonso und Estrella: „Laß dir als Erinn'rungszeichen". Gisela Rathauscher (Sopran), Murray Dickie (Tenor), Akademieorchester des Salzburger Mozarteums. Salzburg, 20. April 1955. ORF PM31/15581/1/7_S

Alfonso und Estrella: „Wo find ich nur den Ort, mein Haupt zur Ruh' zu legen". Walter Berry (Baßbariton), August Meßthaler (Baß), Akademieorchester des Salzburger Mozarteums. Salzburg, 20. April 1955. ORF PM31/15581/1/8_S

An Schwager Kronos. Für Orchester und Singstimme bearbeitet von Johannes Brahms. Otto Wiener (Bariton), Kölner Rundfunk-Sinfonie-Orchester. Köln, WDR, Funkhaus, Saal 1, 18.–21. November 1960. WDR 6069497106.1.01

Claudine von Villa Bella: I: Auszug. Gisela Rathauscher (Sopran), Lieselotte Egger (Sopran), Murray Dickie (Tenor), Alfons Adam (Tenor), Walter Berry (Baßbariton) u. a., Rundfunkchor von Radio Salzburg, Akademieorchester des Salzburger Mozarteums. Salzburg, 17. Mai 1955. ORF Salzburg B 11 823/1–2

Die Freunde von Salamanka: Ouvertüre. Akademieorchester des Salzburger Mozarteums. Salzburg, 19.–20. April 1955. ORF PM31/15581/1/4_S

Die Freunde von Salamanka: „Einsam schleich' ich durch die Zimmer". Gisela Rathauscher (Sopran), Akademieorchester des Salzburger Mozarteums. Salzburg, 19.–20. April 1955. ORF PM31/15581/1/6_S

Die Freunde von Salamanka: „Gelagert unterm hellen Dach der Bäume". Luise Leitner (Sopran), Murray Dickie (Tenor), Akademieorchester des Salzburger Mozarteums. Salzburg, 19.–20. April 1955. ORF PM31/15581/1/5_S

Fünf Deutsche mit sieben Trios und einer Coda D 90. Česká filharmonie. Prag, Rudolfinum, 13. November 1957. M30 Supraphon SUA 10116; DL Supraphon VT 9259-2

Deutsche Tänze. Orchestriert von Johann Herbeck. Česká filharmonie. Prag, Rudolfinum, 9.–11.; 13. September 1957. M30 Supraphon SUA 10116; DL Supraphon VT 9259-2

Ellens Gesang III (Hymne an die Jungfrau). Bearbeitet von Franz Josef Löwenstamm. Ludwig Dobrony (Violine), Wiener Symphoniker ‹Vienna Festival Orchestra›. Wien, Musikverein, Großer Saal, 31. Oktober; 2.; 10. November; 1. Dezember; Wien, Konzerthaus, Mozart-Saal; 23.; 29. Oktober; 1.; 30. November 1954. M30 Music Treasures of the World MT 67–7

Memnon. Für Orchester und Singstimme bearbeitet von Johannes Brahms. Otto Wiener (Bariton), Kölner Rundfunk-Sinfonie-Orchester. Köln, WDR, Funkhaus, Saal 1, 18.–21. November 1960. WDR 6069497105.1.01

Rosamunde von Cypern: Ballettmusik I; Entr'acte; Ballettmusik II. Wiener Symphoniker ‹Music Treasures Philharmonic Symphony›. M30 Music Treasures of the World MT 522

Rosamunde von Cypern: III: Zwischenaktmusik. Akademieorchester des Salzburger Mozarteums. Salzburg, 20. April 1955. ORF Salzburg B 4931

Sinfonie Nr. 4 c-Moll „Tragische Sinfonie". Akademieorchester des Salzburger Mozarteums. Salzburg, 22. Juni 1959. ORF Salzburg B 12 080/1–2. Im Archiv des ORF nicht nachweisbar

Sinfonie Nr. 7 h-Moll „Die Unvollendete". ‹Orchester der Wiener Staatsoper (in der Volksoper)›. M30 Orbis CX 11050

Sinfonie Nr. 8 C-Dur. Wiener Symphoniker ‹Music Treasures Philharmonic Symphony›. Wien, Musikverein, Großer Saal, 14.; 15. Januar 1955. M30 Music Treasures of the World MT 33

Sinfonie Nr. 8 C-Dur. NHK Symphony Orchestra. Tokio, NHK Hall, 20. Oktober 1973. NHK

Des Teufels Lustschloß: Ouvertüre. Akademieorchester des Salzburger Mozarteums. Salzburg, 18. April 1955. ORF PM31/15581/1/1_S

Des Teufels Lustschloß: „Wohin zwei Liebende sich retten". Gisela Rathauscher (Sopran), Akademieorchester des Salzburger Mozarteums. Salzburg, 18. April 1955. ORF PM31/15581/1/2_S

Des Teufels Lustschloß: „Fort will ich, fort!" Gisela Rathauscher (Sopran), Murray Dickie (Tenor), Walter Berry (Baßbariton), Akademieorchester des Salzburger Mozarteums. Salzburg, 18. April 1955. ORF PM31/15581/1/3_S

Die Zauberharfe: Ouvertüre. Wiener Symphoniker ‹Music Treasures Philharmonic Symphony›. M30 Music Treasures of the World MT 522

Unterschobene Aufnahmen: *Sinfonie Nr. 4 c-Moll* „Tragische Sinfonie", ‹Bamberger Philharmonie›; *Sinfonie Nr. 5 B-Dur*, ‹Wiener Symphoniker›

Heinrich Schütz (1585–1672)

Weihnachtshistorie. Teresa Stich-Randall (Sopran), Kurt Equiluz (Tenor), Nikolaus Simkowsky (Baß), Chor und Kammerorchester der Wiener Staatsoper. Wien, Juni 1965. M30 Concert Hall SMS-2426; CD Éditions Atlas SAC CD 078

Gunther Schuller (1925–2015)

Seven studies on themes of Paul Klee. Großes Orchester des Österreichischen Rundfunks. Wien, 10. April 1964. ORF QM01/UK20782_H

Robert Schumann (1810–1856)

Acht Frauenchöre, mit Instrumentalbegleitung versehen und zu einem Ganzen verbunden von Hans Pfitzner. Chor des Österreichischen Rundfunks (Einst. Gottfried Preinfalk), Orchester des Österreichischen Rundfunks. Wien, 12. Oktober 1960. ORF UK 21.816

Kinderszenen op. 15: Träumerei. Bearbeitet für Solo-Violine und Streichorchester. Ludwig Dobrony (Violine), Wiener Smphoniker ‹Vienna Festival Orchestra›. Wien, Musikverein, Großer Saal, 31. Oktober; 2.; 10. November; 1.; 27.; 28. Dezember; Wien, Konzerthaus, Mozart-Saal, 23.; 29. Oktober; 1.; 30. November 1954. Wien, 1955. M30 Music Treasures of the World MT 2

Klavierkonzert a-Moll op. 54. Guiomar Novaes (Klavier), Wiener Symphoniker ‹Pro Musica Symphony, Vienna›. Wien, Musikverein, Brahms-Saal, 5.–7. Oktober 1953. M30 Vox PL 8540

Klavierkonzert a-Moll op. 54. Walter Kamper (Klavier), ‹Vienna State Opera Orchestra›. Wien, Musikverein, Brahms-Saal, 25.–28. Januar 1957. ARS. M30 Audio Fidelity FCS 50,015 (VD: 1965); DL ReDiscovery RD 168[43]

Klavierkonzert a-Moll op. 54. Felicja Blumental (Klavier), Wiener Symphoniker ‹Pro Musica Or-

---

[43] Der Vorname des Solisten ist auf den genannten Veröffentlichungen fälschlich mit „Anton" angegeben.

chestra, Vienna›. Wien, Konzerthaus, Großer Saal, 31. Oktober–2. November 1960. M30 Vox GBY 11780; TB Phonotapes-Sonore PM 110; CD Tuxedo TUXCD 1045
Sinfonie Nr. 1 B-Dur op. 38. ‹Vienna State Opera Orchestra›. M30 ARS ARST 804 (VD: 1959)
Sinfonie Nr. 3 Es-Dur op. 97. Wiener Symphoniker ‹Music Treasures Philharmonic Symphony›. Wien, Musikverein, Großer Saal, 19.; 21. Januar 1955. M30 Music Treasures of the World MT 32

ALEXANDER SKRJABIN (1872–1915)
Klavierkonzert fis-Moll op. 20. Friedrich Wührer (Klavier), Wiener Symphoniker ‹Pro Musica Orchestra, Vienna›. Wien, 7.–10. Dezember 1954. M30 Vox PL 9200

JEAN SIBELIUS (1865–1957)
Finlandia op. 26. ‹Music Treasures Philharmonic Symphony›. M30 Music Treasures of the World MT 19
Violinkonzert d-Moll op. 47. Ruggiero Ricci (Violine), Los Angeles Philharmonic Orchestra. Los Angeles, Hollywood Bowl, 13. Juli 1965. Privatsammlung; CD Rhine Classics RH-008

BEDŘICH SMETANA (1824–1884)
Má vlast: Vltava. Wiener Symphoniker ‹Music Treasures Philharmonic Symphony›. Wien, Musikverein, Großer Saal, 31. Oktober; 2.; 10. November; 1. Dezember; Wien, Konzerthaus, Mozart-Saal; 23.; 29. Oktober; 1.; 30. November 1954. M30 Music Treasures of the World MT 32
Má vlast: Z českých luhů a hájů. Wiener Symphoniker ‹American Recording Society Orchestra›. Wien, Musikverein, Großer Saal, 31. Oktober; 2.; 10. November; 1. Dezember; Wien, Konzerthaus, Mozart-Saal; 23.; 29. Oktober; 1.; 30. November 1954. M25 ARS MP 120
Prodaná nevesta: Ouvertüre. Wiener Symphoniker ‹Austrian Philharmonic Orchestra›. M30 Music Treasures of the World MT 22
Prodaná nevesta: Ouvertüre. Scottish National Orchestra. BBC. BL SA C1026/50 White collection, 1CDR0011585; 2CDR0010185[44]
Unterschobene Aufnahmen: *Ma Vlast*, ‹Süddeutsche Philharmonie›

JOHANN STRAUSS (1804–1849)
Radetzky-Marsch op. 228. Rundfunk-Sinfonieorchester Berlin. Berlin, Funkhaus Nalepastraße, Saal 1, 17. Mai 1974. Rundfunk der DDR. DRA B StMU4225

JOHANN STRAUSS (1825–1899)
Accelerationen op. 234. ‹Vienna State Opera Orchestra›. M30 Concert Hall MMS-2186; DL ReDiscovery RD 106
An der schönen, blauen Donau op. 314. Wiener Volksopernorchester. M30 Preiser SPR 9800
Du und du op. 367. ‹Vienna State Opera Orchestra›. M30 Concert Hall MMS-2186; DL ReDiscovery RD 106

---

44 Das Werk stand am 14. Dezember 1957 und am 23. August 1958 in Glasgow, St. Andrew's Hall, auf dem Programm.

Die Fledermaus: Ouvertüre. Wiener Symphoniker. M25 Supraphon LPM-121

Die Fledermaus: Ouvertüre. Rundfunk-Sinfonieorchester Berlin. Berlin, Funkhaus Nalepastraße, Saal 1, 17. Mai 1974. Rundfunk der DDR. DRA B StMP718; CD 75 Jahre RSB A 815186–02

Freikugeln op. 326. ‹Vienna State Opera Orchestra›. M30 Concert Hall MMS-2186; DL ReDiscovery RD 106

Frühlingsstimmen op. 410. ‹Vienna State Opera Orchestra›. ARS. M30 Audio Fidelity FCS 50,018; DL ReDiscovery RD 106

G'schichten aus dem Wienerwald op. 325. ‹Vienna State Opera Orchestra›. ARS. M30 Audio Fidelity FCS 50,018; DL ReDiscovery RD 106

G'schichten aus dem Wienerwald op. 325. Česká filharmonie. Prag, Rudolfinum, 11. November 1957. M30 Supraphon SUA 10116; DL Supraphon VT 9259-2

G'schichten aus dem Wienerwald op. 325. Wiener Volksopernorchester. M30 Preiser SPR 9800

Kaiser-Walzer op. 437. ‹Vienna State Opera Orchestra›. ARS. M30 Audio Fidelity FCS 50,018; DL ReDiscovery RD 106

Kaiser-Walzer op. 437. Rundfunk-Sinfonieorchester Berlin. Berlin, Funkhaus Nalepastraße, Saal 1, 16. Mai 1974. Rundfunk der DDR. DRA B StMU4220

Morgenblätter op. 279. ‹Vienna State Opera Orchestra›. M30 Concert Hall MMS-2186; DL ReDiscovery RD 106

Perpetuum mobile op. 257. Kölner Rundfunk-Sinfonie-Orchester. Köln, 6.–8. November 1961. WDR 6123934104.01

Perpetuum mobile op. 257. Rundfunk-Sinfonieorchester Berlin. Berlin, Funkhaus Nalepastraße, Saal 1, 15. Mai 1974. Rundfunk der DDR. DRA B StMU4407

Ritter Pásmán op. 441: Csárdás. ‹Vienna State Opera Orchestra›. M30 Concert Hall SMS-2189; CD Éditions Atlas MEL-CD 324

Tritsch-Tratsch-Polka op. 214. Česká filharmonie. Prag, Rudolfinum, 9.–11.; 13. September 1957. M30 Supraphon SUA 10116; DL Supraphon VT 9259-2

Tritsch-Tratsch-Polka op. 214. Rundfunk-Sinfonieorchester Berlin. Berlin, Funkhaus Nalepastraße, Saal 1, 18. Mai 1974. Rundfunk der DDR. DRA B StMU4222

Vergnügungszug op. 281. ‹Vienna State Opera Orchestra›. M30 Concert Hall MMS-2186; DL ReDiscovery RD 106

Vergnügungszug op. 281. Česká filharmonie. Prag, Rudolfinum, 9.–11.; 13. September 1957. M30 Supraphon SUA 10116; DL Supraphon VT 9259-2

Vergnügungszug op. 281. Rundfunk-Sinfonieorchester Berlin. Berlin, Funkhaus Nalepastraße, Saal 1, 18. Mai 1974. Rundfunk der DDR. DRA B StMU4221

Wein, Weib und Gesang op. 333. Wiener Volksopernorchester. M30 Preiser SPR 9800

Wein, Weib und Gesang op. 333. Rundfunk-Sinfonieorchester Berlin. Berlin, Funkhaus Nalepastraße, Saal 1, 15. Mai 1974. Rundfunk der DDR. DRA B StMU4219

Der Zigeunerbaron: Ouvertüre. Wiener Symphoniker. Wien, 1951. M25 Supraphon LPM-225

Der Zigeunerbaron: Marsch. Niederösterreichisches Tonkünstler-Orchester ‹Österreichisches Sinfonie-Orchester Wien›. M30 Concert Hall SMS-2482 (VD: 1966); CD Éditions Atlas MEL-CD 315

Josef Strauss (1827–1870)
Frauenherz op. 166. Česká filharmonie. Prag, Rudolfinum, 9.–11.; 13. September 1957. M30 Supraphon SUA 10116; DL Supraphon VT 9259-2
Ohne Sorgen! op. 271. ‹Vienna State Opera Orchestra›. Concert Hall MMS-2186; DL ReDiscovery RD 106
Sphärenklänge op. 235. ‹Vienna State Opera Orchestra›. Concert Hall MMS-2186; DL ReDiscovery RD 106

Johann Strauss (1825–1899) und Josef Strauss (1827–1870)
Pizzicato-Polka. ‹Vienna State Opera Orchestra›. M30 Concert Hall MMS-2186; DL ReDiscovery RD 106
Pizzicato-Polka. Rundfunk-Sinfonieorchester Berlin. Berlin, Funkhaus Nalepastraße, Saal 1, 16. Mai 1974. Rundfunk der DDR. DRA B StMU4224

Richard Strauss (1864–1949)
Burleske für Klavier und Orchester TrV 145. Ludwig Hoffmann (Klavier), Kölner Rundfunk-Sinfonie-Orchester, Köln, WDR, Saal 1, 16.–20. Dezember 1963. WDR 5078352.1.03
Burleske für Klavier und Orchester TrV 145. Alexander Jenner (Klavier), Wiener Symphoniker. Wien, Konzerthaus, Großer Saal, 16. November 1970. HSA
Capriccio op. 85: Schlußszene. Ingrid Bjoner (Sopran), Gerhard Gröschel (Baß), Kölner Rundfunk-Sinfonie-Orchester, Köln, WDR, Saal 1, 18.–21. November 1960. WDR 6069496105.1.01
Don Juan op. 20. ‹Music Treasures Philharmonic Symphony›. M30 Music Treasures of the World MT 32
Don Juan op. 20. Kölner Rundfunk-Sinfonie-Orchester, Köln, WDR, Saal 1, September 1965. WDR I-90266/1
Don Juan op. 20. NHK Symphony Orchestra. Tokio, NHK Hall, 17. Oktober 1973. NHK
Don Quixote op. 35. Aurora Natola-Ginastera (Cello), Tomislav Sestak (Viola), Wiener Symphoniker. Wien, Funkhaus Argentinierstraße, 22. November 1970. HSA[45]
Ein Heldenleben op. 40. Scottish National Orchestra gemeinsam mit BBC Scottish Orchestra, Thomas Matthews (Solovioline). Glasgow, Saint Andrew's Hall, 24. Juni 1959. BL SA 1CDR0012278 BD1
Intermezzo op. 72: Walzerszene. Kölner Rundfunk-Sinfonie-Orchester. Köln, WDR, Saal 1, 16.–20. Dezember 1963. WDR I-78204–63/7
Josephs Legende op. 63: Symphonisches Fragment TrV 231. Kölner Rundfunk-Sinfonie-Orchester. Köln, WDR, Saal 1, 2.–4. November 1961. WDR I-62932/1
Vier letzte Lieder TrV 296. Els Bolkestein (Sopran), Limburgs Symfonie Orkest. Maastricht, Staargebouw, 9. Januar 1971. NCRV. BeG EM-71015
Sechs Lieder nach Gedichten von Clemens Brentano op. 68. Hanny Steffek (Sopran), Kölner Rundfunk-Sinfonie-Orchester. Köln, WDR, Saal 1, 8.–10. Februar 1962. WDR 6106690110–115.1.01
Sechs Lieder nach Gedichten von Clemens Brentano op. 68: Nr. 1–4. Wilma Lipp (Sopran), Orchestre National de l'ORTF. Paris, 21. Februar 1968. ORTF. INA PHF 06048600 2

---

45 Aufnahmedatum hier Oktober 1971; eine Aufführung unter diesem Datum ist nicht nachweisbar.

Macbeth op. 23. Radio-Symphonie-Orchester Berlin. Berlin, Haus des Rundfunks, 7.–9. Mai 1962. SFB. RBB E 300 075

Macbeth op. 23. Wiener. Symphoniker. März 1975. Privatsammlung

Metamorphosen TrV 290. Radio-Symphonie-Orchester Berlin. Berlin, Haus des Rundfunks, Saal 1, 7.; 8.; 9. Mai 1962. SFB. RBB E 10/7151

Zwei Militärmärsche op. 57: Nr. 1, *Militärmarsch* ‹Vienna State Opera Orchestra›. Wien, 1951. NP30 Supraphon 15622–V (031022)

Der Rosenkavalier op. 59: Zweite Walzerfolge TrV 227a. ‹Vienna State Opera Orchestra›. Wien, 30. April 1951. M30 Supraphon LPV 274; DL Supraphon VT 7719–2

Der Rosenkavalier op. 59: Einleitung und Walzer TrV 227c. ‹Vienna State Opera Orchestra›. Wien, 30 April 1951. M30 Supraphon LPV 274; DL Supraphon VT 7719–2

Der Rosenkavalier op. 59: Einleitung und Walzer TrV 227c. Kölner Rundfunk-Sinfonie-Orchester, Köln, WDR, Saal 1, 8. November 1961. WDR 6070001107.1.01

Salome op. 54. Julius Patzak (Tenor), Kitsa Damassioti (Mezzosopran), Maria Kouba (Sopran), Hans Hotter (Baßbariton) u. a., Wiener Philharmoniker. Wien, 1960. Bewegtbildaufnahme. ORF. DVD House of Opera 8018

Salome op. 54: Salomes Tanz TrV 215a. Kölner Rundfunk-Sinfonie-Orchester. Köln, WDR, Saal 1, 10.–14. September 1962. WDR I-69161–62/2

Schlagobers op. 70: Orchestersuite TrV 243a. Wiener Symphoniker. Wien, ORF, Funkhaus Argentinierstraße, 14.; 16. Februar 1974. ORF RS01/UK36379–86_H

Till Eulenspiegels lustige Streiche op. 28. Kölner Rundfunk-Sinfonie-Orchester. Köln, WDR, Saal 1, 18.–21. November 1960. WDR 6069497101.1.01

Till Eulenspiegels lustige Streiche op. 28. Orchestre de la Suisse Romande. Genf, Victoria Hall, 19. Oktober 1962. RSR MS 62.314

Tod und Verklärung op. 24. Los Angeles Philharmonic Orchestra. Los Angeles, Dorothy Chandler Pavilion, 6. Januar 1966. Privatsammlung

Igor Strawinsky (1882–1971)

Concerto en ré pour violon et orchestre. Zvi Zeitlin (Violine), Wiener Symphoniker. Wien, Musikverein, Großer Saal, 26. März 1971. HSA

Quatre études. Kölner Rundfunk-Sinfonie-Orchester. Köln, 8.–10. Februar 1962. WDR 6125528104.1.01

Jeu de cartes. Wiener Symphoniker. Wien, 20. Dezember 1972. ORF UK 24.612

Mavra. Hanny Steffek (Sopran), Eugenia Zareska (Mezzosopran), Erika Wien (Alt), Kurt Wehofschitz (Tenor), Kölner Rundfunk-Sinfonie-Orchester. Köln, November 1960. WDR 6070064103.1.01

Oedipus Rex. George Shirley (Tenor), Alexander Trojan (Sprecher), Manfred Schenk (Baß), Jaroslaw Stajna (Baß) u. a., ORF-Chor (Einst. Gottfried Preinfalk), Singverein der Gesellschaft der Musikfreunde Wien (Einst. Helmuth Froschauer), Radio-Symphonieorchester Wien. Wien, 16. Juni 1972. ORF QS01/UK24612–13_H

Orpheus. Kölner Rundfunk-Sinfonie-Orchester. Köln, 6.–8. November 1961. WDR 6123934103.1.01

Perséphone. Joana Maria Gorvin (Sprecherin), Ernst Haefliger (Tenor), RIAS-Kammerchor (Einst.

Günther Arndt), Radio-Symphonie-Orchester Berlin. Berlin, Haus des Rundfunks, Saal 1, 21. Mai 1962. SFB. RBB E 300 225 I–II
Perséphone. Annemarie Düringer (Sprecherin), Reinhold Bartel (Tenor), ORF-Chor, Großes Orchester des Österreichischen Rundfunks. 12. November 1963. ORF UK 62–63
Symphonies d'instruments à vent. Rundfunk-Sinfonie-Orchester Köln. Köln, September 1965. WDR 5158620.1.03
Unterschobene Aufnahmen: *Le sacre du printemps*, ‹Süddeutsche Philharmonie›;[46] *Pétrouchka*, ‹Süddeutsche Philharmonie›

FRANZ VON SUPPÉ (1819–1895)
Dichter und Bauer: Ouvertüre. ‹Vienna State Opera Orchestra›. Wien, um 1956/57. ARS. M30 Audio Fidelity FCS 50,018
Leichte Kavallerie: Ouvertüre. ‹Vienna State Opera Orchestra›. Wien, um 1956/57. ARS. M30 Audio Fidelity FCS 50,018
Ein Morgen, ein Mittag, ein Abend in Wien: Ouvertüre. ‹Vienna State Opera Orchestra›. Wien, um 1956/57. ARS. M30 Audio Fidelity FCS 50,018

GEORG PHILIPP TELEMANN (1681–1767)
Der Tag des Gerichts. Anny Felbermayer (Sopran), Rosette Anday (Sopran), Karl Terkal (Tenor), Hans Braun (Bariton), Wiener Singakademie, Wiener Symphoniker. Wien, 4. Dezember 1953. Radio Wien. Österreichische Mediathek 9-08062-65

PETER TSCHAIKOWSKY (1840–1893)
Klavierkonzert Nr. 2 G-Dur op. 44. Friedrich Wührer (Klavier), Wiener Symphoniker ‹Pro Musica Orchestra, Vienna›. Wien, 31. Oktober; 1. November 1954. M30 Vox PL 9200
Lebedinoje osero op. 20: Suite. Wiener Symphoniker ‹Music Treasures Philharmonic Symphony›. M30 Music Treasures of the World MT 21
Sinfonie Nr. 1 g-Moll op. 13 „Winterträume". Wiener Symphoniker ‹Vienna Philharmusica Symphony Orchestra›. Wien, Musikverein, Großer Saal, 25.–29. Juni 1956. M30 Urania USD 1010 (VD: 1957); CD Urania US 5140–CD
Sinfonie Nr. 2 c-Moll op. 17 „Kleinrussische". Wiener Symphoniker ‹Vienna Philharmusica Symphony Orchestra›. Wien, Musikverein, Großer Saal, 25.–29. Juni 1956. M30 Urania USD 1006; CD Urania US 5142–CD
Sinfonie Nr. 3 D-Dur op. 29 „Polnische". Wiener Symphoniker ‹Vienna State Opera Orchestra›. M30 Urania US 5126; CD Tuxedo TUXCD 1066
Violinkonzert D-Dur op. 35. Henryk Szeryng (Violine), NDR-Sinfonieorchester. Hamburg, Musikhalle, 20.; 21. September 1964. NDR M 801558 002
Unterschobene Aufnahmen: *Klavierkonzert Nr. 1 b-Moll* op. 23, Valeria Walewska (Klavier), ‹Vienna State Opera Orchestra›;[47] *Ouverture solennelle „1812"* op. 49, ‹Vienna State Opera Orches-

---

46 Hier handelt es sich um eine Produktion des ORF unter der Leitung von Milan Horvat, vgl. Hartmut Lück, Vom Skandal zum Klassiker, in: *Fono Forum* (1993), H. 5, S. 26.
47 Weder eine ältere Ausgabe dieser Aufnahme noch die Existenz der Solistin sind nachweisbar.

tra›; *Sinfonie Nr. 1 g-Moll* op. 13, ‹Bamberger Philharmonie›; *Sinfonie Nr. 6 h-Moll* op. 74, ‹Philharmonisches Orchester Bamberg›; *Spjaschtschaja krasawiza* op. 66: Nr. 6 Walzer, ‹Bamberger Symphoniker›

ALFRED UHL (1909–1992)
Sinfonischer Marsch. Münchner Philharmoniker. München, Deutsches Museum, Kongreßsaal, 1. Oktober 1954. BR 54/4273

GIUSEPPE VERDI (1813–1901)
Aida: II: Triumphmarsch. Wiener Symphoniker ‹Vienna Festival Orchestra›. Wien, Musikverein, Großer Saal, 27.; 28. Dezember 1954. M30 Music Treasures of the World MT 9
Aida: III: „O patria mia, mai più ti rivedrò!". Daniza Ilitsch (Sopran), ‹Wiener Staatsopernorchester›. Wien, 1951. ‹Wiener Staatsopernorchester›. Wien, 1951. M25 Supraphon DM-5108; CD Preiser 90429
Un ballo in maschera: III: „Morrò, ma prima in grazia". Daniza Ilitsch (Sopran), ‹Wiener Staatsopernorchester›. Wien, 1951. M25 Supraphon DM-5108; CD Preiser 90429
Don Carlo: IV: „O don fatale, o don crudel". Ira Malaniuk (Alt), ‹Wiener Staatsopernorchester in der Volksoper›. M30 Joker SM 1097 (VD: 1971)
La forza del destino: Ouvertüre. Wiener Symphoniker. Wien, 1950. M25 Supraphon LPM 226
La forza del destino: IV: 2: „Pace, pace, mio Dio". Daniza Ilitsch (Sopran), ‹Wiener Staatsopernorchester›. Wien, 1951. M25 Supraphon DM-5108; CD Preiser 90429
Otello: IV: „Piangea cantando ... Ave Maria". Daniza Ilitsch (Sopran), ‹Wiener Staatsopernorchester›. Wien, 1951. M25 Supraphon DM-5108; CD Preiser 90429
Il trovatore: II: „Stride la vampa!". In deutscher Sprache. Ira Malaniuk (Alt), ‹Wiener Staatsopernorchester in der Volksoper›. M30 Joker SM 1097 (VD: 1971); CD Preiser 90429
Il trovatore: II: „Condotta ell'era in ceppi". In deutscher Sprache. Ira Malaniuk (Alt), ‹Wiener Staatsopernorchester in der Volksoper›. M30 Joker SM 1097 (VD: 1971); CD Preiser 90429

GIOVANNI BATTISTA VIOTTI (1755–1855)
Violinkonzert Nr. 22 a-Moll. Ricardo Odnoposoff (Violine), Wiener Symphoniker. Wien, Funkhaus Argentinierstraße, 7. Mai 1972. ORF. CD-R Podium OdnR-08

ERNST VOGEL (1926–1990)
Musik für zehn Blechbläser und Schlagzeug. Mitglieder der Wiener Philharmoniker. Ossiach, 13. August 1971. ÖNB T 2280-c

RICHARD WAGNER (1813–1883)
Der fliegende Holländer: Ouvertüre. ‹Wiener Staatsopernorchester›. 9. November 1951. M25 Supraphon LPM 226
Der fliegende Holländer: II: „Summ und brumm, du gutes Rädchen". Chor der Wiener Staatsoper, Orchester der Wiener Staatsoper. M30 Concert Hall SMS-2317

Der fliegende Holländer: III: „Steuermann! Laß die Wacht!". Chor der Wiener Staatsoper, Orchester der Wiener Staatsoper. M30 Concert Hall M-2317

Götterdämmerung. Gerald McKee (Tenor), Rudolf Knoll (Bariton), Otto von Rohr (Baß), Rolf Kühne (Bariton) u. a., ‹Süddeutsche Philharmonie›. Nürnberg, Colosseum-Studio, 3.; 5.; 6.; 15.–17.; 19. August 1968. M25 Fratelli Fabbri Editori GOL 76–80; CD Weltbild Classics 703751

Götterdämmerung: Prolog: Tagesanbruch und Siegfrieds Rheinfahrt. Wiener Symphoniker ‹Music Treasures Philharmonic Symphony›. Wien, Musikverein, Großer Saal, 31. Oktober; 2.; 10. November; 1. Dezember; Wien, Konzerthaus, Mozart-Saal; 23.; 29. Oktober; 1.; 30. November 1954. M30 Music Treasures of the World MT 24

Götterdämmerung: III: Trauermarsch. Niederösterreichisches Tonkünstler-Orchester ‹Österreichisches Sinfonie-Orchester Wien›. M30 Concert Hall SMS-2482 (VD: 1966); CD Éditions Atlas MEL-CD 315

Lohengrin. Otto von Rohr (Baß), Herbert Schachtschneider (Tenor), Leonore Kirschstein (Sopran), Heinz Imdahl (Bariton) u. a., Chor der Wiener Staatsoper, ‹Süddeutsche Philharmonie›. Nürnberg, Colosseum-Studio, August 1968. M30 Westminster WGSO-8285; CD Weltbild Classics 703835

Lohengrin: Vorspiel. Wiener Symphoniker ‹Music Treasures Philharmonic Symphony›. Wien, Musikverein, Großer Saal, 31. Oktober; 2.; 10. November; 1. Dezember; Wien, Konzerthaus, Mozart-Saal; 23.; 29. Oktober; 1.; 30. November 1954. M30 Music Treasures of the World MT 24

Lohengrin: III: Vorspiel. ‹Orchestr Vídeňské státní opery›. N30 Supraphon 15113-V (030825) (VD: 1951)

Lohengrin: III: Vorspiel. Wiener Symphoniker ‹Music Treasures Philharmonic Symphony›. Wien, Musikverein, Großer Saal, 31. Oktober; 2.; 10. November; 1. Dezember; Wien, Konzerthaus, Mozart-Saal; 23.; 29. Oktober; 1.; 30. November 1954. M30 Music Treasures of the World MT 24

Die Meistersinger von Nürnberg: Vorspiel. Wiener Symphoniker. N30 Supraphon 15100-V (030813–030814)

Die Meistersinger von Nürnberg: Vorspiel. Wiener Symphoniker ‹Music Treasures Philharmonic Symphony›. Wien, Musikverein, Großer Saal, 31. Oktober; 2.; 10. November; 1. Dezember; Wien, Konzerthaus, Mozart-Saal; 23.; 29. Oktober; 1.; 30. November 1954. M30 Music Treasures of the World MT 24

Parsifal: Vorspiel. ‹Orchester der Wiener Staatsoper›. Supraphon LPM-134

Das Rheingold. Rolf Polke (Bariton), Rudolf Knoll (Bariton), Herbert Doussant (Tenor), Fritz Uhl (Tenor) u. a., ‹Süddeutsche Philharmonie›. Nürnberg, Colosseum-Studio, 26.–28. Juli; 3.; 12. August 1968. M25 Fratelli Fabbri Editori GOL 15–18; CD Weltbild Classics 703728

Rienzi: Ouvertüre. Wiener Symphoniker. Wien, 15. Juli 1952. M25 Supraphon LPM-80

Siegfried. Gerald McKee (Tenor), Herold Kraus (Tenor), Rolf Polke (Bariton), Rolf Kühne (Bariton) u. a., ‹Süddeutsche Philharmonie›. Nürnberg, Colosseum-Studio, 29.–31. Juli; 1.; 12.; 14.; 15. August 1968. M25 Fratelli Fabbri Editori GOL 63–67; CD Weltbild Classics 703744

Siegfried-Idyll. Wiener Symphoniker ‹Music Treasures Philharmonic Symphony›. M30 Music Treasures of the World MT 24

Siegfried-Idyll. Wiener Symphoniker. Wien, 24. Februar 1969. ORF QS01/UK23299_H; OeM 99-69180

Tannhäuser: Ouvertüre. Wiener Symphoniker ‹Vienna State Opera Orchestra›. Wien, 9. November 1951. M25 Supraphon LPM-80

Tannhäuser: Ouvertüre. Wiener Symphoniker. Wien, Musikverein, Großer Saal, 31. Oktober; 2.; 10. November; 1. Dezember; Wien, Konzerthaus, Mozart-Saal; 23.; 29. Oktober; 1.; 30. November 1954. ARS. Unveröffentlicht[48]

Tannhäuser: Ouvertüre. Bamberger Symphoniker. Bamberg, Oktober 1959. M30 Vox STPL 511.550; CD Allegro ACD 8021

Tannhäuser: II: Einzug der Gäste. ‹Orchestr Vídeňské státní opery›. Supraphon 15113-V (031002) (VD: 1951)

Tannhäuser: II: Einzug der Gäste. Niederösterreichisches Tonkünstler-Orchester ‹Österreichisches Sinfonie-Orchester Wien›. M30 Concert Hall SMS-2482 (VD: 1966); CD Éditions Atlas MEL-CD 315

Tannhäuser: III: Pilgerchor. Chor der Wiener Staatsoper, Orchester der Wiener Staatsoper. M30 Concert Hall SMS-2317

Tristan und Isolde: Vorspiel. ‹Orchester der Wiener Staatsoper›. Wien, 8. Oktober 1952. M25 Supraphon LPM-134

Tristan und Isolde: Vorspiel und Isoldes Liebestod. Wiener Symphoniker. Wien, Musikverein, Großer Saal, 31. Oktober; 2.; 10. November; 1. Dezember; Wien, Konzerthaus, Mozart-Saal; 23.; 29. Oktober; 1.; 30. November 1954. Music Treasures of the World MT 65

Die Walküre. Gerald McKee (Tenor), Otto von Rohr (Baß), Rolf Polke (Bariton), Ditha Sommer (Sopran) u.a., ‹Süddeutsche Philharmonie›. Nürnberg, Colosseum-Studio, 3.; 6.; 8.–12. August 1968. M25 Fratelli Fabbri Editori GOL 50–54; CD Weltbild Classics 703736

Die Walküre: III: Walkürenritt. Wiener Symphoniker ‹Music Treasures Philharmonic Symphony›. Wien, Musikverein, Großer Saal, 31. Oktober; 2.; 10. November; 1. Dezember; Wien, Konzerthaus, Mozart-Saal; 23.; 29. Oktober; 1.; 30. November 1954. M30 Music Treasures of the World MT 24

Die Walküre: III: Wotans Abschied und Feuerzauber. Wiener Symphoniker ‹Music Treasures Philharmonic Symphony›. Wien, Musikverein, Großer Saal, 31. Oktober; 2.; 10. November; 1. Dezember; Wien, Konzerthaus, Mozart-Saal; 23.; 29. Oktober; 1.; 30. November 1954. M30 Music Treasures of the World MT 24

Unterschobene Aufnahmen: *Das Liebesverbot*: Ouvertüre; *Die Meistersinger von Nürnberg*: Vorspiel; *Die Walküre*: Walkürenritt, ‹South German Philharmonic Orchestra›; *Parsifal*: Karfreitagzauber; *Rienzi*: Ouvertüre; Siegfried-Idyll; *Lohengrin*: Vorspiel, ‹Süddeutsche Philharmonie›

CARL MARIA VON WEBER (1786–1826)

Abu Hassan: Ouvertüre. Radio-Symphonie-Orchester Berlin. Berlin, Haus des Rundfunks, Saal 1, 1.; 3. Oktober 1963. SFB. RBB E 154 613

Der Freischütz op. 77: Ouvertüre. Wiener Symphoniker. Wien, 1950. M25 Supraphon LPM 226

---

48 Wie Anm. 10. Für Nachaufnahmen am 27. und 28.12.1954 liegen je eine Honorarnote der Interessengemeinschaft Wiener Symphoniker und der Symphonia Wiener Symphoniker-Tonaufnahme Ges.m.b.H an Otto Preiser vor.

Der Freischütz op. 77: III: Jägerchor. Chor der Wiener Staatsoper, Orchester der Wiener Staatsoper. M30 Concert Hall SMS-2317

Euryanthe op. 81: Ouvertüre. ‹Vienna State Opera Orchestra›. Wien, 1951. N30 Supraphon 15004-V (030860–030861)

Euryanthe op. 81: Ouvertüre. Orchester des Carinthischen Sommers. Villach, 28. Juli 1973. ORF PS34/20745_K

Klavierkonzert Nr. 1 op. 11. Friedrich Wührer (Klavier), ‹Pro Musica Symphony, Vienna›. M30 Vox PL 8140 (VD: 1953)

Klavierkonzert Nr. 1 op. 11. Rena Kyriakou (Klavier), ‹Pro Musica Orchestra, Vienna›. M30 Vox Turnabout TV 341765

Klavierkonzert Nr. 2 op. 32. Friedrich Wührer (Klavier), ‹Pro Musica Symphony, Vienna›. M30 Vox PL 8140 (VD: 1953)

Klavierkonzert Nr. 2 op. 32. Rena Kyriakou (Klavier), ‹Pro Musica Orchestra, Vienna›. M30 Vox Turnabout TV 341765

Oberon: Ouvertüre. Wiener Symphoniker. Wien, Dezember 1950. N30 Supraphon H 23492 (030805–030806)

Peter Schmoll und seine Nachbarn: Ouvertüre. ‹Orchester der Wiener Staatsoper›. M30 Concert Hall SMS-2441 G

Peter Schmoll und seine Nachbarn: Ouvertüre. Radio-Symphonie-Orchester Berlin. Berlin, Haus des Rundfunks, Saal 1, 25. November 1963. SFB. RBB E 200 651; E 155 620 (Mono)

Preciosa op. 78: Ouvertüre. ‹Orchester der Wiener Staatsoper›. M30 Concert Hall SMS-2441 G; CD Guilde Internationale du Disque G. I. D. CD 132

Turandot op. 37: Ouvertüre. Radio-Symphonie-Orchester Berlin. Berlin, 1.–3. Oktober 1963. SFB. RBB E 154 615

Unterschobene Aufnahme: *Klarinettenkonzert Nr. 2 Es-Dur* op. 74, ‹Bernd Haller› (Klarinette), ‹Orchester der Wiener Volksoper›

ANTON WEBERN (1883–1945)
Passacaglia für Orchester op. 1. Česká filharmonie. Prag, Rudolfinum, Dvořáksaal, 7. Juni 1973. M30 Supraphon 1 10 1505; CD Supraphon 11 0663-2

JAROMIR WEINBERGER (1896–1967)
Švanda dudák. In deutscher Sprache. Kostas Paskalis (Bariton), Hanny Steffek (Sopran), Waldemar Kmentt (Tenor), Annemarie Ludwig (Mezzosopran) u. a., ORF-Chor (Einst. Gottfried Preinfalk), Großes Wiener Rundfunkorchester. Wien, 14. Januar 1961. ORF PM01/UK22994-97_H

GERHARD WIMBERGER (*1923)
Schaubudengeschichten: Ouvertüre. Großes Wiener Rundfunkorchester. Wien, 20. November 1959. ORF RM01/UK5431_H

ISTVÁN ZELENKA (*1936)
Dictionnaire. Orchester des Österreichischen Rundfunks. Wien, 18. Oktober 1967. ORF RS01/UK7032_H

Alexander Zemlinsky (1871–1942)

23. Psalm op. 14. Chor des Österreichischen Rundfunks (Einst. Gottfried Preinfalk), Orchester des Österreichischen Rundfunks. Wien, 24. Januar 1963. ORF UK 22.062; OeM 99-63052

Sinfonietta op. 23. Münchner Philharmoniker. München, Residenz, Herkulessaal, 7. Juni 1955. BR 55/9827

Sprachaufnahmen

Conducting good music. Wiener Symphoniker, Milan Herzog (Regie). Swarowsky ist zu sehen in Ausschnitten aus Brahms, *Sinfonie Nr. 4 e-Moll* op. 98; Weber, Euryanthe op. 81: *Ouvertüre*; Beethoven, *Sinfonie Nr. 7 A-Dur* op. 92; Brahms, *Sinfonie Nr. 2 D-Dur* op. 73; Schubert, *Rosamunde von Cypern* D 797: *Nr. 9 Ballett*; Tschaikowsky, *Sinfonie Nr. 6 h-Moll* op. 74; Dvořák, *Sinfonie Nr. 9 e-Moll* op. 9; Beethoven, *Sinfonie Nr. 5 c-Moll* op. 67. Wien, Funkhaus Argentinierstraße, 1956. Bewegtbildaufnahme. Encyclopædia Britannica Films No. 1484 (Farbe) https://archive.org/details/AFConductingGoodMusic (4.8.2021), No. 1485 (Schwarzweiß)

Hans Swarowsky. *Einführung zu der Oper* Falstaff *von Giuseppe Verdi.* Wien, ORF, 7. Oktober 1963. Bewegtbildaufnahme. Swarowsky ist nicht im Bild. Erstsendung: ORF, 10. Oktober 1963. ORF 01188789–0100

Hans Swarowsky. *Die späten Opern von Richard Strauss.* Köln, WDR, 19. Juni 1964. Erstsendung: WDR 3, 21. Juni 1964. WDR 5154674.1.01

Interview mit Hans Keller über Arnold Schönberg für die Sendung *Portrait of Schoenberg: A radio study of his personality.* (Beginn: „Schoenberg was a very, very, very nice man".) 1965. Erstsendung: BBC, 6. November 1965. BBC. BL SA 1CDR0022885–86 BD7 NSA

Diskussion mit Helmut Zilk, Wolf Rosenberg, Franz Endler u. a. unter dem Titel *Die Krise der Wiener Staatsoper: Wahrheit oder Legende?* in der Sendereihe *Stadtgespräche.* 1967. Bewegtbildaufnahme. ORF, Verbleib unbekannt. Ausschnitt in der Sendereihe *Kultur aktuell,* Folge 12 vom 6. Dezember 1967, ORF P0163748–0100

Probenbericht und kurzes Interview mit Hans Swarowsky anlässlich eines Konzerts mit Werken von Arnold Schönberg, Richard Strauss und Paul Hindemith. Paris, Februar 1968. Bewegtbildaufnahme. ORTF. INA CAF 97016673

Hans Swarowsky. *Alles über Oper.* Vortrag vor den Mitgliedern der Österreichischen Gesellschaft für Musik. Wien, Hanuschgasse 3, 11. Januar 1968. OeM 9-01867–68

Interview zur Wiener Schule für die Sendung *Nach dem Tode anerkannt werden.* 1969. Bewegtbildaufnahme. ORF

Festakt zur Verleihung der goldenen Ehrenmedaille der Stadt Wien. Wien, 25. Februar 1970. HSA

Hans Swarowsky. *Vortrag über Beethoven.* 1970. M30 Österreichische Mineralölverwaltung PL 1970

Interview mit Volkmar Parschalk zum Saisonauftakt der Wiener Staatsoper mit Ibert, *Angélique;* Milhaud, *Le pauvre matelot* op. 92; Strauss, Tanzsuite aus Klavierstücken von François Couperin TrV 245 unter Swarowskys Leitung im Redoutensaal der Hofburg, Wien, 2. Oktober 1970. ORF. OeM JM-701002

Hans Swarowsky. Stellungnahme zum Tod Igor Strawinskys. Wien, Musikverein, Großer Saal, 6. April 1971. ORF. Erstsendung: ORF, Abendjournal, 6. April 1971. OeM JA-710406

Interview zu Arnold Schönberg. 1971. ORF. HSA

Hans Swarowsky spricht mit Amalie Waller über ihren Vater Anton Webern. 5. internationaler Webern-Kongreß, Wien, Hanuschgasse, 12. März 1972. OeM 9-02537

Hans Swarowsky. *Anton von Webern*. Fünfter internationaler Webern-Kongreß, Wien, Hanuschgasse, 13. März 1972. OeM 9–02538. Abgedruckt u. a. in: Swarowsky, *Wahrung der Gestalt*, S. 235–240.

Lebendige Musik. Darin: Ausschnitte aus Beethoven, *Sinfonie Nr. 1 C-Dur* op. 21; Honegger, *Pacific 231*; Falla, *El sombrero de tres picos* mit dem Radio-Symphonieorchester Wien. Wien, 1972. Bewegtbildaufnahme. ORF

Ludwig van Beethoven, Sinfonie Nr. 9 d-Moll op. 125. Bewegtbildaufnahme. Prag, Prager Frühling 1973. Erstsendung: ORF, 6. Juni 1973. ORF

Interview mit Walter Szmolyan über Arnold Schönberg und das Mödlinger Schönberg-Haus, Wien, 1973. HSA

Der Künstler und die Öffentlichkeit. Diskussion des Wiener Kulturkreises mit Ernst Fuchs, György Sebestyén, Kristian Sotriffer u. a., Wien, Naturhistorisches Museum, 28. Januar 1974. OeM 99–74022

Ist der Walzer noch aktuell? Ein Gespräch mit dem Dirigenten Hans Swarowsky. Hans Swarowsky (Gesprächspartner), Ruth Brennecke (Interview). Berlin, Funkhaus Nalepastraße, Mai 1974. Rundfunk der DDR. Erstsendung: 18. Mai 1974. DRA B MREP405

Schönberg als Lehrer. Erster Kongreß der internationalen Schönberg-Gesellschaft. Wien, Secession, 4. Juni 1974. OeM 99-74217

Dirigentenkurs unter der Leitung von Hans Swarowsky. Kurzbeitrag von Heinz Fischer-Karwin. Bewegtbildaufnahme. Erstsendung: ORF, 6. August 1974. ORF

Interview mit Manfred Huss, Ossiach, 1974. In Auszügen eingegangen in „Rückblick", in: Swarowsky, *Wahrung der Gestalt*, S. 257–264. HSA

Interview mit Volkmar Parschalk vor seinem 75. Geburtstag. Wien, 14. September 1974. ORF

Vorlesungen zu Bruckners *Sinfonie Nr. 5*. Wien, 25. und 28. Oktober 1974. HSA

Vorlesungen zu Mahlers *Lied von der Erde*. Wien, Januar und Februar 1975. HSA

Vorlesung zu Strauss' *Also sprach Zarathustra*. Wien, 1. Februar 1975. HSA

Vorlesung zu Bartóks *Concerto for orchestra* und Schönbergs *Pelleas und Melisande*. Wien, 20. März 1975. HSA

Vorlesung zu Hindemiths *Mathis der Maler*. Wien, 11. und 12. April 1975. HSA

Vorlesungen zu Mahlers *Sinfonie Nr. 7*. Wien, 14., 19. und 28. April 1975. HSA

Vorlesung zu Mahlers *Sinfonie Nr. 5* und zu Strawinskys *Jeu de cartes*. Wien, 3. Mai 1975. HSA

Richard Strauss, *Capriccio* op. 85. Lehrfilm. Angaben nicht verfizierbar

Eliminierte Einträge aus älteren Verzeichnissen

Ludwig van Beethoven

Klavierkonzert Nr. 5 Es-Dur op. 73. Alexander Jenner (Klavier), ‹Orchester der Wiener Konzert-Vereinigung›. M30 Bertelsmann 11 033. Dirigent dieser Aufnahme ist Frederick Charles Adler.

Sinfonie Nr. 2 D-Dur op. 36. Wiener Symphoniker ‹Vienna State Opera Orchestra›. ARS. M30 Audio Fidelity FCS 50,021. Die erstmals in Mono in der Reihe Music Treasures of the World, später auch auf Odéon und Véga erschienenen ARS-Aufnahmen der 2., 7. und 8. Sinfonie von Beethoven sind von Michael Gielen dirigiert, vgl. Fußnote 5.

Sinfonie Nr. 5 c-Moll op. 67. Wiener Symphoniker ‹Orchestre de l'opéra d'état de Vienne›. M30 Véga B 400–402. Diese für die ARS produzierte Aufnahme entstand höchstwahrscheinlich am 5. Juni 1954 im Brahms-Saal des Wiener Konzerthauses unter der Leitung von Leopold Emmer. Auf den Etiketten einiger Exemplare der ARS-Ausgabe wird sie auch Kurt Graunke zugeschrieben. Lediglich die genannte Véga-Ausgabe bemüht den Namen Swarowskys.

Sinfonie Nr. 7 A-Dur op. 92. Wiener Symphoniker ‹Vienna State Opera Orchestra›. ARS. M30 Audio Fidelity FCS 50,019. Dirigent ist Michael Gielen.

Sinfonie Nr. 8 F-Dur op. 93. Wiener Symphoniker ‹Vienna State Opera Orchestra›. ARS. M30 Audio Fidelity FCS 50,022. Dirigent ist Michael Gielen.

Sinfonie Nr. 8 F-Dur op. 93. RAI Fernsehen. Hier liegt höchstwahrscheinlich eine Verwechslung mit der Aufzeichnung des Fernsehens der italienischen Schweiz vor.

Johannes Brahms

Serenade Nr. 1 D-Dur op. 11. ‹Concert Hall Symphony›. Concert Hall CHS C 4. Dirigent ist Henry Swoboda.

Max Bruch

Violinkonzert Nr. 1 g-Moll op. 26. Ivry Gitlis (Violine), ‹Pro Musica Symphony, Vienna›. M30 Vox STPL 513.090; CD Vox Legends CDX2 5505. Diese von Jascha Horenstein dirigierte Aufnahme wurde wenigstens zwei Mal unter Swarowskys Namen veröffentlicht.

Anton Bruckner

Sinfonie Nr. 4 Es-Dur. Wiener Symphoniker. Wien, 30. März 1952. Kein Standort nachweisbar. Der Eintrag geht auf ein Typoskript „Wie Anton Bruckner von seinen Interpreten aufgefaßt wird…" zurück, dessen Übermittlung ich Manfred Huss verdanke. Es ist wahrscheinlich, dass die dort mitgeteilten Satzdauern im Konzert gestoppt wurden und keine Tonaufzeichnung existiert.

Claude Debussy

La mer. Wiener Symphoniker ‹Ein symphonisches Orchester aus Wien›. M25 Viennaphon 3006. Dies ist höchstwahrscheinlich die von der ARS auf M30 Musik Treasures of the World MT 30 veröffentlichte Rundfunkproduktion vom 13. April 1949 aus Leipzig, deren Dirigent Ernest Borsamsky ist, vgl. CD Dante LYS 429–430 und DRA 1970023 002.

Charles Gounod
Faust: Ballettmusik. ‹Wiener Festspielorchester›. M25 ARS MP 113. Diese zuerst auf dem Label Urania verbreitete Aufnahme (M30 Urania URLP 7058) ist in Paris unter der Leitung von Georges Sébastian entstanden und wurde von der ARS meist anonym veröffentlicht.

Joseph Haydn
Sinfonie Nr. 63 C-Dur „La Roxelane". Wiener Symphoniker. Ultraphon 5077 G; M25 Supraphon LPV 78. Die erstgenannte Kombination aus Label und Bestellnummer ist einzig in dem von Franz Lechleitner zusammengestellten Verzeichnis „Tonaufnahmen von Angehörigen der Wiener Schule"[49] anzutreffen, die zweite enthält andere Werke. Vermutlich liegt dem Eintrag eine Verwechslung des tschechischen Beinamens „Na Rozloučenou" („Der Abschied") mit „La Roxelane" zugrunde.
Sinfonie Nr. 103 Es-Dur „Mit dem Paukenwirbel". ‹Vienna State Opera Orchestra›. CD Tuxedo TUXCD 1091. Dirigent ist Eduard van Remoortel (M30 Vox PL 9860).

Johann Nepomuk Hummel
Trompetenkonzert E-Dur. ‹Rudolf Sandhorn› (Trompete), ‹Orchester der Wiener Volksoper›. Eine Swarowsky unterschobene, nicht identifizierte Aufnahme.

Wolfgang Amadeus Mozart
La clemenza di Tito: „Ancora solo una volta nella vita". Ira Malaniuk (Alt), ‹Wiener Staatsopernorchester in der Volksoper›. M30 Joker SM 1097. Fehleintrag, verursacht durch wörtliche Rückübersetzung des auf dem Plattenetikett angegebenen deutschen Titels „Ach, nur einmal noch im Leben" (Peters, Gustav F. Kogel).
Klavierkonzert Nr. 11 F-Dur. Artur Balsam (Klavier), ‹Concert Hall Symphony›. Concert Hall CHS C 8. Dirigent ist Henry Swoboda.
Sinfonie Nr. 40 g-Moll. Sinfonia of London. M30 Bertelsmann Schallplattenring 11 361. Auf der Hülle der Bertelsmann-Schallplattenring-Ausgabe dieser Aufnahme wird fälschlich Swarowsky als Dirigent genannt, das Etikett nennt richtigerweise Anthony Collins.
Sinfonie Nr. 41 C-Dur. Sinfonia of London. M30 Bertelsmann Schallplattenring 11 361. Wie vor.

Giovanni Battista Pergolesi
La serva padrona. Eine Produktion des Werkes unter Swarowskys Leitung ist nicht nachweisbar. Vermutlich geht ihre Nennung in vorausgegangenen Verzeichnissen darauf zurück, dass der ORF einst die Aufzeichnung einer Aufführung von den Salzburger Festspielen unter der Leitung von Leopold Hager aus dem Jahr 1969 der Wiederholung des Pergolesischen *Maestro di musica* vorangehen ließ.[50]

---

49 Markus Grassl/Reinhard Kapp (Hg.), *Die Lehre von der musikalischen Aufführung in der Wiener Schule. Verhandlungen des Internationalen Colloquiums Wien 1995*, Wien/Köln/Weimar 2002 (Wiener Veröffentlichungen zur Musikgeschichte 3), S. 732–810, hier: S. 782–799.
50 Die Videokassette V-01149 der Österreichischen Mediathek enthält ein solches *double feature* vom 3. Juli 1990.

Bedřich Smetana
Wallensteins Lager op. 14. ‹Vienna Symphony Orchestra›. Westminster WN 18069. Dirigent ist Henry Swoboda.

Robert Stolz
Mein Herz ruft immer nur nach dir, oh Marita! Jan Kiepura (Tenor). CD Pearl GEMM 9079. Dirigent ist Robert Stolz.

Franz von Suppé
Die gelegentlich unter Swarowskys Namen veröffentlichten Ouvertüren zu *Banditenstreiche, Boccacio, Die schöne Galathée* und *Leichte Kavallerie* sind von Walter Goehr dirigierte Concert-Hall-Produktionen.

Peter Tschaikowsky
Sinfonie Nr. 6 h-Moll op. 74 „Pathétique". ‹Vienna State Opera Orchestra›. M30 Gutenberg AE L 1046. Hier dürfte es sich um die von Hermann Abendroth am 28. Januar 1952 dirigierte Aufnahme handeln, die zuvor u. a. auf M30 Music Treasures of the World MT 29 und Urania URLP 7142 verbreitet worden ist.

Unbekannt (z. Zt. Edmund Angerer zugeschrieben)
Kindersymphonie. ‹Orchestre Symphonique du Festival de Vienne›. Diese von René Leibowitz dirigierte Aufnahme mit dem ‹Orchestre Radio-Symphonique de Paris› wurde anlässlich einer Übernahme durch die Firma Véga irrtümlich Swarowsky zugeschrieben.

Carl Maria von Weber
Sinfonie Nr. 1 C-Dur op. 19. ‹Orchestra dell'Opera di Stato di Vienna›. Pro musica PMC 1042. Nur auf dieser italienischen Ausgabe Swarowsky zugeschrieben. Auf dem Label Pro musica erschienen zu Beginn der 1960er Jahre zahlreiche Vox- und Urania-Aufnahmen. Möglicherweise handelt es sich hier um die erstmals 1954 auf M30 Urania URLP 239 veröffentlichte Leipziger Rundfunkproduktion unter der Leitung von Gerhard Pflüger.

Juri Giannini

VERZEICHNIS DER ÜBERSETZUNGEN VON HANS SWAROWSKY

Veröffentlichte Übersetzungen

La Bohème: Szenen aus „La vie de Bohème" von Henry Murger. Vier Bilder von G. Giacosa und L. Illica. Musik von Giacomo Puccini. Vollständige neue Übertragung ins Deutsche von Hans Swarowsky, München [1940] (Textausgaben der Münchner Staatsoper 4)

La Bohème: Szenen aus Henri Murgers „Vie de Bohème" in vier Bildern von Giuseppe Giacosa und Luigi Illica. Musik von Giacomo Puccini. Neue deutsche Übertragung von Hans Swarowsky. Klavierauszug mit deutschem und italienischem Text. Nach dem Autograph der Partitur revidiert von Francesco Bellezza, Mailand/München (Ricordi) 1965

Don Carlos: Oper in 4 Akten (10 Bildern) von Méry und Camillo du Locle. Musik von Giuseppe Verdi. Neue Übertragung ins Deutsche, szenische und musikalisch-dramaturgische Einrichtung der Münchener Staatsoper, München [1937] (Textausgaben der Münchener Staatsoper 1)

Don Carlos: Oper in 4 Akten (10 Bildern) von Méry und Camillo du Locle. Musik von Giuseppe Verdi, Szenische und musikalisch-dramaturgische Einrichtung der Münchner Staatsoper. Vollständig neue deutsche Übertragung von Hans Swarowsky, (Zweite Auflage), München [o. D.] (Textausgaben der Münchener Staatsoper 1)

Don Carlos: Joseph Méry und Camille du Locle. Oper in vier Akten, Deutsch von Hans Swarowsky, Musik von Giuseppe Verdi, Lörrach usw. (Ricordi & Co.) [o. D.] (Ricordi Textbücher)

Don Carlos (Don Carlo): Oper in vier Akten nach Schillers Drama von Josephe Méry und Camille du Locle. Italienischer Text von Antonio Ghislanzoni. Musik von Giuseppe Verdi. Neue deutsche Übertragung von Hans Swarowsky (1963). Klavierauszug mit deutschem und italienischem Text, Mailand usw. (Ricordi) 1963

Don Carlos (Don Carlo): Oper in vier (fünf) Akten nach Schillers Drama von Josephe Méry und Camille du Locle. Italienischer Text von Antonio Ghislanzoni. Musik von Giuseppe Verdi. Neue deutsche Übertragung von Hans Swarowsky (1967). Klavierauszug mit deutschem und italienischem Text, Mailand usw. (Ricordi) 1967

Falstaff: Lyrische Komödie von Arrigo Boito. Musik von Giuseppe Verdi. Neue deutsche Übertragung von Hans Swarowsky, Leipzig usw. (Ricordi) [1941] (Textausgaben der Münchner Staatsoper 5)

Falstaff: Giuseppe Verdi. Lyrische Komödie in 3 Akten von Arrigo Boito. Neue deutsche Übertragung von Hans Swarowsky. Textbuch, Leipzig usw. (Ricordi) [1942]

Falstaff: Giuseppe Verdi. Komödie in drei Akten von Arrigo Boito. Neue deutsche Übertragung von Hans Swarowsky. Klavierauszug mit deutschem und italienischem Text. Nach dem Autograph der Partitur revidiert von Mario Parenti, Mailand/Frankfurt a.M. (Ricordi) 1964

Falstaff: Giuseppe Verdi. Einführung und Kommentar von Kurt Pahlen unter Mitarbeit von Rosmarie König, Textbuch (italienisch-deutsch). Deutsche Übersetzung von Hans Swarowsky, Mainz usw. (Schott/Piper) 1993 (Opern der Welt)

Il mondo della luna: Joseph Haydn, Die Welt auf dem Monde, Dramma giocoso in drei Akten nach Carlo Goldoni. Deutsche Übertragung von Hans Swarowsky, Textbuch, Kassel usw. (Bärenreiter) 1958

Il mondo della luna: Joseph Haydn, Die Welt auf dem Monde (Il Mondo della Luna). Dramma giocoso in drei Akten nach Carlo Goldoni. Deutsche Übertragung von Hans Swarowsky. Klavierauszug von Karl Heinz Füssl, Kassel usw. (Bärenreiter) 1958

La rencontre imprévue: Christoph Willibald Gluck, La rencontre imprévue. Die Pilger von Mekka. Opéra comique in drei Akten von L. H. Dancourt [Partitur]. Herausgegeben von Harald Heckmann. Deutsche Übertragung von Hans Swarowsky, Kassel usw. (Bärenreiter) 1964 (Sämtliche Werke Abt. IV, Bd. 7)

La rencontre imprévue: Christoph Willibald Gluck, La rencontre imprévue. Die Pilger von Mekka (Klavierauszug), Opéra comique in drei Akten von L. H. Dancourt. Bühnenfassung und Deutsche Übertragung von Hans Swarowsky, Kassel usw. (Bärenreiter) 1968

L'incoronazione di Poppea: Claudio Monteverdi, (Partitur) II. Akt, Vollständige praktische Bearbeitung von H[ans] F[erdinand] Redlich. Deutsche Übertragung von Hans Swarowsky, Wien usw. (Universal Edition) 1953

L'incoronazione di Poppea: Claudio Monteverdi, (Partitur) III. Akt, Vollständige praktische Bearbeitung von H[ans] F[erdinand] Redlich. Deutsche Übertragung von Hans Swarowsky, Wien usw. (Universal Edition) 1953

L'incoronazione di Poppea: Claudio Monteverdi, Kassel usw. (Bärenreiter) 1959

ORPHEUS UND EURIDIKE: Opern-Tragödie in drei Akten. Musik von Gluck. Text von Moline nach Calzabigi. Neue Deutsche Übertragung aus dem Original von Hans Swarowsky, Hamburg (Hans Christians Druckerei und Verlag) 1936

ORFEO ED EURIDICE: Christoph Willibald Gluck, Orfeo ed Euridice. Orpheus und Eurydike (Wiener Fassung von 1762). Azione teatrale per musica in drei Akten von Raniero de' Calzabigi. Deutsche Übertragung von Hans Swarowsky, Klavierauszug von Heinz Moehn, Kassel usw. (Bärenreiter) 1962

ORPHÉE ET EURIDICE: Christoph Willibald Gluck, Orphée et Euridice. Orpheus und Eurydike (Pariser Fassung von 1774). Tragédie opéra (Drame héroïque) in drei Akten von Pierre-Louis Moline (nach Raniero de' Calzabigi) [Partitur]. Herausgegeben von Ludwig Finscher. Deutsche Übertragung von Hans Swarowsky, Kassel usw. (Bärenreiter) 1967 (Sämtliche Werke Abt. I, Bd. 6)

ORPHÉE ET EURIDICE: Christoph Willibald Gluck, Orphée et Euridice. Orpheus und Eurydike (Pariser Fassung von 1774). Tragédie opéra (Drame héroïque) in drei Akten von Pierre-Louis Moline (nach Raniero de' Calzabigi). Klavierauszug von Jürgen Sommer. Herausgegeben von Ludwig Finscher. Deutsche Übertragung von Hans Swarowsky, Kassel usw. (Bärenreiter) 1968 (Ergänzung zu: Sämtliche Werke Abt. I, Bd. 6)

ORPHÉE ET EURIDICE: Christoph Willibald Gluck, Orphée et Euridice. Orpheus und Eurydike. Version de Hector Berlioz. Tragédie (Drame héroïque) en quatre actes. Traduction allemande par Hans Swarowski et Peter Brenner. Partition chant et piano d'après le Urtext de la Nouvelle Édition Berlioz par Karl-Heinz Müller, Kassel usw. (Bärenreiter) 2006 (Bärenreiter Urtext)

SIMONE BOCCANEGRA: Oper in einem Vorspiel und 3 Akten, von Francesco Maria Piave. Musik von Giuseppe Verdi. Einrichtung der Münchener Staatsoper. Vollständig neue deutsche Übertragung von Hans Swarowsky, München 1940 (Textausgaben der Münchener Staatsoper 3)

SIMONE BOCCANEGRA: Oper in einem Vorspiel und drei Aufzügen. Text von Francesco Maria Piave, Musik von Giuseppe Verdi. Neue Übertragung ins Deutsche von Hans Swarowsky, herausgeben und eingeleitet von Wilhelm Zentner, Stuttgart (Reclam) 1954 (Universal-Bibliothek 7862)

SIMONE BOCCANEGRA: Oper in einem Prolog und drei Akten von Francesco Maria Piave und Arrigo Boito, Musik von Giuseppe Verdi. Deutsche Übertragung von Hans Swarowsky. Klavierauszug mit deutschem und italienischem Text, Mailand (Ricordi) 1968

SOMMER VON EINST: Operette in drei Akten (7 Bildern). Nach dem Ungarischen des Stefan Békeffi. Deutsch von Hans Swarowsky. Musik von Ludwig Laytai, Stuttgart (Feuchtinger) 1931

Unveröffentlichte Übersetzungen

Alceste, Christoph Willibald Gluck:
NlHS, 277: Komplette Übersetzung, 44 maschingeschriebene Blätter, handschriftliche Korrekturen und Anmerkungen; NlHS, 284: Klavierauszug von Gustav F. Kogel, Leipzig (Peters) [o. D.], handgeschriebene Eintragungen und partielle Überschreibung der alten deutschen Übersetzung, datierbar 1940er Jahre. Beide Dokumente sind wahrscheinlich im Kontext der Reichsstelle für Musikbearbeitungen entstanden.

André Chenier, Umberto Giordano:
BSB, Musikabteilung, Historisches Aufführungsmaterial der Bayerischen Staatsoper, 1871–8.

Angélique, Jacques Ibert:
NlHS, 248: Klavierauszug, Heughel, partielle Übersetzung oberhalb des Gesangtextes und einige Korrekturen.

Cavalleria rusticana, Pietro Mascagni:
NlHS, 281: Klavierauszug, Peters, „Neue Übertragung ins Deutsche von Hans Swarowsky" mit schwarzer Tinte auf dem Titelblatt des Klavierauszuges hinzugefügt; Klavierauszug aus dem historischen Archiv der Bayerischen Staatsoper, Übersetzung aufgrund des Stempels der Bayerischen Staatsoper mit Hakenkreuz vor 1945 datierbar, handgeschriebene neue Übersetzung des gesamten Textes über der gedruckten alten Übersetzung, einige Korrekturen mit Bleistift.

Così fan tutte, Wolfgang A. Mozart:
Rezitative: BayHStA, Intendanz Bayerische Staatsoper, 1769 (Briefwechsel Clemens Krauss – Hans Swarowsky). In einem Brief von Hans Swarowsky an Clemens Krauss (o.D.) wird die Übergabe der Rezitative bestätigt. In einem undatierten Brief (möglicherweise aus der Züricher Zeit?) von Hans Swarowsky an Walter Felsenstein (Durchschlag in: NlHS, 227) werden Übersetzungsversuche von vier Zeilen des Rezitativs aus I/3 überliefert.

Don Giovanni, Wolfgang A. Mozart:
NlHS, 152: 16 maschingeschriebene Blätter, datiert 1939, gemeinsame Übersetzungsarbeit von Hans Swarowsky und Richard Strauss, Übersetzung der Canzonetta aus II/1 und des Finale I (I/4, I/5); NlHS, 252: 1 Blatt, handgeschrieben, Übersetzung von Teilen aus I/5; NlHS, 280: 1 kariertes Heft, datiert 1969, Übersetzungen der gleichen Teile wie NlHS, 152.

Gianni Schicchi, Giacomo Puccini:
NlHS, 244: Klavierauszug, Ricordi, ins Deutsche übertragen von Alfred Brüggemann (in den 1920er Jahren), partielle Neuübersetzung von Hans Swarowsky über der gedruckten Übersetzung.

Il re pastore, Christoph Willibald Gluck:
NlHS, 278: komplette maschingeschriebene Übersetzung mit handgeschriebenen Korrekturen, datierbar 1940er Jahre. Das Dokument ist wahrscheinlich im Kontext der Reichsstelle für Musikbearbeitungen entstanden.

Il re pastore, Wolfgang A. Mozart:
NlHS, 140: 7 handgeschriebene Blätter. Übersetzungen aus II/9, II/10, II/1.

Margarethe (Faust), Charles Gounod:
BSB, Musikabteilung, Historisches Aufführungsmaterial der Bayerischen Staatsoper, 832, Klavierauszug mit überklebter und überschriebener ursprünglicher Übersetzung (datierbar 1943); NlHS, 311.

Mignon, Ambroise Thomas:
NlHS, 312: Klavierauszug, Au Ménestrel, einige Eintragungen und ganz wenige neu übersetzte Textpartien.

Persephone, Igor Strawinsky:
NlHS, 243: Klavierauszug Boosey & Hawkes, unvollständige Übersetzung und einige Korrekturen über dem gedruckten Text.

Spring Symphony, Benjamin Britten:
NlHS, 232: Klavierauzug Boosey & Hawkes, am Buchdeckel mit rotem Kugelschreiber: „Übertragung ins Deutsche von Hans Swarowsky" und „Eigentum des Verlags", datierbar 1966; NlHS, 155; NlHS, 246.

Turandot, Giacomo Puccini:
NlHS, 245: Klavierauzug, Ricordi, deutsche Übertragung von Brüggemann, handgeschriebene Teilneuübersetzung von Hans Swarowsky.
Pläne

Les Huguenots (Die Hugenotten), Giacomo Meyerbeer:
Stadttheater Zürich, angekündigt für Spielzeit 1939/40[1], aber wohl nicht durchgeführt.

Prima la musica, poi le parole, Antonio Salieri:
als Aufführung der Musikakademie vorgeschlagen.[2]

---

[1] Siehe Boris Kehrmann, *Vom Expressionismus zum verordneten „Realistischen Musiktheater". Walter Felsenstein – Eine dokumentarische Biographie 1901 bis 1951*, Marburg 2015 (Dresdner Schriften zur Musik 3), Bd. 1, S. 674.
[2] Siehe Brief von Swarowsky an Hans Sittner, 5.6.1955, Akte „Orchesterübungen", Archiv mdw; zitiert im Kapitel „Lehre – Akademie für Musik und darstellende Kunst Wien", Abschnitt „Akademieorchester".

FOUR SCOTTISH SONGS, arranged by Karl Rankl[3]
Übersetzungen (vermutliche oder erschließbare) ohne Quellen[4]

AIDA, Giuseppe Verdi [vor 1951, Graz ?]:
Erwähnt in einem Swarowsky-Portrait in der italienischen Tageszeitung *Il mattino*, 21.12.1951.

MANON, Jules Massenet [1938, München]:
Erwähnt in BayHStA, Intendanz Bayerische Staatsoper, 1198, Brief der Reichsdramaturgie an die Intendanz der Bayerischen Staatsoper vom 31.8.1938.

OTELLO, Giuseppe Verdi [vor 1951, Graz ?]:
Erwähnt in einem Swarowsky-Portrait in der italienischen Tageszeitung *Il mattino*, 21.12.1951.

I PAGLIACCI, Ruggero Leoncavallo [1934, Gera]:
Erwähnt in: Reussisches Theater Gera, Programmheft 10.1.1934.

TOSCA, Giacomo Puccini [1922–1927, Wien]:
Teilübersetzung; erwähnt in einem Schreiben Swarowskys an Albert Kehm vom 24.3.1928, StAL, E 18 VI 1193

TRAVIATA, Giuseppe Verdi [vor 1951, Graz ?]:
Erwähnt in einem Swarowsky-Portrait in der italienischen Tageszeitung *Il mattino*, 21.12.1951, und in einem von Swarowsky selbst verfassten Lebenslauf in Archiv mdw, Personalakt Hans Swarowsky.

VESPRI SICILIANI, Giuseppe Verdi [1920er Jahre, Stuttgart]:
Erwähnt in Briefen von Hans Swarowsky an Bärenreiter vom 8.1.1966 und 24.9.1966, Archiv B-V.

---

3 Laut Briefwechsel Rankl-Swarowsky. Die Einspielung unter Swarowskys Leitung mit Janet Baker erfolgte schließlich in der Originalsprache.

4 In diesen Fällen wurden Übersetzungen in verschiedenen Zusammenhängen erwähnt, ohne dass Quellen zu den textlichen Arbeiten gefunden werden konnten. Mit höchster Wahrscheinlichkeit handelt es sich um Einrichtungen, die im Theateralltag entstanden sind. Die Datierung wird jeweils aus den Erwähnungen abgeleitet. Die lokale Zuordnung folgt aufgrund von Archivforschungen.

VERZEICHNIS DER EDITIONEN UND BEARBEITUNGEN SWAROWSKYS

Ludwig van BEETHOVEN, 5. Symphonie op. 67:
Vorbereitungen zu einer kritischen Edition (Eintragungen in Partiturexemplare, NlHS)

Antonin DVORÁK, *Scherzo capriccioso* op. 66:
Hg., Vorwort; London usw. [ca. 1950] (Studienpartitur, Ed. Eulenburg Nr. 873)

Christoph Willibald GLUCK, zeitweilige Mitarbeit an der Kritischen Gesamtausgabe im Bärenreiter Verlag

Christoph Willibald GLUCK, *Le Rencontre imprevu* (*Die Pilger von Mekka*):
Auftrag des Bärenreiter Verlags 1959 zur Herstellung einer Bühnenfassung[1] (siehe oben)

Christoph Willibald GLUCK, *Orfeo ed Euridice*:
Filmaufnahme München 1967 (Co-Produktion ZDF/ ORF. ZDF 06342/00260): Streichung des Lieto fine und Wiederholung der Eingangsszene

Ludwig LAYTAI, *Sommer von Einst. Operette in drei Akten (7 Bildern)*:
Einrichtung des Klavierparts (neben Übersetzung des ungarischen Librettos von Stefan Békeffi) gemeinsam mit Hans Zerlett; Stuttgart 1931 (Klavierauszug, Verlag. J. Feuchtinger)

Wolfgang Amadé MOZART, diverse Sätze:
Einrichtung für den Spielfilm *Mozart* (Verleihtitel für Deutschland: *Reich mir die Hand, mein Leben*), Cosmopol-Film GmbH, Wien 1955

Wolfgang Amadé MOZART, Sinfonien KV 543, 550, 551:
hg. von H.C. Robbins Landon – Vorwort, S. xii: „Prof. Hans Swarowsky und George Szell gaben einige wertvolle Hinweise"; Kassel usw.: Bärenreiter 1957 (*NMA* IV/11/9)

Wolfgang Amadé MOZART, *Solfeggien und Gesangsübungen (K.-V. 393)*:
Hg., Vorwort und Anmerkungen; Wien usw. 1956 (UE 12656)

---

[1] Vertrag zwischen Swarowsky und dem Verlag, 14.8.1959, Archiv B-V.

Otto Nicolai, Liederalbum:
Neugestaltung im Auftrag der „Reichsstelle für Musikbearbeitungen"[2] (abgeschlossen?)

Franz Schubert, *Symphonie h-Moll, Unvollendete, D. 759*:
hg. von Otto Erich Deutsch / Karl Heinz Füssl – [Vorwort, S. 2:] „Die Herausgeber sind Professor Hans Swarowsky für wertvolle Ratschläge zu Dank verpflichtet"; Wien/London [1959] (Philharmonia Taschenpartitur Nr. 2)

Johann Strauss (Sohn), *Ouvertüre zur Operette „Die Fledermaus" op. 362*:
nach dem Autograph revidiert und hg.; London usw. 1959 (Taschenpartitur, Ed. Eulenburg Nr. 1103)

Johann Strauss (Sohn), *Die Fledermaus. Komische Operette in 3 Akten*:
nach dem Autograph revidiert und hg.; London usw. 1968 (Studienpartitur, Ed. Eulenburg Nr. 922)

Johann Strauss (Sohn), *Csárdás für Orchester aus „Die Fledermaus"*:
nach dem Autograph eingerichtet und hg.; Zürich usw. 1969 (Taschenpartitur, Ed. Eulenburg Nr. 1345a)

---

[2] Reichsstelle für Musikbearbeitungen: Liste der weiterlaufenden Aufträge, undatiert, Personalakt Hans Joachim Moser, BAB.

VERZEICHNIS DER ABSOLVENT*INNEN, STUDENT*INNEN UND HÖRER*INNEN

Der erste Teil der folgenden Aufstellung umfasst die AbsolventInnen der Klasse Swarowsky, wobei auch solche StudentInnen berücksichtigt werden, die das Studium bei Swarowsky begannen, aber erst nach dessen Emeritierung abschlossen. Im zweiten Teil werden ‚sonstige' SchülerInnen von Swarowsky verzeichnet. Darunter fallen zum einen StudentInnen, die in seinen Lehrveranstaltungen eingeschrieben waren, das Dirigierstudium aber nicht (fertig) absolviert haben, zum zweiten (soweit sie erfassbar bzw. bekannt sind), HörerInnen, die Swarowskys Unterricht ‚informell' besuchten. Nicht aufgenommen wurden jene „Swarowsky-Schüler", die etwa im Übungsorchester der Musikakademie unter Swarowkys Leitung mitspielten, ohne an den Lehrveranstaltungen teilzunehmen. Soweit eruierbar, werden in Klammern die Studienjahre angegeben (* verweist dabei auf einen Abschluss nach der Emeritierung Swarowskys).

Die Zusammenstellung beruht in erster Linie auf den Hörerverzeichnissen von 1946/47 bis 1974/75 (Archiv mdw), weiterhin auf den Jahresberichten der Akademie (Hochschule) für Musik und darstellende Kunst Wien[1] und den Matrikelblättern (Archiv mdw). In Ergänzung wurden die von der Hans Swarowsky Akademie publizierten Schülerliste (http://www.hansswarowsky.com/en/1216-students.php) sowie das in *WdG*, S. 293–295, veröffentlichte Verzeichnis herangezogen.

1. AbsolventInnen

Abbado, Claudio (1956/57–1957/58)
Ackermann, Karl Ernst (1957/58–1959/60)
Andriesei, Petru (1969/70–1972/73*)
Anglberger, Albert (1962/63–1965/66)
Apfelauer, Alois (1946/47)
Arbeiter, Albert (1950/51–1951/52)
Armenian, Raffi (1965/66–1967/68)
Artmüller, Konrad (1964/65–1965/66)

Baberkoff, Peter (1959/60–1960/61)
Balekjian, Wahe (1950/51–1952/53)
Bamberger, Hermann (1967/68–1968/69)
Ban, Ario (1966/67–1968/69)
Barbier, Guy (1955/56)
Barbieux, Jean (1959/60–1960/61)
Barkhymer, William (1971/72–1973/74; 1975*)
Barlas, Orhan (1949/50–1950/51)

---

1 *Akademie für Musik und darstellende Kunst in Wien. Jahresbericht Sommersemester 1945, Studienjahre 1945/46–1954/55* (Wien 1960); *Studienjahre 1955–1965* (Wien 1966), *Studienjahr 1965/66 – Studienjahr 1969/70* (Wien 1966–1970).

Barnes, Milton (1958/59–1960/1961)
Bartha, Maria (1956/57–1957/58)
Björnsson, Ragnar (1952/53–1953/54)
Blovsky, Walter (1968/69–1970/71)
Blumencron, Maximilian (1960/61–1964/65)
Brand, Karl (1951/52–1953/54)
Breitner, Walter (1955/56–1957/58)
Brenn, Friedrich (1947/48, 1949/50)
Brisk, Barry (1964/65–1966/67)
Brock, Rainer (1955/56–1956/57)
Bücher, Josef (1957/58)
Burwik, Peter (1962/63–1968/69)
Calder, George (1956/57–1957/58)
Callaya, Octav (1968/69, 1969/70)
Caridis, Miltiades (1946/47)
Chmura, Gabriel (1969/70–1970/71)
Christoff, Svetolosar (1963/64–1965/66)
Claucig, Eduard (1969/70–1972/73)
Coutsis, Denis (1957/58–1959/60)
Cserjan, Istvan (1961/62–1964/65)
Cuykens, Leon (1964/65–1967/68)
Da Silva Pereira, Joaquim (1956/57)
De Sousa, Filipa (1955/56–1956/57)
Deaky, Zolt (1962/63–1965/66)
Delacote, Jacques (1967/68–1970/71)
Demus, Jörg (1946/47)
Deutsch, Hubert (1946/47–1947/48, 1949/50–1950/51)
Devreese, Frederik (1955/56)
Dokoupil, Hans (1951/52–1952/53)
Dokulil, Herbert (1949/50)
Dold, Karl-Heinz (1959/60–1961/62)
Dunn, Richard (1955/56)
Dunshirn, Ernst (1960/61, 1962/63)
Eder, Erich (1956/57–1957/58)
El Sisi, Yousef (1961/62–1964/65)
Erede, Marco (1970/71, 1972/73–1973/74*)
Eschwé, Alfred (1973/74; 1975*)
Estermann, Richard (1956/57–1958/59)
Falter, Franz (1955/56–1957/58, 1959/60)
Fheodoroff, Nikolaus (1950/51–1951/52)
Filzwieser, Robert (1949/50–1950/51)
Finck, André (1956/57, 1958/59–1960/61)
Fischer, Ádám (1969/70–1970/71)
Fischer, Iván (1971/72–1973/74*)
Floros, Konstantin (1951/52–1953/54)
Forner, Louis (1958/59–1961/62)

Frank, Johann (1946/47–1947/48, 1949/50)
Friedl, Alfred (1957/58–1958/59)
Friedland, Joseph (1956/57–1957/58)
Frießlich, Gerhard (1956/57–1957/58)
Froschauer, Helmuth (1952/53–1953/54)
Füssl, Karl Heinz (1946/47)
Gabriel, Wolfgang (1950/51–1951/52)
Garcia-Navarro, Luis Antonio (1967/68–1968/69)
Gasuelas, Stefanos (1961/62–1965/66, 1967/68)
Geisel, Arthur (1973/74; 1976*)
Gellrich, Dr. Gerhard (1952/53–1953/54)
Gisler, Anton (1971/72–1973/74*)
Goertz, Dr. Harald (1946/47–1947/48)
Gomez-Martinez, Miguel (1968/69–1970/71)
Gotti, Tito (1958/59–1959/60)
Gottstein, Roman (1956/57–1957/58)
Graczol, Franz (1961/62–1963/64)
Graff, Ragnvald (1967/68–1969/70)
Greenham, Peter (1952/53–1954/55)
Großmann, Leopold (1953/54–1954/55)
Grünauer, Ingomar (1959/60–1960/61)
Gruszczynska, Maria (1960/61–1962/63)
Guschlbauer, Theodor (1957/58–1958/59)
Haas, Christoph (1969/70–1972/73*)
Halikiopoulos, Denis (1955/56–1956/57)
Harder, Joachim (1972/73*)
Hartl, Arnold (1960/61)
Hauser, Rudolf Alexis (1968/69–1970/71)
Hedding, Harald (1946/47–1947/48)
Heidrich, Walter (1949/50–1950/51)
Heinel, Norbert (1970/71–1972/73)
Heintze, Roswitha (1969/70–1970/71)
Hendrix, Franz (1952/53–1954/55)
Henking, Arwed (1958/59–1959/60)
Hermann, Horst (1955/56–1959/60)
Hilal, Kamal (1962/63–1965/66)
Hölzl, Peter (1949/50–1950/51)
Hofmüller, Helmut (1956/57–1957/58)
Honeck, Otto (1962/63–1964/65)
Hosner, Helmut (1969/70–1972/73*)
Hug, Raimund (1964/65–1966/67)
Hukvary, Jenö (1959/60–1960/61)
Huss, Manfred (1973/74–1974/75; 1978*)
Huter, Alois (1956/57–1958/59, 1960/61)
Hutterstrasser, Michael (1949/50)
Hutton, Mervin (1967/68–1969/70)
Imre, Laszló (1962/63–1965/66)

Jacoby, Peter (1973/74; 1975*)
Janota, Friedrich (1953/54–1954/55)
Kahlke, Egbert (1962/63)
Karlinger, Peter (1961/62–1965/66)
Katz, Claude (1955/56–1957/58)
Kaufmann, Karl (1960)
Kiszely, Dr. Andor (1957/58–1958/59)
Kitaenko, Dimitri (1966/67)
Klien, Gilbert (1950/51–1951/52, 1954/55)
Klinda, Istvan (1960/61, 1962/63)
Kodzhejkoff, Tschawdar (1967/68–1969/70)
Koizumi, Hiroshi (1972/73–1963/74; 1975*)
Kont, Paul (1946/47)
Kossich, Josef (1961)
Kotay, Josef (1961)
Kramer, Gerhard (1952/53–1954/55)
Krenn, Erich (1949/50–1950/51)
Krof, Karl (1946/47)
Kubik, Reinhold (1962/63–1964/65)
Kubizek, Augustin (1952/53, 1954/55–1955/56)
Kubota, Takashi (1972/73–1973/74*)
Kühbacher, Robert (1950/51–1951/52)
Lacovich, Peter (1946/47)
Lagrange Gerhard (1960/61–1962/63)
Lajovic, Uros (1969/70–1970/71)
Lang, Gerhard (1952/53–1953/54)
Lang, Helmut (1958/59–1960/61)
Lange, Christian (1963/64–1966/67)
Larsen, Gunnar (1969/70–1970/71)
Layer, Friedemann (1962/63–1963/64)
Lechner, Peter ((1963/64–1965/66)
Lepec, Paul (1950/51–1951/52)
Lichter, Robert (1956/57–1957/58)
Lopez-Cobos, Jesus (1967/68–1968/69)
Malaval, Julio (1959/60–1961/62)
Marihart, Werner (1963/64–1966/67)
Marinkovic, Dr. Ilija (1951/52)
Maurer, Wolfdieter (1961/62–1963/64)
Mayer, Dr. Leopold (1946/47)
Mayrhofer, Manfred (1964/65, 1966/67–1968/69)
Mazzeo, Miguel (1968/69–1970/71)
Mehta, Zubin (1955/56–1957/58)
Miggl, Erwin (1951/52–1952/53
Montag, Aniko (1958/59–1959/60)
Moralt, Hans (1963/64–1965/66)
Mund, Klaus Uwe (1959/60–1960/61)
Münster, Horst (1952/53–1953/54)

Nazareth, Daniel (1973/74; 1975*)
Noé, Günther von (1946/47–1947/48)
Nußgruber, Walter (1947/49, 1949/50)
Ober, Herbert (1949/50–1950/51)
Oberkogler, Dr. Friedrich (1946/47–1947/48, 1949/50)
Omachi, Yoichiro (1954/55–1956/57)
Österreicher, Karl (1947/48, 1950/51–1951/52)
Ostrowsky, Avi (1966/67–1967/68)
Palló, Imre (1961/62–1963/64)
Parik, Ivan (1968/69–1969/70)
Partmann, Otto (1957/58–1959/60)
Pascan, Borislav (1955/56–1956/57)
Pawlicki, Norbert (1947/48)
Pearlman, Leonard (1954/55–1955/56)
Perret, Michael (1950/51)
Petrak, Karola (1957/58–1958/59)
Phelps, Eric (1968/69–1970/71)
Picardi, Rudolf (1957/58–1958/59)
Pichler, Johann (1969/70–1972/73*)
Pietschnigg, Wilhelm (1949/50)
Pleyer, Friedrich (1956/57–1958/59)
Praselj, Dusan (1964/65–1967/68)
Raimondi, Gian Luigi (1949/50–1950/51)
Ribeiro de Magalhaes, Homero (1954/55–1955/56)
Richter, Helmut (1956/57–1957/58)
Richter, Kurt (1949/50)
Romanovsky, Dr. Erich (1952/53–1953/54)
Rosenberger, Ernst (1958/59–1959/60)
Rot, Wolfgang (1963/64–1966/67)
Sallay, Imre (1971/72–1972/73*)
Sandjari, Farshad (1967/68–1970/71)
Sandjari, Hechmatollah (1957/58–1959/60)
Schäfer, Johann Georg (1954/55–1955/56)
Schaub, Robert (1946/47)
Scherlich, Norbert (1951/52–1952/53)
Schleiffelder, Felix (1946/47–1947/48)
Schmid, Werner (1954/55–1956/57)
Schneider, Peter (1957/58–1958/59)
Schneikart, Heinrich (1952/53–1953/54)
Schrottner, Peter (1961/62–1963/64)
Schubert, Wolfgang (1949/50)
Sengstschmid, Johann (1958/59–1959/60)
Silewicz, Vitold (1946/47, 1948)
Sin, Friedrich (1960/61, 1962/63)
Skoblar, Mato (1956)
Söderblom, Ulf Arne (1954/55–1955/56)

Sopper, Günther (1969/70–1970/71)
Sossi, Sergio (1951/52–1954/55)
Staicu, Paul (1968/69–1969/70)
Stehlik, Otto (1961/62–1963/64)
Timan, Paul (1946/47)
Traunfellner, Peter (1950/51–1951/52)
Trunkenpolz, Friedrich (1954/55–1955/56)
Tschäppat, Hans (1967/68–1969/70)
Tse, Paul (1967/68–1970/71)
Ulrich, Peter (1962/63–1964/65)
Ungar, Thomas (1956/57–1958/59)
Urbanek, Hans (1968/69–1970/71)
Urbanner, Erich (1959/60–1960/61)

Vandernoot, André (1951/52–1952/53)
Vernon, Timothy (1967/68–1971/72)
Waglechner, Erich (1952/53–1955/56)
Wallnig, Dr. Josef (1968/69–1970/71, 1972/73)
Weinzinger, Kurt (1951/52–1952/53)
Weiss, Ferdinand (1958/59–1961/62)
Weissberg, Herbert (1962/63–1964/65)
Wendhausen, Wilfried (1950/51)
Wetzler, Johannes (1959/60–1960/61)
Wodnansky, Wilhelm (1946/47–1947/48)
Woldt, John (1953/54)
Zak, Erwin (1972/73–1973/74; 1976*)
Zilliacus, Lasse (1966/67–1967/68)

2. Sonstige Studenten und Hörer

Agiris, Spiros
Alban-Berg-Quartett
Alexeev, Alexander (1971/72)
Altenburger, Alfred
Angerer, Paul (1946/47–1947/48)
Appleby, David (1958/59)
Argerich, Martha
Argiris, Spiros
Arnell, Johan
Artmüller, Konrad (1964/65)
Ashburnham, Jan (1963/64)
Assadourian, Onnik (1964/65)
Badacsonyi, Georg (1956/57)
Bahk, Jung-Keun (1973/74)
Bajor, Gabor (1956/57)
Baldini, Marino (1954/55)
Bamberger, Dr. Eckehard (1957/58)
Barnikow, Siegfried
Basos, Dimitrios (1962/63)
Bauer-Theussl, Franz (1950/51)
Baumgarten, Peter (1951/52)
Bedard, Roger (1969/70–1970/71)
Beer, Kurt (1959/60)
Bell, Cyrill (1961/62)
Bennigsen, Roderic von
Bernet, Dietfried (1955/56, 1959/60–1961/62)
Beyerle, Hatto (1956/57, 1958/59, 1960/61)
Bibl, Rudolf (1946/47–1947/48)
Bilek, Zdenek (1957/58)
Binder Erich (1971/72)

Birsak, Kurt (1955/56–1959/60)
Blankenburg, Elke
Block Hans-Volker (1969/70)
Blömeke, Karl-Heinz
Bobzin, Robert (1964/65)
Böcker, Burkhard
Bogas, Roy (1956/57)
Bojadijev, Nicolai (1959/60)
Bonsaksen, Per (1972/73)
Bornstein, Charles Z.
Böttcher, Wilfried
Boykan, Martin (1953/54)
Braithwaite, Nicholas Paul (1961/62–1962/63)
Brandstetter, Alfred
Brandstetter, Karl (1949/50)
Brandt, Michel (1958/59)
Brown, Corrick (1956/57)
Brown, Howard (1951/52)
Brydon, Roderick (1961/62)
Bullock, Bruce (1950/51)
Burkart, Viktor (1951/52)
Cam, Halit
Cantino, Fiora (1959/60)
Charlaf, Aaron (1969/70)
Charlet, André (1953/54)
Chen, Chiu-Sen (1971/72)
Chien, Kuan-Hong (1973/74)
Cole, Frank (1954/55)
Collina, Enrico
Collins, Michael (1973/74)

Conino, Fiora (1959/60)
Corban, Michael (1962/63)
Corrinth, Hans (1969/70–1970/71)
Cospi, Zwi (1958/59)
Costa, Othmar (1951/52)
Czeipek, Wolfgang (1963/64–1964/65)
Dallinger, Fridolin (1956/57–1957/58)
Dallinger, Gerhard (1973/74)
Dalne, Gilbert (1950/51)
Damev, Michael (1969/70–1970/71)
Danzmayr, Wolfgang (1967/68–1969/70)
David, Yoram (1972/73)
de Constantin, Popa
de Roos, Harke
Delaportas, Nikolas (1960/61)
Demetriou, Eudoros (1963/64)
Deutsch, Helmut (1965/66)
Deutsch, Walter (1951/52–1952/53)
Diago-Zitelmann, Carlos (1960/61)
Dick, Walter (1946/47)
Dimitriev, Alexander (1967/68–1969/70)
Dittmer, Alma August (1965/66)
Dixon, Dean
Domingo, Placido
Dragovic, Gordan (1972/73)
Dudley, John (1961/62)
Dunlap, Wayne (1954/55)
Dunscombe, Harry
Dürrenmatt, Hans (1959/60)
Eli, Mordechai (1957/58–1959/60)
Engela, David (1953/54)
Fagen, Arthur
Fairfax, Bryan (1954/55)
Farkas, Andras (1967/68–1970/71)
Fässler, Ewald (1963/64–1964/65)
Faul, Abram (1957/58)
Fereira, Jose (1953/54–1954/55)
Ferrer, Rafael (1971/72)
Fiserova, Hanna (1956/57)
Fodi, Janos (1956/57)
Fontaine, Robert (1954/55)
Fontyn, Jacqueline (1955/56)
Foulon, Jean (1973/74)
Freeman, Robert (1961/62)
Frese, Thomas (1962/63, 1964/65)
Frischenschlager, Michael (1959/60)
Frommelt, Josef (1960/61–1962/63)

Gabriel, Johann (1972/73)
Gähres, James (1970/71)
Gaisbauer, Dieter (1968/69–1969/70)
Galitsch, Slavko
Galkin, Elliot (1955/56)
Garai, Josef (1945/46–1946/47)
Garcia, Justo (1956/57)
Geiblinger, Gerhard (1972/73)
Gelmetti, Gianluigi (1972/73)
Georgy, Wolfgang
Ghillany, Alexander (1969/70)
Gittler, Bernhard (1974/75)
Goziridse, Georgij (1970/71)
Gräf, Dietmar
Grasemann, Wilfried
Gray, David (1972/73)
Gröhs, Wolfgang (1972/73–1973/74)
Groth, Wolfgang
Gruberova, Edita
Grünauer, Ingomar (1959/60–1960/61)
Grünwald, Renate (1972/73)
Guerino, Jean Claude
Guster, Werner (1969/70)
Gyöngyösi, Istvan (1966/67–1968/69)
Haakon, Elmer (1963/64)
Hadraba, Edeltrude (1946/47)
Haedt, David (1964/65)
Hagelgans, Karlheinz
Hahn, Hubert (1947/48)
Hametner, Ernst (1954/55–1955/56)
Handt, Herbert
Hani, Kyo (1953/54)
Harrer, Wolfgang (1974/75)
Hartmann, Hans
Hastik, Joseph (1972/73)
Haupt, Richard (1946/47)
Hausberger, Josef (1972/73)
Haynes, Samuel Richard (1961/62–1962/63)
Heath, Andrew (1950/51)
Heißler, Wolfgang (1973/74)
Helperin, Josef (1962/63)
Henry, Joseph (1957/58–1958/59)
Herberstein, Petrus (1972/73)
Hochstrasser, Alois (1966/67)
Höfer, Gertrude (1963/64)
Hölzl, Peter (1949/50–1950/51)
Honda, Toshiro (1972/73)

Hoszfeld, Ralf (1959/60–1960/61)
Hoye, Jan
Hürsch, Thomas (1961/62–1962/63)
Husaruk, Eugen (1955/56)
Irwin, Richard (1952/53)
Isquierdo, Juan
Jackson Antony, Brian
Jansons, Mariss (1969/70)
Jimenez-Sanez, Marco (1956/57)
Johnsen, Marius
Joliat, Louis (1956/57)
Kalmar, Julius (1973/74)
Kapfer, Herbert (1969/70)
Kascha Herbert (1950/51–1952/53)
Kaspar, Karl (1972/73)
Kästner, Ingeborg (1952/53–1953/54)
Kelsev, Philipp (1971/72)
Kember, Gordon (1956/57)
Klein, Rudolf (1946/47)
Klimo, Stefan (1973/74)
Klinar, Franc (1955/56–1956/57)
Klobucar, Berislav
Kloke, Eberhard
Kluttig, Christian
Knaff, Robert (1968/69–69/70)
Knödl, Eduard
Knotzinger, Günther (1966/67)
Knüsel, Anton (1958/59)
Koch, Wilfried (1960/61–1961/62)
Koller, Gerald (1959/60)
Kolly, Karl (1959/60)
Korngold, George (1949/50)
Kossuth, W. Alexander
Kovac, Roland (1946/47)
Kremer, Stephen (1969/70)
Kreuzer, Franz (1956/57)
Krmela, Alfred (1946/47)
Kuan-Hong, Chien
Kuhn, Gustav
Lackner, Werner (1961/62–1962/63)
Lafferentz, Wieland
Lapinskas, Darius (1957/58)
Lazarde, Romulo
Lee, Bun (1972/73)
Lekkerkerker, Gysbertus (1972/73)
Leonhardt, Gustav (1950/51)
Lewis, Derrick George (1960/61)

Lewis, Robert (1955/56)
Leyser, Gerardo
Linden, Eugen (1951/52)
Ling, Stuart (1959/60)
Logothetis, Anestis (1949/50, 1952/53)
Loureiro, Sylvia (1971/72)
Lucas-Cantos, José (1971/72)
Magriotis, Themistokles
Maier, Maria (1966/67)
Mandl, Gerhard (1959/60–1960/61)
Mardoyan, Alfred (1961/62–1962/63)
Marik, Anton (1964/65)
Markaritzer, Erich (1953/54)
Martinez, Alvaro (1958/59, 1960/61)
Marx, George (1958/59)
Mas, Salvador
Masuda, Kozo (1960/61–1961/62)
Materny, William (1957/58)
Matheis, Philipp (1965/66)
Maus, Dean (1971/72)
Mayeda, Akio (1961/62–1962/63)
Mayerhold, Otto (1964/65–1965/66)
McNamara, John (1957/58–1959/60)
Meier, Eduard (1960/61–1961/62)
Meier, Eugen (1960/61–1961/62)
Meier, Gustav (1955/56)
Menuhin, Jeremy
Messerklinger, Michael (1951/52)
Meyer, Ulrich (1958/59–1959/60)
Michalczyk, Eva
Michalek, Heinz (1964/65, 1967/68–1968/69)
Mikkelsen, George (1953/54–1956/57)
Millgaard, Arne
Mistri, Pheroze (1973/74)
Mohr, Karl (1960/61)
Morgan, Michael
Moss, Lawrence (1953/54)
Motyka, Boleslaw (1969/70)
Mouton, Paul (1958/59)
Müller, Richard (1956/57)
Müller, Wolfgang (1952/53–1953/54)
Murphy, John
Mustafa, Abdulhamid
Nedomansky, Leopold (1949/50–1950/51)
Nedwed, Reinhold
Nee, Thomas (1951/52)
Nehl, Reinhard (1971/72)

Neschling, John Luciano (1964/65, 1966/67–1969/70)
Neugebauer, Leopold (1946/47–1947/48)
Neuhold, Günther
Neunteufel, Robert (1946/47)
Nielsen, Niels
Nitsch, Peter (1961/62)
Nobile, Massimo
Nones, Rudolf (1964/65, 1965/66)
Novosad, Roman (1946/47)
Obkircher, Hans
Oftedal, Finn (1957/58)
Ogura, Fuminasa
Okada, Kazuko (1972/73)
Ortmayr, Herbert (1972/73)
Ortner, Erwin (1973/74)
Ortner, Roman (1956/57–1957/58)
Oskamp, Gerard
Österlein, Herfried
Ostheim, Rudolf (1951/52–1953/54)
Otaka, Tadaaki (1972/73)
Palinko, Ferenc (1953/54)
Parenzan, Peter
Paternostro, Roberto
Patocs, Gabriel
Payr, Leopold (1954/55)
Pekkanen, Pertti
Percinlic, Josip (1972/73)
Peres-Newton, Manuel
Pernitsch, Oskar (1950/51–1952/53)
Peterson, Thomas Elliot (1950/51–1951/52)
Pfaff, Luca (1971/72–1972/73)
Philips, Thomas (1953/54)
Piantini, Carlos
Pint, Kurt (1969/70)
Pinter, Alvin (1957/58)
Plank, Adolf (1969/70)
Pogany, Laszlo (1959/60–1960/61)
Pollak, Leon (1971/72)
Pöltner, Günther (1961/62–1962/63)
Pope, Dianne (1974/75)
Popescu, Paul (1962/63)
Preisenhammer, Herbert (1960/61–1961/62)
Prinz, Alfred (1951/52–1952/53)
Proni, Walter (1969/70–1970/71)
Provin, Martha (1961/62)
Psichoulis, Maria Ioylli (1964/65)
Psychoulis, Dimitris (1953/54, 1955/56)
Radulescu, Michael (1965/66–1967/68)
Rahbari, Alexander
Rambaldi, José (1972/73)
Rapf, Kurt
Rectanus, Hans (1959/60)
Reich, Georg (1951/52)
Reynell, Anne (1956/57)
Reynell, Leonore (1956/57)
Risiotis, Vassilis (1969/70)
Rocchini, Giorgio
Roczek, Peter (1968/69–1972/73)
Rome, Robert (1950/51)
Rosen, Albert (1946/47)
Rössler, Curt
Roth, Charles (1951/52–1952/53, 1954/55)
Rouce, Robert William (1950/51)
Safari, Joseph (1960/61)
Sander, Alexander (1961/62–1962/63)
Sawa, Masanori (1971/72–1972/73)
Schäfer, Gerhard
Schamberger Hans
Schamberger, Hans
Scharinger, Josef (1962/63, 1965/66)
Scharnagl, Anton
Scheidt, Wolfgang
Schempf, William (1952/53)
Schenk, Konstantin
Schiff, Heinrich
Schlee, Thomas Daniel
Schneider, Dr. Ronald (1964/65, 1965/66–1967/68)
Scholz, Alfred
Scholz, Kurt (1962/63)
Schreiner, Franz (1968/69–1970/71)
Schroll, Josef
Schwammel, Ilse
Schwarzbauer, Erich (1950/51–1951/52)
Schwarzgruber, Ewald (1960/61)
Schwarzl, Peter (1947/48, 1949/50)
Seipenbusch, Edgar (1960/61–1961/62)
Seiss, Werner (1963/64–1964/65, 1966/67–1968/69)
Seiter, Herbert (1949/50–1950/51)
Shallon, David (1973/74)
Shapiro, Martin L. (1965/66)
Sialm, Ansger (1956/57)
Siegel, Paul (1947/48)

Simkowsky, Nikolaus (1960/61–1961/62)
Simon, Geoffrey
Simonis, Christian
Sinopoli, Giuseppe (1972/73)
Sjöblom, Ralf
Slama, Fernand (1955/56)
Slawicek, Franz (1961/1962–1962/63)
Söderberg, Ingemar (1966/67)
Söderberg, Ingomar (1953/54)
Sojcic, Zeljko (1966/67–1968/69)
Solimini, Elio (1954/55)
Sollak, Karl (1974/75)
Sollfellner, Anton
Soltesz, Stefan (1968/69–1972/73)
Staar, René (1974/75)
Stampf, Gerhard (1953/54–1954/55)
Steger, Harald (1965/66–1966/67)
Stellwagen, Kenton (1953/54)
Steurer, Ingeborg (1953/54–1954/55)
Stöckl, Werner (1952/53, 1954/55–1955/56)
Strolz, Norbert (1968(69)
Suhadolnik, Ivan (1946/47)
Sumi, Naoyasu (1971/72–1972/73)
Swarowsky, Anton (1949/50)
Syndjari, Hechmatola
Szyrocki, Jan (1974/75)
Tanzini, Giovanni
Taschera, Leonardo
Tavier, Issi
Theimer, Uwe (1965/66–1967/68)
Theophanides, Hercules (1951/52, 1953/54)
Theuring, Günther
Tichy, Robert (1955/56–1956/57)
Timan, Paul (1946/47)
Tonini, Adalberto
Totzauer, Peter (1968/69–1969/70)
Toufanpour Mohammad (1962/63)
Toufanpour, Khosrow (1962/63, 1967/68–1969/70)
Toyama, Shinji (1953/54)
Trabesinger, Gerald (1971/72)
Track, Gerhard (1956/57)
Traunfellner, Peter (1951/52)
Trenner, Johann (1960/61)
Trikolidis, Karolos
Trunkenpolz, Friedrich (1954/55)
Tschäppat, Hans
Tse, Paul

Übelhör, Alfons (1958/59)
Ueda, Akira (1964/65)
Uhlenbruck, Hans Dieter
Ukmar, Kristijan
Unfried, Gerhard (1955/56)
Valdambrini, Francesco (1960/61)
Van Beinum, Bartholomeus (1963/64)
Varetti, Paolo
Varoujan, Kodjian
Vartanyan, Arman (1951/52)
Veelo, Lex
Venzago, Mario
Vögelin, Fritz
Volk; Klaus (1958/59)
Wagner Manfred (1962/63, 1964/65–1965/66)
Wallnäs, Kjell
Walz, Niklaus (1958/59)
Ward, Desmonde (1952/53)
Wartanjan, Ruben (1962/63)
Waskiewicz, Marian (1960/61)
Watson, Richard
Weber, Bernhard (1959/60)
Weber, Horst (1965/66)
Weber, Wilfried (1959/60–1961/62)
Wedan, Dietmar (1963/64)
Weikert, Ralf (1960/61–1962/63)
Weil, Bruno (1973/74–1974/75)
Wendt, Artur
Westermann, Clayton (1958/59)
Wheeler, Romayne (1967/68–1968/69)
Wiedemann, Herbert
Wilbrandt, Thomas
Wild, Gerhard (1968/69–1972/73)
Williams, Gerald (1964/65)
Wilson, Ray Roberts (1961/62)
Wind, Bruno (1956/57–1957/58)
Winkler, Adolf (1960/61)
Winterhalder, Hugo (1966/67)
Winzenburger, Walter (1972/73)
Wnuk-Nazarowa, Joanna (1971/72)
Wooldridge, David (1952/53–1953/54)
Wünsch, Dr. Gerhard (1952/53–1953/54)
Yamada, Mitsugu (1959/60)
Yasunaga, Takeichiro (1965/66)
Yazaki, Hikotaro (1972/73)
Young, Kim Chan
Youssefzadeh, Youssef (1962/63)

Yuasa, Takuo (1973/74)
Zagrosek, Lothar (1966/67)
Zatschek, Gerhard (1950/51)
Zehetgruber, Josef (1955/56)

Zingg, Hans (1966/67)
Zollmann, Roland
Zon, Johannes van (1958/59)

SYMPOSIUMSPROGRAMM

HANS SWAROWSKY (1899–1975)
Musik, Kultur und Politik im 20. Jahrhundert
Internationales Symposion / Wien 2.–5. Dezember 2001
Universität für Musik und darstellende Kunst Wien
1030 Wien, Anton von Webern-Platz 1

FEIERLICHE ERÖFFNUNG – SONNTAG, 2. DEZEMBER
Grußworte
Rektor Prof. Erwin Ortner
Prof. Erich Urbanner, stellvertretender Leiter der Abteilung für Komposition, Musiktheorie und Dirigentenausbildung
Anton Webern, *Fünf Sätze für Streichorchester* op. 5
 Heftig bewegt – etwas ruhiger
 Sehr langsam
 Sehr bewegt
 Sehr langsam
 In zarter Bewegung – sehr langsam

WebernSinfonietta der Universität für Musik und darstellende Kunst Wien
Dirigent: Uros Lajovic
Eröffnungsvortrag
Hermann Beil (Zürich–Berlin): *Wer ist ein Gerechter vor dem Antlitz der Musik?*

* * *

Richard Strauss, *Salome*
Musikdrama in einem Aufzug nach Oscars Wildes gleichnamiger Dichtung in deutscher Übersetzung von Hedwig Lachmann
Eine Produktion des ORF aus dem Jahr 1960

Herodes	Julius Patzak
Herodias	Kitsa Damassioti

Salome	Maria Kouba
Narraboth	Erich Kienbacher
Jochanaan	Hans Hotter
Sklavin	Marie Therese Escribano
Cappadocier	Hans Schweiger
Soldaten	Ludwig Welter, Franz Bierbach
Nazarener	Ludwig Weber, Hans Braun
Page, Jude	Sonja Draxler
Juden	Fritz Sperlbauer, Kurt Equiluz, Ljubomir Pantscheff, Josef Schmidinger
Wiener Philharmoniker	
Dirigent	Hans Swarowsky
Regie	Hermann Lanske
Bühnenbild	Gerhard Hruby
Produktion	Wilfried Scheib

MONTAG, 3. DEZEMBER
Reinhard Kapp/Markus Grassl: *Einleitung*
Brigitte Hamann (Wien): *Wien um 1900*
Cornelia Krauss (Stuttgart): *Eine Jugend zwischen Palais und Opernloge*
Wolfgang Prohaska (Wien): *Die Kunstsammlung des Vaters*
Lynne Heller (Wien): *Hans Swarowsky an der Musikakademie und der Universität*

* * *

Joana Wnuk-Nazarowa (Katowice): *Swarowsky in Polen*
Oliver Rathkolb (Wien): *Hans Swarowsky und die US-Entnazifizierungsbürokratie*
Erwin Barta (Wien): *Ludwig Zenks Tagebücher 1943–46*
Herbert Handt (Pisa): *Die Übersetzungen italienischer Opern*

* * *

Round-Table *Musiker im politischen Widerstand*
Leitung: Oliver Rathkolb – Teilnehmer: Hugo Pepper, Carl Szokoll, Oskar Wiesflecker, Eberhard Würzl

DIENSTAG, 4. DEZEMBER
Reinhard Kapp (Wien): *Swarowsky in der Wiener Schule*
Herta Blaukopf (Wien): *Swarowsky und Erwin Ratz*

Gespräch mit Zubin Mehta (München–Tel Aviv) – Gesprächspartner: Reinhard Kapp
Uros Lajovic (Wien): *Die Partiturenbibliothek*
Markus Grassl (Wien): *Alte Musik*

* * *

Manfred Huss (Wien): *Die Dirigentenkarriere bis 1945*
Keith Griffiths (Cardiff): *Swarowsky in Schottland*
Round-Table *Als Sänger unter Swarowsky*
Leitung: Manfred Wagner – Teilnehmer: Otto Edelmann, Kurt Equiluz, Herbert Handt, Hilde Zadek

MITTWOCH, 5. DEZEMBER
Michael Schwalb (Köln): *Hörfunkproduktionen im WDR*
Herbert Hayduck (Wien)/Wilfried Scheib (Wien): *Fernsehproduktionen im ORF*
Hubert Deutsch (Wien): *Swarowsky an der Wiener Staatsoper und in den Wiener Konzertsälen*
Martin Elste (Berlin): *Diskographie*
Wilfried Koch (München): *„Vollendet das ewige Werk" – Erinnerungen an Hans Swarowskys „Ring"*

* * *

Ernst Dunshirn (Wien): *System des Dirigierunterrichts vor und bei Swarowsky*
Peter Gülke (Freiburg im Breisgau): *Dirigieren – was kann man lehren und lernen, was nicht?*
Gespräch mit Anton Swarowsky (Paris)
Gespräch mit Fritz Molden (Wien) und Carl Szokoll (Wien)
Gesprächspartner: Manfred Huss

* * *

Round-Table *Als Orchestermusiker unter Swarowsky*
Leitung: Maximilian Blumencron – Teilnehmer: Alfred Altenburger, Ernst Istler, Michael Schnitzler, Kurt Schwertsik, Herbert Weissberg

QUELLENVERZEICHNIS

Vorbemerkung

Swarowskys Nachlass ist nicht mehr vollständig erhalten. So wurden insbesondere die Bibliothek verkauft und die Tagebücher mutmaßlich im Auftrag der Witwe vernichtet. Hinzu kamen zahlreiche Einzelabgänge, die nicht zuletzt die Partiturensammlung betrafen (ein kleineres Korpus an Musikalien wurde von der Wienbibliothek im Rathaus erworben und ist dort für die Öffentlichkeit greifbar). Die noch vorhandenen geschlossenen Bestände befinden sich zu einem kleineren Teil im Besitz der Erben, zu einem größeren Teil wurden sie von Manfred Huss gesichert, aufbewahrt und für die Forschung zur Verfügung gehalten. Diesen größeren Bestand hat 2019 die Universität für Musik und darstellende Kunst Wien (mdw) angekauft und der Nachlasssammlung der Universitätsbibliothek eingegliedert.
Weiterhin bewahrt die Historische Sammlung des Instituts für Musikwissenschaft und Interpretationsforschung der mdw die Arbeitsmaterialien des Projekts auf, wozu auch Kopien einzelner Dokumente aus dem Nachlass und weit verstreuter Quellen (Archivalien, Briefe, Zeitungsausschnitte usw.) zählen. Der Nachlass von Anton Swarowsky wird derzeit von den Erben gesichtet.

1. Archive

Archiv der Hans Swarowsky Akademie Wien
Archiv der Internationalen Gustav Mahler Gesellschaft, Wien
Archiv der Konzerthausgesellschaft Wien
Archiv der Staatsoper Berlin
Archiv der Theater Altenburg-Gera: Theaterzettelsammlung
Archiv der Universität (Hochschule) für Musik und darstellende Kunst Wien: Personalakt Hans Swarowsky, diverse Korrespondenzen, Akte „Orchesterübungen", Akte „Lehrerkollegium", Akte „Stilkommission", Akte „Bad Aussee"
Archiv der Universität Wien
Archiv des Vereins Carinthischer Sommer
Archiv der Wiener Symphoniker

Bayerisches Hauptstaatsarchiv, München: Aktenbestände der Intendanz der Bayerischen Staatsoper, Personalakten der Ära Clemens Krauss an der Bayerischen Staatsoper
Bayerische Staatsbibliothek, München: Nachlässe von Werner Egk, Karl Amadeus Hartmann; Teilnachlässe von Richard Strauss und Hans Pfitzner (Hübscheriana)
Bundesarchiv Berlin: Aktenbestände von verschiedenen NS-Behörden und Personalakten der Reichsmusikkammer, Akten der Reichsstelle für Musikbearbeitungen
Geheimes Staatsarchiv, Preußischer Kulturbesitz, Berlin: Akten der Preußischen Staatstheater, Stuttgarter Freimaurer-Akten
Historische Sammlung des Instituts für Musikwissenschaft und Interpretationsforschung, Universität für Musik und darstellende Kunst Wien
Historisches Archiv der Wiener Philharmoniker
Institut für Zeitgeschichte, München: Aktenbestände von verschiedenen NS-Behörden, Das Diensttagebuch von Hans Frank
Kantonsarchiv Zürich: Zeitungsausschnitte
Landesarchiv Berlin: Theaterzettelsammlung der Preußischen Staatstheater
Musikwissenschaftliches Institut der Universität Zürich: Briefe von Willi Schuh
National Archives, Kew, London: Aktenbestände der britischen Konsulate in der Schweiz und des britischen Geheimdienstes
National Archives of the United States: Record Group 260 (Records of U.S. Occupation Headquarters, World War II)
Opernhaus Zürich: Programmhefte und Aufsätze
Orff-Zentrum München: Nachlass Carl Orff
Oskar Diethelm Library, Institute for the History of Psychiatry, Weill Medical College of Cornell University, New York: Abschließender Bericht des Screenings Centers der US-Armee, Bad Orb, zu Hans Swarowsky
Österreichische Nationalbibliothek, Wien: Nachlass Hans Pfitzner, Clemens-Krauss-Archiv, Jahrgänge der *Krakauer Zeitung*
Österreichisches Staatsarchiv, Kriegsarchiv
Richard Strauss-Archiv Garmisch-Partenkirchen
Staatsarchiv Ludwigsburg: Akten der Württembergischen Staatsoper
Stadtarchiv Zürich: Akten des Stadttheaters Zürich
Stiftung Archiv der Akademie der Künste Berlin: Briefe von Hans Swarowsky
Theatermuseum Wien, Volkstheater-Archiv
Wienbibliothek im Rathaus: Teilnachlass Hans Swarowsky
Wiener Stadt- und Landesarchiv: Akten Bezirksgericht Josefstadt, Akten MA 119 (NS-Registrierung 1945–1947)

2. Privatsammlungen

Privatsammlung Aristea Caridis: Briefwechsel Miltiades Caridis – Hans Swarowsky
Privatsammlung Barry Brisk

Fred K. Prieberg: Briefwechsel mit Hans Swarowsky
Privatsammlung Horst Weber
Nachlass Anton Swarowsky, Paris
Nachlass Hans Swarowsky, Universität für Musik und darstellende Kunst Wien

3. Interviews

1974, Ossiach: Hans Swarowsky – Manfred Huss (Kopie der Aufnahme in NlHS)
16.10.2001, Paris: Anton Swarowsky – Daniela Swarowsky
18.11.2001, München: Hans Hotter – Manfred Huss
4.9.2002, Wien: Doris Swarowsky – Erika Horvath
6.9.2002, Wien: Rudolf Klein – Erika Horvath
4.10.2002, Paris: Anton Swarowsky – Erika Horvath
23.10.2002, Wien: Constantin Floros – Erika Horvath, Reinhard Kapp
17.11.2002, Wien: Otmar Suitner – Erika Horvath
21.11.2002, Wien: Ernst Kobau – Erika Horvath
26.11.2002, Wien: Karl Gruber – Erika Horvath
4.12.2002, Wien: Herbert Weissberg – Erika Horvath
9.12.2002, Wien: Uros Lajovic – Erika Horvath, Reinhard Kapp
11.3.2003, Wien: Zubin Mehta – Erika Horvath, Manfred Huss, Otto Karner
27.3.2003, Wien: Doris Swarowsky – Erika Horvath
28.4.2003, Wien: Aristea Caridis – Erika Horvath
2.6.2003, Wien: Wolfgang Gabriel – Erika Horvath
14.7.2003, Wien: Manfred Huss – Erika Horvath
21.7.2003, Wien: Manfred Huss –Markus Grassl, Erika Horvath, Otto Karner
8.8.2003, Wien: Manfred Huss – Markus Grassl, Erika Horvath, Reinhard Kapp, Otto Karner
28.11.2003, Wien: Wolfgang Gröhs – Erika Horvath
14.1.2004, Wien: Bruno Weil – Erika Horvath
17.1.2004, Wien: Brigitte Neumann-Spallart, Heinz Robathin, Doris Swarowsky – Erika Horvath
19.1.2004, Wien: Hubert Deutsch – Erika Horvath
20.4.2004, Wien: Georg Tichy – Erika Horvath
17.5.2004, Wien: Ernst Märzendorfer – Erika Horvath
26.5.2004, Wien: Marta Lantieri – Erika Horvath
9.6.2004, Wien: Roswitha Heintze – Erika Horvath, Reinhard Kapp
28.7.2004, Krakau: Adam Walacinski – Erika Horvath
7.2.2005, Wien: Doris Swarowsky – Otto Karner, Manfred Huss
6.11.2018, Wien: Robert Freund, Ernst Kobau – Reinhard Kapp
16.1.2019, Wien: Harmut Krones – Reinhard Kapp
3.2.2019, Berlin: Horst Weber – Reinhard Kapp
27.8.2019, Wien: Manfred Huss – Reinhard Kapp

BIBLIOGRAPHIE

Im Folgenden werden die in diesem Band zitierten Titel verzeichnet. Zudem wurden auch solche (nicht zitierte) Publikationen aufgenommen, in denen Swarowsky eine mehr als bloß kursorische Erwähnung findet. Weiterhin wurde versucht, möglichst vollständig Swarowskys Veröffentlichungen zu erfassen, abgesehen von zahlreichen Programmheftbeiträgen (insb. in *Schwäbische Thalia. Der Stuttgarter Dramaturgischen Blätter*) und Gelegenheitstexten (Artikeln und Leserbriefen in Tageszeitungen, Begleittexten zu Schallplattenaufnahmen etc.). Zu den im Nachlass überlieferten Texten Hans Swarowskys siehe Manfred Huss, Zum Nachlass von Hans Swarowsky, in: ÖMZ 55 (2000), H. 3 [Themenheft *Was hat denn „Swa" gesagt. ... Hans Swarowsky. Dirigent, Lehrer, Autor*], S. 28–30.

Claudio Abbado, Anton Weberns Orchesterstücke op.6. Eine vergleichende Betrachtung der Fassungen von 1909 und 1928 als Vorstufe der Interpretation, in: Begleitheft zu: *Anton v. Webern. Sechs Stücke für großes Orchester Opus 6. Faksimile-Ausgabe der autographen Partitur der ersten Fassung und des von Webern korrigierten Handexemplares des Erstdruckes. Zum 100. Geburtstag des Komponisten*, hg. von der Wiener Stadt- und Landesbibliothek, Wien 1983, S. 7–11

Claudio Abbado [Statement], in: Absolventen über ihre Zeit an der Hochschule, in: ÖMZ 43 (1988), H. 2/3 [Themenheft *175 Jahre Hochschule für Musik und darstellende Kunst in Wien*], S. 105 f.

Walter Abendroth, *Hans Pfitzner. Ein Bild in Widmungen anläßlich seines 75. Geburtstages*, Leipzig 1944

Bernhard Adamy, *Hans Pfitzner. Literatur, Philosophie und Zeitgeschehen in seinem Weltbild und Werk*, Tutzing 1980 (Veröffentlichungen der Hans-Pfitzner-Gesellschaft 1)

Theodor W. Adorno, Beschwörung: Anton Webern, in: *Musikalische Schriften VI*, Frankfurt a.M. 2003 (Gesammelte Schriften 19), S. 453–459

Theodor W. Adorno, *Der getreue Korrepetitor. Lehrschriften zur musikalischen Praxis*, Frankfurt a.M. 1963; auch in: *Komposition für den Film / Der getreue Korrepetitor*, Frankfurt a.M. 1997 (Gesammelte Schriften 15), S. 157–402

Theodor W. Adorno, *Mahler. Eine musikalische Physiognomik*, in: *Die musikalischen Monographien*, Frankfurt a.M. 1971 (Gesammelte Schriften 13), S. 149–319

Theodor W. Adorno, Mahler. Wiener Gedenkrede 1960, in: *Musikalische Schriften I–III*, Frankfurt a.M. 1978 (Gesammelte Schriften 16), S. 323–338

Akademie für Musik und darstellende Kunst in Wien. Jahresbericht Sommersemester 1945, Studienjahre 1945/46–1954/55, Wien 1960

Almanach der Wiener Festwochen 1969. Ballettfestival – 100 Jahre Staatsoper – Wiener Schule, red. von Kurt Blaukopf/Gerhard Brunner, Wien 1969

Paul Angerer, *Mein musikalisches Leben – ein Capriccio. Immer derselbe – niemals der Gleiche*, Wien 2010

Willi Apel, *Die Notation der polyphonen Musik 900–1600*, Leipzig 1962

Arnold Schönberg. Mit Beiträgen von Alban Berg . Paris von Gütersloh . K. Horwitz . Heinrich Jalowetz . W. Kandinsky . Paul Königer . Karl Linke . Robert Neumann . Erwin Stein . Ant. v. Webern . Egon Wellesz, München 1912

Rosemary Arrojo, Pierre Menard und eine neue Definition des „Originals", in: Michaela Wolf (Hg.), *Übersetzungswissenschaft in Brasilien. Beiträge zum Status von „Original" und Übersetzung*, Tübingen 1997 (Studien zur Translation 3), S. 25–34

Hildegard Atzinger, *Gina Kaus: Schriftstellerin und Öffentlichkeit. Zur Stellung einer Schriftstellerin in der literarischen Öffentlichkeit der Zwischenkriegszeit in Österreich und Deutschland*, Frankfurt a.M. usw. 2008

Wolf-Eberhard August, *Die Stellung der Schauspieler im Dritten Reich. Versuch einer Darstellung der Kunst- und Gesellschaftspolitik in einem totalitären Staat am Beispiel des „Berufsschauspielers"*, phil. Diss. Universität Köln 1973

David Josef Bach, Fünfundzwanzig Jahre Arbeiter-Sinfonie-Konzert, in: *Kunst und Volk. Mitteilungen des Vereines „Sozialdemokratische Kunststelle"* 4 (1929), Nr. 2, S. 41–43

David Josef Bach, Zur Erinnerung, in: *Kunst und Volk. Mitteilungen des Vereines „Sozialdemokratische Kunststelle"* 1 (1926), Nr. 3, S. 1–3

Klaus Bachler u. a., *Die Volksoper. Das Wiener Musiktheater*, Wien 1998

Erwin Barta, *Das Wiener Konzerthaus zwischen 1945 und 1961. Eine vereinsgeschichtliche und musikwirtschaftliche Studie*, Tutzing 2001 (Wiener Veröffentlichungen zur Musikwissenschaft 39)

Erwin Barta, „Mir, dem Reinen". Das Tagebuch Ludwig Zenks 1943/46, in: Dominik Schweiger/Michael Staudinger/Nikolaus Urbanek (Hg.), *Musik-Wissenschaft an ihren Grenzen. Manfred Angerer zum 50. Geburtstag*, Frankfurt a.M. usw. 2004, S. 293–304

William J. Baumol/William G. Bowen, *Performing Arts – The Economic Dilemma. A study of Problems common to Theatre, Opera, Music and Dance*, New York 1966

Alban Berg, *Briefe an seine Frau*, München/Wien 1965

John F. Berky, *Pseudonyms: Alfred Scholz and the South German Philharmonic*; Online-Publikation: https://www.abruckner.com/Data/articles/articlesEnglish/berkyjohnpseudonym/pseudonyms.pdf (5.8.2021)

John F. Berky, *The Scholz Recording of the Bruckner Symphony No. 9. My attempts to track down the missing first movement*; Online-Publikation: https://www.abruckner.com/Data/articles/articlesEnglish/berkyjohnscholz9th/scholzrecordingofthebruckner9.pdf (5.8.2021)

Rainer Bischof (Hg.), *Ein Jahrhundert Wiener Symphoniker*, Wien 2000

Herta Blaukopf/Kurt Blaukopf, *Die Wiener Philharmoniker. Wesen – Werden – Wirken eines großen Orchesters*, Wien/Hamburg 1986

Kurt Blaukopf, Der Lehrer von Abbado und Mehta. Wie Hans Swarowsky die Aufgaben des Dirigenten verstand, in: *HiFi-Stereophonie* 20 (1981), H. 2, S. 120 f.

Kurt Blaukopf, *Gustav Mahler oder Der Zeitgenosse der Zukunft*, Wien 1969, Kassel/Basel ²1989

David Bonner, *Revolutionizing children's records: The Young People's Records and Children's Record Guild series, 1946–1977*, Lanham usw. 2008

Pierre Boulez, *Relevés d'apprenti. Textes réunis et présentés par Paule Thévenin*, Paris 1966

Pierre Boulez, *Werkstatt-Texte*, Berlin/Frankfurt a.M. 1972

Leopold Brauneiss, *Friedrich Wildgans. Leben, Wirken und Werk*, phil.Diss. Universität Wien 1988

Gustav Brecher, *Opernübersetzungen*, Berlin 1911

Thomas Brezinka, *Erwin Stein. Ein Musiker in Wien und London*, Wien/Köln/Weimar 2005 (Schriften des Wissenschaftszentrums Arnold Schönberg 2)

Briefwechsel Alban Berg – Helene Berg. Gesamtausgabe, Teil III: 1920–1935, hg. von Herwig Knaus/Thomas Leibnitz, Wilhelmshaven 2014

Briefwechsel Anton Webern – Alban Berg, hg. von Simone Hohmaier und Rudolf Stephan, Mainz usw. (Briefwechsel der Wiener Schule 4), Druck in Vorbereitung

Briefwechsel Arnold Schönberg – Alban Berg, hg. von Juliane Brand/Christopher Hailey/Andreas Meyer, Mainz usw. 2007 (Briefwechsel der Wiener Schule 3), Teilband II: 1918–1935

Briefwechsel Arnold Schönberg – Anton Webern, hg. von Regina Busch, Mainz usw. (Briefwechsel der Wiener Schule 2), Druck in Vorbereitung

Hans Gerd Brill, Rudolf Hindemith und Hans Pfitzner – Begegnungen, in: *Mitteilungen der Hans Pfitzner-Gesellschaft* 64 (2004), S. 3–28

Barry Brisk, Student Life in Vienna of the 60's. There was cold running water and a legendary conducting course, in: *High Fidelity. Musical America Edition* 35, Nr. 12 (Dez. 1985), S. 33–38

Barry Brisk, *Hans Swarowsky. A Remembrance* (1986); Online-Publikation: https://independent.academia.edu/BarryBrisk (5.8.2021)

Barry Brisk, *Hans Swarowsky, five letters to Barry Brisk. 1967–1972. Compiled and annotated in 2002*; Online-Publikation: https://independent.academia.edu/BarryBrisk (5.8.2021)

Jonathan Brown, *Parsifal on record: A discography of complete recordings, selections, and excerpts of Wagner's music drama*, Westport usw. 1992

Esteban Buch, *Beethovens Neunte. Eine Biographie*, Berlin/München 2000

Antoni Buchner, Oder zwei Siege, in: *Muzykalia* 11 (2011): Judaica 3; Online-Publikation: http://www.demusica.edu.pl/wp-content/uploads/2019/07/buchner_muzykalia_11_judaica32.pdf (2.9.2021)

Max W. Busch, Staatsopernglanz und Zerstörung. Hamburgs Oper 1934 bis 1945, in: ders./Peter Dannenberg (Hg.), *Die Hamburgische Staatsoper 1. 1678–1945. Bürgeroper – Stadt-Theater – Staatsoper*, Zürich 1988, S. 145–156

Max W. Busch, Zwischen den Krisen. Das Stadt-Theater 1921 bis 1934, in: ders./Peter Dannenberg (Hg.), *Die Hamburgische Staatsoper 1. 1678–1945. Bürgeroper – Stadt-Theater – Staatsoper*, Zürich 1988, S. 111–128

Regina Busch, Taktgruppen in Weberns Konzert op. 24, in: *Musica* 40 (1986), S. 532–537

Regina Busch, Verzeichnis der von Webern dirigierten und einstudierten Werke, in: *Musik-Konzepte. Sonderband Anton Webern II*, hg. von Heinz-Klaus Metzger/Rainer Riehn, München 1984, S. 398–416

Regina Busch, Weberns Dirigierpartituren. Zu den Quellen des BBC-Konzerts vom 1. Mai 1936 (Alban Berg Memorial Concert), in: Markus Grassl/Stefan Jena/Andreas Vejvar (Hg.), *Arbeit an Musik. Reinhard Kapp zum 70. Geburtstag*, Wien 2017, S. 79–127

Regina Busch, Weberns Taktgruppenzahlen in Schönbergs Lichtspielszene op. 34, in: Internationale Schönberg-Gesellschaft (Hg.), *Mitteilungen aus der Schönberg-Forschung* Nr. 5/6 (März 1992), S. 14–17

Regina Busch/Thomas Schäfer/Reinhard Kapp, Der „Verein für musikalische Privataufführungen", in: *Arnold Schönbergs Wiener Kreis/Viennese Circle. Bericht zum Symposium / Report of the Symposium 12.–15. September 1999* (Journal of the Arnold Schönberg Center 2/2000)

Sabine Busch, *Hans Pfitzner und der Nationalsozialismus*, Stuttgart/Weimar 2001

Antony Bye, German cycles round the Ring road, in: *BBC Music* 4 (Mai 1996), H. 9, S. 78

Miltiades Caridis, Gedanken über eine Metronom-Angabe in Beethovens IX. Symphonie, in: *NZfM* 150 (1989), H. 9, S. 13 f.

Carlo Carotti/Giacinto Andriani (Hg.), *La Fabbri dei Fratelli Fabbri*, Mailand 2010

Friedrich Cerha, Texttreue oder Sinntreue? Einige Bemerkungen zum Problem der rhythmischen Präzision in der Interpretation neuer Musik, in: *ÖMZ* 22 (1967), S. 726–732

Friedrich Cerha (im Gespräch mit Rudolf Illavsky), „Die Fähigkeit zur Analyse der Werke ist zu gering", in: *ÖMZ* 63 (2008), H. 2, S. 16–19

Vicente Chuliá, *Curso de dirección de orquesta. 6. La técnica de Hans Swarowsky*; Online-Publikation: http://www.fgbueno.es/fmm/cdo061.htm (5.8.2021)

Ciklus Hans Svarovski. Omaž povodom 30 godina od smrti dirigenta i pedagoga. Programi koje će voditi dirigenti iz škole Svarovskog. Sezona 2005/06 / Hans-Swarowsky-Zyklus. Hommage zum 30. Todestag des Dirigenten und Pädagogen. Swarowsky-Programme, geleitet von Dirigenten der Swarowsky-Schule. Saison 2005/06, hg. von der Belgrader Philharmonie, Belgrad 2005

Gordon Claycombe, Personal Recollections of Webern in Vienna 1929–1934, in: Österreichische Gesellschaft für Musik (Hg.), *Beiträge 1972/73. Webern-Kongreß*, Kassel usw. 1973, S. 29–35

Ute Cofalka/Beat Schläpfer (Hg.), *Fluchtpunkt Zürich. Zu einer Stadt und ihrem Theater. Schauplätze der Selbstbehauptung und des Überlebens 1933–1945*, Nürnberg 1987

Carl Colbert, *Der Preistreiberprozeß gegen Dr. Josef Kranz, gewesenen Präsidenten der Allgemeinen Depositenbank in Wien. Mit einem Vorwort und Bericht über die Vorgeschichte des Straffalles*, Wien/Leipzig 1917

Max Conrad, *Im Schatten der Primadonnen. Erinnerungen eines Theaterkapellmeisters*, Zürich/Freiburg i.Br. 1956

Karl Corino, *Robert Musil. Eine Biographie*, Reinbek bei Hamburg 2003

Heinrich Creuzburg, *Das Opterntheater aus der Sicht der musikalischen Einstudierung*, Berlin 1985

Katharina Dalfen, *Don Carlos. Von Schillers Drama zum Opernlibretto und dessen deutsche Übersetzung*, Dipl.arb. Universität Wien 1999

Die Kunstdenkmäler Österreichs. Wien II. bis IX. und XX. Bezirk, bearb. von Wolfgang Czerny u. a., Wien 1993 (Dehio-Handbuch der Kunstdenkmäler Österreichs)

J. Dehner, Hans Swarowsky s Prazskymi Symfoniky, in: *Hudebni Rozhledy* 25 (1972), H. 4, S. 163 f.

Der Prinzipal. Clemens Krauss. Fakten, Vergleiche, Rückschlüsse, hg. vom Clemens Krauss-Archiv Wien (Text: Signe Scanuzoni; Recherchen: Götz Klaus Kende), Tutzing 1988

Otto Erich Deutsch, *Franz Schubert. Thematisches Verzeichnis seiner Werke in chronologischer Folge*, Kassel 1978

Frederick Deutsch-Dorian, Webern als Lehrer, in: *Melos* 27 (April 1960), S. 101–106

Die Tagebücher von Joseph Goebbels, im Auftrag des Instituts für Zeitgeschichte und mit Unterstützung des Staatlichen Archivdienstes Rußlands, hg. von Elke Fröhlich; Teil II: Diktate 1941–1945, Bd. 13: Juli–September 1944, bearbeitet von Jana Richter, München usw. 1995

Felix Diergarten, Zur Taktgruppenanalyse, in: *Musiktheorie* 20 (2005), S. 317–327

Margret Dietrich, Sepp Nordegg, in: Josef Mayerhöfer (Hg.), *Sepp Nordegg. Theatertechniker – Bühnenbildner. Zu seinem 60. Geburtstag* [Katalog zur Austellung im Burgtheater Wien], Wien 1973 (Biblos-Schriften 76), S. 8–14

Walter Dobner, „Mein Urlaub ist das Adagio von Bruckners Achter". Zubin Mehta zum 70. Geburtstag, in: *Studien & Berichte. Mitteilungsblatt der Internationalen Bruckner-Gesellschaft* 66 (2006), S. 19–21

Boguslaw Drewniak, *Das Theater im NS-Staat. Szenarium deutscher Zeitgeschichte 1933–1945*, Düsseldorf 1983

Katja Drnek, *Probleme der Opernübersetzung am Beispiel von „La Bohème"*, Dipl.arb. Universität Wien 1989

Werner Egk, *Die Zeit wartet nicht. Künstlerisches, Zeitgeschichtliches, Privates aus meinem Leben*, Mainz usw. 2001

Richard Eichenauer, *Musik und Rasse*, München ²1937

Thomas Eickhoff, *Politische Dimensionen einer Komponistenbiographie im 20. Jahrhundert – Gottfried von Einem*, Stuttgart 1998 (Beihefte zum AfMw 43)

Herbert Eimert, Die notwendige Korrektur, in: *die Reihe. Information über serielle Musik 2: Anton Webern*, Wien/Zürich/London 1955, S. 35–41

Gottfried von Einem, *Ich hab' unendlich viel erlebt. Autobiographie.* Aufgezeichnet von Manfred A. Schmid, Wien 1995, ²2002

Heike Elftmann, *Georg Schünemann (1844–1945). Musiker, Pädagoge, Wissenschaftler und Organisator. Eine Situationsbeschreibung des Berliner Musiklebens*, Sinzig 2001 (Berliner Musik-Studien 19)

Martin Elste, Art. „Swarowsky, Hans", in: *MGG2*, Personenteil Bd. 16 (2006), Sp. 337f., sowie in *MGG Online* [2016]

Helga Embacher, *Neubeginn ohne Illusion. Juden in Österreich nach 1945*, Wien 1995

Reinhard Ermen, *Ferruccio Busoni*, Reinbek bei Hamburg 1996

Michael John Esselstrom, Analysis by a conductors' conductor, in: *School Musician Director & Teacher* 51 (Feb. 1980), S. 16f.

Frank Fechter, Der Swarowsky-‚Ring', in: *klassik.com*, 21.8.2013; Online-Publikation: https://magazin.klassik.com/reviews/reviews.cfm?TASK=REVIEW&RECID=25050&REID=14572 (5.8.2021)

Festspiel-Almanach. Salzburg 1942, hg. von der Generalintendanz der Salzburger Festspiele, Berlin 1942

Hugo Fetting: *Die Geschichte der Deutschen Staatsoper. Veröffentlichung der Deutschen Akademie der Künste*, Berlin 1955 (Beiträge zur deutschen Theatergeschichte)

Werner Fischer, Wilhelm Frick. „An den Galgen mit den Verbrechern ...", in: Kurt Pätzold / Manfred Weißbecker (Hg.), *Stufen zum Galgen. Lebenswege vor den Nürnberger Urteilen*, Leipzig 1996, S. 224–263

Constantin Floros, Diener am Werk. Der „Dirigenten-Lehrer" Hans Swarowsky, in: *Das Orchester* 57 (2009), H. 2, S. 34–37

Hans Frank, *Im Angesicht des Galgens. Deutung Hitlers und seiner Zeit auf Grund eigener Erlebnisse und Erkenntnisse. Geschrieben im Nürnberger Justizgefängnis*, München 1953

Robert Freund, *„Gicksen Sie nicht!" oder „Spielen Sie gleich die richtige Note!" Eine Autobiographie*, Privatdruck on demand Wien [2018], Kapitel „Gicksen Sie nicht!", S. 56–59

Otto Fritz (Hg.), *95 Jahre Wiener Volksoper. Vom Stadttheater zur Staatsbühne*, Wien 1993

Gerda Fröhlich [Statement], in: „Meine Meinung verbreitet sich durch ihr Wirken" – Symposium einer Gemeinschaft Gleichgesinnter, in: *ÖMZ* 55 (2000), H. 3 [Themenheft *Was hat denn „Swa" gesagt. … Hans Swarowsky. Dirigent, Lehrer, Autor*], S. 16–18

Karlheinz Fuchs (Red.), *Ausstellungsreihe Stuttgart im Dritten Reich. Die Machtergreifung. Von der republikanischen zur braunen Stadt* [Katalog zur Ausstellung Stuttgart im Dritten Reich: Die Machtergreifung], hg. vom Projekt Zeitgeschichte im Kulturamt der Landeshauptstadt Stuttgart, Stuttgart 1983

Karl Heinz Füssl, Prof. Erwin Ratz zum 60. Geburtstag, in: *ÖMZ* 14 (1959), S. 10

Karl Heinz Füssl, Swarowsky-Dirigentenwettbewerb, in: *Hi-Fi-Stereo-Phonie* 17 (1978), H. 3, S. 276 f.

Stephen Gallup, *Die Geschichte der Salzburger Festspiele*, Wien 1989

Gary A. Galo, Wagner: Der Ring des Nibelungen [Rez. der Einspielung], in: *ARSC Journal* 45 (2014), H. 2, S. 258–263

Georg Gaugusch (Hg.), *Wer einmal war. Das jüdische Großbürgertum Wiens 1800–1938*. A-K, Wien 2011 (Jahrbuch der Heraldisch-Genealogischen Gesellschaft „Adler". Dritte Folge, Bd. 16)

Juri Giannini, *Interpretation zwischen Praxis und Ästhetik. Hans Swarowsky als Übersetzer von Opernlibretti*, Ph.D.Diss. Universität für Musik und darstellende Kunst Wien 2017

Juri Giannini, *Interpretation zwischen Praxis und Ästhetik. Hans Swarowsky als Übersetzer von Opernlibretti*, Wien 2019 (Musikkontext 13)

Juri Giannini, „[N]ach der Überlieferung und dem Urtext": Gedächtnis und Intertextualität in der Analyse von Opernlibretti-Übersetzungen, in: Christian Glanz/Anita Mayer-Hirzberger (Hg.), *Musik und Erinnern. Festschrift für Cornelia Szábo-Knotik*, Wien 2014, S. 221–242

Michael Gielen, *Unbedingt Musik, Erinnerungen*, Frankfurt a.M./Leipzig 2005

Erika Gieler, *Die Geschichte der Volksoper in Wien von Rainer Simons bis 1945*, phil.Diss. Universität Wien 1961

Michael Gillesberger (Hg.), *Hans Gillesberger. Stimmbildner – Chorleiter – Dirigent*, Steyr 2009

Joseph Goebbels, *Tagebücher*, hg. von Ralf Georg Reuth, Bd. 3: 1935–1939, München/Zürich 1999

Albert Goldberg, Good Conductor's Style Is Not His Own, in: *Los Angeles Times*, 7. 3. 1965, S. 508

Markus Grassl, Alte Musik in Wien 1945–1970: Viele Fragen und einige (vorläufige) Antworten, in: Barbara Boisits/Ingeborg Harer (Hg.), *Alte Musik in Österreich. Forschung und Praxis seit 1800* (Neue Beiträge zur Aufführungspraxis 7), Wien 2009, S. 243–276

Markus Grassl, „Webern conducted Bach best of all". Die Wiener Schule und die Alte Musik, in: ders./Reinhard Kapp (Hg.), *Die Lehre von der musikalischen Aufführung in der Wiener Schule. Verhandlungen des Internationalen Colloquiums Wien 1995*, Wien/Köln/Weimar 2002 (Wiener Veröffentlichungen zur Musikgeschichte 3), S. 509–524

Markus Grassl/Reinhard Kapp (Hg.), *Die Lehre von der musikalischen Aufführung in der Wiener Schule. Verhandlungen des Internationalen Colloquiums Wien 1995*, Wien/Köln/Weimar 2002 (Wiener Veröffentlichungen zur Musikgeschichte 3)

Keith Griffiths, *Hans Swarowsky's legacy to the art of conducting: the Swarowsky System, a manual of restraint*, Ph.D.Diss. University of Cardiff 2009

Eric Grunin u. a., *Are Michael Gielen and Hans Swarowsky the same person?*; Online-Publikation: https://groups.google.com/forum/#!topic/rec.music.classical.recordings/VTMSum7Pumk (5.8.2021)

Peter Gülke, Zum Verhältnis von Intention und Realisierung bei Beethoven, in: *Beethoven. Das Problem der Interpretation*, hg. von Heinz-Klaus Metzger / Rainer Riehn, München ²1985 (Musik-Konzepte 8), S. 34–53

Helmut Haack, Ausdruck und Texttreue. Bemerkungen zur Aufführungspraxis der Musik Schönbergs und seiner Schüler, in: Rudolf Stephan/Sigrid Wiesmann (Hg.), *Bericht über den 2. Kongreß der Internationalen Schönberg-Gesellschaft „Die Wiener Schule in der Musikgeschichte des 20. Jahrhunderts". Wien 1984*, Wien 1986 (Publikationen der Internationalen Schönberg-Gesellschaft 2), S. 202–212

Michael Haas, Ein Spaziergang durch das Tonarchiv der Internationalen Gustav Mahler Gesellschaft, in: Reinhold Kubik/Erich Wolfgang Partsch (Hg.), *Mahleriana. Vom Werden einer Ikone* [Ausstellungskatalog Jüdisches Museum Wien], Wien 2005, S. 115–117

Hubert Hackenberg/Walter Herrmann, *Die Wiener Staatsoper im Exil 1945–1955*, Wien 1985

Christopher Hailey, Aus der Enge getrieben. Anton Webern zwischen „Stelle" und Stellungnahme, in: Hartmut Krones (Hg.), *Anton Webern. Persönlichkeit zwischen Kunst und Politik*, Wien/Köln/Weimar 1999 (Wiener Schriften zur Stilkunde und Aufführungspraxis, Sonderbd. 2), S. 105–120

Maria Halbich-Webern, Aus einem Gespräch mit Weberns Tochter Maria Halbich-Webern, in: *Anton Webern 1883–1983. Eine Festschrift zum hundertsten Geburtstag*, hg. von Ernst Hilmar, Wien 1983, S. 93–97

Nikolaus Harnoncourt, *Wir sind eine Entdeckergemeinschaft. Aufzeichnungen zur Entstehung des Concentus Musicus*, hg. von Alice Harnoncourt, Salzburg ³2018

Hans-Christian Harten, *De-Kulturation und Germanisierung. Die nationalsozialistische Rassen- und Erziehungspolitik in Polen 1939–1945*, Frankfurt a.M./New York 1996

Rudolf Hartmann, *Das geliebte Haus. Mein Leben mit der Oper*, München/Zürich 1975

Rudolf Hartmann, *Richard Strauss. Die Bühnenwerke von der Uraufführung bis heute*, München/Zürich 1980

Hellmuth von Hase (Hg.) *Jahrbuch der deutschen Musik 1943. Im Auftrage der Abteilung Musik des Reichsministeriums für Volksaufklärung und Propaganda*, Leipzig/Berlin 1943

Ulrich von Hassell, *Vom anderen Deutschland. Aus den nachgelassenen Tagebüchern 1938–1944*, Zürich/Freiburg i.Br. 1946

Bernhard Heher, *Franz Bauer-Theussl – ein Dirigentenleben*, Dipl.arb. Universität für Musik und darstellende Kunst Wien 2001

Jürgen Heideking, Die „Schweizer Straßen" des europäischen Widerstands, in: Gerhard Schulz, (Hg.), *Geheimdienste und Widerstandsbewegungen im Zweiten Weltkrieg*, Göttingen 1982, S. 143–187

Friedrich C. Heller/Peter Revers, *Das Wiener Konzerthaus. Geschichte und Bedeutung 1913–1983*, Wien 1983

Lynne Heller, *Die Reichshochschule für Musik in Wien 1938–1945*, phil.Diss. Universität Wien 1992

Clemens Hellsberg, *Demokratie der Könige. Die Geschichte der Wiener Philharmoniker*, Zürich/Wien/Mainz 1992

Clemens Hellsberg, Die Wiener Philharmoniker und das symphonische Werk Gustav Mahlers, in: CD-Beiheft zu: *Gustav Mahler. Symphonien Nr. 1–10*; Wiener Philharmoniker, Lorin Maazel (Dir.), Sony SX14K48198, S. 72–76

Walter Herrmann, *Musik ist eine heilige Kunst. Komponisten, Dirigenten, Sänger im Ausseerland*, Bad Aussee 1999

Erika Hitzler [Horvath], Art. „Swarowsky, Hans", in: *oeml*, Bd. 5 (2006), S. 2361f.; Online-Ausgabe: http://www.musiklexikon.ac.at/ml/musik_S/Swarowsky_Hans.xml (5.8.2021)

Erika Hitzler [Horvath], Bruckner-Aufführungen von Hans Swarowsky; Online-Publikation: https://www.abruckner.com/down/editorsnote/listsanddata/berkyjohnswarowsky/Swarowsky_Bruckner.pdf (5.8.2021)

Erika Hitzler [Horvath], „Ihr wärt gar nichts, wenn ihr den Mozart nicht hättet". Der Dirigentenmacher Hans Swarowsky, in: Markus Grassl/Reinhard Kapp/Cornelia Szabó-Knotik (Hg.), *Österreichische Musikgeschichte der Nachkriegszeit*, Wien 2006 (ANKLAENGE. Wiener Jahrbuch für Musikwissenschaft 1), S. 73–93

Jean-Charles Hoffelé, [Interview mit Iván Fischer], in: *Diapason. Le Magazin de la Musique classique* Nr. 629 (Nov. 2014), S. 14f.

Anthony van Hoboken, *Joseph Haydn. Thematisch-bibliographisches Werkverzeichnis*, Mainz 1957–1978

Marie-Therese Hommes, *Verkettungen und Querstände. Weberns Schüler Karl Amadeus Hartmann und Ludwig Zenk und die politischen Implikationen ihres kompositorischen Handelns vor und nach 1945*, Schliengen 2010 (Forum Musikwissenschaft 4)

Kurt Honolka, *Opernübersetzungen. Zur Geschichte und Kritik der Verdeutschung musiktheatralischer Texte*, Wilhelmshaven 1978 (Taschenbücher zur Musikwissenschaft 20)

Hoplit [Richard Pohl], *Das Karlsruher Musikfest im October 1853*, Leipzig 1853

Bice Horszowski Costa, *Miecio: Remembrances of Mieczyslaw Horszowski*, Genua 2002

Erika Horvath, Art. „Swarowsky, Hans", in: *Neue Deutsche Biographie* 25 (2013), S. 725–727; Online-Ausgabe: https://www.deutsche-biographie.de/pnd117384402.html#ndbcontent (5.8.2021)

Erika Horvath [Hitzler], Der Wiener Dirigent Hans Swarowsky – ein Sonderfall?, in: Matthias Pasdzierny/Dörte Schmidt (Hg.), *Zwischen individueller Biographie und Institution. Zu den Bedingungen beruflicher Rückkehr von Musikern aus dem Exil*, Schliengen 2013 (Forum Musikwissenschaft 9), S. 255–282

Katharina Hottmann, *„Die anderen komponieren. Ich mach' Musikgeschichte!" Historismus und Gattungsbewusstsein bei Richard Strauss. Untersuchungen zum späteren Opernschaffen*, Tutzing 2005 (Publikationen des Instituts für Österreichische Musikdokumentation 30)

Christopher Howell, *Forgotten Artists – An occasional series by Christopher Howell. 8. Hans Swarowsky (1899–1975)*; Online-Publikation: http://www.musicweb-international.com/classrev/2014/Jul14/Swarowsky_forgotten.htm (5.8.2021)

Harald Hoyer (Hg.), *Chronik der Wiener Staatsoper 1945 bis 1995. Aufführungen – Besetzungen – Künstlerverzeichnis*, Wien/München 1995

Clemens Höslinger, Der „Ring der Überraschungen" präsentiert effektvoll den Wagner- Dirigenten Swarowsky, in: *Fono Forum* 1996, Nr. 6, S. 81

Teresa Hrdlicka, *Hugo Reichenberger. Kapellmeister der Wiener Oper*, Wien 2016

Richard Hudson, *Stolen Time. The History of Tempo Rubato*, Oxford–New York 1994

John Hunt, *Concert Hall: Concert Hall Society and Concert Hall Record Club*, London 2011

Christoph Huss, La musique universelle de Hans Swarowsky, in: *Le Devoir* (Montreal), 30.11.2019; Online-Publikation: https://www.ledevoir.com/culture/musique/568037/la-musique-universelle-de-hans-swarowsky (5.8.2021)

Manfred Huss, Die Wahrung der Gestalt, in: *Kunsträume. Das Magazin der mdw* 2015, Nr. 4 [Themenschwerpunkt „Die Swarowsky-Idee"], S. 16–21

Manfred Huss, Zum Ergebnis des ersten Swarowsky-Dirigentenwettbewerbes, in: *ÖMZ* 32 (1977), S. 359–361

Manfred Huss, Hans Swarowsky und die Lehre von der Interpretation in der Zweiten Wiener Schule, in: Grassl/Kapp (Hg.), *Die Lehre von der musikalischen Aufführung in der Wiener Schule*, S. 377–388

Manfred Huss/Reinhard Kapp, Ein rebellierender Traditionalist, in: Beiheft zur CD-Sammelbox „Hans Swarowsky. The Conductor", Edition Hänssler PH 18061 (2019)

Kurt Ifkovits (Hg.), *„Mit diesen meinen zwei Händen ..." Die Bühnen des Richard Teschner* [Ausstellungskatalog Österreichisches Theatermuseum], Wien 2013

Eberhard Jäckel u. a. (Hg.), *Enzyklopädie des Holocaust*, Bd. 2 [H-P], München ³1998

Jahresbericht der k. k. Akademie für Musik und darstellende Kunst über das Schuljahr 1909-1910 bis *1917-18*, Wien 1910–1918

Jahresbericht der Staatsakademie für Musik und darstellende Kunst. Schuljahr 1933/34 bis *1937/38* [Wien 1934–1938]

Hans Jaklitsch, *Die Salzburger Festspiele. Ihre Geschichte in Daten, Zeitzeugnissen und Bildern. Band III. Verzeichnis der Werke und der Künstler 1920-1990*, Salzburg/Wien 1991

Hans-Klaus Jungheinrich, *Der Musikdarsteller. Zur Kunst des Dirigenten*, Frankfurt a.M. 1990

Peter Stephan Jungk, *Franz Werfel*, Frankfurt a.M. 2001

Klaus Kaindl, *Die Oper als Textgestalt. Perspektiven einer interdisziplinären Übersetzungswissenschaft*, Tübingen 1995 (Studien zur Translation 2)

Reinhard Kapp, Alte Musik und Avantgarde. Zum Verhältnis von Aufführungs- und Kompositionsgeschichte, in: Barbara Boisits/Ingeborg Harer (Hg.), *Alte Musik in Österreich. Forschung und Praxis seit 1800*, Wien 2009 (Neue Beiträge zur Aufführungspraxis 7), S. 309–341

Reinhard Kapp, Die Stellung Schönbergs in der Geschichte der Aufführungslehre, in: Rudolf Stephan/Sigrid Wiesmann (Hg.), *Bericht über den 3. Kongreß der Internationalen Schönberg-Gesellschaft „Arnold Schönberg – Neuerer der Musik". Duisburg 1993*, Wien 1996 (Publikationen der Internationalen Schönberg-Gesellschaft 3), S. 85–101

Reinhard Kapp, Egomanen unter sich: Strauss vs. Schönberg, in: *Richard Strauss-Jahrbuch* 2015, Wien 2017, S. 25–57

Reinhard Kapp, Ein österreichischer Dirigent und die Musik der Wiener Schule, in: Lars E. Laubhold/Jürg Stenzl (Hg.), *Herbert von Karajan 1908-1989. Der Dirigent im Lichte einer Geschichte der musikalischen Interpretation*, Salzburg/Wien/München 2008, S. 133–156

Reinhard Kapp, Eine Schule der Aufführung, in: Internationale Musikforschungsgesellschaft

(Hg.), *Schüler der Wiener Schule. Ein Programmbuch des Wiener Konzerthauses im Rahmen der Hörgänge 1995*, Wien 1995, S. 14–24

Reinhard Kapp, Folgen der Emigration, Voraussetzungen der Remigration – aufführungsgeschichtlich betrachtet, in: Maren Köster/Dörte Schmidt (Hg.), *Man kehrt nie zurück, man geht immer nur fort. Remigration und Musikkultur*, München 2005, S. 174–231

Reinhard Kapp, Forschungsprojekt Hans Swarowsky, in: *Kunsträume. Das Magazin der mdw* 2015, Nr. 4 [Themenschwerpunkt „Die Swarowsky-Idee"], S. 28–31

Reinhard Kapp [Statement], in: „Meine Meinung verbreitet sich durch ihr Wirken" – Symposium einer Gemeinschaft Gleichgesinnter, in: *ÖMZ* 55 (2000), H. 3 [Themenheft *Was hat denn „Swa" gesagt. … Hans Swarowsky. Dirigent, Lehrer, Autor*], S. 13 f.

Reinhard Kapp, Schönbergs „Verein" und die Krise der musikalischen Öffentlichkeit, in: Rudolf Flotzinger (Hg.), *Fremdheit in der Moderne*, Wien 1999 (Studien zur Moderne 3), S. 23–67

Reinhard Kapp, „Tradition" und „Schlamperei". Mahlers Einsatz: Bedingungen und Konsequenzen, in: Jürgen Nautz/Richard Vahrenkamp (Hg.), *Die Wiener Jahrhundertwende. Einflüsse – Umwelt – Wirkungen*, Wien/Köln/Graz 1993 (Studien zu Politik und Verwaltung 46), S. 650–673

Reinhard Kapp, Zeitgenossenschaft und historisches Bewusstsein, in: Thomas Ertelt/Heinz von Loesch (Hg.), *Geschichte der musikalischen Interpretation im 19. und 20. Jahrhundert. Band 1: Ästhetik – Ideen*, Kassel–Berlin 2019, S. 257–292

Silvia Kargl/Friedemann Pestel, *Ambivalente Loyalitäten: Beziehungsnetzwerke der WIENER PHILHARMONIKER zwischen Nationalsozialismus und Nachkriegszeit, 1938–1979*. Durchgesehene und aktualisierte Version März 2017. Online-Publikation: http://wphdata.blob.core.windows.net/documents/Documents/pdf/NS/ns_kargl_pestel_ambivalente_loyalitaeten_de_v02.pdf (5.8.2021)

Herbert von Karajan, *Briefe an seine Eltern. 1915–1952*, Stuttgart [o.J.]

Otto Karner, *Komponisten unterm Hakenkreuz. Sieben Komponistenportraits während der Zeit des Nationalsozialismus*, phil.Diss. Universität Wien 2002

Harald Kaufmann, *Neue Musik in Steiermark. Ein kritisch-chronistischer Versuch*, Graz 1957

Gina Kaus, *Die Schwestern Kleh*, mit einem Nachwort von Sibylle Mulot, Frankfurt a.M. 1989

Gina Kaus, *Und was für ein Leben… mit Liebe und Literatur, Theater und Film*, Hamburg 1979; Neuausgabe unter dem Titel *Von Wien nach Hollywood. Erinnerungen*, hg. und mit einem Nachwort versehen von Sibylle Mulot, Frankfurt a.M. 1990

Boris Kehrmann, *Vom Expressionismus zum verordneten „Realistischen Musiktheater". Walter Felsenstein – Eine dokumentarische Biographie 1901 bis 1951*, 2 Bde., Marburg 2015 (Dresdner Schriften zur Musik 3)

Gert Kerschbaumer, *Stefan Zweig. Der fliegende Salzburger*, Salzburg/Wien/Frankfurt a.M. 2003

Leo Kestenberg, *Aufsätze und vermischte Schriften, Teil 1: Berliner Zeit*, hg. von Ulrich Mahlert, Freiburg 2012 (Gesammelte Schriften 2.1)

Ulrike Kienzle, *Giuseppe Sinopoli. Komponist – Dirigent – Archäologe. Band 1: Lebenswege, Band 2: Porträts*, Würzburg 2011

Rudolf Klein, Art. „Swarowsky, Hans", in: *New Grove 2*, Bd. 24, S. 758 f.

Christoph Kleßmann, *Die Selbstbehauptung einer Nation. Nationalsozialistische Kulturpolitik und pol-

nische Widerstandsbewegung im Generalgouvernement 1939–1945, Düsseldorf 1971 (Studien zur modernen Geschichte 5)
Christoph Kleßmann, Hans Frank – Parteijurist und Generalgouverneur in Polen, in: Ronald Smelser/Rainer Zitelmann (Hg.), *Die braune Elite. 22 biographische Skizzen*, Darmstadt 1989, S. 41–51
Ernst Kobau, in: http://www.wiener-symphoniker.at/gesch/050201_d.htm [mittlerweile (Oktober 2020) nicht mehr verfügbar]
Ernst Kobau, *Die denkwürdigen Taten des Ingenioso Hidalgo Fabio Fedobeck nebst einem kleinen Ankeruhr-Dirigentenpandämonium aus dem vorigen Jahrtausend, sowie weiteren unerheblichen Porträts erheblicher Persönlichkeiten und umgekehrt [...] verfasst zum eigenen Spaß und zur Erringung der Seelenruhe*, Eigenverlag 2018
Ernst Kobau, *Die Wiener Symphoniker. Eine sozialgeschichtliche Studie*, Wien/Köln/Weimar 1991
Ernst Kobau, Geschichte der Wiener Symphoniker, in: Rainer Bischof (Hg.), *Ein Jahrhundert Wiener Symphoniker*, Wien 2000, S. 21–54
Ludwig Ritter von Köchel, *Chronologisch-thematisches Verzeichnis sämtlicher Tonwerke Wolfgang Amadé Mozarts*, Wiesbaden ⁶1964
Corina Kolbe, Der Dirigent, der spionierte: Hans Swarowsky zwischen Zürich und dem „Dritten Reich", in: *NZZ*, 23.11.2019; Online-Publikation: https://www.nzz.ch/feuilleton/hans-swarowsky-drahtseilakte-zwischen-zuerich-und-dem-dritten-reich-ld.1523308 (5.8.2021)
Corina Kolbe, Dirigent Hans Swarowsky. „Ohne diese Juden spielen wir nicht", in: Der Spiegel, 16.1.2020; Online-Publikation: https://www.spiegel.de/geschichte/dirigent-hans-swarowsky-ohne-diese-juden-spielen-wir-nicht-a-3a017ec2-eae2-4823-b00d-5875a2aacfd2 (20.1.2020)
Eva Maria Kolerus, *Moderne Opernbearbeitungen nach Verdi in textlicher und dramaturgischer Hinsicht*, phil.Diss. Universität Wien 1954
Rudolf Kolisch, Schönberg als nachschaffender Künstler, in: *Arnold Schönberg zum 50. Geburtstage, 13. September 1924*. Sonderheft der *Musikblätter des Anbruch* 6 (1924), S. 306 f.
Rudolf Kolisch, Tempo and Character in Beethoven's Music, in: *MQ* 29 (1943) S. 169–187, 291–312; wieder abgedruckt in: *MQ* 77 (1993), S. 90–131, 268–342; revidierte deutsche Fassung als: *Tempo und Charakter in Beethovens Musik*, München 1992 (Musik-Konzepte 76/77)
Rudolf Kolisch, Über die Krise der Streicher, in: *Darmstädter Beiträge zur neuen Musik* [I], Mainz 1958, S. 84–90
Johannes Koll, *Arthur Seyß-Inquart und die deutsche Besatzungspolitik in den Niederlanden (1940–1945)*, Wien/Köln/Weimar 2015
Gerhard Kramer, Ein Rufer in der Wüste, in: *ÖMZ* 55 (2000), H. 3, S. 42–44
Hanspeter Krellmann, *Anton Webern in Selbstzeugnissen und Bilddokumenten*, Reinbek bei Hamburg 1991
Johannes Kretz, Erwin Ratz. Leben und Wirken. Versuch einer Annäherung, in: *Studien zur Wiener Schule 1*, Frankfurt a.M. usw. 1996 (Musikleben 4), S. 13–121
Gundula Kreuzer, Voices from Beyond: Verdi's Don Carlos and the Modern Stage, in: *Cambridge Opera Journal* 18 (2006), S. 151–179
Gundula Kreuzer, *Verdi and the Germans. From Unification to the Third Reich*, Cambridge usw. 2010
Josef Krips, *Ohne Liebe kann man keine Musik machen. Erinnerungen*, hg. und dokumentiert von Harrietta Krips, Wien/Köln/Weimar 1994

Reinhold Kubik/Erich Wolfgang Partsch (Hg.), *Mahleriana. Vom Werden einer Ikone* [Ausstellungskatalog Jüdisches Museum Wien], Wien 2005

Stanisław Lachowicz, *Muzyka w okupowanym Krakowie* [Die Musik im besetzten Krakau] *1939–1945*, Krakau 1988 (Cracoviana Ludzie i wydarzenia Seria 2)

Gustav Landauer, *Aufruf zum Sozialismus. Ein Vortrag*, Berlin 1911

Walter Laqueur/Richard Breitman, *Der Mann, der das Schweigen brach. Wie die Welt vom Holocaust erfuhr*, Frankfurt a.M./Berlin 1986

David Clay Large, *Hitlers München. Aufstieg und Fall der Hauptstadt der Bewegung*, München 1998

Lars E. Laubhold, *Von Nikisch bis Norrington. Beethovens 5. Sinfonie auf Tonträger. Ein Beitrag zur Geschichte der musikalischen Interpretation im Zeitalter ihrer technischen Reproduzierbarkeit*, München 2014

Franz Lechleitner, Tonaufnahmen von Angehörigen der Wiener Schule, in: Grassl/Kapp (Hg.), *Die Lehre von der musikalischen Aufführung in der Wiener Schule*, S. 731–810

Stephen Lehmann/Marion Faber, *Rudolf Serkin. A Life*, Oxford–New York 2003

René Leibowitz, *Le compositeur et son double. Essais sur l'interprétation musicale*, Paris 1971, Éd. augmentée 1986

René Leibowitz, Tempo und Charakter in Schuberts Symphonien, in: *Musik-Konzepte Sonderband Franz Schubert*, hg. von Heinz-Klaus Metzger/Rainer Riehn, München 1979, S. 167–186

Erich Leinsdorf, *The Composer's Advocate. A Radical Orthodoxy for Musicians*, New Haven/London 1981

Silke Leopold, A dio, musico spirto – Kraack, Karajan und die Krönung der Poppaea, in: Herbert von Karajan Centrum (Hg.), *Amor vincit omnia. Karajan, Monteverdi und die Entwicklung der Neuen Medien. Symposium 1999*, Wien 2000, S. 13–33

Gotthold Ephraim Lessing, Opernübersetzung, in *NZfM* 118 (1957), H. 4, S. 214–217

David. M. Levy, Anti-Nazis Criteria of Differentiation, in: *Psychiatry* 11 (1948), S. 125–167

David M. Levy, *New Fields of Psychiatry*, New York 1947

Lexikon Theater International, hg. von Jochanan Ch. Trilse-Finkelstein/Klaus Hammer, Berlin 1995

Heinz von Loesch, Autor – Werk – Interpret, in: Thomas Ertelt/ders. (Hg.), *Geschichte der musikalischen Interpretation im 19. und 20. Jahrhundert. Band 1: Ästhetik – Ideen*, Kassel–Berlin 2019, S. 63–127

Hartmut Lück, Vom Skandal zum Klassiker, in: *Fono Forum* (1993), H. 5, S. 26

Franz Jochen Machatius, „Ach verlorene Eurydike …!" Versuch zur Frage der Opern-Verdeutschung, in: Rüdiger Görner (Hg.), *Logos musicae. Festschrift für Albert Palm*, Wiesbaden 1982, S. 133–144

Elena Makarova, *Friedl Dicker-Brandeis. Ein Leben für Kunst und Lehre*, Wien/München 2000

Curzio Malaparte, *Kaputt. Roman*, Karlsruhe 1961

Christophe Martin-Maëder, *Anton Swarowsky, qui m'apprit la direction*; Online-Publikation: https://www.martin-maeder.net/anton-swarowsky/ (5.8.2021)

Julius Marx, *Georg Kaiser, ich und die anderen. Alles in einem Leben. Ein Bericht in Tagebuchform*, Gütersloh 1970

Julius Marx, *Kriegs-Tagebuch eines Juden*, Zürich 1939, Frankfurt a.M. ²1964

Viktor Matejka, *Anregung ist alles. Das Buch Nr. 2*, Wien 1991

Viktor Matejka, *Das Buch Nr. 3*, hg. von Peter Huemer; mit einem Vorwort von Johannes Mario Simmel, Wien 1993

Viktor Matejka, *Widerstand ist alles. Notizen eines Unorthodoxen*, Wien 1983

Christof Mauch, *Schattenkrieg gegen Hitler. Das Dritte Reich im Visier der amerikanischen Geheimdienste 1941–1945*, Stuttgart 1999

Claudia Maurer-Zenck, „Was sonst kann ein Mensch denn machen, als Quartett zu spielen?" Rudolf Kolisch und seine Quartette. Versuch einer Chronik der Jahre 1921–1944, in: *ÖMZ* 53 (1998), H. 11, S. 8–57

Siegfried Mauser, Interpretation im biographischen Kontext, in: Giselher Schubert (Hg.), *Biographische Konstellation und künstlerisches Handeln*, Mainz usw. 1997, S. 262–267

Josef Mayerhöfer (Hg.), *25 Jahre Theaterarbeit. Gottfried Neumann-Spallart* [Ausstellungskatalog Österreichisches Theatermuseum], Wien 1979 (Biblos-Schriften 105)

Josef Mayerhöfer (Hg.), *Sepp Nordegg. Theatertechniker – Bühnenbildner. Zu seinem 60. Geburtstag* [Katalog zur Austellung im Burgtheater Wien], Wien 1973 (Biblos-Schriften 76)

Jerry McBride, From the Archives. Orchestral Transcriptions for the Society for Private Musical Performance, in: *JASI* 7 (1983), Nr. 1, S. 113–126

Roberg McColley, Wagner: Der Ring des Nibelungen, in: *Fanfare. The Magazine for Serious Record Collectors* 20 (1996), H. 2, S. 520–522

Zubin Mehta (mit Renate Matuschka), *Die Partitur meines Lebens. Erinnerungen*, München 2006

Otto Meissner, *Ebert – Hindenburg – Hitler. Erinnerungen eines Staatssekretärs 1918–1945*, überarb. Neuaufl. Esslingen–München 1991

Josef Mertin, *Alte Musik. Wege zur Aufführungspraxis*, Wien 1978; 2. ergänzte Aufl. hg. von Ingomar Rainer Wien 1986 (Publikationen der Hochschule für Musik und darstellende Kunst Wien 7)

Josef Mertin, *Musica practica. Ausgewählte Schriften zur Musik (1935–1991)*, hg. von Ingomar Rainer/Julia Penninger, Wien1997

Monika Mertl, *Nikolaus Harnoncourt. Vom Denken des Herzens. Eine Biographie*, [Salzburg/Wien] ^{5}2019

Franzpeter Messmer, *Richard Strauss. Biographie eines Klangzauberers*, Zürich/St. Gallen 1994

Günther Metz, *Der Fall Hindemith. Versuch einer Neubewertung*, Hofheim 2016

Christoph Metzger, *Mahler-Rezeption. Perspektiven der Rezeption Gustav Mahlers*, Wilhelmshaven 2000

Grzegorz Michalski u. a., *Geschichte der polnischen Musik*, hg. von Tadeusz Ochlewski, übersetzt aus dem Polnischen von Caesar Rymarowicz, Warschau 1988

Anna von Mildenburg, *Erinnerungen*, Wien/Berlin 1921

Ilse Moderei, *Der Mödlinger Gesang-Verein. Die Entwicklung von 1848 bis 2008*, Dipl.arb. Universität Wien 2008

Hans Moldenhauer/Rosaleen Moldenhauer, *Anton von Webern. Chronik seines Lebens und Werkes*, Zürich 1980; englische Originalausgabe: *Anton von Webern. A Chronicle of His Life and Work*, New York 1979

Hans Moldenhauer, Excelsior! Die Genese des Webern-Archivs, in: Hans Jörg Jans/Felix Meyer/Ingrid Westen (Hg.), *Komponisten des 20. Jahrhunderts in der Paul Sacher Stiftung*, Basel 1986, S. 131–148

Hans Joachim Moser, *Richard Strauß. Leben und Werk*, hg. von der Kulturvereinigung des Generalgouvernements, Krakau 1944

Hans Joachim Moser, Von der Tätigkeit der Reichsstelle für Musikbearbeitungen, in: Hellmuth von Hase (Hg.) *Jahrbuch der deutschen Musik 1943. Im Auftrage der Abteilung Musik des Reichsministeriums für Volksaufklärung und Propaganda*, Leipzig/Berlin 1943, S. 78–82

Marc Moskovits, *Alexander Zemlinsky. A Lyric Symphony*, Rochester 2010

Karl-Josef Müller, *Mahler. Leben – Werke – Dokumente*, Mainz/München 1988

Robert Musil, *Briefe 1901–1942*, hg. von Adolf Frisé, Reinbek bei Hamburg 1981

Robert Musil, *Gesammelte Werke 6. Prosa und Stücke*, Reinbek bei Hamburg 1978

Therese Muxeneder, Gustav Mahler war ein Heiliger. Arnold Schönberg und Gustav Mahler, in: Reinhold Kubik/Thomas Trabitsch (Hg.), *„leider bleibe ich ein eingefleischter Wiener". Gustav Mahler und Wien* (Katalog Österreichisches Theatermuseum), Wien 2010, S. 220–230

Therese Muxeneder, *Ethik des Bewahrens. Exil und Rückkehr des Schönberg-Nachlasses*; Online-Publikation: http://www.schoenberg.at/images/stories/bilder_statische_artikel/archiv/ethik-bewahrens.pdf (5.8.2021)

Albena Naydenova-Pantchev, Schönbergs „Gurrelieder" in der Aufführung von 1920, in: *ÖMZ* 47 (1993), S. 466–468

The Nazi Kultur in Poland by several authors of necessity temporarily anonymous, London 1945

Barbara Nitzsche, Er war mit Richard Strauss befreundet. Interview mit dem Wiener Dirigenten Prof. Hans Swarowsky während der Proben zum 9. Philharmonischen Konzert, in: *Sächsische Neueste Nachrichten*, Dresden, 30.4.1972

Günther von Noé, Hans Swarowsky. Dirigent, Dirigierlehrer und Übersetzer (1899–1975), in: *Das Orchester* 42 (1994), H. 6, S. 11–14

Nuria Nono-Schoenberg (Hg.), *Arnold Schönberg 1874–1951. Lebensgeschichte in Begegnungen*, Klagenfurt 1992

James H. North, L'Anima del filosofo, ossia Orfeo ed Euridice, in: *Fanfare. The Magazine for Serious Record Collectors* 35, Nr. 1 (Sept./Okt. 2011), S. 306

Gustav Nottebohm, *Beethoveniana. Aufsätze und Mitteilungen*, Leipzig/Winterthur 1872

Gustav Nottebohm, *Zweite Beethoveniana. Nachgelassene Aufsätze*, Leipzig 1887

Andreas Novak, *„Salzburg hört Hitler atmen". Die Salzburger Festspiele 1933–1944*, München 2005

Simon Obert/Matthias Schmidt (Hg.), *Im Mass der Moderne. Felix Weingartner – Dirigent, Komponist, Autor, Reisender*, Basel 2009

ÖMZ 55 (2000), H. 3: Themenheft *Was hat denn „Swa" gesagt. … Hans Swarowsky. Dirigent, Lehrer, Autor*

Ulrike Öttl, *Der Bühnenbildner Gottfried Neumann-Spallart. Aspekte einer Künstlerpersönlichkeit oder Realismus im Bühnenraum. Typologische Untersuchung von Bühnenräumen am Beispiel eines österreichischen Szenenbauers*, phil.Diss. Universität Wien 1992

„On revient toujours". Dokumente zur Schönberg-Rezeption aus der Paul Sacher Stiftung. Festgabe für Hermann Danuser zum 70. Geburtstag, hg. von der Paul Sacher Stiftung, Mainz usw. 2016

Andreas Oplatka, *Die ganze Welt ist ein Orchester. Der Dirigent Adam Fischer. Biografie*, Wien 2019

Richard Osborne, *Herbert von Karajan. Leben und Musik*, Wien 2002

Maurus Pacher, *Ohne Kostüm und Maske. Die andere Operngeschichte*, Frankfurt a.M./Berlin 1991

Kurt Pätzold/Manfred Weißbecker (Hg.), *Stufen zum Galgen. Lebenswege vor den Nürnberger Urteilen*, Leipzig 1996

Erich Wolfgang Partsch, Zur Geschichte der Internationalen Gustav Mahler Gesellschaft, in: ders. (Hg.), *Gustav Mahler. Werk und Wirken. Neue Mahler-Forschung aus Anlaß des vierzigjährigen Bestehens der Internationalen Gustav Mahler Gesellschaft*, Wien 1996, S. 11–33

Matthias Pasdzierny, *„Vieles war sehr schwer – innerlich und äusserlich". Emigration und Remigration Stuttgarter Musiker nach 1933*, Staatsexamensarbeit Staatliche Hochschule für Musik und Darstellende Kunst Stuttgart 2003

David Patmore/Jerome F. Weber, Your room a Concert Hall, in: *Classic record collector*, Winter 2000, S. 38–53

Hans Patze/Peter Aufgebauer (Hg.), *Handbuch der historischen Stätten Deutschlands*. Bd. 9: *Thüringen*, Stuttgart ²1989

Hansjörg Pauli, Aus Gesprächen über Webern (Josef Hueber), in: *Musik-Konzepte. Sonderband Anton Webern II*, hg. von Heinz-Klaus Metzger/Rainer Riehn, München 1984, S. 238–293

Gerhard Persché, Gemischter Klang, gespaltene Gefühle. Thielemanns Wiener „Ring" und die Studioeinspielung unter Hans Swarowsky von 1968, in: *Opernwelt* 54 (2013), H. 9/10, S. 44 f.

Hans Pfitzner, *Briefe*, Bd. 1: *Textband*, Bd. 2: *Kommentarband*, hg. von Bernhard Adamy, Tutzing 1991

Stanislaw Piotrowski, *Hans Franks Tagebuch*, deutsche Übersetzung von Katja Weintraub, Warschau 1963

Elmer Plischke, Denazifying the Reich, in: *The Review of Politics* 9 (1947), S. 153–172

Alfred Polgar, Der Emigrant und die Heimat, in: ders., *Kleine Schriften*, Bd. 1: *Musterung*, Reinbek bei Hamburg 1994

Werner Präg/Wolfgang Jacobmeyer (Hg.), *Das Diensttagebuch des deutschen Generalgouverneurs in Polen 1939–1945*, Stuttgart 1975

Menahem Pressler/Holger Noltze, *Dieses Verlangen nach Schönheit. Gespräche über Musik*, Hamburg 2016

Fred K. Prieberg, *Handbuch Deutsche Musiker 1933–1945*, CD-ROM-Edition ²2009

Fred K. Prieberg, *Kraftprobe. Wilhelm Furtwängler im Dritten Reich*, Wiesbaden 1986

Fred K. Prieberg, *Musik im NS-Staat*, Frankfurt a.M. 1982

Herbert Prikopa, *Die Wiener Volksoper. Die Geschichte eines notwendigen Theaters*, Wien 1999

Gisela Prossnitz (Hg.), *Die Salzburger Festspiele 1945–1960. Eine Chronik in Daten und Bildern*, Salzburg/Wien 2007

Georg Quander (Hg.), *Apollini et Musis. 250 Jahre Opernhaus Unter den Linden*, Frankfurt a.M. 1992

Oliver Rathkolb, *Führertreu und gottbegnadet. Künstlereliten im Dritten Reich*, Wien 1991

Oliver Rathkolb, „… für die Kunst gelebt", in: Anton Pelinka/Erika Weinzierl (Hg.), *Das große Tabu. Österreichs Umgang mit seiner Vergangenheit*, Wien ²1997, S. 60–84

Erwin Ratz, Die zehn öffentlichen Proben zur Kammersymphonie im Juni 1918 und der „Verein für musikalische Privataufführungen", in: Ernst Hilmar (Red.), *Arnold Schönberg. Gedenkausstellung 1974*, Wien 1974, S. 68–70

Erwin Ratz, *Einführung in die musikalische Formenlehre. Über Formprinzipien in den Inventionen und Fugen J.S. Bachs und ihre Bedeutung für die Kompositionstechnik Beethovens*, Wien 1951, ³1973

Wolfgang Rehm, Art. „Swarowsky, Hans", in: *MGG*, Bd. 12 (1965), Sp. 1773f.
Wilhelm Reich, *Leidenschaft der Jugend. Eine Autobiographie 1897–1922*, Köln 1994
Katharina Reiß, *Möglichkeiten und Grenzen der Übersetzungskritik. Kategorien und Kriterien für eine sachgerechte Beurteilung von Übersetzungen*, München 1971
Franz Richard Reiter (Hg.), *Wer war Viktor Matejka? Dokumente – Berichte – Analysen*, Wien 1994
Klaus Riehle, *Herbert von Karajan. Neueste Forschungsergebnisse zu seiner NS-Vergangenheit und der Fall Ute Heuser*, Wien 2017
Ivan Ristic, Possen und Posen. Anmerkungen zu Richard Teschners künstlerischen Strategien, in: Kurt Ifkovits (Hg.), *„Mit diesen meinen zwei Händen …" Die Bühnen des Richard Teschner* [Ausstellungskatalog Österreichisches Theatermuseum], Wien 2013, S. 96–117
Nicole Ristow, *Karl Rankl. Leben, Werk und Exil eines österreichischen Komponisten und Dirigenten*, Neumünster 2017 (Musik im „Dritten Reich" und im Exil 20)
Fritz Rothschild, *Vergessene Traditionen in der Musik. Zur Aufführungspraxis von Bach bis Beethoven*, Zürich 1964
Walter Erich Schäfer, *Bühne eines Lebens. Erinnerungen*, München 1975
Gerhard Scheit/Wilhelm Svoboda, *Feindbild Gustav Mahler. Zur antisemitischen Abwehr der Moderne in Österreich*, Wien 2002
Dieter Schenk, *Hans Frank. Hitlers Kronjurist und Generalgouverneur*, Frankfurt a.M. 2006
Dieter Schenk, *Hans Frank – Kunstliebhaber & Massenmörder*; Online-Publikation: http://dieterschenk.info/Anhang/Lesung-10Lodz.pdf (5.8.2021)
Dieter Schenk, *Krakauer Burg. Die Machtzentrale des Generalgouverneurs Hans Frank 1939–1945*, Berlin
Hermann Scherchen, *Lehrbuch des Dirigierens*, Leipzig 1929
Jürgen Schläder, Die politische Instrumentalisierung des Musiktheaters. Historiographie zwischen Dokumentation und ästhetischer Interpretation, in: Hans-Michael Körner/Jürgen Schläder (Hg.), *Münchner Theatergeschichtliches Symposium 2000*, München 2000 (Studien zur Münchner Theatergeschichte 1), S. 224–245
Steffi-Maria Schlinke, *Otto Edelmann. Ein Meistersinger aus Wien*, Wien 1987
Wolfgang Schlüter, Die Wunde Mahler. Zur Rezeption seiner Symphonien, in: Musik-Konzepte Sonderband. *Gustav Mahler*, hg. von Heinz-Klaus Metzger/Rainer Riehn, München 1989, S. 7–149
Dörte Schmidt, „Das ‚verlockende Angebot' wird von mir und Ihren Freunden inzwischen mit allen uns zur Verfügung stehenden Mitteln vorbereitet". Einladungen an Arnold Schönberg zur Rückkehr aus dem Exil, in: *Zwischenwelt. Zeitschrift für Kultur des Exils und des Widerstands* 21 (2005), S. 77–86
Arthur Schnitzler, *Tagebuch 1879–1931*, hg. von der Kommission für Literarische Gebrauchsformen der Österreichischen Akademie der Wissenschaften, Wien 1987
Arthur Schnitzler, *Tagebuch 1909–1912*, hg. von der Kommission für Literarische Gebrauchsformen der Österreichischen Akademie der Wissenschaften, Wien 1981
Dieter David Scholz, „Ring"-Kontraste. Im Vergleich: Gesamtaufnahmen unter Hans Swarowsky und Günter Neuhold, Gerin: *Opernwelt* 37 (1996), H. 5, S. 57f.
Wolfgang Schreiber, *Claudio Abbado. Der stille Revolutionär. Eine Biographie*, München 2019

Wolfgang Schreiber, Gustav Mahlers Dirigenten, in: Lena-Lisa Wüstendörfer (Hg.), *Mahler-Interpretation heute. Perspektiven der Rezeption zu Beginn des 21. Jahrhunderts*, München 2015, S. 45–57

Caspar von Schrenck-Notzing, *Charakterwäsche. Die Politik der amerikanischen Umerziehung in Deutschland*, Frankfurt a.M./Berlin ²1994

Giselher Schubert, *Paul Hindemith*, Mainz 2016

Oscar Fritz Schuh, *So war es – war es so? Notizen und Erinnerungen eines Theatermannes*, Berlin/Frankfurt a.M./Wien 1980

Michael Schwalb, Prometheus im Generationensprung. Zur Diskographie des Dirigenten Hans Swarowsky, in: *NZZ*, 2.10.2002, S. 59

Dominik Schweiger, Evolutionäre Symbiose. Anton Webern und David Josef Bach, in: Markus Grassl/Stefan Jena/Andreas Vejvar (Hg.) *Arbeit an Musik. Reinhard Kapp zum 70. Geburtstag*, Wien 2017, S. 597–608

Kurt Schwertsik, *was & wie lernt man?*, Wien 2020 (Komponisten unserer Zeit 32)

Humphrey Searle, *The music of Liszt*, London 1954

Egon Seefehlner, *Die Musik meines Lebens. Vom Rechtspraktikanten zum Opernchef in Berlin und Wien*, Wien 1983

Johann Wilhelm Seidl, *Musik und Austromarxismus. Zur Musikrezeption der österreichischen Arbeiterbewegung im späten Kaiserreich und in der Ersten Republik*, Wien/Köln/Graz 1989 (Wiener musikwissenschaftliche Beiträge 17)

George Bernard Shaw, *Man and superman: a comedy and a philosophy*, Westminster 1903

Ronald Smelser/Rainer Zitelmann (Hg.), *Die braune Elite. 22 biographische Skizzen*, Darmstadt 1989

Dmitri N. Smirnov, *A Geometer of Sound Crystals. A Book on Philip Herschkowitz*, hg. von Guy Stockton, St. Albans ²2017

Spielplanarchiv der Wiener Staatsoper; Online-Datenbank: https://db-staatsoper.die-antwort.eu (5.8.2021)

Bernd Sponheuer/Wolfram Steinbeck (Hg.), *Mahler Handbuch*, Stuttgart/Weimar 2010

Staats-Akademie für Musik und darstellende Kunst in Wien. Jahres-Bericht über das Schuljahr 1918–1919, Wien 1920

Peter Stadlen, Zu Schindlers Fälschungen in Beethovens Konversationsheften, in: ÖMZ 32 (1977), S. 246–252

Ilaria Stanga, La direzione d'orchestra nell'undersound della Scuola di Vienna, in: *Musica – Realtà* 18 (Nov. 1997), S. 22–33

Renate Stark-Voit, Zur Verbreitung von wahren und falschen Zitaten – eine Email-Korrespondenz, in: *Nachrichten zur Mahler-Forschung* 71 (Mai 2017), S. 62–65

Renate Stark-Voit, „Ist jemand hier, der Recht mir weiß? Der tret' als Zeug' in diesen Kreis!", in: *Nachrichten zur Mahler-Forschung* 72 (April 2018), S. 66 f.

Paul Stefan, *Bruno Walter. Mit Beiträgen von Lotte Lehmann Thomas Mann Stefan Zweig*, Wien/Leipzig/Zürich 1936

Erwin Stein [editorische Notiz], in: *PuT* 1 (1924), H. 7, S. 124

Jürg Stenzl, Claudio Monteverdi im Zeitalter der technischen Reproduzierbarkeit, in: Hermann Danuser/Friedhelm Krummacher, *Rezeptionsästhetik und Rezeptionsgeschichte in der Musikwis-

senschaft, Laaber 1991 (Publikationen der Hochschule für Musik und Theater Hannover 3), S. 269–306; wieder veröffentlicht in: Jürg Stenzl, *Auf der Suche nach Geschichte(n) der musikalischen Interpretation*, Würzburg 2012 (Salzburger Stier 7), S. 33–69

Rudolf Stephan, Überlegungen zur Taktgruppenanalyse. Zur Interpretation der 7. Symphonie von Gustav Mahler, in: Rüdiger Görner (Hg.), *Logos musicae. Festschrift für Albert Palm*, Wiesbaden 1982, S. 202–210

Edward Steuermann, *The Not Quite Innocent Bystander*, hg. von Clara Steuermann/David Porter/Gunther Schuller, Lincoln/London 1989

Anna Stoll-Knecht, *The Genesis of Mahler's Seventh Symphony*, Ph.D.Diss. New York University 2014

Stephan Stompor, *Künstler im Exil, in Oper, Konzert, Operette, Tanztheater, Schauspiel, Kabarett, Rundfunk, Film, Musik- und Theaterwissenschaft sowie Ausbildung in 62 Ländern*, 2 Bde., Frankfurt a.M. usw. 1994

Robin Stowell, The evidence, in: Colin Lawson/Robin Stowell (Hg.), *The Cambridge History of Musical Performance*, Cambridge usw. 2012, S. 63–104

Richard Strauss. Briefwechsel mit Willi Schuh, hg. von Willi Schuh, Zürich/Freiburg i.Br. 1969

Richard Strauss. Clemens Krauss. Briefwechsel, hg. von Götz Klaus Kende/Willi Schuh, München 1963

Richard Strauss – Clemens Krauss. Briefwechsel. Gesamtausgabe, hg. von Günter Brosche, Tutzing 1997 (Publikationen des Instituts für österreichische Musikdokumentation 20)

Richard Strauss und Joseph Gregor. Briefwechsel. 1934–1949, hg. von Roland Tenschert, Salzburg 1955

Igor Strawinsky, *Gespräche mit Robert Craft*, Zürich 1961

Hans Heinz Stuckenschmidt, *Musik am Bauhaus*, hg. von Hans M. Wingler, Berlin 1978

Anton Swarowsky, [Beitrag], in: Hans Schöner/Gunhild Diebold (Hg.), *Der Tiermaler Erwin Aichele*, Königsbach-Stein 1988

Anton Swarowsky [Übersetzung von Alban Berg, Warum ist Schönbergs Musik so schwer verständlich?] als: Alban Berg, Why is Schoenberg's Music So Hard to Understand?, in: *The Music Review* 13 (1952), S. 187–196; wiederveröffentlicht u.a. in: Elliot Schwartz (Hg.), *Contemporary Composers on Contemporary Music*, New York 1967, S. 59–71; Ellen Rosand (Hg.), *Twentieth-Century Music*, New York 1985 (The Garland Library of the History of Western Music 10), S. 15–24

Hans Swarowsky, Annotazioni sparse su Strauss direttore d'orchestra ed interprete, in: *Eunomio. Parole di musica* 4 (1987), S. 21–23

Hans Swarowsky, Anton Dvorak und seine Rusalka, in: *Schwäbische Thalia. Der Stuttgarter Dramaturgischen Blätter* 11. Jg., Nr. 6 (Okt. 1929), S. 1–7

Hans Swarowsky, Anton von Webern: Bemerkungen zu seiner Gestalt, in: Österreichische Gesellschaft für Musik (Hg.), *Beiträge 1972/73. Webern-Kongreß*, Kassel usw. 1973, S. 14–22

Hans Swarowsky, Bemerkungen zur Aufführung von „Hoffmanns Erzählungen", in: *Schwäbische Thalia. Der Stuttgarter Dramaturgischen Blätter* 12. Jg., Nr. 5 (Okt. 1930), S. 37f.

Hans Swarowsky, Bemerkungen zur Aufführung von „Nachtlager in Granada", in: *Schwäbische Thalia. Der Stuttgarter Dramaturgischen Blätter* 12. Jg., Nr. 12 (Nov. 1930), S. 89–91

Hans Swarowsky, Bemerkungen zur Interpretation der Schubert-Symphonien, in: ÖMZ 27 (1972), S. 186–193

Hans Swarowsky, [Bemerkungen zur Interpretation der Mozart-Klavierkonzerte], Plattencover – Einspielung von KV 467 und 595 mit Friedrich Gulda, M30 Concert Hall M-2319 (1963)

Hans Swarowsky, Canticum Sacrum, in: ÖMZ 11 (1956), S. 399–405

Hans Swarowsky, Carmen, in: *Schwäbische Thalia. Der Stuttgarter Dramaturgischen Blätter* 12. Jg., Nr. 15 (Dez. 1930), S. 121–132

Hans Swarowsky, Die Wiener Operette, in: *Schwäbische Thalia. Der Stuttgarter Dramaturgischen Blätter* 12. Jg., Nr. 17 (Jan. 1931), S. 141–148

Hans Swarowsky, Ein Wort zu „Macbeth", in: *Blätter des Stadttheaters Zürich*, Spielzeit 1939/40, Nr. 13, S. 1–4

Hans Swarowsky, Einige authentische Hinweise, den Vortrag des *Till Eulenspiegel* betreffend, in: *Richard-Strauss-Blätter* 3 (1972), S. 52–54

Hans Swarowsky, Giuseppe Verdi, in: ÖMZ 6 (1951), S. 4–11

Hans Swarowsky, Giuseppe Verdi – eine geistige Macht, in: ÖMZ 18 (1963), S. 453–461

Hans Swarowsky, Inhaltsgabe des Troubadour, in: *Schwäbische Thalia. Der Stuttgarter Dramaturgischen Blätter* 12. Jg., Nr. 23 (Feb. 1931), S. 189–192

Hans Swarowsky, Jacques Offenbach. Zur 50. Wiederkehr seines Todestages, in: *Schwäbische Thalia. Der Stuttgarter Dramaturgischen Blätter* 12. Jg., Nr. 5 (Okt. 1930), S. 33–38

Hans Swarowsky, Johann Strauß – Inkarnation der Wiener Musik, in: ÖMZ 30 (1975), S. 242–256

Hans Swarowsky, Kapellmeisterschule und Orchestererziehung, in: ÖMZ 14 (1959), S. 257 f.

Hans Swarowsky, Lebendige Musik – eine heilige Kunst. Grundsätzliches zur Musik. Aus dem Nachlaß, in: ÖMZ 55 (2000), H. 3, S. 31–41

Hans Swarowsky, Marginalien zu Fragen des Stils und der Interpretation (I), in: ÖMZ 24 (1969), S. 681–690

Hans Swarowsky, Marginalien zu Fragen des Stils und der Interpretation (II), in: ÖMZ 25 (1970), S. 745–755

Hans Swarowsky (†), Menetekel zur „Wahrung der Gestalt", in: ÖMZ 34 (1979), S. 537–544

Hans Swarowsky, Mozart und kein Ende, in: ÖMZ 13 (1958), S. 173 f.

Hans Swarowsky, Musikalische Reproduktion im Kinderkreise. Überlegungen anläßlich der Aufführung von Brittens Kinderoper, in: ÖMZ 8 (1953), S. 92–95

Hans Swarowsky, Noch einmal: Zum „Rosenkavalier"-Libretto, in: ÖMZ 24 (1969), S. 584–586

Hans Swarowsky, Operndeutsch, in: ÖMZ 14 (1959), S. 417–420

Hans Swarowsky, Operntextübertragungen, in: *Schwäbische Thalia. Der Stuttgarter Dramaturgischen Blätter* 11. Jg., Nr. 16 (Dez. 1929), S. 1–5

Hans Swarowsky, Persönliches von Richard Strauss, in: ÖMZ 12 (1957), S. 137–141, 186–190

Hans Swarowsky, Randbemerkungen um den Dirigenten, in: ÖMZ 22 (1967), S. 706–710

Hans Swarowsky, Rund um den „Barbier", in: *Schwäbische Thalia. Der Stuttgarter Dramaturgischen Blätter* 13. Jg., Nr. 37 (Mai 1932), S. 269–278

Hans Swarowsky, Schönberg als Lehrer, in: Rudolf Stephan (Hg.), *Bericht über den 1. Kongreß der Internationalen Schönberg-Gesellschaft. Wien 1974*, Wien 1978 (Publikationen der Internationalen Schönberg-Gesellschaft 1), S. 239 f.

Hans Swarowsky, Ueber meinen Beruf, in: *Jahrbuch des Stadttheaters Zürichs* [1938], S. 29

Hans Swarowsky, Unterricht im Dirigieren, in: *ÖMZ* 13 (1958), S. 171 f.
Hans Swarowsky, Verdi heute, in: *Schwäbische Thalia. Der Stuttgarter Dramaturgischen Blätter* 13. Jg., Nr. 34 (Apr. 1932), S. 245–249
Hans Swarowsky, Verstreute Bemerkungen über Strauss als Dirigent und Interpret, in: *Richard Strauss-Blätter* 1 (1971), S. 3–9
Hans Swarowsky, *Wahrung der Gestalt. Schriften über Werk und Wiedergabe, Stil und Interpretation in der Musik*, hg. von Manfred Huss, Wien 1979; spanische Ausgabe als: *Dirección de orquesta. Defensa de la obra*, übersetzt von Miguel A. Gómez Martínez, Madrid 1988: neu aufgelegt als *Defensa de la obra. Escritos sobre la obra, reproducción, estilo e interpretación en la música*, Madrid 1997
Hans Swarowsky, Wahrung der Gestalt. Zur Bildung einer Stilkommision in der Akademie für Musik, in: *ÖMZ* 8 (1953), S. 290–295
Hans Swarowsky, Zur Aufführung von Glucks „Orpheus", in: *Programmheft der Hamburgischen Staatsoper* 1934/35, H. 1, S. 36–41
Hans Swarowsky, Zur Aufführung von Wolf-Ferraris Die schalkhafte Witwe, in: *Schwäbische Thalia. Der Stuttgarter Dramaturgischen Blätter* 13. Jg., Nr. 13 (Nov. 1931), S. 93–97
Hans Swarowsky, Zur Charakteristik E. N. von Rezniceks, in: *Schwäbische Thalia. Der Stuttgarter Dramaturgischen Blätter* 13. Jg., Nr. 8 (Okt. 1931), S. 57 f.
Hans Swarowsky, Zur Einführung, in: Ernst Hilmar (Red.), *Arnold Schönberg. Gedenkausstellung 1974*, Wien 1974, S. 15 f.
Hans Swarowsky/Georg Knepler, Musik für das Volk? [Gespräch zwischen Swarowsky und Knepler], in: *ÖMZ* 1 (1946), S. 398 f.
Cornelia Szabó-Knotik, Der Mann Mozart. Konstruktionen des Schöpfermythos im Film, in: Günter Krenn (Hg.), *Mozart im Kino. Betrachtungen zur kinematografischen Karriere des Johannes Chrysostomus Wolfgangus Theophilus Mozart*, Wien 2005, S. 30–58
Cornelia Szabó-Knotik, *Mozart im Kino. Eine methodologische und rezeptionsgeschichtliche Untersuchung zum Thema Kunstmusik und Film*, ms. Habil.schrift Universität Wien 1996
Cornelia Szabó-Knotik, Mozarts letzte Liebe – Egon v. Komorzynskis Dilemma von Biographie versus Belletristik, in: Lucjan Puchalski (Hg.), *Mozarts literarische Spuren. Werk und Leben des Komponisten im literarischen Diskurs vom späten 18. Jahrhundert bis zur Gegenwart*, Wien 2008, S. 221–240
Walter Szmolyan, Webern in Mödling und Maria Enzersdorf, in: Österreichische Gesellschaft für Musik (Hg.), *Beiträge 1972/73. Webern-Kongreß*, Kassel usw. 1973, S. 36–39
Walter Szmolyan, Musikstadt Mödling. Von Walther von der Vogelweide bis Norbert Sprongl, in: *Mödling. Landschaft – Kultur – Wirtschaft*, hg. von der Stadtgemeinde Mödling, Mödling 1975, S. 265–300
Szmolyan, Schönbergs Wiener Verein für musikalische Privataufführungen, in: Ernst Hilmar [Red.], *Arnold Schönberg. Gedenkausstellung 1974*, Wien 1974, S. 71–82
Roland Tenschert, Das Sonett in Richard Strauss' Oper „Capriccio", in: *SMZ* 98 (1958), S. 1–6; in englischer Übersetzung von H.C. Robbins Landon: The Sonnet in Richard Strauss' Opera „Capriccio". A Study in the Relation between the Metre and the Musical Phrase, in: *Tempo* Nr. 47 (Spring 1958), S. 7–11
Ernst Tittel, *Die Wiener Musikhochschule. Vom Konservatorium der Gesellschaft der Musikfreunde zur staatlichen Akademie für Musik und darstellende Kunst*, Wien 1967

Franz Trenner, *Richard Strauss. Werkverzeichnis (TrV)*, Wien ²1999
Franz Trenner, *Richard Strauss. Chronik zu Leben und Werk*, hg. von Florian Trenner, Wien 2003
Pierre-Jean Tribot, Hans Swarowsky, un nom à redécouvrir, in: Crescendo Magazine, 30.12.2019; Online-Publikation: https://www.crescendo-magazine.be/hans-swarowsky-un-nom-a-redecouvrir/ (5.8.2021)
Fritz Trümpi, *Politisierte Orchester. Die Wiener Philharmoniker und das Berliner Philharmonische Orchester im Nationalsozialismus*, Wien/Köln/Weimar 2011
Berthold Türcke, The Schoenberg-Mengelberg Correspondence, in: *JASI* 6 (1982) Nr. 2, S. 180–237
Milan Turković, *Senza sordino. Was Musiker tagsüber tun*, Wien 1998
Unabhängige Expertenkommission Schweiz (Hg.), *Die Schweiz, der Nationalsozialismus und der Zweite Weltkrieg. Der Bericht der Unabhängigen Expertenkommission Schweiz – Zweiter Weltkrieg*, Zürich 2002
Unabhängige Expertenkommission Schweiz (Hg.), *Die Schweiz und die Flüchtlinge zur Zeit des Nationalsozialismus*, Zürich 2001 (Veröffentlichungen der Unabhängigen Expertenkommission Schweiz – Zweiter Weltkrieg 17)
Thomas Urban, *Von Krakau bis Danzig. Eine Reise durch die deutsch-polnische Geschichte*, München 2004
Bálint András Varga, Hans Swarowsky. 1899–1975, in: ders., *From Boulanger to Stockhausen. Interviews and a memoir*, Rochester–Woodbridge 2013, S. 99–106
Bálint András Varga, Iván Fischer and Ádám Fischer, in: ders., *From Boulanger to Stockhausen. Interviews and a memoir*, Rochester–Woodbridge 2013, S. 107–115
Willem de Vries, *Sonderstab Musik. Organisierte Plünderungen in Westeuropa 1940–45*, Köln 1998
Peter Vujica, *Steirische Musikgeschichte ab 1945*, 2004; Online-Publikation: http://www.kultur.steiermark.at/cms/beitrag/10106964/2168749/ [mittlerweile (Oktober 2020) nicht mehr verfügbar]
Jürgen-Dieter Waidelich, *Vom Stuttgarter Hoftheater zum Württembergischen Staatstheater. Ein monographischer Beitrag zur deutschen Theatergeschichte*, phil.Diss. Universität München 1956
Josef Wallnig, „Die Bewegung unter allen Umständen genau zu treffen, erfordert lange Übung" (D. G. Türk). Überlegungen zur Temponahme von Mozarts Don Giovanni, in: *ÖMZ* 45 (1990), S. 227–233
Horst Weber, Der dornige Weg zur „Mahler-Renaissance", in: Reinhold Kubik/Erich Wolfgang Partsch (Hg.), *Mahleriana. Vom Werden einer Ikone* [Ausstellungskatalog Jüdisches Museum Wien], Wien 2005, S. 15–22
Jerome F. Weber, Vox Productions – a short history, in: *International classical record collector* 1 (1995/96) No. 3 (Nov. 1995), S. 15–32
Anton Webern, *Briefe an Heinrich Jalowetz*, hg. von Ernst Lichtenhahn, Mainz usw. 1999 (Veröffentlichungen der Paul Sacher Stiftung 7)
Anton Webern, *Über musikalische Formen. Aus den Vortragsmitschriften von Ludwig Zenk, Siegfried Oehlgiesser, Rudolf Schopf und Erna Apostel*, hg. von Neil Boynton, Mainz usw. 2002 (Veröffentlichungen der Paul Sacher Stiftung 8)
Hans-Georg Wehling (Hg.), *Die deutschen Länder. Geschichte, Politik, Wirtschaft*, Opladen 2000, Wiesbaden ³2004

Ralf Weikert, *Beruf Dirigent*, Wien/Köln/Weimar 2017

Bruno Weil [Statement], in: „Meine Meinung verbreitet sich durch ihr Wirken" – Symposium einer Gemeinschaft Gleichgesinnter, in: *ÖMZ* 55 (2000), H. 3 [Themenheft *Was hat denn „Swa" gesagt. ... Hans Swarowsky. Dirigent, Lehrer, Autor*], S. 25

Felix Weingartner, *Die Lehre von der Wiedergeburt und das musikalische Drama nebst dem Entwurf eines Mysteriums „Die Erlösung"*, Kiel–Leipzig 1895

Felix Weingarnter, *Über das Dirigieren*, Berlin $^{1-2}$1896, Leipzig ^{3}1905, ^{4}1913, ^{5}1920

Felix Weingartner, *Lebenserinnerungen*, Wien/Leipzig 1923, Zürich/Leipzig ^{2}1928/1929 (2 Bde.)

Rudolf Weishappel, Österreichische Orchester und Dirigenten, in: *Musica* 16 (1962), H. 3, S. 131–134

Hermann Weiß (Hg.), *Personenlexikon 1933–1945*, Wien 2003

Manfred Weißbecker, Fritz Sauckel. „Wir werden die letzten Schlacken unserer Humanitätsduselei ablegen ...", in: Kurt Pätzold / Manfred Weißbecker (Hg.), *Stufen zum Galgen. Lebenswege vor den Nürnberger Urteilen*, Leipzig 1996, S. 297–331

Welch ein Augenblick! 100 Jahre Oper Graz, hg. von den Vereinigten Bühnen Graz/Steiermark, redigiert von Johannes Frankfurter, Graz 1999

Egon Wellesz, Erinnerungen an G. Mahler und A. Schönberg, in: *Orbis musicae* 1 (1971/72), S. 72–82

Egon Wellesz, Gustav Mahler und die Wiener Oper. Festrede, gehalten am 26. Juni in der Wiener Staatsoper, in: *Die Neue Rundschau* 71 (1960), H. 2, S. 255–261

Egon Wellesz, Mahlers Instrumentation, in: *MdA* 12 (1930), S. 106–110

Egon Wellesz, Mahler's Orchestration, in: *Monthly Musical Record* 60 (1930), S. 321–323

Egon Wellesz, Reminiscences of Mahler, in: *Score*, Nr. 28 (Jan. 1961), S. 52–57

Egon Wellesz, The Symphonies of Mahler, in: *MR* 1 (1940), S. 2–23

Frank Wende (Hg.), *Deutschsprachige Schriftsteller im Schweizer Exil 1933–1950. Eine Ausstellung des deutschen Exilarchivs 1933–1945 der deutschen Bibliothek*, Wiesbaden 2002

Kay Weniger, *„Es wird im Leben dir mehr genommen als gegeben ..." Lexikon der aus Deutschland und Österreich emigrierten Filmschaffenden 1933 bis 1945. Eine Gesamtübersicht*, Hamburg 2011

Joachim E. Wenzel, *Geschichte der Hamburger Oper 1678–1978*, Hamburg 1978

Wer war Hans Swarowsky? Interview Christoph Wellner – Manfred Huss, in: *Magazin Klassik* [Zeitschrift von Radio Klassik Stephansdom] Nr. 8 (Frühling 2018), S. 16–18

Franz Werfel, *Barbara oder die Frömmigkeit*, Frankfurt a.M. 1996 (Gesammelte Werke in Einzelbänden)

Kurt Wilhelm, *Richard Strauss persönlich. Eine Bildbiographie*, München 1984

Kurt Wilhelm, *Fürs Wort brauche ich Hilfe. Die Geburt der Oper „Capriccio" von Richard Strauss und Clemens Krauss*, München 1988

Regula Winkelman/Peter Watchorn, *Die Cembalistin Isolde Ahlgrimm (1914–1995). Eine Wegbereiterin der historischen Aufführungspraxis*, Wien/Köln/Weimar 2016

Eberhard Würzl, *Hans Swarowsky und die Wiener Jugendkonzerte*, Typoskript (nach März 2000), Historische Sammlung IMI

Marianne Zelger-Vogt/Andreas Honegger (Hg.), *Stadttheater – Opernhaus. 100 Jahre Musiktheater in Zürich*, Zürich 1991

Herbert Zeman, Literarische Autographen [sic] aus der Sammlung Anton Dermota, in: *Jahrbuch des Wiener Goethe-Vereins* 86/87/88 (1982/83/84), S. 387–572; wiederveröffentlicht in: ders./ Walter Krause, *Autographen* [sic] *aus drei Jahrhunderten. Literatur – Theater – Bildende Kunst – Wissenschaft*, Zürich/Wien/Köln 1987

Alexander Zemlinsky, *Briefwechsel mit Arnold Schönberg, Anton Webern, Alban Berg und Franz Schreker*, hg. von Horst Weber, Darmstadt 1995 (Briefwechsel der Wiener Schule 1)

Barbara Zuber, „Meine Herren, wenn's beliebt, fangen wir an". Das Bayerische Hof- und Staatsorchester und seine Dirigenten, in: Hans Zehetmair/Jürgen Schläder (Hg.), *Nationaltheater. Die Bayerische Staatsoper*, München 1992, S. 191–206

Carl Zuckmayer, *Geheimreport*, hg. von Gunther Nickel/Johanna Schrön, Göttingen ³2002

Zwischen Demut und Distanz [Johannes Wildner im Gespräch mit Susanne Gradl], in: *Kunsträume. Das Magazin der mdw* 2015, Nr. 4 [Themenschwerpunkt „Die Swarowsky-Idee"], S. 22–27

INTERNETRESSOURCEN

www.hansswarowsky.com: Website des Vereins „Hans Swarowsky Akademie" (im Aufbau) mit tabellarischer Biographie, Auflistung von Einspielungen und Konzertauftritten, biographischen Dokumenten (Briefen, Konzertprogrammen, Photographien) und Statements von Schülern

https://www.wienersymphoniker.at/de/archiv/suche: Datenbank der Konzerte der Wiener Symphoniker seit 1900

https://konzerthaus.at/datenbanksuche: Datenbank der Veranstaltungen im Wiener Konzerthaus seit 1913

ABKÜRZUNGEN

AfMw	Archiv für Musikwissenschaft
AM	Amtsgericht München
ASC	Arnold Schönberg Center Wien
A WPh	Historisches Archiv der Wiener Philharmoniker
AWS	Archiv der Wiener Symphoniker
BAB	Bundesarchiv Berlin
BayHStA	Bayerisches Hauptstaatsarchiv, München
BeG	Nederlands Instituut voor Beeld en Geluid, Hilversum
Biga	Schweizer Bundesamt für Industrie, Gewerbe und Arbeit
BL SA	British Library Sound Archive
BSB	Bayerische Staatsbibliothek, München
B-V	Bärenreiter Verlag, Kassel
CS	Carinthischer Sommer
DAZ	Deutsche Allgemeine Zeitung
DRA B	Deutsches Rundfunkarchiv, Babelsberg
EJPD	Eidgenössisches Justiz- und Polizeidepartment
GEMA	Gesellschaft für musikalische Aufführungsrechte
GG	Generalgouvernement
GStA	Geheimes Staatsarchiv Preußischer Kulturbesitz, Berlin
HSA	Hans Swarowsky Akademie
HSSPF	Höherer SS- und Polizeiführer
ICD	Information Control Division
IfZ	Institut für Zeitgeschichte München
IGMG	Internationale Gustav Mahler Gesellschaft, Wien
IGNM	Internationale Gesellschaft für neue Musik
IMI	Institut für Musikwissenschaft und Interpretationsforschung, Universität für Musik und darstellende Kunst Wien
INA	Institut National de l'Audiovisuel, Bry-sur-Marne
JAMS	Journal of the American Musicological Society
JASI	Journal of the Arnold Schoenberg Institute
KfdK	Kampfbund für deutsche Kultur
KHG	Wiener Konzerthausgesellschaft
MdA	Musikblätter des Anbruch
mdw	Hochschule (Universität) für Musik und darstellende Kunst Wien

MGG	*Die Musik in Geschichte und Gegenwart. Allgemeine Enzyklopädie der Musik*, hg. von Friedrich Blume, 17 Bde., Kassel/Basel 1949/1951–1986
MGG²	*Die Musik in Geschichte und Gegenwart. Allgemeine Enzyklopädie der Musik.* Zweite, neubearbeitete Aufl., hg. von Ludwig Finscher, Kassel usw. 1994–2008
MQ	The Musical Quarterly
MR	Music Review
New Grove	*The New Grove Dictionary of Music and Musicians*, hg. von Stanley Sadie, 20 Bde., London 1980
New Grove 2	*The New Grove Dictionary of Music and Musicians*, hg. von Stanley Sadie, 29 Bde., 2. Aufl. London 2001
NlAS	Nachlass Anton Swarowsky
NlHS	Nachlass Hans Swarowsky
NlP	Nachlass Hans Pfitzner
NSKG	NS-Kulturgemeinde
NSKK	NS-Kraftfahrer Korps
NSV	NS-Volkswohlfahrt
NZfM	Neue Zeitschrift für Musik
NZZ	Neue Zürcher Zeitung
OeM	Österreichische Mediathek des Technischen Museums, Wien
oeml	*Oesterreichisches Musiklexikon*, hg. von Rudolf Flotzinger, Bd. 1–5, Wien 2002–2006
ÖMZ	Österreichische Musikzeitschrift
ÖNB	Österreichische Nationalbibliothek
ÖStA	Österreichisches Staatsarchiv
OZM	Orff-Zentrum München
PuT	Pult und Taktstock
RKK	Reichskulturkammer
RMK	Reichsmusikkammer
SMZ	Schweizerische Musikzeitung
StAL	Staatsarchiv Ludwigsburg
StAZ	Stadtarchiv Zürich
TLZ	Tagebuch Ludwig Zenk
USPD	Unabhängige Sozialdemokratische Partei Deutschlands
WdG	Hans Swarowsky, *Wahrung der Gestalt. Schriften über Werk und Wiedergabe, Stil und Interpretation in der Musik*, hg. von Manfred Huss, Wien 1979
WStLA	Wiener Stadt- und Landesarchiv
WBib	Wienbibliothek (bis 2006: Wiener Stadt- und Landesbibliothek)

PERSONEN- UND WERKREGISTER

Abbado, Claudio 420f., 615, 618, 733f., 746, 749, 751, 897
Abendroth, Walter 345f., 709, 860
Achleitner, Friedrich 62, 74
Ackermann, Otto 284, 873
Adam, Adolphe
   Der Postillon von Lonjumeau 193
Adamska, Zofia 370f.
Adler, Alfred 67
Adler, Frederick Charles 709
Adler, Guido 38, 182, 431, 755–757
Adler, Hans (Konzertdirektion) 642
Adorno, Theodor W. 137f., 147, 158, 672, 723, 760–762
Ahlersmeyer, Mathieu 230
Ahlgrimm, Isolde 621
Aichberger, Ewald 522
Albert, Eugène d' 108, 907
   Die toten Augen 280, 872
   Tiefland 192 f.
Albert, Herbert 417, 509
Albrecht, Gerd 421
Alexeev, Alexander 637
Allwörden, Wilhelm von 243
Almeida, Maria 218
Altenberg, Peter 36, 148, 411
Altmann, Ludwig 65f.
Altschuler, Modest 217
Alvares, Eduardo 746
Alxinger, Johann Baptist von 572f.
Angeles, Victoria de los 897
Anda, Géza 631, 897
Anday, Rosette 110, 187, 209, 704f., 898
Anders, Peter 307
Andrea della Robbia 80
Annovazzi, Napoleone 509
Ansermet, Ernest 275, 313, 675
Antal, Friedrich 84
Antel, Franz 392

Antolitsch, Hans 334
Anzengruber, Ludwig 175
Apel, Willi 608
Apold, Felix 440f., 446, 454–457, 460f.
Apostel, Hans Erich 158, 907
   Fünf österreichische Miniaturen 163, 765
Arent, Benno von 311
Armenian, Raffi 564, 633
Arnold, Ernst 185
Arnold, Malcolm 908
   5 Scottish Dances op. 59 532
Arrau, Claudio 307
Auber, Daniel-François-Esprit 765
Aubin, Tony 625
Auderith, Karl 186f.
Audran, Edmond
   Die Puppe 193
Auner, Mary 122

Bach, David Josef 112, 141
Bach, Carl Philipp Emanuel 608
Bach, Johann Christian 191
Bach, Johann Sebastian 58, 117, 131, 132, 160, 170, 320, 450, 610, 612, 659f., 670, 677, 764, 766, 902, 906
   Brandenburgische Konzerte 650
   Brandenburgisches Konzert Nr. 3 532
   Kantate *Ein feste Burg* 596
   Magnificat 532
   Matthäus-Passion 651, 655–660, 678, 693, 895, 902
   Messe h-Moll 532, 859
   Motette *Singet dem Herrn* 631 f.
   Weihnachtsoratorium 532, 651, 693, 841, 895, 902
   Das wohltemperiertes Clavier 391
Bachauer, Gina 897
Bachler, Klaus 670
Bachrich, Ernst 117, 118, 122–124, 155, 182
Bäck, Paula 184

Badura-Skoda, Paul 574, 582, 900
Bahr-Mildenburg, Anna 312
Bahr, Hermann 60
Baird, Tadeusz 737
Bär, Ernst 448
Barber, Samuel 908
Barbirolli, John 169, 531
Bardodej, Rudolf 203
Barenboim, Daniel 751
Barlach, Ernst 296
Barrault, Jean-Louis 623
Bartók, Bela 16, 36, 120, 154, 170, 188 f., 218, 612, 629 f., 675, 764, 862, 907
  Concerto for Orchestra 532, 612, 638, 783–788
  Der wunderbare Mandarin 764
Barwig, Franz 217
Battistini, Mattia 177
Baum, Kurt 410
Baum, Vicki 625
Baumeister, Willi 190 f.
Bayle, François 638
Becher, Ulrich 263
Bechert, Paul 187, 188 f., 210, 410
Beck, Ludwig 241, 328
Beckmann, Max 296
Beecham, Thomas 229
Beer-Jahn, Bertha 218
Beethoven, Ludwig van 15, 16, 45, 58, 97, 117, 131, 132, 133, 136 f., 142, 167 f., 176, 312, 352, 373, 411, 431, 447, 450 f., 452 f., 458, 462, 494, 508, 565, 580, 582, 591, 601, 610–612, 629 f., 638, 668, 671, 681, 686, 688 f–691, 694–696, 702, 719, 725, 728, 752, 764, 832, 859, 861, 874, 892, 894, 897, 901, 903, 907, 911
  Chor-Fantasie op. 80 532
  Fidelio 133 f., 232, 234, 270, 276, 310, 311, 495 f., 500, 504, 517, 533, 611, 616, 640, 669, 889, 900, 904
  Große Fuge für Streichquartett B-Dur op. 133 15
  Klavierkonzert Nr. 1 C-Dur op. 15 533, 651
  Klavierkonzert Nr. 3 c-Moll op. 37 533, 629, 637, 638
  Klavierkonzert Nr. 4 G-Dur op. 58 351, 533, 559, 629, 900
  Klavierkonzert Nr. 5 Es-Dur op. 73 132, 494, 528, 533, 629, 638
  Klaviersonate c-Moll op. 111 566
  Kontretänze 533
  Missa solemnis op. 123 471, 688, 741, 845, 899, 904
  Ouvertüre zu *Coriolan* op. 62 224, 532, 559
  Ouvertüre zu *Egmont* op. 84 351, 482, 532, 559, 638, 904
  Ouvertüre zu *Die Geschöpfe des Prometheus* op. 43 533
  Ouvertüre zu *König Stephan* op. 117 467
  Ouvertüre zu *Leonore* Nr. 3 op. 72a 348, 353, 430, 446–448, 533, 591, 638, 669, 672, 695 f., 837–839, 904
  Streichquartett f-Moll op. 95 167
  Symphonie Nr. 1 C-Dur op. 21 133 f., 390, 533, 586, 601, 837, 839
  Symphonie Nr. 2 D-Dur op. 36 891, 904
  Symphonie Nr. 3 Es-Dur op. 55 „Eroica" 45 f., 137, 141, 167 f., 352, 446–448, 450 f., 482, 533, 685, 689 f., 736 f., 762 f., 767–773, 832–834, 851, 894, 904, 913
  Symphonie Nr. 4 B-Dur op. 60 482, 533, 559, 752
  Symphonie Nr. 5 c-Moll op. 67 89, 166, 348, 453, 462, 528, 530 f., 533, 559, 580–583, 610, 651, 689 f., 691, 692, 696, 697, 787, 839, 891, 894, 904
  Symphonie Nr. 6 F-Dur op. 68 „Pastorale" 117, 533, 689, 772, 904
  Symphonie Nr. 7 A-Dur op. 92 352, 477, 528, 533, 559, 638, 839, 904
  Symphonie Nr. 8 F-Dur op. 93 390, 533, 904, 909
  Symphonie Nr. 9 d-Moll op. 125 46, 351 f., 370, 384, 426, 466, 533, 587 f., 590, 595 f., 598 f., 610, 645, 758, 767, 773–777, 845, 848, 900, 904
  Violinkonzert op. 61 533, 638, 690
Békeffi, István 792
Bellermann, Heinrich 130
Benatzky, Ralph
  Im weißen Rössl 201 f., 866
Bence, Margarethe 736
Benda, Franz 765
Benda, Hans von 307
Bendl, Josef 464
Benedetti-Michelangeli, Arturo 307
Benedikt, Edmund 66
Benesch, Otto 84
Benjamin Arthur
  Prima Donna 597
Benner, Thomas 577

Benningsen, Lilian 581, 583
Benyovszky, Karl 585
Berg, Alban 36, 100, 118, 120, 121 f., 124, 126 f., 131, 132, 140, 146, 147, 148, 151 f., 158, 161, 169, 171 f., 188, 269 f., 403, 546, 556, 629, 703, 708, 739, 755, 863
   Drei Bruckstücke [...] aus „Wozzeck" 161
   Drei Orchesterstücke op. 6 121–123, 124, 151, 161
   Kammerkonzert 132
   Lulu 152, 153, 159, 269 f., 275, 279, 518, 870
   Symphonische Stücke aus der Oper „Lulu" 152, 160, 161
   Violinkonzert 160, 161, 612
   Wozzeck 100, 152 f., 159, 161, 486, 518, 803
Berg, Helene 100, 161, 421, 725
Berger, Theodor 318, 725, 907
   Impressionen 450
   Rondino giocoso op. 4 462
Berger, Wolfgang 633
Bergmeister, Anton 592
Berlioz, Hector 233, 681, 868
   Le carnaval romain 533, 560
   Les nuits d'été 533
   Symphonie fantastique 650
Bermanis, Simons 287
Bernhard, Lotte 210
Bernini, Gian Lorenzo 82, 83
Bernstein, Leonard 16, 111, 385, 471, 608, 718, 726, 732–734, 740 f., 745, 748 f., 829, 896, 898 f.
Berry, Walter 574, 595, 631., 890
Berté, Heinrich
   Das Dreimäderlhaus 223
Bibl, Rudolf 474, 488, 494, 583
Bieder, Eugen 318
Biedermann, Hermine 596
Bigot, Eugène 623
Bildt, Paul 239
Bilfinger, Rudolf 246
Birkenmayer, Tony 354, 355, 882
Birkmeyer, Toni 590
Birnhuber, Linde 583
Bittner, Julius 182, 186
Bizet, Georges 195, 278
   Carmen 189, 192 f., 200, 206, 209, 226, 229, 232, 276, 278 f., 289, 513, 533, 865, 868, 872, 884
   Suite *L'Arlesienne* 533
   Symphonie C-Dur 650

Bjoner, Ingrid 900
Blacher, Boris 907
   Orchester-Fantasie op. 51 533
   Träume vom Tod und vom Leben op. 49 765
   Variationen über ein Thema von Paganini op. 26 533, 765
Blankenship, William 596
Blaukopf, Kurt 637, 740, 757
Blech, Leo 183, 187, 239, 886
Blei, Franz 63, 64, 65, 67, 83, 190
Bleyle, Karl 191
Blitz, Steffy 122
Bloch, Ernst 263
Blumencron, Maximilian 633
Blumental, Felicja 650
Blumenthal, Oskar 60, 199
Bockelmann, Rudolf 352
Bocklet, Eugen 579, 585
Bodanzky, Artur 217
Bode, Wilhelm 79
Bodenwieser, Gertrude 217
Bodmer, Hans Conrad 874
Boepple, Ernst 340
Boese, Ursula 664, 720, 722
Böhm, Karl 168, 169, 214, 229–231, 297, 311 f., 341, 357, 414, 417, 418, 421, 457, 472, 480, 608, 706, 741, 840, 845, 868–870, 879, 885, 888, 903, 905
Bohnenberger, Dr. 247, 250
Boieldieu, François-Adrien
   Boileau, Nicolas 291 f.
Boieldieu, François-Adrien
   La dame blanche 206 f.
Boito, Arrigo
   Falstaff 806–817, 820
Bölke, Margarete 210
Bonci, Alessandro 175
Bopp, Wilhelm 539
Börkner, Robert
   Dornröschen 480
Bormann, Martin 298 f., 320, 332, 341
Borodin, Alexander 191
   Fürst Igor 533
Boser, Petronella 351
Böttcher, Georg 321
Boulez, Pierre 162, 608, 650, 733
Boullion, Gabriel 623
Boult, Adrian 453

Brabec, Emanuel 554, 587
Brahms, Johannes 16, 35, 85, 114, 117, 131, 132, 155, 194, 232, 312, 373, 459, 494, 580, 607, 609, 611, 629, 636, 646, 650, 668 f., 670 f., 684, 695, 719, 725, 752, 764, 864, 897, 902 f., 904 f.
  Deutsche Volkslieder 145
  Doppelkonzert op. 102 482, 534, 636
  Ein deutsches Requiem op. 45 142, 636, 905 f.
  „Hammerklavier"-Sonate op. 106 690
  Klavierkonzert Nr. 1 d-Moll op. 15 533, 636
  Klavierkonzert Nr. 2 B-Dur op. 83 533, 636, 684, 699, 910
  Klavierquartett g-Moll op. 25 145, 160
  Nänie op. 82 905
  Rinaldo op. 50 419, 511, 833, 905
  Symphonie Nr. 1 c-Moll op. 68 339, 533, 560, 636, 895, 905, 913
  Symphonie Nr. 2 D-Dur op. 73 449, 533, 560, 591, 636, 752, 905
  Symphonie Nr. 3 F-Dur op. 90 528, 533, 560, 636, 905
  Symphonie Nr. 4 e-Moll op. 98 533, 560, 636, 684, 693, 905
  Ungarische Tänze 905
  Tragische Ouvertüre op. 81 731
  Variationen über ein Thema von J. Haydn op. 56a 465, 534, 560, 636, 833, 905
  Variationen über ein Thema von R. Schumann op. 9 117, 132, 153, 155
  Variationen über ein Thema von G. F. Händel op. 24 566
  Violinkonzert op. 77 467, 533, 636
Brand, Karlheinz 591
Brandenburg, Friedrich 201
Brandner, Ingrid 592
Braneze, Maria 623
Brant, Henry 907
  Symphonie Nr. 1 765
Brauer, Herbert 718
Braun, Hans 718
Braun, Helena 313
Braunfels, Walter 191 f.
Brecher, Gustav 791
Brecht, Bert 38, 153, 199, 235, 263, 264, 273, 329, 391, 413, 421
Breig, Friederike 170
Brendel, Alfred 574, 660, 890

Bresgen, Cesar 322
Breuer, Hermann 639
Briem, Tilla 351
Brisk, Barry 47, 96, 423, 426 f., 563, 601 f., 625, 634, 824, 845, 849
Britten, Benjamin 158 f., 421, 897, 902, 907
  A Midsummer Night's Dream 803
  Serenade op. 31 743
  Soirées musicales op. 9 465, 534
  Spring Symphony op. 44 534, 799
  The Young Person's Guide to the Orchestra op. 34 534
Broch, Hermann 37, 64, 83
Brock, Rainer 560 f.
Bronski-Warschafski 248
Bruckner, Anton 16, 35, 114, 119, 131, 144, 155, 176, 373, 420, 449, 585, 611 f., 629, 646, 670, 693, 725, 746 f., 764, 833, 839, 859, 902, 905
  Messe d-Moll 731
  Messe e-Moll 630 f.
  Symphonie Nr. 3 d-Moll 467, 612, 638, 860, 905
  Symphonie Nr. 4 Es-Dur 462, 611
  Symphonie Nr. 5 B-Dur 688, 695, 831, 905
  Symphonie Nr. 7 E-Dur 132, 142, 611, 650, 718, 905
  Symphonie Nr. 8 c-Moll 317, 611, 763, 839, 905
  Symphonie Nr. 9 d-Moll 859, 860, 871, 901, 905
  Te Deum 419, 511 f., 833, 905
Bruckner, Ferdinand 264
Brunner, Gerhard 750, 828
Brunner, Josef 39, 173
Buchbinder, Rudolf 622
Büchner, Georg 257
Buckwitz, Harry 480
Buday, Dénes 893
Buford, Katherine 218
Bulwer-Lytton, Edward 667
Bunzel-Westen-Wallerstein, Lotte 218
Burckhardt, Jacob 95
Burwick, Peter 563
Busch, Adolf 154, 192
Busch, Fritz 140, 190 f., 202, 230, 886
Busch, Wilhelm 201
Busoni, Ferrucio 32, 108, 153, 165, 169, 192, 863
  Arlecchino oder Die Fenster 184, 228
Buzea, Ion 517
Byron, George Gordon 881

Callam, Gertrud 229
Callas, Maria 624
Calvet, Joseph 625
Canaris, Wilhelm 328
Cappuccilli, Piero 517
Caridis, Miltiades 474, 484 f., 488 f., 491, 494, 506, 552 f., 644, 775, 836, 888
Caridis, Sonja 484, 506
Casella, Alfredo 756, 908
Cassadó, Gaspar 217, 897
Casti, Giovanni Battista 555
Castiglione, Baldassare 667
Castiglioni, Niccolò
    Rondels für Orch. 163
Cavara, Arthur 268
Cebotari, Maria 310
Cecerle, Dr. 483 f.
Celtis (Celtes), Conrad
    Der Donaustrom 507
Cerha, Friedrich
Cerny, Gustav 468, 494
Chailley, Jacques 623
Charlebois, Robert 714, 717
Chenier, André 291
Cherkassky, Shura 638, 844 f., 897
Cherubini, Luigi
    Ouvertüre zu *Anacreon* 765
Chladek, Rosalia 549, 552, 587, 591
Chmura, Gabriel 616
Chopin, Frédéric 33, 337 f., 371, 381, 582, 686, 879
    Etüde op. 10,3 565
    Klavierkonzert Nr. 1 e-Moll op. 11 534, 651, 686
    Klavierkonzert Nr. 2 f-Moll op. 21 371, 534, 686, 765
    Rondo à la Krakowiak op. 14 697
Chorafas, Dimitri 623
Choudens, Antoine 195
Churchill, Winston 426
Cimarosa, Domenico
    Il matrimonio segreto 334
Cirul, Mila 39, 173
Clark, Edward 172
Clark, Mark W. 366, 884 f.
Claudius, Eduard 267
Claycombe, Gordon 111, 130, 390
Clemens, Roman 268, 275, 279, 288

Cluytens, André 169
Cochereau, Pierre 623
Cocteau, Jean 623
Coertse, Mimi 462, 714
Colbert, Carl 62, 64 f., 66
Coleman, Satis Norrona 218
Conrad, Max 267 f., 270
Cornelius, Peter 95, 352
    Ouvertüre *Der Kalif von Bagdad* 765
Cort van der Linden, Rudolf A. D. 117
Corti, Axel 392, 799
Cotton, Jerry 662, 665
Cranko, John
Cremieux, Hector 197, 287
Cunitz, Maud 341 f., 879
Czerny, Josef 412
Czerwenka, Oskar 474, 479, 714, 889

Dagover, Lil 381
Dalfen, Katharina 792
Dallapiccola, Luigi 757, 907
    Il prigioniero 160, 163
Damassioti, Kitsa 647
Danczowska, Kaja 371
Danczowski, Dezyderiusz 371
Dansey, Claude 325
Darré, Jeanne-Matie 623
David, Johann Nepumuk 908
David, Yoram 633
Debicka, Hedwig von 177, 178
Debussy, Claude 154, 629, 902, 907
    Prélude à l'après-midi d'un faune 534
Delacôte, Jacques 604, 619
Delibes, Léo
    Coppélia 193
    Le Roi l'a dit (Der König hats gesagt) 199
Dello Jojo, Norman 907
    Epigraph 765
    Serenade 765
Demus, Jörg 543
Denecke, Ernst 323
Denk-Kuna, Karla 591
Denzler, Robert F. 153, 269, 274, 275, 280, 281, 282, 284, 872
Dermota, Anton 351, 896
Derra de Moroda, Friderica 555
Desormière, Roger 169

Destal, Fred 268
Deutsch, Friedrich: siehe Dorian, Frederick
Deutsch, Hubert 517–519, 541, 600, 611, 751, 825
Deutsch, Max 172
Deutsch, Otto Erich 412, 413, 567
Diaghilew, Sergei 39, 173, 210, 863
Di Capua, Eduardo
   O sole mio 893
Dichler, Josef 565 f., 568, 572, 587, 621
Dicker-Brandeis, Friedl 31, 37
Diebold, Bernhard 273
Diehl, André 474, 480, 486 f., 489 f., 495 f., 499–503, 889
Dietrich, Erwin 193, 250
Diez, Ernst 94, 111, 397 f.
Dill, Gottlob 245
Dix, Otto 296
Dohnányi, Christoph von 161
Dollfuß, Engelbert 237, 329, 399, 435
Domgraf-Fassbaender, Willi 208
Donath, Gustav 583
Donizetti, Gaetano 195
   La favorita 534
Dorian, Frederick 132 f., 135, 136 f.
Dörrie, Paul 336
Dransmann, Hans Heinrich
   Caramba! 201, 215
Drapala, Ignaz 74
Drese, Claus Helmut 526
Drewes, Heinz 293, 304 f., 308, 318 f., 327, 338, 360, 379
Drexler, Rudolf 268
Drost, Ferdinand 204–206, 250
Dubrovic, Milan 64, 70
Duhan, Hans 587
Dukas, Paul 907
   L'apprenti sorcier 478, 765
Dulles, Allen W. 325, 732
Dunlap, John 596
Durand 195
Dürer, Albrecht 84, 89, 94, 665
Dürrigl-Schwoiser, Grete 144 f.
Dutilleux, Henri 624
Dutka, Alfred 657
Dvořák, Antonín 194, 612, 629
   Symphonie Nr. 8 G-Dur op. 88 534, 636
   Symphonie Nr. 9 e-Moll op. 95 „Aus der neuen Welt" 471, 481, 636
   Rusalka 193 f., 534, 865
   Slawische Tänze op. 46 534
   Violoncellokonzert h-Moll op. 104 534
Dvorak, Max 20 f., 31, 34, 73, 84–86, 87, 89, 94, 95, 157
Dymow, Ossip
   Schatten über Harlem 201

Ebbs, Helmuth 467–470, 475, 477, 480
Ebers, Clara 353
Ebert, Carl 302
Ebert, Hans 321
Eckbrecht, Andreas (Pseudonym Gina Kaus) 53–55, 63
Eckstein-Diener, Bertha 36
Eckstein, Friedrich 35 f., 859
Edelmann, Otto 474 f., 503, 877, 889
Eder, Helmut
   Genialisch Treiben 560
Egk, Elisabeth 252
Egk, Werner 241, 252 f., 254 f., 908
   Die Zaubergeige 252 f., 765
Ehrenfels, Christian von 88
Ehrenstein, Gisela: siehe Kranz, Gisela
Ehrlich, Mathilde 210
Eibner, Franz 566, 569–573, 610, 895
Eichenauer, Richard 379
Eimert, Herbert 162
Einem, Gottfried von 323 f., 365 f., 385, 421, 725, 728, 750, 907
   Dantons Tod 591
Einstein, Alfred 893
Eisenmann, A. 205
Eisler, Hanns 117, 118, 129, 153, 158, 169, 329, 417, 764
Eisler, Max 94
Eisner, A.R. 322, 380
Elgar, Edward 907
   Enigma Variations op. 36 534
   Introduktion and Allegro for Strings op. 47 534
   March „Pomp and Circumstance" No.1 534
   Violoncellokonzert e-Moll op. 85 534
Elmayer-Vestenbrugg, Willy 689
Elmendorff, Karl 417
Elsheimer, Adam 87

Emmer, Leopold Ernst 690
Endler, Franz 420, 422, 722, 728, 745
Enescu, George 907
Engel von Mainfelden, August 59, 60
Engerth, Ruediger 744, 746, 750
Epstein (sowjet. Zensuroffizier) 364
Equiluz, Kurt 657f., 895
Erb, Rudolf 151, 334, 343, 348f., 368
Erbse, Heimo 907
Erdmann, Eduard 169
Erede, Marco 638
Erhardt, Otto 190f.
Ernst, Max 296
Essipowa, Anna 32
Eysler, Edmund 322, 380

Fall, Leo 155, 380
   Der liebe Augustin 198
Falla, Manuel de 192, 907
   Der Dreispitz 274, 339, 534
   Nächte in spanischen Gärten 534, 844
   La vida breve 534
Fanta, Robert 437, 702
Farkas, Ferenc 765
Farrell, Richard 844
Fassbaender, Brigitte 519
Feher, Paul 268
Fehling, Jürgen 238
Feist, Gottfried 575, 577, 581–583, 585f.
Felix, Fritz 65f.
Fell, W. R. 528
Fellner, Ferdinand 60, 267, 468
Felsenstein, Ellen 284, 289
Felsenstein, Jürgen 289
Felsenstein, Peter 289
Felsenstein, Walter 235, 276–281, 284, 287–289, 313, 794, 872
Fenyves, Alexander 487
Ferrara, Franco 606
Ferrier, Kathleen 478
Fest, Joachim 332
Fetti, Domenico 87
Fevrier, Jacques 623
Fiala, Erich 543, 618
Fiechtner, Helmut A. 420, 731, 750
Figl, Leopold 399
Filzwieser, Robert 629

Firnberg, Herta 549–551, 910
Fischer, Adam 522, 835
Fischer, Edwin 307, 310, 312
Fischer, Ernst 703
Fischer, Iván 609, 667f., 834, 847
Fischer, Karl August 321
Fischer, Wilhelm 217
Fischer-Dieskau, Dietrich 757
Fischer von Erlach, Johann Bernhard 468
Fitzner, Rudolf 206
Fleta, Michele 177
Flipse, Eduard 713
Floros, Constantin 591, 600, 609, 611, 644
Flotow, Friedrich von
   Fatme (Zilda ou La nuit des dupes) 199
   Martha 175, 183, 199, 223, 765
Fock, Dirk 539
Föderl, Othmar 554
Forer, Alois 427
Fortner, Wolfgang 637, 907
   Mouvements für Klav. und Orch. 163
Foster, Lawrence 96, 423
Fournet, Jean 624
Francescatti, Zino 727
Franchetti, Alberto 819
Franck, César
   Symphonie d-Moll 636
Frank, Hans (Maler) 218
Frank, Hans 23, 26, 27, 41, 102, 221, 308, 316f., 330–351, 353–355, 356, 359, 366, 367f., 369, 370, 380–384, 386f., 411, 416, 426, 878–882, 884
Frank, Leo 218
Frankfurter, William 187
Franz Ferdinand von Österreich-Este 867
Franz Josef I., Kaiser von Österreich 50, 174
Freiberg, Gottfried 546, 560f., 884
Freud, Anna 103
Freud, Sigmund 20f., 31, 34f., 93f., 98, 100, 411, 426, 605, 836
Freund, Marya 127
Freund, Richard 65f.
Freund, Robert 683, 690, 694, 830, 833, 840, 841, 842f., 845, 848f.
Frey, Dagobert 84
Frey, Willy 868
Friberth, Carl 804
Frick, Gottlob 896

Frick, Wilhelm 225
Fricsay, Ferenc 421, 726, 899
Friedmann, Asa 146
Frischler, Hermann 184, 185, 186
Fröhlich, August 224
Fröhlich-Sandner, Gerda 626, 628, 635 f.
Froschauer, Helmut 462, 591
Frowein, Eberhard 578
Frugoni, Orazio 623, 650
Fuchs, Hans 202
Fuchs, Robert 110
Furegg, Helmuth 469
Führich, Joseph von 95
Füllenbaum-Frazer, Therese 400, 402
Funk, Leni 287
Fürnberg, Louis 703 f.
Furtwängler, Wilhelm 15, 17, 22, 109 f., 111, 138, 141, 155, 169, 170, 207, 232, 235, 237, 240, 241, 265, 275 f., 277, 297, 307, 311, 312, 317, 368, 391, 414, 450, 451, 457, 542, 608, 661, 702, 827, 860–862, 885 f., 894
Füssl, Karl Heinz 756

Gabriel, Wolfgang 592, 600, 609, 611, 618 f.
Gallmann (Revisor Zürcher Oper) 284 f.
Gallos, Hermann 145, 581, 585
Gamsjäger, Rudolf 442, 520 f., 523, 900
Ganche, Edouard 338
Ganz, Rudolph 217
Gärtner, Hilde 487
Gauchat, Pierre 283
Gavazzeni, Gianandrea 848
Geiringer, Lilly 63, 67, 70
Gelber, Bruno Leonardo 909 f.
Genelli, Bonaventura 95
George, Heinrich 288 f., 382
George, Stefan 395
Gerhart, Maria 177
Gerlach (geb. Fink), Anna Helene 203
Gerlach (verh. Swarowsky), Maria 203, 247, 250 f., 253, 290, 301, 356, 378, 392, 410, 413, 471, 865–867, 873, 876, 883, 888
Gerlach, Eugen 203
Gershwin, George
 Concerto in F 173
Gerster, Ottmar 321
Gerstl, Richard 84

Gerzer, Lina 193
Geyrhalter, Manfred 657 f.
Giacosa, Giuseppe 816, 818
Giannini, Dusolina 276
Gibilaro, Alfonso 534, 908
Giehse, Therese 264
Gielen, Michael 618, 707, 717, 737, 761
Gilels, Elena 637
Gilels, Emil 631, 637
Gillesberger, Hans 590–594, 596
Gillessen, Alfred 346 f.
Gillmann, Alexander 268
Ginsberg, Ernst 267
Giordano, Umberto
 Andrea Chenier 301, 797
Giotto di Bondone 86, 87
Gleißner, Heinrich 577
Gisevius, Hans-Bernd 325
Gitlis, Ivry 650, 844
Gliese, Rochus 306
Gluck, Christoph Willibald 24, 41, 312, 321, 353, 379, 475, 581, 800 f.
 Alceste 321, 798
 Iphigenie auf Tauris 321, 572 f., 801
 Iphigenie in Aulis 184
 Orpheus und Eurydike 223, 232 f., 234, 312, 321, 353, 373, 534, 573, 647, 765, 795 f., 801, 867 f., 896
 Die Pilgrime von Mekka 573, 800
 Il re pastore 801
Glück, Franz 725
Gmeindl, Walther 565 f., 568
Gmendt, Elsa 209
Gmür, Hans-Peter 661
Godowsky, Leopold 32, 108
Goebbels, Joseph 207, 221, 226, 228, 231, 237, 239 f., 265, 289, 290, 295 f., 297, 299, 305, 310–313, 318 f., 333, 334, 337, 338, 348, 354, 361, 383, 386, 396 f.
Goehr, Walter 169, 172, 709
Goerdeler, Carl 241
Goertz, Harald 517, 522 f., 587, 600, 611, 741. 844 f.
Goethe, Johann Wolfgang von 95, 142, 299, 351, 395, 411, 836, 862, 865, 881, 914
 Faust 881
 West-östlicher Divan 835 f.
Goetze, Dr. (Propagandaministerium) 361, 381, 418
Gogh, Vincent van 402

Goldberg, Albert 734 f.
Goldoni, Carlo 364, 804–806
Goldschmidt, Berthold 709
Goldschmidt, Walter 468, 480
Gomez-Martinez, Miguel 616
Gomperz, Heinrich 94
Göring, Hermann 152 f., 237, 238, 239 f., 241, 243 f., 248, 251, 253, 255 f., 295, 410, 468, 871
Gottwald, Hellmut 638
Gounod, Charles
  Margarethe (Faust) 193, 195, 301, 517, 765, 797
Graef, Viktor 565 f., 568
Graeger (Sekretärin von H. Tietjen) 252 f.
Graf, Paul 480
Graf, Viktor 585
Graf, Max 707
Gräflinger, Franz 585
Granichstaedten, Bruno 380
Gregor, Joseph 210, 291, 314, 555
Greissle, Felix 117, 118, 161, 413
Grieg, Edvard
  Klavierkonzert a-Moll op. 16 534, 765
Grillparzer, Franz 401
Grob-Prantl, Gertrude 340, 373
Gröhs, Wolfgang 519–521, 523 f., 548, 601, 612, 616–618, 640, 824, 828, 832–834
Gropius, Walter 37 f., 203
Groß, Edgar 226 f.
Grossmann, Ferdinand 591, 621
Grosz, George 296
Grüber, Arthur 637
Gruber, Karl 464, 841, 846
Gruberova, Edita 420, 522
Gruder-Guntram, Hugo 178, 180, 182, 183, 187, 363, 429 f.
Gründgens, Gustav 229
Grünewald, Matthias 512
Grunin, Eric 168
Grüninger, Paul 261
Grunsky, Karl 859 f.
Guardi, Francesco 80
Güden, Hilde 208, 287 f., 301, 478, 757, 759, 887, 896
Gudenberg, Erich Wolff von 307
Guggenheim, Peggy 422, 874
Guiraud, Ernest 278
Gulda, Friedrich 477, 525, 650, 655 f., 677, 685, 758, 895, 900

Gülke, Peter 775
Günther, Hans F.K. 225
Günther, Leopold
  Max und Moritz 201
Gura, Hedy 231
Gurlitt, Manfred
  Soldaten 229
Guth, Peter 622
Gutzkow, Karl 60

Haarth, Herberth 859
Haas, Heinrich 469
Haas, Michael 718
Haas, Robert 859 f.
Habsburg, Otto von 48, 426
Haeberli (Verwaltungsrat Züricher Oper) 283
Haeusserman, Ernst 378, 740
Hager, Richard 562
Halász, Michael 522
Halbe, Max 381 f.
Halbich-Webern, Maria 46, 139, 150
Halévy, Ludovic 197, 287
Hamann, Hans 483
Hamilton, Iain 534
Hamma, Fridolin 322
Hammerschlag, Lotte 39
Hammes, Karl 238
Händel, Georg Friedrich 320
  Concerto grosso op. 6,10 534
  Deborah 800
  Ezio 902
  Julius Cäsar 243, 252, 651 f., 803, 871, 902
  Messias 46, 730, 762 f.
  Wassermusik (arr. H. Harty) 534
Handl, Herma 479, 486
Handt, Herbert 800, 803 f., 862F.
Hanke, Willy 469
Hansen, Emil Anton 187
Hanslick, Eduard 33
Hardmann, Dorel 656
Hardt-Warden, Bruno 185
Harich-Schneider, Eta 569, 572
Harlan, Veit 382
Harnoncourt, Nikolaus 658, 671, 677, 696, 834, 840 f., 894 f.
Harper, Heather 657
Harper, James 736

Hartl, Anni 39
Hartl, Karl 725
Hartl, Norbert 581, 583
Hartmann, Anton 543
Hartmann, Friedrich 561, 563
Hartmann, Karl Amadeus 907
    Symphonie Nr. 5 163
    Symphonie Nr. 8 163, 765
Hartmann, Rudolf 241, 254 f., 257, 297, 306, 310, 316, 474, 480, 494
Hartmann, Theodor
    Der große und der kleine Klaus 184
Hartung, Gustav 265 f.
Hartungen-Bodanzky, Ida 122 f., 218
Harty, Hamilton 534
Haselböck, Hans 626, 637
Haslinde, Paul 339 f., 348 f., 878
Hassell, Ulrich von 331
Hauer, Josef Matthias 36, 120
Hauptmann, Gerhart 330
Hauser, Richard 158, 395, 587–589, 621, 624
Hauser, Sebastian 474, 479, 486
Havemann, Gustav 307
Haydn, Joseph 16, 19, 117, 131, 166, 310, 373, 412 f., 419, 423, 430–432, 447, 458 f., 545, 610 f., 624, 629, 637, 668, 728, 752, 764, 804, 832 f., 893, 902, 911
    L'Anima del Filosofo ossia Orfeo ed Euridice 651 f., 803, 893, 911
    Klavierkonzert D-Dur Hob.XIV:11 446–448
    Missa Cellensis 638
    Il mondo della luna 804–806, 811
    „Nelson-Messe" 651, 688, 692, 902 f.
    Die Schöpfung 902
    Symphonie Nr. 1 D-Dur 892, 902
    Symphonie Nr. 30 C-Dur 902
    Symphonie Nr. 31 D-Dur 902
    Symphonie Nr. 45 fis-Moll 902
    Symphonie Nr. 54 G-Dur 651, 902
    Symphonie Nr. 65 A-Dur 902
    Symphonie Nr. 70 D-Dur 651, 825, 902
    Symphonie Nr. 82 C-Dur 637, 902
    Symphonie Nr. 83 g-Moll 902
    Symphonie Nr. 85 B-Dur 902
    Symphonie Nr. 90 C-Dur 902
    Symphonie Nr. 93 D-Dur 560
Symphonie Nr. 94 G-Dur 463
Symphonie Nr. 97 C-Dur 482, 629
Symphonie Nr. 99 Es-Dur 560, 629
Symphonie Nr. 100 G-Dur 534
    Symphonie Nr. 102 B-Dur 339, 430–432, 629
    Symphonie Nr. 103 Es-Dur 697
    Symphonie Nr. 104 D-Dur 348, 534, 582 f., 586, 629, 861
    „Theresienmesse" B-Dur 637, 902
    Trompetenkonzert Es-Dur 902
Heath, Valerie 596
Heger, Robert 540
Heifetz, Jascha 900
Heiller, Anton 566, 637
Heinen, Hubert 202
Heinrich von Reuß-Gera-Ebersdorff 222
Heinsheimer, Hans W. 139 f., 152
Heintze, Roswitha 601, 603, 610–612, 616 f., 619 f., 751, 824, 833
Heinz, Ludwig 509
Heinz, Wolfgang 264
Heisig, Dieter 663 f.
Heißler, Wolfgang 549, 638
Hek, Theresia 43
Hellmer, Hans 490 f., 494 f., 500 f.
Hellmer, Hermann 60, 267, 468
Hellmund, Friedrich 201
Henckels, Paul 239
Henning, Magnus 264
Henz, Dr. (Programmdirektor Österreichischer Rundfunk) 598 f.
Henze, Hans Werner 907
    Los Caprichos 163
    König Hirsch 163
    Maratona di Danza 163
Herbert (Seligmann), Walter 117, 128, 172, 182 f.
Hermann, Dagmar 714
Hermann, Hugo 191
Hermann, Lacy 759
Hermelin, Arthur 122, 123
Hermlin, Stephan 267
Herre, Richard 37
Herschkowitz, Philipp 140
Hertel, Alfred 657
Hertz, Henriette 95
Hertzka, Emil 390
Hesse, Ruth 664
Hessenberg, Kurt 318
Heuberger, Richard

Der Opernball 424
Heuss, Theodor 358f.
Hilbert, Egon 209, 364, 516, 643, 725
Hildebrandt, Hans 37, 247
Hildebrandt, Kurt 395
Hildebrandt, Lily 37
Himmler, Heinrich 331, 332, 333, 386
Hindemith, Paul 36, 120, 146, 147, 169, 191, 192, 232, 235, 237, 240, 272, 275, 308, 368, 454, 601, 604, 651, 764, 907
  Cardillac 500–504, 508f., 889, 907
  Konzertmusik op. 49 454
  Ludus tonalis 501
  Mathis der Maler 232, 240, 269, 275, 486, 764, 781, 907
  Mörder, Hoffnung der Frauen 190
  Nobilissima Visione 764
  Das Nusch-Nuschi 190
  Sancta Susanna 228
  Symphonia serena 454
  Symphonie „Mathis der Maler" 235, 419, 454, 478, 482, 511f., 534, 612, 638, 743, 764, 781, 783, 833
  Symphonische Metamorphosen 534, 764f.
  When Lilacs Last in the Door-yard Bloom'd, Prelude for Orch. 454
Hindemith, Rudolf 308, 338f., 341, 342–344, 368, 370f.
Hindenburg, Paul von 302
Hinkel, Hans 289
Hinterhofer, Grete 587, 621
Hirschfeld, Kurt 264
Hirschfeld, Robert 424
Hirzel, Max 270, 276
Hitler, Adolf 21, 150, 221, 225, 229, 237, 239f., 244, 247, 248, 249f., 289, 295, 296–299, 302, 309, 311f., 314, 320, 323, 324, 325, 330–333, 338, 341, 343, 347, 352, 360, 382, 396
Hlawa, Stefan 498
Hochrainer, Richard 629, 631
Hochwälder, Fritz 263, 267, 273
Hoelscher, Ludwig 307
Hoesslin, Franz von 231
Hoff, Hans 415
Höffer, Paul 318
Hoffmann, Ernst Theodor Amadeus
  Das Fräulein von Scuderi 501
Hoffmann, Richard 166

Höfler, Alois 94
Hofmann, Hans J. 411
Hofmannsthal, Hugo von 364, 411
Hofteufel, Marie 62, 65
Högler, Fritz 589
Hogwood, Christopher 894
Holbrooke, Josephh
  Kinder des Don (The Children of Don) 180
Hölderlin, Friedrich 395
Hollender, Joan 526
Hollreiser, Heinrich 309
Holthoff, Wilhelm von 252
Hölzel, Adolf 202
Honegger, Artur 192, 453, 907
  Pacific 231 534
Höngen, Elisabeth 621
Höpfner (Staatsanwalt) 65f.
Hörbiger, Paul 313, 381
Horenstein, Jascha 169, 709, 723f., 761f.
Horovitz, Eduard 61
Horowitz, Vladimir 900
Horszowski, Mieczyslaw 650, 686
Horvath, Erika 107, 791, 823, 850f.
Horwitz, Kurt 264, 410
Hösl, Albert 336
Höslinger, Clemens 664
Hotter, Hans 231, 232f., 306, 313, 316f., 647, 868, 876f.. 887, 896
Hruby, Gerhard 648
Hryntschak, Alexander 454
Huber, Gusti 313
Hübner, Wilhelm 907
Hudez, Karl 462
Hueber, Josef 136f., 145, 167
Hueber, Kurt 543
Hug, Raimund 563
Humm, Rudolf Jakob 264
Hummel, Johann Nepomuk 585
Humperdinck, Engelbert
  Hänsel und Gretel 193, 765
  Königskinder 765
Hüni-Mihacsek, Felicie 145, 146
Hurdes, Felix 575–577, 583
Huss, Manfred 25, 48, 93, 95f., 127, 424, 548, 601f., 612f., 616, 638, 690, 751, 847, 865
Huttig, Alfred 468

Ibert, Jacques 907
   Angélique 516, 799
   Divertissement 535
Illenberger, Franz 590
Illica, Luigi 816
Imdahl, Heinz 662
Issakides, Barbara 391 f.
Itten, Johannes 37 f.
Izmaiłow, Leszek 369

Jaennicke (Abt. Kultur, Krakau) 355
Jahn, Gertrude 657
Jahoda, Fritz 719
Jahrens, Robert 495
Jakobson, Ruth 592
Jalowetz, Heinrich 117, 127, 133, 134, 155, 172, 182 f.
Janáček, Leoš 907
   Die Ausflüge des Herrn Broucek 798
   Kinderreime 765
Janko, Josef 476
Janowitz, Gundula 844
Jansen, Quirin 226
Jansons, Mariss
Jantzen, Hans 86 f.
Jarzebecky (Sektionschef) 64
Jascha, Oscar 185, 186
Jasper, Bella 664
Jelinek, Hanns 158, 621
Jenner, Alexander 462, 574, 595, 890, 900
Jensen, Eugen 267
Jerger, Alfred 181, 310, 519
Jerger, Wilhelm
   Theresianische Feste 353
Jeritza, Maria 175
Jessel, Leon
   Schwarzwaldmädel 184
Jessner, Leopold 410
Jezler, Robert 262
Jirka, Paula 474
Jochum, Eugen 152, 215 f., 231 f., 242 f., 440, 542, 608, 870
Johst, Hanns 224
Jolivet, André 908
Jonas, Franz
Jone, Hildegard 400
Josef II. 555
Josefowitz, David 649 f., 656, 660

Josefowitz, Sam 649 f.
Juellig, Hans 217
Jüllig, Werner
   Klavierkonzert 471
Jungk, Robert 267

Kabasta, Oswald 169, 436, 540
Käch, Andreas 639
Kadelburg, Gustav 60
Kafka, Franz 37, 862
Kaiser, Georg 263 f., 273, 324
   Gas 480
Kalbeck, Max 793, 796
Kallay, Benjamin von 49, 59, 61
Kálmán, Emmerich 155, 380
   Gräfin Mariza 181
Kalmar, Rudolf 725
Kaltenborn, Fritz 117, 121 f.
Kalter, Sabine 229 f., 870
Kamper, Walter 543, 591
Kandinsky, Wassily 296
Kamm, Hans 900
Kapp, Julius 792
Kapper, Paula 208
Karajan, Anita von 364
Karajan, Herbert von 16, 40, 111, 167, 207, 226 f., 307, 308, 364–366, 368, 381, 385, 414, 415, 417, 419, 420, 425, 457, 505, 513, 519, 542, 608, 622, 645, 661, 689, 699, 706, 724 f., 749, 758, 760, 828, 841, 845, 849, 868, 885–887, 898, 902
Karczag, Wilhelm 409
Karłowicz, Mieczysław 371
Kaschnitz von Weinberg, Guido 86
Kassowitz, Gottfried 158, 172, 556, 597, 703, 725
Kästner, Erich 201
Katin, Peter 897
Katschaturian, Aram 907
Kattnig, Rudolf 321
Katz, Claude 560 f.
Katz, David 88
Kaufmann, Dieter 638
Kaufmann, Harald 502, 740
Kaufmann, Louis 650
Kaufmann, Niklaus Bernhard 282 f.
Kaus, Gina 19, 36 f., 53–71, 75, 83, 111, 121, 862
Kaus, Otto 67
Kaus, Peter 55, 67

Kehm, Albert 187–191, 204–208, 210–216, 243, 249–251, 359, 360, 861, 883
Keilberth, Joseph 352, 724, 760
Kelly, Grace Patricia 624
Kempen, Paul van 307, 308
Kempff, Wilhelm 191, 192, 337
Kerber, Erwin 244, 311
Kern, Adele 187, 242, 287, 341 f., 879
Kestenberg, Leo 133, 318
Kickinger, Fritz
   Eine Frau von Welt 500
Kieffer, Jean Egon 725
Kienbacher, Erich 647
Kienzl, Henny 574, 578, 597
Kienzl, Wilhelm 181, 217, 574, 581, 591, 597
   Der Evangelimann 183, 192, 206, 595. 597
   Der Kuhreigen 181
Kienzle, Ulrike 692
Kiepura, Jan 38 f., 173, 863, 893
Kierkegaard, Sören 402
Kiesewetter 410
Kilian, Johann 585
Kininger, Vinzenz Georg 412 f.
Kisch, Egon Erwin 64
Kitaenko, Dimitri 563
Kittel, Hermine 110
Kiwa, Teiko 274
Klapper, Helene 440 f., 458
Klarwein, Franz 316
Klebinder, Ernst 70
Klee, Paul 296
Kleiber, Carlos 518
Kleiber, Erich 15, 127, 152 f., 155, 169 f., 670, 861, 865, 886
Klein, Fritz Heinrich 100
Klein, Rudolf 621 f., 707, 711, 732
Klemperer, Otto 155, 238, 453, 478, 608, 625, 707, 709, 713, 715, 719, 723, 729, 831, 861
Klenau, Paul 172
Kletzki, Paul 169, 370, 707, 717
Klien, Walter 160
Klimt, Gustav 83, 84, 113, 150
Kmentt, Waldemar 595, 896
Knaflitsch, Josef 322, 380
   Sternschnuppen 322, 379 f.
Knapek, Ferdinand 585

Knappertsbusch, Hans 295 f., 311 f., 334, 414, 451, 453, 457, 849, 885
Kneihs, Hans Maria 657
Knessl, Lothar 721, 737–740
Kneuer, Uli 657
Kniplova, Nadezda 664
Knoll, Rudolf 665
Knöpfmacher, Hugo 101, 103 f.
Knöpfmacher, Lia: siehe Laszky, Julia
Knussen, Eric 527, 529 f.
Kobald, Karl 217
Kobau, Ernst 466, 840, 844 f.
Koch, Wilfried 662
Kodály, Zoltán 36, 120, 765, 907
   Concerto für Orch. 449
   Psalmus hungaricus 142
   Suite *Harry Janos* 535
   Tänze aus Galánta 464, 478, 481, 535, 841
Kodjian, Varoujan 633
Köhler, Wilhelm 85
Koizumi, Hiroshi 632 f.
Kojetinsky, Maximilian 468, 480, 491, 493
Kokoschka, Oskar 37, 84 f., 190, 296, 415, 911
Kolb, Ernst 589
Kolbe-Juellig, Margarethe 217
Kolisch, Rudolf 117, 118, 122, 125 f., 127, 128, 148, 154, 167, 169, 672, 676, 690, 695, 837
Kolisko, Robert 268
Kolleritsch, Otto 888
Konetzni, Hilde 270, 276, 863
König, Franz 629
Kont, Paul
   Traumleben 765
Konwitschny, Franz 169, 205–207, 211–213, 250, 354, 386, 866, 880
Koren, Herr 799
Kornauth, Egon 540 f.
Körner, Eduard 711
Körner, Theodor 414, 440, 441
Kornfeld, Si(e)gmund 20, 94
Korngold, Erich Wolfgang 217, 228 f., 540, 907
   Die tote Stadt 229
   Der Ring des Polykrates 765
   Violanta 229
   Das Wunder der Heliane 229
Korompay, Gustav 60, 73
Köth, Erika 896

Kouba, Maria 647f.
Kovacic, Ernst 462
Kowalewsky, Alexander 201
Kozub, Ernst 161
Kraak, Erich 902
Kralik, Heinrich 431, 432f., 454, 460f., 599, 707, 715, 724–727, 758, 761
Krall, Ernst 657
Kramer, Gerhard 737, 740f., 851
Krämer, Josef 337
Kranz (geb. Ehrenstein), Gisela 59, 70
Kranz (geb. Kohn), Emilie 49, 59, 71
Kranz, Erhardt 121
Kranz, Friedrich 59, 60
Kranz, Gerson 49, 59, 71, 882
Kranz, Josef 14, 19, 21, 22, 23, 31, 34, 36, 43–51, 55f., 58–71, 73–84, 91, 107, 108, 109, 110, 112, 120, 221, 249, 253, 303, 426, 859, 862f., 882, 908
Kranz, Malwida Malvine 121
Kranz, Otto Heinrich 121
Kranz, Siegmund Heinrich 120f.
Kraus, Herold 6664
Kraus, Karl 21, 31, 36, 37, 38, 49, 50, 59, 61f., 66, 94, 153, 183, 197, 199, 395, 411, 424, 426, 475, 492f., 601, 605, 615, 858, 862, 866, 888
Kraus, Leo 184
Kraus, Robert 440f., 455, 456f.
Krauss, Clemens 25, 36f., 41, 101, 107, 152f., 156, 169f., 177, 202, 208, 216, 236, 237f., 241f., 244f., 248f., 252f., 254–257, 280f., 290–293, 294–309, 311–314, 31f., 319, 330, 353, 360, 361, 378, 379, 380, 382, 391, 410, 414, 416, 417f., 448, 453, 456, 457, 458, 459, 460, 474, 480, 539f., 542f., 601, 608, 630, 643, 670, 796, 798f., 869–871, 873–877, 880, 885, 887, 905
Krauss, Fritz 187
Krečmer, Rudolf 639
Krenek, Ernst 169, 757, 907
   Glaube und Wissen op. 194 163
   Jonny spielt auf 204
   Karl V. 179
   Konzert für 2 Klav. u. Orch. op. 127 163, 765
   Symphonie Pallas Athene op. 137 163
Krenn, Fritz 239
Krenner, Otto 581
Krenstetter, Josef 549f.
Kreutzer, Conradin
   Das Nachtlager von Grenada 199, 200
Kreuz, Doris: siehe Swarowsky, Doris
Krips, Josef 26, 114, 169, 173, 174, 177f., 377, 385, 408, 414, 437, 438–440, 443, 540f., 608. 643, 703, 706, 719, 724, 737, 760, 840, 864f., 886, 903
Kritz, Karl 410
Krobatin, Alexander von 65
Kronauer (verh. Zenk), Maria: siehe Zenk, Maria
Krones, Hartmut 845
Krotschak, Richard 554
Krüger, Friedrich 332
Kubelik, Rafael 443, 453, 709f., 717, 719, 729, 757, 760
Kubota, Takashi 637
Kühnly, Ernst 265
Kulenkampff, Georg 307
Künneke, Eduard
   Das Dorf ohne Glocke 184
   Lady Hamilton 193
Kunz, Dr. 104, 286
Kunz, Erich 313, 896
Kupelwieser, Leopold 95
Kurlaender, *Dottore* (Agent) 471
Kwartin, Klara 146–148

Lachowicz, Stanislaw 368
Lafferenz, Wieland 638
Lafite, Peter 157, 707
Lagger, Peter 592, 595
Lagoya, Alexandre 623
Lajovic, Uros 601f., 606, 612, 828, 833, 846
Lajtai, Lajos (Ludwig)
   Sommer von einst 198, 792
Lammers, Hans Heinrich 299
Lang, Klaus 479, 486
Lang, Max 202
Lange, Christian 563
Lange, Friedrich 322, 327
Langer, Otto 480
Langhoff, Wolfgang 264, 267
Langmann, Philipp 60
Lanske, Hermann 648
Lantieri, Roberta 522
Lantieri, Marta 519, 522, 526
Lasker-Schüler, Else 264
Laskine, Lili 623
Laszky, geb. Schiller, Linka 25, 97, 101–103, 358

Laszky, Julia (Lia) 24, 25, 39, 45, 47, 50, 97–104, 152, 153, 248, 286 f., 290, 339, 357, 358, 392, 400–403, 706, 763, 860, 863, 873, 876, 883
Laszky, Lajos 25, 97, 101–103, 358
Laszky, Wolf 47, 97, 392, 401, 863
Latoszewski, Zygmunt 355
Lauda, Marianne 621
Lebrecht, Norman 824
Lehár, Franz 134, 155, 312, 380, 480, 582
   Der Graf von Luxemburg 279
   Land des Lächelns 202, 223
   Die lustige Witwe 185
   Paganini 192, 591–595
Lehman, Owen 105
Lehmann, Lili 859
Leibowitz, René 160, 167, 172, 672, 688–690, 886
Leider, Frieda 180, 239
Leinsdorf, Erich 17, 111, 672
Leitner, Ferdinand 421
Leitner, Wilhelm 474
Lengstorf, Ewald 282–284
Lenin, Wladimir Iljitsch 257
Leoncavallo, Ruggero 819
   I Pagliacci 181, 192, 223, 256, 287, 480, 484, 517, 523 f., 535, 844, 870, 889, 908
Leonhardt, Carl 191 f., 202
Leonhardt, Gustav 566, 568 f.
Leontjew, Alexander 210
Lert, Richard 625
Leschetitzky, Theodor 32
Leuer, Hubert 180
Levi, Hermann 876
Levine, James 733
Levy, David M. 48, 328, 361 f., 385
Lewinski, Wolf-Eberhard von 735
Lex, Josef 345
Lhevinne, Josef 217
Lhevinne, Rosina 217
Lichnowsky, Mechtilde 218
Liebeneiner, Wolfgang 578
Liebermann, Rolf 907
Lienbach, Lisa 474
Lierhammer, Theo 218
Liess, Andreas 420, 567
Lifar, Serge 624
Ligeti, György 626
Linke, Karl 115

Linschütz, Arthur 122, 123
Lippi, Filippino 79
Liss, Johann 87
List (München) 418
List, Emanuel 183
List, Kurt 172
Liszt, Franz 32 f., 176, 226, 352, 607, 680 f., 864
   Faust-Symphonie 859
   Klavierkonzert Nr.? 481
   Klavierkonzert Nr. 1 Es-Dur 535, 638
   Les Préludes 535, 560
   Ungarische Phantasie 535
Litschauer, Franz 462
Litschauer, Heidi 622
Littmann, Max 190
Löbl, Karl 648, 707, 716 f., 720, 740
Loewenguth, Alfred 623
Löhner, Fritz 185
Loibner, Wilhelm 462
Loos, Adolf 36, 37
Lorenz, Max 239, 265
Lorenz, Paul 742
Lortzing, Albert 133, 206, 321
   Casanova 321
   Die beiden Schützen 321
   Regina 321
   Der Waffenschmied 134, 192
   Der Wildschütz 272, 280, 872
   Zar und Zimmermann 192
Lothar, Ernst 365, 385, 884
Lotze, Karl 87
Löwe, Ferdinand 35, 36, 141, 434, 539, 859
Löwenthal, Anka 117
Löwy, Prof. 732
Luca, Libero de 821
Ludikar, Paul 798
Ludwig, Christa 631, 714, 717 f., 726
Lueger, Karl 248 f.
Lussmann, Adolf 177
Lustig (Rittmeister) 64
Lustig-Prean, Karl 178
Lutoslawski, Witold 907
Lüttmann, Elly 122

Maazel, Lorin 650, 709, 717, 733, 749, 759
MacMillan, Kenneth 734–736
Mader, Raoul 176

Maderna, Bruno 608, 908
Madsen, Egon 735
Maffei, Francesco 87
Mahler(-Werfel), Alma 37, 105, 708, 732, 735, 756
Mahler, Anna 105
Mahler, Fritz 132, 707, 709
Mahler, Gustav 16, 31, 34, 56 f., 94, 105, 107, 108, 109, 111, 113, 114, 117, 119, 125, 128, 131, 133, 136, 137 f., 140, 142 f., 144, 145, 155, 164, 168, 169 f., 171, 175, 176, 192, 373, 419, 420 f., 424, 430, 437, 443, 466, 606, 610–612, 629, 637, 646, 650, 669–671, 677, 693, 701–753, 756, 755–762, 764 f., 829 f., 833 f., 858, 860, 888, 892, 894, 898, 901 f., 906 f., 909
Kindertotenlieder 716, 726, 736 f.
Das klagende Lied 39, 142, 707, 709, 718, 738, 861
Das Lied von der Erde 125, 140, 157, 420, 437, 478, 535, 693, 703 f., 706–709, 716–718, 724, 731, 734–736, 738, 746, 749 f., 758, 760, 763, 839, 861, 898, 906
Lieder 110, 703, 750, 898, 906
Lieder eines fahrenden Gesellen 716, 718, 738, 741, 906
Symphonie Nr. 1 142, 702, 706, 709, 719, 726–728, 730
Symphonie Nr. 2 142, 703, 706 f., 716–719, 724, 734, 741, 760, 861, 906
Symphonie Nr. 3 109 f., 111, 131, 142, 143, 420, 424, 437, 466, 691, 701–703, 706, 709–713, 719–723, 728–31, 733 f., 742, 747–749, 757–761, 763, 780–782, 832, 860, 897, 906
Symphonie Nr. 4 124, 143, 478, 650, 706 f., 713, 716, 718, 729 f., 738, 743, 748 f., 760, 860, 861, 906
Symphonie Nr. 5 142 f., 693, 707, 718, 724, 726, 748 f., 752, 906
Symphonie Nr. 6 131, 132, 142 f., 709, 713, 731 f., 744–747, 749. 755 f., 762, 842, 860, 900, 906
Symphonie Nr. 7 132, 706 f., 713, 723 f., 726, 728, 749–751, 755 f., 760, 860 f., 906
Symphonie Nr. 8 34, 57, 107, 136, 137 f., 140, 142, 701, 707 f., 712–716, 714, 725, 760 f., 858, 860 f.
Symphonie Nr. 9 427, 637, 706 f., 709 f., 718, 723 f., 738 f., 743 f., 748–752, 760.762, 906, 910
Symphonie Nr. 10 703, 709 f., 716, 719, 725, 737, 749 f.
Maier-Stähle, Erich 246 f., 250

Malaparte, Curzio 333
Malipiero, Gian Francesco 36, 120, 907
Mandl, Hans 461, 462
Manfred, Ernest Free 411
Mann, Erika 264, 276
Mann, Thomas 263, 273, 875
Manowarda, Josef 145, 175, 238, 242
Marcovaldi, Annina 67
Mardayn, Christl 177
Marihart, Werner 563
Marik, Anton 629
Marischka, Ernst 409
Marischka, Hubert 181, 409, 803
Markhl, Erich 589
Mark-Neusser, Paula 218
Markovitz, Vladislav 629
Markowsky, August 180, 183, 187
Marowski, Herman 229
Marschner, Heinrich
  Der Vampyr 191
Martin, Frank 907
  Klavierkonzert Nr. 1 163
  Psaumes de Genève 163
  Violinkonzert 163
  Violoncellokonzert 163
Martin, Wolfgang 410
Martinu, Bohuslav
  Violinkonzert Nr.? 560
Marton, Eva 517
Marx, Joseph 217, 218, 353, 420, 708, 907
Marx, Julius 104, 272–274, 323 f., 325–328, 359, 411, 417, 874
Marx, Max 201
Märzendorfer, Ernst 470, 474.476, 479 f., 490, 492 f., 507 f., 522, 741
Masaccio 87
Mascagni, Pietro 181, 819
  Cavalleria rusticana 181, 192, 209, 256, 287, 301, 320, 484, 517, 535, 791, 797, 870, 889, 908
Maschat, Erik 304
Massenet, Jules 195
  Manon 301, 517
Matacic, Lovro von 169
Matejka, Viktor 363 f., 415 f., 438, 440 f., 454 f.
Mater (Theater Stuttgart) 211–213
Mattews, Denis 696 f.
Matz, Hanna 595

Matzenauer, Friedrich 554, 566 f., 569
Mauthner-Markhof, Manfred 740
Maxwell-Jackson, Nina 741
Mayer, Ernst 574, 589
Mayer, Gerhard 743
Mayer, Hans 267
Mayer, Ludwig Karl 321
Mayerhofer, Inge 583
Mayerhöfer, Josef 498
Mazurkiewicz, Tadeusz 337
McColley, Robert 664
McKee, Gerald 664
Medjimorec, Heinz 462
Mehta, Zubin 21, 127, 151, 171, 341, 420 f., 560 f., 574, 600, 604 f., 611 f., 618 f., 633, 642 f., 682, 688, 733, 746, 749, 751, 832, 839, 842, 862 f., 890, 897, 899
Meilhac, Henri 197
Meinert, Leo 480, 483
Meißner, Otto 302 f., 309, 327, 418, 876
Melchior, Lauritz 229
Melkus, Eduard 572
Melles, Carl 738
Mendelssohn, George H. 649
Mendelssohn Bartholdy, Felix 95, 240, 612, 629, 649
   Die erste Walpurgisnacht 142
   Ouvertüre *Die Hebriden* 893
   Ouvertüre *Ruy Blas* 893
   Ein Sommernachtstraum 97, 240, 465, 535, 581 f., 586, 636
   Symphonie Nr. 3 a-Moll op. 56 636
   Symphonie Nr. 4 A-Dur op. 90 535
   Violinkonzert e-Moll op. 64 240, 462, 535, 636, 844
Mengelberg, Wilhelm 128, 138, 142, 169, 307, 313, 608, 715, 729
Mennerich, Adolf 337
Mennin, Peter 907
   Concerto for Orchestra 765
Menuhin, Yehudi 421, 897, 900
Merinsky, Hilda 121, 122, 123
Mertens (Intendant Kassel) 215
Mertens, André 411
Mertin, Josef 167, 565–573, 609, 611, 671, 677, 687, 841m 895
Metastasio, Pietro 291 f.
Meyer, Frau Hofrat 579
Meyer, Ernst 583

Meyer, Rudolf 217
Meyerbeer, Giacomo 175, 180
   Der Prophet 765
Micheau, Janine 624
Michelangelo 89
Mikulis, Karol 33
Mikulski, Józef 371
Milhaud, Darius 36, 120, 195, 275, 907
   Le pauvre matelot 516, 799
Milinkovic, Georgine von 270, 301
Millöcker, Carl 459, 581 f.
   Der arme Jonathan 184
   Der Bettelstudent 198, 320
   Gasparone 223, 277 f., 544, 872
Millos, Aurel 799
Milstein, Nathan 625
Mitropoulos, Dimitri 169, 709, 718 f., 725 f., 745, 899
Mlakar, Pia 274, 301
Mlakar, Pino 274, 301
Modes, Theo 276
Moeller, Christian 556, 597
Mohaupt, Richard 907
   Die Wirtin von Pinsk 274 f.
Moiseiwitsch, Benno 897
Moldenhauer, Hans 46, 143
Moniuszko, Stanislav 371
   Halka 184, 337, 351, 355, 765 f., 879
Monteux, Pierre 650
Monteverdi, Claudio 764, 765
   L'incoronazione di Poppea 517, 555 f., 800, 902
Moralt, Rudolf 443, 468, 475, 513, 706, 709 f., 848
Moravec, Ernst 554, 554, 560 f.
Mörschner-Figdor, Ingeborg 297
Mortari, Virgilio 907
   Arioso e Toccata *La Strage degli Innocenti* 535
Moscheles, Ignaz 775
Mosenthal, Salomon Hermann 809
Moser, Albert 505
Moser, Hans 181
Moser, Hans Joachim 305, 318 f., 321, 322 f., 341, 352, 353, 709
Mössner, Otto 245–247
Mott, Virginia 341
Mottl, Felix 176
Mozart, Leopold 15, 608, 630, 678, 869
Mozart, Wolfgang Amadé 58, 117, 131, 132, 133, 136, 166, 180, 184, 188, 191, 209, 234, 291, 310, 312,

318, 373, 411, 421, 423, 443, 458, 462, 476, 493, 496, 524, 555, 581, 591, 595, 597f., 611, 615, 624, 627, 629, 630, 639, 668, 671, 677, 679, 686, 693, 695, 701, 728, 752, 764f., 804, 832f., 859, 893, 896, 900f., 903, 911
Bastien und Bastienne 446, 597, 884, 903, 908
La clemenza di Tito 560
Così fan tutte 232, 234, 242, 300, 313, 794, 797, 801, 903
Don Giovanni 134, 306, 311, 312, 364, 517, 535, 556f., 561, 638, 638f., 646f., 651f., 677, 698, 801, 803, 813, 831, 844, 859, 862, 876, 893, 896, 903f., 908, 910
Die Entführung aus dem Serail 252, 311, 459f., 484, 517, 535, 555f., 581, 595, 597, 624, 638, 678, 688, 871, 903, 908
Klarinettenkonzert A-Dur KV 622 535
Klavierkonzert Es-Dur KV 271 535
Klavierkonzert D-Moll KV 466 535, 696f.
Klavierkonzert C-Dur KV 467 535, 655f., 685, 895
Klavierkonzert A-Dur KV 488 535, 582
Klavierkonzert C-Moll KV 491 535, 696f.
Klavierkonzert C-Dur KV 503 638
Klavierkonzert B-Dur KV 595 637, 638, 655f., 685, 895
Konzert für Flöte, Harfe und Orchester KV 299 736
„Krönungsmesse" KV 317 587f., 590, 596, 902
Le nozze di Figaro 134, 188, 287, 310, 312, 313, 334, 364, 365, 517, 535, 583–586, 638 688, 801, 883, 903, 908
Les petits riens 555f.
Requiem KV 626 588
Der Schauspieldirektor 291, 555f.
Die Schuldigkeit des ersten Gebots 556
Serenade G-Dur KV 525 „Eine kleine Nachtmusik" 16, 170, 463, 535, 629, 682, 697, 893, 903
Sinfonia concertante KV 364 535
Symphonie Nr. 29 A-Dur KV 201 629, 903
Symphonie Nr. 35 D-Dur KV 385 638
Symphonie Nr. 36 C-Dur KV 425 536, 629, 638
Symphonie Nr. 38 D-Dur KV 504 629, 638
Symphonie Nr. 39 Es-Dur KV 543 423, 530, 536, 580f., 583, 586, 629, 638, 904
Symphonie Nr. 40 g-Moll KV 550 536, 560, 602, 629, 638, 696, 904

Symphonie Nr. 41 C-Dur KV 551 166, 353, 535, 629, 638, 679, 903f.
Solfeggi KV 393 423
Violinkonzert A-Dur KV 219 430, 638
Violinkonzert ? 727
„Waisenhausmesse" KV 139 615
Die Zauberflöte 134, 188, 252, 312, 313, 466, 478–480, 509, 517, 523, 525, 528, 535, 543f., 587f., 590–594, 611, 624, 638, 686–688, 698, 844, 859, 889, 896, 903, 908
Mrazek, Eduard 650, 699, 900
Muck, Karl 859
Müller, Brigitte 587
Müller, Karl F.
  Kleftikos 462
Müller von Kulm, Walter 274, 907
Müller-Blattau, Joseph 321, 573
Müller-Guttenbrunn, Adam 175
Munch, Charles 650
Münch, Fritz 589
Münchow, Anny 229
Münzer, Leopold 122
Musil, Martha 64, 67, 69
Musil, Robert 37, 64, 67f., 83, 263
Mussorgski, Modest
  Bilder einer Ausstellung (arr. Ravel) 536
  Boris Godunov 180, 500f., 504, 508f., 889
  Eine Nacht auf dem kahlen Berge 481
Muti, Riccardo 519

Nabokov, Nicolas 908
Napoleon Bonaparte 881
Navarra, André 623
Nedbal, Oskar
  Polenblut 320
Nedomansky, Leopold 543, 740
Neer, Aert van der 80
Neher, Caspar 235
Nekola, Tassilo 887
Neuner, Raimar 639
Nesch, Lothar 736, 743
Neschling, John Luciano 625
Nestroy, Johann 175, 317
  Einen Jux will er sich machen 597
Neubach, Ernst 185
Neubauer„ Josef 725
Neumann, Alfred 273

Neumann, Josef (Bürgermeister Bad Aussee) 580, 583
Neumann, Karl August 239
Neumann-Spallart, Gottfried 474, 490, 495–503, 587, 591, 594, 889
Neuner, Raimar 639
Ney, Elly 312, 382
Nick, Edmund
　Leben in dieser Zeit 201
Nicolai, Otto 321
　Die Heimkehr des Verbannten 321
　Die lustigen Weiber von Windsor 809
Nidetzky, Friedrich 583
Niederführ, Hans 591, 593
Niemczyk, Waclaw 351
Nigg, Toni 633
Nikisch, Arthur 108, 176
Nilsson, Birgit 900
Nödl 561
Noé, Günther von 474, 494, 507
Noglik (Musikreferent Krakau) 355
Nolde, Emil 296
Nordberg, Hermann von 572
Nordegg, Sepp 474, 479–481, 486 f., 889
Nordmann, Richard 60
Norrington, Roger 894
Noskowski, Zygmund 371
Nottebohm, Gustav 775
Novaes, Guiomar 900
Novak, Vitezslav 154
Novakovic, Olga 117, 118, 122–124
Noverre, Jean-Georges 190, 555
Nowak, Leopold 420, 725
Nuri, Bachria 279
Nussio, Otmar 765

Obrtmeyer, Hermann 708
Odnoposoff, Ricardo 621, 623
Oesterley, Emil 574–578, 580, 583, 585 f.
Offenbach, Jacques 196–198, 199, 229, 240, 278, 287, 475, 597, 866
　Die Banditen 229
　Fortunios Lied 193, 196
　Hoffmanns Erzählungen 174, 183, 193, 196–198, 240, 485, 526, 865
　Orpheus in der Unterwelt 185 f., 193, 196–198, 287, 766, 865, 872, 908

Pariser Leben 278
Die schöne Helena 240, 860
Urlaub nach Zapfenstreich 193, 196
Ogura, Fuminasa 638
Ohmann, Friedrich 60, 62, 74 f.
Olejniczak, Henryk 369
Onassis, Aristoteles 624
Onegin, Sigrid 268
Oprecht, Emil 264
Orel, Alfred 860
Orff, Carl 359, 377, 384
Ormandy, Eugene 169, 709, 887
Ostade, Adriaen van 80
Österreicher, Karl 171 f., 462, 546, 548–552, 559 f., 564 f., 592, 606 f., 609
Ostheim, Rolf von 543, 591
Ostrowsky, Avi 564
Ottisch, Hemma 634 f.
Otto Franz Josef von Österreich 867
Otto, Theo 264, 266
Oubradous, Fernand 623, 625
Overbeck, Friedrich 95
Ovid (Publius Ovidius Naso) 667

Pabst, G.W. 379
Pächt, Otto 87
Paganini, Niccolò 881
Palma, Jacopo (il Giovane) 80, 87
Panhofer, Walter 561
Parma, Verena 583
Parry, Hubert
　Blest Pair of Sirens 536
Paryla, Eva 266
Paryla, Karl 264, 266
Pasetti, Otto von 364 f., 385
Paskalis, Kostas 517
Pasquier, Pierre 623 f.
Passini, Johann Nepomuk 412
Patay, Irene 583
Patzak, Julius 341 f., 352, 478, 647, 704 f., 803, 879
Pauly, Rose 187
Paumgartner, Bernhard 589, 621
　Die Pagoden 199
Pears, Peter 897
Pegors, Donna 592
Pella, Paul 172, 226
Penderecki, Krzysztof 369, 626, 882, 901

Peres-Newton, Manuel 637
Pergolesi, Gian Battista
   Flötenkonzert 536
   attr.: *Il maestro di musica* 624, 647, 697, 896, 902
   La serva padrona 766
Pernauer, Wolfgang 569
Pernitsch, Oskar 543
Pernoo, Jacques 624f.
Pernter, Hans 365
Perz, Gerhard 657
Pestalozzi, Johann Heinrich 836
Petermandl, Hans 462
Peymann, Claus 506, 889
Pfeiffer, Carl 413
Pfiffers, Rena 177
Pfitzner, Hans 17, 22, 36, 120, 154, 165, 191, 192, 232,
   330, 345–347, 353, 355, 382, 384, 386, 421, 672,
   879, 882, 907, 912
   Der Arme Heinrich 191, 232
   Das Christ-Elflein 223, 867
   2. Konzert für Violoncello und Orch. 346
   Krakauer Begrüßung 345f., 353, 384
   Palestrina 109, 119, 191, 346, 484, 486, 488, 517,
      889, 900
   Die Rose vom Liebesgarten 191
   Werk und Wiedergabe 165, 672, 867
Pfitzner, Mali 355, 421, 517, 912
Pfundmayer, Hedy 180, 187
Philidor, François-André Danican 624
Piantini, Carlos 633
Piatigorsky, Gregor 410
Pichler, Günter 462
Pierlot, Pierre 623
Piero della Francesca 87
Piffl-Perčević, Theodor 643
Pilss, Karl
   Tarantella 462
Pinza, Ezio 310
Pirchan, Emil 479
Pisk, Paul Amadeus 123, 755
Pistorius, Karl 268
Placht, Ilse 579, 585
Planyavsky, Peter 462
Platen, Horst
   Krieg über Sonja 229
Pocci, Franz von 391
Pöch, Rudolf 94

Poike, W. 746f.
Polgar, Alfred 56, 404
Polke, Rolf 662, 664
Pollak, Egon 229
Pollatschek, Viktor 148
Polnauer, Josef 46, 118, 132, 158, 330, 725, 755f., 906
Popitz, Johannes 241
Praselj, Dusan 564
Prawy, Marcel 629, 638
Preetorius, Emil 317
Preiser, Otto G. 893, 895
Pressler, Menahem 686
Presti, Ida 623
Presuhn, Alexander 191
Preussner, Eberhard 589
Previn, André 421
Prey, Hermann 738f.
Prieberg, Fred K. 351
Prihoda, Vasa 312, 554
Prohaska, Felix 73, 365, 385, 580, 848, 886
Prohaska, Jaro 224
Prokofiew, Sergej 36, 120, 612, 907
   Symphonie Nr. 1 op. 25 536
   Violinkonzert Nr. ? 727
Prunk, Anni 478, 705
Pruscha, Viktor 268, 469, 501, 509, 889
Prybil, Heinz 268
Puccini, Giacomo 16, 41, 134, 157, 175, 180, 195, 208,
   476, 591, 766, 819, 908
   La Bohème 180, 206, 208, 223, 227, 280, 301,
      513, 517, 526, 583–586, 671, 791f., 794f., 797,
      804–812, 815–821, 861, 866f., 884
   Capriccio sinfonico 918
   La fanciulla del West 134
   Gianni Schicchi 798
   Madama Butterfly 188, 193, 274, 287f., 289f., 517,
      811, 871
   Il tabarro 202, 223, 867
   Tosca 174, 175, 205, 242, 301, 306, 479, 481, 517,
      536, 796, 811, 844f., 865, 869, 872, 876, 889
   Il trittico 798
   Turandot 301, 490f., 499, 504, 507, 509, 517, 797,
      889, 910
Purcell, Henry
   Suite aus „Orpheus Britannicus" (arr. Britten) 536
Puschacher, Walter 581, 583
Puthon, Heinrich von 364, 365, 385

Putzlitz, Joachim von 190

Quantz, Johann Joachim 608
Quintilian 667

Raabe, Peter 226
Rachmaninow, Sergei 907
    Klavierkonzert Nr. 2 c-Moll op. 18 536
    Klavierkonzert Nr. 3 d-Moll op. 30 536
    Variationen über ein Thema von Paganini op. 43 536, 638, 844
Radó, Elisabeth 587
Raffaellino del Garbo 50, 79f.
Ragossnig, Konrad 631
Raimund, Ferdinand 175
Raimund, Karl 217
Rainer, Friedrich 311, 313
Rainier III. von Monaco 624
Rampal, Jean-Pierre 623
Rankl, Christine 46
Rankl, Karl 46, 117, 118, 127, 129, 133, 155, 158, 163, 172, 173, 178–180, 182, 421, 424, 501, 528f., 707, 709, 897, 907
    A Christmas Overture 536
    4 Scottish Songs 536
    Symphonie Nr. 5 536
Rantzau, Käthe 177
Rasch, Bodo 37
Rasch, Heinz 37
Rath, Erich 840
Rathkolb, Oliver 360
Ratz, Lonny 408, 755
Ratz, Erwin 37f., 39, 102, 130, 131, 142, 145, 158, 329f., 355, 391, 395, 408f., 410, 416, 609f., 708, 723f., 750, 755–762, 895
    Einführung in die musikalische Formenlehre 756
Ravel, Maurice 16, 36, 108, 120, 127, 195, 765, 861, 902, 907
    Bolero 536
    Klavierkonzert 478, 482
    Suite Nr. 2 „Daphnis et Chloé" 536
Raymond, Fred 907
    Ich hab mein Herz in Heidelberg verloren 174, 185f., 865, 908
Redlich, Hand Ferdinand 555, 800
Reger, Max 117, 119, 144, 154, 170, 430, 459, 904, 907
    Eine romantische Suite op. 125 124
    Totenfeier 731
    Variationen und Füge über ein Thema von W.A. Mozart op. 132 430–432, 536
Reich, Wilhelm 39, 94, 98f., 104
Reich, Willi 152, 421
Reichenberger, Hugo 187
Reichert, Ernst (?) 582
Reichwein, Leopold 540, 869
Reindl, Emil 373
Reiner, Fritz 709
Reinhardt, Max 863
Reinhart, Werner 150f.
Reining, Maria 310
Reininger, Robert 94
Reinitz, Béla 201
Reinking, Wilhelm 235
Reinmar, Hans 229
Reinshagen, Victor 277f.
    Tanz um Daisy 277f.
Reisch, Emil 94
Reisinger, August 217
Reitler, Josef 410
Remarque, Erich Maria 225
Remartinez, Luíz G. 639
Rembrandt van Rijn 94
Renner, Karl 69
Rennert, Günther 235
Rennesson, Marthe 623
Renoir, Auguste 19, 34, 48, 624
Respighi, Ottorino 36, 120, 536, 907
    Antiche danze ed arie. Suite Nr. 1 536
    Belfagor 228
    Fontane di Roma 528, 536, 766
    Pini di Roma 528, 536
Rethberg, Elisabeth 310
Rethy, Esther 310
Reucker, Alfred 267
Reutter, Hermann 191, 192
Revoil, Fanély 623
Reynolds, Anna 746
Reznicek, Emil Nikolaus von 200
    Ouvertüre zu *Donna Diana* 530, 536
Ribbentrop, Lonny 38, 39, 408f.
Richter, Gerd 235
Richter, Hubert 145
Richter, Karl 895

Richter, Kurt 462
Rieder, Wilhelm August 411 f.
Riegl, Alois 20, 31, 34, 86, 89, 95
Riemann, Hugo 191
Riess, Curt 264
Riessberger, Helmut 657
Rieti, Vittorio 275
Rinesch-Hellmich, Ilse 798
Rintzler, Marius 657
Rittersheim, Albin von 177, 178, 184
Robbins Landon, H.C. 166, 423, 545, 567, 647, 800, 803 f., 893, 904, 911
Robst, Robert 210
Rocchini, Giorgio 632
Roda-Roda, Alexander 104
Roger, Kurt Georg 585
Röhm, Josef 711
Rohm, Wilhelm 589, 725
Rohr, Hanns 308, 334, 338, 344, 368, 382
Rohr, Otto von 664
Rohs, Martha 268
Roller, Alfred 57, 175
Romer, Hermann 117
Romersbadt, Baron von 203
Ronsard, Pierre de 38, 291 f., 798 f., 874
Röntgen J. M. 639
Roos, Harke de 639
Rooschütz, 270 f., 284
Rosbaud, Hans 169, 275, 707
Roschitz, Karlheinz 743–745, 748
Rosé-Quartett 755
Rosenberg, Alfred 224, 227 f., 235, 237, 318, 322
Rosengarten, Maurice 759
Rosenthal, Moriz 32–34, 108, 863
Rosner, Karl 546, 554, 560
Rössel-Majdan, Hilde 595, 711
Rossi, Mario 511
Rossini, Giachino 462, 465, 865
   Il barbiere di siviglia 192, 200, 337, 523, 640, 865
   Guillaume Tell 560
   L'italiana in Algeri 536
   La scala di seta 464
   Semiramide 536
   Suite „La boutique fantasque" (arr. Respighi) 536
   Tancredi 536
Rosvaenge, Helge 187, 242
Rosvanege, Rehlia 187

Rot, Wolfgang 563
Roth, Karl 60
Rothenbühler, Kurt 271, 284
Rothmüller, Marko 267, 268, 287 f.
Rothmund, Heinrich 261, 262, 267, 283 f., 873
Rothschild, Fritz 608
Rott, Adolf 556
Rowicki, Witold 370, 882
Rowinski, Kurt 323
Różycki, Ludomir 371
Rubel, Eisig 65 f.
Rubin, Marcel 708, 712, 728–730
Rubinstein, Arthur 8900
Rubinstein, Nikolaus 32
Ruch, Albert 229, 231 f.
Rückert, Heinz 268, 270
Rufer, Josef 117, 120, 157, 158, 407
Ruff, Philipp 743
Rühm, Otto 554
Rünger, Gertrud 209, 340, 373
Ruppel, Karl Heinz 743
Rysanek, Leonie 574, 595, 890

Sabata, Victor de 453
Sacharow, Andrei 875
Sacher, Paul 453 f.
Sachse, Leopold 228 f.
Sackmann 247, 250
Saint-Saëns, Charles Camille
   Samson et Dalila op. 47 536
   Symphonie Nr. 3 c-Moll op. 78 651, 766
Salieri, Antonio 291
   Prima la musica, poi le parole 291, 555, 800
Salmhofer, Franz 391, 725
Samohyl, Franz 554, 561
Sanviësto, Abraham 39, 173
Sanviësto, Elisabeth 39, 173
Sardou, Victorien 60
Sargent, Malcolm 453
Satie, Eric 36, 120
Sauckel, Fritz 225 f.
Sauer, Emil von 32 f., 108, 217, 863
Saxl, Fritz 84
Schäfer, Karl Heinz 598, 644 f.
Schäfer, Walter Erich 201, 207 f., 644 f,
Schaffgotsch, Maria Josefa 591
Schäftlein, Elisabeth 657

Schalk, Franz 35, 36, 113f., 141, 156, 539f., 643, 859–862, 905
Scheel, Gustav Adolf 314, 317
Scheffer, Paul 67f.
Scheidt, Wolfgang 638
Scheit, Karl 565f., 568, 621
Schenk, Erich 707
Schenk, Joseph von 65
Schenker, Heinrich 610
Schenkmann, Edgar 104
Scherchen, Hermann 151, 160f., 172, 264f., 390, 453, 608, 707, 713, 715, 729, 886
Schering, Arnold 191
Scherler, Gerhard 361, 381
Scherlich, Norbert 572
Scherzer, Grete 582f., 595
Scheyrer, Gerda 714
Schibler, Armin 908
Schiele, Egon 83, 84, 121, 911
Schiff, Heinrich 462
Schiffer, Ludwig
  Der große und der kleine Klaus 184
Schikaneder, Emanuel 313
Schiller, Friedrich von 469
  Wilhelm Tell 468
Schindler, Anton 686, 775
Schindler, Oskar 345
Schipper, Emil 175
Schirach, Baldur von 224, 297, 322, 341
Schirach, Rosalind von 224
Schiske, Karl 587–589, 725, 907
  Klavierkonzert op. 11 163
  IV. Symphonie op. 44 163, 766
  V. Symphonie „auf B" op. 50 163
Schlee, Alfred 157, 158, 363, 407
Schlemmer, Karin 37, 203, 471
Schlemmer, Oskar 31, 37, 190, 202f., 471
Schlosser, Julius von 84, 94
Schloß, Sybille 264
Schlösser, Rainer 207, 250, 300, 311, 354, 355, 386, 797, 880
Schmeidel, Hermann 408, 540f.
Schmid (Lehrer an der Wiener Musikakademie) 561
Schmid, Erich 151, 707
Schmid, Reinhold 561, 589
Schmid-Bloß, Karl 265f., 267–272, 275, 280, 282

Schmidek, Kurt 738, 743
Schmidt-Isserstedt, Hans 169, 214, 243
Schmidt, Franz 171, 217, 540, 708, 907
  Symphonie Nr. 4 891
  Variationen über ein Husarenlied 449, 477f.
Schmidt, Friedrich 465
Schmidt, Heinrich 352
Schmidt, Joseph 259, 267
Schmidt, Peter 801
Schmitz, Paul 187, 188, 192
Schmutzer, Ferdinand 411
Schnabel, Artur 170, 690
Schneiber, Herbert 476, 486f., 501f., 511, 633, 648, 710f., 714–716, 721, 727–729, 738
Schneider, Ernst August 519f., 523, 526
Schneider, Romy 409
Schneiderhan, Walter 487, 711
Schneiderhan, Wolfgang 337, 472, 888
Schnitzler, Arthur 36, 49, 59, 62
Schnoor, Hans 709
Schoeck, Othmar 275
Schöffler, Paul 310
Schollum Robert 421, 427, 571f.
Scholz, Alfred 645, 895f.
Scholz, Rudolf 462
Schönberg, Arnold 14, 20, 31, 32, 35, 36, 37, 38, 46, 57, 83, 84, 88, 98, 100, 108, 110, 111–113, 115–132, 134, 136, 137f., 146, 147, 148, 149, 150–156, 157, 158–162, 163f., 165f., 167, 168, 171f., 175, 178, 181, 182, 183, 187f., 192, 208, 221, 226, 329f., 389, 401, 403, 407, 409, 413, 415, 419, 424, 426, 450, 477f., 501, 600f., 604f., 610–614, 629, 651, 669f., 675, 677, 682, 693, 708, 713, 739, 751f., 755–757, 763–766, 830, 861–863, 894, 902, 906f., 909, 912
  Erwartung op. 17 126f., 154, 160
  Friede auf Erden op. 13 160
  15 Gedichte [...] von Stefan George op. 15 126f.
  Die glückliche Hand op. 18 126f., 179, 180f.
  Gurre-Lieder 14, 111f., 126f., 159, 163, 860, 861, 863, 871
  Harmonielehre 614
  Die Jakobsleiter 14
  1. Kammersymphonie op. 9 119, 121, 126, 154, 171, 560, 755
  2. Kammersymphonie op. 38 160, 161, 181, 413, 618
  Klavierkonzert op. 42 160

Kol nidre op. 39 160, 907
Moses und Aron 160 f., 907
Orchesterinstrumentation von J. Brahms, Klavierquartett op. 25 160
Orchesterinstrumentation von Bach-Orgelwerken 160
Sechs Orchesterlieder op. 8 160, 161, 731
Fünf Orchesterstücke op. 16 124, 160
Pelleas und Melisande op. 5 127 f., 160, 606, 612, 693 f., 828, 895
Pierrot lunaire op. 21 126 f., 171, 560
1. Streichquartett op. 7 126 f.
2. Streichquartett op. 10 126 f., 160
Suite für Streichorchester 161, 413
Ein Überlebender aus Warschau op. 46 160, 907
Variationen für Orchester op. 31 151, 160
Verklärte Nacht op. 4 98, 612, 755, 765
Weihnachtsmusik 118 f., 124
Schönberg, Georg 117, 118, 119, 330
Schönberg, Gertrude 117, 160
Schönberg, Mathilde 117, 118
Schöne, Lotte 177
Schopenhauer, Arthur 94
Schorr, Friedrich 180
Schostakowitsch, Dimitrij 612, 907
   Katerina Ismailowa 268
   Violinkonzert Nr. 1 536
Schranek, Alfred 522
Schreder, Karl
   Der große und der kleine Klaus 184
Schreiber, Wolfgang 745 f.
Schreier, Peter 517
Schreker, Franz 36, 120, 651, 708, 907
   Der Geburtstag der Infantin 766
   Kammersymphonie 766
Schrems, Karl 588
Schubert, Franz 138, 144 f., 193, 202, 223, 353, 411 f., 443, 493, 611, 629, 684, 728, 894, 902, 904
   Deutsche Tänze 904
   Der häusliche Krieg (Die Verschworenen) D 787 180
   Lazarus D 689 738, 904
   Lieder 810, 839, 878, 904
   Messe in Es-Dur D 950 144 f., 636, 863, 878m 904
   Nachtgesang im Walde D 913 145
   Opern 904
   Ouvertüre *im italienischen Style* Nr.? 718
   Ouverture zu *Rosamunde* D 797 465, 536, 560
   Symphonie Nr. 3 D-Dur D 200 619, 904
   Symphonie Nr. 4 c-Moll D 417 „Tragische" 736, 904
   Symphonie Nr. 5 B-Dur D 485 582 f., 636, 682, 904
   Symphonie Nr. 6 C-Dur D 689 636, 904
   Symphonie Nr. 7 h-Moll „Die Unvollendete" 16, 132, 144, 536, 560, 636, 696 f., 731, 878, 904
   Symphonie Nr. 8 C-Dur D 944 560, 636. 684, 688, 697, 838 f., 904
   Symphonie E-Dur D 729 636
Schubert, Maria 412
Schubert, Richard 229
Schuch, Ernst von 176, 859
Schuh, Oscar Fritz 228, 230, 235
Schuh, Willi 272, 290, 294, 311
Schüler, Johannes 253
Schüller, Richard 732
Schulte, Eduard 324
Schultze-Naumburg, Paul 225
Schultze, Norbert 321
Schulz, Margarete 345
Schumann, Robert 202, 565, 597, 629, 725
   Klavierkonzert a-Moll op. 54 477, 536, 591, 612, 616, 636, 900
   Symphonie Nr. 1 B-Dur op. 38 902
   Symphonie Nr. 2 C-Dur op. 61 902
   Symphonie Nr. 3 Es-Dur op. 97 902
   Symphonie Nr. 4 d-Moll op. 120 482, 636, 902
   Violoncellokonzert a-Moll op. 129 636
Schünemann, Georg 305, 876
Schürer, Heinz 662 f.
Schuricht, Carl 650, 757
Schürmann, Harry 177
Schütz, Heinrich 765
   Weihnachtshistorie 649, 902
Schwabe, Rudolf 265 f.
Schwalb, Michael 643 f.
Schwanthaler, Familie 95 f.m 911
Schwanzer, Karl 621
Schwarz, Josef 175
Schwarz, Vera 621
Schwarzkopf, Elisabeth 878
Schwarzwald, Eugenie 37, 38, 132
Schwarzwald, Hermann 37

Schwertmann, Hermann 427
Schwinck, Alexander 638
Schwind, Moritz von 412
Sciutti, Graziella
Sedlmayr, Hans 87f.
Seebohm, Andrea 512, 739
Seefehlner, Egon 160, 454, 519, 523, 616, 644, 677, 902
Seeling, Heinrich 222
Seibert, Albert 268
Seider, August 224
Seidlhofer, Bruno 158
Sejna, Karel 724
Seligmann, Milton 117
Seligmann, Walter: siehe Herbert (Seligmann), Walter
Sengstschmid 626
Serkin, Rudolf 32, 111, 123, 128, 154, 169
Sevcik, Otokar 217
Seyß-Inquart, Arthur 308, 381
Shakespeare, William 199, 809
Shaw, Martin
  Fanfare for Christmas Day 536
Sibelius, Jean 907
  Violinkonzert op. 47 536
Sima, Hans 634
Simonischek, Max 313
Simons, Geoffrey 639
Simons, Rainer 175f., 185f.
Singer, Franz 37
Singer, Otto 123
Sinopoli, Giuseppe 680f., 692, 877
Sioli, Francesco 226
Sittner, Emmy 623
Sittner, Hans 158, 542, 544, 553, 556f., 566, 569, 572, 574, 576–583, 585f., 589, 593, 595f., 623, 800, 910
Sivó, Josef 627, 634, 637f.
Skalkottas, Nikos
  Four Greek Dances 163
Skoda, Albin 466
Skorzeny, Fritz 514, 707, 712, 721
Skraban, Josef 561
Skrjabin, Alesander 908
  Klavierkonzert fis-Moll op. 20 766
Skrowaczewski, Stanisław 30
Slezak, Leo 175

Smetana, Bedřich 180, 337, 612
  Die Moldau 464, 537, 841
  (aus?) *Ma vlast* 537
  Die verkaufte Braut 204, 223, 351, 464, 536, 798
Soldan, Kurt 792
Soldani, Massimiliano 83
Solecki, Leon 369, 882
Solschenizyn, Alexander 875
Solti, Georg 651, 661, 663, 709, 733, 757, 760, 895
Sommer, Ditha 664
Sonnleitner, Fritz 334, 349, 370, 879
Sonzogno 195
Sorell, Christiane 714
Spannagel, Alfred 427, 621
Specht, Richard 217, 752
Speck, Eduard 467, 482
Speer, Albert 299
Sperlbauer, Fritz 595
Spina, Anton 412
Spitzmüller von Harmersbach, Alexander 65
Springer, Max 217
Stabile, Mariano 310
Stadlen, Peter 454
Stahlecker, Walter 245f.
Stammer, Werner 210
Stampfer, Selma 121f., 123
Stämpfli, Jakob 657
Stangenberg, Harry 191, 193, 196, 198, 199, 211
Starka, Alois 209
Steen, Jan 80
Stefan, Paul 148
Steidle, Richard 435
Stein, Erwin 17, 118, 120, 121, 122f., 124, 126, 127, 132, 137, 142, 153, 158f., 181, 685, 861, 863
Stein, Horst 127
Steinbauer, Edith 554, 587, 621
Steinbauer, Othmar 118, 128, 626
Steinberg, Hans Wilhlelm (William) 275, 709
Steinberg, William 169
Steinboeck, Rudolf 395, 398
Steinbrück, Wolfgang 587
Steiner, Eugen 247
Steiner, Otto 43
Stern, Isaac 154
Steuermann, Eduard 32, 39, 97f., 104, 108, 118, 121, 122f., 125f., 127, 128, 132, 151, 153f., 158, 188, 672, 686

Stiedry, Fritz 113, 127, 155, 172, 180 f., 182
Stockhausen, Karlheinz 901
Stiedry, Iganz 66
Stöhr, Adolf 94
Stöhr, Richard 110 f., 115, 116 f., 155, 164, 217
Stojko, Józef 369
Stokowski, Leopold 217, 709
Stolz, Robert 766, 893, 905
   Wenn die kleinen Veilchen blühen 202, 223
Stölzel (Chorsänger Stuttgart) 205
Straus, Oscar 155, 380
Strauß, Adele 35 f., 155, 905
Strauss, Alice 304
Strauß, Eduard 459
Strauß jr., Johann 35 f., 124, 145, 337, 353, 411, 448, 458 f., 463, 465, 581 f., 880, 905, 911
   Die Fledermaus 193, 204, 662, 787, 906
   Kaiser-Walzer 537, 693, 906
   Eine Nacht in Venedig 865
   Perpetuum mobile 537
   Polka *Leichtes Blut* 537
   Ritter Pazman 537
   Rosen aus dem Süden 537
   Tritsch-Tratsch-Polka 537
   Wein, Weib und Gesang 537
   Wiener Blut 223, 463, 537
   Der Zigeunerbaron 185, 193, 206, 537, 560
Strauß, Johann jr. und Joseph
   Pizzicato-Polka 537
Strauß, Johann sr.
   Radetzky-Marsch 537
Strauss, Joseph 459
   Sphärenklänge 693
Strauss, Richard 15, 16, 17, 25, 36, 41, 87, 107, 114, 119, 123 f., 141, 154, 156 f., 168–170, 175, 176, 177, 190, 192, 221, 228, 232, 238, 269, 270, 272, 279–281, 290–294, 295, 303–306, 309 f., 313–317, 330, 341 f., 345, 352, 353, 356, 357 f., 360, 361, 362 f., 368, 380, 384, 386, 414, 420, 421, 424, 430 f., 494, 501, 546, 554, 563, 601, 604, 607 f., 611 f., 624, 629 f., 670 f., 675, 677–680, 682, 693, 696, 764, 765, 799, 830, 833, 845, 862, 868–870, 872, 875–877, 879, 883, 887, 894, 897, 901 f., 906 f.
   Die ägyptische Helena 228, 242
   Eine Alpensinfonie 123 f., 151, 907
   Arabella 223, 232, 241 f., 299, 313, 469. 867, 869m 871

   Ariadne auf Naxos 190, 274, 306, 340, 341 f., 479 f., 485–488, 509, 515, 517, 522 f., 581, 640, 857, 869, 879, 889, 908
   Der Bürger als Edelmann 309
   Burleske für Klavier und Orchester 537
   Capriccio 38, 291–294, 300, 310, 517, 798 f., 869, 874, 887, 908, 911
   Die Frau ohne Schatten 41, 221, 229, 232, 306, 868
   Don Juan 537, 612, 777–780
   Don Quixote 123, 609
   Elektra 469, 517
   Friedenstag 280
   Hommage à Couperin 516
   Intermezzo 228
   Japanische Festmusik 309
   Die Liebe der Danae 313 f., 316 f., 350, 869, 877
   Österreichisches Lied 466
   Macbeth 430, 432, 537, 907, 909
   Der Rosenkavalier 57, 187, 228, 229, 232, 280 f., 306, 309, 312, 364, 365 f., 385, 416, 419, 446, 464 f., 511, 515, 517, 537, 846, 866, 884, 908
   Salome 175, 192 f., 279–281, 309, 316, 464, 503 f., 508, 515, 537, 611, 647 f., 866, 868 f., 872, 889, 892, 896
   Die schweigsame Frau 269, 486
   Symphonia domestica 123 f.
   Tanzsuite aus Klavierstücken von François Couperin 799
   Till Eulenspiegels lustige Streiche 309, 353, 537, 612, 907
   Tod und Verklärung 537, 871
Strawinsky, Igor 15, 16, 131, 154, 162, 166, 170, 195, 421, 601, 604, 612, 629, 670, 675, 764 f., 787, 874, 902, 907
   Apollon musagète 765
   Canticum sacrum 874
   Dumbarton Oaks 537, 638
   L'histoire du soldat 166, 184, 629, 638, 765
   Der Feuervogel 465, 537
   Jeu de cartes 274, 675, 873 f.
   Les noces 650
   Oedipus Rex 268, 638
   Orpheus 493, 889
   Perséphone 731, 799
   Petruschka 873
   Le Sacre du printemps 604, 612, 629, 638, 650
   Violinkonzert 745

Zirkuspolka 465
Streng, Emmy 229
Strnad, Oskar 63, 74 f., 217
Strohm, Heinrich K. 226, 229 f., 231 f., 243 f., 297
Strozzi, Bernardo 87
Stuckenschmidt, Hans Heinz 38, 157, 275, 407, 421, 423 f.
Sturzenegger, Max 284, 286
Suitner, Otmar 446, 448, 553
Suk, Josef 154
Suppé, Franz von 353, 459, 766
  Boccaccio 198 f.
  Fatinitza 320
  Die schöne Galathée 184, 860
Svanholm, Set 310
Swarowsky (verh. Zenk), Therese (Resi) 44 f., 47, 390
Swarowsky, Alexandre 105
Swarowsky, Anton 25, 34, 35, 37, 39, 44, 45, 47, 48, 50, 94 f., 97–106, 148, 149, 151, 153 f., 158, 161, 202, 204, 218, 270, 280, 286 f., 290, 292, 294, 323, 327 f., 356–358, 359 f., 363, 365, 373, 392 f., 400–402, 407, 408, 410–413, 416, 417, 418, 429, 434, 457 f., 467, 470, 481, 485, 507 f., 624, 712, 734 f., 744, 799, 803, 863, 873 f., 876, 883, 887, 889–891, 894, 909, 911
Swarowsky, Caroline 105
Swarowsky, Daniela 106, 471 f., 888, 899
Swarowsky, Doris 21, 44, 46 f., 86, 87, 184 f., 218, 409, 422, 427 f., 450, 471–473, 481 f., 483, 485 f., 506, 579, 671, 766, 878, 888 f.
Swarowsky, Gloria (Seiko-) 471, 741, 899, 911
Swarowsky, Josefine (Josca) 43 f., 248
Swarowsky, Karl 43, 248
Swarowsky, Leopoldine 19, 25, 31, 43–51, 60, 91, 109, 112, 127, 248 f., 254, 281, 290, 303, 391, 413, 426, 863, 867, 873, 888, 909
Swarowsky, Sonia 105
Swoboda, Albin 192 f., 196, 198 f.
Swoboda, Karl Maria 84 f.
Szell, George 141, 531, 709, 718, 874, 887
Szeryng, Henryk 623, 626–628
Szokoll, Carl 896
Szymanowski, Karol 907

Tagliaferro, Magda 623
Taglioni, Filippo 190
Talich, Vaclav 453

Tamare, Herbert
Tauber, Richard 177, 184, 193
Taubmann, Horst 301, 316 f.
Taschera, Leonardo 638
Tassié, Franz 728, 740
Telemann, Georg Philipp
  Der Tag des Gerichts 766, 902
Tels, Ellen 39
Tenschert, Roland 707, 757
Terborch, Gerard 80, 82
Terkal, Karl 595
Teschemacher, Margarete 209
Teschner, Richard 62 f., 75–77
Theiner, Kurt 840
Theuring, Günther 572, 892
Thomas, Ambroise
  Mignon 193, 210, 280, 797, 872
Thöny, Herbert 479, 507
Tichy, Georg 520, 522–524
Tiepolo, Giovanni Battista 50, 70, 87
Tiessen, Heinz 318
Tietjen, Heinz 215 f., 238–244, 251–257, 292, 295, 297, 304, 361, 870 f., 887
Tietze-Conrat, Erika 84 f.
Tietze, Hans 84 f.
Tintoretto, Jacopo 50, 80
Tischler, Viktor 210
Tittel, Bernhard 185
Tittel, Ernst
  Pan und Apollo 560
Tizian 70, 84
Toldi, Julius 118
Tolstoi, Leo 45
Tortelier, Paul 897
Toscanini, Arturo 15, 107, 137, 155, 156, 167, 169 f., 176, 208, 265, 311, 423, 608, 669–671, 685, 787, 861 f., 866, 882, 887, 900
Tramp, Inger von 39, 173
Trauneck (Travnicek), Joseph 128 f., 172
Trede, Paul 267 f.
Trepte, Curt 266
Trimmel, Paul 840
Trotzki, Leo 257
Tschaikowsky, Peter Illitsch 16, 180, 580, 612 f., 629, 650
  Capriccio Italien op. 45 537
  Eugen Onegin 537, 803

Fantasie-Ouvertüre „Roméo et Juliette" 537, 636
Klavierkonzert Nr. 1 b-Moll op. 23 537, 612, 636
Schwanensee 537
Suite aus dem Ballet „Der Nußknacker" 464, 537, 636
Symphonie Nr. 5 e-Moll op. 64 466, 612, 636
Symphonie Nr. 6 h-Moll op. 74 462, 537, 560, 636
Violinkonzert D-Dur op. 35 537, 636

Tscherepnin Alexandre 623
Tschulik, Norbert 708, 716, 720, 745
Turetschek, Gerhard 657
Turkovic, Milan 22

Uhl, Alfred 564, 566, 568
   Kleines Konzert 583, 585
   Sinfonischer Marsch 462
Uhl, Fritz 664
Ukmar, Kristijan 638
Ullrich, Hermann 707, 713, 715, 729, 757 f., 761
Uray, Ernst Ludwig 597 f.
Urbanner, Erich 679, 830
Ursuleac, Viorica 177, 183, 238, 242, 255, 298, 313, 316 f., 341, 342, 353, 418, 421, 879

Valevsky, Josefine: siehe Swarowsky, Josefine
Valevsky, Piotr 44
Vallerand, Jean 730
Van Barentzen, Aline 623
Vanden Huyvel, Frederick 325
Van der Meersch, Eugène 623
Vandernoot, André 543, 591, 644, 735
Vedder, Rudolf 307, 361, 381
Veelo, Lex 633, 637
Verdi, Giuseppe 16, 20, 41, 133, 175, 180, 185, 195, 199 f., 209, 274, 310, 469, 476, 494, 811, 865, 901
   Aida 188, 200, 209, 232, 280, 479 f., 482, 485, 509, 517, 537, 629, 872, 908
   Un ballo in maschera 538
   Don Carlos 200, 274, 300, 475, 489, 513 f., 517, 537, 792, 796–798, 828, 871, 908
   Falstaff 237, 301, 306, 797, 801, 806–817, 820, 873
   La forza del destino 200, 274, 517, 538, 636, 908
   Luisa Miller 274, 811
   Macbeth 200, 229 f., 232, 537, 868, 870, 908
   Messa da Requiem 636
   Nabucco 811
   Otello 178, 206, 229, 476, 509, 889, 908
   Rigoletto 192, 227, 232, 274, 284, 517, 525, 811 f., 870, 908
   Simon Boccanegra 200, 300, 306, 797, 811
   La traviata 134, 200, 523
   Il trovatore 134, 193, 200, 204 f., 206, 282, 489, 494 f., 498, 508, 517, 889
   Un ballo in maschera 517, 908
   I vespri siciliani 792
Vermeer van Delft, Jan 87
Veyron-Lacroix, Robert 623
Vichard, Dominique 105
Viertel, Berthold 413
Villa-Lobos, Heitor 907
   Klavierkonzert 909
Vittoria, Alessandro 80
Vivaldi, Antonio
   I quattro stagioni 650
Voelter, Els 247
Vogel, Ernst 561
   Musik für 10 Blechbläser und Schlagzeug 163, 631 f.
Vogel, Wladimir 275, 417
Vogeler, Theodor 193
Voglar, Fritz 468
Völker, Franz 238, 242
Vomacka 154
Vouk, Josef 647

Wächter, Eberhard 714
Wächter, Otto 344
Wagner, Adolf 297
Wagner, Richard 16, 94, 133, 136, 164, 167, 168, 170, 175, 180, 184, 185, 191, 194, 232, 257, 310, 317, 340 f., 352, 371–373, 462, 469, 489, 494, 554, 591, 629, 668–670, 677, 681, 686, 693, 701, 765, 864, 869, 872, 879, 902
   Eine Faust-Ouvertüre 340
   Der fliegende Holländer 174, 209, 226, 232, 234, 517, 538, 636, 868, 908
   Götterdämmerung 232, 312, 538
   Lohengrin 134, 185, 192, 199, 206, 252, 280, 341, 372 f., 468, 538, 651, 691, 870, 872
   Die Meistersinger von Nürnberg 185, 224, 229, 311, 372 f., 489, 508, 517, 528, 538, 636, 867, 889, 908
   Parsifal 185, 191, 204, 913
   Das Rheingold 554
   Rienzi 174, 185, 232, 538, 560, 636

Der Ring des Nibelungen 191, 229, 265, 341, 646, 651, 653, 662–665, 735, 853, 895, 913
Siegfried-Idyll 538
Tannhäuser 134, 185, 188, 192 f., 209, 210, 227, 232, 274, 299, 310, 320, 341, 372, 479, 483–485, 517, 538, 636, 889, 908
   Tristan und Isolde 54, 57, 185, 209, 237, 518, 538, 636, 913
   Die Walküre 57, 174, 185, 230, 295, 372 f., 554
Wagner, Winifred 239, 240, 421
Walacinski, Adam 328 f.
Waldschmidt, Olly von 37
Waldstätter, Friedrich 580, 583
Waldstein, Wilhelm 725
Walleck, Oskar 244, 295 f., 297
Wallerstein, Lothar 217
Walter, Bruno 114, 140, 169, 229, 269, 478, 608, 704, 707–709, 715–717, 722 f., 725 f., 729, 732, 749, 760, 831, 861, 886 f., 892, 905
Walter, Fried 321
Wasserlof, Rudolf 592
Wassilko, Nicolai 59
Wawak, Milo 462
Waxman, Franz
   The Song of Terezin 160, 163
Weber, Carl Maria von 133, 337, 462, 581, 670
   Abu Hassan 538
   Der Freischütz 134, 175, 189, 191, 192 f., 209, 463, 538, 560, 611, 636, 837
   Euryanthe 560, 636, 638
   Klarinettenkonzert Nr. ? 580
   Oberon 209, 465, 538, 636
   Peter Schmoll 538
   Turandot 538
Weber, Horst 678, 710, 844
Weber, Ludwig 351
Webern, Anton 14 f., 32, 35, 36, 38, 44 f., 46, 51, 89, 108, 109 f., 111, 112, 113, 114, 117, 118, 120, 121, 124 f., 126, 127, 128–151, 153, 155 f., 157, 158, 159, 162 f., 164–166, 167, 168, 170, 171 f., 178, 182 f., 188, 208, 221, 329, 389 f., 391, 393, 395, 396, 397 f., 402, 403, 409, 419, 426, 477, 600 f., 604 f., 610 f., 629, 670 f., 682, 685, 702 f., 708, 719, 726, 750–752, 755 f., 763 f., 765, 837, 859–863, 901, 906, 912
   Das Augenlicht op. 26 390
   Fünf geistliche Lieder op.15 146, 162
   Fünf Lieder op. 3 148

   Fünf Lieder op. 4 148
   Fünf Sätze für Streichorchester op. 5 901
   Fünf Stücke für Orch. op. 10 124
   I. Kantate op. 29 162, 179
   II. Kantate op. 31 162
   Passacaglia für Orch. op. 1 122 f., 151, 159, 163, 612, 734 f., 895, 901
   Sechs Bagatellen für Str.Quart. op. 9 146
   Sechs Lieder op. 14 146 f., 148, 162, 863
   Sechs Stücke für Orch. op. 6 124, 612, 901
Symphonie op. 21 160
Konzert op. 24 160
Wechsberg, Joseph 740
Wehofschitz, Kurt 583, 595
Weidlich, Fritz 336
Weikert, Ralf 665
Weikert (Bundesministerium für Kultur) 598
Weil, Bruno 419, 601 f., 605 f., 611, 615, 619, 698, 828
Weill, Kurt 36, 120, 169
Weinberg, Viktor 91, 250 f.
Weinberger, Jaromir 421, 766, 907
   Schwanda der Dudelsackpfeifer 480
Weingarten, Paul 218
Weingartner, Felix 15, 17, 36, 107, 108, 109, 112, 113 f., 138, 155, 169 f., 173, 175–178, 180, 187, 540, 670, 859, 861 f., 864F.
   Dame Kobold op. 57 176
   Die Dorfschule op. 64 176
   Genesius op. 14 176
   Kain und Abel op. 54 176
   Meister Andrea op. 66 176
   Orestes op. 20 176
   Sakuntala op. 94 176
   Über das Dirigieren 864
Weinzinger, Kurt 543
Weirich, Rudolf 155, 158, 182, 186
Weisbach, Hans 436
Weiser, Peter 740, 740, 741, 749
Weishappel, Rudolf 490, 495, 497, 731, 748
Weißmann, Adolf 424
Weißmann, Frieder 424
Weiss, Erwin 725
Weissberg, Herbert 600, 617, 833, 846
Weissensteiner, Raimund 443
Welitsch, Ljuba 503 f.
Wellesz, Egon 37, 94, 111, 128, 191, 709, 724, 757, 760

2. Symphonie 179
Wennig, Hermann
   Schneewittchen 321f.
Werba, Erik 427, 561, 591, 707, 722
Werfel, Franz 37, 64, 68f., 83, 793, 862
Werner, Oskar 896
Wertheimer, Max 88
Wetzelsberger, Bertil 359
Whone, Hubert 527, 530
Wickenburg, Erik H. 725
Wickhoff, Franz 86
Wiener, Regina: siehe Kaus, Gina
Wilde, Johannes 84
Wilde, Oscar 118
Wildgans, Anton 431, 466
Wildgans, Friedrich 158, 416, 431f., 441, 450, 452, 454, 704f., 756
Wilhelm Prinz von Preußen 218
Winderstein, Curt 416
Windgassen, Fritz 247
Winkel, Wolfgang 663
Winkler, Wilhelm 122, 148
Winternitz, Friderike Maria von 67
Witeschnik, Alexander 707
Witt, Josef 313, 519f., 522f., 577, 803
Wlach, Leopold 148, 554, 566, 568f., 588, 884
Wobisch, Helmut 626–628, 629, 634. 708
Wolgemuth 554
Wolf-Ferrari, Ermanno
   Die schalkhafte Witwe 200
Wopmann, Alfred 523
Wührer, Friedrich 227f., 351, 650, 909
Wunderer, Alexander 217, 540
Wunderlich, Fritz 22, 896
Wutte, Viktor 469
Würzl, Eberhard 462
Wüst, Philipp 334, 358
Wysocka, Elżbieta 369

Zabaleta, Nicanor 631
Zahn, Ernst 283
Zaleschi, Sigismondo 184

Zallinger, Meinhard von 257, 302, 541, 609
Zaun, Fritz 509
Zbinden, Hans 264
Zecchi, Carlo 370, 453, 455f., 460
Zeisl, Erich 111
Zeitlin Zvi 744
Zelenka, István
   Dictionnaire 163
Żeleński, Władysław 371
Zeller, Carl
   Der Vogelhändler 184
Zellwecker, Edwin 407
Zemlinsky, Alexander 36, 111, 120, 127, 146, 154, 175f., 182f., 268, 424, 704, 708, 756
   Der Kreidekreis 469
   Kleider machen Leute 176
   23. Psalm op. 14 163, 766
   Sinfonietta op. 23 163
Zemlinsky, Louise 421, 424
Zenk (geb. Kronauer), Maria 44, 254, 389
Zenk (geb. Reichle), Mia 46, 392, 393, 397
Zenk (verh. Swarowsky), Therese: siehe Swarowsky, Therese
Zenk, Karl 45
Zenk, Ludwig 44–46, 47, 133, 134, 135, 136, 140, 150, 154, 172, 249, 389–404, 426
Zenk, Ludwig [d.Ä.] 25, 44, 248, 254, 378, 391, 867
Zenk, Ludwig Josef 44, 389, 394
Zerlett, Hans 198, 792
Ziegler, Karl 175
Zilliacus, Lasse 564
Zillig, Winfried 128, 169, 172, 707
Zimmermann, Hans 270, 275
Zirner, Josef 58
Zirner(-Kranz), Regina: siehe Kaus, Gina
Zollmann, Ronald 633
Zöllner, Emmerich 577f.
Zöllner, Fritz 340, 373
Zuccari, Federico 95
Zuccari, Taddeo 95
Zweig, Stefan 66f., 75, 269, 291, 859